Johann Peter Zwengeln

Formular und Kanzleibuch

Historischer Nachlass

Johann Peter Zwengeln

Formular und Kanzleibuch
Historischer Nachlass

ISBN/EAN: 9783742891921

Hergestellt in Europa, USA, Kanada, Australien, Japan

Cover: Foto ©ninafisch / pixelio.de

Manufactured and distributed by brebook publishing software (www.brebook.com)

Johann Peter Zwengeln

Formular und Kanzleibuch

New Groß Formular

vnd vollkom̃lich Cantz-
lei Buch / von den besten vnd außerlesenen Formularien aller deren Schrifften/ so in Chur vnd Fürstlichen/ auch der Grauen/Herrn vnnd anderen fürnemen Cantzleyen/ Auch sonst in den Ampten vnd Ampts händeln / Deßgleichen vnder dem gemeynen Man/ allerley fürfallender geschäfft halben/bräuch-
lich seindt.

Sampt allem andern zu den Cantzleyen vnnd Schreibe-
reyen / auch der Teutschen Rhetorica dienstlichen vnd zuwissen nothwendi-
gen Vnderricht/dergleichen zuuor im Truck niemals außgangen/noch gesehen worden / Bestelle vnd mit höchstem fleiß trewlich zusam-
men gebracht / Durch

Den Wolgelehrten vnd erfarnen Schreiber/ Johan Peter Zwengeln/ von Heydelbergk / weilandt des Hochgelehrten Herrn Philipo Zwengels / Artium Ma-
gistri , vnnd beyder Rechten Licentiaten seligen / nachge-
lassenen Sohns.

Jetzt zum andern mal in Truck verfertigt / vnd durch den Auctorem selbst fleissig erschep-
Corrigiert vnnd gebessert.

Mit Römischer Keyserlicher Maiestat Priuilegien vnd Freyheyten begnadet/
auff acht Jar nicht nachzurucken.

Getruckt zu Franckfort am Meyn / Bey Chr. Egen. Erben.

Anno salutis M. D. LXXI.

Dem Ehrwirdigen/Edlen vnd
Strengen Herrn Conraden von Knippinck/Haußcom
menthur zu Kronweissenburg/Teutsches Ordens/meinem günstigen
gebietenden Herrn/Entbiet ich Johan Peter Zwengel von Hey-
delberg/mein gantz vnderdienstwillige dienste/bestes
meines vermögens zuuor.

Gunstiger gebietender lieber Herr/Dieweil
ich offtmals/die bißdaher außgangen For
mularien/nit allein mir/sondern auch an-
dern dienlich sein befunden/Hab ich also
auff güter freunde vilfaltigs begern (doch
auff eines jeden baßuerstendigen/vnd erfarnen verbes-
serung) für die hand genommen/ein besonder hochdienst-
lich vnd nützlich Titular vnd Cantzley Büch/von aller-
handt/Geistlichen vnd Weltlichen Titeln/sampt deren
Salutationen/vom obersten biß zum nidersten Grad/
Deßgleichen wie auch Chur vnnd Fürsten/pflegen ge-
meynglich einander zůzuschreiben/vnd dienst erbieten/
ꝛc. Itē Synonyma/Schluß vñ anderer zierlichē Cantz-
leiischen Reden/Sampt vilen vnd mancherhandt/jetzi-
ger zeit im brauch/Formularien/von Citationen/Ver-
kündungen/Prorogationen/Gewäldt/Mandaten/Pro
motorialn vnd fürderungen/Sendbrieffen/oder Missi
uen/vnd Supplicationen/Item Feinds vnd manungs
Brieffen/Beklagungen/Rachtungen/Verbündtnus-
sen/Verträgen/Vrpheden/Vrkunden/Bekantnussen/
Paßporten/Quitantzen/Gült vnd anderer Verschrei-
bungen/Vbergaben/Wiedumbs/vnd Heyrachs Brief
fen/Lehen/vnd Reuersformen/Indulten/Geheyß/Ge
leydt/Zöll/Zeugknuß/Bettel/Freiheyten/Schirm/vñ

)(ij

Vorrede.

Begnadungen/Wapen/kauff vnd anderer mehr brieffen/Bestallungen/Jnsetzungen/Abheyschungen/Credentzen/Instructionen/ wes vnd wie sich ein verschickte Botschaffte in Werbungen/ꝛc. vnd zu seiner ankunfft/ mit der Relation verhaltē soll/Item empfahung/scherckung vnd dancksagung/Gast vn̄ ladungen zu den hochzeitlichen Ehren Tagen/ꝛc. Item wes sich ein Notarius verhalten/vnd fürnemlich wissen sol/Deßgleichen von Appellacionen/Instrumenten/Inhibicionen/Insinuationen/Testamenten/Item wie die Zeugen Citirt/beeydigt/verhört/vn̄ das Examen nach ordnung verfertigt vnd vberschickt sol werden/ꝛc. Vormünder/Klagungē/sampt viler ander mehr Brieffen/nach außweisung eines hierin̄ nach dem Alphabeth verfaßtē Registers/wie dieselbigen jetziger zeit im brauch/vnd den gemeinen geschriebenen Rechten gemeß vn̄ förmlich sein/mit eusserstem meinem besten fleiß vnd verstandt/Exemplirt/vn̄ in diß Buch verfertigt.

Dieweil aber Ewer Eh: wirden vnd Strengkeit/vor der zeit/als derselben vnschuldiger Diener vnd Schreiber ich gewesen/ihe vnd allwegen (so vil ich jhemals spiren mögen/vnd verhoffenlich noch) die löblich kunst der Rhetoric (als auß Gott sonderer begabter geschicklich vnd verstendigkeyt) in hohen wirden gehalten/Vngezweifelter hoffnung/E.E. vnd St. werden auch günstiglichē ingedenck sein/daß die kunst Rhetorica/wolredens vnd schreibens/vō den alten/nit für die geringest zu erhaltung menschliches wesens/geachtet/vnd die mit den ersten vnder die zal der freyen Künsten geordnet/Auch derwegen jre Kinder in ferte Lande zur Schul geschickt haben. Wie vil/vnd was nutz auch wolreden vnnd recht schreiben/

Vorrede.

schreiben/ zu Bürgerlicher einigkeyt/ gehorsam der vnderthanen gegen ihren Oberkeyten/ Mannheyt gegen den Feinden/vnd endtlich zu hinlegung mercklicher kriege/ auch erzeuung Landt vnd Leut/nutz/vnd fürderung gebracht hat/wissen. Deßhalben E.E.vnd St. (als erfarnen/vnd der alten geschichten ingedenck vnd bekandten) on noch deren in den Historien der Biblien/vnd andern Chronicken vil zuerinnern. Derwegen hab ich dise meine Rhetorica vnder E.E. vnd St. (als diser löblichen kunst liebhabenden) außgehen zulassen nicht vmbgehen sollen noch können/nicht in meynung bey E.E. vnd St. etwas dardurch zuerlangen/oder angesehen zuwerden/ sonder vil mehr/daß dise mein geringe arbeyt/vnder E. E. vnd St. namen/vnd Tittel/ vor den Affterkosern (welche allwegen ein ding besser können tadeln/ dann vor sie selbsten etwas anzufangen) mög erhalten werden. Dann ich nit zweiffel hab/es werden der Suppenesser vil sein/ die solches nit allein vngern sehen/sonder jhnen auch villeicht diß mein Werck vnd Rhetoric/nit an allen orthen gnüg thun / vnd denen beyde an meinem fleiß/vnnd an meinem verstandt noch vil mangeln vnd fehlen wirdt.

Nach dem aber diß Werck vor augen/es sich auch vor die Gelehrten/ in züchtiger Jungfräwlicher schambheit/ vnd in rechter außfliessender tugent/ zukommen/vnnd bei deren beywonung zuhaben/ mit nichten beschempt/ Ich auch nit zweifel E.E. vnd St. vn alle der schreiberei liebhabende/vnd erfarne/werden jhnen diß mein werck günstiglichen gefallen lassen. Vff diß sol oder wirt auch mich weiter nichtes/was meine Affterkoser oder Suppen esser von mir sagen/oder halten / bekümmern / noch anfechten/ sonder vil mehr wie mann sage / daß vor zeiten

Vorrede.

der Antimachus vnnd andere/ꝛc. lieber gewölt von dem Hochgelehrten vnd weisen Platone/dann von dem gantzen Volck zu Athen gehört vnd gelobt werden. Dennoch wil E. E. vnd St. ich solche dise meine arbeyt/oder Rhetoric/Teutsch Schreibēder art/als ein vnderdienstwilliger diener/vnderdienstlichen Dediciret/zügeschrieben/eröffnet/vnd zugeeygnet/derselben solches auch zu viler glückseligen woluermögenden gesunder zukomender newen Jaren verehret/vnnd mich zu deren gunsten vnderdienstlichē befolhen haben/mit vnderdienstlicher biet/solchs gering Werck/günstiglichen von mir empfahen/vff vnd anzunemen. Damit E. E. vnnd St. sampt dem gantzen hochlöblichen Teutschen Orden/vnderthenigste/vnderthenige/vnnd vnderdienstwillige gehorsame diensten zuerzeigen/bin ich jederzeit mit rechten vnd waren trewen gantz willig vnd geneygt. Datum Heydelberg/in Festo Circum. Dñi. Anno M. D. LXVIII.

Ew. Ehr. vnd St.

      Vnderdienstwilliger
        alter Diener

          Johan Peter Zwengel von Heydelbergk.

In der I. an Timoth. am IIII. Cap.

Die Gottseligkeit ist zu allen din=
gen nütz / vnd hat die verheissun=
ge dises vnd des zükünffti=
gen lebens.

Jn dem Buch der Weißheyt am VI. Capittel.

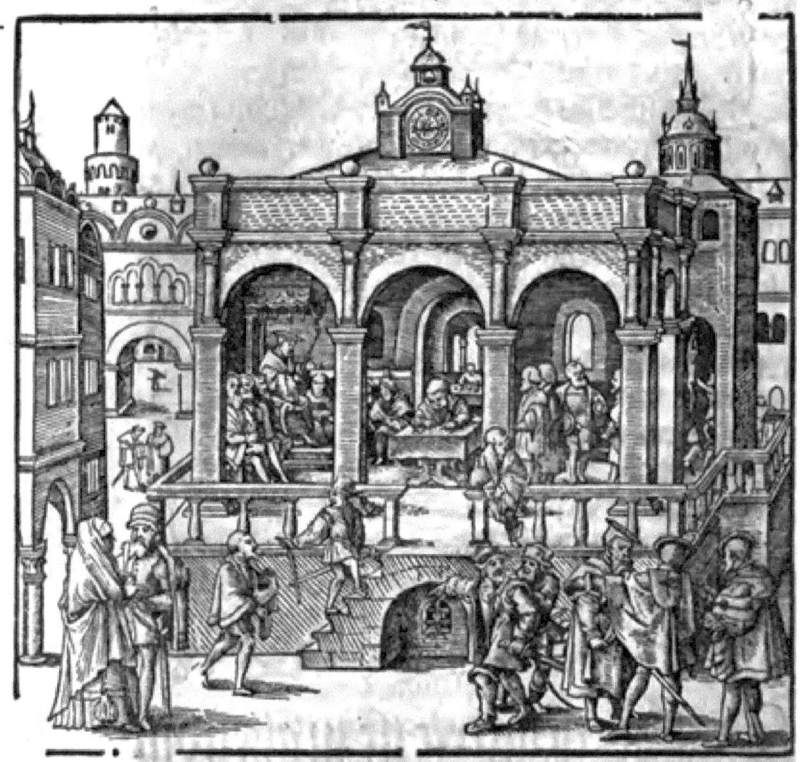

Ngerechtigkeyt verwüstet alle Lande/ vnd böse leben stürtzet die stüle der Gewaltigen. So höret nun jhr Könige/ mercket vnd lehrnet jhr Richter auff Erden/ Nemet zu ohren/ die jhr vber vil herrschet/ die jhr euch erhebet vber den Völckern/ Denn euch ist die Oberkeit gegeben von dem HERRN/ Vnd die Gewaldt vom Höhesten/ welcher wirt fragen/ wie jhr handlet/ vnd forschen was jhr ordnet. Darumb lasset euch weisen durch meine wort/ das wirdt euch frommen.

Vorrede.

Vorrede an den Günstigen Leser.

GLEICH erweiß als Zeusis Mählischer art Kunstreicher meister/ der von den Römern genannt Croconiate/ bestelle/ vnd reichlich besolde wardt/ im Tempel Junonis/ ein bilde der schönen Helenen vonn Kriechen gleich zumachen/ da erforderte er vil schöner wolgestalter Jungfrawen/ jm beyzubringe/ in meynunge auß lebendigem Bilde/ form seines vorgenommen Wercks zu empfahen. Vnnd als deren vil/ sämpclich an ein ort/ zu seiner gegenwertigkeit gefürt wurden/ vertrawet er jhme nicht genüg sein/ von einicher Jungfrawen Forme zunemmen/ das so er zu vollenbringunge seines Wercks begert/ vnd wehlet auß denselben Töchtern fünff Jungfräwelein/ deren vnaußsprechliche wunderbare schönheyt/ Adeliche wolgeformierte gestalte/ allerlieblichest/ vnd angenemeste/ durch jhn als kieser der hüpscheyt/ geurtheylt/ dauon das schönest Bilde formiert.

Also mag auch dise Jungkfraw der Rhetoric/ ohne anderer jhrer mitjunckfräwlein schönheyt/ vnnd geschmückter viler beyspiel/ Exempel/ vnd Formularien/ nicht nach dem/ wie sich gebürt/ angestrichen/ oder abgemalet werden.

Derhalben hab ich mir andere Jungfräwlein mehr zu disem werck erkieste/ vnd fürgefürt/ vnd nach denselbigen diß lieblich Bilde nicht allein von einer Tochter genistert/ sonder auß viler weiser Mannen/ Adelicher hüpscher Form der vernunfft theylbarlich entsprossen/

so vil

Vorrede.

So vil ich deren in leb zeiten meines lieben Vaters/ Herrn Philips Zwengels seliger/ Arcium Magistri/ vnd beider Rechten Licentiaten / Churfürstlicher Pfaltz gewesenen Hoffgerichts Aduocaten vnd Procuratorn/ der (on rhum zumelden) Chur vnd Fürsten/ Grauen/ Rittern/ vnd Herrn/ denen vom Adel/ auch Frey vnnd Reichstetten/ Burgern vnd Leyen / seinem getrewesten fleiß vnd vermögen nach/ mit Aduocieren / vnd Procurieren gedienet/ Alle durch jhn gestellte schrifften/ so er nit allein in zeit seines Procurierens/ sonder auch als er der Hochlöblichen Churfürstlichen Pfaltz Hoffgerichts Assessor vnd Rath/ Deßgleichen auch der alten weit vnd hochberümpten Vniuersitet zu Heydelberg Rector gewesen/ begrieffen/ nit allein fürgebild/ Sonder auch dēnach ich mich als ein vnschuldiger Schreiber nach ehegedachts meines hertz geliebten Vatter seligen absterben/ hin vnd widder in meiner neunjäriger dienerschafft bey Herrn/ vnd vom Adel/ in Reich vnd anderer Stetten (als ich in Kreiß/ vertrags/ vnd anderer ehrlichen sachen vñ handlungen/ mit reiten vnd schreiben gebraucht/ verschickt/ vnd mit genommen ware) allerhande andere schöne liebliche Contracten vnnd Formularien/ von treffenlichen Hochgelehrten/ vñ löblich erfarnen leuten/ zierlich außgeflossen/ vnd souil ich sonsten gehört/ gelesen/ erkunden vnd abschreiben können/ gesehen vnd erfaren/ mir zu eitem sondern hohen tröstlichen bericht vnnd vnderweisung/ zum trewlichsten in ein Prothocol vnnd verzeichnuß Prothocollirt/ ingeschrieben vnd versamblet/ vnd souil ich dessen verstendtnus gehabt (der Schreiberey liebhabenden vnd vbenden zu ehren vnnd dienstlichem freundtlichen willen) außgestrichen vnnd ballieret/

Darinnen

Vorrede.

Darinnen sich ein jeder/vñ sonderlich die junge Schreiber/so bei Fürsten vnd Herrn dienen/oder in dienst einlassen wöllen/ersehen/vnd jre befelch jederzeit nach begegneten dingen (doch mutatis mutandis, Dann nit in allen sachen gleiche form gehalten werden) ansehenlicher außrichten/vnd durch die Herrschafft ferrers befürdert werden mögen.

Demnach hierinnen an einen jeden günstigen Leser nach gelegenheit vnd standts der Personen/mein gebürlichs/auch dienstlichs vnd fleissigs bitten/die wöllen dises klein Werck/der schönen gezierten Jungfrawen vnd Rhetoric/von meiner hande/nit auß vermessenheit/als ob ich jemanden zulehren/odder forme/wie er schreiben müste/fürzulegen vnderstünde/freundelichen ermessen/vnd annemen/vnnd was güt ist/wie die edlen Bienlin thün/darauß saugen/was aber mißförmig/vnzierlich/vnnd straffwirdiges darinnen funden wirdet/oder von mir auß einfeltigkeyt vnderlassen/dasselbig recht formieren/schön/vnd wolriechend machen/vnd in trewer lieb (wie denen/bey welchen kunst vnd weißheyt jhr wonung haben/wol geziempt/vnd mein vngezweiffelt vnderdienstlichs vnd freundelichs vertrawen stehet) verbesseren/vnd erfüllen/ Das soll vnnd wil ich für vätterlich zu hohem danck vnnd freundeschafft gütwillig dulden vnnd auffnemen/ Vnd ein solches/vmb einn jeden der Schreiberey vbenden (als billich beschicht) nach gebür vngespart meines vermögens/allzeit vnderdienstlich/ dienstlich/ freundelich/ gütwillig/vnd danck-
barlich verdienen/Damit dem Allmechti-
gen inn seinen schutz zu aller wol-
fart befolhen.

Zum

Zum Leser.

Von anfang biß zum end ließ mich
Mit fleiß/es wirdt nit grewen dich/
Denn ich fürschreibe dir allhie/
Dergleichen du gesehen nie/
Gar schöne Formularien/
Auch wolgezierte Missiuen/
Vnd sonst schrifften mancherley weiß/
So ich gesamlet hab mit fleiß/
Die mann jetzt pfleget in gemein/
In Cantzeleyen groß vnd klein/
Auch in Gerichten vnd Räthen/
Zubrauchen fast aller Stätten.
Drumb wiltu recht dein ampt verwesen/
Im schreiben/müst mich dick durchlesen/
Nicht mehr auff dißmal rath ich dir/
Dem HERREN sey lob für vnd für.

Vorrede

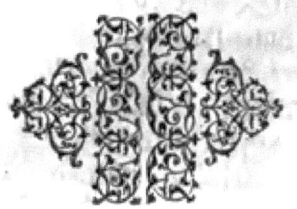

Vorrede in dise Rhetoric.

WIewol der allmechtig/ ewig/ gütig/ barm-
hertzig Gott/ durch sein vnaußsprechliche gütigkeyt/vñ
gantz vnuerdient/ dem Menschen vil vnd mancherley wunderbarli-
cher gnaden/ gaben vnd künsten gnediglich mitgetheylt/jhne mit glo-
ri vnd gezierd gekrönet/ vnd vber die wercke seiner heude gesetzt/auch
alles seinen füssen vnderworffen hat/ So ist doch das nicht die wenigste/ daß ein Mensch
dem andern sein verborgen hertz durch ein gemeysterte vnd gezogene stimme eröffne/jhne
dardurch zu freundtlichem güten willen/ vnd in zeiten der noth zu hilff vnd mitleiden be-
wegen möge/ıc.

Vnd wiewol ich an mir selbs/ vnd vil andern Menschen beyder geschlecht/ spüre/daß
wir vnser zungen vngemeystert/ schädlich/ vnd verächtlich gegen einander vngewegener
weise zureden/an güt/ehr/leib/vernunfft/ vnd seel/ verderblich brauchen/ solches aber mei-
ner kleinen vnd geringen vernunfft zustraffen nit zustehet.

Dieweil ich aber brieffschreibender art mich übe/vnd vnderfangen/ hab ich zum ersten
Albertani Brixensis versamlung güter lehr/wie inn gemeyn jeder mensch sein rede jhme
selbs/vnd mengklichen vnschädlich füren soll/ Darnach von Ciceronis Rhetoric vnd an-
derer/vnd sonderlichen des ehrengeachten fürnemen vnd wolbereden Friderich Riderers/
darüber in seiner Anno 1517. außgangener Freiburgischen Rhetoric oder Formular lehrer
bender meinung/ wie klug Redner von schweren sachen zureden pflegen/ sampt andern/
zum theyl (doch ausserhalb seiner Formularien) in dise meine vorgenoßene Rhetoric an-
fangs zuschreiben vnd zurecitieren nit vmbgehen sollen/ Vnd finde

Anfenglich ein gemeyn vnderweisung/ daß jeder mensch/ der sich zureden vermißt/an
jhm selbs vor: außgiessung der Red (nach gleichnuß des Hanen/ der vor außtruckunge
seiner stimm auff sich selb dreyfeltig schlegt mit seinen flügeln/vollnführet) erforschung vñ
vor betrachtung haben soll/in sechs stücken/die in souil Versickeln zuhalten seind/ Näm-
lichen.

1. Wer bist gedenck du Redner/
2. Was redst/daß nit schad geber.
3. Welchem sagst/merck dabey.
4. Warumb sprichst dir kundt sey/
5. Wie genem/ wenig/oder treg/
6. Wann dein red hab zeit vnd steg.

Wer bist gedenck du Redner.

DEn ersten Versickel zuerklären/ merck jeder so zureden sich vnderstehet/Man/oder
Fraw/ob solche red jemandt mehr/ dann sein eygen person/antreff/ Wil er allein
von sein selbs wegen reden/schende/ noch lob sich nit/Berür aber die red ander per-
sonen/ so wöll er zureden verhalten/ vorab Gott zuschmähen/ als leider vil gebraucht wirt/
durch gewaltig vnd vnderthanen/mit reden/fluchen/vnd schelten/sein oberwirdigen Na-
men/glider/vnnd marter/ dardurch wir köstbarlich erlöset sein/ vppig zunennen/ die wir
doch billich allein mit grosser danckbarkeyt/vnd nit vnnützlich bestimmen/vnd solltens eh-
ren/ aber nicht enderen/vnd betrachten/so er anheben wil zureden/ ob sein gemüt frey vnd
Röthig sei/ dann in zorn zureden/ist gantz zuuermeiden/Item einn andern zustraffen oder
zu vrtheylen/bedenck vor der Redende/ ob jhme deßgleichen nit auch zuuerweisen sei/dann

A

New Titular

welcher einen andern vertheyl sind halb/die jhn selbst berürt/der ist nit entschuldiget/sonder verurtheyle sich selbst. Weiter ist dem Redenden an jm selbst zuerkennen/ob er gelehrt sey/oder das/so er redt/wol verstehe/wohin das lange/Wer des nit/wie möcht er dann wol vnd recht reden/vnnd soll endtlich würckung seiner Red ermessen/Dann zum dickerm al scheinen im anfang/red vnnd sachen güt sein/die am ende schädlicheyt vff jn tragen/beß halb so er nit merckt/oder weiß ein güten außgang/ists besser geschwiegen dann geredt.

Was redst/daß nit schad geber.

AVff den andern Versickel was er reden soll/hab fleiß darinn/daß sein Spruch war sey/Lügen vnd vnwarheit zuuermeiden *Daß müglich ist lieb zu haben einn Dieb/ dann ein embsigen Lügner. Zum andern wol zubedencken/ob die Red fruchtbar sey/ dann vnnützer wort well ein jeder geschwiegen/angesehen/daß vnser gespräch zu vnderweisung/zu heylsamer berathlicheyt/zu befehlnuß/oder zu warnung dienen/vnd sonst in kein weg ü᷑pig/noch vnnütz/nit müssig/vil minder schädlich sein soll. Zum dritten/ob die Red ehehafft/oder vernünfftig vrsach hab/daß on vrsach der vernunfft soll niemandt reden. Zum vierdten/ob er etwas sannfftmütigs/lieblichs/süß/vñ angenems zureden vorhab vñ macht/solchs mit linden hübsche᷑ zimlichen worten außzuspreitẽ/ᵇ Daß vnbehawner/ grober/harter/schandt vnd kusster geberender worte/sy jedes menschen mund behürsam/ rein/vnd zureden tråg/Angesehen/sannfftmütig Red vertreiben zorn/vilfeltigen freunde erwecken lieb/vñ sannfftmütigen die Feinde/Harte wort bewegen wülterey/schampar wort zerstören güt sitten/vnd nehren vnfürsichtigkeyt. Zum fünfften/betriglich reden ist billich zufliehen/dann der betrieger ist häßlich/vnd würde müglich vil betrogen/vnnd hat nit gnad von Gott. Zum sechsten/verborgenlich vnnd zweyffels form zureden/ist zuschewen/ Dieweil heyliger vnd seliger sein soll/gantz vngeredt vnd stuñ zusein/dann außsprechen das/so niemandt verstehet. Zum sibenden fleissig warzunemen/daß kein mensch schmach oder schmitzwort/weder heymlich noch offenbar/jemandt an sein ehren oder güt schädlich/ red/noch handel/dann darauff stehet gebürlich vñd gleichformig widergeltung. Zum achten/daß keiner zweytråchtig wort/die vnfrid vnd zertrennung machen/außgieß/Angesehen/daß jeder gemeinsam sey vnd Bürgerlicher vereinung nicht schädlichers/dann zertrennung sein mag/vnnd welcher güter freundschafft ein zertrenner ist/hart vngestrafft entweicht. Zum neundten/sind spottreden gar nit zulden/durch den die minderen lieb/vnd freundschafft/vnd mehren zwischen Feinden haß/vnd geberen streych/Ein schånder vnd verspötter des andern/mag vnuerspott vñ vnuerschmächt nit entweichen. Zum zehende/ jeder mensch fliehe schådlich/vnnd hinderlestig/oder schmeichlende zureden/dann Gott zerstrewet schalckhåfftig Zungen/ja verflucht vnd geschende sey die Katz/die vornen leckt/ vnd hinden kratzt. Letzlich stehe ab hochfertiger Red/dann ob hochfart vnd vbermüt biß an Himel stieg/vnd jhr haupt die Wolcken berürt/dannoch wirt sie(wie mistkörb)verloren/ vnd zu nichts.

Welchem sagst/merck dabey.

AM dritten Versickel/nem jeder acht/mit welcher Person er gespräch hab/ᶜ ob sie jme gefreundt/verwandt/geheym/vnnd trawig sey/oder nit/so verhåle er doch vor jme seine missthat/oder das/so er nit gern offenbar sicht/mache er dannoch seinem freundt nit bekant/off daß/ob er sein Feind würd/daß er daß solchs außzurüffen nit wißt/ Angesehen/vertruckt vnnd befliecht einer sein heimlicheyt/allein seinem hertzen/so liegt die in seinem eygen thurn gefangen/öffnet ers aber einem andern/in desselben gefengnuß ligt er gebunden/Besser vñ sicherer ist es/einer verschweig das er weiß/dañ daß ers einem andern sage/vnd bit jn das zuuerschweigen/dann ob einer von jhm selbs/oder einem andern/ ein sach nit verschweigen mag/wie darff er dann solches von jme dem ers offenbart/zuuerhålgen begeren? Würde aber einem in seinem anligen raths zupflegen/vnd deßhalb sein heymlicheyt zumelden not/ᵈ so befelh er das sein aller getrewesten vnd bewertesten freunde/Aber seinem Feinde/auch einichem Schmeichler/vertraw er gantz nichts heymliche/ darauß

ᵃ Prouer.19. Potius est diligendus Fur, quâm assiduus in mendacio.

ᵇ Eccle.37. Qui sophistice loquitur,odibilis est.

ᶜ Eccle.19. Amico & inimico noli enarrare sensum tuum: delicta noli denudare,audiet enim & despiciet te. Multi amici sunt tibi, & consiliarius vnus de mille.

ᵈ Cato. Consilium archanum tacito commisisse sodali.

vnd Cantzlei Buch. II

darauß jme schädlichs erwachsen möcht/zueröffnen. Betracht daß dampff der verhassunge/allzeit in feindsbrust verborgen ligt/ Aber mit allen menschen ist sorgsam vñ mit sicherheyt zureden/angesehen/daß offt einer für einn freundt vnd trew geacht wirdt/vnd ist dannoch (wie ich deren zum theyl wol erfaren) ein vngetrewer feindt. Fürther merck der Redende/ob er einem weisen sein sach fürleg/ Dann gegen vnweisen (der doch verschmächt vnd verspott güte Lehr) ist die Rede zuuerhalten/Daß aber gůt onderweisung veracht/ ist augenscheinlich in Stätten/vnd Dörffern/zu zeit der Predig/ In Stätten haben die vnweisen vor der Kirchen am Marckt jhren standt/vnd in Dörffern jhre Läger am Kirchhof uff der Mawer/bepderseit/wie ander Gänß im Regen/vnd Schwein in wůster Laschen/vnd Pfützen ligen. Dise thörichte grobe menschen/vnd verächter Götlichs worts/ haben vil lieber vppig gespräch ondereinander/dieselb zeit vnnützlich zuuerzern/vñ fauler trägheit zupflegen/dañ daß sie jren Seelen lieblich speiß/dieweil Ernd were zuschneiden/ vñ zusamlen/klein arbeyt zugeben/Gott jren Schöpffer/vnd sich selb zuerkeñen/Vnd ob sie doch jrer Seel heil/Predig zuhören/nit vrsacht/solten sie dannoch/wie ein haußzuhalt/ vñ leiblich nutzbarkeyt zuerfolg/not wer (das doch zů dickermal an Cantzeln gelehrt wirt) dieselbig zeit Predig zůhören sich fleissen.[e] Wofür soll aber dem Vnweisen warnung geschehen/so er alle weißheit verschmäht/vnd allein von dem/das in seinem hertzen wandelt/ gern hört reden. Solche menschen/ die Götliche wort verächtlich halten/vrtheyl ich in meinem gemüt/für minder vnd vnachtbarer/ dann vnuernünfftig Thier/vnd minder dann ein Creatur die kein Seel hat. Das ist mein bewegung/daß all ander Geschöpffe/ jhrem natürlichen influß pflegen nachzukoffen/als Stein/vnd jedes schwer geschöpff begert vndersich/vnd vollfürt allweg (souer es nit durch ander mittel widerstandt hat/oder gezwencklich uffgetriben wirt) sein fall zu Thal/ vñ deßgleiche leichte Creatur (als Lufft/ Rauch/vnd ander) sechten vbersich zusteigen/ Aber die Verächter Götlicher vnd güter Lehr/wircken wider jhr eygen natürlich nepgung (nach dem alle menschen von natur begeren etwas zuwissen) wie kan daß solcher ingepflantzter nepgung in den vnmenschẽ statt geben werden/den nit zweifel sein mag/ so ein Prediger/wie einfältig er ist/ vnd der Zůhörer vil wissen/vnd gelehrter sein mögen/als der das Götlich wort verkündt/Er mag dañoch von Gott gnad haben vnd empfahen/etwas zusagen/ das die Zuhörer zuuor nit wissen/oder jnen ausser gedächtnus gefallen war/vnd dañoch solch stück in müssiger zeit hinzutretten/vnd uffzuhören verschmähen/süßigkeyt/vnder bittern worten/ oder vngespräch des Priesters/ wie ein Aff vnd versuchung willen der eussern rinden an der Nuß/ den süssen Kern/jnwendig der Schalen verborgen vnweißlich verwirfft. Mich gelüst solchen Gänß löffeln/vnd verstopffen/uff jhr entschuldigung/ die ich in zwen weg gehört hab/kurtz antwort zugeben/vnd darnach fürgenommen Materi widerumb zuberüren.

Zum ersten sprechens/sie mögen den nit hören/er straff vnnd sep wild uff der Cantzel/ Den antwort ich/Mögen sie nit hören die sünd straffen/vnnd nemen verdruß darab/so ist jhr jedem gleich wie ein Hund/der vnder vil Hunden allein geworffen wirt/vnd sonst keiner dann er/fleucht vnd schreit.

Zum andern ist jhr entschuldigung/ sie mögen den nit mehr hören Predigen/dann sie lehrnen auß seinen worten/ den weg der vngerechtigkeyt/in dem so er anfange/vnd vrsach der sünde zuerkennen gibt/in warnung/ sich dauor zůhůten/ dardurch werden sie erst verwegen zusündigen. Den gib ich antwort/ sie sindt den Spinnen gleich/die safft einer edlen Blůmen saugen/vnd das/jrer bösen natur halb zu gifft gemacht wirt/Aber die edlen Bittlin saugen auch von demselben blůmlin safft/vnd wirdt das zu Honig/ jhrer gůtten natur halb.

Item mit Redgebend menschen/vermeide sich jeder in gespräch zuuermischen/[f] dann ein schwätziger mensch uff Erdtreich nit geregiert werden mag/[g] Nicht weniger auch gegen Ehr abschneidern/vbelwöllenden/neidigen/vnnd truncknen menschen/ Auch gegen freffelen vnweisen Frawen zureden/vnd heymlichkeyt zueröffnen/ ist schädlich.

[e] Prouerbio 18. Non respicit stultus verba prudentiæ, nisi ea dixeris, quæ versantur in corde suo.

[f] Psalm. 139. Vir linguosus non dirigetur in terra.

[g] Cato. Contra verbosos noli contendere verbis.

A ij

New Titular

Warumb sprichst dir kundt sey.

Exemplum de Domo, quae quatuor habet causas.

ER vierdt Versickel/zeigt an/daß not sey/jedem der reden wil/in jme selbs vrsach seines redens/vorhin zubedencken. Vnd nach dem vier sachen seinde/jedes dings/ des nemen wir ein Hauß zum beyspiel/das hat vier wircklich vrsach.

Zum ersten/den Zimmerman.
Zum andern/Materlich vrsach/Stein vnd Holtz.
Zum dritten/Förmlich vrsach/Gestalt des Hauß.
Zum vierdten/Endlich vrsach/Daß wir im Hauß vor Schnee/Regen/Hitz/Kelte vnd andern zůfällen/vns mögen auffhalten vnd beschirmen.

Also soll der mensch sein wort nit außtrücken/jme sey dann seines sprechens vrsach/vn d bewegung/Gottes lob/ehr vnd dienst/oder menschlich nutz/die beide/oder zum wenigsten deren eins.

Wie genem/wenig/oder treg.

DEr fünfft Artickel/heißt ein mässigkeyt/odder weiß zureden. Die hat fünff stück/ Nemlich
Zum ersten/Außsprechung.   Zum andern/Schnelheyt.
Zum dritten/Saumigkeyt.   Zum vierdten/Wesenlicheyt/vnd
                              Zum fünfften/Liedmaß.

In außsprechung/soll der Redende füg brauchen/ Nemlich nicht stapgende noch geschwaplende/nit grimlich/greißgramende/reissende/pfeisende/suppfende/noch im mund verfewlich/zuschnell/noch vngeberdig zureden/nit zu laut/ vnd nit zu leiß/nit zu hochmütig/noch vnländlichs Teutsch/sonder jedes wort dapffer/vnderschiedlich/vnd verstände lich/vnnd alle wort der Artickel seiner gantzen Red/lieblich zusamen verfügt/außtrücken/ nach gestalt der sach vnd handlung/Als frölich sach/mit freudgeberenden worten/vnd geberden/Trawrig sachen/in geschwiffnen worten vnnd geberden/furtragen vnd außsprechen/sein angesicht sey vffrecht/nit ins Erdtrich geneigt/sein mundt nit gekrümpt/noch die zung vorn Zeen herauß wandle. Von Göttlichem lob/oder andern grossen sachen/sein die wort mehr treffenlich vnd scheinbar/dann in kleinen nidern handlungen/zureden. Im andern vnd dritten stück/von schnellheyt vnd trägheyt der Red/spricht S. Jacob: Biß zu hören schnell/zu reden vnd zu zorn sey träg/Dann rew vnd leid folgt nach schnellem rath/ vnd behender Red. Das vierdt stück/Liedmaß des gesprächs/ist kleinheit/oder wenig vnder stendt der Red/dann vnder vil worten zeygt sich thorheit. Zum sechsten / Wesenlicheit der Rede/ist wolsprechen/vnd nit fluchen/noch ehr abscheiden. Dann welcher dem andern wolredt/der erlangt freundtschafft/aber vbelredende/erlangen feindtschafft.

Wann dein red hab zeit vnd steg.

DEr leist versickel/wann wir reden oder antworten sollen/lehret vns/zeit vnd statt/ in ordnung zuuermercken/Dann der vollfürt vnzeitige Red/so jm seines fürwendens oder fürbringens niemandt auffmerckt/ Vnnd dann wann er antwort gibt/ vor vnd ehe mit jme geredt/oder er gefragt wirdt. Vnd wenn einer treffenliche botschafft zuwerben gesandt wirt/gebürt ihme ordnung zuüben nach der zeit/vnd statt/Nach der zeit soll er die vorgeschehen ding zuuor melden/vnd nach der Statt/jeden theyl seiner red/nach gestalt der sachen/an sein fruchtbar statt setzt/Wie bey den Instructionen in disem Buch ferner zusehen/ vnd anleitung vorgeschrieben ist. Ob bestimbten onderweisungen nach/

Sechs stück/ in welche sich ein jegklicher zuuor erforschen soll/ehe er sein Red auß trückt.

mag jeder nunmehr leichtlich in wircklicher handlung/der Red maß gleich bedencken/Zum ersten/wer er sey/so er handlen wil/ Item/zum andern/was/ Zum dritten/ mit welchem/ Zum vierdten/warumb/Zum fünfften/wie/Vnd zum sechsten/wenn ers handlen wil/re. Fürther wil ich kürtzlich zu den vbrigen theylen der Rhetoric greiffen. Also erstlich

Von Gespräch/vnd seinem anhang.

Gespräch/

vnd Cantzlei Büch.

Gespräch/hat figur der stim̃/vñ bewegung des leibs. Figur der stim̃ hat wesen/das von artlicher vernunfft/nach vffgesetzten Regeln/vnnd in geflissener vbung vnnd sorg/sich zeigt. Dise figur hat drei theyl/Nemlich/dapfferkeyt/oder grosse gesundheyt oder gletti/vnd liedmaß. Dapfferkeyt der stim̃/kompt von natur/vnd wirt durch fürsehung/nemlich zuuermeiden das/so der stim̃ schaden bringt/vnnd zubrauchen/das sie in wesen behalt/gebessert vnd behalten. Sennfftigkeyt oder gletti der stim̃/ist von natur/vnd wirt durch vbung (als wann sich einer in rechter mütmaß zureden vil braucht)in jrem wesen behalten. Mütmaß/oder liedmaß der red/das ist wann einer sein stim̃ trückt oder dem ge/nach seinem gefallen/kompt mehrerteyls von vbung embsigs gesprächs/wie dapfferkeyt/vnd zum theyl sennfftigkeyt der stim̃(die von natur kom̃en/vnd fürsehung bedürffen) zubhalten seyen/gebürt sich denen zumelden/die solcher kunst wissen haben. Dann was gütigkeyt der stim̃ von natur anhanget/das gefelt auch dem hörenden/vnd macht jhn vff merckig/so fern der Redner solchs recht nachgesetzt braucht. Vnd hie geziempt von vbrigem theyl der sünfftigkeyt/so in vbung gesterckt wirdt/deßgleichen von liedmaß der stim̃ berürung zuthůn. Denn mag einer sein stim̃ so er reden wil/sennfft/starck/oder gantz behalten/wenn er anfangs seine red/still/nider/vnd sittlich thůt/deß die lufftadern werden versetzt wenn mann sie vor sittlichem ergehen der stim̃/mit gäher schreyender stim̃ erfüllt/so ist dem hörenden nichts vnlieblichers/dann im anfang ein Laut gespräch oder schreiende stimm/Sich gebürt auch anfengklich zwischen den stücken oder theylen seiner red/wo das schicklich sein mag/vnderleibung oder vffhaltung zunemen/Angesehen/daß in dem at-them̃fang wirdt erquickt die stim̃/vnnd im schweigen ruhen die lufftrörlin. So gibt sollich vnderleibung/welch sittlich theyl die meinung vnnd sinn der red/dem hörenden verstendlicheyt/vnd weil die red wol zubetrachten.Vnd ist vnderläßlich schreyende red/gar zůzuuermeiden. Angesehen/daß darauß ein just oder streych inn den glidern/so die stim̃ gebe rem/entspringt/der verwundt/vnnd entricht die lufftlöchlin/damit ein schöne/oder helle stim̃ verzert/oder gelent wirt/vñ macht den hörenden vff zumercken vnlüstig. Begibt sich aber etwan lautbar oder schreyende red zuthůn/so můß er die verlassen/vnd widerumb mittel sprach annemen/dann solch wandlung/jetz sannft/darnach höher/vnnd widerumb in mitler stim̃ zureden/behalt den Redner in jeder stim̃ gantz/vrsach daß die Rachen hitzig/die lufftrörlin erfüllt/vnd stim̃en in gleichförmigen Thon gefürt werden/vnd machet den hörenden lustig/vnd befelh sein gemůt in fleissiger vffmerckung/Aber ein hoch/klein oder spitzig geschrey/verwundt die Rachen/vnnd stim̃/ist den hörenden vnangeneh̃m/vnlieblich/vnd mehr weibischem geschrey/dann manlicher wirdigkeyt zuuergleichen. Die letzt beschließlich Red/mag einer wol on vnderleibung außsprechen.

Von Liedmaß der Stimme.

Vtmassung der stim̃ hat drey theil/Nemlich/Zum ersten Red die täglich die menschen vnder einander brauchen/Zum andern/Zanck/als etwas zubestetigen/oder zuuerwerffen/vñ zum dritten/breitmachung/oder bewegung/als jemand zu vnhold/oder zu barmhertzigkeit zuerweckt. Die täglich Red hat vier teyl/Nemlich/Zum ersten/schwere/die beschicht mit etlicher dapfferkeit/vñ nidertrechtiger stim̃/zum andern erzeugung/darduch man lehret in nidertrechtiger stim̃/wie/oder in welcher maß etwas beschehen/oder nit beschehen mag/Zum dritten/fürtrag beschehener ding/Zum vierdten/schimpfflicheit/daher frey vernünfftig gelächter erweckt wirt. Zanck hat zwey glied/nemlich zum ersten/ein schnell schreibende beharung/die Red zuuolfüren/etwas zurathen/oder zuwiderrathen/Zum andern/gähe vmbtheylung der wort/mit seltzamen vnd kurtzen vnderleibungen/vñ schneller rüffung/Als sprech einer/lang her mir schwert/beut du mir Pfeil/spann dus Armbrust/lauff du zum Sturm heiß stürmen/lauffend jr zum Thoren/vñ an die Maur. Bewegung oder breitmachung/ist getheylt in ermanende verweisung/darduch wir die hörenden gegen widertheyl vnwärsch machen/Vnd in erklärung/dardurch der hörend zur barmhertzigkeit bewegt wirt/Wie nu gemelte stück in geschicklichem gespräch gehalten sollen werden/ist zumercken. Weil sich die Red in schwerer sach gebürt/ so ist in dapfferer vnd niderer stim zuüben/doch nit so nider/daß erschrecklicheit darinn gespürt werde/als etwan den Sprechern begegnet. Begibt sich aber mit erzeygung zureden/ so soll die stim etwas dünn/oder klein sein/vnd offhaltung/oder vnderleibung haben/damit die gezeygten ding dem gemüt des hörenden ingepflantzt/vnnd darinn vnderscheiden werden. Aber in verkündung/soll die stim gewandelt werden/jegklich ding in der gestalt/ wie es beschehen ist/fürzutragen. Nemlich/ist etwas strengs gehandelt/das verkünden wir ein wenig schnell/ist es aber nicht strenglich beschehen/so verziehen wir die Rede langsam/ scharpff sach/mit scharpffer stim/demütig sach/mit trawriger stim/frölich sach mit frölicher Red/je darnach in der verkündung mancherley händel zumelden/fürfallende. Nemlich was einer geredt/der ander gefragt/diser geantwort/vnd theuer verwundert hab/vnd also jeder Person geschicklicheyt in des Redners stim angezeygt werd/als in dem Passion vnsers lieben Herrn vnnd einigen Erlösers Jesu Christi/die Euangelisten pflegen/das wirdt durch den lesenden außgetrückt/Nemlich/der Euangelisten wort/oder red/in mittlem thon/die red Christi demütig mit niderer stim/der andern Person/etlicher in mittelmessiger/etlicher (vnd besonder der Juden/als grimer harter leut red) in hochschreyender stim/anzeigend. Vorgemelt anzeygung soll mit rechten geberden (wie hernach weiter von bewegung des leibs/anregung beschicht) zugehen. Item in schimpffred/mit lächerlicher stim/dardurch des Redners lachen ein wenig/aber nit inniglich schein/zuuermeidung vber trettung seiner zimlicheyt/dann von ernsthaffter rede muß er sein stim meistern/dardurch ein erbarn lachen in den hörenden zuerzünden. Begibt sich aber in zanck schnell beharrung zuüben/so wirt die red in mitler stim/schnell vn beharrlich/ein wort vffs ander gebraucht/ daß keins worts gethon verachet/das nachfolgend nimpt sein anfang. In vßschreyung gebürt sich die stim zum höchsten mit aller klärsten außschreyung/vnnd souil vnderleibung zwischen jeder außruffung zuhalten/als vil Spacium/odder verzugk die außruffungwehabet hat. Begibt sich aber breitmachung in abweisung/so brauchen wir aller kleinest stim/ mit leichtem ruff/inn gleichem thon/Mit embsigen verwandlungen inn grosser eyl/oder schnelligkeyt. In beklagung brauchen wir vns einer gezwengte stim/mit genetgtem thon/ in emsigen vnderleibungen/langen verziehungen/vnd grossen verwandlungen.

Von bewegung des leibs.

Bewegung des leibs/ist ein zämung des angesichts/vn der geberd/welch gezämung den Redenden gebürt/ vn macht den hörenden angenem des Redners fürtrag. In angesicht des Redners soll sich erzeigen ein ersam schamhafftigkeit/vnd dapfferkeit/ in der geberd/oder bewegüg/zimpt sich wol nit vppig/noch geyl zuertzeigen/damit der Redner nit für ein Sprecher/würstsämler/ob für ein bäurische vngeschickli man geacht werd.

In bewegung des leibs ist warzunemen die theil der stim (dauon oblaut) sich darnach zubewegen. Begibt sich in schwerer treffenlicher sach zureden /so bleib der Redner im fußstapffen/vnnd beweg messiglichen die rechte handt/in frölicher/trawriger oder mittelmessiger zeigung des angesichts/wie sich dann/jhe nach liedmaß der red gebürt. Wil aber die red gebraucht sein in der zeygung/so reckt natürlicher neygung nach der Redner sein halß ziemlich vnd rechelich/ein wenig sein häupt für sich/dem hörenden zunähen/waß er jn etwas gründtlichs anzeygen vnd berichten thut /doch soll er sich dem hörenden nicht zunahe verfügen/als etlich die einem ins angesicht hauchende/den hörenden auff sein brust klopffen/vnd jn etwan freueulich herumb ziehen/oder von jn stossen/das ist grob/vnd gantz vnhöflich. Kom̄t aber die red in verkündung/so mag bewegung des leibs (wie vor in treffenlicher sach angezeygt ist) gebraucht werden. In schimpffred soll wir etlich lächerlicheit des angesichts erzeygen/vnd sonst kein bewegung des leibs brauchen. Begibt sich die Red in zanck der beharrung/so wirt des Redners arm schnell bewegt/die gesicht scharpff/vnd das angesicht wider vnd für gewendt. Beschehe aber zanck durch vmbtheylung / so wirdtgebraucht schnell außbreitung des arms / vnd fürsetzung des rechten füß/mit ein wenig triplen

vnd Cantzlei Buch.

plen oder tretten/vnd ein scharpff angeheffte angesicht. Brauchen wir aber red in breitmachung/ so halte wir vns in der bewegung ein wenig träger/ vñ sonst gantz wie im zan eck der beharzung vorgemelt ist. Vnd so bewegnis in beklagung fürfelt/ so wirt etwan gebraucht ein weibisch klag/vnd des haupts bewegung/ etwan still geberd/mit trawrigem angesicht.

Von zierlicher Red der Rhetoric.

IN dreyfältiger figur oder Styl wirt die red gebraucht/Der erst Stylus ist schwer vnd dapffer/ Nemlich/ so man von ernsthafftigen treffenlichen sachen redt/darinn sindt auch zubrauchen die aller treflichsten/artlichsten stück/vnd wort/sie seyen eygen/vbertragen/oder entlehnet/ wie sie dass aller schicklichst den dingen/dauon man redt/ zůgelegt mögen werden/vnd dieselbe sach zum scheinbarsten vnd geziertesten geben/ Nemlich durch zierlich reden/die mann braucht in schützlich oder breitmachung eines dings/od der in erbarmung. Die wort heissen eygen wort/welch vffgesetzt sind zubedeuten ein ding/ vnd sonst nichts anders/ Als das wort Mensch/ bedeut nichts anders in seiner eygen vffsatzung/dann was ein mensch ist. Vbertragen oder entlehnet wort sind die/so etwan genomen werde zubedeuten ein ding/das etlich wirkung/ oder eygenschafft an jm hat/ wie ein ander ding/das disem vngleich ist/ Als ein Prelaten gebürt sein vnderthan zuweisen/vnd zubeschirmen/nach seinem vermögen/vnd gebürlicheit seines ampts. Dessgleichen einem Hirt stehet zů sein Herde zuwenden/vnd zubeschirmt/ auch nach seinem vermögen/ Darumb wirdt zuzeiten ein Prelat/der seinem Ampt gnůg thůt/ ein gůter Hirt genant. Diss ersten Stylo nemen wir ein Exempel der Red/die M.T.C.wider Catilinam gefürt hat/ Also/ Wer ist vnder euch Richtern/der genůgsam geschickt Peen mög erachten/vber den der sich vndernomen hat/ sein Vatterlande den Feinden zuůbergeben/Welche boßthate mag deren gleichen/ Welch peinigung mag dieser boßheyt zůgehörig/gemeß funden werden. Vnser Eltern haben Jungkfrawen verfellern/vnd Frawen benotzögern/auch verletzern der menschen/vnnd todtschlägern/die höchsten Peen zůzefügt/ Aber vorberürt aller grimmigste/boßhafftigsten sünd/haben sie nit sonderlich Peen verlassen. Dieweil dass in jeder obbestimpten boß gethat/allein etlich/oder wenig menschen verletzt vnd ergärnet werden/Vnd aber die/so vbergebung vnsers Vatterlandes angeschlagen/ mit gantzem rath/ allen Bürgern das höchst vngefell/zůzurichten verfaßt haben. O tyrannischer gemüt/O grüssiger gedanck/O verlaßner menschen/von aller menschlicheyt/die also verweckt sind/ nit allein wenig menschen zuverletzen/ sonder zugedencken mit welchem fůg die Feind frölich vnser Statt vberfallen solten/außzůreuten vnserer vorderer begrebnuß/ abzůwerffen die Zinnen/Häuser/vnd ander gebäw/auch die Tempel zůberauben/die Oberkeit zuentleiben/nach jrem gelust alle Jungfrawen vnd Frawen zůschenden/jrer feindischafftlichen dienstbarkeit/alle ding zů vnderwerffen/vñ diese löbliche Statt anzůzůnden/nach dem sie nit gnůgen wirt/jhren willen gnůgsam vollnbracht haben/ sie sehen dann vor/das aller heyliast Vatterlandt erbärmlich zů äschen gemacht sein. O Richter/ die vnlieblicheyt diser sache/mag ich mit worten nit ergründe/ aber mehr saumiglich red ich/ daß jr bedöffen meinnit/ so ewer gemüt (das doch am höchsten lieb hat gemeinen nutz) euch leichtiglich weiset/ einn solchen der aller menschen glück hingeben wolt/ gälingen zůstürtzen auß der Statt/die er in boßhafftiger herschung/der sch mähesten feind/wolt verderben. In diser figur ist laster saum/weil in die Red verflochten werde/new vngehört/ oder entwohnt/vnuerstendlich/ zů hart vbergetrage/ oder hochmůtig stoltze wort/anders dass die sach (dauon man redt) erfordert. Dass wiewol zuzeiten geschwulst eim leib dapfferlicher oder besser liebmaß zůscheinen macht/ist doch solchs kein hübscheit/noch lustbarkeit/ Als etwan wir vnerfarnen (weil wir brauchen new/oder veralte wort/oder zuuil schwer geschwollen vnd vbertragene wort in reden vnd schreiben/anderst dann die sach erfodert/meinen wir vben vns in dem schweren Stylo/vnd wirdt darauß nichts anders/dann ein mißbrauchte geschwulst gesehen.

Vom mitlen Styl.

New Titular

Er mittel Styl wirt geübt durch minder treffenlich wort/ vñ zierd/ vnd dannoch nit nach den aller schlechtesten worten/ sonder wie sich in einer sach begibt/ die nit vbertreffenlich/ noch vnachtbarlich/ sonder in mitler maß sich halt. Des nemen wir beyspiel Ciceronis/ Nach dem eine Statt wider die Römisch mache strebt / vnd sich mit den Römern ein Krieg vñ streit zufüren/ vnderstund/ wolt Cicero vorm Rath erzeigt/ auß argwönigen stücken/ dz dieselb widerwertige Statt sich nit jrer eygen macht tröst / sonder tröst sich des/ daß der mehrertheyl Römischer Bürger/ heimlichē bunde mit jnen geschworen hetten/ vnd nit wider sie thäten/ Darumb sprach Cicero also: Mit wem füren wir ein streit/ O Richter/ jr sehet/ wir streiten mit vnsern gesellen/ die für vns zustreiten/ vnd vnser Reich zubehalten/ mit vns gleich sorgfältig seindt/ Dañ dieweil sie sich selbs/ vnd jre hilff/ vnd alle gnügsamkeit der notturfftigen ding erkeñen/ nach dem sie mögē/ durch nachbaurschafft vnd gemeynschafft/ die gantz vermöglicheyt des Römischen Volcks wissen/ vnnd vberschlagen/ haben sie den streit mit vns zuuolfüren/ beschlossen. Lieben Herrn/ ich bitte euch/ was meinet jhr/ welcher ding sie zugeniessen vnderstanden / in annemung des streits wider vns/ dieweil sie mercken den grösten theyl vnserer Gesellen/ in jrer nutzbarlichen pflichte zubleiben/ dann sie wissen/ daß sie kein meng der Ritterschafft/ noch geschickte Häuptleut/ noch gnügsamkeyt der ding/ die zum streit gehören/ von jhn selbs mögen haben/ vnnd weil sie mit denen vff dem Lande ein Krieg füren solten/ dariñ sie ein einigen streit sorgten/ sie kämen doch aller ding baß vnderweget vnd scheinlicher/ dañ daß sie mit solcher kleinen eygenen macht vnderstünden zueroberen das Reich der vmbkreiß der Welt/ dem doch alle König/ Völcker/ vnnd Nation/ etlich von gewaldt/ etlich williglich gehuldet haben/ da sie eintweder durch Waffen/ odder miltreich erbarmung vom Römischen Volck vberwunden würden. Spräch aber jemand/ wie dann die Fragellanischen/ haben sie nit auch dessgleich mutwillig versuchet? Da ist vnderscheidt zumercken/ so die Fragellanischē (als vnerfarn) nit haben mögen auß vorbeschehen sachen jnen selbs Exempel betrachten/ sonder als so auß vnfürsichtigkeyt sich selbs verfürt/ So möchten doch wol dise destminder leichtlich vndernemen das/ das sie gesehen haben den Fragellanischen gefehlt sein/ vnd also auß eins andern schaden sich fürsehen/ weil sie nit etwas ferner wüsten/ vnd deßhalb auß keiner eygen sach noch bewegung/ haben sie die Waffen zustreiten angenommen. Dann wer hett glaubt/ daß jemandt in solcher vnweißheyt stündt/ daß er solch Reich der Römischen Völcker zueroberen/ versuchen dörfft/ so er kein gnügsamkeit seiner macht wüste/ darumb muß etwas vorhanden sein/ was mags anders sein/ dann das/ das ich sprich.

Laster des mitlen Styls.

WElcher in mitlem Styl zuwandlē fürnimt/ vnd dariñ den rechten weg nit treffen kan/ sonder jetzt/ der kompt in ein lastersam styl/ genant zerstört/ oder wanckelbar/ Nemlich wañ er jetz zuuil hochtragend/ dañ zuuil demütig/ vñ nichts bekrefftigs noch bestendtlichs außrichten mag des dings/ darzu solch Red anfänglich geordnet ist/ vñ gebirt zweiffelung/ Als wolt einer durch vrsach beweren/ daß obgemelter statt widerstreitung ein zeichen wer/ eins heimlichen bundts/ vnd sprach also / So doch vnser nachbaurn mit vns streiten wöllen/ hetten sie dann auch vernünfftiglich betracht/ was sie vermöchten zuthun/ ob sie so doch mutwillig theten/ vñ nit hetten von hinnen vil böser vnd verwegener menschen/ Dañ warlich alle die sindt gewont lang sich zubedenckē/ welche etwas groß handeln wöllen. Dise Red mag nit ein vffmerckiger hörer behalten/ dañ sie zerfleuße gantz/ vñ wirt nichts mercklichs darauß zuergreiffen/ mit vollkoñen worten vmbfangen. Der dritte Styl ist nider vnd demütiger form/ vnd wandelt in geübtester gewonheit der Rede/ Als bete ich ein Schultheyssen in ein Dorff vñ einn Karrn mit Holtz/ vnd sprech also/ Lieber Schultheyß/ schick mir ein Karrn mit holtz/ ich wil dir hernach auch als lieb drumb thůn. Welch nit mögen wandlen in der schlechtesten Red / wañ sie ein klein sach vorhand habē/ die kollen in ein laster/ genañt dür: außgesogen/ oder elendt Red/ oder zuuil auffgestigen/ Als sprach ich gegen Schultheyssen oder Vogt/ im Dorff/ von des karren Holtz wegen: Gnediger Herr der Schultheyß/ zu ewern gnaden ist mein vnderthenig demütig bitt/ mir ein

vnd Cantzlei Buch.

tinn Karxn holg gnediglich zůzůfenden/ mir damit ewern gneuigen willen erscheinen/ vnd nichts daran zu reissen zulassen/ das thůt mich schuldigen/ zů ewer gnaden dienst/ noch schuldiger binden/ vnd allzeit zugedencken/ solchs gegen euch danckbarlich zuwiderlegen. Dise red ist straffbar/ darumb daß sie zu hoch steigt/ Souer sie aber auff Person vnd sach diente/ im schweren oder mitlen Styl/ wer sie nit straffwirdig. Obgemelt drei Styl ziehen an sich geziert der Red/ vnd geben die geschickt/ theylsam/ oder vngeschickt/ ihe nach dem seltzamkeyt/ oder emsigkeyt/ in der Red gebraucht wirdt.

Von Zierung/ vnd ebenmachung.

Zierlich/ nützlich/ vnd vollkomen Red/ soll drey ding an ihr haben/ Nemlich/ ausserwelung/ zusamenfügung/ vnd wirdigkeit/ oder hübschheit. Ausserwelung macht/ daß ein jegklich wort lauter vnd schön zu reden vermerckt wirdt. Ausserwelung der Rede hat zwen theyl/ nemlich Sprach vnd ebenmachung/ Sprach behält die Red lauter. Laster der Sprach seind die/ dardurch die Redner destminder subtil genant/ noch für guten teutscher der wort gelobt wirt. Zwey laster der wort werde gesehen/ Nemlich ein vbelthönende/ oder ger adspreche verfügung der wort/ welch laster in Latein genannt ist Solœcismus, das hat *Solœcismus.*
sein namen daher/ daß ein Statt Sole/ zwischen zweyen vnderschiednen Sprachen gelegen war/ deßhalben das Volck derselben Statt/ sich beyder Spraachen gebrauchet/ vnnd doch in keiner vollkomen war/ Als/ so ein Walch in Teutschland kompt/ der nit vollkomen teutsch lehrnet/ vnd sich teutschs vbet/ Also/ der Jungfraw/ vnnd der Fraw/ seindt schön/ vnd reich/ das drey groß Man sind der gaß aufgeritten/ vnd deßgleichen. Das ander laster/ wenn einer die wort gebrächhafft außtrückt/ Als sprech er/ Der Doctor ist Ayolons vnd Moses Wirmer Fürspräch gewesen/ gegen den Frawen zun Ruwernun/ vnnd hett durch ein Lotari von der vrtheyl Bappelliert/ So er sprechen solt/ Der Doctor ist Abso- *Barbarismus.*
lons vnd Moises Widmeyer Fürspräch gegen Frawen zu Reuwern/ vnd hat durch ein Notari von der vrtheyl appelliert. Diß laster weil einer die wort in einer frembde Sprach vbel außtrückt/ Als so ein Teutscher Lateinisch wort/ nemlich Lotari/ vnd bappellieren/ gebrochen Red/ wirt genant Barbaralexis, Macht er aber in seiner eygen spraach mißförmige wort/ Als Jegli vnd Cleiri Wirmer/ haben Lienlin vnd Henniu Müller jr heng gebunde/ So er sprechē solt/ Jacob vū Clauß Widmeyer/ haben Leonharden vū Hansen Müller jr hend gebunden/ so heißt das laster Barbarismus, vō wegen der bäurischen grobheit.

Von ebenmachung/ vnd ausserwelung/
anderm theyl.

Ebenmachung gibt die Red leuchtende vnd offenbar/ das beschicht durch geübt vn eygne wort. Die wort sind geübt/ welche in täglicher Red wandlen/ vil von gelerten vnd geschickten weisen Personen außgehend/ so heissen die wort eygen/ die ein ding (dauon man redt) zugehören/ oder geschicklich zugelegt mögen werden.

Von zusammensetzung/ dem andern theyl
der zierlicheyt.

Zusamensetzung ist ein verfügung der wörter/ die dadurch förmlich ghoblet vnd geschickt werden gemacht/ Als wenn wir fliehen embsigen zusamenlauffender worten sylben vnd buchstabē/ die ein vngefüg/ vnlieblich stim gebere/ als hernach in Exempeln zuuerstehn geben wirt. Diß teyl der zierlicheit hat drei theyl/ nemlich/ geschmücklich vereinigung der wort/ ordnung vnd zal. Geschmücklich vereinigung/ ist ein schicklich versammung der wörter/ die nach den Buchstaben vnd Sylben/ ein wolhellende gethön macht/ dadurch das gehör kein verletzung empfahet. Vnd welcher Redner/ oder Schreiber/ solch geschmücklicheit oben wil/ der soll warnemē sich zu hüten vor manchem laster/ deren etlich hernach gemelt werdē. Nemlich/ gebürt zuuermeidē embsig zusamenschmidung der wort/ die an Vocalen außgehen/ Also/ Eua anfang vnsers leidens/ Maria/ Anna Tochter/ widerbringerin vnsers Heyls.   Item

New Titular

Item wann vil wort einander on mittel nachfolgen/vñ gleich anfäng haben/Also/als jr nun das meysterlich mercken mögt. Wer weiß wenn wir wider witzig werden/oder gleiche außgäng haben/Also/ewer blödigkeyt/franckheyt/trawrigkeyt/vnd bitterkeyt/enden sich bald in frölichkeyt/Ewer fürsichtigkeyt/ersamkeyt/miltigkeyt vnd weißheyt/können das wol verstehen. Du hast mich in vnwiderbringlich/vnuerkießlich/peinlich/vñ tödlich angst gefürt/Besonder stünd auch vbel/wo vil wort einander nachfolgen/ deren jedes am Pf. anhebt/Als dein Pfründt/Pfaff/Pfandtschafft nüsser werden soll/vnsers Pfarrhers Pferdt/pfetzen vnd beissen gern/Vnser Pfister/ Pfeiffer/Pfeffermül. Item so ein wort an ein andern Büchstaben/dann am Vocal außgehet/vnnd das nechst wort darnach an demselben Consonant anhebt/ Also/lob/ preiß/ sing/ vnnd sage ich den hübschen schönen Fräwlin. Item wenn vil wort an eim Consonant anheben/Also: Da der Dauid dem Daniel dantz verbott/ließ Leonhart Einstrit Lützen auß not. Item zuuil vereinigung der materi von eim wort/ist auch lastersam/ Also/das ist nit vernunfft/ der vernunfft/vernünfftig den zuschetzen/der in vrtheyl zufällen nicht vernunfft braucht. Der ist ein freundt/der freundtschafft freundlich freunden zeyget / vnd alle dergleichen anfäng vnd außgäng/sie kommen her von Büchstaben/Syllaben/oder worten/ wenn sie einn harten vnlieblichen Thon geberen/sind sie zuuermeiden in höflichen Reden vnd Schrifften. Doch wo etwan notturfft vnnd vrsach derselben zusammenlauffung/ die nit zuuil embsig ist/erfordert/ so ist solches nit allweg ein laster/sonder macht zuzeiten die Red treffenlich/als hienach von der wirdigkeyt ferner gemelt wirdt.

Von ordnung/dem andern theyl der zusammensetzung.

Ordnung der wort vnd Reden/begibt sich in natürlich vnd in künstlichem anschicken/vnd so etwan ein wort der mindern bedeutnuß/zwingt das wort so mehrer bedeutnus hat/nit mehr zubedeuten/dann das minder wort anzeigt/als hernach weiter erklärt wirt. Zum ersten in natürlicher ordnung ist zumercken/ daß der Redner in seiner Red/ darin er vil ding on mittel einander mag außtrücken/besonder so er etwas verkünden wil/natürlicher eygenschafft nachfolgen soll. Nemlich/je das wirdigst von natur/vorn dem mindern / Als Uffgang der Sonnen/vorm Nidergang/Tag vor der Nacht/den Herren vorm Knecht/Bapst vorm Cardinal/vnd vor allen anderen Geystlichen vnd Weltlichen Personen/Den Keyser vor allen Königen/ Fürsten / allen Geistlichen vnnd Weltlichen Personen/Churfürsten vorm Fürsten/Fürsten vorm Grauen/Grauen vorm Ritter/Ritter vorm Edelman/Edelman vorm Bawern/vnnd dergleichen/güts von bösem/vnd also von andern dingen melden. Solten daher solch wirdigkeiten in einer Red/vnd doch mit vil worten dazwischen/oder nit in einiger Red/sonder in vil gesonderten Reden/gebraucht werden/so mag mann die gemelt ordnung keren nach gelegenheyt der sach/ Nemlich in einiger Red/mit zwischen gelegten worten/ Also/ Nach dem ein grosse schar/ zum ersten der Frawen/ darnach der Mannen / vor vnserem Allergnedigsten Herrn dem Röm. König für den N. zubitten erscheinen/werd jre Kön. Mt. gnedig vnnd barmhertzig funden/Solchs mag leichtlicher in vil gesonderten Reden gemerckt werden/Also/ich bin inn der sach gegen Petern vor Gericht zu Freyburg nider gelegen/ vnnd hab vor meinem Herrn Landtuogt vnd Rath geappelliert/daselbst die sach behalten/ dauon hat mein Widertheyl/für vnsern Allergnedigsten Herrn den Röm. König geappelliert/&c. Hie wirdt der wirdigst zuletzt genambt/vrsacht gelegenheyt der sach in vil gesonderten Reden.

Item wol ist geredt/oder geschriebe/so einer in verkündung natürlicher ordenung nach spricht/mein Vatter/Brüder/Verwandten/vnd Ich/haben vns vereint/Wolt ich aber nach künstlicher ordnung etwas zuerklären in zusagung reden/so möcht ich sprechen/Du solt dich vmb willen deiner güthat/mir begegnet/allzeit zu mir versehen solcher trew vnd güthat/die ich meinen freunden/brüdern/Vatter/vnd mir selbs beweisen möcht.

Zum andern ist ein künstlich ordnung/ die hat solch eygenschafft/ daß die rede wachsen
vnd

vnd Cantzlei Buch.

vnd auffsteigen soll/vnd sich nimmer mindern/ noch nidern. Nemlich/wann vil wort die zu einem ding gehören/einander nach versamlet werden / so soll je das letst wort in lobwirdiger/vnd in schelten treffenlicher sein/ dann das vorgehendt wort sey/ als hernach in beyspielen erklärt wirdt/ Das geschicht inn drey weg/also in worten auffzusteigen/Nemlich/wann vil wort inn ein einig red dienen/also/ Dieweil wir sehen/daß gerechtigkeyt solch vbertreffenlich tugent ist/daß dardurch Schloß/Stätt/Länder/Fürstenthumb/vnnd alle Reich geregiert/behalten/vnnd gemehrt werden/sollen wir billich vnser gedancken/fleiß/arbeyt/ glück/vnnd vns selbs darauff geben/daß dieselb billicheyt des Rechten gehret vnd gehandthabt werde. Nemet war/daß diß Red dreier Partickel wächset/ Zum ersten in den worten Schloß/Stätt/Länder/Fürstenthumb vnd Reich / Darnach in den worten/geregiert/behalten/vnd gemehrt/ Zum dritten in den worten/gedancken/fleiß/arbeyt/ glück/ vnd vns selbs. Denselben worten allweg in jedem Artickel der Red/das erst minder wirdig ist/dann die nachfolgenden wort seyen. Item spöttlich/schendlich/schädlich/ vnd verderblich wer/solt der mensch vngestrafft hinkommen/so er spielens/raubens/diebstals/breitens/ vnd mordens/all sein tag gepfleget hat/ Dise wort bedeuten allweg/das erst minder schädlicheyt vnd boßheyt/dann die nachgehenden/ die steigen off vnd off zunehmen die vngüttigkeyt. Item wiewol vnser voraltern dise zierlicheyt in reden vnd schreiben fleissig gehalten haben/ist doch solches vnd anders in einen mißbrauch kommen/ besonder die wirdigkeyt der Person antreffende/ Dann mir zweiffelt nit/auß etlicher wolgefallen/ die jhres wolgefallens vrsach nit recht ergründt haben/entspringt/Daß wir reden vil schreiben/dem Durchleuchtigen vnd Hochgebornen Fürsten/ so wir billicher sprächen/Dem Hochgebornen vñ Durchleuchtigen Fürsten/vnd daß die Red wüchse/ Dann hett ein Redner/oder Schreiber/gegen Fürsten sein lob groß zumachen/ ein solche inbrünstigkeyt/als ein mutter gegen jhrem Kinde hett/das in lob zuerheben/ so gebe jhme sein natürlich eygenschafft zuerkeisen/ das wirdiger wort hienach zusetzen/daß er gedächte/ ist er Durchleuchtig/ so müß er auch Hochgeborn sein/Daß mancher kan Hochgeborn sein/vnd nit Durchleuchtig. Deßhalb das wort Hochgeborn/so es nachfolgt/jhme an seiner wirdigkeyt abnimpt/ Gieng es aber vor/so wer es also zurechnen/der Fürst ist Hochgeborn/nit allein dasselb/sonder grösser vñ wirdiger ist/nemlich Durchleuchtig. Also wirt die Red dem Herrn in lob vffsteigen/wie die Fraw zu dem Kind spricht/auß iübrünstiger lieb vffsteigende zulobē/du bist mein Fürst/ mein König/mein Keiser/vñ alles Gottsamen/Nemet war/das wort alles Gottsamen/ vbertrifft die andere wort/als sprech sie/du bist vber alle ding/ Diß anweisung ist zumerckt in der Red/die allein zuerklären einig ding berürt/ treffs aber mehr daß ein ding an/dem/daß eins mehr: dann das ander wirdig/oder schädlich wer/ so bindt diß ordnung nit/sonder mag natürlich ordnung gebraucht werdē/also/ den Durchleuchtigen Hochgebornen Fürsten vnd Herrn/Herrn N. rc. vnd dergleichen andern/rc. Auch jetzt nit wann einer spricht/ Dieweil Peter der Mörderei/Claus der Räuberei/vnd Jacob Diebstals pflegt/ seind sie alle straffbar. Dienten aber die wort allein vff ein Person/ so stünden baß die mindern boßhafftigen wort vor/ Item wenn die wort wachsen / die weit von einander stehen inn gesönderten Reden/vnd deßhalb steigen dieselben gesönderten theyl der Red vff/ Also: Ich hab ein hertz zu Petern durch sein groß lieb die er zu mir hat/durch sein vbertrefflich tugent/vñ durch sein mercklich gutthat/mir von jme bewiesen. Dise drey wort/Liebe/Tugent/vnd Gutthat/stehen in dreyen Reden vnwit von einander/vnd wirt jhed aus vorgehendt wort/vñ deßhalb die Partickel der Red von nachfolgenden vbertroffen/ diß soll allweg nach gelegenheyt der sach gebraucht werden/dañ wolt ich einn loben von demütigkeyt/ vñ sprech: Wiewol Peter an Güt reich vnd Edel ist/so hat er sich doch solchs nie vberhebt/sonder in wandelung mit den Armen sich beweiset/ als jr Gesell/Diener/Knecht vnd gehorsamer/ so wer dannoch die Rede nicht straffbar/ vnd daß die treffenlichen wort vorgehen. Vnd zuletzt/ wenn nicht allein einige wort/ sonder gantz Reden/ oder stuck der Rede/ vnnd handlungen auffsteigen/ Also inn dem köstlichen Redener Tullio ist gewesen zureden/ solche krafft zierlich außzusprechen/macht/ zuhandlen vernunfft / vnd seiner Reden solch reichthumb/

als

New Titular

als wer jhm von natur ingepflantzt/daß er heit so scharpff sinnreich begreifsenlichept/ treffenlicheit/sentenz/starck gedechtnuß/vñ gůt Redners geberd/daß er durch alle ding möche in seinem gemůt empfahen/in gedechtnuß behalten/ dem gemeinen nutz hilfflich sein/vnd all ander ding regieren. Darumb stünde jhme zů/inn fürfallenden geschefften/seinen rath weißlich außzutrucken/dieselben sachen in gemät zufürsehen/mit Ehehafften zubeweren/der auch dem heyl seiner freund tröstlich/stewr/hülff/vnd rath verfügt/widerstrebern des Rechten/krefftig widerstünde/Er nam zů dienst an die tugentreichen menschen/die güter heit er außbändlich lieb/ die mit laster vmbgeben waren/thet er vermeiden vnnd fliehen/ Alle sein handlungen inn den gemeinen nutz / waren fürsichtiglich angesehen/scharpff er= klärt/sicher außgewegen/willigleich angehebt/fleissig vollfürt/ mässiglich geregiert/bestendig gewürckt/vnd weißlich vmbgethept/besonder alle gefatz des wolredens von jhme vernünfftiglich gemercket/mit worten geziert/mit geschlechten erleucht/vnd mit teplen außgespreit/darzů seindt dannoch alle fürbündung vrsach auß der Philosophi zů wol vñ recht leben/aller höchstgehörenden/von demselben Cicerone aller weißlichst betracht/zum nützlichsten beschrieben/vnd göttlich erschienen. Darumb derselb Cicero auß Göttlicher weißheit erleucht/mit fürtreffenlicher verständtnuß begabt/mit durchsichtiger stärck seines gemüts bewart/mit vnglaublicher mässigkeit durchschienen in gantzer trew angemercket/in aller trefflichsten menschlicheit geadelt/ inn aller schönsten sitten geziert/ mit aller rechten auffsatzung zuloben gemehrt/ vnnd in allen andern fürtreffenlichsten tugenten schwer gemacht/vnd mit solchen seinen obersten/vbertrefflichsten Göttlichen tugenten hat er jhme selbs/durch alle region vnd teyl des gantzen vmbkreiß der Erden/allerschönest glorj seines namens/aller weitest außstreckung seiner tugent zum höchsten eruolgt.

Zum dritten geschicht ein ordnung/wenn in einer rede gesetzt werden zweyerley wort/ deren etlich gemeyn weit bedeutung haben/ als Mensch/ Gebrüder/ Schwester/Königreich/Statt/Zeit/Hochzeit/Monat/Vihe/vnd ander wort. Vnd etliche sonderliche eng bedeutnuß haben/ als Zwilling/Peter/Paulus/Hungern/Behem/Coßlentz/Freiburg/ Ostern/Pfingste/Mertz/April/Küh/Kelber/Schaaff/Schwein/vñ anders. Dise ordnung hat die eygenschafft/daß kein wort in der rede vnnützlich/noch vberflüssig gebraucht werden/deßhalb soll allweg das wort/der weitern bedeutnuß/der mindern vorgehen/Daß spricht einer/Peter der mensch ist tugentsam/wol er aber die red zieren/so müßt er sprech/ Der mensch Peter ist tugenthafft. Castor vnd Pollur zwilling gebrüder/haben mit jhren nachbauren krieget/so stehet das wort gebrüder/müssig vnnd vanutz/dann bey dem wort Zwilling wirdt gnüg sam gemerckt/daß sie gebrüder sindt/angesehen/daß alle Zwilling Mannliches geschlechts/gebrüder seindte. Wirdt aber also geredt/Castor vnd Pollur gebrüder Zwilling haben gstritten/so steht derselben wort keins vberflüssig/vñ steigt die rede auff/in dem daß mann zum ersten spricht gebrüder/vnnd darnach zwilling/Als ob mann sprech/sie seindt nit allein brüder/sonder auch Zwilling/das ist/sie seindt mit einander zů einer zeit/oder einer geburt geboren. Deßgleichen ist besser geredt/im Königreich Hungern oder Behem/in der Statt Vlm/im Monat April/ dann zů Hungern im Königreich/ zů Vlm in der Statt/zů Mertzen dem Monat. Besser ist/ich gib dir mein Vihe/Roß/ Küh/Schaaff/dann/ich gib dir all mein Roß/Küh/Schaaff/vnd Vihe/Wenn nit mein meinung wer/jhme Ochsen/Schwein/vnd ander Vihe zugeben/dann stünde das wort/Vihe/nicht allein müssig/sonder mächt ein zweiffenlich red/nämlich daß leichtlich dafür gehalten wirdt/das ander mein Vihe/so vorhin nit sonderlich genant/das wer vnder dem letsten wort Vihe/in kauff oder gab/verbunden. Besser ist gesprochen/diener vnd Rath/leib/ehr/vnd seel/dann seel/ehr/vnd leib/Ein Fürst redt gebürlicher/ Das ist vnser ernstlich meinung/dañ/das ist vnser gůt gefallen/Wolt er es aber beyd mit einander außtrucken/ist schicklicher/vnser gefallen vnd ernstlich meynung/ Item nach jeder Person/oder anderer ding wirdigkeit/oder vnwirdigkeit/vnnd eygenschafft/ in lob/oder scheltung/ im wort zůzulegen/die sich darzů gebüren/ Als/der Priester betet andächtig/der Ritter streit mannlich/vnd nit also/der Mönch betet mannlich/vnd der Ritter streit andächtiglich.

vnd Cantzlei Buch. VII

lich. Vnnd deßgleich vorm Keyser zureden/Ewer Keyserlichen Maiestat/vnnd nit ewer Ehrwirdigkeyt/Vorm Römischen König/Ewer Königlichen Maiestat/Vorm Churfürsten/Ewer Churfürstlichen gnaden/Vorm Hertzog/Ewer Fürstlichen gnad/Vorm Grauen/Ewer Gnaden/sie seien gleich Geystlich oder weltlich/wie man im Titulbůch hierinn dann klärlich findt vnnd außweißt. Item ein wort für das ander/das disem in bedeutnuß nit gleichen maag/ zunemen/ist zufliehen/ Als spräch einer/der Acker ist wol vnderweiset/für das wort gebawen. Item welche wort zusammen verfügt werden/daß eins dem andern sein eygenschafft zuerzeygen anhang thůn sol/ist zu zeiten hübsch/wann etlich wort schicklich/zwischen dieselben zůgehörenden wort kommen/doch nicht zuuil/dardurch sie nit zuweit von einander wesend/vnuerstendiglichen sinn zůbringen. Also/die Edel in tugent wolgezirt Jungfraw/ist in aller hübscheyt/vñ zucht lobsam. Die zwey wort/Edel vnd Jungfraw/thůt eins dem andern anhang/ vnd kommen dazwischen die wort/ in tugent wolgeziert/Sprech ich aber also/Die Edel wolgeziert in tugent Jungfraw/so stünde es vnschicklich/Sprech ich aber also/Die Edel wolgeziert/Adelicher gestalt/züchtiger geberde/ vnd behůtsamer red Jungfraw/ so stünd es zu weit von einander. Sich begibt offt/vnd ist zierlich/daß einer viel particel der red/beschleußt mit einem wort/Zum ersten setz ich beyspiel vom wort/Hab/vnd wie das mit demselben zuhanden/ Also ist auch in seinen mitfallenden worten/die vonn jhme steigen/ Nemlich/hast/hat/haben/hand/hettest/ hetten/ꝛc.zubrauchen/ Also/Herr Richter ich klag von Petern/ nach dem ich jhm von jaren einn Gülden järlich verzinset/vnd doch jn erbetten hab/daß er mich des Zinses gütlich erlassen/das Hauptgůt zu einer schuldt gemacht/die zu zielen bezalt zůwerden erlegt/vnd aber den Hauptbrieff nit herauß geben hat/daß er nit destominder jetzt widerumb in krafft desselben Hauptbrieffs/mich zůzinsen anlangt/vnbillich/so ich jhne doch sein Hauptgůt auff die gemachten Ziel/zum theyl geben hab/ Vnnd fürther/wenn ein ziel kompt/geben wil/hoff/ꝛc. Nemet war/in disem beyspiel beschleußt das wörtlin/Hab/zwen Partickel/ nemlich järlich verzinset/vnnd erbetten hab/so beschleußt das wörtlin hat/vier Partickel/ nemlich erlassen/erlegt/gemacht/ nit herauß geben hat. Item zierlich vnd geschmückt ist die red/wo solche stuck (also wie vorlaut) mit einem wort/ am ende beschlossen werden/das dann zwischen dieselben Partickel/souer jhr mehr dann zwen sindt/das wörtlin/Vnd/nit dann vor dem letsten stück gebraucht werde/als in obberürtem Exempel gemerckt ist/deß gleichen in anderer red die vil stück hat. Weren aber der stück nit mehr dañ zwey/so soll die zusammenfetzung/Vnd/darzwischen gesetzt werden. Aber etlich vnbericht/ die doch meinen etwas wissen/ vnd solchs von andern hören/oder in geschrifften sehen/ vnnd doch den grundt nicht mercken/mißbrauchen dise zierde/darmit/wann sie meinen subtil vnnd flüg sein/vermeiden sie die beschliessende wort/in allen Partickeln der red/ eben zum letsten als inn den andern/das bringt einen vnuerstendtlichen sinn/Also/Nach dem jhr mir freundtschafft beweiset/ich nit vmb euch verdient/aber berept/vnd darumb jetzt zu euch kommen/ solchs zuuerdienen. Die wort/haben/vnd bin/stehen nit in beschluß jeder Partickel/dahin sich dann wol gebürt/deßhalb ist solchs mehr entschöpffung/deñ gezierd der Red/darumb daß sie gantz herauß bleiben. Zuzeiten ist auch hübsch zureden/ vnnd den hörenden angeneme/wenn einer nach eim vollkommen sinn der red/etwas hinnach redt/das denselben sinn sterckt/Also/ ein starcker Man ist gedürfftig alle schäden vmb gemeines nutz willen inzugehen/vnd thůt solchs vnuerdrossen/Diß zůsatzung/Vnd thůt das vnuerdrossen/bewegt mehr das gemüt der hörenden/dann spreche er/Ein starcker Man ist gedürfftig all schaden vnd gemeines nutz willen vnuerdrossen inzugehen. Item ich bin bereit alles das dir gefelt nach meinem vermögen zuuollnfüren/vnd thů das willig vnd gern. Auch ist warzunemen/wañ einer in Reden also nützlich gewandelt hat/daß den sachen/dauon er redt/gnůg beschehen/vnnd die rede mit außbündigem sinn beschlossen sey/daß er nit erst ferner gang nach danckbarkeyt/die er mit wolreden erfolgt hat/mit einer zuuil schweren weiterung verkür/in welches laster vil fallen/mehr durch vnweißheit vnd saumigkeyt/dann durch mangel der ding dauon mann redt/ Als im fürhang des spiegels von den namen zu Latein ge

Verbum in fine orationis positũ, seruit pluribus dictionibus.

B

New Titular

Von mißbrauch der Synonyma.

nant Synonyma/ anzeyge beschicht/ dann etlich Redner vnnd Schreiber gebrauchen sich vil Synonyma in ein Red zuversamlen/ vnnd vermeinen damit die Red zuweiten/ vnd zuzieren/ so doch derselben wort keins/ weiter/ oder gemeyner bedeutnuß hat/ dann das ander/ auch keins das ander erklärt/ noch einig frucht/ noch nuß in der Rede gebirt/ dann in jeder Red sollen die wort nicht müssig/ noch on vrsach stehen/ sonder etwas nuß tragen/ das beschicht in den ganß gleichen Synonymis nit/ dann ganß vnnuß/ vnd nit zierlich ist die red/ Also/ du hast mich meiner ehren beschuldiget/ beleumbdet/ gescholten/ geschmecht/ vnnd geschmußt/ Angesehen daß derselben wort keins das ander inn bedeutnuß vbertrifft/ Aber beständig ist/ wann sie in vil reden/ oder theylen der red/ also daß andere wort darzwischen kommen/ gebraucht werden/ solcher form/ Peter hat Jacoben beschuldiget/ Conraden verleumbdet/ Catharinen gescholten/ Ursulam geschmächt/ vnnd alle menschen ann Ehren geschmußt. Und ist zuwissen/ daß Synonyma darumb erfunden seindt/ wann ein wort sich vff vil Artickel/ wie in nechst vorgehendem beyspiel zubrauchen/ gebürt/ daß nit dasselb ein anders/ das jm in bedeutnuß gleich sey/ an sein statt zubrauchen haben/ Dardurch vermitten bleib die vbelthönende rede/ Peter hat Jacoben verleumbdet/ Catharinen verleumbdet/ Ursulen verleumbdet/ vnd alle menschen verleumbdet.

Von Punctierender maß.

De modo punctandi.

Nach den Pausen/ die in der red/ nach erfoderüg jeder verfügung der wort/ gebraucht sollen werden/ seindt vnderschiedlich Puncten/ vnd Rütlin erdacht/ vnd druff gegründt/ daß jeder im lesen/ wie einer in Reden sich stillhaltens/ oder fürfarens/ dardurch die Red dem hörenden desto verständtlicher sey/ in zehen vnderscheiden gebraucht/ deren sindt fünff wesenlich/ vn werden allweg in Red geübt/ wo sich das erfordert/ vnd viß daß solch gebrauch Pausierens/ vnd Punctierens desto baß vermerckt werde/ Ist vorab zu wissen/ daß ein ganße Red vollkommen/ vnd vnuollkommen theyl hat/ wenn der vollkommen zertheylt wirdt/ so gewinnet er vnuollkommen theyl/ die hencken des hörenden gemüt auff/ vnd machend zuwarten. Derselben vnuollkosten theyl/ ist etlicher eins einigen worts/ etlicher vil worten/ des zu besserer vnderweisung nemen wir zu Exempel/ darnach zuerklären dise red/ für ein ganße red/ also/ Hinscheiden vnd der grimme todt/ ist grausamlich den Menschen/ deren leben vnd güter leumbd mit einander stirbe. Aber nit denen also/ deren lob abgetilget werden mag. In jeußgemelter oder anderer red/ werden die fünff wesenlich vnderschied geformiert vnnd genant also/ Der erst ist eins schlechten auffrechten gelegten

Virgula.

Rütlins/ das zu Latein genant wirdt Virgula, vnnd ist geschaffen also/ oder an des statt braucht mann gewönlich einen kleinen Puncten/ solcher gestalt · mitten an der zeyl der geschrifft. Diß Virgel/ oder Punct bedeut dem lesenden/ wie dem hörenden/ ein klein Pauß oder auffhaltung/ vnnd wirdt gebraucht zu vnderscheiden/ die vnuollkommen theyl einer red/ deren theyl einer sey allein von einem wort/ oder von vil worten gemacht/ des ist beyspiel/ Hinscheiden/ vnd der grimm todt.

Gemipunctus erectus.

Darnach ist ein vnderscheidt/ mit zweyen Puncten ob einander/ Also : vnd wirt gebraucht nach außgange jedes vollkommen theyls/ Also/ Hinscheiden/ vnd der grimm todt: ist erschrecklich. Zum dritten ist ein ebener Punct/ der schlechtlich mit der Feder bedüpffel/

Comma.

vnnd genant wirde Comma, stehet oben in der Linien/ oder vnden an der Linien/ mit eim Rütlin vbersich/ das hat ein gestalt also ! oder also ; vnd bedeut lenger Pauß odder vnderleibung dann Gemipunctus, er wirt nach vollkommnem theyl der Rede gebraucht/ inn anderm vnuollkommen/ oder vollkommen theyl/ doch mit bedeutung/ daß noch ein oder mehr theyl der ganßen Red hernach folgen/ vnnd auff die vorgehenden theyl ein auffsehen haben/ Also/ Hinscheiden/ vnnd der grimm todt: ist erschrecklich/ den Menschen. Zum vierdten/ ist ein vnderscheidt genannt Colon, vnd macht vollkommner vnderleibung/ dann vorgemelt Puncten/ odder Virgel/ Angesehen/ daß er sein statt hat zwischen ganßen Reden/ die dannoch zuzeiten etwas zusammen dienen/ vnd halt sich vnderm theyl

vnd Cantzlei Bůch. VIII

theyl der Linien/also/ Hingescheiden vnnd der grimm todt ist erschrockenlich denen/deren leben vnd güter leumbde mit einander hinfaren/ Zum fünfften/ist ein vnderscheidt genant Periodus, der hat aller vollkommencst vnderleibung/ dann er wirdt gesetzt zu ende einer gantzen red/zu deren die nachfolgend red nicht auffsehen hat/vnd ist geformiert mit einem kleinen Rütlin am Rucken ligende/vnnd einem Puncten darob/der gestalt (· an des statt machen etlich den Puncten Colon/ oder sonst einn schlechten Puncten/ oder setzen jn oben an die Linien/vnd ziehen ein Virgul darunder/also ; Diß vnderscheidts/ vnd aller vorgehender Puncten nemen wir obgemelt Exempel vollkommen/also/ Hinscheiden vnnd der grimm todt/ist erschrockenlich den menschen/deren leben vand güter leumbdt mit einander hinfärt. Aber nit denen/die gůt lob hinder jhnen verlassen/vnd jhnen das niemandt genemen mag (· *Periodus.*

 Fürther seindt fünff vnderscheidt/die begeben sich nit von wesen der red/ sonder anhangende/ vnd mehr in Geschrifften/ dann in Reden/ Wiewol die obgenanten fünff Puncten sich auch nur in Geschrifft sichtbarlich begeben/ sie haben aber die natur/ des Redenden stimm ruhen zulassen. *De punctis accidentalibus.*

 Zum ersten/ wann in außgang einer Linien/ ein wort zum theyl/vnnd in anfang der nachfolgenden Linien/das ander theyl gesetzt wirdt/ da macht mann ein ligend Rütlin oder zwey neben einander/ Also = *Semipunctus.* //

 Zum andern/ ist ein vnderscheidt/ der wirdt gebraucht nach außgang einer Red/ die ein frag vff jhr tregt/ vnd wirdt gefigurt mit eim schlechten Puncten/ vnd einem kruttien Rütlin darob/also ? Etlich üben solchen vnderscheidt zweifältig/ Nemlich jetzt geformieren Puncten am ende der gantzen vollkommenen fragred/ begeben sich aber theyl in derselben fragred/ so formieren sie zwischen den theylen zwen Puncten ob einander/ vnnd ein schlecht klein ligendt Rütlin/ober dem obersten Puncten. *Interrogatiuus.*

 Zum dritten/ Ist ein vnderscheidt der verwunderung/ genannt Exclamatiuus oder Admiratiuus, der wirdt gebraucht/ wenn einer seiner Red verwundrende ein scharpffen außtruck thůt/ also ! Exemplum. Ist der ein solcher Man! *Exclamatiuus seu admiratiuus.*

 Zum vierdten/ ist ein vnderscheidt genannt Parenthesis/ vnd wirt gebraucht/ wenn zwischen die theyl einer vollkommen Red/ etlich wort gemischt werden/ die nichts inn der verfülgung/ sonder allein im sinn der Red/ etwas thůn/vnnd wenn sie nicht da ständen/ so wer die Red dannoch vollkomen vnnd verstendtlich/ Diß zwischen satzung wirdt bezeichnet auff jeder seiten/ nemlich vor vnd nach mit einem halben Kreiß/also(Jesus)vnd wirdt das erst/also(primum signum parenthesis, vnnd das ander/also) secundum signum oder finis parenthesis, zu Latein genannt/ vnd in disem Exempel zůsehen/ Nemlich/ Bitt freundtlich/jhr wöllet mir in den sachen(wie ich euch dann wol getraw)beistendig vnd behülfflich sein. *Parenthesis.* (·)

 Zum fünfften/wenn einer inn Vberschrifften/ oder sonst eygen namen/oder zůnamen der Menschen/oder Stätt zůschreiben begert/vnd die nicht weiß zunennen/so macht er an statt desselben namen ein Zeichen zweyer Puncten neben einander/also .. das wirde auch genannt Gemipunctus, etlich machen darfür den Bůchstaben N.welches auch am bräuchlichsten vnd besten ist. *Gemipunctus iacens.* ..

 Die obgemelten vnderscheidt vnd jhr Zeychen/werden von etlichen anders genant/ vnd figurirt/auch etwan anders dann vorlaut/zůbedeuten gebraucht/das jedem Lesenden wol zůmercken gebürt. Solchs melde ich darumb/daß die Lesenden ob sie es in andern Geschrifften anders finden/ sich desto baß wissen darnach zůrichten/vnnd vrsachen der Zeychen zůmercken.

Von wirdigkeyt der wort/ vnd der sinn/dem dritten
vnd letsten Theyl zierlicher Rede.

B ij

New Titular

Wirdigkeyt oder hübscheyt/ gibt die rede wolgezierd/ mit erleuchtung der wortē vnd sinn vnderscheiden. Gezierd der sinn ist die/so in den dingen/darvon man redt/etlich wirdigkeyt erzeyget/vnd wirdt begriffen mit gepallierter schweri/oder treffenlicheit der wort/in solcher red bestistt/ deren die erst zierung in enderung des worts/ acht theyl hat. Vnd wiewol oben in zusammenfügung gemelt wirdt/ daß embsig zusammenlauffung der wort lasterram sey / sollen wir versteben/ wenn solcher zuvil embsig beschicht/ Aber hie begibt sich solches auff nachbegrieffen Form zuvil embsig/ vnd ist hübsch geziert der Rede.

De dignitate eloquutionis.

Zum ersten/wann ein wort zweyen/dreyen/oder mehr Reden/ oder theylen der Red anfang gibt/ Also/ Welcher Herr hat ehrlicher streit vollfürt/ Welcher Fürst ist küner seines leibs vnnd gemüts / Welcher König ist dannoch grössers lobs vnnd Ehren wirdiger/ Dann der Allerdurchleuchtigst vnnd Großmechtigest Fürst vnd Herr/ Herr Maximilian Römischer Keyser/ Ertzhertzog zu Osterreich/ ec. vnser Allergnedigster Herr.

Repetitio.

Zum andern/ wann ein wort inn vil Reden zu außgangk gebraucht wirdt / Also/ Welche Statt in Schwaben/ Breißgaw/ vnnd Elsaß/ ist so gnůgsam als Straßburg/ Wo ist solcher Gottesdienst vnd zierd als zu Straßburg/ Niergendts ist besser wohnen/ dann zu Straßburg.

Conuersio.

Zum dritten/weil ein wort in vil Reden den anfangk gibt/ vnd ein ander wort in jeglicher derselben reden außgangk ist/ Also/ Welches Schloß hat Edel besitzer/ die gefreyheit Herrn zuwerden/ billich wir dig seindt hohen Kriegen / Welches Schloß hat einigen stein vnd felßen zu pfulment / der so groß/ so hart/ vnnd hoch ist / von Gott als sicher beschöpfft/ das kein jrdisch gewaltsamkeit/ mit geschůtz/ steigen/ stůrme/ noch werffen/ sollich Schloß gewinnen mag/ hohen kriegen. Welichs Schloß ist so geschickt vn fürbundig zu der wehr/ das zwölff/ oder vffs höchst sechszehen frosster Mesler/ deren vier sich weren/ die vberigen ruhen/ odder ander geschefft außrichtend/ so lang sie narung haben. Allein jr dischen gewaldt vorhalten mögendt hohen kriegen.

Complexio.

Zum vierdten/weil ein wort etwa dick in einer rede darafter zusehen sich wol füget/ Also: Der ist ein freundt/ welcher seinem freunde inn nöten freundschafft beweiset. Item sich ziempt das böß mit bösem zuvertreiben. Ich muß mich gewaldts mit gewaldt erwerē.

Traductio.

Zum fünfften/ wenn ein wort in einer red gezwifaltiget wirt/ vnd daß sie schutzbar sei/ Also/ Wolt Gott daß ich der bůrde ledig were/ das wölt Gott. Ach wee/ vnd ach wee/ hart ist mir das angelegen.

Conduplicatio.

Zum sechsten/wann zwei widerwertig sinn einer red/ also werden außgetrůckt/daß der letzt scheinet nutzbarlich vom ersten außgangen sein/ Also / Du mußt essen/ darumb daß du lebest/ vnd nit leben/ darumb daß du essest.

Commutatio.

Zum siebenden/wann sich vil wirckend/oder leidend wort/ inn einer Rede begeben/ daß daß der Redende/ nit von einm auffs ander steygt/ er hab dann vor das ein noch eines berůrt/ inn gleichnuß wie ein Kindt/ so die leyter auffsteygt/ mit eim fůß auff einn sprossen/ vnnd den andern fůß auch hernach auff den andern sprossen zeugt / vnnd kein Staffel vberstreigt / beyde füß seyen dann vor bey einander darauff gewesen/ das doch ein kräfftiger Mensch nicht thůt. Hierüber nemen wir Exempel also: Kein Glori noch Ehr blib vnsern Bürgern vber/ noch empor/ wann vnsern Feinden alle ding geziempt/ vnd was jnen geziemt/ daß sie das vermöchten/ vnd was sie vermöchten/daß sie das getörsten/ vnd was sie getörsten/ daß sie das theten/vnd was sie theten/ daß vns solliches nicht verdrůß.

Gradatio.

Zum achten/weil einer etwas das er von jhm selbs/ oder von eim andern reden will/ oder von jm geredt werden mag/ fragt/ vñ darnach hinzu legt/ das so derselben frag soll sie war sein) zůgelegt werden můß/ Oder erzeyget daß solches nit hab mögen sein/ Also / Ich frag/ Besitzt der sein Goldt/ Silber / Edelgestein / vnnd güter/ die er so reichlich hat mit recht / so muß ers haben von etlicher erbschafft gemecht/ billichem anfall / oder von seiner kunst/ oder arbeit. Nun hat ers von deren keiner/ daß kein erbschafft/ gab/ ordnung/ noch ander rechtlicher anfall/ ist jhm je zůgestanden/ so gebrist jm kunst vnd arbeit sollichs zů vberkom

Subiectio.

vnd Cantzlei Buch.

berkosten/Er hat sich aber spielens gar wol geübt/deßhalb des kein rechtlich besitzung sein mag. Du sprichst/der sey ein mensch/wer er ein mensch/so hett er den menschen nit vmb sein leben bracht.

Fürther seind sieben gezierd der wort/die nit allein in verwandlung der worten/sonder jhrer krafft erzeygt werden. *Agnominatio*

Zum ersten/vngleichen dingen verfügen wir gleiche wort/das geschicht in abfall des worts/also: Vnser gnedigste Churfürsten vnd Herrn/die Pfaltzgrauen bey Rhein/haben manchen treffenlichen veldstreit löblich vollnfürt/vnnd gesieget. Vnsers aller gnedigsten Herrn des Römischen Keisers fürstlich/kuniglich gemüt/vnnd dapfferkeyt/hat manich wehrlich Statt gewunnen. Vnserm aller gnedigsten Herrn dem Römischen Keiser Maximilian etc. als aller tugentreichsten Fürsten/seind billich (so vil die weltlich Obrigkeit belangt) gehorsam alle Völcker/vnd Nation/von Auffgang vnd Nidergang der Sonnen/ von Mittem tag vnd Mitternacht/vnd durch den gantzen kreyß der welt.

Zum andern/so wir ein meinung zweifaltig/oder mehr mit andern vil andern worten bedeuten/vnnd außtrucken/also: Den gemeinen nutz hastu in der würtz geschwind/du haft die Statt gründlich verderbt. Item/du hast deinen Vatter schalckhafftiglich geschlagen/An deinen Geberer hastu freuenlich/vnd sündlich hande angelegt. *Interpretatio*

Zum dritten/wenn ein ding nit hat auffgesetzten odder geschickten namen/vnnd der Redner demselben ding zulegt ein geschickt wort/eintweder von vrsach einer nachfolgung/ Als wer ein Dorff/das einer gern ein Statt nennt/vnd doch nicht darff also nennen/ vnd nennts auch nit gern/Dorff/so nest ers einn flecken. Item/so die Edelleut nit gern Jrren noch Dautzen/wenn sie in der andern Person reden sollen/so reden sie in der dritten also: Was thüt der von Hederßdorff/Item der von Carda/der vom Pfraumbt/wo gehet er hin/ etc. Was thüt Bernholdt/was thüt Knoblauch/was thüt der von Weiler/vnd dergleichen/etc. Im schreiben also: Mein freundtlich willig dienst zuuor/lieber der von Hederßdorff. Oder auß vrsach einer gleichenden bedeutnuß/Also/Der blüend/der rößlecht Jüngling/ hat sich jhn Geystlichen standt geben/wirt darfür genommen/der wolgeferbt/oder rotenhafft Jüngling/etc. *Nominatio gratis.*

Zum vierdten/wan sich auß vrsach nit geziemt/oder der Redner nit weiß einen mit seinem eygen Namen zubestimmen/vnnd jhn aber mit etlichen beynamen/oder vmbstenden anzeygt: Als Peters Tochterman/sein Sons Son. Item wolt einer ein Kindt nit gern verjähen sein eygen Kindt sein/vnd sprüch: Es ist meiner schwester Brüders Kindt/ so hett er dannoch die warheyt gesagt/vnd möchts mann auff einn andern weg verstehen. Wolt aber jemandt die sach gründen/so möcht er sprechen/Mein schwester hat einen brüder bit nit mein brüder ist/dem hört das Kindt zuuerstpechen. *Pronominatio.*

Zum fünfften/wann ein ding durch wort die nicht sein teutsch/oder Vocabel seind/ zuuerstehen geben wirt/das beschicht in vil weg/Nemlich/wann der finder/für das ersunden ding genant wirdet/Als wolt ich zeygen/ich wer begirig/die kunst Virgilij/oder Rhetoric Tullij zulesen/vnnd sprüch also: Mich gelüst Virgilium oder Tullium zulesen. Item wann das gefunden ding/für den finder genant wirdt/Als sprüch einer/Korn vnnd Wein ist in grossen Ehren zuhalten/vnnd wolt dardurch bedeuten/daß Gott Schöpffer des Korns vnd Weins/in höchsten ehren zuhalten wer. Item wenn ein Instrument für seinen Herrn genant wirde. Als wolt ich reden von eim Gelehrten Man/der vil künste in hoher Schul zu Heydelberg vberkommen hett/vnnd sprüche: Diß ist ein güt Heydelberger Kling/Oder wolt zeigen einn Wücherer/Vnd sprüch: Ich weiß einen/der rendt mit dem Judenspieß/oder der ist ein Judenspieß. Wenn das ding dauon etwas entspringet/ genannt wirt für das/das dauon entspringt. Als vom Planeten Mars/entspringt krieg/ So möcht einer sprechen/Mars zwingt dich daß du solches thüst. Item herwiderumb/ wenn das so beschicht/oder entspringt/dem zügelegt wirdt/daher es entspringt. Als wenn ich darumb/daß ein kunst manchen vnwillig/vnd verdrossen macht/sprüch: Logica ist ein vnwill/mild oder verdrossene kunst/odder der ist ein leichter Man/darumb/daß er leicht

Denominatio sit demonstrando. Ab inuentore inuentu. Ab inuento inuentorem.

Ab Instrumento dominum.

Id quod fit ab eo quod fit. Id quod facit ab eo quod facit.

B iij

New Titular

A continente contentum. fertig sachen übet. Item wann ich das/so etwas in jm vergreifft/meld für das/so in disem vergrieffen wirdt/Als wolt ich einn Wein loben/der in einem Faß vergrieffen wer/vnd spräch/Der hat ein köstlich Faß. Oder ich wolt zeigen/daß die Straßburgischen dapffer/vnnd nicht durch einigerley gewehr (ohn den willen Gottes) zuüberwinden weren/vnnd spräch also: Straßburgk ist mit keinen Waffen/Harnisch/noch gewalt (der Allmechtig thet dann seine milte handt abe) zuüberwinden.

A contento continens. Item wenn mann das/so etwar inn vergrieffen wirdt/meldt für das/das solchs vergrieffe. Als reichthumb vergreifft inn jr Goldt/Silber/Edelgestein/vnd ander Güt/ Vnd wolt ich sagen/wie einer groß reichthumb vermöcht vnd spräch/Der hat vil goldt/silber/vnd ander güt.

Abusio. Zum sechsten/wenn etwan ein wort für das ander mißbraucht wirdt/Als wenn ich solt sprechen: Ich bitt dich/vnd ich spräch/Ich ruff dich an/oder bette dich an/oder flehen dich. Item solt ich sprechen/der hat klein oder wenig krafft seins leibs/vnd spräch/der hat kurtz krafft seins leibs/der hat kurtz sinn/so ich sprechen wölt/er hat wenig sinn.

Translatio. Zum siebenden/weil in etlich ding gewent wirt/auß ein andern dinge/das so durch die gleichnuß recht bedeut wirdt/also vmbgewendt mögen werden. Vnd das geschicht in sechs weg. Zum ersten/von vrsach wegen eins dings/das für augen zusetzen ist/Also: Die Vffrhur hat das gantz Landt erweckt/als wölt ich sprechen / Vmb der Vffrhur willen/die das Volck inn dem Landt gemacht hat/seindt alle menschen im Land schnell zusamen kommen.

Diß stück der zierd/wirdt genossen auß der gleichnuß/wenn ein schlaffender ruhet/vnd durch rüffen gählingen erwachet/vnnd als wütend vffwüscht/Also/Durch vffrhur vnd gestürm/werden jnnwoner des Landts schnell zu der Wehr/vnd zun sachen/deren sie sich nicht versehen hetten/erweckt. Item vmb fürtzerung willen/Also/Das Heer hat gählingen die Statt außgelescht/ist kürtzer geredt/dann sprech ich / Das Heer hat die Statt gewonnen/vnd in solcher gestalt zerstört/daß jhr schön gebäw/so vormal als ein stern vnd Spiegel geleucht hat/gantz zerrissen/vnd vnscheinbar gemacht ist. Item zuuermeiden schamparkeyt/Als wolt einer anzeygen einer Frawen vppig begirlicheyt/vnd thet solches mit erbarn vnd schamparn worten also: Die Fraw hat lust in täglichen Hochzeiten. Oder also/Die Fraw hat begierd/alle tag einen newen Ackerman zuhaben. Item auß vrsach daß die Red vffsteig/vnd jr bedeutnuß gemehrt werd/Also/Keiner Statt noch menschen feindtschafft erfüllen/noch sein boßheyt ersettigen. Item auß vrsach zu mindern die bedeutnuß der Rede/Also/Der hat sich in grossen sachen/vnnd zuhilff hoch erbotten/Aber in aller ringsten sachen/hat er vns nit angeathmet/Als wolt ich sprechen/er hat vns nit in aller ringsten kleinsten dingen gunst noch hülff bewiesen/vil von vrsach der zierung/Also/Wiewol etwann des Römischen Volcks krafft/durch boßheyt der schädtlichen erdört/so seindt sie doch jetzt widerumb durch tugent der Edlen/grün worden.

Articulus. Item es seindt nach Teutscher zung zwölff gezierd/schlecht ohn zumischung der süß/von obgemelten zierungen vnderscheiden.

Cadens. Zum ersten / wenn alle wort mit Pausen werden vnderscheiden / vnnd dardurch die Red gekürtzt/oder beschnitten / Also/mit Waaffen/Harnisch/Schweiß/Törpeln/vnnd klagen/seindt alle ding erfüllet.

Desinens. Zum andern/wiewol oben in der Composition oder zusamensetzung/in jhrem glied/genant geschmückt vereinigung/gemeldet ist/daß embsig zusammenschmidung der wort/die sich auff gleich Sylben enden/lästerlich sey. Ist doch zierlich/wenn zwey oder drey solcher wort gleichs auß gangs/sich in einer red begeben/die nit ohn mittel auff einander folgen/Also/Mich betrübt ewer blödigkeyt/vnd bringet mir kummer ewer franckheyt.

Correctio. Zum dritten/wenn das/das vor geredt ist/auffgehalten wirdt / vnnd etwas anders/ Als ob das gebürlicher zureden sey/hintzü folget/Also/Hett er nit solchs gethan/ja erdicht/ er hett nit mögen auß solchem argkwohn kommen.

Disiunctio. Zum vierdten/wenn mancherley stück der red beschlossen werden / jedes mit ein besondern

vnd Cantzlei Buch.

sondern wort/ Also: Vnser Allergnedigster Herr der Römisch Keyser/hat Löwen gemüt vnd stercke/sein feinde zuzwingen/Weißheit/Römisch Reich zuregieren/groß fürsichtigkeyt das zubehalten/vnd sorg/fleiß/vnd vbung das zumehren.

Zum fünfften/weil ein wort mitten in der Red steht/vnd den fordern/vnd den nachgehenden theyl ergreifft/Also/Mit worten hab ich mich verschuldt/vnd mit wercken. *Coniunctio.*

Zum sechsten/wenn ein wort also zwen oder mehr theyl der Red vergreifft/vnd aber gesetzt wirt/eintweders in anfang/Also/Jch hab mich verschuldt mit worten/vñ mit wercken.Oder in außgang/also:Mit worten vnd mit wercken hab ich mich verschuldt. *Adiunctio.*

Zum siebenden/wenn wir ein Red setzen/vnnd kein Coniunction/das ist/kein wort das zusammenfügt/als die wörtlein/Vnd/Oder/ꝛc.brauchen/ Also/ Von schreyen/heusen/weinen/pflennen/haben die Häuser in widerthon erschollen. Biß gehorsam deinen geberern/biß freundtlich deinen sipuerwandten/biß dienstbar deinen freunden/biß vnderthenig der gesetz. *Dissolutum.*

Zum achten/wenn wir ein schlecht ding mit worten vißstellen von zierd wegen/das sonst wol minder brauchen möcht.Als spräch einer/Die krafft Scipionis hat den gewalt der Statt Carthaginis zerstört/da möcht er wol sprechen/so er die zierd nit brauchen wolte/Also/Scipio hat die Statt Carthaginen zerstört. *Cires.*

Zum neundten/wenn zuzeiten ordnung der wort vnderkommen wirdt / als wölt ich sprechen/Jch bitt dein brüderliche lieb/du wöllest mir zuhilff kommen/bitt ich. *Tmesis.*

Zum zehenden/weil einer(darumb daß die Red gemehret/oder gemindert werd)vff oder absteig inn jhr bedeutnuß/derselben dingen/daruon er redt/zuuil/oder zuwenig/das die warheit vbertrifft/zülegt/Also/Der hat gethan ein red ist süsser dañ honig.Die Fraw hat ein Leib ist weisser dann der Schnee/das beschicht in zwen weg/ Nemlich/vnderschiedlich also:So fern jr fried vnd einhelligkeyt in ewer Statt behalten/so schetzen wir die grösse ewers Reichs in der Soñen Vffgang/vñ Nidergang/Vnd mit vergleichung in zwen weg/Nemlich von gleichnuß/Als schneeweisser leib/ vñ fewrende inprünstigkeyt der lieb. Von fürtrefflicheyt also/ Auß des mundts ist geflossen ein Red/ süsser dann honig/ Sein Harnisch hat einn solchen schein geben/daß mich bedaucht/die Sonn wer dunckler dann der Harnisch.Wiewol jeder Redner die warheyt sagen/vnd Lügen vermeiden soll/mag er doch vnderweilen dise farb ziemlich brauchen/allein zuzieren sein red/vnd nit dardurch zu schaden.Dann etlich solcher reden mögen dannoch in Geistlichem oder außleglichem sin warheyt vff jhn tragen/als/Der hat ein Red gethan sülser dann honig. Die mag gantz war sein.Angesehen/daß manch Red/die vff recht leben dient/einer Seel die dardurch gespeiset vnd gezogen wirdt/sülser dann Honig/auch dem leib sey. *Superlatio.*

Zum eilfften/wenn ein gantz ding durch seinen theyl / oder ein theyl durch sein gantzes erkandt/oder erzeygt wirt/Also/ Der ist mir nit am Schienbein gewachsen/Als wolt ich sprechen:Er ist von meinem gantzen leib geboren.Diser Color beschicht auch/weil ein einig ding genant wirt/das mann vil darbey verstehet/ Also/ Von natur ist der Schwab grob/maülich/vnd frölich. Der Schwab wünscht nit gar heym/ Bey dem einig genanten Schwaben / werden gewohnlich alle Schwaben verstanden.Herwiderumb wenn mann vil ding bestimpt/vnd doch wenig oder ein einigs meint/ Als spräch er: Alle Schwaben seindt grob vnd vngeschickt/vnd hett doch nur einen vorhand/dem er so zu vnglimpff redt/vnnd weiß doch manchen geschickten subtilen vnnd gelehrten Schwaben sein/inn wesen/handlung/vnd geberd/wiewol Schwäbisch zung etwas breyte vnd grobheyt erzeygt. *Intellectus vel Intellectio.*

Zum zwölfften/wann einer durch das wort etwas anders/ dann sie bedeuten/zuuerstehen gibt/das beschicht in drey wege/ Nemlich in gleichnuß/Als auff ein zeit wolt einer gegen einem Tyrannischen Regierer melden/wie vnsicher die menschen weren/die vnder einem gewalt gestünden/der sie vor trang beschirmen solt/ vnd doch selbs solch vnderthan vnbillich trengt/vnnd gedarff aber solchs nicht offentlich berüren/sonder vollfürt das inn gleichnuß/Also/Herr wir haben bißher Hund gehabt/den Hirten zügeben/vnser vihe vor den Wolffen zubeschirmen/jetzundt nemen die Hunde an sich der Wolffen Empter/vnd *Permutatio.*

B iiij

New Titular

essen die Schaaff. Wem sollen wir nun vnser Vihe zuretten / vnd beschirmen befelhen/ sindt die nit abzustellen/vnd ander die jr Empter nit mißbrauchen/an jr statt zuuerfülgen? Deßgleichen wenn zwen vom dritten reden / vnd derselb dritt man herzu kommende/ von diser einem gesehen wirdt/spricht derselb zu seinem mitgesellen/also: Der Wolff ist in der Fabel/als wolt er sprechen zu seinem mitredenden/schweig/ der ist hie von dem wir sagen. Zum andern durch Argument/daß etwas zubeweren kombt/einweders von einer person/ von einer Statt/odder von etlichem ding/auß vrsach zumehren/oder zumindern / Als / Wenn ich einem nim̄/einem andern nach/zubeweren sein weiß/geberd/ odder handlung/ die er gantz (wie derselb) braucht. Zum dritten/von widerwertigem sinn / Als/Wenn einer einn gaudigen vnkeuschen/nent kündig vnd keusch/oder einen Kolweiß/ Item Milch schwartz/vnd dergleichen/ꝛc.

Die andern gezierd kommen mit vmbstende der wörter.

Laudatio. — ZVm ersten/wenn einer thut ein red von jhm selbs/ vnnd deren vrsach erfordert/ vnnd dann derselben vrsach ein ander vrsach setzt/also: Vnser altfordern wenn sie jemande mit schlechtem vrtheyl vmb ein laster verdampten / so meinten sie auch dieselb person wer behafft mit mehr Lastern/in solchem fug/dann welches Weib sie vnschamhaffte vrtei- ten/die hielten sie auch darfür/daß sie wer ein pflantzerin eins vergifften losters/ Worum̄ das? Darumb. Dann vngezweifelt war/ein Fraw/die jhren leib der aller wüsten begierde vnderwirfft/die förcht jhren Man/jhren Geberer/vnd alle die sie weiß/den solch vngezier- de zu hertzen gehet/vnd schandt ist. Was folgt darnach/so muß von not wegen sein/noch- te sie alle die/die sie solcher maß förcht/vergifften/sie thets/ Dann kein ehrlich vrsach mag ein solch Weib auffenthalten/wenn grösse der sünde sie zufürchten macht/Durch vnm̄eß- sigkeyt werden sie verwegen / vnd durch Weiblich art vnd blödigkeyt werden sie nit auff- merckig. Diß Exempel trifft kein Ersam fromme Frawen an/ deren (als ich vertraw) mehr in der Christenheyt funden werden/dann der boßhafftigen verzuchten/vngetrewen/ schamlosen Weiber/bübinnen/die diß beyspiel allein berürt.

Sententia. — Zum andern/wenn einer zeyget vnd vrtheylt/was in rechtem/oder vnrechtem leben sey/sein werd oder muß. Diß gezierd genant vrteyl ist vilfeltig/ Nemlich/etlich ist schlecht ohn vrsach/Also schwerlich ist die tugenten zuwirdigen/vnnd zupflantzen dem/der allweg neusset angenem glück/Der ist frey zuachten/der keinem Laster dient/Welcher nicht hat/ vnnd der den nicht beuigt/die seindt gleich arm zuschetzen. Hie spricht Tullius/ daß dise Sententz nit allweg zuerwelen seyen/dann jhr fürne entzuckt den hörenden die lustbarkeyt zuhören. Aber seindt schlechte Sententz/die mit zufügung der vrsach inn der Red gebrau- chet werden / Also / Alle vrsach recht zuleben / seindt billich inn tugenten zugründen/ darumb daß allein tugent in jhrem eygnen gewaldt ist/dann sonst alle ander ding seind der herrschung des glücks vnderworffen.

Item welcher seinem Freunde (darumb daß er inn glücksamkeyt lebt) inn freund- schafft anhangt/ der felt auch widerumb von jhm / so des glück abweicht. Dann so balde das ding hinscheidet / das gewesen ist der freundschafft vrsach / so bleibt auch derselben freundschafft nit vbrig.

Fürther seindt zwifaltig Sententz on vrsach/Also/ Die jrren/wann sie in glücksam- keyt stehen/ daß sie vermeinen/ dem vnfall darumb entrunnen sein / Aber die gedencken weißlich/ die zu der zeit jhres glücks den vnfall besorgen. So seindt Sententz zwifalt/mit zugeflochtener vrsach/ Also / Die so meinen/ mann muß der jungen leuth boßheyt vber- sehen/ jrren deßhalb / dann solch jugendt ist kein verhinder odder lehrnung güter ding/ Aber die handlen weißlich/ welche die vbelthünende Jüngling straffen/darumb daß sie wöllen dieselben jungen bey güter milter zeit in den tugenten die zu sicherem leben dienen/ vffzuwachsen/pflantzen.

Zum.

vnd Cantzlei Buch.

Zum dritten/ wenn einer auß zweyen sachen/ deren die eine gewißlich ist/ die ander vngewiß sach/ so diser gewissen sach widerwertig ist/ bestettigt/ also: Dieweil vnser liebee Herr vnd Gott/ Jesus Christus in seiner grösten not am Creutz/ für sein Feinde gebetten hat/ so ist kein zweiffel/ er wil seiner Freunde keinen verlassen. *Contrarium.*

Zum vierdten/ wenn einer ein Red in einem glidd darnach annimpt/ Als/ Du bist dem Feind nutz gewesen/ vnd hast den freund geschediget/ vnd dein selbs nit wargenommen. Item du bist nit dem gemeinen nutz beystendig/ noch den freunden nutz gewesen/ vnd hast den Feinden nit widerstanden. Jtz du bist gewesen den deinen ein schmertz/ den frembden ein spott/ dir selbs ein mißzierd. Vnnd dieweil hin Teutscher Spraach nit vil geacht wirdt auff die gezierd/ genannt Compar, nemlich/ so zwey/ oder drey glid der Red in gleichen solben stehen/ ist nit not hie Exempel dauon zusetzen. *Membrum. Compar.*

Zum sechsten/ weil einer in gedächtnuß etlicher ding/ oder Personen zubedeuten eins grossen schmertzen/ etwas mit dapfferkeyt außschreibet/ Als etwann die verkünder Göttlichs worts auff der Contzel pflegen zuthün/ Also/ O jhr schendtlichen Gottesuerer/ mit welcher gebürstigkeyt/ vermessen jhr euch ob dem Spiel/ in verletzung der armen/ in essen/ in trincken/ oder anderer handlung/ durch ewer mütwillig verdacht/ vnnd vngeregierten worten/ das wirdig Blüt/ die teursten Glider/ vil ander eygenschafften vnsers Herrn Jesu Christi/ so vnnützlich zunemen/ dabey falsch vnd erlogen sach zubezeugen/ vñ einem andern damit zufluchen. So doch billich auß grosser lieb/ vnnd Ehrwirdigkeyt/ dieselben vberwirdigen blütuergiessung/ glider vnd eygenschafft vnsers Gottes/ Schöpffers vnnd Seligmachers/ die er für alle Menschen/ die jhme des danckbar seindt/ gütwillig vnnd vberschwenglicher lieb/ inn leiden/ pein/ vnnd inn den todt dargespannen/ sich selbst (der wol reich/ rühig/ vnd frölich blieben wer) einen knecht der armüt/ widerwertigkeyt vnnd peinlichkeyt gemacht hat/ vns/ die wir arm verflucht knecht der sünde war/ dardurch gesegnet Herrn/ reich/ vnnd ewig rühig zumachen/ in grossen Ehren halten sollen/ mit anbettung/ lobsagung/ vnd nit in vppiger schädlicher vnd verderblicher schwerung vnnd fluchung/ mit ewern Zungen dem besten fleisch so vil an euch ist/ verletzen. *Exclamatio.*

Zum sibenden/ wann einer zusammen flicht ein Red von widerwertigen worten/ als/ So/ Wenn not wer zuschweigen/ so redst/ vnd weist du reden soltest/ so schweigest. Item weil der geüter von rechts wegen außgeben solt/ so verhalt er/ wann er behalten soll/ so gibet er auß. *Contentio.*

Zum achten/ wann wir sprechen/ wir wissen etwas nicht zusagen/ odder wöllen das fürgehen/ oder nit sagen/ noch dauon nit reden/ vñ dannoch nicht destominder dasselb melden/ also/ Jch wolt von deiner Kindtheyt/ die du aller vnmessigkeyt verpflicht hast/ sagen (ob zeit geb) aber jetzt bedachtlich verlaß ich solchs/ vnd vermeide damit zusagen/ wie du auß dem Feld vom Fanen geflogen bist/ darnach bedeucht mich auch nicht not sein zusagen/ wie du mit recht/ dem das sein wider zukeren gezwungen bist/ von dem allen/ ist mein fürnemen nicht zusagen/ sonder wil reden von dem/ das zu diser sach dienet. Dise gezierd ist nütz zubrauchen/ darumb das so zu der sach nicht dienet/ dannoch andern menschen/ durch solch rede gezeygt wirdt/ oder sie verborgenlich dannoch gewarnet werden/ odder wenn ein Rede sonst zusagen/ zu lang/ vnd doch durch solch innflechtung kurtz inngefürt wirdt/ oder so dieselb Rede vnedel ist/ vnd darnoch also auff den Plan kompt. *Occupatio.*

Zum neundten/ wann wir vns/ alles das wir vermögen/ eins andern willen vnderwürffig erbieten/ Also: Jch bin vmb alles kommen das ich gehabt habe/ vnd ist mir nichts vberbleiben/ dañ mein leib/ den gib ich euch inn ewern gewaldt vnderthenig. Heissent vnd gebietet mir allzeit/ so tag/ so nacht wirdt/ ich bereyt willig vnd gehorsam zusein. Diß gezierd wiewol sie sonst vil geübt/ wirdt sie doch barmhertzigkeyt zuerlangen nützlich sein. *Permissio.*

Zum zehenden/ weil einer red auff meinung/ als ob er frag oder zweifel/ welchs vnder zweyen/ oder vil dingen/ er allermüglichest melden soll/ Also/ Du kanst reden als Tullius/ malen als Apelles/ schirmen vnd sechten als Sittellus/ vnd Stein hawen als Praxiteles/ deßhalb weiß ich nit/ wie ich dir einn ziemlichen Namen geben/ odder ich billicher sprechen *Dubitatio.*

New Ticular

sprechē soll/du seiest ein Redner/oder ein Maler/ein Steinmetz/oder ein Fechtmeister/ꝛc

Diffinitio. Zum eilfften/wann einer zeiget oder beschreibt/was jedes ding sey/ Also/Hoffart ist ein begierd einer vppigen vbertreffung. Geitzigkeyt ist ein vnerserlich vnd vnbillich begerung zeitlicher güter.

Transitio. Zum zwölfften/wenn er das/so geredt ist/fürtzlich fürlegt/vnd fürther was darnach folget/meldt/Also/Jetzt haben jhr gehöret/was getrewer dienst Petern von mir beweiset seindt/nun wöllet vermercken/was vntrew er mir dargegen erzeyget hat.

Expeditio. Zum dreizehenden/waß einer etwas beschehen/oder nit beschehen sein oder mögen/ durch vil vrsachen erzeygt/vnd die alle auffhebt/ vnnd allein bewert ein vrsach/die jhm zu der sach dient/Also/Notturfft ist/dieweil der Acker mir zügehört/aber du jhn mit gewalde mir vorhälteſt/vñ doch vermeinst/recht darzü zuhaben/das du dast zu recht gnůgsam fürbringest/daß solcher Acker vor dir niemands gewesen sey/Oder daß du jn in so langer zeit/ als rechtlich bewer verhengt/rühig vnangelangt besessen/genützet/oder erkaufft habest/oder daß der Acker in erbs/ gab/ Lehen/ oder tausch weiß an dich kommen sey. Vnnd seitemal ich denselben Acker vom Vatter ererbt/oder von Petern vor souil jaren erkaufft/vnd den biß inns nechst verschienen jar/ in rühiger besetz gehabt/ järlich gebawen vnd genossen hab/vnd du jhn von mir nit kaufft/weder in Lehens/gabs/ noch erbs weiß / nicht empfangen hast/magst du dich den ersten/noch rühigen besitzer/kauffer/ Lehenträger/noch erb zu sein/nit fürbringen/ Deßhalb hast du mir den/mit dein selbs gewaldt/ohn rechtlich erfolgung entwert.

Distributio. Zum vierzehenden/wenn einer etwas anhebt zureden/vnnd die red nit gar vollfürt/ sonder verzuckt/Also/Mein meynung ist nicht mit dir zuzancken / darumb daß alle menschen mich/doch ich wil schweigen daß ich nit angesehen werde/ mein selbs rhümer/sie haben dich aber zum dickermal vnwirdig geacht.

So seindt etlich Regel vnnd farben/die bezieren meinung/oder vrtheyl der red/das beschicht in **manich** form.

Præcisio. Zum ersten/wenn einer etwas handlung oder sach den Richtern / oder hörenden angenem/oder bewerlich machen wil/ so braucht er fürhaltung mancherley Personen vnnd sachen/vnd legt jedem zü seins Ampts handlung/Also/ O Richter/welcher lieb hat ewern namen/vnnd satzung ewers raths/der muß von not wegen Catilinam hassen/ Angesehen/ daß er allweg ewer weißheyt vnnd satzung widderstande geben hat / vnnd doch ein löblich Ampt iun ewer Statt zuhalten begert/ So gebürt auch denen die euch lieben/Catilinam in die grösten Peen zugeben/souer sie nit wöllen/ daß er mit seiner schendlicheyt der aller Ehrwirdigsten ordnung ein mackel vnd mißzierde sey/Welch hie geherer haben/die sollen sich erzeygen mit straffen Catilinam/damit zubewesen/ daß ihnen solch vnnütz boßhafftig menschen miß fallen. Welche kind haben/die verkünden jnen/wie groß Peen vnd straffe in der Statt seyen bereyt/solchen boßhafftigen menschen. Item des Raths Ampt ist/ vnd gebürt/mit rath der Statt zuhelffen. Der Zunfft Ampt ist mit fleiß vnd ernst zufolgen/vnd zuhandt haben/den willen des Raths. Des Volcks/oder der Gemein Ampt ist/ die besten sachen/vnd geschicktesten man/zum höchsten in jren vrtheylen lieb zuhaben vnd zubeweren. Des Verklägers Ampt ist/fürzutragen die laster. Des Antworters Ampt ist/solcher laster sich zubeschirmen/vnnd zuentschuldigen/ odder die von jhme zuschieben. Dem Gezeugen stehet zü daß er sag/das so er weiß/oder gehört hab. So ist des Stabhalters Ampts/denen jeden in seiner pflicht zu handthaben. Darumb Herr Richter/ob jhr inn der sach verstandt/die Gezeugen zweiffelhafftig on grundt reden/vnd jr das für ein zeugknuß halten/ So mischen jhr das Recht/Nemlich/so der Verkläger macht hat argkwohnlich zureden/verhengendt jhr deßgleich dem Gezeugen/der nichts anders/dañ jm wissend ist/oder er warlich gehört hat/reden soll. Ihr bestettiget eins solchen vnfrommen gezeugen begird/vnd berepet den Antworter zweiffelhafftig beschirmung/dann er müß sich gegen dem Kläger entschuldigen/vnd den Gezeugen vnd sein sag verwerffen.

Zum andern/wann einer vor denen die er förchten/oder ersamlich schämig sein solt/
etwas

vnd Cantzlei Buch.

etwas in straffweiß/wider sie/oder die so jhnen lieb seind/dapfferlich red/ vnd noch mit et- Liceatia.
lichem zuschub sein red senfftigt/darmit solch Oberkeyt destominder erzürnt wirdt. Des
nemen wir ein beyspiel/ Nach dem ein Römisch Geschlecht/ genant Graechi/vmb daß sie
nach Ämptern des Tribunats werbung gehabt haben/das Römisch Volck entleibt wur-
de/redt einer vor gantzer Gemeinde/ nach dem er anzeygen wolt/ daß niemandt were der
mit begert ein Tribunus zusein/Die meynung also/ Verwunderet jhr euch/ Römischen
Bürger/ daß von allen menschen ewer handlungen gantz veracht werden/vñ ewer vrsach
niemandt für beweglich empfacht/ das sollen jhr ewer eygnen schuldt geben/ vermeiden sol-
ches zuuerwundern/dann was ist das darumb nit jegklicher solch sach fliehen vnd vermei-
den solt. Gedenckt welch beschirmer jhr an den Graechen gehabt haben/ setzet euch jhren
fleiß vor augen. Darnach nemet war den außgang/wie jhr ewer beschirmer zuentleiben/
euch geübt haben. Darnach ermeßt ewer gemüt/ daß ich war sag/solchs auß ewer schuldt/
oder von vnwissenheyt vnd vngehorsamkeyt entsprungen sein/Darumb daß die Feind de-
ren die inn ewer angesicht scharpffen todt gelitten haben/ jhr Obersten Stät durch ewer
hülff seithero besitzen/Dise wort red ich euch nit zuwiderdruß/sonder such hiemit ewer tu-
gent/krafft/vnd ewer weißheyt beger ich/ ewer alt gewonheyt erfordern.

Diser Colon ist zweyfeltig/ ein mal brauchen wir vns jemandt zustraffen mit wor-
ten/in meynung/er nem es von vns wol vor gůt/ Also/Jhr Römischen Herrn/jhr sind zu
vil schlecht vnd sanfftmütig/jhr glaubet zu schnell einem jeden/ vnnd meinet welcher euch
gůte wort gibt/ er sey bereyt zuuollbringen das/so er euch zůsagt/je jrret/ jhr werden betro-
gen/vnd lang zeit durch ewer einfalt auffgehalten/dann jr wöllet lieber etwas/das in ewe-
rem gewalt ist/von anderen begeren/ dann solchs als ewer eygenschafft behalten.

Zum andern/ so wir sprechen/ wie es doch sey/ jnn welcher gestalt die hörenden vnser
straff red auffnemen/zwing vns doch warheyt solchs zumelden/ Also/ Lieben Herrn/der
vnd ich/seinde bißher in gůter freundschafft gewesen/ vnd wiewol jhro vileichte nit dafür
haben möchten/ so seid dannoch jhr vrsach/ daß ich solcher freundschafft von jm beraubt
bin/Dann als er euch widerstrebt/hab ich jn zu freundt verlassen/vnd lieber eiñ feindt daß
ein freundt an jm von eweremt wegen haben wöllen/ vnd doch des ewer erkandtnuß halb
gegen euch nit vil genossen.

Zum dritten/wann das so der Redner/ odder der den er beschirmpt/ von natur/vor Diminutio.
glück oder von gescheidigkeyt in jm hat demütiglich/vnd nit so vberflüssig/als an jm selbs
ist(berhümung zuuermeiden)erzeygt wirdt/also/So fern ich mein hoffnung auff meinen
Adel/reichthumb/ oder weißheyt setzen wolt/ so vil minder heyls meiner Seelen seligkeyt
möcht ich erfolgen.

Zum vierdten/ wenn wir lauter außlegen/ was auß einer sach weiter folgen vnd ent- Descriptio.
springen mag/Also/O Richter/solten jhr in diser sach vrtheyl sprechen/vnd dann solches
handhaben/nach dem mein widertheyl gern sehe/ wie manchem menschen würden jr das
gewaldt vnd vnrecht erzeygen/ Deßhalb wöllend darinn nit allein mich/ sonder manchen
frommen ansehen/ vnd nit so ein gemein vnrechtlich verletzung mit ewer vrtheyl stüfften.
Item souer jhr den schädlichen menschen ledig zelet/ so thůt jhr nit anders/dann der/so ei-
nen gebundenen starcken wütenden Löwen/ odder Beren/ledig laßt/ vor dem darnach we-
der menschen noch Vihe sicher sindt.

Zum fünfften/wenn jnn einem Spruch ein ding von eim andern zuunderscheiden/ Diuisio.
hernach folgt ein Red/ die macht der vnderscheidnen ding jedes frey/ Also/ Wirdt dir vbel
zůgeredt/so solt nit zürnen/dann entweders du bist desselben schuldig/ oder nit schuldig/
bist du sein schuldig/ so gedenck daß mann solchs zumelden die warheyt sagt/ Bist du sein
aber vnschuldig/ so freüe dich daß die red/ so vff dich beschicht/ erlogen ist. Item zwey ding
sindt die mögen die menschen bösen gewinn zubegeren jnfüren/ als armůt/ vnd geitzigkeyt/
dann in brüderlicher theylung haben wir dich geitzig erkandt/ jetzt sehen wir dich dürfftig/
vnd arm.

Zum sechsten/wenn ein stück die ein sach schwer/treffenlich/oder lastersam machen/ Frequentatio.
vnd

New Ticular

vnd in der gantzen sach zerstrewet seind/vnd viſſ daß die sach desto treffenlicher angesehen/ an ein ort zusammen verfügt/vnd auß getruckt werde. Nemlich/die Jüden warlich zuuer‑ glimpffen/also/Jhr schändtlichen Juden/welche tugent hat Jesus Nazarenus der All‑ mechtig gütig barmhertzig Gott nit an jhme gehabt/welche vrsach der vngerechtigkeyt habet jhr jnn jhme funden/dardurch jhr jhnen verdammen möchten/Verdammet jhr jhn darumb/daß er warhafft ist/vil der ewern von boßheyt in gütigkeyt bekert/an leib vnd seel gesundt gemacht/vom Todt erquickt/vnd euch allen den waren weg des ewigen lebens er‑ zeygt hat. Welchem laster ist doch Barrabas/den jhr für den gütigen Jesum wolten ledig gen/nit vnderworffen/was ist doch an jhme dardurch jhr möchten bewegt werden jn ledig zulassen. Ist er nit ein Todschläger/ein Mörder/ein vnbarmhertziger/Wöllet jhr den al‑ lermiltesten/barmhertzigsten vnd aller gerechtesten tödten/Vnd für jhn/einem vnmilten/ grimmen/vnd vngerechten barmhertzigkeyt beweisen/einn güten verdammen/einn bösen frey machen/Damit erzeygt jhr offentlich ewer boßhafftig/neidig/schalckhafftig gemüt/ das jhr vnder angenommener gleissender farb der gerechtigkeyt/lang verborgen getragen habt/Wee euch vnd allen ewern nachfolgern.

Expolitio. Zum siebenden/wenn einer etwas redt/doch mit andern worten dañ vor/so weit daß die hörenden bedeucht/er hab etwas anders dann vor/geredt/Also/Kein schad ist so groß/ den der Weise vmb heyls willen seines Vatterlands förcht. Vnnd spricht denn also/Zu mehrem ewigen glück der Statt/ist dem begabten mit vernunfft nit schwer/seines lebens verachtung zu haben.

Commemora‑ tio. Zum achten/dann wann der Redner an dem ort da die sach allermeist krässtig ist/be‑ hartzet/vnd offt wider dahin kompt/doch ziemlich nach seiner eygenschafft.

Similitudo. Zum neundten/wenn einer zu einer sach/auß einer andern Sach/die diser vngleich ist/etwas gleichs zeucht. Das beschicht in vier weg. Zum ersten/durch widersinn/vmb vr‑ sach der bezierung/Also/Wiewol der so vormaln nicht vil vmb gaben gelauffen hat/baß lauffen mag/dann einer der sich darinn geübt hat/so mag doch nicht deßgleichen ein new‑ er Amptmann so nutzbar sein/als ein alter/wiewol ein newer Springer besser ist dann ein alter/so mag doch ein newer Zimmerman nit als wol bawens bericht sein/als ein alter/der sich vil geübt hat. Wiewol vff jeder gattung ein vil geübter gewonlich besser ist/dann ein anfaher/oder ein Meister besser dann ein Lehrknecht/so bedeucht doch die Bültweiber nit/ *Per negatione causæ proban‑ di.* daß ein geübter auff jhrem spiel besser sey/dann ein anfahender. Zum andern/durch ver‑ kleinen zubeweren etwas/Also/Kein vngezäumt wild Rosse/wie es doch von natur wol ge‑ setzt oder gestalt/ist güt in Karren noch zu reiten/Noch ein vngelehrter Mensch/wie er güt verstendtnuß hat/mag erlangen tugent/die ein Gelehrter jm an verstendtnuß gleich ver‑ *Per breuitate causæ apertius dicendi.* greiffen mag. Zum dritten/durch kürtzung/vnnd daß die sach desto offenbarer/oder desto lauterer werd/Also/Jn beweisung der Freundtschafft/ist sich nicht zu halten wie im lauff/ gab zu erlangen/dann welcher zu weit laufft/vnd zum Ziel kompt/dem ist nit not sich wei‑ ter zu üben/Also in Freundschafft ist not/wenn schon ein Freundschafft verscheidet/das *Per collatione causæ, ante ocu‑ los ponendi.* dannoch der lebendige des abgangenen Kinder freundtschafft beweise. Zum vierdten/ durch versamlung in gleichnuß etwas zu zeigen/als ob mann das vor den augen hat/Al‑ so/Wie die Schwalben zu Sommer zeit/in disem Lande bey vns seindt/vnd zu Winter zeit/so sie kälte scheuhen/wider abscheiden/Also seindt die falschen freundt zu glückhaffti‑ ger zeit bey vns/wann sie aber sehen den Winter des vnfals/so fliehen sie von vns.

Exemplum. Zum zehenden/wann mann eins vergangenen Geschicht odder Red/mit dem namen des Leerers fürlegt/das beschicht auch vff die vier weg/wie oben võ der gleichnuß gesagt/ vnd ist allein der vnderscheide/daß diser Color mit dem namen des Lehrers/vnd des obern namen des Autors gebrauchet wirdt/deßhalb ist hie nit not beyspiel zu sehen.

Imago. Zum eilfften/wenn einer ein gestalt/mit einer andern gestalt/in etlicher gleichnuß/ vnd dann auch sonst/lobet vnd schildet. Zu loben also/Der Ritter geht inn streit/mit eins allermechtigsten Ochsen leib mit schnellem lust eins kleinen Löwen/Item er hat sich selbs gezäumet/gezogen/sein eygen willen gebrochen/der fresserey nit statt geben/sonder sich ge‑ fliessen/

vnd Cantzlei Buch. XIII

fliessen/dardurch zu vberkommen/oder zubehalten keuschheit/sterck/stettigkeit des gemüts/ vnd gerechtigkeyt. Item wiewol diser Edel vnnd mechtig ist/hat er auß Adelichem gemüt/sich seiner macht vnd Adels/gegen niemandt vberhaben. Item er besitzt groß reichthumb/aber auß Adelichem freien gemüt/gibt er reichlich da er geben soll/vnd behelt tröstlich so er behalten soll. Zu schelten also/ Der gehet am Marckt/mit eines wüsten Lindtwurms gifftigen gesicht/mit räublichem geyst. Item/der hat seinem eygnen willen nie widerstanden/er hat zum ersten lieb gehabt/spiel/füllerey/darauß entsprange jhm sein armüt/vnd vnkeuschheyt/darauß stelen/vnd ander mißthaten/deßhalb er ein solcher scheudelicher mensch mit hauffen laster auff laster wandt/daß jhm keiner boßheyt noch vbelthat zuuil ist.

Zum zwölfften/weil einer eins andern menschen leibs gestalt gegen jemandt anzeyget/souil vnd lang/biß daß jhn bedeucht/daß derselb wol gezeygt sey/ Also/ Er ist ein gerader man/eins vffrichten roteuhafften angesichts/vollkommener glider/rc. Item er ist ein kurtzer gesessener man/vnd hat ein geigen Antlitz/rc. *Effictio.*

Zum dreitzehenden/wenn mann eines natur vnd art zeigt mit etlichen zeychen/ Als wolt ich sagen/wie einer gern gerümt wirt in reichthumb/ Also/ Der rüfft laut zu seinem knecht/vnd spricht/Gedenck daß es gezelt werd/ob es g'sein mag vor nacht/vnnd mich die solchs hören sollen gedencken/er hab so viel Gelt zuzelen/so seind es villeicht Nüß/Scheiter/od.r Kolen.Der Knecht weiß seins Herren willen wol/vnd spricht/Herr gebet mir jemande mehr zu/der mir helff/wöllet jhr daß es heut gezelet werde/vnd deßgleichen von allen andern rhümern/die gantz jhr fürnemen darauff setzen/ daß sie gern gesehen werden/ jedes art außzulegen ist(als Terentius vom Ritter Thrasone schreibt).

Zum viertzehenden/wenn in der Red jedem zugelegt wirdt/das/nach dem er wirdig ist/als den Alten legt man zu Ernsthafftigkeit/dapfferkeit/vnd kündigkeit: Vnd den jungen legen wir zu schimpff/frölicheit/vnd reichlich außgeben. *Sermocinatio.*

Zum fünfftzehendē/weil wir von einer person/die nit gegenwertig ist/dichtē/als ob sie gegenwertig sey Oder so man ein ding/so nit reden kan/anzeigt/als ob es redt/oder ein vngestalt ding/als ob es wolgestalt sey/anzeigt/also/ Daß diß mein rede war sey/vernemend(was spricht Dauid)Tritt herfür Aristoteles/was redst du darzu/sag Johannes Euangelist/auch dein meinung rc.vñ so fern der weiß Cato lebt/er gstünd mir auch die ding/sollichs ligt so offenbar am tag/daß vnuernünfftig Thier dauon anzeigen/die harten felsen geben zeugnuß von der sach. *Confirmatio.*

Zum sechtzehenden/weil mehr meinung dañ die rede vff jhr tregt/in zweiffel bleibe/als redt ich: Mein freund hat mir nit ein helbling zu erb verlassen/so meint/oder zweiffelt der hörend/mein freund hab mir weder helbling/pfenning/guldin/noch ander müntz noch gut verlassen. So möchts auch jemandt also messen/mein freund hett mir all sein gut verlassen biß an ein heller/den het er mir nicht verlassen. *Significatio.*

Zum siebentzehenden/weil einer zu seiner Red braucht allein so vil wort/als notturfftig darzu dienet/das ist zuloben. Doch so fer/daß die red durch sollich kurtz vergreiffung nit vnuerstendtlich werd/noch die notdürfftigen wort vermitten bleiben. *Breuitas.*

Zum achtzehenden/weil einer seine sach/als eigentlich vnd lauter an tag legen kan/daß die hörenden bedaucht/wie sie die geschicht vnd handlung vor jhren augen sehen/das hat statt/wenn einer das vor der handlung (darauff die Red gründt) in der handlung vnd nach sich begeben hat/ vergreifft/oder von mituolgenden dingen/oder vmbstenden nicht weicht. Vnd ist hie zu mercken/daß die wort/vmbstehen/heissendt/dadurch man erzeige die person/was/warumb/wie/vnd wenn gehandelt sey. *Demonstratio.*

Zum neunzehendten/wenn einer mit kurtzer schlußred/auß den dingen die vor berürt seind/zeigt/was von notturfft wegen mitfolgen werd/also/Ehrwirdiger Edler vnnd Strenger/auch hochgelehrten/Edlen vnd vesten/Fürsichtigen Ehrsamen vnd weiß/gebietende vnd günstige liebe Herrn/Auch leser diß Büchs/Nachdem Ewer Gnaden vnnd gunsten/vnd jhr/regel vnd warneinung/was zu schöner Rede gebürt/merckend zu gutem

C

New Titular

theyl hierinn vergrieffen seindt/zweiffelt mir nit/ Ewer Gnaden vnd gunsten/vnd ihr bekennen inn deren weißheyt/so ferr sich die begerenden solcher kunst darinn vben/sie mögen darauß groß nutzbarkeyt erfolgen. Der Allmechtig/gütig/gnedig vnd barmhertzig Gott/ vnser einiger Erlöser vnnd Seligmacher/der aller ding ein anfang/mittel/vnnd endt ist/ wöll vns in glücklichem verstandt/vernunfft vnd sinn beschirmen/damit wir jederzeit vnsere zungen/auch will/ vnd meynung ohn verletzung seiner Göttlichen Maiestat/vnd aller Potentaten/ıc. mit warheyt/vnd ohn verachtung reden/ vnd in einigkeyt erhalten werden mögen/damit sey der erkenner aller hertzen jederzeit bey vns allen/
Amen.

Folget das Titular vnd Cantzlei Büch/
sampt deren Formularien/ıc.

vnd Cantzlei Büch. XIIII

New vollkomen Formular vnd
Ticelbüch / Von rechter eygentlichen formierung/ gestalt/ vnnd wesenlichen stücken / einer jeden rechtmessigen Förmlichen Schrifft/ Instrument vnnd Brieffe/ ꝛc. dessen sich in aller Form hie vorgestalt/ menniglich gebrauchen mag/ Als Edel/ vnnd Vnedel/ nach jedes Standts gelegenheyt/ wie vnderschiedlich nach einander hernach folgt/
Als erstlich:

Geystlichem Stande.

¶ Dem Bapst.

Dem Allerheyligsten/ Hochwirdigsten in Gott Vatter vnd Herrn/ Herrn Pio võ Göttlicher fürsehung Bapst des heyligen Stuls zu Rohm/ der Rhömischen vnd gemeynen Christlichen Kirchen Obersten Fürsten/ meinem (vel) vnserem aller Gnedigsten Herrn.

Vnd im anfang der Missiuen zuschreiben also:

Allerheyligster/ Hochwirdigster Vatter/ Fürst vnd Herr/ in gantzer begirde demütig zuküssen das Erdtrich vor E.H. füssen/ Ewer Fürstlichen Heyligkeyt sein mein (vel) vnser schuldig gehorsam willig dienst allzeit vnderthenig bereyt zuuoran / Allergnedigster Herr.

¶ Patriarchen.

Dem Hochwirdigsten Fürsten in Gott Vatter vnd Herrn/ Herrn N. des heyligen Römischen Stuls Patriarchen zu Constantinopel/ meinem (vel) vnserem Gnedigsten Herrn.

Zugang der Missiuen also:

Hochwirdigster Fürst/ Ewer Fürstlichen Gnaden seien mein (vel) vnser vnderthenig willig dienst allzeit zuuor/ Gnedigster Herr.

¶ Cardinäln die Ertzbischoff sindt.

Dem Hochwirdigsten in Gott Vatter/ Fürsten vnnd Herrn/ Herrn N. der heyligen Römischen Kirchen Cardinal des Hey. Stuls zu Rom/ vnnd Ertzbischoff zu Hostiensis/ meinem (vel) vnserm Gnedigsten Herrn.

Salutatio.

Wie gegen Patriarchen als obstehet. Vnd zu gleicherweiß wirdt auch allen andern Cardinäln so Ertzbischoffe sindt/ geschrieben. Als:

Ertzbischoff zu { Alban. Peuestrin. Portaw. Sabin. Sanct Rufin.

¶ Cardinaln zu Lottringen.

Dem Hochwirdigsten/ Durchleuchtigen / Hochgebornen Fürsten vnnd Herrn/ Herrn Johan Cardinal vnd Hertzogen zu Lottringen/ ꝛc. Meinem Gnedigsten Fürsten vnd Herrn.

C ij

New Titular
Salutatio gleich als Hohenmeistern Teutsch Ordens.

¶ Meckelburg Coadiutorn.
Dem Hochwirdigsten/Durchleuchtigen Hochgebornen Fürsten vnd Herrn/Herrn Christoffeln erwölten Coadiutorn des Ertzstiffts Riga/Administratorn des Stiffts Ratzenburg/Hertzogen zu Mechelburg/Fürsten zu Wenden/Grauen zu Schwerin/der Land Rostock vnd Stargart Herrn.

Salutatio vt supra.

¶ Hohenmeister Teutsch Ordens.
Dem Hochwirdigsten/Durchleuchtigen Hochgebornen Fürsten vnnd Herrn/Herrn Albrechten Hochmeister Teutsch Ordens inn Preussen/Marggrauen zu Brandenburg/zu Stettin/Pommern/der Cassuben vnnd Wenden/auch in Schlesien vnd zu Jegerndorff Hertzogen/ꝛc. Burggrauen zu Nürnbergk/vñ Fürsten zu Rügen/Meinem Gnedigsten Fürsten vnd Herrn.

Salutatio.
Hochwirdigster/Durchleuchtiger Hochgeborner Fürst/Ewern Fürstlichen Gnaden/vt supra.

¶ Dem Obersten Rodißherren.
Dem Hochwirdigsten Fürsten vnnd Herrn/Herrn N. Sanct Johans Ordens Hochmeister zu Rodiß/der heyligen Rhömischen Kirchen Cardinal vnnd sonder offenthalt/Meinem (oder) vnserm Gnedigsten Herrn.

Salutatio.
Hochwirdigster Fürst/Ewer Fürstlichen Gnaden seyen mein (vel) vnser gantz vnderthenig willige dienst/bereits fleiß zuuor/Gnedigster Fürst vnd Herr.

¶ Teutschmeyster.
Dem Hochwirdigsten Fürsten vnnd Herrn/Herrn Georgen Administratorn des Hochmeysterthumbs in Preussen/Meister Teutsch Ordens in Teutschen vñ Welschen Landen/Meinem Gnedigsten Fürsten vnd Herrn.

Salutatio.
Hochwirdigster Fürst/Ewern Fürstlichen Gnaden seyen mein gantz vnderthenig willig vnd gehorsame dienst bestes fleiß zuuoran/Gnedigster Fürst vnd Herr.

Nota. So dann ein Ordens Herr jhren Fürstlichen Gnaden schreibe/setz mann gemeiniglich das wort Obersten darzu/Also:

Dem Hochwirdigsten Fürsten vnnd Herrn/Herrn Georgen Administratorn/ꝛc. vt supra, Meinem Gnedigsten Fürsten/Herrn vnd Obersten.

Vnd im angang der Missiuen also:

Hochwirdigster Fürst/Gnedigster Herr:/Ewer Fürstlichen Gnaden seyen jederzeit mein gantz vnderthenige/willige vnd gehorsame dienst bereyts fleiß in aller vnderthenigkeyt zuuoran bereyt/Gnedigster Herr vnd Oberster.

¶ Meister Johans Ordens.
Dem Hochwirdigen Fürsten vnd Herrn/Herrn N. Sanct Johans Ordens/Meister in Teutschenlanden/Meinem Gnedigen Fürsten vnd Herrn.

Nota. Ist er ein Graue/so schreibe mann also:

Dem

vnd Cantzlei Buch.

XV

Dem Hochwirdigen vnnd Wolgebornen Herrn/ Herrn N.Grauen zu N.Sanct Johans Ordens Meister in Teutschen Landen/Meinem Gnedigen Herrn.

Salutatio.

Hochwirdiger Fürst (vel)
Hochwirdiger Wolgeborner Graue/ Gnediger Herr/ Ewer Fürstlichen Gnaden (vel) Ewer Gnaden seien mein güttwillig vnd gehorsame dienst zuuoran/ Gnediger Fürst vnd Herr: (vel) Gnediger Herr.

Geystlichen Churfürsten.

Als/

¶ Meyntz.

Dem Hochwirdigsten Fürsten vnnd Herrn / Herrn Danieln/ Ertzbischouen zu Meyntz/ des heyligen Römischen Reichs durch Germanien Ertzcantzlern vnd Churfürsten/meinem (oder) vnserm Gnedigsten Herrn.

Salutatio.

Hochwirdigster Fürst/Gnedigster Herr/ Ewern Churfürstlichen Gnaden seyen mein (oder) vnser vnderthenig willig vnd geflissen dienst/allzeit bereits fleiß zuuor.

Nota. Ist deren aber einer ein geborner Fürst/ so soll mann die wort (Durchleuchtigsten Hochgebornen) darzu setzen/ Als/

Dem Hochwirdigsten/ Durchleuchtigsten Hochgebornen Fürsten vnnd Herrn/ ꝛc. vt suprà.

Vnd in der Salutation also:

Hochwirdigster/Durchleuchtigster Hochgeborner Fürst/ꝛc.

Desgleichen/ wann einer deren oder andern Fürsten einem/ mit diensten oder Lehens pflichten verwandt/ so soll mann denen auch schuldig dienst schreiben.

¶ Cöln.

Dem Hochwirdigsten Fürsten vnnd Herrn/ Herrn Friderichen/Ertzbischoffen zu Cöln / des heyligen Rhömischen Reichs durch Italien Ertzcantzlern vnnd Churfürsten/ Hertzogen zu Westphalen vnd Engern/ꝛc. meinem Gnedigsten Herrn.

¶ Trier.

Dem Hochwirdigsten Fürsten vnd Herrn/ Herrn Jacoben/ Ertzbischoffen zu Trier/ des heyligen Römischen Reichs durch Galliam/ vnd das Königreich Arelaten Ertzcantzlern vnd Churfürsten/ meinem Gnedigsten Herrn.

Die Salutation.

Würt mit hochgedachten beden meinen Gnedigsten Churfürsten vnd Herrn/ gleicher gestalt/ wie mit Meyntz hieuor vermeldt/ gehalten.

Der Geystlichen Fürsten Titel.

Als/

¶ Magdeburg.

Dem Hochwirdigsten / Durchleuchtigen Hochgebornen Fürsten vnnd Herrn/

C iij

New Titular

Herrn Sigismunden Ertzbischoffen zu Magdeburg / Primaten in Germanien / Administratorn zu Halberstatt / vnd Marggrauen zu Brandenburg / meinem Gnedigen Fürsten vnd Herrn.

Salutatio gleich als dem Cardinal zu Loetringen.

¶ Trient.

Dem Hochwirdigsten Fürsten vnd Herrn / Herrn Christoffeln / der heyligen Römischen Kirchen Cardinaln / des Stüls zu Rohm / Legat der Anconitanischen Marck / Bischouen zu Trient / vnd Administratorn des Stiffts Brixen / meinem Gnedigsten Herrn.

Salutatio vt suprà.

¶ Costentz.

Dem Hochwirdigsten Fürsten vnnd Herrn / Herrn Johan Ertzbischoffen zu Lunden / erwelten zu Rotschilt / Bischoffen zu Costentz / vnnd Administratorn des Stiffts Waldsachsen / Meinem Gnedigsten Fürsten vnd Herrn.

Salutatio vt suprà.

¶ Bischoffe zu Lunda.

Dem Hochwirdigsten Fürsten vnnd Herrn / Herrn N. erwölten Ertzbischoffen zu Lunda / Bischoffen zu Costnitz vnd Rotschilden / Rhömischer Key. Maiestat Orator General in Teutschen Landen / Meinem Gnedigsten Herrn.

Salutatio vt suprà.

¶ Saltzburgk.

Dem Hochwirdigsten Fürsten vnd Herrn / Herrn Johan Jacoben / der heyligen Römischen Kirchen / des Tittels sancti Angeli Priester / Cardinal vñ Ertzbischoff zu Saltzburg / vnd Legat des Stüls zu Rom / Meinem Gnedigsten Fürsten vnd Herrn.

Ingang der Missiuen zugleich als Meyntz.

¶ Metz.

Dem Hochwirdigsten / Durchleuchtigen / Hochgebornen Fürsten vnnd Herrn / Herrn Johan Bischoffen zu Metz / der heyligen Römischen Kirchen tituli sancti Honofrij Priester / Cardinaln vnnd gebornen Hertzogen zu Lottringen / Meinem Gnedigsten Fürsten vnd Herrn.

Salutatio.

Hochwirdigster / Durchleuchtiger / Hochgeborner Fürst / Gnedigster Herr / Ew. F. Gnaden seyen mein vnderthenig willige dienst / bereits fleiß zuuoran / Gnedigster Fürst vnd Herr.

¶ Freysingen.

Dem Hochwirdigen Fürsten vnnd Herrn / Herrn N. Bischoffen zu Freysingen / Administrator des Stiffts Nürnberg / etc. Meinem Gnedigen Fürsten vnd Herrn.

Salutatio vt suprà.

¶ Speyer.

Dem Hochwirdigen Fürsten vnnd Herrn / Herrn Marquarten Bischoffen zu Speyer / vnnd Probst zu Weissenburg / Meinem Gnedigen Fürsten vnd Herrn.

Salutatio.

Salutatio.

Hochwirdiger Fürst/ Gnediger Herr/ Ewer Fürstlichen Gnaden seyen mein vndertheniges/ willige dienst bestes fleiß zuuor/ Gnediger Fürst vnd Herr.

¶ Straßburgk.

Dem Hochwirdigen Fürsten vnnd Herrn/ Herrn Erasmo/ Bischoffen zu Straßburgk/ vnd Landtgrauen zu Elsaß/ Meinem Gnedigen Fürsten vnd Herrn.

Salutatio vt suprà.

¶ Wormbs.

Dem Hochwirdigen Fürsten vnd Herrn/ Herrn Dieterichen/ erwelten vnd bestettigten Bischoff zu Wormbs/ Meinem Gnedigen Fürsten vnd Herrn.

Salutatio.

Hochwirdger Fürst/ Ewern Fürstlichen Gnaden seyen mein vnderthenig gutwillig vnd geneygte dienst zuuoran/ Gnediger Fürst vnd Herr.

¶ Metz Administrator.

Dem Hochwirdigen Fürsten vnnd Herrn/ Herrn N. Administrator des Bisthumbs Metz vnd Verdun/ Meinem Gnedigen Fürsten vnd Herrn.

Salutatio.

Hochwirdiger Fürst/ Ewern F. Gnaden seyen mein **vnderthenig willige dienst**/ bereits fleiß zuuor/ Gnediger Fürst vnd Herr.

¶ Würtzburgk.

Dem Hochwirdigen Fürsten vnd Herrn/ Herrn Friderichen Bischoffen zu Würtzburg/ vnd Hertzogen zu Francken/ Meinem Gnedigen Fürsten vnd Herrn.

Salutatio vt suprà.

¶ Bambergk.

Dem Hochwirdigen Fürsten vnnd Herrn/ Herrn Veitten/ Bischoffen zu Bambergk/ Meinem Gnedigen Fürsten vnd Herrn.

Salutatio vt suprà.

¶ Basel.

Dem Hochwirdigen Fürsten vnd Herrn/ Herrn Melchior/ erwelten vnd bestettigten Bischoffe zu Basel/ Meinem Gnedigen Fürsten vnd Herrn.

Salutatio wie Metz.

¶ Augspurg.

Dem Hochwirdigen Fürsten vnd Herrn/ Herrn Otten Cardinaln/ rc. Bischoffen zu Augspurg/ vnd Probst zu Elwangen/ Meinem Gnedigen Fürsten vnd Herrn.

Salutatio vt suprà.

New Titular

¶ Regenspurg.

Dem Hochwirdigen Fürsten vnnd Herrn/ Herrn Georgen Bischouen zu Regenspurg/ Meinem Gnedigen Fürsten vnd Herrn.

Salutatio vt sup.

¶ Eystett.

Dem Hochwirdigen Fürsten vnd Herrn/ Herrn Martin Bischoffen zu Eystett/ Meinem Gnedigen Fürsten vnd Herrn.

Salutatio vt suprà.

¶ Osnaburgk.

Dem Hochwirdigen Fürsten vnnd Herrn/ Herrn Johan confirmierten zu Osnaburgk/ vnd Postulierten des Stiffts Münster/ ꝛc. Meinem Gn. Fürsten vnd Herrn.

Salutatio vt supra.

¶ Also auch/

Dem Hochwirdigen Fürsten vnnd Herrn/ Herrn N. Bischoffen zu { Münster/ Olmincz/ Chur/ Passaw/ } Meinem Gnedigen Fürsten vnd Herrn.

Salutatio vt suprà, endern Titel Mez zusehen.

Welcher Bischoff von geburt Fürstliches Stames ist/ so werden jhme aber/ wie oblaut/ Adiectiua vnd Namen der Herrschafft zugelegt/ wie vnderm Titel Hochmeisters/ ꝛc. gesehen werde.

¶ Landtcommenthurn Teutsch Ordens.

Dem Ehrwirdigen Herrn N. von N. Landtcommenthur in Elsaß vnd Burgunden/ Teutsch Ordens/ Meinem Gnedigen Herrn.

Salutatio.

Ehrwirdiger Herr/ E. Gnaden seyen mein vnderthenig willig vnd geflissen dienst zuuoran/ Gnediger Herr.

¶ Commenthur Teutsch Ordens.

Dem Ehrwirdigen/ Edlen vnd Strengen Herrn Melchior von Dermo/ Commenthur zu Franckfurt/ Teutsch Ordens/ Meinem günstigen gebietenden Herrn.

Salutatio.

Ehrwirdiger/ Edler/ Strenger/ Ewer Ehrwirden seien mein gütwillig dienst/ mit erbietung alles geneigten willens zuuoran/ insonders günstiger gebietender Herr.

Also mag auch den Herrn Commenthurn des Johans Ordens geschrieben werden.

¶ Haußcommenthur Teutsch Ordens.

Muge inn gleicher form wie den Herrn Commenthurn geschrieben werden/ wie obstehet/ Doch mutatis mutandis der Embter/ Als:

Haußcommenthur zu Weissenburg/ zu Horneck/ ꝛc. vnd dergleichen.

Etliche brauchen allein dise Form/ Als:

Dem Ehrwirdigen vnd Edlen Herrn/ N. ꝛc.

¶ Trappirer/ Küchen vnd Kellermeistern/ Teutsch Ordens.

Dem Wirdigen vnd Edlen Herrn N. von N. Trappirer (vel) Küchenmeister des Hauß zu Mergenthumb/ Teutsch Ordens/ Meinem günstigen Herrn.

Salutatio.

vnd Cantzlei Buch. XVII

Salutatio.
Wirdiger/Edler/Ewer W.seyen mein freundtlich willig dienst zuuor/Günstiger lieber Herr.

Den Abten.

¶ Fulda.
Dem Hochwirdigen Fürsten vnd Herrn/Herrn N. erwölten vnd bestettigten Abt zu Fulda/Meinem Gnedigen Fürsten vnd Herrn.

Salutatio.
Hochwirdiger Fürst/Ewern F. Gnaden seyen mein vnderthenig willig vnd gehorsame dienst/bereits fleiß zuuoran/Gnediger Fürst vnd Herr.

¶ Den schlechten Abten.
Dem Wirdigen Herrn N. Abt des Gottshauß zu N. meinem günstigen Herrn.

Salutatio.
Wirdiger Herr/Ewer Wirden seyen mein freundtlich willig dienst zuuor/günstiger lieber Herr.

Also mag auch gleicher gestalt/Pröbsten vnd Priorn geschrieben werden.

Wann dann ein Abt/oder ander Geystlicher Herr/etwann ein Fürst/Graue/oder sonsten vom Adel weren/würde mann sich (halt ich darfür) nunmehr wol/was zier vnnd Ehrwörter darzu gehören/zuuerhalten wissen.

¶ Einem Thumbdechant vnd Capittel.

Nota. Wo Grauen oder Freiherrn uff den Stifften sein/als zu Straßburg/Trier/Cöln vnd Meyntz/etc. schreibe mann wie folgt:

Den Ehrwirdigen/Wolgebornen/Edlen/Strengen/vnnd Hochgelehrten Herrn Dechant vñ Capittel des Thumbstiffts zu N. Meinen Gnedigen vnd gunstigen Herrn.

Salutatio.
Ehrwirdigen/Wolgebornen/Edlen/Strengen vnd Hochgelehrten/Gnedige vnd günstige Herrn/Ewer Gnaden vnd gunsten/sein mein vnderthenig vnd willig dienst zuuor/Gnedig vnd günstige Herrn.

Nota. So mann den Hohen Stifften schreibt/da Fürsten/Grauen vnd Freiherrn sein/als Meyntz vnd Cöln/etc. schreibt mann / dem Durchleuchtigen/Hochgebornen Fürsten/Auch Ehrwirdigen/Wolgebornen/Edlen/Strengen/vnd Hochgelehrten Thumbdechant vnd Capitel der Hohen stifft zu N. Meinem Gnedigen Fürsten/auch Gnedigen vnd günstigen Herrn.

¶ Wo aber nit Grauen oder Freiherrn in Stifften im Capittel seindt/auff dise form.

Den Ehrwirdigen/Edlen/vnd Hochgelehrten Herrn Dechant vnd Capitel des Thumbstiffts zu N. meinen günstigen lieben Herrn.

Salutatio vt supra. Ausserhalb deren wörter/Wolgebornen/Strengen/vnd Gnedig.

¶ Gemeyner

New Titular

¶ Gemeyner Stifft Dechant vnd Capittel/
so nit Adels Personen.

Den wirdigen/ Hochgelehrten vnnd Ersamen Herrn Dechan vnnd Capittel des Stiffts N. meinen lieben Herrn vnd güten Freunden.

Salutatio.

Wirdige/ Hochgelehrte/ vnnd Ersame/ Ewer Wirden seyen mein gütwillig dienst zuuor/ Liebe Herrn vnd güte Freunde.

Nota. Einer sondern Personen auff solchen Stifften/ nach eines jeden Standts/ oder Wieden seinen Titel zugeben.

¶ Dechant auff in Thumbstifft/ so ein Graue.

Dem Ehrwirdigen Wolgebornen Herrn/ Herrn N. Dechan des Hohenstiffts zu N. Grauen zu N. meinem Gnedigen Herrn.

Salutatio.

Ehrwirdiger/ Wolgeborner/ Ewer Gnaden seyen mein vnderthenig willig vnd gehorsame dienst zuuor/ Gnedigtr Herr.

Ist er aber kein Graue/ so laß die wörter (Wolgeborn vnd Gnedig) vnd in der Salutation das wörtlin (vnderthenig) auß/ vnd setz für das wort Gnedig/ Meinem günstigen gebietenden Herrn. Dergleichen werde auch einem Canonicken auff solchen Stifften geschrieben.

¶ Auff den gemeynen Stifften.

Dem Wirdigen/ Ist er vom Adel/ so setze darzu das wort Edlen/ also:
Dem Wirdigen vnnd Edlen Herrn N. Dechan (vel) Canonicken des Stiffts zu N. meinem lieben Herrn (vel) güten Freund/ Vettern/ oder Schwager/ wie er dann einem verwandt ist.

¶ Official.

Dem Wirdigen vnnd Hochgelehrten Herrn N. des Geistlichen Gerichts zu N. Official/ meinem lieben Herrn vnd Freunde.

Salutatio.

Wirdiger/ Hochgelehrter/ euch seyen mein gütwillig dienst zuuoran/ Insonders lieber Herr vnd Freundt.

¶ Einem Predicanten so ein Doctor.

Dem Ehrwirdigen vnd Hochgelehrten Herrn N. der heyligen Geschrifft Doctor/ vnd zu N. Superintendens/ meinem besonders lieben Herrn vnd Freunde.

Salutatio vt sup.

¶ Einem gemeynen Priester/ er sey auff Stifften
oder sonst.

Dem Ersamen vnnd Geystlichen Herrn N. Vicarj/ Pfarrher/ oder was standts er dann ist/ ic. zu N. meinem besondern güten Freunde.

Salutatio.

Mein freundtlichen gruß vnd gütwillig dienst zuuor/ besonder güter Freundt.

Bißhero ist von Vberschrifften Manlichts Geschlechts im Geystlichen standt sorg gehalten/ vnnd jetz fleiß anzukeren/ desselbet Standts/ Weibliches Geschlechts jungfrawelich wirdigkeyt zumelden/ vnd Erstlich

¶ Von Gefürsten Äptissin.

Der

vnd Cantzlei Buch.   XVIII

Der Hochwirdigen Fürstin vnd Frawen/ Fraw N. Ebtissin des Stiffts vnd Closters zu N.2c. Meiner Gnedigen Frawen.

Salutatio.

Hochwirdige Fürstin/ Ew. Fürstlichen Gnaden seyen mein gegen Gott jnnigliches gebet/ in vnderthenigem gehorsam zuuoran/ Gnedige Fraw.

Nota. Wer sie von geburt ein Fürstin/ so soll ihnen wie obstehet adiectiua vnd namen jrer geburt vnd Herrschafften/ 2c. zugelegt werden/ wie mann hieuornen im Geystlichen stand der Mans personen leichtlich form abzunemen hat.

Vom andern Staffel Geystlicher Jungfrawen.

Jm andern Grad derselben Jungkfrawen/ pflegen wir das wort (Fraw) zweymal hinzulegen/ vnd das wort (Fürstin) zuuermeiden/ also:

Der Hochwirdigen Frawen/ Frawen N. Abtissin des Gotthauß zu N. Meiner Gnedigen Frawen.

☙ Obseruantzerin.

Der Ehrwirdigen Geystlichen Frawen/ Frawen N. Abtissin des Gottshauß zu Sanct Claren zu N. Meiner Gnedigen Frawen.

Vom letsten Grad Geystlicher Frawen.

Als/

☙ Priorin.

Der Wirdigen Geystlichen vnd Edlen Frawen/ Margareten Bernholdin Priorin des Closters zu Selgenthal/ meiner lieben vnd güten Freundin.

Salutatio.

Was ich ehren/ lieb/ vnnd güts vermag/ mit erbietung meiner gebürwilligen diensten zuuor/ Wirdige Edle liebe Fraw.

Nota. So sie aber nit Edel sein/ so werden die wort/ vnd Edlen/ in der Oberschrifft/ vnd in der Salutation die wort/ Edle/ außgeschlossen.

☙ Sammlung.

Der Ersamen Frawen N. Meysterin der Sammung zu N. Meiner güten gönderin.

Salutatio.

Mein freundtlichen grüß zuuoran/ liebe vnd güte Gönderinn.

☙ Regelhauß.

Der Erbarn Geystlichen schwester N. Meysterin des Regelhauß zum Lämblin zu Freyburg/ meiner lieben Gönderin.

Salutatio vt suprà.

Also sey hie in der kürtze gnugsam von Titeln oder Vberschrifften des Geystlichen stands gesagt/ vnd fürcherhin vom weltlichen Grade vnd stand auch meldung zuthun/ Als erstlich:

Dem

New Titular.

¶ Dem Römischen Keyser.

Dem Allerdurchleuchtigsten/Großmechtigsten/vnüberwindtlichsten Fürsten vñ Herrn/Herrn Maximilian Rhömischen Keyser/zu allen zeiten mehrer des Reichs/Inn Germanien/zu Hungern/Böhem/Dalmatien/Croatien/vnnd Schlauonien/ꝛc. König/Ertzhertzog zu Osterreich/Hertzog zu Burgundi/Steyer/Kärndten/Crayn/vnnd Wirtenberg/ꝛc. Grauen zu Tyrol/ꝛc. Meinem (vel) vnserm Allergnedigsten Herrn.

Salutatio.

Allerdurchleuchtigster/Großmechtigster vnüberwindtlichster Keyser/Ewer Keyserlichen Maiestat seien mein aller vnderthenigste gehorsame vnd willige dienst/in schuldigster gehorsam allzeit zuuoran/Allergnedigster Herr.

Nota. Etliche lassen nach dem wort (Großmechtigsten) das wort Vnüberwindtlichsten auß.

¶ Dem König von Castilien.

Dem Durchleuchtigsten/Großmechtigsten Fürsten vnd Herrn/Herrn N. zu Castilien/Leon/vnd Granaten/König/Ertzhertzog zu Osterreich/Printz zu Argania/vnnd Hertzog zu Burgundi vnd Brabandt/Meinem Gnedigsten Herrn.

Salutatio.

Durchleuchtigster/Großmechtigster Fürst/Ewer Königlichen Maiestat seien mein gantze vnderthenigste gehorsame vnnd willige dienste allzeit zuuoran/Gnedigster Herr.

¶ Engelandt König.

Dem Durchleuchtigsten/Großmechtigsten Fürsten vnd Herrn/Herrn N. König zu Engellandt vnd zu Franckreich/Herrn zu Ybernian/ꝛc. Meinem Gnedigsten Herrn.

Salutatio vt suprà.

¶ Jerusalem/Sicilien König.

Dem Durchleuchtigsten/Großmechtigsten Fürsten vnd Herrn/Herrn N. König zu Jerusalem vnd Sicilien/Hertzog zu Lottringen/vnd zu Bare Marggrauen/Marggrauen zu Penthamesan/Grauen zu Prong/zu Widemont vnnd Hartcecen/Meinem Gnedigsten Herrn.

Salutatio gleich als Castilien.

¶ Poln König.

Dem Durchleuchtigsten/Großmechtigsten Fürsten vnnd Herrn/Herrn Sigismundo Augusto/König zu Polen/Großfürsten im Lyttshaw/vnnd der Lande Reussen/Preussen/Masaw/Samapten Herr vnd Erbe/Meinem Gnedigsten Herrn.

Salutatio wie Castilien.

¶ Vngern König.

Dem Durchleuchtigsten/Großmechtigsten Fürsten vnd Herrn/Herrn Maximilian zu Hungern vnd Behem/ꝛc. König/Marggrauen zu Merhern/vnnd Hertzogen zu Schlesien/ꝛc. Meinem Gnedigsten Herrn.

Salutatio vt suprà.

König auß Denmarck.

Dem Durchleuchtigsten/Großmechtigsten Fürsten vnd Herrn/Herrn Friderichen König

vnd Cantzlei Buch.   XIX

König zu Denmarck/Norwegen/der Wenden vnnd Gotten Königen/Hertzogen zu Schlesien/Holstein/Starmarn/vnd der Dietmarschen/Grauen zu Aldenburg/vnnd Delmenhorst/meinem gnedigsten Herrn.

Salutatio vt sup.

¶ König zu Denmarck.

Dem Durchleuchtigsten/Großmechtigsten Fürsten vnd Herrn/Herrn Friderichen erwöllten König zu Denmarck/Norwegen/rc. Hertzogen zu Schwickolstein/Statmarn/vnd Dietmarschen/Grauen zu Aldenburg vnd Delmenhorst/Meinem Gnedigsten Herrn.

Salutatio vt suprà.

¶ König in Hispanien.

Dem Durchleuchtigsten/Großmechtigsten Fürsten vnnd Herrn/Herrn Philippsen/König in Hispanien/Ertzhertzogen zu Osterreich/Hertzogen zu Burgundt/zu Meyland/zu Braband/zu Lützenburg vnd Geldern/rc. Grauen zu Flandern/Meinem Gnedigsten Herrn.

Salutatio vt suprà.

¶ König Nauarre.

Dem Durchleuchtigsten Großmechtigsten Fürsten vnd Herrn/Herrn Anthonien/König zu Nauarra/rc. Meinem Gnedigsten Herrn.

Salutatio wie dem König von Castilien.

¶ König zu Franckreich.

Dem Durchleuchtigsten/Großmechtigsten Fürsten vnnd Herrn/Herrn Carolo König zu Franckreich/rc. Meinem Gnedigsten Herrn.

Salutatio vt suprà.

¶ König zu Schweden.

Dem Durchleuchtigsten/Großmechtigsten Fürsten vnd Herrn/Herrn Erichen dem XIIII. zu Schweden/der Gotten vnd Wenden/rc. Königen/meinem Gnedigsten Herrn.

Salutatio vt suprà.

¶ Ertzhertzog Ferdinand zu Osterreich.

Dem Deurchleuchtigsten/Großmechtigsten Fürsten vnd Herrn/Herrn Ferdinanden Ertzhertzogen zu Osterreich/Rhömischer auch Behemischer Königlichen Maiestatt in der Cron Behem Statthalter/meinem Gnedigsten Fürsten vnd Herrn.

Salutatio Wie den Churfürsten/allein daß die wort Durchleuchtigster/Großmechtigster Fürst/gebraucht werden.

Von Weltlichen Churfürsten.

¶ Behem.

Dem Durchleuchtigsten/Großmechtigsten Fürsten vnd Herrn/Herrn N. König zu Hungern vnd Behem/Hertzogen zu Schlesien/vnnd Marggrauen zu Merhern/rc.

New Titular

des heyligen Römischen Reichs Churfürsten vnnd Erbschencken/ Meinem Gnedigsten Herrn.

Salutatio vt suprà vnderm Titel des Königs von Castilien/zusehen.

¶ Pfaltz.

Dem Durchleuchtigsten/ Hochgebornen Fürsten vnnd Herrn/ Herrn Friderichen Pfaltzgrauen bei Rhein/ des heyligen Römischen Reichs Ertztruchsaß vnd Churfürsten/ Hertzogen in Beyern/ meinem Gnedigsten Herrn.

Salutatio.

Durchleuchtigster/ Hochgeborner Churfürst/ Gnedigster Herr/ Ewer Churfürstlichen Gnaden seyen mein gehorsame willige dienst vnderthenigs bereits fleiß zuuoran.

¶ Sachssen.

Dem Durchleuchtigsten/ Hochgebornen Fürsten vnnd Herrn/ Herrn Augusten/ Hertzogen zu Sachssen/ des heyligen Rhömischen Reichs Ertzmarschalck vnd Churfürsten/ Landtgrauen zu Düringen/ vnnd Marggrauen zu Meissen/ Meinem Gnedigsten Herrn.

Salutatio vt suprà.

¶ Brandenburgk.

Dem Durchleuchtigsten/ Hochgebornen Fürsten vnnd Herrn / Herrn Joachim Marggrauen zu Brandenburg/ des heyligen Römischen Reichs Ertzcamerer vnd Churfürsten/ zu Stettin/ Pomern/ der Cassuben/ Wenden/ vnd in Schlesien/ zu Crossen Hertzog/ Burggrauen zu Nürnberg/ vnd Fürst zu Rugen/ Meinem Gnedigsten Herrn.

Salutatio Wie Pfaltz

Den Hertzogen also.

¶ Würtenbergk.

Dem Durchleuchtigen / Hochgebornen Fürsten vnnd Herrn/ Herrn Christoffen Hertzogen zu Würtenberg vnd Tegk/ Graue zu Mümpelgart/ meinem gnedigen Fürsten vnd Herrn.

Salutatio.

Durchleuchtiger Hochgeborner Fürst/ Ewer Fürstlichen gnaden seien mein gehorsame willige dienst vnderthenigs fleiß zuuoran/ Gnediger Fürst vnd Herr.

Gleicher gestalt auch Hertzog Eberharten zuschreiben.

¶ Zweybrücken.

Dem Durchleuchtigen Hochgebornen Fürsten vnd Herrn/ Herrn Wolffgangen Pfaltzgrauen bey Rhein/ Hertzog in Beyern/ Grauen zu Veldentz/ Meinem Gnedigen Fürsten vnd Herrn.

Salutatio vt suprà.

Gleicher gestalt wirdt auch Hertzog Georg Hansen/ so zu Lützelstein hoff helt/ geschrieben.

¶ Gülch.

¶ Gülch.

Dem Durchleuchtigen/Hochgebornen Fürsten vnnd Herrn/ Herrn Wilhelmen Hertzogen zu Gülich/Cleue/vnnd Bergen/Grauen zu der Marck/ vnnd Rauenspurg/ Herrn zu Rauenstein/ꝛc. meinem gnedigen Fürsten vnd Herrn.

Salutatio vt suprà.

¶ Hertzog von Cleue.

Dem Durchleuchtigen/Hochgebornen Fürsten vnnd Herrn/ Herrn N. Hertzog zu Cleue/vnd Graue von der Marck/meinem gnedigen Fürsten vnd Herrn.

Salutatio vt sup.

¶ Hertzog zu Cleue vnd Berg.

Dem Deurchleuchtigen/Hochgebornen Fürsten vnnd Herrn/ Herrn N. zu Cleue/ Hertzogen zu Gülch/zu dem Berg/Grauen zu der Marck/zu Rauenspurg/vnnd zu Katzenelnbogen/meinem Gnedigen Fürsten vnd Herrn.

Salutatio vt suprà.

¶ Sachssen zu Weinmar.

Dem Durchleuchtigen/Hochgebornen Fürsten vnnd Herrn/ Herrn Hanß Friderich dem mitler/Hertzogen zu Sachssen/Landtgrauen zu Düringen/ vnd Marggrauen zu Meissen/Meinem Gnedigen Fürsten vnd Herrn.

Salutatio vt suprà.

Also auch Hertzog Hanß Wilhelmen/ ausserhalb der wort (dem mitler)

¶ Hertzog Frantzen zu Sachssen.

Dem Durchleuchtigen/Hochgebornen Fürsten vnd Herrn/Herrn Frantzen Hertzogen zu Sachssen/Engern/vnd Westphalen/Meinem Gnedigen Fürsten vnd Herrn.

Salutatio vt suprà.

¶ Geldern.

Dem Durchleuchtigen/Hochgebornen Fürsten vnd Herrn/ Herrn N. Hertzogen zu Geldern/vnd Grauen zu Zutphen/Meinem Gnedigen Fürsten vnd Herrn.

Salutatio wie Würtenberg.

¶ Braunschweig.

Dem Durchleuchtigen/ Hochgebornen Fürsten vnnd Herrn/ Herrn Heinrichen dem Eltern/Hertzogen zu Braunschweig vnd Lüneburg/ꝛc. Meinem gnedigen Fürsten vnd Herrn.

Salutatio vt suprà.

Dergleichen wirt auch Hertzog Heinrich dem jüngern/vnd dann Hertzog Justen/Erichen/ vnd Wilhelmen/geschrieben.

¶ Lottringen.

Dem Durchleuchtigen Hochgebornen Fürsten vnd Herrn / Herrn Carln Hertzog zu Calabrie/ zu Lottringen/ zu Bari vnnd Gueldern/Marggrauen zu Panthomauen vnd

New Ticular

zu Widmar/Grauen zu Prouing/Widemont/Blanckenburg/vnd Zutphen/Meinem Gnedigen Fürsten vnd Herrn.

Salutatio vt suprà.

¶ Lawenburgk.

Dem Durchleuchtigen/Hochgebornen Fürsten vnnd Herrn/Herrn N. Hertzogen zu Hollstein vnd Schleßwig/meinem Gnedigen Fürsten vnd Herrn.

Salutatio vt suprà.

¶ Meckelburg.

Dem Durchleuchtigen/Hochgebornen Fürsten vnd Herrn/Herrn Johan Albrechten Hertzogen zu Meckelburg/Fürsten zu Wenden/ Grauen zu Schwerin/der Lande Rostock vnd Stargart/&c. Herrn/Meinem Gnedigen Fürsten vnnd Herrn.

Salutatio vt suprà.

Also auch an Herrn Vlrichen zu Meckelburg.

¶ Pommern.

Dem Durchleuchtigen/Hochgebornen Fürsten vnnd Herrn/ Herrn Barnim/ dem Eltern/zu Stettin/Pomern der Cassuben/vnd Wenden Hertzogen/Fürsten zu Rugen/vnd Grauen zu Gutzgaw/&c. Meinem Gnedigen Fürsten vnd Herrn.

Salutatio vt suprà.

Also auch Barnim dem jüngern zuschreiben.

¶ Schweden Hertzog.

Dem Durchleuchtigen Hochgebornen Fürsten vnnd Herrn/Herrn Magnussen/ der Reich Schweden Erbfürsten/vnd Hertzog zu Ostergöthlandt/Meinem Gnedigen Fürsten vnd Herrn.

Salutatio wie Wirtemberg.

¶ Finlandt Hertzog Hansen.

Dem Durchleuchtigen Hochgebornen Fürsten vnnd Herrn/Herrn Johansen der Reich Schweden Erbfürsten/vnd Hertzogen im Finlandt/Meinem Gnedigen Fürsten vnd Herrn.

Salutatio vt suprà.

¶ Schweden Hertzog Carln.

Dem Durchleuchtigen/Hochgebornen Fürsten vnd Herrn/Herrn Carolen/der Reich Schweden Erbfürsten/vnd Hertzogen zu Openlandt/meinem gnedigen Fürsten vnd Herrn.

Salutatio vt suprà.

¶ Teschin.

Dem Durchleuchtigen/Hochgebornen Fürsten vnnd Herrn/Herrn Friderichen Casimir in Schlesien/Hertzogen zu Teschin vnd groß Gloßgaw/Meinem Gnedigen Fürsten vnd Herrn.

Salutatio vt suprà.

¶ Lünenburgk.

vnd Cantzlei Buch.

¶ Lünenburg.

Dem Durchleuchtigen/Hochgebornen Fürsten vnd Herrn/Herrn Frantzen Hertzogen zu Lüneburg vnnd Braunschweig/Meinem gnedigen Fürsten vnd Herrn.

Salutatio vt suprà.

¶ Connestabel.

Dem Durchleuchtigen/Hochgebornen Fürsten vnd Herrn/Herrn Amadeo/Hertzogen zu Montmorantee/Connestabeln in Franckreich/ꝛc. Meinem gnedigen Fürsten vnd Herrn.

Salutatio vt Würtenberg.

¶ Conde.

Dem Durchleuchtigen/Hochgebornen Fürsten vnnd Herrn/Herrn Ludwigen Hertzogen von Bourbohn/vnd Fürsten zu Conde/ꝛc. Meinem gnedigen Fürsten vnnd Herrn.

Salutatio vt suprà.

¶ Lignitz.

Dem Durchleuchtigen/Hochgebornen Fürsten vnnd Herrn/Herrn Heinrichen/Hertzogen in Schlesien/zu Lignitz/Brieg vnd Goldberg/Meinem Gnedigen Fürsten vnd Herrn.

Salutatio vt sup.

¶ Beyern.

Dem Durchleuchtigen/Hochgebornen Fürsten vnnd Herrn/Herrn Albrechten Pfalzgrauen bey Rhein/Hertzogen in Nidern vnd Obern Beyern/Meinem gnedigen Fürsten vnd Herrn.

Salutatio vt suprà.

Also auch Hertzogen Wilhelmen.

¶ Simmern.

Dem Durchleuchtigen/Hochgebornen Fürsten vnd Herrn/Herrn Georgen/Pfalzgrauen bey Rhein/vnd Hertzogen in Beyern/Grauen zu Spanheym/Meinem Gnedigen Fürsten vnd Herrn.

Salutatio vt suprà.

¶ Hertzog Reicharten.

Dem Durchleuchtigen/Hochgebornen Fürsten vnnd Herrn/Herrn Reicharten Pfalzgrauen bey Rhein/vnnd Hertzogen inn Beyern/Administrator zu Waldtsassen/Meinem Gnedigen Fürsten vnd Herrn.

Salutatio vt suprà.

Also auch Hertzog Ludwigen zu Amberg/deßgleichen jren Fürstlichen Gnaden L. Herrn Brüdern/Hertzog Hans Casimirn/vnnd Hertzog Christoffen/ꝛc. ausserhalb der wörter (Administrator zu Waldtsassen) zu schreiben.

¶ Münsterberg.

Dem Durchleuchtigen Hochgebornen Fürsten vnnd Herrn/Herrn N. Hertzogen zu

New Titular

Münsterberg in Schlesien zur Olssen/Grauen zu Glatz/ꝛc. Meinem gnedigen Fürsten vnnd Herrn.

Salutatio vt supra.

¶ Brandenburg zu Anspach.

Dem Durchleuchtigen/Hochgebornen Fürsten vnd Herrn/Herrn Georg Friderich/Marggrauen zu Brandenburg/in Preussen/zu Stettin/Pommern/der Cassuben vnd Wenden/Auch in Schlesien/vnd zu Jegerndorff Hertzogen/Burggrauen zu Nürnberg/Fürsten zu Rügen/Meinem Gnedigen Fürsten vnd Herrn.

Salutatio.

Durchleuchtiger Hochgeborner Fürst/Ewern Fürstlichen Gnaden seien mein vnderthenige gehorsame willige dienst zuuorän/Gnediger Fürst vnd Herr.

Also auch Marggrauen Hansen zuschreiben.

Den Fürsten.

¶ Anhalt.

Dem Durchleuchtigen/Hochgebornen Fürsten vnd Herrn/Herrn Wolffen/Fürsten zu Anhalt/Grauen zu Aschanien/vnnd Herrn zu Zerpst vnnd Bernburg/Meinem Gnedigen Fürsten vnd Herrn.

¶ Landgraue zu Hessen.

Dem Durchleuchtigen Hochgebornen Fürsten vnnd Herrn/Herrn Wilhelmen/Landgrauen zu Hessen/Grauen zu Catzenelnbogen/Dietz/Ziegenhain/vnd Nida/Meinem Gnedigen Fürsten vnd Herrn.

¶ Marggrauen von Baden zu Durlach/so etwan inn kurtzer zeit zu Pfortzheim hofgehalten.

Dem Durchleuchtigen/Hochgebornen Fürsten vnd Herrn/Herrn Carln Marggrauen zu Baden vnd Hochberg/Landtgrauen zu Susenberg/Herrn zu Rötteln/vnnd Badenweiler/ꝛc. Meinem Gnedigen Fürsten vnnd Herrn.

¶ Marggrauen von vnd zu Baden.

Dem Durchleuchtigen/Hochgebornen Fürsten vnnd Herrn/Herrn Philiberten Marggrauen zu Baden/vnd Grauen zu Spanheim/Meinem Gnedigen Fürsten vnd Herrn.

¶ Marggraue Christoffen.

Dem Durchleuchtigen Hochgebornen Fürsten vnnd Herrn/Herrn Christoffen Marggrauen zu Baden/vnnd Herrn zu Rotenbach/Meinem Gnedigen Fürsten vnnd Herrn.

¶ Egmont.

Dem Durchleuchtigen/Hochgebornen Fürsten vnnd Herrn/Herrn Ladicurell/Fürsten zu Gaure/vnd Grauen zu Egmont/Meinem gnedigen Fürsten vnd Herrn.

¶ Plawen.

Dem Durchleuchtigen/Hochgebornen Fürsten vnnd Herrn/Herrn Heinrichen dem

vnd Cantzlei Buch. XXII

dem ältern/des heyligen Rhömischen Reichs Burckgrauen zu Meissen/vnnd Herrn zu Plawen/Meinem gnedigen Fürsten vnd Herrn.

¶ Landtgrauen zu Leuchtenbergk.

Dem Durchleuchtigen/Hochgebornen Fürsten vnd Herrn/Herrn Ludwig Henrichen/Landgrauen zu Leuchtenberg/vnd Grauen zu Hals/Meinem Gnedigen Fürsten vnd Herrn.

¶ Printzen zu Oranien.

Dem Durchleuchtigen/Hochgebornen Fürsten vnd Herrn/Herrn Wilhelm Printzen zu Oranien/Grauen zu Nassaw/Catzenelnbogen/Vianden/Dietz/Beurn/Herrn zu Breda vnnd Isselstein/Statthaltern in Burgundt/Meinem gnedigen Fürsten vnnd Herrn.

¶ Hennenbergk.

Dem Durchleuchtigen/Hochgebornen Fürsten vnnd Herrn/Herrn Wilhelmen/Grauen vnd Herrn zu Hennenberg/Meinem gnedigen Fürsten vnd Herrn.

Also wirt auch Herrn Georg Ernsten vnd Herrn Poppen geschrieben.

Die Salutation mag bey allen biß hieher Hochernanten meinen gnedigen Fürsten vnd Herrn/wie mit Brandenburg/gehalten werden.

Der Grauen vnd Freiherrn Tittel.

¶ Stolberg.

Dem Wolgebornen Herrn/Herrn Ludwigen Grauen zu Stolbergk/Königstein/Rätschefort/Werthaim/vnnd Wernigerrodt/Herrn zu Epstein/Mintzenberg/Aigmondt/vnd Brewburgk/ꝛc. Meinem Gnedigen Herrn.

Salutatio.

Wolgeborner Graue/Gnediger Herr/ Ewer Gnaden seien mein vnderthenige willige dienst zuuoran bereyt/Gnediger Herr.

Vnd mag die Salutation erstgedachte durchauß bey allen Wolnachgemelten Grauen vnd Freiherrn gehalten werden. Als:

2 ¶ Nassaw zu Dyllenbergk.

Dem Wolgebornen Herrn/ Herrn Johan Grauen zu Nassaw/Catzenelnbogen/Vianden vnnd Dietz/ꝛc. Meinem gnedigen Herrn.

Dergleichen wirdt auch Grauen Ludwigen/Adolffen/vnd Johansen geschrieben.

3 ¶ Nassaw zu Sarbrücken.

Dem Wolgebornen Herrn/Herrn Johan Grauen zu Nassaw vnd zu Sarbrücken/Herrn zu Laar/Meinem gnedigen Herrn.

4 ¶ Nassaw zu Wißbaden.

Dem Wolgebornen Herrn/Herrn Philipsen Grauen zu Nassaw/Herrn zu Wißbaden vnd Ickstein/Meinem gnedigen Herrn.

New Titular

5. ¶ Nassaw zu Weilburgk.

Dem Wolgebornen Herrn/ Herrn Albrechten Grauen zu Nassaw vnnd Weil-
burg/rc. Meinem Gnedigen Herrn.

6. ¶ Nassaw zu Beyelstein.

Dem Wolgebornen Herrn/ Herrn Johan Grauen zu Nassaw/ Herrn zu Beyel-
stein/rc. Meinem gnedigen Herrn.

7. ¶ Hohenloe zu Newenstein.

Dem Wolgebornen Herrn/ Herrn Ludwigen Casimir/ Grauen von Hohenloe/vñ
Herrn zu Langenburg/rc. meinem Gnedigen Herrn.

8. ¶ Hohenloe zu Waldenburg.

Dem Wolgebornen Herrn/ Herrn Eberharten Grauen von H[ohenloe]
zu Langenburg/rc. Meinem gnedigen Herrn.

Also wirt auch Graue { Albrechten / Wolffen / Philipsen vnd / Friderichen. } geschrieben.

9. ¶ Hanaw zu Buschweiler.

Dem Wolgebornen Herrn/ Herrn Philipsen Grauen zu Han[aw/]
Liechtenberg/rc. Meinem gnedigen Herrn.

Deßgleichen wirdt auch Graven Philipsen dem jüngern geschri[eben.]

10. ¶ Hanaw zu Hanaw.

Dem Wolgebornen Herrn/ Herrn Philipsen / Grauen zu H[anaw]
Herrn zu Minzenberg/rc. Meinem Gnedigen Herrn.

11. ¶ Bitsch.

Dem Wolgebornen Herrn/ Herrn Jacoben/ Grauen zu Zw[eybrücken]
Bitsch/ Liechtenberg/ vnnd Ochsenstein/rc. Meinem gnedigen He[rrn.]

12. ¶ Manßfeldt.

Dem Wolgebornen Herrn/ Herrn Hansen Georgen/ Grauen v[nd Herrn zu Manß-]
feldt/ Edlen Herrn zu Heldrungen/ Meinem gnedigen Herrn.

In gleicher form Grave Caroln vnd Wolraden/ auch allen andern Gr[auen zu Manß-]
feldt.

13. ¶ Manßfeldt.

Dem Wolgebornen Herrn/ Herrn Peter Erusten/ Grauen z[u Manßfeldt/]
Edlen Herrn zu Heldrungen / Rittern des güldenen Vließ/ Guber[natoren des Herzog-]
thumbs Lützelburg/ Meinem gnedigen Herrn.

14. ¶ Solms.

Dem Wolgebornen Herrn/ Herrn Reinharten Grauen zu So[lms/ Herrn zu]
Minzenberg/ Meinem gnedigen Herrn.

vnd Cantzlei Buch. XXIII

Also auch andern Grauen diser Linien/ Allein hat mann weylandt Graue Friderichen Magni woltseliger gedechtnuß/ die Herrsch. ist Sonnewalden noch Wintzenberg hinzu gesetzt/ das stehet nach eins jeden gelegenheyt entweders darzu zuschreiben oder außzulassen.

15. ¶ Sain.

Dem Wolgebornen Herrn/ Herrn Adolffen/ Grauen zu Sayn/ Herrn zu Hamburg/ Münckler vnd Meintzberg/ Meinem Gnedigen Herrn.

Also wirdt auch Graue Johannen geschrieben.

16. ¶ Widt.

Dem Wolgebornen Herrn/ Herrn Johan Grauen zu Witta/ Herrn zu Rünckel vnd Eisenbergk/ Meinem Gnedigen Herrn.

Also auch ihren gnaden brüdern Herrn Jnderichen/ 2c. zuschreiben.

17. ¶ Schwartzenburgk.

Dem Wolgebornen Herrn/ Herrn Hans Günthern/ Grauen zu Schwartzenburg/ Herrn zu Arnstadt/ vnd Sondershausen/ Meinem Gnedigen Herrn.

Also auch Herrn Wilhelmen zuschreiben.

18. ¶ Löwenstein Cammerrichter.

Dem Wolgebornen Herrn / Herrn Friderichen Grauen zu Löwenstein/ vnd Herrn zu Scharpffeneck/ vnnd der Rhömischen Keyserlichen Maiestatt Cammerrichter/ Meinem gnedigen Herrn.

¶ Löwenstein.

Dem Wolgebornen Herrn / Herrn Wolffgangen Grauen zu Löwenstein/ vnnd Herrn zu Scharpffeneck/ Meinem Gnedigen Herrn.

Also auch allen andern Grauen von Löwenstein.

19. ¶ Sultz.

Dem Wolgebornen Herrn/ Herrn Wilhelmen Grauen zu Sultz/ Landtgrauen zu Kleggaw/ Meinem Gnedigen Herrn.

Also Graffen Albrechten vnd andern Grauen von Sultz.

20. ¶ Fürstenbergk.

Dem Wolgebornen Herrn/ Herrn Friderichen/ Grauen von Fürstenbergk/ Heyligenbergk/ vnd Werdenbergk/ Landtgrauen in der Baar/ Meinem Gnedigen Herrn.

21. ¶ Lüpffen.

Dem Wolgebornen Herrn/ Herrn Joachim Grauen zu Lüpffen/ Herrn zu Lebren/ vnd Landtgrauen zu Stülingen/ Meinem Gnedigen Herrn.

Also auch Graue Eytel/ Friderichen/ deßgleichen Heinrichen/ vnd andern Grauen von Lüpffen.

22. ¶ Eberstein.

Dem Wolgebornen Herrn/ Herrn Wilhelmen Grauen zu Eberstein/ 2c. des Schwäbischen Kreyß Obersten/ Meinem Gnedigen Herrn.

¶ Eberstein.

New Titular

5. ¶ Nassaw zu Weilburgk.

Dem Wolgebornen Herrn/ Herrn Albrechten Grauen zu Nassaw vnnd Weilburg/rc. Meinem Gnedigen Herrn.

6. ¶ Nassaw zu Beyelstein.

Dem Wolgebornen Herrn/ Herrn Johan Grauen zu Nassaw/ Herrn zu Beyelstein/rc. Meinem gnedigen Herrn.

7. ¶ Hohenloe zu Newenstein.

Dem Wolgebornen Herrn/ Herrn Ludwigen Casimir/ Grauen von Hohenloe/vñ Herrn zu Langenburg/rc. meinem Gnedigen Herrn.

8. ¶ Hohenloe zu Waldenburg.

Dem Wolgebornen Herrn/ Herrn Eberharten Grauen von Hohenloe/vnd Herrn zu Langenburg/rc. Meinem gnedigen Herrn.

Also wirt auch Graue { Albrechten / Wolffen / Philipsen vnd / Friderichen } geschrieben.

9. ¶ Hanaw zu Buschweiler.

Dem Wolgebornen Herrn/ Herrn Philipsen Grauen zu Hanaw/ vnnd Herrn zu Liechtenberg/rc. Meinem gnedigen Herrn.

Deßgleichen wirde auch Grauen Philipsen dem jüngern geschrieben.

10. ¶ Hanaw zu Hanaw.

Dem Wolgebornen Herrn/ Herrn Philipsen/ Grauen zu Hanaw vnnd Rineck/ Herrn zu Mintzenberg/rc. Meinem Gnedigen Herrn.

11. ¶ Bitsch.

Dem Wolgebornen Herrn/ Herrn Jacoben/ Grauen zu Zweybrücken/ Herrn zu Bitsch/ Liechtenbergk/ vnnd Ochsenstein/rc. Meinem gnedigen Herrn.

12. ¶ Manßfeldt.

Dem Wolgebornen Herrn/ Herrn Hansen Georgen/ Grauen vnd Herrn zu Manßfeldt/ Edlen Herrn zu Heldrungen/ Meinem gnedigen Herrn.

In gleicher form Graue Carolo vnd Wolraden/ auch allen andern Grauen von Manßfeldt.

13. ¶ Manßfeldt.

Dem Wolgebornen Herrn/ Herrn Peter Ernsten/ Grauen zu Manßfelde/ vnnd Edlen Herrn zu Heldrungen/ Rittern des güldenen Vließ/ Gubernatorn des Hertzogthumbs Lützelburg/ Meinem gnedigen Herrn.

14. ¶ Solms.

Dem Wolgebornen Herrn/ Herrn Reinharten Grauen zu Solms/ vnnd Herrn zu Mintzenberg/ Meinem gnedigen Herrn.

vnd Cantzlei Buch. XXIII

Also auch andern Grauen diser Linien/ Allein hat mann weylandt Graue Friderichen Magno wolseliger gedechtnuß/ die Herrschafft Sonnewalden noch Muntzenberg hinzu ge-setzt/ das stehet nach eins jeden gelegenheyt eintwedeers darzu zuschreiben oder außzulassen.

15. ¶ Sain.

Dem Wolgebornen Herrn/ Herrn Adolffen/ Grauen zu Sayn/ Herrn zu Ham-burg/ Müncker vnd Meintzberg/ Meinem Gnedigen Herrn.

Also wirdt auch Graue Johannen geschrieben.

16. ¶ Witt.

Dem Wolgebornen Herrn/ Herrn Johan Grauen zu Witta/ Herrn zu Ränckel vnd Eisenbergk/ Meinem Gnedigen Herrn.

Also auch jhren gnaden brüdern Herrn Friderichen, rc. zuschreiben.

17. ¶ Schwartzenburgk.

Dem Wolgebornen Herrn/ Herrn Hans Günthern/ Grauen zu Schwartzenburg/ Herrn zu Arnstadt/ vnd Sondershausen/ Meinem Gnedigen Herrn.

Also auch Herrn Wilhelmen zuschreiben.

18. ¶ Löwenstein Cammerrichter.

Dem Wolgebornen Herrn/ Herrn Friderichen Grauen zu Löwenstein/ vnd Herrn zu Scharpffeneck/ vnnd der Rhömischen Keyserlichen Maiestatt Cammerrichter/ Mei-nem gnedigen Herrn.

¶ Löwenstein.

Dem Wolgebornen Herrn/ Herrn Wolffgangen Grauen zu Löwenstein/ vund Herrn zu Scharpffeneck/ Meinem Gnedigen Herrn.

Also auch allen andern Grauen von Löwenstein.

19. ¶ Sultz.

Dem Wolgebornen Herrn/ Herrn Wilhelmen Grauen zu Sultz/ Landtgrauen zu Kleggaw/ Meinem Gnedigen Herrn.

Also Graffen Albrechten vnd andern Grauen von Sultz.

20. ¶ Fürstenbergk.

Dem Wolgebornen Herrn/ Herrn Friderichen/ Grauen von Fürstenbergk/ Heylt-genbergk/ vnd Werdenbergk/ Landtgrauen in der Barr/ Meinem Gnedigen Herrn.

21. ¶ Lüpffen.

Dem Wolgebornen Herrn/ Herrn Joachim Grauen zu Lüpffen/ Herrn zu Lebren/ vnd Landtgrauen zu Stülingen/ Meinem Gnedigen Herrn.

Also auch Graue Eytel/ Friderichen/ deßgleichen Heinrichen/ vnd andern Grauen von Lüpffen.

22. ¶ Eberstein.

Dem Wolgebornen Herrn/ Herrn Wilhelmen Grauen zu Eberstein/ rc. des Schwä-bischen Kreyß Obersten/ Meinem Gnedigen Herrn.

¶ Eberstein.

New Titular

5. Naſſaw zu Weilburgk.

Dem Wolgebornen Herrn/ Herrn Albrechten Grauen zu Naſſaw vnnd Weilburg/ꝛc. Meinem Gnedigen Herrn.

6. Naſſaw zu Beyelſtein.

Dem Wolgebornen Herrn/ Herrn Johan Grauen zu Naſſaw/ Herrn zu Beyelſtein/ꝛc. Meinem gnedigen Herrn.

7. Hohenloe zu Newenſtein.

Dem Wolgebornen Herrn/ Herrn Ludwigen Caſimir/ Grauen von Hohenloe/ vñ Herrn zu Langenburg/ꝛc. meinem Gnedigen Herrn.

8. Hohenloe zu Waldenburg.

Dem Wolgebornen Herrn/ Herrn Eberharten Grauen von Hohenloe/ vnd Herrn zu Langenburg/ꝛc. Meinem gnedigen Herrn.

Alſo wirt auch Graue { Albrechten / Wolffen / Philipſen vnd Friderichen } geſchrieben.

9. Hanaw zu Buſchweiler.

Dem Wolgebornen Herrn/ Herrn Philipſen Grauen zu Hanaw/ vnnd Herrn zu Liechtenberg/ꝛc. Meinem gnedigen Herrn.

Deßgleichen wirde auch Grauen Philipſen dem jüngern geſchrieben.

10. Hanaw zu Hanaw.

Dem Wolgebornen Herrn/ Herrn Philipſen / Grauen zu Hanaw vnnd Rineck/ Herrn zu Mintzenberg/ꝛc. Meinem Gnedigen Herrn.

11. Bitſch.

Dem Wolgebornen Herrn/ Herrn Jacoben/ Grauen zu Zweybrucken/ Herrn zu Bitſch/ Liechtenbergk/ vnnd Ochſenſtein/ꝛc. Meinem gnedigen Herrn.

12. Manßfeldt.

Dem Wolgebornen Herrn/ Herrn Hanſen Georgen/ Grauen vnd Herrn zu Manßfeldt/ Edlen Herrn zu Heldrungen/ Meinem gnedigen Herrn.

In gleicher form Graue Caroln vnd Wolraden/ auch allen andern Grauen von Manßfeldt.

13. Manßfeldt.

Dem Wolgebornen Herrn/ Herrn Peter Ernſten/ Grauen zu Manßfeldt/ vnnd Edlen Herrn zu Heldrungen / Rittern des güldenen Vließ/ Gubernatorn des Hertzogthumbs Lützelburg/ Meinem gnedigen Herrn.

14. Solms.

Dem Wolgebornen Herrn/ Herrn Reinharten Grauen zu Solms/ vnnd Herrn zu Müntzenberg/ Meinem gnedigen Herrn.

vnd Cantzlei Buch. XXIII

Also auch andern Grauen diser linien/ Allein hat mann weylandt Graue Friderichen Magno wolseliger gedechtnuß/ die Herrschafft Sonnewalden noch Muntzenberg hinzu gesetzt/ das stehet nach eins jeden gelegenheyt einweders darzu zuschreiben oder auszulassen.

15. Sain.

Dem Wolgebornen Herrn/ Herrn Adolffen/ Grauen zu Sayn/ Herrn zu Hamburg/ Münckler vnd Meintzberg/ Meinem Gnedigen Herrn.

Also wirde auch Graue Johannen geschrieben.

16. Widt.

Dem Wolgebornen Herrn/ Herrn Johan Grauen zu Witta/ Herrn zu Runckel vnd Eisenbergk/ Meinem Gnedigen Herrn.

Also auch ihren gnaden brüdern Herrn Friderichen/ rc. zuschreiben.

17. Schwartzenburgk.

Dem Wolgebornen Herrn/ Herrn Hans Günthern/ Grauen zu Schwartzenburg/ Herrn zu Arnstadt/ vnd Sondershausen/ Meinem Gnedigen Herrn.

Also auch Herrn Wilhelmen zuschreiben.

18. Löwenstein Cammerrichter.

Dem Wolgebornen Herrn/ Herrn Friderichen Grauen zu Löwenstein/ vnd Herrn zu Scharpffeneck/ vnnd der Rhömischen Keyserlichen Maiestatt Cammerrichter/ Meinem gnedigen Herrn.

Löwenstein.

Dem Wolgebornen Herrn/ Herrn Wolffgangen Grauen zu Löwenstein/ vnnd Herrn zu Scharpffeneck/ Meinem Gnedigen Herrn.

Also auch allen andern Grauen von Löwenstein.

19. Sultz.

Dem Wolgebornen Herrn/ Herrn Wilhelmen Grauen zu Sultz/ Landtgrauen zu Kleggaw/ Meinem Gnedigen Herrn.

Also Graffen Albrechten vnd andern Grauen von Sultz.

20. Fürstenbergk.

Dem Wolgebornen Herrn/ Herrn Friderichen/ Grauen von Fürstenbergk/ Heyligenbergk/ vnd Werdenbergk/ Landtgrauen in der Bare/ Meinem Gnedigen Herrn.

21. Lüpffen.

Dem Wolgebornen Herrn/ Herrn Joachim Grauen zu Lüpffen/ Herrn zu Lebren/ vnd Landtgrauen zu Stülingen/ Meinem Gnedigen Herrn.

Also auch Graue Eytel/ Friderichen/ deßgleichen Heinrichen/ vnd andern Grauen von Lüpffen.

22. Eberstein.

Dem Wolgebornen Herrn/ Herrn Wilhelmen Grauen zu Eberstein/ rc. des Schwäbischen Kreyß Obersten/ Meinem Gnedigen Herrn.

Eberstein.

New Titular

5. Naſſaw zu Weilburgk.
Dem Wolgebornen Herrn / Herrn Albrechten Grauen zu Naſſaw vnnd Weilburg/ꝛc. Meinem Gnedigen Herrn.

6. Naſſaw zu Beyelſtein.
Dem Wolgebornen Herrn / Herrn Johan Grauen zu Naſſaw/ Herrn zu Beyelſtein/ꝛc. Meinem gnedigen Herrn.

7. Hohenloe zu Newenſtein.
Dem Wolgebornen Herrn / Herrn Ludwigen Caſimir/ Grauen von Hohenloe/vñ Herrn zu Langenburg/ꝛc. meinem Gnedigen Herrn.

8. Hohenloe zu Waldenburg.
Dem Wolgebornen Herrn / Herrn Eberharten Grauen von Hohenloe/ vnd Herrn zu Langenburg/ꝛc. Meinem gnedigen Herrn.

Alſo wirt auch Graue { Albrechten, Wolffen, Philipſen vnd Friderichen } geſchrieben.

9. Hanaw zu Buſchweiler.
Dem Wolgebornen Herrn / Herrn Philipſen Grauen zu Hanaw / vnnd Herrn zu Liechtenberg/ꝛc. Meinem gnedigen Herrn.

Deßgleichen wirdt auch Graffen Philipſen dem jüngern geſchrieben.

10. Hanaw zu Hanaw.
Dem Wolgebornen Herrn/ Herrn Philipſen / Grauen zu Hanaw vnnd Rineck/ Herrn zu Mintzenberg/ꝛc. Meinem Gnedigen Herrn.

11. Bitſch.
Dem Wolgebornen Herrn/ Herrn Jacoben / Grauen zu Zweybrücken/ Herrn zu Bitſch/ Liechtenbergk/ vnnd Ochſenſtein/ꝛc. Meinem gnedigen Herrn.

12. Manßfeldt.
Dem Wolgebornen Herrn/ Herrn Hanſen Georgen/ Grauen vnd Herrn zu Manßfeldt/ Edlen Herrn zu Heldrungen/ Meinem gnedigen Herrn.

In gleicher form Graue Caroln vnd Wolraden/ auch allen andern Grauen von Manßfeldt.

13. Manßfeldt.
Dem Wolgebornen Herrn/ Herrn Peter Ernſten/ Grauen zu Manßfeldt/ vnnd Edlen Herrn zu Heldrungen / Rittern des güldenen Vließ/ Gubernatorn des Hertzogthumbs Lützelburg/ Meinem gnedigen Herrn.

14. Solms.
Dem Wolgebornen Herrn/ Herrn Reinharten Grauen zu Solms/ vnnd Herrn zu Müntzenberg/ Meinem gnedigen Herrn.

vnd Cantzlei Buch. XXIII

Also auch andern Grauen diser Linien/ Allein hat mann weylande Grauen Friderichen Magno wolseliger gedechtnuß/ die Herrschafft Sonnewalden noch Müntzenberg hinzu gesetzt/ das stehet nach eins jeden gelegenheyt entweders darzu zuschreiben oder außzulassen.

15. ¶ Sain.

Dem Wolgebornen Herrn/ Herrn Adolffen/ Grauen zu Sayn/ Herrn zu Hamburg/ Münckler vnd Meintzberg/ Meinem Gnedigen Herrn.

Also wirdt auch Graue Johannen geschrieben.

16. ¶ Widt.

Dem Wolgebornen Herrn/ Herrn Johan Grauen zu Witta/ Herrn zu Rünckel vnd Eisenbergk/ Meinem Gnedigen Herrn.

Also auch jhren gnaden brudern Herrn Jnderichen/re. zuschreiben.

17. ¶ Schwartzenburgk.

Dem Wolgebornen Herrn/ Herrn Hans Günthern/ Grauen zu Schwartzenburg/ Herrn zu Arnstadt/ vnd Sondersßhausen/ Meinem Gnedigen Herrn.

Also auch Herrn Wilhelmen zuschreiben.

18. ¶ Löwenstein Cammerrichter.

Dem Wolgebornen Herrn/ Herrn Friderichen Grauen zu Löwenstein/ vnd Herrn zu Scharpffeneck/ vnnd der Rhömischen Keyserlichen Maiestatt Cammerrichter/ Meinem gnedigen Herrn.

¶ Löwenstein.

Dem Wolgebornen Herrn/ Herrn Wolffgangen Grauen zu Löwenstein/ vund Herrn zu Scharpffeneck/ Meinem Gnedigen Herrn.

Also auch allen andern Grauen von Löwenstein.

19. ¶ Sultz.

Dem Wolgebornen Herrn/ Herrn Wilhelmen Grauen zu Sultz/ Landtgrauen zu Kleggaw/ Meinem Gnedigen Herrn.

Also Graffen Albrechten vnd andern Grauen von Sultz.

20. ¶ Fürstenbergk.

Dem Wolgebornen Herrn/ Herrn Friderichen/ Grauen von Fürstenbergk/ Heyligenbergk/ vnd Werdenbergk/ Landtgrauen in der Bare/ Meinem Gnedigen Herrn.

21. ¶ Lüpffen.

Dem Wolgebornen Herrn/ Herrn Joachim Grauen zu Lüpffen/ Herrn zu Lebren/ vnd Landtgrauen zu Stülingen/ Meinem Gnedigen Herrn.

Also auch Graue Eytel/ Friderichen/ deßgleichen Heinrichen/ vnd andern Grauen von Lüpffen.

22. ¶ Eberstein.

Dem Wolgebornen Herrn/ Herrn Wilhelmen Grauen zu Eberstein/ re. des Schwäbischen Kreyß Obersten/ Meinem Gnedigen Herrn.

¶ Eberstein.

New Titular

5. ¶ Nassaw zu Weilburgk.

Dem Wolgebornen Herrn/ Herrn Albrechten Grauen zu Nassaw vnnd Weilburg/ɾc. Meinem Gnedigen Herrn.

6. ¶ Nassaw zu Beyelstein.

Dem Wolgebornen Herrn/ Herrn Johan Grauen zu Nassaw/ Herrn zu Beyelstein/ɾc. Meinem gnedigen Herrn.

7. ¶ Hohenloe zu Newenstein.

Dem Wolgebornen Herrn/Herrn Ludwigen Casimir/ Grauen von Hohenloe/vñ Herrn zu Langenburg/ɾc. meinem Gnedigen Herrn.

8. ¶ Hohenloe zu Waldenburg.

Dem Wolgebornen Herrn/ Herrn Eberharten Grauen von Hohenloe/vnd Herrn zu Langenburg/ɾc. Meinem gnedigen Herrn.

Also wirt auch Graue { Albrechten / Wolffen / Philipsen vnd Friderichen } geschrieben.

9. ¶ Hanaw zu Buschweiler.

Dem Wolgebornen Herrn/ Herrn Philipsen Grauen zu Hanaw/ vnnd Herrn zu Liechtenberg/ɾc. Meinem gnedigen Herrn.

Deßgleichen wirde auch Grauen Philipsen dem jüngern geschrieben.

10. ¶ Hanaw zu Hanaw.

Dem Wolgebornen Herrn/Herrn Philipsen / Grauen zu Hanaw vnnd Rineck/ Herrn zu Mintzenberg/ɾc. Meinem Gnedigen Herrn.

11. ¶ Bitsch.

Dem Wolgebornen Herrn/ Herrn Jacoben/ Grauen zu Zweybrücken/ Herrn zu Bitsch/ Liechtenbergk/ vnnd Ochsenstein/ɾc. Meinem gnedigen Herrn.

12. ¶ Mansfeldt.

Dem Wolgebornen Herrn/ Herrn Hansen Georgen/ Grauen vnd Herrn zu Mansfeldt/ Edlen Herrn zu Heldrungen/ Meinem gnedigen Herrn.

In gleicher form Graue Caroln vnd Wolraden/ auch allen andern Grauen von Mansfeldt.

13. ¶ Manßfeldt.

Dem Wolgebornen Herrn/ Herrn Peter Ernsten/ Grauen zu Manßfeldt/ vnnd Edlen Herrn zu Heldrungen / Rittern des güldenen Vließ/ Gubernatorn des Hertzogthumbs Lützelburg/ Meinem gnedigen Herrn.

14. ¶ Solms.

Dem Wolgebornen Herrn/ Herrn Reinharten Grauen zu Solms/ vnnd Herrn zu Mintzenberg/ Meinem gnedigen Herrn.

vnd Cantzlei Buch. XXIII

Also auch andern Grauen diser Linien/ Allein hat mann weylande Graue Friderichen Magno wolselig. zu gedechtnus/ die Herrschafft Sonnewalden noch Müntzberg hinzu gesetzt/ das stehet nach eins jeden gelegenheyt einweders darzu zuschreiben oder auszulassen.

15. ¶ Sain.

Dem Wolgebornen Herrn/ Herrn Adolffen/ Grauen zu Sayn/ Herrn zu Hamburg/ Müncler vnd Meintzberg/ Meinem Gnedigen Herrn.

Also wirdt auch Graue Johannen geschrieben.

16. ¶ Widt.

Dem Wolgebornen Herrn/ Herrn Johan Grauen zu Witta/ Herrn zu Rünckel vn d Eisenbergk/ Meinem Gnedigen Herrn.

Also auch ihren gnaden brüdern Herrn Friderichen/rc. zuschreiben.

17. ¶ Schwartzenburgk.

Dem Wolgebornen Herrn/ Herrn Hans Günthern/ Grauen zu Schwartzenburg/ Herrn zu Arnstadt/ vnd Sondershausen/ Meinem Gnedigen Herrn.

Also auch Herrn Wilhelmen zuschreiben.

18. ¶ Löwenstein Cammerrichter.

Dem Wolgebornen Herrn/ Herrn Friderichen Grauen zu Löwenstein/ vnd Herrn zu Scharpffeneck/ vnnd der Römischen Keyserlichen Maiestatt Cammerrichter/ Meinem gnedigen Herrn.

¶ Löwenstein.

Dem Wolgebornen Herrn/ Herrn Wolffgangen Grauen zu Löwenstein/ vnnd Herrn zu Scharpffeneck/ Meinem Gnedigen Herrn.

Also auch allen andern Grauen von Löwenstein.

19. ¶ Sultz.

Dem Wolgebornen Herrn/ Herrn Wilhelmen Grauen zu Sultz/ Landtgrauen zu Klegaw/ Meinem Gnedigen Herrn.

Also Graffen Albrechten vnd andern Grauen von Sultz.

20. ¶ Fürstenbergk.

Dem Wolgebornen Herrn/ Herrn Friderichen/ Grauen von Fürstenbergk/ Heyligenbergk/ vnd Werdenbergk/ Landtgrauen in der Bare/ Meinem Gnedigen Herrn.

21. ¶ Lüpffen.

Dem Wolgebornen Herrn/ Herrn Joachim Grauen zu Lüpffen/ Herrn zu Lehren/ vnd Landtgrauen zu Stülingen/ Meinem Gnedigen Herrn.

Also auch Graue Eytel/ Friderichen/ desgleichen Heinrichen/ vnd andern Grauen von Lüpffen.

22. ¶ Eberstein.

Dem Wolgebornen Herrn/ Herrn Wilhelmen Grauen zu Eberstein/ rc. des Schwäbischen Kreyß Obersten/ Meinem Gnedigen Herrn.

¶ Eberstein.

New Titular

¶ Eberstein.

Dem Wolgebornen Herrn/ Herrn Johan Jacoben/ Grauen zu Eberstein/ meinem Gnedigen Herrn.

¶ Eberstein.

Dem Wolgebornen Herrn/ Herrn Phelipsen/ Grauen zu Eberstein/ Rhömischer Keyserlichen Maiestat vber derselben Kriegs volck Obersten/ Meinem gnedigen Herrn.

23 ¶ Rietberg.

Dem Wolgebornen Herrn/ Herrn Johannen/ Grauen vnnd Herrn zu Rietberg/ Meinem gnedigen Herrn.

24 ¶ Montfort.

Dem Wolgebornen Herrn/ Herrn Hugen/ Grauen zu Montfort vnd Rotenfelß/ Herrn zu Tettnang vnd Arge/ Meinem Gnedigen Herrn.

25 ¶ Zöllern.

Dem Wolgebornen Herrn/ Herrn Caroln/ Grauen zu Zöllern vnnd Sigmaringen/ Herrn zu Hoigerloch/ Werstein vnd Hechingen/ Meinem gnedigen Herrn.

26 ¶ Helffenstein.

Dem Wolgebornen Herrn/ Herrn Georgen/ Grauen zu Helffenstein/ Freiherrn zu Gundelfingen/ Römischer Keyserlicher Maiestat Statthalter zu Inßbruck/ Meinem gnedigen Herrn.

Also auch anderen Grauen von Helffenstein/ ausserhalb der rederer (Römischer Keyserlicher Maiestat Statthalter zu Inßbruck) zuschreiben.

27 ¶ Ottingen.

Dem Wolgebornen Herrn/ Herrn Ludwigen Grauen zu Ottingen/ Meinem gnedigen Herrn.

Deßgleichen wirdt auch Grauen Friderichen/ vnd anderen Grauen von Ottingen/ geschrieben.

28 ¶ Castel.

Dem Wolgebornen Herrn/ Herrn Heinrichen Grauen vnd Herrn zu Castell/ Meinem gnedigen Herrn.

Also wirt auch Grauen Georgen geschrieben.

29 ¶ Rheingrauen.

Dem Wolgebornen Herrn / Herrn Philips Johan/ Wildt vnnd Rheingrauen/ Grauen zu Salm/ vnd Herrn zu Vinstlingen/ Meinem gnedigen Herrn.

30 ¶ Erbbach zu Fürstenaw.

Dem Wolgebornen Herrn/ Herrn Georgen dem ältern/ Grauen zu Erbbach/ vnd Herrn zu Breuberg/ Meinem gnedigen Herrn.

¶ Erbbach zu Erbbach.

Dem Wolgebornen Herrn / Herrn Georgen dem jüngern/ Grauen zu Erbbach/ vnd Herrn zu Breuberg/ Meinem gnedigen Herrn.

¶ Schawen-

vnd Cantzlei Buch. XXIIII

31. Schawenburg.
Dem Wolgebornen Herrn/ Herrn Ernsten/ Grauen zu Holstein/ Schawenburg/ vnd Sternenberg/ Herrn zu Gemen/ ꝛc. Meinem Gnedigen Herrn.

Also auch andern Grauen von Schawenbergk.

32. Schlücken.
Dem Wolgebornen Herrn/ Herrn Joachim Schlücken/ Grauen zu Passaun/ Herrn zu Weissenkirchen/ Labenstein/ vnnd Schlagenwerdt/ Rhömischer Keyserlicher Maiestat Rath/ vnd der Cron Behem Teutschen Lehen Hauptmann/ Meinem Gnedigen Herrn.

Schlücken.
Dem Wolgebornen Herrn/ Herrn Caspar Schlücken/ Grauen zu Passaun vnnd Elnbogen/ Herrn zu Weißkirchen/ Meinem Gnedigen Herrn.

33. Eysenbergk.
Dem Wolgebornen Herrn/ Herrn Anthonien dem eltern von Eysenberg/ Grauen zu Büdingen/ Meinem gnedigen Herrn.

Also auch andern Grauen von Eysenberg/ als Reinharten dem jüngern/ deßgleichen Georgen/ zuschreiben.

34. Tubingen.
Dem Wolgebornen Herrn/ Herrn Conraden von Dubingen/ vnd Herrn zu Lichteneck/ Meinem Gnedigen Herrn.

35. Rapoltzstein.
Dem Wolgebornen Herrn/ Herrn Egenolffen/ Herrn zu Rapoltstein/ Hohenack vnd Gerolzeck am Wassichin/ ꝛc. Meinem Gnedigen Herrn.

36. Tengen.
Dem Wolgebornen Herrn/ Herrn Christoff Ludwigen/ Grauen von Nellenburg/ vnd Herrn zu Tengen/ Meinem Gnedigen Herrn.

Also auch Graffe Eberharden zuschreiben.

37. Hewen.
Dem Wolgebornen Herrn/ Herrn Albrechten Arbogasten/ Freiherrn zu Hewen/ Herrn zu Hohen Tüntzland/ vnd Vogt zu Mümpelgart/ Meinem Gnedigen Herrn.

38. Schencken zu Limpurg.
Dem Wolgebornen Herrn/ Herrn Christoffen/ Herrn zu Limpurgk/ des heyligen Römischen Reichs Erbschenck/ vnd semperfreyen/ Meinem Gnedigen Herrn.

39. Königßeck.
Dem Wolgebornen Herrn/ Herrn Johan Jacoben Freiherrn zu Königßeck vnnd Aulendorff/ Meinem Gnedigen Herrn.

40. Reupoltzkirch.
Dem Wolgebornen Herrn/ Herrn Johan von Hohenfelß/ Herrn zu Reupoltzkirch/ vnd Ruetzingen/ Meinem gnedigen Herrn.

Gerolzeck.

New Titular

41. ¶ Geroltzeck.

Dem Wolgebornen Herrn/ Herrn Quirin Gangolffen/ Herrn zu Hohengeroltzeck vnd Sultz/ Statthalter zu Zweyenbrücken/ Meinem Gnedigen Herrn.

42. ¶ Truchsassen zu Walburg.

Dem Wolgebornen Herrn/ Herrn Wilhelmen/ des heyligen Rhömischen Reichs Erbtruchsassen/ Römischer Keyserlichen Maiestat Rath/ vnnd Freiherrn zu Walburg/ Meinem gnedigen Herrn.

43. ¶ Stauffen.

Dem Wolgebornen Herrn/ Herrn Anthoni Freiherrn zu Stauffen vnd Ehrenfelß/ ec. Meinem gnedigen Herrn.

Also auch Herrn Degenharten vnd Herrn Hans Bernharten zuschreiben.

44. ¶ Freiherrn zu Schwartzenburg.

Dem Wolgebornen Herrn/ Herrn Friderichen/ Freiherrn zu Schwartzenburg vñ hohen Landsperg/ Meinem Gnedigen Herrn.

45. ¶ Herrn Ludwig Vngnaden.

Dem Wolgeborn̄ Herrn/ Herrn Ludwigen/ Freiherrn zu Sonneck/ Rhömischer Keyserlichen Maiestatt groß Hoffmarschalck/ Hoffrath vnd Camerer/ Meinem gnedigen Herrn.

¶ Herrn Hanß Vngnaden.

Dem Wolgebornen Herrn/ Herrn Hanß Vngnaden/ Freiherrn zu Sonneck/ Römischer Keyserlicher Maiestat Rath/ Hauptman/ vnnd Vistthumb zu Zilly/ Obristen Span der Graueschafft Warißdin/ Meinem gnedigen Herrn.

46. ¶ Fuckherrn.

Dem Wolgebornen Herrn/ Herrn Marx Fuckherrn/ Herrn zu Kirchbergk vnnd Weissenhorn/ Meinem gnedigen Herrn.

Also auch Herrn Virichen vnd Herrn Christoffen zuschreiben.

47. ¶ Herrn Friderichen von Graueneck.

Dem Wolgebornen Herrn/ Herrn Friderichen/ Freiherrn zu Graueneck/ Herrn zu Eglingen vnd Osterhouen/ Statthaltern zu Elwangen/ Meinem gnedigen Herrn.

In gleicher form wirde auch Herrn Ludwigen dem ältern/ vnd Herrn Ludwigen dem jüngern/ ausserhalb der wort/ Statthaltern zu Elwangen/ geschrieben.

¶ Reingraff Otto. vide s. 29.

Dem Wolgebornen Herrn/ Herrn Otto Wildtgrauen zu Dhaun/ zu Kirburg/ Reingrauen zum Stein/ Grauen zu Salm/ vnd Herrn zu Vinstingen/ Meinem gnedigen Herrn.

48. ¶ Graue Ladißlao zum Hag.

Dem Wolgebornen Herrn / Herrn Ladißlao Grauen zum Hag/ vnnd Herrn zu Brun/ ec. Meinem gnedigen Herrn.

49. ¶ Winnenburgk.

Dem Wolgebornen Herrn/ Herrn Philipsen/ Herrn zu Winnenbergk/ vnd Beylstein/ ec. Meinem gnedigen Herrn.

¶ Leiningen.

vnd Cantzlei Buch.

50. ¶ Leiningen zu Fridelßheim.

Dem Wolgebornen Herrn/ Herrn Hanß Heinrichen/ Grauen zu Leiningen vnnd Dagßperg/ Herrn zu Appermont/ Meinem Gnedigen Herrn.

Gleichergestalt wirdt auch Graue Emichen zu Hartenberg geschrieben.

¶ Westerburgk.

Dem Wolgebornen Herrn/ Herrn Philipsen Grauen zu Leiningen/ Herrn zu Westerburg/ vnd zu Schawenbergk/ etc. Meinem Gnedigen Herrn.

51. ¶ Falckenstein.

Dem Wolgebornen Herrn/ Herrn Sebastian Grauen zu Falckenstein/ Herrn zu Oberstein/ vnd Bruch/ etc. Meinem Gnedigen Herrn.

Also auch Herrn Johansen vnd andern Grauen zu Falckenstein zuschreiben.

52. ¶ Arnbergk.

Dem Wolgebornen Herrn/ Herrn Johan von Ligin/ Grauen zu Arnberg/ vnnd Freiherrn zu Barbarsan/ Stadthalter in Frießlandt/ Meinem gnedigen Herrn.

52. ¶ Werdenburgk.

Dem Wolgebornen Herrn/ Herrn N. Grauen zu Werdenburg/ vnd zum heyligen Berge/ etc. Meinem Gnedigen Herrn.

53. ¶ Heydeck.

Dem Wolgebornen Herrn/ Herrn Wilhelmen Grauen vnd Herrn zu Heydeck/ etc. Meinem Gnedigen Herrn.

54. ¶ Abensperg.

Dem Wolgebornen Herrn/ Herrn N. Grauen zu Abensperg/ Meinem Gnedigen Herrn.

55. ¶ Rieneck.

Dem Wolgebornen Herrn/ Herrn N. Grauen zu Rineck. Meinem Gnedigen Herrn.

56. ¶ Hohenzorn.

Dem Wolgebornen Herrn/ Herrn N. Grauen zu Zellern/ Meinem Gnedigen Herrn.

57. ¶ Sarwerde.

Dem Wolgebornen Herrn/ Herrn N. Grauen zu Sarwerden/ zu Manse/ vnnd Herrn zu Loer/ Meinem gnedigen Herrn.

58. ¶ Rogendorff.

Dem Wolgebornen Herrn/ Herrn Christoffen Grauen zu Rogendorff vnd Niderßdorff/ Marggrauen zu der gülden Insulen/ Königlicher wirde zu Franckreich Camerer/ Meinem gnedigen Herrn.

59. ¶ Virnberg.

Dem Wolgebornen Herrn/ Herrn N. Grauen zu Virnberg/ Herrn zu Saffenberg/ vnd zu Sanbreff/ Meinem Gnedigen Herrn.

New Titular

60 ¶ Deckelburg.
Dem Wolgebornen Herrn/ Herrn Conradten/ Grauen vnnd Edel Herrn zu Deckelburg/ Herrn zu Rede/ Meinem Gnedigen Herrn.

61 ¶ Waldeck.
Dem Wolgebornen Herrn/ Herrn Johan/ Grauen vnd Herrn zu Waldeck/ Meinem Gnedigen Herrn.

62 ¶ Salm.
Dem Wolgebornen Herrn/ Herrn Anthonien/ Grauen zu Salm/ vnnd Herrn zu Vinstingen/ Meinem Gnedigen Herrn.
Also auch Graue Johan/ vnd andern Grauen diser linien zuschreiben.

63 ¶ Barbi.
Dem Wolgebornen Herrn/ Herrn Wolffgangen dem ältern/ Grauen zu Barbi/ vnnd Herrn zu Mülingen/ Meinem gnedigen Herrn.
In simili forma Herrn Wolffgangen dem jüngern/ vnd Herrn Carln zuschreiben.

64 ¶ Honstein.
Dem Wolgebornen Herrn/ Herrn Wilhelmen/ Grauen zu Honstein/ Herrn zu Virraden/ vnd Landtuogt in der Obermarckt/ Meinem Gnedigen Herrn.

65 ¶ Beuchlingen.
Dem Wolgebornen Herrn/ Herrn Bartholome Friderichen/ Grauen vnnd Herrn zu Beuchlingen/ Meinem Gnedigen Herrn.

66 ¶ Gleichen.
Dem Wolgebornen Herrn/ Herrn Carln Grauen zu Gleichen/ Herrn zu Kranchfelde vnd Flanckenheym/ Meinem Gnedigen Herrn.

67 ¶ Ortenburg.
Dem Wolgebornen Herrn/ Herrn Ernfride/ Grauen zu Ortenburg/ Freiherrn/ Meinem Gnedigen Herrn.

68 ¶ Lobkowitz.
Dem Wolgebornen Herrn/ Herrn Johan dem Jüngern/ Herrn von Lobkowitz vff Bischoffehenitz/ Röm. Key. Mt. Rath/ des Königreichs Behem obersten Burggrauen/ Meinem Gnedigen Herrn.

69 ¶ Bentheim.
Dem Wolgebornen Herrn/ Herrn Eberwein/ Grauen zu Bentheim/ Decklenburg vnd Stenfurt/ Herrn zu Linge/ vnd Weuelinckhoffen/ Meinem gnedigen Herrn.
Also auch Graue Arnolffen.

70 ¶ Rosenbergk.
Dem Wolgebornen Herrn/ Herrn Wilhelmen/ Grauen zu Rosenberg/ Meinem gnedigen Herrn.

71 ¶ Landtuogt in nidern Laußnitz.
Dem Wolgebornen Herrn/ Herrn Bogußlaen Felixen von Hoffenstein vff Litschgaw/ Röm. Key. Mt. Landtuogt in nidern Laußnitz/ Meinem Gnedigen Herrn.

¶ Andelott.

vnd Cantzlei Buch.

72. ¶ Andelott.
Dem Wolgebornen Herrn/ Herrn Francisco von Coulligey/ Herrn von Andelott/ Grauen von Montfort/ Meinem Gnedigen Herrn.

73. ¶ Baumgartner.
Dem Wolgebornen Herrn/ Herrn Dauiden von vnd zu Baumgarten/ Herrn zu Hohen chwangaw/ Meinem gnedigen Herrn.

74. ¶ Pollweiler.
Dem Wolgebornen Herrn/ Herrn Niclausen Freiherrn zu Pollweiler/ Römischer Key. Mt. Rath/ vnnd Königlichen wirden in Engellandt obersten/ Meinem Gnedigen Herrn.

¶ Pollweiler/ so Landtuogt zu Haganaw ist.
Dem Wolgebornen Herrn/ Herrn Niclausen Freiherrn zu Pollweiler/ Röm. Key. Mt. Rath/ vnd Landtuogt im obern Elsaß/ Meinem gnedigen Herrn.

75. ¶ Newenhauß.
Dem Wolgebornen Herrn/ Herrn Joachim/ Herrn zum Newenhauß/ Röm. Key. Mt. Rath/ vnd derselben zu Behem obersten Cantzler/ Meinem gnedigen Herrn.

76. ¶ Plawen.
Dem Wolgebornen Herrn/ Herrn Heinrichen Reussen von Plawen/ dem eltern/ Herrn zu Graitz/ Kranichsfeldt/ vnd Geraw/ Meinem gnedigen Herrn.

77. ¶ Wolffstein.
Dem Wolgebornen Herrn/ Herrn Hans Endrissen von Wolffstein/ Freiherrn zu Obern Sultzberg/ Meinem gnedigen Herrn.

78. ¶ Schwanberg.
Dem Wolgebornen Herrn / Herrn Heinrichen dem jüngern von Schwanbergk/ off Webel vnd Pfreinberg/ Meinem gnedigen Herrn.

79. ¶ Fleckenstein.
Dem Wolgebornen Herrn/ Herrn Ludwigen von Fleckenstein/ Freiherrn zu Dagstul/ Meinem Gnedigen Herrn.

80. ¶ Krichingen.
Dem Wolgebornen Herrn/ Herrn Weyrichen/ Herrn zu Krichingen vnd Püttingen/ Meinem gnedigen Herrn.

81. ¶ Hoffman.
Dem Wolgebornen Herrn/ Herrn Hansen Hoffman/ Freiherrn zu Grauenbühel vnd Strecha/ Erblandhofmeistern in Steyer/ Römischer Keyserlicher Maiestat Rath/ Camerern/ Hauptman in der Newenstatt/ vnd Burggrauen off Steyer/ Meinem Gnedigen Herrn.

82. ¶ Bettstein.
Dem Wolgebornen Herrn/ Herrn Francisco von Bettstein/ Herrn zu Ratstein/ Lottringischem groß Hofmeister/ Meinem Gnedigen Herrn.

E ij

New Titular

83. ¶ Thanen.

Dem Wolgebornen Herrn/Herrn Christoffen von Thanen/Freiherrn/Meinem Gnedigen Herrn.

84. ¶ Drauchsam.

Dem Wolgebornen Herrn/Herrn Hansen Drauchsam/Freiherrn/Römischer Königlicher Mt. geheymen Rath/vnnd Hofmarschalck/Meinem Gnedigen Herrn.

85. ¶ Hohensax.

Dem Wolgebornen Herrn/Herrn Johan Albrechten/Freiherrn zu Hohensax/meinem gnedigen Herrn.

86. ¶ Mersperg.

Dem Wolgebornen Herrn/Herrn Frantzen Freiherrn zu Mersperg vnd Beßfart/Meinem gnedigen Herrn.

87. ¶ Barr.

Dem Wolgebornen Herrn / Herrn Maximilian / Herrn zu Barr/ ꝛc. Meinem gnedigen Herrn.

88. ¶ Hasenvill.

Dem Wolgebornen Herrn/Herrn Affricano von Türckelstein/Freiherrn zu Hasenvill/Meinem Gnedigen Herrn.

89. ¶ Trauttenbergk.

Dem Wolgebornen Herrn / Herrn Christoffen Schencken / vnnd Freiherrn zu Trauttenbergk/Meinem gnedigen Herrn.

90. ¶ Brunßbergk.

Dem Wolgebornen Herrn/Herrn Wilhelmen von Brunßbergk/Herrn zu Beschbroill/vnd Merzheym/Meinem Gnedigen Herrn.

¶ Was ferners mehr von Grauen vnnd Freiherrn/wirde nunmehr sich ein jeder Schreiber/so jhme deren einem zuschreiben fürkompt/wol wissen zuuerhalten. Vnd damit ich nit zulang in disem Titular Büch verharr/hab ich viler hohen/mitlen/vnd nidern oberzelter Standts/Titteln vmbgangen vnd vberschritten/Wil also mit den noch vbrigen/so vil hieher notturfftig/in der kürtze mit solchen Titteln fürfaren/ Als:

¶ Einem Ritter.

Dem Edlen vnd Strengen Herrn Valentin von Mönster/Ritter/ꝛc. Meinem gebietenden Herrn.

Salutatio.

Edler Strenger/E.St. seien mein gütwillige vnd gneigte dienst zuuoran/ Gebietender Strenger Herr.

Also mag auch Frantz Conraden von Sickingen/deßgleichen Albrechten von Rosenberg/Item Conraden von Besselberg dem ältern/ Sebastian Schertlin zu Burrenbach/ Eberharten von Freiburg/vnd andern Rittern mit zusetzung derselben Tauffnamen vnd herkommens/ꝛc. Vnd da sie Ampter/sollen dieselben darzu geschrieben werden/als in nachfolgenden Exempeln zusehen ist.

¶ Würßbergk.

vnd Cantzlei Buch. XXVII

¶ Würtzberg.

Dem Edlen vnd Strengen Herrn Wolff Ernsten von Würtzberg/Rittern/vnd Würtzburgischen Marschalck/Meinem gebietenden Herrn.

Salutatio vt suprà.

¶ Zengern.

Dem Edlen vnd Strengen Herrn Hansen Zengern zu Truffielsing/Rittern/vnd Vitzthumb zu Landtshüt/Meinem gebietenden Herrn.

Salutatio vt suprà.

¶ Einem Edelman.

Dem Edlen vnd Ernuesten Valentin von Berlichingen zu Dortzbach/Meinem günstigen lieben Junckern vnd gůten freundt.

Nota. Wo nit Edelleut/Doctor oder Licenciaten schreiben/soll das wort freundt/außgelassen/sondern vil mehr meinem günstigen Junckern geschrieben werden.

Salutatio.

Edler/Ernuester/euch seien mein gůtwillig dienst zuuoran/Günstiger lieber Juncker vnd gůter freundt.

Vnd so sie ämpter haben/werde jhnen das Ampt darzu gesetzt/ Als:

Dem Edlen vnnd Ernuesten Georgen Bernholden/Hanawischen Amptman zu Hatten/Meinem günstigen lieben Junckern vnd gůten freundt.

Gleicher gestalt mag auch allen anderen Adels Personen (doch welche Freyherrn/Ritter/oder in Ämptern seindt/achtung darauff zuhaben) geschrieben werden.

Den Frey vnd Reichstetten.

Als/

¶ Straßburg.

Dem Edlen Strengen/Ernuesten/Fürsichtigen/Ersamen vnd weisen Herrn Ammeister vnnd Rath der löblichen Statt Straßburgk/Meinen Großgünstigen gebietenden Herrn.

Salutatio.

Edle/Strenge/Ernueste/Fürsichtige/Ersame vnd weise Herrn/E. St. F. E. W. seien mein gantz willige dienst/in dienstlicher gehorsam/bestes meines fleiß (vel) meins vermögens zuuoran/Großgünstige gebietende Herrn.

¶ Nürnbergk.

Dem Ernuesten/Fürsichtigen/Ersamen vnd Weisen Herrn Bürgermeister vnd Rath der Statt Nürnbergk/Meinen günstigen gebietenden Herrn.

Salutatio.

Ernueste/Fürsichtige/Ersame vnd weise günstige gebietende Herrn/Ewer Ernuesten/Fürsichtige Ersame Weißheyt seien mein (vel) vnser gantz gůtwillige dienst bereits fleiß zuuoran bereyt.

New Titular

¶ Schwäbischen Hall.

Den Ernuesten/Fürsichtigen/Ersamen vnnd Weisen Herrn Stättmeister vnnd Rath der Statt Schwäbischen Hall/ Meinen günstigen gebietenden Herrn.

Salutatio vt suprà.

¶ Metz.

Den Edlen/Ernuesten/Fürsichtigen/Ersamen vnnd Weisen Herrn/ Schöffen/ Meyster/vnd dreitzehen Geschwornen der Statt Metz/ Meinen günstigen gebietenden Herrn.

Salutatio vt suprà bey Nürnberg zusehen/ vnd zu anfang der Salutation das wort Edlen/darzu zusetzen.

¶ Der Statt Metz/ wann es Reuterei antrifft.

Den Edlen/Ernuesten/Fürsichtigen/ Ersamen vnd Weisen Herrn/den Siebenn vom Krieg der Statt Metz/ Meinen günstigen gebietenden Herrn.

Salutatio vt suprà.

¶ Ach/Lützelburg/vnd dergleichen.

Den Fürsichtigen Ersamen vnd Weisen/Bürgermeister/ Schöffen vnnd Rath zu Ach (vel) Lützelburg/meinen günstigen Herrn.

Salutatio vt suprà ausserhalb des worts gebietend.

¶ Regenspurg.

Den Fürsichtigen/ Ersamen vnd Weisen Cammerer vnd Rath zu Regenspurg/ Meinen günstigen Herrn.

Salutatio vt suprà bey Ach ꝛc. zusehen.

¶ Wormbs.

Den Fürsichtigen/Ersamen vnd weisen Stettmeister/ Bürgermeister vnd Rath zu Wormbs/Meinen günstigen Herrn.

Salutatio vt suprà.

¶ Trier.

Den Fürsichtigen/Ersamen vnd Weisen Bürgermeister/Schöffen vnd Rath zu Trier/Meinen günstigen Herrn.

Salutatio vt suprà.

Den Fürsichtigen Ersamen vnd Weisen Bürgermeister vnd Rath zu
{
 Basel.
 Vlm.
 Schaffhausen.
 Franckfurt am Meyn.
 Magdeburgk.
 Lübeck.
 Cöln.
 Dauenter.
 Kropweissenburgk.
}

¶ Gemeinen

vnd Cantzlei Buch: XXVIII

¶ Gemeinen Stetten da Herrschafften Hof halten/ als Heydelberg/ Stuckarten/ Durlach/ Anspach/ vnd
dergleichen/ ꝛc.

Den Ersamen/ Fürsichtigen vnnd Weisen Herrn/ Schultheyß/ Bürgermeister
vnd Rath zu N. Meinen lieben vnd günstigen Herrn.

Salutatio.

Ersame/ Fürsichtige/ Weiß vnd günstige Herrn/ Ew. Ers. Fürs. Wei. seien mein
gutwillige dienst zuuoran.

¶ Gemeynen Stetten vnd Flecken/ da nit Herrschafften
Hof halten/ Als:

Den Ersamen vnd weisen { Neckergemündt/ Germerßheim/ Weinheym/ Oringew/ Etlingen/ also durchauß/ꝛc. } Meinen lieben vnd guten
Burgermeister vnd Rath zu Freunden.

Salutatio.

Ersame/ Weise/ Ewer Ersame weißheyt seien mein willige dienst zuuor/ liebe vnd
gute Freunde.

¶ Doch soll ein jeder Schreiber mit fleiß mercken/ was/ vñ welchen Stetten er schreibet/ dann sich nit alle Stett zugleich (wie ich dann deßhalben oben der Stett darauß zusehen zum theyl gesetzt) schreiben/ Dann etlichen wirdt geschrieben/ Als den zu Vre/Glariß/Zug vnd dergleichen/ Den Ersamen vnd weisen Land Aman vnd Rath zu Vre/ꝛc.
Deßgleichen etlichen/ Als Stuttgarten/ Maßmünster/ Rappoltzweiher im Elsaß/ vnd
dergleichen/ꝛc. Also/ Den Fürnemen/ Ersamen vnd Weisen/ Vogt/ Schultheyssen/ vñ
Rath zu Stuttgarten/ꝛc. Item Amptman/ Meister vnd Rath zu Reinaw. Etlichen/ als
Sarbrücken/ Gemündt im Westerreich/ Zweyenbrücken/ Also: Den Fürnemen/ Ersamen vnd weisen Schultheyssen/ Meiger vnd Gericht zu Sarbrücken/ꝛc. Deßgleichen
wirdt etwan Vogt vnd Schöffen zu Falckenburg/ Item Schultheyß vnnd Gericht zu
Lauterburgk geschrieben/ vnd dem Gericht auff Dörffern gemeynglichen also:

¶ Dorff.

Den Erbarn vnd Bescheiden/ { Zwölffer vnd gantzer Gemeynde.
Vogt des Dorffs N. ꝛc. Richtern }

Vnd sey also dißmal gnug von Stetten/ꝛc. gesagt.

¶ Einer Allgemeynen versamlung vnd Stenden des Reichs/
auff den Reichstägen.

Den Allerdurchleuchtigsten/ Großmechtigsten/ Hochwirdigsten/ Durchleuchtigsten/ Hochwirdigen/ Durchleuchtigen/ Hochgebornen/ Ehrwirdigen/ Wolgebornen/
Gestrengen/ Edlen/ Ernuesten/ Fürsichtigen/ Hoch vnd Wolgelehrten/ Ersamen vnd
Weisen Herrn/ Herrn Maximilian Röm. Keyser/ꝛc. auch König/ vnd Churfürsten/ Fürsten/ Prelaten/ Grauen/ Freyherrn/ Rittern/ vom Adel/ vnd Stetten/ oder deren/ Gesandten/ Meinen (vel) vnsern Allergnedigsten/ gnedigsten/ gnedigen/ günstigen Herrn/ lieben
vnd guten Freunden/ sampt vnd sonder.

E iiij

New Titular

¶ Schwäbischen Hall.

Den Ernuesten/Fürsichtigen/Ersamen vnnd Weisen Herrn Stättmeister vnnd Rath der Statt Schwäbischen Hall/ Meinen günstigen gebietenden Herrn.

Salutatio vt suprà.

¶ Metz.

Den Edlen/Ernuesten/Fürsichtigen/Ersamen vnnd Weisen Herrn/ Schöffen/ Meyster/vnd dreizehen Geschwornen der Statt Metz/ Meinen günstigen gebietenden Herrn.

Salutatio vt suprà bey Nürnberg zusehen/ vnd zu anfang der Salutation das wort Edlen/darzu zusetzen.

¶ Der Statt Metz/ wann es Reuterei antrifft.

Den Edlen/Ernuesten/Fürsichtigen/ Ersamen vnd Weisen Herrn/den Sieben vom Krieg der Statt Metz/ Meinen günstigen gebietenden Herrn.

Salutatio vt suprà.

¶ Ach/Lützelburg/vnd dergleichen.

Den Fürsichtigen Ersamen vnd Weisen/Bürgermeister/ Schöffen vnnd Rath zu Ach(vel)Lützelburg/meinen günstigen Herrn.

Salutatio vt suprà ausserhalb des worts gebietend.

¶ Regenspurg.

Den Fürsichtigen/Ersamen vnd Weisen Cammerer vnd Rath zu Regenspurg/ Meinen günstigen Herrn.

Salutatio vt suprà bey Ach rc. zusehen.

¶ Wormbs.

Den Fürsichtigen/Ersamen vnd weisen Stettmeister/ Bürgermeister vnd Rath zu Wormbs/Meinen günstigen Herrn.

Salutatio vt suprà.

¶ Trier.

Den Fürsichtigen/Ersamen vnd Weisen Bürgermeister/Schöffen vnd Rath zu Trier/Meinen günstigen Herrn.

Salutatio vt suprà.

Den Fürsichtigen Ersamen vnd Weisen Bürgermeister vnd Rath zu
{
Basel.
Vlm.
Schaffhausen.
Franckfurt am Meyn.
Magdeburgk.
Lübeck.
Cöln.
Oduenter.
Kronweissenburgk.
}

¶ Gemeinen

vnd Cantzlei Büch. XXVIII

¶ Gemeinen Stetten da Herrschafften Hof halten/ als Heydelberg/ Stuckarten/ Durlach/ Anspach/ vnd dergleichen/ ꝛc.

Den Ersamen/ Fürsichtigen vnnd Weisen Herrn/ Schultheyß/ Bürgermeister vnd Rath zu N. Meinen lieben vnd günstigen Herrn.

Salutatio.

Ersame/ Fürsichtige/ Weiß vnd günstige Herrn/ Ew. Erf. Fürf. Wei. seien mein gutwillige dienst zuuoran.

¶ Gemeynen Stetten vnd Flecken/ da nit Herrschafften Hof halten/ Als:

Den Ersamen vnd weisen Burgermeister vnd Rath zu { Necker gemündt/ Germerßheim/ Weinheym/ Oringew/ Etlingen/ also durchauß/ꝛc. } Meinen lieben vnd güten Freunden.

Salutatio.

Ersame/ Weise/ Ewer Ersame weißheyt seien mein willige dienst zuuo/ liebe vnd güte Freunde.

¶ Doch soll ein jeder Schreiber mit fleiß mercken/ was/ vñ welchen Stetten er schreibet/ dann sich nit alle Stett zugleich (wie ich dann deßhalben oben der Stett darauß zusehen zum theyl gesetzt) schreiben/ Dann etlichen wirdt geschrieben/ Als den zu Vre/ Glariß/ Zug vnd dergleichen/ Den Ersamen vnd weisen Lande Aman vnd Rath zu Vre/ꝛc. Deßgleichen etlichen/ Als Stuttgarten/ Maßmünster/ Rappoltzweiher im Elsaß/ vnd dergleichen/ꝛc. Also/ Den Fürnemen/ Ersamen vnd Weisen/ Vogt/ Schultheyssen/ vñ Rath zu Stuttgarten/ꝛc. Item Amptman/ Meister vnd Rath zu Reinaw. Etlichen/ als Sarbrücken/ Gemündt im Westerreich/ Zweyenbrücken/ Also: Den Fürnemen/ Ersamen vnd weisen Schultheyssen/ Meiger vnd Gericht zu Sarbrücken/ꝛc. Deßgleichen wirdt etwan Vogt vnd Schöffen zu Falckenburg/ Item Schultheyß vnnd Gericht zu Lauterburgk geschrieben/ vnd dem Gericht auff Dörffern gemeynglichen/ also:

¶ Dorff.

Den Erbarn vnd Bescheiden/ Vogt des Dorffs N. ꝛc. { Zwölffer ・ Richtern } vnd gantzer Gemeynde.

Vnd sey also diß mal gnůg von Stetten/ꝛc. gesagt.

¶ Einer Allgemeynen versamlung vnd Stenden des Reichs/ auff den Reichstägen.

Den Allerdurchleuchtigsten/ Großmechtigsten/ Hochwirdigsten/ Durchleuchtigsten/ Hochwirdigen/ Durchleuchtigen/ Hochgebornen/ Ehrwirdigen/ Wolgebornen/ Gestrengen/ Edlen/ Ernuesten/ Fürsichtigen/ Hoch vnd Wolgelehrten/ Ersamen vnd Weisen Herrn/ Herrn Maximilian Röm. Keyser/ꝛc. auch König/ vnd Churfürsten/ Fürsten/ Prelaten/ Grauen/ Freiherrn/ Rittern/ vom Adel/ vnd Stetten/ oder deren/ Gesandten/ Meinen (vel) vnsern Allergnedigsten/ gnedigsten/ gnedigen/ günstigen Herrn/ lieben vnd güten Freunden/ sampt vnd sonder.

E iiij

New Titular
Salutatio.

Allerdurchleuchtigsten/ Großmechtigsten/ Hochwirdigsten/ Durchleuchtigsten/ Hochwirdigen/ Durchleuchtigen/ Hochgebornen/ Ehrwirdigen/ Wolgebornen/ Gestrengen/ Edlen/ Ernuesten/ Fürsichtigen/ Hoch vnd Wolgelehrten/ Ersamen vnd Weisen. Allergnedigste/ Gnedigste/ Gnedige/ Günstige Herrn/ lieben vnnd güten Freunde/ Ewer Keyserliche vnd Königliche Maiestat/ auch Chur vnd Fürstlichen Gnaden/ E nden/ Gunsten/ vnd Fürsichtige Weißheyt/ seien mein/ (vel) vnser aller vndertheniqste/ vndertheniqste/ vnderthenige/ willige/ gehorsamste/ gehorsame/ gütwillige/ vnd freundliche dienst/ jederzeit/ in vndertheniqster/ vndertheniger gehorsam/ vnnd freundtliches fleiß zuuoran/ Allergnedigste/ Gnedigste/ Gnedige/ Günstige Herrn/ liebe vnd güte Freunde.

Doch soll in fleissiger achtung gehalten werden/ was Personen schreiben/ dann ohn zweyfel war/ daß Chur vnnd Fürsten nit wie Grauen/ Grauen nicht wie Frei oder Reichstette/rc. schreiben/ Wie mann dann dessen guten bericht hiebey im Cantzleyschen style findet/ vnnd sich ein jeder leichtlich nunmehr darnach wirdt zurichten/ vnnd dem Cantzleyschen gebrauch nachzukommen wissen.

¶ Dem Bundt zu Schwaben.

Den Hochwirdigen/ Durchleuchtigen/ Hochgebornen/ Ehrwirdigen/ Wolgebornen/ Edlen/ Strengen/ Ernuesten/ Fürsichtigen/ Ersamen vnnd Weisen/ Fürsten vnnd Hauptleuten/ Räthen/ Grauen/ Freyen/ Herrn/ Rittern/ vnd ander Bundgnossen/ vom Adel vnd Stetten/ des löblichen Bunds zu Schwaben/ Meinen Gnedigen/ vnd günstigen Herrn/ lieben vnd güten Freunden.

Weren aber nit gebom Fürsten/ Bischöff/ oder gefürste Apt im Bunde/ so soll die Vbergeschrifft gesetzt werden/ Also:

Den Ehrwirdigen/ Wolgebornen/ Edlen/ Strengen/ Ernuesten/ Fürsichtigen/ Ersamen vnd Weisen Herrn/ Hauptleuten/ rc. vt suprà.

¶ Des Bundt zu Schwaben Bottschafften.

Den Hochgebornen/ Ehrwirdigen/ Hochgelehrten/ Strengen/ Edlen/ Ernuesten/ Fürsichtigen/ Ersamen vnd Weisen/ Römischer Keyserlicher vnd Hispanischer Königlicher Maiestat/ Churfürsten/ Fürsten/ vnd anderer Stende des Bundts zu Schwaben Bottschafften/ Hauptleuthen vnd Räthen/ jetzt zu N. versamlet/ Meinen gnedigen vnd günstigen Herrn/ lieben vnd güten Freunden.

Wie der inngang in der Missiuen geformt soll werden/ wirt sich der Schreiber hieuon vnder dem Tittel der gemeinen Reichs versamlung wol zuersehen/ vnd andern versamleten Herrschafften/ Item Regenten/ vnnd Staathaltern/rc. mit zulegung ihrer gebürenden Ehrwörter/ leichtlich darauß zuhalten vnd zuschreiben wissen/ wie ich dann zu vberfluß noch drey Exempel setzen thu/ Als:

¶ Statthaltern zu Meyntz.

Den Hochgebornen/ Ehrwirdigen/ Wolgebornen/ Edlen vnd Strengen Herrn/ Herrn N. Grauen zu N. vnd Herrn zu N. vnd andern meines Gnedigsten Churfürsten vnd Herrn zu Meyntz/ Statthaltern daselbsten/ Meinen Gnedigen günstigen vnd gebietenden Herrn.

¶ Den Landtherrn zu Behem.

Den Hochgebornen/ Ehrwirdigen/ Wolgebornen/ Edlen/ Strengen/ Fürsichtigen vnd Weisen/ den Landtherrn/ Räthen/ auch der Ritterschafft vnd Stenden des Königreichs zu Behen/ so auff dem Landtag N. versamlet/ Meinen gnedigen/ günstigen/ gebietenden Herrn.

¶ Bischofflichen

vnd Cantzlei Bůch. XXIX

¶ Bischofflichen Straßburgischen Räthen.

Den Edlen/Vesten vnnd Hochgelehrten/Fürstlichen Bischöfflichen Straßburgischen zu Elsaßzabern Herrn Hoffmeister/Cantzler vnd Räthen/Meinen gnedig/günstig vnd gebietenden Herrn.

¶ Versamlung der Orden.

Den Wirdigen/Hochgelehrten/Ersamen vnd Geistlichen Vättern (vel) Priestern.
{ Prediger
Augustiner
Barfüsser
Cartheusser }
Ordens/
Im Capitel zu N. versamlet/Meinen günstigen gebietenden Herrn.

¶ Versamlung weltlicher Priesterschafft.

Den Wirdigen Hoch vnd Wolgelehrten vnd Ersamen Herrn/Decan/Camerer/Juraten/Kirchenherrn/Capplanen/vnd Priestern/gemeinlich im Capittel zu N. versamlet/Meinen günstigen gebietenden Herrn.

¶ Einem Römischen Cantzler.

Dem Edlen/Strengen/Hochgelehrten/vnd Erleuchten Herrn N. von N. beyder Rechten Doctor/ der Röm. Key. Mt. Römischem vnd Osterreichischen Cantzler/Meinem sonder gnedigen Herrn.

Salutatio.

Edler/Strenger/Hochgelehrter/Erleuchter Herr/ Ewer Gnaden seien mein vnderthenig willig dienst zuuoran. gnediger Herr.

Nota. Schreibt jme einer vom Adel/ Doctor oder Licentiat/setz mann für das wort vnderthenig/dienstwillig/nach eines jeden gelegenheyt/ darinn sich ein Schreiber wol wirde zuhalten wissen.

¶ Einem Adelmessigen beyder Rechten Doctor.

Dem Edlen Ernuesten vnd Hochgelehrten Herrn Jacob Babhart/genant Schütz/ beyder Rechten Doctor/zu Berckbietenheim/ meinem insonders günstigen lieben Herrn vnd freundt.

Salutatio.

Edler Ernuester vnd Hochgelehrter/ E. E. seien mein willig dienst zuuoran/insonders günstiger lieber Herr vnd Freundt.

¶ Einem Doctor.

Dem Ernuesten vnd Hochgelehrten Herrn Sebastian Meichßner/beyder Rechten Doctor/ıc. Meinem insonders günstigen lieben Herrn vnd Freundt.

Salutatio vt supra ausserhalb des worts/Edler.

Gleichergestalt wirdt auch den Artzney Doctorn/vnd dann beyder Rechten Licentiaten geschrieben.

¶ Freier Künsten Magister.

Dem Ernhafften vnnd Wolgelehrten Herrn Johan Jesstein/ artium Magistro, Meinem lieben Herrn vnd güten Freundt.

Salutatio.

Ernhaffter/ Wolgelehrter/ euch seien mein freundlich willig dienst zuuor/lieber Herr vnd güter Freundt.

¶ Bacca

New Titular

¶ Baccalaurien Göttlicher Geschrifft.

Dem Erbarn vnnd Wolgelehrten Herrn N. heyliger Geschrifft Baccalaurien/ Meinem lieben Herrn vnd Freundt.

Salutatio vt suprà.

¶ Baccalaurien freier Künsten.

Dem Erbarn vnd Gelehrten Herrn Johan Zieglern artium Baccalaurien/ vnd Schulmeister zu Heppenheim/ Meinem gůten freundt.

Salutatio wie oben beym Titel artium Magister zusehen.

¶ Studenten/ Prouisor/ Cantor/ Locaten.

Dem Erbarn Lehrweisen N. Studenten/ der Hohenschůl zu Tübingen.
Dem Lehrweisen N. Prouisor (oder) Cantor der Schul zu N.
Dem bescheiden vnd fleissigen N. Locaten der Schul zu N.

¶ Einem Bürgermeister in Reichstetten.

Dem Ernuesten/ Fürsichtigen vnnd Weisen Herrn N. Bürgermeister zu N. meinem lieben Herrn vnd gůten Freundt.

Salutatio vt suprà vnderm Titel der Doctor zusehen.

¶ Einem Bürgermeister in andern Stetten/ so nit Reichstett sindt.

Dem Ersamen/ Fürsichtigen vnd Weisen Herrn N. Bürgermeister zu N. Meinem lieben vnd gůten Freundt.

Salutatio.

Ersamer/Fürsichtiger/weiser Herr/ E.E.F.W. seien mein gůtwillige dienst zuuor.

¶ Eines Chur oder Fürsten Cammer Secretari.

Dem Ernuesten/ Hochachtbarn vnnd Wolgelehrten Herrn N. Pfaltzgräuischen zu Zweybrücken Cammer Secretari/ Meinem insonders günstigen lieben Herrn vnnd gůten Freundt.

Salutatio.

Ernuester/ Hochachtbarer vnd Wolgelehrter E.E. seien mein freundlich willige dienst zuuoran/ Insonders günstiger Herr Cammer Secretari/ gůter Freundt.

¶ Eines Grauen Secretarj.

Dem Ehrnhafften vnd Achtbarn Herrn Peter Virnzlern/ Gräffelichen Hohenloischen zu Newenstein Cammer Secretari/ Meinem lieben Herrn vnd Freundt.

Salutatio.

Ehrnhaffter/ Achtbarer/ Ew. E. seien mein gůtwillige dienst zuuoran/ lieber Herr vnd Freundt.

¶ Einem

vnd Cantzlei Büch. XXX

¶ Einem Rath/Amptman oder Vogt.

Dem Ehrnuesten vnd Hochachtbarn/ Herrn Georgen Schwenden/ Gräfflichen Hohenloischen zu Waldenburg Rath/vnd Vogt/ Meinem insonders lieben Herrn vnd freundt.

Salutatio vt suprà vnderm Tittel Cammer Secretarj zusehen.

¶ Einem Keller oder Verwaltern.

Dem Ehrnhafften vnnd Hochachtbarn Herrn Johann Forstern/ des Fürstlichen Teutschen Ordens Hauß zu Speyer verwaltern/meinem lieben Herrn vnd freundt.

Salutatio vt suprà vnderm Tittel eines Grauen Secretarj zusehen.

¶ Einem Schreiber.

Dem Erbarn vnd Gelehrten Philips Egen/ Cantzley verwandten zu Newenstein/ Meinem lieben vnd güten freundt.

Salutatio.

Mein freundtlich willig dienst zuuoran/lieber vnd güter freund.

Also mag auch Bürgern vnd andern Personen geschrieben werden/ Als:

Dem Ersamen vnd Achtbarn/ oder
Dem Ersamen vñ fürnemen N. Bürgern zu N. meinem lieben vñ güten freunde.

Doch soll ein jeder/ so schreiben wil/ fleissig mercken/in was wirden/vnd ansehen jede Person ist/ ihme darnach wisse höfflich vnd füglich zuschreiben.

¶ Tittel des Türckischen Keysers.

Wir Waltach mechtiger König zu Türckey / zu Babylonien/ Herr zu Egypten/ zu Clement/ zu Bartham/ vnd zu Medach/ein Fürst der Juden/ ein einig König des Edlen Samen Jude/ein Probst des Jüdischen Paradeiß / ein gewaltiger König von Orient biß ghen Occident/ ein fürer vnd leiter von dem Thurn Pariß biß an den berg Assathay/ Oberster Rath des Gotts Machmets/ ein freunde der Götter/ ein trost vnd heyl der Heyden/ein verderber der Christenheyt/ein Hüter der Grüben des gecreutzigten Gottes/ vnd ein König zu Jerusalem.

¶ Tittel des grossen Cans.

Wir N. ein Sone Gottes/der aller obertrefflichst/ein Seule des gantzen Erdtreichs/ ein gebieter vnd Herr aller Herrschafften.

¶ Soldan.

Wir Agat Soldan zu grossen Babylonien genannt / ein diener des grossen Vigantwintlichen Herrn vnsers Gottes Machmet/ ein gewaltiger Keyser zu Meridien/ ein König zu Aquilen/ein Fürst vnd Geborner von Orient biß Occident/ein bezwinger vnd Landtoherr zu Jerusalem / ein hochmechtiger Neue des gecreutzigten Gottes/der geborn war in vnser Castel Bethlehem/ ein Hochmechtiger König vnnd Fürst des Erdtreichs/ von ende zu ende der Welt/vnd ein Innhaber/Vogt vnd bezwinger des Meers/vnd der grossen Wasser/biß an den Berg Oreb.

VNd wiewol mein meynung nicht gewesen/ inn disem Titular Büch lang zuuerharren/so hab ich doch erwogen/daß der Stylus / wie mann es inn Fürsten Cantzeleyen vngefährlich pflegt zuhaben vnnd zuschreiben/ nicht vnzierlich / sonder viel mehr lieblich vnd zierlich hiebey stehet/darauß auch die jungen angehenden Schreiber/ sich desto besser

vnd

New Titular

vnd fleissiger zuõben vnnd zuerlernen haben / Darumb ich auch offtmals von andern befragt/vnd mich dessen zu vnderfangen gebetten worden/hab ich nit vmbgehen können dauon kurtze meldung zuthün/Doch soll ein Schreiber zu jeder zeit sich seines gnedigẽ Chur vnd Fürsten/vnd Herrn Cantzleybüch vor allen dingen verhalten.

¶ Folgt summarischer Innhalt/wie es in Cantzleyen/im schreiben gehalten wirdt.

Wann ein Churfürst vnderthenig dienst (so allein gegen Rhömischer Keyserlich er vnd Königlicher Maiestat gebraucht wirdt) setzet/da schreibe er sich vnden an neben das bladt/Also formirt.

Ewer Keys.(vel)Königl. Mt.
  Vnderthenigster gehorsa-
   mer Fürst
                    N. N.

Wann aber ein Fürst in Missiuis freundtlich dienst setzt/so allein gegen andern König/auch Chur vnd Fürsten gebräuchlich/da schreibt er sich vnden an auff die mitte/vnd auff die lang form.

Wo er schreibt freundtlich oder günstig gruß/so gegen Grauen/Freiherrn/Reichsstetten/Thumbstifften/Römischen Cantzlern/vnd andern dergleichen Standts gehalten wirdt/so setzt er sich oben an/vnd vff die lang form.

Wo er aber schreibt schlechten gruß/so gegen Äpten/Edelleuten/Doctorn/vnd andern dergleichen/auch nidrigen Personn gebräuchlich/da schreibt er sich oben an/vnd vff die kurtz form.

Item allen Ertzbischoffen schreibt er Oheim/deßgleichen allen gebornen Fürsten/(doch hab ich auch gesehen daß das wort Oheim außgelassen/vnnd sonst wie Geistlichen Fürsten geschrieben worden) Aber allen Bischoffen schreibt mann Freundt.

Item wer seinen Gnaden mit pflichten/dienst/odder schirmsweiß verwandt/so er Geistlich/schreibt er jhnen andächtig/aber den weltlichen getrew.

Wer aber seinen Gnaden gar nit verwandt/den schreibt er allen besondern/sie seien Geistlich oder weltlich/arm oder Reich.

Den allen/armen Bürgern oder Bawrn sein Gnaden verwandt/angehörig.

Allen Frawen besondern/sie seien dann leibeigen angehörig.

Seiner Gnaden Räthen/vnserm Rath vnd lieben getrewen.

Vnd allen Lehens vnd dienstuerwandten/die Grauen seind/Wolgeborn lieben getrewen.

Die aber Freiherrn seindt/Edlen lieben getrewen.

Sonst allen andern mindern Standts/lieben getrewen.

Den Gefürsten Grauen/schreibt mann freundtlich gruß vnd Oheim.

Den andern Grauen schreibt mann günstig gruß.

Vnd alle Grauen dautzt er/aber etliche Fürsten vnderlassens.

Den Freiherrn schreibt er schlechten gruß.

In den schrifften jhtzt mann alle Geistliche Personen/vnd dautzet alle weltliche/er sey dann ein Fürst.

Den Reichstetten schreibt mann auch vff die groß form/Allen/günstigen/allein der Statt Straßburgk freundtlichen gruß.

Einer Statt/wo ein Bischoff/schreibt mann Ersamen/Weisen/wo verwandt/getrew/wo nit/Besonder.

Wo aber kein Bischoff/setzt mann allein Ersam/auff klein form vnsern gruß/aber den Reichstetten/vnsern günstigen gruß/vff groß form.

Wie mann sonsten pflegt zuschreiben/Ewer Gnaden vnd dergleichen/ic. schreiben
                                                                    die

vnd Cantzlei Buch. XXXI

die Chur vnd Fürsten/Grauen vnd Freiherrn/gemeynglichen ewer liebden/doch jedes in gleichem standt/Da aber Grauen den Fürsten schreiben/setzen sie für die wort (ewer lieb=
den) ewer Gnaden (vel) Fürstlichen Gnaden/ıc.

¶ Im Beschluß.

Den Fürsten/verdienen.
Den Grauen/bedencken.
Den Vnderthanen/erkennen.

¶ Folgen etliche Exempel vff hieuor vermelten Cantzleyschen gebrauch/ Doch soll sich ein jeder nach dem Cantzley Buch (bey welchem Herrn er dann ist) fleissig verhalten/dann nit ein Fürst wie der ander (vnnd sonderlichen die Geystlichen) schreibt/ist auch nur allein zu einem leichtern bericht hieher gesetzt worden.   Nemlichen:

¶ Wann ein Fürst einem Römischen Keyser odder Rhömischen König schreibt/pflegt mann also zuschreiben.

Allerdurchleuchtigster Fürst/Römischer Keyser (vel) König/Ewer Keyserlichen (vel) Königlichen Maiestat/seien mein vnderthenig/gehorsam schuldig dienst allzeit zuuor/Allergnedigster Herr.

¶ Den Königen.

Durchleuchtiger Fürst/Ewer Königlichen Wirden/seindt vnser freundtlich williig dienst zuuor/lieber Herr Oheym vnd Schwager/   Nach dem er jhme verwandt/ıc.

¶ Geystlichen Churfürsten/ Also:

Vnser freundtlich dienst zuuor/Hochwirdiger in Gott Vatter/lieber Herr vnnd freundt.

Nota.   Etliche lassen die wörter (in Gott Vatter) auß.

¶ Oder also:

Vnser freundlich dienst/vnd was wir liebs vnd güts vermögen/allzeit zuuor/Hochwirdiger in Gott Vatter/besonder lieber Herr vnd Freundt.

Also auch wirde vnd mag allen andern Bischoffen geschrieben werden/ Wo er aber jhne mit Bruderschafft verwandt/ıc. wirdt dasselbig alles herzu gesetzt.

¶ Also einem Brüder.

Was wir Brüderlicher trew vnd freundtschafft/liebs vnnd güts vermögen/allzeit zuuor/So er Geystlich/Ehrwirdiger/Hochgeborner Fürst/freundtlicher lieber Brüder. Ist er aber weltlich/so wirdt das wort/Ehrwirdiger/außgelassen.

Wo er aber mit Vetter/Schwager/Geuatter oder gemachter Bruderschafft verwandt. Also:

Vnser freundlich dienst/vnd was wir freundtschafft/liebs vnd güts vermögen/allzeit zuuor/Hochgeborner Fürst/freundtlicher lieber Vetter/Schwager/Geuatter/vnnd Brüder. Doch achtung zuhaben/ob er Geystlich/oder weltlich/auff das das wort (Ehrwirdig) wie oben nechstgemelt/müß eintweders außgelassen oder gesetzt werden.

Also mag auch allen anderen Geystlichen vnd weltlichen Chur vnnd Fürsten geschrieben werden.

New Titular

¶ Den Grauen vnd Freiherrn.

Vnsern freundlichen(vel)günstigen gruß zuuor/Wolgeborner lieber getrewer/so er ein Lehenman/so er aber kein Lehenman/Wolgeborner lieber besonder/wie hieuo:nen.

Also mag es mit allen Grauen vnd Freiherrn gebraucht werden.

Wo mann den schlechten gruß schreibt/geschicht also:

Vnsern gruß zuuor/Edler lieber Getrewer/Als gemeynglich die Churfürsten gegen Freiherrn gebräuchlich vnd vblich sindt.

¶ Den Stetten da nit Bischoff sein.

Vnsern gruß zuuor/Ersamen lieben Getrewen(vel)Ersamen lieben besondern.

Wo mann aber Geistlichen schreibt/ Also:

Vnsern gruß zuuor/Wirdigen vnd Ersamen lieben Andechtigen/So sie verwandt/ Wo sie aber nit verwandt/schreibt mann für das wort Andechtig/Besonder.

¶ Demnach sey also kürtzlich daruon gesagt/ vnd wil/wie es in Vberschrifften gehalten wirdt/auch ein wenig meldung vnnd anregung thůn/Doch soll mann wissen/daß nit allein der Keyserlichen vnd Königlichen Maiesteten/sondern auch allen andern Chur vnd Fürsten/Grauen/Herrn/vnd Potentaten/ sie seyen Geystlich oder Weltlich/nit allein ihr Ampt/sonder auch die Herschafft zůgelegt vnd gegeben wirt/wie ich mich vff iede art habende Cantzley Bücher referirt vnd gezogen haben wil/ dessen sich auch ein jeder Cantzeley verwandter wol wirde zůhalten wissen/vnd wirt gemeinglichen also/wie vndterschiedlich nachfolgt/gehalten.

¶ Dem Römischen Keyser.

Dem Allerdurchleuchtigsten/Allergroßmechtigsten/Vnüberwindtlichsten Fürsten vnd Herrn/Herrn Maximilian dem Andern Römischen Keyser/zu allen zeiten mehrern des Reichs/in Germanien/zu Hungern/Behem/Dalmatien/Croatien vñ Schlauonien/rc. König/Ertzhertzog zu Burgundi/Steyer/Kärndten/Crain/vund Wirtenberg/rc. Graue zu Tyroll/rc. Meinem Allergnedigsten Herrn.

Nota. So mann einem Römischen König schreibt/wirdt allein das wort(Vnüberwindtlichsten)außgelassen.

¶ Königen.

Dem Durchleuchtigen Fürsten vnnd Herrn/Herrn N. König zu Behem/Ertzhertzog zu Osterreich/Hertzog zu Burgundi/in Ober vnd Nider Schlesien/rc. Marggrauen zu Meherrn/rc. Grauen zu Tyroll/rc. vnserm lieben Herrn Oheim vnd Schwager. Nach dem sie dann einander verwandt.

¶ Geistlichen Churfürsten.

Dem Hochwirdigen in Gott Vatter/Herrn Friderichen/Ertzbischoffen zu Cölln/ vnd Churfürsten/vnserm lieben Freundt.

Nota. Ob mann wil/mag mann nach dem wort Cölln/die wörter/Des heyligen Römischen Reichs/durch Italien Ertzcantzler vnd Churfürsten/Hertzogen zu Westphalen vnd Engern/darzu setzen/stehe nach eines jeden Chur vnd Fürsten gelegenheit.

Also mag auch Meyntz/vnd Trier geschrieben werden/doch achtung uff deren ämpter zuhaben/wie dann hiehernen vnder derselben Titel zůsehen.

¶ Geistlichen

vnd Cantzlei Buch.

¶ Geistlichen Fürsten.

Dem Ehrwirdigen in Gott/ vnserm lieben besondern Herrn vnd Freundt/ Herrn Marckquarten/ Bischoffen zu Speyer/ vnd Probst zu Weissenburgk.

Ist er aber mit Lehenspflichten verwandt/ wirdt nach dem wort Freunde/ die wörter/ vnd Getrewen/ darzu gesetzt.

Also wirdt auch allen andern Geistlichen Fürsten geschrieben/ Wer aber einer ein geborner Fürst/ so würden jhme die wörter/ Hochgeborn Fürsten/ vnnd die Landschafft zugeschrieben/ Also:

Dem Ehrwirdigen in Gott vnd Hochgebornen Fürsten/ vnserm freundtlichen lieben Vettern/ Herrn N. Bischoffen zu Freisingen/ Administratorn des Stiffts Nürnbergk/ Pfaltzgrauen bey Rhein/ vnd Hertzogen in Beyern.

¶ Thumbdechandt vnd Capittel.

Den Wolgebornen/ Wirdigen/ Edlen/ vnnd Ersamen/ vnsern lieben besondern/ Dechant vnd Capittel des Thumbstiffts zu Meyntz.

Salutatio.

Vnsern günstigen gruß zuuor/ Wolgebornen/ Wirdigen/ Edlen/ vnnd Ersamen lieben besondern.

Similiter { Trier. / Cölln.

Wo aber jnn Grauen vnnd Freiherrn auff den Thumbstifften sein/ so werden die wörter/ Wolgeborn vnd Edel/ herauß gelassen/ vnd also geschrieben:

Den Wirdigen/ vnd Ersamen/ vnsern lieben besondern Dechant vnd Capittel des Thumbstiffts zu N.

¶ Apten.

Dem Wirdigen vnserm lieben Andechtigen/ dem Apt zu N.

¶ Weltlichen Churfürsten.

Dem Hochgebornen Fürsten/ Herrn Friderichen Pfaltzgrauen bey Rhein/ des heyligen Römischen Reichs Ertztruchsassen vnnd Churfürsten/ Hertzog in Beyern/ vnserm freundtlichen lieben Oheym vnd Schwager.

Also allen andern weltlichen Churfürsten/ mit zulegung jrer Herrschafften/ vnd deren ehr oder Ampts wörter/ doch läst mann erwann das wort (Oheym) auß.

¶ Hertzogen/ vnd weltlichen Fürsten.

Dem Hochgebornen Fürsten vnserm lieben Vettern/ Herrn Philipsen Landgrauen zu Hessen/ Grauen zu Catzenelnbogen/ Dietz/ Ziegenhain vnd Nida.

Also allen Hertzogen vnnd weltlichen Fürsten / doch auff die wörter der verwandtnuß fleissig achtung zugeben / nach jnnhalt eines jeden Herrschafften Titel oder Cantzeley Buchs/ etc.

¶ Grauen.

Dem Wolgebornen vnserm lieben besondern.

Hat er aber Lehen/ Also:

Dem Wolgebornen/ vnserm lieben Getrewen Philipsen/ Grauen zu Leiningen/ Herrn zu Westerburgk/ vnd zu Schawenberg.

New Titular

¶ Den Grauen so nit Wolgeborn/ vnd den Freiherrn.

Dem Edlen vnsern lieben besondern.

Hat er Lehen/ Also:

Dem Edlen vnserm lieben Getrewen/ Wilhelmen Grauen vnnd Herrn zu Heydeck.

¶ Dem Bundt zu Schwaben.

Den Ehrwirdigen in Gott Vatter/ Hochgeborn Fürsten/ Wolgebornen/ Wirdigen/ Edlen/ Ersamen/ Weisen/ vnsern lieben Vettern/ Oheym/ Schwager/ vnnd besondern Churfürsten/ Fürsten/ vnd andern Stenden des Bundts zu Schwaben.

¶ Statthaltern/ Regenten/ vnnd Räthen.

Dem Hochgebornen Fürsten/ vnserm freundtlichen lieben Vettern/ Herrn Hanß Casimirn/ Pfaltzgrauen bei Rhein/ Hertzog in Beyern/ Auch Wolgeboinen/ Edlen vnd Ersamen vnsern lieben besondern/ Regenten vnd Räthen zu Heydelberg.

¶ Statthaltern allein/ da nit Fürsten oder Grauen.

Den Wirdigen vnd Edlen vnsern lieben besondern/ den Statthaltern zu Meyntz.

¶ Reichstätten.

Den Ersamen/ Weisen/ vnsern lieben besondern/ Burgermeister vnnd Rath der Statt Speyer.

Nota. Wo Bißthumb seindt/ schreibe mann allwegen der Statt Speyer/ der Statt Wormbs/ der Statt Cölln/ ic. vnd dergleichen Stetten da Bißthumb sinde.

Wo aber nit Bißthumb sindt/ schreibt mann also:

Den Ersamen/ Weisen/ vnsern lieben besondern/ Burgermeister vnd Rath zu Vlm/ Nörlingen/ ic.

Wo aber ein Statt dem Herren zustehet/ wirdt also geschrieben:

Den Ersamen vnsern lieben Getrewen/ Burgermeister vnd Rath zu Heydelberg.

¶ Eydtgnossen.

Den Ersamen/ Weisen/ vnsern lieben besondern/ Schultheyß/ Räthen/ Landtman/ vnnd Landsleuten zu Bern/ Soloturn/ Lucern/ Vre/ Schweitz/ Vnderwalden/ Zürch/ zu Glariß/ vnd Appocel.

¶ Einem Römischen Cantzler/ Doctor/ ic. vnd dergleichen Personen.

Dem Hochgelehrten vnserm lieben besondern N. Ritter/ vnnd Doctor/ der Römischen Key. Mt. Römischen vnd Osterreichischen Cantzler.

¶ Einem

vnd Cantzlei Buch.

¶ Einem Doctor/ so Rath vnd Diener.

Dem Hochgelehrten vnserm Rath vnd lieben Getrewen Vlrich Bitterer/der Rechten Doctor.

Dergleichen wirdt auch licenciaten geschrieben.

¶ Den Regenten zu Behem.

Den Wolgebornen/Edlen/vnnd Ersamen/vnsern lieben besondern/verordneten Regenten/Räthen/vnnd Ritterschafft des Königreichs Behem/so jetzundt neckst kommend N. zu N. versamlet sein worden.

Salutatio.

Vnsern günstigen gruß zuuor/Wolgeborne/Edlen/vnd Ersamen lieben besondern.

¶ Statthalter vnd Regiment im obern Elsaß.

Den Wolgebornen/ Wirdigen/ Edlen vnnd Ersamen/ vnsern lieben besondern/ Statthalter vnd Regiment des obern Elsaß zu Enßheym.

¶ Dem Regiment zu Nürnbergk.

Den Hochgebornen Fürsten/Hoch oder Ehrwirdigen in Gott Vatter/Wolgebornen/Wirdigen/Edlen/vnd Ersamen/vnsern freundtlichen lieben Brüder/Vetter/Oheymen/vnd besonderen/Römischer Keyserlichen Maiestat/vnnd des Heyligen Reichs Regiment Statthaltern vnd Räthen zu Nürnbergk.

Salutatio.

Vnser freundtlich dienst/günstigen gruß/vnd alles güts zuuor/Hochgeborner Fürst/ Ehrwirdiger in Gott Vatter/Wolgebornen/Wirdigen/Edlen/vnd Ersamen/freundtlicher lieber Brüder/Vettern/Oheymen/vnd besondern.

¶ Nach dem dann die verwandtnuß odder freundschafft ist/ Dessen der Schreiber/wie offt gemelt/ein gut auffmerckens haben/vnnd sich nach dem Cantzley Titel Büch/so inn jedes Chur vnnd Fürsten/Grauen/oder Herrn Cantzleyen sindt/verhalten soll.

¶ Königlichen Räthen zu Jßbruck.

Den Hoch oder Ehrwirdigen in Gott Vatter/vnsern lieben Herrn vnd freunden/ Wolgebornen/Wirdigen/vnd Edlen/vnsern lieben besondern/Römischen vnnd Hispanischen Königlichen Maiestat/vnsers Aller gnedigsten Herrn Statthalter vnd Räthen/ jhrer Maiestätten obristen Regiments/aller Osterreichischen Lande.

¶ Königlichen Commissarien.

Den Hoch oder Ehrwirdigen inn Gott Vatter/vnsern lieben freunden/vnnd den Wolgebornen/ Edlen/ vnnd Ersamen/ vnsern lieben besondern Herrn N. Cardinal zu Saltzburg N. Bischoff zu Trient/N. von N. Cantzler/Jacob N. vnd Niclaussen N. Römischen Königlichen Maiestat Commissari vnd Gewalthaber.

¶ Cammerrichtern vnd Beysitzern.

Den Wolgebornen/Wirdigen/Edlen vnd Ersamen vnsern lieben besondern/Friderichen/Grauen zu Löwenstein/vnd Herrn zu Scharpffeneck/Cammerrichter/vnd den Beysitzern des heyligen Reichs Cammergerichts jetzt zu Speyer.

F iij

New Titular
¶ Einer gantzen Vniuersitet.

Den Wirdigen vnd Ersamen vnsern lieben getrewen/ so sie dem Herrn verwandt sindt/wo nit/Besondern/Rector vnd Vniuersitet/vnsers(oder)des Studiums zu Heydelbergk.

Salutatio.
Vnsern gruß zuuor/Wirdigen vnd Ersamen lieben getrewen(vel)besondern/ιc.

¶ Biß daher/günstiger lieber Leser/haben wir(als ich hoff)gnügsam Exempel der Cantzleischen gebräuch/in Titeln vnd Salutationen gehabt/vnnd vor augen/ Dieweil aber zu zeiten nit allein hohes Manliches/Anfräwliches/ sonder auch hergegen widderumb Fräwliches/an Manliches Geschlecht/inn Cantzleyen(zugleich auch niderem/jhrem standt nach)schreiben/darinn mann dann sonderliche ehr vnnd vnergreiffliche zierwort/wie maß gemeynglich in der Herrn Cantzleybüchern findt/ dessen mann sich allzeit/wie dann offtmals erzelt/gebrauchen/ vnnd die beyderseits verwandtnuß/ιc.erkennen soll/gebraucht wirt/hab ich deren Specifier(doch fürtzlich)hieher dauon ein wenig meldung zuthůn nicht vnderlassen sollen/ vnnd folget anfencklich ein

Exempel/ Wie Chur vnnd Fürsten einer Königinnen/Fürstinnen/vnnd Gräuinnen/in jhren Missiuen zuschreiben pflegen.

¶ Einer Königin.
Vnser freundtlich gebürlich dienst/vnnd was wir ehren/freundschafft/liebs vnnd guts vermögen/allzeit zuuor/Durchleuchtige Fürstin/freundtliche liebe Baß vnd Fraw Mutter.

Alia.
Vnsern freundtlichen gruß/vnd was wir ehren/liebe vnd guts vermög/allzeit zuuor.

¶ Einer Fürstin.
Was wir ehren/liebs vnd guts vermögen/allzeit zuuor/Hochgeborne Fürstin/liebe Mome.

Alia.
Vnser freundtlichen gruß/auch was wir ehren/liebs vnd guts vermögen/allzeit zuuor/Hochgeborne Fürstin/freundtliche liebe Schwägerin vnd Schwester.

Alia.
Was wir brüderlicher trew/freundtschafft/liebs vnd guts vermögen/allzeit zuuor/ Hochgeborne Fürstin/freundtliche liebe Schwester.

¶ Den Gräuin.
Vnsern gruß/vnnd was wir ehren/liebs vnnd guts vermögen/zuuor/Wolgeborne Gräuin/freundtliche liebe Baß.

Alia.
Vnsern günstigen gruß beuor/Wolgeborne/ freundtliche liebe Baß vnd Schwägerine.

Conclusio,als gemeynlich in solchen Missiuen nach gelegenheyt der sachen gebraucht wirde/ Als:

Wol-

vnd Cantzlei Buch. XXXIIII

Wolten wir ewer liebden/Item/euch freundtlich nicht bergen/vnd sinde E.L.(vel euch)mit allem gehorsamen(vel)günstigen gebärlichern willen wol genaygt.

¶ Folgen Titel auff hieuorgehende Exempel.

¶ Einer Königin.

Der Hochgebornen Fürstin vnd Frawen/Frawen Dorothea/Pfaltzgräuin bey Rhein/Hertzogin in Beyern/Churfürstin/Wittib/Geborne auß Königlichem Stammen Dennmarck/vnserer freundtlichen lieben Basen vnd Fraw Mutter.

¶ Einer Churfürstin/als Brandenburgk.

Der Hochgebornen Fürstin/Frawen Hedwigen/gebornen auß Königlichem stammen zu Polen/rc.Marckgräuin zu Brandenburg/zu Stettin/Pommern/der Cassuben vnd Wenden/auch inn Schlesien/zu Crossen Hertzogin/Burckgräuin zu Nürnbergk/ vnd Fürstin zu Rugen/vnser freundtlichen lieben Schwägerin vnd Frawen Mütter.

¶ Ein andere Form einer Churfürstin/als Pfaltz/rc.

Der Hochgebornen Fürstin/vnser freundtlichen lieben Schwägerin vnnd Frawe Mütter/Frawen Marien Pfaltzgräuin bey Rhein/Hertzogin inn Beyern/Gebornen Marggräuin zu Brandenburg/rc.(vt supra)Churfürstin.

¶ Einer Fürstin/als Lottringen/rc.

Der Hochgebornen Fürstin/Frawen Elisabethen von Dennmarck/der Hertzogthumb Calabrien/Lottringen/Bortguelden vnd Meyplande/rc. Wittwe/vnser freundtlichen lieben Basen.

Alia,als Baden/rc.

Der Hochgebornen Fürstin/Frawen Cecilia/Marggräuin zu Baden/rc.zu Schweden/der Gotthen vnd Wenden/geborne Princessin/vnserer freundtlichen lieben Schwägerin vnd Schwester.

Alia,als Pfortzheim/rc.

Der Hochgeborn Fürstin/Frawen Annen Marggräuin zu Baden vnd Hochbergk/rc.Gebornen Pfaltzgräuin bey Rheyn/Hertzogin inn Beyern/vnser freundtlichen hertz lieben Schwester vnd Geuatterin.

¶ Gräuinnen/als Erbbach/rc.

Der Wolgebornen Margaretha/Gräuin zu Erbbach/Wittiben/gebornen Wilde/vnd Reingräuin/rc.vnser freundtlichen lieben Basen.

¶ Freyherrin/als Fleckenstein/rc.

Der Wolgebornen vnser lieben Basen vnnd Schwägerin/Maria von Fleckenstein/Freyherrin zu Dagstul/gebornen Wild vnd Rheingräuin/Wittibin.

¶ Wie ein Fürstin jhrem Herrn ehegemahel pflegt zuschreiben.

F iiij

New Titular

Dem Hochgebornen Fürsten/Herrn N. vnserm freundtlichen hertzlieben Herrn vnd Gemaheln.

Zu jhrer Liebden selbst eygen handen.

¶ Einem Römischen Keyser in einer Chur/oder Fürstin namen.

Allerdurchleuchtigster/Großmechtigster/Vnüberwindtlichster Fürst/Römischer Keyser/Allergnedigster Herr.

Salutatio.

Was ich in ziemlichen gehorsam/Ehren/liebs vnnd güts vermag/seyen Ewer Königlichen Maiestat allzeit zuuor/Allergnedigster Herr vnd Keyser.

¶ Vberschrifft.

Dem Allerdurchleuchtigsten/Großmechtigsten/Vnüberwindtlichsten Fürsten vnd Herrn/Herrn Maximilian dem Andern/erweltem Römischen Keyser/zu allen zeiten merher des Reichs/in Germanien/zu Hungern/Behem/Dalmatien/Croatien vñ Schlauonien/ꝛc. König/Ertzhertzog zu Osterreich/Hertzog zu Burgundi/Steyer/Kärndten/ Crain/vnnd Wirtenberg/ꝛc. Graue zu Tyroll/ꝛc. Meinem Allergnedigsten Herrn vnd Keyser.

¶ Einem Fürsten.

Dem Durchleuchtigen Hochgebornen Fürsten/vnserm freundtlichen lieben Bruder vnd Schwager/Herrn Johan/ꝛc.

Alia.

Dem Hochgebornen Fürsten/Herrn Johan zu Schweden/der Gotten vnd Wenden Erbfürsten/vnd Hertzogen zu Finlandt/vnserm freundtlichen herꝛ lieben Brüder.

Salutatio.

Was wir in ehren/liebs vnnd güts vermögen/allzeit zuuor/Hochgeborner Fürst/ freundtlicher lieber brüder vnd Schwager.

¶ Item.

Was wir schwesterlicher trew/freundtschafft/liebs vnd güts vermögen/allzeit zuuor/Hochgeborner Fürst/freundtlicher herꝛ lieber Brüder.

¶ Wie ein Chur oder Fürstin einer Römischen Keyserin/ꝛc. schreibt.

Salutatio.

Allerdurchleuchtigste/Großmechtigste/Allergnedigste Fürstin/Römische Keyserin/allergnedigste Fraw/was ich in dienstlicher gehorsam allzeit ehren/liebs vnd güts vermag/sey ewer Keyserlichen Höhe vnd Würde allzeit zuuor.

Conclusio.

Vnd bin ewer Keyserlichen Höhe vñ Wird (die der Allmechtig lang zeit gefristen wölle) allzeit zu dienstlicher gehorsam/auch lieb/ehren vnd güts zuerzeygen gantz geneygt.

¶ Vberschrifft.

Der Durchleuchtigsten Fürstin vnnd Frawen/Frawen N. Römischen Keyserin/ mehrerin des Reichs/in Germanien/zu Hungern/Behem/Dalmatien/Croatien/vnd Schlas

vnd Cantzlei Buch. XXXV

Schlauonien/ ꝛc. Königin/ Ertzhertzogin zu Osterreich/ Hertzogin zu Burgundi/ Steyer/ Kärndten/ Crain/ vnd Wirtemberg/ ꝛc. Gräuin zu Tyroll/ ꝛc. Geborne N.ꝛc. (Nota/ als dann deren angeborn Herrschafft gentzlich zuschreiben) Meiner allergnedigsten Frawen vnd Keyserin.

¶ Wie Fürstinen gegen einander schreiben.

Salutatio.

Was wir allzeit in freundschafft/ liebs vnnd güts vermögen/ zuuor/ Hochgeborn Fürstin/ liebe Momme (vel) Schwester/ Baß/ Geschweihe/ Geuatterin/ ꝛc.

¶ Vberschrifft.

Der Hochgebornen Fürstin/ vnser lieben Momen (vel) Schwester/ ꝛc. Fraw N.ꝛc. geborne Hertzogin/ ꝛc.

Alia Salutatio.

Vnsern freundtlichen gruß zuuor/ Wolgeborne liebe Mome (vel) Schwester.

¶ Vberschrifft.

Der Wolgebornen vnser liebe Mome (vel) Schwester/ Helena/ geborn vonn N. Gräuin zu N. vnd N. ꝛc.

¶ Damit ich nun in disem Büch nit zulang verharre/ hab ich kürtze halben desselbigen/ noch viler Titel vnderlassen/ vnd hieher zusetzen/ vmbgangen. Bin der dienstlichen vnd tröstlichen zuuersicht/ es würde ein jeder sich nunmehr nicht allein etwan im Reden/ sondern vilmehr im schreiben zierlichen zugebrauchen/ vnd nach solchen ertzelten Titeln/ jedem Standt seinen Tittel/ zier vnd Ehrwörter/ leichtlich mutatis mutandis, zugeben wissen/ dessen mann auch gemeynlichen bey allen Cantzleyen Titel Bücher (auff deren ich mich gezogen/ vnnd jedem seinen gewonlichen gebrauch vnuerletzt haben wil) findet/ nach denselbigen hat mann sich auch allwegen mit fleiß/ vnnd sonderlichen wie hieuor gemelt/ inn achtung zuhaben/ ob der oder die/ den man schreibt/ dem schreibenden theyl/ wie Brüder/ Vetter/ Schwager/ Geuatter/ odder ander gemachter Freundschafft/ wie solches ist/ verwandt/ ꝛc. Dieselbigen verwandtnuß darzu setzen vnd vermelden.

Vnnd dieweil dann zierlich/ nützlich/ auch höflich/ daß einer/ der sich Teutschs redens oder schreibens vnderfahen wil/ nicht allein allwegen einerley wort gebraucht/ sonder vielmehr jedes mals ander/ vnd ander Synonyma/ vnd dann Lateinisch wörter gleicher bedeutung (doch ist vil besser recht Teutsch dann vnrecht Latein geschrieben werd) herfür bringe/ Vnd sonderlich in sachen odder handlungen/ da solch Synonyma im verstande auff odder absteigen/ vnnd die Rede schärpffen vnnd miltern/ so hab ich nicht allein deren/ sonder auch etliche zierliche vnnd höfliche Cantzleyische Schluß vnnd andere Reden (wiewol deren vil vnd mancherhandt im lauff/ vbung/ vnd gebrauche sindt) ein wenig zusamen gelesen vnd hierinnen gesetzet/ wie nachfolgt/ Erstlich von Synonyma.

Als:

Aller zwitracht/ vnfrid/ zanck/ hader/ vnd vneinigkeyt.
Angesehen/ erwogen/ bedacht/ ermessen/ vnd betracht.
Außgehen/ entspringen/ wachsen/ vnd fliessen.
Gelobt/ gewirdiget/ gepreiset/ vnd geehrt.
Gesondert/ zertheylt/ vnd entscheyden.
Entladen/ vertragen/ vbrig vnd absein.
Ein begreiffenlicher/ schwerlicher/ ja mercklicher/ scheinbarlicher/ vnd gründtlicher schade.

Zügeeygnet/

New Titular

Zügeeygenet/zügesetzt/zügeacht/zügemessen/zügelegt/vnd zügeben.
Liederlich/heyloßlich/verwarloßlich/vnd vnachtsamlich.
Gewiß/warhafftig/gerecht/vnd vnzweiffentlich.
Kundtbar/offentlich/vnd wissentlich.
Am tag/klar/vnd lauter sein.
Sich rhümen/darthůn/außgeben/glimpff suchen/vnd hochträchtig machen.
Stoltz/prächtig/hoffertig/vnd vbermütig.
Erspehen/erlernen/erfaren/ersuchen/vermercken/vnd nachtrachten.
Embsig/fleissig/stettig.
Geschwindt/schnell/hurtig/behendt/vnuerzüglich/vnd eylends.
Betrachten/erkennen/erwegen/ermessen/vnd geruchen/oder zuhertzen füren.
Wandern/wegfertig/vnd vberfeldt ziehen.
Milde/linde/demütig/gůtwillig/vnd sanfftmütig/oder gůthertzig.
Vnderthenig/gehorsam/vnderdienstlich/willig/gesellig/behäglich/dienstbarlich/
    vnd annemlich.
Zweyträchtig/vneinigkeyt/widerwillen/vnwillen/zänckisch/streitig/spennig/vnd
    jrrig.
Vnderrichten/vnderweisen oder anweisen/anzeygen/kundt thůn/verstendigen/o-
    der lehrnen.
Ich würdt schnöder/verächter vnd verspötter/dann Codrus gehalten.
Wenen/achten/oder halten/meinen/schetzen.
Loben/preisen/hochachten/vnd rhůmen.
Fürlegen/fürhalten/ermanen/fürwerffen/vnd uffmutzen.

Sich mit jemandts
- theydingen.
- bereden.
- endschuldigen.
- beschützen.
- beschirmen.
- erhalten.
- vnderschleiffen.
- befriden.
- vertretten.
- handthaben.
- uffhalten/ oder endthalten.
- rückhalten.
- vberheben.
- abtragen.
- vnd annemen.

Wirdigen/erwelen/uffwerffen/außkiesen/oder erkiesen/erhöhen/oder erheben/vnd
    außkören.

Er kan seine sachen wol
- verschlagen/oder vnderschlagen.
- verhalten.
- verhelen.
- vndertrucken.
- verbergen.
- vertiltzen/oder verdockmauffen.
- ein Wächsin nasen machen.

Außgenommen/

vnd Cantzlei Buch. XXXVI

Außgenommen/außgeschlossen/hindan gesetzt/vnd außgescheiden.

Das {
grösst
wegst
best
mehrst
oberst
erst
fürnembst
trefflichst
thewerst
kostbarlichst
vnaußsprechlichst
obernützlichst
begierlichst
sehnlichst
vnersettlichst
heilsamlichst
vnd seligst
} ist/daß Gott der Allmechtig Himmel vnd Erden erschaffen/ vnd vns arme Creaturen/ von dem ewig Todt/ durch sein Sons bitter leiden vnd sterben erlöset hat.

Ohn feyern/jederzeit/allzeit/allwegen/stättigs/ohn vnderlaß/vnd vnabläßlich.
Auffs erst/fürderlichst/vnuerzogenlich/ohn saumen/ohn lengern verzug/ohne außred oder entschuldigung/ohne inntrag/vnd ohne auffhalten.

Du muß mir das {
widergeben.
widerlegen.
erstatten.
erwidern.
bezalen.
außrichten.
vermögen.
ablegen.
}

Er soll mich dessen {
endtheben.
schadtloß halten.
ledigen.
freymachen.
vnd lösen.
}

Borgen/leihen/vnd fürstrecken.
Regiment/Herrschafft/Oberkeyt/Gewaldt/Gebieter/Verbieter/Gubernator/Regierer/rc.
Elende/trübsal/jamer/sorg/noth/angst/gefahr/beschwerung/ oberlästig/ peinlich/ vnd vnleidlich.
Form/gestalt/maß/weiß/wege/gleichnuß/vnd vnderscheidt.
Gedicht/erfunden/vnd gemacht.

Dessen sach ist {
vnendtlich oder
vnähnlich
elendiglich oder
nit vollkommen
nit ordenlich
vngeschicklich
heyllößlich
liederlich
vnachtlich
} geschaffen (oder) betracht worden.

vnweißlich

New Titular

Dessen sach ist {
vnweißlich
vngewißlich
vnzierlich
zerstrewet
zerzeut
vnrichtig
nach gunst
vnformig
vngestalt
vngeschaffen
häßlich
nachtheylig
argwönig/vnd
feindtselig
} geschaffen (oder) betracht worden.

Bitt freundtlich/du wöllest mir oder meine sach {
erkündigen.
erfragen.
erfaren.
erlernen.
erforschen.
ergründen.
spehen.
mercken.
prüffen.
verstehen.
erkennen.
ermessen.
abnemen.
außtretten.
außörtern.
außdichten vnd
außgründen.
}

Machen/erfinden/ersinnen/erdichten/ergreiffen/vnd betrachten.

Er ist {
außgereut
zerbrochen
vnderdrückt
gezemet
verherget
verderbt
zerstört
verwüst.
zerrissen.
} vnd zunichtes gemacht worden.

Er ist zu aller {
boßheyt
wüterey
grobheyt
vnwissenheyt
luderey
spilerey
fresserey
füllerey
vnuernunfft
} geneygt gewesen.

vnd Cantzlei Büch. XXXVII

Er ist zu aller { schalckheyt / arglistigkeyt / zanckerey / büberey / trägheyt oder faulheyt / schande / vnehr vnd laster } geneygt gewesen.

Leidliche frist oder ziel zubegeren.

Vnser einiger Erlöser vnd Seligmacher.
Der Allmechtig gütig vnd barmhertzig Gott.
Der erkenner aller betrübten hertzen.
Du mein Gott / du mein Herr / du mein Erlöser.
Hilff mir du getrewer Gott vnd Vatter.
Ach Gott / ach Gott / sey mir gnedig vnd barmhertzig.
Der du Himmel vnnd Erden erschaffen hast / hilff mir auß meinen nöten / angst vnd trübsal.
Du erkenner aller hertzen / sey mir gnedig.
Der / dem nichts verborgen ist / wolle mich meiner bitt erhören.
Dem ewigen Son Gottes / sey meine not geklagt.
Dem / der die warheyt selber ist / wirdts nicht verborgen bleiben.
Der Richter aller menschen / wirdt solches nach seinem gnedigen Göttlichen willen wol zumachen wissen.
Der heylig Geyst sey bey vnd mit vns / von nun an / biß in ewigkeyt.

Synonymalische Wörter von der Gottheyt in trübsal / vnd sonsten zureden.

Der Tröster aller betrübten / wirdt euch dessen erhören / vnd euch in anderm tausentfeltig ergetzen.
Der Geyst der Warheit wirt mir solches bezeugen helffen.
Ich wil es meinem Himlischen Vatter heymgeben vnd befolhen haben.
Gott wöll euch allzeit bewaren / vnd euch in ewrem glauben erhalten.
Der Geyst Gottes stercke euch in ewerm hertzen.
Das Liecht der Warheyt wirdt es ohn allen zweiffel wol ann tag bringen.
Der die Gerechtigkeyt selbs ist / wöll mir in meinem handel beständig vnd behilfflich sein.
Der Tröster diser Welt / wirdt euch noch mich / on allen zweiffel / nimmer verlassen.
Das wort Gottes wöll euch in allem anligen trösten vnd beystendig sein.
Der Besitzer des Ewigen / wirdt euch verhoffenlich bey solchem ewerem billichen vornemen nit abstendig / sonder vil mehr behilfflich / vnd beystendig sein.
Wöllet ewer anligen Gott befelhen.
Gott vnser beschützer vnd schirmer / wirdt euch dises ew-

G

New Titular

res leids vnnd abgenommenen N.N.N.ꝛc. in ander weg widerumb erfrewen.

Ihr wöllet dem helffer aller betrübten / ewer leide vnnd kummer heymgeben / der wirdt euch nimmer verlassen.

Ewer kümmernuß vnnd trübsal/ so jhr von wegen N.ꝛc. habent/ ist mir ein getrewes anligendes leidt.

Dieweil wir aber nichts gewissers / dann den todt/ vnnd nichts vngewissers / dann die stundt haben/ so wöllento dem getrewen Gott befelhen.

Synonymalische Wörter von der Gottheyt in trübsal/ vnd sonsten zureden.

Ob der Allmechtig got (oder) der einig Helffer vnserer armen Creaturē (oder) der Herre aller Herrē gleich wol disen dise } ewere ewern { trost/ heyl/ Haußwirth od Ehevogt/ Eheman/ꝛc. Vatter/ Sohne/ Mütter/ Tochter/ Schwester/ Basen/ Geschweihe ꝛc. } von diser welt abgefordert / wirt euch dessen zuuersichlich/ in eim andern widerū etzehl vil erstewen/ Derhalbē wöllet dz jenig so er euch beschert vū gebē / willig wid folgen lassen.

Wöllet bedencken vnd zu hertzen führen / daß wir jhe uff Erden/ nicht anders daū stinckende madensäck sein.

Item wöllet betrachten daß wir auff Erden nichts anders/ dann vil mühe vnd arbeyt haben.

Item wöllet zu gemüt führen/ vnd trachten/ daß Christus selbs den todt vberwunden hat.

Item wir müssen alle disen weg zur seligkeyt/ eins heut/ das ander morgen.

Item dieweil wir nit des ewigen tods sterben/ sonder allein sanfftmütiglich entschlaffen/ biß vnns der gütig Herr aufferwecken wirdt.

Item jhr wöllet jhn in seiner ruhe ligen vnd schlaffen lassen.

Demnach/ derhalben/ võ des wegen/ wöllet euch freundtlichen trösten / vnnd dem Allmechtigen das creuz (das ist/ jhme allein anhangen/ jme vertrawen/ jm alles williglichen folgen zulassen/ beyd in leben vū sterben) gehorsamlichen tragen helffen.

¶ Deren vnnd dergleichen erzelten Synonymalische Wörter von der Gottheyt/ inn trübsall/ tröstung/ vnnd sonsten zureden/ findt mann noch vil/ habe deren kürze halben vil vmbgangen/ Wo jemandts mehr begeret/ hat er deren in der Biblia noch ein anzal zu finden/ Wil also von andern meinen hievorgehenden Synonyma widerumb fortfaren.

   Gerad vnd starck.
   Fest vnd hart.
   Standthafftig vnd kün.
   Erbar vnd auffrichtig.
   Fromm/ züchtig vnd keusch.
   Lauffen vnd eilen.

                                  Hurtig

vnd Cantzley Buch. XXXVIII

Hurtig vnd schnell.
Hans hat mich hart/schwerlich/vnd gantz gefehrlich verwundt.
　Oder:
Ich bin von Hansen vbel/hefftig/vnd sorglich verletzt worden.

Wann mein Vatter erzürnt/ist er vil grimmiger dann ein Löwe.
Mein Mütter gehet im hauß vmb zuschnaußen vnd zuriechen wie ein Beer.
Item er kreucht zur Hüle wie ein Beer.
Das Weib ist gifftiger dann ein Schlang.
Diser junger Gesell ist listiger dann ein Fuchs/ Oder listiger dann ein Weib.
Die Jungkfraw ist so keusch als ein Turteltaub.
Er ist so hurtig wie ein Aff.
Mein Brüder ist mir neidiger dann ein Hundt.
Mein Knecht ist fauler dann ein Esel.
Er frisset wie ein Saw/ Oder
Er ist fressiger dann ein Wolff.
Er ist vil vnfletiger dann ein Saw.
Mein Herr ist in seinem dienst vil hochfertiger dann ein Pfaw.
Du bist vnkeuscher dann ein Spatz.
Er glitzet wie ein Schmidt vor tag.
Er ist weiß wie ein Kräe.
Am Angesicht bin ich nit fast weiß oder schön/ aber am leib sehe ich wie ein Moor.
Dürr als im Sommer.

Synonymalische Sprichwörter.

Wann Fewer vnd Stro bey einander ligt/ fahet es gern an zubrennen.
Rauch als im Mertzen.
Vnstet/ wie das Wetter im Apryll.
Vber meinem rück bin ich kälter dann Eiß.
Ich brinn vndern Angesicht wie Fewer.
Sein Hertz ist härter dann stein.
Süsser weder Honig.
Bitter wie Gall.
Sawer wie Ampffer oder Essig.
Schwartzer dann ein Kol.
Den schuldigen schottelt das Mänlin.
Sanfft als der Mey.
Ist zerschmoltzen wie Schnee.
Stehet wie Buttern an der Sonnen.
Ja vnd Nein.
War vnd falsch.
Er ist vnder seinem Angesicht roter dann kein blůt.
Er ist an seinem leib weisser dann Kreiden.
Sein Angesicht ist schön wie Milch vnd Blůt.
Seine hend seindt gelber dann Saffran.
Ist nit so hoch als der Himmel.
Ist nit so hübsch als ich gern wer.

G ij

New Titular

Er hat dannoch nicht souil barschaffts/ als ich gern haben wolt.
Zu Pfingsten auff dem Eiß.
Wann die Hüner für sich scharren.
Wann die Küh auff stelzen gehen.
Ich glaub mein werde etwan gedacht/ als Pilati im Credo.

Synonymalische Sprichwörter.
Meinet halben gehen die Schaff wol fürm Walde/ das ist/was gehet mich an/wie der oder die haußhelt/ıc.
Er ist gifftiger dann ein Schlange.
Er ist faul wie Mist.
Er ist allein ein freudiger Han auff seiner Misten.
Er stinckt wie ein Bock.
Gleissend wie ein Spiegel.
Leuchtendt wie der Heylandt/ oder morgen Stern.

Ermelter Synonymalischen Sprichwörter findet mann noch vnzalbar vil/ Als:

Synonymalische Sprichwörter.
Klarer dann Goldt.
Geründer dann ein Scheib oder Kugel.
Schneidig als ein Schermesser.
Spitzig als ein Nadel.
Vertrochen wie der Löwe die fußstapffen mit dem Schwantz.
Er hat ein Weyche/wie ein Gersten stock.
Vor sich wie die Krebs gehn/ oder die Bawern die spieß tragen.
Lang wie ein Storck.
Stilt wie ein Adler.
Hüpfft wie ein Axel.
Gedultig wie ein Schaff.
Beißt vnd schlegt wie ein böser doller Gaul/ oder Pferdt.
Ist nit all Goldt was gleiße.
Holtzschuh stehen hinderm Ofen.
Ist ein geschrey wie in einer Jüdenschul/vnd deren gleichen/ıc.

Linde/zart/rein vnd dönne oder auffgeschossen.
Toben/wüten/lästern/schelten/schenden.
Ansuchen/anhangen oder anhalten/embsig nachkommen.
Großthätig vnd kunmütig.

Er ist ein { gifftiger / böser / bitterer / falscher / lügenhafftiger } Mensch.

Das wort Gottes ist { klar/ schon/ lauter vnd hell.

Kindes

vnd Cantzlei Buch. XXXIX

Kinder Ehelichen { erwerben. / erzeugen. / gewinnen. / erobern. / vberkommen. / erzielen.

Verschuben oder auffschuben.
Hinwegk schicken/vberschicken/abfertigen.
Thöricht/wohnwitzig/oder vnsinnig.
Nütz vnd bequem oder gut.
Aufflehnen/das ist/vngeschlacht sein/widderfechten/oder widderbofferen/ein wort vmbs ander geben/ıc.
Zweihung/jrrthumb/jnntrag/span/krieg.
Getrew/gütig/günstlich/willig.

Er ist ein { schimpfflicher / kurtzweiliger / schalckhafftiger / schertziger oder / bössiger/ vnd / freudiger } Mensch.

Liebreden/liebkosen/zuhör reden/oder guts reden.
Regieren/herschen/gebieten/vnd verbieten.
Narren/fantasiren/gauglen/vnd gugelfechten.
Scheubig/rundt/oder kugelich.

Er ist eines guten { geruchts. / herkommens. / leumbdens. / standts. / wesen.

Sparen/kargen/zustellen/legen/auffheben/zusamen samblen/oder zuhauffen tragen.
Truncken/voll/oder bezecht sein.
Rhumorisch vnd auffrhürisch.
Spott/vnd hon.
Außstrecken/dehnen/ziehen/erlängern/vnd außspannen.

Einen hungerigen { ersettigen. / erfüllen. / sattmachen. / abspeisen.

Dienstlohn/jarbesoldung/liedtlohn/verdienst.
Ansehen/anschawen/vnder augen sehen/oder vnder das angesicht sehen.
Erdient vnd verdient.
Errungen vnd gewonnen.
Erobert vnd erkobert.
Stewer vnd hilff.

Jemandt { vnderbringen / vnderhelffen. / herfür bringen. / vnderschleuffen/vnd / zu diensten fürderen.

G iij

New Titular

Einen dapffer {
- schlagen.
- schmeissen.
- huien.
- dengeln.
- ropffen.
- tretten.
- dummeln.
- harthalten.
- zäumen.
- züchtigen.
- in forcht halten.
- aufftrommen.
- vffpfeiffen vnd
- freien willen nemen.
}

Geldt oder Brodt {
- heischen.
- fordern.
- betteln.
- colligiren.
- samblen.
}

Es ist {
- spätt.
- finster.
- nacht.
- abendt.
- dunckel.
}

Du hast mir in solchem ein {
- Mißfallen
- vnfreundschafft
- geringe Freundschafft
- kleine
- vngenemen/ oder
- vnangenemen dienst/ oder
- du hast wider mich
} gethan.

Laß dich durch den bösen Feindt nit {
- verblenden/
- verfüren/
- bereden/ oder
- vberreden/
- aberennen/
- regieren/
- herschen/
- zwingen/
} von wegen des Euangelij/ ʀ.

All mein {
- begir
- hertz
- gemüt
- sinn
- hoffnung
- zuflucht/ oder
- zuuersicht
- vertrawen vnd
- gedancken
} stehen zu euch lieber Johannes.

vnd Cantzlei Buch.   XL.

Sie ist ein holdselig/freundtlich/vnd lieblich/Mensch.
Im gewissen vnd im hertzen.
Ewiglich vnd vnaufhörlich.
Bestendig vnd krefftig.
Verbündtnuß vnd vereinigung.
Breutgam oder Hochzeiter.
Braut oder Hochzeiterin.
Bißher hat mich nichts anders/dann der güt lufft/Winde/vnd külwetter erhalten.

Daß meinem lieben Schwager also { widerspenstig / neidig / vbel / hart / trübselig / geferlich / vnglücklich / jämerlich } gehet/ist mir ein getrewes hertziges anligendts leide.

Ach du liebe Schwester/ vnser Brüder { Außgejagt oder außgestossen. / ligt in todts nöten. / ist gar oder sehr schwach/kranck. / ligt in zügen/oder / in todts banden.

Zu fried gemacht/vnd gemeynem Nutz geneygt sein.
Zusammen geflochten/verbunden/vnd vermischt worden.
Mercklich/scheinbarlich/vnd klärlich sich erfindet.
Dawider sich billich zusetzen/zuhalten/vnd zustreiten wer.
Nit getrungen/ersondert noch entscheiden werden.
Zergangen/zernicht/vnd vndertrückt worden sein.
Halten/haben vnd zusammensetzen/oder hefften.
Vnrecht/gewaldt/ferlicher/mütwilliger vorbetrachtunge.
Zu lob/zu sterckung/zu wirden/vnd zu ehren.
Vereint/verschrieben/verstrickt/vnd verbunden haben.
Es solt nit sein/vnd mag in keinen weg geschehen/noch müglich wesen.
Falsch/listig/betrieglich/boßhafftig/neidig vnd vntrew.
Hinderkommen/vberwunden/vberlist/vbergangen/vnd betrogen.
Wann kein schnöder/verschmächter/verlachter/vnnd verspotter Mensch/dann er ist/lebt.
Zuziehen/zuerretten oder beystande vnd hilff zuthün.
Sanfftmütig/lieblich/süß/vnd angenem.
Mit linden/hübschen/zierlichen worten.
Mit vnbehawen/grob/hart/schandt/vnd kummer geberenden worten.
Vnfried/zertrennung/zwispalt/vnd auffruhr.
Vppig/hochmütig/stolz vnd vnnütz.
Hilfflich/beystendig/rathsam/vnd behilfflich sein.
Vnkrefftig/vntüchtig/vnd vernicht ist.
Ist ein frommer/erbarer/verstendiger vnd gelehrter Man.
Er ist freundtlich/holdselig vnd lieblich.
Gütig/schiedlich/Gottesförchtig/sanfftmütig/vnd barmhertzig.
Gerecht/warhafft/redlich/auffrichtig/ehrliebendt/vnd standthafftig.
Keusch/züchtig/erbar/fromb/schamhafft/rein/gottesförchtig.
Vnerschrocken/gehertzt/vnd vnforchtsam.

G iij

Wolgezogen/vnd züchtig.
Arm/elendt/arbeyt oder mühselig/verlassen/bekümmert/angefochten vnd betrübt.
Weiß/vernünfftig/betrachtig/klug/verstendig/vnd erfarn.
Verlacht/verspott/verspeit/verschmecht/vnd veracht.
Torannisch/rachgirig/blütgirig/oder blütdürstig.
Vnfridtsam/vngütlich/vnfreundtlich/oder feindtselig.
Abzunemen/zumercken/zuprüffen/zuuerstehen/zuspüren/vnd zuerkennen.
Beschwert/belästiget/vnd betrengt.
Anfechtung/bekümmernuß/angst/not/vnd widerwertigkeyt.
Ringern/schmälern/entladen/vnd leichtern.
Erscheinen vnd erzeygen.
Vnbequem/nit thünlich/vngenem/vngelegen/oder nit gelegen.
Träglich/thünlich vnd leidlich.
Vnerheblich/vnerschießlich/vnfürtraglich/vntauglich/vergebenlich/vngebür-
lich/vnrechtmessig.
Vngegründt/nichtig/vnbündig/krafftloß/von vnwirden/todt vnd abseyn.
Embsig/schleunig/fürderlich/vnd vnuerzogen.
Als baldt/zur stundt/vnuerhindert/von stundt an/angesichts Brieffs.
Vergönnen/erlauben/gestatten/verwilligen/zulassen/zügeben.
Bitten/begern/anfordern/anmüten/ansuchen/anrüffen/vnd ansinnen.
Ergetzen/erfrewen/frolocken/vnd erquicken.
Schön/klar/lauter/hell/hübsch/vnuerdunckelt vnd liecht.
Recht vnd billich/erbar vnd angenem/oder annemlich.
Erstgenant/vorgenannt/ermelter/gedachter/angeregter/obberürter/mehr bestim-
pter/vil obgedachter/obehegedachter.
Höchstgenanter/oder höchermelter/hoch vnnd wolermelte/oder hoch vnnd woler-
nante/ıc.
Beweisen/beybringen/beweren/war machen/darthün/an das liecht zubringen.
Gebieten/befelhen/heissen/anrichten.
Bekeren/erstatten/widerlegen/schadloß halten.
Bereden/vbereden.
Innbilden/innblasen/warnen.
Hinlässig/faul vnd trag.

Folgen etliche höfliche Teutsche vnd Lateinische
Wörter/gleicher bedeutung.

Ist an jhr selbs nichtig/caduca, vnd vnkrafftig.
Inuestirt vnd belehnet worden.
Reuocieren vnd inn Recht fordern möge.
Des Alienatoris vnd Verkäuffers.
Einn prædonem vnd Räuber nennt.
Cassirt/vnd als vntuglich von den Acten abgesondert/vernichtigt vnd verworffen
soll werden.
Nulliter vnd nichtig.
Soll Repellirt/vnd vom Richter abgetrieben werden.
Dem außtrag oder Compromiß inuerleibt.
Scopus vnd grundt.
Hat statuirt vnd gebotten.
Feudum, Lehen.

Pactum

vnd Cantzley Buch.

Pactum, Geding.
Vectigal, Zoll.
Demnach ferner schub/gereume zeit vnd Dilation/biß zum nechsten zubegern.
Achten wir hetten wol acht Taler für vnser honorarium verdient/oder zufordern.
Rathschlag vnd Iudicium.
Resoluirung/erörterung/vnd erledigung.
Vor dem Notario vnd Testibus/das ist/vor den offenschreiber vñ den Gezeugen.
Apodixæ vnd Handschrifften.
Exactio, Schatzung.
Precaria, Beth.
Arra, Brandtschatz.
Obses, Geysel.
Cæracensus, Wachß zinß.
Vasallus, Dienstman.
Circumstantien vnd Vmbstende.
Ein Vertrag vnd pacta.
Protestirt vnd auffzüge.
Offenbar vnd Notorium.
Occupirt vnd eingezogen.
Destituirt vnd beraubt.
Aperirt vnd heymgefallen.
Stipendia, Soldt.
Castellanus, Burgkman.
Arrestare, Verhefften/verbieten.
Vrseudum, Vrphede.

Expeditio, } Acht.
Proscriptio, }

Deuolutio, Anfall.
Petijt & obtinuit, hats erlangt vnd erwonnen.
Das precium oder Kauffgelt.
Res separata, vnd ein abgesöndert ding sey.
Gleiches Tenors vnd innhalts.
Verzeichnuß aller Munition/Geschütz/Wehr/vnd anders.
Darinn ferners nit Disponirt noch verordnet.
Die prædia, vnd gebawete Güter nit begriffen werden.
Extendirt vnd gezogen werden.
Opinion vnd achtung belangen thut.
Nach lengs Deducirt vnd fürbracht.
Concludenter oder schließlich.
Plebiscitum, Landtsgeding.
Varandia, Werschafft/Schatzung.
Bona affectata, verhaffte Güter.
Instrumentum dotale, Heurathsbrieffe.
Legitima causa, Ehehaffte vrsach.
Tributum, Zinß.
Collecta, Hülffgelt.
Dicatas scedulas, Kerffzettel.

Dos. { Heurathgüt.
{ Zübracht gut.
{ Ehestewer.
{ Heymstewer.

New Titular

Ist Disponirt vnd verordnet worden.
Authore Prætore, durch erlaubung des Obern gewaldts.
Cum refusione expensarum, mit beserung kostens vnd schadens.
Emphytheosis, Erbzinß. *Erbbestandt* ~~Erbstand~~
Legatio, Bottschafft. *Gesandtn*
Defalcare, Abschlagen.
Degradare, Absetzen.
Castellanus s. Burg-meister Vrbanum feudum, Burcklehen. *ignobile feud.*
Inuestituræ, vnd Lehenbrieff.
Feuda vnd Lehen.
Allodial vnd Eygenthumb, besitzlich inngehabt / genützt vnd genossen.
Auß alten Brieffen vnd Documenten zufinden.
Für Allodialische vnd Eygenthumbliche Güter gehalten worden sein.
Prescribirt, vnd frei gemacht, oder verjärt.
Vasal, oder Lehenman.
Die Libertet vnd Freiheyt.
Homagium, { Mannschafft. Mannpflicht. Manndienst.
Donatio-ein Vffgab. *Vorgab*.
Stattliche elidirung vnd anzeyg.
Solches jhnen fürzurücken / oder zu Refricieren.
Contract vnd handlungen.
Concordirt vnd zůstimpt.
Acta, Gerichts handlung.
Conductores, Bestender.
Locatores, Verleiher.
Allegat, er zeugt an.
Est deserta, ist verlegen.
Forum incompetens, außländisch Gericht.
{ Pars Viri, das Schwerdt theyl.
{ Pars Mulieris, das Spindel theyl.
Verba sunt generaliter intelligenda, sein eines gůten gemeynen bequemlichen verstandts.
Sophisterey / auch vnnütze zänck.
Gantz frembde Opinion vnd Lehr vertheding.
Verleumbd oder Infames, vnd jhrer Ehren entsetzt seien.
Disem Edict vnd Gebott.
Recitirt, vnd erzelt auch.
Wider der Bäpst Satzung vnd Decreten.
Argument vnd einrede.
Constitution vnd Satzung.
Dignitet vnd Wirde.
Der schweren Condition des widerrůffs erlassen.
Concipirt vnd angestelt.
Reseruirt oder vorbehalten wirdt.
Villeicht Subornirt vnd angericht worden sein.
Verificirt vnd bekrefftigt.
Obligirt oder verhafftet.
Erleychterung oder Specification.
Reseruation vnd vorbehalt.

Exsimirt

vnd Cantzlei Buch. XLII

Eximirt/vnd freygestelt wirdt.

¶ Vnd also mögen noch vil Synonyma funden/vnd gebraucht werden/ Deren sich ein jeder so lust darzů/jhme mun selbsten mehr in gůter vbung wirt zufinden vnd nachzusuchen wissen.

Folgen etliche Schluß vnnd andere Reden/im Reden vnd Schreiben/in Cantzleyen vnd sonsten höflichen zugebrauchen.

Jhr wolfart gesundts leibs hören wir gern.

Der tödtlich abgang vnsers lieben Vettern seligen/ist vns ein getrewes anligendts leidt.

Wir hoffen zu Gott/er soll nun seinen höhern sicheren standt zu Himel haben/vnd von ewigen ruhen vnd freuden/vngescheiden sein.

Möchten wir jetzo verfengklichs der Seelen nach gethan/das jr zur seligkeyt dienen were/darinn wolten wir geflissen funden werden.

Vns ist von jhme die zeit seines lebens/alle freundschafft bewiesen worden.

Wir haben Ewer Liebden schreiben/die gütliche vnderhandlung zwischen vns vnd N. belangendt/empfangen/vnd seines jnhalts verlesen.

Ewer Liebden wöllen vns mit rettung/zuzůg/hülff/vnd beystandt/gegen solchem N. nit verlassen/sonder in allweg freundtlich befolhen lassen sein.

Ewer Liebden wöllen bedencken/was heut an vns/dasselbig ein ander mal an einem andern sein möcht.

Wir möchten nichts liebers sehen oder hören/dann das der anmůtig friede ein mal vnserm allgemeynen Vatterlandt vom Allmechtigen widerumb gegründet vnd verliehen würde.

Ewer Liebden die wöllen die ferner gesuchte güte/neben vnns einraumen vnnd verstatten/Ob villeicht durch schickung des Allmechtigen die wege zu pflantzung vnd erhaltung friedens fürwachsen/vnd zur handt gehen wolten.

In dem allem gegen vns/so gehorsam/gütwillig/vnd ziemlich zubeweisen/wie wir vns der billicheyt nach zu deiner L. vngezweiffelt versehen/das wöllen wir mit Gnaden gegen O. L. erkennen.

Wir seindt aller ding vngezweiffenlicher vertröstung/Ew. L. werden sich hierinnen so freundtlich vnd vnabschlägig gegen vns erzeygen vnd erweisen/ wie vnser sonders vertrawen zu derselben stehet.

Ewer Liebden können wir auß sondern hohen vertrawen/ auch grosser noth vnnd gefahr/in dero wir jetz begriffen/kläglich nit verhalten.

Wir versehen vns nachmals zu Ewer Liebden/als vnserm vertrawten Herrn vnnd Freunde/alles freundtlichen nachbäurlichen gůten willens.

Wir haben solches Ewer Liebden / als vnsern besondern lieben Herrn vnnd Freunden/auch freundtlichen lieben Vettern/Vatter/vnd Brůdern/nit verhalten sollen noch wöllen/ dann derselben inn allwege freundliche dienste zuerzeigen/ seindt wir jederzeit wol geneygt.

Wir sein vrbütig solches in gleichen fällen/vmb Ew. L. widerumb vnsers höchsten vermögens freundlich zuuerdienen.

Das wolten wir E. L. (welche vns zu fren anmůtigen diensten/ jederzeit wol gneigt vnd willig hat) freundtlicher wolmeynung nit bergen.

Welches wir Ewerer Liebden dißmals freundtlicher wolmeynung nit wöllen verhalten.

Vnd

New Ticular

Vnnd woltens Ewer L. deren wir zu vätterlichem willen wol geneygt sein / hinwider freundtlichen nicht bergen / Oder

Vnd woltens Ewer L. zu vnserm bedencken dißmals freundtlichen nicht bergen.

Vnd habens E. L. zu begerter anttwort / hinwider freundtlichen nicht bergen wöllen / vns zu derselben angenemen diensten erbietende.

Das wölten E. L. wir vätterlicher wolmeinung nit bergen / vnd seindt deroselben zu freundtlichen angenemen diensten wol geneygt.

Das wolten wir E. L. darnach zurichten / freundtlicher meinung nit verhalten / vnd seindt sonsten E. L. zu dienen gantz willig.

Das wöllen wir hingegen / mit leib / gut / vnnd blüt / so weit sich vnser vermögen erstreckt / freundtlich beschulden vnd verdienen / vnd bitten hierauff E. L. freundlich gegenantwort hiebey / vns darnach wissen zurichten.

Das wöllen wir zu Ew. L. vns gantz freundtlich vertrösten / vnnd vmb dieselb E. L. nach bestem vermögen hinwider freundtlich zuuerdienen allzeit willig vnd bereyt erfunden werden / E. L. tröstlichen antwort gewartende.

Solchen tag wöllent gehörter maßen zubesuchen verordenen / thünd wir vnns verlassen.

Das haben wir / euch mitlerweil darnach zuuerhalten vnd zugerichten habt / Gnediger meynung nit wöllen bergen.

Vnd haben wir dirs darnach ferner zugerichten / Gnedig nit bergen wöllen.

Vnnd haben wir dirs / darnach zugerichten habst / freundtlicher meynung nicht verhalten wöllen.

Das wolten E. L. wissens zuempfahen wir freundtlich nit bergen / deren wir zudienen vätterlich vrbütig.

Das wolten wir euch jeymals nach gestalt der sachen / freundtlich nit bergen.

Daran erzeygt jhr neben der billicheyt vns sonders gefallens / seindt es auch hinwider der gebür nach zubeschulden willig / haben wir euch güter meynung nicht vnangezeygt mögen lassen.

Das vmb euch widderumb freundtlich zubeschulden / vnnd alles fleiß zuuerdienen / seindt wir gantz willig.

Das seindt wir vmb E. L. alles vätterlichen fleiß zuuerdienen vrbütig.

Das seindt wir vmb Ew. L. in gleichem vnnd mehrem / freundtlich zuerwideren vrbütig.

Das thün wir vns günstig verlassen / vnnd beschicht hieran vnser ernstlich befilch / will vnd meynung.

Daran erzeygt jhr vns gefallens / mit günstigem willen gegen euch hinwider zuuergleichen.

Das reicht vns zugefallen / hinwidder mit freundtlichem willen zubedencken.

Welches alles wir euch / darnach wissen zugerichten / vnnd mit gebürlicher ernstlicher handthabung zuuollnfaren / nit wöllen verhalten.

Des alles wöllen wir vnns zu euch also zu handthabung vnserer gerechtigkeyt mit sonderm ernst zuuerfügen vnd außzurichten / verlassen / Vnnd woltens euch / darmit sich niemandt der vnwissenheyt zubeklagen / endtlichen nicht verhalten.

Daran thüt jhr vns / zusampt dem / daß es euch / vnd eweren Nachkommen selbst zu gütem reichen mag / sonder güt gefallen / mit allen Gnaden gegen euch zuerkennen.

In dem erzeygt jhr vns sonder angenem güt gefallens / Alles freundtlichen willens gegen euch hinwider zubeschulden.

Daran thüst du vnser ernstliche meynung.

Daran thüst vnsern gefelligen willen.

Das

vnd Cantzlei Buch.

Das mahnen wir ernstlich.
Das kompt vns zu sonderm gefallen/mit gnaden zuerkennen.
Des wir vns zu euch gnedig versehen.
Das wöllen wir vns genzlich verlassen/vnd in gnaden erkennen.
Vnd habens dir auff begeren bescheidt hinwider gnedig nicht bergen wöllen.
Das laßt euch dermaß zuuerrichten befohlen sein/wöllen wir vns versehen.
Das erkenne/ vmb Ewer Keyserliche Maiestat mit vnderthenigsten schuldigsten
vnd gehorsambsten diensten zuuerdienen/ich mich jederzeit schuldig.
Das vmb Ewer Churfürstlichen Gnaden in aller gehorsame vnderthenigs begirigs
fleiß zuuerdienen/bin ich allzeit ganz willig/beflissen vnd geneygt.
Vnnd haben solches Ewer Churfürstlichen Gnaden/ deren wir vns zu gnaden be-
felhen thün/vnderthenigst nit verhalten sollen/vnnd gewarten hierüber jhres
Genedigsten bescheidts.
Solches vmb Ewer Fürstlichen Gnaden im vnderthenigster gehorsam zuuerdie-
nen/bin ich willig.
Das vmb Ewer Gnaden zuuerdienen/erkenne ich mich vnderthenigs fleiß schul-
dig.
Das vmb Ewer E. zuerwideren/haben sie mich gutwillig.
Das vmb euch vnd die Eweren zuerwideren/habt jhr mich willig.

¶ Deren ermelten vnd gesetzten Schluß/vnd andere Reden/
findet mann noch vil/hab derselben mehr hieher zusetzen kürz hal-
ben vmbgangen/Des versehens/es sollen jhm andere der Schrei-
berey liebhabende/nunmehr deren mehr/zuerfuchen vnd nachzu-
dencken wol zuthün wissen/wie ich daß solche allein der meinung
daß andere lust vnnd lieb darzu gewinnen sollen / hierinn gesetzt
hab.

Vnd folgen nun die fürnembste Stende vnnd Glider des heyligen Rhömischen Reichs.

¶ Die vier hohen Königreich.
Rom/Franckreich/Polen/vnd Hungern.

¶ Die drey Geystlichen Churfürsten.
Meyntz/Trier/vnd Cölln.

¶ Die vier Weltlichen Churfürsten.
Behem/Pfalz/Sachsen/vnd Brandenburg.

¶ Die vier hohen Herzogthumb.
Burgund/Beyern/Braunschweig/vnd Osterreich.

¶ Die vier hohen Marggraffschafften.
Brandenburg/Merhern/Meissen/vnd Baden.

¶ Die vier Landtgraffen.
Thüringen/Hessen/Elsaß/Leuchtenbergk.

New Titular

¶ Die vier Burckgrauen.
Nürnberg/Magdeburg/Rheineck/vnd Strum.

¶ Die vier Grauen des Reichs.
Cleue/Schwartzenburg/Cilia/Soffoy.

¶ Die vier Freiherrn.
Lympurg/Duffis/Westerburg/alten Walden.

¶ Die vier Ritter des Reichs.
Andlaw/Meldingen/Strundeck/Frawenbergk.

¶ Die vier Stett des Reichs.
Augspurg/Ach/Metz/Lübeck.

¶ Die vier Dörffer.
Bamberg/Schlettstatt/Vlm/Haganaw.

¶ Die vier Bawrn.
Cölln/Regenspurg/Saltzburg/Costnitz.

¶ Demnach wil ich also in kürtze diß mein Titular Buch (so ich nit auß vermessenheyt oder hochmut/sondern so vil ich inn meinem geringen verstand inn lebzeiten des Hochgelehrten Herrn Philips Zwengels/beyder Rechten Licentiaten/meines hertz geliebten Vatters seligen/vnd nach seinem todt/nun in das neundte Jar an Fürsten vnd Grauen Höfen/vnnd in Reichstetten/auch hin vnd wider in meiner geringen Dienerschafft erfaren mögen/gemacht) in dem namen Gottes beschlossen haben/Der dienstlichen vnd tröstlichen hoffnung/es würden sich die jungen angehende Schreiber wol darinn vnnd darauß/wes sie sich im schreiben/der Titteln vnnd Salutationen/verhalten sollen/nunmehr zuuerhalten wissen/Doch wil ich damit keinem kein maß gegeben/sonder das best/wie die Edlen Binen thün/darauß zusaugen gebetten haben/dann ein jedernach seinem wolgefallen/mit zülegung mehrer ehr vnnd zierwörter (wiewol ohn noth) mag gebrauchen/nach dem dann ein jeder dem andern/mit diensten vnd anderen/rc. befreundt. Da ich aber einem jeden/was Standts oder Würden der ist/seinen gebürenden Titel nicht gegeben haben solt/wie ich doch nit hoff/So ist mein gebürends vnd dienstlichs bitten/solches meinem vergeß/vnwissenheyt/vnd jugendt/zůzumessen/vnd mich im besten entschuldigt zůhalten/vnd solches verbessern/Das wil ich zů hohem vnd vätterlichem danck(vn gespart mit meinen willigen diensten zuuerdienen)auff vnd annemen/Wil also demnach in meiner vorhabenden Materi/der Formularien
kürtzlichen fürschreiten/wie folgt:

Orden

Citation vnd Ladung. XLIIII
Ordenliche Ladung vnd Citation in causa
Iniuriarum, am Keyserlichen Cammerge-
richt außgangen.

Ir N. von Gottes Gnaden/ Erwölter Römischer Keyser/ ꝛc. Entbieten dem Ersamen geleheten vnserm vnd des Reichs lieben Getrewen N. der Rechten Lehrern/ vñ vnsers Keyserlichen Cammergerichts Aduocaten/ vnser Gnad vnd alles gůts/ Ersamer Gelehrter lieber Getrewer/ jetzt be= melltem vnserm Keyserlichen Cammergerichte/ hat vnser vnd des Reichs lieber Getrewer N. fürbracht/ Wiewol in gemeynen beschriebenen Rech ten/ heylsamlich vnd wol fürsehen/ vnnd geordnet/ daß niemandt den andern/ er sey hohes oder nidern Stands/ vnerlangts Rechtens/ vnbillicher weiß/ vnd wider Recht/ weder mit worten oder wercken/ an seinem gůten Leumůt/ herkommen vnnd namen/ schmähen/ In= iuriiren/ antasten/ beschweren/ vnbillich bezüchtigen/ oder verkleinern/ Vnnd wo solchs gescheche/ der Iniuriant/ dem Geschmächten vnd beleydigten nach gestalt der sachen/ Per sonen/ vnnd zůgefügten Iniurien/ abtrag vnnd erstattung zuthůn schuldig sein soll/ Wie wol er sich auch vonn zeithero er die jar seiner vernunfft erreicht/ biß auff dise stundt/ auß verleihung Göttlicher Gnaden/ allwegen eines ehrlichen wesens vnd wandels/ auch aller erbarkeyt/ wie einem ehrliebenden vom Adel wol anstehe/ zieme/ vnd gebürt/ mit höchstem fleiß gefliessen/ gehalten/ vnd von vnzienlichen/ vnwarhafften/ oder vnerbaren geschich= ten/ worten vnnd handlungen/ sovil die menschlichen blödigkeyt zůgeben/ enthalten/ vnnd dir zů deinen Iniurien/ gar kein vrsach gegeben/ noch auch dich jemals mit worten oder wercken beleydiget habe. Dessen doch alles vnerwogen/ vnnd vnbetrachtet/ als er Kläger im nechstuerschienen N. Jar/ der weniger Jarzal/ von der Geburt Christi vnsers Herrn zuzelen/ bey vnserm vnd des Reichs getrewen N. Burgern zů N. zů Tisch gangen/ vnnd vmb sein gelt gezert/ habe sich vnder anderm/ am dinstag vor Martini erstbemelt N. jars zůgetragen/ daß du/ als er mehr bemelter Kläger/ mit dir zů Tisch gesessen/ nach etlichen Reden/ dich habst hören vnd vernemen lassen/ du seyest auch sein Gegentheyl vnnd stehest gegen jhme/ ꝛc. darauff er dir vngefehrlich geantwort/ er möge wol leiden wer sein Gegen= theyl sey/ wann mann nur nit ligen wolte/ daß du als baldt trutz/ vnd ernstlich darauff ge= sagt haben sollest/ wann er Kläger nit gelogen hette/ so were er so lang an dem Cammerge= richte nit blieben/ Darauff er gesagt habe/ daß dem also nicht/ vnd auch nimmermehr war gemacht werden köndte/ so vil gülden wöll er dir auch zůgeben verpflicht sein/ als du man che Lügen jhn auß seiner Schrifften köndest vberweisen/ Solche schmachwort vnnd ver leumbdung/ habe er Kläger als baldt zů hertzen gezogen/ vom Tisch vffgestanden/ hinweg gangen/ auch mit dir seithero nit wider zutisch gangen/ odder gesessen/ vnnd jhme dieselbig schmach/ mit allem ernst anligen lassen/ vnnd noch/ welches auch in gegenwertigkeyt etli= cher vom Adel/ Doctorn/ vnd andern/ keiner andern meynung geschehen seye/ dann allein jhnen Klägern/ damit an seinen gůten ehren/ leumůt/ vnnd herkommen zuuerkleinern/ zů verletzen/ zůschmehen/ auch darfür geacht/ vnd verstanden werden müsse/ vnnd er Kläger also angezogene schmählich vnbilliche bezüchtigunge/ vngeandert/ vnnd vnaußgetragen/ auff jhme ersitzen zulassen/ nach notturfft seiner Ehren gar nit gemeynt/ oder gelegen seye/ sonder nach aller ob berürter gelegenheyt/ vnd grösse der schmach (wiewol jhm sonst solche vnbillichen nachreden vmb kein gelt zuleiden) auff zwei tausent gülden/ Doch bemelts vn sers Cammergerichts messigung vorbehalten/ scheuen/ vnnd achten thůe/ Welche summa vnnd noch vil mehrers vnnd grössers/ er lieber von dem seinen verlieren/ oder auch nit ge= winnen wölt/ dann daß jetzer zeit schmählische antasten/ bezeyhung vnd Iniurirn/ von jm mit warheyt gesagt/ oder auch war gemacht werden solle/ erleiden/ Derhalben zů Rechte fertigung desselben vmb Ladunge/ vnd ander notturfftig hilffe des Rechtens/ jme an dich zuerkennen/ vnd mitzutheylen/ demütiglich angeruffen/ vnd gebetten. Wann wir nun

H ij

niemandts Rechts versagen sollen/jhme auch solch Ladung heut Datum erkennt worden
ist/Darumb so heischen vnd laden wir dich/von Römischer Keyserlichen macht hiemit/
daß du auff den zwölfften tag/den nechsten/nach dem dir diser vnser Keyserlicher Brieff
vberantwort odder verkündt wirdt/deren wir dir vier für den ersten/vier für den andern/
vnd vier für den dritten/letzten/vnd endtlichen Rechttag setzen/vnd benennen peremptorié, Oder ob derselbig tag nit ein Gerichts tag sein würde/den nechsten Gerichts tag darnach/selbst oder durch deinen vollmechtigen Anwaldt/an demselben vnserm Cammergericht erscheinest/dem obgemelten Kläger/oder seinem Vollmechtigen Anwaldt darumb
im Rechten zuantworten/der sachen/vnd allen jhren Gerichtstagen vnnd Terminen/biß
nach endtlichem beschluß/vnd Vrtheyl/außzuwarten. Wann du kommest/vnd erscheinest
als dann also/oder nit/so wirdt nicht destominder auff des gehorsamen theyls/oder seines
Anwaldts anrüffen vnd erfordern/hierinn im Rechten gehandelt vnd procedirt/wie sich
das seiner ordnung nach gebürt/Darnach wisse dich zurichten. Geben in vnser vnd des
Reichs Statt N.am sibenden tag des Monats N.nach Christi vnsers Herrn Geburt/rc.

Ein gemeyne Königliche Ladunge
in causa Appellationis.

Wir N.enebieten vnserm vnd des Reichs lieben Getrewen N.vnnd N.vnser gnade vnd alles güts/Sich haben auch vnser vnd des Reichs lieben Getrewen Peter
N.an statt vnd von wegen N.vnd N.von einer Vrtheyl/vnnd etlichen beschwerungen/vnd nichtigkeyten/so durch Schultheyssen vnnd Richter der Statt N. für euch/
als Vormunde weyland N.verlassen Kinder/vnd wider sie gesprochen vnd ergangen sein
sollen/als beschwert an vns/vnd vnser Königlich Cammergericht berüffen vnd appellirt/
jnnhalt eines besigelten Gerichts handels deßhalb fürbracht/vnd in meynung solcher Appellation vnd nichtigkeyt im Rechten nachzukommen/vmb Ladung/vnd ander notturfftig hilff des Rechten/demütiglich anrüffen/vnd bitten lassen. Wann wir nun niemandt
hilff des Rechten versagen sollen/jhnen auch Ladung erkandt ist/So heischen/vnnd laden
wir euch/von Römischer Keyserlicher macht/hiemit gebietende/daß jhr uff den fünff vnd
viertzigsten tag/den nechsten/nach dem euch diser vnser Keyserlicher Brieff geantwort/
oder verkündt wirt/der wir euch fünfftzehen für den ersten/fünfftzehen für den andern/vñ
fünfftzehen für den dritten/letzten vnd entlichen Rechttag setzen/vnd benennen peremptorié, Oder ob derselb tag nit ein Gerichts tag sein würde/den nechsten Gerichts tag darnach/selbst/oder durch ewer vollmechtigen Anwaldt/an gedachtem vnserm Cammergericht erscheinet/den obgemelten Appellanten/oder jhrem vollmechtigen Anwaldt darumb
im Rechten zu antworten/vnd der sachen/vnd aller jhrer Gerichtstägen vnd Terminen/
biß nach endtlichem beschluß/vnd Vrtheyl außzuwarten. Wann jhr kommet vnd erscheinet als dann also/oder nit/so wirt nicht destominder/auff des gehorsame theyls/oder
seins Anwaldts anrüffen/vnd erfordern/hierinn im Rechten gehandelt vnd procedirt/als
sich das nach seiner ordnung gebürt/Darnach wisset euch zurichten. Geben zu N. rc.

Citation cum inhibitione.

Wir N. rc. Entbieten vnserm vnd des Reichs lieben Getrewen N. von N. Stattrichter vnd den Schöffen des Stattgerichts zu N. Jörgen N. vnd allen andern/
so diser vnser Römischer Keyserlicher Brieff verkündt wirdt/vnser Gnad vnnd
alles güts/An vnser Keys. Cammergericht/hat auch vnser vnd des Reichs lieber Getrewer
Eucharius N.fürbringen lassen/wie jhr jetztgemelten Richter/vnd Schöffen/in anhangender Appellation/darmit sich derselb N.von ewerer Vrtheyl/vnd erlitten beschwerungen/so durch die Ersamen/vnsere vnd des Reichs lieben getrewen/Meister vnnd grossen
Rath

Citation vnd Ladung. XLV

Rath zu N. wider in vnd für dich gemelten Georgen gesprochen vnd ergangen sein sollen/ als beschwerdt an vns vnd vnser Key. Cammergericht berüfft/ vnd Appellirt/ auch darauff zuuolnfürung derselben Appellation sachen/ vnser Keyserlich Ladung/ außbrieffen vnnd verkünden lassen hab/ oder vnd wider vnser Keyserliche Inhibition vormals an obgemelte Meister vnd Rath außgangen/ vnnd verkündt gemelter sachen halben/ nit fromig vnnd verbott/ vnd einsatzung wider jn vnd jm/ vil dem gemelten anhangenden Rechten zu nachtheyl handeln vnd zuprocedirn vnderstehen solle/ Vnd darauff vmb nachfolgende Inhibition demütiglich anrüffen/ vnnd bitten lassen. Wann jhm nun solch Inhibition zugeben erkandt ist/ auch in anhangender Appellation von jemandt nichts vernewt oder attentirt werden soll. Darumb so gebieten wir euch allen sampt vnnd sonderlich/ bey vierzig Marck lötiges Goldes/ halb in vnser Key. Cammer/ vnd den andern halben theyl dem gemelten Eucharien/ vnablässlich zubezalen/ hiemit ernstlich/ vnd wöllen/ daß jr in gemelter sachen alldieweil die vor vnns/ oder vnserm Keyserlichen Cammergericht vnentschieden hanget/ demselben hangenden Rechten/ oder dem genanten Appellanten zu nachtheyl in obgemelt oder ander weise/ heimlich/ noch offentlich/ durch euch selbs/ odder ander/ nichts handelt/ fürnemet/ procedirt oder thût/ Daran thût jr vnser ernstlich meynung/ was sonst so wirdt solches alles im Rechten/ als attentata vnd vntüglich widerrufft/ vnd nicht desto minder/ mit erklärung gemelter vnd anderer Peen des Rechten/ gegen euch procedirt/ Darnach wisset euch zurichten. Geben/ rc.

Nota. Wie die Zeugen Citirt/ auch dem Producenten/ vnd Widertheyl/ verkündt soll werden/ findet man hierinn im Prothocol von Examinierung der Gezeugen.

Citation eines Commissarij/ an die Gezeugen/ so vngehorsam außbleiben.

WIr rc. Entbieten dem N. vnser gebett/ vnd was wir liebs vnd gûts vermögen/ Zuuoran/ So als wir dich vormals in krafft der Königlichen Comission/ darinnen vns der sachen/ darumb die Vesten N. gegen dem N. vor dem Kö. Cammergericht in Rechte stehen/ zeugknuß zuhören befolhen ist/ zu zweyenmaln für vnns/ als Königlichen Commissarien erfordert vnnd geheischen haben/ laut der Ladung/ wir dir deßhalben zugeschickt haben/ darauff dann du jedes mal/ als vngehorsam außblieben vnnd nit erschienen bist/ darauff auch erwachsen/ daß solch Commission mit Vrteyl erstreckt/ vnd die fürther zuuollfüren weiter befelch geschehen ist/ laut der Commission hierinn begrieffen/ von wort zu wort hernach folgt. Wir rc. Vnd dieweil wir nun von gemeltem N. als für sich/ vnd N. auff solch Commission vmb ladung vnnd verkündung angesucht/ vnd erfordert sein/ Wir auch das/ dieweil wir sein begern/ Rechtlich gracht/ billich erkandt. Hierumb so heischen vnd laden wir dich/ setzen dir auch hiemit ein Gerichtstag/ Nemlich vff N. nechst kommend/ nach Dato diß Brieffs/ bey Peen zehen Marck lötiges Silbers/ halb dem Königlichen Fiscal/ vnd den andern halben theyl den obgemelten Partheyen/ vnablässlich zu bezalen. Gebieten daß du zu früer tagzeit/ wann die Glock N. schlegt vngefehrlich/ vor vnns auff dem Rathhauß zu N. Rechtlich erscheinest/ dein geschworn kundtschafft/ auff fragstück vnd Artickel/ darauff du gefragt wirdest/ sagest vnd gebest/ wie recht ist/ vnd also nit vngehorsam erscheinest/ darmit du nicht vrsach gebest/ vmb obgerürt Peen wider dich zu procediren/ Daruor wir dich hiemit getrewlich gewarnet haben wöllen. Geben/ rc.

Citation oder Ladung auff ligende Güter/ oder grundt vnd Boden.

H iij

New Formular

JCh N.rc.thů hiemit offentlichen mit disem Brieff zuwissen/daß mich N. ersucht hat/jhme Rechts zuuerhelffen/zu N.Gütern/die inn disem Stattgericht N. gelegen/Es sey Hauß/Hof/Garten/rc.ligends/farends/besucht oder nit/wie das namen hat/oder gehaben mag/auß der vrsach/daß jhm N. solche Güter vmb hundert Gülden Hauptgůt/vnnd fünffzehen gülden järlichs zinse (laut der verschreibung/darüber sagende) nit bezalt sein solten. Nach dem ich aber niemandt Rechts versagen soll/habe ich jhme Ladung auff bestimpte Güter geben / Wer die verantworten wolte/der thů es auff N.Tag hie vor Gericht. Es erschein als dann jemandts oder nicht/soll dannoch vff anregen des Klägers/biß zu end der sach/nach ordnung difes Gerichts/ergehen vnnd geschehen/als vil als recht ist. Geben mit des Stattgerichts hieunden auffgetruckten Insigel/auff rc.

Citation Erben contra Erben / Appellation sach zu Prosequiren.

Wir N.entbieten N.vnser Gnad. Uns haben weilandt N.gelassen Erben fürbringen lassen/Wie weilandt der jetztgenant N.geappellirt habe/vnd weren aber dazwischen in mitler zeit/die genanten Partheyen zu beyderseit mit todt abgangen. Deßhalben jhne als Erben/an statt vnd von wegen der genanten N. die gemelt ir Appellation vnd sach/wider dich/als vermeinten Erben weilandt des genanten N. in Recht zu vollnfüren/vnd Prosequirn gebür/vns darauff vmb notturfftig hilff des Rechtens/wider dich demütiglich angerüffen vnd gebetten. Solches verkünden wir dir/heyschen vnd laden dich/ernstlich gebietend/daß du vff den N.tag/oder ob derselb tag nit ein Gerichts tag sein würd/den nechsten Gerichts tag darnach/selbst oder durch deinen vollmechtigen Anwaldt/vor genantem vnserm Gericht rechtlichen erscheinest/dem obgenanten Kläger/oder seinem vollmechtigen Anwaldt/vmb obgenant sachen im Rechten endtlich zuantworten/Wann du kommest vnd erscheinest alsdann also/oder nit/wirt nicht destominder vff des gehorsamen theyls/oder seines vollmechtigen Anwaldts anrüffen/vnd erforderen/darauff im Rechten vollfaren vnd Procedirt/als sich das nach seiner ordnung gebürt/Darnach wisse dich zurichten. Geben/rc.

Citation zum Manngericht.

Lieber Getrewer / Wir haben etlich vnser Mann/auff schierst N.zu rechter Gerichts tagzeit/für vnser Lehenrichter vnd Mann/Rechlich gegen einander für vnser Manngericht vertagen lassen. Nach dem du nun auch vnser Lehenmann bist/ so fordern vnd mahnen wir dich/bey der pflicht/darinit du vns Lehens halb verwandt bist/ auff Sontag zu nachte schierst hie zu N.zusein/am Montag frů darnach vnser Manngericht zube sitzen/ Vrtheyl zusprechen/vnnd anders zuhandeln vnnd thůn/als sich gebüren würde/vnd dich daran nichts verhinderen/dann wir wolten sonst die andern vnser Manns darumb erkennen lassen/Da hab dich nach zurichten. Datum/rc.

Citation kurtzer Form zum Rechten.

JCh N.Landt oder Stattrichter zu N. Lade vnnd heische dich N. zu N. vmb anspruch vnd forderung/so N.zu N.zu dir/von wegen Erbfals/zuhaben vermeynt/ daß du auff N.tag allhie auff dem Rathhauß vor Gericht/durch dich selbs/oder einen vollmechtigen Anwaldt geschickt erscheinest/vnnd gedachtem N.zu seiner klag vnnd anspruch antwort gebest/oder dich mitler zeit mit jm vertragest / Denn du thůst das/oder
nicht/

Citation vnd Ladung. XLVI

nicht/wirdt nicht destoweniger auff N.anbringen/wider dich ergehen/nach ordnung diß Stattgerichts/was recht ist. Datum mit des Stattgerichts vffgetruckten Sigel/Montag nach Martini/Anno/2c.

Citation in befolhenen oder Delegirten Sachen.

ICH N.als Delegirter Richter/der hernach geschribenen Sachen/Entbiete dem Erbarn vnd Vesten A.mein freundtlich willig dienst/vnd thü euch hiemit zuwissen/daß mir durch den Edlen vnd Gestrengen B. ein Commission vnnd befelch vberantwort worden ist/welche ich mit ziemlichen ehren angenommen/vnd allenthalben an Brieff/Schrifften/vnd Sigel/gerecht vnd vnargwönig befunden hab/von wort zu wort also lautende: Wir Maximilian/erwelter Römischer Keyser/2c.Auff solche Commission bin ich von B.erfordert vnd gebetten/wider euch Ladung oder Citation zuerkennen/vnd außgehen zulassen. Demnach vnd dieweil mir dem gebürt/solcher Commission vnd befelch gehorsam zusein/Hab ich widder euch Ladung oder Citation zugeben erkandt/vnnd dem Kläger nachfolgend Rechtlich Termin angesetzt. Derohalben so lade vnd heische ich euch/hie mit krafft diß Brieffs/daß jhr auff den fünffzehenden Tag/nach dem euch diser Ladbrieff vberantwort/angezeygt/odder verkündet wirdt/wer den ich fünff für den ersten/fünff für den andern/vnd die vbrige fünff für den dritten vnnd letsten Rechts tag setze vnd benenne peremptorie,vor mir zu rechter Gerichts zeit/allhie zu N.in meiner gewonlichen behausung/durch euch selbsten/odder ewren vollmechtigen Anwaldt geschickt erscheinet/vnnd dem Kläger auff sein Klage vnnd anspruch antwort geben/des Rechten gewarten/oder ewer einrede widder dise Commission/odder mich/rechtlich/als sich das zuthün gebürt/fürbringen wöllen/Dann jhr kommend oder nicht/werde ich nichts destoweniger/auff des gehorsamen theyls anbringen/richten vnd procediren/krafft der Commission/vnd was recht ist. Datum mit meinem zuruck auffgetruckten Secret. Dinstag nach N.Tag/2c.

Ein andere Form einer Citation/in befolhenen oder Delegirten Sachen.

LIeber Besonder N. Vnns hat vnser auch lieber besonder N.ein Commission von dem Allerdurchleuchtigsten Fürsten vñ Herrn/2c.dem Römischen Keiser/vnserm Allergnedigsten Herrn außgangen/fürbracht/dich berüren/die vonn wort zu wort hernach beschriben stehet/vnd also lautet: Wir Maximilian von Gottes Gnaden/diß Namens der Ander/erwelter Römischer Keyser/2c. Derselben Commission wir vns angenommen han/darauff hat vns der vorgenant N. vmb Recht angerüffen. Hierumb vnd von Gewalt vnd macht vnsers obgenanten Herrn des Röm. Keysers/vnd nach außweisung seiner Keyserlichen Commission/in der sach geben/vbersandt/vnd in krafft der obgemelten Commission/heischen vnd laden wir dich/daß du durch dich selbs/oder denn vollmechtigen Procurator vnd Anwalde auff den dritten tag/von dato diß Brieffs/anzurechnen/der wir dir zwölff für den ersten/zwölff für den andern/vnd zwölff für den dritten/ den letzten vnd endt tag/peremptorie zu Latein genant/setzen vnnd benennen/das wirdt nämlich auff Montag nach N.nechst kompt/zu rechter tagzeit zu N.für vnns/oder dem Richter/den wir auff die zeit an vnser statt zu der sachen setzen/vnd geben/vnd vnsern Räthen/die wir darzü ordnen werden / Rechtlichen erscheinest/den sachen im Rechten nach zukommen vñ zuthün/was sich nach jnhalt der gemelten Keyserlichen Comission nach ordnung des Rechten gebürt/Vnd du erscheinst also oder nit/oder schickest/oder schickest nit/

H iiij

New Formular

so wöllen wir doch vollfaren/dem Rechten sein fürgang/vnd der sachen geschehen lassen/ was sich im Rechten gebüren wirdt/darnach wissest dich zurichten. Datum N. vnder vnserm auffgetruckten Insigel/auff ꝛc.

Citation oder Ladung auff Arrest oder geküm̄erte Güter.

ICH N.thů hie mit disem Brieff offentlich zuwissen/daß mich A. bittlichen ersůchet/ jhme zu B. Güter oder schuldt/Rechtlich Arrest/oder kummer vnd klage zugestatten/vonn wegen hundert gülden geliehens Gelts/die jhme B. schuldig sein solte/welche er sonst(nach dem B. ausserhalb landts/oder ein verschwender seiner Güter were)gütlich nit bekommen kan. Also ich aber niemands Rechts versagen soll/so Arrestier/ kümmer vnd verbiete ich/krafft vñ macht meines Gerichtszwangs/obgemelte güter alle/ samptlich vnd sonderlich/oder bey dir C. alle schuldt/welche du obgenantem B. noch zubezalen schuldig sein soltest/bey Peen vnnd straff fünfftzig Gülden/halber disem Stattgericht/vnd halber dem beschädigten theyl/vnnd übertrettung/vnablåßlich verfallen/Also vnnd dergestalt/daß solche Güter fürther von niemandts verändert noch gebraucht/oder von dir angezeygte schuldt niemandts hinauß gegeben werden soll/so lang vnd vil/biß gedachtem A. nach vermöge seiner gerechtigkeyt vnd Klag/darzů Rechtlich verholffen/oder dir hierinnen weiter befelch geschehen wirdt. Welcher sich aber diß Arrests oder Kummers beschwerdt bestůndt/vnd das zu Recht vertretten/oder dem gedachten A. vff sein klag derhalb antwort geben wölte/ der thů das auff den Mittwoch nach aller Heyligen Tag/ zum ersten/Mittwoch Sanct Martins tag zum andern/vnnd Mittwoch nach Sanct Catharinen Tag zum dritten/vnd endtlichen Gerichts tag peremptorie/schierstkossten de nach einander/allhie vor disem Stattgericht/darzů ich eim jeden/so gerechtigkeyt derhalben zuhaben vermeynt/in disem offenen Brieff/heisch vnnd lade/auch hiemit geladen vnd geheischen haben wil/Es erschein als da jemandts oder nit/soll dennoch auff anregen des Klägers/biß zum ende der sachen/nach ordnung diß Gerichts/ergehen vnd geschehen/ als vil vnd recht ist. Geben vnder des Stattgerichts hierunden auffgetruckten Insigel/ Dinstag nach N. Tag ꝛc.

Citation vnd Geleydtsbrieff mit einander.

LJeber Besonder N. als du vmb dein anspruch vnd forderung/so du zu N. vermeinest zuhaben/von dem Hofgerichte zu Rottweil für vns an Recht gewiesen bist. Da bescheiden wir dir an einem/vnd N. am andern theyl einen Rechtstag für vns/oder vnser Richter vnnd Råthe/die wir zu den sachen ordnen werden/hieher ghen N. auff Montag nåchst nach N. schierstkommende/zu früer tagzeit hie zusein/vnd des Rechten zu warten. Wir geben auch dir/deinen Machtbotten/vnnd den/die du mit dir/odder von deinen wegen/zu solchem Rechttag kossten werden/vnser frey/strack sicher geleydt/darzů zukommen/darbey zusein/vnnd wider von dannen an ewer gewarsam/für vns/vnnd alle die vnsern/der wir vngeschrlich mechtig sein/in krafft diß Brieffs. Solches tags wöllest also wissen zuwarten/dann wir den deinen obgenanten Widerpartheyen auch verkündt haben. Datum N. vnder vnserm auffgetruckten Secret/ꝛc.

Verta-

Vertagung. XLVII

Vertagung in veranlaßten Sachen.

Holgeborner lieber Getrewer/ Wir sindt jetzo durch Graue Georgen zu N.ec. in den noch vnentscheidnen veranlaßten rechtsachen/ zwischen dir eins/ vnd jhm andern theyls/ vmb gnedigste befürderung vnd vollendung derselben/ vnderthenig ersucht vnd gebetten worden. So wir nun der handlung nachsehen lassen/ befinden wir/ daß du eben in diser sachen hieuor bey lebzeiten des Hochgebornen Fürsten/ vnsers freundlichen lieben Herrn Brüders N. seliger dächtnuß/ vff vorige hinc inde jnnkommene Exception vnd Probation schrifften/ zu ferner gebürender handlung/ vnnd in Monatsfrist zu vberschicken/ schrifftlichen angemant/ aber bißher nichts von dir vbersandt worden. Dieweil dann wir nit zweiffeln/ du werdest dich auff angezogene vermanung/ nunmehr mit gebürender handlung/ geschickt gemacht haben/ Hierumb da du auff diß jetztgemelt ersuchen/ inn sachen/ vermög der veranlassung vor vns zuuollfüren/ auch gewillt/ so benennen wir dir (doch dem Compromiß in allweg vnabbrüchig) hiemit ein zeit/ vff Dinstag nach N. den zwölfften Martij/ deine nottürfftige Conclusiones zu vnser Cantzley/ dann auch dem gegentheyl (dem wir gleichfals auch zuthůn verkündt haben) wie sich gebürt zuvbersenden/ damit zu endtlicher abhelffung der Sachen ferner tag darůff benennt/ vnnd angesetzt werden mögen/ Wolten wir dir vff beschehen ersuchen/ darnach gerichten habst/ günstig nit bergen. Datum N. Montags nach N. den N. Monat/ Anno N.

Vertagung in veranlaßten Sachen/ an den Gegentheyl.

Holgeborner lieber Getrewer/ Auff dein jüngst bey vnns beschehen ansuchen/ inn den noch vnentscheidnen veranlaßten recht=fertigung/ zwischen dir eins/ vnd dasz Graue Eberharten zu N.ec. andern theyls/ haben wir ermeltem Graue Eberhardten geschrieben/ wie du beyligend zusehen/ Auff den fall dann er Graue Eberhardt seine Conclusiones/ vermög der veranlassung/ zu bestimpter zeit vberschicken wirt. So verkünden wir hiemit dir gleichfals zu benanter zeit vff Dinstag nach N. den zwölfften Martij/ deine nottürfftige Conclusionschrifften/ wie sich gebůrt/ auch zuvbersenden/ damit zu abhelffung der Sachen/ ferner tag benennt/ vnnd angesetzt werden mögen/ Wolten wir dir hinwider günstig nit bergen. Datum/ ec.

Vertagung in gütlicher vnderhandlung/ von Keyserlichen Commissarien außgehend.

Hochgeborner Fürst/ freundtlicher lieber Vetter/ vnnd Brůder/ Auch lieber Herr/ besonder Freundt/ vnd Gnediger Herr. Demnach auff der Römischen Keyserlichen Maiestat/ vnsers Aller gnedigsten Herrn/ verneiwerte Commission/ Jn sachen zwischen Ew. L. vnd Fürstlichen Gnaden/ an einem/ vnnd den Ersamen Weisen vnsern lieben besondern/ auch lieben vnd guten Freunden/ Bürgermeister vnnd Rath zu N. am andern theyl/ das Bergkwerck belangende/ ein gütlicher tag jüngsten Donnerstags den neun vnd zwentzigsten Octobris gehn N. angesetzt gewesen/ Auff welchen wir mehrerteils vnsere Räthe gesandt/ auch Ewer Liebden/ vnnd Fürstlichen Gnaden/ durch die jhenigen erschienen/ aber auß etlichen vrsachen/ die on zweiffel E.L. vnd.F.G. durch jre Räthe referirt sind/ selbigen mals der tag sich zerschlagen/ vnd one gehandelt/ doch dermassen abgescheide/ daß solchs an vns alle gelangt/ zum ehsten vft in monats frist/ widerumb ein tag bestimpt/ als daß in berůrter sach/ mit vnderhandlung ferner fürgeschritten werden solte/ec.

Auff

New Formular

Auff solches setzen vnnd ernennen wir/samptlich/als Keyserliche Commissarien/Ew. L. vnnd F. G. hiemit einen andern gütlichen tag/Nemlich/schierstkommenden Mittwoch/ den neundten Decembris/widerumb ghen N. gegen abendt einzukommen/gestalt/folgen den tags/für vns/oder vnsern darzu deputirten Räthen/zuerscheinen/die alles das so ver mög angeregter Commission an handt zunemen/vnd zuuerhandlen gepüren wirdt (auch auff hieuor angesetzten tag/beschehen sein solt) mit fürwenden alles müglichen vnd besten fleiß zubearbeyten/vnd die sachen dahin zurichten/ob sie in güte beygelegt vnd vertragen werden möchten/etc. gnügsamen vnd satten befelch haben werden. Wolten wir Ewer L. vnd Fürstlichen Gnaden darnach zügerichten/freundlicher/vnd vndertheniger meinung nit verhalten. Datum Freitag/etc.

Von Gottes Gnaden N. Churfürst/etc. N. Bischoff zu N.etc.

Vertagung vber gepflogene handlung/der noch vnuerglichen vnnd streitigen Artickeln halben.

Lieber Getrewer/in den jtzungen vnnd gebrechen/zwischen die an einem/Gericht vnd gantzer Gemeynde zu N. am andern teyl schwebende/setzen vnd ernennen wir dir ein tag/Nemlich vff mittwoch nach Quasimodogeniti/den acht vnd zwentzig sten Aprilis/schierstkünfftig zu früer tagzeit/in vnser Cantzley zu N. vor vnsern verordne ten Räthen zuerscheinen/gestalt/auff alle hieuor gepflogene handlung/bericht/vnd gegen bericht in vermelten noch vnuerglichenen vnd streitigen Artickeln/vnsers/als des Lande fürsten Lehen vnd grundt eygenthumbs Herrn/endtlichen entscheidt zugewarten/den wöl lest also besuchen/vnd hiezwischen berürts tags/gegen gedachten von N. halb/in allweg in ruhen stehn/vnd nichts gegen jhnen fürnemen/dessen sie sich billich mögen zubeklagen ha ben. Des thünd wir vns verlassen. Datum/etc.

Vertagung inn gedachter handlung/wider die Widderparth.

Lieben angehörigen/in den noch vnuergliechnen mängeln vnd gebrechen/zwischen euch an einem/vnd vnserm lieben Getrewen N. am andern theyl erhalten. Setzen vnd ernennen wir euch einn Tag/nemlich auff N.etc. schierstkünfftig zu früer tag zeit/in vnser Cantzley zu N. vor vnsern verordneten Räthen zuerscheinen/gestalt/in allen obangeregten streitigen Puncten/vnnd Artickeln/auff die hieuor gepflogen handlung/er langte bericht/vnnd gegenbericht/vnsers als des Landfürsten Lehen vnnd grundt eygen thumbs Herren/gepürlichen endtlichen Spruchs zugewarten/zu solchem wöllen etliche auß dem Gericht/vnd etliche von der Gemeyn wegen/mit vollkommen befelh/vnnd ge walt abfertigen/der gestalt/daß sie alles das jhenig/so wir in disen streitigkeiten sprechen/ vnd entscheiden werden/von des Gerichts vnnd gantzer Gemeynde wegen/anzunemen/ vnd dem zugeleben/vnnd nachzukommen/ohn weiter hindersich bringen/mit handtge ben trewen zuzusagen/macht haben/inn mitler zeit auff hiezwischen vermelte tags wöllet eich auch froms/vnnd anderhalb gegen ernanten N. also erzeygen vnnd beweisen/daß er sich einiger vngebüre nit möge zubeklagen haben/vnd wir anlauffs vertragen blei ben/Solchen tag wöllet also gehörter massen zubesuchen ver ordnen/thün wir vnns verlassen. Datum/etc.

Verta

Vertagung.

Vertagung zu gütlicher verhöre der Klagenden Parthey.

Lieber Getrewer/ Vns ist dein schreiben/ darinnen du vns berichtest/ wes beschwerlichen fürhabens/ deine Schwäger/ deins von vns tragenden Lehens halben zu N. gegen dir seien/ verlesen worden/ Haben darauff jhnen Copien vermelts schreibens vbersendet/ mit anzeyg/ wo die Sachen deinem anzeigen nach/ also beschaffen/ daß sie sich der billicheit nach selbs zuweisen wissen würden/ im fall aber solche einn andern verstandt/ were beyden Partheyen ein Tag zu gütlicher vnvergriffenlicher verhör allher ghen N. für vnsere verordnete Räthe schiersstkommenden Montag nach Galli den sechtzehenden Octobris/ rechter tagzeit in vnser Cantzley zuerscheinen benent/ den wir dir hiermit gleichsfals benennen/ Vnd haben wir dirs darnach ferner zugerichtet/ gnedig nit bergen wöllen. Datum zu N. vff N. 2c.

Vertagung in gedachter Sachen/ an den Beklagten.

Lieber Besonder/ Welcher gestalt vns N. zu N. klagend ersucht/ vnnd vmb abweisung etlicher vonn euch fürgenommener beschwerlicher anforderung vnderthenig gebetten/ habt ir auß beyverwarter Schrifften ferner zuersehen/ Solten nun die Sachen wie von jhme angeben/ dermassen beschaffen sein/ werdet ir euch der billichkeyt nach wol in andere weg zurichten/ vnnd vor weiter vnrüwiger vnnd nachtheyligen handlung zuuerhüten wissen/ Im fall aber die einen andern verstandt/ So benennen wir euch hiermit einen Tag zu gütlicher vnvergriffenlicher verhöre/ allher ghen N. für vnser verordnete Räthe/ schiersstkommenden Montag nach Galli/ den sechtzehenden Octobris/ inn vnser Cantzley/ rechter tagzeit/ zuerscheinen/ Derendes auff des Klagenden fürbringen (wie jhme dann solch tagsatzung gleichergestalt verkündt) ewer gebürliche Exceptiones vnd andere notturfft fürzuwenden/ vnnd darauff gütlich vnderhandlung zugewarten. Das haben wir euch mitler weil darnach zuuerhalten vnnd zugerichten habt/ Genediger meynung nit wöllen bergen. Datum/ 2c.

Vertagung auff ergangen Interlocutori/ von verordnetem Richter außgehende.

Vnser freundlich dienst zuuor/ Ernuester lieber vnnd güter Freundt/ In den angemasten strittigen vnnd gebrechen/ zwischen euch/ als Klägern an einem/ vnnd dem Durchleüchtigen Hochgebornen Fürsten vnnd Herrn/ Herrn N. Hertzogen zu Sachsen/ Landtgrauen zu Thüringen/ vnnd Marggrauen zu Meissen/ vnserm Gnedigen Herrn/ am andern theyl/ vor vns/ als inn vermög des heyligen Reichs ordnung nidergesetzten neun Richter/ vnnd Räthen/ schwebende/ Setzen vnnd ernennen wir euch/ jüngst ergangener Interlocutori nach/ zu ferner Rechtlicher handlunge/ vermög ergangner Beurthepl/ hiermit einn andern Rechstag/ vff Dinstag nach N. den N. Monat/ schiersstkünfftig zu rechter tagzeit inn hocher melt vnsers Gnedigen Herrn Cantzley/ zu N. zuerscheinen/ den werdt jhr also wissen zubesuchen/ Dann jhr erscheinet also oder nit/ wirt nicht desto weniger vff des Beklagten theyls ferner Rechtlich anrüffen ergehen was recht ist. Datum/ 2c.

Verta

New Formular

Vertagung ins Hofgericht / kurtzer Form.

Lieber Besonder (vel) Getrewer (oder) angehöriger N. inn der jrrung zwischen dir eins/ vnnd N. andern theyls/ Setzen wir dir auff nechsten abschiedt einen andern Rechtstag/ alher gen N. für vnser Hofrichter vnd Räthe/ vff schierst N. zu früer tagzeit/ des wöllest also gewarten/ dann deim Widertheyl solcher tag dergleichen auch verkündt ist. Datum N. vnder vnserm auffgetruckten Secret/ auff N. ıc.

Vertagung das Hofgericht zubesitzen.

Vnser freundlich willig dienst zuuoran/ lieber Herr Friderich. Nach dem wir auff Montag nach Oculi schiersten anzufahen/ vnd etlich tag alhie Hofgericht zuhalten/ fürgenommen haben. Demnach so erfordern vnnd bescheiden wir hiemit an statt vnsers Gnedigen Herrn Hertzog N. das jhr auff Sontag nechst vor Oculi zu nacht alhie in der Herberig seit/ vnnd am Montag zu frue des nechsten tags darnach bey vns im Rath erscheinet/ allda solch Hofgericht mit sampt vns besitzen vnnd außrichten helffet/ das wöllen wir vns von benants vnsers Gnedigen Herrn wegen zu euch versehen. Datum N. ıc.

Ein andere Form einer Vertagung / das Hofgericht zubesitzen.

Lieber Getrewer/ Wir begern/ mit sonderm ernst dich bittend/ du wöllest auff N. zunacht N. schierst alhie zu N. sein/ gestalt an N. nechst darnach/ vnd füro auß/ vnsers Hofgerichts/ so lang das weren wirdt/ zuwarten/ vnd nit außbleiben/ das wöllen wir vns verlassen/ vnd erkennen. Datum/ ıc.

Aber ein andere kurtze form einer Vertagung/ das Hofgericht zubesitzen/ einem innlendischen Rath.

Lieber Getrewer/ Gedenck auff nechstkommenden Donnerstag nach Assumptionis Mariæ/ zu früer tagzeit/ an vnserm Hofgericht/ so lang das weren wirdt/ zusitzen/ vnd dem biß zu ende außzuwarten. Datum/ ıc.

Einem auffergangenen Vrtheyl wider Tag anzusetzen.

Vnser gůtwillig dienst zuuor/ lieber N. In den sachen/ euch vnd Hansen N. weiland N. seligen gelassenen Kinder Vormünder/ gegen einander berůrende/ Setzen vnd benennen wir euch hiemit an statt des Durchleuchtigen Fürsten vnsers Gnedigen Herrn Hertzog N. sampt andern verordneten Vormündern/ ıc. vff das Vrtheyl zwischen ewer beydertheyl/ an heut alhie zu Recht ergangen/ des Abschrifft wir euch hierinn verschlossen zuuernemen zůsenden/ gegen benanten N. in krafft ewer beidersseit verwilligung/ nach herkomen der sach/ abermals einn Tag/ zu gütlichem vnd Rechtlichem endtschied alher für hochgemelts vnsers Gnedigen Herrn Hofgericht vnd Räthe/ nemlich auff N. Tag/

Prorogation. XLIX

Tag schierstẽ zu nachts hie zusein/vnnd am N.tag/des nechsten tags darnach zuerscheinen/vnd der handlung zugewarten/dermassen gedachter N. auch beschaiden ist. Datum.

Missiua vmb Prorogation.

Vnser freundtlich willig dienst/vnd was wir liebs vnd güts vermögen/seien euch allzeit mit genaygtem fleiß zuuoran/sonders liebe Herrn vnd freunde/Vnsers Gnedigk Herrn Hertzog Hansen/etc. Tagsatzung der verletzung halb vnsers lieben schwagers seligen/jhme zu N. durch die Gethäter zügefügt/vnd darbey ewer schreiben vnnd begern/vnns zu solchem tag selbsten/oder durch vnsere Anwälde zuerscheinen/etc. haben wir vernommen/vnd erkennen dabey ewern getrewen ernst/so jst in miß fallen ab der sach habent/dessen wir euch fleissig dancken. Wann wir aber ewer schreiben/des Datum stehet auff N. Tag nechst verschinen/erst auff Datum diß Brieffs empfangen haben/vnnd der gesetzt Tag/von Hochermeltem meinem Gnedigen Herrn auff N. bestimpt ist/versehche jhr wol/daß wir solchen bestimpten Tag/so kurtz selbsten/oder durch jemandt mit gewalt nicht besuchen oder erscheinen können noch mögen. Hierumb so bitten wir mit sonderm vnd allem fleiß/jhr wöllend vns nicht allein gehörter massen entschuldigen/sonder auch allen fleiß gebrauchen/darmit der jetztbestimpt Rechttstag geschoben/vnnd von vil Hochberürtem vnserm Gnedigen Herrn/ein anderer Rechtstag gesetzt werde/ Alsdann wo vns in dem solcher Rechtstag/durch euch verkündt wirdt/wöllen wir alsdann erscheinen/oder einem andern von vnsert wegen in diser sachen zuhandlen befelch geben. Beweiset euch hierinn/als vnser vertrawen zu euch stehet/ Das begeren wir vmb euch allzeit neben der belohnung/mit sonderm vnd allem fleiß zuuerdienen. Datum.

Prorogation in veranlaßten Sachen/darumb gebetten worden.

Lieber Getrewer/Wir seindt deines schreibens/darinn du vns/in der noch vnentschiednen Rechtsachen/zwischen dir an einem/vnd dann N. andern theyls/vnd erstreckung angesetzten Termins ersuchen thůst/berichtet worden/Prorogiren vnnd erstrecken dir denselben darauff/doch dem Compromiß vnabbrüchig/biß zu nechstkünfftigen N. Tag/Als daß wie vor beschehen sein sol/dich mit den conclusionibus gefaßt zu machen/vnnd jüngsten vnserm schreiben nach der gebür zu überschicken/ Das haben wir dem Gegentheyl gleichfals auch verkündet/vnd wolten dirs hinwider/darnach zugerichtẽ habst/günstig nit bergen. Geben/etc.

Verkündigung gegebener Prorogation dem Gegentheyl.

Lieber Getrewer/Welcher massen an vns jetzo N.etc. inn der noch vnentschiednen Rechtsachen/zwischen jhme eins/vnd dann dir andern theyls/geschrieben/vnd vmb Prorogation angesetzten Tags gebetten/das hastu auß beygelegter seines schreibens Copeyen zuuernemen/ Darauff haben wir erwelten N.etc. den Tag biß zu schierstẽ N. erstrecken lassen/sich zur selbigen zeit mit seiß conclusionibus gefaßt zumachen/vnd der gebür zu überschicken. Das wolten wir dir jüngsten vnserm schreiben nach/mit vberschickung der Conclusion Schrifften/darnach gleichfals zu halten habst/günstig nicht bergen.

Datum/etc.

New Formular
Prorogation in einer gütlichen Tagsatzung/sampt angehenckter entschuldigung/warumb derselbig seinen fortgang nicht gehaben mag.

Vnsern freundlichen gruß zuuor/Wolgeborner lieber Getrewer. Wiewol wir vnser hieuor außgangner Tagsatzung nach gantz gneygt vnd vrbütig weren/In Sachen zwischen vnserm lieben besondern Freundt/dem Bischoffe zu N. eins/vnnd dann dir andern theyls schwebende/mit gütlicher handlung fürzuschreiten/So tregt sich doch zu/daß wir auff schierksten zwentzigsten Septembris/vnsere fürneme stattliche Räthe/vff den 9hen Augspurg angesetzten tag/nit allein in des heyligen Reichs/sonder auch in wenig darauff folgenden tagen/in den Sachen/so zwischen vnserm lieben Vettern N. so dann auch die gütlicheyt fürgenommen sein/abfertigen/vnnd daselbst also notwendiglich haben müssen/daß also/ob wir wol gern wolten/zwischen N. vnd dir nicht wol etwas fruchtbarlichs anfangen lassen künden/Neben dem vnns auch ermelter N. hierüber vmb dieselbige zeit seiner lieb fürstehende vngelegenheit/als die gleichfals jre Räthe ghen Augspurg zuuerordnen hett/vermelt vnd angezeygt. Dieweil dann dem also/vnnd wir zuuerenderung angesetzten Tags notwendiglich geursacht werden/So wöllen wir vnns zu dir freundlich versehen/du werdeß desselben kein beschwerdens tragen/Setzen vnd ernennen auch demnach dir hiemit einen andern/gütlichen Tag/in gemelter sachen gegen dem N.rc. vnnd nemlich auff schierstkommenden Mittwochs nach N. rechter tagzeit/allhie in vnser Cantzley/durch dich selbst/odder deine Räthe zuerscheinen/gestalt gütlicher vntergriffenlicher handlung zugewarten/Wie wir daß selbiger zeit allen müglichen fleiß/vnd was zu schiedlicher hinlegung der zwischen beyden theylen schwebenden jrrungen jmmer fürträglich sein mag/an vns nichts erwinden lassen/Vnnd haben dirs/darnach zugerichten habst/freundlicher meynung nit verhalten wöllen. Datum/rc.

Alia forma kurtz einer Prorogation mit entschuldigen.

Vnser freundlich gütwillig dienst zuuor/Wirdigen vnnd Ersamen lieben Herrn vnnd freunde/Den fürgenommen tag/so auff schierst Mittwoch nach dem Sontag Judica/als zwischen euch eins/vnnd Burgermeister vnnd Rath zu N. ander theils angesetzt/den können wir euch/auß mercklichen zugefallenden vrsachen/zu dem daß Cantzler vnd andere Räthe zu solchen verordnet gewesen/jetzt auch in obligende der Herrschafft geschäfften verschickt/dißmals wendig/Mit freundlicher bitt in denen dingen biß nach Ostern gütwilliglichen zugedulden/Wöllen wir als dann ferner Tag ernennen/vñ wie sich der notturfft nach erheischt/gnugsamlich darbey ordnen/in solcher handlung fürzunemen/wie obenangezeygtes Tags beschehen sein solt./ Haben wir euch freundlicher güter meynung darnach zurichten vnentdeckt nit wöllen lassen. Datum/rc.

Prorogation vber verwilligung odder Compromiß in offner Form.

Wir N. bekennen/rc. Als wir vormals zwischen dem N. an einem/vnnd dann N. an andern theyl/vonn jhrer beyder Span vnnd zwitracht wegen / mit jhrer beyder wissen vnd willen einen anlaß beredt vnnd betheydinget haben/nach jnnhalt vnser besigelten Brieff/beyden theylen darüber gegeben/der Datum stehet/rc. Derselb anlaß

vnder

Prorogation.

vnder anderm innhelt/ daß vmb was stuck dieselben Partheyen nit gütlich nach jnhalt deß selben anlaß vbertragen werden. Wir vnd vnser Räthe/ die wir vngefehrlich zu vns nemen/oder der mehrertheyl vnder vns sie binnen dem gütlichen tag/ den wir zwischen denselben Partheyen/ nach jnnhalt desselben anlaß bescheyden würden auff Sanct Valtins Tag nechst darnach folgendt/ durch vnsern Rechtspruch vnnd erkandtnuß zu Recht entscheiden sollen/ꝛc. Vnnd wir nun solchen obgemelten gütlichen Tag bescheiden gehabt haben/ vnnd doch die Sachen auff denselben tag nit gütlich vbertragen worden sein/ vnd vns durch die obgenanten beyde Partheyen/ mit jhrer wissen vnd willen verwilliget vnnd zugesagt worden ist/ erstreckung der genanten zeit/ in der wir/ vnnd vnser obgemelten Räthe/ odder der mehrertheyl vnder vns solchen obgemelten entscheidt thün sollen/ als vor gerürt ist. Des ersten biß auff Sanct Georgen Tag des heyligen Ritters vnd Märterers/ vnd darnach biß vff S. Johans des Tauffers geburt Tag/ nechstuergangen/ vñ darnach biß S. Michels tag nechstkommendt. Also bekennen wir/ daß vns die vorgenanten beyde Partheyen/ Aber mit jhrer beyder wissen vnd willen verwilligt haben/ fürther erstreckung der jetztgemelten zeit/ in der wir/ vnd vnser obgemelte Räthe/ oder der mehrertheyl vnder vns/ solchen obgemelten entscheidt thün sollen als vor gerürt ist/ biß hiezwischen vnd vnser lieben Frawen Tag/ purificationis zu Latein genant/ nechstkomend/ Also daß wir vnnd mehr gedachte vnsere Räthe/ oder der mehrertheyl vnder vns/ die vorgemelten Partheyen binnen Datum diß Brieffs/ vnnd dem vorgenanten vnser Frawen tag/ purificationis nechstkomend/ durch vnsern Rechtspruch vnd erkandtnuß/ zu Recht entscheiden/ vnd jeglich theyl des vnser vrtheyl vnnd Rechtspruch in vnser Canßley zu N. auff den vorgenanten vnser lieben Frawen tag purificationis holen/ vnd entpfahen lassen sollen/ in aller der massen/ als nach jnnhalt des vorgemelten Anlaß/ biß in dem gemelten S. Valtins Tag/ vnnd vff denselben S. Valtins tag geschehen solt sein/ Vnnd daß der vorgemelt Anlaß/ sonst an allen andern seinen Puncten vnd Artickeln/ in allen seinen krässten vnd machten verbleiben solle/ Alles ohn geferde. Des zu vrkundt/ꝛc.

Prorogation vnd erstreckung eines Tags/ anderer Form.

VNser freundtlich dienst zuuor/ lieben Freund/ Den Tag so wir euch gegen N. von N. ander teyls/ auff Dinstag nach N. schiersten allher für vns gesetzt haben/ erstrecken wir euch hiemit/ vff sonder vnsers gnedigen Herrn Hertzog N. befelch an vns außgangen/ nemlich biß auff Montag nach Lucie schierstenzu nachts hie zusein/ vnd am morgen des nechsten Tags darnach vor vns zuerscheinen/ vnd der handlung zugewarten/ dermassen dem gedachten Gegentheyl solcher tag auch erstreckt ist. Datum/ꝛc.

Alia forma einer Prorogation vnd erstreckung Tags.

WIr N. lassen dich wissen/ Als wir von befelch des Durchleuchtigsten Fürsten vnsers Allergnedigsten Herrn des Rö. Keysers/ nach laut seiner Keyserlichen Commission vns vbersandt/ Dich gegen dem N. fürgefordert/ vnd den tag zum Rechten/ vnd nemlich den dritten vnnd endt Tag/ peremptorie zu Latein/ für vns/ oder vnseren Richter vnd Räthe gesetzt vnd bescheiden haben vff N. tag nechst kompt zu rechter tagzeit zu N. zusein/ nach jnnhalt vnser Citation euch vbersandt/ dauon außgangen. Hiezwischen sind vns aber treffenliche sachen zugefallen/ vñ sonderlich von wegn der Läuffen die jetzt in den Landen sein vnnd entstehen/ darumb wir durch vns/ oder vnser Räthe dartzu bequemlich/ den obgemelten gesetzten Tag nit verstehn/ oder des gewarten können/ Vnd als ein Key. Coīmissarius/ so erstrecken wir solchen obgemelten Rechtlichen dritten Tag/ vnd setzen dir einen andern endt Recht tag/ vff N. ꝛc. nechstkomendt zu rechter tagzeit zu N. zu-

New Formular

sein/vnnd heischen vnd erfordern dich in krafft der gemelten Commission/ vnnd diß vnsers brieffs/ auff denselben N. tag zu N. für vns oder dem Richter/ den wir vff die zeit an vnser statt/ in den sachen setzen vnd geben werden/ in Recht erscheinest/ den sachen nachzukommen/ nach innhalt der gemelten Keyserlichen Commission/ vnd in massen auff dem gemelten N. Tag nechstkompte geschehen sein solt/ Vrkundt diß Brieffs versigelt/ꝛc.

Prorogation anderer Form/ kurtz.

VNsern gruß zuuor/ Würdigen vnnd Ersamen lieben Getrewen. Den angesetzten Tag/ zwischen euch an einem/ vnd N. andern theyls/ erstrecken wir euch biß nechst kommenden N. tag/ nach N. zu rechter tagzeit/ zuhandlen vnd zuthůn/ wie vff den ersten tag geschehen sein solt/ wolte wir euch gnediger meynung nit verhalten. Datum/ꝛc.

Prorogation einer Commission in verhörung der Zeugen/ꝛc.

WIr Maximilian/ꝛc. Entbieten den Ersamen vnsern lieben andechtigen N. Probste zu N. vnser gnad vnd alles gůt. Ersamer lieber andechtiger/ Als wir nechste auffnemung vnd verhörung der Brieffisch vrkundt vnd Zeugen/ so A. gegen B. in der sachen/ derhalb sie an vnserm Keyserlichen Camergericht in Recht stehen/ zufären hat/ befolhen haben/ Wie dann vnser Key. Commission Brieff an dich außgangen/ flärlicher begreifft/ Vnd aber auff heut Datum von wegen des genanten A. etlich vrsachen/ derhalb die Zeugen/ꝛc. in vorauffgesetzter zeit nicht gefürt/ oder verhört werden möchten/ in Recht fürgewandt/ vñ weiter etlicher Additional Artickel/ die er zubeweisen auch zugelassen/ vnd dir vormals nicht zůgeschickt werden/ angezeygt/ die von worten zu worten diselauts hernach folgendt. Item war/ꝛc. (vsq; ad finem zu inserirn) vnnd darauff vmb dise Commission/ erstreckung vnd Prorogation/ demütiglichen anrůffen vnd bitten lassen/ welche jhm auch ein Monat der nechst nach außgang der zeit in vorauffgangener Commission bestimpt/ weiter frist erkandt vnd geben ist. Demnach befelhen wir dir abermals/ von Römischer Keyserlicher macht/ auch Gerichts vnd Rechts wegen/ hiemit ernstlich/ vnnd wöllen/ daß du jnhalt gedachter vor auffgangener Commission/ die Zeugen vff die vorigen/ vnd dise oben inserirte Artickel/ auch wie recht ist/ verhörest/ vnnd sonst alles anders/ gebierest/ verbietest/ handelst/ vollnfůrest/ vnd thůst/ wie sich nach vermöge voriger Commission vnd Befelchbrieff/ auch ordnung des Rechten zuthůn gebürt/ Daran thůst du vnser ernstlich meynung. Geben/ꝛc.

Prorogation sampt zůordnung eines Notarii/ in Sachen der Zeugen verhöre/ꝛc.

WIr N. ꝛc. entbieten dem N. vnser Gnad vnd alles gůt. Ersamer lieber ꝛc. Als wir dir vormals/ als darzů geordneten Commissarien/ auffnemung vnnd verhörung der Zeugen/ so vnser vnd des Reichs lieben Getrewen N. gegen dem N. in sachen einer Appellation zwischen jnen an vnserm Key. Cammergericht hangende zufären hat/ in einer bestimpten zeit zuthůn/ durch andere vnsere Keyserliche Brieff darüber außgangen/ befolhen/ auch nachmals auß vrsachen/ solche zeit erstreckt gehabt/ Haben die gedachten N. jetzundt abermals vrsachen/ derenthalben sie an vollnfürung gemelter kundschaffe verhindert worden sein/ in Recht angezeygt/ vnd nach beyder theil fürwenden vnnd handlung darumb geschehen/ mit Recht erlangt/ daß jhne biß vff den ersten Gerichtstag/ nach den nechstkünfftigen Ostern feyertagen/ weiter frist geben vnd erkant worden ist. Demnach so befelhen wir dir hiemit abermals gebietende/ daß du in solcher zeit nach innhalt gemelter

Prorogation. LI

melter vnser ersten Commission/in gegenwertigkeyt vnser vnd des Reichs getrewen Johan N.offen Notarien/den wir zu verhörung obgemelter Zeugen zu dir von Ampts wegen verordnet haben/vollnfarest/vnd procedirest/als sich solcher Coissission nach im Rechten gebürt/Daran thüst vnser ernstlich meynung. Geben zu N.rc.

Abschlagung einen gütlichen vnderhandlungs Tag
ferrer zu Prorogiren/mit angehefter entschuldigung/warumb sölches nit statt haben wil.

Vnsern freundtlichen gruß zuuor/Hochgeborner lieber Oheym/ Wir haben ewer schreiben/des Datum weiset N.den vier vnnd zwentzigsten diß Monats/empfangen/vnd darauß verstanden/auß was mangel vnd bewegnuß jr abermals vmb erstreckung angesetzten Tags gegen den N.rc anzusuchen verursacht werden. Vnnd wissen euch darauff freundtlich nit zuuerhalten/daß vnns von der Rhömischen Key. Maiestat/ vnserm Allergnedigsten Herrn/den siebentzehenden Septembris nechstuerschienen abermals ein schrifftliche anmanung einkommen/vnder andern vermeldende/daß jhre Keys. Mt. auff vorige an vns außgangen Coissission vnd vnser Vertagunge/euch/vnd gedachte N.nachmalen jhe gern in der güte/on ferner weitläufftigkeyt vertragen sehen wolten/mit gnediger freundlichen begere/wir wolten auff jetztangesetzten Tag/allen müglichen fleiß fürwenden/euch die Partheyen vermelter jhrer gebrechen/ durch alle fügliche dienstliche mittel mit einander zuuereinigen vnd zuuertragen/rc. Wiewol wir nun als balde nach angenommener Keyserlichen Commission/Tag ansetzen lassen/vnd vermöge derselben zwischen euch den theylen gern alle mügliche handlung zu vergleichung angewendt/So haben wir doch ewers mehrmals bitlichen ansuchens halb/durch erstreckung bestimpter Tage/darzu nicht kommen mögen/dessen sich dann die N.vnd sonderlich am jüngsten nicht wenig beschwerdt/daß sie fast zwey jare/ohn einige handlung auffgehalten worden/ Also daß vnns beschwerlich fallen wil/jetzigen Tag ewerm begern nach/als für vns selbsten/on vorwissen vnd bewilligung gedachter N.ferner zuerstrecken/wöllen deroswegen/arkzwon zuuermeiden/berürt ewer schreiben/vnd ingefürte verhindrungen/an sie langen lassen/vnd wes sie sich darunter Resoluirn/bewilligen/oder nit/euch als dan auch wider zuerkennen geben/ Wolten wir euch jetztmals nach gestalt der sachen freundlich nit bergen. Datum/rc.

Alia forma abschlagung einen Rechts Tag auff
außgangen Citation zu Prorogirn.

Ewer schreiben an die Rhömische Keyserliche Maiestatt/vnsern Allergnedigsten Herrn/in jhrer Maiestat abwesen an vnns lautendt/ein Keyserlich Ladung euch zu kommen berürn/mit bitt die zeit darinn zuerscheinen gestimpt zuerstrecken/rc. haben wir verstanden/Vnd nach dem vns als Cammerrichtern vnd Vrteylern solch zeit on zugebung vnd bewilligung des Gegentheyls/auch ausserhalb Rechtens zuerlangen nichte geziemen/sonder auff den tag/in gedachter Ladung benennt/ vnd weiter ansuchen/laut des heyligen Reichs ordnung/rechtlich zuuolnfaren gebüren wil / Haben wir euch(darmit jr solchen Tag selbs/oder ewer Gewaldthaber mit gegründten vrsachen/entschuldigung/vnd wes jr im handel zugeniessen Rechtlich fürzuwenden/vnd laut Keyserlicher Ladung zubesuchen wißt) güter meynung nit wöllen verhalten. Datum/rc.

Z iij

New Formular
Mandat einen angenommen Pfarrherr wider abzuschaffen.

WIr N. von Gottes Gnaden Römischer Keyser/ꝛc. (den gantzen titel zu inseriren) Entbieten vnsern vnd des Reichs lieben Getrewen Bürgermeister vnd Rath zu N. vnser gnad vnnd alles güts. Lieben Getrewen/ vns hat der Ehrwirdig Dieterich Bischoff zu N. vnser Fürst vnnd Lieber andechtiger/ vnderthenigklich zuerkennen geben/ wie jhr einen N. genant/ etwan substituirten Pastorn daselbs zu N. den er verschiener zeit/ vmb begangener Apostasei willen/ berürter Pastorey entsetzt/ wider seinen willen vnd verbott/ daselbst vnderhaltet/ vnnd in einer sonderbaren Kirchen zu predigen auffgestelt/ auch jm von etlichen vacierenden Pfründen (deren jhr gleichwol Collatores/ aber jm doch qualificirte tägliche Person zu presentiren schuldig) Competentz gemacht haben sollet/ alles seiner des orts herbrachten Geistlichen Jurisdiction zuschmälerung vñ abbruch/ auch vndertruckung vnd verachtung vnser Catholischen Religion/ vnd alten löblichen gebräuchen/ vnd vns darauff vm̃ vnser Keyserliche hilff vnd einsehen/ auch diß Mandat an euch demütigklich angerüfften vñ gebetten/ das jme auch also an vnserm Keyserlichen Hofrath erkendt worden ist. Demnach empfehlen wir euch von Röm. Key. macht/ bei vermeidung vnserer vnd des Reichs schwern vngnad vnd straff/ vnd darzu einer Peen/ ñemlich zwölff Marck lötiges Goldts/ vns halb in vnser vnd des Reichs Caisser/ vnd den andern halben theyl gemeltem vnserm Fürsten dem Bischoff zu N. an obgedachter seiner herbrachten Geistlichen Jurisdiction kein eintrag oder verhinderung thut/ vnd euch hinfüran vnd in künfftig zeit diser vnd anderer Geistlichen sachen gentzlich enthaltet/ sonder auch euch gegen seiner Andacht/ alles schuldigen vnweigerlichen vnnd gebürenden gehorsams verhaltet/ seinen gebotten vnd verbotten/ gehorsamlich gelebt/ vnd darzu genanten N. innerhalb vierzehen tagen den nechsten/ nach dem euch diß vnser Mandat verkündet wirdt/ on einig außred oder verzug wider abschaffet/ vnd jhne ferrer bey euch nit enthaltet/ vnderschleisse gebet oder gedultet/ vnd euch dessen nit widdert/ oder hierinn seumig oder vngehorsam erscheinet/ also lieb euch allen vnd einem jeden sey obberürte Peen vnd straffe zuuermeiden. Das meinen wir ernstlich. Geben/ꝛc.

Mandat gegen jemandts wider Gewaldt/vermög
Landtfridens/thätlicher weiß nichts vorzunemen.

WIr N. von Gottes gnad diß Namens der Ander/erwelter Römischer Keiser/ꝛc. Entpieten dem Hochgebornen N.ꝛc. vnser Gnad vnd alles güts. Hochgeborner lieber Schwager/Oheim/vnd Churfürst/ vnserem Keyserlichen Caisergericht hat vnser vnd des Reichs getrewer N. von N. klagend fürbringẽ lassen/ als zwische D. L. vnd jn/ vor weilaudt Dietrichen Bischoffen zu N. vnd N. N. als vnserm deputirten Coñissarien jerungen vnnd spän erhalten sein/N. anersterben Altuätter/ Vetter vnnd vätterlich Erb vnd Stam̃güter M. desselben ein vnd zugehörungen belangen/ das durch gedachte Coñissarien ein Sequester/mit namen Steffan von N. sampt einem Keller dahin verordnet worde/ welche laut der Coñission in jrer der Coñissarien namen/ das hauß inn güter verwarung/ auch dessen einkosten dem obligenden theyl zusamen halten sollen/ Aber jetzt angeregten befelch vnangesehen/benante Sequester vnd Keller jüngst verschiener Kriegsempörung/ vnsere Feinde vnnd widerwertigen in bemeltem Hauß vnnd dem Stätlin M. auß vnd eingelassen/ gehauset/ geherbergt/ füter vnd mal mitgeteylt/ darauss er auch vnser gehorsame stende vnnd zugethanen mit nam vnd plünderung zum höchsten beleidiget worden/darzu Wein/ Frucht/ vnd anders verkaufft/ zu gelt gemacht/ vnnd verschickt/ Auch in dem der Hochgeborn N.ꝛc. vnser lieber Oheim vñ Fürst/der damals auch vnsern widerwertigen anhängig gewesen/ kom̃en seien/ vnnd gedacht Hauß/ sampt allen seiner zugehöre/ wider alle Recht/ vnd sonderlich den offen auffgekündten Landtfriden/gewaltiglich

Mandat.

wärtiglich eingenommen/dardurch vnsere Commission in jhrem standt vnd wirden/zum höchsten geschwecht vnnd abgethan haben solte/ Als nun er Kläger solches an vns vnderthenigst gelangen lassen/welcher massen er durch die Commissarien zu langwiriger rechtfertigung getrungen/von seiner Altuätter vnd vätterlicher Possession des mehrberürten Hauß abgetrieben/darzu auß der bösen haußhaltung des Sequesters vnd Kellers/mercklichen schaden empfangen/vnd in stehender rechtfertigung von gedachtem Hertzog N.mit der that das Hauß eingenommen/Zu dem wir vnd vnser verwandten von dannen auß zum höchsten beleidigt würden/Daß wir also Oberster Cosistent/solche vnbillichept vnd beleydigung zuweren/bemeltem A. von N. sein hauß M. vngeachtet der gefallenen Commission/wider zu seinen handen zunemen/vffs ernstlichst befolhen/wie er dann solche alsbalde/vnderthenigst gehorsam gethan/dardurch sein obbestimpt Commission von vns reuocirt/abgethan/vnd die gegentheyl selber deren zuwider gehandelt hetten. Wiewol nun er Kläger von vnserm geheiß vnnd befelch sein Hauß vnnd zugehör M.widder restituirt/ auch mit vnserm rechten/wissen/willen/vnnd gehell darinn komen sey/auch vber daß er deiner Lieb vnd meniglichen vor vns oder gedachtem vnsern Cammergericht/ auch allen Reichs Churfürsten/Fürsten vn Ständen/keins Rechtens gar nit schew/vor sey/noch weiger/sonder desselben schleuniglich sich jeder zeit erbotten/vnd offerirt haben wolt/ vnd fast wol leiden möcht/so hab er doch auß vilfaltigen kundtschafften/vnd seiner selbst vnderthanen/vrgichten/vnd freywilligen bekandtnussen befunden/daß jhm nach seinem leib/haab/güt/vnd dem Hauß M.dasselbig mit absteigen/vnd anderer verpottener verräthereyen vnd mittel zuerobern/vnd zubeschwern getrachtet/nachgestelt/vndernommen/ vnd zum graussambsten betrawet/ Dardurch er A. von N.in höchste gefahr seins leibs/lebens/vnnd des Hauß gesetzt werde/Vnnd demnach/dieweil das alles obangezogener vnser Keyserlichen Immission dem Rechten vnnd hocherprenten Landfriden am höchsten zuwider/ zu abwendung solcher besoigter vergwaltigung vmb Mandat vnnd andere notturfftige hülffe des Rechtens/jhm gegen deiner Lieb zuerkennen vnd mitzuthehlen/demütiglich anrüffen vnd bitten lassen. Dieweil wir dann meniglich bey gebürlichem Rechten vor vnordentlichem Gewaldt zuhandthaben schuldig vnd genevgt/jm auch hierauff nachfolgendes Mandat erkennt worden ist/So gebieten wir deiner Lieb/von Rö.Key.macht/ bei vermeidung der Peen in obberürtem Landfriden begriffen/sonderlich vnser vñ des Reichs Recht/hiemit ernstlich/vnd wöllen/daß dieselb dein Lieb gegen ermeltem Klagenden von N.seinem leib/hab/vnd güter/das Hauß M.vnd desselben zugehör/mit der that vnd gewalde/obgemelten Rechten/vnd Landfriden zuwider/nichts fürnemest/vbest oder handlest/selbst oder durch andere/heimlich oder offentlich/in keinerley weiß noch weg/sonder dich dessen gentzlich enthaltest/des ordenlichen Rechtens vnd desselben außtrags/dich gegen jm settigst vßbenügen lassest/auch hierinn nit vngehorsam seyest/als lieb deiner Lieb sey/obgemelt Peen vnd straffe zuuermeiden/Daran geschicht vnser ernstlich will vnd meynung. Geben/rc.

Mandat zu abziehung der jhenigen/so ein Statt belägert haben.

WIr N.von Gottes Gnaden Röm.Key.rc.thün allen vñ jeden/Obersten/Haupt leuten/Leuten Ampten/Fendrichen/Riet vnd Rotemeistern/auch allen andern befelchs vnd gemeynen Kriegsleuthen/zu Rosso vnd füß/so diser zeit/in vnser vñ des Reichs statt N.ligen/vnd die mit gewalds jnnhaben/zuwissen. Nach dem wir euch hievor/durch ein offen Mandat/ernstlich geboten vnd befolhen/daß jhr euch gemelter statt N.enteussern/mit aller ewer Kriegsrüstung darauß abziehen/ euch derselben fürther nit annemen/noch die Bürger vnd Innwohner derselben weiter betrangen oder beschweren/ sonder euch dessen alles gentzlich enthalten sollet/ferners jnnhalts angeregtes vnseres Keyserlichen Mandats vnnd Gebotsbrieffe/ darüber außgangen/so euch auch (wie wir bericht) gnügsam Instnuirt/verkündet/ angezeyget vnnd zuwissen gemacht worden.

Vnd jhr aber vnangesehen/vnnd vngeacht/solches vnsers Mandats/bißher in gemelter
Statt verharret/daher dann berürter Statt/nicht allein durch euch/sonder auch ewers
Gegentheils halben/mercklich hohe beschwerden/nachteyl vnd schaden erfolgt/vnd täg-
lich noch weiter zůsehen möchte. Dieweil dann vilgemelte Statt/mit disen Kriegssa-
chen/vnd einem oder dem andern theyl/gar nichts zůthůn hat/derowegen vns auch keins
wegs gemeint ist/dieselbig dermassen lenger beschwern/betrangen/vnd in endtlich eusserst
verderben setzen zulassen/sonder vil mehr als ein Statt vn̄ mitglid des heyligen Reichs/
bey jren wesen vnd würden/vnuergewaltigt zuerhalten/zuschützen/vn̄ zuschirmen. Dem
nach gebieten wir euch abermals/bey vermeidung vnser vnnd des Reichs höchsten vnge-
nade/straffe vnd Peen des Landfriedens/auch bey verlierung leibs vnd gůts/hiermit ernst-
lich/vnd wöllen/daß jhr nachmaln alsobald nach vber antwortung/verkündung/vnd eröff-
nung diß vnsers Keyserlichen Mandats vnd Gebottbrieffs/vnd angesicht desselben/mit
aller ewer Kriegsrüstung/auß berürter statt/ohne alle beschädigung odder beschwerde der
Bürger vnd Innwoner vnuerzüglich abziehet/euch der ferner nit annemmet/noch darinn
haltet/sonder gentzlich entschlaget/ vnd euch hierinn nichts verhindern oder vffhalten las-
sen/noch vngehorsam erzeyget/als lieb euch sey/obberürte Peen vnd straffe zuuermeiden.
Vnd wiewol wir vns in dem/daß jhr auch vnser erst Mandat/euch so vngehorsam vnnd
widersetzig erzeyget/zu hohen schweren vngnad/gnůgsam vrsach gegeben/So wöllen wir
doch/da jhr disem vnserm Mandat gehorsamlich nachkommen vnd geleben würdet/euch
solchen ewern vngehorsam gnediglichen verzeyhen/vnnd dessen ferner nit gedencken/auch
bey ewern Gegentheyln/vnnd sonst mit ernst verschaffen/vnnd verfügen/daß mann euch
ohne all verhinderung/beschwerung/vnd beschädigung/frei sicher abziehen vnd passirn/
vnd diser handlung halben/nichts entgelten lassen/noch sechs zu feindtlichs gegen euch für-
nemen/vnd jr deßhalben bey vns/noch andern/keiner vngnad/oder straff zubefaren haben
sollet. Im fall jhr aber disem vnserm Mandat nit geleben/sonder abermals vngehorsam
sein/würden wir nit vmbgehn können/nach disen wegen vnd mitlen zutrachten/dardurch
solcher ewer vngehorsam/mit allem ernst/vn̄ der scherpff/an euch/vnd den ewern/sonder
alle gnad vnd verzeyhung/gestrafft werden möge/Welches wir euch zur warnung/vnan-
gezeygt nit lassen wöllen/euch selb vor schade wissen zuuerhüten. Das meynen wir ernst-
lich. Geben vnder vnserm Keyserlichen auffgetruckten Insigel/in vnser Statt/&c.

Gewalde zum Rechten/in schmehsachen/an
das Keyserlich Cammergericht.

ICH N. der Rechten Doctor/Keyserlichen Cammergerichts Aduocat/&c. bekenn öf-
fentlich/vnd thů kund hie mit krafft diß brieffs. Demnach ich kurtzuerschiener zeit/
Vovon dem Edlen vnd vesten N. durch vngegründt vnd vil zumal seines angeben/ei-
ner vermeynten Iniuri halb/an dem hochlöblichen Cammergericht verklagt/Derowegen
auch Proceß vnd Ladūg wider mich/jme erkandt worden seind/an hochgedachtem Cam-
mergericht auff N. zuerscheinen/ vnd allen andern Terminen außzuwarten/&c. Dieweil
mir aber auß ehehafften verhinderungen vnd vrsachen vff angesetzten Rechtstag zu Com-
parirn/vil weniger den andern ab vnd außzuwarten nit müglich/So gibe ich zu ordenli-
cher Prosecution/rechtlicher meiner einrede/vnnd Defension/gantz vollmechtige macht
vnd Gewaldt/in bester form vnd maß Rechtens/auch wie es hochermelto Cammergerichts
brauch vnd gewonheyt nach geschehen soll/kan oder mag/Dem Ernuesten/Hochgelehr-
ten Herrn N. auch der Rechten Doctorn/hochgedachts Cammergerichts Aduocaten vnnd
Procuratorn/constituir vnd setze jhn/hiermit wissentlich/vnd wolbedächtlich/für meinen
vollmechtigen Anwaldt/Nemlich dergestalt/auff angesetzten Termin an meiner statt zu
erscheinen/des Gegentheyls einlag vnd Klag anzuhören/mündtlicher vnnd schrifftlicher
handlung/abschrifft/bedacht/vnd Termin zubitten/dagegẽ mein notturfft protestando,
excipiendo, ac defendendo fürzutragẽ/Reconuention klag zuübergebẽ/den Krieg Re-
chtens

Gewalde.   LIII

chtens zubefestigen/Iuramentū calumniæ/vnd sonst ein jeglichen mir in Recht zuertheilten Eyd in mein Seel zuschweren/vom Gegentheyl tag zuleisten begeren/positionibus vnd Articheln zu respondiren/defensionalibus ac peremptorialibus zu antworten begeren/einred zuthūn/replicas, duplicas, Procedieren/wo von nöten/lebendige vnd briessliche beweisung zufüren/allerley notwendige dilationes zubitten/Vrtheyl zueröffnen begern/anzuhören/zu Execution dasselb helffen zubfürdern/kosten vnd schaden zutaxiren/vnd mit dem Eyde zuerhalten/rc. Auch gemeynlich alle andere notturfft/so sie zu außfürung berürter Rechtsachen erfodern würden/oder so ich selbs (wann ich eygener Person entgegen were)thün möcht/solt/oder köndte. Was dann obberürter Herr N. oder von jhme nachgesetze Anwälde/deren er einen oder mehr/in erfoderung der noth/sezen/vnnd desselben Gewaldt widerumb an sich nemen mag/rechtlich fürnemen/handlen/thün/vnd lassen werden/das alles vnd jedes/ist gentzlich mein will/meynung vnd befelch/ Gelob jhnen diß gantz fest/war/vnd stett/für mich vñ meine Erben/vnwiderrüfflich an Eydesstatt zuhalten/auch sie allerding/wie das namen haben mag/schadloß zuhalten vnnd zuentheben/bey verbindung aller meiner Haabe vnd Güter. Dessen alles zu vrkundt/hab ich obgedachter Doctor N. mein angeboren gewonlich Sigel hierunden fürgetruckt/vnd mit eygener handt vnderschrieben/damit versichert vnd verwart. So geschehen/rc.

Ein andere Form eines Gewaltes/ in allen sachen/ am Cammergericht hangendt/zuhandlen.

WIr Bürgermeister vnd Rath der Statt N. bekennen hiemit offentlich/vnd thün kundt allermenigklich/daß wir gemeinglich/vnd sonderlich/vnsern gewissen vngezweiffelten Anwälde vnd Procurator verordent vnd gesetzt haben/Ordnen vnnd setzen in der besten form vnd masse/wie das jmmer sein soll vnd mag/in krafft diß Briesso/den Ernuesten vnnd Hochgelehrten Herrn N. Licentiaten/rc. des Keyserlichen Cassiergerichts geschwornen Procuratorn/vnd geben demselben befelch/gewaldt/ vnd volkommen macht/in allen vnd jeden sachen/so wir haben inn hochermeltem Kayserlichen Cammergericht jetzt hangende/zuhandlen/oder künfftiglich fürfallen werden/gemeynlich/wider allermenigklich/ Vnd sonderlich gegen vñ wider den Hochwürdigen in Gott Vatter Fürsten vnd Herrn/Herrn N. rc. vnd den wirdigen Ersamen vnd andechtigen Herrn Dechanden/Cappitteln/ vnd gemeyner Priesterschafft jetzbenanter vnser Statt N. von vnsern wegen vñ in vnserm namen daselbst zuerscheinen/alle vñ jede Protestationes zuthün/Exceptiones/Declinatorias/Recusatorias/Dilaterias/ vñ Peremptorias fürzutragen/vnnd ob not sein würde/auff vnser Widertheyl klagen/Libell oder Petition zuantworten/auch Reconuentiones fürzunemen/Titem zucontestiren/allerley beweisung inzubringen/vnd wider entgegen einbrachten/zuexipiren/Replicirn/duplicirn/rc. auff bey vnd enduretryl zubeschliessen/vrtheil zubitten/vnd hören/Expens/kosten/vnd Interesse zuerfordern/zuberechten/für geuerde/vnd einen jeden ziemlichen Eydt in vnser jedes seelen zuschwerz/ Position vnd Artickel darauff fürzugeben/vnd entgegen gegebenen/zu antworten/vnd gemeynglich vnd sonderlich alles vnd jedes von vnsern wegen zuhandlen/ thün/vnd lassen/das sich wol gebürt/erheischet/vnnd not sein wirdt/vnnd das wir selber handlen/thün vnd lassen solten/vnd möchten/ob wir all Persönlich zugegen weren/ auch einn oder mehr andere Anwälde an sein statt zu substituiren/jhnen disen Gewalde vbergeben/vnd wider anzunemen/so offt jhme geliebt. Wir gemeynglich vnd sonderlich/ gereden vnd versprechen auch/bey vnsern waren trewen an geschwornen Eydesstatt/stett vnd fest zuhalten/vnd zu vollziehen/alles das obgenanter vnser Anwaldt/oder sein substituirten also von vnsern wegen in obberürter sachen thün/vnd handlen werden/auch dieselben schadloß zuendtheben/ Rechts zustehen/vnd das geurtheylt zubezalen/bey verpflichtung vnser Haab vnd güter/ alles wie Recht/sitt/vnd der gebrauch ist. Zu warem vrkundt haben wir vnser Statt Secret/Innsigel zu rück diß Briesso thün trucken. Geben auff Dinstag/rc.

Gewaldt

New Formular
Gewaldt zum Rechten/ vmb brüderlich angestorben Erbfall.

JCH N. Bürger zu N. bekenn offentlich mit dem Brieff/ vnd thůn kundt allermeniglichen/ daß ich mit freyem willen/ wolbedachtem můte/ in aller bester forme vnd weise/ das nach einem jeden Rechtē/ auch sonst ausser Recht/ höchst vn̄ meist krafft hat/ soll vnd mag/ zu einem vollmechtigen waren vn̄ vngezweifelten Procuratorn vn̄ Anwalden gesetzt vnd geordnet hab/ setze vnd ordne auch jetzt wissentlich inn vnd mit krafft diß Brieffs/ den Ersamen vnd Wolgelehrten Herrn N. also daß er an meiner stadt/vn̄ in meinem namen/vff den vorbescheidt vnd angesetzten Gerichtstage/ an vnd vor des Durchleuchtigen/ Hochgebornen Fürsten vnd Herrn/ Herrn N.rc. meines Gnedigsten Herrn Hofgericht zu N. das daß nach besage des vorbescheidts vff N. schierst gehalten werden soll/ gegen Hansen N. zuerscheinen/ sein vermeint Appellation/ so er von einem vrteyl an vil vor Hochgenants meines Gnedigsten Herrn Hofgericht zu N. für mich/ meine mitgewandtē vnd wider jnen außgangen/ mein brüderlich anerstorben Erbschafft von N. seligen herrūren betreffendt/ fürgenossen vnd gethan hat/ anzufechten/ darwider zu excipirn/ all vnd jegklich mein gerechtigkeit vnd notturfft derhalb fürzubringen/ reden/ thůn/ oder sagen lassen/ des gegenteyls anzeyg zuwidersprechen/ kundtschafft zufüren/ vnd vmb vrtheyl zubitten/ Vnd ob er sich in einer oder mehr/ bey oder Endtvrtheyln besorgt/ oder bedeucht beschwert zusein/ oder werden/dauon zu Appellieren/ zu Protestirn/ Apostel zubitten/ vnd die mit allen anhengen zu prosequirn/ vnd vollnfüren/ ein oder mehr vollmechtigen Anwaldt nach sine substituirn vnd mechtig zumachen/ dieselben/ vnd jhr jeden zu reuociern/ widerruffen/ vnd daß die Gewaldt wider an sich zunemen/ so dick die notturfft der sachen das erheische mag/ auch zu der gůte zuheydingen/ hindergāg zuthůn/ vnd gebürlich verträge vnd abtrag vffzůnemen/ gelübdt vnnd Eydt/ ob not thet/ inn mein/ des Gewaldtgebers Seel zu schweren/ vmb erlangt gerechtigkeyt/ oder gütlich betheidigung/ auch vmb kost vnd schäden/ ob noth thůn wirdt Quittbrieff zugeben/ dieselbig versiglen/ oder vmb Siglung zubitten/ vnd gemeinlich vnd sonderlich in vnd mit berürter sachen souil thůn/handlen/ vnd lassen/ als ein vollmechtiger Anwalt/ auß Recht oder gewonheyt/ vnd ich in Persönlicher gegenwertigkeyt thet/handlen vnd lassen möcht/ Ob auch er/ oder die nachgesetzten zu solchem wie vorstehet/ einiges sonders vnd mehrers Gewaldts/ dann hierinn begriffen/ notturfftig sein würde/ in oder ausserhalb Rechtens/ den allen vnd jeden wil ich jhme vnd jhnen/ dann als jetzt/ vnd jetzo als dann/ für allen mangel vnd gebresten/ als ob der von wortten zu wortten jnnverleibt vnd jnscrirt stünde/ in bester form/ hiemit befolhen/ vff vnd vbergeben haben/ Vnd was also durch genanten N. meinen Anwalde/ oder seine nachgesetzte Anwälde vnd Procuratores in berürten sachen gütlichen oder rechtlichen gethan/ gehandelt/ vnd gelassen wirdt/ das gelob ich hiemit bey gůten waren trewen an Eydts statt/ für mich vnd meine Erben/ ewig/stett/vest/ vnd vnwiderrüfflich zuhalten vnd vollnfüren/ darwider nit sein/ noch schaffen gethan werden/ mit noch on Recht/ auch sonst in keinen andern sachen/ alles vnd jedes zu gewinn/ zu verlust/ vnd zu allem Rechten/ bey verbindung aller meiner Haabe/ gegenwertiger vnd künfftiger/ Alles getrewlich/ geuerdt vnnd arglist außgescheiden. Des zu vrkundt/ rc.

Gewaldt zum Rechten auff geschehene Appellation vor der Oberkeyt auffgericht/ gůter Form.

WIr N. bekennen vnd thůn kundt offentlichen mit disem Brieff/ daß auff heut dato die hiernach beschrieben Personen/ mit namen A. von. N. B. vonn N. C. von N. D.

Gewalde.

N. D. E. F. vnd G. erschienen seindt/vnnd gaben zuerkennen/wie daß sie einer Stamm-schafft halber/gegen vnd wider H. in rechtfertigung zu N. gestanden/da auch ein vrtheyl für sie/vnd wider ernanten H. ergangen/dauon er daß vermeintlichen Appellirt/vnd solche vermeynt Appellation zuuollstreckt/an vnsers gnedigsten Herrn Pfaltzgrauen Chur-fürsten/Hofrichter vnd Räthe Citation an sie erlangt hette. So aber jhrer Personen vil/auch nit vnder eins/oder zweyer Gerichtszwang seßhafft weren/Jhr auch zu vil für Hof-richter vnnd Räthen zuerscheinen/wölten sie vor vns von Ampts wegen/einen jhren mit Kriegßgnossen zu Anwaldt verordnen. Hierauff haben sie alle/vnd jeder besonder/inn der aller besten form/in maß/weiß/vnd gestalt/so sie das von beyden Geystlichen vnd welt-lichen Rechten/am aller bekrefftigsten thun können/odder möchten/zu jhrem vollmechti-gen Gewalthaber gesetzt vnd verordnet/Den Erbarn A. von N. in diser Sachen/jhren mitkriegsuerwandten zugegen/in jhrer namen/vnnd von jhrer wegen/für den genannten Hofrichtern vnd Räthen der Pfaltz zuerscheinen/die vermeynt des widertheyls Appella-tion abzutreiben/vnd bey versprochenen Vrtheyln zu bleiben/auch deren Remission vnd Execution an die Vnderrichter begern/jhr Recht vnd gerechtigkeyt zuuertretten/vnd zu-uerantworten/vnd ob not sein würd/weiter Klag vnd Antwort/Rede/Widerred/vnd Ar-tickel/mit mundt/oder in Geschrifften darzu thun/den Krieg mit Ja vnd Neyn zubefesti-gen/den Eydt für Geuerde/vnd sonst alle andere ziemliche Eyde in jhr Seelen zuschwe-ren/Zeugen/Brieff/kundtschafft/vnd ander beweerung inzulegen vnd zufüren/Solches alles vom Widertheyl zusehen/zuhören/vnd wider des Widerth.yls fürbringen zureden/zuuernichten/vnd vnkrefftig zuerkennen begeren/in Sachen zubeschliessen vnd zu Rech-ten/vor vnd Endturteyl zuhören/daruon/vnd von einer jeden beschwerde/ob not zu Ap-pelliren/Apostolos zubegern/vnd die zu Prosequirn/einen oder mehr Anwaldt zu vnder-setzen/vnd solchen Gewalde wider an sich zunemen/so dick das noth vnd jhnen für gut an-sihet/vnd sonst gemeynglichen/vnd sonderlichen alles das zuthun/fürzunemen vnnd zu-handlen/so sie selbst thun/fürnemen/vnd handlen möchten/wo sie Persönlich zugegen we-ren/alles zu gewinn/verlust/vnd allem Rechten. Es haben auch benante Personen vns ge-lobt/darnach alle vnd jeder besonder mit auffgeregten fingern geschworn/Solchs alles so durch obbenanten jhren Anwaldt/oder von jme vndergesetzten gehandelt wirdt/stett/vest/vnd angeneme/sie auch darüm schadloß zuhalten/bey verpflichtung vnd verpfendung al-ler jhrer Güter/ligender vnd farender/so sie jetzo haben/oder hernach überkomen mögen/Vnnd des zu warer vrkunde haben wir N. auff bitt mehrgenanter Personen vnser Statt Insigel getruckt/zu endt diß Brieffs/Doch vns vnd gemeyner vnser Statt N. in allweg on schaden. Der geben ist/rc.

Gewaldt zum Rechten/kurtzer Form/vber schmeh vnd scheltwort/rc.

ICH N. des Raths vnnd Stattgerichts verwandter zu N. bekenne vnnd thü kundt offentlich/Nach dem mich kurtzuerschienen zeit A. Burger zu N. etlicher vermeint ter Schmehwort halber vor ein Erbarn Stattgericht zu N. in Recht vnd anspruch genoßmen/vnd mir daß etlicher habender Exceptionum recusatoriarü vngelegen/auch zu keinem dienst fallen wil/deren vnfürgewendt inn diser Sachen zuprocedirn/Also dar-umb/vnnd dieweil ich dieselbe selbst Personlich gerichtlich einzubringen nicht stadt/Also hab ich inn der besten Form derwegen meinen befelch geben/vnnd gib denselben krafft diß Brieffs dem Erbarn N. also/daß er vor Gericht zu N. in meinem Namen erscheinen/vnd meine Außzug vnd einrede wider die Personen des Richters vnd jetzigen Nechststände fürwende/laut angehenckter bitt begeren thün/zu Recht vnd erkendtnuß setzen/darüber vn derzedtliche spruch anhören/gewarten/red/widerred/vnd gemeynlich alles anders zuhande len/thün vnd lassen/das ich eygner Person/wo ich zugegen were/thün oder lassen möcht/

Ob

New Formular

Ob es auch sach/daß er weiters Gewaldts notturfftig were/ den wil ich auch in bester forme/solches geschehen kan/ oder mag/ hiemit gleicher gestalt gegeben vnnd befolhen haben/ als ob der von worten zu worten hierinnen begriffen were/alles zu gewinn/verlust vnd allem Recht. Was auch gedachter mein Anwaldt/also in meinem namen/ von meinet wegen handlen/thůn/oder lassen/das wil ich stett/vest/vnuerbrůchlich/ darzu ihnen des alles schadloß halten/ vnd seiner Anwaldtschafft entheben/ bey verpfendung aller meiner haab vnd gůter/ligender vnd farender/gegenwertiger vnd kůnfftiger/ Geuerde vnd argelist hierinn genzlich außgeschlossen/Vnnd des zu warer vrkundt hab ich dise Schrifft mit eygener handt vnderschrieben/vnd mit meinem gewönlichen Insigel befestiget. Datum/ꝛc.

Gewaldt zum Rechten/Schatzung/vnd Stewer/ auch Oberkeyt vnd Gerechtigkeyt belangend.

Wir Johan von Gottes Gnaden/ꝛc. Bekennen vnnd thůn kundt allermeniglich/ Nach dem wir abermals auff schiersten Dinstag N. in den Rechtschwebenden irrungen/ die sich biß alhero/ vnd auch noch zum theyl vneröritert halten/ zwischen vns als der Klagendt theyl an einem/vnnd dann dem Wolgebornen Herrn/ Herrn N. ꝛc. als Vormůnder seiner Gnaden jůngern Vettern/ ander theyls/Schatzung vnnd Stewer/auch die Oberkeyt vnd gerechtigkeyt zu N. belangen/ an vnd fůr der Churfůrstlichen Pfalz/vnsers Gnedigsten Herrn Hofgericht zu Heydelberg/Rechtlich citirt vnd geladen seindt/Daß wir demnach auß vnserer erheischenden notturfft/ vnd dieweil wir solchen angesetzten Rechtstag mit nichten besuchen/erscheinen/ oder solchen irrungen die zuuerwalten/eygner Person fůr sein können/ zu vnsern vollmechtigen waren vngezweiffelten Syndicum vnd Anwaldt an hochgedachter Pfalz Hofgericht zu Heydelberg constituirt vnd verordnet haben/in der aller besten vnnd bestendigsten form/ maß/ weiß/ vnnd gestalt/ wie wir das thůn sollen/können/oder mögen/ Thůn das auch hiemit wissentlich vnd in krafft diß Brieffs/ Nemlich den Hochgelehrten N. beyder Rechten Licentiat/des Churfůrstlichen Hofgerichts zu Heidelberg Procurator/ꝛc. Also daß derselbig nun hinfůrter vff den jetzigen vnd allen andern angesetzten Terminen/von vnsert wegen zu erscheinen/vnnd vnsere notturfft vnd Gerechtigkeyt zum trewlichsten/besten/ vnd flissigsten fůrbringen/vff alle ergangene handlung zu vrtheyl setzen/ vnd herwider des gegentheyls beflissen vnd fůrbringens/so vil müglich/mit Recht zu widerlegen/ vmb vrtheyl vnd vollstreckung derselben zubitten/vnd anzuhören/Expens/kosten vnnd schäden/mittels Eydts/einzugeben/zu taxieren bitten/vnd darbey halten/von den beschwerlichen vrtheyln zu Appellieren/Apostolos zubitten/die Appellation zu insinuirn vnnd prosequirn/ Auch insonderheyt die gethane Appellation mit dem Eydt/vermög vnsers Gnedigsten Churfůrsten vnnd Herrn Priuilegien/Freiheyten/ vnd deren hochlöblichen Hofgerichts ordnung zubetheuren/zu thůn/vnd zuerstatten/auch einen oder mehr Anwaldt zu vndersetzen/ die widerrůffen/ vnd den Gewaldt wider an sich zunemen/jhne aller ding vnschädlich/ vnd sonst gemeynglich alles vnd jedes zu gewinn/verlust vnd allem Rechten/Vnd was also gedachter vnser Anwaldt/ oder seine Substituirte/hierinnen handlen/thůn vnd fůrnemen/das alles ist/vnnd soll sein vnser steiffer will/vnd selbst geschäfft. Gereden vnd versprechen auch hierauff/ für vns/vnsere Nachkommen/vnd bey vnsern Wirden/ auch pfandbarer verbindung vnserer vnd vnserer Nachkommen/Habe vnd Gůter/solches alles vnd jedes angenem/stett/ vest/auch benanten vnsern Anwaldt vnnd seine Substituirte/von allen bůrden des Rechtens/vnd Satiodation genzlich zu entheben/vnnd schadloß zuhalten. Wir wöllen auch hiemit zu gleicher gestalt alles vnd jedes was obgesetzter vnser Anwaldt hieuor von vnseret wegen/in benannter Sachen gehandelt/endtlich vnd gentzlich angenommen/ auch ratificirt vnd bekrefftiget haben/Vnnd ob an diser vnser Ordnung vnd Gewaldtgebung/einiges

Gewaldt. LV

ger mangel oder fehl/ wie der were/ so wöllen wir in einer gemein hiemit erstattet/ vnnd ermelten vnsern Anwaldt vnd seine vndersetzte/ so vollkommen constituirt vnnd geschaffen haben/ als wir des von Rechts oder gewohnheyt wegen/ jmmer können vnd mögen/ getrewlich vnd ohn alles geuerde. Vnd des zu warem vrkundt haben wir vnser Secret/ Insigel an disen Brieff thün trucken. Der geben ist/ ꝛc.

Gewaldt güetlich/ oder Rechtlich von wegen erkauffter Ecker zuhandlen.

ICH N. wohnhafftig zu N. bekenne vnnd thü kundt allermenigklichen/ mit vnnd in krafft diß Brieffs/ Demnach ich sampt meinen mitgeschwisterten vnd Schwägeren/ als mit kriegs verwandten/ als Klägeren/ gegen vnnd wjdder den Erbarn A. Burger zu N. als Beklagten/ eines vermeinten kauffs etlicher äcker/ so er A. sich biß anhero vnnd noch angemaßt/ derhalben in Recht inngeschutten/ vnnd sich die sach dahin erstreckt/ daß wir die Kläger sämentlich/ vnnd der Beklagter/ diß nechst Montag nach dem Sontag Exaudi früer tagzeit ghen N. für meines Gnedigsten Fürsten vil Herrn/ Herrn N. ꝛc. hochlöblich Hofrichter vnd Räthe vertagt seindt. Dieweil aber ich auß ändern erheblichen vrsachen verhindert werde/ vnd diser meiner rechtgegründen vnd billichen forderung eygner Person nit außwarten/ vnd vorsein kan/ Derwegen so vbergibe vnd befelhe ich zum krefftigsten vnd bestendigsten aller Gerichten/ Rechten vnnd gewohnheyten/ meinen vollmechtigen Gewaldt vnnd gantze macht/ dem Erbarn N. zeiger diß Brieffs/ meinem freundtlichen lieben Brüder/ mich in diser sachen in der güte/ oder wo dieselbig nicht mag stadt haben/ mit Recht zuuertretten/ anzufangen vnd außzufüren/ klag/ antwort/ gegenklagen inn/ wider/ nach/ vnnd weitere reden zuthün/ zubegeren/ vnnd fürzuwenden/ den krieg zubefestigen/ vom Gegentheyl solches zubeschehen anhalten/ Mich vnd meine sach vnd gerechtigkeyt zum besten zuuertretten/ vñ zuhandlen/ den Eydt für geuerde/ zu Latein Calumniæ genant/ mit allen seinen anhängen/ auch einen andern jeden ziemlichen Eydt/ vnd was jhme von meinet wegen im Rechten auffgelegt wirdt/ in meinem namen vnd in mein Seel/ auch von widertheyl begeren zuschweren/ Artickel vnd Satzstück/ in krafft einer beweisung/ vermittels dem Eydt zuübergeben/ vnnd auff des Gegentheyls Artickeln vnd Satzstücken bey dem Eyd helffen antworten/ vnd sonst alle andere notturfft des Rechten beyzulegen/ bey vnd enturteyl zubegeren vnd zuhören/ dieselben anzunemen/ oder dauon Appellieren/ Apostolos zubitten/ die Appellation zuuerkünden/ anzubringen vnd zuuollnziehen/ kosten zutaxieren zubegeren/ die Tax mit dem Eydt zubehalten/ vnd gewonlich alles anders zuhandeln/ thün vnd lassen/ das ich selbs thet vnd thün künde/ so ich gegenwertig were/ Vnd ob benanter mein lieber Brüder vnd Machtbot/ diß Brieffs zeiger ferners Gewaldts/ wie völlig der sein solt/ nottürfftig were/ den wil ich jhme inn aller bester form/ so solches im Rechten/ vnd nach gewonheyt beschehen kan/ oder mag/ auch gegeben haben/ als stünde der von worten zu worten hierinn begriffen/ alles zu gewinn vnd verlust/ Vnd was gedachter mein Anwaldt hierinn handlen/ thün/ vnnd lassen würd/ das wil ich stett/ fest vnd vnuerbrüchlich halten/ vnd jhnen schadloß seiner Anwaldschafft entheben/ bey verpfendung aller meiner Haabe vnd Güter/ ligender/ fahrender/ gegenwertiger vnd künfftiger/ Geuerde vnd argelist hierinn gentzlich außgeschlossen. Des alles zu warem glauben vnnd Vrkunde/ so hab ich N. der Gewaldtgeber mit fleiß gebetten vnd erbetten/ den Ehrnhafften/ Wolgeachten Herrn N. Stattschreiber zu N. daß er sein eygen Innsigel/ mich obgeschribener ding darmit zubefagen / hinfür zu ende diß Gewaldts wölle thün auffdrucken/ Das ich N. obgenannt auß bitt also gethan habe (doch mir vnd meinen Erben in allweg ohn schaden) hiemit bekenne. Der geben auff Dinstag nach ꝛc.

K

New Formular

Forma/wie man einen pflegt zu substituiren.

ICH N. Procurator/ bekenne hiemit/ daß ich inn krafft meines hievor innbrachten Gewaldts/ dem Hochgelehrten Herrn N. Gewaldt gebe/ vnnd substituir/ auch substituirt haben wil/ in sachen betreffen A. im Gewaldt benennt/ gegen B. allhie am Stattgericht nechst Mittwochs nach Antoni/ odder Freytags darnach/ Gerichtlich an meiner statt fürfaren/ die kosten der vngehorsam von B. zuerfordern/ erlangen/ vnd nachmals was recht sein wirt zuthun/ cum alijs clausulis necessarijs, &c. Vrkundt mein handschrifft. Geben zu N. auff ꝛc.

Alia forma einer Substitution.

ICH N. Procurator/ bekenn hiemit diser meiner eygen Handtgeschrifft/ Demnach mich allhie von einem Ersamen Rath/ der wirdig A. substituirt/ von wegen B. in der sachen auerstorben Erbfalls/ von wegen jhres Vatter seligen Schwesteren/C. betreffen das Hauß hinder der Mawern/ vnnd D. in verbott vnnd Arrest legen lassen/ als ob er näher Erb dessen were / Derhalb von nöten zubegern/ daß solch Arrest relaxirt werde/ oder aber D. darthun/ warumb das nit eröffnet werden soll/ꝛc. Dieweil ich aber auff N. vor einem Ersamen Rath zu N. nicht erscheinen kan/ so wil ich auff solche Termin mein Substitution auff den Ehrngeachten vnnd Hochgelehrten Herrn N. transferirt haben. Des zu warer Vrkundt hab ich mein Bittschier hieran thun trucken. Geben/ꝛc.

Aber ein andere Substitution guter Form.

ICH N. bekenn hiemit/ Demnach ich als Anwaldt des Ehrwirdigen Hochgelehrten vnd Ersamen Herrn Philipo Zwengeln beyder Rechten Licentiaten/ vnd diser zeit der löblichen Vniuersitet Rector/ vnd Assessor im Chur. Pfalzgräfischen Hof gericht allhie zu Heydelberg/ sampt jhrer Ehrwirden Mittconsorten wegen/ für Bürgermeister vnd Rath zu N. in Recht nit erscheinen kan/ gegen N. ꝛc. Also substituir ich hiermit den Hochgelehrten Herrn N. auff vorige handlung vnd gethane Kriegsbefestigung zubegeren/ Rechtmessige antwort vom Gegentheyl/ vnnd jhne durch Rechtlichen Spruch zu solchem bitten/ jn anzuhalt/ nachmals sich zubeweisen zůzulassen bitten/ den Stattschreiber zu N. zu Commissarien ernennen/ cum oblatione rati & grati, &c. Geben zu Heydelberg auff N. Tag/ꝛc.

Gewaldt vber veranlaßten sachen/ so ein Fürst seinem Sohn vbergibt vnnd befilhet.

WIr N. von Gottes gnaden/ꝛc. bekennen vnd thun kundt offenbar mit disem briefe/ Als vns der Hochgeborn Fürst/ vnser lieber Vetter/ Herr N. ꝛc. der Sachen vnd Spän halb/ zwischen vnser vnd den N. ꝛc. auff denselben vnsern lieben Vettern/ꝛc. veranlaßt/ vnd sonder auff den abscheidt/ nechst der sachen halb/ von seiner liebe zu N. beschehen/ daß zu Sanct N. Tag nechst Jarzeit vergangen ist/ einen Rechttag vor seine Liebe ghen N. bescheiden hat/ Nemlich auff Sambstag nach Sanct N. Tag dahin zukommen/ Vnnd nachmals denselben Tag/ auff Montag der N. Tag ghen N. fürgenommen

Gewaldt.

nommen hat/nach laut der schüb vnnd Tagsatzung Brieffen/ darumb außgangen/ daß wir dem Hochgebornen Fürsten vnserem lieben Sohn N.ꝛc. vnseren gantz vollnkommen Gewaldt vnd macht gegeben/vnnd befolhen haben/ Geben vnnd befelhen jhme auch wissentlich in krafft diß Brieffs/von vnsern wegen/an vnser statt/ vnd in vnserm Namen zu dem fürgenommen Rechttag ghen N. zukommen/die Sachen da in der gütlicheyt/vnnd in dem Rechten fürzunemen/vnser notturfft vnd gerechtigkeyt fürzubringen/zuerfarn/ klag/rede/vnnd widderrede/innrede/ vnd alles das zuthün/vnnd zuhandlen/das sich nach laut des obgemelten Anlaß in der gütlicheyt/ vnnd zum Rechten heischen vnnd notturfft sein würdet. Vnd was also derselbe vnser lieber Son N. in den Sachen in der gütlicheit/ in dem Rechten/nach laut des Anlasse/handlen/ thün oder lassen wirdt/das alles geloben wir mit dem Brieff getrewenlichen/stett vnd fest zuhalten/ vñ zuvollstrecken/zu gewinn/ zu verlust/vnnd zu allem Rechten/gleicherweiß als ob wir selbs gegenwertig weren/vnnd das theten/oder thün solten/oder möchten/ Ob aber diser vnser Gewaldt/inn einem oder mehr Puncten/Clauseln odder Artickeln nach ordnung des Rechten/vnnd nach laut des Anlasse/nicht gnugsam erkandt würde/ von was vrsachen vnd gebrechens wegen das were/ Dieselben gebrechen all vnnd jegklichen/ krefftigen vnd befestigen wir mit dem Brieff gar vnd gentzlichen/also daß die so krefftiglichen verstanden vnnd auffgenommen werden sollen/als weren sie von wort zu wort hierin geschrieben/ vnd als das nach ordnung des Rechten auff laut des Anlasse vorgemelt/in der besten form/ krafft vnd macht haben soll vnd mag. Es mage auch der benannt vnser lieber Sohn/ disen vnsern Gewaldt/einem oder mehr andern an vnser vnd seiner statt ferner von jhm vbergeben/ Also daß der oder dieselben/den er solchen vnsern Gewalt vbergeben würde/den haben/ handlen/vnd gebrauchen sollen vnd mögen/in aller maß vnd Rechten/als jhme der von vns in dem Brieff gegeben vnd befolhen ist/auch den wider an sich nemen/waß vnd wie offt sich das gebüren vnd nottürfftig sein würdet/ Getrewlich/ alle argelist außgescheiden. Vnd des zu Vrkundt/ꝛc.

Gewaldt eines Fürsten/kurtzer Form/etlichen seinen Räthen/an statt seiner Fürstlichen Gnaden zuhandlen.

WJr N.ꝛc.geben in krafft diß Brieffs/ den Wirdigen vnsern lieben Getrewen N. vnd N. jhnen allen/vnd jegklichem besonder/vnser gantze volle macht vnnd Gewaldt/als vnser Anwäldt vnd Machtbotten in der Sachen zwischen N. vnd N. eins/vnd vns des andern theyls/auff Montag nechst zu B. für den Edlen N. vnnd N.ꝛc. in Recht zuerscheinen/ vnnd die Sach von vnsert wegen rechtlich zuhandlen/zu gewinn/ vnd zu verlust/zu allem rechten/ als wir selber thün solten vnd möchten/ als ob wir gegenwertig weren/ Vnnd ob die gemelten vnser Anwäldt/samentlich vnnd sonderlich/ in der sachen zum Rechten/mehr Gewaldtes bedürfften/oder haben solten/den wöllen wir hiemit auch gethan vnd gegeben haben/vnd geben in krafft diß brieffs/on alle geuerde. Vrkunde ꝛc.

Gewaldt/wehrschafft vmb verkauffte Güter thün zulassen.

JCH N. bekenne für mich vnnd all meine Erben/ Demnach die Ersamen A.vnnd B. ausser diser Welt verschieden/vnd hinder jhnen/des achtbarn C. neben meinen Kindern D. vnd E. als jhrer beyder schwester vnd Brüder Kinder zu rechten Erben verlassen/wie dann auch solche Erbschafft/mit meinem wissen/zulassen/vnd befelch/ in bemelte Häupter vertheylt worden/Dabey an statt vnd von wegen mein/vnnd meiner Kinder der Erbar F. gewesen/vnnd vnder andern noch Hauß vnnd Hof zu G. darinn er-

New Formular

nante A.vnnd B.seligen gewonet/vnuertheylt blieben/vnnd nachmals zuuerkauffen vor
rathsam bedacht/Als dann auch solche Behausung dem Ehrngeachten H. in namen ob-
uermelter gemeyner Erben/ vnd vnd für N. Gülden verkaufft worden/vnnd deßhalben
wehrschafft vor einem Erbarn Rath der Statt J.ermeltem H.zuthůn sich erfordert/daß
ich darumb gedachten meinem lieben J.von wegen mein selbs/ auch gemelter meiner Kin-
der/als legitimus Curator, Vnnd dieweil die nit alle jnnlendisch/ vollnkommen macht
vnd Gewaldt gegeben hab/daß er sampt oder sonder solche wehrschafft thůn/ nach brauch
vnnd herkommen/ auch Rechten der Statt J.Dergleichen meiner Kinder gebürend an-
theyl des Kauffgelts empfahen/darfür zu quittieren/vnd alles das zuthůn/wes sich in sol-
chen Sachen gebürt/vnnd notwendig. Ob auch ermelter mein Gewaldshaber/von we-
gen mein vnd meiner Kinder/weiter Gewaldts/dann hierinn begrieffen/ zu diser Wehr-
schafft vnd verkauff zuhaben von nöten/ den oder dieselbigen wil ich jhme also in krafft di-
ses Gewaldts/bester form solches von Rechts wegen sein kan oder mag/ vnnd zum besten-
digsten gegeben haben/mit disem anhang: Ob gedachter mein Anwaldt in diser Sachen
nach schickung des Allmechtigen nicht personlich zugegen sein köndte/daß er als dann an-
dere an sein statt substituiren/ ordnen vnd befelhe geben möge/ die auch gleichen Gewaldt
als ob es außtrücklichen hierinn vermeldt were/haben sollen/ Vnnd was also durch vser-
nanten meinen Anwaldt/oder seinen vndergesetzten Anwaldt gehandelt wirt/das soll vnd
wil ich für mich/meine Kinder/Erben/für angenem/stett/vnd fest haben vnd halten/ dar-
widder nicht thůn/noch schaffen gethan werden/ inn keinerley weiß/ Sonder meinen Ge-
waldtshaber/an statt mein/vnd meiner Kinder obuermelt/auch seine vndersetzte Anwäld/
inn alliweg schadloß halten/bey verbindung aller meiner Haab vnd Güter/ ligender vnd
fahrender. Vrkundt/ıc.

Gewaldt vorm Fisco/außstendiger Anlag vnd Türckenhilff halber/ıc. zuhandlen.

Wir die verordneten des Stiffts N.Statthalter vnd Räthe/Bekennen vnd thůn
kundt offentlichen hiemit. Nach dem vns ausserhalb Gerichtliche Citation vor-
kommen vnnd vermeldet worden/wie daß der Rhömischen Keyserlichen Maie-
stat/ vnsers Allergnedigsten Herrn Fiscal/widder den Hochwirdigen vnsern Gnedigen
Fürsten vnnd Herrn/ Herrn N.Bischoffen zu N. ıc. im Keyserlichen Cammergericht/
von wegen etlicher ziel/ zu vnderhaltung hochgedachts Cammergerichts / Vnnd dann
von wegen der jüngsten Türckenstewer halber/ Proceß angefangen haben soll/ daß dem-
nach wir an statt vnnd von wegen/ hochgedachts vnseres gnedigen Fürsten vnnd Herrn/
die Ehrnuesten vnd Hochgelehrten Herrn N.vnnd N.beyde der Rechten Doctorn/vnnd
des Keiserlichen Cammergerichts Aduocaten vnd Procuratorn/zu vnsern vollnmechtigen
Anwalden verordent haben/ inn massen wir auch dieselbigen vnnd jhr jeden insonderheyt
hiemit in bester vnnd bestendiger Form/ wie es zu Recht / oder nach Gerichts gewonheyt
am sichersten geschehen soll/kan/vnnd mag/Constituiren/ordnen/vnnd geben jhnen auch
hiemit sampelichen vnnd sonderlichen jedem Gewaldt/der gestalt/daß sie samentlich oder
besonder/von vil Hochgedachtes vnsers gnedigen Fürsten vnd Herrn wegen/ am Keyser-
lichen Cammergericht/vorm Herrn Fisco als baldt erscheinen/vnd derends vnsers Gene-
digen Fürsten vnnd Herrn/vnd vns/nachfolgender massen entschuldigen/ Vnd was an-
fänglichs die hinderstellige ziel zu Anlage oder vnderhaltung des hochgedachten Caisser-
gerichts belangen thůt / vermelden. Daß von wegen des tödlichen abgangs/weylande
des auch Hochwirdigen Fürsten vnnd Herrn/Herrn N.Bischoffen zu N.hochseliger ge-
dächtnuß/die Regierung vonn jetzregierendem vnserem Gnedigen Fürsten vnd Herrn/
mit vnsern Personen auff newe bestellt vnd vberkommen/die wir/ als newe Diener/ nicht
wissen mögen/ wie viel Ziel außstendig sein/ odder was nach erhaltener Moderation auff

jedes

Gewaldt. LVII

jedes ziel zuerlegen ist/ Wann wir aber dessen verstendiget/ soll die bezalung darauff als balde erfolgt werden. Derhalben den angefangen Proceß in erwegung/ auch weder vnser gnediger Fürst vnd Herr/ noch wir/ niemals citirt worden/ fallen zulassen/ oder zum wenigsten den zususpendiren bitten/ vnd sonsten was in diser sachen zum füglichsten vnd dienlichsten gereichen thut/ handlen. Was dann am andern/ die erlegung der Türckensteur betrifft/ in solchem gleicherweiß vermelden vnd anzeygen/ daß die zwey ziel/ mit der Hertzogin zu N. steur Gelds/ den verordneten einnemern zu N. erlegt worden sey/ Jnn massen auch hochgedachte Fürstin/ vnser gnedige Fraw/ solches an jhnen Herrn Fiscal gnediglichen hab gelangen lassen/ Demnach solchen Proceß ebenmessig/ auß gehörten vrsachen zu hindersetzen/ vnd abzulehnen. Solte aber hierüber der Keyserlich Fiscal (wie wir doch nicht hoffen) nit ersettiget/ sonder ferners zu procediren inn vorhabens sein/ So geben wir vnsern vollmechtigen Anwälden auch hiemit ferrers gantz völlige macht vnnd Gewaldt/ in der Sachen/ vmb gehaltenen Proceß/ Abschrifft zubitten/ vnnd notürfftige Dilation zuerhalten/ vnnd sonsten die gantz sachen/ von vil hochgedachts vnsers gnedigen Fürsten vnnd Herrn/ vnd vnsernt wegen/ Rechtlich/ zu gewinn/ vnd zu verlust/ zu allem Rechten/ als wir selbsten (wo wir persönlichen zugegen weren) thün solten/ vnnd möchten/ vnd sonsten alles zuhandlen/ was Hochermeltem vnserm gnedigen Fürsten vnd Herrn/ vnnd vns erspriesslichen sein kan vnd mag/ re. Vnd ob die gemelten vnsere Anwälde sämentlich/ oder sonderlichen/ in der Sachen zum Rechten zu disem Termin/ mehr Gewalts bedürfften/ oder haben solten/ den wöllen wir jhnen hiemit auch/ in bester Form Rechtens gegeben vnd zugestellt haben. Es mögen auch gedachte vnsere Anwälde auff den fall der noth/ einen oder mehr Afteranwälde/ an jhre statt substituirn vnd verordnen/ vnd die Substitution jhrens gefallens/ so offt das noth thüt/ oder jhnen güt dunckt/ widder an sie zunemen. Vnnd was also durch vilbenante vnsere Anwälde/ oder jhren vndergesetzten/ vnnd substituirten gehandlet wirdt/ das alles versprechen vnd geloben wir/ von vil hochgedachts vnsers gnedigen Fürsten vnd Herrn wegen/ bey vnserm waren glauben vnd Ehren/ stett/ vnd fest zuhalten/ vnd dem nicht zuwiderkommen. Wir versprechen hiemit auch/ vnsere gevollmechtigten vnnd derselben Substituirten Anwälde der Caution iudicatum solui, sampt den Expensen/ vnnd aller andern Rechtlichen bürden zuentheben vnd schadtloß zu halten/ alles getrewlich vnnd vngeferlich. Des zu Vrkund haben wir vnsers Gnedigen Fürsten vnnd Herrn Cantzley Secret (deren wir vnns gebrauchen) hierunder auffgetruckt. So geschehen zu N. Dinstag den re.

Gewaldt/ schulden gütlich oder Rechtlich inzubringen/ vor der Oberkeyt auffgericht.

WIr Bürgermeister vnd Rath der Churfürstlichen Satt N. bekennen hierinn offentlichen/ daß für vns kommen ist/ die Erbar Fraw Apollonia N. Spitals genossen zu N. Wittibin/ vnnd gabe allda in bester bestendigster Form sie in Rechten thün solt/ köndt oder möcht/ jhr gantz vollkomen möge/ macht/ vnd Gewaldt/ Gibt auch hiemit Gewaldt vnnd macht/ dem Ersamen vnnd fürnemen Johan N. Bürgern zu N. in jhrem abwesen/ von jhrent wegen/ vnnd in jhrem namen/ von der tugentsamen N. weylandt N. von Franckfurt gelassenen Wittwe/ neun Gülden Haußzinß/ so sie noch an den zwölff Gülden/ darumb jhr jars solch Hauß an der Stattmawer zu N. gelegen/ angangs auff Johannis Baptiste des Tauffers Tag/ Anno re. fünff vnd Sechtzig/ biß widerumb zu außgang desselbigen Tags Johannis Baptiste/ Anno sechs vnd sechtzig gelawen/ auffgehalten/ vnnd wie beweißlich versprochen worden/ auch sie dasselbig sampt jhrem darinn behalten Haußrath/ inngehabt/ vnd noch etlichs darinn stehen hat/ re. schuldig blieben ist/ Darzü zwen Gülden vor Bethzinß/ so Apollonia jhr N. sampt ein Bethziech/ welche sie N. zerrissen/ vnnd ein ander Bethziech darfür zugeben zügesagt/ alles jhr Apollonie

K iij

noch vnbezalt von gemelter N. außstendig/ solches alles sampt kosten vnnd schäden/ gütlich/ oder Rechtlich isszufordern/ die zuempfahen/ vñ dero zuquittiren/ Wo er aber gütlich bezalung nit erlangen möcht/ als dann sie N. für jrem ordenlichen Richter zubeklagen/ zu rechefertigen/ jhre Recht vnnd gerechtigkeyt darauff fürzutragen/ sie in solchem zuversehen/ zuvertretten/ den Eydt für Geuerde/ vnd einen jeden andern ziemlichen ehelichen notürfftigen Eydt inn ihre Seel zuschweren/ vnnd hergegen zuerfordern/ schrifftlich vnnd mündtlich fürträg zuthůn/ Gezeugen/ vnnd sonst allerhandt beweisung (nottürfftiger erheischung nach/ zufüren/ vnnd darzulegen/ inn der Sachen zubeschliessen/ Vrtheyl zubegeren/ zuempfahen/ vnnd zuhören/ auch einen odder mehr andere Anwälde an jhre Statt vnderseszen/ den oder dieselben zuwiderrüffen/ vnd disen Gewaldt widerumb an sich zunemen/ so offt jhme gelicht vnnd eben ist/ vnnd zu jhrem besten angesehen sein wirdt/ Sonst auch gemeynglichen vnd sonderlich alles vnd jedes hierinnen fürzunemen/ zuhandlen/ zu thůn vnd zulassen/ das sie selbst thůn solt oder möcht/ so sie Persönlich zugegen were/ vnd sich zu inbringung solcher schuldt gebürt vnd noth sein würdt/ Bedörfft er auch eines weittern Gewaldts/ dann hierin begrieffen ist/ wie die nach form der Rechten sein solt/ den wil sie jhme hiemit auch vbergeben vnnd zůgestellt han/ als stůnde er mit außgetruckten worten hierinn geschrieben/ Was auch genanter jhr gesaszter oder Afftrwaldt hierinn gůtlich oder rechtlich fürnemen/ handlen/ thůn oder lassen/ das alles ist vnnd soll jhr gůter will/ vnd selbs geschefft sein. Geredt vnd gelobt auch für vns mit handgebenden trewen an Eydtstatt/ solches alles angenem zuhalten/ darzů stett/ fest/ vnnd den genannten jhren Anwaldt vnnd Affteranwaldt von allen Gerichtlichen bürden schadloß zuhalten/ bey verbindung/ vnd Hypothecation aller jhrer Güter/ Zu warem Vrkundt haben wir die Bürgermeystere Johan N. vnd Jacob N. der obgemelten Statt N. Innsigel/ von genanter Frawen Apollonia fleissigen bitt wegen/ an disen Brieff thůn trucken/ doch vns vnnd ehegerürter Statt vnschädlich. Geben auff Montag/ ꝛc.

Gewaldt/ schulden vnd Erb innzubringen/
anderer Form.

ICH Jacob/ ꝛc. der Rechten Doctor/ für mich selbs/ vnd dann als legitimus administrator N. meiner freundlichen lieben Haußfrawen/ Vrkunde hiemit gegen allermenigklich/ als nach absterben weylandt E. meiner Schwiger selige/ Balthas N. mein Schwager/ ehegedachter meiner lieben Haußfrawen/ an ihrem zůertheylten vnd terlichen Gůt/ neunszig/ vnnd dann mir hernacher gelichene Gelts hundert vnnd sechszig gulden/ damit er die anderen gemeynen mitterben mehrertheyl auffgekaufft/ vnd also vns beiden ehegemahlen in einer summa drithalb hundert gulden/ rechter redlicher schulden/ darfür vns anfengklichs ehegedachter vnser Schwiger/ vnd folgends das mit vnserm wissen vnd zůlassen in der Vorstatt von Bastian N. ertauscht Hauß Hypothecirt vnnd vervnderpfendet worden/ schuldig worden/ ich aber mit der bezalung (ausser halb ꝛꝛ. Gůlden/ so ich von sein Balthas N. Sohn/ Claussen genannt/ vergangnen Jars empfangen) nun etlich viel Jar/ vnangesehen ich derselben von tagen vertröstet/ vngůtlichen auffgezogen worden. Daß ich demnach zu einbringung solcher offenbaren vnd bekändlichen schulden meinen ganz vollkommenen Gewaldt geben vnnd befolhen hab/ Gibe vnnd befilhe auch denselben hiemit vnnd inn krafft diß Brieffs/ dem Ersamen Johan Peter Zwengel von Heydelbergk/ meinem vor der zeit gewesenen Diener/ also daß derselbig zů N. erscheinen/ solche summen der noch außstendigen zweyhundert vnnd dreissig Gůlden bey bemeltem Balthas N. meinem Schwager erfoderen/ die empfahen/ vnd daruff in meinem namen notůrfftiglich quittiren/ Aber vff den fall er inn der güte die bezalung nit erlangen möchte/ als dann jnnhalt des N. Statrechts/ auff die vorbemelt Behausung klagen/ die in das Pfandtbůch schreiben/ vnnd vmb die Hütten schlagen lassen/ den Eydt für Geuerde/ vnd sonst

sonst einen jeden ziemlichen jhme mit Recht zůertheylten Eydt inn mein Seel schweren/ den Krieg Rechtens befestigen/vnd daß dasselbig vom Gegentheyl auch beschehe/begern/ vnnd in gemeyn wie in solchen vnd dergleichen Sachen bräuchlich ist/ vnd es der Statt N.herkommen erfordert/procediren/einen oder mehr Afteranwälde an sein statt substi‍tuiren/auch alles anders thůn vnnd lassen soll/so gelegenheyt diser Sachen erfordert/vnd ich selbs/wo ich zugegen/immer thůn odder lassen soll/köndt oder möcht/ Was auch also ehegedachter mein vollmechtiger Anwaldt handlen/thůn/vnnd lassen wirdt/das ist vnnd soll sein/mein endlicher will vnd meynung/Gered vnnd versprich hiemit/bey meinen wa‍ren ehren vnd trewen/solches alles war/stett/fest/ vnd vnuerbrüchlich zůhalten/darwider nicht zůsein/ noch schaffen gethan werden/inn keinerley weiß noch wege/auch jhne An‍walden diser Anwaldtschaffte in allweg zůentheben/ vnd schadloß zůhalten/bey gemeyner verbindung aller meiner Haabe vnd Güter/ligender vnd farender/nichts daruon außge‍nommen. Des zu warem Vrkundt/hab ich mein angeborn Innsigel zu ende dises Ge‍waldts fürgetruckt/So geschehen auff/ꝛc.

Gewaldt/schulden innzubringen/in kurtzer vnd gůter Form.

ICH N.vrkundt hiemit gegen allermenigklich/als A. von B. mir vergangener ja‍ren N.Gülden/jeden Gülden zu fünffzehen batzen zůrechnen/ rechtlicher bekandt‍licher schulden schuldig worden/ vnd gleichwol die bezalung offt versprochen/aber mich biß noch auff den heutigen tag nicht entrichtet/daß ich demnach zu bekommung des meinen/meinen gantz vollkommen Gewaldt vnnd macht geben vnnd befolhen hab/Gibe vnd befelh auch denselben hiemit wissentlich in krafft diß Brieffs/dem Ersamen Johann Peter Zwengel von Heydelbergk/ also vnnd dergestalt/daß derselbig angeregte schuldt in der güte bey jhm A. vnnd B. vnd da es von nöten sein solt/auch vor dem Churfürstlichen Landtschreiber zu N.erfordern/dieselb gegen hinauß gebung gebůrlicher quittung empfa‍hen/vnd folgendts an orth vnnd ende/wie er dessen von mir mündtlichen befelch empfan‍gen/vberantworten soll. Dessen zu warem Vrkundt/ hab ich mein gewonlich Bitschier zu ende diser meiner eygenen Handtgeschrifft fürgetruckt/So geschehen auff den dreissig‍sten Augusti/Anno ꝛc.

Gewaldt/Erb zufordern/vor der Oberkeyt auffgericht.

WIr Philips Graue zu A.vnd Herr zu B. thůn kundt menigklich in disem Brief‍fe/ Daß für vns kommen vnd erschienen ist/ vnser Bereitter zu N.vnd lieber ge‍trewer Calo Vormünder Gertrauts vnnd Martha geschwisterigen/weylande Wernhers Mehnnes vnsers gewesenen Landtknechts ehelichen/ vnnd nach jhme gelasse‍ner Kinder/mit anzeyge/wie etwa einer genannt Lorentz Menne/Bürger zu der Newen‍statt in leben gewesen/bemelter Kinder nechster vnd angesipter freundt/welcher vor vilen Jaren/ohne Ehelich leibs Erben/vnd also ab intestato, gestorben/vnnd aber desselbigen Ehefraw den Besitz vnd Abnutzung zeit jhres lebens/auff bemelts Lorentzen jhres Hauß‍wirts seligen hinderlassen Gütern gehabt/ vnnd also nicht mehr dann Vsufructuaria ge‍wesen/jetzo vnuerlengter Tag in Gott entschlaffen/ vnnd die schuldt der Natur mit dem Todte bezalet / Derowegen sollicher anfall/ de jure, auff berůrte Kinder / als nechste Erben kommen / vnnd erwachsen. Dieweil aber die gedachte Kinder / auß mangel der Jaren / solche Erbschaffte eygener Person/ inn Recht/ odder der güte nicht einfor‍deren können / so hetten demnach obgedachte Tutores vnnd Vormünder bedacht/

New Formular

den Kindern vnnötige zerung/ kosten/ vnnd anders zuuerhüten/ am bequemlichsten vnnd nützlichsten zusein/ einen von jhrer aller wegen mit gnugsamen Gewalt derhalb abzufertigen/ die angefallen Erbschaft vnd Güter zuerfordern/ wie brauch vnd gewonheit des orts sie gelegen sein/ ist. Vnd hiemit gantz vollkommene macht vnd Gewaldt gegeben/ dem Ersamen D. seinem in diser Sachen mit Vormundt/ alle vnd jede Güter/ wie/ wo die ligen vnd namen haben mögen/ von ernantem Lorentz Mennien/ jhrem Vattern seligen herrürend/ vnd souil sie gerechtigkeyt daran hetten/ oder haben möchten/ rechtlich oder gütlich/ zu sampt kosten vnd schäden/ so darauff gangen vnd noch gehn möchten/ inzufordern vnd innzunemen/ klag/ antwort/ gegen/ in/ widder/ vnd nachrede zuthun/ den Eyd für Geuerde/ iuramentum calumniæ, genannt/ vnd sonst einen jeglichen ziemlichen vnd gebürlichen Eydt in der Principal vnd Gewalthaber Seel zuschweren/ vnd vrtheyl zubitten/ die anzuhören/ vnd ob von nöten dauon zu Appellieren/ die Appellation zu prosequirn/ auch einen oder mehr Anwälde an sein statt zusubstituirn/ vnnd zuundersetzen/ denen oder die/ so dick/ vnd vil das von nöten zu Reuocieren/ vnd den Gewaldt wider an sich zunemen/ vnd der empfangenen Erbschafft zu quitirn/ vnd sonst alles vnd jedes hierinn fürzunemen/ zuhandlen/ zuthun vnd zulassen/ zu gewinn vnd verlust/ zu gleicherweiß in aller maß vnd zu allem Rechten/ sie die Gewaldtgeber eygener Person zugegen/ vnnd der Sachen selbs ab vnd zuhandler weren. Vnd ob jhme weiters Gewaldts hierinn von nöten/ wir völlig der sein/ vnnd inn Recht erkandt würde/ den wöllen die Gewaldtgeber bemelten D. mit Vormunde jhrem Anwaldt/ vnnd desselben Substituirten/ als ob er mit außgetruckten worten hierinn geschrieben stünde/ auch vbergeben haben/ auch sie dises Gewalts halben/ gegen menigklichen schadens entheben/ sonder Geuerde/ Zu Vrkundt haben wir Philips/ Graue zu A. obgenannt vmb fleissiger vnnd vnderthenniger bitt willen E. vnser Secret Innsigel endes der Schrifft hierauff thun trucken. Vnd geben am Montag nach Martini/ Anno ꝛc.

Gewaldt Lehen bey der Keyserlichen Maiestat zuempfahen.

Wir N. vnd N. bekennen vnd thun kundt gegen allermenigklich mit disem Brieff/ Nach dem jüngst verschiener zeit/ auß disem zergenglichen Jamerthal mit todt verschieden ist/ weylandt N. vnser freundtlicher lieber Vetter selig/ vnnd seiner Stamm vnnd Mannschen halben nähere Erben vnd Agnaten/ als den Edlen vnd Ernuesten N. vnd dann vns die beyden gebrüder/ alle in gleichem Grad hinder jhm nit verlassen/ daß wir demnach dieselben Lehen sampt vnd sonder zu vnseren gebürenden antheylen als balde inn gemüt Adirt vnnd angenommen / Vnnd dieweil vnder solchen auch ein Lehen von Rhömischen Keysern vnd dem heyligen Reich herrüret/ darinnen vns beyden Gebrüdern obberürter vnser freundlicher lieber Vetter N. freundlich cedirt vnd gewiechen/ vnd nunmehr bey der jetzigen gegenwertigen Rhömischen Keyserlichen Maiestatt/ vnserm Allergnedigsten Herrn/ ꝛc. vnd in allem vnderthenniglich gehörsam/ darumb anzusuchen/ vnnd solches mit aller gebürenden Neuerent zuempfahen gebürt/ vnnd vnns aber von wegen obliegender leibs schwacheyt/ vnnd sonst anderer ehehafften halb bey jhrer Keyserlichen Maiestat selbst Personlich zuerscheinen/ vnnd der gebür nach darumb anzusuchen gantz beschwerlich/ daß wir demnach dem Ersamen N. vnsern gantz vollnmechtigen Gewalde vnnd befelch geben haben/ Geben vnnd befelhen jhme auch den hiemit vnd inn krafft diß Brieffs in aller bester vnnd bestendigster Form der Rechten vnd gebräuch/ wie solches jmmer beschehen soll/ kan oder mag/ Also vil der gestalt/ daß er N. obberürt Lehen/ wie es vnser lieber Vetter N. vnd seine ältern von N. selig/ jederzeit von Römischen Keysern vnd dem heyligen Reich empfangen/ nach laut vnd innhalt der alten Brieff/ von dem Allerdurchleuchtigsten/ Großmechtigsten Fürsten vnd Herrn/ Herrn Maximilian/ erweltem

Römischen

Gewaldt.

Römischen Keyser/zu allen zeiten mehrer des Reichs/ꝛc. vnserm Allergnedigsten Herrn/ von vnsert wegen/vnd in vnserm namen empfangen/darüber geloben/vnd in vnser Seel schweren/gewonliche Lehenbrieffe vnd Reuerß nemen vnd geben/ auch die Reuerß in vnserm namen versigeln/ vnd sonst alles vnd jedes hierinn thůn vnd lassen soll vnd mag/das wir solcher empfengknuß halber berůrts Lehens selbs eygener Person/ wo wir zugegen weren/thůn vnd lassen solten/ködten oder möchten/Vnnd was also der gemelt N. gehörter massen/vnd in vnserm namen gelobt/schwert/handlet/thůt vnnd läßt/das ist vnd soll sein vnser endtlicher gůter freyer will vnd meynung. Wir gereden vnd versprechen auch hiemit vnd in krafft diß Brieffs/bey vnsern waren trewen vnnd an eins geschwornen Eydtstatt/solches alles war/stett/vest/vnnd vnuerbrüchlich zuhalten/darwidder nicht zuthůn/ noch gethan werden zuschaffen/in keine weiß/noch wege/wie solches immer erdacht werden möcht/bey verpfendung aller vnser Haaben vnd Gůter/ gegenwertiger vnd künfftiger/alles getrewlich vnd vngefehrlich/ Des zu warem Vrkundt vnnd sicherheyt/haben wir beyde gebrüder/vnd vnser jeder in sonderheyt vnser eygen angeborn Jnnsigel zu ende diser Geschrifften getruckt. So geschehen/ꝛc.

Ein andere Form eines Mandats oder Gewaldts/ Lehen zuempfahen/in schlechter vnd kurtzer Form.

JCH Dauid von N. zu N. bekenn hiemit diser Schrifften. Demnach mein freundtlicher lieber Brůder Georg vonn N. von wegen sein/vnnd mein/das Schloß N. sampt seinen Fischwassern vnnd zůgehörungen/zu Lehen von der Churfürstlichen Pfaltz entpfangen vnnd tragen/ Nun hat aber ehegedachter mein Brůder/mir sein gebürend theyl an solchem Schloß vnnd seiner zůgehörung vbergeben vnd zůgestellt/laut darüber vberliefferter Schrifft vnd vrkundt/Vnnd dann jetzt hierauff von nöten/von dem Durchleuchtigsten/Hochgebornen Fürsten vnd Herrn/ Herrn Friderichen Pfaltzgrauen vnd Churfürsten/meinem Gnedigsten Herrn/ solches Lehen zuempfahen/habe aber leibs franckheyt halben/das in eygner Person nit empfahen mög. So gibe ich an meiner statt/ vnd von meiner wegen/dem Edlen vnd Ehrnuesten Hansen Bernholden zu Freymerßheym/meinem freundtlichen lieben Schwager/ meinen gantz vollkommen Gewalt/ Vbergibe jhme den auch hiemit/ daß er von Churfürstlichen Gnaden obberůrt Lehen mag vnd soll empfahen/Lehens pflicht vnnd Lehens Eydt/in mein Seel zuschweren/Reuersbrieffe vbergeben/versiglen/vnd alles anders was die notturfft erfordert/ vnd sich hierinnen zuthůn gebürt/auch ich selbs thůn köndt oder möcht/inn eygener Person. Jch verspriche auch bey meinen waren trewen vnnd glauben/ alles was erneelter Bernhold mein lieber Schwager/in solcher empfahung von meinet wegen/vnd an meiner statt handelt/ verspricht/thůt/vnd lasset/das alles stett vnd fest zuhalten/ geleben vnd nachkommen/alles ohn Geuerde. Des zů vrkundt hab ich obgenanter Dauid N. mein eygen angeborn Jnsigel heran thůn außtrucken. So geschehen/ꝛc.

Aber ein anderer Gewaldt Lehen zuempfahen/ inn kurtzer vnd gůter Form.

JCH Bartholomeus N. von N. thů kunde vnd bekenne mit disem offnen Brieffe/ Demnach der Ehrnuest Lamprecht N. von N. mein freundtlicher lieber Brůder vnnd ich/vnd Christoffeln vnnd Hans N. Gebrüder/ von N. den vierdten theyl am Zehenden zu N. Jtem ein Banbackhauß/sampt sein zůgehörden zu N. Jtem sünffthalb

New Formular

halb Pfundt Heller vff der bede zu N. vnd etliche äcker vnd Wiesen zu N. erblich erkaufft haben. Vnnd aber obgemelte stück von dem Durchleuchtigsten Hochgebornen Fürsten vnd Herrn/ Herrn Friderichen Pfaltzgrauen bey Rhein/ Hertzogen in Beyern/ des Heiligen Römischen Reichs Ertztruchsäß vnd Churfürsten/ ec. meinem gnedigsten Herrn/ zu Lehenrürn/ vermöge Lehenbrieffs/ wir gebrüder innhaben/ darzu von höchstgedachtem meinem Gnedigsten Herrn/ auch ein verwilligungs Brieffe/ solche Lehenstück/ an vnns gebrüder/ erblich zuwenden/ von denen Gebrüdern von N. vnd als baldt vbergeben/ ec. Demnach vnd dieweil wir gebrüder solch Lehen zuempfahen/ vns schuldig erkennen/ So gib ich hiemit inn krafft diß Brieffs obgenanten meinem lieben Brüder Lamprechten meinen vollkommenen Gewaldt/ solche Lehenstück / vonn der Churfürstlichen Pfaltz / vnderthenigst von vnser beyder wegen zuentpfahen/ vermannen vnd tragen/ einn leiblichen Eydt in vnser beyder Seelen zuschweren/ Lehenbrieff zuentpfahen/ den Reuters versigeln vnd zuübergeben/ auch alles das so eim Lehenträger zuthun gebürt/ aufzurichten/ Vnd ob dick genantem meinem lieben Brüder hierinn weiters Gewalts von nöten/ wil ich jhme also hiemit vollkommenlich/ als ob solcher von worten zu worten hierinn geschrieben were/ gegeben haben/ hierinn alle Geuerde vnd argelist außgescheiden. Des zu vrkundt hab ich Bartholomeus/ ec. mein eygen Innsigel zu ende dises Gewaldts getruckt/ vff Sambstag nach Catharine Virginis/ Anno ec.

Gewaldt Erb zuempfahen vnd ůnnzunemen.

ICH Apollonia weylandt Vogtshansen vonn Stockach gelassene Wittibin/ bekenne hiemit offentlich vnd für alle mein Erben/ daß ich meins angebürenden erbLehenteyls halben/ so vil mir dann von meiner Schwester seligen Sone/ weyland Hansen von N. Tübinger Ampts erblichen/ an vnd in ligenden vnd fahrenden erbenden Gütern zugefallen vnd anerstorben/ ec. Derowegen meinem getrewen lieben Tochterman Christoff N. vollmechtigen Gewaldt wolbedachelich/ vnd wie das von mir vermöge Rechtens/ in der aller besten form krefftig ist/ geschehen soll vnd mag / wissentlich in kraft diß Brieffs geben vnd befolhen hab/ an meiner statt/ vnd von meinet wegen obangeregten vnd all mein Erbtheyl/ vätterliches Erbs vnd güts/ wie das namen hat/ durch schlechts nichts besondert/ solches alles gütlich oder Rechtlich zuerfordern/ einzuziehen/ vnd zuentpfahen/ auch deßhalben darnach zugehen/ wenn/ wie offt/ vnnd dick das not thut / fürbott/ ladung/ klag/ antwort/ rede vnd widerrede zugebrauchen/ vnd zuuerantworten/ vertrag vnd hindergang zuthun/ vmb Sieglung/ Zeugen/ abschied vnd andere Brieff vnd vrkunde zubitten/ Gerichtsbrieffe zunemen vnd geben/ brieffliche vnnd andere vrkunde hören vnnd anhören zulassen/ auch alles das hierinn gegen meniglich zuvollnfüren/ zuüben/ vnd zulassen/ was vnd wie sich dann das alles nach ordnung deren vnd allerley Recht zu einziehung vnd einbringung obbestimpts Erbs die notturfft erheischet/ vnnd ich selbs in eygener Person thun solt/ oder möcht. Er mag auch solchen Gewaldt einem/ oder mehr/ andern Personen wol vbergeben/ vnd weiter zugeben befelhen/ auch den von dem/ oder denselben/ wenn vnd also offt jhne noch sein gedüncken wil/ mündlich odder schrifftlich widderruffen/ vnnd an sich nemen/ Dergleichen ich mir auch zuthun vorbehalten/ Vnd ob der oder die/ so substituirt vnd gesetzt/ deßhalben noch mehrer Gewaldts dann hierinn begriffen/ notturfftig weren/ odder würden / den wil ich jhnen hiemit jetzo als dann/ auch dann als jetzo/ so krefftig gegeben haben/ als ob der mit Recht vnd Vrtheyl/ für wirdig vnd gnugsam erkandt were/ oder zugelassen werden möcht/ alles zu gewinn/ vnnd verlust/ vnnd willigklichen zu allem Rechten / Was auch obbemelter mein Tochterman/ odder nach jhme sein Substituirt odder derselben Anwälde/ vnnd jeder sonderlichen hierinn gütlich odder rechtlich vben/ auffnemen/ geben/ odder lassen wirdt/ das alles soll sein/ vnnd ist gar mein gantzer wille/ auch

Gewaldt.

auch mich hicrwider keinerley/Geistlich oder Weltlich Recht/noch Freiheyten/helffen oder genieſſen/als ich ſolches trewlich in krafft diß Brieffs verſprochen/dermaſſen ſtett vnd vnwiderrüfflich zuhalten/als were es durch mein eygen Perſon gehandelt vnnd gethan/ Alles trewlich ohn Geuerde. Deſſen zu warem Vrkundt vnd mehrer ſicherheyt/dieweil mir eygens Sigel gemangelt/ Herumb mit fleiß gebetten vnd erbetten den Erngeachten N. daß er ſein eygen angeborn Innſigel obbeſchrieben zubeſagen/hierunden auffgetruckt hat. Solches ich N. obernant/ alſo auff angelegte fleiſſige bitt gethan habe / erkenne/ Doch mir/vnd meinen Erben/inn allwege vnſchädlich. Datum & actum Heydelberg/ Mittwoch nach x.

Ein anderer güter vnd kurtzer Gewalde Erb zuempfahen.

ICH Wolffgang N. vrkunde hiemit/ Als weylandt die Edel vnnd Tugentſame Fraw Margretha von N.geborne N. mein freundtliche liebe Baß ſelige/vertzückter tag todts verfaren/vnd neben andern meinen miterben/mich als auch ihren Erben verlaſſen/Derrwegen dann durch die Freundtſchafft/ allerſeits ein Tag vnnd zuſammen kunfft auff den N. Monat zu N.einzukommen/ernennt vnd angeſetzt worden/Welchen Tag aber ich allerhaubt meiner obligenden verhindernuß halber ſelbs in der Perſon nit zubeſuchen weiß/daß ich demnach meinen gantz vollnkommen Gewaldt vnnd macht geben vnd befohlen hab/ Gib vnd befelhe auch denſelben hiemit vnd in krafft diß Brieffs/ dem Edlen vnd Veſten N. Alſo daß derſelbig in meinem Namen vnd von meiner wegen vff obberürten angeſtelten tag zu N.erſcheinen/die Erbſchafft vorernelter meiner freundtlichen lieben Baſen ſelig/ zu meinem angebürenden theyl erfordern/ vnnd annemen/ Inuentaria (da es von nöten) auffrichten/innhalt derſelben die theylung fürnemen/ſich der farenden Haab/vnd allen anders halber/nach ſeinem gut bedunckten/vnnd der ſachen gelegenheyt in vnderhandlung/vertrag/vnnd vergleichung mit den andern Erben/vnnd wie wem es ſonſt von nöten ſein wolte/einlaſſen/ vnd das ſtenig ſo er alſo in ein oder den anderen weg meinent halben empfahen würde/ quittiren / Vnd in gemeyn/alles anders thun vnnd laſſen ſoll/ſo ich ſelbs/wo ich zugegen were/ thun vnd laſſen ſolt/könde/oder möcht. Was dann obgedachter mein in diſer ſachen geordneter Anwaldt/ alſo wie obgemelt/ thun/ laſſen/vnd handlen wirdt/das iſt vnd ſoll ſein mein endlicher will vnnd meynung. Gered vnnd verſprich auch bey meinen waren Ehren/ an eines geſchwornen Eydts ſtatt/ ſolches alles war/ſtett/ vnnd vnuerbrüchlich zuhalten/ dawider nit zuthun/noch ſchaffen gethon werden/ inn keinerley weiß noch wege/ wie das Menſchen ſinn immer erdencken möcht/dawider ſoll mich/ oder die meinen nit ferten/einicherley Recht/ gnad oder Freiheit/wie das immer namen hat/dann ich mich deſſen alles/ vnnd in ſonderheyt des Rechten/das da ſpricht/gemeine vertzeyhung gelt nit/es gang dann ein ſonderung beuor/hiemit genylichen vnd in allweg vertzeihen thu. Deſſen alles zu warem Vrkundt hab ich mein angeboren Inſigel zu end diſes Brieffes fürgetruckt. So geſchehen/ re.

Vnderricht der Clauſel/ ſo vnder Weiblichem Geſchlecht in Gewälden oder anderen Sachen gemeyngklich gebraucht wirdt.

ISt es/ das ein weibs Perſon ein dergleichen Gewaldt vbergibt/ ſollen die wort in der vertzeyhung des Rechten/ wie oblaut/ alſo gebraucht werden/ Dann ich mich deſſen alles/ vnnd inſonderheyt der freiheyten/ ſo in diſen vnnd dergleichen ſachen

Weiblichen

New Formular

Weiblichen Geschlecht zu güten gegeben sind/ auch des Rechten/das da/rc. vt sup. im
nechsten Gewaldt. Und da sie nicht Siglung gebraucht/und erwan jhren Vogtsjunckern oder jemandts anders / umb Siglung bitten thut/ mag es also beschehen oder gebraucht werden: Dessen alles zu warem urkundt/hab ich mit fleiß gebetten/und erbeitten/
den Edlen vnd Vesten N. von N. mein freundtlichen lieben Junckern/daß er sein angeborn Innsigel zu ende dises Gewaldts hat getruckt. So es dann jhr Vogt Juncker auff
jhr bitt/rc. versigelt/Also zuschreiben: Welches ich ebegedachter N. von N. auff meiner
freundtlichen lieben Hausfrawen beger/also gethan habe/hiemit bekenn. Und geschehen/rc.

Gewaldt oder Machtbrieff Stewer einzunemen.

Wir Philips rc. geben in krafft diß Brieffs/ unsern lieben getrewen N. und N. rc.
und jhr jeglichem besonder/ gantz macht und vollen Gewalt/von den Ersamen
weisen vnsern lieben Getrewen/Meister vnd Räthen der Statt N. vñ N. rc. von
jhr jeglichem besonder/ solch gewönlich Stattstewer/so uns von des heyligen Reichs wegen/von jeglicher der vorgenanten Statt auff Sanct Martins Tag nechst vergangen/
das ist in dem Jare/als mann zalt/nach Christi unsers Herrn geburt/Tausent/rc. erschienen sindt/von unsern wegen innzufordern/und zu entpfahen/ und so sie jhnen beyden/oder
jhr einem die also von vnsern wegen außgericht/ vnd bezalt haben/ so sagen wir sie vnd jhr
jeglichem besonder/vnd jhr nachkommen/für vns vnd vnser Erben/ der obgerürten bezalten Stattstewer/ von jedem vorgeschriebnen Jare/ vber die Quittantz so sie von vnserm
Herrn dem Römischen Keyser vnd vns han/ quit, ledig/ vnnd loß/inn krafft diß Brieffs/
Der in vrkundt mit vnserm auffgetrucktem Jnsigel versigelt/Vnd geben ist zu N. vff/rc.

Gewaldt zum vertrag vnd zur gütlicheyt.

Ich Ludwig von vnnd zu N. bekenn vnnd thu kundt offenbar mit disem Brieffe/
Als der Durchleuchtigst Hochgeborn Fürst vnd Herr/ Herr Friderich Pfalzgraf
bey Rheyn/des heyligen Römischen Reichs Ertzmarschalck vnnd Churfürst/ Hertzog in Beyern/mein Gnedigster Herr/ in den vnerörterten Rechtssachen vnd handlung
zwischen mir an einem/so dann N. von N. am andern theyl/mir abermals ein Rechtstag
oder im fall zu gütlicher handlung/für dero Churfürstlichen Gnaden hochlöblichen Hof
richter vnd Räthen/auff Dinstag nach Johannis Enthauptung früer tagzeit/ zu gewönlicher stundt/in jhr Churfürstlichen Gnaden Cantzley zu Heydelberg zu erscheinen/benennen/vnd schrifftlichen zu kommen lassen / Dieweil dann ich ernenten Tag auß verhinderung anderer meiner ehehafften/nit selbs personlichen besuchen kan/ vnd aber der Ernhafft vnnd Wolgelehrt Herr Johan Erffurter/Hochgedachts Hofgerichts Procurator
hieuor durch mein vollmechtigen Anwaldt/ von meinet wegen/in obernanten sachen allein Rechtlicher weiß zuhandeln substituirt worden/ So hab ich jme Herr Johan Erffurter zu solcher substitution/in der besten form/ maß/vñ gestalt/ so ich das nach ordnung der
Recht vnd gewonheyt obgedachts Hochlöblichen Hofgerichts jmmer thun solt / köndt oder möcht/mein vollkommen macht vnd Gewaldt/in obberürter sachen in der güte (doch
vnuergrieffenlich/so im fall die güte nichts verfahen würde) an meiner statt/vnd von meinet wegen auch zuhandlen/was sich derselben nach zuthun gebürt/vnd die notturfft erfordert/hiemit in krafft diß Brieffs gegeben vnd befolhen/ Vnd was er gedachter mein Gewaldthaber/in der güte also handlen/thun vnd lassen wirdt/ das gerede vnnd verspriche ich
bey meinen Adelichen ehren/trewen vnd glauben/stett/fest/vnd vnuerbrüchlich zuhalten/

vnd

Gewaldt.

vnd nit darwider sein/in kein weiß noch weg/Vnd ob jm hierin mehr oder weiters gewalts von nöten sein wirt/wie völlig der zitier sein soll/wil ich jhme den hiemit auch besser form geben vnd zůgestelt haben/sonder alle geuerde. Des zů warem vrkundt/so hab ich obgenanter Ludwig von N.meyn eygen angeborn Insigel/mich obgeschribener ding damit zu besagen/in disen Gewaltsbrieff hiefür getruckt. Geben vnd geschehen off ꝛc.

Gewaldt kurtzer form/da einer schulden halben verklagt wirdt.

ICh Wendel ꝛc. Bekenn mich offentlich mit diser schrifft/Nach dem der Ersam Niclaus N.vor den Wirdigen vnd Hochgelehrten Herrn Philips Zwengel/Artium Magister/vnd beyder Rechten Licentiaten/der löblichen Vniuersitet zu Heydelberg Rector/vnd Churfürstlicher Pfaltz Hoffgerichts Assessor/auff Sambstag nach Egidij vmb ij. vhren/mich heyschen/vnd vmb etliche forderung/so er vermeynt an mich zuhaben/citiren lassen hat. Vnd ich aber mercklicher anligender geschäfft halber/in eygener Person/jetzgemelten tag nit besůchen vnd versorgen mag/Also gib ich dem Ersamen vnd weisen Caspar N.Bürger zu Heydelberg/mein vollnmögen macht vnd gewalt/vor ehe gedachtem Herrn Rector zuerscheinen/gegen vnd wider gedachten Niclausen/oder ein jede tägliche Person im Rechten von seinet wegen erschienen ist/Klagen vnnd forderung zuhören/Abschrifft derselben/schub/vnd tag/an mich zubringen begern/vnnd in solchem zů thůn/als ich selbs/wo ich zugegen wer/thůn kőndt oder solt. Gered vnnd versprich auch bey meinen waren trewen/an eins geschwornen Eydts statt/alles das mein Anwaldt/jnnhalt diß gewalts handelt/thůt oder laßt/soll vnd ist mein gůter will/auch sein vnd bleiben/ wil dem auch stracks vnwidderrůfflich nachkommen. Vrkundt mich diß gewalts jnnhalt zu besagen/habe ich Wendel mein eygen Innsigel zu ende getruckt. Geben freytags nach ꝛc.

Gewaltsbrieff/so einer von tragenden Ampts wegen/am hochlöblichen Keiserlichen Cammergericht zuhandlen obergibt.

WIr die hernachbenante/mit namen Wolff von N.Amptman/vnd Wendel N. Schaffner zu N.thůn kundt vnd bekennen sament vnnd offentlich/inn krafft diß Brieffs/Nach dem weyland die Wolgeborn Catharina/Gräuin zu N.vnd N. Fraw zu N.Witwe/ꝛc.wolseliger gedechtnuß/bey zeiten jres lebens widder das Ampt N. vnnd vns obernante als gedacht Ampt N.tragenden Ampt vnnd befelch halben/ein vermeyntlich Mandatum poenale,vnnd Citation/vff den Landsfriden an dem Keyserlichen Cammergericht erlangt vnd außgebracht/handlungen halben/die sich in verschienem N. jar/der minderm zal/von wegen des Waldscheydts oder Hart zůgetragen/vnd verloffen/ Derwegen zwo(gleichwol vnuerursacht)klagen/super poena Mandati & fractæ pacis vorgewendt/Aber solche beyde rechtsachen vnendtscheyden oder vnerörtert hinder sich verlassen/vnd vff jhre Erben/Nemlich/die auch Wolgeborn Herrn/Herrn Philipsen/Johannen vnd Adolffen/alle Grauen zu N. ꝛc. gebrüder transmittirt/von welcher Gnaden wegen als Erblichen Successoren so weit in Recht Proeedirt/Daß hinc inde examina testium publicirt/vnd von den Herrn gegentheylen ein vermeynte Probation schrifft/exceptiones contra personas & dicta testium jnnbracht worden sein/Darauff vñ dieweil Meickar von N.Leithero von dem Ampt N.abkőmmen/Vnnd ich obgenanter Wolff von N an desselbigen statt/solch Ampt auch dehwegen dise Rechtfertigung solchs Ampts halben helffen außzufüren angenommen/Derwegen in beyden sachen/vnd allen derselben anhangenden vñ eingefürten puncten/der gebür zuuerfahren/So setzen/ordnen/constituirn

New Formular

wir obbenante Amptmän/vñ Schaffner/zu vnserm vollmechtigen Anwaldt/den Ehrnhafften vnd Hochgelehrten Johan N. der Rechten Doctor/ vnd Keyserlichen Cammergerichts Advocaten vnnd Procurato: / thůn das hiemit wissentlich in krafft diß Brieffs/ wie solches mit gemeyner vnd nottürfftiger zierlicheyt der Recht/ in höchster vnnd bester Form beschehen vnd gůt krafft vñ macht hat/haben soll/kan/oder mag/in vnserm namen vnd an vnser statt/zu allen nachfolgenden Gerichts Termin/biß zu gantzem end vnd außtrag der Sachen/vnnd allen derselben Puncten zuerscheinen/vnnd vns zuuertretten/von vnsert wegen alle gebürliche Exception/Defension/Antwort/Rede vñ Widerrede/auch sonst alle vnd jegkliche nottürfftig Materien fürzubringen/den Krieg Rechtens zubefestigen/so fer; der noch nit befestiget wer/den Eydt für Geuerde/ vnd alle andere gebürliche/ vnd nottürfftige Eydt in vnser Seel zuschweren/dieselben vom Widertheil herwiderumb begeren/Defensional vnd andere Artickel zuübergeben/ vnd was vom Gegentheyl eingelegt/wo noth zuwidersechten/lebendige/vnd andere Zeugnuß fürzubringen/ auch fürther alle wesenliche vñ züfellige Termin zuuertretten/in Sachen zubeschliessen/Bei vñ Endeurtheyl zuentpfahen/vnd wo die für vns anzunemen/oder wo er sich dero beschwert befindet/vmbs Syndicat/laut Cammergerichts Ordnung/anzusuchen vnd zuhandlen/die kosten/schäden/vnd Interesse zubitten/die bey dem Eydt zubetheüren vnnd zunemen/auch darumb zuquittiren/ vnd sonst gemeinglich alles andere zuthůn vnd zulassen/das zu jeder zeit in diser Sachen not sein wirdt/vnd wir selbs zugegen thůn solten/ködten oder möchten/zu gewinn/verlust/vnd allem Rechten/ Auch sonderlichen einen oder mehr Afteranwälde an sein statt zu vndersetzen/auch den oder dieselben zuwiderrüffen/ vnd solchen Gewaldt wider an sich zunemen/so offt jme das gelegen/oder der Sachen dienstlich sein würdet/Vnnd so obgedachter vnser Anwaldt/oder seine Afteranwälde/hierinn ferners oder mehrers dann oblaut/Gewaldts nottürfftig von vns sein würde/wie inen der jeder zeit vff erlegt/oder zůerkandt werden möchte/den wöllen wir jhnen hiemit vollkommenlich vnnd krefftiglich/auch gegeben vnnd befolhen haben/als ob der mit lautern außgetruckten worten hierinnen verleibt vnnd begriffen were/ Dann was derselb vnser Anwaldt/oder seine Substituirte Anwälde/von wegen vnser in diser Sachen handlen/thůn/vnnd fürnemen wirdt/das alles ist vnnd soll sein vnser gůter will vnnd meynung. Gereden das auch also Ampts vnd Befelchs halben krefftiglich anzunemen/stett/fest/vnd vnuerbrüchlich zuhalten/sie auch/ vnd ihr jeder von diser jhrer Anwaldschafft vnd allen beschwerden des Rechten zuerheben vnd zuerledigen/ bey verbindung vnd verpfendung aller vnd jeder vnserer beyder Habe vnd güter/ligender vnd farender/gegenwertiger vñ künfftiger/jetz als daß/ vnd dann als jetz / wie recht vnd bräuchlich ist. Wir bekrefftigen vnd Ratificiren auch alles vnd jedes/was biß daher von vnsernt wegen in diser Sachen vnnd denselben puncten/ durch weylandt den auch Ernhafften vnd Hochgelehrten Ludwigen N. der Rechten Doctor/vnd Key.Caisergerichts Advocaten vnd Procuratorn seliger/ vñ gedachten vnsern jetzigen Anwaldt/oder dero beyder Substituirte Anwälde/in Recht gehandlet/bey obgethaner vnserer versprůchnuß. Des zu warer vrkundt/hab ich Wolff von N.mein eygen Innsigel für mich/vnnd erbettener weiß / doch mir vnnd meinen Erben ohn schaden/ für Wendel N.meinen Mitconsorten hieunden vffgetruckt. Geschehen vñ geben den tag/ıc.

Gewaldtgebung in Form eines Instruments
in Rechtshandlungen.

IN Gottes namen Amen/Kundt vnd zuwissen sey allermenigklich/ durch diß offen Instrument vnd Vrkundt/ daß in dem Jar als mann zalt nach Christi vnsers lieben Herrn Geburt/tausent/ıc. Jare/in der N.Römer Zinßzale/ Judiction zu Lateyn genannt / Regierung des Allerdurchleuchtigsten vnnd Großmechtigsten Fürsten vnd Herrn/Herrn Maximiliani/diß Namen des Andern/ erwelten Römischen Keisers/ zu allen

Gewaldt. LXII

zu allen zeiten mehrern des Reichs/in Germanien/zu Hungern/Behem/Dalmatien/ Croatien vnnd Schlauonien/rc. König/Ertzhertzog zu Osterreich/Hertzog zu Burgun- di/Steyer/Kärndten/Crain/vnd Wirtemberg/rc. Graue zu Tyrol/rc. vnsers allergne- digsten Herrn/seiner Reich des Römischen im N.des Hungerischen im N.vnnd des Be- hemischen im N.Jarein/auff N.Tag/den N.Monat/in der fünfften stunde/auff den tag oder nahent darbey/in der Keyserlichen Reichstatt Nürnberg/Bamberger Bißthumbs/ in Leonharten N.gewonlichen Behausung/vnd vndern stuben/in mein hieunden geschri- ben Notari/vnd nachgemelten glaubwirdigen Gezeugen gegenwertigkeyt/darzu sonder- lich erfordert vnnd gebetten/Persönlich erschienen sindt A. Leonharde N.eheliche Hauß- fraw/für sich selbs/vnd der jetztbenannt Leonhart/Bürger zu Nürnberg/vnd B.Bürger zu Werda/Bamberger Bißthumbs/beyde Vormünder C.vnnd D.gebrüder/beyde der benannten A.brüder/vnd haben allda samentlich vnd sonderlich fürgeben vñ gesagt/Nach dem E.selig/Bürger zu Werda/ihr aller Vatter seliger/einen vollkommen Gewaldt in der sach der Appellation wider F.Conraden N.seligen verlassen Wittib/jetz vnd G.Bür- ger zu Nürnberg eheliche Haußfrawen/am Keyserlichen Cammergericht schwebende/dem Ernuesten vnnd Hochgelehrten Herrn Wilhelmen / der Rechten Doctor/als einem ge- schwornen hochgemelts Cammergerichtes Procurator vnd Anwaldt vbergeben vnnd be- folhen hetten/wie dann dasselbig Mandat oder Gewaldtsbrieffe inn seugern worten sein halt/in krafft desselben ehegedachter Herr Doctor/die Sachen dermassen angenommen/ darinnen bißhero gehandelt/Vnd so aber der benant E. ihr Vatter selig/vor außtrag der Sachen/mit todt abgangen/vnd nun die Hauptsach vnd handlung von benanntem E.off sie als seine eheliche leibliche verlassene Kinder/erblich kommen/ daran kein zweifel were/ so wolte sie/die benannt A.für sich/vnd der benant C. vnnd D.in krafft ihrer Vormund- schafft alle solche handlunge/so ehegedachter Herr Doctor Wilhelm gedachts E. Procu- rator vnd Anwaldt/vergangener zeit vnd bißhero/am vilhochgedachten Cammergericht wider bemelten F.in den anhangend jren Sachen gehandelt/vnd in krafft desselbigen ge- waldts procedirt/auß gericht/gethan/vnd gelassen hette/nun als Principales vnd Erben der Sachen hiemit ratificirt vnd gentzlich bestät haben/vnd gaben hiemit samentlich vnd sonderlich von newem inn der besten form der Rechtn/ dem mehrgedachten Herrn Doctor Wilhelmen/widerumb ihren gantzen vnd vollnkommen Gewalt vnd macht/auff vnd vber die Sachen an dem ort da er es gelassen hab/wider genanten F.anzufahen vnd vollenden/ nach laut des ersten vnd dises Gewaldts/biß zu endlichem vrtheyl der Hauptsachen vnd jrer Execution außzufüren/auch Iuramenta calumniæ, malitiæ, vñ ander in Rechte zim- liche Eydt in ihre Seelen vnd gewissen zuschweren/ kosten vnd schaden darzulegen/zube- halten/bestetten/vnd betheuwrn/die zu tariren bitten vnd begeren/die taxirten kosten vnnd schäden einzubringen/einzunemen vñ zuempfahen/ darumb zu quittiren/ auch dergestalt einen oder mehr andere in der Sachen an sein statt zu substituiern/vnd denselben seinen Ge- waldt widerumb an sich zu nemen/so offt ihme eben ist/Auch alles anders zu handlen/zu thün vnd zu lassen/das den Sachen allenthalben not sein wirdt/ auch in aller massen/vnd gestalt/sie alle selbs als Principales/in eygener Person / thetten vnd liessen thün/vnnd lassen solten/köndten oder möchten/Vnd ob disem jrem vnd den andern substituirten An- wälden/in diser Sachen allenthalben/biß zu endlichem außtrag/daß sich anders am vil hochgedachten Cammergericht/Rechtlich vnd nach seiner ordnung zu vben gebürt/eini- cherley mehr Gewaldts vnnd Mandats/dann hierinnen bestimpt/in Rechte gehabt/noth thun vnd sein würde/denselben vnd allen gantzen vnd vollkommen Gewaldt/wie der na- men hat/haben sol/kan vnd mag/wöllen sie jm/vñ jnen/abwegs als gegenwertig/auch hie- mit/jetzt als dann/vnd dann als jetzt/allweg zu gewinn/verlust/vnd zu allem Rechten/in gantzer vollkommenheit gegeben vnd befolhen haben/vnnd geben auch die gemelt A.E. vnd D.als Gewaldtgeber darauff mir hiemit geschriben offenbaren Notarien/mit hand- gebenden trewen an Eyds statt/alles das so hierinnen beschriben steht/vnd offt ehegedach- ter Herr Doctor/vnd die an seiner statt rechtlich in der Sach handlen/getrewlich vñ ewig

E ij

New Formular

lich zuhalten/auch bemelten Herrn Doctor/vnnd die ander an sein statt/die solch sach berüren möcht/jn entheben/von aller hassre/bürde/vnd beschwerde/ der nachzalung vnd gerichts schäden gantz schadloß zuhalten/bey verlierung vnnd verpfendunge aller jhrer haab vnd güter/ligend vnd fahrend/baten darauff mich Notarien jhnen darüber ein oder mehr offen Instrument zumachen/vnd zugeben. Geschehen sindt dise ding in vnd vnder der Jarzal Christi/Indiction/Keyserlicher Regierung/Tag/Monat/ stundt vnd statt/ wie obgeschrieben stehet/inn gegenwertigkeyt der Ersamen Hansen N. von Wintzheym/ vnd Contz Nagel von Heyer/beyd Leyen/vnd Würtzburger Bißthumbs/als Gezeugen/ darzü sonderlich gefordert vnd gebetten.

Vnnd wann ich Niclaus N. von Schwäbischen Hall/Würtzburger Bißthumbs von Keyserlichem Gewaldt ein offenbarer Notari/ wonhafftig zu Nürnberg/ bey obgemelter Gewaldtgebung/Constitution/Ratification/ vnd anderer handlung/wie oblaut/ mit sampt den obuermelten glaubwirdigen Gezeugen gegenwertig gewesen bin/ vnd solches alles also geschehen gesehen vnd gehört/ Hierumb hab ich diß offen Instrument mit meiner eygen handt geschrieben darüber gemacht/vnnd mit meinem gewonlichen Notariat Zeychen/Tauff/vnd zünamen befestigt/zu glauben vnd gezeugknuß aller obgeschrieben sachen/darzü sonderlich erfordert vnd gebetten.

Bittung vmb fürdernuß/ vnd begerung
widerantwort.

ERnuester/Hochachtbarer/E.E.seien mein vnderdienstwillige dienste/ gehorsames fleiß zuuoran/ Großgünstiger gebietender Herr Caisersecretari vnd Schwager/ An den Durchleuchtigsten vnd Hochgebornen meinen Gnedigsten Herrn/ Pfaltzgraue Friderichen/Churfürsten/ꝛc.hab ich von wegen der zu N. vacierenden Stattschreiberey halben/wie E.E.auß der beyuerwarten Supplication günstig zuuernemen/ vnderthenigst supplicirt/ Ist hierauff an Ew.E.mein vnderdienstliches bitten/E.E.die wöllen solche Supplication jhren Churfürstlichen Gnaden vnderthenigst presentieren/ vnd sich gegen mir mit günstiger befürderung (wie zu deren mein vngezweiffelt vertrawen stehet) bey höchstermelter jrer Churfürstlichen Gnaden erscheinen vnd beweisen/vnd was E.E. für gnedigste antwort erlangt/ mich deren günstiglichen hieher durch Hansen N. meinen auch günstigen Herrn Schwager verstendigen/das wil vmb Ew.E.ich mit gehorsamen diensten zuuerdienen nimmer vergessen/derselben mich hiemit vnderdienstlich zu gunsten vnd güter befürderung befelhen thü. Datum/ꝛc.

Dem Ernuesten vnd Hochachtbarn Herrn Steffan Zierlen der Churfürstlichen Pfaltz Cammersecretari vnnd Rath/ meinem großgünstigen gebietenden lieben Herrn Schwager.

Bittbrieff vmb züstellung eines Pferdts.

WOlgeborner Gnediger Herr/mein dienstlich fleissig willig dienst/seien Ew.Gn. stets zuuoran bereit/ Gnediger Herr/Ew.G.ermane ich gütwilliger/der hieuor beschehen mündtlichen getrewen bitte/vñ herauff gefolgten vngezweiffelten gnediger getröstung/vñ meiner notturfft willen/vnd also sonderlichem vertrawen vnd gleichmessigem widerbeschulden nach/ꝛc. mir ein Pferdt inn notturfftigen Reisen züzustellen. Dieweil ich nun durch Herrn Christoffen Hertzog zu Wirtembergk/ꝛc.meinen gnedigen Herrn jetzmals gemant vnnd erfordert worden/ vnnd noch eins Pferdts nottürfftig bin/ So ist an E.G.mein fleissigst bitte/mich nit zulassen/ besonder gnedigen willen vnd hilff hierinn zubeweisen/ Das vmb E.Gn. mit begirlichem fleiß vnd meinen gehorsamen vnuerdrossen diensten zuuerdienen/bin ich willig vnd geneygt.

Ew.G.gehorsamer gantz williger

Johan Jost/Herr zu N.ꝛc.

Bittbrieffe.

Bittbrieffe vmb schenckung eines Pferdes befürderlich zusein.

Wolgeborner Gnediger Herr/ Ewer Gna. seien mein gehorsame schuldige dienst allzeit bevor/ Wissend mich jüngstem abscheyd nach/ Ewer Gnaden Herrn Vater vmb ein Pferdt zu hoher notturfft bittlich zugeschrieben haben/ diser getröstlichen hoffnung vnd zuuersicht/ daran ja nit one zulassen. Derwegen Ewer Gnaden vnd gunst durch genedig erschußlich fürbit vnd fürdernuß bei Ewer Gnaden Herrn Vatter/ mir zu solchem ersprießlich vnnd beholffen zusein vnderthenigklichen ansuche/ Das stehet vmb Ew. Gn. die der Allmechtig in langwiriger gesundtheyt vnd glückseligkeyt mir vnd den meinen zu besondern freuden beware vnd gefriste/ gütwilliglichen zuuerdienen.

E. G. williger N. N.

Bitt vmb fürderung einer Statt-schreiberey.

Ehrwirdiger/ Edler/ vnnd Hochgelehrter/ Ew. Ehrwirden/ Gn. vnd gunsten seien mein gantz vnderdienstwillige vnd gehorsame dienst in aller demut gehorsams fleiß zuuoran. Gnediger gebietender Herr Cantzler/ Welcher massen an den Durchleuchtigsten meinen gnedigsten Churfürsten vnd Herrn/ Pfaltzgraue Friderichen/ etc. ich von wegen der zu N. vacierenden Statschreiberei halben vnderthenigst supplicirt/ haben E. Gn. vnnd gunsten auß meiner vnderthenigster vbergebener Supplication zweiffels ohn Gn. vernossen. Dieweil dann zu E. G. vnd gunsten mein gantz vnderdienstlichs verhoffen/ wo mir auß vrsachen schwerer läuff vnd hungeriger zeit jhe zuhelffen/ E. G. vnd gunsten werden meiner in solchem vacierenden Ampt der Statschreiberey günstiglichen ingedenck sein. Langet auch hierauff an E. G. vnd gunsten mein gantz vnderdienstlichs bitten/ dieselben wollen mich in meiner zufluchtiger hoffnung erhalten/ vñ zu solchem dienst mit gnediger Promotion gnedig erscheinen/ behülfflich vnd fürderlich sein. Das vmb E. G. vnd gunsten in aller vnderdienstwilliger gehorsam vnd der gebür zuuerdienen/ bin ich vñ mein freundtliche herz liebe Haußfraw jederzeit willig/ Derselben mich hiemit zu gnaden vnderdienstlichen befelhen/ vnd gnedigen bescheids gewarten thu.

Ew. Gn. vnd gunsten
    vnderdienstwilliger gehorsamer Diener

Johan N. von N. etc.

Bitt vmb fürdernuß/ vmb leidliche frist vnd ziel/ schulden halben.

Mein freundtlich willig dienst/ mit erbietung alles gneigten willens zuuoran. Günstiger Freundt vnd fürderer/ Dieweil ich euch in meinen sachen allweg getrewe/ gütig/ günstlich vnd willig mit hohem erbieten befunden/ des ich mich erken schuldig danckbar zusein/ so bin ich dester beherzter euch in meinen anligen vnnd grösten nöten anzulauffen/ vnd klag euch mit beschwertem gemüte/ wie ich N. etlich gelt zubezalen schuldig gewest auff N. das ich aber nit gethan hab/ auch noch nit thůn kan/ wiewol ich dessen gentzlichen willen vnd fürsatz gehabt/ jedoch auß vrsachen/ daß mir an andern enden Gelt solt zugestanden/ darauff ich mich endtlich verlassen/ vñ mir daran gefelet/ verhindert worden bin. Nun langt mich glaublich an/ wie gedachter N. der neygung/ mich rechtlich darumb zubeklagen/ vnd fürzufordern/ wo das geschehe/ er mir damit ein inngang machen/ daß sich ander mein Glaubiger/ auch dergestalt an mich hencken vñ vmbtreiben würden/

New Formular

besorgende mir zu gründtlichem verderben/ vnd verlusts meines güten glaubens vnnd gerüchts/ dariñ ich noch zur zeit leb/ So es aber vnderlassen/ ich ob Gott wil/ also beharren/ vnd mit des gnaden jne vnd andere/ erbar vnd redlich bezalen wil. Nach dem ich dañ weiß jhr mit jhm in güter brüderlicher kundschafft seit/ er euch mehr dañ jemande andern wilfaret/ bitt ich euch auff aller fleissigst vnd beweglichst ich jmmer kan/ jhr wöllet mit gemeltem N. vonn sachen reden/ bey jhme Rigel fürstossen/ sein fürgesetzt strenge meynung vnd hertigkeyt abzustellen/ mir der schulde leidlich frist/ nach derselben gelegenheyt/ zugeben/ die ich zu euch setzen thü/ ich jhme zu solchen zielen vnuerminderte fürderliche vnnd danckbare bezalung thü/ vnd fürther nit vmbtreiben/ auch darzu vmb euch vnd jhn/ die ich beyde bitt/ diß in geschwigener geheym zuuerwaren/ mit vnuerdrossenem fleiß verdienen/ vñ thü jhr als ich euch vertraw vnd zuflucht trag/ Dann in nöten nichten allein Gott/ sonder auch die getrewen Freunde anzurüffen sein/ Rath vnd hülff zubeweisen vnd mitzutheylen. Das vm̃ euch (die der Allmechtig bewaren wölle) zuuerdienen/ habe jhr mich bereyts fleiß in dienstlicher gehorsam willig. Datum/ ɾc.

N. N. ɾc.

Ein andere form vmb ziel vnd stillstande zubitten.

Als jhr am jüngsten mir allerley Gewahre zukauff geben habt/ des ich euch zum theil auff nechst kommenden N. tag bezalung thün soll/ bin ich desselben noch willens/ wie billich/ aber ich müß auß vrsachen/ daß mir seithero etwas fürgefallen ist/ inn dem mein schaden thün/ deßhalben es mir ein groß gefallen vnd nutze/ wo es euch nit beschwerlich were/ damit zwen Monat lang nach dem ziele gedult zutragen/ als daß wolt ich euch mit gütem Golt/ ohne auffhalten/ bezalen/ vnd vmb solches mit fleiß gebetten haben/ doch wil ich euch vber ewer gelegenheyt nicht mühen/ vnd in dem nichts ansehen/ euch zu danck zuuergnügen/ dann jhr mir in dem Kauff nit ein klein freundschafft erzeigt vnd bewiesen habt/ Demnach ichs mit keinen fügen thet/ vnnd mir billich hoch zuuerargen vnd zuuerkeren were/ wo ich euch nit zu ewerm güten willen entrichtet. Datum/ɾc.

N. N. Bürger zu N.

Alia forma/ schulde vorm ziel zubezalen bitten.

Ein freundtlich dienst zuuor/ besonder güter Freundt/ Wiewol jr mir erst vff N. tag schierst N. gülden zubezalen schuldig werd/ laut des Kauffs den wir mit einander getroffen haben. Nach dem so ersuche ich euch jetzo/ vnd hiemit gantz freundtlich bittende/ wo es mit jchten ewer vermögen vnd gelegenheyt ist/ jhr wöllet mir berürte summa Gülden in den nechsten acht tagen allhie bezalen/ dann mir stehet etwas für/ daß ich mich bedunck en laß/ wann ich bar geldt hette/ ich wolt mir gar einen grossen nutz schaffen/ so weiß ich doch zu disem mal nicht wo hinauß/ offne mich inn dem nit gern gegen menigklichen/ Demnach thüt hierinn wie ich gröslich vertrawen zu euch trag/ solt ir des hienach in einem andern kauff scheinbarlich befinden/ daß ich es euch am geldt vnnd mit den zielen geniessen lassen wil/ Damit euch in schirm des höchsten befelhen/ vnd hierinn mir zuwilfaren bitten thü. Datum/ɾc.

Schuldt forderung/ was crützlich/ in kurtzer Form.

Freundtlicher lieber vnnd güter Freundt/ die zeit der bezalung/ so jhr mir thün solt/ ist gegenwertig/ vnnd deßhalben mein bitt mich damit nicht zulassen/ dardurch ich an andern enden/ da ich zugelten bin/ auch bezalen/ vnd glauben (daran mir nit wenig ge-

nig gelegen/halten möge/ so finde ihr mich hienach euch zu willen vnd gütem desto gefliſſe-
ner/ zuſampt der billicheyt/ welches ich euch/ darnach habt zugerichten/ nit wöllen verhal-
ten. Datum/ ꝛc.

Hans N. ꝛc.

Bittbrieff vmb innſtellung einer ſachen/ an Commiſſarien.

Edler/ Ernueſter/ Ew. Ernueſten ſeien vnſer willige vnnd gehorſame dienſt beuor/
Günſtiger lieber Juncker/ Als E.E. in krafft der Commiſſion/von vnſerm Aller-
gnedigſten Herrn/ dem Römiſchen Keyſer/ auff Ew. Ern. lautende/ inn ſachen A.
vnd B. auff ein/ Vnd C. vnd D. gebrüder/ vnſer Bürger/ auff ander ſeit/ gegen einander
berürende/ den Partheyen darumb Tag ghen N. zum Rechten geſetzt vnnd beſcheiden ha-
bet/ nach innhalt Ew. Ern. Brieff. Bitten wir E.E. mit beſonderm fleiß/ die wöllen ſol-
ches Rechten/ zwiſchen ihn einn gütlichen auffſchlag machen/ zwiſchen hie vnd Pfingſten
ſchierſtkommend. Vnd nach dem ſie beyderſeit vnſer Bürger/ oder vns gewant ſein/ wöl-
len wir vns des fleiſſen/ verſuchen/ vnnd bearbeyten/ ob wir ſie beyderſeits gütlich vertra-
gen mögen/ vnd wöllen E.E. ſich hierinnen ſo freundlich beweiſen/ als wir deren des vnd
alles güten/ ſonder wol getrawen/ vnd wo ſich gebürt/ mit freundlichem willen verdienen
wöllen/ vmb freundlich beſchrieben widerantwort bittende. Datum/ ꝛc.

Burgermeiſter vnd Rath zu N ꝛc.

Promotorial oder befürdernuß/ ſo ein Vniuer-
ſitet an ein gemeyne Statt/ von wegen Inbaws/
vnd anders halben thůt.

Rector vnd Vniuerſitet des Churfürſtl. Studiums zu N.

Vnſern gruß/ auch was wir liebs vnd freundtſchafften vermögen. Ernhaffte/ Für-
ſichtige/ Weiſe/ günſtige lieben Herrn vnnd Freunde/ Vnſer Diener/ Daniel N.   *p̃ Daniel.*
ewer ſtattkind hat vns klagende fürbracht/ wie ſein Vater vnnd Mütter/ verzückte
Jar/ ſein Brüder vnd ſchweſter/ in Ehelichen ſtandt verheyrathet/ auch mit barem geldt/
Silbergeſchirr/ vnnd außbereiten Betten hoch begabt/ darzů mit täglicher hilff ihnen er-
ſchoſſen/ Zů dem daß ſein Brüder vnd Schwager/ in beyder ſeiner Mutter Häuſern ge-
ſeſſen/ dieſelben etlich jar innghabt/ aber kein Zinß außgericht/ noch einigen nottürfftigen
Innbaw dariñ gethan/ deßhalb (als vnſern Diener warhafftig angelangt) die Häuſer/ ſo
in ewer Statt/ gemeynem nutz nach/ am beſten gelegen/ inn mißbaw vnd zu mercklichem
ſchaden kommen/ vnnd fürther zubeſorgen/ wo ihnen an bawe nit geholffen werde/ inn fer-
ner vnrath vnd vnbawe wachſen/ vnd kommen möchten/ das ſein Mütter/ als ein alte be-
tagte Wittwe/ ihrer Perſon halb/ ohn hilff ihres Sons Daniels nit zufürkommen weiß.
Bitten darumb vff ſi eundtlichſt wir köſten/ vnd mögen/ vnſerm Diener (in betrachtung
(als wir gläublich berichtet) daß ſeine Eltern den Rathe bey euch vil Jar beſeſſen/ gemei-
ner Statt Ampt verwaltet/ vnd ihren eygen nutz darbey verſaumpt) in ſeinem anbringen
vnd werbung/ günſtige freundliche hilff zuthůn/ vff daß ihm wie andern ſein geſchwiſter
ten (der gebüre nach) widerfare vñ begegne/ Das wöllen wir zu euch gentzlich vertröſten/
vnnd vmb euch vnnd ewere Stattkinder/ ſo ſich die in vnſer Vniuerſitet bey der Lehre er-
halten/ gütwillig beſchulden. Datum/ ꝛc.

  Den Ernhafften/ Fürſichtigen vnd weiſen Herrn/ Oberſten meiſter vnd
  Rathe des heyligen Reichs Statt Colmar/ vnſern beſondern günſti-
  gen vnd gůten Freunden.

E iiij

New Formular
Promotorial vnnd befürderung jemandes bey seiner Possession rühiglich bleiben zulassen.

Maximilian von Gotts Gnaden/ erwelter Römischer Keyser/ꝛc.

Lieben Getrewen/ An vnserm Keyserlichen Cammergericht/ hat sich vnser Trabandt vnd des Reichs Getrewer/ Hans Maurer beklagt/ wie ihr an inngeschlossener Abschrifft/ seiner fürbrachten Supplication zuuernemen habt. Demnach so befelhen wir euch ernstlich/ vnd wöllen/ daß ihr demselben M. an seiner Possession vnd gewehre keinerley gewaltsam oder getrang beweiset/ sonder jhn deßhalb bey gebürlichem Rechten seines erpietens/ bleiben lasset/ vnnd in kein wege anders thût/ damit ferrer handlung deßhalb gegen euch nit noth werde/ Daran thût ihr vnser ernstlich meynung. Datum/ꝛc.

Vnsern vnd des Reichs lieben Getrewen Burgermeister vnd Rathe de[r] Statt Weissenburg am Nortgawe.

Alia, Partheyen zuuergleichung anzuhal[ten]

Maximilian/ꝛc.

Lieben Getrewen/ An vnserm Keyserlichen Cammergericht/ hat de[r] Gelehrt/ desselben vnsers Keys. Cammergerichts Procurator/ vnd des [ ] Getrewer Christoff N. Lehrer der Rechten fürbracht/ vnd angeruffe[n] geschlossener Abschrifft seiner Supplication zuuernemen habt/ vnnd beger[en] euch befelhend/ die angezeygten Erben zu vnderichten vnd zuuermögen/ d[amit] demselben N. darinn güttlich vertragen/ darmit ferrers anruffens vnd han[delns] nit not werde/ Daran thût jhr vnser ernstlich meynung vnd gefallen. De[n]

Vnsern vnd des Reichs lieben Getrewen Friderichen N. ꝛc. vnsers li[eben] heims vnd Fürsten Statthalter vnd Räthen zu N.

Ein andere Form / einen ohn Caution vnd [Bürg-] schafft (zuuerhüten vnraths) verwart zubehalten.

Maximilian/ꝛc.

Ersamen lieben Getrewen/ Vnserm Keyserl. Cammergericht hat der Ersam gelehrt Heinrich Westphaln/ der Rechten Doctor/ desselben vnsers Cammergerichts Procurator/ vnd des Reichs lieber Getrewer/ fürbracht/ wie jhr in verwarter Abschrifft seiner vbergebener Supplication zuuernemen habt. Demnach befelhen wir euch hiermit ernstlich/ vnd wöllen/ daß jr der Sachen gut innsehen habt/ mit fleiß darob seiet/ verfüget/ vnd bestellet/ damit desselben Doctor Heinrichen Westphaln schwester Haußwirt/ on einig Caution vnd Bürgschafft auß ewerm Richterlichen Ampt bewart/ vnd gehalten werde/ damit dieselb Adelheyt vnd jhr Kindt/ jhres leibs vnd lebens sicher/ vnbeleidiget/ auch jhre vnd jhres Haußwirts güter/ so noch vorhanden weren/ vnuereussert/ vnuerkaufft/ oder vnuerthan/ vnnd sich fürohin deßhalb weiter anzuregen oder zuklagen gemüssigt bleiben/ Daran thût jhr vnser ernstlich meynung. Geben/ꝛc.

Den Ersamen vnsern vnd des Reichs lieben Getrewen/ Bürgermeister vnd Rath der Statt Rostock

Pro

Promotorial. LXV

Promotorial vmb Exequirung ergangenen Spruchs/mit versehung eines Gleyds.

Maximilian/ꝛc.

Hochgeborner lieber Oheym vnd Fürst/Wie Georg N.vnserm Caisergericht fürbracht/ hat dein L.an ingeschlossener Abschrifft seiner vbergeben Supplication zuuernemen/Begeren darauff an dieselben dein L.befelhend/daß sie darob sey vnd verfüg/damit der Spruch in solcher Supplication gemelt/wie billich vnd recht exequirt vñ vollnzogen/ auch er mit gnugsamen Gleydt versehen/ vnd fürther deßhalb vnser Caisergericht anzulangen nit geursache werde/ Daran thůt dein Liebe vnser ernstlich meynung. Datum/ꝛc.

Dem Hochgebornen Hans Georgen Pfalzgrauen bey Rhein/ Herzogen inn Beyern/vnnd Grauen zu Veldenz/ vnserm lieben Oheym vnd Fürsten.

Promotorial vmb sicherheyt vnd Gleyd.

Maximilian/ꝛc.

...borner lieber Oheym vnd Churfürst/ vnserm Keys. Caissergericht hat Mi...fürbracht. Nach dem er von einer vrtheyl/ vnd etlichen beschwerungen/so ...einer L.Hoffrichter vnnd Räthe zu Heydelberg/wider jhne/ vnnd für Peter ...vnd eröffent seien/Derhalb er sich an vns/ vnnd vnser Keyserlich Caisser...en vnd Appelliert hab/ auch ladung darauff erlangt. Vnd aber er als ein ar... ...twerck zutreiben/ sich vnd seine Hauß frawe zuneren zu Heydelberg/ förcht ...der vberfall/so jme der sach halb begegnen möcht/on gleydt nit dürff finden ...jm an dein L.fürschrifft vmb sicherheyt vnd geleyd/damit er sein handwerck ...n möcht/demütiglich gebetten. Dieweil nun (als dein Lieb achten mag) vn...aß er solcher Appellation vnd sach halb/in sorgen sein Handwerck zutreiben/ ...ren müssig stehen müste/ So begern wir an dein Liebe/ wölle gedachten Mi... ...zu Heydelberg vnnd andern orten/ seiner notturfft nach/ frey handlen vnnd ...ge/ sicherheyt vnd geleyd geben/ vnd bey den jhren ernstlich verschaffen vnnd ...aß deßhalb keinerley Gewaldt oder vberfall gegen jhne fürgenommen odder ...de.   Datum.

...m Hochgebornen Friderichen Pfalzgrauen bey Rhein/ Hertzogen in ...Beyern/des heyligen Römischen Reichs Ertztruchsassen/ vnserm lieben Oheym vnd Churfürsten.

Alia forma/ vmb sicherheyt vnd gleyde/ biß zu außtrag der Sachen.

Maximilian/ꝛc.

ERsamen lieben Getrewen/ An vnserm Keyserlichen Cammergericht/ hat sich Peter Quielung/ewer mitburger beklaagt/wie er der sachen halb/darinn er gegen etlichen seinen Wydertheylen/ nemlich A.B.vnd C.auch bürger zu Cölln/ an vnserm Key.Cassergericht/in vnentscheiden Rechten stehe/in dem er auch bißher/zu außfürung desselben möglichen fleiß nit gespart/ auch etlich vnser Keyserl.geschäfft vnnd Mandat/ vmb auffhebung vnnd widderrüffung des/ so inn solcher anhangender Appellation Sach/wider jhne/ vnnd seine Haabe zu Cölln Attentirt sey/ an euch/ vnnd die gedachten seine Widerparthey erlanget/ vnnd verkünden lassen habe/   Demnach aber bißhero
auß

New Formular
Promotorial vnnd beförderung jemandts bey seiner Possession rühiglich bleiben zulassen.

Maximilian von Gotts Gnaden/erwelter Römischer Keyser/ꝛc.

Lieben Getrewen/ An vnserm Keyserlichen Cammergericht/hat sich vnser Trabandt vnd des Reichs Getrewer/ Hans Maurer beklagt/wie jhr an inngeschlossener Abschrifft/seiner fürbrachten Supplication zuuernemen habt. Demnach so befelhen wir euch ernstlich/vnd wöllen/daß jhr demselben M. an seiner Possession vnd gewehre keinerley gewaltsam oder getrang beweiset/ sonder jhn deßhalb bey gebürlichem Rechten seines erpietens/bleiben lasset/vnnd in kein wege anders thūt/damit ferrer handlung deßhalb gegen euch nit noch werde/Daran thūt jhr vnser ernstlich meynung. Datum/ꝛc.

Vnsern vnd des Reichs lieben Getrewen Burgermeister vnd Rathe der Statt Weissenburg am Nortgawe.

Alia, Partheyen zuuergleichung anzuhalten.

Maximilian/ꝛc.

Lieben Getrewen/ An vnserm Keyserlichen Cammergericht/hat der Ersam vnd Gelehrt/desselben vnsers Keys. Cammergerichts Procurator/vnd des Reichs lieber Getrewer Christoff N. Lehrer der Rechten fürbracht/vnd angeruffen/wie jr an eingeschlossener Abschrifft seiner Supplication zuuernemen habt/vnnd begeren darauff an euch befelhend/die angezeygten Erben zu vnderichten vnd zuuermögen/ daß sie sich mit demselben N. darinn gütlich vertragen/damit ferrers anrüffens vnd handlung deßhalb nit not werde/Daran thūt jhr vnser ernstlich meynung vnd gefallen. Datum.

Vnsern vnd des Reichs lieben Getrewen Friderichen N.ꝛc.vnsers lieben Oheims vnd Fürsten Statthalter vnd Räthen zu N.

Ein andere Form/einen ohn Caution vnd Bürgschafft(zuuerhūten vnraths)verwart zubehalten.

Maximilian/ꝛc.

Ersamen lieben Getrewen/Vnserm Keyserl. Cammergericht hat der Ersam gelehrt Heinrich Westphaln/der Rechten Doctor/desselben vnsers Cammergerichts Procurator/vnd des Reichs lieber Getrewer/fürbracht/wie jhr in verwarter Abschrifft seiner vbergebener Supplication zuuernemen habt. Demnach befelhen wir euch hiemit ernstlich/vnd wöllen/daß jr der Sachen gūt innsehen habt/mit fleiß darob seiet/verfüget/ vnd bestellet/damit desselben Doctor Heinrichen Westphaln schwester Haußwirt/on einig Caution vnd Bürgschafft auß ewerm Richterlichen Ampt bewart/vnd gehalten werde/damit dieselb Adelheyt vnd jhr Kindt/jhres leibs vnd lebens sicher/vnbeleidiget/auch jhre vnd jhres Haußwirts güter/ so noch vorhanden weren/ vnuereussert/ vnuerkaufft/oder vnuerthan/vnnd sich fürohin deßhalb weiter anzuregen oder zuklagen genüssigt bleiben/Daran thūt jhr vnser ernstlich meynung. Geben/ꝛc.

Den Ersamen vnsern vnd des Reichs lieben Getrewen/Burgermeister vnd Rath der Statt Rostock.

Pro-

Promotorial vmb Exequirung ergangenen
Spruchs/mit versehung eines Gleyds.
Maximilian/ꝛc.

Hochgeborner lieber Oheym vnd Fürst/Wie Georg N. vnsern Cassergericht fürbracht/hat dein L. an ingeschlossener Abschrifft seiner vbergeben Supplication zuuernemen/Begeren darauff an dieselben dein L.befelhend/daß sie darob sey vnd verfüg/damit der Spruch in solcher Supplication gemelt/wie billich vnd recht exequirt vñ vollnzogen/auch er mit gnugsamen Gleydt versehen/vnd fürther deßhalb vnser Cassiergericht anzulangen nit geursacht werde/Daran thut dein Liebe vnser ernstlich meynung. Datum/ꝛc.

Dem Hochgebornen Hans Georgen Pfaltzgrauen bey Rhein/ Hertzogen inn Beyern/vnnd Grauen zu Veldentz/vnserm lieben Oheym vnd Fürsten.

Promotorial vmb sicherheyt vnd Gleyd.
Maximilian/ꝛc.

Hochgeborner lieber Oheym vnd Churfürst/vnserm Key. Cassergericht hat Michael N.fürbracht. Nach dem er von einer vrtheyl/vnd etlichen beschwerungen/so durch deiner L. Hoffrichter vnnd Räthe zu Heydelberg/wider jhne/vnnd für Peter N.gesprochen/vnd eröffnet seien/Derhalb er sich an vns/vnnd vnser Keyserlich Cassiergericht berüffen vnd Appelliert hab/auch ladung darauff erlangt. Vnd aber er als ein armer sein handwerck zutreiben/sich vnd seine Haußfrawe zuneren zu Heydelberg/förcht Gefencknuß oder vberfall/so jme der sach halb begegnen möcht/on gleydt nit dürff finden lassen/darauff jm an dein L.fürschrifft vnd sicherheyt vnd gleyd/damit er sein handwerck wie vor treiben möcht/demütiglich gebetten. Dieweil nun (als dein Lieb achten mag) vnbillich were/daß er solcher Appellation vnd sach halb/in sorgen sein Handwerck zutreiben/ vnd sich zuneren müssig stehen müste/So begern wir an dein Liebe/wölle gedachten Michel/damit er zu Heydelberg vnnd andern orten/seiner notturfft nach/frey handeln vnnd wandeln möge/sicherheyt vnd gleyd geben/vnd bey den jhren ernstlich verschaffen vnnd darob sein/daß deßhalb keinerley Gewaldt oder vberfall gegen jhne fürgenommen odder gestattet werde. Datum.

Dem Hochgebornen Friderichen Pfaltzgrauen bey Rhein/ Hertzogen in Beyern/des heyligen Römischen Reichs Ertztruchsassen/ vnserm lieben Oheym vnd Churfürsten.

Alia forma/vmb sicherheyt vnd gleyde/biß zu
außtrag der Sachen.
Maximilian/ꝛc.

Ersamen lieben Getrewen/An vnserm Keyserlichen Cammergericht/hat sich Peter Quielung/ewer mitburger beklagt/wie er der sachen halb/darinn er gegen etlichen seinen Widertheylen/newlich A.B.vnd C. auch burger zu Cölln/an vnserm Key.Cassergerecht/in vnentscheiden Rechten stehe/in dem er auch bißher/zu außfürung desselben möglichen fleiß nit gespart/auch etlich vnser Keyserl.geschäfft vnnd Mandat/ vmb auffhebung vnnd widderuffung des/ so inn solcher anhangender Appellation Sach/wider jhne/vnnd seine Haabe zu Cölln Attentirt sey/an euch/vnnd die gedachten seine Widerpartheyn erlanget/ vnnd verkünden lassen habe/ Demnach aber bißhero
auß

New Formular

auß vngehorsam kein folg geschehen sey/ bey vnd gegen euch inn sorgen vnnd vnsicherheyt stehe/dardurch er von seiner häußlichen wohnung/haab/ vnd narung vertrieben/auch an vollnfürung seiner gerechtigkeyt vnd sachen verhindert werde/jme zu verderblichem schaden/vnd darauff vmb vnser/vnd vnsers Key. Cammergerichts gebürliche hilff/ jm darinn sicherheyt zuuerschaffen/demütiglich anrüffen vnd bitten lassen/ Wann nun solches/wo die ding dermassen gestalt/von Recht vnbillich/zu abbruch vnd verachtung vnser Königlichen Oberkeyt reichend were/vnd darumb vns mit nichten zugedulden gebürt. So befelhen wir euch mit ernst/vnd wöllen/daß jr dem gemelten Quitlung / obgemelter sachen halb/keinerley gewaltsam oder beschwerung zufüget/oder solches zuthun jemands befelhet noch gestattet/ Sonder all dieweil solch sachen vnentscheiden hangen/ auff sein gesinnen zu fürderlicher vollnfürung derselben sicherheyt vnnd gleyd gebendt/ Daran thüt jhr vnser ernstlich meynung. Datum/ɾc.

Den Ersamen vnsern vnd des Reichs lieben Getrewen/Bürgermeister vnd Rath der Statt Cölln.

Aber ein andere Form vber befehrlicher besorgung.

ERsamen lieben Getrewen/Vnserm Keyserlichen Cammergericht hat Vrsula N. fürbringen lassen/ wie sie angelangt/ daß sie etlicher rede vnd wort halb vor euch in sorgen stehen/ vnd zu Nürnberg auß vnd inzuwandlen vnsicher sein soll/welches jr in vollnfürung einer Appellation/so sie an vns vnd bemelt Cammergericht gethan/vnnd derhalb an jhr gegentheyl ladūg erlangt/vnnd außbracht habe/ zu mercklicher verhinderung re pche/ vnd darauff vmb hilff vnd fürsehung demütiglich angerüffen vnd gebetten. Wiewol nun als jhr wissend/ein jede Person so an gedachtem vnserm Cammergericht zu handlen/in krafft der vbung vnd herkommen desselben Cammergerichts/ auch der auffgerichten des heyligen Reichs Ordnungen/ fride vnnd gleyd hat/ So entpfelhen wir euch/ doch mit ernst/so fer: die sachen wie angezeygt gestalt sein / daß jhr die gedachte Vrsula/ biß zu außfürung jhres handels/mit notdürfftiger tröstung vnnd sicherung fürstehet/vnd jhre deßhalb keines args gewartet/noch zuthun verschaffet/oder gestattet/damit sie ferner klag kein vrsach haben mag/Daran thüt jhr vnser ernstlich meynung. Datum/ɾc.

Den Ersamen vnsern vnd des Reichs lieben Getrewen Bürgermeister vnd Rath der Statt Nürnbergk.

Promotorial einen Botten seines verdiensts gütlichen zubezalen.

Maximilian von Gotts Gnaden/erwelter Römischer Keyser/ɾc.

LIebe andechtige / Vnsers Keyserlichen Cammergerichts geschworner Bote Hans N.beklagt sich/wie du an außgeschlossener Abschrifft seiner vbergeben Supplication vernemen würdest. Darumb so begern wir an dich/ befelhende/du wöllest dich barüber mit demselben Botten gütlich vertragen vnd jhne bezaln/damit weiters ansuchens vn handels vnnoth werde/Daran thüst du vnser meinung vn gefallen. Geben/ɾc.

Der Edlen vnser lieben Andechtigen Leisen von der N.gebornen Frawen zu N. Wittwen.

Promo-

Promotorial. LXVI

Promotorial einen vnklaghafft zumachen / odder auff den fall Rechtlich vor die Cantzley vorbescheiden zulassen.

Vnser freundtlich dienst zuuor lieber Pfleger. Auff innligende Zettel vns von N. fürbracht/ist an statt des Durchleuchtigen Fürsten / vnsers gnedigen Herrn Hertzog Wolffgangen/Pfalsgrauen bey Rheyn/Hertzogen in Beyern/vnd Grauen zu Veldentz/ꝛc.an euch vnser befelch/daß jr Hansen N.vnd N.zu N.die berürt Zettel fürhaltet/vnnd darauff mit jhne verfüget/damit der gemelt N.deßhalben entricht vnnd vnklaghafft gemacht/auch weiters ansuchens nit not werde. Wo sie aber jhe dawider gründlich einrede zuhaben vermeinten/ sie als denn gegen bemelten N. allher für vnns zu gütlicher verhörung erfordern vnnd bescheiden lasset/Nemlich/daß sie auff Montag nach S. Vlrichs Tag/schierstes zu nacht hie zusein / vnd am Dinstag hernach zu frü/ vor vns erscheinen/vnnd der verhörung zugewarten/dermassen berürtem N. solches auch verkündet ist. Datum.

Vnsers Gnedigen Fürsten vnd Herrn Statthalter
vnd Räthe zu Zweyenbrücken.

Dem Edlen vnd Vesten N.von N.Pfleger zu N.vnserm güten
Freundt.

Alia forma vmb erledigung Gefencknussen.

Vnser gütwillig dienst zuuor lieber Pfleger. Vns hat Leonhardt N.von N. die innligend Zettel anbringen lassen/so wir euch zuuernemen zusenden/ Darauff ist an statt des Durchleuchtigen Fürsten/ vnsers Gnedigen Herrn Hertzog Wolffgang ꝛc.an euch vnser befelh/daß jr gemelten N.vff widderstellen/allher für vns fürderlich auß Gefencknuß lasset/vnd jhne/auch N.als seinn Gegentheyl in berürtem Zettel angezeygt/ allher für vns zu gütlicher verhörung erfordert vnd bescheyden lasset/Nemlich daß sie vff schierstkünfftigen Sontag zu rechter taggezeit allhie für vns erscheinen/vnd der verhörung auff nechst nachfolgenden Montag gewartend / auch vns die eingeschlossen Zettel zu solchem Tag widerumb allher sendet. Des wöllen wir vns von benants vnsers Genedigen Herrn wegen zu euch versehen. Datum.

Subscriptio vt supra.

Alia forma vmb verhelffung Rechnungen.

Maximilian von Gotts Gnaden/erwelter Römischer Keyser/ zu allen zeiten mehrer des
Reichs/ꝛc.

Lieben Getrewen/wie Simon N.vnser Keyserlich Cammergericht angelangt/habt jhr auß eingeschlossener Abschrifft/seiner vbergebnen Supplication zuuernemen/ Demnach befelhen wir euch hiemit ernstlich/vnd wöllen/daß jhr denselben seinen Vatter/mit gnugsamer versicherung verschet/vnd jhme laut seiner Supplication gegen demselben N.zu weiter Rechnung zulasset vnd verhelffet/damit weiters ansuchens vnnd handlung deßhalb nicht noth werde/ Daran thüt jhr vnser ernstlich meynung.   Geben zu Regenspurg/Anno/ꝛc.

New Formular
Ein andere Form/ vmb verhelffung erlittenen schaden.

Maximilian/ ꝛc.

Lieben Getrewen/ wie Erhardt N. vnser Keyserlich Cammergericht angelangt/ habt jhr auß hierinn verwarter Abschrifft/ seiner vbergeben Supplication zuuernemen/ vnd befelhen euch darauff hiemit ernstlich/ vnnd wöllen/ daß jhr demselben N. zu erfolgung vnnd bezalung gedachter erlittener schaden/ auch der Interesse/ so er vor euch erstanden hette/ fruchtbarlich vnd ernstlich verhelffet/ Damit deßhalb weiters ansuchens nit noth werde/ Daran thüt jhr vnser ernstlich meynung. Datum/ ꝛc.

Alia forma entwehrte Güter widerumb folgen zulassen.

Maximilian von Gotts Gnaden/ erwelter Römischer Keyser/ ꝛc.

Ersamer lieber Getrewer. Wir begern an dich/ ernstlich befelhende/ du wöllest bey Benedicten N. daran sein vnd verfügen/ damit er vnserm Diener vnd des Reichs lieben Getrewen Augustin N. etlich Haab vnd Güt/ so er jhm/ als er vns bericht/ in seinem abwesen entwert haben solle/ widergebe/ vnd folgen lasse/ odder darumb benügig mache/ dardurch deßhalb ferrer handlung nicht noth werde/ Daran thüst du vnser ernstlich meynung. Datum/ ꝛc.

Dem Ersamen vnserm vnd des Reichs lieben Getrewen Rector der Vniuersitet zu Tübingen.

Fürdernuß Brieffe vmb ein Schul.

Vnser freundtlich dienst/ auch was wir liebs vnd güts vermögen zuuor/ Hochwirdiger Fürst/ besonder lieber Herr vnd freundt/ Der Wolgelehrt Andreas N. der sieben freyen Künst Meister/ zeyger diß Brieffs/ bericht vnns er sey willens/ vmb die Schul bei E. L. die diß mals vacier vnd ledig/ zuwerben/ vnd rüfft vns an vmb für dernuß schrifft. Dieweil er dann nun vnser Schul ein zeitlang regiert/ vnd sich in solchem seinem Regiment frömblich/ vnd dermassen gehalten hat/ daß wir nit zweiffeln/ er möcht ewerer Schul wol vor sein. So bitten wir auff sein anrüffen gar freundtlich/ jhr wöllet jhn zu derselben ewer Schul für andere/ günstiglich kommen lassen/ vnd sich also gegen jhme beweisen/ daß er diser vnser Fürschrifft/ neben seiner geschicklicheyt/ geniessen befinde/ Das stehet vns in mehrerm freundtlich allzeit zuuergleichen. Datum/ ꝛc.

N. von Gotts Gnaden/ Hertzog zu N. ꝛc.

Antwort auff Fürderniß schrifften.

Vnser freundtlich dienst zuuor/ lieber N. Ewer schreiben vnnd begern/ daß wir euch zu vnserm Schulmeister für andere auffnemen sollen/ ꝛc. haben wir sampt ewer in erpieten vernommen/ Dieweil wir aber diser zeit mit einem Schulmeister versehen/ des Jar seiner bestallung noch nicht erschienen ist/ So sindt wir diß mals nicht willens

Fürdernuſz. LXVII

tens einen andern auffzunemen/ Das wöllen wir euch nicht verhalten/ euch darnach haben zurichten. Datum/ꝛc.

Burgermeiſter vnd Rath zu N.

Fürdernuſz oder fürbitt eines Stattſchreibers Ampt.

Lieben Freunde/ Nach dem vnnd wir vernemen/ ewer Stattſchreiber Ampt ledig ſein/ haben wir ob vier jaren hero/ einen vnſers Stattſchreibers Diener bei vns gehabt/ Erbarn/ redlichen/ frommen/ vnnd beſonder mit vernunfft alſo begabet/ vnnd gnugſamer kunſt vnd weißheyt/ beyde mit ſchreiben vnnd gedicht/ ſo gnugſamlich vnderrichtet/ daß er das Ampt vnſers Stattſchreibers in langem abweſen/ offt vnnd vil/ redlich verweſen/ vnnd verſehen hat/ daß wir des begnügig jhn nit hetten wöllen verbeſſern/ Nun wie dem/ ſo verſtehen wir jhne zu ewerem Ampt obgemelts willen haben/ Wiewol wir jhn lieber bey vnns wiſſen wolten/ ſo ſind wir doch geneygt jhme vnſer fürderung mitzutheylen/ zu allem dem das er vermeint jhme zu nutz vnd ehren kommen möge. Hierumb bitten wir ewer Erſame Freundſchafft/ denſelben vnſern Diener/ an ſolch ewer Ampt für ander koſten zulaſſen/ zweiffelt vns nit/ dann er vns von euch zu danck/ vnd ſein dienſt euch/ vnd ewerer Statt zu ehren/ nutz/ vnd gefallen/ nit klein erſcheinen werd/ ſo beweiſt jr vns auch hiemit ſolch gefallen/ das wir vmb ewer Erſam Weißheyt ſchuldig haben zugedienen. Datum/ꝛc.

Burgermeiſter/ꝛc.

Fürbitt vmb ein newe Bottenbüchſen.

Ein gruſz/ mit erbietung alles guten zuuor. Ernhaffter Achtbarer/ inſonders gunſtiger Herꝛ Bottenmeiſter/ Es hat mir zu mehrmaln/ Niclaus vnſer Bott/ brieffs bringer/ den Bürgermeiſtern angezeygt/ wie er hinundwider auff der ſtraſſen angefochten ſeiner alten Bottenbüchſen halben/ vnd mich gebetten/ an euch fürdernuſzbrieff mitzutheylen/ damit er ein newe Büchſen/ wie ſie jetzmals von vnſerm gnedigſten Churfürſten vnd Herꝛn getragen laſſen wirt/ erlangen. Dieweil ich dann auff ſein anhalten/ ſolches nicht vmbgehen mögen/ So iſt an euch/ als meinen gunſtigen Herꝛn vnnd guten Freunden/ von wegen gemeyner Statt bittlichs erſuchen vnd begeren ſhm gegenwertigen Botten (wo anders eine vorhanden) ein newe Bottenbüchſen mittheylen/ Solches hinwiderumb zubeſchulden/ bin ich faſt geneygt vnd gefliſſen. Datum/ꝛc.

N. N.ꝛc.

Miſſiua einer widerantwort vber abſchlagung etlicher Güter.

N. von Gottes Gnaden/ꝛc. Churfürſt.

Vnſern freundtlichen gruſz zuuor/ Hochgeborner lieber Oheym vnnd Getrewer. Wiewol wir vor lengſter zeit geneygt geweſen/ euch vff das ſchreiben den zehenden Decembris nechſtuergangen N. jars/ mit ſampt beygelegtem bericht des gutts N. halb/ inn vnſer Landteſſerey gehörig an vns auſzgangen/ vnſer gemüt zueröffnen/ hat ſich doch ſolchs auſz vile anderer jugeſtandener wichtiger geſchäfft verhindert. Derhalben wir

M

New Formular

dann an jetzt/vnd damit ihr hierunder lenger nicht vnbeantwort bleiben/solches nicht vmbgehen noch auffziehen wöllen/ Vnd ob wir wol euch zu sonderer freundtschafft gewegen/ zweiffeln wir doch nicht/ ihr werdet gelegenheyt herkommen nach diſes gůts N. euch gůtlichen zuberichten haben/was ſonderbaren beſchwerden/ nachtheils vnd ſchadens vns vnd der Marggraffſchafft darauß entſtehen wolt/da wir daſſelbig auß vnſer Landſeſſerey/zu wider ſo vnuerdechtlichen herbringen/ auch Brieflicher vrkunden/ vnnd vertråg/ entziehen/vnd kommen laſſen ſolten. Vnnd hierumb iſt auch an euch vnſer gůtlichs geſinnen/ vns dißfals ferner vnangelangt zulaſſen/ vnd daß ir euch in dem alſo/vnd dermaſſen erzeigend/wie ſich das als eim Landſeſſen ſolches gůts halben/ꝛc. wol gebürt/ vnd zuthůn ſchuldig/auch wir deſſen ein gantz gůts zuuerſichtlichs verhoffen zu euch haben wöllen / Daran erzeygt ihr neben der billicheyt vnns ſonders gefallens/ ſeindt es auch hinwider der gebür nach zubeſchulden willig. Haben wir euch gůter meynung nicht vnangezeygt mögen laſſen. Datum/ꝛc.

Dem Hochgebornen vnſerm lieben Oheym vnd Getrewen/Herrn
Ludwig Heinrichen/ꝛc.

Miſſiua vber verſagte Güter/die in Vheden erobert worden.

Vlrich von Gotts Gnaden/Hertzog/ꝛc.

VNſern gůnſtigen gruß zuuor/Wirdigen Hochgelehrten lieben beſondern. Wir haben ewer ſchreiben/vns jetztmals gethan/von wegen Ludwigen vnnd Philipſen N. N. ewer Vniuerſitet verwondten vnd ingeleibten Gliderii/ihre Heyrath/ Erbgüter/vnd Mütterlich Ertheyl betreffende/ gegen vnſerm Cantzleyſchreiber vnnd Vogt zu N. vnd lieben Getrewen Conradten N. alles innhalts vermerckt/ Vnnd nach dem wir in ergangener Vhed vnd Kriegsübungen/die berürten Güter/ angenoſſen/ erobert/vnd fürther auſſer gnaden dem benanten vnſerm Diener zůgeſtelt haben/wiſſen wir ihme dieſelben mit keynen fůgen abzuwenden/ſonder darbey zuhandthaben. Darumb iſt vnſer beger/mit benanten ewern verwandten zuuerfügen/ihres fürnemens abzuſtehen/vnd die vnſern bey obgemelter vnſer beweiſten gnaden/vnd zůſtellung/ gerůhiglich bleiben zulaſſen/ Das kompt vns zu ſondern gefallen/mit gnaden zuerkennen. Datum/ꝛc.

Den Wirdigen Hochgelehrten/vnſern lieben beſondern Rector
vnd Vniuerſitet des Studiums zu N.

Miſſiua vmb begerung paß vnnd fürdernuß.

Maximilian von Gotts Gnaden König zu Behem/ Ertzhertzog/ꝛc.

VNſer freundſchafft/vnd was wir liebs vnd gůts vermögen/Hochgeborner Fürſt/ freundtlicher lieber Oheym/wir wöllen ewer L. in freundlichem vertrawen nit bergen/daß wir vnſerm beſonder lieben Wolffen Haller von Hallerſtein/der Röm. Key.Maieſtat/ꝛc. vnſers Allergnedigſten liebſten Herrn Vettern vnd Vatern/Rath vnd Pfenningmeiſter zu Speyer befelch geben/vns auff diß nechſtkünfftig Weinleſen zwölff Faß der rechten gůten Gäntzfůſſer (als die vnnd für die andern Rhein Wein ſonders wol bekommen) wo die am beſten gefunden werden/zukauffen/ vnnd hienacher ghen Wien zů fertigen. Iſt derhalben vnſer freundtlichs geſinnen an ewer L. die wölle vnbeſchwert ſein/
vnd

vnd in namen jhres Herrn Vettern jetzgedachten Haller einen schrifftlichen befelch fertigen vnnd zůkommen lassen/ dessen er sich an denen orthen seiner Liebden Churfürstlichen Oberkeyt/ da solche Gänßfässer am besten wachten/ zugebrauchen/ vnnd also den ersten kauff haben möge/ in massen wir denn des versehens E. L. freundtlich genehyg sein werde/ vnd solches wöllen wir hinwider gegen ewern beyden Liebden (denen wir ohn das freundtschafft/ liebs vnd gůts zuerzeygen gantz begirig vnd geneygt) freundtlich beschulden. Geben zů N. ꝛc.

Dem Hochgebornen Fürsten/ Herrn Wolffgangen N. ꝛc. vnserm
freundtlichen lieben Oheym.

Missiua vnnd bewilligung vber begerten Paß
vnd fůrdernuß schrifften.

Drchleuchtiger Fürst/ Ewer Königlichen Wirden/ seindt vnser freundtlich williglich dienst allzeit zuuor/ lieber Herr vnd Oheym/ Ewer Königlichen Wirden an begern der N. Faß Gänßfäß Weins halb/ die Ew. Königlichen Wirden durch den Keyserlichen Pfenningmeister Wolff Haller zubestellen/ vnd auff Wien nach gefertiget zuwerden/ verordent/ Wöllen wir als baldt befelch thůn/ daß gedachtem Pfenningmeister/ also Paß vnd fůrdernuß schrifften in namen vnsers Herrn Vettern N. Churfürsten/ ꝛc. zůgefertigt werden sollen/ die er seiner Lieb Gebieto/ wo er den Wein am besten bekommen mag/ also zugebrauchen/ aller massen ewer Kön. Wirden begert haben/ der wir solches freundtlich vnnd dienstlich hinwider nicht bergen wöllen/ Vnnd thůn darbey Ewer Kön. Wirden zů freundtlicher dienstserzeygung vns gantz geneygt erbieten.   Datum/ ꝛc.

Missiua vntůgliche Doctores nicht zůr Promotion zůzůlassen.

Vnsern grůß zuuor/ Wirdigen vnd Ersamen lieben Getrewen/ wir werden berichte wie der Juristen Facultet/ in vbung vnnd willens sein sollen/ biß nechst Montags ein groß summa/ dergleichen vor zů N. nie mehr gehört/ Doctores zů Promouieren/ vnder denen etlich/ die noch viel weniger dann diß standts jhres alters vnd Lehre halben wirdig seien/ auch wider Constitution/ Statuten/ vnnd alten herkommen/ vnser voralten löblichen dechtnuß/ vnnd der Vniuersitet gebrauch/ allein zů anzeyge eines geitigen eygen genieß/ der mehr/ dan die ehre/ rhum/ vnd preiß der Vniuersitet in dem gesucht werden soll/ alles nit allein euch/ vnd gantzer Vniuersitet/ sondern auch vns vnd vnsern Vorfarn/ die solch Vniuersitet mit jhrem schweren darlegen/ mühe vnd arbeyt gestifftet vnnd auffgericht haben/. auch dem gantzen Fürstenthůmb zů mercklicher schmach/ nachrede/ verachtung/ vnd schmälerung/ reichende/ auch vns als Patron vnd Handthaben derselbigen vnser Vniuersiteten/ so bißher vor andern Vniuersiteten/ in gůtem Lob erschollen vnd gewachsen/ gebüren wil/ auch wol an vnnd zůstehet/ so vil müglichen bey den zuerhalten vnnd jnn schens zůthůn gebürt/ So haben wir euch solches nit vnangezeygt mögen lassen/ mit gnediger beger vnd ernstlichem gesinnen/ jhr wöllet der billicheyt junschens thůn/ die so zů solchem standt/ alters/ lehre/ vnd vnderweisung/ vnd anderer notturfft/ vermöge der gedachten vnsern Vorältern löblichen dechtnuß/ vnnd der Vniuersiteten/ Statuten/ vnd Ordnung geniess nit geschickt weren (wiewol wir jemands/ der zů solchem tåglichen/ vngern verhindern wolten) nicht Promouiren/ noch zůlassen/ sonder euch der gedachten Statuten vnd Ordnungen geniess halten/ Dann wo das nit beschehe/ als wir vns jhe auß erzelten vrsachen/ nicht versehen/ wůrden wir verursacht/ das höher zů hertzen zůfassen/ gegen der Facultet/ oder den Personen/ so solche ding vben/ zůstraffen/ handeln vnd fürzune-

M ij

New Formular

men/daß vnser mißfall gespürt werden solt/welches wir sonst/euch allen glidern der Vniuersitet zu gnaden lieber vnderlassen/ vnd ewer gnedigster Fürst/Patron/vnnd Schirmher sein wöllen. Datum/ic.

Den Wirdigen vnd Ersamen vnsern lieben Getrewen Rector vnd Vniuersitet zu N.

Missiua vmb erlaubung oder vergünstigung eines Doctors.

VNser freundlich gruß/gütwilligkeyt vnnd dienst/seien euch beuor/ Ehrwirdigen/ Wirdigen/ Hochgelehrten/besonder liebe Herrn vnd güte freunde/ Wir schreiben hieneben vnser kranckheyt vnd notturfft halben/dem Hochgelehrten vnserm besondern lieben vnd güten Freund Theobalden N. der Artzney Doctor/ sich fürderlich zu vns herab ghen Meyntz zuuerfügen. Diewel wir aber wissend derselb Doctor N. der Ordinarj Lection bey euch verbunden/ darmit wir daß seinet halben nit gesaumpt werden/dieweil wir sonder vertrawen zu jm tragen/ So langt an euch vnser günstigs gesinnen/auch freundlich vnd fleissig bitt/ sie wöllen vns zu notturfft vnnd gefallen/demselben Doctor bey vns zukommen/vnd ein kleine zeit/als vngeschetzlich einen Monat lang zubleiben/gütwilliglich erlauben/vnd vergünstigen/ Das gelangt vns von euch zu günstigem gefallen/ vnd sindt solches vmb euch widerumb freundlich zubeschulden/ vnd alles fleiß zuuerdienen wol vnd gantz gewilt. Datum/ic.

Georg Graue vnd Herr zu N.vnd Johan
N. von Bübenheym/beyde Thumbherrn zu Meyntz/ic.

Den Ehrwirdigen/ Wirdigen vñ Hochgelehrten N. dem Rector vnd Doctorn deren Vniuersitet zu N.vnsern besonder lieben Herrn vnd güten Freunden.

Missiua vmb begerung järlicher dienst besoldung.

HOchwirdiger Fürst/ Ew. Fürstlichen Gnaden/ seyen mein vnderthenig/willig vnd genepgig dienst zuuoran/gnediger Fürst vnd Herr/ Nach dem E.F.G. mir von wegen der N.sachen biß daher järlich auff einen jeden newen Jars Tag N.Daler gnaden vnd wartgelt reichen lassen/vnd vergangnen newen Jars Tag ein Jar abermals verflossen/ so hab ich gegenwertigem meinem Diener deßhalben bey Ew.F.G. vnderthenig ansuchens zuthun befelch geben/ist auch an E.F.G. mein vnderthenig bitt/ sie wölle jhm (jedoch zu deren güten vnd gnedigen gelegenheyt) angeregt Gelt zubehendigen gnediglich befelch thun/ Wo dann die sach (welche sich gleichwol meines erachtens lang gnüg auffschürtzen thüt)zu gütlicher/oder sonst ferrer Gerichtlicher handlung kommen wirt/ erkenne ich mich in solchem vnderthenig zugehorsamen schuldig/ thü damit Ew.F.G. mich zu Gnaden vnderthenig befelhen. Datum/ic.

E.F.G.

vnderthenigter

N.N.Doctor/ic.

Missiua in etlichen sachen Commissarj zugeben.

ic. Aller

N. Allergnedigster Herr/als E. Key. Mt. A. vnd B. Vettern/vnser Bürger/von klage wegen D. vnd E. für sich gefordert/vnd jhn des tag zu Rechten gesetzt/ vnd bescheiden hat/nach laut E. Key. Citation darüber gegeben/vnd jhn geantwort/Vnd nun denselben vnsern Bürgern/von sorgfeltigkeyt wegen der schweren Krieg vnd lauff/ vnnd vorauß/jhr mercklichen geschäfft solches fürkommen für Ewer Keyser. Mt. etwas schwer vnd vnbequem ist/ Bitten wir E. Key. Mt. mit anderthenigem fleiß demütiglich/dieselben geruch vmb vnser willig dienst willen/ der vorgenanten Partheyen ein gelegen Richter vnd Commissarien/hieoben zu Landt gnedigstlichen geben vnd seyen/ an statt E. Key. Mt. sie für sich zufordern/zuverhören/vnd mit Recht zuentscheiden lassen/angesehen daß solche sach/mit jhrer gelegenheyt/so fert vber Landt zuhandeln/zuvil mühsam/schwer vnd köstlich ist. Das wollen vmb E. Key. Mt. in aller vnderthenigster gehorsam zuverdienen wir bereyts fleiß willig sein. Datum/ic.

Missiua ann Herrn Commissarj/sich der sachen zuvnderfahen/vnd Tag anzusetzen.

N. Gnediger Herr/ Georg N. vnser mitbürger/hat vns zuerkennen geben/wie der Allerdurchleuchtigst/Großmechtigst Fürst vnd Herr/Herr Maximilian der Ander/ erwelter Römischer Keyser/vnd mehrer des Reichs/ic. vnser Allergnedigster Herr/ Die sachen zwischen dem Ersamen Conradten N. vnnd jhme an jhrer Keyserlichen M. Hofe in Recht hangend/ Ew. Gnaden durch deren Mt. Commission befolhen hab lassen außzurichten/ darumb wir Ew. Gnaden (auff außgangen Commission) vnderthenigklich bitten/die wöllen die sachen in krafft der gemelten Key. Commission gnediglich annemen/ der Partheyen in kürz tag anzusetzen/vnd sie diser sachen in recht zuentscheiden/ Das wollen wir mit williger vnderthemigkeyt gehorsamlich verdienen. Datum/ic.

Missiua vmb forderung außgeliehens Geldes.

E Dler/Ernuester/euch seyen mein gütwillig dienst zuuoran/ Jnnsonders günstiger lieber Herr Hofmeyster vnd güter Freundt/ Welcher massen ich euch vor der zeit/ etlich gelt/vermög vberschickter verzeichnuß/fürgeliehen/ auch sonst euch vnd ewrem Brüder gütwilliglich gedient/das werdt jhr euch wol wissen zuerinnern. Wiewol ich nun für mein mühe vnnd arbeyt nichts beger/so ist doch mein bitt/jhr wöllet das bargeliehen Gelt zeygern diß meinem Schreiber zustellen/ der hat befelh/dasselbig an orth/dahin ichs auch schuldig/zulberantworten/ Bin euch in ander weg ferrer zudienen gewilt. Datum/ic.

Wolffgang N. Licentiat.

Missiua einer Salutation/ mit wünschung eines glückseligen newen Jars.

M Ein freundtlichen gruß/ neben wünschung eines newen glückseligen Jars zuvoran/ freundtlicher lieber Herr vnd Schwager. Nach dem ich disen Botten etlicher meiner Gnedigen Herrn rechtfertigung halben zu N. abgefertiget/ so hab ich nit vmbgehen wöllen/ vnangesehen ich sonderliches nichts zuschreiben/ euch dannoch zu Salutieren/freundlich bittend/jhr wöllent da etwas in Nouis/ mich desselbigen freundtlich verstendigen/wie ich gleichfalls/da etwas bey vns gewest were/ gethan wolt haben/vnnd bin damit euch vnd ewern Kinden schwägerlichen willen zuerzeygen wol geneigt. Dat.ic.

New Formular
Missiua vber hinderzück beschehen verheyrathung/ mit dunckler angehceffter bitt dieselbige bleiben zulassen.

EDler/Ernuester/euch seien mein gůtwillig dienst/ mit erpietung alles geneygten willens zuuoran/insonders günstiger lieber vnd gůter Freundt/ Welcher massen ich nunmehr ewer Schwester Vrsulam ein gůte lange zeit bey mir gehabt/ vnd die selb durch mein Haußfrawen zu ehren aufferziehen/ auch nach meinem vermögen bekleyben vnd erhalten lassen/ das werdet jhr euch zweiffels ohn wol vnd freundtlichen zuberichten wissen/sey auch inn keinen zweiffel/ daß euch dasselbig zu gantz freundtlichem gefallen vnd danck biß daher gereicht/ vnd noch reichen thů/ Nun bin ich sie auch noch hinfürter also ferrer auffzuziehen vnd zuerhalten ebenmessig wie biß daher/ wol gewilt/ Allein kan ich euch freundtlicher meynung nit verhalten/ daß sich bemelte ewer schwester gleichwol hinderwerts mein/ vnnd meiner geliebten Haußfrawen/ mit einer Eheuersprüchnuß/ gegen meinem diener vnd Schreiber J.P.Z. hat eingelassen/ Wiewol ich nun vber solch handlung/ wie jhr zugedencken/ ein zeitlich vnnd billiche mißfallen getragen/ so hab ich jedoch bey mir ewer vngelegenheyt des Heyrathgůts halber bedacht/ vnnd darbey erwogen/ daß dannoch mein Schreiber ansenklichs von gůten leuthen zu seinem stand auch herkoist/ vnd sich dabeneben in seiner Dienerschafft dermassen gehalten/ daß ich gůte zuuersicht habe/er werde es hinfürter auch thůn/ vnd ewer schwester/ da sie künfftiglich einander Eheliche beywonung thůn solten/mit ehen wol erneren können/ Derhalben ich dann mit der sachen etwas leiser/dann ich villeicht sonst gethan hett/ vmbgehen můssen. Jch hab aber dannocht ohn ewer als des Vatters vnd Brůders voruissen nichts bewilligen wöllen/sonder ehegedachten meinen Schreiber/als er deßhalb ferzer bey mir anhalten lassen/ vff euch verschoben. Jst derhalben an euch mein freundlich bitt/ mich für derlichen was ewer gemüt sei zuberichten/ für meine Person wil ich sie zu ehren gern befürdern/ Vnnd euch vnd den ewern allen gůten willen erweisen/ Damit euch/ vnd ewer geliebte Haußfraw in schirme des Allmechtigen befelhen thů. Datum/ re.

N. N. Cantzler.

Dem Edlen vnd Ernuesten/ Hansen N. zu N. meinem insonders lieben vnd gůten Freunde.

Missiua vmb verheyrathung/ anderer vnd gůter Form.

MEin freundlich gůtwillig/ vnd gleichwol noch zur zeit vnbekandte dienst zuuoran/ Ersamer insonders lieber Herr vnd Freund/ ewer son Magister N. ist ein zeitlang meiner Kinder Preceptor gewest/ wie jhr on zweiffel auß etlichen seinen schreiben gnůgsam werde verstanden haben/ vnd hat sich in solcher zeit mit trewlicher vnd fleissiger vnderrichtung meiner Kinder also verhalten/ daß ich darab ein gůt benůgen vnnd wolgefallen getragen/ auch jhn daher zu seiner wolfart vnnd allen ehren zubefürderen geneygt bin. Nun hab ich aber vngeuehrlich biß in das zehendt Jar ein Basen/so meiner freundtlichen lieben Haußfrawen schwester Tochter/ vnnd nunmehr Mannbar ist/zu zucht vnd ehren aufferzogen/ zu deren gedachter ewer Son/ jres züchtigen wandels/ auch wolhaußteris halber/ dessen sie sich inn meiner Haußhaltung befliessen/gleichwol ohn mein vnnd meiner Haußfrawen wissen/ ein Ehrliche vnnd freundtlich zůneygung gewonnen/ vnnd daher mich vnnd die Freundtschafft newlicher tagen bittlichen ersůcht/jhme dieselb zů seinem Ehelichen Gemahel zuuergönnen vnnd verfolgen zulassen. Ob nun wol ich/ vnnd

die

Missiuen. LXX

die Freundeschafft bedacht gewesen/jhme noch zur zeit mit richtiger antwort nicht zubegegnen/ sonder zuuor die sach vff ferrere erkündigung zustellen. Jedoch dieweil wir ab seinem standt/herkommen/ auch thůn vnd lassen keinen mangel/ vnd daß er von gůten ehrlichen leuthen erborn/ein gůt wissen tragen/auch jhret halben wol zufriden sindt/ So haben wir auff sein ferrers anhalten/vnsers theyls auch bewilligt/vnnd sie beyde also/in dem namen des Allmechtigen zusammen geben lassen. Nach dem er sich nun mit einer ehrlichen Tochter vnd in gůte Freundeschafft verheyrath/so bin ich gůter zuuersicht/ wie auch nunmehr seinet halben zubeschehen freundtlich bitt/ jr werdet euch dise seine ehrliche handlung vnd verheyrathung/ob die schon nicht mit ewerem vollnkommenen vorwissen beschehen/gefallen/vnnd jhn mit vätterlicher stewer/vnnd handreichung/ewerm standt vnd vermögen nach/nicht verlassen/Wie dann ich vnd die Freundtschafft jhn in gůter befůrdernuß vnd Beselch zuhaben wol gemeynt sindt/ Was dann die Hochzeit vnd anders belangen thůt/ werdet jhr von mehrgedachtem ewrem Sohn/was hierinnen mein meynung vnd bedencken sey/vernemen/vnd euch darauff gegen mir ferrer freundtlich zuerklären wissen. Wolt ich euch/dem ich freundtliche angeneme dienst zuerweisen geneygt/ diser sachen gelegenheyt nach/freundtlich nicht verhalten. Datum/rc.

N. N. rc.

Missiua vmb widder erstattung/so jemande was im Geleyd genommen worden.

Durchleuchtiger/Hochgeborner Fürst/ Ewer Fürstlichen Gnaden seien mein vnderthenig willig vnd gehorsame dienst zuuor / Gnediger Herr/ich bin die nechstuergangen wochen von N. ghen N. geritten/vnd hab Ewer F. Gn. schriffilich geleyd zu N. angenommen / Vnnd als ich bin kommen an das Holtz N. genannt/auff der Strassen N. zů/ von zweyen Reissigen angesprenget/vnd vber das ich jnen Ewer Fürstlichen Gnaden Geleyd angezeygt/N. Gůlden die ich bey mir gehabt/ von jhnen gewaltiglich entwert/ auch darbey geschlagen worden / vnnd als ich acht/ so möchten dannoch die Knecht kundtbar sein/sich vorhin offt an den enden lassen sehen vnd mercken / vnnd haben solch Pferde/kleydung/ vnd rüstung/rc. Dieweil ich nun berürtem Ew. F. Gna. Gleyde verträwt/ die Geleydstraß geritten/mir das darin begegnet/denn ich villeicht sonst andere wege gesůcht/ vnnd nicht souil barschafft mit mir gefürt hett/Jst an dieselbig E. Fürst. Gn. mein gantz vnderthenig bitt/ Ewer Fürstl. Gn. wöllen mir obgemelter summa gelts gnedig erstattung vnd ergetzung thůn/ wie ich gedachtem Geleyd/ vnd Ewer Fürstl. Gn. Fürstlichem erbaren gemůte nach gantz in keinen zweiffel setze. Dann wo es von Ew. F. G. nicht geschehe/würde es mir/meinem Weib/vnd Kindern/an vnser leibsnarung vnd gewerbe zu mercklichem nachtheyl reichen/vnd dardurch in armut gesetzt/oder villeicht gar inn Bettelstab gewiesen/ des ich Ewer Fürstlichen Gnaden jhe nicht getraw/aber gegen genanten Knechten/ mögen Ewer Fürstlich Gnaden auff obgedacht kundtschafft zu jhrem gefallen zuhandlen ein nachdencken haben/das ich meins theyls Ewer Fürstlichen Gnaden ergibe/derselben mich vnd meine sach vndertheniglich befelhe/erspriesslicher gnediger antwort wartende. Das wil vmb Ewer Fürstlich Gnade ich jederzeit mit rechten trewen in vnderthenigkeyt zuuerdienen geflissen sein.

Ew. F. Gn.

vndertheniger gehor-
samer

N. N. Bürger zu N.

New Formular
Missiua gelt auffzubringen.
Wilhelm Graue zu N. ꝛc.

EHrwirdigen Herrn/ꝛc. gegen disen schweren sorgfältigen lauffen/heischet vnser notturfft hinderhůt/barschafft zumachen/zu gůter offenthaltung vnsers wesens/auch vnser vnnd ewer gůter bey vns ligende/darumb wir ewer Ehrwirdigkeyt ersuchen/ mit fleiß vnd ernst bittend/vns vmb drey tausent Gülden vmb Zinß auff ablosung fürderlich zuhelffen/von euch selbs oder von andern leuten/das soll euch sonders zweiffel nit minder zu ewerm nutze/den wir allzeit gern fürdern wolten/dann zu vnser selbst notturfft/vnd wir wöllen auch das vmb ewer Ehrwirdigkeyt/vnd die ewern vnuergessenlich haben/vnd verdienen. Datum/ꝛc.

Missiua vnd wideranttwort vmb borgen
vnd leihen.

HOchgeborner Fürst/ꝛc. Gnediger Herr/ Auff die werbung durch ewer Fürstlichen Gnaden R. ich nechst an vns beschehen/borgens halb der vier tausent gülden/ auch Korns halb/vnd etlich Büchsen/ewern Fürstlichen Gnaden zuleihen/Geruch dieselb Ewer F. G. zuwissen/wiewol wir in den vnd andern sachen allzeit gern thůn wolten/ wes wir vns höchsten danckbaren vnd günstigen willen von E. F. G. erlangen möchten/ So müssiget vns doch von der begerung wegen not vnd armůt der vnsern/den solch Gelt zůgehörig ist/vnnd vonn des andern wegen dise läuff/ nun besonder offne diser Kriege/so weit/vnnd vil andere Fürsten vnnd Herrn berůrent/daß wir sorgfeltigkeyt halb künfftigs vnraths/so hierinn entstehen möcht/vnsern vnderthenigen günstigen willen hierinn Ew. F. Gn. auff dißmal nicht können wilfaren/als wir sonst gern theten/das wöllen E. F. G. vns zum besten vermercken/damit derselben vns vnderthenigklich zů Gnaden befelhende. Datum/ꝛc.

E. F. G.
    vnderthenniger williger

          N. N. Apt zu N.

Missiua vnd anttwort/da einem Fürsten/so in einer Appellation sachen am Keiserlichen Camergericht
(vermög habender freyheyt)nit zurichten bitt/ꝛc.
abgeschlagen wirdt.

Maximilian/ꝛc.

HOchgeborner lieber Oheym vnd Churfürst/deiner Liebde schreiben an vns jetzo gethan/betreffen den Rechtlichen handel/zwischen Veiten von N. sein mituerwandten/vnnd Anthonien N. darinn dein Lieb begert vnd bitt/bey vnserm Keyserlichen Cammergericht zuuerschaffen/auff die angeregten Appellation inn der sachen nit zurichten/vnd dich vnd dein nachkommen bey jhrer freyheyt bleiben zulassen/ꝛc. ferrers innhalts ist an vnserm Keyserlichen Camergericht verlesen/Vnd dieweil die sach zwischen den partheyen daselbst in Recht anhängig worden/für vnfůglich angesehen/ausserhalb beyder partheyen Gerichtlich verhörung/ deiner beger statt zůthůn / sonder auff des so Gerichtlich darinn fürbracht würde/was recht ist/ergehen zulassen/ Haben wir deiner Liebe nicht verhalten wöllen. Datum/ꝛc.

    Dein Hochgebornen Joachim Marggrauen zů Brandenburg/zů Stettin/Pommern/Hertzogen/ꝛc. vnserm lieben Oheym vnd Churfürsten.

Missiua

Miſſiuen.   LXXI

Miſſiua oder befelch einem Pfleger/einen ſeiner Vnderthan zur gütlichen verhöre zur Cantzley zubeſcheiden.

Vnſer freundlich dienſt zuuor lieber Pfleger/ Auff erſuchen vnd begern/ Margrethen N. ſo ſie jetzt in Sachen/ſie/vnd Contzen N. ſampt ſeine miterben betreffend/an vnns gethan/iſt an ſtatt des Durchleuchtigen Fürſten vnſers Gnedigen Herrn Hertzog Wolffgangen/ꝛc. vnſer befelch an euch/ daß ihr benanten Contz N. ſampt ſeinen miterben/gegen bemelter Frawen/allher für vnns zu gütlicher verhörung erfordern vnnd beſcheiden laſſen/ nemlich daß er auff Dinſtag ſchierſt zu nachts hie ſeye/ vnnd am Freytag morgen des nechſten tags darnach vor vns erſcheine/ vnd der verhörung gewarte/dermaſſen bemelte N. auch beſchieden iſt. Datum/ꝛc.
Conrad von N.ꝛc.

Alia forma einer Miſſiuen oder befelchs/ jemandes für die Cantzley fürzubeſcheiden.

Vnſer freundlich dienſt zuuor lieber Pfleger/ In ſachen Conradten N. vnnd Leonharden Fiſcher gegen einander berürend/ iſt an ſtatt des Durchleuchtigen Fürſten vnſers gnedigen Herrn Hertzog Wolffgangen/ꝛc. vnſer befelh an euch/daß ihr den benanten Fiſcher/gegen bemelten Conradten allher für vns zu gütlicher verhörung/erfordern vnd beſcheiden laſſet/nemlich/daß er vff Montag nach N. tag zu nachts hie ſey/ vnd am Dinſtag morgen des nechſten tags darnach vor vns erſcheine/ vnd der verhörung gewarte/Dermaſſen Conrad auch beſcheiden iſt. Datum/ꝛc.
N. N. ꝛc.

Miſſiua hinfürcher on befelch niemandes zur Cantzley fürzubeſcheiden.

Vnſer freundlich dienſt zuuor lieber Pfleger/Nach dem wir euch vormals/laut hierinn ligender ſchrifft/befelch gethan / vns derhalben mit widerſendung der Zettel ſchrifftlich vnderricht zugeben/ das aber nicht geſchehen / ſonder auſſerhalb vnſers befelchs/die theyl für euch gefordert/dieſelbig zuuertragen/vnnd vber daß ihr die folg ſolches vertrags nicht erlangen mögen/ſie die theyl allher für vns beſcheiden/ als auch N. gehorſamlich erſchienen/aber ihr gegentheil als Kläger auſſen blieben/ Demnach iſt an ſtatt vnſers Gn.H. Hertzog Wolffgangen/ꝛc. an euch vnſer befelch/daß ihr benanntem N. die koſtung/ſo er deßhalb an heut erlitten/abthüt/ Auch was nachmals geſtalt der ſachen/lauter vnd eygentlich in ſchrifften berichtet/vnd die eingeſchloſſen Zettel darbey widerſendet/ vnd fürther ohn vnſern befelch/niemandts für vns beſcheydet/ Des wöllen wir vns/von benannt vnſers Gnedigen Herrn wegen/ zu euch verſehen. Datum/ꝛc.
N. N. ꝛc.

Miſſiua Partheyen gütlich für ſich zufordern/ vnd zuuertragen.

Vnſer freundlich gutwillig dienſt zuuor lieber Pfleger / auch lieben Freunde/ auff ⟨h⟩inligend Zettel/ ſo vns von Wernharten N. fürbracht/iſt an ſtatt des Durchleuchtigen Fürſten / vnſers Gnedigen Herrn Hertzog Chriſtoffen/ꝛc. an euch vnſer befelch/

New Formular

selch/daß jhr die theyl der sachen halt/nachmals vff einn kurtz bestimpten tag/ für euch erfordert/vnd allen müglichen fleiß fürkeret/ sie gütlich mit einander zuuertragen. Wo jhr aber die folg solches vertrags bey jnen jhe nit erlangen möcht/ als dann den Partheyen/in den sachen zum fürderlichsten einn endtlichen Rechtstag setzet/ vnnd zwischen jhnen ergehen vnd geschehen lasset was recht ist/ doch jedem theyl das hofgeding fürgesetzt/ vnd vorbehalten/des wöllen wir vns/an statt vnsers Gnedigen Fürsten vnd Herrn/zu euch versehen. Datum vnder hochbemelts vnsers Gnedigen Herrn Secret/Dinstag/ιc.

Con. von N.vnd ιc.

Dem Edlen vnd Vesten Hansen N. Pfleger/auch Richter vnd Räthen zu N.vnsern guten freunden.

Missiua vber außgeben an hinderlegtem Gelt/
gebürliche Rechenschafft zuthün/ιc.

VNser gruß/vnd w.w wir liebs/vnd güts vermögen/ freundliche liebe Base/ Es hat verschiener jar/Anna N. ewer Schwester/ vnnd vnser Base/ der Gott gnade/ hundert vnnd vier gülden/hinder euch in trewes handen gelegt/ daruon jhr (als jhr euch vernemen lassent) etlich Gelds solt außgeben haben. Deßhalben ist an euch vnser freundlich bitte/jhr wöllet vnns solcher außgabe/vonn stück zu stück/glaubliche rechnung thü/auff daß wir wissens tragen/wes vnser jedem an der vbermasse der hundert vnnd vier gülden zu seinem gebürenden theyl zustande. Vnnd wiewol wir vns dessen (der billicheyt nach) vnabschläglich zu euch versehen/ Bitten wir doch vmb ewer beschriebene antwort/ vns darnach zurichten haben. Datum/ιc.

N.N. vnd N.

Der Ersamen vnd tugentsamen Frawen Margareth N. Hansen N. nachgelassene Wittibin zu N. vnser freundtlichen lieben Basen.

Missiua vmb sachen berichę zuthün.

VNser freundelich dienst zuuor: lieber Pfleger/vns hat N.von N. jetzo ein anbringen gethan/als jhr an jnligender Supplication habt zuuernemen/ darauff ist an statt des Durchleuchtigen Fürsten vnsers gnedigen Herrn Hertzog Wolffgangen/ιc. an euch vnser befelch/daß jhr vns deßhalben gestalt der sachen/ auch darbey mit was antzal die gemelt N. im Vrbar Büch der gült stehe/ so sie von solcher Vogtey geben müß/lauter vnd eygentlich in schrifft berichtet/ vnnd die eingeschlossen Zettel darbey wider sendet/ vns von benants vnsers gnedigen Fürsten vnd Herrn wegen ferner darnach haben zugerichten(vel)

Des wöllen wir vns von hochbenants vnsers gnedigen Herrn wegen zu euch versehen. Datum/ιc.

Missiua/da einem zu früer tagzeit etliche sachen
zuuernemen/geschrieben wirdt.

LJeber Gerichtschreiber/wir beselhen dir/an statt des Durchleuchtigen Fürsten vnsers gnedigen Herrn Hertzog Wolffgang/ιc. sampt andern verordneten Vormündern/ daß du auff den schierstkünfftigen N. tag zu früer tagzeit allhie vor vnns erscheinest/sachen halb als du vernemen wirdst/vnd nit aussen bleibest/Des wöllen wir vns von berürts vnsers Gnedigen Herrn wegen zu dir versehen. Datum/ιc.

N.N. ιc.

Missiua

Missiuen. LXXII

Missiua vmb Gülten mitzusiglen/ vnd Bürg zuwerden.

LJeben Getrewen/ vns haben vnsere liebe angehörigen A.vnd B.als Vormünder T.vnd D.weylant E.beyder hinderlassener Töchter zu F.wonhafft/off vnser gnediges gesinnen vier tausent Gülden/ jeden zu fünfftzehen batzen/ mit zwey hundert gülden järlicher Gülten zuuertzinsen/jetzo vnderthenig angeliehen/für welches jhr als vnser Bürgen vnd Schuldner mitvnterschrieben seindt/ wie jhr solches ferner ab beyligender vnsers theyls Hauptuerschreibunge zusehen finden werdet. Dieweil darin die angeregte Hauptsumma zu Baw ghen G.gebraucht/ die jhr auch nunmehr zweiffels ohn empfangen haben werdend/ So gesinnen wir gnediglich / jr wöllet solche verschreibunge mit vnd neben vns auch versiglen/vñ euch solcher Bürgschafft gütwillig vndertziehen/ Sollen dagegen euch von zeygern ein gnůgsamer Schadloßbrieff/ die Gülten järlichs von vns zuentrichten/die Hauptsumma/ ohne allen ewern schaden abzulösen/ vnnd euch also diser Bürgschafft widder zuerledigen/deswegen zůgestellt werden. Wolten wir euch genedig euch t bergen/vnd beschicht vns hieran vnser angenemes gefallen. Datum/rc.

Missiua anderer Form/an statt eines abgestorbenen Bürgen/Bürg zuwerden.

LJeber Getrewer/ Es sindt etlich vnser Bürgen/ die vor jaren vnsern lieben getrewen Rudolff vnnd Hansen von N.für ein Gült gesetzt sindt/ abgangen/vnnd inn sondern für einen Philips N.seliger/welche von N.vnns vmb andere Bürgen zu seyen ersucht haben/ Begeren mit allem ernst/ dich bittend/ du wöllest an desselbigen N. seligen statt/vnser ersetzter Bürge werden/vns des deinn versigelten Brieff hiebey vertertiget schicken/vnd dargegen vnsern schadloß/wir dir auch darmit senden/annemen/vnnd dich gütwillig ertzeygen/ darmit wir den ehegenanten von N. glauben halten mögen/vnd wes wir jhme deßhalb verschrieben sindt/vns an dem nicht lassen. Das wöllen wir gegen dir in sondern gnaden erkennen/ vnd bedencken. Datum/rc.

Missiua/da einer zu seiner Haußfrawen/die in todts nöthen ligt/ beschrieben wirdt.

MEinn freundelichen gruß zuvor/innsonders guter freundt/kan euch auß zůgeneygter lieb/sonderer freundtschafft/ vnnd mithabenden bekümmernuß freundtlich nicht bergen/ Wie daß ewer geliebte Haußfrawe/ so nun ein lange zeit (wie euch bewust) schwerlich zů beth kranck gelegen/vnd aber nunmehr in dem/ wie es dann der augenschein sehr vnd hoch gibt/ jhre franckheyt sich also dahin richten wil/daß sie/wie sie es dann selbst/täglichs vnd alle stundt von hinnen auß diser schnöden Welt vnd Jamerthal/ zu vnserm Vatter dem Sohn Gottes vnd Erlöser/Christlich (wie dann ein jedes mensch thůn soll) zuscheiden begeret/darauff auch allbereyt jhren trost dahin gesetzt / vnd das ende der abscheidung jrer Seel/alle stund erwarten ist/ Nun wil aber die gantz hohe notturfft erfordern/ dieweil sie noch wenig bei guter vernunfft sein soll/ vnd stets ohne vnderlaß/nach euch mit weinenden augen schreyhen vil erfordern thůt/daß jr euch nach verlesung brieffs/

New Formular

an stunde/vnd on allen verzug/allher in ewer Behausung verfüget/vnd der orts selbst was euch rächlich/nutz vnd gůt sein wil/zum besten fürsehen/Wann jhr selbst vernünfftiglich abnemen köndt/da es inn solchem endtreffen ist/kein verzug leiden mag/auch ewer Hauß vnd anders/nit frembden leuten/sonder euch befolhen sein soll/vnd wil/wie jhr dann allen vnd mehrn bericht zu ewer ankunfft vernemē werdt/Das hab ich euch also für mich selbs/ auch anderer gůter leuth Rath in eyl nit bergen sollen noch mögen. Datum/rc.

N.N.rc.

Missiua vmbfrag zuthůn/vmb einn gelehrten vnd tüglichen Artzney Doctor.

Vnser freundtlich dienst zuuor/Wirdiger vnd Hochgelehrter lieber Herr/Wir sein für vns vnd gemeyner Statt/notturfftig eines Leibartzts/vnnd Doctor der Artz ney/den wöllen wir nach gelegenheyt vnser/vnd gemeyner Statt sachen mit zieml lichen Solden belohnen/Bitten deßhalb gantz freundtlich/Ewer Wirden wöllen in der Vniuersitet bey euch zu N.vmbfrag thůn/fleiß haben vnd fürwenden/ob vns ewer Wir de also einen gelehrten vnd geschickten Man/der in der Practick gewesen/vnd mit der gemeyne Statt versehen were/bekommen möcht.Das wöllen wir mit sonderm willen gantz freundtlich verdienen. Datum/rc.

Burgermeister vnd Rath zu N.rc.

Missiua auff eines Doctors begern/jnen zu ei- nem Statt Artzt auffzunemen.

Vnser freundtlich dienst zuuor lieber Herr Doctor/ewer schreiben vnd begern/daß wir euch zu vnserm Stattartzt/für andern auffnemen sollen/rc. haben wir sampt ewerm erpieten vernommen/Dieweil wir aber diser zeit mit einem Doctor verse hen/des jars seiner bestallung noch nit erschienen ist/so seindt wir diß mals nicht willens ei nen auffzunemen/Das wöllen wir euch nit verhalten/euch haben darnach zurichten/vnd seindt euch sonst mit freundtlichen willen wol gewegen. Datum/rc.

Burgermeister vnd Rath/rc.

Warnungs Brieff/ bey vntüchtigen Meistern nicht zulehrnen.

Vnsern gruß vnnd alles gůts zuuor/lieben jungen/Demnach Jacob N.ewer Lehr meister/nun ein lange zeit sich wider vns/vnnd vnser Ordnung gesetzt/oder vil tä tig vnser anhalten/vnnd aber jhr jetzundt in desselbigen dienst seindt/Steinmetzen handtwerck zulehrnen willens/Thůn wir euch hiemit zuwissen vnnd zuuernemen/daß jhr euch wol zu andern gehorsamen vnd auffrechten Meistern verdingen mögen/das Hand werck zulehrnen/Dann ob jhr schon lenger bey disem ewerm Meister dienen vnd verhar ren würden/wirdt euch dasselbig ewer dienen nit zu gůt kommen/jhr auch ob jhr also auß gelehrnt/vnd auff dem Handwerck wandern wöltet/nit gefürdert noch angestelt werden/ Das haben wir euch/damit jhr euch darnach zurichten wisset/inn disem Brieff zůschrei ben wöllen/damit seindt Gott befolhen. Datum Straßburg vff der Haupthütten/Son tags den ersten Septembris/Anno rc.

Hans N.Stattwerckmeister vnd ein gantz Steinmetzen Handtwerck zu Straßburg.

Der

Beschreibung. LXXIII

Den Ersamen Hansen vnd Jacoben N. Gebrüdern/ vnd Jacob N. diener zu
N. vnsern lieben Jungen.

Beschreibung Sachen halb daran gelegen.

Ludwig Graue zu N. ꝛc.

Vnsern günstigen gruß zuuor/ Hochgelehrter Rath vnd lieber Getrewer/ Wir gesinnen günstig/ daß jr als baldt nach vberantwortung diß/ euch erheben/ vnd bey vns allhie ankommen wöllent/ sachen halben daran vnns gelegen/ vnnd jhr zu ewer ankunfft vernemen sollent. Daran beschicht vnser meynung/ (vel)

Daran thüt jhr vnser gefellige meynung/ oder
Das thün wir vns verlassen/ Oder
Daran thüt jhr vnsern ernstlichen willen vnd befelch/ Oder
Daran thüt jhr vns angenems gefallen/ gegen euch in günstigem willen/ damit wir euch ohne das wol gewegen/ haben zuerkennen/ Oder
Welches wir euch günstiger meynung nicht bergen wöllen/ Oder
Das wöllen wir vns also versehen/ Oder
Das wolten wir euch günster gestalt nicht bergen/ Oder
Daran thüt jhr vns angenems gefallen/ Oder
Daran thünd jhr vnser wolgefellige meynung/ vnnd sindt euch mit günstigem willen wol gewegen/ Oder
Das gelangt vnns vonn euch zu günstigem gefallen/ deren wir euch mit günstigem willen wol genepgt. Datum/ ꝛc.

Abschreibung vber beschehene erforderung ghen Hof anzukommen.

N. von Gottes Gnaden/ ꝛc.

N. Wolgeborner lieber Getrewer/ Als wir dich schierstkommenden Donnerstags gegen abendts allhie bey vns zuerscheinen beschreiben lassen/ So geben wir dir hinwider günstig zuuernemen/ daß sich die sachen/ darumb du also erfordert worden bist/ etwas geendert/ Also ohn von nöten du dich nunmehr auff wegen zu vnns alher begebest/ das wir dir also Günstiger meynung/ darnach zugerichten habst/ nicht verhalten mögen. Datum/ ꝛc.

Abschreibung einer Disputacion/ sampt angehencktem befelch dem Quodlibetario sein Besoldung zuentrichten.

Von Gottes Gnaden Augustus Hertzog zu Sachsen/ Ertzmarschalck vnd Churfürst.

Vnsern gruß zuuor/ Wirdigen vnd Ersamen lieben Getrewen/ Nach dem jhr vns durch vnsern Cantzler des fürhabenden Quodlibets halb ansuchen lassen/ mit anzeig etlicher ingefürten vrsachen/ derowegen bey euch für güt solches diser zeit zu vmb-

New Formular

gehn bewogen. So ist vns auch nit zuwider/dz jetztmals von solcher disputation abgestanden werde/doch daß ihr dem verordneten Quodlibetario/ Meister Martin N. sein zugehörige Besoldung/dieweil er sein arbeyt vnd mühe des mehrertheyls zum selbigen gehabt vnnd fürgewendt/vnangesehen/daß die Disputation keinn fürgang gewindt/entrichten/ vnnd in dem zufriden stellen. Wolten wir euch/darnach haben zurichten/gnediger meynung nicht bergen. Datum/ic.

Supplication vmb Zollbrieff/etlich fruchte den Rheinstram hinab (gegen entrichtung gebürlichen Zolls) füren zulassen.

EDlen/Ehrnuesten/Ehrnhafften/Hochgelehrten/Großachtbarn/Churfürstliche Herrn Statthalter/vnd anheymische gelassene Räthe/Gnedig gebietende günstig Herrn/Mein mitgemeynter Georg N. vnd ich/ haben vmb den Wirtenbergischen Vnderuogt zu Lauffen/achtzig Malter Rocken/dergleichen vmb den Herrn Commenthur zu Heylbronn Teutsch Ordens/vierzig Malter Korn/vnd zwey hundert Malter Dunckels/denen wir daselbst schelen/ vnd zu saubern Kern machen lassen/ so auff achtzig Malter Korns geben/also daß des Rockens/vnd Kerns zusammen zwey hundert Malter in einer gemeynschafft erkaufft/nach besage hiemit vnderthenigliche vbergebenden vrkunden/ so wir zu Schiffuhr/den Necker vnnd Rhein hinab/ durch die hochlöblich Churfürstlich Pfaltz/biß ghen Meyntz zuführen/inn fürhabendem willen. Hierumb vnderthenigliche bitten/Es wöllen an statt der Churfürstlichen Gnaden/Ewer Gnaden vnd gunsten/gnediglichen geruchen/vns ermelte zwei hundert malter Korno vnd Kerns zusamen/ also hinab zuführen/auch an den dreyen Zöllen/Eltuß/Manheym/vnnd Oppenheym/ gegen entrichtung gebürlichen Zolls / ohne auffhalten fürgehen/ vnnd passieren zulassen/ an die Churfürstliche Zöllner/benannter dreyer Zöll/schrifftlichen befelch vnnd vrkunde geben/ Das wöllen vmb die Churfürstlichen Gnaden zufoderst/so dann auch vmb Ewer Gnaden vnd gunsten/Mein gesell vnd ich/in allem vermügen/ vndertheniglich/vnnd vnderteniglichen zuuerdienen/wir jeder zeit befleissen sein / gnedige fruchtbar erspriessende antwort/vnd vrkunden/vndertheniglichen bittend.

Ewer Gnaden vnd gunsten

vndertheniger

Jost N. Bürger zu N.

Alia forma, in eadem causa.

DVrchleuchtigster/Hochgeborner Churfürst/Ewer Churfürstlichen Gnaden seien mein vnderthenigst dienst jederzeit zuuor/ Gnedigster Churfurst vnnd Herre/ Nach dem ich von dem Ersamen N. N. Amptman zu N. hundert Malter Korn/ vnd vierzig Malter Kern diser tagen erkaufft/innhalt hiebeyligender vrkundt/vnd vorhabens bin/dieselben den Necker vnd Rheinstram hinab fären zulassen. So ist an Ewer Churfürstlichen Gnaden mein vnderthenigst bitten/ sie geruchen an ihre drey Zöll/nemlich/Eltutz/Manheym vnd Oppenheym/Zollbrieff mitzutheylen / mit so gnedigster beweisung/als zu Ewer Churfürstlichen Gnaden mein vnderthenigst hoffnung stehe. Das wil vmb Ewer Churfürstlichen Gnaden ich vnderthenigst verdienen.

Ewer Churfürstl. Gnaden

vnderthenigster gehorsamer

Michel N. ic.

Supplica

Supplication.

Supplication etlich Wagen mit Wollen Zollfrey auffm Landt passieren zulassen.

Durchleuchtiger/Hochgeborner Churfürst/Ew. Fürstlichen Gnaden seien mein vnderthenig willig dienst zuuor/Gnediger Herr/Derselben kan ich inn vnderthenigkeyt nit verhalten/ daß ich in wenig tagen etlich Wägen mit Wollen nacher Straßburg/ vnd dargegen etlich bereytschafft vnnd Haußrath alher zu meiner Hofhaltung zuführen/ verordnung vnd befelch gethan. Wann nun dieselben Ewer Fürstlichen Gnaden Zollstett/ vnnd besonder zu Eppingen/ Brettheym oder Weingarten antreffen möchten/ So gelangt an Ewer Fürstliche Gnad mein vnderthenig bitt/ die wöllen gnedigst vergünstigen/ daß berürte meine Wägen/ mit der Wollen vnd anderer bereitschafft vnd Haußrath/ im hinein vnd am herausser faren/ derends Zollfrey durchgefürt werden mögen/ auch deßwegen mir einen gewonlichen befelch an Ewer F. Gn. Zöllner zustellen lassen. Das bin vmb Ewer Fürstliche Gnaden ich in gleichem vnd mehrerem zuwidderen vnnd zuuerdienen/ deren auch ohn das vnderthenig dienst zuerzeygen vrpütig. Datum/ rc.

Johan Graue von N. vnd Herr zu N. rc.

Dem Durchleuchtigen Hochgebornen Fürsten vnd Herrn/ Herrn N. rc. Churfürsten/ Hertzog in N. rc. meinem Gnedigen Herrn.

Supplication vmb bewilligung Lehen verkauffen zulassen/ vnd jhn zu einem Lehenman auffzunemen.

Durchleuchtigster/Hochgeborner Churfürst/ Ewer Churfürstlichen Gnaden seien mein vnderthenigst/ schuldigst/ vnd gehorsambste dienst allzeit beuor/ Gnedigster Herr/ Was an Ewer Churfürstlichen Gnaden ich verrückter tagen/ von wegen des getroffenen kauffs mit dem von N. vmb sein weyler N. genannt/ hart bey N. gelegen/ vnd deren gnedigsten Consens vnd bewilligung/ auch darauff wirckliche belehnung vnderthenigst supplicirt vnnd gebetten/ das werden Ewer Churfürstlichen Gnaden sich zweiffels on noch wol vnd gnedigst zuberichten wissen. Wiewol nun Ewer Churfürstlichen Gnaden sich dahin gnedigst erkläret/ da der von N. den Kauffschilling widerumb zu Lehen auffzutragen vnnd bewilligen wirdt/ daß als dann Ewer Churfürstliche Gnade in solchen getroffenen Kauff gnedigst bewilligen möchten. So kann doch Ewer Churfürstlichen Gnaden ich vnderthenigst nit verhalten/ daß solches bey gedachtem vonn N. gantz beschwerlich fallen wil/ vnnd zubesorgen/ da Ewer Churfürstlichen Gnaden (wider mein vnderthenigst vertrawen) auff solchem fürnemen verharren solten/ der Kauff seinen fürgang nit gewinnen wůrde. Dieweil aber zu Ewer Churfürstlichen Gnaden mein vnderthenigst vertrawen steht/ sie seyen mir zufürderst mit Gnaden geneygt/ vnd dabeneben der selben ander Maßschafft/ auch sonst eygenthumb nichts abgehet/ auch vber des das Lehen an jhm selbs gering/ dann sich die bestendigen gefell nit vil vber xx. Gulden erstrecken/ So langet an Ewer Churfürstliche Gnade / nachmals mein vndertheniaste hochfleissigste bitt/ sie wölle in solche Kauffshandlung bewilligen/ mich auch zu deren getrewen gehorsamen Lehenman auffnemen/ vnd die Belehnung gnedigst verfolgen lassen/ Das erkenne vmb Ewer Churfürstlichen Gnaden mit vnderthenigsten schuldigsten diensten zuuerdienen ich mich jeder zeit schuldig/ vmb gnedigste vnabschlägige antwort hiemit vndertheniast bittend.

E. Churfürstl. G.

vnderthenigster vnd gehorsamer

N. von N. rc.

New Formular
Supplication oder gnadigungs Brieffe/einem so erarmt/hilff mitzutheylen.

Wir Philips von Gotts Gnaden/ꝛc. Nach dem wir wol vernommen haben vnnd vnderricht sein/daß N. zeyger diß Brieffs langhero sein zeit bey vnd mit dem Adel vnd der Ritterschafft herbracht vnd gewerb hab/vnd nun durch vrsach N. vñ N. in armūt kommen/darumb er gein eyner hilff vnd fürderung notturfftig ist. Bitten vnnd gesinnen wir alle vnd jegkliche zu dener kommen vnnd vmb hilff bitten wirdt / jhme günstig fürderung mitzutheylen/vnnd getrewlich befolhen sein zulassen. Das wöllen wir zu sampt dem lohn jr von Gott dem Allmechtigen empfahen werdet/gern verschulden/ vnd in Gnaden erkennen.   Vrkundt/ꝛc.

Supplication ein Citation abzustellen/vnd die Sachen vor den ordenlichen Richter zu Remittieren vnd zuweisen.

Vnsere freundliche dienst/mit sonderm fleiß bereyt zuuor/Ehrwirdiger/Edler vnd Günstiger Herr/Vnser mitbūrger Veyt N. gibt vns zuerkennen/er sey auff Klage der Chorherrn zur alten Cappellen zu Regenspurgk/an das Chorgericht daselbst citirt/vnd geladen worden/auff Mittwoch nach N. schierst/vor ewer Wirden im Rechten zuerscheinen/vnd hat es darfür/daß es sey der Gūlt halben / auff seinem Baw vnd etlichen āckern/in vnserm Burggeding ligende/die er in krafft des Gūltbrieffs von jhme abzulösen vermeynt / vnnd darauff Hauptgūt vnnd Gūlt zu rechter zeit gebūrlichen Sequestrirt vnd hinderlegt hat/Wo ferr dann dem also/vnd er der vnser derselben sachen halb gefordert were/Bitten wir mit fleiß gantz freundlich/dieweil der Brieff die Gūlt besagend/ auff vnser Stattrecht gegrūndt/vnnd das Gūt in vnserm Burggeding gelegen ist/Darumb daß die Sach als ein weltlicher handel/vnsers verstandts/billich vor vnserem Statgericht vertragen vnnd außgefūrt werden solt/so wöllent solch Citation vnnd Ladung gegen dem vnsern gūnstiglich abstellen / vnd die Sach fūr vns/als seinen ordenlichen Richter remittieren vnnd weisen/Vermeynen jhn dann die Gegentheyl Spruchs nit zuerlassen/als dann verhelffen vnd statt thūn wöllen/vngezweiffelt ewer Wirden werden es gūnstiglich dabey bleiben lassen. Das stehet vns zur billicheyt mit willen allzeit zuuerdienen. Datum/ꝛc.

Bürgermeister vnd Rath/ꝛc.

Dem Ehrwirdigen vnd Edlen Herrn Heinrichen von N. Thumbherrn vnd Chor Richter zu Regenspurg/vnserm günstigen Herrn.

Fürderung einer Jungfrawen/sie in einem Fürstlichen Frawenzimmer auffzunemen.

Vnser freundlich dienst/auch was wir lieb vnd gūts vermögen allzeit zuuor/Hochgeborner Fürst/freundtlicher lieber Vetter vnd Sohn. Bey weylandt dem auch Hochgebornen Fürsten/vnserm freundtlichen lieben Herrn Vettern N. ꝛc. seliger milter gedāchtnuß / hat Vrsula vonn N. geborne vonn N. inn etlicher fūrgelauffener handelung/dise genedige vertröstung erlanget / jhr Tochter Juliana sie mit Georgen vonn N. jhrem Ehewirt seligen gezielt/inn gnedigem schutz/schirm/vnnd befelch zu haben / vnnd deroselben Juliana biß sie zu Mannbaren Jaren erwūchse/vnnd sich mit Rath verheyrathen wūrde / getrewlichen pflegen zulassen / Wie dann auch sein Liebe zeit deren Mutter Vrsula lebens / vnnd nach jhrem todt / deßhalb versehunge gethan/vnnd bemelte Juliana allhie im Closter N. zūchtiglich vnnd wol auffziehen lassen/ darinnen

Fürderung.

darinnen sie dann biß noch/ihre vnderhaltung habent ist. Dieweil aber dise Juliana nunmehr ziemlichen erwachsen/vnd auch wir gern sehen wolten/daß sie in höflichen vnd Adelichen tugenten weiters erzogen/ vnd zünemen möcht/ wie dann auch ihr an vns gelangte demütige bitt stehet/ ihrer als einer Vatter vnnd Mütter losen Tochter vom Adel auß Churfürstlichen milten/vns anzunemen/vnd gnediglich verholffen zusein/darzu wir dan ohne das/vnd sonderlich gegen denen vom Adel/vnnd damit dieselben zu Adelichen ehren vnnd tugenten auffkommen/gnediglich wol geneygt sein. So ist hierauff an E.L.vnser gantz freundtlichs bitten/E.L.wöllen vns zu vätterlichen gefallen/vnnd auch auß sonderlicher neygung E.L.zu denen vom Adel tragen/bey E.L.freundtlichen geliebden Gemahelin/rc. dise Jungkfraw Juliana von N.in ihrer Liebden Frawenzimmer auffzunemen/ vnnd gleich andern Jungkfrawen zu zucht vnnd ehren anzuhalten freundtlich befürdern/ seindt wir vngezweiffelt ewer vnd ihrer Liebden werden an diser Juliana/ein züchtigs ehrlichs Jungkfräwlichs gemüt/vnd alle gebürliche gehorsam spüren vnd befinden/ihr auch nit weniger als wir selbsten zu ferner zünemenden wolfart mit gnaden gern beholffen sein/ die auch solchs zuwider gegen Ewer L. vnnd deroselben freundtlichen Gemahel/vnser geliebden Tochter/rc. mit ihrem andechtigen Gebett zu Gott dem Allmechtigen/ vnd sonst aller Jungkfräwlicher gebür danckbarlichen zubeschulden vnuergessen halten/So seindt auch wirs vmb Ewer Lieb alles vätterlichen fleiß freundtlichen zuuerdienen vrpflig. Datum/rc.

N.von Gottes Gnaden/rc.

Fürderung vmb erlangung langer bekandtlichen außstendiger schulden.

VNser gutwillig dienst/mit erbietung alles geneigten willens zuuoran/Ernuest/fürsichtig/weiß/insonders günstige Herrn vnnd Freunde/ an statt des Wolgebornen Herrn/Herrn Ludwigen Casimirs Grauen von N. vnnd Herrn zu N. rc. vnsers Genedigen Herrn/hat vns an heut ihrer Gnaden vnderthan zu N. Gilg N. vnderdienstlich zuerkennen geben/wie jhe ewer Bürger vnd Metzler Clauß N. genant/für verkauffte Ochsen noch N. gülden zubezalen schuldig/die er aber biß daher/vber sein vilfältigs anfordern/auch gedachts N. beschehen versprechen vnd vertrösten/ nit erlangen mögen/mit bitt daß wir jhn gegen euch nachbäurlich verschreiben wolten. Dieweil wir nun sein bittlich ansuchen/für zimlich/vnd darbey daß eim jeden zu bezalung bekandtlicher schulden geholffen werden soll/für billich geachtet/ so haben wir jhme sein beschehen begeren nit wissen zuuerweygeren. Ist auch darauff an statt wolermelt vnsers Gnedigen Herrn/vnser günstigs begeren/vnd für vns selbs dienstlichs bitten/da die sachen gedachts Gilg N. anzeygen nach geschaffen/jr wöllet demselben zu gebürlicher vnd fürderlicher bezalung/günstiglich verhelffen/vnd jn diser vnser fürgeschrifft würcklichen geniessen lassen. Das wirdt wolermeltem vnserem Gnedigen Herrn/ neben dem es an jhm selbs billich ist/zu günstigem nachbäurlichen wolgefallen gereichen/so sind wirs für vnsere Personen dienstlichen zubeschulden geneygt. Datum/rc.

Wolernantes vnsers Gnedigen Herrn Räth
jetzo zu N.

Den Ernuesten/Fürsichtigen/vnd weisen Herrn/ Stättmeister vnd Rath der Statt Hall/vnsern günstigen lieben Herrn vnd Freunden.

Aber ein andere Fürderung vmb erlangung mit Recht erkandter schulden.

New Formular

Vnser freundlich dienst / auch was wir liebs vnnd güts vermögen / allezeit zuuor / Hochgeborner Fürst / freundlicher lieber Schwager / Vetter / Brüder. Wes vnd welcher gestalt vns vnser Bürger vnnd Seckler zu N. Hans N. abermaln von wegen außstehender schulden / so jhme Ewer L. vnderthan Hans N. von N. an einem Erbfall zuthün / etc. vmb Fürbitschrifften an dieselb vnderthenigst gebetten / das haben sie hierinn verwart freundlich zuuernemen. Wiewol wir nun inn noch vnendtsunckener gedächtnuß sein / daß hieuorn durch vns / an Ewer L. jhme deßwegen auch fürder ungeschrifften mitgetheylt / welcher er seinem anzeygen nach wircklichen genossen / dessen wir vns dann gegen Ewer L. freundtlich bedancken / Dieweil aber er Supplicant der mit recht / vermög beyligenden zu N. ergangenen vrtheyls Copey / erkandten schulden / vonn seinem Gegentheyl noch nit vergnügt / sonder darüber von tag zu tag / zu höchstem seinem nachtheyl / vnd nicht ohne gefahr (wie vns bedüncken wil) von deren Gegenparthey vmbgetrieben wirdt / aber darbey nit zweyffeln Ewer L. desselben aufferholten bericht ein mißfallens tragen werden / so haben wir jhme der billicheyt nach dises sein bitten destominder verweigeren wöllen. Demnach Ewer L. nachmaln schwägerlichs vätterlichs fleiß bittend / die wöllen verordnung thün lassen / darmit vermelter vnser Bürger / des seinen / so er mit Vrtheyl vnd Recht erlangt / ohne weiter vmbtreiben vnd beschwerlichen kosten / dessen er sich sonst an jne zuerholen nicht vmbgehen könnte / wirde / der gebüre nach / entrichtet vnnd bezalt werde / auch diser vnser Fürschrifft abermaln empfindlich genossen habe / spüren möge. Das wöllen wir vmb Ewer L. hinwider mit allem schwägerlichem freundtlichem willen / in gleichem vnnd mehrerm gern vätterlich verdienen vnd beschulden. Datum / etc.

N. von Gottes Gnaden / Hertzog / etc.

Aber ein andere Form einer befürderung vmb erlangung außstendiger schulden.

N. von Gottes Gnaden / etc.

Ersamen Weisen lieben besondern / Vns hat gegenwertiger vnser Hünerfauth vnd lieber Getrewer N. N. jetzo vnderthenig zuerkennen geben / wie er ewerem mitburger Endrissen N. vor diser zeit / vermöge inhabender Kerffzettel / vnnd sein Endriß eygen Handtschrifft / etliche Centner Wollen zukauff gegeben / daran jhme noch ein namhaffte summa vnbezalt außstendig / mit vnderthenigster bitte / jhme ein fürbitlich schreiben an euch mitzutheylen / im fall er solches außstandts inn güte nicht bezalung erlangen köndte / daß er als dann durch euch der billicheyt nach / souil jmmer müglich / darzu günstig befürdert würde / Dieweil wir nun sein bitte nicht vnziemlich ermessen / auch menigklich in befügten sachen zubefürdern geneygt / so langt an euch vnser günstiges gesinnen vnd begern / jhr wöllet gedachten vnsern Hünerfauth diffals in günstigem befelch haben / vnnd jhme auff sein ansuchen / zu dem er befügt / alle güte fürderung beweisen lassen / damit er on lengern auffenthal / zu gebürender bezalung angeregts außstandts kommen möge / Daran erzeyget jhr vns gefallen / mit günstigem willen gegen euch hinwider zuuergleichen. Datum auff N. tag / etc.

Wider ein ander Fürderung / vmb verhelffung

außstendiger schulden / an einen Amptmann von der Oberkeyt außgangen.

Eberhart

Fürdernuß. LXXVI
Eberhart Grave zu N. ꝛc.

Lieber Getrewer/ N. ist bey vnsern Räthen erschienen/ vnd hat angezeygt/ daß N. jhm etlich Gelt schuldig sein soll/ aber mit der bezalung desselben vermeynlicher vñ billicher vrsachen auffhalte/wie du dann solches von gemeltem N.eygentlicher vnd gründtlicher vernemen wirdst/ Ist vnser meynung vnnd befelch mit ernst/ du wöllst solch vnderricht/ auch N. antwort vnd innrede eygentlich verhören/ vnnd so fer du einn grunde befinden wirdst/ daß N.seiner Auffzüg nicht statt odder füge hab/ als wir vnns dann/ souil wir noch bericht/ bedüncken lassen/ als daß ernstlich mit jhme verfügen vnd darzü halten/ die forderung zůstillen vnd vnklaghafft zůmachen/ als sich der billicheyt nach gebürt. Daran geschicht auch vnser meynung vnd gůt gefallen. Datum/ꝛc.

Ein Keyserliche befürderung in erhöhung Zolls zůbewilligen.

Maximilian von Gotts Gnaden/ Rhömischer Keyser/ zů allen zeiten mehrer des Reichs/ꝛc.

Hochgeborner lieber Oheim/ Schwager vnd Churfürst/ Vns hat der Hochgeborn N. Hertzog zů N. vnd N. vnser lieber Oheim vnd Fürst/ vnderthenigelich vnd vertrewlich fürbracht vnd zů erkennen geben/ Welchermassen sein L. als sie nach absterben weylandt Hertzog N. zů N.ꝛc. jhres Vattern seligen zů der regierung kommen/ einen solchen vbermässigen schulden last auff dem Fürstenthumb N. befunden/ daß seine L. auß erhalb der ordenlichen Ampt vnd Dienstleut besoldung vber die fünff vnd achtzig tausent Gülden verschriebener Zinß vnd Gülten/ ausser vnnd innerhalb dem Fürstenthumb järlich bezalen müsse/ Vnnd dann von wegen etlicher vil erlittnen Kriegslast/beschwerden/ vnd durchzüge/ auch daß sein L. verschienen N. jars der geringern zal/zů erhaltung vnd beschirmung jhrer Festen/ vnd Fürstenthumbs/vnd damit sie nicht von vnserm vnd des heyligen Reichs schuldigen gehorsam/ durch die vorstehende Kriegs empörung getrungen würde/ von jhren Cammergüt vber die achtzig tausent gülden notwendiglich auffgewendet/ Deßgleichen durch die reichung des heyligen Reichs bewilligten vnd schuldigen anlagen/ durch zůgestandene thewrungen/ vnd sonst anderer mehr dergleichen beschwerlichen zů vnd vberfälle/ nicht allein an jhrem Cammergüt gar erschöpffe/ vnd zů eim gantz beschwerlichen abgang vnd verderblichen hinderung gewachsen/ sonder auch S. L. gemeyne Landschafft vnd vnderthanen/ dardurch dermassen erarmt/ daß S. L. hinfürther bey denselben einer gantzen geringen/ vnd schier gar keiner hilff zů ablegung obgemelter der schwerden zů getrösten habe/ darauß dann gewißlich erfolgen würde/ daß S. L. nicht allein des angezogenen schuldenlasts halben/ gar nicht erleichtert/ die järlichen Zinß vnnd Gülten nicht bezalt werden/ noch sie jhren allein ziemlichen Fürstenstandt erhalten/ Sonder auch neben andern vnsern vnd des Reichs Ständen/ die schuldigen Reichs anschläge vnd hilff nicht mehr leisten könden/ Vnnd vns derhalben vmb vnser gnedige Keyserliche hilff vnd handreichung/ vnd sonderlich vmb gönnung vnd begnadung ein erhöhung S. L. hievor habenden Zolls/ laut inligender verzeichnuß in seinem Fürstenthumb N. auffzůrichten/ demütigelich angerüffen vnd gebetten. Dieweil wir den gedachtem vnserm lieben Oheimen vñ Fürsten/ Hertzog N. von N. vil seins trewen geleisten gehorsams vnd sondern wolhaltens willen/ darinn er sich bißher gegen vns vnd dem H. Reich sonderlich thůn vñ bestendigkeit/ auch zů vnserm gantz angenemen gefallñ erzeigt/ mit sondern hohen gnaden geneigt/ Vnd derhalb alles das so S. L. zů ehren/wolfart/ vffnemen vñ gedeien/ gelangen vñ dienen möcht/zůbefürdern/ Insonderheit aber S. L. obgemeltẽ Zoll zů ergetzlicheit derselben geleisten gehorsams erlittnen schadens vñ zůgestandenen beschwerden zůgönnen/

New Formular

für vnser Person mit allen gnaden geneygt weren/ Vnd vns aber solche Gnad vnd Frey=
heit/ohne deiner Lieb vnnd anderer vnserer vnd des heyligen Reichs Churfürsten vorwis=
sen vnd bewilligung/zugeben nit wol gebüren wil/vnnd wir vns doch zu D. L. gnediglich
versehen vnnd getrösten/ D. L. werden gedachtem Hertzog N. zu N. 2c. vmb angezogener
S. L. hohen obligenden beschwerden/ durch etlichen wolhaltens vnnd beständigen gehor=
sams willen nicht weniger dann wir selbs mit allem gutem willen geneygt sein. So ist dem
nach vnser freundlich gnedig vnd fleissig gesinnen vnd begeren an D. L. die wölle vns zu
ehren vnnd gefallen/ auch bemeltem Hertzogen zu gutem in solche begnadung/so wir jhne
deßhalben thun möchten/jhres theyls gütlich bewilligen/ vnd sich hierinn gutwillig/wil=
farig/vnd dermassen erzeygen/damit vilgedachter Hertzog vnsern vnd D. L. gnedigen ge=
neygten willen wircklich darunder spüren/ vnd solches seines geleisten gehorsams vnd er=
littenen schaden geniessen/vnnd ergetzt werden möge/in massen wir vns hierinn bey D. L.
vnd in gleichem fall bey andern vnsern vnd des Reichs/vnd deiner L. mit Churfürsten/bei
denen wir gleichmessige schrifftliche ansuchung gethan/aller gutwilliger wilfarung endt=
lich versehen/vnnd darauff D. L. schrifftlicher fürderlicher vnnd zuuerlassiger widerant=
wort gewarten/An dem allen thut vnns D. L. ein sonder angenem gut gefallen/mit allem
freundlichem willen/vnd inn gnaden wider vmb D. L. zuerkennen. Geben in vnser Statt
N. Anno/2c.

Fürderung vmb erlangung gebürenden Erbs.

N. von Gottes Gnaden/2c.

Vnser freundlichen gruß zuuor/Ersamen/Weisen/lieben Besondern/Es hat vns
vnser Pfarher zu N. Jeremias N. supplicierend fürbringen lassen/ nach dem er vor
der zeit sich zu Strasburg mit einer verheyrath/ vnd vor wenig tagen bey seiner
Schwiger vnd freundtschafft von wegen seiner Haußfrawen gebürlichs Erbtheyl/ vnnd
anderer jhr zustehender barschafft halber ansuchens gethan/ so habe jhme aber nichts wöl=
len gefolgt werden/er bring dann seins wandels/ vnnd sonderlich wie er mit seinem Weib
Haußhalte/ehrlichen schein vnnd Gezeugknuß/2c. mit vnderthenigster bitt jhme hierinn
an euch fürschrifften mitzutheylen. Dieweil wir nun sein bitt nit vnziemlich ermessen/
auch vnsern Schultheyssen zu N. darunder verhören lassen/ der nichts anders von jhme
anzeygt/dann daß er sich erbar vnnd eingezogen/ auch das seine wol zu rathe halte/Haben
wir jhme die begert fürschrifft nicht weygern wöllen/ Hierauff vnser freundlichs begern/
jhr wöllet jhme zu dem er mit Recht befugt/ auch bey seiner Schwiger vnd freundtschafft
dermassen verholffen sein/daß er sich vnserer Fürschrifft/ auch ewer darauff erfolgten be=
fürderung wircklichen vnd mit frucht erfrewen möge/ Das reicht vns zu gefallen/hinwi=
der mit freundlichem willen zubedencken. Datum/2c.

Den Ersamen/Weisen/vnsern lieben besondern/Ammeister vnd
Rath der Statt Strasburgk.

Befürdernuß eines Dieners.

EDler/Ernuester/euch seyen mein gutwillig dienst/mit erpietung alles gneigten wil=
lens/zuuoran/günstiger lieber Juncker vnd freundt/Es hat gegenwertiger brieffs=
zeyger N. von N. mir ein zeitlang einhero für einen Reisigen Knecht/trewlich vnd
wol gedient/ den ich auch seines wolhaltens vnnd fleissigen auffwartens halbs/ wol lenger
zu einem Diener leiden mögen. Dieweil aber der Wolgebohrn Herr/ Herr N. Grave
von

Fürdernuß. LXXVII

von N. vnd Herr zu N. mein Gnediger Herr auß sonderlichen bewegenden vrsachen/mir einen andern Knecht/so inn der Herrschafft erzogen vnnd geborn/genediglich zůgeordnet/ vnd zeyger diß mich vmb ein fürderung an den Marggräuischen Hof (dahin er einn sonder lust hat) angesprochen/ So ist an euch mein freundlich bitt/ jhr wöllet bemelten knecht diser meiner beförderung bey euch geniessen lassen/ vnnd demselben (wo müglich) eintweder in Stall/oder sonst zu einem Junckern am Hofe verholffen sein. Das bin ich in mehrem dann solchem vmb euch zuuerdienen gantz begirig/ Datum/ 2c.

N. N. Cantzler.

Dem Edlen vnd Ernuesten Christoffel von N. Margräuischen Stallmeister zu N. meinem günstigen lieben Junckern vnd freunde.

Ander form einer fürderung vnnd Fürschrifften/kurtz.

N. von Gottes Gnaden/ 2c.

ERsamen Weisen lieben Besondern/ vnser leibeygne N. hat sich gegen vns beklagt vnd gebetten/ nach laut seiner innligenden Supplication/ dero innhalt jhr zuuernemen habt. Darauff ist vnser günstiges begern/ jhr wöllent dem obgenanten N. vß vnsert willen/ in dem er füge vnd recht hat/ verholffen sein/ Daran erzeygt jr vns gefallen/ in günstigen gnaden zuerkennen. Datum/2c.

Aber ein andere Fürschrifft/kurtzer Form.

Wilhelm Graue vnd Herr zu N. 2c.

N. Vnas hat N. mit innligender Supplication angesůcht/ vnd vmb vnser Fürschrifft gebetten/ wie du zuuernemen hast/ Dieweil wir jhm nun solch sein bittlich ansůchen/ mit fůgen nicht weygern können / So ist demnach an dich vnser Gnedigs begern/ du wöllest obgenanntem N. vmb vnsert willen/ souil er füg vnnd recht haben mag/ dermassen beholffen sein/ damit er vnser genossen befindt/ daran erzeygst du vns gefallen in Gnaden zuerkennen. Datum/2c.

Warnungs Brieffe in Kriegsläuffen.

LJebe Freund/ durch glaubwirdige sage vernemen wir/ wie mercklicher gewerb Reisiger gezeugk/ beyd in N. vnd auff dem N. seyen/ die N. 2c. in Schwaben vber eine des Heyligen Reichs Statt gefürt werden sollen/ das wir euch nit wöllen verhalten/ mit euch selbs vnd ewerer statt herwider dester bewarter vnd sorgsamer zusein/ vnd für vntrew (die leider groß ist) zuhüten. Datum/2c.

Bürgermeister/2c.

Alia forma einer Warnung/2c.

LJeber Freundt/ durch etliche vnser Freunde/ werden wir gläublich gewarnet/ wie ein mercklicher Reisiger Gezeugk zu N. seie/ vnd jre Häupter herausserwerts ghen Schwaben gerichtet hab/ Wohin/oder vber wen das gehen soll/mögen wir nicht wissen/ noch erfaren. Wir haben auch vnser kundeschafft außgeschickt/ was die weiters bringt/ das wöllen wir euch inn trewen auch mittheylen/ Fleissig bittendt/ daß jhr solches allen

New Formular

alles vnsern/vnnd ewern Freunden verkünden vnnd züschicken wöllen/sich mit hut/vnnd anderem desto baß wissen zurichten. Datum/ɾc.

Bürgermeister/ɾc.

Bitt vmb warnungs Brieffe.

Lieben Freund/ Dieweil auffbruch des jetzigen Gezeugs von mancher art gesambs let/vnd auch als wir vernemen/oben in dem landt ligende/sorgfältig werden möchte/Nach dem von alter hero gewönlich gesprochen wirdt/daß sich an dem abscheis de allermeist zuhülten sey/So bitten wir ewer Weißheyt fleissig/ob jhr solchen auffbruch herabwerts gegen vnns sich neygent/mit dem wenigsten mercken würdent/daß jhr darin solches auff vnsern kosten/bey tag vnnd nacht eylendts verkünden wöllend. Das seind wir vmb euch hinwiderumb zuuerdienen nachbaurlich gewillt. Datum/ɾc.

Bürgermeister/ɾc.

Dancksagung vber warnung.

Lieben Freunde/ Ewerer getrewen Warnung/vns jetzundt gethan/sagen wir E. Weißheyt fleissigen danck/ noch fleissiger bittende/ nach dem jhr solchen gewerben gelegener sindt/vnd ewer tägliche kundschafft habet/vns weiter so tag vnd nacht/ auff vnsern kosten verkünden wöllet/was jr hierinn erfarn/ vnd vns zuwissen notturfftig. Das stehet vns vmb E.W.hinwiderumb schuldig zuuerdienen. Datum/ɾc.

Bürgermeyster/ɾc.

Erforderung in Kriegsläufften/dieselbigen
(was darinn zuthün) berathschlagen
zuhelffen.

N. von Gottes Gnaden/ɾc.

Vnsern freundtlichen gruß zuuor/ Wolgeborner lieber Oheym vnnd Getrewer. Wiewol wir gehofft/ es solten auff vilfältig gesuchte gütlichkeyt vnnd trewes vns derhawen/die jetzschwebende gefährliche Kriegslduffe/ im heyligen Reich Teutscher Nation mehrtheyls zu stillung vnnd güten ruhen/ vor der zeit gebracht sein/in ansehen was mercklichen verderbs der Krieg/wie fernigs jars vilfältig beschienen ist/nach sich zeucht / So wil sichs doch/vber alle angewendte mühe/abermals so ansehen lassen/daß man wider vnd für/sonderlich in diser Teutschen Nation/mehr vnbilicher betrübungen/ weder friedens zubefaren müß haben/ Derohalben wir newlich hievor nicht vnderlassen/ neben etlich andern gütthergigen vnnd des friedens begirigen ansehenlichen Ständen des Reichs zubetrachten/wie wir/vnd andere friedtsamen/sampt den vnsern/bey gleich vnnd ruhen/souil müglich/vnbetrübt bleiben möchten/ Welchem nun jhe mehr vnnd fleissiger fürsehung zuthün/auch vnseumlich nachzusehen/ die hohe notturfft erfordert/ Als wir auch an vns/mit den vnsern zu gemeynem Heyle/vngern erwinden lassen wolten/ɾc.Dieweil du dann nun vns vnnd vnserm Churfürstenthumb nicht allein gewandt bist / sonder deine Herrschaffs/vnderthanen/vnnd niessungen/zum theyl inn ober nechsten an diser vnser Landtschafft ligen vnd Grentzen hast/ Derhalb an solchem notfall/dir/vnd deinen/ sowol als vns/vnnd vnsern eygen vnderthanen vil gelegen. So ist demnach vnser freundtliches ersuchen vnd bitten/ du wöllest dich nichts verhindern lassen auff N.nach N.schierst kommend gegen abendts in eygener Person bey vns alhie zu N. gewißlich einzukommen/ neben andern Grauen/vnnd Herren standts/ die wir gleicher massen beschrieben/von vns

weiter

Manung. LXXVIII

weiter zuuernemen/was dises handels notturfft erfordern wöll/vnnd darauff zuberathschlagen bedencken/vnd beschliessen helffen/was zu vnser aller vnnd der vnsern/gemeyner beschätzung wolfart vnd erhaltung dienen mage/Das kompt also dir selbs mit zu gütem/vnd wir wöllens mit freundlichem willen gegen dir bedencken. Datum/rc.

Dem Wolgebornen vnserm lieben Oheym vnd Getrewen Philips/ Grauen zu N. vnd Herr zu N.

Manungs Brieffe auffs fürderlichst sich zu Roß/mit Spieß vnd Harnisch anheyms zuhalten.

LIeber Getrewer/ Vnns langen allerhandt zeitungen an/als wolten die sorglichen läuffe in der Christenheyt/fürnemlich Teutscher Nation vnsers Vatterlands halben/sich noch nicht gar zu ruhen schicken/sonder viel mehr zu weiter gefehrligkeyt ansehen lassen/damit dan/ober müglichen zu ruhe vnnd frieden anwendenden fleiß/wir/ vnnd vnsere zügewandte/mit oberfall/durchzüge / Läger/ vnyd dergleichen nachtheylig zufälle/ vnuerursacht/nicht abermals beschweret werden/sonder durch zeitliche fürsehunge vns vnnd sie/desto besser beschirmen mögen/So thün wir/der verwandtnuß nach/damit du vns zugethan bist/dich gnedig vnd ernstlich ersuchen/du wöllest dich auffs fürderlichst zu Rosse/zum stercksten/mit Spieß/Hauptharnisch/vnd was in ein Feldt gehörig/ gerüst machen/ also anheymisch enthalten/ vnnd dise zeit inn kein frembde dienst bewegen lassen/sonder gewarten/so baldt wir dir ferner manunge zu Hauß schicken/daß du bereyt seyest/vns an ort vnd zeit/wie wir dich bescheiden/eylendt zuzuziehen/ vnd rettung zuthun helffen/die vns/den vnsern/vnd dir selbs/zu gütem gereichen mag/ wie etwan von deinen Vorältern gleichermaß beschehen/ vnd in vnserm Fürstenthumb löblich herkommen ist/ Des wöllen wir vns gäntzlich verlassen/vnd in Gnaden erkennen. Datum/rc.

Geheyßbrieff/ die Vnderthanen sich bey hoher ernstlicher straffe / in frembde Herrn dienst nit bestellen zulassen/sampt angehencktem Befelch/ wo solche Vberfarer betretten/verstrick-lich/rc. zuhalten.

LIeben Getrewen/Nach dem hieuor etlich vilmaln Gebott vnd Befelch außgangen sindt/daß niemandts vnserer Vnderthanen sich in frembder Herrn vnnd Potentaten dienst begeben/ denselben aber von ihnen vbel gelebt vnnd nachkommen/ auch darzü die handhabung vnd straffe derselbigen Mandaten hinlässig gnüg gehandelt/ vnnd dann jetzt abermaln sich allerhandt gewerb zütragen/darumb auffsehens von nöten/ Derhalben ist vnser ernstlich befelch/daß ihr zu notwendiger besserer handthabung solcher außgangnen befelch ewers von vns befohlenen Ampts/ allen vnd jeden vnsern Vnderthanen/angehörigen vnnd verwandten/dieselben vernement/ auch verkündet/vnnd mit ernst vndersaget/sich in keiner frembder Herrn oder Potentaten/wer die auch seyen/dienst oder bestallung zubegeben / noch auch auffwiglen zulassen/ sonder sich anheymisch bey Weib vnd Kinden/auch ihrem Vatterlandt zuenthalten vnnd zubleiben/auff den nottfall/welchen der Allmechtig Gnediglich abwenden wölle/ ihnen vnnd den ihren selbst zum besten rath vnd hilff/als sich das fromen Vnderthanen gebürt/vnd sie pflichtig seindt/zubeweisen/wie wir auch/da sich einer oder mehr hierinn vergessentlich/ vnd vber dises vnser Gebott enteussern/oder inn frembder Herrn oder Potentaten dienst begeben würde/dieselbi-

gen

New Formular

gen an leib vnd gůt vnnachläßlich zustraffen/nicht vmbgehen wöllen. Damit befelhend wes ihr diser Vberfarer betretten/gegen denen auch nach eines jeden gelegenheyt mit Gefencklicher einziehung ihrer leib/odder ernstlicher verstrickung/auch verbott ihrer Güter/ Haab vnnd Narung zuuollnfaren/vnnd vnsers bescheydts darüber zugewarten/Es were dann/daß einer oder mehr widder den Türcken inn Hungern sich in dienst bewegen liesse/ vnnd dessen glaubhafften schein fürbrächte/solt ihr vns desselben/mit sampt gelegenheyt der sachen berichten/vns darauff haben zuentschliessen vnd zubefelhen/Thůn wir vns also zu euch zubeschehen endtlich verlassen. Datum/rc.

Befelch oder Geheyßbrieffe/eim Regiment hoher Teutscher Kriegsknecht mit Prouiand vmb billiche bezalung fürstendig sein.

Vnsern günstigen grůß zuuor/Wolgeborner/vnnd lieben Getrewen/Vnns hat anietzo Conradt von N. Ritter/vnderthenigklich zuerkennen geben/wie er auff habende bestallung/von der Römischen Keyserlichen Maiestat vnnd Königlichen Wirden zu N.erfordert sey/ein Regiment hoher Teutschen Kriegsknecht hinab ghen N. zum Musterplatz zubringen/damit so vil weniger schaden vnd nachteyl der Vnderthanen verursacht/doch mit anhangender vnderthaniger bitte/ daß auch wo sie vnser Oberkeyt antreffen/ihnen vmb gebürliche zalung notturfftige Profiantierung gefolgt werde. Wiewol wir nun eygentlich nicht wissen mögen/welcher art vnd ende/er vnd sein Kriegsvolck vnser Obrigkeyt im Zugk zum Musterplatz anlangen möchten/nichts weniger aber vnd zu verhütung mehrer nachtheyls vnserer Vnderthanen vnnd verwandten/So thůn wir hiemit günstig gesinnt befelhen/daß ir allenthalb ewers befolhenen Ampts/gůt vffmerckens habent/darmit vnder deim schein des von N.Kriegsvolck/sich andere Knecht nicht vnderschleiffen/sonder den jhenigen/jhme zůstendig/gegen gebürlicher zalung vnnd wol haltens/mit Profiant ziemlicher notturfft versehen/vnd fürgelassen werden. Das thůn wir vns günstig verlassen/vnd beschicht hieran vnser ernstlich befelch/will/vnd meinung. Datum/rc.

Manungs Brieffe/sich gerüst ghen Hof zuuerfügen.

Lieber Getrewer/ Nach dem wir den künfftigen/durch die Rhömisch Keyserliche Maiestat/vnsers Allergnedigsten Herrn auff schierstem N.Tag vonn N.ghen N. verordneten vnnd angesetzten Churfürsten zusammenkunfft tag/neben demselben durch Göttliche verleihung in der Person zubesuchen entschlossen/So ist vnser Befelch/ du wöllest gewißlich auff N.Tag schierstkommend mit deinem Gesinde gerüst mit trabharnisch/Pickelhauben/vnd Fewerbüchsen/auch in vnser heurigen Sommerfarb bey vns allhie einkommen/gestalt dich folgenden N.Tag neben vns allbestimpte malstatt zubegeben/vnnd seitwerenden tags/als nechst beschehen sein soll/auffzuwarten/wie du dann weiter vernemen wirdst. Das wöllen wir vns gnedig versehen/vnnd beschicht daran vnser meynung. Datum/rc.

Alia forma, mit der rüstung/rc. ghen Hof ankommen/zubeschreiben.

Lieber Getrewer/wölleßt nechst N.Tag zu N.sein/gerüst mit Harnisch/Pickelhauben/ vnd Spieß/gestalt N.tag rc. Oder also:

Lieber

Manung.

Lieber Getrewer/wöllest dich nit verhindern lassen/vnnd auff N. tag gewißlich gerüst mit Spiessen vnd Pickelhauben/gleissenden Hauptharnisch vnnd deiner Sommerfarb/bey vns zu N. ankommen/sachenhalb du vernemen würdest/ Verlassen wir vns gäntzlich zu dir. Datum/ec.

Aber ein andere Form zum Geleyd zubeschreiben.

Lieber Getrewer/wöllest nechst N. Tag/zu N. sein/gerüst mit Harnisch/ Pickelhauben vnd Spieß/gestalt vnser Gleyd des orts helffen bereiten/vnnd auff vnsern Hauptmann N. von N. zuwarten/ wie du vernemen wirst/ Verlassen wir vns zu dir. Datum/ec.

Manungsbrieff/sich inns Feldt zurüsten/vnd innheymisch zuhalten.

Lieber Getrewer/ Wiewol wir mit niemande wissen/in vngüt zuthůn haben/so lassen sich doch etliche/ den wir des kein vrsach geben/mercken/allerley weiß mit Rüstung/vnd anzeyge/vns durch jhr fürnemen vnrühig zumachen/das wir nicht verachten/ vnd darumb vns zur notturfft auch gedencken zuschicken als darzů gehört/ Begeren hierauff an dich/mit sonderm ernst bittend/du wöllest vns zu liebe/dich vff stärckst zu Rosss/vnd füß/mit den deinen rüsten/zu Feldt/vnd Läger/wie es sich begibt/daß wir dich mit den deinen gerüst finden/vnnd gehaben mögen/ Dich auch sonst niemandt anders bewerben/oder auffbringen lassen/ sonder also gerüst verharren/ so wir dir ferrer schreiben oder entbieten/ daß wir dich haben vnd des sicher sein vff vns zuwarten/des wir getrawen/ in sonder Gnaden zuerkennen/vnd bedencken/ Vnd wiewol dein ältern/auch du/mit der P. herkommen/leib vnnd güt zu der P. trewlich gesetzt/ das getrawen wir noch zu dir haben/so begern wir dannoch dein antwort fürderlich/ vnd wie starck du dich rüsten wöllest/ Dann so vns schwerigkeyt oder nachtheyl züstünd/hast du wol zuermessen/dz es dich/vnd andere die deinen auch berüren müste. Datum/ec.

Manungs oder Bittbrieff/mit Rosss vnd Wagen gerüst inns Feldt zuziehen.

Vnsern gruß zuuor/lieber Getrewer. Wir begern an dich mit gantzem fleiß vnd ernst/so wir gütlichst mögen/bittende/ daß du vns mit deinen Knechten/Pferden/ Harnisch/Spieß/ Reyßwagen/vnd aller notturfft in ein Feld gehörig/ so starck du magst/zu dienst kommen/ vnd vff den schierstkünfftigen Sambstage zu nacht vor Sanct N. Tag zu N. an der Herberg sein wöllest/ also geschickt/ daß du dich etlich zeit im Felde enthalten mögst/ In gütem vertrawen/du werdest jhe nicht außbleiben/noch vns das versagen/ Des wöllen wir vns gentzlich zu dir verlassen/ mit besondern Gnaden gegen dir gnediglich erkennen/vnd zu güt nicht vergessen. Datum/ec.

Burgkman in Kriegsläufften zumanen/ Burgkhüt zuthůn.

Lieber Getrewer/ Vns ist mercklich vnd treffenlich warnung kommen/ daß vnderstanden werden soll/vns vnd vnsern Fürstenthuml N. zubeschedigen/des wir doch noch nicht forderung vernommen haben/oder zu Recht ersucht sein/ Darumb vns

New Formular

ein nottturfft ist/vnser Schloß zubesetzen. Nach dem du nun vnser Burgkman zu N. bist/ so manen wir dich bey den gelübden/Eyden/vnd pflichten/ darmit du vns verwandt vnnd verbunden bist/daß du dich inn acht tagen/den nechsten gehn N. fügst/daselbst Burgkhüt zuthůn/vnd die Burgk derendts helffen versehen/verhüten vnd verwaren/vnnd von dannen nit kommen/so lang biß du anders von vns bescheiden wirst/ Des verlassen wir vns gantz zu dir. Datum N. vnder vnserm auffgetruckten Secret/ꝛc.

Burgkman zumanen/ anderer Form.

Lieber Getrewer/Als wir jetzundt mit vnser Ritterschafft vnd den vnsern/auß/ vñ zu felde gezogen sindt/ da kompt vns täglich botschafft/ vnd warnung/daß mann vnser Landt vnd Leuthe/in vnserm abwesen vberziehen wöll/ Nach dem du nun vnser Burgkmann zu N. bist/so manen wir dich bey den Eyden vnnd gelübden/ so du vnns von Burgklehens wegen zu N. gethan hast/vnd verbunden bist/dz du dich zu stunde vnuerzüglich gehn N. fügest/daselbst Burckhůt zuthůn/vnnd wol zůsehen/vnnd die Burgk daselbst helffen zuuerwaren/vnd von dannen nicht zukommen/ biß du von vnsert wegen anders bescheiden wirdst/ Vnd laß dir das mit gantzem ernst befohlen sein.   Datum/ꝛc.

Feindtsbrieff in offner Form.

Dem Durchleuchtigen/Hochgebornen Fürsten vnd Herrn/ N. zu N. füge ich N. zůuernemen/ Nach dem E. Fürstliche Durchleuchtigkeit/mit mein Schloß/ Lehenschafft/ Erb vnd Gůt zu N. mit gewalt on Recht/ auch wider Keyserlichen vnnd Königlichen Landtfrieden/vnd ohne alles redlich verursachen eingenommen/ vnnd mich also des meinen/mit der that Spolijrt vnd entsetzt hat/ des ich zuuerderben vnd vnwiderbringlichen schaden kommen bin/ Darauff sag ich/für mich vnd meine helffer/ vnd helffers helffer/E.F.D. dero Landen vnnd Leuthen ab/vnnd wes sich in diser Vhede/mit raub/nam/brandt/todeschlag/vnd in andere wege begeben würde/ wil ich von mein selbs/ auch meiner Helffer vnd helffers helffer wegen/vnser ehre verwart/ Vnd ob mir/meinen Helffern/vnd helffers helffern/ weiter oder mehr verwarung vnserer ehren zuthůn gebürt/ die hiemit für mich/vnnd sie/auch gethan haben/in Vrkundt diß offen Brieffs/mit meinem eygen angeborn Innsigel besigelt.   Geben auff N. Tag/ꝛc.

Ein anderer Feindtsbrieff/mit außnemung etlicher Mannen/ꝛc.

Durchleuchtiger Hochgeborner Fürst vnnd Herr/ Herr N. Hertzog zu N. Nach dem Ewer Fürstlich Durchleuchtigkeyt/durch derselben Amptleut vnd Diener/ mir mein eygen Schloß zu N. sampt aller Haab vnd Gůt darinn befunden/ one alle redlich vrsach/ vnd vnerlangt aller Recht/meint halben gantz vnuerschuldt vnd vnuersehen/in hohem vertrawen vnd glauben/entwert. Darumb dann Ewer Fürstlich Durchleuchtigkeyt/ vnd ich durch vnderhandlung des Durchleuchtigk Hochgebornen Fürstens vnd Herrn/Herrn N. ꝛc. zu endtlichem vnd außträglichen Rechten/auff E. F. D. Räthe verfaßt/vnd mit Vrtheyl entscheiden sind/welches Ew. F. Durchleuchtigkeyt mir thůn soll/alles innhalt derselbigen verfassung vnd Rechtlichen entscheidt/ des ich biß auff disen tag/ vber mein vilfältig ersuchen/nicht bekommen mögen / Darauff ich höchlich verursacht vnd getrungen/ E. F. D. vnnd die Jhrn/ zu einbringung meiner behabten vnd erlangten Vrteyl mit der that zuersuchen/ Vnd demnach wil ich mit allen meinen nachgeschrieben gebrotten Dienern vnd Knechten/die ich jetzt habe/oder fürther vberkomm/ auch helffern/

Feindsbrieff.

sern vnd helffers helffern/ E.F.D. vnd aller jhrer Vnderthanen/ zůgewandten/ auch dero
helffer/ helffers helffer/ vnnd beystender Feind sein/ Vnnd ob sich in solcher Feindschaffte
einicherley begebe/ es wer mit todtschlag/ raub/ nam/ brandt/ odder wie sich die that vnnd
schäden begeben/ darumb wöllen ich/ meine Diener/ gebrüder Knecht/ helffer/ helffers helf
fer vnd enthalter Ewer Fürstl. D. den jhren vnd allen jhres theyls/ der sach verwandten/
noch sonst jemands andern/ von ehren vnd rechts wegen nichts schuldig sein/ vnd vnser al
ler ehre/ mit disem brieff gnůgsamlich bewart habe/ Doch nemen vß setzen ich/ meine Die
ner/ Knecht vnd helffer in diser Feindschafft auß N. vnd N. auch alle gemeyner/ vnd
Ganerben der Schloß/ darinn wir enthalten sindt vnd werden/ ob die gleichwol E.F.D.
Lehenman vnd vnderseüssen/ so wöllen wir doch derselben Feind nicht sein/ sie auch in diser
Feindschafft nit begriffen/ noch gemeynt haben/ in vrkundt diß Brieffs/ mit meinem ey
gen Innsigel versigelt/ Vnd geben zu N. vff N. tag.   Actum N. 2c.

Feindes oder Absagsbrieff/ anderer Form.

JCH. N. vnd N. vnd N. 2c. lassen dich N. wissen/ Als die Ersamen weisen vnser gů
ten Freunde/ den von N. feindt worden/ wider Verschreibung sie von dir han/ auch
in derselben Vhede/ mit ersuchen/ berauben/ gegen fräulichen Personen vil miß
handlung/ anders deß zu redlicher ehelicher Vhede begangen hast/ durch dich/ vnd die des
mit dir mitreitere oder helffer sein/ Vmb solches wöllen wir mit den/ die wir bey vns ha
ben/ vnd vns zůwillen bringen mögen/ dein/ vnd aller deiner Helffer/ vnd helffers helffer/
vnd aller der/ die dich hausent/ hofent/ enthaltend/ vnderschleiffent/ essend oder tränckent/
feind sein/ Vnnd wie sich solches handeln oder machen würd/ in welchem wege das were/
des wir vnser Ehre für vns vnnd alle vnser beywesere/ mitreitere/ vnnd helffere/ gegen dir/
vnd allen vorgemelten deinen Helffern vnd zůlägern bewart haben.   Vrkundt diß/ 2c.

Aber ein andere kurtze Form eines Feindt brieffs.

WJr Friderich/ 2c. lassen dich Vlrich/ 2c. wissen/ daß wir vmb solch dein vnware
schuldigen/ als du vnns vnser Ehren vnnd glimpffs zu vnschulden geschuldiget/
vnd vns darumb wandel vnnd kerung/ oder ehre/ vnnd recht zuthůn verschlagen
hast/ vnd vmb ander anspruch/ vnd forderung/ die wir zu dir haben/ dein/ vnd aller der dei
nen Feind sein wöllen/ vnd des vnser Fürstliche ehr gegen dir/ vnd aller der deinen bewart
haben.   Vrkundt diß Brieffs/ 2c.

Feindesbrieffe der Haupleuthe.

WJsse Kilian von N. vnd alle die theyl oder gemeyn zu N. im Schloß vnd Flecken
N. haben/ vnd dir Kilian/ oder dem ehegenanten Schloß vnd Flecken mit hilff/
rath/ oder zůlegung/ beystandt thůn/ oder gethan hetten. Als der Durchleuchtig
Hochgeborn Fürst vnd Herr/ Herr N. 2c. vnser Gnediger Herr/ auff seiner Gnaden stras
sen/ vnbewart der ehren/ vnnd vnerfolgts Rechts an den seinen beschädigt ist/ die auff den
todt verwundt seindt/ vnd das jhre abgeraubt/ darumb den geschädigten nit widerkerung/
noch jhren Fürstlichen Gn. abtrag gethan/ vnd solch auß vnd in obgenantem Schloß
vnd Flecken geschehen/ des du Kilian die deinen dabey gehabt/ vnd der that gemeynschaffte
hast. Des wöllen ich Simon von N. Vogt zu N. vnd ich Hans von N. beyde Rittere/
dein Kilians vnnd aller obbestimpten/ wer die weren/ oder würden/ ewer Helffer/ helffers

New Formular

helffer vnnd der ewern feind sein. Vnd ob jr des einigen schaden nemen/an dem gemelten Schloß vnnd Flecken/an ewerem leib oder güt/wie der schaden geschehen möchte/nichts außgenommen/ Des wöllen wir vnser Ehre gegen euch hiemit gnügsamlich bewart haben/ Vnnd dörfften wir einicher bewarung mehr/die wöllen wir auch hiemit gethan haben/zu Vrkunde hat vnser jeglicher sein eygen Innsigel an disen Brieff getruckt/ Der geben ist auff Mittwoch/ꝛc.

Der Helffer Feindesbrieff.

Wissent Kilian von N. vnnd alle die theyl oder gemeyn zu N. im Schloß/vnd zu N. haben/Vnd die Kilian oder dem genanten Schloß/mit hilff/rathe/oder zůlage/beystandt thůn/Daß wir Ludwig von N. vnnd Herr zu N. ꝛc. Friderich von N. Jörg von N. Hans von N. Wolffgang von N. alle vier Rittere/A. b. c. d. e. f. g. h. i. k. l. m. n. o. p. q. r. s. t. v. w. x. y. vnd z. von N. ꝛc. mit vnsern gebrötten Knechten/helffern/helffers helffern/vnnd zůlegern/vnnd wen wir auff ewern schaden bringen mögen. Vmb vrsach/darumb die Strengen vnser gůte freund Simon von N. Fauth zu N. vnd Hans von N. beyd Ritter/ewer Feinde worden sindt/derselben helffer vnd ewer feinde sein wöllen/Vnnd ob jhr/oder ewer einicher des schaden nemen/wie der gesein möchte/des wöllen wir vnser/vnser helffer/züleger/vnd ander obgemelt/ehren/hiemit gegen euch bewart/vnd des in frieden vnd vnfrieden der obgenanten Simons vnd Hansen Rittere gezogen/ vnd ob wir mehr bewarung notturfftig weren/hiemit auch gethan haben/ Zu vrkundt haben wir Ludwig von N. Herr zu N. vnd Wolff von N. Ritter/vnser Innsigel an disen Brieffe getruckt/Deren wir die andern vns diser zeit mitgebrauchen. Geben auff Dinstag/ꝛc.

Ein andere Form der Helffer Feindesbrieffe.

Wir Friderich/ꝛc. lassen euch N. zu N. wissen/Als der Hochgeborn Fürst vnser lieber Vetter/Hertzog N. ewer Feind worden ist/nach innhalt seins Feindtbrieffs/da wöllen wir desselben vnsers Vettern Helffer/wider euch/vnnd ewer vnd aller der ewern Feind sein/vnd ziehen vns des in des obgenanten vnsers lieben Vettern frieden vnd vnfrieden/vnnd was sich hierinn begeben vnd machen würdet/des wöllen wir vnsere Fürstliche Ehre gegen euch vnnd allen den ewern bewart haben/mit disem vnserm offen Brieffe/ Vnnd ob wir hierinn einicher bewarung mehr notturfftig weren/die wöllen wir hiemit auch gethan haben/ Vrkundt diß Brieffs versigelt mit vnserem auffgetruckten Innsigel. Datum/ꝛc.

Feindesbrieff der Stett vnd Helffer/anderer Form.

Dem Vesten Kilian von N. vnnd allen die theyl oder gemeyn zu N. im Schloß/vnnd zu N. haben/vnnd die Kilian oder dem genanten Schloß/ mit hilff/rath/oder zůlage/beystandt thůn/verkünden wir N. vnd N. Hauptleut/mit disen hernach geschriebene Bürgern von N. ꝛc. daß wir dem Durchleuchtigen Hochgebornen Fürsten vnd Herrn/Herrn N. ꝛc. vnserm gnedigen Herrn/einigung halb so gewandt sein/daß wir auß der vrsach/darumb jhr von seiner Gnaden wegen/beuhedet werdet/hilff vnd beystandt schuldig sein. Darumb so wöllen wir ewer/der ewern/helffer/helffers helffer/vnd zůgelöte/mit allen den die wir vff ewern schaden bringen mögen/feinde/vnd des obgenanten vnsers gnedigen Herrn N. ꝛc. Hauptleut/Nemlich der Strengen Herrn Simon/vnd

Herrn

Abkündung. LXXXI

Herrn Hansen/ꝛc. Ritter/von jhrer Gnaden wegen helffer sein/vnd ob jhr oder ewer einiger des schaden nemen/wie sich der machen würde/des wöllen wir für vns vnd vnser mitgewandten/vnser Ehren gegen euch bewart/vnd vns in frieden vnnd vnfrieden der obgenanten Hauptleut an vnsers Gnedigen Herrn N.ꝛc.statt gezogen/Vnd ob wir mehr bewarung bedörfften/hiemit auch gethan haben/zu Vrkunde haben wir N. vnnd N. vnser Jnnsigel getruckt an disen Brieff/des wir die andern alle/ynns diser zeit mitgebrauchen. Datum/ꝛc.

Ein Abkündung von Feindeschafft herrüren.

Je Edlen/Strengen/vnd Vesten/allgemeyn zu N. Lassen ich N. vnd N.ꝛc. vmb solchen mißhandel/so Contz von N. durch sich/vnd helffer/vnd zůleger/gegen den Ersamen weisen vnsern gůten freunden den von N. mit Vheden/vnd andern für genommen hat/sein wir sein vnd anderer/ꝛc. feind worden/nach laut diser ingeschlossen abschrifft. Vnd wolten nicht lassen/sonder euch das zuwissen thůn/euch wissen darnach zu richten/vnd derselben Contzen vnnd seiner mitthätter zu eussern/kein zůlegung/hilff/beystandt/enthalt/noch fürschub zuthůn/auff daß vnser Vhede euch nicht berüren werde/darzů thůn als sich die notturfft heischen werden. Geben auff/ꝛc.

Abkündung von Feindeschafft/anderer Form.

Hochgeborner Fürst/Herr N.ꝛc. lieber Vetter. Wir Friderich von Gottes Gnaden N. N.ꝛc. thůn euch zuwissen/Nach dem Contz von N. Philips von N. vnd Friderich von N. vnser Feind worden sein/so klagen wir euch abe/daß jhr alles das/das in gemeynschafft mit denselben vnsern Feinden/vnnd jhren helffern/sie jetzundt haben/oder nachmals gewinnen mögen/habent/sämentlich oder besonder theylent/oder scheident. Es sey an Schlossen/Stetten/Dörffern/Leuthen/oder Gütern/nichts außgenommen/in einem tag vnnd viertzehen tagen nechstfolgende/nach Datum diß Brieffs. Vnnd wo das nicht geschehe/vnnd jhr oder die ewern von vnns oder den vnsern inn solcher gemeynschafft vbergrieffen oder beschediget werden/des wöllen wir vnd die vnsern von euch vnbestheydingt/vnd darumb nichts pflichtig sein/vnd diß ist vnser Abklag. Datum N. vnder vnserm auffgetruckten Jnngesigel/auff N. Tag/ꝛc.

Auffsagung Lehens/in Vheden.

Dem Durchleuchtigen Hochgebornen Fürsten vnd Herrn/Herrn N.ꝛc. Füge ich N. von N. Bürger zu W. zuwissen/Als die Fürsichtigen Ersamen vnd Weisen Burgermeister der Statt W. meine liebe Herrn/Römischer Keyserlicher Maiestat/ꝛc. vnserm Allergnedigsten Herrn/von des heyligen Reichs/vnd von seiner Königlichen Maiestat wegen/auff deren Hauptleut hoch ermanet/schaffen vnd gebieten/hilff vnd beystandt/wider Ew. F. D. zůgesagt/auch darauff (als seiner Keyserlichen Maiestat vnd des Reichs helffer) ewer Fürstlichen Durchleuchtigkeit jren Absagbrieff zůgesandt/vnnd darinnen jhr ehre bewart haben/alles jnnhalt derselben Absagbrieff solches klärlicher außweisende/welche sachen mich als jnwonenden geschwornen mitbürger der Statt W. auch anzehen vnd berüren. Dieweil ich aber E. F. D. mit Lehenspflichten gewandt bin/ Hierumb wie sich dann die sachen/solcher hilff vnd beystandts halb/mit der gethat/gegen E. F. D. dero Landen/Leuten/den jhren/oder die Ew. F. D. zuuertheydingen stehen/fürzutragen/gehandelt/fürgenomen/vnd geübt werden/wil E. F. D. ich solch Lehenspflicht

New Formular

soust/ab/vnd wie mir die von billicheyt/ehren/vnd Rechtswegen abzukünden/vnnd auff zusagen noth ist/vnnd sich gebürt/mit disem Brieffe abgekündt/vnnd auffgesagt haben/ doch mit behaltnuß der Lehengüter/ auch Ewer Fürstlichen Durchleuchtigkeyt solcher Lehenspflicht halben/von ehren vnd Rechts wegen/nichts weder schuldig noch verbunden sein/sonder wil mich hiemit/in des hocherwelten/vnsers Allergnedigsten Herrn/ des Römischen Keysers vnnd des heyligen Reichs friden vnd vnfriden/schutz vnnd schirm gesetzt haben/Vrkunde diß Brieffs/ vnd meinem bey ende der geschrifft auffgetrucktem Insigel besigelt. Geben/ic.

Ersuchung/ vmb zugefügten schaden erstattung zuthůn.

Hochgeborner Gnediger Herr/mein willig dienst zuuor. Es haben etlich deren namen ich Ewern Gnaden hierinn verzeychnet schicke/ mit andern jhren mithätern meinem Gnedigen Herrn N. ic. inn seinen schirm gegriffen zu N. das zu meinem Ampt gehört/vnd den armen leuthen daselbs/ das jhr genommen/vnd hinweg bracht ohn Vhede vnd vnbewart/auch in dem daß obgenanter mein Gnediger Herr/vnd ich/als ein Amptman nicht wartende gewest sindt/ vnd solches gethan in vnd auß ewern Dörffern/ darinn sie läger/füter vnnd mahl gehabt haben / Darumb ich als von Ampts wegen bitt vnd fordere/daran zusein/vnd zuschaffen/ daß solcher name der armen leuthen obgemelt/ ohn entgeltnuß widergeben/oder nach billichem werden/geferet würde/als ich getrawe E. Gnaden wol verstehet/nach gestalt der sach billich sey/ Dann wo das nit geschehe/so heist die notturfft darzů zuthůn/als sich von Rechts vnd Ampts wegen gebürt/des ich doch lieber ab sein wolt/vnd bitt hierüber Ewer Gnaden beschrieben antwort. Datum/ic.

Ersuchung vmb hilff/ da einer den andern mit gewaldt vberziehen wil.

Vnser freundlich dienst/vnd was wir freundschafft/liebe vnd gůte vermögen/allzeit zuuor/Hochgeborner Fürst/freundlicher lieber Vetter. Wir fügen Ewer L. zuwissen/daß wir gewarnt seindt/ vnd vns ware vnnd gewisse bottschafft kommen ist/daß Herr N. sich beworben/vnd auff der bane sey/ vnd in willens habe/vns mit gewalt zuůberziehen/vil von dem vnsern zuuertreiben/das er doch wider recht thůt/Vnd dieweil wir solches Vberzugks von Herr N. gewarten/vnd mit euch in freundtlicher vätterlicher einung sein/so bitten wir E. L. mit freundlicher vnd vätterlicher erinnerung vnnd ermanung derselben vätterlichen einung/ daß jhr vns wöllen berathen vnd beholffen sein/vnd zůziehen/ vnd vns solchem Vberzugk zu widerstehen helffen wollent/ohne alle saumnuß/ vnd nach jnhalt der vorgemelten einung/ vnd euch so gůtwillig/freundlich vnd vätterlich darinn zubeweisen/als wir euch des/vnd ob kein einung zwischen vns were/jedoch sonderlich wol vnd vätterlich getrawen/Das wöllen wir mit gůtem willen vmb Ewer L. freundlich verdienen/vnd des E. L. geschrieben antwort gewartende. Datum/ic.

Ersuchung vnd beklagung vber einen vnbillichen vorstehenden vberzugk / mit bitt beystandt zuthůn/ oder zum wenigsten den widersachern kein hilff zuleisten.

Vnser freundlichen dienst zuuor/Hochgeborner Fürst lieber Oheym/ Vns kompt für/ daß sich der Ertzbischoffe zu N. Marggraue Albrecht von Brandenburg/ vnd
Hertzog

Ersuchung. LXXXII

Hertzog N. von N. rc. zu hauffe gethan/ etlich mehr Fürsten vnnd Herrn/ als sie sagen/ an sich bracht/ vnd meinung haben/ wider vns/ vnd vns vnwillen zubeweisen/ mit Krieg oder anderm/ vnd sie sich darauff vmb hilff vnd beystandt bewerben/ mit beklagen oder fürgeben/ als ob sie jetzt mit vnns zuthůn/ vnnd vns darumb erfordert hetten/ vnd wir ihne gleicher billicher dinge/ gütlich/ oder rechtlich fürweten vnnd außgiengen/ dardurch sie ihnen vrsach meinen zunemen/ darmit sie an die/ die das hören/ zubewegen/ sijne desto fürderlicher beystandt zuthůn/ an solchem wir mercklich vnnd groß befrembden billich/ vnd nicht zweiffeln Ewer Liebden auch mit vns haben/ als Ewer L. das in nachfolgender Schrifft/ das die warheyt ist/ wol vermercken werden/ in der gestalt/ Wir haben bißhero von den obgenanten Fürsten vnd Herrn/ die diser dinge/ als vns fürkompt/ Hauptleuthe annemen/ oder wöllen sein/ kein forderung schrifft/ odder mündlich nie gehört/ Es ist auch von ihr keinem gütlicher/ odder Rechtlicher außtrag/ an vns nie gesonnen/ noch gefordert/ vnd on zweiffel were es jetzt vonn vnns gelangt/ wir wolten Gott zuuorab angesehen/ vnnd vmb nutz vnnd friedens willen gemeyner Landt/ darinn so Fürstlich/ erbar redlich antwort geben haben/ vnnd noch ob es an vns langen würde/ meynen zuthůn/ daß ein jegklicher vernünfftiger verstehen mag/ vnsern willen zu Fürstlicher erbarkeyt/ nutz vnd friden der Land geneygt. Ob nun von den obgenanten Fürsten vnnd Herrn/ sämentlich/ insonderheyt/ odder durch die ihren von ihren wegen außgeben würden/ antworten/ rc. Soll aber das alles einicher widerwill/ zu beschwerunge der Landt fürgenommen/ oder geschehen/ zweiffelt vnns nit/ Ewer Lieb vnnd ein jeder vermerckt wol/ daß des kein redlich oder billich bewegnusse widder vns ist/ vnd wolten gern vmb gemeynen nutz vnnd frieden willen/ es werde vermitten/ Mag es aber nicht gesein/ vnnd wil ihr vppiger hochmůt/ vnd vnbillich fürnemen/ sich widder vns erheben/ So haben wir vns darzů geschickt/ mit vnsern Herrn vnd gůten Freunden/ vnd den vnsern/ vnnd sein in willen das fürther zuthůn/ das wir hoffen/ vnd des mit Gottes vnd derselben vnsern Herrn vnnd gůten freund vnnd der vnsern/ hilff vnd beystandt gar wol auffzuhalten/ vnnd bitten Ewer Lieb mit freundlichem fleiß vnnd ernste/ vermerckt gestalt der sache als vorgemelt ist/ daß Ewer Lieb vns zu vnserer gerechtigkeyt hilff/ rath vnd beystandt thůn wöllen/ als wir euch getrawen/ dieselb zu der billicheyt wol geneygt sein sollen. Ob Ewer Liebden aber das/ vmb einicher sach willen nit gelegen were/ daß die dann mütwilligem vnnd vnbillichem fürnemen/ widder vns auch kein beystandt oder zůlegung thůn/ vnnd des allen dem/ deren Ewer Liebden mechtig sein/ vnnd sein mögen/ nicht gestatten/ vnnd sich darinn beweisen/ als wir dann zu deren vnzweiffenlich gůt vertrawen haben/ vnd auch mit allem vermögen freundlich zu gůtem willen gern verdienen wöllen/ vnd wes wir vns hierinn zu Ewer Liebden versehen sollen/ gesinnen wir deren verschrieben freundlich antwort. Datum/ rc.

Entschuldigung vnnd beklagung einer vnbillichen Sachen/ so der Keyserlichen Maiestat fürbracht.

Allerdurchleuchtigster Fürste/ Rhömischer Keyser/ Ewer Keyserlichen Maiestat sein mein vnderthenig gehorsam/ willig/ schuldig dienst allzeit zuuor/ Allergnedigster Herr/ Ewer Keyserlich Maiestat hat mir nechst ein offen zu ruck versigelten Brieff zůgesandt/ vnder anderm innhalten/ daß Wilhelm Graue zu L. Ewer Keyserlichen Maiestat fürbracht/ wie er etlich Sprüch vnd forderung zu mir habe/ darumb jme gütliches außtrags vnd entrichtunge von mir außstehe/ vnd empfehlen mir darauff mit dem Brieffe ernstlich begerende / daß ich mich mit Graue Wilhelmen/ vnd seine Sprüche vnnd forderunge gütlich/ vnnd ihne der vnklaghafft mache/ odder freundliches Rechten mit ihme vereyne/ Auch demselben Graue Wilhelmen/ vnnd denen die er mit ihme bringen odder schicken wirdet/ mein verschrieben sicherheyt vnnd geleyde nach notturfft

O iiij

New Formular

zugeben/als dann Ewer Key. Mt. Brieffe dauon lautet. Allergnedigster Herr/ich setz mit
des kein zweiffel/wer Eiw. Key. Mt. gestalt der sach souil vnderricht gewest/als ich meine/
hierinn wol vermercken soll/wie der genannt Wilhelm/vnnd sein Brüder Jacob der mit
todt vergangen ist/jhre sachen bißher gegen mir gehandelt/vnd zu grossem schwerem scha
den bracht haben/wider jr gelübd/Eydt/Brieff vñ Sigel/E. Key. Mt. hett solch schrifft
verhalten/vnd verstanden/daß wir nach ergangen dingen/forderung an den ehegenannten
Wilhelm gebürlichen/dann jm an mich ist/vnd darumb E. Key. Mt. ich vnderthenigklich
bitte/den handel vff das fürtzt vnuerdrüßlich zuhören vnnd zuuernemen/vnd zu anfang
hat sich begeben/daß die obgemelten gebrüder von L. vnd jhr Mütter/dem Hochgebornen
meinem lieben Oheym vnnd getrewen Friderich Grauen zu N. Herr zu N. sein Schloß
vnd Statt N. bey nacht vnerfolgt vnnd ohne gnügsam bewerung/des sich die von L. dar
nach in richtungs brieffen bekende/angewonnen/sein leibs vnnd güts darinn vnderstan
den/vnd was jhne des werden möcht/zu jhren handen genommen/die Statt außgebrant/
vnnd vil vnbillichs darinn gehandelt haben/des alles der ehegenant von N. vff die zeit nit
wartende gewest/Vnd nach dem derselb von N. dem Hochgebornen Fürsten/Herrn Lud
wigen meinem lieben brüder seligen/vnd mir/mit Mannschaffte/rath/dienst/vnnd gesell
schafft verwandt gewest ist/vnd angesehen das groß vnrecht/vnd böß geschicht von jm be
gangen/sind mein ehegedachter brüder selig/vnd ich/mit den vnsern für N. gezogen/Dar
bey so ist der Hochgeborn Fürst mein lieber Oheym/der Hertzog zu Calabrien vnd Lott
ringen den ehegenannten von N. zu hilff für L. kommen/vnd das zu seinn handen bracht/da
haben die von L. gnad begert/die ist jhne vmb vil ernstlicher beth von Fürsten vnnd andern
geschehen/also daß sie N. begeben hand/vnd jhne E. jhr theyl wider worden ist/darumb ha
ben sie sich hoch vnd tewer verschrieben/die sachen nimmermehr zurechen/vnd wider mei
nen brüder seligen/mich/vnser Erben/vnd etlich andere nimmermehr zuthün/vnd das ge
lobt vnd zu den Heyligen geschworn/darzu ein sonderlich verschreibung geben/wo sie jm
mer so vntrew würden/vnd meinen brüder selig/vnd sein Erben/ausser einichem Schloß
stiessen/da sie teyl vnd gemeyn mit jm hetten/daß daß jhr teyl meinem brüder seligen/vnd
seinen Erben verfallen sein sollen/vnd mein brüder selig/vnnd sein Erben möchten die zu
jhren handen bringen wie sie wolten/vnnd damit nit wider Burgkfrieden/noch verschrei
bung gethan haben/auch darauff sonderlichen vertziegk gethan/vnd newen Burgkfrieden
ingangen/das versigelt/auch gelobt/vnd zu den Heyligen geschworn/ Vnnd in kurtz dar
nach/als mein lieber brüder selige/dem Gott gnad/auß diser zeit verschieden ist/haben die
gebrüder von L. mich vnd meinen Sohn Hertzog Philips von den Schlossen L. vnnd E.
ohn alles erfordern vnd erfolgen/vber jhre gelübd vnd Eydt/Brieffe vnnd Sigel/vorge
melt/außgestossen/vnd meinen lieben brüder seligen vnderstanden/vber alle richtung/ge
lübde vnd Eyde/nach todt/an ehren vnnd glimpff zuschmehen/zu allen vnschulden/vnnd
darzu mein/vnd meines freundlichen lieben Sohns Hertzog Philips feind worden/vns/
vnd die vnsern/vnd andere/auß vnd in dieselbige Schloß mercklich vnd groß beschedigt/
mit fencknusse/raub/name/brandt/vnd mordtbrandt/vber vnd widder vil ersuchnuß/ich
an sie gethan/jhrer Eydt/gelübdt/brieff vnd Sigel ermant/auch darumb viel außträgli
cher gebott des Rechten gebotten/das sie alles verschlagen/veracht/vnd vff jhrem vnbilli
chen fürnemen verharret haben/darmit vnd dardurch sie mich zu notwehr/mich jhres vn
rechten handels vffzuhalten getrungen haben/Demnach vnd auch auff jhr selb verschrei
ben vnnd begeben/bin ich für L. gezogen/ das mit gnaden Gottes/vnnd mit mercklichem
grossen kosten vnd schaden erobert/mich vñ die meinen für solchem bösen mütwillen/vnd
vnrechtlichem handel zubeschirmen/ als ich mir des selbs wol schuldig bin/des ich trawe
Ewer Keyserliche Maiestat versthe/billich gethan habe/vnd wil ein gantz vngetheylt gut
getrawen zu Ewer Keyserlichen Maiestat vnd Gnaden haben/dieselbe Ewer Keyserliche
Maiestat versthe wol an diser meiner vnderrichtung/gestalt der sach vnd handel des von
L. das in warheyt also/vnd daß er mit kerung vnnd wandel schuldig ist/vnnd sich wol ge
büre/daß jhne niemandt widder mich forderung/hilff/odder beystande thü/nach seinem
vertwircken/

Entschuldigung. LXXXIII

verwircken/des Ewer Keyserliche Maiestat ich mit vnderthenigkeit bitte/ihne auch für sein werth zuhaben/vnd darnach zuhalten/angeseh wie ich Ewer Keyserliche Maiestat vnd dem heylien Reich gewanndt/das ich auch mit meinen willigen diensten vmb Ewer Keyserliche Maiestat/die mir allzeit zugebieten haben/gern verdienen wil. Datum/ꝛc.

Alia forma einer Verantwortung.

Vnser freundtlich dienst zuuor/Ehrwirdiger in Gott Vatter/besonder lieber Herr vñ freundt/Abgeschrifft der Klagbrieff vber vns E. L. durch A. vñ B. zůgeschickt/mit sampt Copeien/wie dieselben A. vnd B. dem Durchleuchtigen Fürsten vnserm Gnedigen Herrn vnd Schwehr/Herrn N. König zu Behem/ꝛc. jüngst sollen geschriben haben/vnnd Ew. L. Brieff/darinn dieselben Abgeschrifft verschlossen gewesen sein/haben wir vernommen/Vnnd wiewol solch Klag vnnd Schrifft nichts auff jhnen tragen/das antwort wirdig ist/Jedoch nach dem sich die sachen etlich zeit verweilet haben/wil vnns nottürfftig bedüncken/Ewer Liebden den handel/darauß der A. vnnd B. Klag erspringt/etlicher massen zuerfrischen. Die A. vnd B. haben des Hochgebornen Fürsten Herrn N. Hertzogen zu N. ꝛc. Räthe vnd Sendtbotten/die zu vns Hertzog N. ꝛc. in grossen merckli-chen Sachen geschickt waren/in vnser Hertzog N. Landen/auff vnsern Strassen/in vnd bey vnserm lebendigen Geleyde/vnnd einen vnsers Hertzog N. Räthe/jhne zůgeschickt/darnider geworffen/denselben/vnd mit jhme/vnser Geleydsleuthe gefangen/jhre Haabe genommen/hinweg inn jhr Schlösser/der sie eins theyls inn trewen von vns verschrieben vnd verpfendt/eins theyls in Pflegweise innhaben/geführt/daselbs gethürnet vnd gefenck-lich gehalten/vnd das alles gethon an vns/ohn verwaret die zeit/als sie vnser Räthe/Die-ner/Lehens gelobte geschworn Mann/vñ Landtsessen gewesen sein/vñ ist daß alles Lande kündig/vnnd so offenbar/daß kein lügen odder rückkeren darfür gehöret/zu solchem ver-handel zu frischer that zuthůn/wir nicht durch vnschuldigen Zorn/als die A vñ B. schrei-ben/sonder durch der vor vnnd nachgemelten vnd redlichen vrsachen willen/beweget sein/vnnd haben die Schloß belegert/die gefangen geledigt/jhr genommen gůt/souil wir des betretten mochten/widder geschafft/vnnd dem das verfüret was nachgefolget vnnd nach jhren Personen auch zu billicher straffe zubringen gedacht/ der vrsachen halb sie flüchtig vor vnns worden/haben sich ausser vnsern Landen gethan/als die jhenen die jhrer vnthat/vnd groben verwirckens halb vnser vnd der heyligen gerechtigkeyt/in vnsern Landen vnd Gerichten/darinn die that durch sie geschehen ist/nicht haben erharren dörffen/als sie doch billich gethan hetten/wann sie sich so gerecht hetten gewißt/als sie von jhnen selber schrei-ben/ Sie sein auch zu der flucht so eylendt gewesen/daß sie sich die lange zeit vber/die wir zu erledigung der gefangen vor den Schlossen vorherlit/vnd zu widderbringung jrer ge-nommen Haabe gearbeytet/vnnd die erobert/nie keins Rechten wider vnns erbotten/ob-der erhartet haben/ wiewol sie das inn den Klagbrieffen vor gemelt/vnwarlichen schrei-ben. Nun setzen wir das in keinen zweiffel/E. L. vnd menniglich den diser handel warlich erkündiget wirt/könne vnd werde wol abnemen/bewegen/vnd in hertzen beschliessen/daß wir nichts anders inn den dingen gethan haben/dann daß wir vns selbs von vnser Fürstli-chen Würden vnd Ehren/vnd rechts wegen wol schuldig vnd pflichtig sein gewesen/vnd ein jegklicher Fürst vnd Herr der Landt vnd Gepiet hat/die von den Leuthen auff sein trö-stung/sicherheyt vnnd Geleydt bawen vnnd besucht/vnnd darinn darnider gezogen vnd bestettigt werden/billich thůn vnd thůt/vnnd das vns auch von natürlichen/Geystli-chen vnd Keyserlichen Rechten vnnd ordnung zuthůn wol gebürt hat/Deßhalb wir inn glauben sein gewesen/die A. vnnd B. solten sich selber erkandt/vnd ein ewiges schweigen inn der Sachen gethan / vnnd jhr grobes verwircken nicht auffgerürt haben/oder auff-rhüren. Nach dem wir Hertzog N. gegen jhne Rechts erpütig gewesen / als wir auch nachmals sein / vnnd sein wöllen / an den enden als sich gebüret / inn massen/

wie

New Formular

wie sich das vor dem obgenanten unserem Gnedigen Herrn vnd Schweher dem König/ vnnd des Heyligen Reichs Churfürsten vnd Fürsten/ auff offenbaren Tagen eröffenet/ vnd demselben vnserm Gnedigen Herrn vnd Schweher dem König/ in vnsern Brieffen zu mehrmaln zůgeschrieben/ Nach dem sie das von vns zusuchen bey xj. jaren lang als sie selbs schreiben/vnderlassen vnd vermitten haben/ Wie aber dem allem/ so vermercken wir daß die A.vnd B.gedencken der zeit lauffe/ solten ein vergessen vber die sach vn handel gezogen haben/ inn dem das sie fürsehen/ wie sie xliff Jar die Sachen haben vnerfordert ruhen lassen/vnnd vns keinen schaden zůgefůgt/darauß Ewer L. vnd allermeniglich/ dem die Sach kündig ist/vnd jhr Brieffe gezeygt werden/erlesen mag/ vnnd die alte weise das rinnen sie verhartet sein/also daß jhn vil mehr liebt mit der that zufaren/dann sich Rechts zugebrauchen/ Nemlich/das angesehen/daß in ehlff Jaren nie kein tag erschienen ist/jhne sey die Pfort des Rechten vor vnserm ordenlichen Richter/ für den wir als ein Fürst des Reichs billichen gehören/vnuersperret vnd offen gewesen/ die sie aber vngerechtigkeyt hal ber jhrer Sach nicht dörffen suchen/ wann der außtrag des Rechten/ so wir rechtlich weren gefordert worden/an vns nie gemangelt hette/ das sich dann auß dem warlich erfindt/ daß wir zu manchem mal/wie vor gemelt ist/ in worten vnnd Schrifften Rechts vrbütig gewesen sein/ob sie hett bedůncken wöllen/daß jhnen von vns gewalt vnd vnrecht geschehen were/ in massen sie sich des von vns beklagen. Vnd nach dem Ewer L.vnd meniglich vermerckt/ daß den A. vnnd B. die Pforten des Rechten alle die zeit vber seithero des ergangen handels gegen vnns offen gestanden ist/als sie jhn auch nachmals offen stehet/vor vnsern ordenlichen Richter/ wie recht ist/ vor dem wir gar vngern vngehorsam wolten erfunden werden/oder vns erlangen/erfolgen/oder verklagen lassen/ dann wir wissen die sachen alle so sie gegen vns des ergangen handels halb fürnemnien möchten/ mit Recht wol zuueraintworten/ ist lauter vnd offenbar/daß den A.vnnd B.zu erfolgung jhres Rechten gegen vns nicht noth thůt/oder geziempt der that zugebrauchen/ oder vns schaden mit der that zuzufůgen/ auch gar vnbillich wer/ daß jhne jemand des billichen verhelffen oder zůlegen solt. Darumb bitten wir Ew.L.jhr wollent der A.vnd B. begern durch jhre schrifft vns zůgeschickt an euch beschehen/ als ein Fürst dem die gerechtigkeyt liebet/ vnnd die that mißfellet vnd wider ist/das wir nicht zweiffeln/ nicht gehälten/sondern das verachten/vnd den ewern der dinge keins die sie begeren seinde/wider vns zuuerhelffen gestalten/der heili gen gerechtigkeyt zu liebe/Fürstlicher erbarkeyt/vnd Oberkeyt zu handhabung/ vnd vns zu willen/ Darinn beweißt vns E.L.zůsampt der billicheyt in den sachen angesehen/danck nemens gefallen/freundtlich zuuerdienen. Datum/ic.

Beklagung vber Vhed/mit bitt darinnen zum fürderlichsten zu rath vnd statten zukommen.

Nser freundtlich dienst/vnd was wir liebs vnd gůts vermögen allzeit zuuor/ Hochgeborner Fürst/besonder lieber Herr vnd freundt. Ewer Liebden können wir auß sonderm hohen vertrawen/auch grosser noth vnnd gefahr/ in dero wir vnnd vnser Stifft jetzo begriffen/kläglich nicht verhalten / Nach dem sich N. N. für vnd für seines besten vermögens gestercket/der wegen wir vnser/ auch dero von N. vnnd N. Kriegsvolck zůsammen fůren/vnnd vnser Kriegsvolck nach N.ziehen wöllen/ ist gemelter N.mit etlichen Geschwader Reutern inn vnser Kriegsvolck gefallen/ dieselben zertrennt/ vnnd etwas mercklichen schaden gefůgt/ darauß wir vnns nichts gewissers zůuersehen/ dann daß er solchem streich nachsetzen/vnd vns vnnd die vnsern weiter anzůgreiffen vnnd zůbeschädigen vnderstehen werde. Dieweil dann Ewer Liebden Churfürstenthumb N.vnd vnser Stifft vonn langen vnuerdencklichen zeiten mit einander inn gůter nachbarschafft/ vnnd freundtlicher vereinigung jhe vnnd allwegen gestanden vnnd herkommen/vnnd wir

vns

Beklagung. LXXXIIII

vnd nachmals zu Ewer Liebden/ als vnserem vertrawten getrewen Herrn vnnd Freundt/ alles freundtlichen nachbäurlichen güten willens getrösten thůn/ vñ derselben Ewer Liebden hinwider gleichergestalt zuerzeygen vnd zuerweisen vrpütig sindt. Demselbigen nach ist an Ewer Liebden vnser gantz dienstlich vnnd hochfleissig bitt/ Ewer Liebden wöllen ein solches/ auch die grosse vorstehende not freundtlichen bedencken vnd behertzigen/ vnnd vns vnd vnsere arme vnderthanen mit getrewem rath vnd güter befürderung nicht verlassen/ sonder damit zum fürderlichsten zustatten kommen / Das wöllen zu Ewer Liebden wir vns gantz freundtlich vertrösten/ vnnd vmb dieselb Ewer Liebden nach bestem vermögen hinwider freundtlich zuuerdienen/ allzeit willig vnd bereyt erfunden werden/ E.L. tröstlichen antwort gewartende. Datum/ etc.

Beklagung vber verkündigung Kriegs empörung/ mit rath in gütliche vertrags handlungen nachmals zubewilligen.

℣. Wir haben Ewer Lieb schreiben / am Dato den dritten Junij zu N. weisendt/ an heut den sechszehenden desselben empfangen/ vnnd darauß gantz entsetzlich gemäß vernommen/ daß sich die besch᷑rliche Kriegsübungen im heiligen Reich zu merck᷑lichem vnwiderbringlichen schaden vnd nachteyl desselben also beschwerlichen erweitern/ wolten auch nichts liebers sehen noch hören/ daß das der anmütig friede einmal vnserm allgemeynen Vatterlandt vom Allmechtigen widerumb gegündet vnd verliehen würde/ Das zů vns dann für gantz nůtzlich vnnd gůt ansehe/ daß Ewer Liebden vnnd dero Gegentheyl sich nachmals ferrer gütlichen handlungen nicht entëussert / sonder dieselbige den hieuor gewesenen vnderhandlungs/ auch andern Chur vnd Fürsten/ zum andern mal verstattet/ ob villeicht der Allmechtig seine milte Gnade verleihen/ vnnd es zum frieden gnediglich langen lassen wölt / Dann ohne das können wir bey vnns nicht abnemen/ wie disem brinnenden Fewer wol fůglich/ vnd darmit es nicht weiter vmb sich grieffe/ möge gestewert oder begegnet werden. Das wolten wir Ewer Liebden/ deren wir zu nachbäurlichem willen wol genaygt seindt/ hinwider freundtlich nicht bergen. Datum/ etc.

Abschlagung vmb hilff vnd beystandt/ in Vheden/ etc.

℣. Lieber besonder freundt/ vns seindt auff heut Dato Ewer Liebden schreiben zůkommen/ die wir bester meynung erbrochen/ vnd seines innhalts verlesen/ vnd sollen vns Ewer Liebden gentzlich glauben geben / daß vns dise hoch besährliche weiterung des Kriegs zum bekümmerlichsten zu hertzen gehen/ vnnd thůn nichts begirlichers wünschen/ dann daß der Allmechtig gütig Gott/ vnserem geliebten Vatterlandt den frieden gnediglich gönnen vnnd verlehen wölle / Darůber aber wissen wir nicht/ wie vnns einiges wegs geziemen wöle/ derselben mit rath vnnd befůrderung (auß vrsachen des alhie beyden theylen erfolgten abschiedts) zuerscheinen/ wir wolten dann vns zu allerseits neben der gefahr/ inn mercklichen verwiß begeben / solte sonst vns wes wir Ehren halb thůn köndten/ Ewer Liebden redlich zuerscheinen/ nicht zuwider sein/ Das haben wir E. Liebden zu begerter antwort hinwider freundtlich nicht bergen wöllen/ vnns zu derselben angenemen diensten erpietendt. Datum/ etc.

New Formular

Bitt einen ledig zulassen/auff daß er seiner verstrickung auch erlediget vnd loß werde.

Edel/Ernuester/insonder lieber vnd guter Freundt/ Euch seyen mein vnuerdrossene willige dienst jederzeit beuor. Demnach ich verweilter zeit von Heinrichen von N.nidergeworffen/vnnd in Wilhelm von N. zu N. handt gestelt worden/ Dargegen auch N. von N.ermelts Wilhelmen Vetter/in des Durchleuchtigen Hochgebornen Fürsten vnnd Herrn/ Herrn N. rc. Statt N. verstrickt/ Also desselbigen N. von N. erledigung vnnd freyzelung wegen/ mich gegen gedachtem Wilhelmen allermassen beyligend Missiua mit sich bringt/ erbotten hab/ einen gnugsamen Schrifftlichen schein vnnd besigelt Vrkundt von hochgedachtem Fürsten zuerlangen/ vnd außzubringen. Vmb des willen an E. E. mein dienstlichs bitten/ obgemelten N. von N. verstrickung vñ desselben auß gnaden erledigung halben/ ein vollnkommen tuglich besigelt Vrkundt (beschehener vertröstung nach) zuzustellen vnd mitzuthehlen/ Dardurch ich hingegen auch meiner verstrickung/ ohn alle entgelt in verhütung weiters kosten/ gantz ledig vnd frey gegeben vnd gelassen werde/ Das vmb Ew. E. dienstliches fleiß mein leben auß zuuerdienen/ bin ich willig vnd genehgt. Datum/rc.

Dem Edlen vnd Ernuesten Wilhelmen von N. vnd N. Feldt Marschalck/ meinem besonder günstigen lieben Freundt.

Erbietung vnd lediglassung auß verstrickungen.

Mein freundtlich willig dienst zuuor/ Hans von N. insonder lieber vnd guter freunde/ Nach dem jhr verschiener zeit von Heinrichen von N. Reutern bey N. im Felde nidergeworffen/ vnd folgends in mein handt gestelt worden/ Vnd aber jhr euch erbotten von N. meinen Vettern/ so der Durchleuchtig/ Hochgeborn Fürst vñ Herr/ Herr N. rc. verrückts Sossiers in jhrer Fürstlichen Gnaden Statt N. verstricken lassen/ gegen euch ledig zumachen/rc. So jhr nun also bey jhren Fürstlichen Gnaden erlangt/ daß berürter N. vonn N. mein Vetter/ angezogener verstrickung ohn entgelt/ frey/ledig/ vnnd mir dessen von jhren Fürstlichen Gnaden einen schrifftlichen besigelten schein vberschickt/ als denn/ vnd nicht ehe/ wil ich euch hiemit ewerer obgedachten verstrickung/damit jhr des mehrgedachten von N. Reutern verhafft gewesen/ vnd folgend in meine hende gestelt worden/ hiegegen auch ohne alle entgelt gantz frey/ ledig vnnd loß gegeben haben/ Das ich euch mit freundtlicher dienstembietung/ guter freundtlicher meynung/ darnach zurichten wissent/ nicht verhalten wollen/ vnnd hab des zu Vrkundt disen Brieff mit eygen handen vnnd namen vnderschrieben/ vnnd mit meinem angeborn Innsigel besigelt. Datum/rc.

Dem Edlen vnd Ernuesten Hansen von N. meinem lieben vnd guten Freundt.

Rachtung zwischen Herrn/ so gegen einander in Vheden gestanden.

Wir N. von Gottes Gnaden/rc. Bekennen vnd thun kundt offenbar mit disem briefe/ daß vnser Königlich gemüte stettiglich darzu genehgt ist/ dardurch solcher vnwille/ gebrechen vnnd zwitracht/ die zwischen den Hochgebornen Fürsten/ Herrn N. vnnd N. rc. eins/ vnserm lieben Freundt vnd Schweher/ vnd Schwagern des andern theyls

Rachtung.

theyls entstanden/hingelegt/auffgehebt vnnd abgethan/friede vnd einigkeyt gemacht/gemeinen nutz gefürdert/vnd verwüstunge der Land vermitten werde/ Darumb Gott dem Allmechtigen zu lobe/vnserm lieben Herrn vnnd Schwager/ dem Römischen Keyser zu ehren/vnd dem heyligen Reich zubesterckunge/ So haben wir mit willen der benanten partheyen/zwischen jhne beredt vnd beteydingt/als hernach folgt. Zum ersten/daß die Vhede vnd Feindschafft zwischen jhne/auch jhren Helffern vnd Helffers Helffers/vnd allen die darunder verdacht/vnd gewandt/sie seyen Geistlich oder weltlich/abe/ vnd die sachen gericht sein sollen/alles ohn geferde. Item vmb das/das ein theyl dem andern entwert/oder die/die solches gethan sollen enthalten haben/Ist beredt/daß die Fürsten zu beyderseit/ an ein gelegen ende/jhre Räthe zusamen schicken/die sich vnderstehen sollen/sie gütlich zu richten/oder eins ziemlichen außtrags zuuereinen. Vnd daruff wer in diser Kriegshandlung sein Lehen auff hett gesagt/ der soll sie inn einer Quatember nach dato diser bericht schierst folgend schuldig sein/von dem Lehenherrn/ von dem sie zu Lehen herrüren/zuerfordern/vnd jhme/von demselben Lehenherrn auff sein erforderunge/in derselben zeit/on entgeltnuß geliehen werden/ doch daß er dem Lehenherrn als dann widerumb gewonlich Lehenpflicht thun/inmassen er jhme vormals von solcher Lehen wegen gethon hat/Welcher aber sein Lehen vnd Lehenpflicht seinem Lehenherren nicht uffgesagt hett/ der soll dannoch bey seinen Lehen/vnd Lehenpflichten bleiben/ Vnnd obe der Lehenherr einicherley fürderung der Sachen halber/gegen seinem Lehenman vermeinet zuhaben/dieselb forderunge soll auch ab vnnd gericht sein. Es sollen auch alle die beyden theylen/auch jhren Helffern/vnd helffers Helffern/in disen Vheden vnd Kriegsläufften gefangen worden sein/uff ein schlecht Uryhed in zweyen Monaten/ so sie des begern vngefehrlich ledig gezelt vnd gelassen werden/vnnd darzu alle jhr Bürgen vnd selbschulden/ der Sachen halben für sie verpflicht weren/sollen jhrer Burgschafft vnnd pflicht/gantz ledig vnnd loß sein/ec. Item was von der Ritterschafft/in den Kriegen beyderseit/zu gelübden/Eyden/oder verschreibungen genommen weren/dieselben alle sollen solcher jhrer Gelübde/Eyde/vnd verschreibungen ledig sein/ vnnd derselben verschreibunge/ was der vngesatzlich vorhanden sein/herauß geben werden. Es soll auch alle schatzunge/Brandschatzunge/die noch vnbezalt/ sie seien verborgt/verbrieffet/verschrieben/verlobt/gantz todt vnd ab sein/vnnd nicht mehr bezalt werden/ Auch die Bürgen die daruff stünden/ledig sein/doch daß jeder/ was er bei dem Wirt vngefehrlich verzert hat/außricht vnd bezale. Item es sollen auch beyde theyl/ vnnd alle die auff beyden theylen gewandt/ sie seyen König/Fürsten/Grauen/Freyen/ Herrn/Ritter/oder Knecht/Reichstett/Bürger/odder Bawern/Helffern/oder Helffers helffern/wie die genant seindt/ein theyl dem andern all vnd jegklich theyl Geschloß/Stette/Klöster/Märckt/Dörffer/Höfe/Wiesen/Ecker/Hölzer/Holzmärckte/Zinß odder Rennt/oder was eygener Güter ein theyl dem andern/in Vheden vnd Kriegen/vor oder nach dem friede zu N.beredt/abgewonnen/genommen/oder abgetrungen hett/ledig vnnd loß entschlahen vnnd folgen lassen/ als dann die jetzundt sindt/ ohn alle jrrunge vnnd inntrag/Also daß jetweder theyl/ auch sein helffer vnnd helffers helffer/ des sie sein in schutze/ schirme/oder ander weiß innhaben/nutzen vnd brauchen mag/ in aller maß/als er die inngehabt/genutzt/vnd gebraucht hat/Vor solchem entnemen vnd abgewunnen/ alles vngefehrlich/vnd auff das/soll aller ander vnwillen zwischen beyden theylen/vnd allen jren helffern/oder die des Kriegs halben ersondert/fürgenossnen/gewandt oder verdacht sein/ sie seien König/Fürsten/Geystlich vnd weltlich Prelaten/Grauen/Freyen/Herrn/Ritter oder Knecht/Reichstett/oder ander Stett/helffer/helffers helffer/ oder ander/inn was Standt/würden oder wesens/der oder die sein/ Auch was sich der Krieg halben/vnnd darumb mit name/todt/todtschläge/brandt/nemkeit/vnnd anderm ergangen/ vnnd begeben hat/nichts außgenommen/hindangesetzt/gantz vnd gar hingelegt/uffgehebt/ vnd gericht sein vñ bleiben/ auch hinfür weder mit Recht/ Geistlich oder weltlich/noch sonst on recht/ nicht fürgenommen/geeffert/noch gerochen werden/ Alles getrewlich vnd vngefehrlich/ Vnd des zu Vrkundt/ec.

P

New Formular
Ein andere Rachtung oder vertrag in dergleichen Vhede sachen.

Wir Friderich/ꝛc. bekennen/ꝛc. als sich kurꜩ vertuckter zeit/ etwas srungē vnd zwispalt/ zwischen dem Ehrwirdigen/ vnserm lieben besondern freund Herrn Wolffgangen/ꝛc. an einem/ So dann dem Hochgebornen Fürsten/ vnserm freundlichen lieben Schwager/ Vetter vnd Brüder/ Herrn Christoffen/ꝛc. am andern theyl zůgetragen/ von wegen etlicher angemaßter Rechte vnnd gerechtigkeyt/ die gedachter N. zu der Probstey des Stiffts N. zuhaben/ fürgeben/ vnnd inn krafft derselben/ sich berürter Probstey des Stiffts geneheret/ vnd vnderzogen/ aber die Wirdig vnd Ersamen vnsere liebe besondern Dechant vnd Capittel angeregts Stiffts der zeit auß ansehenlichen beweglichen vrsachen/ ein solches dergestalt zůzugeben vnd zuerstatten sich etwas verweigerlichen widersetzet/ vnd des wegen obbenanten vnsern freundlichen lieben Schwager/ Vetter vnnd brüder/ Hertzog Christoffen/ꝛc. als jhren vnuerteinlichen schutz vnnd schirm Herrn/ vmb hilff vnd rettung vnderthenig vnd demütiglich angerüffen vnnd gebetten. Auß dem erfolget daß gedachter Hertzog Christoff/ in ansehen vnd bedencken/ mehr angeregter alter/ vnd sonderlich jüngst vernewerter angenommener bewilligter vnd besigelter schuz vnd schirm Brieffe/ zu ersezunge gedachter seiner schirms gewandten sich der gebüre in Rüstunge zu Felde begeben/ vnnd gemelte seiner Liebde schuz vnnd schirmsgewandten/ jhrem bittlichen ersuchen nach/ gewertig entschutt vnnd zu Recht ersezet/ darunder dann seiner Liebe ein treffenlich ansehnliche summa Geldts/ etlicher tausent Gülden auffgelauffen/ Derowegen zu wider erlangunge vnd erholung solches auffgewendten vnkostens sein L. vmb mehrer sicherheit willen dem N. zwen Flecken/ nemlich A. vnd B. sampt dem Hauß C. eingezogen/ vnd biß hieher innen behalten/ also darüber am Keyserlichen Cammergericht/ der wegen in rechtfertigung erwachsen.

Als nun dise ding an vns/ vnnd den Ehrwirdigen inn Gott vnsern lieben besondern freunde/ Herrn Melchiorn/ꝛc. gelangt/ haben wir beyde weiterung zuuerhüten/ vnnd damit so vil mehr fried/ rühe/ vnd einigkeyt im heyligen Reich Teutscher Nation vnserm geliebten Vatterlande geyflanꜩet/ vnnd zwischen disen theylen freundliche güte nachbarschafft erhalten würde/ vns freundlicher güter wolmeinung/ in die sachen geschlagen/ vnd auff freundlichs ersuchen/ bey beyden jhren Liebden erlangt/ daß sie vns gütliche verhöre vnd vnderhandlung freundlich eingeraumt vnd erstatt.

Demnach wir beyde jhre L. für vns zu gütlicher verhöre vnnd vnderhandlunge/ hieher ghen N. vertagt/ vnd vff jhr L. erscheinen in eygener Personen/ sie angeregter jrer gebrechen der notturfft gegen einander verhöret/ vñ fürter auff ingenoṁen notwendige bericht vñ gegebericht/ gestalt/ vñ gelegenheit aller verloffne sachen zu gütlichē mitteln gegriffen.

Nach dem sich aber zůgetragen/ daß vermelter vnser freundt von N. diser vnderhandlunge schließlich nicht abwarten mögen/ sondern S. L. sich auß obligenden vnuermeidlichen ehehafften wider in seiner Liebe Stifft zůbegeben verursacht worden/ haben wir Friderich ꝛc. zu endtlicher schließlichen vollziehunge vnsers angefangenen werckts/ den Ehrwirdigen inn Gott Vatter / Herrn Sebastian/ Erzbischoffen/ꝛc. vnsern besondern lieben freundt vnd Brüdern zu vns in vnderhandlung diser sachen/ freundlich vermöcht vnnd gezogen. Also darauff neben vnnd mit seiner Liebe nach viel gepflegener fleissiger handlunge beyde theyl leztlichen mit jhrem güten wissen vnd bewilligen solcher gehabten mängel/ in güte freundlich verglichen/ geeinigt/ vnnd vertragen/ inn maßen von Puncten zu Puncten vnderschiedlich hernach folgt.

Nemlich vnd zum Ersten/ ist abgeredt vnd von beyden theyln bewilligt/ vnd angenommen/ daß N.ꝛc. Hertzog Christoffen/ꝛc. für alle seiner Liebe spruch vnnd fordrung in diser sachen soll abrichten vnd geben xxxvj. tausent Gülden/ den Gülden zu xv. Patzen.

Zum andern/ Demnach N. im Fürstenthumb N. etliche Pfarrn so seiner L. Incorporirt

Rachcung. LXXXVI.

ser seindt/vnd auch andere mehr Pfründen zuuerleihen hat/ als nemlich zu D. die Pfarr sampt neun Caploney Pfründen/ vnd daß mit dem Spital daselbst noch zwo Caploney/ zu E.die Pfarr sampt zweyen Caploneyen/zu F. die Pfarr/zu G. die Pfarr/sampt fünff Caploneyen vnd Mesnerey/zu H. die Frümeß/zu J. die Pfarr/zu K. die Pfarr/zu L.rc.

Da ist abgeredt/bewilliget vnnd angenommen/ daß alle diser jetztbestimpten Pfarren/vnd Caploneyen Lehenschafften/vnnd Jus Patronatus/ mit allen ihrem anhangenden recht vnd gerechtigkeiten/auch derselbigen gefellen/nutzung vnd Früchten/sampt den Pfarr vnd Pfründhäusern/Auch newlicher jarn der Pfarrhen gemachten Aditionen jrer Competentzen/wie die biß anher dahin gehörig/gewiddumbt/geordnet/eingezogen/genutzet/vnd gebraucht worden/gedachten Hertzog Christoffen/rc. für sich/ seiner Liebe Erben vnd nachkommen frey vbergeben vnd zügestellt werden sollen.

Ob sich aber künfftig zůtragen/daß von den besitzern obbenanter Pfarrn vnd Pfründen weiter Adition odder Competentz gefürdert würde/ dieselbigen sollen als dann durch Hertzog Christoffen oder seiner Liebe Erben vnd Nachkommen/ohne N. zůthůn erstattet werden/also daß N. in dem ferner vnangefochten/rühig bleibe/ vnd sollen die vbrigen Zehenden/Gülten/vnd Zinse/auch widdumb Höfe/ mit andern gefellen vnnd Gütern/wie die namen haben/dem N.alles vnd jedes mit jhren ein vnd zügehörden/ rechten/ vnnd gerechtigkeyten geruhlich vnd vnuerhindert bleiben/ vnd jetzt oder künfftiglich zů obgemeltem nicht gezogen werden.

Da entgegen als zum dritten soll Hertzog Christoff/rc. seiner Liebe bewilligung nach/ was sein Lieb für Pfarrn odder Pfründen/ vnder N.zuuerleihen hat/als die Pfarr zu M. vnnd die Frümeß daselbsten jetzuermeltem N. mit allen jhren zůgehörigen recht vnnd gerechtigkeyten/wie obstehet/zůstellen vnd einraumen/ Darneben auch an den obbenanten N.tausent Gülden freundtlich begeben vnd abgehen lassen.

Zum vierdten/ist beredt vnd freundlich bewilliget/wes Hertzog Christoffs/rc. Liebe in der einname vnnd jnnhabunge der ämpter A. B. vnnd C. an Renten/Gülten/Wein/ Frucht vnnd schulden zu seiner Liebe nutze/ wie sich das Vrkündtlich befinden wirdt/einziehen vnd annemen lassen/ das solches alles nach laut Amptleut vrkündtlicher rechnung seiner Liebe an obüberstehenden Reste/ der erstbenanten vertrags summa abgezogen werden solle.

Zum fünfften ist bewilligt vnd angenommen/ was ober jetzt nechst vnd zuuor gemelten Abzuge der N. tausent Gülden sich ferner vnuergnügt oder verglichen befunden wirdet/Solche summa Gelts was des ist/ soll vnd wil N. Hertzog Christoffen/rc. vnd seiner Liebe Erben/järlich/jendtlicher weise von dises vertrags dato anzůrechnen verzinsen / vnnd jhe von zwentzig Gülden einen gülden zů fünfftzehen batzen habent machen/ vnd des auff S.L. gefellen/nutzungen vnd Gütern/im Fürstenthumb N. gelegen/gnůgsam versichern vnnd verweisen/ welche jetzt vermelte hauptsumma mehrbenantem N. zu vier fristen oder ziel zeiten/welches jars vnnd zeit dero gelegenheyt sein wil/mit sampt verfallenden Zinsen abzůledigen vnd zůlösen/hiermit vorbehalten sein solle. Wes aber sein Lieb obgehörter gestalt Hertzog Christoffen/rc. mit vnderpfanden dermassen nicht versichern oder verweisen würde/das soll seiner Liebe mit barem Geldt bezalt/ oder sein Liebe des inn andere wege versichert werden.

Da vnnd aber Hertzog Christoffs Liebe jetzt etlich bar gelt haben wölte/ vnd solches inn des N. vermögen nicht were/so soll Hertzog Christoffen beuor stehen/vnnd zůgelassen sein/etliche tausent Gülden auff ländliche Pension/wie vorstehet/auffzůbringen/oder seiner E. Gläubiger auff N. zuweisen/wo/odder welch weiß enden das beschicht/das soll vnnd wil N. für sich vnd seine nachkommen zufriden sein/ vnd solch Gläubiger/ der gebüre zuuergnügen/auff sich nemen/ Doch vorbeheltlich der ablösung vorerzelter gestalt/ vnnd daß die liefferunge der Zinse denselbigen Gläubigern innerhalb acht meil wegs vmb C.zubeschehen benant/vnnd solch gelt hernach an der vberstendigen vertrags summa auch abgefürtzt

P ij

werde/ꝛc. doch daß solchen angewiesenen Glaubigern die verkündung der ablosung zuuor beschehe/laut jhrer habenden verschreibungen.

Zum sechsten/als ein einnemunge der Posseß zu N.etliche der Probstey/Räthen/bestand/vnd Salbücher/auch Brieff vnd Monumenta von des N.dienern oder verwandten/vnd sonderlich durch Valentin N.zuhanden genommen/vnd hinweg gefürt sein sollen/dieselbigen alle/dauon nichts außgenommen genzlich ohnuerlengt/Dechan vnd Capittel innerhalb riiij.tagen/oder vffs lengst inn Monats friste nach Dato/ghen N.zu N. handen verschafft/vnd dem Capittel vff gesinnen widder eingeantwortet/vnd wann solche brieff in bestimpter zeit zu N.vberliefert/soll solchs Dechan vnd Capitel zuwissen gethan werden/solche jhrer gelegenheyt haben zuholen/vnd der gebüre darumb zu quittirn.

Hergegen sollen alle Proceß diser sachen halb biß hieher am Cammergericht angefangen vnd geübt/als balden abgeschafft/vnnd zu allerseits hierdurch genzlich Cassirt/todt/vnnd ab sein/Doch jeden theyl sonst ausser dessen an seiner habenden recht vnnd gerechtigkeyten die Probstey N.betreffende/vnuergrifflich vnd vnschädlich.

Ferner vnd nach dem auch gedachte Dechan vnd Capitel jnen in disen sachen jres erlittnen kostens so von der Probstey N.gefellen vff gewendet worden/erstattunge zuuerschaffen/bittlichs anlangen gethan/so haben sie doch leztlich vmb souil mehr friedlebens willen/sonderlich auff vnser vñ der vnderhändler N.vnd N.gnedigs begern/vns zu ehren vnd vnderthenigem gefallen demselbigen begeben vnd gütlich fallen lassen. Doch dieweil von etlichen Nischen Bürgern erlautet/daß jnen noch etwas an zerunge von des N.gesinde/vnd verwandten außstendig/sein L.aber sich deßwegen vernemen lassen/daß sie nie geneigt gewesen/vñ noch die Bürgerschafft oder jemands anders damit zubeschwern/so wöllen sein L.so ferr solches glaublich dargethan/odder mit pflichten an Eydts statt erhalten würdet/sich darinnen aller gepüre beweisen/vnd dessen billiche vnuerlengte bezalung verschaffen.

Es sollen auch wir die vnderhändler als baldt nach vberreichunge diser verträglichen vergleichung beyder theyln jemandt der vnsern ghen A.vnd E.zuordnen/gestalt des N.Befelhaber die Inuentaria vnd anders widerumb einzuantworten/vnd darzu ander verbottene vnd Arrestirte Güter vnd Gefell Relaxirt werden/Deßgleichen den obangeregten Herzog Christoffs jnnam halb/auff der ampteleuth fürgelegte rechnung gebürlichen abzugk zuthün/dergleichen die Besazunge deren ob abzuschaffen/vnd die vnderthanen widerumb auff jhren Herrn den N.anzuweisen.

Doch sollen dieselbigen vnderthanen Herzog Christoffen mit jeziger pflicht/so lang verwand bleiben/biß die Ratification von N.Gebietern des N.geschehen/vnnd vns vnderhändlern vberschickt/oder aber die vollnziehunge der versicherung mehr benants Rests nach billicheyt erfolgt/welches alles jnnwendig sechs wochen vngefehrlich verzicht werden solle.

Neben dem ist auch abgeredt vnnd durch Herzog Christoffen freundlich bewilligt/daß sein Lieb mit jhrem Kriegsvolck in der besazung handlen/vnd sie dahin anhalten lassen soll/vor jrem Abzugk des N.vnderthanen/wes sie denen an zerunge oder sonsten schuldig/billiche außrachtung vnd bezalunge zuthün.

Zum leztsten/vnnd als sonst noch allerley spenn zwischen beyden theylen sich biß hieher erhalten/die noch vnentscheiden schwebend/darmit die selbigen einmal auch zu schleuniger billicher vergleichung vnd außtrag gelangen/vnd also allenthalben bey disen theylen güte friedsame/freundliche nachbaurschafft erbawen vnnd erhalten werden möchte/So ist durch vnns die N.als vnderhändler freundlichs wolmeinenden gemüts/inn dem weiter abgeredt vnd betheidingt/daß beyder obgemelten Fürsten Räthe zu jhrer gelegenheyt auff bequemer malstat/hiezwischen Pfingsten/so ferr es ehehaffter beweglicher vrsachen halb sein mag/zusammen kommen/vnnd in solchem allem mit bestem fleiß/richtige/trägliche vergleichunge suchen vnd fürnemen sollen.

Da aber in einem odder mehr Puncten vnnd Artickeln durch sie einhellige vergleichung entstünde/als dann soll durch solche veroꝛdneten Räthe ferner mit fleiß nachgetracht

Rachtunge.

tracht vnnd erwegen werden/ Durch was andere trägliche billiche wege mann fürsehen der gebrechen zu gebürlicher erörterung vnd außtrag kommen möchte.

So fern aber solcher wege durch sie nicht erfunden würde/als dann sollen vermelte Puncten vor vnser der vnderhandlungs Fürsten einem/ des sie sich vergleichen/ laut des Reichs ordnung/rechtlich erörtert vnd außgefürt werden.

Vnnd darmit allein sollen die Partheyen also zu allerseits der zu erst angeregten gebrechen vnd jrrungen/für sich/jre Erben vnd nachkommen endtlich/gentzlich/vnd vnwiderrüfflich gericht/geschlicht/geeinigt vnd vertragen sein/ vnd bleiben/ auch alles das jhenig so sich zwischen allen theylen/nemlich des N. auch Hertzog Christoffs/rc. vnnd dann Dechant vnd Capitels zu N. Räthen/Amptleuten/Dienern/Vnderthan/angehörigen vnd verwandten/vom Adel/vnd sonst herunder mit schrifften/ worten/ oder wercken zugetragen vnd begeben/so dem N.oder seinen Nachkommen/oder auch gedachtem Hertzogen/deßgleichen Dechant vnd Capitel zuwider sein möcht/ hiedurch gentzlich auffgehaben/hingelegt/todt vnd abe sein/sich auch deßwegen kein theyl mit den seinen/von dem andern den seinen/oder jemand von jhrent wegen nichts vngütlichs zubefarn haben/ sonder dessen allerseits frei vnnd sicher sein/auch kein theyl in oder ausserhalb Rechtens hergegen jetzt weiters/so zu hindertreibung diser abhandlung vnd vertrag dienen möcht/suchen oder der fürnemen solle/ wie dann beyde Fürsten sich des für sich/ ihre Erben vnnd Nachkommen/ frei willig begeben/vnd allein dem so vorsteht/ in allen Puncten vnd Artickeln/stett/ fest/vnd vnuerbrüchlich zugeleben vnd nachzukomen/ bey jhren Fürstlichen wirden/ vnd dem wort der warheit zugesagt vnnd versprochen haben/treulich/sonder alle geuerde. Zu Vrkund sein diser vertrags Brieff zwen gleichlauts mit vnser Sebastiano Ertzbischoffen zu N. vnd Friderichs/rc. beider vnderhandlungs Fürsten anhangenden Innsigeln verfertiget. Vnd dieweil alle dise gütliche abrede/ vnd verträgliche vergleichunge/ wie obuermelt/mit vnser des N. vnd Hertzog Christoffen rc. wissen vnd bewilligen zugangen/ vnnd beschehn/ So haben wir beyde/für vns/vnser Erben/vnd nachkommen/vnsere Innsigel auch an dise beyde verträge lassen hencken / vnnd vnser jeder der einen zu sein handen entpfangen. Geschehen/rc.

Rachtung anderer Form/vber gehabter Kriegsvhede.

Wir N. Ritter/der Meyster vnnd der Rath zu Straßburg/Bekennen vnnd thun kundt offenbare/mit disem Brieffe/alle denen die jhn ansehen/ odder hören lesen/ als der Wolgeborn Herr/Herr Georg zu N.rc. seine Gnaden/vnd andere in dem Krieg/den sie mit den Herrn von A.B. vnd C. gehabt haben/nider gelegen vnd gefangen worden sindt/etwa lange zeit zu A.in gefencknuß gelegen/da haben wir nun in gütem willen vnnd meynung geschrieben/dem auch Wolgeborn Herrn/Herrn N. Herrn zu A.vnd auch vnser treffenliche Bottschafft zu seiner Gnaden ghen N.geschickt / vnd mit fleiß gebetten/vns eins gütlichen Tags zufolgen/ vnnd selbst Persönlich in vnser Statt zukommen/welches seine Gnaden vns verwilliget hat/ darzů der Ehrwirdig vnd Wolgeborn Herr/Herr Johan Herr zu N.Thumbprobst der mehrer Stifft zu N.von wegen vnd anstatt des Wolgebornen Herrn / Herrn Georgen von N. seines freundlichen lieben Vetters/ auch komen vnnd erschienen ist/ zu welchem Tag wir vnsere Rathsfreunde geordnet haben/ Nemlich die Strengen vnd Fürsichtigen Herrn/ d. e. f. g. h. vnd i. vnd denen entpfolen fleiß vnd ernst darinn zuhaben vnd fürzuwenden/ wie wolgenannter Herr Georg von N.auß Gefencknuß kommen möchte/das nun dieselben vnser Rathsfreunde/mit beyder theyl wissen/willen vnd gehelle/also gethan vnd fürgenossen haben/vnd gewolgemeltem Herrn N. Her: zu A.an statt vnnd in namen sein selbst/vnnd auch der Wolgeborn Herrn Jacobs Herrn zu A.seiner Gnaden Brüders/ Herrn Jacobs/ vnd Herrn Wilhelms ge-

P iij

New Formular

brüder/Grauen zu B. Herrn zu N. Herrn Johans/ Herrn zu Tauffein/ vnd obwolgenanten Herrn Johansen/ Herrn zu N. Thumbprobst/ an statt vnd in namen Herrn Georgen von N.seines Vettern halben/ andershepls/ gütlich vereinigt/ gericht vnnd vertragen haben/ in die weiß vnd maß wie hienach geschrieben steht/ Zum ersten/ so soll Herr Georg/ Herr zu N. zwen Herrn sein genossen/ oder ob er die nicht haben mag/sonder vnnd jegklichen Herrn zwen Adels genossen/ daran all obwolgenante Herrn/ die darzů bewandt sind/ einn gnůgen haben/ vngefehrlich/ die sich verschreiben/ vnd verbinden/ mit jhme nimmermehr wider dieselben Herrn/ noch jhre Herrschafft zuthůn/ in der besten Form/so dann darzů gehört. Item er soll verzeihen/ als er auch inn krafft diß Brieffs verziegen hat/ für sich/ seine Erben/ Lehenserben vnd nachkommen/ auff alle anspruch vnnd gerechtigkeyt/ die er hat oder haben möcht/ an die Herzschafften A. B. vnd Herrn Johan/ Herrn zu C. biß vff disen heutigen tag/ vnd sonderlich auff die anspruch N. berüremt/ mit seiner zůgehörde/ die er meint geerbt haben/ von Fraw Adelhepten von N. seiner Mütter seligen. Item an seinem thepl zu N. vnd N. vnd der gantzen Marck/ vnd was er daran hat gehabt/ auff die zeit als er nider lag soll er geben/ als er auch gegeben hat hiemit den obwolgenanten Herrn das zweythepl mit aller gerechtigkept vnnd zůgehörungen/ zůfellen/ losungen/ vnnd anders/ vnd auch auff stunde ehwolgedachte Herrn darinn fůren/ nach jnhalt der Burgkfrieden/ vnd jhnen heissen hulden/ vnnd schweren/als sich darzů gebürt. Item der obwolgenante Herr Georg/ Herr zu N. soll auch geben den obwolgenanten zweyen Herrn von A. als er auch inn krafft diß Brieffs/ jhn gegeben hat/ N. vnnd N. seinen thepl daran/ Nemlich das halb mit aller gerechtigkept vnnd zůgehörunge/ wie es dann die Herrn von N. inngehabt/ genützet/ vnnd genossen haben/ mit leuten/ vnnd gütern/ vnnd allen herrligkeyten/ gesuche vnd vngesucht/ nichts außgenommen/ die leuth jhrer Eydt ledig sagen/ vnnd heissen hulden/ den obgenanten Herrn von A. rc. vnd als N vnd N. obgemelt/ Lehen ist/ von dem heyligen Reich/ soll er geloben vnnd schweren/ in zweyen jaren nach Datum diß Brieffs zuschaffen/ zuwerben/ vnd zuerlangen/ zu solchem vbergeben/ verwilligung von vnserm Allergnedigsten Herrn dem Keyser/ Wann dann der von N. von jnen deßhalben sampt vnd sonder vermeint würde/ soll er bey seinem obgeschribeu Eydt/ den von A. geben/ verwilligunge vnd verziegnusse/ auff gabe/ vñ fůrdernußbrieffe/ an vnsern Allergnedigsten Herrn den Keyser/ jnn der besten Form/ wie sie dann der notdürfftig sein/ doch daß er nichts desto weniger seiner erlangunge nachgang/ jnn allermaß/ wie dann daruon hieuor geschrieben ist/ alles bey dem gemelten seinem geschwornen Eydt.

Ob er aber die verwilligung nicht haben odder erlangen möchte/ daß er sich mit seinem Eydt in keinen andern wege entsagen soll/ So sollen die von A. vnnd jhre Erben N. vnd N. innhaben/ besitzen/ vnd niessen/ als ander jhr eygen Güt/ so lang biß daß obwolgenanter Herr Georg von N. oder seine Erben haben gegeben/ den Herrn von A. N. tausent gülden/ Rheinisch werung/ darmit sie die Güter wider an sich lösen mögen/ zu jrem tepl/ wie sie die vormals inngehabt haben/ vngefehrlichen.

Were es aber daß deren von A. oder jhren Erben vber das obberürt vbergeben N. vnd N. inntrag beschehe/ daß sie des mit Recht verlustigt würden/ vor vnnd ehe die ehegemelte verwilligung aefertigt ist/ vnd wem das geschehe/ so soll er von N. seine Erben/ Lehens erben/ vnd Nachkommen/ den von A. vnnd jhren Erben/ der obgeschrieben N. tausent Gülden/ mit allen kosten vnd schaden/ den sie deßhalben gehabt/ oder gelitten hetten/ wehr sein vnd wehrschafft tragen/ vngefehrlichen. Item er soll begeben/ als er auch hiemit begibt/ N. seinen thepl/ den Herrn von A. mit aller gerechtigkept/ herrligkepten/ vnnd besitzungen/ die er dann hat/ vnd haben möchte/ wie er das vff disen tag hat inngehabt/ genützt vnd genossen/ mit allem dem/ das darinn vnd darzů gehört. Item so soll er sich begeben/ als er dann in krafft diß Brieffs begeben hat/ N. für N. hundert Gülden mit aller seiner gerechtigkept/ das mag er widder kauffen/ vnnd lösen/ von den/ so es dann jnnhaben/ vñ die dieselben sollen auch der lösung gehorsam sein. Item er soll sich auch begeben/ als er mit diser vrkundt gethan hat/ das Gültgüt zu N. so Dieterich von N. selig zu lehen gehabt hat/ vnd

Rachtunge. LXXXVIII

vnnd seinen theyl Graffschafft Gelt zu N. mit seiner gerechtigkeyt/ die er daran gehabt hat/oder haben möchte.

Were aber daß Dieterich von N. Erben/ Brieff oder gerechtigkeyt von der Herschafft N.hetten/daß jhnen das Lehen zugehörte von Rechts wegen/ so soll mann das von der Herschafft A.entpfahen/vnd der Herschafft N. darinn entladen sein. Item er soll sich begeben/als er dann hiemit begeben hat/ N. Schloß vnnd Dorffe/mit der Mannschafft vnd aller gerechtigkeyt/die er darzu hat/ oder haben möchte/vnd ob das Lehen were zufertigen/vnd außzutragen/mit dem Lehenherren/ daß er in diß vbergeben gewillige/inn zweyen Jaren den nechsten nach diser Dato folgenden. Item er soll sich auch begeben/ den Herrn von A.der lösung vnd besserung zu N. vnd ob das Lehen were/ außtragen/inn den obgemelten zweyen jaren. Item er solle geben den obwolgenanten Grauen vnd Herren zu A. alle einöffenung an dem Schloß N.vnd solches schweren außzutragen/vnd zu werben/nach allem seinem vermögen inn zweyen Jaren/ den nechsten nach Datum diß Brieffs/vnnd obwolgemelten Grauen vnnd Herrn/ es möchte dann Feindschafft oder Burckfrieden halb nicht sein/ Möchte er aber solches nit außgetragen/mit seinen Lehen herrn / odder den/ die bey jhme im Burckfrieden sitzen/ so soll er doch schweren/daß er das Schloß niemand bewende/oder verkauffe/vnd ob zu welcher zeit die Herrn von A.enthalt darinnen begeren/so soll mann jhnen den thun/sie vnd jhr Herschafft A.antref sende/vnd zwen die ersten enthalt vbergeben thun/vnnd darnach ob sie mehr wollen/sollen sie den aufrichten/nach laut des Burckfrieden/des er ein Abschrifft hat gegeben/der auch nit höher gesetzt soll werden. Item er soll auff seinen namen die jhr Lehen auffgesagt haben/in der Feindschafft jhr Lehen wider leihen/vnd auch allen den/der Vatter oder Brüder Lehen/von der Herschafft N.gehabt/vnd die des Brieff vnnd besch Lehen in Lehensweise an sie gefallen ist/ auch leihen/ die dann der obgenanten Herrn Helffer in disem Kriege gewesen seindt. Item er solle auch ledig sagen alle Gefangenen/ vnnd auch die Leuthe/die sich inn diß weise an jhn gemacht haben/ von der Herrschafft von A. inn disem Krieg.Item er.solle auch ledig schaffen/vnd ledig sagen/die Leute die zu N.gelegen seind/ den Aßt berürende/vnnd was sie sich deßhalben versprochen vnnd verbunden haben/ohne/ schaden. Item er soll auch ledig schaffen vnd sagen N. vnd die Bürger/für die Rante/ so zu N.genommen ward/gegen jhm/vnd wen das berürt/ von seinent wegen/ ohne schaden. Item die Glocke zu N.soll er wider geben. Die Edlen gefangenen sollen schweren/ wider die obehegemelte Herrn alle/oder jre Herschafftt nissiermehr zuthun/darzu jegklicher einen seinen genossen/zu jne geben/der sich deßgleichen mit jme auch verbinde/ nach billicher Form. Item deßgleichen die armen Knechte/jegklicher für sich selbst/ vnnd soll der Aß/so die Edlen/vnd die Knechte verzert haben/vor abgericht werden/ vnnd ein gnugen darumb beschehen/ehe mann sie ledig zelet. Item der von N.soll auch geben für seinen Aß tausent Gülden/bie zwischen S. Johans Tag nechstkommend/zu N. Item er solle auch geben fünffhundert Gülden für seinen theyl zu N.biß auff vnser Frawen Tag Natiuitatis schierst/hette er das nicht/so soll er N.seinen theyl den Herrn von A.inngeben/heissen vnd schaffen zu hulden/daß sie das darfür innhaben/nutzen/vnnd niessen/mit aller gerechtigkeyt/biß daß er odder seine Erben mit fünffhundert Gülden gelösen/ doch vnuergriessen den Herrn von A.an jhrem erbrechten/das sie meynen daran zuhaben. Item der von N.soll geben für sich vnd sein Gefangene/vnd für die öffenunge zu N. vnd N. zwey tausent Gülden / Nemlich ein tausent Gülden / auff Weyhenachten neckstkommend/ vnd das ander tausent Gülden auff Sanct Johans Tag zu N.das wirdt im N. Jar.

Item er solle sich auch verzeihen/ vnnd begeben/ als er dann verziehen hat/des Hauses zu N. so Herr Ludwig/Herr zu A. inn dem Kriege zu seinen handen genommen hat/ Vnnd were es daß die vil obwolermelte Grauen vnnd Herrn von A. B. vnnd C. gegen Herrn Georgen von N. oder Wolgedachter Herr Georg gegen jhnen/sampt odder besonder/oder jhre Erben/an den Stucken diser Rachtunge/ ein/ odder mehr Spennig würden/vberkurtz odder lang/ So solle n sie zu läuterunge vnnd entscheidunge darumb kommen/

P iiij

New Formular

auff die dreißehen der Statt von Straßburgk/ oder uff die drey/ oder fünffe/ die dieselben dreißehen darzů ordnen oder geben/ den jhre Spenn für legen/ vnnd darauff entscheidt von jnen nemen/ bey dem es auch verbleiben/ vnd also von beyden theylen gehalten/ vollendet/ vnd nicht ferrer noch an andere ende soll gezogen werden/ vngefehrlich. Hierauff so sollen die vil obwolgenante Grauen vnd Herrn von A.B. vnd C. vnd N. der Feindschafft halben/ vnd was sich darinn/ vnd dardurch gehandelt/ vnnd gemacht hat/ gesůnet/ gerichtet/ vnd gänßlich vbertragen vnnd vertragen sein/ vor sich/ alle jhre Helffer/ Helffers helffer/ vnd alle die/ die darinn verhafft/ verdacht/ oder gewandt seindt/ vnd dieselbe Feindschafft in solcher maß ganß todt/ vnd ab sein soll/ Item die vorgeschrieben Puncten/ sollen geleütert/ verschrieben/ versigelt/ vnd versichert werden/ vnd wo das notturfftig ist/ vber etliche Artickel/ sondere Brieffe begriffen werden/ wie sich das nach notturfft/ jegkliches Puncten gebürt. Vnd diser Rachtung zů Vrkundt/ so haben wir Meister vnd Rath obgenant vnser Statt Straßburgk Jnnsigel heran lassen hencken/ doch vns vnnd vnser Statt vnschädlich/ Vnnd wir Georg N. ꝛc. bekenn offentlich mit disem Brieffe/ vnnd thůn kundt allermeniglich/ daß die vorgenant Rachtung/ vnnd alle Puncten vnnd Artickel dauor geschrieben/ mit vnserm wissen/ willen/ vnd gehelle/ zůgangen vnd beschehen seindt/ hab auch gelobt vnnd geschworen leiblich zů Gott vnnd den Heyligen/ für vnns/ vnsere Erben/ Lehenserben vnd nachkommen/ die alle sampt vnd sonder/ stett/ vnnd fest zůhalten/ zůuollnfüren/ vnd zůuollenden/ ohne allen verzugk vnd inntrag/ vnd darwyder nimer zůthůn/ zů reden/ noch sagen/ oder schaffen gethan werden/ alles on geuerde. Vñ haben dessen zů mehrer Gezeugknuß gebetten vnd erbetten/ den Ehrwirdigen Wolgebornen Herrn Johans/ Herrn zů N. Thumbprobst des mehrer Stiffts zů N. vnsern freundtlichen lieben Vettern/ dero Liebden von meinet wegen hiebey gewesen ist/ seiner liebden Jnnsigel/ neben das vnser heran zůhencken. Vnnd wir Johan Herr zů N. Thumbprobst obgemelt/ bekennen auch/ daß dise Rachtung/ vnd was vorgeschrieben stehet/ mit vnserem willen/ wissen/ vnd gehelle/ zůgangen vnd geschehen ist/ Geloben vnd versprechen auch bey vnsern waren trewen/ so ferr vns die berürt/ stett/ vnnd fest zůhalten/ vnnd auch darwider nimmer zůthůn/ noch schaffen gethan werden/ in keinerley weiß noch wege/ Wir verzeihen vnnd begeben auch vns/ auch darzů vor vns/ vnser Erben/ Lehens Erben/ vnd nachkommen/ alle Rechte/ so vns darinnen zůgehören möchten/ oder sollen/ in welche weise/ oder inn welchen stücken/ oder Puncten das were/ alle geuerde vnnd argelist hierinn gänßlich außgescheiden/ Vnd des auch zů Vrkundt/ so haben wir vnser Jnnsigel von wolernantes vnsers freundtlichen lieben Vetters Herrn Georgen/ Herrn zů N. bitt wegen/ vnnd auch für vns selbß/ thůn hencken an disen Brieffe. Der geben auff ꝛc.

Jnngang einer Rachtung/ anderer vnd
guter Form.

Wir N. von Gotts Gnaden/ ꝛc. Bekennen/ ꝛc. So wir betrachten vnd zů herßen nemen/ daß das heylig Römisch Reich/ mit löblichem Geystlichem Standt begabet/ hohen vnd Wolgebornen Adel gezieret/ mercklichen mit festen Schlössern vnd Stetten versehen/ vnd der Wehre/ vnnd aller notturfft darzů gehörende/ als wol vnd villeicht baß dañ ein ander geßůnge in der Christenheyt bestalt vñ geschickt ist/ auch keinen andern gebrechen hat/ allein daß vil vnraths/ angriff vnnd beschädigunge lange zeit hero/ vnd beuoran in den Kriegen vnnd Auffrůren die jeßundt zwischen dem Allerdurchleüchtigsten Fürsten/ ꝛc. Herrn N. ꝛc. vnnd dem Hochgebornen Fürsten Herrn N. ꝛc. vnserem lieben Schwehern/ vnnd seinen Bundtgenossen des andern theyls geschehen sindt/ vnnd die hinfüro/ wo das durch schickung des Allmechtigen Gottes nicht vorkommen würde/ noch mehr begebe/ vnd die Parthey/ die dann fast mechtig sein/ auch sonst groß anhenge/ nachfolge/ hilff/ vnd beystandt haben/ vnnd vberkommen möchten/ daß dardurch ein gandie zertrennunge wachsen/entstehen/vnd die Ehre vnd Wirde des heyligen Reichs die vnser aller fürfürdern/mit hertigkeyt vnd blůtuergiessen an sich bracht haben/befrenket werden möchten/ So wir auch darbey bedenken/daß die Türcken vñ feind Christen Glaubens/die Christenheyt zuuertilgen teglich vnderstehen/vnd inn kurzer zeit vil Christen Menschen der Christenheyt gewaltiglich entzogen haben/ So werden wir als Oberster Weltlicher Churfürst/nit vnbillich/sonder inbrünstlich vnnd mit ganzem ernst beweget/allen müglichen fleiß vorzukeren/dadurch die gemelten vnrath vnd fehl mit der hilff Gottes vorkommen/Vnd auff das so haben wir vnsern trost vnd hoffnung zuforderst zu Gott dem Allmechtigen gesetzt/er werde vnns allen Gnade vnnd friede verleihen/dardurch die Feinde Christenliches Glaubens gekrencket/gemeyner nutz gefürdert/des Reichs strasse gesichert/arme leuth/Wittwen vnd Waysen beschützt/verwüstunge der Lande vnd blůtuergiessung vermitten/vnnd ein jeder des Reichs vnderthan/bey recht vnd billichheyt gehandthabt werde. Vnnd demnach haben wir von der zwitracht/Spenn/jrrunge wegen die zwischen hochernantem vnserem lieben Herrn vnd Schwager dem N. eins/vnnd vnserem lieben Schweher N. des anderen theyls entstanden/darumb sie dann zu Auffruhre vnd Kriegen kommen seindt/mit jrer beyder Liebden gůten willen beredt vnd betheydinget als hernach folget/Von ersten/:c.

Aber ein Rachtung/anderer vnd kurzer Form.

WJr Ludwig von Gottes Gnaden/:c. Vnnd wir Johan von denselben Gnaden Gottes/Herzog zu N.:c. Bekennen vnd thůn kundt offenbar/mit disem Brieffe/daß wir vonn solcher zweytracht/ Spenn vnnd Feindtschafft wegen/so zwischen dem Ehrwirdigen inn Gott Vatter/ vnserem lieben besondern Freundt/ Herrn N. Erzbischoffe zu N.:c. vnnd dem Wirdigen vnnd Edlen Philips von N. Thumbprobst zu N. Herr zu N. vnnd N. an einem/ vnnd Walther vonn N. dem anderen theyl gewest seindt/ auff heut Datum diß Brieffes beredt vnnd betheydinget haben/ inn dermassen hernach geschrieben stehet/ Zum ersten/daß solche Feindschafft zwischen beyden obgenannten Partheyen/jren Helffern/vnnd Helffers Helffern/vnnd wer darunder gewandt oder verdacht ist/gentzlichen abe vnnd gesünet sein/vnnd bleiben soll/vnnd kein der obgenannten Parthey/jhr Helffer/oder Helffers Helffer/soll fürbaß solch Feindschafft/vnd was sich darunder gemacht oder verlauffen hat/Es sey mit name/Brandt/Brandtschatzunge/oder anders/nichts außgenommen/gegen der andern Partheyen/jhren Helffern odder Helffers Helffern nicht rechen/anden/odder esern/mit worten odder wercken/heymlich odder offenlich/ inn kein weise/ sonder es soll das alles/was sich also inn der Feindschafft gemacht/odder verlauffen hat/ein gantz verzieg sein vnnd bleiben/ohn alle geferde.

Es sollen auch alle gefangnen/vonn beyden seiten/jhrer Gefencknusse auff ein alt Vrphede ledig sein/ vnnd all vngegeben Gelt/es sey Schatzung/Brandtschatzunge odder anders/nichts außgenommen/soll fürther nicht gegeben werden/ Vnnd vmb die forderunge der Walther vonn N. an den vorgenannten vnsern freundt den Erzbischoffen von N. vnnd Herrn Philips von N. Thumbprobst/meinet zuhaben/ Solcher forderunge sollen sie zu tagen vnnd außtrage kommen/ für vnns Herzog Hansen obgenant/vnd vnser Räthe/zubesehen/ob die sachen gütlichen hingelegt werden mögen/möchte das nicht gesein/daß dann obgenannt vnser Freundt von N. vnd Herr Philips von N. Thumbprobst/ Walthern vmb sein forderunge/ für vnns vnnd vnsern Räthen thůn/vnd was sie jhme nach ansprach/antwort/ vnnd fürbringunge beyder Partheyen im Rechten pflichtig

New Formular

pflichtig werden zuthůn/ Vnd solch soll auch außgetragen werden/vnd zu ende kom̃en
hie zwischen vnd den Weyhenachten/nechstkompt/vnnd mit geferde nicht lenger verzo-
gen werden. Vrkunde diß Brieffs versigelt mit vnser beyder Herrn obgenant hangenden
Innsigel. Datum/rc.

Verkündigung vber erfolgte rachtung vnd
vereinigung/vber Kriegs Vheden.

N, Ehrwirdiger in Gott besonder lieber Freundt/wir mögen ewer Lieb freundtlich vn-
angezeygt nicht lassen/daß die beyde vnsere mitbrüder vnd Churfürsten/rc. N. vnd
N. eben zu rechter glücklicher zeit bey vns allhie ankommen seindt/ vnnd neben an-
dern vnsern freundtlichen lieben Vettern/Oheym/Schwager/Son/ vnnd brüder/dem
Hertzogen zu N.A vnnd B.vnnd vns embsigs getrewes fleiß/ souil vnderbawet/geschal-
ten/vnd angehalten/ daß N. vnd N. ihrer Spenn vnnd forderung in güte endtlichen ver-
glichen vnd vertragen seindt/auff maß vnd wege als Ewer Lieb auß beyuerwarter Copei
solches vertrags Brieffs zuuernemen haben/ Wir seindt auch noch in embsiger arbeyt vff
solche Mittel bedacht zusein/ wie doch die ding dahin zurichten/ daß allenthalb im heyli-
gen Reich Teutscher Nation/wider ruhe/friede/vnnd einigkeyt gepflantzt/vnnd ein jeder
bey dem seinen vnturbirt/friedlich vnd rühig gelassen werden/vnd bleiben möge. Der All-
mechtig Gott verleihe sein Göttliche gnade/ vnnd miltes gebenedeyen/ daß alle Sachen
zum besten vnd bestendigen friedlichem ende gericht werden mögen/ Sonstey wissen wir
Ewer Lieb nichts sonder newes zůzůschreiben/ vnnd so sie etwas newes hetten/ bitten wir
vns dasselbig freundelich mitzutheylen. Wöllen wir hinwidder gern freundtlichen vergli-
chen/ vnd seindt Ewer Lieb angenemigen gefelligen dienstlichen willen zuerzeygen inson-
ders wol genoygt. Datum/rc.

Schatzung vnd ledigzelung eins Fürsten/ so in
Kriegsuheden gefangen worden/ vber sich gibt/
auff widerlosung.

Wir Karl/rc. Bekennen/rc. Als wir in disem Jar vor dato diß Brieffs/gegen dem
Hochgebornen Fürsten vnnd Herrn/Herrn Friderichen/rc. Krieg vnd Auffruhr
angefangen/ ihn vnnd die seinen/ mit Brandt/name/fahen vnnd todtschlagen/
schwerlich beschadigt/vnd auff Mittwoch rc.in des Ampt zu N.mit sampt anderen vnse-
ren mitwesern/Fürsten/Grauen/vnnd Herrn gezogen/gebrandt vnnd beschadigt haben/
vnd auff die zeit daselbst nidergelegen vnnd gefangen worden seindt/ Vnd nun durch vns
selbs/vnser lieben Brüdern/vnd vnsern güten Freunden vnd zůgewandten/ vnnd der vn-
sern/ernstlich fleissig bette vnd theydingan dem ehegenanten vnserm Herrn vnd Oheym
erlangt haben/daß er vns in solcher Gefencknusse gütlich gehalten/ vnd darauß kom̃en
lassen hat.   Darumb so haben wir mit gůtem willen/zeitlichem rathe/ vnd rechter wol-
betrachtung/vmb vnsers besten nütze vnnd notturfft willen/ vnsern grössern schaden vnd
beschwerunge zufürkommen / dem vorgenannten vnserem lieben Herrn vnnd Oheym/
Hertzoge Friderichen/rc.vnnd seinen Erben/rc. so N. sein/zu ergetzung des vorgemelten
schadens gegeben/ vnd geben inn krafft diß Brieffs/für vns/vnnd alle vnsere Erben/
wissentlich/ vnd vnwidderrüfflich/ wie dann ein auffrecht ewige vnnd vnwidderrüffliche
gabe vnnd Innsatzunge/inn allen Geystlichen vnd Weltlichen Rechten/nach Landts sit-
ten vnnd gewonheyt/aller best krafft vnnd macht haben soll/vnnd mag/ Nemlich alle vn-
ser theyl/die wir haben an Schloß vnnd Statt N. vnnd allen anderen Schlossen vnnd
Stetten/Dörffern/Leuthen/Gütern/vnd nutzungen/ zů vnnd in die Obergraffschafft
N.zu N.

Schatzung.

XC

N.zu N.vnd in denselben theyl gehörende/die von Graue Johan von N.seligen/auff vnsern Herrn vnd Vatter N.seligen/vnd von dem auff vns kommen sein/außgescheiden A. B.C.vnd anders inn die vndergraffschafft N.gehörig/Vnnd darzů geben wir auch dem vorgenannten vnserem lieben Herrn vnnd Oheym dem N. was vnser Vatter selig vnnd wir darzů gelöset vnd kaufft/oder sonsten an vns bracht haben/von wem vnd wie das were/vnd darzů alle die Lehen/vnd Lehengütere/die wir in der ehegenanten Graffschafft N. vnd darzů N.gehörig/gelegen/von dem ehegenanten vnserm Herrn vnd Oheym dem N. vnd seinem Fürstenthumb der Aschaffe/bey N. zu Lehen gehabt haben/vnnd darzů vnser gerechtigkeyt vnd gewonheyt/die wir haben zu dem Schlosse N. vnd dem Schloß vnnd Thall N. mit jhren zügehörungen/nach laut der verschreibung darüber/Also vnnd in die weiß/daß der ehegenannt vnser Herr vnd Oheym der N. vnnd seiner Lieb vorgeschriebnen Erben/die obgemelten vnser theyl an der Graffschafft N.zu N.mit Schlossen/Stetten/ Dörffern/Leuthen/Gütern/Gerichten/Wälden/Wildpannen/ Zöllen/ Geleydten/ Fischwassern/Weyern/Weyden/Weydgängen/Bethen/ Siewer/Schatzungen/Freüel/Bussen/Einungen/Eckern/Wiesen/Weingärten/Wälden/Büschen/Bawgütteren/Zinsen/Gülten/Gelten/Zehenden/Mülen/Müldeichen/ Faren/Schiffarten/mit allen nutzungen/satzungen/atzungen/diensten/frondiensten/gebotten/vnd verbotten/hoch vnd nider/gesucht vnd vngesucht/ob vnd vnder der Erden/vnnd darzů alle Lehen/Geystlich/vnd weltlich/Manne/Manschafften/mit allen freyheyten/gerechtigkeyten vnd herrligkeyten/vnnd das obgemelt sein eygenthumb/jnn den Graffschafften N.zu N.gelegen/ das vnser Lehen gewest ist/mit allen nutzungen/nach jhrer Lieb besten vnd willen/sollen jñ haben/besitzen/nutzen/niessen/setzen/vnd entsetzen/darmit thůn vnd lassen/als ander jhre. L.eygen gůt/vngehindert vnser/vnd vnser Erben/vnnd allermenigliches von vnserm wegen/alles vngefehrlich. Wir setzen auch für vns vnd alle vnsere Erben/den ehegemelten vnsern Herrn vnd Oheim/vnd S.L.Erben vorgeschrieben/in die obgenant vnser teyl der Graffschafft N.zu N.vnd der Güter die vnser Lehen.von N.gewesen/vil vorgemelt sein/ mit allen jhren zů vnd eingehörungen/nichts außgenommen/in recht nützliche gewalt vnd geware/besetz vnd gewaltsame/vnd vns vnd vnsere Erben darauß. Wir sollen vnd wöllen auch daran sein/vnnd des vnser besigelte Brieffe nach notturfft geben/daß alle Mannen/Lehenmanen/vnd Burgkmanen/die von vns/als vor vnsers theyls wegen der Graffschafft N.zu N.bißher belehnet gewesen sind/vnd sein sollen/dieselbe jr Lehen/von vnserm Herrn vnd Oheym dem N.vnd nach S.L.todt/von derselben vorgeschrieben Erben empfahen/in gebürlicher zeit/mit aller pflicht vñ verbündnuß/in massen vnd sie vns gewest sein/vnd sein sollen/es sei in gemeynschafft oder sonderheit/on alle geferde. Es sollen auch vnser Herr vnd Oheym der N.vnd S.L.Erben vorgeschrieben/alle Geistliche Lehen/zů leihen haben/vnd leihen/die wir an den vorgenannten enden/die wir S.L.gegeben/zů leihen gehabt/vnnd geliehen möchten han/wie sich dann das/vnd auch die weltlichen/jeglichs zu seiner zeit/ vnd nach seiner gestalt gebüren wirt/ vñ sich darzů mögen gebrauchen/ verschreibung/die vormals zwischen dem Hochgebornn Fürsten/vnserm freundlichen lieben Vettern/Hertzog Friderichen N.Graffen zu N.vnd vns begriffen sindt/oder die/ vnser Herr vnd Oheym der N.vñ derselb vnser Vetter Hertzog Friderich sich fürther vertragen werden. Wir sollen vnd wöllen auch bey vnsern geschwornen Eyden/ dem obgenanten vnserm Herrn vnd Oheym dem N. setzundt von stunde zu/ vnd mit insatzung vnd jnngebung der vorgemelten vnser theil an der Graffschafft N.zu N.vnd den Lehengütern obgemelt/vbergeben/vnd zu S.L.handen antworten/alle verschreibung/ versigelt/vnnd vnuersigelt/ Hauptbrieffen/ vnnd Vidimus Notel/ Copeien/ Rodell/Zettel/Register/ Salbůcher/Lehenbrieffen/Reuersen/entscheide/Sprüche/vnd theiding/was wir der haben/den vorgenanten theyl der Graffschafft N.mit den Schlossen/stetten/ vñ zůgehörungen als vorsteht/insonderheit antwoirten/vñ darüber sagen/sich der mögl gebrauchen/vnd behelffen/zů jrem besten vnd noturfft/was wir aber solcher Brieffen/ Reuersen/entscheid/ sprüch/vñ theiding haben/die vber beid Graffschafft N. nemlichen zu N. vñ N.gehörig/

in gemein-

New Formular

in gemeinschafft sagende/ die sollen geleidt vnd versorgt werden in einem gemeinen behalt zu N. des der obgenant Herr vnnd Oheym/ auch der Hochgeborn Fürst/ Hertzog/ Graffe zu N. vnd wir/ oder vnser jedes Erben vns mit einander werden vereinen/ vngefehrlich/ vnnd allen dreyen/ vnnd vnsern Erben zugewarten/ daß vnser jeder oder sein Erben/ sich der zu jeder zeit/ auch nach seiner notturff gebrauchen möge/ Alles vngefehrlich. Wir sollen vnd wöllen auch alle die vnsern/ Edel vnnd vnedel/ Ampteluth/ vnnd Schreiber/ vnd ander/ den daruon wissendt ist/ vnnd sein mag/ thün geloben vnd schweren/ nach vier Wochen/ nach dem wir auß gesenckuß kommen/ was sie Brieffe vnd verschreibung wissen/ vber die ehegenant theyl/ Schloß vnd Stett/ sagende/ vnd vns die zumelden/ die wir dem ehegenanten vnserm Herrn vnnd Oheym/ auch von stunde zu S. Lieb handen/ ohn alles verziehen antworten sollen/ vnnd ob wir der jetzt behielten/ oder behalten würden/ das doch nichte sein soll/ die sollen vns vnnd vnsern Erben die zeit/ vnnd der ehegenannt vnser Herr vnd Oheym/ vnd S. L. obgeschrieben Erben/ die obgenanten vnser theyl/ Schloß/ Stette/ vnd Gütere/ innhalten werden/ nichts nutz/ hilfflich oder täglich sein/ in kein weg. Ob auch demselben vnserm Herrn vnd Oheym/ vnnd S. L. vorgeschrieben Erben/ ober kurtz oder lang/ an die vorgenanten theyle/ oder Schloß/ odder Statt/ oder inn jchts das darzu gehört/ gesprochen/ oder inntrag zuthün/ vnderstanden würde von N. oder wer die weren/ Darzu sollen vnd wöllen wir/ vnnd vnser Erben/ dem ehegenanten vnserm Herrn vnnd Oheym/ vnnd S. L. vorgeschrieben Erben/ auff jhr gesinnen/ durch vns/ vnnd die vnsern vnderrichtung geben/ vnd das trewlich zu jhrem besten helffen verthedingen/ vnd handthaben/ als gienge es vns selbs an/ vnd das wir das zu vnser handen noch innhetten/ ohn geferde. Es soll auch vnser Herr vnd Oheym der N. S. L. vorgeschrieben Erben zu lösen han/ N. auch den theyl zu N. vnd anders/ das wir vnd vnser Erben von der obgenanten Graffschafft N. wegen an vns lösen möchten/ vnd des zu obgeschriebener maß/ als jhrer Liebden eygen Gut/ auch niessen vnd gebrauchen/ alles vngefehrlich/ darzu wir jhne auch nach aller notturfft fürderlich vnnd beholffen sein sollen/ als ob wir das selb thun wolten/ mit Heyßbrieffen/ Reuerß vnd anderm.

Item ob in zeit/ als vnser vorgenanter Herr vnd Oheym der N. vnnd S. L. vorgeschrieben Erben den obgenanten teyl der Graffschafft N. zu N. mit den Schlossen/ Stetten/ Dörffern/ vnnd ander zugehörende/ als vorstehet/ werden innhan/ jcht leibgedinge vff denselben theyle verschrieben/ ledig werde/ das soll auch bey dem benanten theyl der Graffschafft bleiben/ vnd vnser Herr vnd Oheym der N. vnd S. L. vorgeschrieben Erben/ das mit andern nutzungen auch niessen vnd gebrauchen/ so lang sie den vorgenanten theyl der Graffschafft zu N. in obgeschriebener maß innhaben werden. Es sollen auch wir/ noch all vnser Erben/ noch meniglich vonn vnsern wegen/ auff dise Gifft vnnd gabe/ noch alles/ das hie zuuerdacht gewandt ist/ oder jmmer werden mag/ an dem obgenannten vnserem Herrn vnd Oheym dem N. vnd S. L. vorgeschrieben Erben/ vnd alle die jhren/ nimmer kein anspruch oder foderung gehaben/ noch thun/ noch schaffen gethan/ mit Gericht/ oder ohn Gericht/ auch nimmer darnach trachten/ samentlich oder sonderlich/ vnnd nimmer keinen helff zusuchen/ noch schaffen gethan werden/ von Bäpsten/ Keysern/ Königen vnnd andern Geystlichen vnd weltlichen Fürsten/ dardurch obgenantem vnserm Herrn vnd Oheym dem N. vnd S. L. vorgeschrieben Erben/ an diser gabe/ insatzung vnd geniessung/ intrag/ widerstandt/ hindernusse/ oder jrzung geschehen/ begeben/ oder entstehen möchte/ Vnnd als der Hochgeborn Fürst/ Herr Friderich Graue zu N. vnser freundtlicher lieber Vetter/ vnd wir der obgenanten Graffschafft vnser theyl in gemeynschafft gesessen gewesen sindt/ vnd etlich sonderlich verschreibung darüber/ deßhalb wir S. L. gebetten haben/ zu diser vnser Gabe vnnd insatzung bewilligung zuthün/ das S. L. auch also gethan hat/ darumb wir S. L. dann aller verschreibung vnd pflicht/ damit S. L. vns von derselben Graffschafft wegen verpflicht/ vnd verbunden gewest ist/ quit/ ledig/ vnd loß gesagt haben/ deßgleichen S. L. vns auch gethan hat/ nach laut der sonderlichen brieff S. L. vnd wir einander darüber geben hont/ Darauff wir auch dem ehegenanten vnserm Herrn vnd

Oheym

Schatzung. XCI

Oheym vnser Brieffe mit anhangenden Ingesiegeln gegeben/an alle Ampleuth/Landt schreiber/Truchsassen/Keller/Burgermeister/Räthe/Schultheyssen/Gerichtsleute/ vnnd alle Gemeynden/in Schlossern/Stetten/Dörffern/Thälern/Rincken/ Weylen/ zu vnd in die obgenant Graueschafften gehörend/darinn wir sie aller gelübde/Eyde/ vnd pflicht/damit sie vns verbunden/vnd gewandt gewesen sindt/ gantz quit/ ledig vnd loß sagend/vnd damit heyssen vnnd befehlen/daß sie alle/vnd jhr jegklicher besonder/ihr Erben vnd Nachkommen/dem ehegenanten vnserm Herrn vnd Oheym dem N. geloben/ vnnd zu den Heyligen schweren/S. L. vnnd dero vorgeschrieben Erben/nun fürbaß mehr/als jrem rechten natürlichen Herrn gehorsam vnd gewertig zusein/mit den theylen vnd aller gerechtigkeyt/die wir daran gehabt haben/vnd sich durch Geystlich vnd weltlich Gebott/ noch ander ersuchung/nimmermehr. dauon weisen/füren/oder verhindern lassen wölten/ in kein wege/dann wir verzeihen/vnnd begeben vns/ für vnns vnnd all vnser Erben/aller hilff/trosts/zůlegung/beystands vnd zuschubs/der vns/oder vnsern Erben/oder jemands von vnsern wegen/durch vns selbst/oder andere erworben/herlangt vnnd zuhilff geschehen möcht/wie dann ein gůtlicher vollnkommlicher auffrechter verzicgk/ inn allen Geystlichen vnd Weltlichen Rechten/vnd an allen enden/vnd Stetten allerbaß/vnnd nach aller Rechtkrafft vnd macht haben soll vnd mag/vnnd in aller dermassen/als ob das vor besessen Landtgerichten/oder andern Gerichten/mit aller gnůgsamkeyt geschehen were. Es sollen auch vnser Herr vnd Oheym der N. vnd S. L. vorgeschrieben Erben macht haben/ eins jegklichen Jars an den Schlossen/ in dem obgemelten theyl der Graffschafft die wir S. L. inngeben haben/zuerbawen 75. Gulden/doch daß solches mit kundschafft geschehe/ Dasselb Gelde wir vnnd vnser Oheym/vnserm Herrn vnnd Oheym dem N. oder S. L. vorgeschrieben Erben/in der widerlösung/ als hernach gemelt wirdt/mit dem Hauptgůt auch geben sollen. Alle vnd jegkliche vorgeschrieben stůck/ Puncteten/vnnd Articket/ wie die vorgeschrieben stehen/haben wir Karl/bey vnsern Fürstlichen Wirden/ trewen vnnd ehren gelobt/vnd darnach mit uffgeregten fingern / vnd gelehrten worten/leiblich zu Gott vnd den Heyligen geschworen/für vns vnd alle vnser Erben/gegen dem vorgenanten vnserm Herrn vñ Oheym/dem N. vnd S. L. vorgeschrieben Erben/getrewlich/war/stett/ fest vnd vnuerbrüchlich zuhalten/vnd dariwider nit zuthůn/noch schaffen gethan werden/ vnnd neinlich keinerley/es sey Geistlich oder Weltlich hilff/ oder beystandt/es sey von erwerben/oder eygner bewegnusse außgangen/oder erlangt/an oder auffzunemen/oder zu gebrauchen/das wider dise gabe vnd verschreibung/oder jetz das in disem Brieff geschrieben stehet/vns/oder vnser Erben geholffen/oder zustewre kommen möchte/ inn keinen weg/ alle argelist/gesuchte fünd/vnd geuerde/gentzlich hierinn auß vnd abgescheiden. Doch so hat der obgenant vnser Herr vnd Oheym der N. für sich vnd S. L. vorgeschrieben Erben/ vnns die Freundschafft gethan/ daß wir/vnser Erben/das obgemelt theyl an der Graffschafft N. zu N. das wir seiner L. jetzundt inngeben haben/ mit 45. tausent Reinischer gulden eins jegklichen Jars/wann wir/vnd vnser Erben wöllen/von S. L. vnd desselben Erben/wider an vns lösen mögen/Also: wann wir oder vnser Erben die losung thůn wöllen/ das sollen wir dem genanten vnserm Herrn vnd Oheym dem N. oder seiner L. vorgeschriebten Erben/ein halb Jar zuuor verkünden/mit vnserm offen versigelten Brieff/ an die ende/da sie die zeit jhren gewonlichen Hoffstatt vnnd wonung haben/vnnd seiner L. dann zu außgang des halben Jars nach der verkündung N. tausent Gülden / alles gůter Rheinischer werung/ die uff die zeit gang vnd gebig sein/ antworten vnnd weren zu Straßburg/ Wormbs/Speyer/oder Heydelberg/der Stett eine/welche sie wöllen/in jren sichern gewissen/gewalt vnd geware/daran sie wol benůgt/die sie wol nemen/vnd vns das theyl/das wir dann/als obgerůrt ist/von jhne lösen/ wider zu vnsern handen/vnd damit auch vbergeben alle brieff/verschreibung/vnd anders vor:bestimpt/ das wir vnserm Herrn vnd Oheym jetzundt darüber sagen/vbergeben. Vnd ob sie des bey jrem innhaben jchtmehr darzů dienen/ zu jhren handen brächten/ vnnd innhetten/ doch mit dem vnderscheidt/ob vnser Herr: vnnd Oheym der N. vnd S. L. vorgeschrieben Erben jchts zu dem

Q

New Formular

theyl gehörende/ das wir lösen werden/ an sich gelöst hette/ so sollen wir vnd vnser Erben denselben vnsern Herrn vnd Oheym/ oder S. L. Erben/ dasselb Gelt mit der obgemelten summa auch geben/ vnnd das/ das sie deßhalb an sich gelöst hetten/ würdet von jn lösen/ vnd S. L. darzu vff die zeit auch außrichten vnnd bezalen/ was sie als hieuor geschrieben steht/ an den gemelten Schlössen/ mit kundtschafft verbawt haben/ Vnd wann sie solcher obgemelten losung vnnd bezalung genüglich außgericht sind/ so sollen als dann alle Manschafft/ vnd Lehenschafft zu dem theyl gehörend/ das wir als dann gelöset haben/ wider zu vnsern handen stehen/ vnd der pflicht/ der sie vnserm Herrn vnd Oheym/ vnnd S. L. Erben von vnser Lehen wegen gethan hetten/ ledig gesagt werden/ Doch so sollen wir vnd vnser Erben den verpfanden vierteyl/ den vnser Herr vnnd Oheym vor an der obgenanten Graffschafft hat/ nit lösen/ wir haben dann vnser theyl obgemelt für die N. tausent Gulden/ als obsteht/ zuuor gelöset. Vnd des zu warem Vrkundt/ ꝛc.

Schuldtbrieff vmb erledigung gefencknuß eins Fürsten/ inn der gleichen sachen/ mit leistung.

Wir Vlrich/ ꝛc. Bekennen offenbare/ vnnd thün kundt allermenigklich mit disem Brieffe/ die jhn sehen/ lesen/ oder hören lesen. Nach dem wir auff ein zeit/ das vor disen nechstuergangen Weyhenachten ein Jar gewesen ist/ dem Hochgebornen Fürsten vnnd Herrn/ Herrn Friderichen/ ꝛc. Ein Feindtschafft geschrieben/ jhre Liebden vnd die seinen/ mit name/ Brandt/ fahen/ todeschlagen/ vnnd anderm beschedigt/ vnd auff N. tag ꝛc. nechstuerschienen/ mit andern Fürsten vnnd Herrn/ auch jhren vnsern Grauen/ Herrn/ Rittern/ Knechten/ in das Ampt N. zwischen Rhein vn̄ Necker gezogen/ gebrandt/ vnd schaden gethan haben/ vnd vff denselben tag an frischer that der obgenant vnser lieber Herr vnd Schwager/ vns/ vnnd die andern nidergeworffen/ vnnd in jhrer L. Gefencknus bracht/ darauß wir vns mit hilff vn̄ rath/ vnser güten freund/ vnd der vnsern getheidinat haben/ Also daß wir dem ehegenanten vnserm Herrn vnd Schwager an barem Gelt N. tausent güter Reinischer gülden geben sollen/ zu sampt andern stucken/ die wir auch zu S. L. handen gestelt vnd vbergeben haben/ Der obgemelt N. tausent Gülden/ wir den ehegenanten vnsern Herrn vnd Schwager/ Hertzog Friderichen dem N. vnd S. L. Erben 45. tausent Reinischer gülden bewiesen vnnd außgericht haben/ vff dem Hochgebornen vnserem freundlichen lieben Vettern/ Eberharten/ ꝛc. die er vns von N. schuldig gewest ist/ alles nach jnhalt der Brieff darüber sagen. Die vbrigen N. tausent Reinischer gül. gereden vnd versprechen wir/ für vns/ vn̄ alle vnser Erben/ obgenantem vnserm lieben Herrn vnd Schwager/ Hertzog Friderichen dem N. vnd S. L. Erben N. die N. sein/ zubezaln vff zil/ vnd zu den zeiten/ als hernach dauon geschrieben steht/ nemlich 15000. güter Rhein. gul. in den H. Pfingst feiertagen nechstkomft. Item 15000. gülden/ ꝛc. Item 15000. gülden vff N. tag/ ꝛc. vnd solche summa zu einer jeglichen vorbestimpten zeit/ dem ehegenanten vnserm lieben Herrn vnd Schwager/ Hertzog Friderichen oder S. L. obgeschrieben Erben/ zuantworten vn̄ zuwern/ zu A. B. C. oder D. in der Stett eine/ oder in vier meiln wegs darumb/ an welches ende sie wollen/ darumb wir sie zu jeglicher zeit ein monat vor zukunfft des zils/ durch vnser schrifft/ oder gewisse bottschafft erforschen/ vnd erfaren sollen/ an welchem ende obgemelt/ sie des gelts bezalung warten/ vnd haben wollen/ vnd jren L. daselbst die summa als vorsteht bezalen/ weren/ vnd antworten/ in jhrer Liebden sichern gewissen gewalt/ vnd gewere/ ohn allen deren kosten vnnd schaden/ vnd verlust/ Vnnd vmb das vorgenanter vnser lieber Herr vnnd Schwager Hertzog Friderich/ vnnd Seiner Liebden vorgeschrieben Erben/ daran haben vnnd sicher sein/ So haben wir mit sampt disen hernach geschrieben Grauen/ Herrn/ Rittern/ vnnd Knechten/ verpflicht vnnd verbunden/

verpflichten

Schuldebrieffe. XCII

verpflichten/vnd verbinden vns wissentlich/in krafft diß Brieffs/Also/wer es daß ehegenanter vnser lieber Herr vnd Schwager der N.oder S.L.vorgeschrieben Erben/der vorgenannten Summa zu einer jeglichen zeit/als vorbestimpt/nicht außgericht/vnnd nicht bezalt würden/So sollen vnd wöllen wir N.rc. vnd wir die andern mituerpflichten/so vil vnser der auff die zeit in leben sein/vns von stundt in vierzehen tagen/nach verscheinunge des Ziels/darauff die bezalung beschehen sein solt/mit vnser selbs Persone/vnnd leiben/ ohn allen vorteyl/beheIff/vnd verzieg/stellen/vnd antworten/inn leistungs weise ghen N. inn die Statt/inn offene Wirtzhäusere/odder desßgleichen ghen N.oder N.oder der ende eins/oder sie beyde/vns Graffe Vlrichen an statt vnser/vnnd vnser mituerwandten/von vnserm Herrn vnd Schwager/oder seiner Liebden Erben benannt würdet/vnd von dannen nicht kommen / dann mit des ehegenannten vnsers lieben Herrn vnnd Schwagers/ oder Seiner Liebden vorgeschrieben Erben wissen vnd willen/ Zu solcher innhaltung soll ehegedachter vnser lieber Herr/vnnd Schwager/oder seiner Liebden Erben/die N.bey N. vñ N.sein/vns vnd vnser mituerwandten manung zuthůn nicht pflichtig/sonder wir vnd vnser mituerpflichten/sollen des selbst gewarnt wissen/vnd genant sein. Vnd wann auch zwen Monat nechst nach dem obgemelten Tage/als wir Graue Vlrich/ vnd vnser mituerwandten/wie vorsteht/innhalten sollen/ verschienen/ vnd vnser Herr vnd Schwager der N.vnnd S.L.vorgeschrieben Erben/der erschienen summa Gelts / mit sampt kosten vnd schaden/nicht bezalt sindt/als hierinn begriffen ist/So mag vnser Herr vnd Schwager der N. oder seiner Lieben vorgeschrieben Erben mit vns Graue Vlrichen vnd vnsern vorgenanten mituerbundenen/handeln vnnd thůn/nach seiner Liebden willen vnd wolgefallen/so lang S.L.oder seiner Liebden vorgenanten Erben/die Summa Geldts zu jegklicher zeit erschienen/wol gewert/bezalt vnnd außgericht sein/mit sampt allen kosten vnnd schaden/der S.L.darauff gangen ist/Darumb jhren schlechten worten/ohn alle gezeugknusse/vnd rechenschafft zuglauben sein soll/ohn alle geuerde. Were es auch daß wir Graue Vlrich vordem/vnnd ehe die obgemelten xlv. tausent Gülden bezalt würden/mit todt vergiengen/das Gott der Allmechtig nach seinen Göttlichen Gnaden verhüten wölle.
Odder daß wir vnser Herrschaffte/Landt/ vnnd Leuth/außern handen stellen/ vnnd geben würden/So soll derselbe vnser Erbe/der nach vnserm todt/oder bey vnserm leben das Regiment vnser Herrschafft haben würde/an vnser Statt pflichtig vnnd verbunden sein/alles das wir hierinn verpflicht vnnd verbunden sein. Wir sollen vns auch der Herrschaffte vnd Regiments/bey vnserm leben niemandt vbergeben/er sey wer er wöll/dem obgenanten vnserm lieben Herrn vnnd Schwager sey dann/des alles wie vorstehet/nach aller notturfft auch versorgt/ohn alle geuerde. Ob auch in der zeit/vnd vor/ehe die bezalung geschicht/der obgenanten vnser mituerbundnen/einer oder mehr mit todt abgiengen/oder zu innhaltung nicht tüglich weren/so sollen wir Graue Vlrich/vnd vnser Erben/von stund an/einen andern/als güten/oder mehr/die dann gebrechen/ an der abgangen oder vntüglichen statt geben vnnd setzen/Der/vnd die/sich dann verbinden sollen/in jhren versigelten Brieffen/vnserm Herrn vnd Schwager/ vnnd seiner Liebden Erben/alles das zuhalten/ an der abgangen statt/das in disem Brieff geschrieben stehet/ Vnd ob wir oder vnser Erben das inn Monats frist/nach erjnnern vnsers lieben Herrn vnnd Schwagers/ Hertzog Friderichen des N.vnd seiner Liebden vorgeschrieben Erben nicht thäten/so sollen wir/vnser mituerbundnen/die dannoch in leben seindt/vnnd Persönlichen antworten/vnd stellen in leistung weiß ghen N.oder Germerßheym/oder in Newenstatt/inn meynung wie vorstehet/vnnd von dannen nicht kommen/dem ehegenanten vnserm lieben Herrn vnd Schwager dem N.vnnd S.L.vorgeschrieben Erben / sey dann vmb die abgangen vnnd vntüglichen mituerpflichten/gnůgen/vnd willen geschehen/vngefehrlich. Vnd wann solch obgemelte xlv.tausent Gülden gůter Reinischer Gülden/dem genanten vnserm lieben Herrn vnd Schwager/Hertzog Fridrichen/oder seiner Liebden vorgeschrieben Erben/mit sampt kosten vnd schaden/ob des jetzt darauff gangen were/außgericht vnnd bezalt sein/zu jhrem gnůgen/so soll diser Brieff/todt/abe/vnd krafftloß/vnd wir/vnd vnser Erben/vnd mit-

Q ij

New Formular

verbunden/diser pflicht vnnd verbündtnuß/von der xlv. tausent gülden wegen ledig sein/ doch vnschädlich allen andern verbündtnussen/ Vrpheden/vnd verpflichten/so wir/vnd vnser mituerbundenen/dem ehegenanten vnserm Herrn vnd Schwager dem N. vnd S. L. Erben/obgenant/von vnd nach diser verschreibung geben vnd gethan haben.

Alle vnd jegkliche vor vnd nachgeschrieben Puncten vnd Artickel hierinn begriffen/ haben wir Graue Vlrich/rc. für vns/ vnnd alle vnsere Erben/vnnd wir die andern seiner Gnaden mituerpflichten obgenant/für vns selbs mit rechtem wissen/bey Grauen/ vnnd Ritterlichen Würden/trewen vnnd Ehren/ vnd rechter Feldt sicherheyt gelobt/vnnd mit gelehrten worten/ vnnd auff gehabten fingern / leiblich zu Gott vnnd den Heyligen geschworen/Das alles obgenant/ gegen dem ehegenanten vnserm Herrn vnnd Schwager/ vnnd vnserem Gnedigen Herrn Hertzog Friderichen dem N. vnnd seiner Liebden vnnd Fürstlichen Gnaden vorgeschrieben Erben / getrewlich/ stett/ fest/ vnnd vnuerbrüchlich zuhalten/vnnd darwider nicht zuthün/ noch schaffen gethan werden/ inn keinen weg/den jemandt finden/erdencken/oder erwerben möchte/Vnnd ob vnser einer oder mehr/welcher der oder die weren/so vnuergessen weren (das Gott verhüten wölle) vnd nicht hielten das vorgeschrieben stehet/das doch nicht sein/noch geschehen soll/ Von denselben verbrechern/ wer die weren/mag vnser Herr vnd Schwager S. Liebden Erben/ vnnd wer das von jhren Liebden wegen thün wil/schreiben/ klagen/ auffschlagen/vnnd gegen allermenigklich fürhalten lassen/daß sie jre Brieffe/Sigel/Gelübde vnd Eyde nicht gehalten hetten/sonder als vnthätige leute/ die vberfaren hetten/vnd zu denselben samentlich/vnd sonderlich/ die also verbrochen/vnd nicht gehalten hetten/ zu jhren leiben vnnd Gütern greiffen/ mit oder on gericht/wie sie gelangt/vnd darmit thün vnd lassen/nach allem jhrem willen/der/ vnd dieselben/die also vberbrochen/sollen allen jhren lebtagen/ trewloß/meineydig/ ehrloß vnnd rechtloß sein/vnd ein jegklicher mag zu jhren leiben/ vnd Gütern/als verfürten/ver seimpten/vnd erlangten Leuthen greiffen/vnd des macht vnd recht haben/ vnd sich keiner Gräfflicher/Ritterlicher/ oder Adelicher ehre/ nimmermehr gebrauchen/noch vnderziehen/darwidder vnd darfür sie nichts behelffen/scheuren oder schirmen soll/ Dispensation/ Absolution/von Bäpstlicher oder Keyserlicher gewaltsame/oder von ander Oberkeit herrüren/noch kein ander Geystlicher/oder weltlicher trost/hilff/odder rathe/vnnd aller Dispensation vnnd Absolution/was vnser heyliger Vatter der Bapst/vnnd vnser Allergnedigster Herr der Röm. Keyser/ durch erwerben/oder eygener beweghnuß/gönnen/geben/ odder verleihen werden/vnnd möchten/ der nicht gebrauchen / oder auch noch annemen sollen noch wöllen/dann wir vns des/vnnd alles anders/das vns hierinn/vnnd herwider zu güt erscheinen/vnd kosten möchte/gantz vnd zumal verziegen/vnd begeben haben/verzeihen vnd begeben vns des wissentlich/vnnd mit krafft diß Brieffs/ Alle argelist/fünde/ gesuch/vnnd geuerde/hierinn gentzlich auß vnnd abgescheiden. Vnd des zu Vrkundt/rc.

Ledigzelung einer Feindeschafft.

Wir N. von Gottes Gnaden/rc. Bekennen offentlich mit disem Brieffe/ Als vns N. vor etlicher verrückter zeit/ein Feindeschafft gesagt / vnd darauff vns/vnd die vnsern/mit name/brandt/vnd todtschläg beschedigt hat/ So ist aber von seinen wegen/durch die Wolgebornen vnd Edlen vnsere lieben Getrewen N. vnd N. souil an vns gelangt/daß wir jhnen zu gnedigem gefallen/den obgenanten N. ausser solcher/vnd durch andern Feindeschafften (darinn er dann ein helffer wider vns gewest) gelassen haben/Wir lassen auch jhn/sein helffer/vnd helffers helffer/für vns/ vnser helffer/ helffers helffer/ vnd wen das von vnsern wegen berüren mag/ darauß / vnd derhalben ausser sorgen/vnd sichern jhne/auch seine helffer/vnd helffers helffer/darauff wider zufriden/wie das vor der Feindschafft gestanden ist/in krafft diß Brieffs. Des zu warem Vrkundt mit vnserm/rc.

Ledig

Ledigzelung eines gefangenen gegen dem
andern/kurtzer form.

Wir Philips/ꝛc. Bekennen/ꝛc. Daß wir N.N. Knecht/der vnser gefangener ist/
seiner gefencknuß ledig sagen/so fern Hertzog Hans obgenant vns N. den Knecht
der vnser Parthey ist/auch ledig gibt/vnd eins mit dem andern zügehet/ Vnd al
so daß jr jegklicher tröstung hab/biß wider an sein gewarsame/on geuerde/zu Vrkundt/ꝛc.

Ein andere Ledigzelung ausser Feindeschafft/
oder vngnade.

Wir Friderich/ꝛc. Bekennen/ꝛc. Als wir etliche vngunst vnd vngnad zu N. gehabt
haben/deßhalb er vnser vnd der vnsern/ in sorgen gewest ist/ da hat sich derselb N.
gegen vns/vnnd den vnsern/ etlich Jar verbunden/nach innhalt seines Brieffs/
darüber gegeben/darauff vnd auch vmb bette willen/ des Wolgebornen vnsers lieben Ge
trewen N.ꝛc. haben wir solch vnsern vngunst vnd vngnade/gegen dem obgenanten N. fal
len lassen/abgethan vnd begeben/ Vnd thůn die abe in krafft diß Brieffs/vnd derselb N.
solle von aller verhandlung wegen/sich bißher zwischen vnns vnnd jhn begeben haben/für
vns/vnd allen den vnsern/sicher vnd getröst/ vnd ohne sorg sein/alles vngefehrlich. Vr
kundt/ꝛc.

Ein Friedebrieff in Vheden.

Wir Philips/ꝛc. Bekennen/ꝛc. Daß wir zwischen den Ehrwirdigen in Gott Vat
ter N. eins/vnd N. andern theyls/vnd allen jhren beyderseits helffern/ vnnd helfs
fers helffern/ vnd den jhren/einen auffrechten vngefehrlichen frieden/beredt/vnd
betheydingt haben/der uff Sanct Peters Tag ad Cathedram nechst kompt/zu der Son
nen uffgang/vnd sollen die zeit den frieden auß alle gefangen betaget werden/Nemlich die
Edlen vnd Reisigen/ auff jhr gelübde/ vnd Eyde/ vnd die Bawern auff sicherheyt. Es sol
le auch alles vngeben Gelt/ von Brandtschatzung/atzung/schatzung/oder dingnus/densel
ben friden auß vngeben/ auch anstehen/vnd wer darfür verhafft ist/ auch jnn der hafftung
bleiben. Vnd als die obgenanten vom Capittel den genanten N. vnd die das mit jhme be
rürt/inn den Banne verkünden lassen haben/ da soll derselb Banne den gemelten frieden
auß/auch auffgeschlagen vnd Relaxirt sein/alles vngefehrlich. Vnd des zu Vrkundt.

Ein andere Form eins Friedebrieffs in
Vheden.

Wir N.ꝛc. Bekennen/ꝛc. Daß wir von solcher Spenn vnnd Feindschafft wegen/
so zwischen dem Wolgebornen N. an einem/vnd N. am andern theyl/als N. dem
obgenanten N. schaden zůgefügt/vnd den übergriffen hat/beredt vnd betheidingt
haben/daß derselbe N. auff die ansprache/die er zu dem obgenanten Graue Johannen ver
meint zuhaben/gentzlichen verzihen/vnd demselben Grauen Johannen verbündlich sein
vnd bleiben soll/sein lebtag/ wider denselben N. sein Graffschafft/vnnd alle die seinen/vnd
die jhme zuuerantworten/ vnd zuuersprechen stehen/nicht zuthůn/durch sich selbs/oder je
mandt anders/in kein weise Vnd er soll auch die Brieff/ daruon er solch ansprach an Gra
ue Johannen obgenant vermeint zuhan/demselben Graue N. inn dem nechsten Monat/
nach Dato diß Brieffs wider geben/vnd jhme die ghen N. schicken/ohn geuerde. Vnd
vermeint N. obgenannt Recht ghen N. zuhaben/das mag er mit Recht erfordern/als sich

das gebürt/ vnd solches auch hierinn nicht getheydingt sein/ Vnd darauff soll die Feind-
schafft/ zwischen dem obgenannten N. vnnd N. vnnd jhrer beyder helffer/ vnnd helffers
helffer/ vnd wer darunder verdacht oder gewandt ist/ gentzlichen abe vnd gesünet sein/ vnd
bleiben. Es sollen auch alle gefangen von beyden seiten / auff ein alt Vrphede ledig/ vnnd
alle vngegeben Gelt/ es sey Schatzungen/ Brandtschatzungen/ oder anders/ soll abe sein/
vnd fürther nichte gegeben werden/ Alles vngefehrlich. Des zu Vrkundt/ ꝛc.

Forma einer verbündenuß Notel/ in Vheden
vbersich gegeben.

WIr Erich/ Bernharde/ vnd Diether gebrüdere/ Grauen von N. Bekennen/ ꝛc.
Als wir vmb etlich vrsach in vngnad des Durchleuchtigen/ ꝛc. vnd mit jrer Chur-
fürstlichen G. zu Vheden kommen sein/ darumb wir jhrer Churf. G. ernstlichen
willen vns zustraffen befunden/ darumb wir vns mercklichs schadens zuuerhüten an jhrer
Churf. G. ergeben/ vnd durch vnser treffenliche Freunde gnad erbetten/ vnd darauff vns
verpflicht vnd verbunden haben/ Verpflichten vnnd verbinden vns mit rechter wissen zu
halten/ alles das hernach stehet.

Zum ersten/ sollen vnd wöllen wir alle drey samentlich vñ jeder besonder/ vnsern
lebtagen lang/ Hochgenantem vnserm Gnedigen Churfürsten vñ Herrn N. ꝛc. als einem
N. bey N. ꝛc. jhren lebtagen lang/ getrew/ vnnd holdt zusein/ jhren schaden zuwarnen/ vnd
frommen vnd bestes getrewlich werben/ nach allem vermögen/ vngefehrlich. Auch alle vn-
sern lebzeiten sollen vnd wöllen wir/ wider jhr Churf. G. vñ die jhren/ nicht sein/ thün/ oder
schaffen gethan werden/ mit allem dem das wir haben/ oder vberkommen / Vnd als etlich
mercklich Lehen/ die von Hochgenantem vnserm Gnedigen Herrn vnd jhren Churf. Gn.
Fürstenthumb der Aschafft bey N. zu Lehen gehen/ von vnserm lieben Herrn vnnd Vat-
ter Graue N. seligen auff vns gefallen sein/ die wir bißher nit empfangen/ vnd doch nit de-
sto minder genossen haben/ Haben wir vns verpflicht/ daß wir Erich/ vnnd Bernhardt die
selben Lehen/ was wir deren jtzhaben/ jetzundt von stundt an/ von Hochgenantem vnserm
Gn. Herrn empfangen/ vnd dauon thün sollen/ als sich von Lehen gebürt. So verbinden
wir vns alle drei für Graue Schaffrit vnsern lieben brüder/ daß er/ wañ S. L. auß gefeng-
nuß kompt/ die Lehen Güter/ die S. L. jtzhat/ auch solcher massen empfahen/ vnd alles des
verbinden soll zuhalten/ gegen vnsern Gne. Herrn Hertzog N. vnnd Hertzog N. vnd jhrer
Chur vnd Fürstlichen Gnaden Erben/ wes wir vns hierinn verbunden haben/ vnd in di-
sem Brieff geschrieben steht/ ohn alle gefehrde. Wir haben auch mit rechter wissen Hoch-
genantem vnserm Gnedigen Herrn N. alle vnser städt/ Schloß/ Dörffere vnd Gebiete/
zu jren Gnaden offen häusern gemacht/ vnnd geöffent/ also darinn/ noch darauß/ dieweil
wir alle/ oder ein theyl in leben sein/ wider vil hochernanten vnsern gnedigen Herrn/ vnd al-
le der jhren/ durch vns/ noch ander von vnsert wegen/ nicht gethan werden soll/ in kein weg/
sonder jr Chur. G. mag sich zu einer jeglichen zeit/ darauß vnd darinn behelffen/ wider aller
meniglich/ außgescheiden die/ von den wir belehnet seindt/ der öffnung wir hochernantern
vnserm Gnedigen Herrn/ vnd der jren/ auff jhr gesinnen allzeit gestatten/ vnd widerfaren
lassen sollen/ vnd wöllen/ on alle innrede/ vnd ohn alle gefehrde. Wir sollen auch niemand/
er sey Edel/ oder vnedel/ darinn lassen wohnen/ hausen/ oder halten/ der nach Datum diß
Brieffs/ wider vilhochgedachten vnsern Gnedigen Herrn/ auff jhrer Churf. G. strassen/
oder an andern enden gethan hetten/ Vnnd ob der Thäter einer oder mehr darinn funden
würde/ vber den/ oder die/ sollen vnd wöllen wir fürderlich Recht gestatten/ vnnd ergehen
lassen/ auff gesinnen des Hochgenanten vnsers gnedigen Herrn/ oder jhrer Churf. G. zu-
gehörigen vnd verwandten/ oder der dem der schad geschehen were/ sie weren wer oder wo-
her sie wölten. Item fürbaß sollen vnnd wöllen wir das thün/ ꝛc. Item were es/ daß
wir gebrüder samentlich/ oder sonderlich/ vber kurtz oder lang/ einig forderung võ vnser ꝛc.
oder der vnsern wegen/ an den Hochgenanten vnsern G. H. den N. oder N. ꝛc. gewönnen/
vmb

Verbündenuß.

vmb sachen die sich vngefehrlich von newem nach Datum diß Brieffs begeben vnd entstehen/es sey vmb eygen/oder Erb/so sollen wir vnd die vnsern vns darumb an Recht gnüg lassen/inn den Gerichten/darinn die Güter gelegen sein/Ist es aber vmb schulde/da soll der Kläger nachfolgen in die Gerichte/darinn der antworter gesessen ist. Were es aber vmb ander sach/darumb sollen wir vns auff tags für den N. Räthen/die vns vngefehrlich gesetzt werden/ohn alle außzüg gnügen lassen.

Wir haben vns auch wissentlich hierinn verpflicht/were es/daß vilhochgenanter vnser Gn. H. Hertzog N.rc. ehe denn wir/mit tod abgienge/das Gott lang verhalte/daß daß wir/die noch in leben sein/vnsern lebtagen gantz auß/aller sachen/puncten/vnd Articke l/ pflichtig/vnd verbunden sein/vnnd halten sollen/gegen vnserm Gn. H. Hertzog Philips vnd seiner Fürst. G. Erben/die Churfürsten sein/wie wir vns darinn gegen vnserm Gnedigen Churfürsten vnd Herrn Hertzog N.rc. verbunden haben/ohn alle außzüge/innrede/fünde/vnd gefehrde. Das alles in disem Brieff haben wir gelobt vnd geschworn/rc.

¶ Folgen etliche Verbündtnuß vnd Einung.

Verbündenuß Brieff/Fürsten gegen Fürsten/ deren lebenlang.

Wir N.rc. vnd wir N.rc. Bekennen/rc. Daß wir mit güter zeitiger vorbetrachtung/vnd rechter wissen/dem Allmechtigen Gott zu lob/dem H. Röm. Reich zu sterckunge/vns selber/vnsern Fürstenthumben/vnd dem Hauß zu N. zu ehren vnnd fruchtbarlicher besserunge/Landen/vnnd Leuten/wir jetzt haben/oder nachmals bekommen möchten/auch gemeinen Landen zu nutz/frommen/frieden/vnd gemache/Vnd sonderlichen vii solcher liebe/freundschafft vnd getrewen willen/wir zu einander bißher gehabt/noch haben/fürbaß/vnd allzeit/nach dem wir einander gewandt sind/billich haben sollen/vns freundlich vnd gütlich mit einander vereint vnnd verbunden haben/vnsern lebtagen lang/verbinden vnd vereinen vns auch/inn krafft diß Brieffs/in der weiß vnnd form/also solche freundtlich verbündnusse/vnd einungen aller best krafft vnd macht haben soll vnd mag/vnd in massen hernach folgt.

Zum ersten sollen vnd wöllen wir beyde obgemelt Fürsten/einander mit güten waren/stetten/vnd rechten trewen meynen/haben/vnd halten/vnd mit einander vmb keinerley sach willen/vns selbst/die vnsern/oder jemands anders berürende/zu Vheden/Feindschafften/angrieffe/odder Kriegen kommen/noch den vnsern/der wir vngefehrlich mechtig seindt/solches zuthün gestatten/inn keine weise/ohn gefehrde. Vnd soll vnser keiner des andern / Prelaten/Grauen/Herrn/Ritter/Knecht/Bürger/Bawer/hindersässe/vnnd die vnns zuuersprechen stehen/mit gewaldt vndersteheen zu nottrengen/oder solches den seinen/oder den der er vngefehrlich mechtig ist/zuthün gestatten/sonder vnser jeglicher soll den andern bey seinen Fürstenthumben/freiheyten/zügehörungen/vnnd dem das herbracht vnd zugeniessen hat/vngehindert bleiben lassen/Doch vns beiden vnuergriffen/an vnsern Mauten/Zöllen/Geleydten/Gerichten/vnd andern herrligkeyten/die vnser jeder halten soll/vngefehrlich.

Were es auch/daß jemandt/wer der were/vns Fürsten einen/die seinen/oder die in seinem versprechnusse vnnd schirme stünden/sie weren Geistlich oder weltlich/vber solch Recht als nachgemelt wirdt/in Stetten/Dörffern/auff Wasser vnd Lande/angrieffe/oder beschädigte/mit Brandt/Raub/gefencknuß/oder sonsten/es geschehe mit Vhede/oder ohn Vhede/so sollen des andern Amptleuth/vnd die seinen/die der geschicht am nechsten gesessen sein/zustundt/so sie solches innen oder ermant werden/zu frischer gethat dar zu thün/mit zuziehen/vnd nacheylen/helffen entschütten vñ retten/nach dem aller besten/als ob es vnser jeglichen selbst angienge/solches auff vnsers jegklichs kosten vnnd schaden/der also nacheylen/vnd entschütten helffen würde/geschehen soll.

Q iiij

Vnd ob vnser Fürsten einer solchs nacheilens/entschütten oder rettens halb/zů sein
den oder Kriegen kosten würde/oder zuthůn gewönne/darinn soll jhme der ander/vnn der
willen solch nacheylen/entschütten/oder retten geschehen were/hilff vnnd beystandt thůn/
biß zů ende der sachen/in massen hernach geschrieben ist/vngefehrlich.

Ob auch jemandt/wer der were/vnser einem an seinen ehren/würden/vnd hertzlich-
keiten abbruch/odder schmälerung zuthůn vnderstehen würde/oder an seinen Schlossen/
Stetten/vnd Landen/mit gewaldt vberziehen/belägern/verbrennen/oder sonsten beschä-
digen wolte/vber solch Recht als nachgemelt wirdt/darwider soll vnser jegklicher dem an-
dern zustundt/so er des jnnen wirdt/mit Landen/vnd Leuthen/nach seinem besten vermö-
gen behollffen zůsein/mit zuziehen/vnd widerstande zuthůn/in massen ob es vnser jegklich
selbs angienge.

Were es auch daß vnder vns benanten Fürsten einer mit jemandt/oder jemand mit
vnser einem/zů Vhed/Krieg/oder Feindtschafft kämen/oder vnns versehen/daß wir mit
jemand/oder jemand mit vnser einem zu Krieg vnd Feindschafft kossten würden/welcher
dann vnder vns des andern hilff gebrauchen wolte/der soll das dem andern verkündē/vnd
zuwissen thůn/Derselbe dem dañ solches also verkündt ist/soll in monats frist/nechst nach
solcher verkündung versuchen/ob solch Vhede vnnd Feindtschafft entstanden were/ oder
entstehen würde/vertragen/oder zu Recht auff einen außtrag vereinigen/Vnd ob solchs
nit gesein möcht/wil dann der/der des andern hilff begert/vff demselben/der die hilff thůn
solt/vnnd seinen Rächen / vmb die Hauptsache/derhalben die Vhede entstanden were/
oder entstehen möcht/zu Recht bleiben/vnd sein wider Parthey/solches nit vffnemen wöl
te/so solt derselbe vnder vns/des hilff erfordert ist/zustundt nach außgang des gemeltē mo-
nats/des andern helffer / vnd seiner widerpartey/mit seinem offen versigelten widersags
Brieff/feindt werden/vnd dann fünfftzig/oder souil minder begert werden/gerüster/Rei-
siger/gewapnet zu Roß/darunder zum wenigsten ein Edler/der derselben gewapneten
Hauptman sein soll/zustundt schicken/auff desselben/der die schickt/kosten/schaden/vnnd
verlust/an die ende/dahin die erfordert weren/Vnnd so sie an die ende kommen/sollen sie
fürbaß auff den kosten/dem sie geschickt werden/vnnd des schaden vnnd verlust/der sie ge-
schickt hat/zu täglichem Kriege verbleiben/vnnd demselben dem sie geschickt seindt/odder
seinen Hauptleuten/sollen sie getrewlichen behollffen/reitten/vnd gehorsam sein/die Fein
de anzugreiffen/zubeschädigen/vnd zuthůn/was deßhalben not ist/ Doch soll vnder vns/
der züschickung gemant hat/fünfftzig gerüster gewapneter zu Roß auff das minste/oder
souil darunder begert sein/zuuerlegen haben/zu täglichem Kriege/an den enden/da S. L.
dann hin begeren zůzuschicken/ohn geuerde.

Ob aber mit solchen nechst gemelten fünfftzigen oder darunder geschickten/die sach-
en/darumb die geschickt/nit zuerobern weren/ vnd mehr hilff von nöten sein würd/wail
das derselb vnder vns/der die nechstgemelten gewapneten geschickt hette/oder sein Statt-
halter/ob er nit in Landen were von dem andern der vnder vns ermant würde/so soll der
selb oder sein Statthalter/die also ermant würden/zustundt darnach in monats frist/auff
seinen kosten/schaden/vnd verlust/mehr hilff thůn/an die ende dahin er zůschicken germant
wirdt/schicken/Vnd darzů mit Landen/Leuthen/vnnd aller vermöglichkeit behollffen sein/
in aller maß/als ob es jhn selbs angienge/als lang vnd vil solch sachen/derhalben solch hilff
se geschehen soll/hingelegt/erobert/vnd abgelegt worden/ohn alle geuerde.

Were es aber/daß der/vnder dem die gemelt hilff geschehen solt/die obgerürten Re-
chte abgeschlagen/ehe die Vhede vnnd Feindtschafft entstanden weren/ Vnnd so sich ei-
ner vnder vns Fürsten/zu Vheden/vnnd Kriegen gericht hette/vnnd sein Widerpartey
dieselben Rechte erst auffnemen/oder bieten wolte/als dann soll vnser jegklicher/so er von
dem andern/des er erjnnert wirt/mit der hilff nicht stillstehen/in monats frist zuuersuchen
die sachen als obstehet hinzulegen/sonder zustundt hilff vnd beystandt thůn/wie obgeschrie
ben stehet.

Doch ob vnser Fürsten einer dem andern vnder vns nit pflichtig sein würde / hilff vnd
beystandt

Verbündtnuß. XCV

beystandt zuthůn/deßhalben/daß er die gemelten Recht abgeschlagen/oder nit auffgenom
men hett/als obgerürt ist/als dann soll doch vnser einer wider den andern nicht sein/vnd
einer dem andern hilff/die ihme andere thůn wölten/in keiner weiß entziehen/ sonder die sei
nen auch/die von eygem willen jhnen zureiten wölten/daran nicht verhindern/vnd nicht
seinem Widersacher/mit vilen zureiten lassen.

Vnd ob inn den obgerůrten Vheden vnnd Kriegen/da vnser eins hilff bey gewest
were/etlich Stett/Schloß/gefangen/oder anders gewonnen/oder erobert würden/dieselb
ben Stett/Schloß/vnd gefangen/sollen zu des handen stehen/vnd verbleiben/der solcher
sachen vrsacher/vnd Hauptman gewest were/doch ob wir gemeyne züge/beseße/oder feld
haben vnd mit einander thůn würden/was dann erobert würde/von Stette/Schlossen/
oder gefangen/solten zu des handen kommen/nach anzal der Leuth/rc.vnser jegklicher bey
solcher eroberung haben würde/wie wir vnns dann des zu einer jegklichen zeit sich solches
begibt/zuuor mit einander vereynen.

Ob aber vnser einer allein auff seinn kosten/in den gemelten Vheden vnd Kriegen/
etlich Schloß/Stett/gefangen/oder anders erobern würde/dasselb soll auch allein zu des
handen stehen/vnd kommen/der solch eroberunge auff seinen kosten gethan hett.

Es soll auch vnser keiner in Kriegen/oder geschäfften/darinn wir beyde/mit hilff o
der sonst gewandt seindt/fein sune/friede/fürwort/oder rachtung auffnemen/ohne des an
dern/vnder vns/wissen vnd willen/vngefehrlichen.

Vnd daß dise freundtlich verbündtnusse vnd einung von vns beiden desto freundli
cher vnd vnzerbrüchlicher gehalten werden möge/haben wir vns des nachfolgenden auß
trags auch vereinet/Were es daß vnder vns Fürsten einer/vmb sachen berůrende/die sich
hinfůro nach datum diser einunge machen vnd begeben würde/ vnd dafůr nit angefangen
were zu dem andern ansprache oder forderung gewösen/so sollen wir beyderseit/durch vn
ser Räthe versuchen lassen/ob solch sach gůtlich zuuereinen were/vnd ob das nit gesein mö
chte/so soll der vns/des die ansprach were/auß den andern trefflichen Rathen/die gewonli
chen in den mehrern sachen gebraucht werden/einn der Wappes genosse sey/zu einem ge
meynen obmann/den er gegen dem andern vnder vns in seinem offen Brieff benest hat/
nemen/derselb gemeyn Obmait vns obgenanten Fürsten tag bescheiden soll/ in den nech
sten vier wochen/nach dem er gemant/vn jme solch zuwissen gethan ist/ghen Landtshůt/
ob die forderung vnser Hertzog Friderichs ist/oder ghen Amberg/ob die forderung vnser
Hertzog Ludwig were/vn off denselben tag/soll vnser jegklicher zwen seiner Rathe/zu dem
gemeynen Obmann seyen/dieselben fůnff/flage/ansprache/antwort/widerred/nachrede/
kundschafft/vnd was von beyden theyln beygelegt vn fůrbracht würdet/verhören/vnd vn
derstehn/vns gegen einander mit wissen gůtlich zuuergleichen/Vnd ob das nicht sein mö
chte/sollen sie vns mit Recht entscheiden/Doch daß die sach/vnd der Auß spruche vber is.
Monat/nach dem der Tag gesetzt ist/nicht verhalten/vnd verzogen werde/Es were dann
daß sich solches durch Recht vngefehrlich gebůren würde/vnnd wie dann dieselben fůnff
oder der mehrertheyl/jhnen mit Recht erkennen vnnd sprechen/dabey soll es bleiben/vnnd
von vns beydentheyln/ohn widerrede/vnd ohn jnntrag gehalten vnd vollnfůrt werden.

Der Obman/vnd die zůsetze/so dick die benant vnd geben werden/sollen sich auch
solcher sachen annemen/Recht vmb der willen sprechen/nach jren besten vernunfften/vnd
verstendtnusse/auff den Eydt/den jhr jegklicher seinem Herrn gethan/Vnser jegklicher soll
auch den Obmann/der also auß seinen Räthen benennet wirt/ vermögen/sich der sachen
anzunemen/vnd zuthůn als obgemelt ist. Ob aber ein Obmaū obinanschafft verlobt hett/
von tods wegen abgienge/franck/oder vnuermůglich/oder anderer redlichen sachen halb/
verhindert würde/daß er der Obmanschafft nicht nachkommen möchte/ so dick des noth
geschehen mag/der vnder vns/der dann denselben Obmann hette/auß den andern gemel
ten Räthen/einen andern Obmann nemen/der so dick derselben Sach auch annemen solle/
vnd thůn wie obgerůrt/darzů jn der vnder vns vermögen soll/des Rath er gewest ist. Vnd
ob die obgemelten Obmänner vnd zůsetze alle/oder eins theyls von beyden/oder vnsern ei
nem

New Formular

nem/mit gelübden vnd Eyden/oder sonst gewandt were/das soll sie an solchem Rechtsprechen nicht jrren/vnd wir sollen sie/die zeit/deß halben jhrer Eydt vnd verbündtnusse ledig zelen/ohn alle geuerde.

Gewünne aber vnser einer mit des andern Räthen/Dienern/Mannen/oder die jhme zuuersprechen vnnd zuuerantworten stünden/oder in seinem schirme/oder versprechnuß weren zuthůn/darumb er Rechts begert/auch vmb Sachen nachmals entspringen/wes dann die ansprüch vnnd forderunge/vnder vns Fürsten sein wirt/der soll das Recht nemen vor dem andern/vnder vns Fürsten/oder seiu Räthen/vnd soll vnser jeglicher dem andern des Rechten helffen/in zwen Monaten/so er des also ermant würde/vngefehrlich.

Auch sollen Geystliche sachen/an Geystlichen Gerichten vnd enden/da die hin gehören/außgetragen werden/Was aber Erbe/odder Eygen antrifft/das soll außgetragen werden/nach des vnder vns Fürsten Landrecht vnd gewonheit/da solch gůt gelegen ist. Doch was Lehen antrifft/soll vor dem Lehenherren/vnd Mannen/daher es zu Lehen rüret/außgetragen werden.

Vnd gewönnen vnser eins/Grauen/Herrn/Ritter/Knecht/oder die vns zuuersprechen stünden/oder in vnserm schirm weren/sie seyen geystlich oder weltlich/an vnser Fürsten einen zusprechen/vmb sachen obgemelt sind/so soll vnser jeglicher dem Ankläger/vor seinen eygen Räthen/recht widerfahren lassen/in der zeit als obgerürt ist/vngefehrlich.

Gewönnen aber vnser/eins/Grauen/Herrn/Ritter/Knecht/oder die an jn zuuersprechen/oder in seinem schirm stünden/die weren Geistlich oder Weltlich/anspruch/vnd zusprechen zu des andern/wiß obgemelt sachen/so soll vnser jeglicher dem Ankläger Recht/vor jhme/oder seinen Räthen/gegen dem Antworter widerfaren lassen/inn zwen Monaten/als obgemelt ist/vngefehrlich.

Vnnd ob vnser jegliches Bürger/Bawer/oder arme Leuth/mit des andern Bürgern/Gebawern/oder armen Leuthen zuschaffen gewönnen/vnd Rechts notturfftig sein würden/soll dem Ankläger Recht widerfaren/gedeyen/vnnd des geholffen werden/an einē jeglichen Gericht/da der Antworter/an den gefordert wirt/gesessen vů hingehörig ist.

Vnd ob einich Spenn entstehen würden/zwischen vns Fürsten/welcher Ankläger sein solt/des sollen wir vns gegen einander gütlich vereinen/möcht das nicht sein/soll vnser jeglicher einn Obman geben/auß seinen trefflichen obgemelten Räthen/vnnd ein gemeyn loß werffen lassen/welcher vnder denselben zwen ein Obman sein soll/vnd welchen dann das loß trifft/der soll ein Obman sein/vnd mit vnser jeglichs zwen zusetzen/die dar zů als obgemelt ist/gegeben werden/erkennen/welcher Ankläger sein soll/vnnd von wem derselb Obman gegeben wird/der soll jhn auch/vnd die zůsetzte vermögen/sich der sach an zunemen/vnd jhr Eyde vnd verbündtnusse ledig sagen/als obgemelt ist.

Es sollen auch vnser jegklichs Fürsten/Schloß/Stett/Märckte/vnd Gebiete/zu allen offen Kriegen/vnd Feindischafften vns gegen einander offen sein/vnd dessen auß vů darinn zu behelffen/doch nit wider den Herrn/des das Schloß ist/noch widder die seinen/vngefehrlich. Vnd soll vnser jegklicher/so das jhme von dem andern verkündet wird/bestellen/in seinen Schlossen/Stetten/Märcken vnd Gebieten/daß dem andern kost vnd rath/zu feilem kauff/vmb ein zimlich Gelt gegeben werde/so fert solches Burgkfrieden halb gesein mag/Doch soll sich keiner vnder vnns/des andern Stette/odder Schloß gebrauchen mögen/wider jemand dem mit Recht genůgt/als oblauth.

Wer es auch/daß vnser einer vnder vnns benanten Fürsten/mit Fürsten/Herrn/oder andern in einungen odder verbündtnusse weren/zu außgang derselben einung vnnd bündtnusse/sollen wir solch einunge nit erstrecken/oder erlängern/sonder mit denselben/oder andern nicht in einung oder bündtnusse kommen/wir nemen dann diß gegenwertig einung zuuor auß.

Doch hat in diser einung vnser jegklicher außgenommen/vnsern heiligen Vatter den Bapst/vnsern Allergnedigsten Herrn den Röm. Keyser/so jetzund ist/vnd ein jegklichen Röm. König oder Keyser/so zu zeiten sein wird/vnd allen Burgkfrieden den wir gelobt/verschreibung vnd Eyds halben verwandt sein. Alle

Verbündnuß.

Alle vnd jegkliche vnden vnd oben geschrieben stück/ Puncten/ vnd Artickel/ gereden geloben vnd versprechen wir beyde obgenant Fürsten/ bey vnsern Fürstlichen trewen/ ehren/ vnd wirden/ für vns/ vnser vnderthan/ vñ dem wir vngefehrlich mechtig seindt/ vnsern lebzeiten gantz auß/ getrewlich/ fest vnd stet zuhalten/ zuuolführen/ vnnd darwider nicht zuthün/ noch schaffen gethan werden/ in kein weiß/ geuerde vnd argelist/ in allen obgeschrieben dingen genntzlich außgescheiden. Des zu warem vrkundt hat vnser jegklicher sein Innsigel thün hencken an diesen Brieff/ dern zwen gleich lautende sindt/ vnd ein jegklicher einen hat. Datum/ ꝛc.

Verbündenuß vnd vereinigung eines Fürsten gegen einer Statt.

Wir Friderich/ ꝛc. Bekeñen/ ꝛc. für vns/ vnd den Hochgebornen Fürsten vnsern lieben Son/ Hertzog Philips/ allen den die jhn sehen/ oder hören lesen/ waß wir mit gantzer begierde geneigt sein/ zu frieden vnd zu gemeinem nutz der Land/ vnd auch daß Wittwen vnd Weysen/ reich vnd arm/ Bilgere vñ Kauffleut/ Landferer vnd Kauffmanschafft/ Gottßhäusere/ vñ alle ander versprochen leut/ sie seien geistlich oder weltlich/ beschiermet werden/ sicher sein/ desterbaß gewandelt vñ bei gemach verbleiben mögen/ So haben wir mit wolbedachtem müt/ vñ mit rechter wissen/ dem H. Röm. Reich zu sterckunge/ zu nutz/ vnd zu ehren/ vns selber/ den vnsern/ vnnd den gemeynen Landen zu frieden vñ gemache/ vns mit den Ersamen/ vnseren lieben besondern/ Bürgermeister/ Rath/ vnd Bürgern/ gemeinlichen des H. Reichs Statt N. freundlich vnd gütlich vereint/ vnd vereinen vns auch jetzundt mit jhne/ mit rechter wissen/ inn krafft diß Brieffs/ bey vnserñ Fürstlichen trewen vnd ehren/ mit vns selbs/ vñ allen vnsern Stetten/ Festen/ Schlossen/ Leuten/ vñ Dieneren/ von aller Heiligen tag an/ als mann zelen wirdt von Christi vnsers einigen Erlösers vnd Seligmachers geburt/ tausent vnnd N. Jar/ vnd darnach x. gantze Jare/ die nechsten nach einander folgende/ in aller dermassen wie hernach geschriben steht.

Zum ersten/ ob jemandt/ wer der were/ die obgenannten Stette N. ir Diener/ vnd die jhren/ oder ander Geistlich oder weltlich Person/ die jhne zuuersprechen stehend/ jr einen/ oder mehr angriffe/ oder beschedigte/ mit morde/ mit raube/ mit brande/ mit vnrechtem fahen/ oder mit vnrechtem widerfahen/ oder sie von jhren Freyheyten/ Rechten/ Gnaden/ güten gewonheyten/ oder Brieffen/ die sie von Röm. Keyser oder Königen bracht/ erlanget/ oder erworben haben/ treiben oder tringen wölte/ oder sie an jhren Leuten/ Gütern beschädigen/ vff Wasser/ oder Lande/ oder sie/ oder die jhrn/ oder die jhne zuuersprechen stehende/ sie sey geystlich oder weltlich/ mit macht vbertzüche/ vberbawe/ oder beldgern wolt/ daß als dann wir/ vnd ob wir nit in leben/ da Gott lang vor sey/ weren/ vnser Sone Hertzog Philips/ vnd alle die zu jhme gehörend/ jhne darwider getrewlichen sollen vnd wöllen berathen vnd beholffen sein/ mit nacheylen/ zu frischer gethat/ mit züruffen/ vnd züziehen/ vñ mit allen andern sachen/ die darzü gehörend/ nach allem vnserm besten vermögen/ gleicherweiß/ als ob vns das selber angienge/ vnd vns auch selber widerfaren vnd geschehe were. Wir sollen vnd wöllen auch sie/ die obgeschriben Jarzal auß/ getrewlich vertheydingen/ verantworten/ vnd versprechen/ schützen vnd schirmen/ gleich den vnsern/ alle geuerde vnd arglist gentzlich außgescheiden.

Were es aber/ daß solch Geschicht vnd sach also geschaffen/ vnd gestalt weren/ daß sie zu frischer gethat/ vnd so kurtz nicht möchten erobert/ vnd außtragen werden/ Wann wir dann oder nach vnserm todte/ vnser Sohn/ Hertzog Philips/ dieselben Jarzal auß/ Darumb oder ob wir selbs auß/ die zeit nit in Lande weren/ die/ den wir dann vnser sach entpfolhen hetten/ von den obgenannten Burgermeistern vnnd Rathe der Statt N. ermanet würde/ von jhne selbs/ oder mit jren gewissen botten oder Brieffen/ so sollen wir zustunde in den nechst acht tagen darnach/ vnsere Erbare Räthe zu jnen gehn N. schicken/ darzü zu rath zuwerden/ vnnd zuüberkommen/ was hilff mann darzü bedörff oder nottärfftig sey/

nach

New Formular

nach dem dann dieselben sachen an jr selbs gestalt vnd geschaffen weren/vnnd die hilff so in einem Monat nechst darnach sollen gehen/ vnnd mit derselben hilff sollen auch wir dann vnuerzüglichen zuziehen/vnd behollffen sein/in aller dermassen/als vorgeschrieben stehet/ vnnd gleicherweiß/als ob es vnser eygen sach were/vnnd vns selber angienge/als lang biß daß solch angriffe/beschedigung vnd sache/gentzlichen vnd gar/herobert vñ abgelegt würden/on alle geuerde.

Vnd were es daß mann also zu Feldt liegen/ vnd Besetz haben würde/wer dañ das die vorgenant Statt N. oder die jhren/als vorgeschrieben stehet/ mit solcher vnser oder vnsers Sohns Hertzog Philips hilff/ so die manung jhr were/ odder sonst wie das zugienge/ daß die vnsern beywerē/jcht Schloß oder gefangen gewönnen/mit denselben Schlössen vnd gefangen/mögen sie gefaren vnd thůn/wie sie wöllen/ on vnser vñ vnsern jrrung vnd widerrede/doch also daß sie die gefangen/ nach erbars Kriegs gewonheyt halten/ vnnd die auch ohn vnsern willen vnd wissen nicht tödten lassen/noch die gewonnen Schloß brechen sollen/vnd daß sie vns vnd vnserm Sohne/Hertzog Philips auch darüū versorgen/ so best sie mögen/daß wir für besser anspraache von demselben enttragen werden/vnnd auch also/ daß die obgenanten Burgermeister/Räthe vnd Bürger der vorgenanten Statt N. vnnd die jhren als vorgeschrieben steht/was kostens oder schadens darüber gienge/wachsen würde/von Gezeugk/vnd Werckleuten/daß sie das dargeben/außrichten/vnd bezalen sollen/ ohn vnsern/vnsers Sons/Hertzog Philips vnd der vnsern schaden/vngefehrlich/also bescheidenlichen/ob sie vnser Gezeug/Werck/odder Werckleute/darzů bedörffen würden/ vnd darumb bitten/oder maneten/daß wir jhn die dann fürderlich darzů leyhen sollen/ohn widderrede/was sie auch bey vns holen/ vns dann wider überantworten sollen/ auff jhren eygen kosten/vnd ohn vnsern schaden/als gůt sie den dann bey vns geholet haben/vngefehrlich. Es sollen auch den vorgenanten Statt N. vnd den jhren/ alle vnser Stette/Festen/ vnd Schloß. die vorgenante zeit gantz auß offen sein/sich darauß vnd darinn zubehelffen/ gegen wem jhne dann des noth geschicht/ohn alle geuerde. Vnd wir sollen auch bestellen/ daß mann jhne/vnd den jhren allezeit/als dick sich das gebürt/redlichen feilen kauff darinnen geben/vnd einen ziemlichen Pfenning/ohn geuerde. Darzů sollen auch wir/vnser Sohn Hertzog Philips noch die vnsern/der vorgenanten Statt N. noch der jhren als vorgeschrieben stehet/offen Feindt/in vnsern Schlössern/Stetten/Landen vnd gebieten wissentlich/oder so vns das verkündet wirdt/nit enthalten/essen noch trincken/noch jhne sonsten kein zůlegung thůn/in kein weiß/ohn alle geuerde. Auch sollen wir vnnd die vnsern/ vns vmb kein sach/die sich von diser einung wegen verlauffen wirdt/mit jemandt außsůnen/frieden/noch fürschuben werden/in kein weiß/ohn der obgenannten Burgermeister/ Räthe vnd Bürger der vorgenanten Statt N. willen/ohn alle geuerde.

Vnnd ob das were/daß die obgenanten von N. in zeit diser einung/als vorgeschrieben stehet/mit jemandt zů Kriegen/ vnnd Feindtschafft kommen würden/ als vor vnderscheiden ist/ So sollen vnd wöllen wir jhne/ vnd den jhren nach außgang diser vereinung/ dannoch berathen vnnd beholffen sein/in aller dermassen als vorgeschrieben stehet/ biß daß der Krieg gentzlich gerichtet/vnd versünet wirdt.

Wer es auch daß vnser Manne/odder Diener/ sie weren Grauen/ Herrn/Ritter/oder Knecht/Bürger oder ander die vnsern/an die vorgenanten Stätt N. das die gemeyne Statt antreffe/jcht mehr der obgenanten zeit zusprechē hett/oder gewönne/darumb sollen dieselben von N. dem Kläger des Rechten sein/für vnsern Räthen vngefehrlich/daß wir jhnen fürderlichs außtrags helffen sollen/ oder vor vnserm Hoffmeister/ oder vnserm Marschalck/ oder vnserm Vogt zů N. odder zů N. oder N. die jhr zů zeiten sein/ vor der einen/ als einem gemeynen/mit einem gleichen zůsatze/ Also daß die von N. ausser den bemelten fünff Amptleuten/drey benesten/auß den dreyen der Kläger einen erwelen mag/ zu einem Obmann/denselben Obmann/ ob der das nicht verlobt hat/wir vermögen sollen/sich der sachen anzunemen/vnnd vngefehrlich fürderlichs außtrags beholffen zů sein/ Hette aber/ oder gewönne in derselben zeit jemandt/wer der wer/ an eñ einzlun

gen

Verbündtnuß. XCVII

gen Bürger der vorgenannten Statt N.einen oder mehr/das doch gůt/oder ein gemeyn Statt antreffe/jchts zusprechen/der soll dem nachfaren/in die Statt vnd Gerichte/darin er gesessen ist/da man auch dem Kläger des Rechten fürderlich beholffen sein soll/Es were dann daß es eygen oder Erbe antreffe/das soll mann außtragen/an den Gerichten/darinn die Güter gelegen sein.

Gewonnen auch in der vorgenanten zeit/die obgenanten Bürgermeistere/Räthe/ vnd Bürger der vorgenanten Statt N.oder die jhren/an vnser Manne/Burgkmanne/ oder Diener/sie weren Grauen/Herrn/Ritter/oder Knecht/oder ein vnser gantze Statt/ odder Gemeynde/jchts zusprechen/die sollen jhne auch für vnsern Räthen/vngefehrlich/ des Rechten gehorsam sein/darzů wir jhn auch fürderlich beholffen sein sollen vnd wöllen/ jhne das also widerfare/vnd geschehe/on geuerde. Hetten aber die obgenanten Bürgermeister/Räthe/ vnd Bürger der vorgenanten Statt N. oder die jhren / an einen vnsern/ vnser Diener/oder der vnsern/oder der/die vns zuuersprechen stehen/Bürger/oder arm mann/einen/oder mehr/jcht zusprechen/ dem soll der Kläger auch nachfaren/in die Gericht/darinn er gesessen ist / da mann jhme auch des Rechten fürderlichen beholffen sein soll/ohn alle geuerde/Es wer dann daß es eygen vnnd Erbe antreffe/ das solle mann auch gegen denselben Bürgern oder armen Leuthen außtragen/inn den Gerichten/darinn dieselben Güter gelegen sindt. Vnd in diser einunge so haben wir für vns vnd vnsern Son/ Hertzog Philips/außgenommen den Durchleuchtigen Fürsten/ꝛc. Römischen Keyser/ ꝛc.vnsern Allergnedigsten Herrn/vnd das heylig Römisch Reich/vnd den ꝛc.Vnd des alles zu Vrkundt/ꝛc.

Verbündtnuß einer Burckhaltung wegen/ ewiglichen.

Wir N.ꝛc.vnd N.ꝛc.Bekennen für vns/vnd alle vnser Erben/vnd nachkommen/ vnd thůn kundt offentlich/ allen den die disen Brieff jmmer sehen / oder hören lesen/Daß wir mit wolbedachtem můte / vnnd gůtem vorrath vnserer Freunde/ durch nutz vnd gůts frieden willen/mit rechter wissen/vns verbinden/vnd verschreiben gegenwertiglich mit krafft diß Brieffs/für vns/vnser Erben vnd nachkommen/nun vnnd ewiglichen/Dem Hochwirdigen in Gott Vatter/ꝛc. vnserm Gnedigen lieben Herrn vñ Freund/allen deren nachkommen/vnd dem Stifft zu N.aller stück/Puncten/vnd Articketn/wie die an disem Brieff hernach geschrieben stehend/war/stett/fest/vnd vnuerbrüchlichen zuhalten/ohne alle argelist vnd geuerde. Zum ersten sollen wir/ vnser Erben vnd Nachkommen/mit vorgenantem vnserm Herrn N.allen seinen Nachkommen/ vnd dem Stifft zu N.vnd jhren Amptleuthen/die zu den zeiten von jhren wegen zu N.sindt/einen ewigen Burgkfrieden/ mit dem Schloß zu N. jhne vnd mit der Burck vnnd Statt/mit Leuten/vnnd Gütern an allen jhren zůgehörungen/als fert die Marck daselbst vmbgehet/ vnd begriffen hat/haben vnd halten/vnnd den jhn vnd jhren Amptleuthen/als fert dieselb Marck gehet/vnd begriff hat/getrewlichen vnd festiglichen helffen weren/ beschieren/beschirmen/vnd handthaben/als fert vnser leib vnnd gůt gereichen mag/ vnnd wider sie/jhr Amptleuth/vnd die jhren/in dem Begriff des obgenanten Burckfrieden nichte sein/werben/thůn/vnd keinen schaden inzufügen/in kein weiß/ noch wir / vnser Amptleuthe/ oder die vnsern/sie/jhre Amptleuty/odder die jhren/an leiben/ oder an Gütern/ mit wortten/oder mit wercken/heymlichen/odder offentlichen/ohn alle geuerde/vnnd argeliste. Wir sollen auch der vorgenannten vnsers Herrn/Herrn N.seiner Nachkommen/oder Stiffts zu N. Bürger/odder arme Leuthe/die hinder jhn/auff jhrem theyl gesessen seindt/widder Recht/keinerley thůn/noch zůfügen/dan als der Statt zu N. Recht steht/on alle geuerde. Were es auch/daß einicherley zweyhung/spann/oder mißhellung/ zwischen obgenantem vnserem Herrn/Herrn N. deren Nachkommen/ vnnd dem Stifft zu N. jhren Ampt-

N

New Formular

leuthen/ oder den jhren/ vnd vns/ vnsern Amptleuthen/ oder den vnsern/ in disem Burgk-frieden würden/ vnd vfferstünden/ wie die weren/ oder von welchen sachen die her kämen/ da sollen wir/ vnser Erben/ oder vnser nachkommen/ die vnsern/ noch jemandt von vnsert wegen/ nicht zuthün oder daßelb nicht rechen/ Dann wir sollen mit jhne gelegen freund-lich tage darumb vberkommen/ bescheiden/ vnd leisten/ in dem nechsten Monat darnach/ der sie vns auch gefölgig vnnd gehorsam sein sollen/ Vnd möchten wir vnd sie/ dann auff solchen freundlichen tagen/ nicht gütlichen vereiniget/ vnnd vnderricht werden/ so sollen wir die zweyhunge/ Spänn/ vnnd mißhellung/ mit einem gütlichen Rechten/ auff dem/ oder auff einem andern vnuerzüglichen Tage/ auff drey/ oder fünff/ der wir mit jhme vn-uerzüglichen/ ohn geuerde/ vberkommen sollen/ mit jhnen außtragen/ also daß das schleu-niglichen geschehe/ vnnd vollnzogen werde/ ohn allen inntrag vnnd widerrede/ Was auch vnser Bürger vnd arme Leuthe/ oder die hinder vns in disem Burckfrieden gesessen sinde/ mit des vorgenanten vnsers Herrn/ Herrn N. seiner Nachkommen/ vnnd des Stiffts zu N. Bürger/ arme Leuth/ oder die hinder jhm auch in dem Burckfrieden gesessen sindt/ mit einander zuschaffen hetten/ oder gewönnen/ Darumb sollen sie Recht/ einer von den an-dern nemen/ vnnd geben/ nach der Statt Recht zu N. Vnd darzu sollen sie/ vnd die jhren vns vnnd den vnsern getrewlich beholffen sein/ vnnd dieselben zu beyder seit/ darzu helffen zuhalten/ daß es geschehe. Wir/ vnser Erben vnd Nachkommen/ vnser Amptleuth/ vnnd vnser Bürger daselbst/ oder jemandt von vnsert wegen/ sollen niemand/ wer der sey/ in die obgenanten Burgk oder Statt lassen kommen/ inn kein weiß/ der dem vorgenanten vnse-rem Herrn/ Herrn N. seinen nachkommen/ dem Stifft zu N. jhren Amptleuthen/ oder den jhren/ inn kein weiß schädlich sein/ ohn geuerde. Were es aber daß wir Leuth beh?ff-ten/ vnnd die inn das Schloß/ Burck/ oder Statt N. liessend/ odder wolten lassen kom-men/ das soll mann thün in solcher maß/ das dem vorermelten vnserm Herrn/ Herrn N. seinen nachkommen/ dem Stifft zu N. jhren Amptleuthen/ vnd den jhren/ gentzlich vnnd zumale/ inn alle weiß vnschädlichen sein. Würden aber von den Leuthen/ die wir/ oder die vnsern/ also inngelassen hetten/ sie jhre Bürger/ odder arme Leuth vberstelt/ odder jhr Häwe/ Habern/ vnnd Futher veräzt/ oder jhr Blönder genommen/ das sollen wir wider-keren/ inn dem nechsten Monat/ nach dem/ so wir des ernant werden/ oder mit jhrem gü-ten willen vberkommen werden/ ohn geuerdee. Wir sollen auch vnser bestes getrewlich darzu thün/ vnd keren/ daß jhren Amptleuthen/ Bürgern/ Knechten/ armen Leuthen/ o-der den jhren/ von denen die wir also inngelassen hetten/ kein schaden oder schmacheyt ge-schehen/ vnsern armen Leuthen/ oder Knecht/ die wir jetzundt haben/ odder hernach gewon-nen/ sollen auch keinen jhren Amptleuthen oder Knechte schädigen/ inn kein weise/ in disem Burckfrieden/ sonder sie sollen vor dem Gericht zu N. jhr jeder vonn dem andern Recht nemen vnnd geben/ vmb solche sach/ die sie dann mit einander zuschicken hetten. Were auch daß ein aufflauff würde zu N. inn der Statt/ zwischen jhren vnnd vnsern Bürgern/ armen Leuthen/ oder jemandt anders/ wer die weren/ vnnd kemen wir/ vnser Ampleut/ vnser Diener/ oder sonst vnsere Bürger/ einer oder mehr darzu/ vnnd gebieten da frieden/ vnnd möchten frieden/ da sollen die/ die also zweyhung/ vnnd aufflauff gehabt/ gemacht/ oder gethan haben/ odder die Sache angehen/ halten/ auffnemen/ odder mit dem Rechten vor dem Gericht zu N. außtragen. Auch sollen wir/ noch jemandt von vnsert wegen/ keinen jhren Knecht/ Bürger/ odder arme Leuth/ nicht schlahen/ oder freuelichen straffen/ wir haben denn das mit jhn/ jhren Amptleuthen/ oder den jhren vorhin außgetragen/ daß jhr güter will darbey sey. Auch ist geredt vnd getheydingt/ daß wir/ vnsere Erben/ oder Nachkommen/ fürbaß vbergraben/ kein Thor nicht mehr haben sollen/ noch gemacht soll werden/ Es wer dann mit des vorgenannten vnsers Herren/ seiner Nachkommen/ oder Stiffts willen/ wissen/ vnnd verhengknuß. Auch sollen wir/ vnser Erben/ oder Nach-kommen/ noch jemandt vonn vnsert wegen/ denselben theyl zu N. an der Burgk/ vnnd an der Statt/ mit aller zugehörunge/ vnnd vnsern theyl an dem Dorffe zu N. vnnd inn der Marck daselbs/ wedder versetzen/ verkäuffen/ verwechseln/ oder in kein ander handt keren/

oder

Verbündtnuß. XCVIII

oder wenden/noch inn keine weiß eingeben keinem Fürsten/Herrn/oder Statt/oder sonst niemandt anders/der unser übergenossen sey.

Were es aber/daß wir/unser Erben/oder Nachkommen/unsern halben theyl zu N. unnd zu N. versetzen oder verkauffen wölten/odder müsten/das sollen wir thun/unnd geben/einem der unsers genossen ist/unnd derselb soll dann disen Burgkfrieden/geding/und alle andere stück/Puncten/unnd Artickel/mit dem vorgenannten unserm Herrn/seinen Nachkommen/unnd Stifft zu N. ihren Ampleuchen/unnd den jhren/geloben/verbrieffen/unnd zu den Heyligen schweren/stett unnd fest zuhalten/inn aller dermassen/forme/und weiß/als wir jetzundt gethan haben/unnd vonn unns/unseren Erben/unnd Nachkommen/vor unnd nach/an disem Brieffe geschrieben stehet/ohne alle argeliste/unnd Geuerde.

Auch sollen unser Bürger unnd arme Leuthe/inn unserm theyl zu N. gesessen/disen Burckfrieden geloben/unnd zu den Heyligen schweren/stett unnd fest zuhalten/unnd den helffen zu scheuren/zuschirmen/vnd zuhandthaben/als fer jhr leib vnd gut gereichen mag/ohn alle geuerde.

In allen disen vor vnd nachgeschrieben stücken/Puncten/vnd Artickeln/die an disem Brieff begriffen seindt/vnnd geschrieben stehen/ist vnnd soll behalten sein/dem vorgenanten vnserm Herrn/Herrn N. seinen Nachkomen/vnd dem Stifft zu N. alle jhr Rechte die sie haben/zu/vnd an vnserm theyl Burck/vnd Statt zu N. N. dem Dorff/vnd allen zugehörungen/an Mannschafft/eygenthumb/vnnd an Lehenschafft/sonder alle argelist/vnd geuerde.

Alle dise vor vnnd nachgeschrieben stück/Puncten/vnnd Artickel/wie die mit jhren sonderlichen sinnen/worten/vnnd meynungen an disem Brieffe begrieffen sindt/vnd geschrieben stehen/haben wir inn güten trewen gelobt/vnnd einen leiblichen vnnd gelehrten Eydt zu den Heyligen geschworen/mit auffgehalten henden/stett/fest/war/vnuerrückt/vnnd vnuerbrochen/für vnns/vnser Erben/vnnd alle vnsere Nachkommen ewiglich zuhalten/vnd darwider nimmer zuthün/noch schaffen gethan werden/heymlich/oder offenbar/noch vns darwidder zusetzen/mit Gericht/Geistlich oder weltlich/in kein weiß.

Vnnd were es daß wir/vnser Erben/odder Nachkommen/also schnöde würden/da Gott für sey/daß wir darzü theten/oder schäfften gethan werden/heymlichen/oder offenlichen/mit rath oder that/worten oder wercken/das der vorgenannt vnser Herr/Herr N. seine Nachkommen an dem Stifft zu N. oder jhr Amptmann/der zu den zeiten da were/an jhrem leibe geschädigt würden/oder jhres theyls an der Burck vnnd Statt zu N. entweldiget würden/So haben wir williglichen vnnd mit rechter wissen/an vns genommen/vnd erkennen vnns gegenwertiglichen in krafft diß Brieffs/daß wir sollen ehrloß/meyneydig/vnnd rechtloß sein/vnnd soll vnser theyl an der Burck vnnd Statt zu N. vnd dem Dorff zu N. mit allen jhren zugehörungen/dem vorgenannten vnserm Herrn/Herrn N. seinen Nachkommen vnd dem Stifft zu N. eygentlichen/gentzlichen/vnd zumal ewigklichen verfallen sein/vnd mögen damit thün vnd lassen/zu gleicherweiß/vnd in allermaß/als mit anderen jhren vnd des Stiffts eygen Gütern/vnd als sie darbey jar vnd tag geruhigklichen gesessen weren/ Vnnd sollen wir/vnser Erben/oder Nachkommen/noch niemandt von vnser wegen/wer der wer/keinerley anspruch/oder forderungen/nimmermehe an sie darumb noch darnach gethün/gehaben/odder gewinnen/heymlichen/oder offenlichen/mit Gerichten/Geystlichen/oder Weltlichen/oder on Gericht/damit sie von vns/vnsern Erben/oder den vnsern/in kein weiß/an obgenanten Burck vnnd Statt/vnd dem Dorff zu N. noch allen jhren zugehörungen gehindert möchten werden/ohn alle argeliste vnd geuerde.

Vnd des zu Vrkundt/vnd fester ewiger stettigkeyt/aller vorgeschriebener ding/stücke/Puncten/vnd Artickeln/So haben wir N. vnd N. gebrüdere/vnnd N. von N. obgenant vnser jegklicher sein eygen Innsigel/für sich/alle seine Erben/vnnd Nachkommen/zu einer ewigen gezeugknuß/an disen Brieff gehangen/ Vnnd haben darzü zu besserem

R ij

gedåchtnuß/vnd ewiger gezeugnuß gebetten/vnd bitten in krafft diß brieffs/ den Wolgebornen vnsern lieben Herrn N. zu N. vnnd N. ꝛc. wann sie zwischem dem vorgenanten vnserm Herrn/Herrn N. zu N. vnd vns/vmb vorgeschrieben stücke/Puncten/vñ Artickeln/gethendingt vnd beredt haben/vnd wir auch vor jhn/vnd vor den Richtern vnd Burgern zu N. gelobt/vnd deßhalben leiblich zu Gott dem Allmechtigen geschworen haben/daß sie vns alle/vnsern Erben/vnd Nachkommen des ewiglich besagende/vnnd zubezeugen/an allen Stetten/wo des not ist/Jhr jegklicher sein eygen Inngesigel zu den vnsern/vnnd zu der Statt zu N. Innsigel/die wir auch also darumb gebetten haben/an disen Brieff haben gehangen.

Vnd wir N. Herr zu N. vnnd N. ꝛc. obgenant/bekennen vns mit disem Brieff/daß wir durch bitte willen der vorgenanten N. vnd N. vnd N. ehegenant/sie/alle jhre Erben/vnnd Nachkommen/aller vorgeschrieben stücken/ Puncten/ vnd Artickeln zubesagende/vnnd zubezeugen/was des noth ist/als wir die zwischen dem vorgenanten vnserm Herrn N. vnd jhn geredt vnd gethendingt haben/vnnd sie die vor vns auch gelobt/vnd leiblichen zu den Heyligen geschworen haben/Vnser jegklicher sein eygen Inngesigel zu den jren an disen Brieff haben gehangen/ Vnd wir die Schultheissen vnd Richter/vnd Bürger gemeynlich der Statt zu N. bekennen vnnd thun kundt offentlich an disem Brieff/ daß wir disen vorgeschrieben Burckfrieden/vnd auß geheyß vnd befelchs wegen der hochgenanten vnser Gnedigen Herrn N. vnnd N. vnnd N. ꝛc. gelobt/ vnnd leiblich zu den Heyligen geschworen haben/fest vnnd stett ewiglichen zuhalten/ vnnd die also zwischen jhn beyderseits gehöret/vnnd gesehen haben. Darumb so haben wir der Statt zu N. Innsigel/ zu den jhren an disen Brieff gehangen. Der geben wardt/ꝛc.

Verbündtnuß odder Einung viler Fürsten gegen einander/schöner Form.

VOn Gottes Gnaden wir N. ꝛc. bekennen/ꝛc. Als wir angesehen/ vñ betracht haben solche schwere läuff/auffruhr/vnd beschedigung/die in dem Heyligen Römischen Reich/vnd beuoran in Teutschen Landen/bißhero mit Krieg/ Raub/todtschlåge/Brandt/vnd in ander weg/mannigfåltiglich beschehen sein/vñ leider noch tåglich geschehen/dardurch dann gemeyner nutz verhindert/des heyligen Römischen Reichs straßen versperrt/vnd der handel/Kauffmanschafft/vnd gewerbe/ die dann Reichthumb vnd narung in die Land bringen/verirret/vnd des Reichs vnderthanen zu verderblichen schaden/ jhe lenger jhe mehr bracht werden. Solchem zubegegnen/haben wir dem Allmechtigen Gott zu lobe/dem heyligen Römischen Reich zu ehren / vmb gemeynes nutz/ friedens/ vnd gemåchs willen/vns mit einander gütlich vnd freundtlich vereinigt/vertragen/vnnd zusammen gethan/Vereinigen/vertragen/vnd thun vns auch zusammen mit disem briesse/in massen als hernach folgt.

Zum ersten/daß wir alle einander/vnd vnser jeder den andern/mit rechten/vnd waren trewen/meinen/haben/vnd halten sollen/vnd wöllen. Vnser jeder soll vnd wil auch/in seinen Landen/Herrschafften/vnnd Gebieten/getrewen vnd embsigen fleiß thůn/darmit Råubern/vnd anzrieffe/gewendet/gestraffet/vnd des heyligen Römischen Reichs straßen vnd vnser straßen/befriedet werden/Vnd auff daß wir von einander nicht zertrennet/vnd der obgemelt fried vnnd einigkeyt desterbaß im Reich gehandthabt werde/ So haben wir vns auch gegeneinander verpflichtet vnd vertragen. Ob sich begebe/ daß wir N. obgenant/von vnserm Allergnedigsten Herrn dem Römischen Keyser/ zu Römischem König fürgenommen/vnd zůgelassen/oder von vnsern freunden/Schwehern/vnd Schwågern/den Churfürsten allen/oder dem mehrern teyl/Römischen König erwelt/vßgenommen/oder gegeben würden/So solten vnnd wolten wir die obgenanten Fürsten all/vnd vnser jeder/sein Königlich Wirde/ vonn stundt an/ so baldt wir von seiner Liebe darumb
schrifftlich

Verbündtnuß. XCIX

schrifftlich ersucht werden/haben vnd halten/fürn Römischen König/vnnd seiner L. auch in allem gehorsam/vnd gewertig sein/vnd thun als sich gegen Römischen König gebürt/ Vnd ob jemand/wer der/oder die weren/sein Königliche Wirden/als dann fürn Römischen König nicht haben oder halten/auch seiner Königlichen wirde/als sich gegen Römischen König gebürt/nicht gehorsam/noch gewertig sein wölte/der vnnd dieselben solten in vnserm Königreich/auch in seiner vñ vnsern andern Fürsten/Herrschafften/Schlossen/ Stetten/Gerichten/vnd Gebieten/keinerley sicherheyt oder Geleyd haben/in keinen wege/ Sonder wir/vnd die vnsern solten vnd wölten den vnd dieselben/ auch jhr Haab vnnd Gut/wo wir das in vnsern Landen/oder auff vnsern Strassen ankommen/oder betretten/angreiffen/vnd mit jn gefahrn/gleicherweiß vnd in allermaß/als ob sie mit des Römischen Reichs Hofgericht/oder mit andern ziemlichen richten erfordert/vnd in die Acht/vnd Aberacht gethan weren.

Ob auch vnser dem N. oder der hochermelten Fürsten einer/oder mehr/oder den vnsern/oder den die vns/oder vnser einer zuuersprechen stehen/ einicherley widerwertigkeyt der sachen halb/mit Geistlichen/oder weltlichen Processen odder Gebotten begegnet/die soll vnser keiner annemen/auch den seinen anzunemen nicht gestatten/noch vergönnen/in keinen weg/sonder vnser jeder/dem/oder den seinen solch Proceß vnd Gebott zukommen/ soll vnd wil in der zeit/vnd massen/als sich gebürt/dauon Appellieren/vnd berüffen/ So sollen vnd wöllen wir die andern/solcher Appellation anhangen/so baldt vnser jedem das zuwissen wirdt/in zeit vnd massen als sich dann gebürt.

Ob aber vnser einer oder mehr/oder die sein/oder die vnser/einem oder mehr/zuuersprechen stünden/der obgemelten sachen halb/oder was sonsten darauß entstehen möchte/ mit der that fürgenommen werden/ Dargegen vñ darwider sollen wir alle einander/vnd vnser jeder dem andern getrewen hilff vnd beystandt thun/vnd vns darinn halten gleicher weiß als ob es vnser jedes eygen sach were/getrewlich vnd ohn geuerde.

Vnd in den obgemelten allen vnd jeglichen sachen/Puncten/vnnd Artickeln/sollen vnd wöllen wir N. vnd wir die Fürsten vorgenant/vns von einander nicht scheiden/trennen noch eussern/sonder bey einander trewlich sein vñ bleiben/vnser aller lebtag lang gantz auß/ohn geuerde.

Es ist auch in sonderheyt beredt/ob wir N. als vorstehet/nit Römischer König würden/daß dann gleichwol wir N. vnd wir die obhochermelte Fürsten/alle bey einander der sachen halb bleiben sollen/vnd wöllen. Vnd ob vnser einem oder mehr/ oder den vnsern von diser sachen wegen einicherley widerwertigkeit begegnet/es wer mit Geistlichen/oder Weltlichen sachen/Processen/ oder mit der that/so sollen vnd wöllen wir vns gegen einander halten/vnd thun/in aller massen wie vorgeschrieben stehet/alles getrewlich vnd vngeschrlich.

Alle vnd jegliche vorgeschrieben puncten vnd Artickel/wie die von wort zu wort gesetzt sein/haben wir alle einander/vnd vnser jeder dem andern/Wir N. bey vnsern Königlichen/vnd wir die Fürsten bey vnsern Fürstlichen ehren vnd Wirden/mit trewen an eids statt gelobt vnd versprochen/stett/fest/vnd vnuerbrüchlich zuhalten/zuuollnfüren vnd zu uollnstrecken/Alles getrewlich vnd ohn geuerde. Vnd des zu Vrkunde/ꝛc.

Verbündtnuß eines Fürsten/ zu erledigung jhrer hafft/ da dieselben in Vheden vberwunden/ gefangen/ vnd inngezogen worden.

WIr N. ꝛc. Bekennen/ꝛc. Als wir nechst mit dem Hochgebornen Fürsten/ Herrn Friderichen/ꝛc. zu auffrhürn/ vnd Kriegen kommen/ vnd in das Ampt N. gezogen sein/jre L. vnd der seinen beschädigt haben/vnd darob mit etlich vil Grauen/

New Formular

Herrn/Ritter/vnd Knechten nidergelegen/vnd in seiner L.gefencknuß kommen/vnd darauß wider gelassen seindt/Darumb haben wir vns mit rechter wissen/vnd gutem freyem willen/verbündtnuß gemacht vnd verpflicht/ Verpflichten vnd verbinden vns auch/inn vnd mit krafft diß Brieffs/ in massen als nachfolge. Vnnd also daß wir/dieweil wir leben/vnd vnser lebzeiten gantz auß/durch vns selbs/die vnsern/oder jemand anders wider hochbenanten vnsern lieben Herrn vnnd Oheym N.rc. Dieweil seine Liebden lebt/auch seiner Liebden Erben N. bey N. die Churfürsten sein / vnnd das Churfürstenthumb der Aschafft/bey N.deren Landen/Leuthen/ vnnd angehörigen/ vnnd auch die jhren Liebden erblich zuschirmen vnnd zuuersprechen stehen/nimmermehr mit Rath oder that thün sollen/noch wöllen/vnnd dergleichen den/der wir vngefehrlich mechtig seindt/ vnd mechtig sein mögen/zuthün nicht gestatten/daran vns nichts hindern/oder jrzen soll/alles inn kein weiß.

Vnnd wir sollen vnd wöllen auch solch gefencknuß / vnd alles das vns/den vnsern/ vnd deren jhenen/die mit vns gefangen/auch inn vnserer hilff vnnd vns gewandt gewesen sein/darinn/auch daruor/vnnd nach dem Krieg bißhero begegnet/wdderfaren/vnnd geschehen ist/wie das namen hat/odder angezogen werden möchte/ gegen ehehochermeltem vnserm lieben Herrn vnd Oheym N.rc.auch seiner Liebden Erben/ vnnd allen den jhren/ vnnd wer von jhrer Liebden wegen/darinn gewandt oder gedacht ist / oder sein mag/nimmer zurechen/noch schaffen durch andere gethan werden/ inn keinen weg/ mit rath/odder dann wir für vnns/vnser Erben/vnnd Nachkommen/ vnnd meniglichen/darauff/vnnd auch auff alle ansprach vnnd forderung/ die wir biß auff disen tag an vilhochermelten vnsern lieben Herrn vnd Oheym N.rc.seiner Liebde Fürstenthumbe/ der Aschaffte bey N.ge habt haben/vnnd haben/nichts außgenommen/verziehen haben/ vnnd verzeihen in krafte diß Brieffs/ Doch ob wir N.oder vnser Erben/ hernach jchts das sich von newem ereygtete/vnnd entstünde an vnsern lieben Herrn vnnd Oheym vorgenant/der jezundt/oder hernach/an jhre Liebde/S.L.angehörigen/oder die in seiner Liebden vnd deren obgeschrieben Erben/erblichem schirm sindt / Rechtlichen zusprechen gewönnen odder hetten/ daß doch dise/vnnd alle andere verschreibung vnd pflicht/ die wir vnserm lieben Herrn vnd Oheim obgenant/geben vnd gethan haben/ vnd was darinn begriffen ist / vnd sein mag/ nicht antreffen/ Darumb sollen wir vns rechts vnd außtrags/ des vnser lieber Herr vnd Oheym/ vnd wir/jezundt vertragen haben/vergleichen vnd begnügig sein.

Wir sollen vnd wöllen auch vber vnd wider dise vnser verbündtnuß vnd verpflichten/ vns nimmer keiner Absolution / Dispensation/noch keiner anderer ledigung/gesuchen/ noch gebrauchen/auch der nicht annemen/wie die jmmermehr erworben/odder von einer bewegnuß gegeben werden möcht/Es wer von Bäpsten/Römischen Keysern/Königen/ oder andere gewaldsame oder Oberkeyt herrürende.

Das alles wie vorgeschrieben stehet/haben wir mit rechter wissen/bey vnsern Fürstlichen ehren vnd wirden/mit handgebenden trewen gelobt/vnnd geschworn/ stett/ fest vnd vnuerbrüchlich zuhalten/darwider nimmer zuthün/noch schaffen gethan werden/ heymlich oder offentlich/durch vnns selbs/oder jemandt anders von vnsert wegen/ wie das jemandt darwider erdencken/erfinden/erwerben/oder gehaben möchte/Alle geuerde vnd argelist hierinn genzlichen außgescheiden.

Vnd des zu Vrkunde/rc.

Einigung einer Gemeynschafft an Schlössern/
der Fürsten/rc.

Wir N.vnd N.rc.Bekennen/rc.Nach dem wir beyde/als die billicheit fordert/von angeborner Sipschafft/mit bewegtem gemüt/zu hoher vnd vngetheylter freundschafft zu einander geflochten sindt/vnnd sein sollen/vnd die wircklichen zuerzeugen/

Einigung. C

hen/Jetzundt die Gemeynschafft N. vnnd N.was der Wolgeborn Graue N. ꝛc. da gehabt/zu vnsern handen bracht/ vnnd wir N. den vierdten theyl derselben Gemeynschafft forthin für vns selbs inngehabt vnd genossen/vnnd solches in den theyl/den Graue N. obgedacht/gehabt hat/ingeworffen/ Vnnd wir beyde Fürsten/vns des freundtlich vnd gütlich/für vnns/ vnnd all vnser Erben zuhalten geeint haben/ wie dann daruon hernach geschrieben stehet/Zum ersten haben wir vns vereinet/ daß die obgenannten Gemeynschafft N. vnd N. allen Dörffern/Leuthen/Gerichten/Gütern/Bethen/stewren/fellen/vnd vnfellen/aͤtzungen/Schaͤffereyen/Waͤldt/Wasser/ Wunnen/ Weyden/Weingarten/Eckern/ Wiesen/Buschen/vnd fellen/darzů gehoͤrendt/ nichts außgenommen/wie das namen hat/vnnd haben mag/ vnser beyder/ vnnd vnser Erben gemeyne/ vnd vnser jegklicher als vil daran haben soll/als der ander gleich getheylt / ohn allen vortheyl/das ist vnser jegklichem/vnd vnsern Erben das halb theyl. Item wir sollen vnnd woͤllen die obgenannten Gemeynschafft vnser jegklicher nach allem vermoͤgen/ vnuertheylt/als ob es eygen sein wer/getrewlich schuͤtzen/ schirmen/ versprechen/ vnnd verantworten/vnnd allen vnsern Amptleuthen/ das also auff die pflicht / darmit sie vns gewandt sein/ befelhen zů thůn/ Vnnd sonderlich ob jhr einer odder mehr/welch der/ oder die/ vnnd vnser Amptleuthen/oder den vnsern/inn die Gemeynschafft gehoͤrende/ vmb hilff/ vnd beystandt ersucht wuͤrden/das sie den getrewlich thůn sollen/ als ob es vnder vns desselben sein Herrn/ odder die seines Ampts allein angieng/getrewlich vnnd vngefehrlich. Item ob auch die vnsern der Gemeynschafft/von jemandt/wer der were/mit außlendigem Gericht fürgenommen wuͤrde/dieselben von vns / oder vnser einem/welches freiheyt / oder fuͤrderunge/aller hilfflichst sein mag/ abgefordert werden sollen. Item vnnd als von Graffe N. von N. vnd seinem Vatter/etwa vil Guͤlten/auff den festen fellen/ vnd armen Leuthen verschrieben ist / Haben wir der Churfuͤrst angesehen/ nach dem de von N. drey theyl Lehen von vns/vnd der N. gewest sein/ Da woͤllen wir N. was von Guͤlten darauff verschrieben ist/ ohne verhencknuß vnser/der N. Vatter/vnd Anichen/ vnnd vnser/ daß dieselben Guͤter nicht gegeben werden sollen. Vnnd als die arme Leuth der Gemeynschafft/darfür an etlichen enden verbunden/oder Buͤrge seindt/ haben wir vns vereiniget/ jne zůuerbieten/ auff Leib vnd Guͤt/ Wuͤrden sie gemant vmb Guͤlt oder schulde/ Darzů wir vnnd vnser Eltern jhren willen nicht gegeben hetten/ daß sie dann stillstehen/vnd sich an die manung nicht keren sollen/ Vnnd ob wir von den/die also Guͤlt zuhaben vermeynen/ersucht wuͤrden/ so woͤllen wir jhne Rechts sein/auff einer ziemlichen Zale/ vnser beyder Raͤthe/ vnnd welcher das auffnemen wolte/den woͤllen wir bitten/wir seyen Fuͤrsten des Reichs/ Was wir fuͤrgenommen werden/als sich gebuͤrt/woͤllen wir antworten als sich gebuͤrt/vnd daruͤber jetzo mit der that/ Vhed/name/oder auffhalten / gegen vns/ oder den vnsern in Gemeynschafft/oder andern den vnsern/der Sach vorgenommen wuͤrde/ wie das were/darwidder woͤllen wir einander mit macht getrewlich berathen/ vnnd beholffen sein/als ob es vnser jegklichen/vnnd die sein allein angienge/ vnnd soll vnser keiner on den andern in den dingen/niemandt kein vorwort/zusag/oder verheyß thůn/ noch von seinet wegen thůn lassen/oder schaffen gethan werden/was vns aber mit Recht anbehalten wuͤrdet/das woͤllen wir sameutlich außrichten/nach erkandtnusse des Rechts.

Item von der gemeyn Bethe wegen/die jaͤrlichs in der Gemeynschafft gesetzet/vnd gelegt wirdt/vnd von alter gewonheyt/die armen Leuth den Herrn nachlauffen/jne Gnade daran zuthůn/ da ist vnser meynunge/ daß vnser Amptleuthe die vonn vnseren wegen/ ziemlich nach Jarewachs/den armen Leuthen auffsetzen/ vnnd legen sollen/darmit sie nit zu hoch versetzet/oder beschweret sein/ Vnd ob die armen daruͤber vns Herren/ oder Hoffamptleuthen nachlauffen/ vnnd vmb Gnade bitten wuͤrden/ so solle vnser keiner/ ohn den andern nachlassen/ auch keinem ohn den andern/ fuͤrderung geben/ noch zůlassen/ auff daß wir die Leuthe in gleichem vnnd gutem willen behalten/ vnnd sie am anfang gewenen des/ das vns fuͤrther nachlauffens vertragen mag.

R iiij

New Formular

Item deßgleichen ob hohe oder klein freuel verbrochen worden/soll sich vnser keiner des in sonderheit annemen/ gnade oder nachlassen zuthun/ sonder das auff den Amptleuten stehen/ vnd sie das handlen lassen/ zu vnserm besten/ Doch daß die in gestalt der sachen sehen/ vnd es nit zuuil vbermachen/ zuuertreibung der Armen/ es were dann so hohe verwirckt. Item als bißher die armen der gemeinschafft alle bottenlohn außgericht/ vnnd darzu ein auggelt vnder sich geleydt/ haben wir vns geeint/ nach dem es an den enden nun nicht mehr souil Bottenlohn bedarff/ daß denn die Atzung vnd Bottenlohn in ein Summa/ die ziemlich ist/ gesetzt/ vnd järlich angelegt werde/ vnsers gefallen/ Vnnd darauß soll vnser keiner sein Brieffe in die gemeynschafft schicken/ fürther zusenden/ er schriebe denn dem Landschreiber/ darmit die Brieff auff des kosten/ der sie schickt/ fürther hinzuschaffen. Item vnnd als bißhero die arme leuty/ alle Bawgüter/ Weingarten/ Ecker/ vnd Wiesen/ inn fron gearbeyt/ vnnd diser Landes Kriegsläuffti halben/ auch daß sie von den Nso hart gehalten/daß jhr etliche hinweg gezogen sein.

Vnnd daß sich nun die gemeynschafft desto fürderlicher gebessern möge/ vnd vnns auch vorgehalten wirdt/ das es fast nützlich solte sein/ daß wir eygen Schiff vnd Geschirr hetten/ den Bawgütern zu gütern/ So ist ein meynung/ ob die armen soul für die Fron geben wolten/ daß wir beyde eygen fuhr halten/ vnnd sie der Fron vertragen möchten/ solte jhn aber angehenckt werden / so es not würde/ zustoß mit der Fron zuthun/ so würden sie dencken was sie darfür geben/ das wer verloren/ vnnd es würde allweg noth sein/ zustoß zu thun/ Vnd so ferr sie sonst nicht vbersetzt/ vnd zum minsten glimpfflich gehalten werden/ besonder am anfang/ biß sie wider gebawen/ vnnd sich gesetzen/ so ist jhn der Frondienst zu den Bawgütern dester leichter zuthun.

Item wir haben vns auch geeint/ daß alle Fron in der gemeynschafft bleiben/ vnnd nicht darauß gezogen werden soll/ Außgescheiden ob vnser einer/ seinen theil nussung/ von Früchten oder Wein/ auß der gemeynschafft in sein nechstes Schloß darbey füren lasse/ oder ein gemein außzugk gebrauchen wölte.

Item ob vnser einer Vhed hette/ oder gewönne/ darumb er der seinen zu außzuge/ Feldtlägern gesinnen würde/ Haben wir vns vereint/ daß wir die gemeinschafft sparen/ vnnd nicht zu außzuge gebrauchen sollen/ vnd daß sie der ander/ der nicht Vhed hette/ dester baß versprechen möge/ Es were dann daß die Vhede so gering were/ daß vnser einer ein beysessen vmb mißhandlung straffen wolten/ so mag er sie wol gebrauchen/ vnnd wir vngefehlich des beyde/ in willen würden / vnd keiner von dem andern nicht wüste/ vnnd das nicht ein Person antreffe/ welcher dann vngefehlich/ der in der gemeynschafft zum ersten auff bitte/ dem sollen sie zum ersten folgen. Ob aber wir beyde gemeyn Vhede hetten oder gewönnen/ vnd daß wir mit einander etwas mit den/ vnd andern den vnsern für nemen würden/ so mögen wir die ausser der Gemeynschafft auch wol samenlich gebrauchen.

Item als bißher/ vnd von alters ein freyer einzugk in der Gemeynschafft gewesen/ vnd gehalten ist/ haben wir vns auch vereint/ daß derselb Freyzugk fürbaß auffrecht gehalten/ vnd andern den vnsern/ die nicht in der Gemeynschafft sein/ darin/ oder die darin sind herauß ziehen wölten/ nicht gewert werden soll/ Vnd ob auß andern anstossern jemands/ das nicht auß vnsern Amptern were/ darinn züge/ so sollen vnd wöllen wir den auch handhaben vnd behalten/ getrewlich vnd ohn geuerde.

Item aller Haußrath/ vn Geschütz/ den wir Hertzog N. vor in der Gemeinschafft/ vnnd sonderlich zu N. gehabt/ vnd aller Haußrath/ Geschütz/ vnnd anders/ das wir beyde vmb Graue N. gekaufft haben/ vnd Graue N. allda gelassen hat/ vnd wir fürther darinn kauffen vnnd bestellen werden/ das soll vnser beyder gemeyn/ vnd einem jeglichen/ der an die ende zum Amptman gesetzt wirdt/ auffgeschrieben vnnd befohlen werden/ notturffiglich vnd ziemlichen zugebrauchen/ auch auff vnsern kosten ziemlich zubessern/ vnd all Jar in seiner Rechnung/ oder ob er sein pflegtig wer/ zu zeugen/ daß er noch fürhandts vnd in redlichen wesen gehalten were/ etc.

Item

Einigung.

Item es sollen auch die Schloß N. vnd N. mit allen gemachen/ Stuben/ Kåmern/ Küchen/ Stell/ vnnd andern/ auch der Haußrath vnser beyder gemeyn/ vnnd vnser jegklichem zůstehen/ oder der vnsern zůkunfft/ bereit vnd offen sein/ Vnnd ein jeder soll mit den seinen bestellen/ daß es ziemlich/ vnd Erſamlich gehalten/ vnd nicht verwůſt werde/ Welcher auch vnder vns/ inn die gemeinſchafft kommen/ oder die seinen schicken würdet/ das soll er auff seinen koſten/ vnnd nicht auß der gemeinſchafft thůn/ Welcher dann vil verthůt/ dem gehet es an seinem theyl abe. Es sollen auch wir die vnsern auff gemeynen koſten in die gemeynſchafft schicken/ vnnd jhnen die wir also schicken einen geheyß Brieff an Landſchreiber geben/ der soll jnen koſt bey einem Wirt thůn/ auff des theyl der sie geschicket hat/ vnd demselben das anschreiben vnd verzeichnen.

Wir haben vns auch verein/ zůvermeiden vnnützlichen koſten vnd künfftigen zwetracht/ daß wir sollen vnnd wöllen nicht mehr dann ein gemeyn Amptmann/ vnd Landſchreiber haben/ Vnd der Amptman soll seinen siz zů N. haben/ demselben wir beyde/ ein ſtewer thůn/ daß er in seiner koſt bleibe/ vnd vnser gemeyner Amptman sey/ Also wann es not iſt/ vnd vnser Landſchreiber jhme entbieten wirdt/ ſo ſoll er zů jhme kommen/ nit vber selb vierdt/ es were dann noth/ vnd helffen handeln/ was jhme fürbracht wirdt/ zů vnserm beſten/ die zeit ſoll er in vnser koſt sein/ so fer es nicht ſachen antrifft/ darinn er vnnd vnser Landſchreiber anung nicht gebrauchen mögen.

Item ſo ſoll der Landſchreiber in vnser gemeyner koſt sein/ mit seiner Haußfrawen/ nach dem er deſſen ein verzeychnuß hat/ Die beyde Amptleuth/ ſollen wir also zů Amptleuth behalten/ vnnd ohn vrſach nicht entſetzen. Es ſoll auch vnser keiner ohn den andern keinen Amptman ſetzen/ oder entſetzen/ Würde aber vnser einem fürbracht/ daß ein Amptman ichts mißhandlet hette/ darumb er vns beyden nit tåglich oder nützlich were/ an welchen das langt/ der ſoll das dem andern vnder vns verkünden/ ſo ſollen wir zůſamen kommen/ oder schicken/ inn die gemeynſchafft/ odder vnser eins Schloß/ ob wir des vertragen mögen/ vnd den Amptman zů rede setzen/ vnd sein verantworten hören/ hat er dann verwirckt/ so ſollen wir beyde jhn absetzen/ vnnd hat er ſtraff verdient/ die soll er vnns beyden gleich werden/ Mag er ſich aber wol gnůgſamlich verantworten/ so ſollen wir jhn bey dem Ampt laſſen/ es were dann daß wir beyde jhnen mit gůtem willen abſetzen/ vnd abſetzen wolten.

Item würde auch ein Amptmann/ Landtſchreiber/ odder ander vnder Amptleute/ Schultheyſſen/ Büttel/ Hünerfeit/ oder mehr/ durch verwircken/ odder mit vnser beyder willen entſetzt/ oder wie er daruon keme/ so ſollen wir vns eins andern vereynen/ Vnd ob wir des nicht eins werden können/ so ſoll vnser jegklicher dem andern/ ein/ zwen/ oder drey/ benennen/ vnd darumb ein loß werffen/ vnd welchem das loß gefelt/ der auß den dreien/ die jhme von dem andern benant ſindt/ einen nemen/ der ſoll ein gemeyner Amptman sein/ als vorſtehet/ vnd das ſoll also für vnnd für gehalten werden/ mit den Amptleuthen/ wo wir vns nit gütlichen/ ohn loß vereinen mögen.

Es sollen auch alle vnser obgemelte Amptleuth geloben vnnd schweren/ einem als dem andern/ getrew vnd holdt zůſein/ vnd keinen vor dem andern nicht vortheylen/ Vnnd ob der einer oder mehr/ vnser einem/ vor von ander ſach wegen verbunden vnnd gewandt were/ das in diſer ſachen vnnd verpflichtung nicht binden/ Zů welcher zeit auch wir/ vnser gemeyn Schloß N. N. jemandt in sein koſt verdingen/ oder in vnser koſt nemen werden/ wie das zů jegklicher zeit vns am füglichſten vnd beſten sein würdet/ das ſollen wir ſamentlich durch vns/ oder die vnsern thůn/ was auch zůbawen not iſt/ vnd sein wirdt/ an Schloſſen/ oder andern in der gemeynſchafft/ den ſollen wir auch in der gemeyn thůn/ alles vngeferlich.

Item wir wöllen auch allen andern vnseren Amptleuthen/ die wir inn der gemeynſchafft haben/ befelhen/ daß sie nichts/ es ſey von Leuthen/ Güter/ oder herzligkeyt/ inn die gemeynſchafft gehörende/ der gemeynſchafft abziehen oder abnemen ſollen/ inn kein weg/ das wir auch ſelbs nit thůn/ vnd auch den vnsern nicht geſtatten ſollen/ ohn geuerde.

Item

New Formular

Item wir haben auch vns vereynt/ob sich einer oder mehr vnser Knecht vnd Diener/wer die weren/in die gemeynschafft verheyrathen wöllen/oder würden/den/oder den selben/soll vnser keiner kein freyheyt geben/dardurch die bede gemindert würden/sonder was in die bede gehört/das sollen wir darbey lassen.

Wir sollen auch alle Jar die vnsern/jegklicher seinen Hofmeister/Cantzler/oder die vnsere Rechnunge pflegen zuhören/ghen N. in die gemeynschafft schicken/Rechnung da zuuerhörn/vnd was die bedünckt/vns fürther gůt sein/des sollen sie macht haben zureden/darbey wir es auch lassen wöllen.

Wir haben vns auch sonderlich des Puncten vereint/was vns nachmals fürfallen/vnd begeben würde/vns an den enden nützlich vnd gůt fürzůnemen seye/das soll vnser einer dem andern zuwissen thůn/vnnd dann zusammen schicken/oder kommen/mit macht das fürzunemen/Vnd was also durch die vnsern vorgenommen wirt/vns zu gůt/wöllen wir auch halten.

Es sollen auch dise vnsere Verschreibung vnd Ordnung allen andern verschreibungen/Burckfrieden/vnd andern/in allem jhren jnhalt kein schad oder abbruch/sonder die sollen deßhalb nicht desto minder in jhren krefften sein vnd bleiben/Alles vngefehrlich.

Alle vnnd jegkliche vorgeschrieben stück/Puncten/vnd Artickel/haben wir Hertzog Friderich vor vns/vnd den Hochgebornen Fürsten/etc. vnsern lieben Sohn/N. vnd vnser Erben/Vnd wir N. vor vns/vnd alle vnser Erben/einander mit handegebender trew/an Eydts statt gelobt/getrewlich/stett/vnd fest zuhalten/vnd darwider nicht zusein/zuthůn/noch schaffen gethan werden/mit keinerley das jemandt heriwedder haben/finden/erdencken oder erwerben möchte/Alle geuerde vnd argelist/hierinnen gantz auß vnd abgescheiden. Vnd des zu Vrkunde/etc.

Einigung etlicher Fürsten/jhr leben lang.

WIr N.N.N.N. vnd N. Bekennen/etc. Daß wir dem Allmechtigen Gott zu lobe vnd ehren/vnd dem heyligen Römischen Reich zu sterckung/vnnd auch vmb behaltnus willen/vnser Stifften/Fürstenthumb/vnnd Herschafften/daß die bey der heyligen Kirchen/vnd auch dem heyligen Römischen Reich/in jhren Ehren/wirdigkeyten/vnd altem herkommen vngeletzt/vnd vnzerstört bleiben/Vnd dann auch zu jhren notturfftigen sachen/destobaß beygesehen/berathen vnnd beholffen sein mögen/vnnd alle fünff gütlich vnd freundlich mit einander vereint/vnd verbunden haben/Vereynen vnd verbinden vns auch/inn krafft diß Brieffs/vnser alle lebtagen getrewlichen zuhalten/in der maß als hernach geschrieben stehet.

ZVM Ersten/sollen vnd wöllen wir einander/vnd vnser jegklicher den andern alsezeit/als lang wir geleben/mit gůten/rechten/vnnd gantzen trewen/meynen/haben/vnd halten/Vnnd soll auch vnser jegklicher dem andern sein tag getrewlichen helffen leisten/vnd in allen sachen seinen frommen vnd bestes werben/in allen Stetten vnd enden/heymlich vnd offentlich/ohn alles geuerde.

Wir sollen auch von vnser selb vnd vnser Diener/Mann/oder Burckmanne/oder der vnsern/oder sonst von jemandts anders/wer der were/Sachen vnd geschäffts wegen/mit einander sampt oder sonder/nimmer zu Kriege/oder zu Feindschafft kommen/in kein weiß/ohn alle geuerde.

Vnnd ob das were/daß einer vnder vnns Herrn an des andern Herrn vnder vnns/Mann/Burckmanne odder Diener/jchts zusprechen hette/der soll das dem Herrn vnder vns/des Manne/Burckmanne/odder Diener er dann ist/an den er zusprechen hat/bringen/vnnd jhme darumb schreiben/Derselb Herr soll dann inn dem nechsten Monat/nach dem jhme das verkündt würdet/darumb einen Tag für sich/vnnd seinen Rath

Verbündtnuß.

Rath vngefehrlich bescheiden/ vnnd dem Herrn vnder vnns der da Kläger ist/ von dem selben seinem Manne/Burgkmanne/oder Diener/den mann zuspricht/eins vnuerzüglichen/vnnd eins vnuerweiseten Rechten beholffen sein/ Es were dann daß es Lehen antreffe/so solt es von des Herrn Mannen vnder vns/vonn dem die Lehen rüret/ außgetragen werden/als gewönlich ist/ohn alle geuerde.

Hette auch einer vnder vns Herrn/Mann/Burckmann/ oder Diener/an eiten vnder vns Herrn selber/ oder an vnser Mann/Burckmann/ oder Diener/ jchts zusprechen/ das in diser einung nicht begriffen were/so soll der Herr vnder vns/ dem/ oder des Mann/ Burckmann/ oder Dienern/maß zuspricht/ dem Kläger gelegenliche Tage/ vor sich vnd seinen Rath vngefehrlich bescheiden/vnd jhme darumb/ als ob es den Herrn selber antreffe/eins vnuerweiseten Rechten/vor seinem Rathe vnuerzüglichen gestatten/ Odder ob es sein Mann/Burckmann/oder Diener antreffe/des Rechten vor jme vnd seinen Räthen/ vnuerzüglichen beholffen sein/ Es were dann daß es Lehengüter antreffe / so soll der Herr vnder vns / dem Kläger/ solches Rechten vor seinen Mannen vngefehrlichen vnnd auff gelegen Tagen statt thün/vnd beholffen sein/Alles ohn geuerde.

Treffe es auch eygen odder Erbe an/ so soll mann es außtragen/ an den Gerichten/ darinnen die Güter gelegen seindt / außgenommen inn disen Sachen/vnsers jegklichen Herrn/Schloß/ Lande/ vnnd Leuthe/ die vnser jegklicher lange zeit innen vnnd herbracht haben/oder darumb gefreyet vnd Priuilegirt sein/ von Khömischen Keysern/ vnd Königen/an den enden da wir das thün sollen/daßselb soll mann vor vnser keinem vertheidigen/ noch vnser einer vor den andern darumb zu Recht stehen / Auch solle der dem mann zuspricht/zu solchen Tagen/ die mann jhme setzen vnd bescheiden wirdt/ mit seinen Freunden/die er mit jhme zu solchem Tag füret/alletzeit friede vnd Geleyde haben/ zu denselben Tagen/vnnd von dannen wider heymen zu/ vngefehrlich. Auch soll keiner vnder vns/ sein Amptleuthe/ Diener/ odder die seinen/des/odder der andern vnder vnns Herrn offen Feindt er ist/darumb dann vnser jegklichem wissentlichen ist/in vnsern Stetten/Schlossen/vnd Lande/ nicht enthalten/ noch geleyd dariñ geben/ auch jhnen sonsten kein hülffe thün/in kein weiß noch wege/alles ohn geuerde.

Were es auch/daß einer ohn widdersag angegriffen odder beschedigt hetten/der soll auch kein geleydt haben in obgeschriebener massen / Vnnd wo vnser jegklicher sein offen Feinde/oder die/die jhn ohn Vhede angegriffen hetten/ in des andern vnder vns Schlossen/Stetten/Dörffern/oder Lande begriffen/vnnd anfallen würden/ oder die seinen/von seinet wegen/ so soll mann jhme die halten/ vnnd auch von jhme richten als ferre sich heischet/als ferr auch der/ der also vnser eins / oder vnser aller Feind were/ dem jhenen vnder vns des Feind er wer/kündtlichen Rechtens were außgangen/vnnd wider diese verbündtnuß gethan hetten.

Wir sollen vnnd wöllen auch den Rheinstrome/ vnnd den Eynpfadt/ als ferr vnser jegkliches Gebiete vnnd Geleyd gehet/vngefehrlichen getrewlichen helffen scheuren vnnd schirmen/vnnd nicht gestatten/daß einer den andern/es sey inn Feindtschafften/odder inn Kriegen/ odder sonsten ohn Feindtschafft / darauff angreiffe/ leydige/ beschädige/ odder fahe/inn kein weise/ Vnnd wir sollen das auch selber nicht thün/odder vnsern Dienern/ odder den vnsern das zuthün nicht gestatten/inn kein weise/ Sonder wir wöllen vnnd sollen allen vnnd jeglichen/die den Rheine auff vnnd abe fahren / vnnd des Rheins/Rheinstrames vnnd Eynpfads gebrauchen / alletzeit vnser frey vnnd sicher Geleyd geben/vnnd sie auch zu einer jegklichen zeit/ vnnd als dicke das noth ist/ als ferre dann vnser jegkliches Gebiete gehet/Ob sie auch vnsere Feinde weren/ vnnd doch den Rheine mit jhrer Kauffmanschafft vngefehelich baweten/sicher faren vnnd fliessen lassen/ vnnd sie auch allzeit geleiten/vnnd Geleyd schaffen/wann sie das an vnns/ oder an vnsere Amptleuth fordern/ Es were dann/daß einer zu frischer that/ auff dem Lande angegriffen hett/vnnd auff den Rhein flöhe/der solle als dann kein Geleyd haben. Vnd ob jemandt/wer der were/ein zugriff auff dem Rhein oder Eynpfadt thette/in vnser vorgenanten Herrn eins Geleydte/

oder

New Formular

oder Gebiete/ Darzů sollen vnnd wöllen wir alle zůstunde vnd vnuerzůglich mit aller vnser gantzen macht thůn/ vnnd wider zu denselben/ die das gethan hetten/ greiffen/ Als balde wir das erfaren/ oder wir/ oder vnser Amptleuthe/ darumb ermant werden/ als lang vnnd als vil/ biß daß er solche zůgrieffe vnnd beschädigung gantz vnnd gar widerthůn/ vnnd gekeret haben/ zu gleicherweyß/ als ob jegklichen vnder vns das selbsten allein angienge/ ohne alle geuerde.

Wer es auch daß nach Dato diß Brieffs/ einicherley zweyhunge/ zwispalte/ stösse/ vnnd brüche zwischen vns aufferstůnden/ wie vnnd in welchen wege sich dann das machen würde. Darumb sollen wir dannoch nicht zu Krieg oder Feindtschafft kommen mit einander/ sonder der vnder vns/ der da meynet/ daß jhme vngütlichen geschehen were/ soll das an die andern vnder vns bringen/ vnnd jhnen das zuwissen thůn/ Die sollen dann jnn den nechsten vierzehen tagen/ nach dem jhne das also von jme verkündet worden ist/ einen gütlichen tag daran bescheiden/ an ein statt/ die beiden Partheyen gefellig vnd gelegen ist/ vnd sollen die darumb gütlich vnd freundtlich mit einander vbertragen vnd vereynen/ vnd ob das nicht sein möchte/ so sollen sie sie darumb entscheiden/ mit einem freundtlichen Rechten/ des Rechten sie auch allzeit/ als dick das noth geschehen würde/ also gehorsam sein sollen. Vnd were es/ daß einer vnder vns solches Rechten nicht gehorsam sein wölte/ vnd darüber zu den andern vnder vns greiffen vnnd beschedigen würde/ so sollen die andern vnder vns mit demselben/ der des Rechten gehorsam wer/ vnd an dem also angreiffen würde/ zu stundt vnd vnuerzůglich zufallen/ vnd jhme auch mit aller jhrer gantzen macht wider denselben getrewlich beystendig/ berathen/ vnd beholffen sein/ als lang vnd als vil/ biß daß jme gentzlich wider geben vnnd gekeret würde/ das an jhne widerfaren ist/ Vnnd soll das auch allzeit vnnd als dick das not geschehen würdet/ von vns sampt vnd besonder/ getrewlichen gehalten/ vollnfürt vnd vollnzogen werden/ ohn alle geuerde.

Were es auch daß jemandt/ wer der were/ nun fürbaß einen vnder vns/ oder seinen Mann/ Burckman oder Diener/ es weren Geistlich oder weltlich/ bekriegen/ von jhren Herrschafften/ Pfandtschafften/ Freyheyten/ Rechten oder herkommen/ tringen/ oder mit gewaldt vberziehen vnd vberbawen wölte/ welchem vnder vns das geschehen würde/ vnd das den andern vnder vns verkündet vnnd zuwissen thete/ so sollen die andern vnder vns/ von stunde vnd vnuerzůglich darzů rathen vnd versuchen/ ob sie die sachen gütlichen vbertragen/ vnd hinlegen mögen/ Vnd ob das nicht sein möchte/ so sollen die dem jhenen/ der solch betrangnuß/ beschedigung oder vberbaw thůn wölte/ schreiben vnnd an jhn fordern das abzuthůn/ vnd sich an Rechte für jhm gnůgen lassen. Were es dann/ daß mann solch Recht von dem vnder vns den das angienge/ von den andern viern nicht auffnemen wölte/ vnd jhne darüber vnderstünde zubeschädigen/ So sollen wir vnd wöllen wir einander/ vnd vnser jegklicher dem andern/ darwider getrewlichen beholffen vnd berathen sein/ mit gantzer macht/ zugleicherweiß/ als ob vnser jegklichen die sach selber angienge/ vnd sein eygen sach were/ ohn geuerde. Auch was offener Vhede sich mit vnns samentlichen/ oder vnser jegklichem besonder vor Datum diß Brieffs vnnd verbündtnuß entstanden/ die sollen dise bündtnuß nicht treffen noch angehen.

Were es auch daß jemandt/ wer der wer/ vns/ oder vnser Räthe/ sie weren Geistlich oder weltlich/ jhr Leuth oder Güter angriffe/ bekriegte/ oder mit gewaldt beschedigte/ vnd der/ oder die/ die also beschedigt würden/ den Herrn vnder vns/ des Rath sie weren/ darumb anrüfften/ vnnd das Recht für jhn bütten/ so soll der Herr vnder vnns/ der also angerüffen vnd vor den das Recht geboten worden/ die beschediger darumb beschreiben/ vň das Rechte also bitten/ vnd wolte dann der Beschediger das dann nicht auffnemen/ wann wir andern dann von dem Herrn vnder vns/ dem solche fürderung zuthůn gebürt/ nach dem als vorgeschrieben stehet/ darumb ermanet werden/ so sollen wir getrewlichen widder die Beschediger berathen vnd beholffen sein/ mit gantzer macht/ als lang biß solch Vhede vnd gewaldt abgethan vnd der schade gekert würdet/ vngefehrlich/ Vnd in diser verbündtnuß vnd einigung/ haben wir obgenannte Herrn alle fünff außgenommen alle die/ mit denen wir vor

Datum

Einigung.

Datum diß Brieffs inn einigung sein/Außgenommen was den Rheinstram/vnnd Lyn pfadt antrifft/daran nemen wir sie nicht auß/Were es aber daß jemandt/mit dem wir sa mentlich/ oder vnser einer besonder/ vor Datum diß Brieffs verbunden wer mit vns sa mentlich/oder mit dem vnder vns/mit dem er verbunden were/zuschaffen gewönne/oder zu Kriege vnd vnwillen käme/vnnd wolte derselbe/der sachen nicht zu außtrag/nach inn halt solches verbundts/nach dem sie sich verbunden hetten/oder vor vns zu Recht vnnd außtrag kommen/ So sollen wir andern dem/von vns daß die sach angehet/innen der nech sten Monats frist/nach dem wir darumb ermant werden/widder den/oder die/die zu dem vorgeschrieben außtrag/inn obgeschriebener massen nicht kommen/ beholffen sein/ als ob die sach vns selber angienge/nach dem die vorgeschrieben verbündtnuß außweiset. Darzů haben wir obgenante Herrn alle fünff/gedingklichen/klar/vnnd lauter/außgenommen die heiligen Kirchen/ vnd den Allerdurchleuchtigsten Fürsten vnd Herrn/Herrn N. vnd N Römischen Keyser/vnnd König/zu allen zeiten mehreren des Reichs/ꝛc. vnsern günstigen vnd Gnedigen lieben Herrn/vnd das heylig Römisch Reich/Alles das hievor geschrieben stehet/versprechen/gereden/vnd geloben wir obgenante Herrn/ alle fünff/bei vnsern Fürst lichen trewen vñ ehren/allezeit/als lang als wir leben/getrewlichen/fest vñ stett zuhalten/ zuuollnfüren/vnd zuthůn/vnd auch darwider nicht zusuchen noch zuthůn/heymlich oder offentlich/ durch vns selbs/ oder jemandts anders/in kein weise/ Alle geuerde vnd argelist in allen vnnd jeaklichen vorgeschrieben stücken/Puncten vnd Articklen/gentzlich außge scheiden/Vnd haben auch des alles zu Vrkundt/ꝛc.

Forma eines außtrags vmb einigung.

Vnd auff daß solch vnser einung dester bestendklicher vnnd auffrechter möge gehal ten vnd vollnbracht werden/So haben wir vns auch darbey vertragen/ob vnser ei ner mit dem andern zuschicken gewönne/von sachen wegen/die sich hinfür begeben werden/wann dann vnser einer darumb schreibt/vnnd jhne dann einen Tag(der dann in xiiij. tagen nach solcher schufft erscheinen soll) benennet/ so sollen wir beyde vnser schiedli che freunde/ auff solchen Tag ghen N.schicken/ Es were daß daß vnser einer mit den von N.als dann in Vheden vnd Feindtschafften were/vnd daß den seinen von den von N. nit geleyd geben werde/So sollen sich vnser beyde Räthe mit einander/ einer andern gleicher malstatt vnuerzüglichen vertragen/daselbst hinkommen/vnd versuchen/ vnnd fleiß thůn/ die sachen güttlich zuuerrichten/ Ob sie aber die güttlicheyt als daß nit erlangen möchten/ so soll der vnder vns/der dann der sachen ein Kläger vnnd forderer ist/einen Obmann be nennen/Nemlich N.oder N.auß der andern Räthe/derselb Obman soll sich dann der sa chen beladen/vnnd in einem Monat/von der zeit an zurechnen/als er zu einem Obmann benant wirdt/einen Rechtag ghen N.setzen/ auff den soll vnser jeder zwen seiner Räthe zu jhne setzen/die sollen beyde Partheyen in Recht gegen einander notturfftiglich verhören/ vnnd wie sie alle/ oder der mehrer theyl die sach in Recht entscheiden/dabey soll es bleiben/ vnd dem von vns beyden theyln nachkommen werden/on alle weygerung vnnd außzug/ getrewlich vnnd ohne alle geuerde/ vnnd solcher entscheydt soll geschehen in einem halben Jar/ von der zeit an zurechnen/als der erst Recht tag von dem Obman gesatzt ist/ Es wer dann daß sich die sach durch erkendtnusse des Rechten/ lenger verziehen würde/dem soll auch nachkommen werden/ vnnd der gemelt Obman/soll solcher pflicht vnd Eyd/damit er den Herrn vnder vns/dem er gewandt ist/vnuerzüglich/ als baldt er zu einem Obmann benandt würdet/ledig gezelt werden. Es soll jhne auch der Herr/ des Rath er ist/darzů halten vnd vermögen/das er sich solchs Rechten anneme/ belade/vnd den sachen wie vor stehet/nachkomme. Ob aber vnser eins Prelaten/Grauen/Herrn/Ritter/Knechte/ oder vnderthanen/ mit dem andern vnder vnns zuthůn gewönne/ so solle er sich darumb an Recht benůgen lassen/vor des Räthen/mit den er zuthůn vermeynt zuhaben/ Würden aber vnser vnderthanen beyderseit gegen einander zuschicken gewinnen/in was stands oder Wirden/odder wesens der/oder die weren/Berürte es Geistliche Sach/so solte es an Geistlichen Rechten gehandelt werden/ Berürte es aber Lehen/ darumb solte mann für des Lehenherrn Lehengerichte Rechten/von dem die Güter/darumb mann Rechtet/zu Lehen herrüren/ Berürt es aber Sprüch/ Persone antreffend/die sollen verrichtet werden an den Gerichten/darinn dann der Antworter gesessen vnnd wonhafftig ist/ Doch weren es Ritter/oder Knecht/vnnd die in keinen Gerichten gesessen weren/als dann soll der antworter gerecht werden/vor dem vnder vns/dessen Rathe/Diener/oder angehöriger er ist/ Berürt es aber Erb vnnd eygen/das soll verrichtet werden/an den Gerichten/darin dann solch Güter gelegen sein. Berürt es aber Freuel odder missethat/ das soll verrechtet werden/an den Gerichten/darinn der Missethäter begriffen worden/ Vnd was also vor eim jeden Gerichte/wie vorstehet/zu Recht erkandt vnnd gesprochen wirdt/ dem sollen beyde Partheyen nachkommen/ohn ferner Außzug/ weygerung vnd Appellierung/getrewlich ohn geuerde.

Mehr ist beredt/ daß vnser keiner hinfüro die zeit gantz auß/ dieweil dise einung weret/in kein ander einung/noch bündtnuß gehen/noch kommen/noch auch kein ander ernewen noch ersterken sollen/er hab dann zuuoran dise einung/vnd darzu des andern Person vnder vns/hierinn außgenommen/Vnd soll dise einung weren vnd bestehen/rc.alle vnnd jegkliche/rc.

Einigung der Herrn/die Westphälischen Gericht antreffend.

VOn Gotts Gnaden wir N.N.vnd wir N.rc. Bekennen/rc. daß wir mercklich angesehen vnd betracht haben/solchen schwerlichen betrang/vberlast/vnnd fehrlichen mutwillen/damit allermenigklich/Geistlich/weltlich/Edel/vnedeln/reich/oder arme in vnsern Fürstenthumben/Landschafften/vnnd Stetten/von etlichen vnentlichen/ mutwilligen leuthen bißhero mit Westphälischen Gerichten fürgenommen/ vnd beledi-get/beschwert vnd getrieben worden sein/ auch täglich zu verderblichem kosten vñ schaden bracht werden/weiter vnnd ferrer dann solch Freygericht zu Westphalen/durch den heyligen Keyser Carln/löblicher gedächtnuß in anbeginne angesehen/löblich gestifftet/ vnnd außgesetzt worden/ auch seithero deßhalben/ durch Keyser Carln nachkommen/ an den H. Reich notturfftiglich betracht/ vnnd mit Reformation bestettiget vnnd Confirmiert worden ist/solches hinfüro in gütter fürderung zuhalten/vnnd semlich inntrag/irrsal/ vnnd beschwernuß zuuersehen/ vnnd zuwenden/So seindt wir vorgenante Fürsten/ vnd Stett/diser hernach geschribner vereinigung vnd verstendnuße/lieblich/ freundlich/ vnd festiglich/mit vnd gegen einander zuhalten/getrewlich eins worden/wie dann hernach begriffen ist.

Zum ersten/daß jegklicher Fürst/Herr/vnnd Statt/in diser einung begrieffen/mit offenem ruffe vnd Gebott/in allen jhren Landen/Stetten/vnd Gebieten/allen jhren vnderthanen verbieten sollen/an leib/vnnd an Güt/daß niemandts den andern/vmb keinerley sach mit Westphälischen Gerichten fürnemen soll/vmb wenig noch vil/ in kein weiß/ es sey dann/daß der solch sein sachen/vormals an seinen Obern bracht/vnd den mit glaublicher kundtschafft vnderrichtet habe/daß es zuthun sey vmb solche sachen/die an das Gericht zu Westphalen gehörig sein/vil er den/dem erzusprechen ist/ vormals vor seinen Obern zu Recht zufoderen erfordert/vnd jhne nit hab mögen für denselben zu Recht bringen/ vnnd jhme sein Oberer erlaubet/ sein Recht zu Westphalen zusuchen/ auch soll derselb sein Oberer/ jhme solch erlaubung nicht thün/ er habe dann vor vnnd ehe des angeklagten vnd angesprochen Obern erfordert/ vnd an jhne begert/ dem Kläger/ seinen vnderthanen zu vnuerzogenem Rechten zuhalten/ vnd jhme von des angeklagten Obern/ solchs nach

seiner

Einigung.

seiner forderunge vnnd begerunge in zweyen Monat zuthun/ verzogen worden sey/ Wer es auch sach/ daß solchs von jemands/ wer der were/ in diser Einung begriffen/ oder auß wendig diser vereinigung vbersehen vnd nicht gehalten/ oder jemands darüber mit Westphalischen Gerichten fürgenommen/ daß als dann desselben Obern/ so bald jhme das verkündt vnd zuvissen gethan wirt/ zu denselben vnsern vnderthanen/ oder andern/ die solchs vberfaren hetten/ so ferr er die gehaben mag/ greiffen/ vnnd den/ oder die/ ohn alle gnad an jhren Leiben straffen soll/ nach jnnhalt der Königlichen Reformation/ in massen/ daß ander daran sehen/ vnnd solch Geboit halten/ vnnd nicht verachten. Item daß jederman an seinem orthe/ alle die Botten/ so ladbar odder ander Brieffe/ von den Westphalischen Gerichten bringen werden/ so ferr mann die begreiffen mag/ auffhalten/ vnd solch Brieffe/ durch erbar fromme Leuth besehen lassen soll/ vnnd ist dann die sach redlich vnnd genuglich/ in massen hievor in diser vereinigung begriffen stehen/ erfolgt/ vñ erfordert/ auch die Brieffe nach ordnung des Gerichts vnnd der Reformation außgangen/ vnnd durch geordent vnnd geschworn Botten/ mit der Stulherrn Bottenbüchssen geantwort/ als ehrlich vnnd ziemlich ist/ darbey laß mann das bleiben/ vnnd den Botten vngeleidiget hinfaren/ Were aber das nicht/ daß dann der Botte/ der solch Brieff getragen hette/ er sey geschworn/ oder vngeschworn/ an seinem leib gestrafft werden soll/ darmit ander solchs zu thun nicht vnderstünden. Item daß alle/ die in diser löblichen vereinigung vergrieffen auff solche vngefehrlich außgangen Ladbrieff vnd Gebott/ heymlich oder offentlich geantwort/ sie weren von jnnlendigen personen oder ausserhalb diser vereinigung gesessen/ auß gantzen/ gantz nichts halten/ noch niemande dem andern des halb zuschub/ noch beystand/ auch keinen widerdrieß noch vorstande/ jnnwendig noch außwendig den Kreyssen diser vereinigung thun/ noch jemandts für ächter halten/ schreyen/ noch durchächtigen soll/ in keinen weg. Item vmb daß nemiglich desto geflissener sey/ dise vereinigung zuhalten/ so soll jederman an seinem outh/ dise vereinigung/ vnnd auch den Artickel der Königlichen Reformation zu Franckfort/ durch vnseren Allergnedigsten Herrn den Rhömischen Keysern gemacht/ von den Westphalischen Gerichten weisende/ lassen offentlich verkünden/ vmb daß sich ein jegklicher derselben halten/ vnnd darinnen die straffe begrieffen/ wissen möge zuuermeiden/ vnnd zuuerhüten/ vnnd stehet derselb Artickel von wort zu wort hernach geschrieben/ vnnd hebet also an: Item von der heymlichen Gericht wegen/ Nach dem vnnd sich vil vnbillicher sachen/ die da nicht daran gehören/ an denselben Gerichten verlauffen/ vnnd bißher manigfältiglich gemacht haben/ dardurch/ wo das lenger bestehen solt/ gemeyner nuß vnnd Friede/ in dem heyligen Römischen Reich/ nicht wenig bekrenckt vnd gejrt werden möcht/ Vnd darumb solche vnrath zufürkommen/ so haben wir mit rathe/ als vorgeschrieben stehet/ vnser/ vnd des heyligen Römischen Reichs Churfürsten/ Stett/ vnnd andern obgemelt/ gesetzt vnd geordnet/ Setzen/ ordnen vnnd gebieten/ von Römischer Königlicher macht/ in krafft diß Brieffs/ daß solch heymlich Gericht fürbasser mit frommen verstendigen/ vnd erfarnen Leuten besetzt/ vnnd nicht durch bennisch/ verächter/ vnehlich geborn/ meyneidig/ oder eygen Leuthe gehalten werde/ vnnd es dieselben darmit anders nicht halten/ dann als das von anbeginne/ durch den heyligen Rhömischen Keyser Karle den Grossen/ vnsern Vorfaren am Reich/ auch dardurch die Reformation/ so der Ehrwirdig N. Erßbischoff zu N.rc. als jhme das durch Keyser Sigmundeh/löblicher gedächtnuß/ vnsern Vorfarn befolhen war zu N. in beywesen viler Graffen/ Freyen/ Herrn/ Ritterschaft/ Stulherrn/ Freygraffen/ vnnd Freyschöffen gemacht hat/ geordnet/ vnnd gesetzt ist/ Besonder daß mann niemande fürther dahin heische/ odder lade/ dann die vmb die Sachen die dahin gehörent/ oder der mann zu den Ehren nicht mechtig sein möchte/ Wenn aber jemandt dahin gefordert würd/ des sein Herr/ oder Richter mechtig were/ zu den Ehren von jhme oder andern Landtläuffigen Gerichten/ vnnd der selb Herr/ odder der Richter/ dem Freygrauen odder Richter solches zuwissen thete/ oder vnder jhren Innsigelen schriebe/ vnnd einen solchen abforderte/ so sol als dann solche ladung absein/ vnnd der sachen nachgangen werden vor dem Herrn/ oder Richter/ da die

New Formular

sach hin gehöret/vnd gefordert würde/ohn jnntrag des Freygraffen/oder heymlich Richters. Wo aber dem nicht also nachgangen wirt/so sollen alle Proceß/erfolgunge/vnd Gerichte/die darüber beschehen weren/oder geschehen würden/gantz krafftloß/todt vnnd ab sein/die wir jetzt auch als daß/vnd daß als jetz von Römischer Königlicher macht krafftloß sprechen/vnnd vertheyln. Es soll auch kein Freygraffe keinen Freyschöffen machen/ dann die das von Rechts wegen werden mögen/vnnd die solch jhr täglicheyt durch gnügsam kundischafft fürbringen/ nemlich sollen sie keinen Züschöffen machen/ der vnehelich geborn/jemandts eygen/oder sonst verbündig/oder zugehörig sey/die auch in des heyligen Römischen Reichs Achte/Aberacht/oder Bannen/Geistlichen oder weltlichen sindt/sie auch keins wegs zu Schöffen machen/ Solches so von den heymlichen Gerichten obgeschrieben stehet/wöllen wir von meniglich festiglich/vnd vnuerbrüchlich gehalten werden soll/Vnd gebieten darumb allen vnnd jegklichen Stülherrn/Freygrauen/vnd allen andern/in welchem wesen oder standt die seind/ernstlich/vn festiglich mit disem Brieff/ daß sie solchs auff jhren Stülen vnd Gerichten bestellen/ vnd ordenlich gehalten werde/ dann wo jchts darwidder/ odder anders geschehe/ so soll der Stulherr zehen Marck Goldes in vnser König.Cammer vnnachläßlich zubezalen/ vnnd der Freygraue sein Ampt der frey Graueschafft verfallen sein/ Auch der/der also vnrecht forderunge odder verbottunge erwürbe/sich selbs verurtheylt/ vnd seinen leib verwirckt/ vnnd jhr jegklicher wider Ehr gethan haben/vnd soll meniglich zu jhnen richten als sich gebürt.

Were es auch daß jemandt vnder den/ so in diser vereinigung sind/ mit Westphalischen Gerichten oder sonst fürgenommen vnd geleidiget würde/vmb daß der/oder dieselben diser einigung nachgangen were/ oder nachgiengend/ oder was widersatzes jnen jnsonders begegnet/diser gemeynen einigung halb/wo vn welchem das were/ so sollen alle die/so in diser einigung begrieffen sindt/vnd deßhalb angerüfft werden/dem/oder den so solch fürnemen vnd widersatze abegestelt/vnd diser vereinigung nachgangen wirdt/ getrewlich vnnd vngeschrlich/ Vnnd ob sich deßhalben noth gebüren würde/zu tagen zukommen/oder zu schicken. Waun wir obgenanten Fürsten/ Herrn/ vnnd Stette/ dann von den/ in diser einigung benant/dem solcher brast angelegen were/mit schrifft erfordert werden/darumb an gelegen enden zu tagen zukommen/das sollen vnnd wöllen wir thun/die Sachen vnnd bresten verhören/vnd vns dann darin/auff weisung diser einigung/willig vnnd gebürlich halten.

Ob auch jemandt mehr/es weren Fürsten oder Herrn/ Stett/ oder Landtschafft/ in dise vereinigung zukommen/vnd die zuhalten begerendt/auch solche vereinigung getrewlich zuhalten/vnnd zuhandthaben/verschreiben/versigeln/vnnd gereden wolten/ wie sich dann das nach eins jegklichen gestalt gebüren vnnd geheischen würde/der soll darinn auch gelassen vnnd auffgenommen werden/ Vnnd nemlich so mag ein jegklicher Fürste/ ander Fürsten/Grauen/oder Herrn/oder Ritterschafft/ vnnd ein jegliche Statt anderer Stetten/oder Länder/in dise einigung nemen/vnd empfangen/ mit versorgung/ verschreibunge vnd versigelung/ als daruor begrieffen stehet/ vnd derselb Fürst/ vnnd Statt/soll auch die Brieff/so von dem/oder denen/die also auffgenommen/gegeben werden/behalten vnd versorgen/ zu nutz alle denen/ die in diser vereinigung sindt. Derselb Fürst/ oder Statt/ soll auch allen den/die in diser einigung sein/von stundt schreiben vn verkünden/ den/ oder die/die sie also in dise einigung genommen vnd entpfangen hetten/doch auff des/oder derselben kosten/ die also in die einigung genommen sindt/ vngefehrlich.

Vnnd wir die obgenannten Fürsten/Herrn/vnd Stette/gereden vnd versprechen/ für vns/vnnd alle die vnsern/solch vorgeschrieben ordnung vnnd vereinigunge/mit allen jhren Puncten vnd Artickeln/gantz fest/war/vnd stette zuhalten/getrewlich vnnd vngefehrlich. Des zu Vrkundt/:c.

Einigung

Einigung.
Einigung ein Pfenning Müntz zuschlagen.

Wir N. vnd N.ec. Bekennen/ec. Waſt etlich vergangen Jar/ mancherhand pfenning vnd Heller/in vnſern Landen obendig der N. genommen/ vnnd kein beſtendig Silber Müntz geſtanden iſt/ darauß vnſern Fürſtenthumben vñ gemeynen Landen mercklich beſchwerung/vnnd vnleidlicher ſchade/wo dem nach bequemlicher notturffr nicht begegnet würde/ manigfaltiglich entſtehen möcht/vnnd vns/ vnſer vnterthanen/vnd gemeyner Lande nutz/nit vnbillich gebürt zubetrachten/vnnd täglich zumehren/ daß wir ſolchs zuuerſehen vns vmb vnſer Lande/ Leuthe/ vnnd vnderſäſſen/auch gemeynes nutz vnnd beſten willen/ dem Kauffman zu güte/mit wolbedachtem müte/zeitigem rath/vnſerer Räthe vnnd getrewen/ vereint haben/ vnnd vberkommen ſein/ein Silberin Pfenning vñ halb Pfenning Müntz/in vnſer beyder Fürſten Müntzen N. jarlang/ nach Dato diß Brieffs/nechſtfolgenden/ auff einem jegklichen Stahl/ vñ Mayren in maſſen hernach folget/zuſchlagen/Vnd ſoll dieſelb Pfenning vnd halb Pfenning münß/ von vns beyden Herrn/die benant Jaljare/beſtendig nach innhalt diß Brieffs gehalten vnd in vnſern beyden Fürſten Landen gegeben/ vnd genommen werden. Zum erſten ſo ſollen vnnd wöllen wir beyde Fürſten/inn vnſeren Müntzen geholcht Pfenning ſchlahen laſſen mit einem halb Borrten ſchilt/ darinn in vnſer N. Müntz auff der rechten ſeiten ein Rade/ vnd auff der lincken ſeiten ein Löwe/vnnd in vnſer N. Müntze auff der rechten ſeiten ein Löwe/ vnd auff der lincken ſeiten ein Rad/geſchlagen werden/derſelben Pfenning wies gemacht vnd gantz außbereyt/N. Pfenning/vnd nit mehre auff ein Loth gehen/vñ ein Marck/ N. Pfenning feins Silbers halten ſoll/vnd derſelben Pfenning N. ſchilling/vnd nicht mehr/ für einen güten Rheiniſchen Gulden geben werden ſollen. Es ſoll auch vnſers jeden Fürſten Müntzmeiſter/ von der Marck Pfenning/ ſeinem Herrn acht Pfenning/ vnnd nicht mehr zu ſchlaheſchatz geben. Wir ſollen vnnd wöllen auch in vnſern Müntzen halb pfenning/ deren zwen einen Pfenning gelten/die einen ſchlechten Schilt haben ſollen/ in vnſer N. Müntz ein Rad/ vnnd inn vnſer Müntz ein Löwe geſchlagen werde/ ſchlagen laſſen/ Derſelben halben Pfenning gantz außbereyt vnnd außgemacht N. vnnd nicht mehr auff ein Loth gehen/ vnnd die Marck derſelben halben Pfenning N. Pfenning feins Silbers halten ſoll. Es ſoll auch vnſers jegklichen Müntzmeiſter/ ſeinem Herrn von einer Marck der benanten halber Pfenning N. halber Pfenning/ vnnd nit mehr zu ſchlaheſchatz geben. Vnſers jeden Herrn Müntzmeiſter ſoll auch als dick der auch fünffhundert Marck Pfenning ſchlagen wirdt/hundert Marck der güten halbe Pfenning darin ſchlagen/vnd die obgenanten Pfenning vnd halb Pfenning/ die er von ſeines Herrn wegen ſchlagen würde/ gleicher ſchwere machen/ alſo daß einer nit mehr wieg/ dann der ander/ vngefehrlich/ vnd nit vber N. ß. pfenning für einen Rheiniſchen gulden geben.

Wir ſollen vnnd wöllen auch zu den obgenanten vnſern Müntzen/einen gemeynen Eiſenſünder haben/ der vns/odder den vnſern/ von vnſert wegen/ zu jegklicher zeit ſo mal das not hat/getrewlich Eiſen ſünder/der ſoll auch vns beyden Herrn leiblich zu Gott dem Allmechtigen ſchweren/vns damit getrewlich zugewarten/vngefehrlich. Item wir beyde Herrn ſollen vnd wöllen auch einen gemeinen Probirer haben/ der vns oder den vnſern/ von vnſert wegen/einen leiblichen Eidt zu Gott ſchweren ſoll/ daß er wöll zu jegklicher zeit als ſich das gebürt/vnd noth geſchicht/ bey die Probation kommen/ vnnd die Pfenning vnd halb Pfenning müntz/ nach ſeinem beſten verſtandt/ gleich recht zu probieren vnd außzuſetzen/ auch ſoll vnſer jegklicher Herre in ſeiner Müntz einen redlichen verſtendigen Wardin haben/ der zu Gott vnd den Heyligen ſchwert ſoll/ zu jegklicher zeit/ſo der Müntzmeiſter Pfenning/oder halb Pfening kreutzen wil/die Eyſen vnd gewichte/zu den Müntz gehörende/ ſelber in die Müntz zubringen/darbey auch zubleiben/ vnnd dauon nit zukommen/ ſolch werck (darumb er die Eiſen vnd gewichte darbracht hat) ſey daß gantz gekreutzet/auß

S iij

New Formular

bereyt vnd auffgezogen/ vnd als dann dieselben Eisen/ vnd gewichte/ widder zu seinen hånden zunemen. Es soll auch vnsers jegklichen Herrn Wardin/ ein Büchsen haben mit zweyen Schlossen/ darzů jegklicher Herrn Freunde einer/ zu seines Herrn Wardin/ einn Schlüssel haben/ Vnnd soll der Wardin von jeglichem Werck/ es seyen Pfenning/ oder Halbpfenning/ das (als vorstehet) außbereyt/ vnd gekreutzet wirdt/ ein Probe nemen/ vnd in die vorgeschrieben Büchsen werffen/ die mann zu der nechstkünfftigen Probation bringen/ vnd solch Proben auffsetzen/ vnnd versuchen solle. Were es auch/ daß der Wardin einiche Werck/ so er auffzüge/ finden würde/ da mehr dann N. Pfenning/ odder N. halb Pfenning auff das Loth giengen/ dasselb Werck soll er zerschneiden/ vnd bey seinem Eyde nicht auß der Müntz gehen lassen. Es sollen auch vnser jegklichs Fürsten Wardin/ vnd der Probierer leiblich zů Gott vnd den Heyligen schweren/ kein theyl oder gemeyn/ durch sich selbs/ oder jemandt anders/ mit dem Müntzmeyster/ oder an der Müntz/ mit kauffen oder verkauffen/ mit Silber oder einicher handlung/ die sich zu der Müntz treffen mag/ zuhaben/ vngeschrlich/ auch an der Probation kein schenck zugesinnen/ oder nemen.

Wir beyde Fürsten sollen vnd wöllen auch jegklicher seinn Freunde auff Mittwochen in den Osterfeyertagen nechstkommend zu N. vnd darnach auff Sontag nach Trinitatis nechst darnach folgende zů N. haben/ die benanten Pfenning vnd Halbpfenning/ die in der zeit gemacht werden/ auffzusetzen vnd probieren. Wir sollen vnnd wöllen auch darnach beyderseits/ so lang die benanten Pfenning/ inn vnser Müntzen geschlagen werden/ auff Sontag zů nacht in jeder Fronfasten/ vnser beyderseits freunde/ zum ersten ghen N. darnach ghen M. vnd dann aber ghen N. vnd aber ghen M. ic. schicken/ die Pfenning vnd halb Pfenning/ so jedes viertheil Jars/ in vnser beyder Müntzen geschlagen sein/ auß der Büchsen vnd des Kauffmans Beutel auffzusetzen/ vnnd zu Probieren. Wir beyde Fürsten/ sollen vnnd wöllen auch/ vnnd vnser jegklicher besonder bestellen/ vnd daran sein/ daß den Müntzmeistern vnd vns/ oder jemandts/ wer der sey/ kein geferlicher beystandt zu der Probation geschehe/ sonder daß die auffrichtig/ vnnd redlich gehalten werde. Es sollen auch alle vnser beyder Herrn freunde/ Müntzmeister/ Wardin/ Probierer/ all jhr Gesinde/ vnd Diener/ so sie von vnser Müntzen wegen zusamen kommen werden/ vnnd sonst zu einer jegklichen zeit vngeferlich/ vnser beyder/ vnnd vnser jegklichs besonder allenthalben/ zu Wasser/ vnd zu Lande/ hin vnd wider gůt frey starck Geleyd haben/ vnnd auch darinn sicher sein. Es were dann/ daß sie/ oder jhr einer/ wider dise vnser vereinigung/ vnnd Brieff gethan hett. Wer auch vnser beyder Fürsten/ oder vnser eins Müntzen suchen wil/ vnd darumb außkommen ist/ der soll mit seiner haab vnd gewähre/ in die Müntz gehörig/ ein gůt frei sicher starck geleyd haben/ zů Wasser vnnd zů Lande. Were es auch/ daß vnser obgenanten Fürsten Müntzmeister einer/ oder sie beyde auff der Probation/ oder an einem/ oder mehr vor oder nachgeschrieben Puncte/ wie daß die in disem Brieffe geschrieben stehen/ brüchig funden würde/ welches Herrn Müntzmeister der wer/ das soll stehen in des andern Herrn handen/ jhne darumb zubüssen/ vnd zustraffen/ nach seinem willen/ ohn zorn vnd widderrede desselben seins Herrn/ oder jemandts anders von seinet wegen/ Doch also/ ob er von demselben Herrn an seinem gůte gebüsset worden/ daß dieselbe büsse beyden Herrn gleich zůstehe/ vnd einem Herrn als vil daruon werden/ als dem andern/ Vnnd soll auch der Fürste/ des der Müntzmeister ist/ seines Müntzmeisters nach allem seinem besten vermögen sicher werden/ vnd jhne in dem andern behalten/ jhn zustraffen/ Vnnd soll doch der Herr/ des Müntzmeister brüchig funden würde/ sein Müntz nit destminder mit einem andern Müntzmeister versehen vnd bestellen. Vnd vff daß vnser beyder Fürsten Müntz desto auffrichticher gehalten werden/ So sollen vnser beyder Herrn Müntzmeister/ vnnd jhr jegklicher besonder/ mit auffgereckten fingern/ leiblich zů Gott vnd den H. schweren/ dise vnser einung von der Müntz wegen/ vnd disen Brieff in allen seinen puncten/ sie ansangende/ getrewlich/ stett vnd vnuerbrüchlich zůhalten/ Vnd daß sie auch/ vñ jhr jegklicher durch sich selbs/ oder jemandt anders von jhrent wegen/ kein golt oder Silber/ auß vnsern Landen/ oder in ander Herrn Müntz bringen oder schicken/ auch mit keines andern Herrn

Müntz

Einigung.

Müntzmeister oder Müntz/theyle oder gemeynschafft haben sollen/ ohn geuerde.

Wir beyde Fürsten sollen auch/ jegklicher inn seinen Landen vnnd Ampten/ auff N.nechstkünfftig verkünden lassen/ wie wir vnnß beyderseits mit einander/ der obgenannten Pfenning vnd halb Pfenning Müntz vereint vnnd vertragen haben/ die auff Sontag N.nechst darnach folgende außgehen/ vnnd hinfüro genommen vnnd gegeben werden soll/vnd darbey gebieten/daß hinfüro zwischen dem bemanten Sontag N.vnd vnser lieben Frawen Tag/ Natiuitatis zu Latein genant/ die Pfenning die bißhero gangen sein/bey disen vnsern newen Pfenningen gang haben/ vnd jhe für der newen Pfenning ij. an kauffen vnd verkauffen/ vnd aller handthierung vnd bezalung genoßen vnnd gegeben werden soll/ Vnd wann derselb N. tag verschienen ist/ so sollen als dann die newen Pfenning/die also in vnser Müntz geschlagen werden/gäng/gebe/ vnd gemeynlich ohn vnderscheide/vnd keiner vor den andern verschlagen/ oder verkeren/ sonder an kauffen vnnd verkauffen/vnd aller handthierung vnd bezalung allein vnnd kein ander Silberin Pfenning Müntz genommen werden. Vnd auff daß vmb änderung der Müntz die Taglöhne/ oder andere Löhne/ oder Pfenningwerth nicht auffschlagen/ oder vertewert werden/ So sollen vnd wöllen wir beyde obgenante Fürsten/vnd vnser jeder in seinen Landen/vnd Amptyen gebieten/was mann hieuor mit einem alten Pfenning bezalt hat/daß man das hinfüro aber vmb einen alten Pfenning geben vnd kauffen soll/ biß auff den ehegenanten N. Tag. Vnd ob jemandt/wer der were/diß vnser Gebott/in einem oder mehr puncten vberfaren würde/vnd einiche ander Pfenningmüntz gebe/oder neme/ anders dann wie vorgeschrieben steht/den soll der Fürst vnder dem er gesessen ist/straffen/nach seinen gnaden.

Alle vnd jegkliche vorgeschrieben puncten vnd Artickel/ haben wir beyde obgenante Fürsten/vnser jegklicher dem andern bey vnsern Fürstlichen trewen vnd ehren/gelobt vnd versprochen/Geloben vnd versprechen auch in krafft diß Brieffs/die fest/stett/ vnd vnuerbrüchlich zuhalten vnd zuuollnfüren/darwider nit zuthün/noch zugestatten daß darwider gethan werde/ Alle argelist vnd geuerde hierinn gentzlich hindan gesetzt. Vnd des zu Vrkundt/ic.

¶ Folgen etliche Verträge.

Ansuchung in Vertragshandlungen zubewilligen.

Von Gottes Gnaden/ic.

Vnsern günstiglichen gruß zuuor/Ersamen/weisen lieben besondern/ Meyster vnd Rath zu N.haben vns geschrieben/euch antreffent/als wir euch derselben jr schrifft Copeyen hierinn verschlossen vberschicken/ darinn jhr der genanten von N. meynung wol vernemen werden. Wann nun die Hochgebornen Fürsten/ vnser lieber Herr vnd Vatter/vñ vnser lieber Brüder seliger gedechtnusse/auch wir/biß hero mit euch vnd andern ewern mit eydtgenossen/in sonder gütem glauben vnd getrawen herkommen/von des wegs wir euch zu gnaden wol geneygt/ vñ wir dann jetzunde mit den von N. in freundlicher verstendtnuß vnd einigung sein/vns auch solcher ewer/vnd der von N.zwytracht zu wider vnd nit lieb ist/ auch darinn mit gütem fleiß durch vns/ oder der vnsern mühe vnnd arbeyt nichts verdriessen lassen wöllen/zuuersuchen/ob jhr der spenn vnnd jrrungen geeinet vnd vertragen werden mögent. Darumb wir an euch begeren/ mit besondern ernst/daß jhr vns zu lieb vnd willen eins gütlichen Tags der Sachen verfolgen wöllen ghen Basel auff Sontag N. zu nacht da zusein/ vnnd uff Montag darnach/ von den sachen zureden/ vnd alle sachen hierzwischen gütlich gegen den von N.vnd den jhren/ halten vnd ansehen lassen/vnd wöllent vns das nit versagen/ als wir euch getrawen/ Daran beweisen jhr vns angenemes wolgefallen/in gnaden gegen euch zuerkennen/ vnd begeren des ewer beschrieben antwort. Datum/ic.

S iiij

New Formular

Vertrag da in spennigen sachen schrifftlich soll gehandelt werden.

Wir N.zc. Bekennen/zc. Als zwischen dem N.zc. an einem/vnd N.am andern theyle/Spen vnd zwytracht entstanden sein/daß wir mit jhr beyden theyl wissen vnd willen zwischen jhne berede vnnd betheydingt haben/daß jhr jegklicher theyl dem andern/vmb seine zusprüche/die er meint an jhn zuhaben/für vns vnd vnsern Räthen/die wir vngeserlich zu vns nemen vnd setzen werden/vnverdingt/gerecht werden sollen/dem nachzukommen/getrewlich vnnd vngesehrlich/Vnnd soll jegklicher dem andern/sein ansprache vnnd forderunge in schrifften/versigelt vberschicken/Nemlich N. sein ansprache den Bürgermeystern vnnd Rathe zu N.auff N.Tag nechstkünfftig/vnnd die vorgenanten Bürgermeister vnd Rath jhr ansprach dem obgenanten N. auff vorgedacht N. Tag ghen N. zc. Vnnd soll jegklich theyl an die vorgenante ende sein antwort/auff des andern theyls ansprache vnnd forderunge auff Montag nach vnser lieben Frawen Tag/Assumptionis zu Latein/ nechstkünfftig/vnd sein widderrede auff des andern theyles antwort auff Montag nach des Heiligen Creutztag/Exaltationis zu Latein/nechstkünfftig/Vnd sein nachrede/auff des andern theyles widderrede/auff Montag nach Sanct Dionysien Tag nechstkommend inn geschrifften vnnd versigelt vberschicken/vnnd solch ansprache/antwort/widderrede/vnd nachrede/so jegklicher theyl dem andern in geschrifften versigelt vberschickt hat/vnnd darzu auch kundtschafft/Brieffe/vnnd anders/vnd was jegklicher Theyl in den Sachen vermeynt im Rechten zugeniessen/ sollen beyde Theyl vnns auff Montag N.nechstkommend in vnser Cantzeley ghen N.vberschicken/vnd soll jegklichem Theyl zu des andern Theyl/kundtschafft/Brieffe/vnnd beylegunge sein innrede mündtlich darinnen zuthün vorbehalten sein. Vnnd wir sollen auch beyden Theylen zwischen obermeltem Montag N. vnd auff Sanct N. Tag nechstkünfftig einen Tag für vns oder vnser Räthe bescheiden/solche innrede zuthün/ vnd zuhören/ vnd auch zuversuchen/ ob beyde Partheyen solcher jhrer Spenne vnd zwytracht gütlichen vnnd mit wissen/ vereinet vnnd vbertragen werden mögen/Vnnd vmb was stück sie nicht also gütlich vertragen werden/darumb sollen wir vnd vnser Räthe/die wir also vngefehrlich zu vns nemen/ odder der mehrertheyl vnder vnnso sie binnen derselben zeit/ vnnd Sanct Vältins Tag/ nechstkommend/durch vnsern Rechtspruch vnnd erkandtnuß zu Rechte entscheiden/vnnd jegklicher Theyle/des vnser Vrtheyl vnd Rechtspruche in vnser Cantzlen zu N. auff den vorgedachten Sanct Vältins Tag holen vnd empfahen lassen/Alles ohn geuerde. Vnd des zu Vrkundt/zc.

Vertrag vber schmehsachen/in kurtzer Form.

Wir N.zc. Bekennen/zc. Als etlich Spenn vnd zwytracht gewesen sein/zwischen N. an einem/vnd N.am andern theyle/ darumb wir sie beyde auff heut Datum diß Brieffs für vnns vertagt haben/sie zuverhören vnnd zuversuchen/ ob wir sie vereinen vnd vertragen mögen/Da hat N. vns fürbracht/ daß N.außgeben/ geredt/ vnd geschrieben haben soll/N. Fisch bey nacht vnnd Nebel gestolen haben als ein Dieb/zc. wie dann beyder Theyle rede/widderrede/ vnnd nachrede/ daruon gelautet haben/ Vnnd als wir traweten sie beydertheyl der Sachen mit wissen zuvereinigen/ So haben wir mit jhnen beyden/so ernstlich vnd fleissig gehandelt/daß sie die Sach/vnd was sich darinn/vnd darunder zwischen jhne/in worten vnnd schrifften ergangen vnnd zugetragen hat/ zu vns gestelt haben/Also/wie wir darinn entscheiden/ daß sie das von beyden theyln auffnemen/ halten/vnd darbey bleiben lassen sollen/ das sie auch also zugesagt vnnd mit trewen gelobt haben/

Vertrag.

haben/zuhalten. Vnd darauff so entscheiden wir sie/daß solches alles jhn beyden theyln/ an ehre/vnd glimpff kein schade sein soll/vnd was sich auch darumb/für sich vnnd alle die jhren/vnd were von beyden theylen darinnen/oder darunter verdacht/vnd gewandt sein/ vnd sein mögen/gericht:/geschicht/vnd versünt sein/vnd darumb nimmer kein anspruch/ forderung oder efferung/durch sich selbs/oder jemandts von jhrent wegen/an einander/ oder gegen einander thůn/noch haben sollen/noch schaffen gethan werden/in keinen weg/ ohn alle geuerde. Vnd des zu Vrkundt/ec.

Vertrag vber schuldtforderung.

Wir N.ec. Bekennen hiemit offentlichen/Als sich gebrechen/etlicher schuldtforderung halben/zwischen A. an einem/vnd dann B. weylandt N. seligen Kellern zu N. andertheyls/zůgetragen/Derowegen sie zu beyderseits von dem Durchleuchtigen Hochgebornen N. Fürsten/ec. vnserm Gnedigen Herrn/heut dato zu gůtlicher verhöre/vnd handlung fürbescheiden worden/Also jhrem gehorsamen erscheinen nach/sagte A. daß weylandt sein Vorfare/Dieterich N. seliger/Johan von N. seliger/dergleichen sein Son N. welcher kurtz verrůckter zeit auch verstorben/vor ein benante summa Gelts Tuch vnd anders geborgt/welche schulden/jnnhalt eins auffgelegten theylungs Register/so auß den Hauptregistern gezogen/seiner Haußfrawen selig Catharinen N. einzubringen/zuertheylet worden/vnd er aber als Eheuogt auff vilfeltig beschehen ansůchen/bey ermelten Joachim N. seligen/oder seinem hinderlassenen Keller zu N. B. jetzigen Beklagten/bißhero noch kein bezalung des vbrigen außstendigen Rests/so sich auff N. Gůlden lauffen theete/erlangen mögen/mit bitt vnnd begeren obgemelten Keller in gůte zu billicher bezalung zuuermögen. Dargegen N. Keller B. obgemelt fürbracht/daß gleichwol nicht ohne/er vom A. vmb bezalung offtmals angelangt/aber er solche ohne sondern befelch zubezalen nicht wůste. Hette aber ein solchs an Adamen von N. Auch Eberharden von N. als Joachim von N. Freundtschafft gelangen lassen/vnnd er auff disem Tag zuerscheinen von jhn bescheiden/im fall da sich etwas durch rechnung vnd anders/so er A. an statt seines Junckern seligen zubezalen schuldig erfünd/wölte er sich vermög befelchs/er von seinem Junckern obgemelt entpfangen/gemechtigt haben/was jhme zuerlegen gebůllich/ein solches zuuergnůgen vrpütig sein. Darauff wir also beyderseits Můndtlichem fürbringen nach/die sachen in gůtlicheyt dahin verglichen vnnd vertragen/daß B. Keller zu N. von wegen seins Junckern Joachim von N. seligen/vnnd an statt desselbigen hinderlassenen Kinde/vnd Erben/dem vorgedachten Klägern A. vor alle obgemelte forderunge vnd anspruch/auff gnůgsame Quittung/darinn beyde von N. Vatter vň Sone/auch derselben hinderlassenen Erben/notdůrfftiglichen Quittiert werden N. gůlden/jeden gůlden zu 26. Albus schierstkommenden Michaelis Dato lauffenden Jars entrichten/vň bezalen soll/ darmit sie also zu beyderseits jhrer habenden gebrechen/endtlich verglichen vnd entschieden sein/kein theyl deßwegen in oder ausser Rechts/einiche forderung haben/sůchen/oder gewinnen/ sonder also vertragen sein/wie sie beyderseits solchem geleben vnnd nachzukommen/zůgesagt haben/trewlich/sonder geuerde. Zu Vrkundt versiegelt mit Hochgedachtes vnsers Genedigen Herrn N. Fürsten Secret/Freytags nach N. Tag/Anno Domini/ec.

Vertrag oder entscheidsbrieff in streittigen Sachen.

Wir N. von Gottes Gnaden Pfaltzgraue bey Rhein/vnd Hertzog in Beyern/ec. Vnd wir Philips Graue zu N. vnd N. Bekennen vnd thůn kundt offenbar mit disem

New Formular

diſem Brieffe/ Als eilich jrrungen vnnd gebrechen entſtanden ſeindt zwiſchen der Hoch-
gebornen vnſerer freundlichen lieben Momen vnnd Geſchweihen/ Frawen Eliſabethen
geborner Fürſtin von N. Gräuin zu N.ꝛc. an einem/ vnnd Johan Ludwigen Grauen zu
N. vnd N. der noch vnder ſeinen jaren iſt/ vnd ſeinen montparn an ſeiner ſtatt/ am andern
theyl/ deren jhre Liebden/ vnd ſie dann durch vnſer liebe getrewen vnnd beſondern Han-
ſen von N. zu N. vnnd Leonharten von N. zu N. auff vns/ als obleuthe/ mit gleichem zu-
ſatze/ zu außtrag vertheydingt ſeindt/ nach laut eins zůlaſſe darüber ſagende. Demnach
wir an den ſachen einen Tag allher gen N. beſcheiden/ den beyde Partheyen mit vollnkom-
menen gewaldt beſuchen laſſen/ vnnd beſucht/ Vnnd alſo vor dem Ehrwirdigen in Gott
Vatter/ vnſerm lieben beſondern Freundt/ vnnd Herrn N. Biſchoffen zu N. den wir an
vnſer Pfalzgraue N. ſtatt/ Vnnd wir Graue Philips als Obleuth vnnd züſetzen/ deren
(wiewol der anlaß vier beſtimpt) beyde theyle an zweyen benügig geweſen/ vnd zugeſatzt/
erſchienen ſindt/ nemlich Herrn Anthoni von N. ꝛc. auff Hochgedachter vnſerer freund-
lichen lieben Momen vnd Geſchweihen/ Frawen Eliſabethen/ ꝛc. vnnd Heinrich von N.
auff Graue Johan Ludwigs ſeiten/ vnnd alſo für vnns den Obleuthen vnnd züſätzen/ jhr
beyderſeits gebrechen (nachgemelt) zu verhörung bracht/ vnd darauff die ſache zu vnſerm
entſcheide geſtelt haben/ nach laut des Anlaß. Alſo nach beyder theyl verhörung/ vnnd
aller vnderrichtungen entſcheiden wir/ mit ſampt den züſetzen/ einhelliglich/ inn krafft des
Anlaß wie nachfolget. Zum erſten berüren die fertigung der zwölffhundert Gulden/
järlicher Gülten/ ſo die hochgenante Fraw Eliſabethe von jhrer Liebden Wiedem/ auff
den Herrſchafften vnnd Schlöſſern A. B. vnnd C. mit jhren zůgehörden haben ſolle/ꝛc.
Entſcheiden wir alſo beyde theyle/ beſonder/ wir Graue Philips als Montpar/ Perſön-
lich/ vnnd Fraw Eliſabethen/ odder jhrer Liebden Freunde/ ghen N. darzu wir der Pfalz-
graue auch einen odder zwen vnſer Räthe ſchicken vnnd zuſammen kommen ſollen auff
Montag nach N. Tag nechſtkünfftig zu früer taggzeit/ Darzu wir Graue Philips etli-
che der Herrſchafft N. Lehenmanne auch beſchreiben ſollen. Ob aber wir Graue Phi-
lips ehehafftiger hindernuß zu ſollichem Tag nicht kommen möchten/ ſo ſollen wir doch
jemandt der vnſern mit vollnkommenen gewaldt darzů ſchicken/ vnd deſſelben vns Gra-
ue Philips/ odder vnſern Machthabern an vnſer ſtatt/ vnnd den geſchickten vorgemelt/
alle Güte vnnd Renthe der Herrſchafft A. mit glauben/ an den Ampteluthen erſücht/
erforſchet/ vnnd zu ziemlichem anſchlag/ nach Lands gewonheyt/ was es zu gemeinen ja-
ren ertragen mag/ geacht werden/ Vnd mögen ſolch nutzung vnd Gülte zwölff hundert
Gulden järlich ertragen/ jnnhalt des Heyrath Brieffs/ ſo ſoll vnſers Freundts vñ Herrn
von N. ſpruche abe ſein/ vnd vnſerer freundlichen lieben Momen vnd Geſchweihen von
N. ꝛc. jhrer Liebden Wiedumb/ einn genügen haben/ Wo aber an den zwölff hundert gül-
den järlicher Gülten gebreſte/ ſo vil der gebreche were/ das ſoll auff der Herrſchafft N. ver-
gnügt vnd verwieſen werden/ nach laut des Spruchs/ ſo der ehegenant vnſer freundt vnd
Herr von N. gethan hat/ biß ſo lang die zwölff hundert Gulden ernüget werden. Item
als fürgebracht iſt/ daß vier tauſent Gulden auff der Herrſchafft A. verſchrieben/ die von
Graue Johannen ſeligen/ nach lauth der Hienlich Brieffs/ daruon erlediget ſein ſolten/
vnnd noch nicht geſchehen ſey/ ꝛc. Entſcheiden wir/ wann vnſer freundtliche liebe Mo-
me vnnd Geſchweihe/ Fraw Eliſabethe/ ꝛc. vmb die vier tauſent Gulden erfordert/ vnnd
daß jhre Liebden der auff A. verſchrieben/ warhafftig bericht wirdt/ ſo ſolle jhre Liebden
vnnd die Herrſchafft A. von Graue Philipſen/ als einem Vormünder/ vnd Graue Jo-
han Ludwigen der erlediget werden/ nach lauth des Hienlichs Brieffs. Item als vor-
gewandt iſt/ daß vilhochgedachter vnſerer freundlichen lieben Momen vnd Geſchwei-
hen/ Frawen Eliſabethen/ ꝛc. zwey hundert Gulden Gülte/ jhrer Morgengabe/ die jhrer
Liebden auff Sanct Martins Tag nechſt vergangen/ erſchienen/ vorgehalten ſeyen/ ꝛc.
Entſcheiden wir/ daß diſelben erſchienen 200. Gulden der genanten Frawen Eliſabethen
gefallen/ von jres freundlichen lieben ſons Johan Ludwigen wegt hie zwiſchen der Herrn
Faſnacht außgericht werdẽ ſollen/ vnd jrer L. fürterhin all jar ſolch 200. fl. Morgengab
folgen/

Vertrag.

folgen/ohn einige verhindernuß/nach laut des Hienlichbrieffs vnd der verschreibung dar
über gegeben. Item als fürbaß fürgetragen worden/das dreyspennich/ein gülden Ketten/
vnd ein Lädlin mit silber beschlagen/vnserer freundlichen lieben Momen vnd Geschwei=
hen/Frawen Elisabethen obgenant/verhindert vnd nicht gefolgt/deßhalb/daß solch Klei=
noth Jungkfraw Johanna von N. die Graue Johans selig mit der ersten seiner Liebden
Gemahel von N. gehabt hat/angeerbt sein sollen/ꝛc. Da entscheiden wir/daß solch Kley=
noth ehegedachter Jungkfrawen Johanna von N. nach dem sie noch vnberathen ist/blei=
ben vnd werden sollen. Item als ein Brieff zu N. gelegen ist/20000. gülden nachfals be=
sagen/auff N. in Schwaben verweiset/Ob vnser freundlicher lieber Oheym Herr Eber=
hardt von N. ꝛc. ohn leibs Mannlehens Erben abgehen würde/daß solch 20000. Gülden/
auff seiner Liebden Schwester der obgenannten Frawen Elisabethen/vnnd ihrer Liebden
leibs Erben gefallen solt/innhalt desselben Brieffs/ꝛc. Hierin entscheiden wir/daß solcher
Brieffe in gemeyne hand/hinder das Thumbcapitel zu N. gelegt/vnd Dechant vnd Ca=
pittel erbetten werden sollent/jeder Parthey des ein versiegelt erkandtnuß Brieffe zuge=
ben/daß der gelegt Brieff der erstergelten Frawen Elisabethen/vnd ihrer Leibs Erben ge=
warten solle/ihren jegklichen zu ihren Rechten des widerfals/Item als auffschlag/Vmb=
heng/Vberdeck/vnnd anders/vnserer freundlichen lieben Momen vnnd Geschweihen/
Frawen Elisabethen/zu N. verhalten sein sollen/ꝛc. entscheide wir/was von auffschlägen/
vmbhäng/oder andern noch zu N. ist/das ihre Liebden mit ihr darbracht hetten/ das soll
irer Liebden vngehindert folgen. Item von der schulden wegen/die inn zeit ihrer Liebden
Montparschafft gemacht ist/auch was Geldts ihre Liebden inn derselben zeit empfangen
hat/vnd dann was ihre Liebden an Morgengabe/vnd ihrer Liebden Widemb vnd ihrer Wiedem vñ
nicht worden ist/ꝛc. Entscheide wir/daß solches gegen einander gantz quit vnd absein/vnd
Graue Johan Ludwig/seine Ampteuth an seiner statt dieselbige schulden bezaln sollen/
außgenommen N. Gülden/die soll vnser freundliche liebe Momen vnnd Geschwephe
obgenant daran bezaln. Item ob in den Ampten N. vnnd andern Plätzen/darinn etwas
frucht oder sonst an den Kellern/oder Ampteleuthen/vnbezalt außstünde/vnd bey Graue
Johan seligen gefallen weren/ꝛc. Entscheiden wir/daß solches Graue Johan Ludwigen
zustehen vnd folgen solle. Item von des Bawens wegen/der in den Schlössern des ehege=
melten Wiedembs geschehen sein solt/vnnd verlaßt ist/Entscheiden wir/daß wir Graue
Philip als ein Montpar/ein ziemlich bethe in der Herschafft N. heben oder heischen mö=
gen/die Schlösser in derselben Herschafft damit zubawen/oder etwas in der Herschafft
damit zulösen/dz sollen wir macht haben/vnd vnser freundliche liebe Geschweh Fraw
Elisabethen obgenant/das nicht hindern. Item von der gülden Rosen/des Ermels/vnnd
der Ring wegen/die hinder vns den N. gelegt sind/vnnd dann eins andern Rings den du
Fraw Elisabethe noch beyhandt hat/vnd zu ehegedachten Kleynothern gehört/dieselben
Kleynoth obgemelt/seind nachfolgender stück/Nemlich die Rose/iij. Dymant puntz/iij.
Rubin/vñ iij. Perlin/Item ij. Dymant/einer in einem Ring/der ander in einem Casti/
Item iij. Diamant punten verkastet/Item iiij. Diamant decklein verkastet/Item ij. Dia=
mant Schiltlein/verkastet/Item vij. Rubin verkastet/Item lxvij. Nagelpärlin/Item
cccxxxvij. Zalperlen/Item xxvij. langer Perlen/Item xxx. Perlen in Golt versetzt/Item
vier Loth vnnd j. quint stickperlen/welches vilgedachte Fraw Elisabethe/ꝛc. gemeint hat/
Graue Johan ihrer L. Gemahel seliger/hab ihren L. die gegeben/vnd Gegentheyl das nit
gesehen wil/ꝛc. Entscheiden wir der Pfaltzgraue/vnnd Graue Philips samentlich/ daß
solche Kleynother/so hinder vns dem N. ligen bleiben sollen/als sie dann jetzt ligen/Vnnd
wirdt vnser freundliche liebe Momen vnnd geschweihen derselben Kleynother begeren/
vnd darumb schreiben/so sollen ihren Liebden auff verschreibung vnnd versorgnuß (deren
sie jetzundt vereint/ vnnd jedem theyl ein versecretirt Copey gegeben ist) vonn solchen
Kleynothern folgen die Rose vnnd Ringe/ die hinder vnns dem N. ligen/ vnnd auch den
Ring den ihre Liebden noch bey ihr hat/ zu disen Kleynothern gehörig/ Also vnnd mit
solchem geding vnnd fürworten/ daß ihre Liebden die zugebrauchen bleiben sollen/ biß

Graue

New Formular

Graue Johan Ludwig/ ihrer L. Sohne/ zu seinen Vogtbaren tagen kompt/ Würde er dann solche als dann an ire Liebden fordern/ das soll jne von ihrer L. on irrung vnd hindernuß/ vnd vnuerändert werden/ vnd folgen. Ob aber Graue Johan Ludwig ehe abgienge dan sein Fraw Müter/ oder in leben bliebe/ biß er zu seil tagen keme/ vnd das nit forderte/ so soll ihre L. doch deren lebenlang die ehegemelten stück/ die Rose vnd Ringe/ haben vnnd gebrauchen/ Vnd wann jhre Liebden mit todt (das Gott lang verhüten wölle) verschiede/ so sollen dieselben Kleinoth von stündt darnach wider an ihrer Liebden Sone Johan Ludwigen/ Vnd ob er nicht wer/ als dann an seine nechsten Erben vnd Herrschafft N. fallen/ vn gefallen sein/ Vnd were es/ daß Fraw Elisabethen obgedacht/ die ehegemelten Kleinot/ Rose/ vnd Ringe/ also erfordern/ vnnd ihrer Liebden folgen würden/ so soll Graue Johan Ludwigen/ von stundt auch folgen der arme/ oder das darauff gestanden ist/ vn ihme doch hinderlegt vnnd an sicherheyt behalten werden/ auff daß jhme solches vnuerruckt bleibe/ biß er zu seinen Vogtbaren oder vollnkommenlichen tagen kompt/ vnnd das selbst brauchen würde. Wolte aber Fraw Elisabethe die Kleinoth/ Rose/ vnnd Ringe liegen lassen/ als sie dan jetzt ligen/ so soll der arme/ oder das darauff gestanden ist/ dabey bleiben/ hinder vns dem N. als obgemelt ist/ biß Graue Johan Ludwig zu seine Vogtbaren jarn/ als vor stehet/ kompt/ alles ohn geuerde.

Item als etwas Silbers vnd Haußraths zu A. im Schloß gebrechen vnd mangel ist/ ꝛc. da sollen wir Graue Philips/ so erst das füglich gesein mag/ den gebrechen erkunden/ vnd als dann Silber vnd Haußrath/ nach dem vns bedünckt nottürfftig sein/ dahin ordenen/ solcher Haußrath/ vnd Silbergeschirr auch zu A. bleiben soll. Item diser entscheidt/ vnnd was hierinn begrieffen ist/ vnd dergleichen ob auch etlich Puncten dises entscheidts nicht vollnzogen würden (das doch inn keinen wege geschehen soll) das soll den Heyraths/ Wiedem/ vnnd morgengabe Brieffe vnutgriefflich vnnd vnschädlich sein. Item was Brieffe/ Register/ Zinßbücher/ oder dergleichen vber die Herrschafften A. B. C. vnnd ihren Liebden zugehörde/ in Wiedem gehörig/ sagen/ vnd zu N. ligen seindt/ Deren aller abschrifft der obgenanten Frawen Elisabethen zu handhabung vn innbringung jhrer Liebden Wiedumbs nutzes/ vnd herrligkeyten/ ꝛc. werden sollen/ Vnd ob auch ihre Liebden eines Hauptbrieffs odder mehr bedürfftig/ die sollen jhren Liebden auff erfordern vnd auff ziemlich versorgnuß oder bekandtnuß solch in gebürlicher zeit wider zuantworten/ auch geliehen werden. Vnd hierauff sollen alle ander forderung vnnd züsprüche zwischen vnserer freundtlichen lieben Momen vnd geschweyen Frawen Elisabethen gebornen Fürstin von N. vnd Grduin zu N. ꝛc. vnnd ihrer Liebden ehegemelten Sohne Johan Ludwigen/ vnnd seinen Momparen/ von seinent wegen/ biß auff disen tag ergangen/ gegen einander quit vnd ab sein/ alles ohn geuerde. Vnnd des zuwarer vrkunde haben wir Pfaltzgraue N. vnser Jnsigel/ Vnnd wir Graue Philips vnser Secret (brestens halb vnsers Jnnsigels) diser zeit an vnsers Siegels statt gehangen an zwen diser Brieffe gleich lautende/ deren jegklichem theyle einer vbergeben vnd behandigt worden. So beschehen/ ꝛc.

Vertrage oder theydigungs Brieffe anderer Forme.

Vnd vnd zuwissen sey allen denen/ so disen Brieff lesen/ oder hören lesen/ daß dem entscheide nach/ so vormals durch den durchleuchtigen Hochgebornen vnserm genedigen Fürsten vnd Herrn/ Herrn N. ꝛc. Hochseliger gedächtnuß/ vnd dem Wolgebornen Herrn/ Herrn Philipsen/ Grauen zu N. vnd N. ꝛc. vnserm Gnedigen Herrn/ gemacht ist worden/ etlicher gebrechen vnnd irrung halber/ so zwischen der Wolgebornen vnserer Gnedigen Frawen/ Frawen N. von. N. ꝛc. eins/ vnnd dem Wolgebornen Johan Ludwigen Graue zu N. vn N. ꝛc. jhrer Gnaden freundtlichen lieben Sons/ ander theyls gewesen seinde/ vnnd vnder andern ein Artickel begrieffen/ daß obwolgemelter vnser Gnediger

Vertrag.

diger Herr/ Graue Philips/ als Vormünder/ des auch Wolgenannten Graue Johan Ludwigs/ persönlich/ vnnd die Fraw von N. oder jhrer Gnaden Freunde ghen N. darzu Hochgedachter Hertzog N. ꝛc. hochseliger gedechtnuß/ jhrer Fürstlichen Gnaden Räthe auch schicken/ vnd derents vff Montag nach N. nechstuerschienen/ zusamen kommen solten die gebrechen zuerkündigen/ jnnhalt desselben entscheidts/ welches sich nun ehehafften verhinderunge halber bißher verzogen/ vnnd nicht hat mögen sein/ Deßhalben dann nun mehr der Durchleuchtig Hochgeborn Fürst vnnd Herr/ Herr N. Hertzog in N.ꝛc. vnser Gnediger Fürst vnd Herr/seiner Fürstlichen Gnaden Räthe/ Als nemlich Erharde von N. vnnd Philips von N.ghen N.geschickt hat/ da dann vilwolgenanter vnser Gnediger Herr Graue Philips/ als Vormünder/ persönlich/ vnd der Frawen von N.ꝛc. freunde/ er schienen seindt. Also ist durch vns Erharden vnd Philipsen erstgenant/ zwischen den obwolgenanten Partheyen/ inn gütlicheyt geredt/ vnnd sie mit jhren Gnaden beyder wissen vnd willen/ der nachgeschrieben Puncten vnd Artickel/ vereinigt/ vnd vertragen/ als hernach folget.   Zum ersten/ die erstattung der zwölff hundert Gülden järlicher Gülden Wiedumbs belangen/ꝛc. Ist beredt/ daß vnser Gnediger Herr/ Graue Philips als Vormünder vorgemelt/ der Wolehegenanten vnserer Gnedigen Frawen von N.hundert gülden auff N. versichern solt/ nach lauth einer verschreibung jhrer Gnaden deßhalb vberantwort/ Vnnd sollen jhre Gnaden die ersten hundert gülden der erstattung vorgemelt auff jetz Sanct Martini Tag vber ein Jar anfallen/ vnd werden/ das ist/ nemlich im Jar als mann schreiben wirdt tausent/ꝛc. vnnd fürther alle Jar järlichen all auß vnd auß hundert gülden gefallen/ vnnd damit halten nach lauth des Wiedumbs Brieffs/ damit sollen jhre Gnaden die zwölffhundert gülden Wiedumbs vergnügt sein/ vnd Graue Johan Ludwig jhrer Gnaden Sohne/ deßhalben weiters nicht wider angezogen/ oder angelangt werden.   Item der Bawe halber/ als nemlich/ Mülen/ Backhäuser/ Bawhoffe/ Keller/ vnnd ander Bawgüter/ in den Wiedem gehörig/ꝛc. Ist beredt/ daß offt wolgenannt vnser Gnedige Fraw von N. dieselben bäwe bawen/ vnd in redlichem ziemlichen bawe halten/ vnd handthaben soll/ ohn schaden des vorgenanten Graue Johan Ludwigen/ als Wiedumbs recht ist/ vngefehrlich. Auch alle Amptleuth/ Schultheyß/ Büttel/ Wächter/ vnnd ander Knecht in den Wiedem gehörig/ in jhrer Gnaden lohne halten vnd haben soll.   Item der zwey hundert gülden Morgengab halb/ so verschienen Martini im jar tausent fünffhundert/ꝛc. erschienen/ vnd zwey hundert gülden/ die jetzt zu Sanct Martins Tag fallen werden/ꝛc. Ist beredt/ daß obwolernanter vnser Gnediger Herr/ Graue Philips/ als ein Vormünder Graue Johan Ludwigs/ vnserer Gnedigen Frawen von N. die zwey hundert gülden/ so auff Martini obgenant fellig seindt gewesen/ auff nechstkünfftig Weyhenachten bezalen soll/ vnd die zwey hundert gülden/ so jhren Gnaden auff Sanct Martins Tag nechstkünfftig fallen werden/ auff kommend Sanct Johans Baptisten Tag zubezalen/ vnd als auff der May Gülten dazwischen hundert gülden/ vnd auff der herbst gülten darnach aber hundert Gülden fallende werden/ ist beredt/ daß vnser Gnedige Frawe von N. dieselben zwey hundert Gülden auff Sanct Martins Tag/ als mann N. Jar zelen wirdt/bezalt sollen werden/ vnnd darnach soll jhren Gnaden deren Morgengabe von zieln zu zieln/ nach laut jhrer Gnaden Morgengabe Brieffs gefallen vnnd bezalt werden. Item als in demselb entscheidt ein Artickel gemelt ist/ ob etwas frucht oder anders an den Kellern/ oder Amptleuth vnbezalt aussen stünde/ vñ bey Graue N. wolseliger gedechtnuß gefallen wer/daß solch Graue Johan Ludwigen zustehen vnd folgen soll/ꝛc. Also hat man sich auff heut/ an den Amptleuthen vnd Kellern erkundet vnd erforschet/ daß sie noch hundert sechszig Malter Korns/in den Wiedem gehörig/ schuldig sindt/ welche schulden daß Graue Johan Ludwigen zustehen vnd gegeben/ vnnd wolgedachte vnser Gnedige Fraw von N. deßhalb nicht wider angefochten werden soll. Item des bawens halb/ in den Stetten vnnd Schlössern/ in den Wiedem gehörig/ vnd dann der andern aller Artickel halb in dem vorgenanten hievor auff N. beschehenen entscheidt vnd vertrag begriffen/ꝛc. dieselbigen alle sollen auch in jhren krefften vnd wirden bleiben vnnd gehalten werden/ nach lauth

Z

New Formular

deßhalben erstgemelten vertrags/ so durch obhochgenanten vnsern Gnedigen Fürsten vñ Herrn N.hochseliger gedechtnuß/vnd Grauen Philipsen vnsern Gnedigen Herrn obwol gemelt/gemacht vnd auffgericht worden/ ohn alle weygerung/ jnntrag/ vnd widderrede/ der beyden Parthenen/Alles getrewlich vnd vngeferlich.

 Des zu Vrkundt/ vnd dieweil solcher vertrag vnnd theydigung mit vnser Philips Grauen von N.vnd N. als Vormündern des vorhegedachten vnsers freundtlichen lieben Vettern/vnd vnser N.Gräuin zu N.re.wissen vnnd willen geschehen ist/ So haben wir/ vnser seglichs besonder/vnser Jngesigel an disen entscheidtsbrieff/ deren zwen gleichlautē de seindt/vnd vnser seglich Parthen einen bey vnsern handē hat/ thūn hencken/ Vnd wir Erhardt vnd Philips obgenant/dieweil wir von vil hochgedachts vnsers Gnedigen Für sten vnd Herrn/ die bethendigung vnd vertrag/ in vorgeschriebener massen beredt vnd ge macht/haben wir vnser Innsigel zur warhafftigen bezeugknuß/ auch an disen ehegedach ten vertrag zu wolermelter vnser Gnediger Herrn/vnd Frawen/Herrn Philipsen/Gra uen zu N.vnd N.re.vnd Frawen N.Gräuin zu N.re. Jngesigeln thūn hencken.So gege ben auff N.Tag/Jm Jar als mann nach vnsers lieben Herrn Geburt zalt/re.

✚ Vertrags Brieff in kurtzer Form/vber Tausch/re.

Wir N.von Gottes Gnaden/re. Bekennen vnnd thūn kundt offenbar mit disem Brieff/ Als in irzungen vnd gebrechen zwischen Georgen von A.eins/vnd Mar quarten von B.ander theyls/belangen etliche theyl an C.vnnd den Nidergerich ten/ so Marquart dem Wolgebornen vnserm lieben getrewen Philipsen/ Grauen zu N. vnd N.re. in kauff/oder kautweiß zůzůstellen/ in vbung gestanden/ aber von gemeltem Ge orgen von A.auß vrsachen/daß es vnser eygenthumb/vnd in jhr gemeyn von vns habents Lehen/gehörig sey/ widerfochten worden/ vnd auff vnser betagen heut Dato beyde theyl/ nemlich Marquart vnd Georg von A.darneben auch obgenants Grauen Philipsen von N.gesandten/vor vnsern Räthen/ zu ferner gütlicher verhöre vnd handlungen erschienen/ vnd nach lengs gegen einander gehört worden seind/ So haben vnsere Räthe/dieweil auff beschehene erjnnerung/dasselbig theyl vnd güter vnser eigenthum/ vnd jre Lehen sei/ Auch vorgenanter Marquart von B. sich erpotten/ von sein fürhabenden kauff oder Tausch abzůstehen/vnnd bestimpten Graue Philipsen von N. deßwegen zufrieden zustellen/ vnd bey jhme fürther dieselben zubehalten. Wo er aber das vnuermöglicheyt halben jhe nit thūn kündt/sonder zuueränderen verursacht würde/daß er dann solch teyl obermeltem Ge orgen von A. entbieten/ vñ vmb ziemlich gelt zůstehen lassen wolt/wie dann das an vns gelangt/beyden Parthepen disen abscheidt gegeben/ daß wir auß Fürstlichem gemüt bey solchem erpieten gnediglichen beruhen/ vnd vnsere deßhalben gefaßte vngnad fall lassen/ vñ daß beide theyl gegen einander deßwegen nichts in vngütem fürnemen/vben oder han dlen/noch einicher dem anderen etwas vffrupffen oder fürhalten/ sonder sich gegen einan der fridtlich/ vnd freundtlich erzeigen vnnd halten sollen/ ohn alles geuerde. Des zu Vr kundt/diser abschiede zwen gleichlautend/jedem teyl einen zůgestellt/ vnnd mit vnserm zu rück auffgetruckten Secret verfertigt. Actum et Datum/re.

Vertrag vber Schmehwort.

Wir N.re. Bekennen offentlich mit diser schrifft/ Nach dem sich sprüch vnd forde rungen/etlicher schmehwort wegen/ zwischen Sebastian von N.an einem/ vnnd Endrissen N.von Franckfort/Schreiner gesell/jetzt wonhafft zu N.am andern theyl/ So gedachter Endrih N.hinderm Wein/ gedachtem Bastian von N. zůgeschos sen hat/erhalten haben. Derowegen wir beyde Parthepen heut dato allher in die Cantzley gnediglich vertagen lassen/Vnd nach dē Sebastian von N.in seiner vbergebnen schrifft

lichen

Einigung. CX

lichen klagen/bitt vnd begert/obgedachten Endrissen N.dahin zuweisen vnd anzuhalten/ an enden vnd orten/er solche ehrlosige wort außgeschossen/jhme Bastian von N.nach eygenschafft seiner Persone/ein offentlichen widerrüffe/ vñ erstattung seiner ehren zuthůn/ mit abtrag kostens/ꝛc. Dargegen Endriß N.Schreiner seinn gegenbericht gethan/also/ Nach dem er bey einer Geselschafft/vnder andern an jhn/gebrachtē reden/ein vnbedacht wort lauffen lassen/wie daß solches Endriß N. Supplication mit bringt/dz er doch zum höchstē nimpt/daß er solches nit wiß/daß er geredt habe/Als er aber hernach bericht worden/daß dise wort von jhm beschehen sein sollen/vnd solche niergents mehr/dann vor etlichen Personen/so bey jhme im Weinhauß gesessen/gehört worden/er auch von Sebastian von N. anders nichts dann Ehr vnd gůts/als einem ehrlichen vom Adel wiß/bitt er solche durch die Rew/auffzuheben vnd vertragen zulassen.

Dieweil wir das in solcher verhöre souil befunden/daß Endriß N. Sebastian von N. nie geschmecht haben wil/haben Hofmeister vnd zůgeordnete Räthe/bey beyden Partheien in der gůte souil gesůcht vnd gehandelt/daß sie solche sachen zu jhrer messigung vnd endscheide/bewilligt. Demnach haben ernielte Hofmeister vnd Räthe/an vnser Stat solche wort/wie sie von Endrissen/Sebastian von N. zu nachtheil außgegossen/genzlich auffgehaben/todt/vnd abseyn/vnd daß auch Endriß von Bastian von N. nichts anders/ dañ ehr vnd gůts/als einem ehrliebendē vom Adel wiß/bekand hat/Deßhalb solche wort keinem teyl/weder an ehren vnd glimpff verletzlich/vñ damit sollen sie diser sach halb mit einander vereinigt vnd vertragen sein/vnd bleiben. Auch derowegen nichts weiters gegen einander sůchen/oder fürnemen/wie dann Bastian von N. solchs bey sein Edelmans trewen vnd glauben/vnd Endriß N.solches stett/fest/vnd vnuerbrüchlich/mit handtgebenden trewen an eydesstatt zuhalten/versprochen/vnd zůgesagt hat/aller ding sonder geuerde. Des zu waren vrkundt/seindt zwen besigelter abscheidsbrieff/ vnder vnserm Secret verfertigt/vnd jedem theyle einer zůgestellt worden. Datum Sambstags/ꝛc.

Vertrag vber geübter gewaltsamer handlung.

WJr N.ꝛc. Bekennen/ꝛc. Als sich jrrungen gehalten haben/zwischen W. an einem/ vnd N. am andern theyl/betreffende ein verwundung vnd gewaltsam handlung/ an bemeltem W. geübt/vnd begangen/darumb beyde theyl/vor weiters kosten/ mühe/vnd arbeyt zuuerhüten/auff heut Dato für vns erfordern lassen/vnd solcher sachen halben/mit jhr beiderseits gutem wissen vnd willen vertragen lassen haben/der massen daß der obgenant N. vmb solche verwundung/vnnd zugefügten schaden an jetz bemeltem W. geübt/geben/entrichten vnd bezalt soll/vierzig gůlden/vnd solche bemeltem W.alhie gelieffert werden/nemlichen jetzt auff N.Tag nechstkünfftig 20. gůlden/vnd dann nachfolgends vber ein jar zu S N.tag/so mann der minder Zal zelen wirt N.jar.aber 20. gulden. Hierauff beyde theyl diser sachen halb zu grundt gericht/geschlicht/vnd vertragen sein/kein theyl deßhalb an den andern weiter inn oder ausserhalb Rechtens/ foderung mehr haben/ noch sich einicherley Rechtens/Freiheyt/oder Gnaden/hierunder beheiffen/noch gebrauchen soll/wie das gesein vnnd menschen sinn erdencken möcht/sonder disen vertrag vnuerbrüchlich stett vnd fest halten/als dann beyde theyl solches mit handtgebenden trewen/ versprochen/gelobt/vnd zůgesagt haben/on alles geuerde. Des zu vrkundt/ꝛc.vt sup.

Ein ander Form einer Schlußreden/in Verträgen.

WJe dann beyde theyl solches gůtwillig angenoffen/vnd dabey zubleiben vns mit handtgebenden trewen zůgesagt vnd versprochen haben/alles trewlich vnd on geuerde. Vnd des zu vrkunde haben wir vnser Cantzley Secret an zwen gleichlau

New Formular

tende diser vertrags endtscheide zu ruck auffstrucken lassen/ jedem theyl einen zugestellt/
Vnd geben auff N.rc.

Aber ein andere Form einer Schlußred in ver-
trägen zugebrauchen.

VNd sollen obgemelte Partheyen jhrer gehabter Spenn vnd forderung/mit einan
der gentzlich gericht/geschlicht/ vertragen sein vnd bleiben/ solches gegen einander
nimmer rechen/effern/anden/noch jetzs inn noch ausserhalb Rechtens dewegen ge-
gen einander fürnemen/ suchen/oder vben/auch zubestehen nicht anrichten/ keins wegs.
Des zu Vrkunde/rc.

Vertrag vber ererbte vnd streittige Güter/da-
rinn dem Kläger seines fahrlessigen vnd vbel Hauß-
haltens wegen/ durch die Oberkeyt Curato-
res gesetzt werden.

WIr Friderich/rc. Bekennen/rc. Als wir vnsere liebe angehörigen Martin N. an
einem/so dann Wolff N. auch Hans N. seinen Ehelichen Söhnen/vnd daß Die
terichen N. seinem Tochterman ander theyls/in jren jrrungen vn gebrechen heut
Dato für vnsere verordnete Räth allhier ghen N. gnedigst vertagen lassen/ auch beyde par-
theyen gehorsamlich erschienen/vnd gemelter Martin klagend fürgebracht/wie angezoge-
ne seine Söne vn Tochterman/jnen seiner Güter/ so er meistteyls von seiner Mütter vn
Brüders Kindern ererbt/ zuentsetzen/ auch von seinem erkaufften leibgeding abzutreiben
vnderstanden/darzu Arrest vnd Gebott vber alle seine Güter anlegen/auch Vormünder
mit vngegründter anzeig/vnd dem Rechten zuwider verordnē lassen/vnd also die verwal
tung des seinen gantz vnd gar entzogen. Darzu vber daß jme täglich zuwider der ein Son
Hans jhnen vergwaltig/mit worten/vnnd der that schmehlichen angetast/jhme eins mals
seine Büchsen gezückt/an die brust gestossen. Der Tochterman den arm vnnd drey löcher
in kopff geschlagen/vnd sonst sich aller vnfreundlicher handlung gegen jhme verhalt-
ten/mit vnderthenige bitt bey dem Gegenteyl gnediglich zuuerfügen/ vnd sicherung zu
uerschaffen/ daß er seins leibs halben vnuergwaltigt bleiben möcht/ vn die angelegten Ar-
rest vnd Gebott/ so sie an sein ererbten vnnd errungen gütern/vnnd die er nach seiner Kin-
der Mütter absterben vberkommen hat/außbracht/auffgehaben/an seinem vnuerhindert
lassen/seinen nutz damit zuschaffen/vnd die Vormünder wider abgethan würden.

Dargegen aber die zwen Söne vnd Tochterman(cum protestatione & petita
venia, im fall sie etwas anziehen würden/ das dem gegentheil zuuerkleinerung reichen
möchte/nichts verwirckt haben wolt)fürgaben/ das nicht one/ daß Gegenteyl etwas von
seiner mutter/vn brüders Kindern ererbt/ Nach dē er aber daßelbig zuuereussern sū hand-
lung gestanden/vnd vsu ein liederlichs vn fast gering gelt hingeben wölle/ allein damit gelt
zuuerkoimen/ Damit nun solches nicht so heyplötzlich verthan vnd hingeben werd/sie ver-
ursacht/ diß der Oberkeyt anzuzeygen/der Ampts halben/in disem vnnd anderm gebürli-
ches einsehens zuhaben wol gebürt hett/ darbey sie es auch bleiben liessen/ Vnnd gestände
der ein verklagt Son keiner vergwaltigung oder thätlichen handlung/ er gegē dem Va-
ter geübt/Vnnd was sich mit der entzuckten Büchsen zugetragen/ wer jhme der Sohne/
dieweil der Vatter das Rhor gegen jm gewendt/selbst vor gefahr vnnd schaden gestanden/
auch deßwegen kein handt ann Vatter gelegt/Deßgleichen hett Martin der Kläger ein
mals den Tochterman vnuerschuldeter weiß/ in beysein viler ehrlicher Leuth/ schmehlichs
gemüts auffgeschrieben/ einen vnredlichen Man vnnd böswicht gescholten/ endlich die

Büchs

Vertrag. CXI

Welchß gezückt/jnen damit an den Halß zuschlagen gemeynt/darfür der Tochterman gewest/vnd jhme die Büchsen erwüscht/vnd mag nicht ohne sein/als der Schweher in solchem gezenck/an das Schwerdt gegriffen/er jhme etlich Jaastreich auff die Achsel geben mag haben/daß er jhn aber verwundt/glaubt er gar nit. So vil dann die Relaxation des Arresto vmb abschaffung der Curatorn belangen thet/zeygten sie ferners an/Demnach je Vatter vnnd Schweher inn die 15. Jar vngeuerlich/nach absterben ihrer Mütter vnnd Schwiger/mit Mägden/vnd sonst vnnützem Gesinde/gantz vbel vnd vnhäußlich hauß gehalten/Hetten sie jhnen als Kinder/mehrmals von solchem vnnützem Haußhalten abzustehen gebetten/mit anzeyg/daß es jhnen nit allein schimpflich/sonder auch nachtheylig vnd zum verderben reichen thet/angesehen daß nit allein ihr Mütter vnd altemütter Haab vnd Güter/sonder auch was sonst weiters fürhanden/zum verderben komen würde/auch nichts anders zubesorgen/dann daß er der Vatter dahin möcht gerathen/daß jhme auch an zeitlicher leibs narung teglich abgeben/vnnd sie desselbigen verwiß/vnnd mercklichen nachtheyl haben würden. Weil aber solch freundtlich ermanung bey jhme nit versencklich sein wöllen/sonder auff seinem fürnemen verharrt/seien sie höchlich geursacht worden/solches der Obrigkeyt anzuzeygen/welche nach gründtlicher erkündigung aller gelegenheyt Curatores geordnet/so fürnemlich jhme dem gegentheyl zum nützlichsten beschehe/damit er nit also durch sein liederlich haußhaltung endlich an Bettelstab gerichte. Dieweil nun dem also/so wißten sie der Amptleut befelch nit zuändern/sonder baten/weil solches dem gegentheyl zum besten fürgenommen vnd beschehen/den gegentheyl in der güte dahin zuweisen/darbey zubleiben/Was dann jhnen sonst von Rechts vnnd billicheyt wegen jhrem Vatter zuleisten/wolten sie solchs inn aller gehorsam zubeweisen vrpütig sein/auch gegen jhme in vngütem nichtes fürnemen/doch daß er der Vater vnd Schweher dahin gewiesen würde/sich aller vnbilliger thätlicher handlung gegen den Beklagten zu enthalten. Darauff obgemelte vnsere verordnete Räthe/nach erwegung beider Partheyen fürbringen/jnen nach gelegenheyt des handels/allerley entschiedtliche mittel vñ wege/wie alle sachen beyden theyln zu gütem erörtert werden möchten/fürgeschlagen. Dieweil aber bey jhnen nichts verfenglichs entschehen wöllen/vnd dann wir auß einkommenen berichten vnserer Amptleuthe souil befinden/daß die verordnung der Curatoren nit vbel angestellt/haben wir solche/auß Landtsfürstlicher Oberkeyt/dieweil sie mehr nutz dann schaden bringet/auch dißmals nit endern noch abstelle wöllen/sonder genantem Martin fürgehalten/daß ers auch dabey bleiben lasse/Wo er aber jhe vermeynte jhnen in solchem beschwert zu sein/soll jhme das Recht an vnserm Hoffgericht/auff sein ansuchen/fürderlichst gedeien/Auch soll jhme mitlerweil so lang die Curatores weret/ziemliche vnd notdürfftige vnderhaltung gereicht/des er wol zufrieden sein soll/auch was er für schulden gemacht/von den Curatorn abbezalt werden. Dargegen solle der Kläger in der zeit von den Gütern nichts enteussern/verpfenden/oder verkauffen/in was erley weg dann das beschehen möcht/sonder sein leben vñ wesen dahin richt/damit er zur Administration vnd verwaltung der Arrestirten Güter widerumb zum höchsten kommen möchte/die jhme dann/wo ein einzogener wandel vnd vnklagbar haußhalten an jne gespürt/nit vorgehalten werden solle. So auch die Beklagten die fürsorg tragen/daß Martin einen Tausch Brieff ober ein Hauß von Paulo N. herrürend/deß er bey jhme tregt/etwan auß vergessenheyt oder anderm vnfall verloren möcht werden/So soll er solchen zu mehrer sicherheyt den Curatorn vbergeben vnd zustellen. Letzlichen ist beyden Partheyen mit sonderm ernst aufferlegt/vnd eingebunden/daß keiner gegen dem andern in vngütem/oder sonst mit der that jchtwas fürneme/oder zu üben vnderstünde/auch die Ampleuth/vnd Curatores/in dem jhnen von vns befolen/vnnd sie zuthun Ampts halben schuldig/mit nichten belestigen/oder mit dräwworten zu turbirn/sonder wo etwan spenn/vnd jrrungen fürfallen würden/daß sie das bey jhrer ordenlicher Oberkeyt anbringen/vnd dero bescheidts gewertig sein wöllen. Im fall aber solches vbertretten/vnd von einem teyl verachte/würde mann verursacht/gegen dem verbrecher gebürliche straffe fürzunemen. Welches also beyde Partheyen mit handtgebenden

T iij

New Formular

rewen zuhalten zůgesagt vnd versprochen haben/darwider nicht zuthůn/noch zuschaffen gethan werden/sonder geuerde. Zů Vrkunde seindt diser abschiedts zwen gleichlauts vnder vnserm Secret verfertigt/zůgestellt/Vnd geben Donnerstags nach N. ꝛc.

Vertrag zwischen brüdern/etlicher auſſstehenden
järlichen Pensionen/von wegen Vätterlichen vnd
Mütterlichen gůts.

KVnd vnnd zuwissen sey hiemit/Als sich zwischen den Ehrwirdigen/Edlen vnnd Vesten/Herrn Wolffen N. Thumbherrn des Stiffts N. so dann Jacob N. zu N.anders theyls beyden gebrüdern/etlicher beyderseits angestandener Rechnungen/auſſstehender järlichen Pensionē von wegen Vätterlichen vnd Mütterlichen Güts/auch des ihenigen/so ehegerürter Jacob N. innhalt eines vertrags/so vor der zeit zwischen jhme vnd seinen geschwisterten durch die freundtschafft auffgericht worden/ehegedachtem Herrn Wolffen für vätterlich vnd Mütterlich gůt/Lehens vnnd eygens järlichen zu entrichten schuldig/allerhandt(jedoch freundtliche vnnd brüderliche) mißuerständē erregt haben. Daß demnach auff heut Dato solche mißuerstände zwischen vnnd vnder jhnen den brüderen selbs/nachfolgender massen hingelegt vnd verglichen worden/Nemlichen für das erst/so soll ehegedachter Jacob N. seinem brůder Herr Wolffen/für all seine biß daher gehabte Rechnung vnd außstandts forderung/zwey hundert gülden gemeyner Landswerung/den gülden zu fünffzehen Bayen/oder sechzig Creutzer gerechnet/zu seinem gůten benügen entrichten vnd bezaln. Deßgleichen vnd für das ander/so soll vilehgedachter Jacob N. jetztermeltem Herrn Wolffen hinfürter järlichen/vnd eines jeden Jars besonder auff Johannis Baptiste(welches dann des N. jars anfangen soll)für sein vätterlich vnnd Mütterlich gůt/es sey Lehen oder eygen/ auch das jhenig so jhm sonst auß dem oberürten brüderlichen vertrag gebüret hett/ N. gülden auffrichten vnnd bezalen/ Dargegen sollen alle forderung vnd ansprüch/so offtgedachter Herr Wolff der rechnungen von seinem Canonicat zu N. herrrürendt/auch außstandts halber/der nicht entrichten järlichen Zinß halber gehabt/hiemit gefallen/auch genzlichen tod vñ abe sein/Vnd er Herr Wolff oder seine Erben/an seinen Brüder Jacoben oder seinen Erben/deßhalb wie auch des väterlichen vnd Mütterlichen Gůtts/Lehens vnd eygens/weiter dan hierinnen begriffen/vnd ausserhalb diser Limitation der vorig brüderlich vertrag außweißt/nichts zufordern haben/Doch sollen jhme Herrn Wolffen alle andere künfftige neben vnd beyfell/zu denen er befůgt/hiemit vnbenommen/sonder in allweg außgesetzt vnd vorbehalten sein.

Welches alles beyde Brüder/stett/fest/vnnd vnuerbrüchlich zuhalten/dawider nit zuthůn/noch schaffen gethan werden/in keinerley weiß/noch wege/wie des Menschen sin solches jmmer erdencken köndte oder möcht/bey waren Adelichen trewen vnd glauben einander versprochen vnd zůgesagt. Dessen zu warem vrkundt/so ist diser abschiedt mit oberürter beyder gebrüder eygenen handen vnderschrieben/vnnd mit mein Jacob N. angebornen fürgetrucken Innsigel verwaret worden/Vnd dieweil ich Wolff N. diser zeit mit mein eygenen Innsigel nicht gefaßt gewesen/so hab ich zu meiner theyls mehrer bekrefftigung mit fleiß gebetten/vnd erbetten/den Edlen vnd Vesten Adam von N. zu N. meinen freundtlichen lieben Vetteren/daß er von meinet wegen/vnd mich damit zubesagen/sein angeborn Iñsigel vff dise vergleichung auch hat fürgetruckt/Welches ich ehegedachter Adam von N. auff beschehen ersuchen (jedoch mir vnnd meinen Erben/in allweg ohn schaden) gethan haben/hiemit bekenn/So geschehen auff/ꝛc.

Vertrag

Vertrag. CXII

Vertrag über ernewerte streittige Puncten, so vormals auch vertragen worden seindt.

Wir N.rc. Bekennen vnd thůn kundt offenbar mit disem Brieff. Demnach vnnd wiewol in den jrrungen, zwischen vnsern lieben angehörigen Anna N. weylande Philips N.zu N.seligen hinderlassener Wittib, als Klägerin an einem, vnd dan gemeltes Philips N.in erster Ehe gezielten kinden Paulo N. vnn Barbara geschwisterti, als Beklagten anders theyls, auff beschehen ansuchen in zeit vnd leben des Hochgebornen Fürsten, vnsers freundtlichen lieben Herrn vnnd Vettern N.rc.seliger dechtnuß, Tagsatzung ernennt, beyde theyln gütlichen gehört, vnd darauff von jhnen angelobter vertrag verfaßt vnnd auffgericht worden, des endlichen versehens, sie solten gentzlichen solcher sachen halb, verglichen vnd vertragẽ, auch demselben zuwider, vnuerbrüchlich nachkommen sein. So haben sich aber seithero über das, noch weitere zwyspaltige Puncten vnd mißuerstandt, wie vnderschidlich hernach folgen wirdt, zwischen jhnen erhaben, Derwegen wir sie dann, auff abermaln jhr vnderthenigst bittlichs ersuchen, vnnd auß Gnaden zu beyden theyln nun zum zweyten mal, alher zu vnser Cantzley vertagen vnd demnach heut Dato auff gehorsamlichs jhr erscheinen, gütliche gnůgsame, ingenossene verhör rede, vñ gegen rede, durch vnsere Räthe beyderseits mit jhren güten wissen vnnd willen, in solchen nachgemelten vnderschidlichen Puncten, endlich einigen, vergleichen, vnd vertragen lassen, wie folgt, Nemlich vnd zum ersten, als die Klägerin anzeygt, daß sie Beklagten von N.zu N.zwentzig siben gulden für Holtz in der Teutschen Herrn Schlag ingenommen, Desgleichen were in zeit jhres Hauβwirth Philips N.leben, bey jnen dreissig neun Taler von etlichen Landtsknechten, so N.zu jhnen gelegt, vñ solches zubezalen schuldig, auch derowegen jhme Pauln gelt vnd vrkundt gegeben, rc.verzert worden. Item es habe auch gedachter jhr stieff Sohne Paul.36.Batzen für Holtz, vnnd dann sonsten auch drey stück Baw holtz verkaufft, vnd das Gelt darfür empfangen, Welches alles sie (vermög vorigen vertrags) jhr zum halben theyl zůzustellen hat, Darauff ist nach anhörung der Beklagten gegenantwort betheydingt, Daß die Beklagten erstlich ander sumã der siben vnd zwentzig gulden, so sie, wie gemelt, für holtz erlöst haben sollen, Dieweil sie empfahung der gantzen summen nicht gestendig, allein das jhenig, was sie daran zuhanden bracht, mit gemelter Klägerin zugleich theyln, Aber was noch daran außstendig, samenthafft einbringen, vnd es folgents dergleichen halbiren sollen. Der dreissig neun Taler halb, dieweil die Beklagten sammenthaffte keiner bezalung odder innemens gestendig, auch die Klägerin es nicht beweisen mag, sollen gedachte beyde geschwisterten als Beklagten, aller vrkunden, so diser vnd aller anderer schulden halber vorhanden vnd sie derẽ wissens haben mögen, vnuertzüglichen herfür thůn, dieselben jhr Wittibin fürlegen, vnnd als dann sich beyderseits, einforderung halb desselben mit einander, doch in gemeinem kosten vergleichen, was dann darauff einbracht, solches auch neben den voranzeregten xxxvj.batzen, vnd dem gelt so auß den iij.stück Holtz gelöst, vnd durch die Beklagten eingenommen worden, als das hieuorig zu halb eintheylen.

Ferter, nach dem auch die Klägerin, die Beklagten vnd ein halben Morgen feldts, vnnd ein halb Deckbeth angelangt, Da ist abgeredt, daß die Beklagten denselben halben Morgen halbiren, vnd gedachter Wittib jhr theyl ohne auffenthalt oder schaden, sampt dem halben Deckbeth zůeygnen sollen.

Vnd als weiters die Wittibin sich beklagen thůt, daß jhr, zuwidder angeregten hieuor auffgerichten vertrags, das Beth, so jhr, von jhrer Mütter Schwester von Straßburg zu theyl worden, noch auffenthalten werde, rc. So sollen die Beklagten jhr dasselb mit aller gereidschafft, wie sie das zu jhrem Hauβwirth bracht, vnd mit kundtschafft darthůn mag, einantworten.

Das Harnisch, vnd Kleider belangen, so Philips N.hinderlassen, da soll es wie an-

L iiij

ders/ doch mit einwerffung des Leinen Tuchs/ so die Wittib zu sich genommen/ oder den billichen werth darfür/ auch getheylt werden.

Demnach auch beyde theyl zu Speyer noch ein vnvertheylte Behausung haben/ vnd dieselbe mit zinsen beschwert/ auch deren besserung erfordert/ Im selben ist verglichen/ daß sie beyderseits/ es sey in Zinsen oder besserung/ gleichen kosten vnnd beschwernuß tragen/ auch also die nutzung dargegen haben sollen.

Letzlich/ vnd dieweil auch Philips N. vnd Anna N. in jhrer ehelichen beywohnung schulden gemacht/ vnnd derhalb etliche beyderseits zusamen gebrachte Güter versetzt/ So soll jhe ein theyl dem andern/ alles das jhenig/ was inn solcher zeit/ durch die beide genante Eheleuth/ versetzt worden/ Nemlich die Wittib jhren stieffkindern den Beklagten/ jhre Güter/ vnd hergegen die Beklagten/ der Wittibin oder jhren beyderseits Erben/ das jhrig widerumb lösen vnd ledig machen/ etc. Vnd soll solche ledigung/ abtheylung/ vnd alles anders hierinn vermelt/ gewißlich hie zwischen nechstkünfftigen Johannis Baptistæ/ von beiden theyln beschehen. Also vnnd hierauff seien obbenante beyde Partheyen/ nit allein diser inuerleibten/ sonder auch aller anderer Puncten/ anforderungen/ vnnd züspruch/ es sey mit worten oder wercken/ so sie gegen einander gehabt/ oder noch hinfüro inn ewig zeit gewinnen möchten/ mit jhren vorwissen/ wie obgezelt/ endtlichen verglichen/ vereinigt/ vnd vertragen/ Der gestalt/ daß kein theyl nimmermehr nichts gegen dem andern diser theylung/ vnnd aller derselben gepflogner handlung halb/ jnnhalt voriges vertrags/ es sey am Rechten oder sonsten fürnemen/ eifern/ oder anden/ sonder disen vnd vorigen vertrag/ bey vermeidung vnser vngnad vnd straff/ die wir vns daß hierinn vorbehalten wöllen haben/ etc. vnuerbrüchlich/ vnd stracks nachleben vnnd geleben sollen/ wie sie vns dann/ disem also nachzukommen/ an Eydts statt angelobt vnd versprochen haben/ alles ohn geuerde.

Des zu Vrkundt seindt diser Abschiedt zwen/ vnder vnserm hieunden fürgetruckten Secret verfertigt/ vnnd jedem theyl deren einer zugestellt worden. Geschehen vnnd geben auff Freytag den/ etc.

Vertrag vber Heyraths Noteln/ auff zuschreibung beyder Partheyen/ zwischen beyder Ehe zuuor gezielten Kindern Vormündern/ etc.

Zu wissen sey/ daß sich jrrung vnd gebrechen erhalten haben/ zwischen Hans A. Bürger vnd des Raths zu B. vnnd seiner jetzigen Haußfrawen Barbara C. so vormals Meister Niclauß D. gehabt/ an einem/ vnd dann sein Hans A. minderjärigen sohns Josten geordente Vormünder/ mit namen Wolff E. vnd Jörg J. beyde Bürger zu B. vnnd sein Hansen A. Haußfrawen ersten Ehe gezielten Kindern/ mit namen Anna/ vnd Margretha D. geordnete Vormünder/ als Jörg G. vnnd Hans H. beyde Bürger zum Hirßhorn/ vor vns beyde/ Philips von N. Feyth zu Moßbach/ von Ampts/ vnd vor mir Hans vom Hirßhorn/ als von meiner vnderthan wegen/ beyde Partheyen vff heut Dato ghen Eberbach vertagt/ haben die Vormünder/ Meister Niclauß D. hinderlassen Kinder/ vns beyden klagend fürbracht/ daß sie jhren Schwager Hans A. zum offtermal ersuchet/ die abgeredt Heyraths Nottel helffen verfertigen/ darzü sie dann jhne nie dahin bringen mögen/ Vnnd nachmals dieselbigen zuuerfertigen gebetten/ Darauff Hans A. wider anzeigen ließ/ er wißte sich der abrede noch wol zuerinnern/ dieselbigen er auch beihanden hette/ den er/ vnnd sein Haußfraw/ in derselbigen hoch beschwert weren/ bate derhalben vnns beyde/ dienstliches fleiß/ dasselbig sein beschwernuß zu miltern/ vnnd auff leidliche sendtliche mittel/ vnnd billiche wege zubringen/ Also wir beyde von Ampts vnnd Oberkeyt wegen/ vnns in die sachen geschlagen/ vnnd gemittelt/ wie nachfolgt/ etc. Erstlich solle Hans A. seinem Sohne Josten zu einem vorauß/ vor sein Mütterlich Güter vier Hundert Gülden geben/ dieselben auff Gütern zu B. beweisen/

mit

Vertrag. CXIII

mit wissen des sons geordente Vormünder/ damit er dieselbigen/ so er zu seinen tagen kompt/ wiß zuempfangen/ so fer er sich/ mit wissen/ Vatter/ Mütter/ vnnd der Freundtschafft verändern wirdt. Zum andern/ soll Hans A. vnnd sein Haußfraw den zweyen Töchtern/ Anna/ vnnd Margretha/ so von Meister Niclaus D. vnnd Hans A. jetzigen Haußfrawen erzielt/ zum vorauß geben werden 1300. gülden an güttern zum Hirßhorn/ vnd sonst/ mit wissen deren Vormünder/ die sie auch zu jhren Manparen jaren/ so sie sich mit wissen/ Vatter/ Mütter vnnd freundtschafft verändern/ zuempfangen haben/ Doch soll Vatter vnd Mütter/ des Sons/ vnd der Töchter vorauß/ die zeit jhrer vnmündigen jaren/ vnd sie vnuerändert bleiben/ die blümen vnd nutzung dauon haben/ auch sie daruon ziehen/ wie dann Vater vnd Mütter solches zuthün gebürt. Zum dritten/ ist abgeredt/ daß ein Kindschafft hinfürter/ zwischen den dreyen jetztlebenden Kinden/ vnd den künfftigen/ so jhnen der Allmechtig Gott bescheren würd/ sein vnd bleiben/ vnd gehalten werden soll/ vnd sie/ wo sie sich mit wissen vnd willen/ jhrer beyder/ vnd der Freundtschafft/ verhey rathen/ daß sie die mit einem ehrlichen Heyrathgüt/ nach jhrem vermögen/ ausserhalb des vorauß/ bedencken sollen. Zum vierdten/ ist abgeredt/ Dieweil der beyder Kinder Vormünder/ als nemlich Jörg G. vnd Hans H. vom Hirßhorn haben anzeigt/ wie daß jhrer Pflegtöchter Vatter seliger/ vnd mütter ein namhafftigs verlassen haben/ das sich vff die 3000. gül. möcht erstrecken/ das Hans A. daß nicht wissens hat/ soll er sich vngefehrlich in acht oder zehen tagen/ zu den Vormündern thün/ den bericht des Güts/ vnd werths/ nach aller notturfft von jnen empfangen. Zum fünfften vnd letsten/ sollen sie zu beyden teyln/ solches von Dato an in 14. tagen zu oder abschreiben/ Das Hanß A. mir Faut zu Moßbach/ vnd daß die Vormünder jhrem Junckern/ Hansen vom Hirßhorn/ disen abscheide zubedencken angenoißen vnd zügesagt/ so es dan von beyden Partheyen angenoißen/ vnd zugeschrieben wirdt/ sollen zwen gleichlautendt Heyraths Brieffe/ wie es in der Fautheyn Moßbach/ vnnd besonder zu B. recht vnd brauch ist/ auffgericht werden/ deren sich jeder theyl zu seiner notturfft habe zugebrauchen. Des zu Vrkundt/ ꝛc.

Vertrag vber Güter/ da Mütter/ an statt jhres abgestorbnen ausserhalb der Ehe gezieltes Kinds/ vnd nach ergangenem Vrtheyl/ begert zuerben.

Wir N. ꝛc. Bekennen vnd thün kundt offenbar mit disem Brieff/ Als sich zwischē Barbara A. von B. Hans C. zur Newenstatt an der Hart/ verlassener Wittwe an einem/ vnd Peter D. vnd Adam E. zu Keiserolautern/ als Jacob C. gedachts Hans C. seins eheleiblichen Brüders hinderlaßnen Kinder Vormünder anders theyls/ etwas jerrunge erhalten/ Dernhalben dann bey weylandt dem Hochgebornen Fürsten vnserm freundtlichen lieben Vettern N. ꝛc. Fürsten/ seliger gedechtnuß/ vnnd nachgehendts zu jnneretung vnserer Fürstlichen regierung/ auch bey vnns/ von der benanten Wittwe/ vnnd auch Jacob C. Kindern angeregten Vormünder etlich mal anlangens geschehen/ sie jrer schwebenden jrrung gütlichen vertragen zulassen/ wie dann durch ernanten vnsern freundlichen lieben Vettern N. ꝛc. vnd vns/ vnserm Vigthumb vnd Landschreiber zu N. befolhen worden/ die Partheyen für sich zuuertragen/ sie in jren gebrechen/ notturfftig zuhören/ vnd müglichen fleiß fürzuwenden/ ob sie in güte/ nach billichen dingen möcht verglichen vnd verewigt werden/ welches aber bei jhnen den theylen/ nit statt haben wöllen/ vnd ferner bei vns demütig vnd vnderthenig angesüscht/ sie zu weiterer/ gütlicher vnderhandlung vor vnsere Räthe alher fürzubescheyden/ Demnach haben wir sie an heut vor vnsere Räthe gnedig vertagt/ vnd der notturfft zu allen theylen verhören lassen/ vnnd als nun die gedacht Barbara von B. fürgeben/ daß Hanß C. jr hieuor auff dem N. Schlosse die Ehe verheyssen/ darauff sie auch jhme etlich jarelang Eheliche beiwonung gethan/

vnd

New Formular

vnd ein Kindt also mit jhme gezielt/aber es gleichwol mit dem Kirchgang nit bestettiget/ Doch solchs vor vilen Leuten/ wie sie dann dasselbig in rechtfertigung vorm Official zu Speier jhres verhoffens gnugsam beybracht/bekentlich gewest/vnd darumb gebetten/die weil ein vrtheyl vorm Official zu Speier vor sie ergangen/ die Vormünder dahin zuhalten/jhr das Ertheyl/ so das Kindt von seinem Vatter Hans E. jhrem Eheman/ vnd desselben Kindts Alcnmutter ererbt/vnnd nach des Kindts absterben/ auff sie/ als die Mutter gefallē/folgen zulassen/vñ lenger mit schwerem kosten nit vmbtreibē/ꝛc. Welcher vertrag aber Peter D. vor sich vnd sein mitvormundt Adam E. nit gestendig gewest/ vnd dargegen angezeyghtdaß noch nit wie recht gnugsam bewiesen/ daß Hans E. jhr die Ehe verheissen/oder auch sie jhe für sein Ehefraw gehalten/darumb er von dem vermeinten Vrtheyl appellirt/ vnd in willens dieselbig Appellation zuprosequirn/ er vnnd sein mitvormundt/ hetten sich gleichwol vns zu vnderthäniger gehorsam/ vnnd zuuerhütung weitlaufftigen grossen kostens/ vor den Ampleuten zu N. erbotten/ jr ein ziemlichs der billicheit nach/ vnangesehen/ daß zuuor durch den Official zwischen beiden teyln/ aller jhrer anforderung halb/ ein rechtmessiger vertrag vffgericht/zugeben/das sie aber nit annemen wöllen/ vnnd also jhrent halben dadurch die gute entstanden / mit vnderthäniger bitt/ sie Barbara von jrem vnziemlichen fürnemen abzuweisen. Darauff so haben vnsere verordnete Räthe zwischen beiden Partheien/ sie nachmals in güte von einander zuentscheiden/ allen müglichē ernstlichen fleiß fürgewendt/vnnd erträgliche mittel fürgeschlagen/ dessen aber vbberürte Barbara nit eingehen wöllen/ sonder vff jrem fürnemen beharrt/die sachen mit Rechte zueröttern/ wie dañ mit beyder Partheyen guten wissen vñ willen solche forderung der Ehe vnd Erbfals halben/ vor vnsern Räthen/ oder dem Ehegericht/ ein sonderlicher rechtlicher außtrag bestimpt vñ vergliechen/ welches sie auch bey jhren trewen an Eydts statt gelobt vnd angenommen/ꝛc. Als aber vff ferner demütigs ansuchen ermelter Barbaren die güte nachmals bey beyden teyln/ auff vorige mittel mit fleiß gesucht worden/sindt sie darauff weiter/mit jren güten wissen vnd willen/weitlaufftigkeyt Rechtens/ vnd grossen vnkosten zuuerhüten/ auch vff vnserer Räthe rathsamm bedenckē/ vnd andern beweglichē vrsachen/ mit einander entlich verglichen/ vertragen vnd entschieden/ wie folgt: Nemlich daß obgedachte Jacob E. seligen Kinder verordnete Vormünder/ in namen jhrer Pflegkinder der Barbaren A. oder jhren Erben/ für alle jhre züspruch/ erbgerechtigkeyt vnd forderung/ sie von wegen jres abgestorbenen Kindts/ mit Hans E. gezielt/ an dessĕlb verlassenschafft zu haben/ vermeint/ auch vor die vormals betheidigt vnd außstehende N. fl. gegen gebürlicher quittung/ eygenthumlichen reichen vnd bezalĕ 150. gülden/gemeiner genger Landeswerunge/zu nachfolgenden zilen/ nemlich von heut dato anzurechnē/ vber ein halb jar 50. güldē/ vnd dann fürther alle halb jar 50. gül. biß zu völliger bezalung obgemelter 150. gül. ꝛc. Vnd so also das letst ziel erlegt wirt/ als dann sollen benante Vormünder jt Barbarē noch weiter gegen gebürender versicherung vnd Caution zustellen vnd vbergeben 50. gül. dieselben jr lebenlang als widerfällig/ zu nützen vñ zu niessen/ wie nutzbarlicher niessungs recht vnd gewonheit ist/ oder aber sie die Vormünder von wegen jhrer Pflegkinder/ jr Barbaren/ doch zu jrm gefallen/ermelte 50. gülden/ so lang sie leben wirt/ gebürlicher weiß verzinsen vnd vergülten. Vnd hiemit die angefangne rechtfertigung am Geistlichen Gericht abgeschafft vnd cassirt/ auch voriger vertrag vffgehaben / vnnd beyde Partheien aller jrer züspruch gentzlich mit einander gericht/geschlicht/ vertragen sein vnd bleiben/ kein theil deßwegen/ vnder was schein/ Priuilegien/ Freiheyten oder Restitution/ wie das namē haben mag/ geschehen möcht/ jchts gegen dem andern in oder ausserhalb Rechtens fürnemen/ für sich/jre Erben/ vnd nachkommen/ in kein weiß/ oñ alle geuerd. Wie daß sie die Fraw eigener person freies gemüts vngetrungen/ vnd Peter D. für sich selbst/ vnd in namen seines mitvermündters Adam E. dem allem wie obgemelt getrewlich/ vñ vnuerbrüchlich zu geleben vnd nachzukommen/ mit handgebenden trewen an eidsstatt zugesagt vnd versprochen haben/ vnd wir auch auß Landtsfürstlicher Obrikeit disen vertrag beiden teiln zu gutem hiemit ratificirn vnd confirmirn/ also daß derselbig in allen seinen puncte/ durch beide theyln/

Vertrag. CXIIII

theyln/vnnd die Pflegkinder on ferner jrrede gentzlich gehalten vnnd vollnzogen werden soll. Des zu vrkundt haben wir diser vertrags Brieff zwey gleichlaut vnder vnserm zu end auffgetruckten Secret verfertigen/vnd jedem theyl einen zuostellen lassen. Datum/ic.

Vollnziehung vnd bekrefftigungs Brieff/ober beschehener vertrags handlung/in kurtzer vnnd guter Form.

Wir N. von Gotts Gnaden/ic. Bekennen/ic. Als sich nun lange vnd vil jar hero/ zwischen weilande dem Hochgebornen Fürsten/vnserm freundlichen lieben Vettern/Herrn N.ic. lobseliger gedechtenuß/ vnd seiner lieb gewesenen Burckgrauen zu A. an einem/ so dan dem Wolgebornen vnserm lieben getrewen Johansen/ Grauen zu B. allerhandt nachbarliche jrrungen vñ zwyspaltung/ von wegẽ des Dorffs vñ Pfarr E. darinnen sich beiderseits der hohen Oberkeit/ auch Jagens/Hagens/ Fischens/ vñ derselbẽ Pfarr Nomination vñ Collation angemaßt/erhalten/ darüb daß nit allein hiebeuor etwa vil gütlicher verhör vnd handlungen fürgenossen/sonder auch die sachen zum teyl an das Keyserlich Cammergericht gelangt/vnd darüber Proceß/ vnd Mandata außgangen/ also das nachuolgents zu abschneidung diser jrrungen vnd darauß gefolgten weiterungẽ Rechtens/ vnd sonst sich bemelter vnser lieber Vetter N.ic.seligen/ vnd er Graue Johan zu B. in vertrags handlung/ dermassen begeben vnd eingelassen/ das Graue Johan sein/vnsers Vettern E. võ wegen der Oberrecht vñ gerechtigkeytẽ/Jagens/Hagens vñ Fischens/ sampt berürter Nomination vnnd Collation der Pfarr/ was dessen alles vnd jedes an die Pfaltz/ von weilande dem Ersamen Jacob D. Probsten zu E. vnd Apten zu F. seligen dahin bemeltes Dorff vnd Pfarr E. gehörig/ tausch/ vñ Permutation weise/kossten vnd gewachssen ist/600. gülden/jeden gülden per 15. batzen entrichten vnd bezalen/vñ dagegen sein Lieben oberzelten Recht vnd gerechtigkeyt zu E. gentzlich sich begeben vnd abtretten/deren auch nun hinfürbaß/benanten Grauen vnd seine Erben/geruhiglich geniessen/jnnhaben vnd besitzen lassen sollen vnnd wöllen. Welche vertrags handlungen auch dergestalt beyderseits bewilligt vnd angenossen/ Aber biß nach absterben gemeltes vnsers lieb Vettern seligen/vnnd an heutigen Tag vnuollnzogen anstehen blieben ist. Derhalb dann ernannter Graue Johan zu B. bey vns vmb auffrichtung brieflichen scheins vnd vollnziehung bewilligten vertrags/wie er auch zuthun vrpütig vnd willig/ angesucht hat.

Also vñ hierauff nach eingenossenem bericht/ aller zwischen gemeltẽ vnserm freundlichen lieben Vettern N.ic.seligen/ vnd jme Graue Johannen verlauffnen handlungen/ haben wir vns dieselbige auch belieben lassen/Ratisicirt/bekrefftigt vnd bewilliget/Belieben/ Ratisiren vnd bekrefftigen auch dieselbige hiemit vnd in krafft diß brieffs/der gestalt vnd massen/daß gemelter Graff Johan/seine Erben vnd Nachkommen/gegẽ den 600. gülden/jeden gülden zu 15. batzen gezelt/die er vns als bald erlegt hat/sich der hohen Obrigkeiten/ auch recht vñ gerechtigkeiten des Hagens/Jagens/vnd Fischens zu vnd in E. bezirck vnd Wälden/mit sampt der Nomination vnd Collation solcher Pfarr E. wie das/als ob steht/an N. kommen/vnd wes wir daran haben sein/hinfürbaß in ewige zeit zugebrauchen/ zugeniessen/vnd zubesitzen haben soll/allerdings wie an ders seines eygenthumbs damit zu schalten vnd zuwalten/on jntrag vnser/vnseru Erben vñ nachkommen/ auch vnserer Ampt leut/vnd menigliche von vnsert wegen. Doch sonst außgenossen vnser leibeygen leut vnd anderer gerechtigkeiten wir derens hergebracht/vnd wes sonst eim Pfarrherr zu E. zugehörig ist. Vnd damit sollen auch wir vnd bemelter Graff Johan/ sampt beyderseits vnserer Erben vnd nachkommen/ solcher eingefallenen langwirigen spenn vnnd jrrungen gentzlich verglichen/vereinige vnd vertragẽ sein/darzu auch alle Proceß vnd Rechtlichen handlungen/wes derosolben von wegen der hohen Obrigkeit/ auch sonst in andern oberzelten fälln sich zugetragen hetten/gentzlich gefallen/todt/ vnd abseîn. Des zu warem Vrkunde/ic.

Nota

New Formular

Nota. Wo auch andere/ꝛc. an ehegedachter Nomination/vnd Collation der Pfarꝛ
E. hetten/vnd in solche vertrags handlung/vnd vollnziehungs Brieff bewilligten/da sol
len nach den wörtern/tod vnd abseinn/nachfolgende wort gesetzt/vnd die versieglung vff al
le drey/als auff den Verkäuffern/vnd Käuffern/sampt der darinn bewilligten Personen
gestellt/vnd jeder Parth einer zugestellt werden/als folgt.

Vnd wir Rector vnd gemeine Vniuersitet zu N. Bekennen vnd thůn kundt offent
lich/Als wir vermittelst der Incorporation F. dahin bemelt Pfarꝛ E. gehörig/solcher No
mination vnd Collation der Pfarꝛ daselbst gerechtigkeyt gehabt/daß wir auff empfange
nen bericht diser langwirigen irrungen/ auch vmb mehrern vnserm vnd vnsern nachkom
men nutzen willen/vns darauß scheinent/in solche vertrags handlung gewilliget/vnd vn
ser gehabte gerechtigkeyt/souil die Nomination vnnd Collation berürter Pfarꝛ betrifft/
wissentlich begeben haben/vnd thůn auch das hiemit vnd in krafft dises Brieffs.

Zu Vrkunde seindt diser Brieff drey gleichs innhalts verfertigt/vnd deroselben ei
ner bey vnser Cantzley behalten/ der ander benantem Graff Johannen/ vnd der dritt vns
Rector vnd Vniuersitet zugestellt/mit vnserm vnnd seinem/ auch genanter Vniuersitet
Rectorat Innsigel bekrefftiget. Geben vnd geschehen zu N. ꝛc.

Wo dann andere Sachen/ꝛc. da Partheyen ein bewilligen/sich zutragen würden/
würdet sich der Schreiber nach erstbemeltem Exempel/mutatis mutandis, (als ich ver
hoffe) wol zuuerhalten wissen.

Abscheide vber getroffene Kauffshandlung.

Vndt vnd zuwissen sey hiemit meniglich/ Als der Edel vnnd Ernuest Valentin
von A. zu B. dem Wolgebornen Herrn/ Herrn Ludwig Casimir Grauen von E.
vnnd Herrn zu D. ꝛc. alle sein vnd seiner geliebten Haußfrawen Brigitta von A.
geborner von E. ligende Güter/ als Hauß vnd Hoff zu F. Wäld/ Ecker/ Wiesen/ Gär
ten/ Fischwasser/ auch bestendige vnnd vnbestendige gefelle an Geldt/ Frucht/ Hünern/
Gänsen/ Käsen/ Eyern/ Flachs/ Wachs/ Zehenden/ leibeygenen Leuthen/ auch angebü
renden gerechtigkeyten auff etlichen Specificierten Pfarrhen/sampt allem anderen vmb
G. gelegen/wie solches alles weylandt Georg von E. vorgedachter Fraw Brigitta Vat
ter selig innen gehabt/vnd nach seinem tödlichen abgang auff sie erblich vnd eygentumb
lichen gefallen/innhalt getroffener Kauffshandlung vnd verglichenen abschlags/ Käuff
lichen zuzustellen/versprochen vnd zugesagt/daß demnach anfengklichs vor der zeit zu ge
bürlicher befürdernuß der Sachen/die Wäld/ Ecker/ Wiesen/Egerten vnd Gärten not
türfftiglich gemessen worden/vnd darauff zu endtlicher vnd wircklicher vollnziehung des
getroffenen Kauffs/ vnd einraumung/ wolermelts Grauen zu der Sachen verordnete
Räth zu N. benant eins/vnd gedachter Valentin von A. anders theyls zu H. ankommen/
vnd für dieselben/die A. vnderthanen samentlich erfordert/ vnd sind anfencklichs berürten
vnderthanen jre Güten ordenlich fürgelesen/ vnd sie darauff von dem von A. aller pflicht
vnd verwandtnuß/ damit sie ihm vnd seiner geliebten Haußfrawen biß daher zugethan ge
wesen/innhalt eines deßhalb sonderlich fürgelegten Gewaldts/ ledig gezelt/ vnd an wer
melten Grauen angewisen. Vnd nach dem sie ihrer Güten durchauß ohn alles wider
sprechen gestendig gewesen/durch die E. Räth zu gelübden wider angenommen/vnnd mit
dem leiblichen Eydt beladen/also daß so vil ledig zelung vnd wiederauffnemung der vnder
thanen belangen thůt/ die einraumung derselben allerdings vollendet worden.

Als mann dann auff vorgehende messung/ auch jenige Justificierung der bestendi
gen vnd vnbestendigen Güten/ auch Zehenden vff den fürgelegten sechs järigen anschlag
zu abrechnung der Hauptsuma innhalt anschlags geschritten/ vnnd dieselben von Posten
zu Posten/ wie sich gebürt/ vberleget vnnd angeschlagen/ Hat sich inn solcher abrech
nung/ vberlegung vnnd anschlag befunden/ daß der gantz Kauff an allen zu eingang ver
melten

Urphedt. CXV

melten stücken/vermög eines darüber insonderheyt auffgerichten Gült vnd verzeychnuß
Buch an fünff vnd dreissig tausent/sibenhundert/fünfftzig vnnd drey Gülden/ankauffen
thůt/an welcher summa/laut zuuor getroffener abhandlung/wolermelter Graue dem von
A. zehen tausent gülden an barem Gelt fürderlich erlegen/vnnd das vbrig wie abgeredt/
verzinsen/auch darüber gegen empfahung des Kauffbrieffs nottürfftige Gültbrieff zů
stellen soll.

Des alles zů warem Vrkunde sindt diser Abschidt zwen gleichlautend gemacht/vnd
von wegen obwolermeltes Grauen durch N. vnd N. ꝛc. So dann durch Valtin von A.
für sich selbs/vnd von wegen vorgedachter seiner geliebten Haußfrawen vnderschriben/
vnnd mit jhren gewonlichen Bittschiren verwaret worden. So geschehen zů H. auff
Donnerstag den ꝛc.

¶ Folgen ettliche Vrpheden der gefangenen.

Vrphed vber begangener leichtfertigkeyt/ mit Bürgschafft.

ICH N. Bürger zu N. Bekenne hiemit offentlich/als ich verzückter tagen jnn der
Wolgebornen Herrn/Herrn N. ꝛc. vnd N. ꝛc. beider meiner Gnedigen Herrn hafft
vnnd Gefencknuß alhie zu N. auß woluerdienten vrsachen/vnnd begangner leicht-
fertigkeyt kommen/daher jhre Gnaden mich mit ernstlichen vnnd ferrern straffen anzů se-
hen/wol befügt gewesen/auch noch sindt/Aber jedoch auff vilfältige beschehene vnderth e-
nige fürbitt/meiner freundtlichen lieben Haußfrawen/auch anderer meiner freünde vnd
Nachbaurn/mich solcher hafft auff diszmal nach folgender gestalt genediglich erlassen ha-
ben/daß ich namlich anfencklichs dise gefencknuß/wedder gegen jhren Gnaden/noch der
selbigen zůgethanen/in dem wenigsten nicht rechen/vnd darbey mein leib/haab/vnd gůt/
ohn jhrer Gnaden vorwissen vnnd bewilligen auß der Statt N. nicht verrucken/sonder
mich jederzeit auff jhrer Gnaden erfoderen/widerumb in hafft/odder wo ich sonst hin ge-
meint werdt/stellen/Auch deßhalben für vier hundert Gülden nottürfftige Bürgschafft
thůn solte/ꝛc. Also vnd dergestalt/da ich an eim oder mehr obgeschribener Articklen (das
doch Gott der Allmechtig gnedig verhüten wöll) brüchig sein würd/daß als dann beruer-
te meine Bürgen/eintweders mich persönlich zu jhren Gnaden sicheren handen vnnd ge-
warsame stellen/oder aber die vier hundert Gülden sämentlich vnnd vntersscheidenlich jhren
Gnaden erlegen solten/Daß ich demnach solche mir erzeygte gnad in vndertheenigkeit v n̄
mit höchster danckbarkeyt vff vnd angenommen/auch darauff einn gelehrten Eyd zu Gott
dem Allmechtigen geschworn/dise meine verhafftung vnd gefencknuß/weder gegen wol-
gedachten beden meinen G.H. jhrer Gnaden Räthen/Amptleuthen/Dienern/vnd vn-
derthanen/oder jemands anders/so zu diser meiner verhafftung vñ gefencknuß/rath/that
oder fürschüb gegeben/nimmermehr/(ausserhalb ordenlichs Rechtens) zů ähnden/zů äfferen/
zurechen/weder mit worten noch mit wercken/in keinerley weiß/noch wege/wie des men-
schen sinn solches erdencken mag/solches auch durch andere zugeschehen/weder anzurich-
ten/noch zugestatten/vnd dan̄ ferrer/mein leib/haab vnd Gůt/ohn vorwissen vnd bewilli-
gung wolermelter meiner G.H. auß der Statt N. nit zuuerrucken/sonder mich jederzeit
da ich diser sachen halber/durch jhre Gn. oder deren befelchhaber gemanet würde/wider
in hafft/oder wo mich jhre Gnaden hin fordern würden/gehorsamlich zustellen/alles bey
verpfendung meiner haab vnd Güter/ligender vnd fahrender/gegenwertiger/vnd zůkünff-
tiger/wie ich mich auch darbey aller Gnaden/Priuilegien/vnnd Freiheyten/wie die jmer
namen haben mögen/sonderlich aber des Rechten/das da spricht/gemeine verzeyhung gelt
nit/es gang dann ein sonderung zuuor/vnd aller anderer aufzüg vnd beheelff/gäntzlich be-
geben haben wil. Vnnd hab des zu noch mehrer sicherheyt/wolernanten meinen Gnedi-

P

New Formular

gen Herrn/zu rechten waren vnuerscheidenen Bürgen/samenthafft verbundt/gesetzt/die Ersame meine freundtliche liebe Schwäger/Freunde/vnd Nachbauren/mit namen A.b. c.d.e.f.g.h.alle Bürger von N.also vnnd dergestalt/wer es sach/daß ich an eim oder mehr der vorgeschriebenen Artickel (das doch nit sein soll/vnd Gott gnediglich verhüten wöll) brüchig sein würd/so soll ich erstlich ein meineydiger Man heyssen/sein vnd bleiben/vnd wolermelte meine Gnedige Herrn/zu allen meinen haab vnd gütern on allen Rechtlichen Proceß zugreiffen gut fug vnd macht haben/vnd obberürte meine Bürgen ober das schuldig sein/eintwederes mich in eygener Person zu jhrer Gn. hafft zulieffern/oder aber jhren Gna. innerhalb eines Monats/nach der manung ccc. gülden vnuerscheiden vnd samenthafft zulieffern. Welche Bürgschafft wir die obbemelten Bürgen also bey gegebener handt trew/an eines geschwornen Eydtstatt gethan haben/hiemit offentlich bekennen/sol vns auch darfür kein gnad/freihept/oder anders/so den Bürgen zu gütem kommt/im rechten gegeben sein/dessen wir vnns alles hiemit wissentlich/sonderlich des Rechten/das da spricht/Wann ein Bürg souil bezal/als jhn die Bürgschafft Pro quoto berür/so sey er weiter nit schuldig/vnd was sonst den Bürgen zu gütem/im Rechten gegeben sein möchte/gentzlichen hiemit begeben. Vnd des zu warem vrkundt/so hab ich N. vnd wir die Bürgen obgenant samenthafft mit fleiß gebetten vnd erbetten/den Ehrnhafften N. daß er von vnsernt wegen/vnd vns darmit zubesagen/sein gewönlich Innsigel zu endt dises Brieffs hat auffgetruckt/Welches ich obgenanter N.von bitte wegen (doch mir vnd meinen Erben inn andere weg ohn schaden) hiemit gethan haben offentlich bekenn. So geschehen auff Donnerstag/rc.

Vrphed/da ein Adels Person einen vnuerfenglich vrsachen gewaltthätiger weiß entleibt hat.

ICH N. von N. Bekenn hiemit vnnd thu kundt allermenigklich/als ich verschienes N. Jars/Dornstags nach Georgij den xxvj. Monats tag April. sampt einem Reisigen Knecht Gerhart genannt/gehn N. ins Dorff im Ampt N. gelegen/geritten/ vnd daselbsten jhn Conraden von C. Schloß/von einer Geistlichen/auch andern Personen berichtet/vnd angehetzt worden/daß ein armer man Hans D. von N. genant/welcher mein Base Margreihen von C. meiner Mütter schwester/weylandt Hans J. Wittib/ zur Ehe genossen vnnd außrüffen lassen/im Feldt des mals zu Acker (der Wittib zustendig/vnd hinderm Schloß abwendig Veltin G. Garten gelegen) gangen/seind wir beyde obgemelt/sampt ettlichen Jaghunden/die wir bey vns gehabt/ uff vorgehende betrawung/ berathschlagung/vnnd anzeig gantz fürgesagtes bedächtlichs gemüts/auß dem obgemelten Schloß in das feldt an dasselbige ort/da der arm Mon gezackert hat/gerittten/auff des Durchleuchtigk Hochgebornen Fürsten vñ Herrn/Herrn N.rc. meines G. Herrn Landsfürstlicher Oberkeit vnd gebiete/in freiem Feldt/an der Zackers arbeyt (die doch höchlich für aller thatlichen handlung befreiet ist) anfengklich vnsere Hunde an jhnen gehetzt/ vnd darauff als bald auch mit vnsern Faustkolben/vnd gerauffen wehren/auff jnen gerent/zu jme geschlagen vnd gestochen/vnd so hart betrangt/daß der arm Man/der gleichwol Gottes hilff/vnd vns die Thäter vmb barmhertzigkeit gantz ermerlich/ dartzu auch Keyserliches Recht/vnd frieden angeruffen vñ gebetten/da es jne aber alles nit schützt mögen/sich nach vil empfangenen streichen/vnd verwundunge/letzlich allein seines Pflugs/vnd der Pferd zubehelffen fürnemen müssen/vnd so lang er gekondt/vnserm grausamen Tyrannischen fürnemen zuentweichen/gerings weiß vmb den Pflug vñ die Pferd geloffen/in hoffnung vnd mit kläglichem anrüffen/wir solten von jhme ablassen/rc. darunter das ein Pferde verwundt/biß er letzlich gar vbern hauffen geren worden/da wir jhnen also ligendt erst noch weiter verwundt/vnnd dermassen ertzeugt haben/daß wir selbs darfür geacht/er hab sein theyl/vnd werde nit widerumb auffstehen/sindt wir von jhme getzogen/der meynung

Vrphede. CXVI

nung wider vnsers wegs zureiten. Vnnd als ich aber mich mit dem Pferdt vmbgewendt/ den Hunden gelocket/ vnd vngefehrlich ersehen/ dz der arm beschedigt man/ nur ein wenig sein haupt erhebt/ doch sich mit dem leibe nit offrichten können/ bin ich den nechsten wider vff in gerendt/ vnd erst noch einmal vber erbarmlichs anruffen/ auch nach vilfeltige Gots schwüren vnd fluchen/ ein schwerd durch in gestossen/ darauff er nider gesuncken/ vnd also durch vnsere thätliche handlung vnd verwunden/ deren 7. geweßt/ darzü den stich daß das Miltz herauß gehangen/ inen gar ableibig gemacht/ Folgendes auch als ich vber den Kirch hoff gangen/ das schwerdte ins Grab gestossen/ vnd mit fluchen die Hund ins Grab zubeissen/ angehetzt. Vnd wiewol ich mich darauff etlich tag zu H. erhalten/ daselbsten dergleichen zu J. bey Conraden von C. vnd andern abe vnnd zugeritten/ Also daß hochgedachter Fürst/ solcher oberzelter mißhandlung halb/ von wegen Landt vnnd Fürstlicher hoher Obrigkeiten nach gemeltem Gerharden vnd mir zu H. greiffen lassen/ wie auch er Erhard damals so bald in hafft bracht/ (deßhalben daß gegz dem Rath vnd Bürgern/ derents allerhandt beträwung ergangen) habe ich vngeacht daß ich dem Außfauth zu N. von hochgedachtes Fürsten wegen/ mich nit zuentüssern/ sonder zustellen/ bey meiner trew erbotten/ auff N. vnnd N.ze. warnung/ bey denen ich vnderschleyff gehabt/ vnnd fürther vber die Mawer hinauß gelassen worden/ außlendig vnd flüchtig bißhero enthalten/ Doch mitler weil ich denen zu H. als bald vff den H. Creutz tag/ den dritten May obermelts jars zugeschrieben/ daß ich der Thäter/ vnd Gerhardt der that vnschuldig/ wie dann ein solches hernacher in vilen Supplicationen/ vnd sonderlich Dinstags nach Simonis vnd Jude desselben Jars/ich befandt hab/ Ab welcher böser straffwirdigen verhandlung vnd thäte hochgedachter Fürst/ze.nit vnbillichen zuuerdienen höchster vngnad/ gegen mir bewegt/ Auch im fall nach der scherpff mit straff zuuerfaren/ vnd mir das strenglich peinlich Recht ergehen zulassen/ höchlich geursacht/ vnd on einige einrede befügt geweßt/ wie dann sein F. G. rechtmessige Inquisition darauff thün vnd fürnemen lassen/ dergestalt abgeendts vorhanden in warheyt erfunden hat. Jedoch auff der Röm. Key. vnd Königlichen Maiestäten vnserer Allergnedigsten Herrn/ auch Chur vnd Fürsten/ sampt anderer vom Adel vilfaltigs embsigs von meinet wegen/ Allergnedigsts/ freundlichs/ vnderthenigs fürschreiben/ vnd bitten/ die gefaßte vngnad zum theyl gegen mir/ nachfolgender gestalt vnnd massen mit dem geding gnediglichen gemiltert.

Daß ich mich jrer Fürstlichen Gnaden Fürstenthumbs gentzlichen mein lebenlang enthalten thü/ vnnd darinn nicht betretten lasse/ sondern andern orten/ Dienst vnnd vnderschleiff suchen vnd annemen image / Daneben so mage vnd solle jhre Fürstlichen Gnaden mein vnd meiner leibs Erben in alle wege vnuerhindert/ (wie ich mich dann eins solchen/ als verwirckt/ wissentlich thü verzeihen/ meinen Brüdern allein verleihen/ die jhenigen Lehen ich von jren Fürstlichen Gnaden hab/ vnd ferner nicht. Mit disem sonderlichen gedinge/ daß dieselbigen von wegen oberzelter meiner verhandlung vnd entleibung (des armen halben) von den niessungen vil gefellen berürter Lehen/ so mir sonsten zu meinen gebüren den antheyl järlich zügestanden/ järlichen vnd eins jeden jars besonder/ hinfüro armen leuten etwas namhaffts daruon in einn Spital/ dahin es jhre Fürstlichen Gnaden verordenen lassen werden/ vermachen vnd entrichten/ auch so fer: ich dem jhenigen/ wie nachfolgt geleben würde/ als dann vnd nicht ehe soll ich gehörter massen auß sorgen vnd gefahr gelassen sein/ Darumb daß jhren Fürstlichen Gnaden/ vnd zuuorderst der Röm. Key. vnd Kön. Mt. Chur vnd Fürsten/ sampt denen vom Adel/ deren fürbitt ich hierinne wircklichen genossen/ billichen vnderthenigsten dienstlichen/ vnnd zum höchsten danck/ hiemit diß/ vnd ohne das sage.

Gerede/ verspriche vnd verbinde mich auch bei meinen waren trewen/ Edelmans ehren/ vnd dem Eyde/ in vnd mit krafft diß Brieffs/ für mich vnd meine Erben/ daß ich hinfüro neben obbestimpter verordnung des Allmusen/ alles so hierinn geschrieben/ vnd dise Vrphed außweisen ist/ war/ stett/ vnd vnuerbrüchlich halten/ vnd vollnziehen wil/ Auch mein lebenlang solcher hochbewiesener Gnaden vnnd milte/ gegen mehr hochgedachtem

B ij

New Formular

N.ꝛc. meinem Gnedigen Fürsten vnd Herrn/vnd deroselben Fürstlichen Gnaden Erben vnnd nachkommen/vnderthenigklich danckbar/getrew vnnd Holde sein/ vnd dero schaden warnen/verhüten/vnd wider die nicht dienen noch rathen/vnnd alles das jhenig/wes mir bißher vnder augen gangen oder begegnet/gegen jrer Fürstlichen Gna. deroselben Amptleuthen/Dienern/vnderthanen/angehörigen vnnd verwandten/sonderlichen auch gegen denen von H. gemelter Margrethen/ auch jrem jetzigen Haußwirth/ vnd den jhren/ oder wer mehr in disen sachen zuwider gedient/oder verdacht sein mag/nimmermehr zurechẽ/ effern/ oder anden/ durch mich selbst oder andere von meinet wegen/in kein weise.

Vnd ob ich/mein Erben/ oder jemandt von meinet wegen auß meinem anrichten/ oder befelch/ so vntheur solche bewiesene gnad vnd milte/ in vergeß stelleten (das Gott nit wölle) darwider handleten/ so sollen als dann jhre Fürstlichen Gnaden, dero Erben/ oder wem sie das befehlen/ gůt füg vnnd macht haben/auff solche vorbekendte thätliche handlung/vnd jetzigen verbrechens/ ungnediger weiß vnd straff/ gegen mir/ meinem leibe vnd Gütern zutrachten vnd zuthůn jhres willens vnnd gefallens/ dargegen mich nichts schützen oder schirmen solle.

Ich verzeih vnd begib mich auch mit rechter wissen/hierwider/nicht zuerlangen einicherley Freiheyt/Absolution/ Dispensation/ oder andere behelff/ die von beyden Geistlichen vnnd weltlichen Rechten/ oder von aller Oberkeyt erlangt weren/ oder noch werden/ so wir hiewider vnd sonderlich der ordnung von Relaxation der Eydt ad effectum, &c. zu behelff dienen/wie die jmer gesein odder namen haben möchten/ deren ich mich sament/ oder sonderlichen/für mich vnd meine Erben/ gentzlich nichts daran außgenommen/hiemit freywilliglich vnd vnwiderrůfflich begeben vñ verzeihen/ Alles bey meinen gelübden/ vnnd geschwornen Eyde/so an statt jhrer Fürstlichen Gnaden/ derselben Stathaltern zu N.ꝛc. ich leiblich derhalb gethan hab/sonder geverde.

Des zu Vrkundt hab ich disen Brieff mit eygner handt vnderschrieben/ auch mein angeborn Innsigel/mich vnd mein Erben/obgeschriebener ding zubesagen/vnd zuverbinden/ zu ende diser schrifft/ wissentlich vnnd freywilliglich getruckt.   Vnnd geben auff Montag/ꝛc.

Vrphed/ in schlechter Form/ohn erzelung der Geschicht.

ICH Margretha N. Eheliche Haußfraw/bekenne/ꝛc. Nach dem ich wol verschulter sachen halb/in des Hochwirdigsten Fürsten vñ Herrn/ Herrn Georgen/ꝛc. meines gnedigsten Herrn gefencknuß vnd verhafft zu N. kommen bin/ Deßhalben dann jhre Fürstlichen Gnaden gnůgsam vrsach/auch gůt fůg vnd macht gehabt/ gegen mir an meinem leib mit einer ernstlichen straff/meinem verschulden nach/zuverfaren/ꝛc. So haben doch jhre Fürstlichen Gnaden/ auß gnaden vnd auff vnderthenig flehen vnnd bitten nachbenanter meiner freundtschafft dergestalt/ daß ich zuvor erlassung diser meiner gefencknuß/einen leiblichen Eydt zu Gott vnnd seinen heyligen Euangelien schweren/ daß ich jhrer Fürstlichen Gnaden Landt vnd Obrigkeyt/ welcher ende jhr Fürstlichen Gnadise haben/mein lebenlang wil meiden vnd enthalten/darzu auch solche gefencknuß an jrer Fürstlichen Gnaden vnd dero nachkommen/ Dienern/verwandten/ vnnd vnderthanen/ vnd wen sonsten diß berüren mag/in vngůtem nicht anden/noch effern/ noch jemandt anders verschaffen gethan werden/ꝛc. sonder mich gegen jnnen gůtlichs ordenlichs Rechtens benügen lassen/ soll vnd wil/ mich solcher gefencknuß vnnd verhafft gnedigst erlassen.

Demnach so gerede vnd versprich ich/ bey meinem Eydt so ich leiblich zu Gott vnd seinen heyligen Euangelien geschworen/ solches alles vnd jedes war/stet/ fest/ vnd vnverbrüchenlich zuhalten/nach zukommen vnd zugeleben/ darwider nit zusein/noch schaffen gethan werden/ in kein weiß noch weg. Vnd damit mehr hochstgedachter Fürst/ mein Gnedigster

Urphedt. CXVII

digster Herr/seiner Fürstlichen Gnaden Nachkommen/verwandten/vnderthanen/vnnd Diener/vnnd wen es sonsten ferrer berüren mag/hieran desto habhaffter sein/So hab ich jhnen zu mehrer sicherheyt/zu rechten waren vnd vnzweiffenlichen Bürgen/sampt vnnd sonderlich gesetzt A.B.C.vnnd D. von N.meine freundtliche liebe Vetter/brüder vnnd Schwäger/also vnd der gestalt/wo ich dise meine gelübde vnd geschworne Vrphed in einichem weg vberfüre/vnnd nit hielte/dauor mich Gott behüten wöll/ daß sie als dann sament vnd sonderlich schuldig/mich inner Monats frist in gerürte gefencknuß widerumb zu gebürlicher straff/wie mir dann jetz geschehen sein solt/zu antworten/Vnnd so sie das nit theten/sich an mein stadt sament vnd sonderlich zustellen/oder 100.gülden Rheinischer güter ganghaffter Landswerung/seinen Fürstlichen Gnaden/oder dero nachkomen/ vnd jhr derhalben erforderen in ermelter zeit zubezalen verfallen sein sollen/das wir jetz benante Bürgen/mit gütem vorbedacht/auch mit wissen vnnd willen vnser jeder Herrschafft/ für vns vnd vnser Erben/freywilliglich eingangen sein/vnd solches alles auch war/stett/ fest vnd vnuerbrüchlich zuhalten/nachzukommen vnd geleben/hiemit sampt vnd sonderlich bekennen/vnd daß neben vnd mit obgedachter Margretha N. Haußfrawen vnserer lieben Tochter/schwester/vnd geschweyen/an eines rechten geschwornen Eyds statt/vnd bey verpfendung aller vnser Haab vnd Güter/zügesagt vnd versprochen/getrewlich/vnd ohne alles geuerde. Vnd des zu warem vrkundt hab ich obgenante Margretha für mich vnd mit vnd neben jhr/wir obgemelte Bürgen sament vnd sonderlich/mit fleiß gebetten/ vnd erbetten/die Erbarn/achtbarn vnd weisen/N.von N.beide der zeit Bürgermeister zu N.daß sie gemeyner Statt Innsigel endts der schrifft diß Brieffs getruckt haben/Welcher Sigelung wir gemelte Bürgermeister/ vmb jhr aller fleissiger bitt willen geschehen/ bekennen/doch vns/vnsern nachkommen/ vnd gemeyner Statt in alle wege ohn schaden. Geschehen vnd geben zu N.Montags/rc.

Vrphed/da einer seiner vppigen vnd bösen dräwort willen inngezogen ist worden.

ICH Martin N.bekenne hiemit diser schrifft/gegen jedermenniglich/Demnach ich mich verschiener zeit offentlich/frey meins gefallens vil vppiger böser dräwort gegen dem Durchleuchtigsten meinem G.Churf.vnd Herrn/rc. auch jren Churfürstlichen Gna.Ampstleuthen zu N. in der Statt N.vnd sonst hin vnnd wider vff dem Lande hören lassen hab/ Nemlich daß sie mir das mein wider alle billigkeyt vnd vrsach verpieten vnd Arrestirn lassen/wiewol mir derhalben offtermals tag ernent/darüber mein trewe geben/aber an dem mein trew vergessen/also trewloß außblieben vnd nie erschienen/an dem allen nit gesettigt gewesen/vnd mich zu Oudenhouen weiter hören lassen/vnnd also balde einn Brieff auß dem busem gezogen/den ich von N.hab/vnd gesagt/ Nun hab ich ein der wirt die N. Amptleut zu N.dahin bringen/ daß sie mir das mein wider zu meinen handen stellen müssen/auch darauff so baldt vons N. Diener de Facto gehandelt worden/rc. mich sonsten auch gantz vnordenlichen/vnchristlichen/vnd vngöttlichen/mit schnöden leichtlichen Weibern behafftet/auch etlich briefflichen versigelte verträg/so ich in der Churfürstlichen N. Cantzley angenossen/bey meiß eheen/Eyden/vil pflichten hinfürter mich deren zuenthalten versprochen/ zu dē / so sein mir auch dernhalben etlich verbott durch die Amptleut zu N.angelegt worden/aber dessen alles vngeacht meiß Eydt/trew/ehr/vnd pflicht inn windt geschlagen/vnd meinem versprechen nie gelebt noch nachgesetzt/sonder vnd für mit solchem vnordenlichen/vnchristlichen leben fürgefaren/vnd frey meins gefallens gelebt/welches wider Gott vnd seine heilige wort gewesen/vnd derhalben hochgedachter mein G.Churfürst vñ Herr/mir solches mein vnordenlich/vnchristlich/bübisch leben vnd außruffen nicht länger gestatten können/Vnd jhr Churf.G.mich in hafft zu N. einziehe lassen/Als ich mich nun erkendt/daß ich nit vnbillich in hafft gelegt/oder eingezogen

V iij

New Formular

worden/hab also baldt jr Churf. G. ich vnderthenigst bitten lassen/daß jr C.G. mir das leben fristen wöllen/ vnd mich biß zuvollendung meines lebens einmauren oder einschmiden lassen/ welches vnnd mehrers ich dann gantz wol verdient/ auch hochgedachter mein Gnedigster Churf.vnd Herr wol vnd gute vrsach/ vnd sonderlich mich peinlichem fürzustellen gehabt/aber hochgedachter mein G. Chur.vnd H. auff vilfaltig anhalten vnd bitten meines Brüders/ meiner Kinder/ vnd aller freundtschafft/ nach dem ich ein güte zeit in hafft erhalten worden/ jr Churf. G. die sach auß hochangeborner miltigkeyt zu gnaden gezogen/ vnd jhre Churf. G. Amptleuthen zu N. gnedigst befelch gethan/ mich auff bezalung des aus vnd Thurn gelts der hafft/ doch mit nachfolgender gestalt erlassen.

Erstlich hab ich mein trew geben vnd ein Eydt zu Gott dem Allmechtigen geschworen/ diß mein gefencknuß/ vnnd was mir darinn begegnet vnd zugestanden/ gegen meinem gnedigsten Herrn N. Churfürsten/ jhren Churf. G. Erben/ Ampleuthen/ vnderthanen/ vnnd verwandten/ auch gegen allen denen die zu diser meiner verhafft/rath/that/oder fürschub gegeben/ zu ewigen tagen nitmermehr rechen noch effern/ wil auch nit schaffen/ getrachten zuwerden/ weder durch mich selbs/ oder durch andere antretten noch auffbewegen.

Zum andern/ so hab ich in das Ampt N. geschworn/ darauß mein lebenlang nicht mehr zugehen/ oder zukomen/ sonder erlaubnuß der Amptleuth/ oder der jeder zeit von jhrent wegen befelch haben wirt/ vnd mich hinfüro aller geübter leichtfertiger nachrede vnd handlungen gentzlich enthalten soll/ vnd wil/ vnd hinfürter mit keinem nichts zuthun haben/ sonder jedermeniglich hinfürter mit bösen worten vnd wercken müssig gehen. Im fall ich aber an einen forderung haben würde/ dasselbig soll vnd wil ich vor meinem G. Churf. vnd H. oder dero Amptleuthen/ oder für den jhenigen ich hingewisen würd/außtragen.

Zum dritten/ so soll vnd wil ich auch mich hinfürther des vnordenlichen/ vnchristlichen lebens gentzlich vnd zumal enthalten/ mit keinem mehr hinfürter zuschaffen oder zu thun haben/ weder heymlich noch offentlich/ in keinerley wege.

Zum vierdten/ soll vnd wil ich auch hinfürther kein Fewerbüchß tragen/ oder andere Wehr/ sie sey groß oder klein/ es werd mir dan von Hochgedachtem meinem genedigsten Churfürsten vnd Herrn/ oder dero Amptleuten zugelassen/ auch mich der wirtshäuser hie mit gar zumal enthalten/ vnnd dero müssig stehen.

Zum letsten/ so soll vnd wil ich auch frey vngetrungen dise obgeschriebene puncten/ stett/fest/ vnd vnuerbrüchlich halten/ Im fall ich vber kurtz oder lang/ in einichem puncten brüchig oder nit halten erfunden würd/ vnd mich hinfürter nachmals so bübisch vñ leichtfertig/ vber mein trew/ eydt/ vnd pflicht halten würd/ Als dan soll hochgedachter mein G. Churf. vnd Herr/ dero Amptleuth/ oder die jederzeit von jren Churf. G. befelch haben werden/ vnerlangt ferners Rechtens mich an meinem leib/leben/ vñ güt zustraffen/ gut macht vnd füg haben/ darfür soll mich nit schützen oder schirmen/ kein gnad/Absolution/Priuilegia oder sonst andere Freiheyten/ so hinwider erlangt oder außbracht werden möchten/ deren ich mich hiemit freywilliglich begeben haben wil/ vnd begeben hab/ jetzt als dann/ vnd dann als jetzt. Dessen zu mehrer sicherheyt/ hab ich meinen Brüder N. Bürger zu N. vnd meine zwen Sön vñ Tochterman A.B.C. alle drey wonhafft zu N. zu meine Bürgi erbetten/ Der gestalt/ ob ich vber kurtz oder lang in einichem puncet brüchig fundt würde/ oder mich derhalbn außtrettig machen möcht/ daß sie jre leib vnd gut für mich darstellen/ vñ alle gefahr/ was mit mir derhalben fürzuwenden/besteen vnd tragen. Wir die obgemelte Bürgen bekennen hiemit/ daß wir also vnd dergestalt Bürgen/ vor bemelten Martin worden/ setzt auch vor jne vnser leib/leben vñ güt/ hochgedachtem vnserm G. Churfürst. vnnd Herrn ein/ Vnd disem zu fester vrkundt/ so haben wir die Bürgen vnser jeder sein trew geben/ an eins geschwornen eyds stadt/ disen obgeschriebenen dingen also nachzukomen. Dessen alles zu mehrer sicherheyt hab ich offtbemelter Martin N. mit sampt meinen Bürgen gebetten vñ erbetten/ den Ernhafften Valtin N. Schultheyß zu N. daß er sein gewonlich Jnsigel vff disen Brieff zu endt hat thün vfftrucken/ Der Siglung ich bemelter Schultheiß auß bitt wegen gethan/bekenne/ doch mir/ allen meinen Erben/ vnd nachkomen in all wege ohn schaden/ Vnd geben vff Dinstag/ ꝛc.

Vrphed/

Vrphede. CXVIII

Vrphed/da einer seine Register vber sein einnemen vnnd außgeben/fahrlässiger weiß verbrennen hat lassen.

ICH N. bekenne vnd thü kundt offenbare mit disem Brieffe/ Nach dem der Hochwirdig Fürst vnd Herr/ Herr N.c. mein Gnediger Herr/ mich hiebevor auß besondern gnaden zu jhren Fürstlichen Gnaden Bawschreiber ghen N. verordnen/ vnd mir solch Ampt mit fleiß zuversehen/ auch meiner verwaltung/ einnemens vnnd außgebens/ erbare/ vffrichtige/ gebürliche rechnung zuthün befelhen lassen/ vnd aber jhr Fürstliche Gn. mich newlicher zeit/ widerumb von solchem Ampt abgeschafft/ so bin ich durch jre verordente Caisserräthe beschieden worden obberürter massen/ erbare/ vffrichtige/ gebürliche rechnung zuthün. Nun hat sich aber durch mein vnfleiß vnd fahrlässigkeyt zügetragen/ daß mir meine verfertigte/ der einname/ vnd außgabe Register/ nachts bey eim liecht angangen vnd mehrertheyls verbrunnen/ dardurch jhre Fürst. Gn. ich wie billich vnd einem fleissigen vffrechten Diener gebürt/ nit gründliche rechnung noch verantwortung meins getragenen Bawschreiber Ampts thün können/ Darumb jhre Fürstl. Gn. nit vnzeitlich noch vnbillich mit etwas vngnaden gegen mir bewegt/ vñ dahin verursacht worden/ mich mit verpflichtung verstricken zulassen/ mein leib vnd güt/ on jhrer F. G. sonder vorwissen vnd bewilligung/ auß jhrer F. G. Fürstenthumb des Bißthumbs N. nit zuveussern noch zuverändern/ biß jhren Fürstlichen G. diser meiner rechnung/ von mir erbarer/ auffrichter bericht gethan/ vnd billich vergleichunge vnd erstattung beschehen ist/ Vnd ob wol jre F. G. mir auß gnaden zügelassen/ mich meines einnemens vnnd außgebens bedechtlichen zuerjnnern/ damit dennoch jhre F. G. meiner Amptsverwaltung vnd rechnunge summarie bericht empfangen möchte/ So hab ich doch/ dieweil ich auß meinem vnfleissigen fahrlässigen vbersehen den mehrertheyls viel die Rechnungs Register kosten/ jhren F. G. weder summarischen noch gründlichen bericht nicht thün können/ Deßhalben jhre F. G. wol güten füg/ macht/ vnd recht gehabt/ mit vngnediger wolverdienter straffe gegen mir handlen zulassen/ aber mich doch derselben/ auff mein/ vnnd meiner halben beschehen vnderthenigs bitten/ mit gnaden/ auch des diensts/ vñ in voriger meiner gethanen verstrickunge zu bleiben erlassen/ Dessen gegen jhren F. G. vnd allen denen/ so hilff vñ rathe zu diser erlangten gnaden gethan haben/ billich danckbar sein soll vnd wil. Demnach hab ich mich auch weiter verpflicht vnd verbunden/ vnd thü das hiemit in krafft diß Brieffs/ der gestalt/ daß ich mein leib vnd güt auß jhren F. Gn. Fürstenthumb N. ohne derselben sonder vorwissen vnnd bewilligen nicht verzucken/ verändern/ oder vereussern/ oder einichen dienst jhren F. G. zuwider annemen soll noch wil/ sonder auff jeder zeit jhrer F. G. oder derselben nachkomen/ erfordern/ mich an ort vnd ende ich beschieden/ widerumb stellen/ daselbst nicht zuweichen/ so lang vnd vil/ biß jhren F. G. oder derselben nachkommen/ erbare/ auffrichtige rechnunge/ vergleichung/ vnd erstattung/ von mir beschehen ist/ ich diser ansprach vil forderung mit gnaden erlassen bin/ darzü solche vngnade/ vnnd alles das mir darinn vnd darzwischen diser sachen wegen begegnet/ vnd entstanden ist/ gegen jren Fürstlichen Gnaden/ deren nachkommen/ Landt vnd Leuthen/ vnd allen denen/ so obgemelter meiner wolverdienten vngnade/ vnd straffe/ vrsacher sein möchten/ rathe/ vnnd thate geben/ nimmer mehr rechen/ effern/ oder anden/ vnnd kein anspruch noch forderung haben/ thün noch fürnemen soll/ oder wil/ auch niemandes zuthün anrichten/ oder schaffen gethan werde/ keinswegs/ wie das beschehen köndte/ oder möchte. Wo aber solches in einichem wege/ durch mich/ oder meine anstiffter vbertretten/ vnd nicht gehalten würde/ als daß sollen jre Fürstlichen Gnaden/ oder deren Nachkommen/ güt füg/ vnd macht haben/ jhres gefallens/ one menigliche einrede/ gegen mir mit ernstlicher vnnd vngnediger wolverdienter straffe zuhandlen/ vnd zuverfaren.

B iiij

Vrphede. CIXX

Zum dritten/ als hocherment Ihr Churfürstlichen Gnaden/ nach meiner verhafftung obernant gelt/ Puluer vnd ander Materialia so bey mir funden worden/ sampt etlichen Kleydungen vnd andern/ von solchem gelt erkaufft/ den Bürgern zu N. vnd andern jhrer geselschafften (so doch jhre Churfürstlichen Gnaden jhrem herbringen vnd haben der gerechtigkeyt nach solches innzubehalten wol fůg vnd vrsach gehabt) auff jhr vnderthenigs anlangen auß lauter gnaden zůstellen vnd folgen lassen. So verzeihe ich mich aller anforderung/ zůsprüchen vnd klagen/ so ich oder andere von meinet wegen diser Restitution halb an jhr Churfürstlichen Gnaden/ dero Erben/ zůgethanen vnd verwandten haben wolten/ hiemit genzlich/ vnd verspüch bey meinem Eydt/ dieselben mit nichten zu ewigen zeiten/ mit oder ohn Recht/ vnd wie das gesein mag/ anzufechten/ zuerfordern vnd zuturbieren/ec. Wo ich aber deßwegen an die zu N. vnd jhre Consorten/ inn oder ausserhalb Rechtens/ zuklagen/ oder anspruch ertzegen fůrhaben/ solches sonst niergents dann vff zůgesandt geleyd/ von jhrer Churfürstlichen Gnaden löblichen Räthen/ oder wohin ich von denselbigen gewisen würde/ thůn vnd fůrnemen/ deren entscheidt vnd Rechtlichen außspruch ohn einige weitere Appellation/ Supplication/ Reduction/ odder dergleichen endtlich zugeben vnd benůgig nachkommen/ inn massen dieselben widerumb jhr anspruch wider mich vnbegeben meiner inreden vorbehalten ist.

Gerede vnd verspüch demnach bey meinem geschwornen vnnd leiblichen gethanen Eydt/ alles so jetzt erzelt vnd gemelt/ vnd von mir auß eygner beweguß zůgesagt vnd versprochen/ stett/ fest/ vnnd vnuerbrüchlich zuhalten/ ohn alle arglistige behelff oder außzüg trewlich vnd auffrichtig zuuolltziehen/ Verzeih vnd vergib mich auch aller Geistlicher vň weltlicher Recht/ gnaden/ vnd Freyheyten/ so durch die Obrigkeyten erlangt/ oder auß eygener beweguß nachgegeben odder erlangt werden/ deren ich mich zu hindertreibung diser obbemelten meiner zůsag behelffen vnd gebrauchen möcht/ auch aller Absolution/ Dispensation/ Relaxation/ ad affectum agendi, vnd anders so mir hierinn vermög Camer gerichts/ oder andern ordnungen/ Rechten vnd herkomen zu fürstande gelangen köndte/ deren ich zu gůtem verstande gnůgsam bericht vnd erinnert worden bin/ dann ich mich der vnd aller andern außzüg/ vortheyl/ vnd behelff als obstehet/ frey willig/ vnd vnbezwungen wissentlich vnd als wol erinnert sampt vnd sonders/ endtlich/ genzlich/ vnd vnwiderzůfflich/ mit allen verzeihungen/ als ob die von wort zu wort hierinn begriffen/ hiemit vertzegen vň begeben haben wil/ Da ich auch solchem wie obuermelt in einichem weg oder puncten entgegen handeln/ oder mich in jhrer Churfürstlichen Gnaden Landt betretten lassen würde/ soll gegen meinem leib/ mit oder ohne Recht/ nach hochgedachts meins gnedigsten Herrn/ deren Erben/ oder Amptleuthen gefallen/ als gegen einem trewlosen/ meyneydigen vnd bekandten vbelthätern/ on alle einred vnd außzůg/ straff fürgenommen vnd vollnzogen werden/ trewlich/ sonder arglist vnd geuerde. Des alles zu vrkundt hab ich an disen Brieff mich mit eygener handt vnderschrieben/ vnd noch zu mehrer sicherheyt mit hohem fleiß gebetten vnnd erbetten/ den Ehrnuesten vnnd Hochgelehrten Herrn N. der Rechten Doctor/ daß er sein Siegel für mich hieran trucken wöll/ mich aller obgeschribner ding damit zubesagen/ Welches ich obgemelter N. auff N. fleissiger angelegter flehlicher bitt willen (doch mir vnnd meinen Erben in allwege ohn schaden) also gethan haben/ erkenne. Datum N. Sambstags nach ec.

Vrphed vmb begangnen Ehebruchs willen.

ICH Anna/ec. Bekenne vnnd thů kundt offenbar mit disem Brieffe/. Nach dem ich leyder kurtzuerweilter zeit/ mein Eheliche verpflichtunge vnnd frewliche Ehre höchlichen vergessen/ vnnd neben meinem noch lebenden Eheman Hansen N. mit einer anderen Person inn Ehebruch begeben/ vnnd mit dem eins Kindts (welches am vierdten Tag ditz Monats N. inn jetztlauffendem N. Jar seliglichen verschieden) beschwängert worden/ derowegen ich vmb solches begangenen Ehebruchs willen/

ju deß

New Formular

zu des Wolgebornen Herrn/ Herrn Eberharden Grauen zu N.ꝛc. meins Gnedigẽ Herrn
sencklicher verhaffte zu N. eingezogen/ vnnd ein zeitlang darinnen enthalten worden bin/
Wiewol nun ihre Gnaden gnugsamlich befuͤgt gewesen/ solcher vbertrettung halben/ ge-
gen mir mit noch mehrern vngnaden vnd woluerdienter straffe/ die gebuͤre nach scherpffe
verfaren zulassen/ So haben doch ihre Gnaden/ meiner Freundtschafft vnd mein selbsten
vilfaͤltigs flehlichs bittlichs anlangen/ auch bißher erlitne schwere gefencknuß mit gnaden
behertzigt/ mich der verhafften peinlichen Rechtens/ auch fernerer beschwerlicher straffen/
nachfolgender gestalt vnd maß gnediglich wider erlassen/ welcher ertzeygten gnaden ich ge-
gen ihren gnaden mein lebenlang billichen vnderthenig danckbar sein wil.

Erstlich/ daß ich als baldt nach meiner erledigung ausserhalb N. ghen Newenstat
Wympffen/ oder in andere ort zu meinen Freunden ziehen/ vnd mich sonsten die zeit mei-
nes lebens in der Graffschaffe N. nimmer betretten/ noch finden lassen.

Zum andern soll vnd wil ich auch obangezogene gefencknuß/ vnd wes mir darunder
begegnet/ gegen wolgedachten meim Gnedigen Herrn/ dero Erben/ Ampteleuthen/ Die-
nern/ angehoͤrigen/ vnderthanen/ vnd verwandten/ auch allen deren so zu diser meiner ver-
hafft vrsach gegeben/ odder ich sonsten in verdacht haben moͤchte/ jetzt oder kuͤnfftig nim-
mermehr/ in vngutem nicht rechen/ affern/ anden/ noch jemandt das von meinet wegen zu
thun anrichten/ oder gestatten/ in kein weiß/ oder wege.

Nach dem auch vmb vilbemelter meiner straffbarlichen Ehebruchs handlung we-
gen/ alle meine Guͤter/ sie seien ligend oder farend/ wie die von beyden meim Vatter vnd
Muͤtter seligen erblichen/ auch sonsten an mich gewachsen/ vnnd ich bißher genossen hab/
nichts daran außgnommen/ meinn Eheleiblichen noch vnertzogenen Kindern (doch mit
vorbehalt der jaͤrlichen nutzung/ so mein Haußwirt Hans N. an solcher meiner ertzelte ver-
lassenen Guͤter habend ist/ vnd sein soll) erblichen vnnd eygenthumblichen heymgefallen/
die auch ihnen durch ihre verordente Vormundt zu guͤtem/ vnd ihrer desto besserer vnder-
haltung als baldt eingezogen worden/ vnd mich allein mit meinen Kleydungen/ vnd Hauß-
rath/ auch N. gelt abgefertigt/ dessen ich auch wol zufrieden vnd begnuͤgig gewesen. Vnd

Renunciatio.

darauff mich aller dings/ auch aller Geistlichen vnd weltlichen Rechten/ vnd sonderlichen
der Rechten so Weiblichem Geschlecht (deren ich aller dings nach lengs bericht worden)
zu gutem kommen moͤcht/ gentzlichen/ wissentlich/ freywillig/ vnd vngezwungen vnd vn-
getrungen vertziegen vnd begeben/ Alle argelist vnd geuerd hindangesetzt.

Demnach so gerede vnnd verspriche ich auch bey meinem Eydt/ so ich leiblichen zu
Gott/ vnd seinen heyligen Euangelien geschworn/ solches alles vnnd jedes/ war/ stett/ fest
vnnd vnuerbruͤchlichen zuhalten/ dem getrewlichen ohn einige außrede/ so hierwidder er-
dacht/ oder hinfuͤrter erdacht moͤgen werden/ nachzukommen vnnd zugeleben/ darwider
nicht zusein/ noch schaffen gethan werden/ in kein weiß noch wege. Vnd damit mehrwol-
gedachter mein Gnediger Herr/ seiner Gnaden Erben/ vnd nachkommen/ auch deren ver-
wandten/ vnderthanen/ vnnd Diener/ oder wen es sonst beruͤren mag/ hieran desto gewis-
ser sein/ o hab ich ihnen zu mehrer sicherheyt zu waren/ vnd rechten Buͤrgen gesetzt/ A. B.
C. D. vnnd E. mein liebe Vettern/ Schwaͤger/ vnnd guͤte Freund alle zu N. wohnhafft.
Der gestalt/ wo ich dise meine geschworne Vrphede/ in was weg das were/ vberfuͤhr vnnd
nicht hielte (das Gott verhuͤte) daß sie als dann sament vnnd sonderlich schuldig/ auch in-
ner zweyen Monats fristen inn geruͤrt Gefencknuß widderumb zu gebuͤrlicher straff/ wie
mir dann jetz geschehen sein solt/ zuantworten/ Vnnd so sie das nicht theten/ sich an mein
statt sament vnnd sonderlich zustellen/ oder fuͤnff hundert gulden guͤter Reinischer gaͤnger
Landeswerung/ seinen Gnaden/ oder Erben/ auff ihr erfordern/ in gedachter zeit zubezalen
verfallen sein sollen.

Welches wir jetzbenannte Buͤrgen/ mit guͤtem vorbedacht/ fuͤr vnns vnnd vnsere
Erben freywilliglich obgehoͤrter massen eingangen sein/ offentlichen vnnd vnwidderruͤff-
lichen bekennen/ dem allem auch getrewlichen/ stett/ fest/ vnnd vnuerbruͤchlichen nach-
zukommen an eines geschwornen Eydts statt/ bey verpfendunge aller vnserer Haabe/
vnd

vnd Güter versprochen vnd zugesagt/ Alle geuerde vnd hilffliche mittel des Rechtens/so
vns hierinnen zu gütem kommen möchte/außgeschlossen vnd hindan gesetzt.

Dessen alles zu warem vrkundt hab ich Anna/ vnd wir die obbenante Bürgen mit
jhr/sampt vnd sonderlichen/mit fleiß gebetten vnd erbetten/den Edlen vnd Ernuesten N.
zu N.vnsern günstigen Junckern/daß er sein angeborn Innsigel/ alle dise ding damit zu
besagen/hieran zu ende auffzurucken wölle / Welches ich obgedachter N. auff jhr aller be-
schehen hochfleissigs vnd dienstlichs bitten also gethan hab/hiemit bekenn/ doch mir/mei-
nen Erben vnd Nachkommen in allweg ohn schaden. Actum et Datum auff ꝛc.

Verstrickungs Brieff/vmb begangner mißhand-
lung/sein lebenlang der Herrschafft zudienen/ vnd
das nimmermehr zurechen/ Inn kurtzer
Form.

ICH N.ꝛc. Bekenne mich/ vnnd thů kundt allermeniglich mit disem Brieffe/ Als
ich in des Durchleuchtigsten Hochgebornen Fürsten vñ Herrn/Herrn N.ꝛc. Chur
fürsten/meines Gnedigsten Herrn gefencknuß kommen/ vmb verhandlung vnd ge-
schicht halb/so ich da begangen/vnd jhren Churfürstlichen Gnaden verhalten vnd geleug-
net han/darumb ich zustraffen gewest bin/ ꝛc. Vnnd vmb der hohen Gnaden willen/die
Hochgedachter mein Gnedigster Churfürst vnd Herr/ an mich gnedigklichen geleydt ge-
than/vnd beherzigt hat/so habe ich mich gegen jhren Churfürstlichen Gnaden/vnd deren
Erben verpflichtig/vnd verbindtlich gemacht/ Verpflichte vnd verbinde mich auch inn
krafft diß Brieffs/als hernach geschrieben stehet.

Zum ersten soll vnd wil ich/so lang ich lebe/ obhochgenantem meinem Gnedigsten
Churfürsten vnd Herrn/ Herrn N.ꝛc. vnd jren Erben/mit ganzen güten vngezweiffelten
warhafftigen trewen/meynen/haben/vnd halten/ auch trew vnd Hold zusein/jhrer Chur-
fürst. G. schaden warnen/ jren frommen vnd bestes getrewlichen werben/ohne alle geuerde.

Item soll vnd wil auch dieweil ich lebe/wider mehr hochgenannten meinem Gnedi-
gen Churfürsten vnd Herrn/jhre Erben/vnd alle die jhren/ vnd die jhren Churfürstlichen
Gnaden zuuersprechen vnd zuuerantworten stehen/ Geystlichen oder weltlichen/nitmer-
mehr thůn/noch schaffen gethan werden/ vnd ich auch mich dessen gentzlichen darauff ver-
zihen han/ Vnnd verzihe in krafft diß Brieffs/für mich vnd alle meine Erben/ohn alle
geuerde.

Item ich soll vnd wil auch die zeit meines lebens auff mehr hochgedachten meinem
Gnedigsten Churfürsten vnd Herrn/vnd deren Erben Landtstraissen/zu Wasser vnnd zu
Lande/auch niemandt anders/wer der sey/Geistlich/oder weltlich/sie seyen mein Feinde/
oder nicht/sie haben Geleydt/oder nicht geleydt/nit rechtfertigen/fahen/leydigen/ noch be-
schedigen/in keinen wege/ohn alle geuerde.

Item ich soll vnd wil auch mein leben auß/ dz obhochgenanten meinem Gnedigsten
Churfürsten vnd Herrn/ Herrn N.ꝛc. als rechten N. ꝛc. vnnd nach seiner Churfürstlichen
Gnaden/jhren Churf. Gna. Erben/die Churfürsten sein/ mit zweyen reisigen Pfer-
den auff meinen kosten gewarten/vnd auch in keine Krieg/ noch niemandts zu dienste rei-
ten/on vorwissen/willen/vnd erlaubnuß des hochgenanten meines Gnedigsten Churfür-
sten vnd Herrn/sonder ich soll vnd wil jren Churfürstlichen Gnaden/ dero lebtagen ganz
auß/vnnd nach jhrer Churfürstlichen Gnaden todt(das doch Gott lang verhüten wölle)
jhren Erben als obstehet/in allen jhren Kriegen vnnd geschefften getrewlichen helffen die-
nen/vnd rathen/nach meinem besten verstandt vnd vermögen/ohn alle geuerde. Vnd ha-
be hierinn niemandt außgenossen/ dann den Wolgebornen Herrn/Herrn N.ꝛc. meinen
Gne. Herrn/dero G. Erben/deren Gn. Lehenman ich bin/daß ich wider dieselben nit ge-
warten/auch in keinen Krieg/ noch niemandts zu dienste wider sie kossen soll noch wil/ꝛc.

Vmb

New Formular

Vmb solch mein verpflichtung vnd dienst/ solle obhochgenanter mein gnedigster Churfürst vnd Herr/mir alle jar vff N.tag N.gülden gnediglichst geben vñ endtrichten lassen. Vnd wann von jhren Churfürstlichen Gnaden ich deren zu dienen erfordert würde/ das soll vnd wil ich thün/es sey zu reisen/ oder zu täglichen Kriegen/ Vnd die zeit so ich also in jhrem Churfürstlichen Gnaden dienst bin/soll ich auff zwey Pferdt von Hofe futer vnnd mal/nagel vnnd eisen han/ als ander jhrer Churfürstlichen Gnaden Diener meines gleichen/ An dem allem ich mich auch wol gnügen vnd settigen lassen soll/vnd wil.

Solches alles das von mir N. hieuor geschrieben stehet/ hab ich mit handgebender trew vnd rechter feldt sicherheyt gelobt/ vnd leiblich zu Gott vnd seinen Heyligen Euangelien geschworn/war/stett/ fest vnd vnuerbrüchlichen zuhalten/vnnd darwider nimmermehr: zuthün/mit rath odder that/heymlich odder offentlich/ weder mit Geystlichen noch weltlichen Gerichten/noch ohn Gerichten/ auch darwidder nichts zusuchen/odder etwas das an disem Brieff geschrieben stehet (so ich zu abtreibung eines solchen allbereyt hett erfunden/erworben/oder nachmals erfinden/erwerben/oder erdencken möcht) zu hindertreiben vnderstehen/noch schaffen gethan werden/jnn fein wege/ alle argelist/ fünde/ gesuche/ vnd geuerde hierinn gentzlich auß vnd abgescheiden. Vnd des zu Vrkunde.

Vrkundt eines Goldschmidts Jungen/ seiner Lehrjar.

ICH Caspar N. Bürger vnd Goldschmidt zu N. Vrkunde vnnd thü zuwissen allen Meistern vnd Gesellen/Goldschmidt handwercks/ den diser offen Brieff fürkompt/lesen oder hören lesen/daß der Ersam Hans N.von N. Goldschmidt Gesell/mich als seinen Lehrmeister freundtlichen angesücht/vnd gebetten/jhme seiner Lehrjare/vnd halte ns bey mir außgelehrt/ein schein vnd erkandtnuß/ denen bey Meystern vnd Gesellen darzulegen hett/mitzutheylen vnd geben sole. Dieweil dann ein jeder Meister seine Lehrjungen/so sie außgelehrnt/auch sich ehrlich/redlich/ vnnd wolgehalten/zu fürdern schuldig/vnd jhme des billich kundschaft geben erkenne/ Also gib ich allen Meistern vnd Gesellen offentlichen zuwissen/ daß gedachter Hans N. von N. mein Lehrjung gewesen/ bey mir das Goldschmidt handtwerck außgelehrnt/ seine zeit wol vnd ehrlichen gehalten/ wie einem fromen Lehrjungen wol geziempt vnd angestanden/ vnd von jme nit zuklagen hab. Derhalben an einen jeden Meister vnd Gesellen Goldtschmidt Handtwercks mein bitt vnd beger/gedachten Hansen N.bey jhnen zufürdern vnd in allem güten befolhen lassen seih/das stehet mir in gleichem fall gegen einem jeden Meister vnnd Gesellen Goldtschmidt Handtwercks zuuergleichen vnd zuuerdienen.

Des zu warer Vrkundt hab ich Caspar N. Goldtschmidt obgemelt die zwen Meister Goldtschmidt Handtwercks/ nemlichen die Ersamen vnd Achtbarn Valtin N. vnd Marx N. Goldtschmidt vnd Bürger zu N. gebetten/daß sie jhre Sigel zu warer gezeugnuß zu ende diser Schrifft getruckt haben/ Welches wir beyde Meister Goldtschmidt Handtwercks auff Caspar N. vnsers mitzunfftbrüders bitt/ bekennen gethan haben/ doch vns vnd vnsern Erben in allwege vnschädlich. Geben vnd geschehen auff Dinstag/ 2c.

Vrkundt eines Messerschmidts seiner Lehrjaren/ anderer Form.

ICH Frantz N. Messerschmidt/ Bürger zu N. Bekeñ offentlich mit disem brieff/ vnd vrkunde meniglich/den er zuuerlesen fürkoñt/ daß der Ersam Casper N. von N. Messerschmidt Gesell/ sein lehr/ nemlich vier gantzer Jar/vermög seiner bestallung/vnd nach Handtwercks gewonheyt/ bey mir das Messerschmidt Handtwerck außgelehrnt/

Vrkunde. CXXI

gelernt/vnd gentzlichen entstanden/auch sich in seiner lehre/gemelter zeit vnd Jare/so erbarlich/auffrichtig/redlich/vnd frölich gehalten/daß ich nichts anders von jhme zusagen weiß/dann alle ehr vnd güts/darzü mit bezalung des jhenigen/so er zulernen/vnd berents zuthün schuldig gewesen/ohne Klag sich gütwilliglich erzeygt vnd entricht hat/darauff als baldt mit gütem wissen vnd willen/einn gantz freundtlichen abschiede genossen/als sich gebürt/vnd einem frommen redlichen Gesellen/wol an vnd züstehet/Deßhalben zu danckbarkeyt/seins wol vnd auffrichtig haltens/vnd erzeygten trewen vnd willigen diensten willen/ich alle die jhenigen zu denen der obgerürt Casper N. kommen/einkeren/odder enthalten würde/vnderthenigklichen/vnnd zum aller fleissigsten bittende/jhnen als einem frommen/erbarn/auffrichten/züchtigen/stillen gesellen/der sich jhe mit allwegen/güten wandels/sitten/vnd wesens/so lang er sich bey mir gewesen/enthalten vnnd gelehrnt hat/beflissen/anders nicht gespürt/gesehen/oder von jhme sagen mag/oder kan/zu aller erbarkeyt erschießlich sein/fürdern vnd helffen wöllen/Solchs wil ich vmb einn jeden insonderheyt seins standts vnd wesens/souil mir jmmer müglichen/vnd in meinem vermögen ist/gern vnd willigklichen verdienen.

Dessen zu warem Vrkundt vnnd mehrer sicherheyt/hab ich obgenanter Frantz N. Messerschmidt/alle obgeschriebens damit zübesagen/mein eygen Sigel hieran thün trucken. Geben vnd geschehen Sambstags/rc. als mann zalt/nach Christi vnsers einigen Erlösers vnd Seligmachers geburt/tausent/rc.

Vrkundt da einem mit Recht das leben abgesprochen/vnd auß gnaden widerumb geschenckt worden.

Wir N. rc. vrkunden hiemit gegen allermenigklich/Nach dem wir gleichwol verrückter zeit Georgen N. von N. vmb des willen vor einn andern Mäurer gesellen N. genant/dermassen tödlich verwundt/daß derselbig in wenig tagen hernach gestorben/in vnser hafft alhie einlegen/auch ferzer für das peinlich Recht stellen lassen/alda jm dann mit Vrtheyl vnd Recht das leben aberkande worden/daß wir dannocht auff vilfaltige für gemelten Georgen N. beschehene fürbit/vnnd sonderlich dieweil wir dannocht so vil bericht worden/daß der entleibt den Thäter zu der verlauffenen schlaghandlung nicht wenig verursacht/daß es auch kein fürsatzlicher todschlag gewesen/jhme Thätern das leben auß sondern gnaden vnd barmhertzigkeyt geschenckt/vnd also der schwerlichen Execution der ergangnen Vrtheyl erlassen/Dessen haben wir jhme/vmb sein ferrers vnderthenig vnd bittlichs ansüchen/dise Vrkundt mitgetheylt/vnd mit vnserm zuruck auffgetrückten Secret verwaren lassen. So beschehen/rc.

Vrkundt Ehelicher geburt/ von Erbschafft wegen.

Wir die Bürgermeister vnd Rath der Statt N. bekeñen mit disem offen Brieffe/ vñ thün kundt allermenigklich/daß für vns kommen ist/Barbara N. Hansen N. vnsers Bürgers seligen Tochter/vnd hat vns zuerkennen geben/wie Anna des gemelten Hansen N. seligen Wittibin/jhr leibliche Mütter (die sich folgends nach jhres vatter seligen todt/mit einem andern/Wilhelmen N. zu N. Ehelichen verheyrath/welcher auch verstorben/daß also ein namhafftigs auff gedachte jhre Mütter Anna als letztlebend gefallen) zu N. seligen mit todt abgangen/vnd etwas merckliche Haab vnd narung hinder jhr verlassen habe/der sie der nechste vnnd rechte Erbe sey/Vnnd nach dem sie solche verlassen Haabe vnd narung durch jhren Antwaldt zu jhren handen zübringen vermein vnnd

x

New Formular

in willens/ so gebür vnd heysche jhre notturfft/ dieweil sie in der vorbemelten Statt vnbekandt sey/ Vrkundt vnd kundtschafft zubringen vnd zuzeygen/ dardurch erscheinen mög/ daß sie Ehelichen geborn/ vnd der genanten Anna leiblich Tochter vnnd rechter Erb sey/ vnnd darauff für vnns bracht/ mancher vnser Statt glaubwirdig Bürger/ die dann vor vnns auff jhre gethane trew vnnd Eydt/ so sie leiblichen zu Gott dem Allmechtigen vnnd seinen heyligen Euangelien vor diser aufftag geschworn haben/ gesagt vnd bekandt haben/ daß jhn war/ kundt vnnd wissen sey/ daß die obgenant Barbara/ von vnserm vorgemelten Bürger Hansen N. jhrem Vatter/ vnnd Anna jhr Mütter/ die darnach den obgemelten Wilhelmen N. gehabt hat/ die dann in Ehelichem stande/ wesen/ vnnd gütem Leumut bey vns lange zeit häuslichen gesessen seindt/ Ehelichen geborn/ ein rechtes Ehekindt/ vnd der gedachten Anna leibliche Tochter/ vnnd rechter Erbe sey/ Auff das hat vns die obgenante Jungkfraw Barbara mit fleiß gebetten/ jhr solcher kundschafft vnnd sage vrkundt vnnd zeugknuß zugeben/ des wir zu sterckung der warheyt/ jhr also willig sein/ Vnnd geben des zu vrkunde vnd warer bekandtnuß disen Brieff versigelt mit vnser Statt N. zu ruck auffgetrucktem Secret Jnnsigel. Geschehen/ ꝛc.

Vrkunde vber erkauffte Frucht.

Wir die nachbenanten mit namen A. B. C. vnd D. alle Bürger zu N. Bekennen offentlich mit disem Brieff/ Demnach der Ersam Jacob N. vnser güter Nachbawr vnd mitburger/ vns vier hundert Malter Dünckel/ oder Speltzen abkauffet/ in willens dieselbigen gerben zulassen/ vnd mieler zeit den Rheinstram hinab zuuerfüren/ Vnd vns hierumb sampelich/ vnd sonderlich gebetten/ jhme vrkunde solches beschehenen kauffs/ vnd wo dise frucht erwachsen/ mitzutheylen/ seiner gelegenheyt vnd notturfft nach/ derselbigen sich haben zugebrauchen/ Dieweil wir dann einem jeden der warheyt zu gütem/ hierüber vrkunde zugeben vnbeschwerdt/ so bekennen wir offentlich daß ich obernanter A. jhme Jacoben hundert Malter/ deßgleichen wir B. C. vnd D. obgedacht drey hundert Malter auffrichtiglichen zukauffen geben haben/ daß er also mit gedachter frucht nun fürthan/ von vns vngehindert güt füg vnd macht hat zuhandlen/ zuschalten/ vnd walten/ als mit andern seinen eygen vnd erkaufften Gütern/ Welche Frucht auch zu N. felde gewachsen vnd allda gefallen ist/ bekennen.

Des zu warer vrkundt/ haben wir gebetten vnd erbetten/ den Ehrnhafften vnd hochachtbarn Herrn Hansen N. Schultheyssen zu N. daß er sein gewonlich Bittschafft hieran trucken thu/ Welches ich obgedachter Schuldheyß der warheyt zu gütem gethan habt hiemit bekenne/ doch mir/ meinen Erben vnd nachkomen ohn schaden. Geben zu N. ꝛc.

Vrkunde vber etzlicher vberantworten Brieffen.

Von den Wolgebornen Herrn/ Herrn Ludwig Casimir vnnd Herrn Eberharten Grauen zu N. ꝛc. meinen gnedigen Herrn/ ist mir an heut ein verschlossen schreiben vnd packet an die Röm. Key. Mt. vnsern aller gnedigsten Herrn/ von jrer Gnaden außgangen/ durch zeyger wolgeantwort/ Welchs dann hochermelter Keyserlichen Maiestat/ jhrer Gnaden befelch nach/ mit nechster Post/ vberschickt werden soll. In vrkunde beschehener Presentation/ hab ich Zeyger diser schrifft/ vnder meinem vorgetruckten Bittschafft/ vnd meiner vnderschriebner Handtschrifft mitgetheylt. Actum/ ꝛc.

Malachias N. Doctor/ ꝛc. ſſc.

Vrkunde

Vrkunde.

Vrkundt oder Vidimus vber Brieff eins Fürsten.

Wir N.rc. Bekennen/rc.daß wir ein Pergamentin Buch/ mit des N. Jnngesigel/ an einer schwartzen Seiden schnur durch die mitte desselben Buchs gezogen/hangende versigelt/an Pergament/schrifften/vnd Jnngesigel gantz vnuersehrt/vnd vngeletzt gesehen haben/jnhalten des vorgenanten vnsern N.zufelle vñ machung der mererrtheyl auff die zweyträchtigen rechelichen entscheidt/so des N.an einem/vnd des N. am andern teyl/zusetze/auff jre Eyd/nach jren besten verstendtnuß zwischen gedachten beyden jren Liebden/uff die ansprach/die jre Liebden jegklicher theyl an den andern gethan hat/zu recht entscheiden haben/Jn demselben Buch/vnder anderm begrieffen ist ein puncten/des vorgenanten vnsers freundtlichen lieben Herrn vnd Oheym des N.zufals/vnd machung einen mehrertheyl antreffen/der von worten zu worten hernach geschrieben stehet/vnd also lautendt. Item/rc. (Nota/hieher soll daß der gantz jnnhalt gesetzt werden) Vnd als wir disen jetztgemelten Puncten in dem vorgedachten Buch haben gehört vnd befunden/daß der in disem Vidimus von wort zu wort geschrieben stehet/ als er in dem obgemelten Pergamenten Buch gesetzt ist/So haben wir des zu vrkunde vnser Jnngesigel/rc.

Ein andere Form eins Transsumpt oder Vidimus/vber gegebner Morgengabe.

Wir Bürgermeister vnnd Rath der Statt zu N. Thun kundt allermenigklichen/ vnd bekennen offentlich in disem Brieffe/daß auff seins Datumbs für vns kommen ist/des Durchleuchtigen Hochgebornen Fürsten vnnd Herrn/ Herrn N.rc. vnsers Gnedigsten Fürsten vnd Herrn erbare Bottschafft/ erzeygende vns einen Pergamenten Brieff/mit hangendem Jnngesigel versigelt/vnd von wort zu wort/nichts darzu noch daruon gesetzt/lautend wie hernach geschrieben stehet. Wir Johan Graue zu N.rc. thun kundt vnd bekennen mit disem Brieff/daß wir nach abredung vnd jnnhalt des Heyraths vnd vmb besonder lieb vnnd freundtschafft/so wir haben zu der Hochgebornen Fürstin/Frawen Elisabeth von N.Grauin zu N.rc. vnser freundtlichen lieben Gemaheln/ derselben vnser freundtlichen lieben Gemaheln/zu einer rechtem Morgengabe gegeben haben/vnd in krafft diß Brieffs jren Liebden geben/vnd beweisen zwey hundert gulden järlicher Gülten/uff vnd an vnser Kellereyen zu N.rc.mit seiner zugehörde/So sey an Leuten/ Gülten/Scheffen/Zinsen/aller vnd jegklicher nutzunge vnd geselle/also daß jhre Liebden jedes jars die 200.gulden daran haben/niessen/halten/vnnd gebrauchen soll/vnd mag/als Morgengabe recht/gewonheyt vnd herkommen ist/Vnd besehen hierauff allen vnd jegklichen vnsern Kellern/Meyer/Forstern/andern Amptleuthen/wir jetzunde da haben/oder die wir vnd vnser Erben nachmals gewissen mögen/bey den Eyden sie vns gethan haben/vnnd thun sollen/der vorgenanten vnser freundtlichen lieben Gemaheln der 200.gul. Morgengaben/in massen vor vnd nachgeschrieben stehet/gehorsam vnd gewertig zusein/ sonder einichen weitern bescheidts daruon zugewarten. Vnd haben hierauff die gemelten Keller/ Meyger/ Fürster/ vnnd andere Ampeleuthe/ die jetzunde sindt/der gemeldten vnsern lieben Gemahein thun/geloben/vnnd schweren/als sich gebürt/jhrer Liebden jegkliches Jars der vorgedachten zwey hundert Gülden Morgengabe/zu zweyen gezeiten vñ Zilen/als mit namen zu Mey hundert/ vnnd zu Herbst zeiten auch hundert Gulden inn jhrer Liebden handen vnnd gewarsam daruon zuentrichten vnnd zubezalen/jhrer Liebden lebenlang/ohn allen kosten/jnntrag/vnnd widderrede/Vnnd ob nachmals die gemelt vnser freundtliche liebe Gemahel die vorgenannten zwey hundert Gulden Morgengaben/ zumal/oder zum teyl/hingeben/oder verwenden würde/wie das were/das sie also zuthun

X ij

New Formular

macht haben soll/Daran behalten wir vns vnd vnsern Erben allzeit die macht/solch zwey hundert Gülden/mit vier tausent gülden/oder die teyl/so vil der hingeben/oder verwendt weren/nach gebüre vnd antheyle der summa wider zulösen/zu ledigen vnd an vns zubringen/Vnnd ob die Morgengabe vnuergifftet vnd vnuerändert bliebe/so soll die nach jhrer Liebden abgang(das Gott lang verhalten wöll)wider hinder sich fallen vnnd kommen/an vns vnd vnser Erben/sonder inntrag menigliches/ohn alles geuerde.

Vnd wir Graue Johan obgenant/gereden vnd versprechen in krafft diß Brieffs/ vor vns/vnd alle vnser Erben/dise Morgengabe stett/vnnd fest zuhalten/geuerde vnd argeliste gentzlich hierinn außgescheiden/Des zu vrkundt haben wir vnser Innsigel an disern Brieffe thün hencken/Der geben ist in den jaren vnsers lieben Herren geburt/ꝛc. Vnd als nun ehegedachter Brieff vor vns also erzeygt/verlesen/vnnd eygentlich beschawet warde/ vnd den wir dann gantz gerecht/vnuersert/vnnd keinen gebrechen noch argwon/weder an Pergament/schrifften/worten/noch Innsigel/daran funden/noch gesehen haben/so haben wir auff obhochgemelten vnsers Gnedigen Fürsten vnnd Herrn/Herrn N.ꝛc. Bottschafft/Gnedigs vnd ernstliches gesinnen von jhrer Fürstlichen Gnaden wegen/diß vnser Vidimus/Transsumpt vnnd abschrifft herüber gemacht/die wir auch gegen dem obgeschrieben Hauptbrieffe von wort zu wort mit fleiß Collationirt vnnd dem gleichlautende gefunden/vnd mit vnser Statt N.gemeynen Jnsigel/zu einem waren vrkundt/ doch vns vnd derselben vnser Statt vnschädlich/versigelt/ vnd vilhochgedachtem vnserm Gnedigen Fürsten vnd Herrn/Herrn N.ꝛc.zügestellt haben. Geben vnd geschehen/ꝛc.

Ein andere Form eins Vidimus oder vrkunde vber Brieff.

WIr Burgermeister vnd rath zu N.thün kundt offentlich/ꝛc.daß auff heut für vns kommen ist/der Erbar N.vnser Bürger/vnd vns ein Pappren versigelten Brieff lassen sehen/vnnd hören/den wir für täglich/an Papyr/geschrifften/vnnd dem Innsigel vngeletzt gefunden/vnd vns gebetten/jhne den zu Vidimirn/vnd des ein glaublich vrkunde zugeben/haben wir angesehen sein zimlich bitt/vnd vff solches vnserm State schreiber empfolhen/jhme des ein Vidimus zuschreiben/der nun also von worten zu worten anfahet/ꝛc. Nota hiernach soll als bald der Brieff geschrieben/vnnd nach außgang desselben/nachfolgende wort gesetzt werden. Also:

Wann wir nun den obgeschrieben Brieff hierinn eygentlich besehen/vnd den haben lassen gegen einander verhören/in massen vnd obgeschrieben stehet/ So haben wir N.ob genant/mit rechtem wissen vnd erkandtnuß des Gerichts Innsigel zu einem festen waren vrkundt vnnd gezeugknuß thün hencken an disen Brieff/doch vns/vnsern nachkommen/ vnd der genanten Statt N.in allwege ohn schaden. So geben auff/ꝛc.

Aber ein andere Form eines Transsumpt od- der Vidimus.

WIr die Burgermeister vnnd Rath der Statt N. Bekennen offentlich mit disem Brieff gegen aller menigklich/daß vns von wegen vnd an statt der Ersamen Bürgermeisters vnd Rathe der Statt zu N.vnser besonder güten freunden fürbracht ist/ein gantzer güter gerechter/vnd vnuerserter Brieff/versigelt mit des Allerdurchleuchtigsten Großmechtigsten Fürsten vnd Herrn/Herrn N.ꝛc. vnsers Allergnedigsten Herrn offgetrucktem Königlichen Innsigel/bittende daß wir jhn desselben Brieffs glaublich abschrifft/Transsumpt vñ Vidimus geben wolten/Des wir denselben vnsern güten freunden von N.zu sich vnd wolgefallen also willig gewesen sein/ vnd derselb Brieff lautet von wort zu wort also: Wir Albrecht/ꝛc. scribatur litera vsq; ad finem. Vnd daß solcher vor

gemelter

Urkundt. CXXIII

gemelter Königlicher Brieff von wort zu wort laut vnd stehet/ als davor geschrieben stehet/ Haben wir des zu warem vrkundt vnd zeugknuß gegenwertig transsumpt vnd Vidimus davon machen lassen vnd geben/mit vnser Statt anhangendem Innsigel versigelt/ So geschehen/ ꝛc.

Ein andere Form eins Vidimus Libels weiß/ v̈ber etliche Brieffe/durch einen Notarien/ꝛc. vffgericht/Collationirt/ vnd Auscultiert/ꝛc.

JN Gottes namen Amen/Kundt vnd zuwissen sey allermenigklichen/ als die Edlen vnd Ernuesten Hans vnd Jacob von N. gebrüder/ an statt vñ von wegen jr selbs/ vnd dann Philipsen von N. jhres Vettern/ vff Montag nach dem heyligen pfingstag/welcher was vnnd ist der dritt Tag Monats Junij/ diseß jetzwerenden N. Jars/ vor mir hieunden geschriebenen Approbierten Notarien erschient/legten sie mir für/ eilff besigelte Pergamentin Lehen vnd Heyrathsbrieff/Bittende/ vnd von Ampts wegen an mich begerend/dieselbigen fürgelegten Originalien/an Pergamen/ Geschrifft/anhangenden Pressen vnnd Insigeln eygentlich zubesichtigen/ vnnd die gegen hernach Inserirten vnd mir fürgelegten Copien zu Collationieren vnd zu Vidimieren/ sich derselbigen nicht weniger dañ der rechten Originalien zu jrer notturfft haben zugebrauchen/ꝛc. Daß ich demnach auff obbemelten Montag die von ehgedachten von N. mir fürgelegte Originalien mit nachfolgenden Copijs so vonn einer andern handt beschrieben/ mit fleiß collationiert/ vnd einander gleichlautend/ auch sonst an Pergamen/Innsigeln/vmbschrifften/Schilten/Helmen/vnd verbildungen/gantz gerecht vnd ohn allen argwon befunden.

Vnd lauten dieselbigen Collationirte vnd Vidimirte Copien/ wie vnderschiedlich einer Handtschrifft hernach folget.

1. Wir Ruprecht von Gottes Gnaden/ꝛc.
2. Wir Maximilian/ꝛc.
3. Ich Weibrecht/ꝛc.
4. Ich Weibrecht/ꝛc.
5. Ich Anna von N. ꝛc.
6. Wir Ludwig von Gottes Gnaden/ꝛc.
7. Wir Friderich von Gottes Gnaden/ꝛc.
8. Ich Weibrecht/ꝛc.
9. Ich Georg von N. ꝛc.
10. Wir Ludwig/ꝛc.
11. Wir Friderich/ꝛc.

Dieweil dann ich Joachim von N. auß der Marckgraueschafft Baden Speirer Bistumbs/von Römischem Keyserlichen gewaldt offner geschworner Approbierter Notarius/diser zeit Stattschreiber zu N. all obinserirter fürgelegter Copien/Originalien/ in massen obstehet/allerdings argwons frey funden. Hierumb so hab ich obuermelter Notarius/obgedachten Hansen vnd Jacoben von N. auff jhr bittlich begern/ diß glaubwirdig offen Vidimus darüber gemacht/selbs geschrieben/ auch mit meinem Tauff vnnd zunamen/ vnnd gewonlichem Notariat Zeychen vnderzeychnet/ Darzů mein eygen Innsigel (mir vnd mein Erben in allweg ohn schaden) an zwo rot vnd grün Seiden schnůr/ in mitte diß gegenwertigen Libels (so an zwey vnd dreissig gantzer/ vnnd neun halben blettern beschrieben/von mir vnderschrieben) durchzogen vnnd gehenckt/ zu mehrem glauben vnd gezeugknuß/ aller vnd jeaklicher obgeschriebner ding/hierzu ernstlich vnd fleissig gebetten vnd erfordert.

X iij

New Formular
Ein andere Form eines Vidimus in dergleichen sachen.

ICH N.von N.beyder Rechten Doctor/ diser zeit N. Rath vnd Aduocat zu N. bekenne vnd thů kundt offenbar mit disem Libell/ daß die Edlen vnd Ernuesten Philipps zu N.auch Hans vnd Jacob alle von N.geuetter vnd brüdere/ mein günstige Junckern/ bey mir/ als von Römischer Keyserl. Mt. macht vnd Autoritet verordenten Iudice ordinario vnd Jurirten Notario angesůcht/ jne sampt vnd sonders etliche Copeien Abschrifften odder Extract/ gegen den zůgestellten Büchern/ Hauptbrieffen/ Documenten/ vnnd vrkunden/ als den Originalien mit allem fleiß zucollationiren vnd auscultiren/ vnd dieselbigen in glaubwirdiger form mitzutheylen. Demnach hab ich auß tragendem Ampt vnd habender Vollmacht solche Originalia empfangen/ dieselben alle vnd jede/ es sey an Pergamen/ Schrifften/ oder anhangenden Innsigeln (souil deren besiegelt) gantz vnuersert vnnd ohnargkwönig befunden/ auch fürther dise nachfolgende abschrifften/ Extract/ vnnd Puncten mit dem Original selbsten fleissigst von wort zu wort Collationirt/ vnd allerdings gleichlautende vnd einhellig erschen vnd abgehört/ auch souil müglich den eingang vnd Datum inseriren/ vň in dise Libellierte form bringen wöllen/ Vnd seyen diß die Abschrifften/ Extract/ vnd Puncten/ als vnderschiedlich hernach folget.

Vnnd erstlich auß dem Pergamen Seel oder Jarzeit Bůch/ so von N.fürbracht/ allda im N.Blat also begriffen.

Ich Anna von N.ic.vnd am ende/ acta sunt hæc, &c.

Vnd ferrners am N.blat/ Ich Weiprecht/ic. des Datum/ic.

Deßgleichen am xxviij.blat/ Ich Georg von N.ic. Datum/ic.

So folgt als baldt hernach am neun vnd zwentzigsten blat/ Wir der Pfarherr vnd die Capplanen/ic. Datum/ic.

Nachmals so stehet am dreissigsten blat also/ Item so hat/ic.

Weiters befindt mann am xxxj.blat/ Item Juncker Weibrecht/ic.

Hernach folgen drey Pergamen vnd versigelte Brieff mit jhrem anfang vnd ende/ hieher souil not Extrahirt/ Vnd erstlichs.

Wir Ruprecht von Gottes Gnaden/ic.

So fahet der ander Brieff also an/

Ich Weiprecht/ic.

So folgt der dritt Brieff also anfahende/

Wir Raban/ic.

Vnd dem allen nach/ wann alle obinserirte Extract/ schrifften vnd Päß (so obligen der geschefften halb/ mit eins andern hande/ off N.bletter beschrieben worden) durch mich Doctor N.selbsten mit jhren Originalien also Collationirt/ vnd wie vorgemelt gleichlautend befunden/ so hab ich solchs alles in dise offen Form gebracht/ Vnd zu warem vrkunde mein Innsigel hierunden angehangen/ auch eygen handen weiters vnderschrieben/ vnnd gewonlich Signet hierzů auffgetruckt/ So geschehen zů N.ic.

Wes hieoben von den Originalien vnd Collation vermeldet/ das bezeug ich Doctor N.ic.als Iudex ordinarius/ vnd Jurirter Notarius/ mit diser meinen eygen Subscription/ Sigill/ vnd Signet/ Actum vt sup.

Wider ein andere Form eines Vidimus/ in dergleichen sachen.

ICH N.von N.beyder Rechten Doctor/ diser zeit der N.Rathe vnd Aduocat/ Bekenn offentlich hiemit/ daß mir siben Pergamenin Lehenbrieffe behendigt/ welche

Vrkunde. CXXIIII

an Pergamen/schrifften/vnd anhangenden Innsigeln/vnd sonsten allerdings/nach meiner fleissigen besichtigung/ohne argkwohn/gantz vnd vnuersert befunden/vnd deren drey von Herrn Raban/zwen von Herrn Reicharden/vnnd zwen von Herrn Ludwigen/allen dreyen Bischoffen zu Speyer/vnnd in der mitte der N. Wappen anzeygen/Also hab ich vff ersuchen/Dieselben siben Original Brieffe/durch ein andern in diß Libell/so vngefehrlich seien zehen bletter/vnderschiedlichen abschreiben lassen/vnd nachfolgend selbsten fleissigst auscultirt vnd collationirt/also daß dise jede hierinn beschriebene Copie/jhrem rechten Original/durchauß von wort zu worten/ Respectiue/gantz gleichlautend vnnd einhellig erfunden worden seyen/in massen ich zu ende jeder abschrifft/meinen namen subscribirt habe. Damit nun disem allen/bey Keyserlicher Comminierter Peene/glauben geben/So habe dem allem nach zu warem vnd offen vrkundt vnd gezeugknuß/ich vorgemelter Doctor N. als von Key. Mt. vnd des heyligen Römischen Reichs macht vnd gewalt/ Constituirter ordinarius Iudex, vnnd Iurirter auch publicus symbolæographus, Ampts wegen mich hierunder nachmaln mit eygen handen vnderschrieben/mein gewonlich Notariat Signet hiebey getruckt/vnd mein Innsigel angehangen. So geschehen zu N. den N. Octobris/als mann zalt von der Geburt vnsers Heylandts Jesu Christi/fünffzehen hundert vnd N. Jare.

  Was hieoben von den Originalien/vnd Collationirten/auch Subscribirten Copien allenthalben vermeldet/das bezeuge ich Doctor N.2c. als Key. Constituirter Iudex Ordinarius vnnd Symbolæographus, mit diser meiner eygen handt/Sigill vnd Signet/actum vt sup.

Vrkunde oder bekandtnuß vmb hinderlegtes Geldt/einem Rath.

Wir der Rath zu N. Bekennen hiemit/daß heut dato der Erbar Jörg N. von N. in namen vnd von wegen der Wolgebornen Herrn/Herrn A. vnd B. vnserer gnedigen Herrn zu bezalung etlicher jhrer Gnaden noch außstendiger Reichs anlagen zwen leinen Seck mit gelt/verbittschiert/in deren einem siben hundert Taler vnd x. gulden müntz sindt/thut in einer summa an müntz 825. gulden. Vnd dann in dem andern Sack/darauff N. geschrieben stehet/auch 825. gulden an allerley grober Müntz/so nit gezelt worden/seiner anzeyg nach sein sollen/hinder vns/gleich dem vnseren zuuerwaren deponiert hat. Welches gelt wir also Depositumbs weiß angenommen/vnd dasselbig vff gedachter vnserer Gnedigen Herrn schreiben/auch herauß gebung diser vnser Recognition vnd gebürlicher quittung/vnd sonst anderer gestalt nicht/wider folgen lassen sollen vñ wöllen/Doch ob solche zwen Seck mit Geldt/von Fewers noth/Kriegsläuffe/oder anderer vnuersehenlichen zufäll halben (welches Gott gnediglichen verhüten wölle) schaden nemen würden/denselben schaden vnd vnfall/sollen vnd wöllen wir zuerstatten nit schuldig sein. Vrkund diß Brieffs mit vnser Statt fürgetrucktem Innsigel verwart/vnnd geben Mitwochs den 2c.

Bekandtnuß vnd verschreibung vmb acht tausent Gülden geliehen Geldts/ mit Bürgschafft.

Wir Ludwig von Gotts Gnaden/2c. Vrkunden vnd bekennen hiemit gegen allermenigklichen/daß wir dem Wolgebornen vnserem freundtlichen lieben Oheym/ vnd lieben besondern/Ludwig Casimir Grauen võ N. 2c. rechter redlicher schuldt schuldig worden seindt/auch noch seindt/acht tausent gulden in müntz güter grober Landswerung/jeden gulden zu 60. Creutzer/oder 15. Batzen gerechnet/Welche summa der acht

X iiij

New Formular

aufent Gůlden jetztuermelter Graue vns/auff vnser bitlichs ansůchen vnd begern gůtwillig vnd freundtlichen dargeliehen/vnd an vorberůrter Müntz zu vnserm gůten wolbenůgen zu N. am Meyn darzelen lassen/ Wir auch in vnsern scheinbarn nutz/sonderlich aber zu etlichen ablösungen/ so wir auß gnediger nachlassung vnsers Gnedigen liebd Herrn Vatters gethan/verwendet haben. Solche summa der acht tausent Gůlden/ wöllen wir/ vnsere Erben/vnnd nachkommen/in grober Müntz oben gemeldet/wolgedachtem Grassen/seinen Erben/vnnd Nachkommen/in Jarsfrist/vnnd nemlichen auff N. tag/des N. jars/der minderzal schierstkommend/oder acht tag vngefehrlich darnach/ in seiner Statt N. vnd zu seinem gůten benůgen/widerumb mit danck erlegen vnnd erstatten lassen/ ohne alles widersetzen/ auch menigliche eintrag/ vnd verhinderen/ alles bey verpfendung vnserer Haab vnnd Gůter/ so wir jetzund haben/oder kůnfftiglich vberkommen mögen/ die wir jhme Grauen für solche summa/biß zu völliger bezalung derselben alle pfandtbar hiemit wissentlich machen. Vnd damit obwolgedachter Graue/ solcher freundlich angeliehener summa Gelts/ noch destomehr/ vñ stattlicher versichert sein möcht/so haben wir jm den Hochgebornen Fürsten/ Herrn N. Hertzogen zu N. vnd N. ꝛc. vnsern freundtlichen lieben Vettern/ zu warem rechtem vngezweiffeltem Bürgen/ auch Selbschuldner/ mit jhrer Liebden gůtem wissen/willen/ vnnd verwilligen/ gemacht vnd eingesetzt. Also vnd der gestalt/ da wir zu vorbestimpter zeit/als nemlichen auff N. Tag/des N. Jars/an widerlegung der offtbenanten dargeliehenen summa der acht tausent Gulden/ das doch nit sein soll/seumig sein/ vnnd dieselben für vns selbst/ oder auff sein des Grauen erfordern/ nicht erlegen würden lassen/ daß als dann ehewolgedachter Graue gůt fůge vnnd macht haben soll/ hochgedachten vnsern freundtlichen lieben Vettern/ Herrn N. ꝛc. jhrer Liebden Erben vnnd nachkommen/ als Bürgen vnd Selbschuldner vmb bezalung solcher summa der acht Tausent Gůlden/ auch alles darůber erlauffenen kostens/ da einiches darauff gehn würde/ darinnen mann dann sein des Grauen schlechtlichen einfältigen worten/ one aufflegung einicher Eydes pflicht/ glauben soll/ mit/ oder ohne Recht/ wie es jhme am gelegensten sein würde/zuersuchen. Were es dann sach/ daß vilehwolgedachtem Grauen/ seinen Erben/ oder nachkommen/ auff jhr erfordern/ wider durch vnns/ noch durch hochgedachten vnseren freundtlichen lieben Vettern/ als Bůrgen vnd Selbschuldner bezalung der dargeliehenen Summa nicht erfolgen wolt/ So sollen sie mögen vnnd macht haben/ an dem Keyserlichen Cammergericht vmb Executorial Mandat anzurůffen/ welchem Keyserlichen Cammergericht/ wir vnns/vnser Erben/ vnnd nachkommen/hiermit der gestalt vnderwerffen/ das gedachte Keyserlich Cammergericht/auff bloß fürzeygen diser schuldverschreibung/vnd Supplicieren/soll gleich als baldt im anfang/ vnd ohne einichen andern vorgehenden Proceß/wider vns/vnser Erben/vnd nachkommen/vnd hochgedachten vnsern freundtlichen lieben Vettern/ als Bůrgen vnd selbschuldner/samentlich vnd sonderlich erkennen/außgehen lassen/ Vnnd darauff fürther/wie vermög des heiligen Reichs Ordnung in Execution Sachen/fürlich Procediren.

Hierauff so gereden vnd versprechen wir bey vnsern waren worten/ Fürstlichen wirden/ vnd ehren/für vns/ alle vnser Erben/vnd nachkommen/ alle vnnd jede vorgeschriebene Puncten vnd Articlel/getrewlich/stett/ vnd fest zuhalten vnd zuuollfüren/ darwider nicht zuthůn/ noch schaffen gethan werden/in keinen weg/ sonder mit freyen wilckůr vnderwerffen wir vns allen Gerichten/Geistlichen vnd weltlichen/ Verzeihen vñ begeben vns auch für vns/ alle vnser Erben vnd nachkommen/ aller Freyheyten/ Constitution/ gedings/ oder Priuilegien/die wir/ oder andere Fürsten/Geistlich oder weltlich/ von Römischen Keysern/ oder Königen jetzund haben/ oder hernachmals erwerben/wie die sein/oder benant werden möchten/ auch aller anderer Außzůg odder behelff/so wir/ odder jemandts anders von vnsert wegen/sich inn odder ausserhalb Rechtens behelffen köndten odder möchten/ Deßgleichen des Rechten/ das da spricht/ gemeyne verzeyhung nit tüglich/ oder bindig/ es gange dann ein sönderung beuor/ derselben vns keins wegs zugebrauchen noch zubehelffen/ aller dingen getrewlich vnd vngefehrlich.

Vnd

Bekandtnuß. CXXV

Vnd des zu warem vrkundt haben wir Ludwig von Gottes Gnaden N. re. vnser Jnsigel an disen Brieff thůn hencken/ Vnd wir N. von Gottes Gnaden Hertzog zu N. vnd N. re. Bekennen hiemit offentlich/ daß wir vff ansuchen des Hochgebornen vnsers freundlichen lieben Vettern Ludwigen N. gegen vilgedachtem Grauen vmb die dargelihen acht tausent Gülden Bürg vnnd selbstschuldner worden/ Gereden vnnd versprechen darauff/ für vns selbst/ vnser Erben vnd nachkommen/ bey vnsern waren worten/ auch Fürstlichen wirden/ gegen jhme Grauen für die angezeygte summa Bürg vnnd selbbeschuldner zu sein/ vnnd alles des/ so dise schuldverschreibung vns bindet/ vnnd außweiset/ vnd insonderheit was von außbringung des Executorial Mandats darinnen vermeldet/ war/ stett/ vnd vnuerbrüchlichen zuhalten/ vnd hiewider soll vns nit zubehelffen oder statten kommen/ einicherley so hiewider wir vns des Rechten von den Bürgen gesetzt/ Also sprechend/ Wann der schuldner oder Bürg/ beyd gnůgsamlich sein bezalen/ so soll der Schuldner für den Bürgen fürgenossen werden/ vnd gemeynlich alles beheliffs/ so den Bürgen im Rechten odder sonst zustatten kommen mag/ solcher in keinen weg zugebrauchen/ getrewlich vnd on geuerde. Vnnd des zu warem vrkundt/ haben wir neben dem Hochgebornen vnserm freundtlichen lieben Vettern/ vnser Jnnsigel an disen Brieff auch hangen lassen.

Bekandtnuß oder vrkundt vber außstendigen Rest/
sampt versprechung gebürlicher bezalung/ darinn sein Hauß
fraw oder jhr zůgebracht Heyrath Gůt gebürlichen verzieg/
vnd mit sampt jhrem Vatter bewilli-
gung thůt.

ICH Jacob von N. Bekenne vnd thů kundt offenbar mit disem Brieff/ Nach dem ich in jůngster meiner gethaner N. Außs beschluß rechnung nechst verschienen Cathedra Petri Anno re. Naußgangen/ darinn dann alle vorgehende Receß vnd rechnungen gezogen/ dem Durchleuchtigen Hochgebornen Fürsten vnd Herrn/ Herrn N. re. meinem Gnedigen Herrn/ schuldig blieben bin/ alles zůhalt gethaner rechnung/ Nemlich an gelt 1060. gulden/ 12. albus/ 6. pfenning/ an Korn 89. malter / an Habern 96. Malter/ an Wein 5. Fůder 17. viertheyl/ an Gänsen 6. Gäns / an Cappaunen 14. an Hůnern 55. an Nůssen 6. Malter/ Welches alles ich hieuor billich bezalt haben solt/ aber bißher ansteh blieben ist/ vnnd jetzt auff mein vnderthenigs ansuchen vnnd bitten/ bey jhren Fürstlichen Gnaden/ mir/ meiner Haußfrawen vnd Kindern zu gnaden erlangt/ daß jhr Fürstliche Gnaden/ aller obgemelter meiner Receß schuldt zubezalen/ nachgemelter massen/ gnediglich von mir annemen lassen haben/ des jhr Fürstlichen Gnaden ich vnderthenig danckbar bin/ vnd nemlich daß jhren Fürstlichen Gnaden ich jetzo als balde die 500. gülden Hauptguts/ die der Streng vnd Edel Herr Wolff von N. Ritter/ mein freundlicher lieber Herr vnd Schweher/ Maria seiner Tochter anderer Ehe/ meiner lieben Haußfrawen zu Heirathgůt neben anderm zůgestellt / auff einem Gůltbrieff besagen 1000. gülden hauptgelts mit 50. gulden auff irer Fürstlichen Gnaden Camer zuuerzinsen/ Welchen Dechant vnd Capittel zu Sanct N. zu N. bey jhren handen/ dieweil jhre Fürstlichen Gnaden gleicher gestalt/ die andern 500. gůlden darauff haben/ gereycht vnd geben/ zůsampt zwey hundert gůlden mir zu acht jar zinsen vnbezalt aussen blieben/ welches inn einer summa siben hundert Gůlden thůt/ Vnd dieweil jhrer Fürstlichen Gnaden ich vber solch Summa noch schuldig bleib/ drey hundert vnnd sechtzig gulden/ vij. Albus/ sechs Pfenning/ au welchem jhr Fürstlichen Gnaden mir zu Gnaden auff mein vnderthenig ansuchen / für zwey Pferde / wiewol jhr Fürstlichen Gnaden mir kein Pferd schaden zugeben schuldig/ sechtzig Gulden nachgelassen/ das von jhrer Fürstlichen Gnaden ich zu vnderthenigstem hohen danck angenommen. Hierauff gereden vnnd versprechen ich / für mich/ mein
Haußfraw

New Formular

Haußfraw/vnd Erben/hochgedachten meinen Gnedigen Herrn/jhr Fürstlichen Gnaden Erben/hie zwischen nechstkünfftig Letare/des bleibenden Rest / Nemlich drey hundert gülden/zwölff Albus/sechs Pfenning vnuerlengt/bey verpfendung meiner Haabe vnd Güter/zuuergnügen/vnnd zuhanden jhrer Fürstlichen Gnaden Keller zu N. Georgen N.zuliessern/dergleichen nechstkünfftig Ehrn die 89. Malter Korn/vnd 96. Malter Habern/darzů vff den Herbst ein Füder 17. viertheil Weins/ Vnd dieweil jhr Fürstlichen Gnaden mir den vbertrest an Gänsen/Cappaunen/Hünern/vň Nüß/ gnediglichen nachgelassen/nem ich dasselb zu vnderthenigem danck an.

Demnach vnd so die obgemelten 500. gulden hauptgůts/durch mich Wolffen von N. Ritter/meiner Tochter Maria von N.geborn von N.anderer Ehe/neben anderm zu Ehsteur geben/ich Maria obgemelt/solchs meim Juncker Jacob von N.in Heyrathgůt zůbracht/ Also on vnser beyder Vatter/vnd Tochter bewilligen/ vnd zůlassen/von rechts wegen nit soll noch mag verandert werde/jedoch betrachtend die freundlich bitt vnsers Tochterman/vnd Ehegemahel/an vns beyde gelegt/auch sein/vnsern selbs vnd mein Maria Kinder schaden zůuerkoñen/So haben wir beyde Vatter vnd Tochter/in abschlag obgemelter Receß schuldt/vnserm gnedigen Herrn die vermelte 500. gülden Hauptgůts vrtheilich zůgestellt/vnserm Tochterman/vnd Ehegemahel/verwilliget/Begeben vnd verzeihen vns aller zůspruch vnd forderung/auch Rechtens/so wir / oder jemandt vnsernt wegen/in krafft geschriebener Rechten vnd fräwlicher freiheyt / so vns derwegen zůstatten koñmen möchten/dero wir als verstendig gnůgsam erinert/ Vnd sonderlich ich Maria obgemelts Jacobs ehelich Haußfraw/bekenn für mich vnd alle meine Erben/daß solchs alles wie ob erzelt/sonderlichen soviel vorbestimpte 500.gůll. Hauptgelts/ mein frey eygen Heyrathgůt berürt/auch meines freundlichen lieben Vatters / Herr Wolffen von N.von dem ich dieselbigen 500.gůlden zu Ehestewr empfangen/ mit meinem freyen gůten willen/vorwissen/rath vnd gunsten beschehen vnd zůgangen ist. Darumb so gerede vnd verspriche ich/ vor mich vnd mein Erben/ bey meinen waren trewen an Eydts statt da bey/wie obuermelt/endlich zůbleiben/darwidder nit zůsein/ noch zůthůn/oder schaffen gethan werden/in oder ausserhalb Rechtens/in keinen weg/ Auch derwegen vor mich vnd all meine Erben/aller gerechtigkeiten/ansprach vnd forderung/ich deßhalb jetzo oder künfftig gehaben möcht/sampt allen vnd jeden Rechten/gnaden/außzügen/insonderheyt der Rey. Freiheyten senatus cõsulti Velleiani, so dem Weiblichen geschlecht/zůwiderbringung jhrer gerechtigkeyten verliehen (des ich dann hierinn deutlich / vnd eygenlich verstendigt) vnd aller hilff/wie die genannt oder erdacht/ deren nimmer herwider zůgebrauchen/mich hiemit gentzlich vnnd endlich verzeihen vnnd begeben habe/dann ich obangeregten solchs meins wie obstehet veränderten Heyrathgůts/mit zeitigem gůtem fůrrath obgenannts meines freundlichen lieben Vatters/vnd jhm N.gůtern/zu meinem gůten gnůgen versichert/vnd wol wider versehen bin/ Also daß billich mit fůgen/vnnd vnser beyder zůthůn/hochermeltem vnserm Gne. Herrn/obgedachte hauptsumma der 500.fl. durch vnns drey sampt vnd sonder zůgestellt werden/als wir dasselbig hiemit vollkoñmend/wissent/vrthätlich wol betracht in bester form Rechtens/das wir von vns selbst/vnd sonst notwendig verstendlich bericht wissens haben/vnd zůthůn befůgt/ Verzeihen vnnd begeben vns darauff/für vns/vnsere Erben/vnd meniglich/in besster beständigster form/in oder ausserhalb Rechtens/krafft haben soll vnd mage/aller vnd jeder Priuilegien/Begnadung/Rechten/ Absolution/Dispensation/oder wie die genant werden möchten/so vns/ oder jemandt vnsernt wegen/zů gůt oder dienstlicher Restitution gedeyen möchten/ vnnd hochgedachtem vnserem Gnedigen Fürsten vnd Herrn/oder dero Erben/zůwider vnnd vnstatten koñen köndt/aller dings sonder geuerde vnd argelist.

Des zů festem vnnd warem Vrkundt/ habe ich Maria obgenannt/mich mit eygener Handt vnderschrieben / vnnd dann auß mangelung eygens Innsigels freundliches fleiß erbetten / die Gestrengen / Edlen vnnd Ernuesten/ meinen freundlichen lieben Vatter obgenannt/ vnnd Schwager N. vonn N. Vnnd ich Wolff vonn N. Ritter/

bekenn

bekenn sonderlich hierinn/daß obgenant mein freundtliche liebe Tochter Maria/solches wir obuermelt/mit meinem guten fürrath/wissen vnnd willen/freywilliglich gethan hat/ Deßwegen vff jhr freundtlich bitt/auch für mich selbst zu meher zeugknuß/hab ich mein eygen Insigel auch hieran gehangen/vnd disen Brieff eygner handt vnderschrieben/Der gleichen ich Jacob von N. auch wissentlich gethan/ Versprechen demnach alle drey obgemelte/vnder vnsern Handtschrifften vnd Siegeln/für all vnser Erben/vnd Erbnemen/ allem so hierinn von vns geschrieben/trewlich nachzukommen/stett/vnd fest zuhalten. Vnd dieweil ich N. von N. von meiner lieben geschweihen erbetten/von jrent wegen/disen brief se zuuersiglen/hab ichs bittweiß/doch mit vnd meinen Erben on schaden/gethan/ vnd also mein Innsigel auch hieran gehangen. Geben vnd geschehen Sambstags/ re.

Bekandtnuß oder verbindung/vber fünff hundert Gülden/entlehendes Gelts.

Wir N. von Gotts Gnaden/ re. Bekennen vnd thůn kundt offenbar mit disem brief fe/daß vns der Ersam vnser Rath vnnd Amptmann zu N. Jacob N. auch vnser Landtschreiber daselbst Jörg N. vnd lieben getrewen/vff vnser gnedigs ansůchen vnd begern/zu vnsern obligenden sachen vnd zuentrichtung vns in vnserer obern Pfalz zu N. auffgekündter hauptsummen 500. gul. jhe xv. batzen oder lx. creutzer für den gülden gerechnet/gůtwilliglichen fürgesetzt vnd gelihen/die wir auch also bar von jhnen empfahen lassen. Gereden vnd versprechen derwegen hiemit/vñ in krafft diß Brieffs/bey vnsern Fürstlichen Wirden/für vns/vnnd vnsere Erben/benantem vnserm Amptmann/auch Landtschreibern zu N. Jacob N. vnd Jörgen N. oder jhren Erben/obbestimpte 500. fl. je xv. batzen oder lx. creutzer für den gůlden in Jarsfrist nach dato diß Brieffs zu sampt xxv. gulden pension/ohn allen jhren kosten vnd schaden/gegen heraußgebung diser vnser Obligation gnediglichen entrichten vnd bezalen zulassen/daran vns/oder vnser Erben nichts verhindern soll/das hinwider gesein köndt/oder erdacht werden möcht/nichtes außgenossen/sonder alle geuerde. Im fall aber wir/vnser Erben/oder Nachkommen an obbemeltem saumig sein/vnd erzelter massen nicht bezalen würden/das Gott gnediglich verhüten wöll/so sollen obgemelten verleiher/oder jhren Erben erlaubt sein/sie auch gůt fůg vnd recht haben/ vnser Ampt vnd Landtschreiberey N. so wir jhnen derwegen zu einem vnderpfandt eingesetzt/vnd hafft gemacht haben/mit allen seinen ober vnd gerechtigkeyten/zů vnd eingehörigen/renthen/nutzungen/zinsen/vnd Gůlten/nichtes außgenossen/in oder ausserhalb Rechtens in nzunemen/zunůtzen/zuniessen/vnd zugebrauchen/als ander jhr eygen Gůt/so lang vnd vil/biß daß sie vmb jhren außstandt/auch kosten vnd schaden so darauff gelauffen/darumb darin jhren schlechten worten/ohn beworung zuglauben/bezalt vnd vergnügt werden/damit sie auch wider vns/vnser Erben oder nachkommen/gantz nichts gefreuelt/ gehandelt/noch verbrochen/sonder an aller statt/wo wir deßhalben mit jhnen fürkommen würden/recht/wir vnd vnser Erben vnrecht/vnd verloren haben sollen/Alle geuerde vnd argelist hierinnen gentzlich außgeschlossen. Vnd des zu warer vrkundt mit vnserm anhangenden Innsigel verwart. Datum/re.

Ein andere Form einer schulde Bekandtnuß on Vnderpfandt/kurtzer Form.

Wir Philips von Gotts Gna. re. Bekennen vnd thůn kundt offenbar mit disem Brieff/daß vns vnser lieber besonder N. vff vnser gnedig begern vñ bitt/ gütlich gelihen/geliefert vñ fürgestreckt hat N. gulden. Hierumb gereden vnd versprechen wir/bey vnsern Fürstl. wirden/in vñ mit krafft diß brieffs/für vns/vñ vnser Erben/

daß

daß wir genantem N.solch geliehen N.gülden Rheinisch/auff schierstkommend N. Tag on verzuck widder zubezalen vnd in sein sichern Gewaldt antworten lassen sollen vnd wöllen/ohn allen seinn kosten/schaden vnd verlust/zu vrkundt/ꝛc.

Ein andere Form einer Bekandtnuß oder Schuldtbrieffs.

ICH Hans N.von N. bekenn offentlich mit diser meiner eygen Handgeschrifften/ daß ich rechter redlicher schuldt schuldig bin vnd gelten solle/ dem Ehrnhafften vñ wolgeachten Meister Niclausen N.von N. 300.gülden an Batzen/den gulden für 15.Batzen zuzelen/so er Niclauß mir obgenantem Hansen N. auff bittlich ansuchen/vnd auß sonder freundschafft willen/ also bar dargezelt vnnd gelauhen hat/meinen nutz vnnd frommen auffs best ich kan darmit zuthün vnd zuuerschaffen Hierauff auch ich obgemelter Hans N.geredt vnd versprochen hab/Gerede vnnd versprich auch bey waren trewen/glauben vnd ehren/für mich/alle meine Erben/Erbnemer vnnd nachkommen festiglichen mit disem Brieff/eygener meiner Handtschrifften/dem vorgedachten Meister Niclausen N.seinen Erben/oder der person/so disen Brieff mit seinem/oder seiner Erben kündelichen wissen vnnd willen innhat/die erzelten drey hundert Gulden von heut Dato Conceptionis Marie/diß gegenwertigen N. Jars vber ein jare/herwiderumb auff obbestimpten Tag Conceptionis Marie zukünfftigs N.jars (welche zeit/fristung vnnd ziel er mir freundtlicher meynung zugelassen vnd vergönt hat) in sein oder seiner nachkommen den gewaldt/ohne einichen verzug/ vnd gentzlich on sein Meister Niclausen kosten vnnd schaden außzurichten/zu antworten vnd zubezalen/dargegen wil ich nach verschienen jare in widergelt/Remunerations vnnd liebniß weiß 15. Gulden gelts N.werung/jeden gulden für 27.Alb.gezelt/dem obgemelten meister Niclausen N.so mir die drei hundert gulden/wie obgeschrieben/gelauhen/seinen Erben/ oder jnnhaltern diß Brieffs geben/reichen/vnd in jhren sichern gewalt antworten/des ich mich also hertzlich verbunden vnd verpflicht hab/dasselbig auch wie billich zuthün vrpütig bin/bey verpfendung mein Hansen N.aller ligender vnnd farender Haabe vnnd Gütern/wie solches am bestendigsten krafft vnd macht haben soll/kan/oder mag.   Vnd des zu mehrer vrkundt vnnd sicherheyt hab ich mein eygen Innsigel hierauff thün trucken/ Auch meinn Brüder Peter N. gebetten vnd erbetten/daß er sein angeborn Innsigel neben das mein hieran hat auffgetruckt/Welches ich Peter N. erstgemelt auß fleissiger vnnd brüderlicher bitt gethan haben bekenne/ Datum et Actum/ꝛc.

Aber ein andere güte Form eines Schuldebrieffs/ mit Bürgschafft vnd leistung.

WIr Friderich von Gotts Gnaden/ꝛc.vnd des Hochgebornen Fürsten/vnsers lieben Vettern/Herrn Philipsen/N.ꝛc. Vormünder/Bekennen vnd thün kundt offenbare mit disem Brieffe/vor allermenigklich/für vns/ vnd den obgenanten vnsern lieben Vettern/sein Erben vnnd nachkommen/daß wir als ein Vormünder des erstgemelten vnsers lieben Vetter/Georgen N. Pfleger zu N. vnserm lieben getrewen/seinen Erben/Glaubigern/oder wer disen Brieff mit jhren wissen vnd willen jnnhat/schuldig worden sein/vnnd gelten sollen vnnd wöllen 1600. güter Rheinischer Gulden/ gemeyner Landtswerung/gůt in Goldt/vnd schwer gnůg/an rechtem gewichte/die er vns also bereyt vmb vnser bete willen geliehen hat/die wir auch fürbaß in des vorgenanten vnsers lieben Vettern Hertzog Philips/als ein Vormünder/ nutz/vnd frommen gewendt/gekert/vnd die A.B.C.vnd D.jhrer schulde bezalt/vnd außgericht haben.   Die obgeschrieben

1600.

Bekandtnuſz. CXXVII

1600.Rheiniſch gülden ſollen vnd wöllen wir/von wegen des obgenanten vnſers Vettern Hertzog Philips ſeinen Erben oder nachkommen/dem vorgedachten Georgen N. ſeinen Erben/Glaubern/oder wer diſen Brieff/mit jhrem gunſt vnd willen jnnhat/bezalen vnd vnuerzüglich außrichten auff vnſer lieben Frawen tag zu Liechtmeß ſchierſt nach Dato diß Brieffs vber ein gantz Jar/viertzehen Tag vor oder nach zu N. oder zu N.in der zweier Stätt einer/in welcher er/ſein Erben/oder Glaubern die bezalung vnd ſolch 1600. gülden nemen/oder haben wöllen/ohn allen jhren ſchaden/vnd vngeuerlichen. Thäten aber wir/oder der obgedacht vnſer Vetter Hertzog Philips/ſein Erben/odder nachkoſſen das nicht/vnd verzügen jn die obgenante ſumma 1600. Rheiniſch gülden/ vber die vorgemelte friſt/wider ſeinen/oder ſeiner Erben willen/wes ſie dann darnach der beſtimpten 1600.gülden ſchaden nemen/wie der ſchade genant wer/klein oder groß/jhren ſchlechten worten darumb zuglauben/on Eid/vnd recht/denſelben ſchad allen zu ſampt dem hauptgelt/ ſollen vnnd wöllen wir jhn auch gütlich widerkeren/ bezalen vnd außrichten vnuerzogenlichen/ vnd ohn allen jhren ſchaden/vngeferlichen. Vnd ob der vilgenant Georg N.in der zeit von ſeiner notturfft wegen/einen Kauff thün/vnnd ſolcher 1600.gülden bedörffen würde/ Wann er dann die in dem jare an vns fordert/ ſo ſollen vnd wöllen wir jhm die darnach in einem viertheyl eins Jars geben/ außrichten vnd vnuerzüglichen bezalen/ ohn allen ſchaden. Auch ſo ſollen ſein vnd ſeiner Erben Glauber/vnd wer von jhren wegen diſen Brieffe mit jhrem güten willen vnd gunſt innhat/alle die gerechtigkeyt haben/die in diſem brieff geſchrieben ſtehen/ ohne geuerde.

    Vnnd des zu mehrer bekandtnuß vnd ſicherheyt ſetzen wir jhn zu vns vnuerſcheidenlichen zu rechten Bürgen/diſe hernach geſchrieben vnſer liebe getrewen/ mit der beſcheidheit/ob wir/odder der vorgedacht vnſer Hertzog Philips/ſein Erben/odder nachkommen/ſo N.ſein/ dem offtgemelten Georgen N. oder ſeinen Erben die genant ſumma 1600. Rheiniſch gülden/ auff die vorgemelte zeit vnd friſt/nicht bezalet vnd außrichten/ in form vnd maß/ſo vor vnd nachgeſchrieben ſtehet/ſo haben ſie macht/ gewaldt vnnd gut recht/die hernach geſchrieben vnſer Bürgen/darüb zumanen/zuleiſten/Vnd als bald die von jn gemant werde/mit Botten/Brieffen/zu Hauß/zu Hofe/oder mündlich vnder augen/ſo ſoll jhr jegklicher von ſtundt an der erſten manung vnuerzüglich vnd vngeweigert/in den nechſten acht tagen darnach/ einer auff den andern einen redlichen Knecht mit einem Reiſigen Pferde/in die Statt zu N.oder N.in welche ſie gemant werden/ ſchicken vnd ſtellen/in ein offen gaſtgeben Wirtshauſe/ welches jhn genennt wirdt/ vnd daſelbs in ligen vnd leiſten/von Knechten zu Knechten/von Pferden zu Pferden/nach Gaſts rechten/Vnd auß ſolcher leiſtung nicht kommen/ohn jhren willen vii wiſſen/noch der Bürgſchafft ledig ſein/es ſey dann Georgen N.ſeiner Erben oder Glauber will/ vnd wolgefallen/Wirdt jhn aber die leiſtung verzogen/ vnnd auff jhr erſte manung zuſtundt an nicht gehalten/wes dann Georg N.ſein Erben/oder innhalter diß Brieffs/jhrer vorgeſchriebenen ſumma der 1600.gülden hinach ſchaden nemen/mit zerung/Bottenlohn/nachraiſen/ oder ſonſt/wie die ſchäden genant würden/Dieſelben ſchäden all/ ſollen vnnd wöllen wir/ oder der vorgenant vnſer Vetter Hertzog Philips/ſein Erben/oder Nachkommen/Vnd wir die hernach geſchrieben Bürgen/ob wir die leiſtung verzügen/dem offtgenantẽ Georgen N.ſeinen Erben/Glaubern/ oder jnhaltern diß Brieffs/bey vnſern güten waren trewen vnd ehren/mit ſampt der Haupſumma gütlich widerkeren/ohn widerrede/ vnd ohn alles geuerde. Auch ob der hernach genanten Bürgen einer oder mehr/ in der zeit mit tod abgiengen/oder bey dem Landt nicht weren/wie ſich das fügt/ ſollen wir/ oder obgemelter vnſer Vetter Hertzog Philips/ſein Erben/oder nachkommen/ſo offt das noth thüt/einẽ andern als güten Bürgen an des/oder der abgangen ſtatt widerſetzen/in dem nechſten monat darnach/vnd wir des von jn erinnert werden/ oder die beſtanden vnd bleiben Bürgen/ ſollen leiſten vnd iüligen/als lang biß Georgen N.oder ſeinen Erben/ein gantz völlige bezalung vii außrichtung geſchicht/on allen jren ſchadẽ/on geuerd. Vnd was wir/oder obgemelter vnſer Vetter Hertzog Philips/ſein Erben oder nachkoſſen/vnſere Bürgen/ vii je

y

New Formular

Erben/ dawider rechten/ kriegten/ Rechten/ mit Geistlichen odder weltlichen Rechten/ des bekennen wir jhn Georgen an aller Stattrecht behabt vnd gantz gewonnen sein/ on geuerde/ Vnnd sindt das die Bürgen/ mit namen Hamman N. zu N. Ritter/ Conrad von N. Landrichter zu N. Jörg N. zu N. A. B. C. D. vnd E. alle fünff Bürger zu N. Vnd wie die jetztgenanten Bürgen bekennen auch offentlich an disem Brieffe/ für vns vnd all vnsere Erben/ daß wir also recht Bürgen worden sein/ vmb der obgeschrieben 1600. Rheinisch gülden/ Sollen vnd wöllen auch alles das stett/ fest/ vnnd vnuerbrüchlichen halten/ das von vns an disem Brieff geschrieben steht/ getrewlichen vnd vngefehrlichen. Vnd des alles zu gütem vnd warem vrkundt haben wir Hertzog Friderich obgenant vnser Vormünderschafft/ Vnd wir die obgenanten Bürgen jegklicher sein eygen Inngesigel thun hencken/ vnd gehenckt an disen Brieff. Der geben ist zu N. vff Freytag/ ꝛc.

Bekandtnuß vber viertzig Gülden/ so mann an einem kauff schuldig blieben.

ICH Valtin N. von N. Bürger zu N. vnd N. sein Eheliche Haußfraw/ Bekennen hiemit offentlich für vns/ all vnsere Erben vnd nachkomen/ daß wir beyde vnuerscheidenlich auff heut Dato rechter redlicher schulden schuldig worden sein/ auch gelten sollen vnnd wöllen/ dem Erbarn Meyster Niclausen N. seligen Bürgern zu N. seiner Haußfrawen Magdalene/ vnd allen jren Erben/ viertzig Gülden an Müntz/ gemeyner Heydelberger werung/ noch an dem Kauff der Behausung/ so wir (jnhalt eins Kauffbrieffs) von jnen erkaufft haben/ dieselbigen jeder zeite sußam geredten vñ versprechen wir jnen/ jhren Erben/ oder jnnhaltern diß Brieffs/ für vns/ alle vnser Erben/ bey vnserm güten waren glauben außzurichten vnd zubezalen/ auff tag vnd zeit hernach begrieffen/ Nemlich vff Catharine der Jungfrawen Tag zukünfftigs N. Jars/ zehen gülden/ vñ folgends alle jare vff gemelten Catharinen Tag/ oder vngefehrlichen in den 14. tagen darnach/ zehen gülden/ biß so lang vnd vil wir sie der obgemelten 40. gülden mit bereytem gelt/ wie zu Heydelberg gibe vnd gäb/ entricht/ ja vnuertzüglichen sonder allen abgang vnd schaden bezalt haben/ ohn geuerde. Ob wir aber das zu erster oder jetzo ernanten fristen nit theten/ was nachtheyls oder schadens sie des als daß nemen/ keinen (wie die in all außzüge genant oder geheyssen werden möchten) außgenoissen/ Denselben schaden sampt der Hauptsumma soll vnd wöllen wir jhnen auch abthün/ vnd trewlichen widerkeren/ ohn widderrede/ bey verpfendung aller vnser Haabe vnd Güter/ gegenwertiger vñ künfftiger/ wissentlich nichts besonders/ sich daruon mit oder ohn Recht/ wie sie verglüstet/ vnuershindert mengliches selbs hab hafft machen/ so lang biß sie obermelter Hauptsumma/ sampt derenhalben erlitten schadens auff jhr völliges benügen entricht sein/ alles trewlich vnd vngefehrlich.

Des zu einem waren Vrkund geben wir jhnen den Brieffe/ welcher auff vnser fleissigs bitten vnnd begeren (dieweil wir eygens Sigels gemangel) mit des Hochgelerten Herrn N. zu N. auffgetruckten Inngesigel/ doch jhme vnd seinen Nachkommen vnschädlichen (dessen dann zu besserer sicherheyt vnd getzeugnuß/ die Achtbarn vnnd Vornemen N. N. vnnd N. hertzu sonderlichen erfordert vnnd gebetten/ Getzeugen sint) besigelt ist. Geschehen im Jar/ ꝛc.

Bekantnuß güter vnd schlechter form vber fürgestrecktes Melbe.

WIr Schultheyß/ Gericht/ vnnd Gemeynde zu N. bekennen mit disem Brieffe/ daß der Durchleuchtig Hochgeborn Fürst vnnd Herr/ Herr N. ꝛc. vnser Gnediger Herr/ auff vnser vnderthenig ansuchen vnd bitten/ gnedig bewilligt vnnd vns geben

Bekandtnuß. CXXVIII

geben lassen 39. malter Rocken Melb/für jedes malter 36. Albus/Welches wir obgemelte Schultheyß/Gericht vnd Gemeynde gereden vnnd versprechen hochgedachtem vnserm Gnedigen Fürsten vnd Herrn/oder dero Fürstlichen Gnaden Castenknecht/dem Erbarn Niclausen N. vff nechstkommend Bartholomei zwölff botten Tage/ohne kosten vñ schaden zubezalen. In vrkundt mit vnserm des Gerichtes zu N. vffgetrucktem Sigel besigelt. Geben/ic.

Bekandtnuß in form eins Kerffzettels vber geliehen Geldt.

ICH Hans N. vnd ich Barbara sein eheliche Haußfraw/beyde Bürger vnd Bürgerin zu N. Bekennen hierinn offentlichen in disem Brieffe/für vns vnd alle vnsere Erben. Demnach wir von Wolff Kropffen ein Morgen Weingarts bey N. gelegen/so der Herrn von N. vnnd vmb obgedachten Kropffen vmb die besserung an vnns bracht/so järlichen den Herrn von N. das drittheyl gibt/anstösser an disen Morgen ist N. gegen Rorbach zu/anderseiten N. vnnd stößt auff den Necker/ Also haben wir beyde Eheleuth/den Ersamen Meister Peter von N. schneider vnd Bürger zu N. freundlichen ersucht vnd gebetten/daß er vns/solche besserung zuerlegen/heut dato N. gülden/den gülden zu 26. alb. gerechnet/fürgestreckt vnd geliehen hat/dero wir jhnen auch gantz quit ledig vnd loß sagen/ Vnnd ist in diser freundlichen fürstreckung vnd leihung beredt/daß wir beyde Eheleut/oder vnsere Erben/gedachtem Meister Peter oder sein Erben/so Gott der Allmechtig vns disen zükünfftigen Herbst inn disem N. Jare Wein beschert/ehrlich bezalung der geliehen N. gülden/thun sollen vñ wölle/ So aber ein mißwachsendt Jar insiel/ das Gott verhüten wölle/ als dann sollen vnd wöllen wir beyde Eheleut/ oder vnsere Erben/gedachtem meister Petern oder seinen Erben/ auff Martini Episc. so mann der minderzal N. zelen wirt/solche N. gulden/sampt darvon gebürender Gülten/ohn allen seyn/oder seiner Erben kosten vnd schaden/ entrichten vnd bezalen. Wir setzen auch gedachtem meister Petern solchen Morgen Weingart zu rechtem vnderpfandt ein/ also vnd der gestalt/wo ich/oder vnsere Erben/mit bezalung gesetzter auch selbs bewilligter zeit vnnd ziel seumig würden/soll gedachter meister Peter schneider/oder seine Erben/gut füg vñ macht haben/mit/ odder ohne recht solche vnderpfandt zu jhren handen zunemen/ damit schalt/walten/thün vnd lassen/als mit andern jhren eigen gütern. Des zu warer vrkunde seind diser Brieff zwen gleich lautende einer handschrifften/ auß einander geschnitten/ den einen Meister Peter von N. schneider/vnnd wir beyde Eheleut den andern innhaben/ vnnd zügestelt worden. Geben vnd geschehen auff N. ic.

Ein ander Form einer Bekandtnuß/ da ein bestender seinem Lehenherrn vber summarische gethane Rechnung schuldig bleibt/ic.

KJsenbare vnd zuwissen sey meniglichen/ die disen Brieff sehen/ oder hören lesen/ daß in dem Jare N. vff den Sontag nach Ostern Misericordia Domini genant/ in beysein der Ehrnhafften vnd Achtbarn A. vnd B. der Ehrnhafft Niclaus N. mit seinem Weingartner oder Gartner Georgen N. von N. vnnd Apollonien seiner Ehelichen Haußfrawen/jhrer verlessen Zinß vnnd bestendtnuß halben/ auch aller vorstehender schulden/ laut beyder theyl Register/ heut Dato ein endtliche gründtliche Rechnung vnd beschluß mit einander gethan/ auch alle ding wes sich in diser zeit der bestendtnuß begeben (nichts außgenoissen)verglichen vnd vereiniget/Vnd demnach Jörg N. Apollonia seine Haußfraw bemeltem Herrn Nicolao vber das stück Weins/ so er Jörg jme Nicolao jetz als balde folgen lassen vberflüssig an der schulden auch abgangen/ noch 46. gülden/14. alb. schuldig verblieben/ Hat bemelter Herr Niclaus N. seins Weingartners armüt bedacht/

D ij

New Formular

(wiewol er Niclaus darthůn kan an seinem gůt nit verdient haben) auß mitleid die 6. gůlden vnd 14. alb. frey willig geschenckt/ darzů jme Jörgen vñ seiner Haußfrawē dise freundschafft bewisen/ daß bemelte beyde Eheleuth/ oder dero leibs Erben hinfůro alle vnnd ein jeden Jaro/ jme vilbemeltem Herrn Nicolao/ oder seinen Erben/ ein Ohm Weins in sein Hauß zu Herbstzeiten/ reichen vnd geben/ Für solche ohme Weins soll jhme Jörgen allemal/ souil ohme er bringt/ ein gůlden an der bezalung abgeschlagen vnd bezalt sein/ biß die obgenant sūma der 40. gůlden gar vernůlgt. Er/ Herr Niclaus hat jnen Eheleuten auch weiter dise freundschaffte gethan/ daß er Jörg/ oder sein Haußfrawe/ vnd Erben/ jme eiñ gůlden oder Wein geben mögen/ welches zu jnen stehen soll/ es sey joch der Wein in werth oder vnwerth/ wie sich die Jare zůtragen/ Darfůr sollen bemelter beyder Eheleut/ was sie sest vor Gůter haben/ vnd nachmals bekommen/ fůr gedacht 40. gůlden vnderpfandt sein vnd bleiben/ biß zum letzten pfenning/ Solchs haben beyde Eheleuth freundlich zu danck vnd gůtwilliglichen angenoñen/ fůr sich vnd jre Erben solchs zubezaln gewilligt vñ versprochen/ thätten das auch in krafft diß brieffs/ Vnd so bemelt 40. gůlden bezalt/ sollen bey de brieff zerrissen/ abgethan/ vnd cassirt werden/ aller ding ohn geuerde. Vnd des zu warer Vrkunde seindt diser verrechnungs brieff zwen gleichlauts einer Handschrifft/ kerffsweiß auß einander geschnitten/ der Herr Niclaus N. den einen/ vnnd Jörg N. Apollonia sein Haußfraw den andern beyhanden vnd innhaben. Geben vnd geschehe/ als obstehet/ ꝛc.

Bekandtnuß vber eeliche einer Kauffsumma
gelieffertes Gelts.

WIr Bůrgermeister vnnd Rath der Stat N. bekennen offentlich vnd thůn kundt meniglich/ mit disem brieffe/ fůr vns vnd vnser nachkoñen/ daß des Durchleuchtigen Hochgebornen Fůrsten vnnd Herrn/ Herrn N. ꝛc. vnsers Gnedigen Herrn Räth vñ Diener/ nemlich die Ernuesten/ Hochgelehrten/ Ernhafften vñ fůrnem̄/ Herrn Jacob N. der Rechten Doctor/ vnd N. N. vns an heut dato 31000. gůl. an Golt/ Talern/ vnd andern groben Můntzen/ den gulden zu 15. batz/ vnd 7. Taler fůr 8. gůl. gerechnet/ fůr vnsern drittentheyl an der erkaufften sůma vmb die jren F. G. verkauffte zwey ämpter/ N. vñ N. zu vnsern getrewes handen vñ verwarung/ biß zu nechstkůnfftiger endlicher kauffs einraumung/ vnd einantwortung/ auch vorgehender gebůrlicher vergleichung/ in zweyen Träglin/ vnd sechs secken/ mit ernants Herrn Doctor Jacoben N. Wapenring verbittschirt/ hinderlegt/ vberantwort haben/ Der gestalt/ wo ferr angezeygter massen/ der schlieslich vergleichung/ oder Kauffnotel/ vnd einraumung beyder ämpter/ wie sich gebůrt/ beschehen/ vnd aller dings richtig gemacht ist/ daß wir als dann vmb solchen vnsern angebůrenden drittentheyl (daran jr Fůrst. G. vns von wegen des Ernuesten vnd Hochgelehrten Herrn N. der Rechten Doctor/ vnd Key. Cam. zu Speier Assessorn 2071. gůlden/ vnnd j. Bemisch zu völliger erstattung angeregter sůma jtzo gelassen) gegen wider herauß gebůg diser Recognition/ der notturfft nach quittiren/ vnd jhrer F. G. ferner vrkundt geben sollen vnd wöllen. Des zu warem vrkundt/ haben wir obgemelten jhren F. G. Räthen vnd Dienern/ disen schrifftlichen schein vnd bekandtnuß/ vnder vnser Statt gemeynem Secret Innsigel hiefůr getruckt/ vberantwort vnd gegeben/ den 6. tag Octobris/ Anno ꝛc.

Bekandtnuß anderer form in vberlieferung
etliches Gelts.

WIr Bůrgermeister vnd Rath der Stat N. Bekennen offentlich/ vnd thůn kunde jedermeniglich mit disem Brieffe/ daß des Wolgebornen Herrn/ Herrn N. ꝛc. vnsers G. H. abgesandte Räthe vnd Diener/ in namen vnd von wegen jhrer G. vermög der vffgerichten Capitulation vnnd abrede/ vnd das abgekaufft Ampt N. vns zu vnser iii serm angebürnuß/der versprochnen vnnd zůgesagten Kauffsumma oder Kauffschillings der N. tausent gulden/vff heut Dato 23000. gůlden/Reinischer gemeiner werung/an grober Müntz/erstlich dargezelt/vnd darnach verbittschiert in verwarung hinderseßt vnd zůgestelt haben/biß zů entlicher vnd vollkommener vergleichung/verfertigung vnd vbergebung der Kauffverschreibung/ so die Erbarn drey Stätt jrn Gnaden vbergeben vnd zůstellen sollen/Zů vrkundt haben wir vnser Statt Secret Innsigel offentlich zů ruck diser bekandtnuß schrifft thůn fürtrucken. Der geben ist/xc.

Bekandtnuß oder Receß Brieffe/vber
Rechnung.

Wir Wolffgang/xc. Bekennen/xc. daß vns vnser Keller zů N. vnd lieber getrewer N. als von des Kelleramp:s wegen von Sanct N. Tag/in N. jar an/biß vff S. N. tag des N. Jars/das ist von zweyen gantzen Jaren/vnd von allem seinem gantzen innemen vnd außgeben an Gelt vnnd Frucht ein gantz vollkommen Rechnung gethan hat/daran vns wol genüget/ Vnnd ist zůwissen daß er in diser Rechnung schuldig blieben ist/ Item an Gelt/ Item an Korn/ Item an Habern/xc. Vnnd sindt alle seine fordertige Rechnung in dise Rechnung geschlagt. Vnd wir sagen auch darauff den obgenanten N. vnd sein Erben/diser vnd aller seiner forder Rechnung quit/ledig/vnd loß/ mit disem vnserm offen brieff/versigelt mit vnserm auffgetruckten Innsigel. Datum/xc.

Ein ander Form in dergleichen sachen vber beschehener Rechnung vnd Receß.

Wir Philips/xc. Bekennen/xc. daß vnser Landtschreiber zů N. vnd lieber getrewer N. als von des Landtschreibers Ampts wegen/daselbst von Cathedra Petri/Anno xc. N. anne/biß vff Sanct Peters Tag obgenant/ in Anno xc. das ist von einem gantzen Jar/vns von allem seinem innemen/vnd außgeben/an Geldt/Wein/Früchten/ vnd andern ein gantz vollukommen Rechnung gethan hat/ daran vns wol genüget/ vnnd bleibt vns in diser Rechnung schuldig an Geldt/xc. Vnd wir sagen darauff den obgenanten N. vnnd seine Erben diser vnnd aller seiner fordern Rechnung/ quit/ledig vnnd loß/ in krafft diß Brieffs/der in Vrkundt mit vnserm auffgetruckten Secret versigelt/ vnnd geben ist zů N.xc.

Ein andere Form vber Rechnung/mit versprechung gebürlicher bezalung.

Zůwissen/ mich Philipsen N. vonn N. auff heut Dato/ mit dem Ersamen Meister Wolffen N. schneider/meinem insonder getrewen lieben Vettern/ aller dinge gegen einander eygentlichen abgerechnet vnd abgeschlagen haben/also nach beschehener abrechnung bemelter Wolff/mir Philippo N. zwentzig gůlden/vnnd neuntzehen albus/vnbezalter außstendiger schulden zůthůn vnd schuldig verblieben. Solcher obertzelten außstände er Wolff vnvertzüglichen auff nechstkommendt Franckfurter Herbstmessen/diß gegenwertigen N. Jars aufrichten/ja fürderlichen/ sonder allen mein Philipsen N. kosten vnd schaden bezaln solle vnd wil.

Dessen zů Vrkund vnnd mehrer sicherheyt zwen gleichlautende Kerffzettel einer handtschrifften/begrieffen (deren jedem einer behändigt) worden seindt. Actum/xc.

New Formular
Bekandtnuß vber zůgestelte Jagens ge-
rechtigkeyt/ auff etlich Jar.

ICH Wolffgang N. von N. Bekenn mit diser offnen schrifft/ daß der Durchleuch
tig Hochgeborn Fürst vñ Herr/ Herr N.ꝛc. mein gnediger Fürst vnd Herr/ sich ge
nediglichen mit mir dahin verglichen/ daß ich vnd meine Söne A. vnd B. vns al-
les Weydwercks/ wie das namen gehaben mag/ inn massen wir solches bißanhero iñ etli-
chen Weingarten vñ Feldern N. Gemarckt gebraucht/ von heut Dato anzurechnen/ vff
N. jarlang/ aller ding enthalten/ keins gebrauchen/ noch von den vnserigen zuthůn gestat-
ten sollen/ welches ich dann für mich/ vñ als obgemelt/ vnderthenig vnd freywillig einga̍n-
gen/ demselben auch vnwidersprüchlich nachgesetzt/ vnd dawider keins wegs handlen wol-
ten/ wie dann hingegen auch jhre F. G. mir/ oder meinen Erben obgedachter zeit/ vber jät-
lichen/ vnd jedes Jars besonder zů ergetzlichkeyt ein stück Wildprat/ vnd ein frischling rei-
chen zulassen gnediglichen versprochen/ Nach verscheinung aber der N. Jar/ sollen jre F.
G. mit reichung des Wildpräts ferner nicht verbunden/ noch hiedurch mir/ meinen Sö-
nen vnnd Erben/ jetzo an habender Jaggerechtigkeyt vergriefflich oder nachtheylig sein.
Dessen zubesagen vnd mehrer vrkunde/ hab ich für mich/ meine Söne vnd Erben obge-
dacht/ mein eygen angeborn Innsigel zů end thůn auffdrucken/ vnd mich mit eygnen han-
den vnderschrieben. Actum N.ꝛc.

Geburts Brieff/ vnnd vrkunde eines ab-
scheidens/ꝛc.

WIr Schultheyß/ Burgermeister/ Rath/ vnd Gericht zů N. Bekennen mit disem
Brieffe/ vnd thůn kundt allermeniglich/ daß auff heut Dato vor vns erschienen
ist/ Hans N. von N. zeyger diß brieffs/ erzelend/ Nach dem er sich kurtzuerschi-
ner zeit zů der Erbarn Vrsula N. vnsers mitburgers N. Ehelich Tochter/ Ehelich verhei-
rath/ vnd sein Ehlichen Kirchgang vnd Hochzeit hie zů N. auch bißher daselbst sein woh-
nung gehabt hette/ aber jetzund willens/ mit gemelter seiner ehelichen Haußfrawe von dan-
nen hinweg gen N. zuziehen/ vnd sich daselbst/ oder an andern orten mit wesen zusetzen vñ
niderzulassen/ so were er darumb seines Ehelichen verheyratens/ vñ gedachter seiner Ehe-
lichen Haußfrawen ehelicher geburt/ auch seines haltens vnd abschieds/ glaubhaffte kund-
schafft an denen orten/ da man solches nit wissen/ anzuzeygen vnd zůbeweisen nottürfftig/
mit fleissiger bitt jhme dessen alles/ so vil wir zů wissens trügt/ glaubwirdig briefflich Vr-
kundt zůgeben vnd mitzůtheylen/ sich seiner notturfft nach haben zůgebrauchen/ Dieweil
wir dann sein bitt ziemlich achten/ vnd jme zů fürstand der warheit wilfarung zůbeweisen
gneygt seindt/ Demnach so bekennen vnd sagen wir bey vnsern Ampts vnd Raths pflich-
ten/ dz vnser mitburger N. obgenañt noch in leben/ vnd weilandt Asia N. sein ehelich hauß
fraw selig/ der gedachten Vrsula N. rechte eheliche leibliche Vatter vnd mutter/ vor vilen
jaren zůsammen ehelich verheyrath worden/ vnd nach Christlicher ordnung hie zů N. in der
Pfarkirche/ zů Kirchen vnd strassen gegangen sindt/ folgends allda haußhablich gesessen/
die sich beyde jederzeit frömlich vnd redlich gehalten/ wie frommen Erbarn Eheleuten gebü-
ret/ vnd haben auch in solchem Ehelichen standt/ bey vnd mit einander die vorgenante Vr-
sula N. ehelich gezeuget vnd geborn/ darumb diselb Vrsula N. von vns/ vnd menigklichen
der jr kundschafft hat/ für ein recht Ehekind gehalten vnd erkendt wirt/ welche Vrsula N.
auch nit leibeygen/ sonder derhalb frey vñ ledig ist/ wie solches gemelter N. vnser mitbur-
ger jhr ehelicher Vatter bey seiner Bürgerlichen pflichten vor vns bekand vnnd erhalten
hat/ auch wir für vns selbs anders von jm nit wissen/ So haben ehegedachter Hans N. vñ
die gemelt Vrsula N. sich beyde kurtzuerschiner zeit zů dem Sacrament der heiligen Ehe
zůsamen verpflicht/ vnd nach Christlichem löblichem gebrauch hie zů N. ein offene erbare

Hochzeit

Geburtsbrieff. CXXX

Hochzeit gehalten/ auch allda in der Pfarkirche mit einander jrn Ehliche Kirchgang gehabt/ vnd seien beide durch Herrn N. der zeit Pfarrher zu N. zu rechter Ehe eingesegnet/ vnd bestettiget worden/ vnnd darnach bißhero bey vns zu N. gewont/ vnnd sich beyde fröhlich/ redlich/ vnd erbarlich gehalten/ auch von vns redlichen abschiedt genomen/ dermassen daß wir jne Hans N. so es sich vor vns in Recht begebe hett/ trew/ ehr/ vnd eydts/ als einen Erbarn vnuerleumbden erkandt vnd gehabt hetten/ vnd dasselbig noch thun wolten. Hierumb vnd des zu allem warem vrkundt/ haben wir der Statt N. eygen klein Jnsigel an disen brieff gehangen/ doch vnserm Gne. Fürst. vnnd Herrn zu N. seiner F. G. Probstei/ der Statt/ vns vnd vnsern nachkomen/ in andere weg ohn schaden. Der geben ist auff/ etc.

Geburtsbrieff anderer Form.

JCH N. Schultheiß zu N. vnnd wir dise nachbenanten/ nemlich a. b. c. d. e. f. vnd g. alle Gerichtsperson zu N. bekenen offentlich vnd thun kundt allermenigklichen mit disem brieff/ die jn ansehen/ lesen/ oder hören lesen/ daß vff heut dato für vns in offentlichem Gerichtssäß/ erschienen ist/ der erbar Peter N. zeiger diß brieffs/ weilande Mattheis N. Steinmetzen sone/ so vnser mitbürger gewesen/ vnd allhie mit Elisabeth N. tochter/ seiner ehelichen Haußfrawen gesessen/ gabe vns zuerkennen/ nach dem er außlendisch vnd seinem beruff nach/ hin vnd hero/ Herrn dienen müst/ so jm Gott der Allmechtig etwas züsenden/ das für jne sein möcht/ vnd anderer ort sich in ehelichem standt niderlassen würd/ da seiner geburt/ haltens/ vnd herkomens/ briefflichen vrkunde von nöten möcht darlegen/ vnd seiner person halben zugebrauchen hett/ so wer sein fleissig bit an vns/ jm solch Maßrecht der gebür nach mitzutheylen. Dieweil nun kundtschafft der warheyt vnd ehelicher geburt vnd herkomens niemands soll abgeschnitten/ noch die warheit verhalten werden/ einem beyheimischen vnd fremdden/ zu nutz vnd ehren gebürt/ darzulegen/ vnd wir auch zu handhabung der warheyt solches zugeben geneygt vnd schuldig sein/ Vrkund wir hiemit in krafft diß brieffs allermenigklichem/ daß des vorgemelten Peter N. Vater Mattheis N. vnd sein mutter Elsa genant/ verrückten jaren zu N. bei vns Ehelichen nach Christlichen gebräuch bis Kirchen vnd strassen gangen vnd gesessen/ sich beyde auch ehrlich/ freundlich/ wol vnd redlich gehalten/ wie frommen Eheleuten geziemet vnd gebürt/ vnd der genielte Peter N. beyde diser Eheleut leiblicher vnd ehelicher sone/ von jnen als frommen Eheleuten im Ehestande zu N. gezielt vnnd geborn worden/ er auch in seiner jugent/ als lang er bey vns gewont/ sich freundlich/ erbarlich vnnd wol/ wie ein jungen geziemet/ gehalten/ vnd ehlichen bey vns abgescheiden/ das ist vns gut wissen/ Vnd daß es also war sey/ das nemen wir Schultheyß vnd Gerichtleut auff die gelübd vnd eyde wir vnserm gnedigsten Herrn vnd Churfürsten gethan haben. Des zu rechter vnd warer Vrkundt/ etc.

Alia forma eines geburts oder Mannbrieffs.

WJr Schultheiß vnd Gericht zu N. mit namen Hans N. Schultheiß/ a. b. c. d. e. f. vnd g. Gerichtsleute/ bekenen vnd thun kundt in krafft diß brieffs allermenigklich/ daß vor vns in versamletem Gericht erschienen ist Contz N. weilande vnsers gewesenen mitbürgers vor dem berg Jörg N. seligen sone/ vnd hat vns fürbracht/ demnach er sich ehelichen verheyrath/ vnd in der Graueschafft N. zu N. sich nidergelassen/ wöll jm seiner ehelichen geburt/ herkomens vnd haltens ein schein von nöten sein/ so er darüb begrüst/ anzuzeigen vnd vffzulegen hett/ Derhalbe er vns bittlich fleiß ersucht/ dz wir jm seiner Ehelichen geburt vnd haltens/ kundtschafft der warheit/ vnder glaubwirdige schein mittheylen vnd nit weigern wolt. Dieweil wir dan in disem fall menigklich mit warheit zubefürdern/ vnd sonderlich die vns bittlich darumb ersuchen/ vnd dessen wir auch gut wissens trage/ wol geneygt sein/ habe wir nach beschehener vmbfrag so vil befundn/ vnd wissen auch für vns selbs/ daß der obgemelt Contz N. Jörge N. vnd Elisabeten Eheleuten/ vnser gewesen mitbürger vor dem berg gewesen/ auch zu Kirche vnd strassen bei vns gangen/ ehlich geborn vnd erzogt ist/

New Formular

sich auch die zeit so lang er bey vns vnder der zucht seines Vatters vnnd Mütter gewesen/ ehrlichs/ vnd redlichs wandels vnd haltens beflissen (derowegen wir jhnen billich fürdern) anderst wissen wir nit/ vnd sagen solches bey den pflichten/ damit wir vnserm Gn. H. vnd Churf. verwandt seindt/ vnd ein warheit sagen können/ war sein/ des wir auch jhme Con-sen N. in krafft diß Brieffs gegen menigklichen kundschafft geben haben wöllen/ vñ thůn in krafft diß Brieffs. Vnd des zů warer vrkundt/ Dieweil wir Schultheyß vnd Gericht zu N. obgemelt/ vns eygens Jnsigels nit gebrauchen/ haben wir zů vollnkommer bekrefftigung alles obgemelt/ mit fleiß gebetten vnd erbetten/ den Edlen vñ Ernuesten N. von N. vnsern günstigen lieben Junckern vnd Oberamptman/ daß er sein angeborn Innsigel an disen Brieff gehangen hat/ Welcher sieglung ich N. von N. Oberamptman vff Schultheyß vnd Gerichts bitt/ also bekeñt gethan haben/ doch mir/ meinem habenden Ampt/ vnd meinen Erben in allweg on schaden. Geben/ ꝛc.

Vrkunde Ehlicher geburt/ Missiuen weiß.

VNser freundlich vnnd gůtwillige dienst/ seien euch bevor/ Jnsonders lieber Herr Amptman/ ůter freundt/ Vns hat N. schlosser gesell/ Hansen N. vnsers gewesenē mitbürgers seligen Sone/ fürgebracht/ wie er ein Ehelich Weib bey euch genommen habe/ vnd sich fürbaß mit seinem Handtwerck der ends zuernehren vnd zůwonen vermeine/ also sein/ von seinent wegen/ bey vns gewesen/ etwa vil fromer vnd Erbar leut vnser mitbürger/ den wir wol glauben/ die haben bey jhren eyden gesagt/ daß obgedachter N. Schlosser in vnser Statt geborn/ vnnd des genanten Hansen N. vnsers Bürgers seligen Son/ vnd ein rechtes Ehekindt sey/ vnd daß er sich auch bey vns/ auff seinem handtwerck bescheiden vnnd freundtlichen gehalten/ vnd seine jar außgedient hat/ Hierumb wir euch mit gantzem fleiß bittende/ daß jr euch den vilgedachten N. vnsers vorgenanten Bürgers seligen Sone antworter diß Brieffs getrewlich lassen befolhen sein/ vnd jhme vmb vnsert willen ewere hilff/ fürderung vnd gůten willen günstiglichen beweisen/ vnd thůt als jr wöl lent/ daß wir den ewern bey vns auch thůn solten vnd gern thetten/ ob es zů schulden käme/ als wir euch des auch sonder wol getrawen/ Das wöllen wir vmb euch vnd die ewern/ wo das an vns gelangt/ willigklich vnd gern verdienen/ Datum/ ꝛc.

Ein andere Form kundtschafft Ehelicher geburt/ vnd deren fürderung/ ꝛc.

LJeber Freundt/ N. ein Kürßner gesell/ Niclasen N. vnsers Bürgers seligen Son/ hat vns eröffnet/ wie er bey euch zů N. ein Eheliche Haußfraw genossen hab/ vnd sich allda fürher mit seiner arbeyt oder Kürßner Handtwerck zůerneren vnd zůerhalten vermeint/ vnd vns gebetten/ jhme darinn vnser fürderung gegen ewer Ersamkeyt zůbeweisen/ Vnd also sein von seiner wegk etliche erbare Leut vnser Bürger/ den wir wol glauben/ vor vns gewesen vnd haben vns gesagt bey jhren eyden/ daß jhn kundt vnd wissen sey/ daß sich derselb N. bey vns allweg freundtlich gehalten hab/ vnd auch von Vatter vnd Mütter/ die bey vns in Ehelichem statt/ vñ wesen/ in gůtem leumut gesessen sein/ geborn sey. Bitten wir/ vt sup.

Artickel Ehelicher geburt.

VNd vns gebetten/ daß wir jn fürderung vnd gůten willen beweisen wolten/ vnnd zwann wir jhme von seiner Eltern wegen/ die das vmb vnns wol verschuldt haben/ darzů billich geneyget sein/ Also lassen wir Ewer Weißheyt wissen/ daß derselb N. hie in vnser Statt geborn/ vnd auch von Vatter vnd Mütter/ vnd von sein vier Anen

Wappens

Paßport.
CXXXI

Wappens gemoß vnd ein rechtes Ehekindt ist/vnd sich auch hie bey vns allweg freundtlichen vnd wol gehalten hat. Derhalben/ec.

Forma eines Vrkundts/vber eins Bürgers abzihens/ vnd wolhaltens.

Wir Schultheyß/ Bürgermeister vnd Rath zu N. Bekeñen offentlich mit disem Brieff/vnnd thůn kundt allermeniglich/ daß für vns in gemeynem versamleten Rath kommen ist/der Ersam Wolff N. zeyger diß Brieffs/der nun vil jar vnser Bürger gewest/hat vns zuerkennen geben/daß er in willen vnd meynung sich zu N. daher er geborn niderzulassen/darzů er aber/wes vnd wie er sich bey vns gehalten/vnnd von vns abgescheiden/vrkund notturfftig wer/solch an obgemeltem ort anzuzeigen/ vnd vns darauff angesůcht vnd gebetten/ jhme des kundtschafft der warheyt zugeben/ vnd mitzutheylen/ So aber solch kundtschafft der warheyt zu stewr niemandt zuuersagt/ sonder dem begerenden/ wann sie auß rechter vrsach erfordert wirt/billich zugeben ist/So sagen wir obgemelte Schultheyß vñ Bürgermeister so hoch/ wie vns ein warheyt zusagt gebürt/ daß sich obgedachter Wolff N. so lang er häußlich bey vns gewohnet/ehrlich/redlich/vnd als einem Biderman wol anstehet/vnd geziempt/gehalten hat/vnd auch also von hinnen vnklagbar abgescheiden/ anders ist vns nit kundt noch wissen/ Vnd ob vns deßhalben vñ der warheyt zu stewr jchts weiter zuhandlen vnnd mehr zuthůn gebürt/ das wolten wir auch thůn/ Hierumb wir meniglich dem diser vnser Brieff also fürkompt/vnnd gezeygt wirde/ mit sonderem fleiß bitten/ jhr wollent euch den benanten Wolffen N. gütlich lassen befohlen sein/vnd jhme gunst vnd gůten willen beweisen/ Das stehet vns vmb einn jeden insonderheit mit willen zuuerdienen/ Zů warer vrkundt obgeschriebens/ haben wir vnser Stat Innsigel offentlich zu endt diß Brieffs thůn trucken. Geben auff/ec.

Paßport eines Kriegsraths oder Hauptmanns.

Wir N. von Gottes Gnaden/ec. Thůn kundt allen vnd jeden/ den diser vnser offen Brieff fürkompt/in was wirden/stands/oder wesens die sein/daß wir N. von N. der vns etlich zeit an vnserm Hoffe/als ein Kriegsrathe vnd Haupteman zugefallen gedient/auch die zeit er bey vns gewesen/sich nit anders dann ehrlich/redlich/vffrecht/ vnd wolgehalten/also daß wir jnen/ wo es ferner vnser gelegenheyt/ zu einem Diener gern lenger leiden mögen/jetzund seines diensts gnediglichen erlassen/ därauff er von vnns mit gůtem wissen vnnd willen abgescheiden ist/ Derhalben gnedig bitten vnnd begern/ denselben mit seiner Haab/leib/vnd gůt vngeuerlichen durch eins jeden gebiet/frey vnd sicher passieren vnd hinkommen zulassen/ Vnd ob jhn jemandts auffhalten/leidigen/ oder beschedigen wölt/ nach ewerm besten vermögen darfür zuseyn/ vnd jhne vmb vnsert willen/ in günstigem befelch zuhaben/ Daran beschicht vns gůt gefallens/ mit gnaden hinwiderumb zuerkennen vnd zůbedencken. Des zu Vrkundt/ec.

Paßport eines Wachtmeisters.

Wir N. ec. Des allerdurchleuchtigsten Großmechtigsten vnüberwindlichsten Fürsten vñ Herrn/ Herrn N. König/ec. vnsers Allergnedigste Herrn verordneter Haupteman vnd oberster des Kriegsvolck in der besatzung N. bekeñen mit diser geschrifft/daß gegenwertiger brieffszeiger Caspar N. võ N. ein jarlang in derselbe jrer Kön.

Maiestat

New Formular

Maiestat diensten vnd besoldung/ als vor einn Wachtmeister gedient/ vnd seinem oberlegten befelch/ wie einem ehrlichen Kriegsmañ gebürt/ getrewlich nachkomen/ außgericht vnd nachgesetzt. Dieweil er dann nach außgang der zeit/ so er jhrer Königlichen Mt. gelobt vnd geschworn/ in willens sich weiters zuuersuche/ hat er vns gebetten/ jm ein schrifftliche vrkund seins haltens mitzutheylen/ welches wir jhme nicht wissen abzuschlagen/ sonder gnediglichen vergünstiget. Ist demnach vnser gnedig bitten/ gesinnen vnd begern/ gegen eim jeden/ inn was standts oder wesens die sein/ wöllent bemelten Caspar N. allenthalben durch ewer Herrschafften/ Oberkeiten/ vnd Gebieten/ zu Wasser vnd Lande/ frey/ sicher/ vnuerhindert/ durch vnd für lassen passieren/ jhne auch von vnsernt wegen lassen befolhen sein/ auch güte vnnd günstig fürderung zubewisen/ das wöllen wir gegen eim jeden der gebür nach/ freundlich verdienen/ vnd in Gnaden erkennen.

Des zu Vrkundt/ ꝛc.

Paßport einem Kriegsman/ so vnderm Haupt-
man ein zeitlang gelegen.

WJr N. Herr zu N. der jünger/ Römischer Keyserlicher Maiestat vnd des heiligen Reichs verordneter Hauptman vber etliche Fenlin Knecht/ Bekennen vnd thun kund meniglich/ daß sich gegenwertig Brieffzeyger N. den vns die drei Stett/ Nemlich A. B. vñ C. in krafft des jüngstbeschlossenen N. Reichs abschied/ als die gehorsamen zugeordnet haben/ die zeit solches diensts freundlich vnd redlich/ als einem frommen Knecht wol anstehet/ gehalten/ auch vns als Hauptmann/ in sachen vns befolhen/ williglich/ gehorsamlich/ getrewlich vnd zu gütem gefallen gedient/ vnd auff vnser erlauben seinen abschied mit vnserm güten willen von vns genommen hat. Hierumb wir gedachtem N. diß Vrkunde geben/ mit gnedigem gesinnen ebenannte drey Stett wöllen jhnen N. dessen geniessen lassen/ vñ günstiglichen befürdert zuhaben/ dz sind wir auch gnediglichen zubedencken wol geneygt. Geben vnder vnserm zu ruck auffgetrucktem Secret/ vff N. ꝛc.

Paßport einem Trossen.

WJr Friderich von Gotts Gnaden/ ꝛc. Künden allen vnd jegklichen/ daß gegenwertiger Hans N. vnser freundtlichen geliebten Gemahelin/ jnn dero Marstall eine zeitlang ein Troß gewesen/ ziemlich wol gehalten hat/ Derhalben auff vnser vnd jhrer Liebden gnedigs erlauben/ abgescheiden/ Bitten vnd begeren denselbigen bey euch sicher vnd vnbeleidigt fürziehen vnd passieren lassen/ auch sonsten vil vnsernt willen befürdern/ das seindt wir mit Gnaden zuerkennen geneygt. Datum N. vnder vnserm zu ruck auffgetrücktem Secret/ Dornstags nach conceptionis Mariæ, Anno ꝛc.

Paßport vnd vrkundt/ vber erlegten Türcken-
schatzung vnd gefencknuß.

JCh N. von N. diser zeit Röm. Key. Mt. ꝛc. Schultheyß in der Besatzung zu Comern in Hungern. Bekenn hiemit offentlichen/ Nach dem Jacob N. vonn N. bey dem Erbfeindt Christlichen glaubens dem Türcken gefangen gewesen/ seine schatzung gereicht/ erbarlichen/ auffrichtig vnd redlichen erlegt vnd bezalt hat/ nach laut vnd jnnhalt des Wolgebornen Herrn/ Herrn N. ꝛc. höchstgedachter Rö. Kö. Mt. ꝛc. obristen vber das Kriegsvolck allhie/ befelch vnd meynung. Derhalben an meniglich/ was wirden oder standts die sein/ mein jnsonders dienstlich/ gebürlich vnd hochfleissig bitten/ obgemelten N.

auff

Paßport. CXXXII

auff Wasser vnd Land/frey/sicher/vngeirrt/seiner notturfft vnd gelegenheyt nach passieren lassen/daß stehet mir in aller gebüre nach/vmb jeden dienstlichen vnd freundtlichen zu beschulden vnd zuuerdienen/ Zu Vrkundt mit meinem zu endt auffgetrucktem Innsigel verfertigt. Geben zu ꝛc.

Paßport eines Grauen vnder Preceptors.

Wir Ludwig/ꝛc. Bekennen offentlich/Als Sebastian Velten von Pfortzheym/ein zeitlang bey dem Wolgebornen vnserm freundtlichen lieben Son Graff Wolffen/in Franckreich auff vnser verordnunge wesen/daß er sich bey demselben (so vil vns bewußt/vnnd wir von berürtem vnserm Sohn/erfaren künnen) auffrichtig vnnd ehrlich verhalten/auch von demselben mit vnserm güten wissen/willen/auch gnaden/vnd sonst keiner andern vrsach/ dann daß wir mit berürtem vnserm Sohn/ein andere verordnung fürgenommen/kommen ist/wie wir jhne dannoch zur zeit mit gnaden vnnd sonst der gebür zubefürderen genepgt seindt/Vnd haben des zu mehrer Vrkundt/vnser gewonlich Cantzley Secret zu ende dises fürtrucken lassen/ So geschehen auff Mittwoch den neunzehenden Augusti/Als man nach Christi geburt zalt/tausent/ fünffhundert vnd N. Jar.

Paßport einem Trabanten.

Wir Ludwig/ꝛc.Künden allen vnnd jegklichen den diser Brieff fürkompt/inn was würden/standts/vnd wesens die seindt/Geistlich oder weltlich/daß wir gegenwertigem N. von N. der ein zeitlang vnser Diener vnd Trabant gewesen/vnnd sich bey vns redlich vnd wol gehalten/gnediglichen erlaubt haben/ Bitten vnd begern demselbigen mit seiner Haab/leib/vnnd güt vngefährlich durch eins jegklichen Gebiet frey vnd sicher passieren vnd fürkommen lassen/ Vnnd ob jhne jemandt auffhalten/leidigen/oder bescheidigen wolt/ nach ewerm besten vermögen darfür sein/alles vngefehrlich/ Zu Vrkundt versigelt mitt vnserm zu ruck auffgetrucktem Secret. Datum/ꝛc.

Paßport eines Stallknechts oder Dieners.

ICH N.ꝛc. Bekeñ hiemit/daß N.von N.mir ein zeitlang für einen Reisigl knecht/ redlich/wol/vnd auffrichtig gedient/vnd mit meinem güten wissen vnd willen seinen Abschiedt genossen/ den ich auch/ da es in seiner gelegenheit gestanden were/ wol lenger zu einem Diener hett leiden vnd gedulden mögen/ Ist darauff an alle vnd jede bey denen bemelter N. sich dienst halben/oder sonst anzeygen wirdt/wes standts die seindt/ mein gebürlich bitten/bemelten N. inn günstigem vnd gebürendem befelch zuhaben/ vnd zu ehren zubefürdern/Das stehet mir vmb einn jeden der gebür vnd seinem stande nach zu uerdienen. Des zu warer Vrkundt/ꝛc.

Alia forma.

ICH Christoffel von N.des Durchleuchtigsten Hochgebornen Fürsten vñ Herrn/ Herrn Friderichẽ Pfaltzgraue vnd Churfürsten/ꝛc.meines Gne. H. diser zeit Ampt man vnd Diener zu N. Vrkunde vnd offenbar allen deñen/ die dise Paßport sehen oder hörẽ lesen/ Zepger diser Paßport Hans N. ist ein zeitlang mein Diener gewesen/ sich in solcher dienstbarkeyt/dieweil er mir gedient/ehrlich/erbar/vnd wol gehalten/wie einem Diener zusteht/ Aber er fürgenossen/ willens/ etwa weiter zusehen vnd zuerfarẽ/ hab ich jne zu seinem nutz vnd frommen/ gütwillig erlaubt/einen jeden vom Adel vñ Ritterschafft/

auch

New Formular

auch was wirden vnd standts jeder ist/mein freundtlichs gesinnen/ disen Hansen N. zubefürdern/fürschieben vnnd behilfflichen zu sein/ das stehet mir gleichfals vmb jede Person freundtlichen zuuerdienen/ Zu Vrkundt hab ich mein Bittschier zu ende hieran fürgetruckt. So geben ist/ɾc.

Alia forma.

Wir N. Bekennen/ɾc. daß wir N. von N. der vns etlich zeit an vnserm Hoffe N. zumachen/vnnd N. zuleren zu gefallen gedient/auch die zeit er bei vnns gewesen/ sich im arbeyten vnd lehrung nicht anders dann wol gehalten/jetzundt vnserer gelegenheyt nach seins diensts gnediglichen erlassen/ Also daß er von vns mit gütem wissen vnnd willen gescheiden ist. Des zu Vrkundt haben wir jhme disen vnsern offen Brieff vnder vnserm zuruck auffgetruckten Secret geben/ Datum/ɾc.

Ein ander Form.

Wir N.ɾc. Bekennen/ɾc. Als N. dem Hochgebornen Fürsten/ vnserm freundtlichen lieben Vettern/vnd auch vns etlich zeit an vnserm Hofe allhie zugefallen gedient/auch sich an solchem dienst dermassen gehalten/daß wir jhnen/wo es seiner gelegenheyt gewest/ noch länger leiden möchten. Dieweil aber seine sache also geschaffen/ daß jhme etwas beschwerlichen/ solchen dienst ferrer zuuersehen/ So hat er vnns jetzunde vnderthenigst gebetten/jhme von disem dienst gnediglichen zuerlauben/ Also haben wir in ansehen seines vnderthenigsten bittens jhn desselben mit gnaden erlassen. Vnnd des zu Vrkundt/ɾc.

¶ Folgen allerhandt Quittungen/ Als:

Quittung vber außgeliehener empfangener frucht/
sampt wider zůstellung eines darüber auß gnaden bewilligten vnnd vbergebenen jagens
bezircks.

ICH Hans von N zu N. Bekenne offentlich mit disem Brieff/ vnnd thů meniglichen kundt/ für mich vnd alle meine Erben/ vnd Erbnemen/ Nach dem weyland die gestrengt/vnd die Ernuesten N. Ritter vnd Jörg von N. gebrüder/meine lieben Vatter vnd Vetter seligen/ das verschienen N. Jar/auff gnedigs gesinnen vnd begeren des Durchleuchtigsten Hochgebornē Fürsten vñ Herrn/ Herrn N.ɾc. Churfürsten/ɾc. hochlöblicher gedechtnuß/meins Gnedigsten Herrn zwey hundert Malter Korns/ vnnd zwey hundert Malter Haberns N. meß/ vnderthenigklichen fürgestreckt vnd dargeliehen haben. Dargegen jhr Churfürstlichen Gnaden obgenannten meinen Vorältern von N. auß besondern gnaden den bezirck vnd jagend zu N. zůgestellt/ Mit der bescheidenheit/daß sie behagen vnd jagen sollen vnd mögen/ biß so lang jhre Churfürstlichen Gnaden die bemelte Frucht innbehalten/vnnd nach absterben meines Vettern N. von N. obgenant/haben jhr Churfürstlichen Gnaden mir Hansen von N. solch jagend wider abgekündet vnd zu jhren Churfürstlichen Gnadē handen genoßen/ Darauff der Durchleuchtigst Hochgeborn mein Gnedigster Herr N. Churfürst/ɾc. mir Hansen von N. obgemelt/die ernañte Frucht/nemlich zwey hundert Malter Korn/vnd zwey hundert Malter Habern N. meß zu meinem gůten vnd wolgnůgen gnediglich bezalen/vnd wider liefern lassen hat/ die ich auch also auff Dato empfangen hab/Sage derhalben jhre Churf. G. auch jrer Chur. G. Erben/vnd wer derhalben von jhr er Churfürstlichen Gn. wegen mehr Quittirens notürfftig/

Quittung. CXXXIII

türfftig/der obbestimpten Frucht/an Korn vnd Habern gar queit/ledig/vnd loß/ In vnd mit Vrkund diß brieffs/ Auch ob sich vber kurtz oder lang einich schrifftlich vrkunde derhalben von mir/oder meinen Erben weiter erfünde/das soll alles krafftloß/tod vnd absein/ vnd nichts mehr gelten. Vnd zu noch mehrer vnd fester gezeugknuß/hab ich Hans von N. mein eygen angeborn Innsigel zu ende diser schrifft hieunden auffgetruckt. Die geben ist auff N. 2c.

Quittung vber empfangen Gelde / so jemandt
ichts inn die arme Burß/2c. verschafft.

Wir Philippus Zwengel von Heydelberg/beyder Rechten Licentiat/Rector/vnd wir die gantze Vniuersitet des Studiums zu Heydelberg/Bekennen vnnd thun kundt allermeniglich / Als weylandt der Ersam Herr Endriß N. des mehrern Stiffts zu N. Cappelan/dem Gott gnade / bey leben in seinem Testament/ vnsers Studiums armen Bursse/Domus Dionysij genannt/N. hundert gülden/N. Gülden järlicher Gilten darumb zuerkauffen/vnd einen Jungen / inn genanter armen Bursse in der Lehr gleich andern darinn wohnende/zu vnderhalten verschafft vnd geordnet hat/ Vnnd dann gedachter Herr Endriß N. verordneten Testamentarien/gemelte N.hundert gülden hinder die Ernhafften/ Fürsichtigen Herrn des Stattgerichts zu N. zubewaren hinder- legt. Also haben vns/auff vnser freundtlichs gesinnen vnd anfordern / gedachte Herrn des Stattgerichtes zu N. gemelte verordnete N. hundert Gülden zu vnserem güten benügen/ gentzlich vnd wolbezalt vnnd entrichtet. Sagen deßhalb offtgemelte Herrn des Stattgerichts/auch jhre nachkommen/darzu die verordneten Testamentarien/vnd jhrer aller Erben/vnd wen das mehr berüren mag/solcher bezalten N.hundert gülden/für vns/vnd alle vnser nachkommen gantz queit/ledig vnd loß/in vnd mit krafft diß Brieffs. Des zu warem vrkundt haben wir vnsers Rectorats Ingesigel/obgeschrieben ding zubesagen/zu end thun trucken. Geben auff Mittwoch nach dem heyligen Ostertag/ Anno/2c. der mindern Zale im N. 2c.

Quittung vmb bezalung Erbtheyls/ sampt ledig zelung der Testamentarien.

Ich Jörg N. des heyligen Römischen Reichs Statt Schwäbischen Hall/Söldner vnd Diener/Vrkunde meniglichen hiemit/vor mich/ alle meine Erben/vnnd Nachkommen/auch als Anwaldt der Erbarn Frawen Barbara/weylandt Georgen N.hinderlaßnen Wittwe zu Geylkirchen/meiner lieben Mutter/ vnd aller deren Erben/offentlich bekennende/daß auff heut dato die wirdigen/Wolgelehrten vnd Ersamen Herrn Johan N. der freyen Künsten Magister/Canonicus/vñ Jacob N. Vicarius/des Königlichen Stiffts zu N.beyde geordnete Testamentarij vnd Executores weylandt des wirdigen vnd Wolgelehrten Herrn Jacobi N. auch der freyen Künst Magister vnd Vicarius ermelten Königlichen Stiffts/meins lieben Herrn vnnd Vetters seligen/mir von allem ihrem innemen vnd außgeben/auch aller gepflagener handlung/in vollnstreckung vnd außrichtung meines lieben Herrn vnd Vetters seligen Testaments/ein gebürlich/erbare/güte rechnung/vnd bericht/vor den Ehrwirdigen/hoch vnnd Wolgelehrten Herrn Dechant vnd andern darzu vom Capitel vorgedachts Stiffts geordneten/gethan/daran ich wol benügig/auch als balde was mir zuuor durch sie die Testamentarien nit gereicht/ ein gantze vollnkommene lieferung vnd bezalung gethan/außgeschlossen lxx.fl.vj.ß.pfenning/so noch an schulden außstendig/ die sie mir zu sonderm dienstlichen willen vnnd kei-

Z

New Formular

ner schuldigen pflicht/souil müglichen/innsamlen/ vñ was sie deren außbringen kündẽn/ vnd mögen/liefferung vnd bezalung thůn wöllen. Derowegen Ehrngenante beyde Herrn Testamentarij/jhre Erben/vnd wen das mehr belangen mage/ Jch Jörg obgenant in namen vnd von wegen mein selbs/auch gedachter meiner lieben Mütter/ krafft habenden gewaldes/als instituirten Erben / gedachtes meines lieben Herrn vnd Vetters seligen/vnnd aller vnser beyder Erben vnd Erbnemen/aller jhrer Testamentarien handlung/gethaner Rechnung/auch daruf: vnd nach lieferung vnnd bezalung/allerding ausserhalb der acht vnd siebenzig gülden/sechs schilling Pfenning / Dergleichen jhrer ferer verwaltung der Testamentarj / vnd vollnstreckung vilbemeltes meines lieben Herrn vnd Vetters seligen Testaments/gantz frey/queit/ledig vnd loß/sage vnd zele/ Gelobe vnd versprich auch vor mich selbst/auch als Anwaldt gedachter meiner lieben Mütter/vnd aller vnser beyder Erben/hinfüro an vilgedachte Herrn Testamentarien solches meines lieben Herrn vnd Vetters seligen auffgerichten Testaments/vnd aller seiner vns gesatzter verlassener Haab vnd narung wegen/kein forderung noch anspruch/weder gütlich noch rechtlich/an sie zuhaben/ noch von andern zuthůn gestatten/ sonder sie derowegen gegen allermenniglich schadloß zu halten/geuerde vnd argelist hierinn gentzlich außgeschlossen.

Vnd des zu warem vrkundt/hab ich auß manglung eygen Sigels/ meinen namen mit eygener handt vnderschrieben / Vnd zu mehrer gezeugknuß mit fleiß gebetten vnd erbetten/den Ehrwirdigen vnnd Wolgelehrten Herrn N. vorermeltes Königlichen Stiffts Dechant/sein Innsigel zu ende diser Quittantzen fürzutrucken / des ich mich inn namen obstehet alhie gebrauchen thů/mein liebe Mütter vorgenant/auch mich/vnd aller vnser bei der Erben damit zubesagen/ Welcher siegelung ich N. Dechant/ also freundtlicher bitt wegen wissentlichen (doch mir vnnd meinen Erben in allweg vnschädlich) gethan haben/ mich hiermit offentliche bekenne. Geschehen vnd geben/ꝛc.

Quittung vber anerstorben von den Testamentarien gereichtes Geldt.

JCH N. vnd Anna N. mein Eheliche Haußfraw/ weilandt Barbara N. võ Speier Eheliche Tochter/ Bekennen vnd thůn kundt offentlich / mit diser Schrifften/ für vns/ vnser Erbnemen vnnd Nachkommen / daß die Ehrnhafften vnnd Achtbarn Herrn Peter N. vnnd Hans N. beyde Rathsuerwandten zu Speyer / als in Testament geordnete vnnd gegebene gewesene Treyhänder/auff heut Dato/ von wegen obgedachter Barbara N. vnser lieben Mütter/ vnnd Schwiger seligen verlassenschafft/ so sie an Gülten zu Wormbs/ auch auff dem Stifft Klingenmünster/ innhalt gült verschreibung/vnd an andern ligenden vnnd farenden zu Speier gehabt/ zu vñsrm anerstorbẽ vnnd erblichen anerwachsen gebürenden dritten Erbtheyl neunzig gülden / jhe den gülden für fünffzehen Batzen Speyrer werung zuzelen/gütlich vnd freundtlich geliefert/bezalt vnd entricht haben. Sagen hierumb wir obernante Eheleut / für vns vnnd vnsere Erben/ obermelte Curatores vnd Vormünder Testamentarios/ jhre Erben vnd Nachkommen/auch wen solches berüren mag/oberzelter verzichter vnnd bezalter neunzig Gülden/ gantz queit/ledig vnd loß.

Dessen zu Vrkunde vnnd mehrer sicherheyt haben wir obgemelte Eheleuth/ Dieweil vns eygens Jnsigels gemangelt/den Ehrnhafften Philips N. zu N. sein eygen Innsigel vnsernt wegen obbeschriebens zubesagen/hierauff zutrucken erbetten/ Dessen ich Philips N. angelegter bitte wegen gethan haben/erkenne/ doch mir vnd meinn Erben/ in allweg vnschädlich.
Geben vnd geschehen Freytags/ꝛc.

Quittung

Quittung.

Quittung anderer Form/vber verschaffees/auch fürgeliehen Geldts/von Testamentarien außgericht/ꝛc.

ICH Barbara weilandt Maxen N. nachgelassene Wittibin/ dißmals im Spital zu N.bepfründt/ Bekenn hiemit diser schrifften/ daß vff heut Dato die Erngeachtoten vnd Ersamen Herr Philips N.vnd Wolff N. als weilandt des Wirdigen vñ Wolgelehrten Herrn Jacob N. gewesenen Canonici des Königlichen Stiffts zu N. georgdente Testamentarien/ mir obgenanten Barbare xl. güldē an Müntz N.werung/in krafft Testaments freies legirten/gesetzten geldts seiner verlassenschafft/auch rij. gülden grober müntz/oder batzen werung dargelichen vnd fürgestreckten gelts (innhalts gedachtes Herrn Jacobi seligen Testaments) bar dargezelt/entricht vnd bezalt haben/ Sagen hierumb ich Barbara obgemelt/für mich/mein Erbnemere vnd nachkommen/die Ernbenante beyde Testamentarien/vñ leisten willens vollnstrecker/auch welchem derwegen quittierens notdürfftig/vorerzelter verschafften vnnd gesetzter xl. gülden/ auch der rij. dargestreckten gülden/ꝛc. so ich alles bars dargezelten Gelts eygener Person empfangen vnd ingenommen/ gantz queit/ledig/vnd loß/Zu Vrkundt/ꝛc. vt sup.

Quittung vmb bezalte schulden vnd gethaner Rechnung/ꝛc.

ICH Mattheis N.Bürger zu Laudenburg/vnd ich Agnes sein ehelich Haußfraw/ Bekennen vnd thůn kundt offenbare mit disem Brieffe/ Als der Erbar Bartholomeus N.Bürger zu Heydelberg/vnser lieber Schwager vns ꝛc. gülden vor vnser halb theyl Weingarts am Lobenfelde gelegen zuthůn schůldig worden ist/ laut des Kauff Brieffs darüber sagende/darzů vns ein erbare rechnung vmb Gelt vnnd Wein/ so er von mein Agnessen wegen inngenommen/vor Datum diß Brieffs gethan hat/ꝛc. Daß genanter Bartholomeus N. vnser lieber Schwager/vns auff heut Dato die vorgeschrieben ꝛc. Gülden Kauffgelts/auch so sich inn rechnung erfunden er vns zuthůn schuldig blieben/ zu vnserm gůten genügen/ also bar außgericht vnd bezalt/ auch alle ding/ so vnser jeder dem andern zuthůn schuldig gewesen biß auff heut Datum miteinander verglichen hondt/also daß vnser keiner dem andern zuthůn schuldig ist/Sagen darumb für vns/vnd alle vnsere Erben genanten vnsern Schwager Bartholomesen/ vnd alle seine Erben der vorgedachten ꝛc. gülden Kauffgelts/vnnd gethaner rechnung/hiemit gantz frey/queit/ledig/vnnd loß/weiter derhalben kein anspruch oder forderung bemelts Kauffgelts vnd rechnung/ an jhn oder sein Erben nimmer fürzunemen/zuhaben/oder zuthůn/in keinen weg/vngefehtlich. Des zu warem vrkundt/ꝛc. vt sup.

Quittung vmb bezalte schulden.

ICH Barbara N.von N.weilandt N.seligen gelassene Wittibin/ Bekenn mit diser schrifften/für mich/vnd meine nachkomen/ Daß demnach der Ernhafft Herr Hans N.zu N.obermeltem meinem liebē Haußwirt hundert vnd viertzig gülden/ an zůstellung seiner Pfründen recht vñ gerechtigkeit des Stiffts zu N. schuldig gewesen/ vnd fünfftzig gülden jhme obgedachtem meinem Haußwirt N. in zeit seins lebens daran verricht/vnd bezalt hat/vermög darüber behändigter Quittantzen/ also noch neuntzig gülden vnbezalt schuldig verblieben/Daß solchem nach ermelter Herr Hans N.obbestimpte neuntzig gülden/mir obgemelten Barbare zu zweyen zielen/zu völligem meinem gnügen entricht vnd bezalt hat/also daß die oberzelte gantz hauptsumma der hundert vnnd viertzig

Z ij

New Formular

gülden gar geliessert vnd außgericht seindt/ Sage derhalben ich obgedachte Barbara N. ehegenanten Herrn Hansen N. seine Erben vnd nachkommen/ auch wem solcher empfangener Summa wegen quittierens von nöten/ für mich vnd alle meine Erbnemere/ frey/ queit/ vnd ledig.   Zu vrkundt vnd mehrer sicherheyt/ rc.

Quittung vmb bezalter schulden/ da ein Brůder für den andern seinen Brůder bezalt hat.

Jch Jeronymus N. Steinmetz Gesell/ Bekeñ mit diser Schrifften/ daß mir heut Dato der Ersam Johan N. Churfürstlicher Pfaltz Cantzley verwandter zu Heydelberg auff mein ansuchen/ von wegen seins Brůders Bastian N. fünff Gülden in Müntz/ so ich gemeltem Sebastiano vngeuerd vor anderthalb Jaren zu Straßburg an etlichem geldt eintzlichen dargelichen/ dieselbigen zu meinem gůten gnůgen vnklagbar erbarlichen wol entricht vnd bezalt hat/ vnd daß nun hinfürter ernanter Sebastian N. mir nichts mehr/ weder klein noch groß zůgelten/ auch an jhnen Sebastianum/ oder seine Erben/ nicht ist mehr weiß anzůfordern/ vnnd also allerdings von seinet wegen/ mit danck redlich zůfrieden gestelt worden bin.   Sage derhalben/ für mich/ mein Erben/ vnd nachkommen/ ehegedachten Hansen N. vnnd Sebastianum seinen Brüder obgemelt/ jhrer beyder Erben vnnd nachkommen/ auch wem weiter quittierens von nöten/ solcher bezalter fünff Gülden/ vnd alles anders/ was das mehr were/ rc. nichts außgenommen/ gantz queit/ frey/ ledig/ vnd loß.   Des zu warem vrkundt/ rc.

Quittung vmb verschiener vnd gereichten Gülten.

Wir Wolffgang Charthůser Apt/ vnd gemeynlich der Conuent des Gottshauß N. Bekennen offentlich mit disem Brieff/ daß vns der Durchleuchtigst Hochgeborn Fürst vnd Herr/ Herr N. rc. vnser Gnedigster Herr/ durch deren Cassiermeister den Ernuesten N.   gnediast außrichten vnnd bezalen lassen haben/ zwey hundert dreissig neun Gülden/ welche vnserm Gottshauß jüngst verschienen Cathedra Petri dises N. Jars/ von jhren Churfürstlichen Gnaden laut verschreibung zů Gülten erschienen vnd verfallen sein/ Sagen demnach Hochgedachten vnsern Gnedigsten Herrn/ jrer Churf. Gn. Erben/ dero Cammermeister/ auch wen solches mehr berůren vnd hierunder quittierens nottürfftig ist/ solcher ccxxxix. fl. Gülten dises N. Jars/ vnd aller verschienen jaren vnd zielen/ vor vns vnd vnsere nachkommen hiemit/ vnd in krafft diß Brieffs frey/ queit/ ledig vnd loß.   Dessen zu warer vrkundt/ so hab ich obgenanter Wolffgangus Apt/ der Apteyen Jnnsigel zů getzugnuß bey ende diser schrifft vffgetruckt/ vnns vnnd vnsere Nachkommen hiemit zůbesagen.   Datum vff Montag/ rc.

Quittung vber außgerichter Gülten/ anderer Form.

Jch Weiprecht N. von N. Bůrger zů N. thů kundt hiemit diser schrifften offentlich/ daß die Erngeachten vnd fürsichtigen weisen Herrn A. vnnd B. beyde sampt Rathsfreunde zů N. als in krafft eins Testaments verordnete Trewhänder/ weylandt Barbare N. meiner lieben Haußfrawen seligen/ rc. in zeit jrs lebens/ vnd nun mehr mir Wepperten als nachgelassenem jrem Haußwirt Vsufructuario, abnůser vñ niesser/ vff heut dato N. gülden/ so vff des heyligen Reichs statt Wormbs/ jnhalt Gültbrieffs järlichs

lichs auff Marie Liechtmeß gefallen/vnd in dato diß brieffs erschienen/ erbarlich verricht
vnnd bezalt haben/Sage hierumb für mich vnd meine nachkoinen/obermelte Herrn Cu-
ratores/ihre Erben vnd Erbnemer/ auch wem fürhier Quittierens von nöten/ oberzelter
bar empfangener N. gülden Gülten von disem N. vnnd allen verlauffen jaren gentzlich
frey/queit/ledig vnd loß. Dessen zu warem vrkundt/ic.

Quittung vmb zinß/ kurtzer form.

JCH N. Bekenn/ic. daß mir die ic. Burgermeister vnd Rath/ic. bezalt vnd entricht
haben ri. Gulden mir von inen auff Sanct ic. nechstuerschienent zu Zinß gefallen/
desselben heurigen/vnd aller daruor verfallener Zinsen/sage ich sie vnnd ihre nach-
kommen/für mich/vnnd meine Erben/queit/ledig vnd loß/in krafft diß brieffs/der des zu
Vrkundt mit meinem Jnnsigel versigelt. Geben/ic.

Quittung vber abgelößten Zinß/ kurtzer vnd
gůter Form.

JCH N. ic. Bekenn/ic. daß der ic. die sechs schilling järlichs geldts mir bißher gezins-
set/ab vnd von einem hauß zu N. zwischen N. vnd N. gelegen/ von mir gentzlichen
widerkaufft vnd gelediget hat/mit sechs pfundt pfenning hauptgůt/ so ich von jne
samenthafft wol gezelt bar empfangen/vnd die in meinen nutz/ daran mich wol benůgt/be-
wendet hab/Vnd sage darauff für mich/all mein Erben vnd nachkommen/denselben N.
alle sein Erben/nachkommen/vnd Gůter vnd besonder eheberůrt Hauß ic. vorbestimpter
sechs schilling pfenning/järlichs Zinß/ auch des Hauptgůts/verseßener/gefallener/ergan-
gener vnd kůnfftiger Zinsen/fürhin ewiglich quit/vnansprechig/vnd ledig/ also daß ihnen
Brieff darüber sagende/ob einig werende/ die wir doch jetzundt nicht wissen/ fürhin fun-
den würdend/zu ihren handen gegeben/ sie vnd das Gůt/ in vnsern Rodeln vnd Geschriff-
ten/allenthalben abgethan/noch fürohin durch solche Brieff vnd Rodel/weder viß Zinß/
noch Hauptgůt/nit mehr gebunden noch vbersagt werden/sonder gentzlich nichtig/ krafft
loß/todt vnd absein. Des zu vrkundt/ic.

Quittung oder Ledigzelung einer Für-
munderschafft.

JCH Niclauß N. Burger zu N. vnnd ich Margreth N. sein Schwester/ versehen
für vns vnd all vnser Erben offentlich mit dem Brieffe/ Allen den die ihn sehen/ o-
der hören lesen/gegenwertigen vnnd kůnfftigen/als vns der Erbar N. zu N. vnser
lieber Schwager/ etwa viel Jar/ biß auff heut nach dato diß Brieffs/ inn Vormůnder-
schafft weiß vnnd trewlicher versorgnuß/ mit vnserm leib vnnd gůt inngehabt/ all vnser
Reuth vnd nutz inngenommen/Wann/ vnd wohin er die zu vnserm nutz/ frommen vnd not-
turfften/wiederumb außgeben/angelegt/ vnd vns das alles eygentlich mit redlicher anzeig
vnd gůter gewisser kundtschafft getrewlich vnd erbarlich beweißt vnd angezeyt hat/ in ge-
genwertigkeyt der Edlen vnd Ernuesten/Erbarn vnd weisen A.B.C.D.E.F.G.H vn
J. vnser günstige Junckern/ Herrn/ vnd Freunde/ die diser zeit rechnung mit sampt vns/
verhört vnd auffgenommen haben/ auch vns vnser Erbgůt/ Brieff/ vnnd alles anders/ so
er also von vnsert wegen inngehabt/ alles gentzlich vbergeben/ vnd eingeantwort hat/ da-
ran wir einhelliglich ein gůt vnd vollnkommen benůgen han/ Darumb so geloben wir vnse-
rem lieben schwager Hansen N. mit vnsern trewen vnd wissentlich mit krafft diß brieffs/
daß wir/vnser Erben/ noch auch jemandt von vnsernt wegen von der Vormundtschafft/

Z iij

New Formular

innhabens/alles einnemens vnnd außgebens wegen/fürbaß kein anspruch noch forderung nicht mehr haben/noch gewinnen sollen/noch wöllen/wedder mit Recht noch ohn Recht/ Geystlich noch weltlich/in keinerley weiß/getrewlich vnnd vngefehrlich/ Vnnd zu besser sicherheyt/so sagen wir für vns/vnser Erben vnnd nachkommen/ jhnen Hansen N.vnnd seine Erben/gedachter Vormundtschafft/ vnd alles anders/ wie das namen hat/in krafft diß Brieffs frey/queit/ledig vnd loß.

Quittung oder ledigzelung einer Vogtey Administration/anderer güter vnd kurtzer Form.

ICH N.rc.Bekenne vnnd thů kundt meniglich mit diser schrifft/als nach absterben weylandt N.von N. Bürger zu N. seligen/ der Ernhafft Herr: Jörg N.bemelter Statt N.Zinßmeister an desselben statt/meiner geschwistert/vnd mein Vogt worden/daß er mir vor güter weilen/seiner Vogtlichen Administration/ aufgebens vnd einnemens/ erbar güte rechnung vnd lieferung gethan/daran mir wol benügt/wil derwegen jhne Jörgen N.seiner getragen Vogtey/vnnd aller verwaltung/ gleich vnd allermassen/ als were es(wie sonst zu N.bräuchlich)vor offenem sitzendem Rath beschehen/bester form entschlagen vnd quittiren/ Vnd thů das wissentlich hiemit vnd in krafft diß Brieffs/den ich zu vrkundt vnd mehrer sicherheyt mit eigner handt vnderschrieben/vnnd mit meinem Ring Bittschier verwart habe / auff Montag den siben vnnd zwentzigsten Septembris, Anno/rc.

Quittung vber empfangen Gelde/von Wiedumb/beisitz/sampt anderer forderung/rc. ausserm vertrag herrüren/rc.

ICH Barbara N.weylandt N. Wittwe/bekeñ in krafft diser schrifften/Demnach hievor zwischen den wirdigen Hochgelehrten/ vnd Ersamen bemelts meins lieben Haußwirts seligen Testamentarien A. B. vnd C. vnnd seiner Kindern Freundtschafft/ auch mir/vnd meinen freunden ein vertrag bewilligt vnd beschlossen/ daß sie mir für allen Wiedumb/beysitz vnnd forderung/so mir zu seinen Gütern/ligend vnnd farend (biß auff die zeit vorberürts vertrags) gebüren möcht oder hette/ auch vff das eygenthuß aller erzungen/gewonnen/erkaufften vnd ererbten meines Haußwirts güter gentzlich verziegen/dargegen sie mir alle mein zübrachte Güter züstellen/ vnd darzu vier hundert gulden entrichten sollen von seiner verlassen Haabe vnd Güter/nemlich hundert Gülden vff N.zu N.der Müntz erlegt sein/vnd daß noch hundert Gülden an barem Gelt vff N.tag/ die vbrigen zwey hundert Gülden/ sampt meiner zübrachten Haabe vnd Güter auff dem Hauß zu N.inn N. Gassen zu meinem eygenthumb/güten gnügen verwisen vnnd versichert haben/Derhalben sag ich sie für mich/mein Erben / solcher vergnügter verwisener oder versicherter empfangener vier hundert Gülden/ lauth oberzeltes vertrags vnnd verziegs / auch aller meiner zübrachten Güter/ queit/ ledig vnd loß. Des zu vrkundt mit der Edlen Wirdigen vnd Hochgelehrten Herrn N. vnd N. Inngesigel auff mein fleissig bitt zu ende getruckt vnnd gesigelt haben/ Des wir beyde bekennen/ auff bitt wegen gethan/ doch vns vnd vnsern Erben ohn schaden. Geben auff rc.

Clausel

Quittung.

Clausel einer Quittantzen / da einem nicht bar Gelt geben wirdt.

Gereden vnd versprechen auch bey vnsern Fürstlichen Wirden / für vns vnd vnser Erben / dieselben nittermehr / an sie zu forderen vnd zubegern / Verzeihen vns auch darauff außzugs nit dargezelt oder bezalts gelts / oder daß solches nit in vnsern nutz oder gewalt kommen / oder gewendt / darzů sonst aller anderer behůlff / gegenwehr / Defension / Recht / oder gerechtigkeyt / so vns derhalb zůgestanden ist / darzů aller Dispensation / Relaxation / begnadung vnnd gabung / so vnns dargegen / von Geystlicher oder weltlicher Oberkeyt zů hilff kommen köndt oder möcht. Wir gereden vnd versprechen für vns / vnd vnser Erben / gemelte N. bey vnsern Fürstlichen Wirden im wort der warheyt / das alles wie obstehet / steiff / fest / vnd strack zuhalten vnd nachzukommen / aller dinge / trewlich vnnd vngefehrlich / Zu vrkundt / etc.

Quittantz wie die Röm. Key. Mt. vmb gewonlich Stattstewer quittirt.

Wir Maximilian diß Namens der Ander / von Gotts Gnaden Römischer Keyser / zu allen zeiten mehrer des Reichs / in Germanien / zu Hungern / Behem / Dalmatien / Croatien / vnd Schlauonien / etc. König / Ertzhertzog zu Osterreich / Hertzog zu Burgundi / Steyer / Kärnten / Crain / vnnd Wirtenberg / etc. Graue zu Tiroll / etc. Bekenn offentlich mit disem Brieffe / vnd thůn kundt allermeniglich / daß vns vnser vnd des Heyligen Reichs statt N. die gewonliche Stattstewer / so sie vns järlich in vnser Keyserliche Cammer zureichen / vnd zugeben schuldig / vnd auff Sanct Martins Tage zubezalen verfallen sein / vnd in einer summa N. Gůlden bringt / an heut Dato bereyt außgericht vnd bezalt haben / Darumb sagen wir für vns / vnnd vnser nachkommen am Reiche dieselbigen Burgermeister / Rathe / vnnd gemeyne Statt zu N. solcher gemelten Stattstewer / queit / ledig / vnd loß / inn krafft diß Brieffs.   Des zu Vrkundt versigelt / mit vnserm Keyserlichen anhangenden Insigel.   Vnd geben / etc.

Quittantz den Stetten / vmb ir gewönlich Stattstewer / anderer Form.

Wir N. etc. Entbieten den Ersamen weisen vnsern lieben getrewen Meister vnnd Rath zu N. vnsern gruß vnd alles gůts zuuor / Solch ewer gewönlich Stattstewer / so vns von des heyligen Römischen Reichs wegen auff S. Martins Tag / in Anno etc. nechstuergangen erschienen / vnd vns zu schuldig sind / nemlich N. lb. Straßburger Pfenning / da befelhen wir vnnd heissen euch ernstlich / daß ihr dieselben N. lb. Straßburger pfenning / vnserm Zinßmeister zu N. vnd lieben getrewen N. von vnsern wegen geben vnd außrichten wöllent / Vnd so ihr das gethan habt / so sagen wir euch derselben bezalten stewer von dem vorgemelten Jar / vnd befelhe vnsers Gnedigsten Herrn des Rö. Key. von des H. Reichs vnd vnsern wegen / queit / ledig / vnd loß / in krafft diß Brieffs. Der zu Vrkundt mit vnserm auffgetruckten Innsigel versigelt vnnd geben ist zu N. auff Montag / etc.

Quittantz vmb Stattstewer anderer Form.

Wir N. etc. bekennen / etc. Als vns die Ersamen weisen vnser lieben getrewen / Meister võ Rath der Statt zu N. ir gewonlich Stattstewer / nemlich N. Reinischer fl. vff S. Martins tag des H. Bischoff / järlich außzurichtet schuldig sind / von des H.

New Formular

Reichs wegen/Als haben vns dieselben Meister vnd Rathe/ solch jhr gewohnlich Statt
stewr von disem jar/das ist nemlich in N.jar/gütlich außgericht vnd bezalt/ Vnd daruṁ
so sagen wir die genanten Meister/Rathe vnd Gemeynde/gemeinglich der Statt N. sol
cher gewonlicher Stattstewr N.Rheinisch Gülden von disem Jare/ vnd allen vergan
gen jaren/ für vns/vnd alle vnser Erben/quiet/ledig vnnd loß/ in krafft diß Brieffs. Der
zu vrkundt mit vnserm/ꝛc.

Quittantz vnd Stattstewer des halben theyls/
anderer Form.

WJr N.ꝛc. Entbieten vnsern lieben getrewen Schultheyß/Schöffen/ vnd gemein
den zu N.vnsern grüß/Lieben getrewen/der Ehrwirdig in Gott Vater vnser lie
ber besonder freundt/Herr N. Bischoff zu N. vnd wir habent euch angeschlagen/
daß jr vff diß N.jar/N. gulden zu stewr geben sollent/das ist vns zu vnserm theyl N.gül
den/Da heissen wir euch solche N.gulden/vnserm Keller zu N. vnd lieben Getrewen N.
von vnsern wegen zugeben vnd außzurichten/ vnd so jr das gethan habt/so sagen wir euch
der N.gulden bezalten stewer von dem vorgemelten Jar/vnd des H.Reichs vnnd vnsern
wegen/quiet/ledig vnd loß/in krafft diß Brieffs/der zu Vrkundt/ꝛc.

Quittantz vmb außstendig bezalt dienstgelt.

JCH Philips N. Bekenn hiemit/daß der Durchleuchtigst Hochgeborn Fürst vnd
Herr/Herr N.ꝛc.mein Gnedigster Churfürst vnd Herr/ durch derselben Cammer
meister/den Ernuesten vnd fürnemen Conraden N.heut Dato mir bezalt N.gül
den zu 26.alb.so weilandt der auch Durchleuchtigst Hochgeborn Fürst vn̄ Herr/Herr N.
ꝛc.mein Gnedigster Herr löblichster gedechtnuß zu meiner halben jars besoldung schul
dig worden ist/Derwegen sage ich für mich vnd meine Erben solcher N. gulden/höchstge
dachten meinen Gnedigsten Churfürsten vnd Herrn/vnd den Ehrngeachten Caṁermei
ster/oder wen das weiter belanget/für disces vnd alle vorgehende verfallen ziel/dises N.jar/
quiet/ledig/vnd loß.   Des zu warem vrkundt/ꝛc.

Quittantz vmb außgericht Dienstgelt/
güter Form.

JCH Hans N.Reisiger Knecht im Hengstall/bekenn mit diser Schrifft/daß der
Durchleuchtigst/ꝛc.mein gnediger Herr/durch jrer Churf.G. Caṁermeister den
Erbarn vnnd Vesten N. mir die acht gülden müntz/jeden zu 26.alb.gezelet/so von
jüngstuerschienen Martini Episcopi des verlauffenen N. Jars/biß vff heut dato/mir zu
dienstgelt gantzen jars/erschienen vnd verfallen/ gnediglich außrichten vnd bezalen lassen
hat/Sage hierumb höchstgedachten meinen Gnedigsten Herrn/jhrer Churf.G. Erben/
dero Caṁermeister obgenant/oder wer weiter deßhalb quittierens von nöten/solcher bezal
ter acht gülden/zu gantzem jar verfallenen dienstgelts/sampt aller andern hieuor verschie
ner Jar vnd zieln/gantz quiet/ledig vnd loß.   Des zu Vrkundt habe ich/ꝛc.

Ein andere Form einer Quittantzen vber auß-
gericht Dienstgelt.

JCH Lorentz/ꝛc. Bekenn offentlich mit diser meiner eygen handschrifft/daß mir der
Durchleuchtigst Hochgeborn mein Gnediger Herr Pfaltzgraff N. Churfürst/ꝛc.

mir

Quittung. CXXXVII

mir N. Gülden/ so mir nechstuergangen Johannis Baptistæ biß vff heut dato zu halbem jarlohn erschienen sein/ durch jhrer Churfürstlichen Gnaden Cammermeister den Erbarn vnd vesten N. meinen günstigen Herrn gnediglichen außrichten vnnd bezalen lassen hat/ Sage derhalben höchstgedachten meinen Gnedigsten Herrn/ seiner Churf. G. Erben/ dero Cammermeister/ vnd wen das nicht berüren mag/ obgemelts halben jarlohns vnd aller verschienen ziel/ biß heut dato queit/ledig vnd loß. Vnd des zu vrkundt hab ich mein/ꝛc.

Quittantz vber außgericht Gnaden gelt.

ICH N. Haußküchenschreiber/ Bekeñ mich hiemit diser quittantzen/ dz der Durchleuchtig/ꝛc. mein Gnediger Herr/ mir neben meiner habendē besoldung/ des Haußküchenschreibers dienst N. gülden gnaden gelts/ durch jhrer F. G. Cammermeister/ den Edlen vnd Ernuesten Heinrich von N. biß vff widderruffen gnediglichen außrichten vnd bezalen lassen hat/ so mir auff dem heyligen Christag dises außlauffenden N. Jars zu außgang meines gantzen Jars (laut gehepß verschreibung) erschienen vnd fellig worden ist. Sage demnach/ ꝛc. vt sup.

Quittantz vmb außstendig Dienstkorn/ so den Erben bezalt worden.

ICH N. Zeltmacher/ weylandt Pancratzen N. gelassener Sone/ auch ich N. Wällenwöber/ beyde Bürger zu N. vnd Geschwägere/ Bekeñen vnd thün kunde offenbar mit disem Brieff/ daß der Durchleuchtigist Hochgeborn Pfaltzgraff Friderich Churfürst/ ꝛc. vnser Gnedig. H. durch jhrer Churf. G. Kastenknecht Hansen N. vj. Malter dienstkorn/ so vnserm Vatter vnd Schweher seligen vff Galli des heyligen Apts tag/ als zum halben jar des gegenwertigen N. jar erschien vnd gefallen/ gnediglichen außrichten vnd bezalen lassen hat. Sagen derwegen hochgedachten vnsern Gnedigsten Herrn/ jhrer Churfürst. G. Erben/ auch obbemelten Kastenknecht/ vnd wer weiter derhalben quittierens von nöten/ solcher empfangener sechs Malter Korn/ des halben jars/ vnd aller ander verschiener jar/ vor vns vnd alle vnsere Erben/ in krafft diß Brieffs/ hiemit frey/ queit/ ledig vnd loß/ Zu Vrkundt/ ꝛc.

Quittung vmb Dienstkorn.

ICH N. bekenn vnd thü kunde offenbar mit diser schrifft/ daß der Durchleuchtigst/ ꝛc. mir heut dato durch jrer Churf. G. Kastenknecht N. iiij. Malter dienstkorns/ so mir zum halben jar gefallen vnd erschienen seindt/ nemlichen von Johan. Bap. biß vff Weihenachten N. jars gnediglich geben vnd reichen lassen/ Sage derohalben/ ꝛc. vt s.

Quittung vmb Gültkorn.

ICH Peter N. von Schwetzingen/ wonhafft zu Heydelberg/ Bekeñ hiemit/ Nach dem der Erbar Friderich N. zu N. bei Wormbs gelegen/ mir/ vñ Anna N. meiner ehelichen Haußfrawen diß N. jars abermals lj. Malter Gültkorn zwischen den jj. vnser lieben Frawen Assumptionis vnnd Natiuitatis erschienen schuldig worden ist/ So hat er demnach mir vnd meiner Haußfrawen dieselbig lj. Malter Korn/ zu vnserm gůten gnůgen heut dato gůtlichen entrichten vnd bezalen lassen. Derohalben so sage ich Peter N. obgemelt/ für mich/ mein Haußfraw vnnd vnser Erben/ bemelten Hofmann Friderich N. vnd seine Erben/ solcher lj. Malter Korns wie obgemelt diß N. jars erschienen vñ gefallen/ hiemit queit/ ledig vnd loß/ Vnnd hab des zu vrkundt/ mein eygen Innsigel hierauff getruckt. Datum N. Donnerstags/ ꝛc.

Quittung

New Formular
Quittung vber erdienter belohnung.

ICH Elisabetha N. bekeñ hiemit diser Schrifften/ Nach dem ich ein zeitlang/ nem̄lich von N. biß auff N.rc. in meines Gnedigen Herrn N. schmiden/ hie zu N. trewlich vnd ehrlich gedient/ vnd sich die belohnung N. gülden getroffen/ daß der Ernhaffte Herr Martin N. von wegen wolermelts Grauen/ solche obberürte N. gülden mir Elisabethen gütlich entricht vnd bezalt hat. Sage hierumb wolermelten Grauen/ jhrer Gnaden Erben/ vnd obgenanten Martin N. vnd wem derhalben quittierens von nöten/ obzelter bar empfangener N. gülden gantz queit/ ledig vnd loß. Des zu vrkundt/rc.

Quittantz vmb dargeliehen außstendig bezalt gelt/ sampt erdienter belohnung.

ICH Margretha Zwenglin Philips Zwengels der Rechten Licentiaten seligen/ verlassene Haußfraw/ Bekenn vnd thū kundt offentlichen mit diser Quittantzen/ daß mir heut dato der Hochwirdigst Fürst vnd Herr N. Ertzbischoff vnd Churfürst zu N.rc. mein Gnediger Herr/ durch deroselben der zeit Aduocaten/ den Ernuesten vñ Hochgelehrten Herrn Michael von N. der Rechten Doctorn/ Key. Cammergerichs Aduocaten vnd Procuratorn zu Speyer/ rij.Taler/ rxiij.alb. so jre Churfürst. Gna. obgemeltem meinem Herrn Haußwirth seligen/ vber alles hieuor gereichte Gelto schuldig verblieben sindt/ die jhrer Churfürst. Gna. er mit Procurieren abuerdient/ vnd sonst mit außbringnus schrifften allhie inn der Cantzley vndertheniglichst dargeliehen/ gnedigstlichen entrichten vnd bezalen lassen. Sage derhalben höchstgenanten Churfürsten zu N.rc. Meinen gnedigsten Herrn/ jhrer Churfürst. Gn. Erben vnd nachkommen/ Deßgleichen den Ernuesten Herrn Doctor Michel von N. obgemelt/ vnd seine Erben/ auch wen es sonsten weiter berüren mag/ für mich vnd alle meine Erben/ entrichtet rij. Taler/ rxiij. alb. vor diß vnd alles hieuorigen obgemelten meins Herrn Haußwirts seligen abuerdienten vnd schuldigen geldts/ an deroselben kein weitere anforderung mehr zuhaben/ hiemit in krafft diser schrifft gantz queit/ frey/ ledig vnd loß/ Zu vrkundt hat mein eltister Sone/ Michael Zwengel für mich/ vnd sich/ auch seine andern eheleibliche geschwisterten/ alle obgemelte ding damit zu besagen/ sein Sigel hieran thūn trucken. Datum.

Quittantz vmb empfangen gelt/ für (der Herrschafft) verkaufft Holtz.

ICH Christman N. Bürger zum Hirßhorn/ Bekenne vnd vrkunde allermeniglich offentlich hiemit diser Quittantzen/ Demnach dem Durchleuchtigsten Hochgebornen Fürsten vnd Herrn/ Herrn N. Pfaltzgrauen vnnd Churfürsten/rc. meinem Gnedigsten Herrn/ ich ein halb hundert vnd vier vnd zwentzig fuder gut Holtz/ gen N. in Holtzgarten gelieffert/ daß ich für gemelt holtz an heut dato N. gülden/ von dem Ernhafften N. jhrer Churfürst. Gn. Landschreibern zu N. empfangen hab. Sage derhalb höchstgedachten Pfaltzgraue N. Churfürsten/rc. meinen Gn. Herrn/ auch ehebemelten Herrn Landschreibern angeregten gelts vnd bezalten Holtzs/ vor mich vnd meine Erben/ queit/ frey/ ledig vnd loß. Des zu warem vrkundt/rc.

Alia forma.

ICH Nickel N. bürger zu Neckergemünd/ bekeñ hiemit diser schrifften/ Nach dem meinem Gn. Herrn Friderichen Pfaltzgrauen Churfürsten/ ich ein halb hundert Holtz für vj. fl. ein ort/ hieher ghen N. in Kalckofen vffm Baw gelieffert hab/ daß der Ernhafft Herr N. Churfürstlicher Pfaltz Landschreiber von wegen hochgedachter Chur. Gn. solche obgemelte vj. fl. vnnd ein orts gulden/ mir Nickeln obgedacht/ gütlich entricht vnd bezalt hat. Sag hierumb hochgedachte Churfürstlich Gn. jhrer Churfürst. G. Landeschreiber

schreiber obernele/vnd wem derhalben Quittierens von nöten/ oberzeler bar empfange-
ner sechs gülden eins orts/gantz queit/vnd ledig. Dessen zu Vrkundt/rc.

Quittung vber bezalt gelt (vermög vffgerich-
ten vertrags) beschädigung halber.

JCH Jörg N. Bürger vor dem Berg/ Bekenne offentlich inn diser Quittantzen/
für mich/vnd alle meine Erben/Demnach zwischen Jörgen N.meins Gnedigstē
Herrn Puluer macher/vnd mir der beschedigung halber er Jörg N.mir zugefügt/
ein vertrag vffgericht/ daß benelter Jörg N. mir für solchen zugefügten schaden N. gül.
zu nachfolgenden zielen/Nemlich Michaelis/Anno rc. N. acht gülden/ Johañis Bapti-
ste/Anno rc. N.rvj.gülden/vnd dann rr.gülden auff Weihenachten diß benelten Jars zu
völliger bezalung entrichten soll/ Also benelter Jörg N. mir ersten ziels die acht gülden/
vnd dann jetzt Johannis Baptiste in disem N. jar die rvj. gulden/ dergleichen auff Wei-
henachten benelts Jars verfallen rr.gulden (so in einer summa rliiij.gulden thüt) zu mei-
nem güten gnügen außgericht vnd bezalt hat. Sage derhalben obgedachten Jörgen vnd
seine Erben für mich vnnd alle meine Erben vnnd Erbtnemer/diser erschienen dreyer Zie-
len vnd völliger bezalung/so ich also bar empfangen habe/ hiemit in krafft diser schrifften/
ewiglichen queit/ledig vnd loß. Des zu warer Vrkundt/rc.

Quittung vber gereiche Gelde/ von wegen ab-
genommener Jungkfrawschafft.

JCH Barbara weilande Michaelis N. von weil gewesenen Bürgers zu N.gelasse-
ne Tochter/ Bekenn mit diser Quittantzen offentlich/ Daß demnach Michel N.
Lodes Hansen N.sone von N.mir Barbare vertrags weiß/ seiner getröstlichen vnnd
glaublichen beredung vnd verheyß wegen/darauff ich seins willens gewesen/rc. zu zweyen
zielen/Nemlich erstes vff Sontag Inuocauit/des gegenwertigen N.jars N.gulden/vnd
dann zum andern oder letsten ziel/biß Bartholomej erzeites Jars N.gulden/ also zu völli-
ger bezalung entrichten soll/ daß solchem nach genanter Michel N. mir Barbare zum er-
sten ziel N.gulden an müntz vff heut dato gereicht hat. Sage hierinn für mich/meine Er-
ben vnd nachkomen/obgedachten Michael N. vñ wem derhalben quittierens von nöten/
solcher bar dargezelter empfangener N.gülden ersten ziels/ queit vnd ledig/ zu vrkundt di-
ser schrifften/die auff mein völliges bitten/mit des Ersamen N. Sigel obbeschriebens zu
besagen/besigelt ist/ Wie dann ich N.angelegter bitt wegen (doch mir vnd meinen Erben
vnuergreifflich) solchs gethan haben erkenne. Datum N.vff rc.

Quittung vber legirt vnd vermacht Gelde/ so
die Pfleger/ oder Verwalter armen Leuthen vnd
jhrer verwaltung halber thün.

JCH Niclaus N vnd ich Conrad N.beyde Bürger zu N.als Pfleger vnd Fürwe-
ser des elenden Platter Hauß in der Vorstat gelegen/ Bekennen vnnd thün kundt
offentlich in pflegweiß/vnd für alle vnsere Erben vnd nachkommen/Als weilande
Hans von N.hie zu N.in zeit seiner franckheyt rr. gül. an müntz/den gül. zu rvj.alb.zu
zielen/inn obgemelt Elendplatterhauß geschafft/gesetzt/ vnnd geordnet/ auch solche zwen-
tzig gülden/dem Ersamen Jörgen N. Schreiner auch Bürger zu N. trewlich behändi-
ger vnnd befohlen den Pflegern obgenanntes Elendenhauß zulieffern vnnd außzurich-
ten/ Daß solchem nach ermelter Jörg N. obbestimpte zwentzig Gülden vns ersgedach-
ten Pflegern vnd fürwesern vff heut dato zu völligem benügen verricht vnd zugestelt hat.

Sagen

New Formular

Sagen hierumb für vns/vnd vnsere nachkommen/ obbenanten Jörgen N. seine Erben/ vnd Erbnemere/ derselben bar dargezelten vnd empfangener zwentzig gülden/ gantz frey/ quit/ledig/vnnd loß/in krafft vnnd vrkundt diser Quittantzen/die auff vnser fleissigs bitten/vt sup.⁊c.

Quittung vber auſzgerichte schmehgelt vnd zůgefügten schadens/⁊c.

ICh Catharina N. von N. Beyten N. zu N. Haußfraw/ Bekenne mit disem brieffe/für mich/meine Erben/Erbnemere vnd nachkommen/Nach dem sich anfechtigung/vnwillen/vnd gebrechen/etlicher angezogener beschwerungen/nachtheyl vñ verletzung/auch vnerbars leumuts vnd vnziemlicher Copulation vnnd geschwetz wegen/ zwischen mir als Klägerin eins/gegen Herr Heinrichen N. Vicarien zu N. Beklagte an der theyls gehalten/darumb wir durch die Ehrnhafften/Ersamen weisen Hern Schultheyß N. auch N. vnnd N. beyde der zeit Bürgermeistere zu N. mit gůtem wissen/willen/ vnd annemen endtlich vereinigt vnd vertragen sindt/daß obgedachter Herr Heinrich mir Catharinen xl. gülden Landtbewerung für alle anfoderung/ zůgefügts vnraths vnd schadens/auch schmehens halben/⁊c. bar geben/auffrichten vnd bezalen solle/⁊c. Daß hierauff gemelter Herr Heinrich/mir obgenanten Catharine auff heut Dato/solch xl. gülden vertrags Gelds zu meinem gůten genügen/bar entricht vnnd bezalt hat/daruon xxx. gülden Hauptgelts zu Gülten järlichen zwen gülden mir vnd meinen Eheleiblichen Kindern ertragende/durch zůgeordenten Vormünder angelegt worden/Sage hierumb für mich vñ all mein Erben/offtgedachtē Hern Heinrichen/alle sein Erben/vñ wen da berüren mag/ solcher oberzelten bar auſzgerachten vnd bezalten xl. gülden vertrags Gelts/hiemit/quit/ ledig vnd loß/in krafft diß Brieffs/ Gerede vnnd verspriche auch bey meinen gůten waren trewen an Eydts statt/für mich vnd meine Erben/hinfürter zu ewigen tagen kein weiter zůsprüche obberürter sachen vnd auſzgefolgter beschwerungen vnd schäden halben/ an gemelten Herr Heinrichen/oder seine nachkommen/fürzunemen/zůhaben/ oder zůthůn/weder durch mich selbst/noch andere von meinen wegen/in kein wege. Dessen zu warem vrkundt/hab ich erstgemelte Catharina für mich/meine Erben vnd nachkommen demütiglich gebetten die Ersamen vnd weisen Hern N. vnd N. Bürgermeister zu N. daß sie derselben Statt Innsigel/mich/meine Erben / vnnd Erbnemere damit zůbesagen/ an disen Brieff getruckt/ Welches wir jetztgenante Bürgermeistere vns also von angeregter flehlicher bitte wegen (ja krieg/vnruhe/haderey vnd vnwillen/darzů vnüberwindtliche Ehruerletzung/auch kosten vnd schaden zůuerhüten vnd abzůwenden) erkennt gethan haben/ doch vns vnd der Statt vnschädlich.   Datum auff/⁊c.

Quittung vber empfangen halben theyl gelts/ an einer Kauffsumma/⁊c.

ICh Frantz Conrad von N. ⁊c. Bekennen hiemit eygener meiner handschrifft offentlich/für mich/alle meine Erben/Erbnemere vnd nachkommen / daß auff heut Dato/mir an bezalung meines gantzen verkaufften Hofs/neben der Herberg zum Horn in N. gelegen/⁊c. die Erbarn Velten vñ Jörg N. beyde gebrüder vnd Bürger zum Hirßhorn/von wegen weylandt Karln N. jhrers Brüders des Kauffers seligen/die halb kauffsumma/vermöge Kerffzzettel/zum ersten ziel 450. Gülden an grober Müntz/jhe den gülden zu xv. batzen gerechnet/zu völligem meinem gůten genügen/ erbarlich entricht vnd bezalt haben. Sage hierumb ich obgemelter Frantz Conrad von N. vor mich/alle meine Erbnemere vnd Nachkommen/solcher bar empfangener 450. gülden vnd halbigen Kauff

summen

Quittung. CXXXIX

summen erstes ziels/ an bezalung obbestimpts verkaufften Hofs wegen/ die vorgenannte
Valtin vnnd Jörgen N.gebrüdere/jhre Erben/ vnnd wen das sonst mehr berüren mag/
frey queit vnd ledig. Dessen zu mehrem vrkund vnnd sicherheyt habe ich ehegedachter
Frantz Conrad von N.obbeschriebens für mich/vnd alle meine Erben zubesagen/mein ey-
gen angeborn Jnnsigel zu ende diser Quittantzen/vnd erkantnuß meiner Handgeschrifft
getruckt. Geschehen vnd geben/ꝛc.

Quittung vber außgericht Erb/den Vormün-
dern/so die Mutter von jrem Sone
ererbt hat.

ICH Otilia weilandt Leonhards N.vonn Heydelberg/vorm berg der ends gewo-
net/nachgelassene Wittibin/bekenn hiemit diser schrifften offentlich/für mich/alle
meine Erben/vnnd Erbnemere/daß auff heut Dato die Ersamen vnd fürnemen
Hans N.Hoffschmidt/vnd Simon N.beyde vom berg der ends zu Heydelberg seßhaffte/
als zugewandten/ geordnete vnd gegebene Vormünder meines Kinds seligen/ich mit ob-
gedachtem Leonhärden geziels/mir obermelten Otilien von erstgemelts Kinds vnd seins
ancererben vätterlichen güts wegen N. gülden/ an barem dargezelten Gelt Heydelberger-
werung/erbar vnd gütwilglichen (als nechstem Erben) zu meinem völligen gnügen ent-
richt vnd bezalt haben/Sage hierumb ich obgenante Otilia solcher oberzelter bar empfan-
gener Summen gelts wegen/für mich vnd meine nachkommen/ꝛc.ehegemelte Vormün-
der/auch jhre Erben/vnd alle jhr nachkommen frey/queit/ledig vnd loß. Des zu warem
vrkundt vnnd mehrer sicherheyt/ dieweil mir Innsigels gemangelt/den Wirdigen vnnd
Hochgelehrten/ꝛc.

Quittung in gemeynter kurtzer vnd güter
Form.

ICH N. bekenne mit diser schrifft/daß auff heut Dato der Ersam Bernhard N.
mir N.obgenant N.gülden von einer Scheuer zu N.mit stro zudecken entricht vñ
bezalt hat/Sage hierumb für mich vnd mein Erben/ ernanten Bernharten/ seine
Erben vnd nachkommen/ auch wem derwegen Quittierens von nöten/ oberzelter empfan-
gener Summen gantz queit vnd ledig/Zu Vrkundt/ꝛc.

Verschreibung da einem ein Tisch zu Hofe/von
der Oberkeyt wirdt zugesagt.

WIr Ludwig/ꝛc. Bekennen/ꝛc. Nach dem vnser lieber getrewer Christoffel N.
von N.der begirde Priesterliche wirde zuerlangen/ vns vmb hilfflich fürderung
vndertheniglich gebetten/dieweil er noch nicht beyfründt ist/haben wir ju fürde-
rung solchem güten/ vmb Gottes willen vnnd auß gnaden/ dem gedachten Christoffeln/
so lang biß er mit einer Pfründe zu außkommen seiner leibs narung versehen wirt/sein mal-
zeit zu Tisch an vnserm Hofe zugesagt/ zusagen vnd verschreiben jhme die also hie-
mit in krafft diß Brieffs/für vns vnd vnser Erben/ vorgeschrieben zeit
lang an vnserm Hofe zuhaben/ Zu Vrkundt versigelt mit
vnserm anhangendem Secret. Datum
N.auff/ꝛc.

A a

New Formular
Verschreibung vber ein Kloster/ darinnen der Priorin vnd jhren Conuenteschwestern der Tisch/ auch järlichs auff den fall Gelt/ Frucht/ vnd Wein/ reichen zulassen versprochen wirt/ ꝛc.

WIr N. von Gottes Gnaden/ ꝛc. Vrkunden gegen meniglich/ mit disem offenen Brieff/ Als die jetzt regirende Bäpstliche Heyligkeyt Julius der Dritte diß Namens/ den Wirdigen vnd Ersamen vnsern lieben Getrewen/ Rector vnd Vniuersitet/ vnsers Studiums zu N. kurtz verrückter zeit/ etliche Stifft/ vnnd Geistliche ordens Güter/ vnder denselbigen auch das Closter N. mit seinen innkomenden gefellen wol bedächtlichen/ in laut darüber gegebnen Bulla incorporirt vnd Annectirt/ Haben wir vff vermelten Rector vnd Vniuersitet vnderthenig bittlichs ansuchen/ gnediglich bewilliget/ berürt Kloster/ sampt seinen zugehörigen Gütern/ gegen gebürlicher vergleichunge in vnser verwaltunge vnd versehunge gnedig anzunemen/ vnd in wesenlichem güten baw erhalten zulassen/ laut obereichter Location/ ꝛc. Nach dem vnd aber diser zeit neben der Priorin sonst noch vier Ordens Personen/ oder Conuent Schwestern in berürtem Closter vorhanden/ Welche auß etlichen erzelten vrsachen bey einander darinnen zubleiben begert/ Derowegen jhnen sampt lich/ vnd einer jeden besonder zu jhrer leibs narung vnd vnderhaltung der Tisch/ essen vnnd trincken/ bey des Closters Schaffener gegeben werden solle/ darzů auch jeder für Kleyder vnnd andere notwendige vnderhaltung/ N. gulden an müntz Landswerung/ entricht vnnd vergnügt werden/ Im fall auch es sich begebe/ daß etwa der eine/ oder mehr leibs schwacheyt halben niderlege/ vnd einer dienerin oder Magd zu jhrer wartung von nöten thät/ so soll dieselb Magd auch die zeit auß/ bey dem Schaffener den Imbiß/ mit gebürlichem essen vnnd trincken haben. Würde es sich auch zůtragen/ daß derselbigen Conuentual Personen eine zu pflegung jhrer gesundheyt etwan in einem warmen Bade/ oder zu einem Arzet zuziehen fürhabens vnnd von nöten were/ so soll diese lbe mit des Closters fuhre/ wo eine vorhanden/ dahin/ wie vonn alters gefürret/ vnnd bracht werden.

Im fall aber daß mitler zeit der eine auß dem Closter/ an ein ander orth/ wesenliche ziehen vnnd thůn würde/ soll der als dann jarlichen gereicht werden/ wie folgt: Nemlich/ der Priorin Vrsula N. von N. dreissig Gülden Müntz/ darzů ein Füder Weins/ zehen Malter Korns/ zehen Malter Spelz/ Elisabeth vonn N. Custorin dreissig Gülden/ ein halb Füder Weins/ zehen Malter Korns/ vnnd dann zehen Malter Speltz/ Vnd dann den übrigen dreyen Conuentualen/ Nemlich A. B. vnnd C. einer jeden für jhre vnderhaltung greyssig Gülden/ obgemelter werung/ vnnd dann ein halb Füder Weins/ vnnd zehen Malter Korns auch järlichs jhr lebenlang gereicht werden. Aber nach jhrem tödlichem abgang solle mann deßhalben jemandt ferrner odder weiter zugeben nicht schuldig/ sonder diß alles gefallen/ todt vnnd abe sein/ Darmit sie nun eins solchen souil sicherer vnd gewisser sein mögen/ So gereden vnnd versprechen wir bey vnsern Fürstlichen Wirden/ hiemit inn krafft diß Brieffs/ daran zusein vnnd verordnung zuthůn/ daß ermelter Priorin vnnd Conuentschwestern/ das jhenig als obstehet järlich/ vnnd eins jeden Jars jeder besonder biß zu schliessung jhres lebens/ gebüre/ gehandtreicht/ außgericht vnnd bezalt werden solle/ trewlich/ sonder geuerde/ Zu Vrkundt versigelt mit vnserm auffgetruckten Secret. Datum N. auff Dinstag/ ꝛc.

Verschrei

Verschreibung. CXL

Verschreibung/ da einem Lehenman/ Schloß vnd
gefäll/ ꝛc. sein lebtag auß/ für einer beschehener Kauff-
summa/ inngeben vnnd zůgestellt wirdt/ mit vorbe-
haltung aller gebotten/ verbotten vnd
gerechtigkeyten/ꝛc.

Wir N.ꝛc. Bekennen/ꝛc. Als der Edel vnser lieber Getrewer N.ꝛc. vns sein Mann-schafft vnnd Lehenschafft mit allen zůgehörungen verkaufft hat vmb ein summa gelts/ nach laut eins Kauffbrieffs/ darüber sagende/ den wir vonn demselben N. innhan/ daß wir inn solchem mit demselben N. mit seinem wissen vnd gůten willen vber-kommen sein/ Also/ daß er für ein solch summa Gelts/ in dem ehegenanten Kauffbrieff be-stimpt/ sein lebtag alle nutzung zů N. fallende/ haben vnd geniessen/ die ein jegklicher vnser Keller/ der jetzundt da ist/ oder nach jhme da sein würde/ jnnsammeln/ vnnd dem obgenan-ten N. so lang er lebt/ ghen N. oder ghen N. antworten/ Darüber sich der genant N. keiner-ley Gebott/ odder verbott/ noch keinerley ander gerechtigkeyt zů N. haben/ noch vnderzie-hen soll/ in kein wege/ Darzů soll auch der bemelt N. seinn sitz/ vnnd wohnung ob er wil/ zů N. in vnserm Schloß haben/ sein lebtag vñ nit lenger/ Doch also/ daß er dasselb Schloß/ auff seinen kosten/ behüten/ bewachen/ vnd versorgen lassen soll/ vnd in gewonlichem bawe halten/ ohn vnsern/ vnd vnsers freundlichen lieben Sohns/ Hertzog N. vnd vnser Erben kosten/ vnd schaden. Wir haben auch darauff dem vilgedachten N. das Schloß jngeben/ vnd jhme vnsern Keller zu N. gehorsam gemacht mit der vbrigen nutzungen sein lebtagen zůgewarten vnd zůgeniessen lassen/ ohn alle geuerde. Vnd wann er von todts wegen ab-gangen ist/ das Gott lang verhalten/ so soll die jetzgemelt vbrige nutzung zů N. so selbiger zeit sein wirdt/ wider an vns/ vnd vnsern freundlichen lieben Sone vnd vnser Erben fal-len vnd werden/ Vnd wir vnd vnser Erben/ des mehr obbemelten N. Erben vnd nachkom-men/ von des genanten Kauffs/ vnd von der Mannschafft wegen/ zů ewigen tagen nicht mehr schuldig/ noch pflichtig sein/ in kein wege/ on alle geuerde. Vnd des zů vrkundt/ꝛc.

Verschreibung/ ordnung vnd gescheffc etlicher
Personen/ da sie jhre Güter zůsamen stossen/ vnnd
wie es inn jheen absterben damit gehalten
werden soll.

Wir A. B. vnd C. ꝛc. Bekennen offentlich mit disem Brieff/ als dann wir vil Jar vnd zeithero/ vns freundtlich mit einander gehalten vnd betragen/ auch alle vnser Haab vnnd Güter zůsammen gemengt/ vnnd gelegt haben/ vnnd darumb daß wir auch hinfüro die zeit vnser lebtag desto friedlicher vnd getrewlich bey einander bleiben sol-len vnd mögen/ So haben wir alle drey samentlich vnd vnuerscheidentlich mit gůtem ver-eintem willen/ vnd wolbedachtem můthe/ diß vnser geschäfft vnwiderrüfflich geordnet/ ge-setzt vnd gemacht/ vnd setzen/ machen vnnd ordnen auch das in bester Form Rechtens/ für vnsern letzten willen vnd meinung/ Also/ welches vnder vns obgenanten iij. Personen eins vor dem andern von todts wegen abgeht/ daß daß die andern Personen/ welche vnder vns in leben sein/ solch vnser gemengte Haab/ dieweil wir leben/ gentzlichen nichts außgenom-men/ jnhaben/ nutzen vnd niessen/ vnd der zů jrer notturfft gebrauchen/ vnd daß die je von einem vff das ander gefallen vnd bleiben soll/ all dieweil vnder vns dreyen eins in leben ist/ Vnnd wenn wir denn alle drey von todts wegen abgangen sein/ was dann von vnser aller Haabe/ nach der letsten Person abgang/ erspart wirdt vnd vorhanden bleibet/ es sey wenig odder viel/ das sollen vnsere geordnete Curatores/ durch Gottes vnnd vmb vnser Seelen heyl willen/ geben an die ende vnnd stedt/ wo sie nach jhrem besten gewissen dunckt daß es

A a .ij

New Formular

notturfft/vnnd zum allerbesten angelegt sey/ Vnd vber diß vnser ordnung vnd gescheffti/
vber aller vnser verlassen Habe/so nach des letsten absterben vorhanden wirt sein/ Nemen
vnd setzen wir vns zu Vormund oder vollziehern diß/rc.die Ersamen N. vnd N. vnser be-
sonder güte freunde/ die des gantzen vnd vollkommenen gewalt vnd macht haben sollen/
solches nach vnserm todt als obstehet/den armen Leuthen/nach trew besten trewen/ als wir
jn des sonder vnd wol vertrawen/vngehindert von allermenigklich/ vngefehrlich zugeben.
Vnd were es daß ehegedachte Curatores einer oder mehr mit todt abgienge/ so mage vnd
solle als dann der so noch in leben ist / einen oder mehr andere zu jhme nemen/die jne darzu
gütdunckt/rc.die sollen dann auch gewaldt vnd macht haben/ in massen als die vorigen vn-
ser Vormünder haben.Vnd des zu warem vrkundt/rc.

Abkündung diensts inn schrifften.

Friderich von Gottes Gnaden/rc.

Vnsern gruß zuuor/Ersamer lieber besonder/wir haben dein schreiben/ vns jetzo zu-
handen gethan/empfangen/seins jnhalts hören verlesen. Dieweil wir nun bericht/
daß du die handlunge/so durch vnsere Cantzler vnd Räthe/deins bey vns zuuor an-
gebottenen diensts halb mit dir gepflogen/weiter einer andern gestalt/dañ etlicher massen
in solchem deinem schreiben vermeldt/zu bedacht gezogen hast / vnd dann wir vns seither/
mit einem andern gelehrten Rathe inn handlung begeben / so lassen wirs bey vnserer dir
jüngster deßhalb zugefertigter schrifftlicher antwort/ dich anderer orthen zuuersehen/noch-
mals bewenden/vnd habens dir auff begerten bescheidt hinwider gnedig nicht bergen wöl-
len. Datum/rc.

Dem Ersamen vnserm lieben besondern Johan N. der Rechten Doctor.

Abkündung vber begerter Kriegs
dienstẽ.

Lieber Getrewer/heut Dato ist vns von Röm. Key. Mt. vnserm allergnedigsten
Herrn antwort zukommen/ vnsern Reuterdienst oder Zuge zu seiner Maiestat an-
treffen/Derhalb wir dir hieuor geschrieben/vnd dich vns zugefallen auff ferner be-
schreiben zuristen begert/welche antwort sich dahin lendet/daß vns jr Key. Mt. diß mals
solches Zugs gnediglichen erlassen wölle/rc. das zeygen wir dir hiemit gnediger meynung
im besten an/damit du dich wissest darnach zurichten/mit erpietung dein gütwilligkeyt in
gnaden zuerkennen/rc. Datum.

Verziegsbrieff vber Vatter vnd Mütter-
lich Erbschafft.

ICh Barbara N.rc. Bekenne/rc. daß ich mit Rath/wissen vnnd willen N. meines
lieben Haußwirts/angesehen vnd betracht habe/solch freundlich trew vnd freund-
schafft/so die Vesten mein lieben Vettern N.vnd N.gebrüdere/ mir manigfältig-
lich zu ehr/nutz/vnd fürderung gethan haben/vnnd nachmals thün mögen/ vnd habe mit
freyem güten willen/denselben meinen Vettern sampttlich/vnnd jeglichen besonder/vnnd
allen jhren Erben/all mein ansprach/fo:derung vnd gerechtigkeyt/die ich an meinem vät-
terlichem vnd Mütterlichem haabe vnd güt/es sey beweisung/widerlegung/widerfall/ey-
gen/ligendt/faren de/gesucht vnnd vngesucht/nichts außgenommen/habe/rc. vnnd haben
möcht/

Verziegsbrieff. CXLI

möcht/von Heyrath vnnd ander verschreibung/in welchen weg das ist/vnd sein mag/zu jhren handen geben vnd zügestellt/Gebe vnnd stelle auch zu jhren handen/vnnd gewaldt/für mich/vnd all mein Erben/mit allem Rechten/wie dann ein redliche vnwiderzüffliche auffgabe/in Geystlichen vnnd weltlichen/vnnd nach Landtsrechten/allerbest krafft vnnd macht haben soll vnd mag/damit zuhun vnnd zulassen/gütlich/oder rechtlich/wie sie ge- langt/als mit andern jhren eygen Gütern/vnnd ich darinn thün möchte/ob ich das nicht vbergeben hette/darzu ich N.als Ehevogt obgenant/meist willen/gunst vnd verhengnuß geben habe/vnd gibe meinn willen/gunst vnd verhengnuß darzu/für mich/vnd alle mein Erben/wie das gnüglich vnd zum krefftigsten ist vnd sein mag. Vnd ich N.vnnd ich N. vnd ich N.Haußfrawen/als nechsten Agnaten/versprechen auch in krafft diß brieffs/dise auffgabe stett vnd fest zuhalten/für vns vnnd all vnser Erben/vnnd darwider nimmer zu- thün/noch schaffen gethan werden/mit noch ohne Gericht/in kein weg/Vnd ob die ehege- nante vnser Schwägere vnnd Vettere von N.zu diser auffgabe/mehr auffgabe/gewalde vnd macht inn vnd zu diser sach nottürfftig weren/oder wurden/die geben wir jhnen auch hiemit/mit allem Rechten/in krafft diß Brieffs. Wir obgenannte Eheleuth haben auch für vns/vnd alle vnser Erben verzigen/vnd verzeihen in krafft diß Brieffs auff alle gere- chtigkeyt/wie die namen hat/oder haben möcht an allem dem das mir N.vnd meinen Er- ben von meinem Vatter vnd Mütter zustehen solte/vnd erscheinen möcht/nichts außge- nommen/doch den widerfall/da sie vnser Vetter vnd Schwäger nicht nähere Erben als vns/oder vnsere Erben verliessen/in bester vnnd bestendigster form des Rechten vo:behal- ten/wie wir auch vns vnd vnsern Erben samptlich/uff den widerfall nichts verzigen oder begeben haben wöllen/alle argelist/verhinderung vnd geuerde hierinn gentzlich auß vnnd abgescheiden. Vnd des zu vrkundt/:c.

Verziegs brieff einer Tochter/aller jhrer Vät-
terlichen vnd Mütterlichen Erbschafft/:c.
anderer form.

ICH Barbara N.des Edlen vnd Ernuesten N.von N. Eheliche Haußfraw/Be- kenn vnd thü kundt offenbar mit disem Brieffe/für mich vnd all mein Erben/Als oder Ernuest vnnd Hochgelehrt mein freundlicher lieber Vatter Wilhelm N.der Rechten Doctor/mich zu dem genanten N.von N.Ehelich vermählet/vnd zwey tausent gülden zugelts/vnd vor mein Erbrecht geben/vergnügt/vnnd außgericht/damit er mich meins außkommens wol versehen/auch sonst mir allerhandt gestewert/viel manigfeltig vätterliche trew/vnd gütthaten bewiesen hat/Hierumb so hab ich mit rath/wissen/gunst/ vnd willen vnd verhengnuß des obgenanten meins lieben Haußwirts N. von N.als mei- nes rechten Ehevogts betrachtlich/mit gütem freiem wissen vnd willen/gantz vngezwun- gen vnd vngetrungen auß obgemelten vnnd andern vil mehr redlichen vrsachen mich be- wegend/auch meinen lieben brüder Philips N.zu güt/alles vnd jegliches/mein vätterlich vnd mütterlich/Anher:lich/vnnd Aufräwlich Erb/Erbschafft vnnd Erbrecht/auff alle forderung vnd gerechtigkeyt derselben erblich/vnwiderrüfflich/vollkom- menlich vnd zu rechter vrthat gentzlich vnd gar verzigen/vnd mich des begeben/Verzeihe vnd begebe mich auch des alles vnd jegliches hiemit wissentlich erblich/vrthätlich vnd vn- widerrüfflich inn der aller besten form/sicherheyt vnd gewarsam/wie dann ein vffrechter edlicher/erblicher/ewiger/vrthätlicher/vnwiderrüfflicher verzige/inn allen Geistlichen vnd weltlichen Rechten/auch nach Landts sitt vnd gewonheyt/aller best krafft/macht/vñ bestandt haben soll/versogt werden vnd geschehen möge/darnach nimmermehr kein anfo- derung oder zuspruch durch mich/meine Erben/oder jemandts anders zuhaben/fürzune- men oder zuthün/in keine wege/vngefehrlich. Vnd auff daß diser verziegk/vnnd was hie- inn geschriben stehet/vor allen Rechten/Gerichten/vnnd meniglichen vnwiderrüfflich/

A a iij

New Formular

krafft/macht/vnd bestandt hab vnd stracks dabei bleib/ So habe ich dem N.ꝛc. in sein hand
mit trewen gelobt/ darnach einen gelehrten Eydt leiblich zu Gott vnd seinen Euangelien
geschworn/ solchen verziegk/ vnd was hierinn geschrieben steht/ war/ stett/ fest/ vnd vnuer-
brüchlich zuhalten/ vnd dem stracks nachzukommen/ für mich vnd alle mein Erben/ darzu
bey denselben gelübden vnd eyden/ wissentlich vnnd vnwiderꝛufflich verziegen vnnd bege-
ben/ aller Gnaden/ Freiheyten/ Gerichts/ Rechten/ Absolution/ Restitution/ vnd alles be-
helffs ihr hiewider zustatten kommen möcht/ Vnnd sonderlich auch der Freiheyt so Keyser
Adrianus/ auch andere Keyser vnd König zu gunst Fräwlicher bildung geben haben/ vnd
das im Rechten genant wirdt senatus consultum Velleianum, des ich dann gnügsam-
lich vnd verstendtlich vnderricht worden bin/ desselben nach keins andern verstandts/ so ich
haben oder erlangen/ oder mir von eygener bewegnuß gegeben werden möcht/ nimmermehr
zuwidder anzunemen oder zugebrauchen in keine wege/ auch nit fürzuwenden/ daß ich in
solchem vberfürt/ betrogen/ hindergangen/ getrungen/ odder gelegenheyt der Erbschafft
nit recht bericht gewesen sey/ noch keins andern verstandts/ wie der gesein oder erdacht wer-
den möcht/ in keinen wege/ sondern wil daß es stracks bey allen vnd jegklichen so hierinnen
geschrieben stehet/ bleib/ vñ solchs alles zu ewigen tagen krafft/ macht/ vnd bestandt/ für al-
les widertreiben/ vor allen Richtern vnd Gerichten/ habe/ vnd darauff geurtheylt werden
soll/ als auff vnwiderꝛufflich/ offenbar/ bewert/ beslettiget/ vnnd kräfftig/ gerecht/ verziegk
vnd verschreibung/ als wer es vor ordenlichem Gericht ergangen/ vnd mit Recht in krafft
ergangener vrtheyl bekrefftig wer/ darwider nichts statt haben noch zügelassen werden sol-
le/ in kein wege/ Vnnd ob diser verziegk einichen mangel hett/ oder darinn erfunden/ auff
meins lieben Vatters oder meins brüders erfordern/ denselbigen allwegen erstatten/ vnnd
erfüllen/ aller dinge vngefehrlich. Des zu warem vrkunde hab ich mein eygen handschrifft
vnden an disen Brieffe geschrieben / darzü gebetten den obgemelten meinen lieben Hauß-
wirt/ sein eygen Innsigel an disen Brieff für jhnen/ vnnd mich/ auch vnsere Erben zu ge-
zeugnuß aller obgeschriebener dinge/ zuhencken. Vnnd ich N. bekenn auch offent-
lich mit disem Brieff für mich vnd alle meine Erben/ daß alle vnd jede obgeschriebne din-
ge/ durch mein liebe Haußfrawen Barbaren N. als in meiner gegenwertigkeyt/ vnd mit
meinem/ als jhrs Ehewogts rath/ wissen/ willen vnd gnügen geschehen sein/ darüff so hab
ich mein eygen Innsigel für sie vnd mich/ darzu alle vnsere Erben an disen Brieff gehan-
gen/ darzu wir beyde Eheleut gebetten die Edlen/ Ernuesten vnd Hochgelehrten A. vnd
B. vnsern lieben brüder/ Schwager/ vnd güten freundt/ daß jr jegklicher sein Jnnsigel
auch an disen Brieff gehengt haben/ vns vnd vnsere Erben aller obgeschriebner dinge zu
besagen/ des wir jetzt genanten A. vnnd B. bekennen/ also von bitt wegen vns vnnd vnseri
Erben ohn schaden gethan haben. So geschehen/ꝛc.   Subscriptio.

Jch Barbara N. von N. bekenn/ daß diser verziegk/ gelübde/ eyde/ vnd was in di-
sem Brieff geschrieben stehet/ also mit meinem freien güten willen ergangen/ vnnd
geschehen ist/ In vrkunde diser meiner eygen handschrifft.

Verziegsbrieff vber habender widerlösung/
anderer Form.

Wir N.ꝛc. Bekennen/ꝛc. Als die Durchleuchtigen ꝛc. den N.ꝛc. vnnd vns/ etliche
Schloß/ Sta̋tte/ Dörffer/ Höfe/ Leute/ Eckere/ Wiesen/ Zinß/ Gülte/ Herrlich-
keyt/ vnd anders/ was des ist/ vnd wie das namen hat/ vnd genannt werden mag/
nichts außgenossen/ abgekaufft/ vnd zu jren handen bracht han/ nach laut der Brieff dar-
über sagende/ Da haben wir mit wolbedachtem müt/ angesehen vnd betracht solche merck-
liche gnad vnnd gunst/ die vnns von der gemelten N.ꝛc. voraltern/ löblicher gedächtnuß/
vnd auch von jhrer gnaden bißher geschehen ist/ Vnd auch/ das nach vnserm todte kein jr-
rung/

Verziegsbrieff. CXLII

rung/spenn oder zwitracht daruon entstehen/odder wachsen/ Haben wir vnns mit gůtem
freien willen/für vns/vnd alle vnser Erben / vnd nachkommen begeben vnd verziegen/ob
vnser Vorältern/vnnd wir für vns selbs / oder vnser Erben/an den gemelten verkaufften
Schlossen/Stätten/Dörffern/Leuthen/ Gütern / Herrlichkeyt vnnd anderm/wes das/
oder wie es genant ist/einigen widerkauff oder losung/odder einich ander gerechtigkeyt be-
halten hetten/es wer verschrieben / oder nicht/ daß die obgenannten vnser Gnedige
Herrn Hertzogen N. vnnd alle jhre Erben vnnd Nachkommen/vmb das alles das sie von vnsern
Eltern vnd vns innhaben/samentlich vnd sonderlich/ nun fürbaß mehr/zu ewigen zeiten
keinn widerkauff noch lösung/ob wir/odder vnser Erben des jcht vmb wenig odder vil zu-
thůn/oder gerechtigkeyt darzů hetten/oder haben möchten/ schuldig noch pflichtig sein sol-
len/inn keinen wege/dann wir gentzlich vnd läuterlich vnd zumal mit rechter güter wissen
darauff verziegen haben/Verzeihen vnd begeben vns des/für vns/vnnd alle vnser Erben
vnd Nachkommen/wie dann ein Rechtlicher gnůglicher krefftiger vnd vollmechtiger ver-
ziegk in allen Geistlichen vnd weltlichen Rechten/vnd nach Landts sitten vnd gewonheyt
aller best krafft vnd macht haben soll vnd mage/ohne alle geuerde.

Gereden vnd versprechen für vns vnd alle vnser Erben vnd Nachkommen bey vn-
sern Wirden/trewen/Eyden vnd Ehren/daß wir/ noch vnser Erben vnd Nachkommen/
vnd niemandts von vnsernt wegen / darumb oder daruon widder solchen obgemelten ver-
zieg/nimmermehr kein forderung noch anspruch/ an die obgemelten vnser Gnedige Her-
ren die N. alle jhre Erben vnnd nachkommen/ haben oder thůn/noch schaffen gethan wer-
den/mit oder one Gerichte/noch in kein ander wege/ oder mit jcht/das jemandt darwider
haben/finden/erwerben/oder erdencken möchte/ alle fünde/ geuerde vnnd gesuche hierinn
gentzlich auß vnd abgescheiden. Vnd des zu vrkundt/rc.

Verziegs oder vbergabs Brieffe vber Lehen
ewiglichen/gůter gebräuchlicher
Form.

ICH Beatrix N. geborne von N. Bekenn vnd thů kundt menglich/Als der Hoch-
gelehrt N. der Rechten Doctor vnd Churfürstlicher Pfaltz Rath / mein günstiger
Lieber Herr vnnd Freundt/mir nach absterben Hans Jacobs von N. meines Brů-
ders seligen/fast inn die drey Jar/inn außbringung der Lehen vnnd inn ander wege/ nicht
allein mit eusserstem fleiß verholffen gewesen / sonder auch darneben fast inn bemelter
zeit mit mir/ meinem Junckern vnd angehörigen einen grossen vnkosten angewendet/
Also ich jhme dargegen zu billicher vergleichung vnnd schuldiger dancksagung ein nam-
hafftigs zuentrichten schuldig gewesen/ Daß ich demnach mit gůtem wissen vnd willen/
auch vorbedachtem gemůt/ vnd zu schuldiger entrichtung angewendten kostens vnd mů-
he/auch billicher dancksagung bemelten Doctor N. vnnd allen seinen Erben (dieweil es
jetzunde jhne mit eygenthumb zuuergnůgen inn meiner gelegenheyt nicht gewesen) mit
vorgehender bewilligung der Durchleuchtigen vnnd Hoch vnnd Wolgebornen Herrn/
Herrn N. Pfaltzgrauen bey Rhein/rc. vnnd Herrn N. Grauen zu N. die Güter zu N.
sampt allem anderen / so meine Vorältern vnnd ich von hoch vnnd wolermelten Herrn
biß daher zu Lehen getragen / vnnd die Lehenbrieff vnderschiedlich außweisen/ freiwillig
vnnd dermassen vbergeben/ daß nunmehr hinfürther er vnnd seine Lehens Erben/ solche
Lehengüter von Hoch vnd Wolermelten Herrn / so offt das noth sein würdt/ empfahen/
innhaben/vnnd wie andere seine eygenthumbs vnnd Lehengüter nutzen vnnd niessen mö-
gen vnnd sollen/vnuerhindert mein/meiner Erben/ vnnd menigliche. Ich wil auch mit
notwendiger auffschreibung solcher Lehen/vnd vbereichung aller vnnd jeder Lehen/vnnd
sonst aller brieflicher vrkunden/so vber solche güter sagen/ mich hiemit wissentlich vnd in
krafft diß brieffs/für mich/vnd mein Erben/aller vnd jeder Rechten vnd gerechtigkeiten/

A a iiij

auch gehabter Possession entsetzet/ vnd darneben aller vnnd jeder Priuilegien so Weiblichem Geschlecht zu gutem kommen möchten/vnd Exceptionen/sonderlich doli mali vnnd non numeratæ pecuniæ,begeben/vnd damit obberürten Doctor N.in rühige Possession solcher Güter vnd gewer gesetzt haben/ bey meinen Weiblichen ehren vnd trewen versprechende/ an obgedachte Lehenguter kein anspruch nimmermehr/inn odder ausserhalb Rechtens zuhaben.

Des alles zu warem vrkundt/so hab ich mit fleiß gebetten vnnd erbetten/den Edlen vnd Ernuesten N.meinen freundtlichen lieben Junckern vnnd Ehuogt/daß er sein angeborn Insigel an disen Brieff gehenckt hat/ Vnnd dieweil dise vbergab obberürter beyder Lehen mit mein Clare N.gebornen N.obberürter Beatricen Ehelichen Tochter/als diser zeit der nechsten Agnaten güttem wissen vnnd bewilligung zugangen/ so hab ich auch mit fleiß gebetten vnd erbetten den Edlen vnd Ernuesten N. von N. meinen freundtlichen lieben Junckern vnd Ehuogt/daß er sein angeborn Innsigel auch an disen Brieff gehenckt hat/wie dann wir beyde N. vnnd N. daß wir dise Besieglung inn namen vnnd vonn wegen vnserer bewilligung vnnd zulassung gethan haben hiemit bekennen. So beschehen auff/ic.

Vbergabe eines Lehens/ander güter Form/ darinn der widerfall vorbehalten wirdt.

ICH N. Bekenn vnd thu kundt allermenigklich mit disem Brieff/Als weylandt der Edel vnd Ernuest N.mein freundtlicher lieber Vetter selig/in jüngst verschienem Do N.zc. Jars den fünffzehenden Aprilis todts verschieden/vnd seiner hinderlassenen Stamm vnd Mannlehen/nicht nähere Lehens Erben vnd Agnaten/ als mich/ vnnd die auch Edlen N. vnnd N. meine freundtliche lieben Vettern alle in gleichem Grad verlassen/vnd also solche seine hinderlassene Lehen vns dreyen/ vnd einem jeden zu seinem gebürenden antheyl anerwachssen/wie wir dann dieselben auch als balde mit dem gemüt Adiert vnd angenommen/ Vnnd aber vnder solchen Lehen auch eins von Rhömischen Keysern vnd dem Heyligen Reich herrüret/ vnd nunmehr bey der jetzigen gegenwertigen Rhömischen Keyserlichen Maiestat vnserm Allergnedigsten Herrn/ vnns dreyen vmb gesampte belehnung inn allem vnderthenigem gehorsam darumb anzusuchen/vnnd solches mit gebürender Reuerentz zuempfangen gebürt/ Daß ich demnach freyes gütes willens/vngezwungen/vngetrungen/nicht hindergangen/sonder wissender ding/ in solchem Keyserlichem vnd des heyligen Römischen Reichs Lehen obberürten beyden meinen freundtlichen lieben Vettern N. vnd N. ihren Stamms vnd Mannlehens Erben gütwilliglich gewichen vnnd cedirt/wie ich dann hiemit wissentlich vnnd gütwilliglich weich vnd cedir/also daß obberürte beyde meine Vettern solch Keyserlich/ vnnd des heyligen Rhömischen Reichs Lehen für sich vnnd ihre Stamms vnnd Mannslehens Erben allein empfahen/ haben/nutzen vnd gebrauchen mögen vnnd sollen/alles mein vnnd meiner Lehens Erben/ vnd menigklich von meinet wegen vnuerhindert/dann ich mich hiemit/ für mich vnd meine Erben/aller meiner gehabten Lehens gerechtigkeyt zu obberürtem Lehen gentzlich begibe/wie ich mich auch darauff aller vnnd jeder gnaden vnd Freiheyten/ sonderlich aber des Beneficij reuocationis,vnnd was sonst des Menschen sinn wider dise meine freywillige abweichung vnd Cession erdencken mag/gantz vnnd gar verzeihe/ Doch da bemelte mein freundtliche liebe Vettern vnnd jhre Stamms vnnd Mannlehens Erben(das Gott der Allmechtig lang verhüten wölle)todts verfallen sollen/wil ich mir/vnnd meinen Lehens Erben/durch dise meine gütwillige Cession / mein habend Agnations Recht keins wegs begeben/sonder in allweg vorbehalten haben/Alles getrewlich vnd vngefehrlich. Des alles zu warem vrkundt/ic.

Cession

Cession vnd vbergabe vber schulden/ kurtzer Form.

ICH A. bekenn mit diser meiner Handtschrifft/ Als der erbar B. vnnd seine Erben mir xl. gülden schuldig sein/ nach laut vnnd innhalt des genanten B. handschrifft/ Brieffe vnd Sigel/ daß ich solch xl. gulden schuldt/ mit sampt dem schuldbrieff vbergeben hab/ vnnd gibe die in krafft diser schrifft dem Ersamen E. für sein eygen güt/ solche schulde zuheischen/ fordern/ inzubringen/ gütlich/ oder Rechtlich/ als sein eygen schulde vnd güt/ darumb auch zu quittieren vnd ledig zusagen/ vnnd damit thün vnd lassen/ alles das ich selbs zuthün vnnd zulassen macht habe gehabt/ vor diser vbergebung. Des zu vrkund hab ich solch vbergebung geschrieben mit eygner handt/ vnnd mein Inngesigel vnden daran getruckt. Datum/ etc.

Cession vnd vbergabe/ etlicher Jura Patronatus vnd Pfarrlehen.

WIr Rector vnd Vniuersitet des Studiums N. bekennen vnnd thün kundt allermenigklichen mit disem Brieff/ daß wir dise nachbenanten vnser fünff Jura Patronatus/ vnd Pfarrlehen/ nemlich zu A. die Pfarr vnd frümeß daselbst/ deßgleichen die Pfarrlehen zu B. C. D. vnnd E. in der Fürsichtigen/ Ersamen weisen/ Burgermeister Rath vnd gemeiner Statt N. gebiet vnnd Obrigkeyt gelegen/ die weylandt auff der Durchleuchtigen/ Hochgebornen Fürsten vnser Gnedigen Herrn/ Herrn N. etc. löblicher gedächtnuß/ erlangen/ durch den Bäpstlichen Stül zu Rhom vnser Vniuersitet zu jrer erhaltung/ notturfft vnd bestendigkeit Incorporirt worden/ vñ vnsere Vorfarn/ auch wir bißher on menigklichs jntrag gerühiglichen besessen vnd inngehabt/ auß beweglichen redlichen ehehafften vrsachen auch gegenwertiger lauff halb/ so sich zu disen zeiten/ an vilen orten/ vnd mehrertheyls Teutscher Nation gegen den Geystlichen beschwerlichen eneygen/ besonderlich auch dieweil solch Pfarrlehen vns weit entlegen/ vnd die flecken darinn sie begriffen vonn dem löblichen Fürstenthumb N. dem sie vor dem nechstuergangen N. Krieg zügehörig gewesen/ in frembde/ vnnd nemlich deren von N. Oberkeyt gewachsen/ Vnd also vmb vnser vnd vnser nachkoffien bessern nutz vnd frofflen willen/ dem Durchleuchtigen Hochgebornen Fürsten vnd Herrn/ Herrn N. etc. vnserm gnedigsten Patronen vnd Herrn/ mit zeitigem vorgehabten rath/ wolbedachtem müt/ vnnd rechter wissen/ freywilliglich widerumb zügestelt/ vbergeben/ resignirt vnnd geeygnet/ Stellen auch zu vbergeben/ resigniren vnnd eygen seiner Churfürstlichen Gnaden vnnd dero Erben/ für vns/ vnnd vnser nachkoffien dieselben obernanten fünff Pfarrlehen hiemit vnnd in krafft diß Brieffs wissentlich/ ewiglich/ vnnd vnwiderrufflich/ mit vollkommener Cession/ abtretung/ vnd allen gebürenden Solenniteten/ auch in bester form/ maß vnnd gestalt/ sich das nach ordnung Bäpstlicher vnd Keyserlicher Recht/ Landts gewonheyt vnd vbungen gebürt/ am bestendigsten beschehen soll/ sein/ kan/ odder mage/ also daß hochgedachter vnser Gnediger Herr/ vnnd seiner Churfürstlichen Gnaden Erben/ solche obgeschrieben fünff Resignirte Pfarrlehen nun hinfüro zu ewigen zeiten inhaben/ besitzen/ nutzen/ niessen/ verlehen vnd gebrauchen sollen/ vnd mögen/ mit allen jren Gerechtigkeiten/ nutzen/ vnd zügehörungen in aller massen/ wie wir vnd vnser Vorfaren dieselben bißhero inngehabt/ besessen vnnd gebraucht haben/ nichts außgeschlossen/ dieselben Lehens gerechtigkeyten/ auch wann es jhren Churfürstlichen Gnaden gefällig/ inn andere hende zuwenden/ darmit zu thün vnd lassen/ als mit andern jhrer Churfürstlichen Gnaden Geystlichen Lehen/ vnnd wie es vonn alter herkommen/ vnuerhindert vnser/ vnser nachkommen/ vnd menigklichs von vnsern wegen.

Wir

New Formular

Wir vnd vnser Nachkommen sollen vnnd wöllen auch derhalben an hochgemelten vnserm Gnedigsten Herrn/ vnd seiner Churfürstlichen G. Erben niner zu ewigen tagen ichts weiters weder inn noch ausserhalb Rechtens fordern/ oder gesinnen/ vnnd herwidder nichts fürnemen/ suchen/ odder fürwenden/ das zu hindernus oder inntrag diser vbergab reichen mag/ Dann wir verzeihen vnnd begeben vns/ für vns vnnd vnsere Nachkommen des alles/ Auch aller Gnaden/ Freiheyten/ Indulten/ Dispensation/ Absolution/ Restitution/ vnd alles anders/ was vns herwider zu fürstandt/ behelff/ oder vortheyl/ kommen möchte/ nichts hindan gesetzt/ alles on geuerde.

Des zu warem vrkundt/ haben wir vnsers Rectorats vnd der Vniuersitet Jnngesigel an disen Brieff thün hencken/ vns vnnd vnsere nachkommen obgeschribener ding damit zubesagen. Geben vff/ ꝛc.

Verzeihung/ da eine ausserhalb der Ehe ein kindt mit einem erzeugt/ aller deßhalben gebürender anforderung/ aussem vertrag entsprungen.

ICH Margretha N. vnnd ich Jörg N. jhr Vatter/ Bekennen offentlich/ für vns/ vnd vnsere Erben hiemit disem N. Brieffe/ Demnach verschienens N. Jars der weniger zale wir vns mit dem Ernhafften N. von wegen eins fals/ so sich auß natürlicher blödigkeyt zwischen mir Margrethen vnnd jhme begeben/ in beysein der Wirdigen Ernhafften vnnd weisen A. B. C. vnd D. auff nachfolgende Forma/ wissentlich vnd wol bedächtlich in der güte vereiniget vnnd verglichen/ Nemlich vnnd erstlich/ dieweil ich M. mich auff angeregten beschehenen fall schwanger empfunden/ daß er mir für dasselb/ auch deßhalb alle andere ansprüche vnd forderung N. Gülden/ vnd daran als balde N. Gülden ane (wie er nun gethan) vnnd dann die vbrigen N. Gülden zu gantzer entrichtung der N. Gülden auff S. N. tag obgemelts Jars/ vollends erlegen. Auch so ich mit hilffe Gottes/ der geburt entbunden/ also dann das Kindlein (also beschehen) zu seinen handen nemen/ vnnd nach gemeinem brauch/ sich des Kindtlegers halb (in welchem er mir N. Gülden zügestelt) mit mir vergleichen/ Vnd dargegen wir beyde Tochter/ vnnd Vatter/ vns/ für vns/ alle vnser Erben vnd verwandten/ gegen gedachtem N. vnd seiner freundschafft aller ansprüch wie oberzelt ewiglich verziegen vnd begeben haben/ auch derselben durch solch vergleichung vermög dazumaln mündlich beschehener endtlicher abrede/ vollnkommlich vergnügt vnd bezalt sein sollen.

Dieweil aber auß allerhandt fürgefallenen vrsachen die bezalung der vbrigen N. Gülden/ zu gantzer summen der N. Gülden/ auch die vergleichung des Kindtlägers halb bißher nicht beschehen/ sonder anstehen blieben/ Haben wir vns abermaln inn beysein obgegenannter Personen deßhalben mit jhme N. diser letzern/ endtlichen gewissen vergleichung/ beschlossen vnnd vereiniget/ Der gestalt/ daß er N. mir Margrethen obgenant als baldt zu völliger begnügung der N. Gülden für anforderung des Kindtlegers/ auch kosten vnd schadens/ so wir derhalb gelitten/ oder noch erleiden möchten/ sampt alles anders wie vermeldt N. Gülden Müntz entrichten vnnd bezalen soll/ Welche er dann vns also bar allbereyt erlegt/ deren vnd des hieuorigen/ so er vns disen fals wegen vermög vertrags erlegt/ wir jhne N. vnd seine Erben/ auch hiemit in krafft diß Brieffs/ quittieren/ vnnd ledig zelen.

Begeben vnd verzeihen auch darauff vns beyde/ für vns/ vnd vnsere Erben in ewiger zeit aller ansprüche vnd forderung/ auch alles anders/ so wir zu jhme N. oder seinen Erben dißfals wegen/ vor vn nach der geburt gehabt/ oder noch künfftig gewinnen möchten/ Vñ ich Margreth sonderlich auch der Rechten vnd Freiheyten senatus consulti Velleiani, vnnd anderer dergleichen Weiblichem Geschlecht zu hilff gegeben/ mit sampt der rechten

gemeyner

Verweisung. CXLIIII

gemeyner verzeihung widdersprechende/ dessen alles ich dann gnugsam vnnd verstendtlichen bericht worden/ Dergleichen so wöllen wir auch samptlich noch sonderlich jhne N. seine Erben oder Freundtschafft diser sachen halb nicht weiter durch vns selbs/ oder andere/ an Geystlichen oder Weltlichen Gerichten/ vnnd sonsten/ es sey wo es wölle/ wedder heymlich noch offentlich anlangen/ bekümmern oder beleumen/ noch schaffen gethan werden/ in keinen wege/ alles sonder geuerde vnd argelist.

Des zu warer vrkundt/ haben wir Tochter vnnd Vatter A. vnd B. dieweil wir eygener Sigill inn mangel/ ihre gewonliche Sigill zu bekrefftigung vnnd erzeugknuß alles obgeschriebens/ für vns hier an zutrucken mit fleiß gebetten vnnd erbetten/ Welche Sigelung wir beyde jetztgenante/ nicht allein auff jhrer beyder/ als Tochter vnnd Vatter bitten/ sonder auch für vns vnd die andern mit vnderhändlern/ dieweil dieselben dergleichen eigener Sigill in mangel/ gethan haben/ hiemit offentlich bekesen/ doch vns/ vnd vnsern/ auch der anderen mithändlern vnd derselben Erben in allweg ohn schaden. Geben vnd geschehen auff Dinstag/ ec.

Verweisungs Brieff/ so einer seiner Haußfrawen
an Gülten/ vber zügebracht Heyrathgüt vnnd
Morgengabe/ sampt anderm/ ec.
thüt.

ICH N. Bekenn vnd thu kundt allermeniglich/ Nach dem in der freundtlichen ab vnd Ebeherdung/ so zwischen mir/ vnnd dann der Edlen N. meiner freundtlichen lieben Haußfrawen/ durch den Durchleuchtigen Hochgebornen Fürsten vnnd Herrn/ Herrn N. ec. vnsers Gnedigen Fürsten vnnd Herrn/ vnd andere vnser beyderseits darzu erforderte vnnd erbettene Freund/ abgeredt/ vnd durch mich zügesagt/ vnnd versprochen worden/ daß ich bemelte mein freundtliche liebe Haußfraw/ anfenglichs jrer zubracht sechs hundert vnd viertzig Gulden/ vnd dann meiner dargegen versprochener widerlegung/ so sich in einer summa ein tausent/ zwey hundert vnd achtzig Gulden thüt/ Item vnd ferrers der versprochen drey hundert Gulden Morgengabe/ Vnnd dann letzlich auff den fall/ da ich todts vor jhr verscheiden solt/ der zwentzig järlichen Gulden für behausung vnd beholtzung/ dermassen versichern solt vnd wolt/ damit sie solche angezogene zwentzig Gulden järlich/ vnd dann von den vbrigen allen jhe vom hundert fünff järlicher Gulden wol gehaben/ vnd darneben ihres zugebrachten Heyrathgüts/ vnd der beschehen Morgengab/ auff den fall gewiß vnd versichert were.

So habe ich demnach/ solchem meinem versprechen nach/ ein vollnziehung zuthun/ obberürte mein freundtliche liebe Haußfraw/ solches jhres zübringens/ widerlegens morgengab/ vnd der järlich versprochenen zwentzig Gülden/ auff den fünff tausent vnd sieben hundert Gulden/ vnd daruon järlich zwey hundert fünff vnd achtzig gulden/ fallende gülten/ so ich auff dem Edlen vnnd Ernuesten N. von N. ligen vnnd gefallen hab/ wie ich sie dann auch hiemit vnd in krafft diß Brieffs wissentlich/ verweiß/ Also vnd dergestalt/ daß vilgedachte mein freundtliche liebe Haußfraw auff den fall sich anfencklich ihres zübringens/ vnnd dann auch der järlichen fallenden/ vnnd versprochenen Gülten/ Hauß vnnd Holtz Gelts/ da jhr an dem eygenthumb etwas manglen/ oder sonst die järlichen versprochenen Gülten nicht gehaben möcht/ ab solchem erholen/ vnnd die Gülten von berürtem N. gewertig sein soll/ ohn meniglichs einreden/ oder widersprechen. Des zu warem vrkundt/ so hab ich mein eygen angeborn Innsigel zu ende an dise verweisung angehenckt/ vnd mich mit eygener handt vnderschrieben. So geschehen vff/ ec.

Wiedumbs

New Formular

Wiedumbs Brieff / oder heimstewer / da mann auff Gülten vnd andern / ꝛc. verwiesen wirdt.

Wir Ludwig Herr zu N. bekennen vnd thůn kundt offenbar mit disem Brieff / vor vns / alle vnser Erben vnd nachkommen / daß wir dem Wolgebornen Sigmund Grauen zu N. vnd Herrn zu N. die Wolgeborne vnser freundliche liebe Tochter Elisabeth zu seinem Ehelichen Gemahel nach Christlicher ordnung geben vnd vertrawet haben / Vnd wir sollen vnd wöllen jhme zu derselben vnser Tochter zu zůgelt vnd heimsteuer geben vnd beweisen / Geben vnd beweisen auch als baldt jhme / für vns / alle vnsere Erben / vnd nachkommen / mit krafft diß gegenwertigen Brieffs 200. güter gemeyner Rheinischer Gülden / Straßburger werung / järlicher Gülten / mit 4000. gülden Hauptgelts gemelter wehrung abzulösen / auff vnser H. zum Schloß N. so vnser eygenthumb ist / gehörend / Nemlich zu N. dasselb Dorff so vnser eygen vnd vnuersetzt ist / hat järlicher gewisser Gülten 85. pfundt Pfenning / zehen Fůder Weine / ohne abgang / etwan ein jar mehr / das ander minder. Item zu N. deßgleichen / so auch vnser eigen vnd vnuersetzt ist / gewisser järlicher Gülten / 63. Lib. pfen. Gelts / hundert viertheil Frucht / halb Korn / vnnd halb Habern / von dem Gültaßt / vnnd darzu die Schäfferey der ende. Item zu N. das Dorff ist Lehen / von vnserm Gnedigen Herrn / Herrn N. ꝛc. hat gewisser järlicher gülten 120. pfund Pfenning Gelts / das wir Ludwig obgenant zuuerwilligen / außtragen sollen vnd wöllen / vnuerzüglich / wie sich das gebürt vnd not ist / Also daß der obgenant Graue Sigmund vnser Tochterman solch zwey hundert gülden Gelts / järlicher Gülten / in Wiedumbs weise / vnd Elisabeth vnser liebe Tochter sein Gemahel inn Ehestewer vnnd eygens weiß all jar järlichen auff N. tag auff der H. obgemelt sollen haben / innemen / nützen / vnd niessen / nach Landes gewonheyt vnd recht / ohn alle geuerde. Vnd hierauff so haben jetzunde von vnserm geheyß vnd befelch / vnser Schaffner zu N. Hans N. auch vnser Schultheyß vnd Meyer / vnd die gantze Gemeyne gemeynglich in den obgenanten Dörffern vnnd H. dem vorgenanten vnserm lieben Tochterman / Graue Sigmunden gelobt vnd zu Gott geschworen / Deßgleichen ein jeglicher vnser / oder vnser Erben / Schaffner / Schultheiß / vnd Meyer in künfftigen zeiten / in der obgenanten H. von vnsern wegen sein verordent / thůn sollen / dem ehegenanten vnserm Tochterman / vnd Elisabethen vnser Tochter seiner Ehelichen Gemahel / solch zwey hundert Gülden / all jar järlich auff Sanct N. tag obgemelt ane / von den obgedachten vnsern gefällen / für vns / vnnd vnser Erben wegen auff ihrer gewönlichen Quittanzen zugeben vnd außzurichten / one ihren kosten vnd schaden / des zugebrauchen vnd zugeniessen in massen vorgerůrt / ohne alle jrzung / vnser / vnser Erben / vnd nachkomnen / noch meniglichs von vnsern wegen. Vnd were es sach / daß wir Ludwig Herr zu N. oder vnser Erben / vber kurtz oder lang der zwey hundert Gülden järlichs Gelts vorgemelt / von den genanten Ehelichen gemechten vnserm Tochterman / vñ Tochter ablösung theten / mit 4000. Gülden Hauptgelts als obstehet / das wir kont vnd wol macht haben / so sollen die fürderlich vnd vngefehrlich / mit rath / wissen / willen / vñ gehelle / vnser Ludwigs / oder ander vnser freundtlichen lieben Tochter obgenannt / nechste Erben vnd angeborne freundt / an ander zwey hundert gülden Geldts järlicher gewisser Gülten / oder güt angelegt werden / daran sie beyderseits wolhabend weren / Elisabeten vnser lieben Tochter in eygens / vnnd dem benanten vnserm Tochterman in Wiedumbs weiß / zugebrauchen vnd zugeniessen auff maß vor gerůrt / on jnntrag / widerrede / vnd geuerde. Auch so ist mit besonderheyt beredt vñ betheidingt / Were es daß wir Ludwig obgenant Ehelich Söhne gewönnen / einen oder mehr / die vns vberlebten / wann wir dann von todts wegen abgangen sindt / den Gott lang verhalte / so sollen dieselben vnser Söne / ihr sey einer oder mehr / der vorgedachten vnser Tochter Elisabethen vnnd Grauen Sigmunden vnserm Tochterman oder ihren Erben herauß geben / 5000. güter Rheinischer gülden / obgerůrter wehrung /

Wiedumsbrieff. CXLV

werung/in ein dem nechsten Jar/nach unserm abgang. Dieselben 5000.Gulden/der genant unser Tochterman/oder sein Erben/der gemelten unser Tochter Elisabethen/ auch wider anlegen sollen/also daß sie daran 250. Gulden gelts in järlicher Gülten fallend habe/Dargegen wann das also geschehen ist/so soll gedachter unser Tochterman oder seine Erben/ der genanten unser Tochter Elisabethen seiner Gemahel/der vorgemelten 5000. gülden auff dem seinen beweisen/also daß sie davon an gelt/Wein/Fruchte/unnd andern gefelle/fünffhundert gülden gelts järlicher gewisser gülten fallen haben soll/sich des alles zugebrauchen vnd zugeniessen/nach Landts gewonheyt vnd recht/Vnd hiemit so soll als dann die gedacht vnser Tochter Elisabeth der Herschafft von N. gantz geweret vnd außgewiesen sein. Were es aber daß die Ehegemelten vnser Söhne/ihr weren einer odder mehr/der vorgedachten vnser Tochter Elisabeten/vnd vnserm Tochterman Graue Sigemunden/oder jren beyder Erben die 5000.gülden obgerürt/inn Jaresfrist nach vnserm abgang/den Gott lang verhalte/nit bezalen vnd außrichten/in massen hievor davon geschrieben stehet/So soll vnser Tochter Elisabethen/vnd vnserm Tochterman obgenant/ ihr recht vnd Erbschafft an der Herschafft N. behalten sein. Were es aber daß wir Ludwig obgedacht/nach vnserm tode nit Ehelich Söhne verliessen/so soll vnser Tochter Elisabethen jhr Erbschafft an der Herschafft N. behalten sein vnd werden/alles nach jnhalte des Wiedumbsbrieffs/den der Wolgeborn Graue Friderich Herr zu N. &c. vnser lieber Schwecher/als von des ehegedachten seines ältesten Sons Graue Sigmund vnsers Tochtermans wegen/ vnser lieben Tochter Elisabethen gegeben hat/der das/ vnnd anders mehr eygentlich außweiset.

Wir Ludwig Her zu N. obgenant/setzen auch vns/alle vnser Erben vnd nachkommen diß Wiedumbs heymstewer/vnd geben darzu aller vor vnd nachgeschriebner ding/ recht schuldner vnd werer/ gegen dem vorgedachten vnserm Tochterman vnd Elisabeten vnser lieben Tochter seiner Gemahel/ vnd jhren Erben/ gegen meniglichen da sie oder jre Erben werschafft bedürffen/nach Lands gewonheyt vnd recht/Vnd geloben auch für vns vnd all vnser Erben vnd nachkommen/ disen Wiedumbs heymstewer/ vn geben vnwiderrüfflichen/ getrewlich/ stett/vnnd fest zuhalten. Vnd were es daß dem genanten vnserm Tochterman/vnd Elisabeten vnser liebe Tochter seiner Gemahel/oder jhren Erben/ an der vorgerürten Gifft vnd gaben/ der järlichen Gülten vnnd andern wie vorgeschrieben stehet/inntrag oder verzug geschehe/vnd demselben allem vnd jeglichem obgerürt nit nachkomen/ gethan vnd vollnzoge würde/ das nit sein/ noch ob Gott wil nüsser geschehen soll/ So soll vnser Herschafft von N. mit aller zügehörung/ darfür hafft vnd pfandtbar sein/ die wir Ludwig obgenant jnen auch also hierumb pfandtbar gemacht haben/vnd machen/ mit krafft diß gegenwertigen Brieffs für vns/vnd alle vnsere Erben vnd nachkommen/ Also daß der vorgenant vnser Tochterman Graue Sigmund/ vnd Elisabethe vnser liebe Tochter/ sein Gemahel/jre Erben/vnd alle jhre Helffer/wer die seindt/ vnd mögen/ vnser/oder vnser Erben/Landleuth vnd güter/ligend vnd farend/an allen enden/ vnd Stetten/ wie die funden oder ergreiffen würden/ wie sie gelegen oder genant seindt /mit Geistlichen oder weltlichen Gerichte/oder mit eygenem gewaldt/oder wie jhnen das allerbest füget/ohn vnser/oder vnser Erben/ vnnd meniglichs von vnsern wegen jrrung vnd hindernuß/ darumb pfenden/angreiffen/ vnd beküm̄ern/ vnd das thůn/ so lang vnd dick/ vnd vil/biß vff die zeit/ daß dem gedachten vnserm Tochterman/ Elisabeth seiner Gemaheln vnd jhren Erben/des so jhnen dann brösten vnnd vnergolten were/ an järlicher Gülten/ oder anderer beweisung gifft vnnd gaben obgemelt/ ein gantz gůt vollkommen gnügen beschehen were/vñ was kostens oder schadens derselb vnser Tochterman/ Elisabeth sein Gemahel/vnser freundliche liebe Tochter/jhre Erben/ oder jhre helffer/ nemen oder litten/ des pfendens/ angreiffens vnnd beküm̄ernuß/ oder aller vor vnd nachgeschriebner ding halb/in welchen weg das were jhren einfaltigen worten darumb zuglauben sein soll / ohne ander gezeugknuß/ oder kundschafft/den kosten vnd schaden allen/versprechen vnnd geloben wir Ludwig obgenant/ für vns/ vnd alle vnser Erben vnd nachkom̄en/ dem genanten

Bb

New Formular

vnserm Tochterman/ vnnd Elisabethen vnser lieben Tochter seiner Gemahel/ oder jhren Erben außzurichten vnd zubezaln/ bey allen vor vnd nachgeschriebenen Peenen/ angrieffen/ vnd Articheln/ gleich des/ darumb sie denn gepfendt hetten/ gentzlich vnnd gar/ Würde auch einich Jnnsigel an disem Brieff gefelscheet/ oder mißheuckt/ oder würd diser brieffe gelesen oder geschrifft/ an Pergament/ an geschrifft/ an worten/ odder an Buchstaben/ das soll alles dem gemelten vnserm Tochterman Graue Sigmunden vnnd Elisabethen seiner Gemahel vnser freundtlichen lieben Tochter/ oder jhren Erben/ nach disem Brieff/ keinen schaden noch bresten bringen/ in keinen weg/ Vnnd vber alle ding/ vnd jr jegliche besonder/ Haben wir Ludwig Herr zu N. obgedacht/ vor vns vnnd alle vnser Erben/ vnnd nachkommen vnns williglichen verziegen vnnd begeben/ aller hilff/ freyheyt/ schirm vnnd Burgkfrieden/ gemeyne oder besonder Priuilegien/ Gnad vnd Brieffen/ Dispensation/ oder Absolution/ von Bäpsten/ Keysern/ Römischen Königen/ oder andern Fürsten vnd Herrn/ wie die genannt seindt/ auch Krieg vnnd Feindschafft/ geleydt/ einigung/ vnnd bündtnuß/ Landtrecht/ Stattrecht/ Geistlicher oder weltlicher Gericht/ vnnd Recht/ Artickel/ argelist/ vnnd geuerde/ damit wir vnns hiermit beheiffen oder beschirmen möchten/ auch wider nichts das an disem Brieff geschrieben stehet/ gereden/ oder gethün können oder möchten/ in welcher weiß das were/ ohn alle geuerde/ sonder alle vorgeschriebene ding/ stück/ Puncten/ vnnd Articheln/ vnd jhr jegklichs besunder/ Geloben vnd versprechen wir für vns/ vnser Erben/ vnd nachkommen/ war/ steet/ vnd fest zuhalten/ getrewlich vnd vnuerbrüchlich zuuollnfüren/ ohn alles rechtigen/ vnd nimmer darwider zuthün/ noch schaffen gethan werden/ in keinen weg/ ohn alle geuerde. Vnd des zu einem waren vrkundt/ so haben wir Ludwig Herr zu N. obgenant/ vnser eygen Jnnsigel offentlich gethün hencken an disen Brieff. Der geben ist auff ꝛc.

Verwilligungs Brieffe auff Lehen zubeweisen.

Wir Ludwig/ ꝛc. bekennen/ ꝛc. daß wir vill getrewer danckhnemer dienst/ vnd fleissiger bitt willen/ die vns vnser lieber getrewer N. lange zeit gethan/ vnd fürbaß vns/ vil vnsern Erben thün soll vnd mag/ gegönt vnd bewilligt haben/ Gönnen vnd willigen jme in vnd mit krafft diß Brieffs/ für vns/ vnd vnser Erben/ daß er N. sein Ehelich Haußfraw jhrs zugelts/ Nemlich N. Gulden auff dem Dorff N. mit aller seiner zügehörung/ das dann von vns/ vnd vnserm Fürstenthumb N. zu rechten Mannlehen rüren vnd gehen/ vnd er auch von vns zu Mannlehen empfangen/ bewiedemen vnd beweisen mag/ jhr lebtag auß/ jren beseß vn leibzucht dauon zuhaben/ als Wiedumbs recht ist/ doch vns/ vnsern Erben/ vnd vnserm Fürstenthumb N. an vnsern Mannschafften/ Lehenschafften/ Lehenrechten/ vnd gewonheyten vnschädlich/ alles vngeuerde. Vrkundt/ ꝛc.

Heyrathsbrieff der andern Ehe/ da beyde theyl einander Kinder zübringen/ mit vorwissen/ willigen/ vnd auctorisieren/ beyder theyl Obrigkeyten auffgericht/ in schöner güter vnnd grosser Form.

Jn dem namen der Heyligen vntheylbaren Dreyfaltigkeyt/ so aller güter Handelung/ anfang/ mittel/ vnd ende/ Sey zuwissen/ kundt vnd offenbar allermenigklich/ daß auff heut zu ende beschriebenen Datum diß Brieffes/ zuuorderst Gott dem Allmechtigen/ der den Ehelichen standt selbst auffgesetzt/ geordnet/ vnnd wirdiglichen zu halten gebotten/ zu lobe vnnd ehr/ vnd dann zuuollnstreckung nachgemelter Personen/ güten

Heyrathsbrieff. CXLVI

güten willens/ auch mehrung güter freundtschafft vnnd Christglaübiger menschen/ ein Heyrath vnd Gemahlschafft/ des standes der heyligen Ehe/ zwischen dem Ersamen vnd Fürsichtigen Hansen N. Bürgern vnnd des Raths zu Stinßheym an einem/ vnnd der Erbarn tugentsamen Frawen Barbara/ weylandt des Ernhafften vnnd Wolgelehrten Meister Niclaus N. etwan gewesenden Schultheyssen zum Hirschhorn seligs hinderlassene Wittwe/ am andern theyl/ Mit rath/ wissen/ vnnd willen/ ihr beyderseits Oberkeyt/ Herrn vnnd güten Freunden/ Vnnd inn sonderheyt/ beyder theyl in voriger Ehe/ Eheliche gezielte Kinder/ verordnete Vormünder/ all zu ende benannt/ abgeredt/ betheydingt/ bewilligt vnd beschlossen worden ist/ in massen wie nachuolgt.

Nemlich/ daß die vorgenante zwey/ Hans N. vnd Fraw Barbara/ einander in dem namen Gottes/ zu dem vonn seiner Allmechtigkeyt selbst verordneten stande der heyligen Ehe nemen vnnd haben/ wie auch eines dem andern vertrawt/ vnnd gelobt/ dieselbig auch mit dem Kirchgang/ zu erster jhrer gelegenheyt/ nach Christlicher ordnung vollnziehen/ vnd bestettigen/ in züchten vnd ehren bey einander wohnen/ sihe eins das ander/ in trewen/ ehren vnnd freundschafft lieben/ meynen/ vnd erbarlich halten sollen/ wie frommen Eheleuthen geziemet/ gebürt/ vnd wol anstehet/ ꝛc.

Weiter/ vnd nach dem Hans N. vnd Barbara N. jedes dem andern/ zwey Kinder in voriger Ehen/ ehelichen erzeugt/ zubringt/ vnnd mit denselbigen ein ziemliche ehrliche narung/ an ligend vnd farenden haaben/ vnd Gütern/ welche daß beyde Ehegemecht/ jetzt zur zeit/ inn besitz/ niessung/ vnder handen/ auch im gebrauch haben/ So ist abgeredt/ beschlossen/ vnd bewilligt worden/ Nemlich:

Zum ersten/ daß derselbigen beyder Eheleuth/ vnnd jhrer Kinder/ so zu dem einen theyl vom Mütter/ vnnd anderm theyl jhren Vatter erlebt/ vnnd ererbt haben/ beybringen/ besonder was ligende Güter/ vnnd hierinnen in diser Eheberedung/ darfür angeschlagen worden/ Als nemlich/ bar Geldt/ wes sich dessen vber hundert Gülden inn Summa es finden wirdt/ Deßgleichen angelegte Gülten/ schulden/ Silber geschirr/ vnnd alles was ein gewerb/ vnnd handthierung liegt/ es sey odder werde genennt wie es wöll/ eygentlichen vierthalb eines Monats/ nach diser Ehebetheydigung/ in zwey sonder Register/ in beisein beyder theyl Kinder/ zweyer nechster freund/ oder Vormünder/ in glaubwirdiger Form beschrieben/ besigelt/ vnnd neben zwen Heyraths Brieff/ gegenwertiger form gelegt werden sollen/ damit mann desselbigen/ zu den fellen/ was von jedem theyl/ also obaußgetruckter massen/ an ligenden Gütern zübracht (daran dann den Kindern eins jeden Ehegemechts/ an seinem zübringen/ als jhr Vatter/ oder Mütterlich erlebt/ ererbt/ vnnd zwertheyl güt/ zwey/ vnnd dem Ehegemecht das drittheyl/ zustendig/ vnnd gehörig sein soll) auch ferners künfftiglichen/ in stehender Ehe ererbt/ erringen vnnd gewonnen worden/ ein glaubwirdige kundschafft vnd güt wissens haben köndte.

Vnnd dann solch jhr beyder Eheleuth/ auch deren Kinder zubringen/ an ligendem/ dergleichen an farendem (darinn dann aller gebräuchlicher haußrath/ vnnd noetürftige lebzucht/ oder essen speiß gerechnet/ vnnd nicht Inuentiert/ noch beschrieben werden solle) auch wes sie beyde in jhrem leben/ ferners bey einander ererben/ erringen/ gewinnen/ vnnd vberkommen/ es sey ligend odder farend/ nichts außgenommen/ das alles sollen sie lieblich vnnd freundlich mit einander nutzen/ niessen/ vnnd gebrauchen/ die ligenden güter in güten ziemlichen ehren/ vnd wesenlichen bäwen/ ohn abgenglichen halten/ auch was an angelegten Gülten abgelößt/ widerumb zum nutzlichsten/ vnnd besten anlegen/ die zu beyden theylen vnderjärigen zübrachte/ auch die Kinder/ so Gott der Allmechtig jhnen (als sie zu seiner Götlichen Allmechtigkeyt getröstlich verhoffend/ auch zum demütigsten vnnd fleißlichsten bittendt) auß milter gnaden bescheren würde/ daruon zum besten inn Gottes forcht/ zu den ehren aufferziehen/ nehren/ vnnd weren/ biß sie zu jhren Manbarn Jaren/ vnd tagen kommen/ als dann dieselbigen zu gebürlicher zeit/ mit rath der nechsten freund/ Nemlich Hans N. sein zwey vnderjärigen Kinder/ Josten/ vnnd Marien/ jedes von seinem gebürenden drittigtheyl der ligender Güter/ nach vorgesetztem anschlag/ so jhme

Bb ij

New Formular

auff absterben Anne N. gedachtes Hansen N. Haußfrawen/ seiner ersten Ehe/ mit gedachter Anne vorigen Kinder beschehener abtheylung. Gleichermassen sie Fraw Barbara jhre zwey Töchterlin/ Annen/ vnd Margrethen/ mit weylandt obgedachtem jrem ersten Haußwirt seligen/ Ehelichen erzeuget/ vonn jhren zweyen/ vnnd ein jedes von seinem **drittigen** theyl/ jhme inn der abtheylung mit jhren Vatters halbgeschwisterien/ wie obangeregt/ane/ vnnd zuertheylt worden/ zu den ehren außberathen vnnd steweren/ Vnd nemlich jedem zubringendem Kinde/ den halbigen theyl seines gebürenden drittigen theyles/ Vnnd in diser Ehe gezielte Kinder/ ein jedes nach jhrer der beyden Eheleuth gelegenheyt vnnd vermögen/ ein ziemliche gebürlich zugab zu Ehesteywer/ vnd rechtem Heyrathsgüt/ geben/ sampt einer ziemlichen gebürenden hilff des haußraths/ darmit sie gedachte beyderley Kindere/ auch neben obbestimpter Ehesteywer/ vnnd ehrlicher (jhrem standt gemeß) gebürender kleydung nach gelegenheyt jhres vermögens/ vnnd eins wie das ander/ außberathen vnd halten sollen.

Zum andern/ daß der vberig drittigtheyl/ so jedem Ehegemecht/ neben jhrer jedes zweyer Kinder drittigen theyl/ zustendig/ vnnd jhe eines dem andern zubringen thüt/ die beyde ehegemecht/ als mit jhrem eygen vnuerhafften güt/ nach jhrem freyen willen/ vnnd gefallen/ zugefaren/ thün vnd lassen haben solle/ sampt allem dem/ was sie beyde Eheleuth in jhren leben/ vnd in stehender Ehe/ ferners mit einander erwerben/ ertingen/ gewinnen/ vnd vberkommen/ nichts außgenommen.

Vnnd so sich durch schickung des Allmechtigen Gottes (wie dann zu seinem Göttlichen willen stehet/ vnnd daruor er sie beyde/ durch sein Allmechtigkeyt/ nach jhrer Seelen heyl lang gefristen wölle) zutragen würde/ daß ein Ehegemächt vor dem andern mit todt abgienge/ es were welches es wolt/ vnnd Kinder/ eins/ oder mehr/ so sie beyde in jetziger werender Ehe mit einander erzeuget/ verließ/ odder nicht/ daß als dann inn allen sellen/ den beyderteyl zubrachten Kindern/ sie seindt gleich beyde/ noch deren eins jnn leben/ jhr gebürend zwey drittentheyl/ jnnhalt der angezogenen verzeychnuß/ rc. Als jhr Vatter/ vnnd Mütterlich Erbgüt/ Ersttlich allein genntzlich/ vnnd ohne einigen abgang/ Dergleichen dem letztlebenden/ von des ersten abgestorbenen Ehegemechts drittentheyl/ ein hundert Gülden frey/ vor aller theylung/ als ein Morgen/ odder sonst ein freye Gabe (darmit es dann auch wie nachbemelt frey stehen sollen) gefolget werden sollen/ Vnnd folgendes inn den vbrigen/ beyder Ehegemechts/ vnnd eines jeden drittigentheyls zugebrachte/ auch in stehender Ehe/ bey/ vnd mit einander (außgeschlossen nach beschriebenen außtrücklichen fürbehalts/ der Kinder anfäll wegen) ererbte/ errungen/ bekommene vnd eroberte Güter/ Auch in aller farender Haab/ ein gleicher Erb/ ja ein Kind/ vnd Erbschafft sein/ dieselbigen vnder die zwey oder dreyerley Kinder/ Wo anders die ehegedachte Eheleuth deroselbigen (als sie sich zu Gott dem Allmechtigen verhoffentlich getrösten) inn diser Ehe zielen/ auch als dann in leben verlassen vnnd sein würden/ mit sampt dem letstlebenden Ehegemecht (so dann auch vor ein Haupt/ odder Kindt stehen/ vnnd geacht werden solle) durch die bahn auß/ inn die Häupter/ so manich mundt/ so manich pfundt/ gleich verteylen/ jhe eins so vil als das ander (allermassen/ ob die zweyerley zubrachte/ oder dreyerley Kinder/ vonn einem Vatter vnnd Mütter herkommen vnnd erboren worden weren) haben/ nemen/ vnnd empfahen/ Vnd also darmit das letstlebend Ehegemecht sampt seinen Kindern/ vonn des erstabgestorbenen Ehegemechts zubrachten Kindern genntzlich gescheiden/ vnnd entprochen sein/ ja ferners mit einander nichts mehr zu thün haben sollen/ Doch hiermit/ vnnd durch solch beschehene abteylung/ dem letstlebenden Ehegemecht/ inn seiner vnerzogener Kinder gebürenden theyl/ die niessung vnbenommen.

Würde sich aber/ nach schickung des allerhöchsten fügen/ daß der vieren zubrachten Kinder/ auff einer oder beyder seiten/ eins inn seinen vndersärigen Jaren/ auß disem Jamerthal verschiede/ als dann solle des/ odder deroselbigen/ sein rechte geschwisterig/ so noch jnn leben bleibt/ allein erben/ vnnd seines verlassene Erbtheyls (doch vnbenommen

jhres

Heyrathsbrieff.

jhrer ältern niessung wie vorgerürt) vehig sein/ Vnnd so also der Kinder eins/ oder mehr erwachsen/ vnnd sich mit rath der ältern/ vnnd Freundtschaffe/ als obstehet/ veränderen würde/ So soll jhme an seinem ererbten geschwisterlichen/ sampt zugleich seinem gebüren den Vatter/ oder Mütterlichem ererbtem theyl/ das halbig theyl/ zu außstewer vnd Heyrath güt gegeben werden.

Wo aber der ehegemecht Hans N. oder Frawe Barbara/ zwey zübrachte Kinder/ vor jhrem Vatter/ oder Mütter/ inn jhren vnderjärigen jaren zu einer seiten/ beyde todts vergiengen/ vnd nicht von jhnen beyden Eheleuten/ in diser jetzigen Ehe gezielte/ sonder die andere zwey zübrachte Kinder/ eins/ odder beyde/ allein noch inn leben vorhanden weren/ So solle als dann dasselbig Ehegemecht/ so seiner Kinder/ durch den todtfall beraubet/ wo anderst es das letstlebendt were/ zu der zeit/ so es den fall der theylung ergreiffen wirdt/ seiner verstorbenen Kinder angefallen Erbfals/ halbigen theyl/ allein beneben vor bestimpter jhme von seinem abgestorbenen Ehegemahel seligen vermachte hundert Gülden zuuor Erblich/ vnnd eygenthumblich haben/ vnnd hinnemen/ vnnd das ander halbig theyl in die gemein Erbschafft vnd theylung fallen/ vnd gelangen lassen.

Wann aber das Ehegemecht/ dem wie gemelt/ seiner beyder Kinder/ erstlichen verstorben/ hernach auch von dem Allmechtigen/ auß disem zeitlichen/ vnnd verhoffentlich zu seiner Göttlichen Gnaden in das ewig leben berüffen/ das erst absterbend Ehegemeche sein/ vnd kein inn diser Ehe eheliche gezielte Kinder/ sonder sein Gemahel vnnd desselbigen zübrachte beyde Kinder/ oder eins allein verlassen wirdt/ Als dann solle als baldt nach außgang des dreissigsten/ das letstlebend Ehegemecht/ des ersten abgestorbenen nechsten Erben/ so dann der zeit sein werden/ das halbig theyl/ das jhme von seiß zübrachten Kindern angefallen Erbfals/ nacht jnnhalt der Register/ fürderlich vnnd gütlich/ sonder alle einrede/ Erblich vnnd eygenthumlich zustellen vnnd inraumen/ Aber das ander halbig theyl/ jhme dem letstlebenden vnd seinen Kindern/ gleich der andern des ersten abgestorbenen Ehegemechts verlassene Erbschafft erblich bleiben vnd zueygnen.

Begebe sich aber der fall also/ daß nach dem willen vnnd ordnung des Allerhöchsten diß Ehegemecht/ welchem seine in voriger Ehe gezielte/ vnnd jetz zügebrachte Kinder beyd/ wie in nechst vorgehendem Puncten gemelt/ in Gott entschlaffen/ vnnd abgestorben weren/ das letstlebend Ehegemecht bleiben würde/ vnd aber des ersturstorbenen Ehegemechts in dise Ehe zübrachte Kinder/ noch beyde/ oder deren eins auch Kinder von jren beyden leiben/ inn jetziger Ehe geborn/ wenig odder vil inn leben vorhanden sein würden/ Als dann so soll abermals das letstlebendt Ehegemecht sampt seinen (wie vorstehet) inn diser Ehe erzeugten Kindern das halbig theyl seiner abgestorbenen Kinder ererbt vnnd verlassen Mütter oder Vätterliches/ vnnd auff das letstlebendt Ehegemecht gefallnen Erbstheyl zusampt seinen verschriebenen hundert Gülden (als obstehet) zuuor erblich vnnd eygenthumblich haben/ vnnd ziehen/ vnnd das vberig halbig theyl in die gemeyn Erbschafft vnd theylung fallen vnd kommen lassen.

So aber mehr berürter Ehegemahel/ des vilgedachter seiner zübrachten Kinder/ durch die Göttlich gnedigst berüffung/ in mangel/ zum ersten mit todt verscheiden/ vnnd seinen Ehelichen Gemahel/ zusampt desselbigen beyden zübrachten Kindern/ odder deren eins/ in voriger/ auch Kinder inn dieser Ehe/ von jhren beyden leiben erboren/ inn leben verlassen würde/ Also/ daß das letstlebendt Ehegemecht/ bey allem jhrer der beyder Eheleuthe/ vnnd deren zügebrachten Kindern/ zusammen gebrachten/ inn stehender Ehe ererbten/ noch sonst zügestandenen (wo odder wie die herkommen weren) auch herrungen/ vnnd gewonnenen Gütern/ ligenden/ vnnd farenden/ gesuchts/ vnnd vngesuchts/ ob/ vnd vnder der Erden/ nichts außgenommen/ vnnd seinen in beyden Ehen erzeugten Kindern/ in gebürlicher niessung/ verändert noch vnuerendert seines Wiedumbs stüls/ sitzen bliebe/ Wann nun nach Gottes schickung vnnd erforderunge/ dasselbig letstlebend Ehegemechte/ ohne einige rechtmessig auffgerichte letste willens Ordnunge/ odder geschäffte/ seinen

Bb iij

New Formular

Geyst auch auffgeben/ vnnd den natürlichen todt inn Christo vnserm Herren seliglichen vberwunden hat/ von des wegen dann die notturfft/ noch derents vnnd inn disem fall herkommenden pfleglichem gebrauch/ erforderen würde/ die noch lebende Kinder voriger vnnd diser Ehe/ mit einander gebürlichen abzutheylen/ Als dann sollen die zübrachte/ dergleichen die Kinder diser Ehe/ ihres/ odder ihrer erst abgestorbenen Vatters/ oder Mutter seligen nach todt verlassen/ vnnd durch sie die Kinder erleben/ vnnd ererbten Erbfall/ aller ligender güter/ es sey gleich inn diser gegenwertigen Ehe zübracht/ oder darinn ererbt/ nach innhalt diser Heyraths beredung vnnd auffgerichten Registerlin/ auch vermöge derents gemeyner beschriebener Recht/ zuuorauß haben/ vnnd nemen/ vnnd folgendts alle des letstlebenden Ehegemechts nach todt hinderlassenen ligenden vnnd farenden Gütern/ sie sein oder weren zübracht/ noch inn stehender Ehe ererbt/ oder von beyden Ehegemechten/ noch deren einem allein herrungen vnnd gewonnen/ als ihres/ odder ihrer zu beyden theylen rechten natürlichen vnnd Ehelichen Vatters/ oder Mütter seligen eygenthumblichen hinderlassen/ vnnd ihnen anerstorben/ vnnd angefallen Erbgüt vndersich/ nach Göttlichen/ natürlichen vnd gesatzten Rechten/ vnnd der erbaren billichkeyt zugleich vertheylen/ eines so vil als das ander/ ziehen/ haben vnnd nemen/ so manch mundt/ als manich Pfundt/ Doch mit disem außtrücklichen fürbehalt/ vnnd bedinge/ wo dero Kinder eines odder mehr etwas zuuor/ vor dem andern (ausserhalb seiner vorbestimpten vorauß/ Vatter/ Mütter/ odder geschwisterlichem erleben vnnd ererbten Güts/ auch gebürlicher erziehung/ etc.) zu Heyrathgelt/ odder sonst empfangen/ vnnd hinweg hette/ oder hetten/ daß der odder dieselbigen soll/ odder sollen als dann so lang still stehen/ biß die an deren seine odder ihre geschwisterte/ auch so vil vergnüget/ ja hierinn (außgeschlossen angeregten verzugs) ein gantze gleicheyt/ nach ordenung/ vnnd vermöge bemelter Recht gehalten/ vnnd sein beuortheylet/ noch einem mehr dann dem anderen werden/ vnnd gedeyhen.

Zum dritten/ So sich aber der fall/ durch die Göttliche verfügunge/ also zutragen/ vnd begeben würde/ daß die vier zübrachte Kinder alle sampt vnd sonder/ vor ihrem Vatter/ vnd Mutter/ mit todt/ so dann auch in dem Göttlichen willen stehet/ abgiengen/ vnd ihre ältern dieselbigen inn stehender vnd werender Ehe ererbten/ vnnd sonst von ihren beyden leiben jetziger Ehe/ Eheliche gezielte Kinder/ eines oder mehr inn leben weren/ So solle es mit den Gütern/ die sie beide Eheleuth also einander zübracht/ von jren ersten Kindern/ odder anders woher ererbt/ bekommen/ bey vnd mit einander errungen vnd erobert/ es sey ligendt odder farendt/ nach der beyder Eheleuth tödtlichem abgang gehalten werden/ nach außweisung dises falls gemeyner beschriebener Rechten.

Im fall aber wedder deren vier zübrachten/ noch inn diser Ehe/ vonn ihnen beyden Ehegemechten Eheliche gezielte Kinder mehr inn leben vorhanden/ sonder beyde Eheleuth frey sedig stehen/ vnnd sein würden/ Vnnd dann nach dem willen Gottes (der dann solches durch seine Allmechtigkeyt/ auch gnadenreiche milte güte/ vnnd barmhertzigkeyt/ zu ihrer beyder Seelen heyl/ lange erstrecken/ vnnd verhüten wölle) dero eines/ es wer gleich Hans/ odder Fraw Barbara/ vor dem andern/ ohne lebendige/ von ihme Ehelich geborne hinderlassene leibs Erben/ noch einig auffgericht letzten willens Ordenunge (wie hernach bemelt) auß disem Jammerthal abschiede/ als dann solle das letstlebende Ehegemecht/ es thü sich gleich nach absterben seines Ehegemahels seligen/ widderumb inn ein/ odder weitere Ehe/ odder nicht/ bey allen vnnd jeden ihrer beyder zusammen gebrachten/ auch inn stehender Ehe angefallenen gegebenen/ ja bey/ vnnd mit einander ererbten/ errungen/ vnnd eroberten/ ligenden vnnd farenden Gütern/ soul als dann deren vorhanden sein werden/ nichts außgenommen/ sein leben auß bleiben sitzen/ vnnd darbey den freyen beysitze haben/ dieselbigen alle sampt vnnd sonder/ doch vnuerändert/

nach

nach abgangk des ersten verstorbenen Ehegemechts/ zůbrachte/ angefallene/ vnnd ererbte/ obbeschribenem vnnd inn diser Ebeberedung bedingten anschlag nach/ ligende Gůter (so dann/ wann sich solcher fall begibt/ widderumb von newen Inuentiert/ auch wie widderfälliger Gůter herkommen vnnd gewonheyt/ inn gebürlichen Wirden/ Ehren/ vnnd vnuergengklichem wesen gehalten werden sollen) zu seinem besten/ ohne menigliches inntrag/ vnnd verhinderung/ nutzen vnnd niessen/ Es were dann/ daß das abgestorben Ehegemahel allein/ odder sie beyde samptlichen/ ein andere leiste willens Ordenung/ wie es mit seinen/ odder jhren zůbrachten angefallenen/ vnnd ererbten Gütern/ nach jhrer eins/ odder beyder absterben/ gehalten werden solt/ durch Testament/ odder anderer inn recht bestendigster weiß auffgericht vnnd verordnet/ dann beyden Ehegemechte sammenthafft/ odder einem jeden insonderheyt inn werender/ odder zertrenter Ehe/ vonn jhrem/ odder seinem freyen eygenthumblichen/ vnuerhafften gůt/ ein bestendig Testament vnnd leisten willens Ordenung/ nach satzung vnnd zůlassung/ gemeyner beschriebener Rechten/ auch jhrem odder seinem freyen willen/ vnnd gefallen/ auffzurichten/ durch dise Ehe odder Heyraths beredung nicht benommen sein/ vnnd werden solle.

So dann also/ nach der Götelichen ordnung/ welcher all Creaturen vnderworffen/ vnnd deroselben mit nichten entrinnen können/ noch mögen/ das leistlebendt Ehegemecht/ auß disem zeitlichem leben auch verschieden/ vnnd die lebendigen verlassen hat/ Als dann/ es hab sich gleich dasselbige leistlebendt/ nach des erst abgestorbenen Ehegemechts/ inn Witthumblichem stande gehalten/ odder widderumb inn eine odder weittere Ehe begeben/ vnnd vermählet/ ja inn deroselben Eheliche Kinder erzeuget/ welche dann noch inn leben sein würden/ odder nicht/ So sollen die gedachte zůbrachte/ angefallene/ vnnd ererbte ligende Gůter/ des ersten mit todt verfallen Ehegemechts (bey denen dann das leistlebendt/ wie nechst bemelt/ den freyen beysitz gehabt) auff sein des ersten/ vnnd des leistuerscheidenen Ehegemechts seligen zůbrachte ererbte/ vnnd angefallene/ mehrgedachter massen/ ligende Gůter/ auff sein des leisten/ inn Gott entschlaffenen Ehegemechts/ nechste Erben/ so der zeit sein werden/ ja inn jedes zůbracht/ angefallen/ vnnd ererbt Gůt/ auff die seiten vnnd Linien/ daher es rüren/ vnnd kommen ist/ erblich vnnd eygenthumblichen fallen/ auch gütlichen ohn allermenigliches inn/ odder widderrede/ zůgestellt/ inn geraumbt/ vnnd gefolgt werden/ so fer: anderst die beyde Ehegemecht sammenthafft/ odder deren eins allein inn sonderheyt/ inn disem kein andere rechtmessigst/ bestendigst ordnung/ vnnd verschaffung gethan/ dann bey deren beyder/ oder eins leisten willens verordnung allein/ wo anders dieselbig vorbeschriebener massen/ daß sie den gemeynen beschriebenen Rechten/ auch der erbarn billigkeyt/ vnnd gemeynem nutz/ nicht zuwidder auffgericht/ es endtlich vnuerhindert diser Ehebeheydigung vnnd Heyraths verschreibung bleiben soll.

Zum vierdten/ Wo nun sich der fall inn massen inn disen beyden nechstuorgehenden Puncten begrieffen/ also zůträge/ vnnd begebe/ daß die beyde vilberürte Eheleuth/ ohne lebendige vonn jhnen inn voriger/ odder diser Ehe/ Eheliche erzielte hinderlassene leibs Erben/ von einander versturben/ So soll das leist bleibendt Ehegemecht/ es verrücke gleich sein Witthumblichen Stul/ odder nicht/ alle zusammen gebrachte/ auch bey/ vnnd mit einander ererbte/ erzeugte/ vnnd erkauffte farende Haabe/ dergleichen alle andere inn werender Ehe/ gewonnene vnnd errungene Gůter/ gesuchts/ vnd vngesuchts/ nichts außgenommen/ erblich behalten/ dieselbigen zůuertestieren/ zůuergaben/ vnnd zůuermachen/ ja damit nach seinem freyen willen/ vnnd wolgefallen/ ohne des ersten abgestorbenen Ehegemechts seligen Erben/ vnd allermenigliches jnrede/ oder verhinderung/ zůschalten vnd walten/ gůt recht/ fůg/ vnd macht haben.

New Formular

Wo aber das letstlebendt Ehegemecht/sich nicht widerumb veråndern/oder ermelte farende Haabe/bey seinem leben/nicht verteftirt/oder sonst jemandt vermacht/oder gegeben hette/sonder also ohne lebendige hinder jhme verlassene leibs Erben/vnnd ohn testieret/todts verfaren würde/ So sollen als dann/nach dem das letstlebendt Ehegemecht die schuldt der Natur auch bezalt hat/vnnd nicht mehr inn leben sein wirdt/die farende Haabe/auch alle errungen vnnd gewonnene Güter/ so vil der als dann noch vorhanden vbrig sein werden/nichts außgenommen/in drey gleiche theyl getheylt/deren das ein theyl des ersten/vnd die zwey theyl des letsten mit abgangenen Ehegemechts nechste Erben/haben/nemen/vehig sein/vnd werden.

Zum letsten vnnd beschluß/wo den vier zubrachten Kindern/zu einem/oder beyden theyl/ferners inn/oder ausserhalb werender Ehe/von beyder seiten Linien her/einen odder mehr Erbfall zusterben/wie dann schon Fraw Barbara zwey zubringenden Kindern/einer von jhres Vatters Brůder Carle N.seligen (dem Gott gnade) angefallen/oder jhnē sampttlich/oder einem jeden in sonderheyt/sonst jchts durch Testament/nach anderer weiß legirt/verschafft/vnnd geben würde/der odder dieselben sollen denen/odder dem Kinde/ so der/odder dieselben anerstorben/odder sonst legiert vnnd gegeben worden/gantz frey/vnnd eygenthumblichen/mit aller nutzung sein vnnd bleiben/ Ja inn dise Eheberedung vnnd Erbschafft gar nicht gehörig sein/vil weniger die åltern/odder andere geschwisterige/inn einigen weg/jchts darmit zuthůn/odder schicken/noch die niessung daruon haben/sonder solchs den Kindern zůgestandenen Erbfall/oder gabe/rc. inn eygenthumb vnnd niessunge/denselbigen Kindern/odder dem so das ererbt/odder gegeben sein/vnnd eygenthumblichen bleiben/ Vnd durch deren oder dessen verordnete Vormünder/oder nechste freundtschafft/zů jhrem/odder seinem besten nutz versorgt/auffgehaben/angelegt/versehen/vnd vorgespart werden.

Was sich auch sonst weiter vor fåll hierinnen nicht begrieffen/begeben/oder zutragen würden/noch möchten/mit denen soll es/nach außweisung gemeyner beschriebener Recht odder deroselben/vnnd der Erbarn billigkeyten gleichmåssigstem der Churfürstlichen Pfaltz Landts brauch/ Moßbacher Fauthey/ vnnd Hißperger Ampts/gehalten/ Auch dise Eheberedung vnnd Heyrathsuerschreibung/ inn keinen anderen wege gedeut/außgeleget/noch verstanden werden/dann wie der Buchstab darinn klårlich außweißt/vnd mitbringt.

Dise freundtliche Ehe vnnd Heyrathsberedung/ ist also mit jhrer der beyder vorgenanten Eheleuth/vnd nachbemelter jhr beyderseits zůbringenden Kindern verordneten Vormündern/gůten wissen vnnd verwilligung/ durch nachbenante jhrer zu beyder theyl verwandte/vnd erbetene freundtschafft/ Nemlich auff Hans N. vnnd seiner zůbringenden Kindern seiten/die Ersamen/fürnemen/vnnd Wolgelehrten A. B. C. vnnd D. der freyen Künsten Magister/ alle Bürgere/vnnd des Raths zu Sünßheym.   Vnnd dann auff Fraw Barbara N. vnnd deren zůbringenden Kindern seiten/ Der Edel vnnd Ernuest Hans vom Hirschorn/zu Hirschorn/jhr gebietender lieber Vogts Juncker/vnd Oberkeyt/auch die Wirdigen/Ernhafften/Fürsichtigen/Ersamen/weisen/vnd Erbarn Herz E. Prediger/F. Ampttman/G. Schultheyß daselbst/H. J. beyde des Raths/K. Churfürstlicher Pfaltz Diener vnnd Innwohner/ vnnd L. von N. Keyserlichen Notarien/Dergleichen M. vnnd N. beyde des Raths/O. Metziger. P. Bender/ beyde Burgere vnnd Innwohner vnnd Q. Statschreiber zu N.betheidingt/abgeredt/beschlossen/ vnnd dem also durch beyde Eheleuth/ vnnd deren beyderseits Kinder Vormünder hernach benant/vor versiegelung diser Eheberedung zugelebẽ/ vnnd vnuerbrůchlich nachzukommen/ mit handtgebenden trewen zůgesagt vnd versprochen worden.

Des wir hieuor benannte beyde Eheleuth/ Hans N. vnnd Barbara N. sampt vnnd sonder/ vnns hiemit vnnd inn krafft diß Brieffs offentlich bekennen/ daß dise Heyraths berredunge/ vnnd alles so ob/ vnnd an disem Brieffe geschrieben stehet/

mit

Heyrathsbrieff. CXLIX

mit vnserm güten wissen vnd willen beschehen/beredt vnd betheidingt ist/ auch wir dieselbig also in massen vorbeschrieben angenommen/vnnd bewilligt haben. Gereden vnnd versprechen demnach bey vnsern waren worten/erbaren redligkeyten/ auch Mañ/ vnnd Fräwlich Ehren/vnd güten trewen/an eins rechten Eydts statt/ vor vns/ vnnd alle vnsere Erben/die wir hiemit gleich vns/festiglich thün verbinden. Solchem allem vnd jedem/ so vil vns/vnsere Erben/vnnd ein jedes in sonderheyt/das berüren ist/zugeleben vnd nachzukommen/ auch war/stett/ fest/ vnd vnuerprüchlich zuhalten/ dartwider sampt noch sonders/weder mit Geistlichen/ odder weltlichen Gerichten/ noch ohne Gericht/ nicht zureden/zusein/ noch zuthün/ auch nicht schaffen/verhengen/ noch gestatten hinwidder gethan werden/in keinerley weise noch weg/ Dann wir vns aller Geistlicher/ vnd weltlicher freiheyten/Gnaden/Rechten/vnd Gerichten/beschriebener/vnd vnbeschriebener Stettrechten/Landrechten/Hofrechten/vnnd Hofgerichten/ Auch fride/ tröstung/ vnnd geleyde/ Geistlicher vnnd weltlicher Obrigkeyt/ vnnd alles behelffs/wie das genent/ noch erdacht weren/oder werden/vnd vns hiewider fürstendig sein/ Vnd dardurch dise Heyraths verschreibung zu vnkrefften gebracht werden möchten/ nichts außgenommen/ gentzlich vnd gar wissentlich verziegen vnd begeben haben/ Auch hiemit/vnd in krafft diß Brieffs/vns derselben allen wissentlich/ vnnd in sonderheyt der freiheyt Weiblichem Geschlecht/ zu widderbringung ihrer Gerechtigkeyt zu gütem geordnet/ auch des Rechtens gemeyner verzeihung/widersprechende/ Es gang dann ein sonderung für (dessen wir dann alles zuuor gnügsamlich zu gütem verstand bericht seind) gentzlich verzehen/vnd begeben thün/ vnns derselben inn keinen wege hinwidder zugebrauchen/ noch fürzuwenden/ sonder alle geuerde.

Gleichermassen bekeñen wir A.vnd B.Bürgere zu Sünßheym/als von den Achtbarn/Ersamen vnnd Weisen Schultheyssen/Burgermeister vnnd Rathe daselbst/ vnsere gebietender Oberkeyt/ geordnete Vormünder/ vilgedachtes Hansen N. zweyer vnderjäriger in erster Ehe/mit weylandt Anna N.gezielte/ vnnd ihr Fraw Barbara zübringenden Kindern/hieuor benant/ Dergleichen wir C.vnnd D: Bürgere zum Hirschorn/ als von dem Edlen vnnd Ernuesten Hansen vom Hirschorn/zum Hirschorn/vnserm gebietenden lieben Vogts Junckern/vnd Oberkeyt/ gesetzte Tutoren/ vnd Fürwalter/ vorbenanter Frawen Barbara zweyer vnderjäriger in voriger Ehe/mit weylandt Niclaus N. Schultheyssen seligen/ec. gezielte/vnnd ihme Hansen N. zübringende Kinder/vnd Töchterlin/ sampt vnd sonder/vor vns/ vnser nachkommende Fürwalter/ vnnd mehrbenanter vnser zu beydertheyl Pflegkindere/ daß wir mit vorwissen vnnd bewilligung/obbeschriebener vnser jederer Oberkeyt/ inn dise Ehe vnnd Heyrathsberedung/ die also inn vnserm bey/vnnd mitsein/doch zuuor vnnd ehe wir zu Tutorn vnd Vormünder geordnet/durch obbeschriebene/ beyde Eheleuth/ vnnd deren Kinder oberkeyt/ vnnd nechste verwandte Freundtschafft/ abgeredt/beschlossen/ vnd durch die vorgenante beyde Eheleuth bewilligt vnnd angenommen worden/bewilligt/auch vnsern gunst vnd willen/ von mehrgedachter vnser vierer Pflegkinder wegen/ wie obstehet/darzü geben/ dieselbig angenommen/ vnnd vnuerbrüchlich zuhalten versprochen haben/ wie wir dann auch hiemit gegenwertiglichen vnnd in krafft diser verschreibungen vnsern gunst vnnd willen sampt vnnd sonder (wann wir dise Ehe vnnd Heyrathsberedung/ angeregten vnsern Pflegkindern zu allen theylen/ nützlich/ güt/vnnd wol zuthün/ja deren keins in solcher beuortheylt sein (das wir bey vnseren derhalb gethanen Vormünderschafft pflichten nennen/vnnd behalten) erachten/ halten/ vnnd bessers nicht auffzurichten wissen) darzü geben/ dieselbig annemen/ auch allermassen wie hieoben sampt der verzeihung/ von den beyden Ehegemechien beschrieben/ gelobet/vnnd zugesaget ist/ inn allen jhren Puncten/ Clauselen/ vnnd Articulen/ vnnd sonderlich vnsere Pflegkindere belangen/ war/ stett/ fest/ vnnd vnuerbrüchlich zu halten/ dartwidder nicht zusein/ zuthün/ zubeschehen gestatten/ vor vns/ vnsere nachkommende Fürwalter/ auch Pflegkindere/ vnnd allen deren Erben/ so vil wir inn Vormünderschafft weiß/hierinnen vor dieselbigen vnser Pflegkinder zuuersprechen/

oder

New Formular

odder sie zuuerbinden/ ja auch von jrent wegen der Rechtlichen Freiheiten der minderjährigkeyt/ auch Weiblichem Geschlecht zu gütem geordnet/ vnnd gemeyner verzeihunge widdersprechende/zuuerzeyhen haben/ auch thůn sollen/ köndten/ oder mögen/ bey vnsern waren worten/ güten/ vnnd handtgebenden trewen/ an Eydts stat geloben/ zůsagen/ vnnd versprechen/ ja aller behülfflichen außzüg vnnd fürstandts/ so vnsern Pflegkindern zu gütem/ widder dise Eheberedung/ vnnd Heyraths verschreibungen/ erdacht/ vnnd fürgewendet werden möcht/ aller massen wie hieoben vonn beyden Eheleuthen beschehen/ geschrieben (so wir allhie geliebter kürtz wegen/ widderumb vonn worten zu worten erwiddert/ vnnd erholt haben wöllen) gentzlichen vnnd gar/ wissentlichen verzeihen vnnd begeben thůn/ sonder alle geuerde/ die dann hierinnen/ sampt allem betrůg vnnd arglisten/ zu allen theylen gentzlichen außgeschlossen/ auch hindan gesetzet sein/ vnnd werden sollen.

Des alles zu warem vrkundt/ auch besserer vnnd vester bestendigkeyt/ Haben wir Hans N. auch A. vnnd B. als seiner Kinder/ wie vorbemelt/ geordnete Vormünder/ sampt vnnd sonder freundtlichs fleiß gebetten/ vnnd erbetten/ die Achtbaren/ Ersamen/ vnnd weisen Schultheyß/Burgermeister vnnd Rathe zu Süntzheym/ vnsere ordenliche Oberkeyt/ diser obbeschriebener Eheberedung/ ein Richterlich Decret zu Interponiren/ auch ihrer Statt/Raths/oder Gerichts Innsigel zu ende diser zwen gleichlautender Heyraths Brieffe zu Interponiren/ anzuhencken/ vnnd darmit zu Auctorisieren vnnd bekrefftigen.

Vnnd wir Barbara N. sampt C. vnnd D. dickberürter ihrer zweyer vnderjäriger Kinder vnnd Töchterlin/von der Oberkeytlichen herrligkeyt/ vnnd gewaldtsame/ gesetzte Fürwalter/ den Edlen vnnd Ernuesten Hansen vom Hirschhorn/ zum Hirschhorn/ vnsern gebietenden lieben Vogts Junckern/ vnnd ordenliche Oberkeyt/ gleichermassen vndertheniges fleiß gebetten vnnd erbetten/ seiner Ernuesten angeborn Jungesigel/ zu ende diser dickbemelter zwo gleichlautender Ehe vnnd Heyraths beredung (so dann in seiner Ernuesten beysein/ auch mit deroselben gůtem wissen/ willen/ vnnd vergünstigung zůgangen vnnd beschehen ist) verschreibunge (deren ein jedes Ehegemecht/ sampt seiner Kinder Fürmünder/ eine innhabende ist) anzuhencken/ vnnd darmit zu Auctorisieren vnnd bekrefftigen/ Auch vnns die beyde obgeschriebene Eheleute/ vnd alle vnsere Erben/ dergleichen vnns zu beydentheylen Fürwalter/ vnser nachkommende Fürmünder/ auch Pflegkinder/ vnd aller deren Erben/obbeschriebens damit zubesagen.

Vnnd dieweil wir Schultheyß/ Burgermeister/vnnd Rathe zu Süntzheym mit namen A. B. C. D. E. F. ꝛc. auff gehabte erkündigung/ auch erfarung aller sachen vnnd gelegenheyt deroselbigen/ auß anzeyge vnnd verhöre genanter Hansen N. vnnd seiner Kinder Vormünder/ daß solche Ehe vnnd Erbschafft beredung/ sampt allem dem/ was inn disem Brieffe geschrieben stehet/ allen theylen annemlich/ vnnd darmit westerm vnkosten vnnd auderst verhůt/ güter will/vnnd gemehrte freundtschafft erhalten/ also auff zurichten beydertheyl obbeschriebener freundtschafft/ so bey diser abrede gewesen/ auch ihnen Hansen N. vnnd sie die offtberürte Fürmünder/ darmit die Kindt beyderseits/ dero dann keine Parthey sonder nachtheyl habe/ desto baß/ auß natürlicher angeborner Vatter/odder Mütterlicher neygligkeyt/ vnnd schuldiger pflicht/ auch der erbarn billichkeyt gemeß/ erzogen werden mögen/gantz nützlich/ vñ dienstlich sein/vor gůt geacht/ vnd angesehen/ Wir auch solches also/auff fleissig erwegung vnnd pfleglicher vmbfrage/ Vnnd sonderlich/ daß es den zu beydentheylen zůbringenden vnderjärigen/ noch vnerzogenen Pflegkinderen an ihrer aterstorbenen Vatter vnnd Mütterlicher Erbgerechtigkeyt/ nichts benommen noch abbrüchlich/ sonder zu ihrer erziehung fůrträglich/ nütz/ gůt/ vnnd anzunemen ist/ befunden. Derowegẽ haben wir solche begert Richterlich Decret/ mit Richterlicher erkandtnuß wircklichen Interponirt/ auch zu warer gezeugknuß/ dz solchs also wie hierobẽ in disem punckt erzelt/ vor vns gehandelt/begert/ vnd cum interpositione decreti, erkandt/geschehẽ sein/ vff vorbemelter vnser mitraths freunde vñ Bürger ansuchẽ/

vñd

Heyrathsbrieff.

vnd fleissig bittend/vnser Statt/Raths/oder Gerichts Innsigel/doch vns/vnsern nachkommen/auch Gericht vnnd gemeyner Statt/in allwege ohne nachtheyl vnnd schaden/ enden an diser zwen gleichlautenden Brieffe wissentlichen thün anhencken/vnnd darinnen solch Ehe oder Heyraths/auch Erbschafft beredung/ vnd was hierinn beschrieben stehet/ authorisirt vnnd bekrefftiget/ dessen wir vns hiemit offentlich thün bekennen.

Gleichermassen bekenn ich Hans von Hirschorn/zum Hirschorn/ mein gunst vnd willen/inn vnnd zu diser/ inn meinem bey vnnd mit sein/ abgeredter vnnd auffgerichter Ehe/vnnd erbschafft beredung/ dieweil mich sampt beyder Eheleuth/ vnnd deren Kinder vorigen Ehen darbey gewesender vnnd vorbeschriebner/ nechstverwandter vnnd erbettener freundschafft/nach fleissiger erwegung/vor gut angesehen/das dieselbig allen theylen/ vnnd sonderlich den vndersiährigen noch vnerzogenen Kindern/ wie hievor im nechsten Puncten erzelt/zu jrer aufferziehung/nutz/gut/vnnd anzunemen/ja keinen theyl/an seiner erlebten/vnnd ererbten/vätter oder Mütterlicher erbgerechtigkeyt/ abbrüchlich/ oder nachtheylig/sonder zuerhaltung friede vnd einigkeyt dienstlich/vn besser nit wol vffzurichten sey/gegeben/vnnd dero/ auch genanter meiner vnderthanen/ vnnd hindersassen/ vnderthäniger fleissiger bitt wegen/ Zu warer vrkundt vnnd gezeugknus mein eygen angeborn Innsigel/zu ende an disen Brieffe (deren zwen gleichlautend) wissentlich/ doch mir/ mein Erben/ vnnd Oberkeytlichen herligkeyt vnnd gerechtigkeyt/sonst inn alle wegen ohne schaden)angehenckt/ Vnnd damit von der Oberkeytlichen herligkeyt vnnd gerechtigkeyt wegen/dise Ehe oder Heyraths/auch Erbschafft beredung/ vnd was ferners hierinn beschrieben stehet/ an statt Richterlichen Decrets/ Authorisirt vnnd bekrefftiget hab. Geschehen vnnd geben auff Mittwoch/nach dem Sontag Reminiscere/ Im Jar als man zalt nach der gebürt Jesu Christi vnsers lieben Herrn vnnd Seligmachers/fünffzehenhundert vnnd N.&c.

Heyraths beredung vnder ledigen Personen/
anderer vnd güter form.

Kundt vnnd zuwissen sey hiemit meniglich/ das auff heut dato zu ehr Gott dem Allmechtigen/zu mehrung der Christlichen Kirchen/auch pflantzung vnnd erhaltung güter Freundschafft/ein Eheliche Heyrathliche abredt/zwischen Marte N. des Ehrnhafften Jacob N. vogt zu N. Eheleiblichen Sohn an einem/ vnd der tugentsamen Jungkfrawen Elisabeth/weylandt des Hochgelerten Herrn Endrich N. der Rechten Licentiaten Eheleiblicher Tochter am andern theyl/mit beyderseits nechsten freunden zu ende benant/güten vorwissen vnd willen/nachfolgender massen abgeredt/ betheidingt/ vnd beschlossen worden/Nemlich:

Vnd zum ersten/so sollen beyde vorermelte Marte N. auch Elisabeth N. einander zu dem Sacrament der heyligen Ehe nemen/haben/vnnd behalten/einander die zeit jhres lebens/allen Ehelichen/Christlichen/freundlichen vnd güten willen erweisen/ vnd solche jhr beyderseits versprochene Ehe nach Christlicher ordnung/ vor dem angesicht der Christlichen Kirchen/ vnd folgenden gebürlichen beyschlaff fürderlichen/ vnd wie es bey beyderseits freundschafft am füglichsten ansehen wirdt/bestettigen/nach welcher bestettigung es als dann für ein rechtschaffene vollbrachte Ehe gehalten/vnd alles so hernacher folgt/ gebürlich vollnstreckt vnd vollnzogen werden soll. Da aber Marte N. das dann zu dem willen des Allmechtigen stehet/ vnd Gott gnediglich verhüten wöll/vor solcher bestettigung todts verfaren solt/ so soll Jungfrawen Elisabethen zu freundlichen angedechtnus diser freundlichen verspruchnus 100. Gülden von seinem hernach gesetzten Heyrathgut/ ohne eintrag gefolgt werde/ wie auch in jn gegenspil da Jungfraw Elisabeth hiezwischen vorangeregter bestettigung todts verfaren/ jhm Marte N. zu gleicher angedechtnus 100. gülden von jrer verlassenschafft gütwillig sollen zügestelt vnd gereichet werden.

Zum

New Formular

Cautio de non alienando

Casus ... moritur ... coniugium sine liberis hæreditis p.

Casus pr... morit...

Casus q' moritur uxor relictis liberis p. De mar...

Zum andern/Nach dem nun ferer Jungfraw Elisabeth jhme Marte N. biß in die fünffhundert Gulden zu rechter Ehestewer vnnd Heyrathgůt zůbringt/ist bethendingt/ daß Marte N. auch zwey hundert Gulden zu rechtem Heyrathgůt zůbringen/Solch obberürt zůsamen gebracht Heyratgůt/vnd was sie in stehender Ehe ererben/erringen vnd gewinnen/sollen beyde Eheleuth die zeit jhres lebens mit einander freundtlich nach jhrem gůten willen vnd gefallen/nutzen/niessen/vnd gebrauchen/Doch ist hierinnen an statt der gewönlichen versicherung odder verweisung insonderheyt abgeredt/daß Marte N. seiner geliebten Haußfrawen wissentlich zůgebrachte Güter ohn derselb nechsten freundt vorwissen/vnd verwilligen nit vereussern oder verändern soll.

Da sich dann zum dritten/nach dem willen des Allmechtigen begeb/daß Marte N. vor Jungfraw Elisabeth todts verfůr/vnnd keine Kinder von jhrer beyder leib geboren/ hinder jhm verliess/ist bethendingt vnd abgeredt/daß Jungfraw Elisabeth bey allem zůgebrachten/in stehender Ehe ererbten vnd sonst errungenem gůt/den beysiß jhr lebenlang haben soll/Aber nach jrem tod/soll Marte N. zůgebrachte Heyrathgůt/deßgleichen was er in seinem leben von seiner Lini her ererbt het/auch der halb teyl an allem errungenem vnd gewonnenem/es sey ligends oder farends/auff seine nechste freundt/so zu zeit seines tödtlichen abgangs die nechsten gewesen/das vbrig aber alles/auff jhre nechste freundt erben vnd fallen/Doch hierinnen Kleyder/Kleynoth/vnd was ungefehrlich zu jhrem leib gehörig/welches jhren Erben einich zůstehen soll/genzlich außgenommen.

Solt aber/vnd zum vierdten Jungfraw Elisabeth vor jhme Marte N. todts verfaren/vnnd keine Kinder von jhrer beyder leib geboren/hinder jhr verlassen/so soll Marte N. gleichfals einen vollkommenen beysiß bey allen haaben vnnd gütern/wie deß genennet werden/wie oburmeldet/haben/vnd aller erst nach seinem tödtlichen abgang jhr Jungfraw Elisabeth zůgebrächt Heyrathgůt/was sie in stehender Ehe von jrer Lini her ererbt/ vnd dann an allem erzungen vnd gewonnenem der halb teyl/an jre nechste freunde fallen/ doch in gleichem/Pferdt/Harnisch/vnnd was zu der wehr gehörig/auch sein Marte N. Kleyder/welche seinen Erben einig zůstehen sollen/außgenommen.

Da dann ferzer vnd zum fünfften/abermals nach schickung Gottes des Allmechtigen Marte N. vor Jungfrawen Elisabeth todts verfaren/vnd Kinder von jhrer beyder leib geboren/eins oder mehr verlassen wirdt/So soll Jungfraw Elisabeth so lang sie jren Wittwestůl nicht verzůckt/den beysiß bey aller jhres Haußwirts seligen verlassenschafft/ ohn eintrag menigliches haben/die Kinder nach jhrem stande/zu der forcht Gottes/vnnd sonst zu zůcht vnd erbarkeyt/nach jrem gůten gewissen/vnd mit beyderseits freundtschafft gůtbedüncken/vnd rath aufferziehen/vnnd da sie zu jhren tagen kommen/jhrem vermügen vnd gemeynich gůt ehrlichen außstewren. Solt aber bemelte Jungfraw Elisabet nach jhres Haußwirts seligen tödtlichen abgang jhren Wittwestůl widerumb verrůcken/vnd sich in die ander Ehe begeben/daß sie dann die Kinder nachmals bey jhr behalten vnd vorgesetzter massen ehrlichen auffzůziehen wolt/solchs auch von beyder seits freundschafft für gůt vnnd nützlich angesehen wirdt/so soll sie abermals die abnutzung von aller verlassenschafft habe/doch mit diser sondern bescheidenheit/daß als das vber daß vätterlich gůt/ein ordenlich Inventarium auffgericht/vn hinder die freundschafft/künfftige jrzunggen damit zůfürkommen/hindersegt werden/in welchem fall auch den Kindern das Heyrathgůt von dem väterlichen/vn nicht von dem Mütterlichen gůt genossen werden soll. Auff den fall aber jhr Jungfraw Elisabeth die Kinder lenger bey sich zůbehalten nicht gelegen/ oder das ein solches beyderseits freundschafft für rathsam nicht ansehen wolt/als dann so soll die Mütter den Kindern jhr vätterlich zůbracht Heyrathgůt/auch was er in stehender Ehe von seiner Lini her ererbt/vnnd dann den halben teyl/an allem errungenen vnd gewonnenem Güterni/es sey ligends oder farends/verfolgen zůlassen schuldig sein/ Doch soll es mit Kleyder vnd Kleynother/so zu jhr der Mütter leib gehörig/auch jhr einich/vnd daß mit Wehr/Harnasch/vnd anderem/so zu des Vatters leib gehörig/vn den Kindern einich zůstendig sein sollen/inhalt nechstgesetzter Disposition gehalten werden.

Zum

Heyrathsberedung. CLI

Zum sechsten/da aber Jungfraw Elisabeth vor jhme Marten todts verfaren/vnd Kinder von jhrer beyden leib geboren/eins oder mehr hinder jhr verlassen solt/So soll als dann Martin N. ein vollkommenen beysitz/bey aller verlassenschafft/er begebe sich gleich in die ander Ehe/oder nit/haben vnd behalten/die Kinder zu Gottes forcht vnnd seinem standt gemeß außzuziehen/auch da sie erwachsen von gemeinem gůt gebürlichen/vnd mit der freundtschafft rath vnd gůtbedůncken außstewren/Doch da sich Martin N. in die ander Ehe begeben würd/ ist vmb mehrer sicherheyt bedingt vnnd abgeredt/daß er als dann vber alles Jungfrawen Elisabethen zůgebracht in stehender Ehe von jrer Lini her ererbt/vnd der halben theyl der ererugerten vnd gewonnenen Güter/als Mütterlich gůt/ein ordenlich Inuentarium auffzurichten/vnd solches Jungfraw Elisabethen nechsten freunden zůzůstellen schuldig sein soll. Da auch Martin N. nach Jungfraw Elisabeth tödtlich en abgang (das doch nit sein soll/vnd ob Gott wil nicht geschehen wirdt) vnordenlich/oder den Kinden sonst zu nachtheyl/Hauß halten solt/So sollen als dann jhr Jungfrawen Elisabethen nechste freunde jhm darein zureden/auch auff den fall das vbelhaußhalten zu Notori sein würd/vmb ein grundtheylung (darinnen es allermassen/wie mit der Mütter gehalten werden soll) anzuhalten/gůt fůg vnd macht haben.

Des alles zu warem vrkundt/dieweil bey diser abredt die Ehrwirdigen/Ernuesten vnd Hochgelehrten A. Apt zu N. B. Vogt daselbst/C. Bürgermeister zu N. vnnd dann D. alter Keller zu N. E. Vogt zu N. F. Vogt zu N. vnnd G. Doctor vnd gemeyner N. Rath/als auff Jungfrawen Elisabethen seiten gewesen/So haben sie sich anfengliche zu bezeugnuß diser gemachten freundtschafft mit eygenen handen vnderschrieben/vnd jhr jeder sein gewonlich bittschier zu ende auffgetruckt/So geschehen auff Freytag den fünffzehenden Januarij/Anno/rc.

Heyraths beredung / aber anderer vnnd gůter Form.

IN Gottes Namen Amen/offenbar vñ zůwissen sey allermenigklich/daß off Montag nach dem Sontag Esto Mihi/im jar als mann zalt nach Christi vnsers lieben Herrn vnd Seligmachers geburt fünfftzehen hundert/sechtzig vnd sechs/dem Allmechtigen zu lob vnnd ehr/inn dem namen der Heyligen Dreyfaltigkeyt/ein freundtlich vermahelung/des standts der heyligen Ehe/zwischen den Ersamen Barthel N. einen weberñ Burger zu N. an einem/vnd Frawe Vrsula/weylandt Hansen N. von Bußbachs Bürgers daselbs seligen nachgelassen Wittwe am andern teyl / in beysein jrer beiderseits hernach benant Herrn gůten freunden vnd gönnern/sampt beyderetheyl Kinder georderte Vormündern/abgeredt/bethedigt vñ beschlossen worden ist/wie nachstehet/Nemlich vnd zum ersten/daß die genanten Barthel vnd Vrsula einander zu dem Sacrament der heyligen Ehe nemen/vnd haben/wie sie dann solches als baldt einander gelobt vnnd versprochen haben/dasselbig zu erster jhrer gelegenheyt/nach Christlicher ordnung mit dem Kirchgang bestettigen vnd bezeugen/auch einander trewlich vnd ehrlich meynen/vnd halten sollen/wie frommen Erbarn Eheleuten solchs wol anstehet vnnd gebürt/Vnd seindt beyde theyl jhres jetweder seits zůbringens/haabe vnd narung/so jhnen Gott der Allmechtig beschert hat/wol zůfriden/Sämlich jhr zůbringen/vnnd wes sie mehr in stehender Ehe bey vnd mit einander ererben/errigen/gewinnen vnd vberkommen/sollen sie freundtlich vnd lieblich nůtzen/niessen/vnd nach jhrer beyder notturfft gebrauchen/auch jhre Kinder daruon ehrlich nehren vnd weeren/vnd so dieselben zu jren tagen kommen/vnd sich in die Ehe begeben würden/außsetzen vnd zu den ehren bestatten wie nachstehet/Nemlich soll Bartel N. seine fünff zůbrachte Kinder A. B. C. D. vnnd E. auff seinen ligenden Gütern/jedes mit zwentzig Gůlden/neben gebürlichem Haußrath/außstewren vnd berathen/Dergleichen soll auch vilbemelte Vrsula/jren zweyen zůbrachten Kindern/mit namen F. vnd G.

New Formular

sampt andern/ so beyde Eheleuth mit einander zielen werden/ jedem fünfftzig Gülden vnd ziemlichen Haußrath zu einer ehrlichen heym vnnd außstewer reichen vnnd liefern/ doch mit diser bescheidenheyt/ so es sich begebe/ daß beyde jetztgenante der Frawen Kinder/ inn einem Jar zur Ehe grieffen/ daß als dann Barthel vnnd Vrsula/ dem ein Kindt/ so sich zum ersten verändert hett/ fünfftzig Gülden bars gelts geben/ vnd dem andern seine fünfftzig Gülden/ auff der Kinder Mütter Behausung in obgemelter Statt N. bey den Barfüssern/ gegen der Linden vber/ zwischen N. einseit/ vnnd N. anderseits gelegen/ auff Gült vffnemen vnnd entlehen sollen vnnd mögen/ die auch zufordesten durch die vorgedachten zwey Eheleuth widderumb abgelößt/ oder aber so sich der fall begebe/ daß jhr eins vor dem andern mit todt abgienge/ mit der farenden Haabe erstattet vnd erledigt werden sollen/ alles sonder geuerde.

Am andern/ dieweil Barthel N. benannter seiner Ehelichen Gemahelin/ Vrsula/ fünff Kinder der ersten Ehe/ wie obgemelt/ zůbringen/ ist beredt/ vnnd bewilligt/ wo er vor Vrsula obgedacht mit/ oder ohn hinderlassung lebendiger leibs Erben todts abgienge/ das zu dem willen Gottes stehet/ daß als dann seiner nachgelassen wittwe/ vnnd jhren zweyen zůbrachten Kindern/ sampt den Kindern so sie beyde Eheleuth/ in zeit jhres lebens mit einander gezielt hetten/ jhr vorgerürt Hauß zu N. bey den Barfüssern gelegt/ zuuoraußwerden/ Dergleichen daß auch sein Barthels obernanten Kindern der ersten Ehe/ vnnd die er mit gemelter Vrsulen gezielt/ hinder jhme verliesse/ alle seine ligende güter/ souil er deren jetzo hat/ zu einem vorauß verbleiben/ vnd des sonst in allen andern beyderseits haabe vnnd Gütern zwischen der wittwe/ vnd allen Kindern ein gleicher Erb sein soll/ eins als vil nemen als das ander/ als weren sie leiblich geschwisterig.

Gleichergestalt soll es auch gehalten werden/ so es Gott also fügt/ daß Fraw Vrsula vor Barthel N. jhrem Ehelichen Haußwirt/ ohn/ odder mit nachlassung lebendiger leibs Erben/ von jhrer beyder leib geborn/ todts verfür/ daß nemlich beyderseits Kinder jhre obgeschrieben vorauß nemen vnd haben/ Vnd daß Barthel als dann mit den Kindern in allen vbrigen Gütern obtheylen/ vnnd auch ein Kindts theyl vor sich empfangen soll/ doch so vil die vorauß berürt/ soll jhe ein Kindt das ander Erben/ vnnd einander Succedirn.

Vnnd so etlich fell hierinn zubedencken von nöten gewesen/ vnnd nicht bedacht weren/ ist betheydigt daß es mit demselbigen nach der Statt N. Rechten/ brauch/ vnnd gewohnheyten gehalten werden soll/ alle geuerde vnd argelist hierinnen gentzlich außgeschlossen. Bey diser Heyraths beredung seindt gebetten gewesen/ auff Barthel N. seiten/ die Ernhafften/ Vornemen vnnd Erbarn/ vnnd sein Barthels obermelter zůbrachter Kinder geordnete Fürmündere/ Nemlich H. vnnd I. beyde Schuhmacher/ Bürgere zu N. Vnnd dann auff Fraw Vrsula seiten/ die Ersamen/ Weisen/ vnnd Achtbarn K. Burgermeister L. Rathoman/ zu N. M. Stattschreiber daselbst/ N. Zimmerman zu Korbach bey Sünßheym/ vnd vorgedachter jhrer zweyer Kinder gelobte Vormünder/ mit namen O. vnnd P. beyde Bürger zu N. Des alles zu warem vrkundt/ haben wir obgemelte zwey Eheleuth Barthel/ vnnd Vrsula/ vnnd wir jetztgenante vier Vormünder/ Nemlich H. I. O. vnnd P. von aller theyln fleissig gebetten die Ersamen weisen Q. vnd N. Bürgermeyster zu N. daß sie derselben Statt Inngesigel/ vnns vorgeschriebner ding damit zubesagen/ an disen Brieffe gehenckt/ des wir jetztgenannte Bürgermeister vns erkennen/ also von jhrer bitt wegen gethan haben/ doch vns vnd der Statt vnschädlich. Geben auff/ ??.

Bestendenuß Brieff vber ein Fischwasser.

Zuwissen sey hiemit meniglichen/ daß auff heut Dato der Ernuest vnd Hochgelehrt N. Hansen N. Bürger zu N. sein Fischwasser an gemelter Statt N. gelegen/ nachfolgender massen verlihen/ Nemlich daß er N. solch Fischwasser/ wie gebräuchlich/ vñ recht

Bestendenußbrieff. CLII

rechte ist/ein jarlag innhaben/nutzen/vnd niessen möge/vnd darvon jme Herrn N.zu außgang des Jars/fünff Gülden/für Zinß außrichten vnd bezalen/doch mit diser beschaiden heyt/daß er alle Fisch/wie die namen haben mögen/inn ermelto N. Behausung lieffern/vnd jhme dieselben/da er deren begert/in nachfolgenden kauff zůstellen soll/ Als nemlich/was von Hechten/Karpffen/äklen/Forlen/Schubfischen/vnd dergleichen in bemeltem Fischwasser gefangen wirt/das pfunde vmb zwölff pfenning/Item die maß lauter Grundeln vmb vier schilling pfenning/Item die maß Grundeln/Pfellen vnnd Cräsen vnter einander vmb drey schilling pfenning/Item die Krebs sollen nach gelegenheyt jhrer grösse/vnd der zeit nit zum thewresten angeschlagen werden. Welches alles obberürter N.also zuhalten angenommen/vnd bey seinen waren trewen versprochen vnd zůgesagt. Des zu warem vrkunde seinde diser Kerffzettel zwen gleichlautende verfertiget/auß einander geschnitten/mit einer handt geschrieben/vnd jetwederm theyl einer zůgestelt worden. So geschehen/rc.

Bestendenuß Brieff vber Güter/rc. anderer Form.

Zuwissen/daß auff Dato diß Brieffs/abrede ist geschehen/zwischen den Wirdigen vnd Geystlichen Prior/Hieronymus N. der heyligen Geschrifft Lesemeister/ vnnd Conuent des Closters zu N. Prediger Ordens eins/vnnd Jörg N.andern theyls der verleihung halben des Clösterlins zu Sanct Gilgen/haben sich beyde theyl verafsichen/in massen wie folgt/Erstlich hat Prior vnd Conuent dem bescheyden Georgen N. geliehen Hauß/vnd Hof/mit allen inngebäwen(außgenommen die ober stube/vnd Cammer darneben/so gehören zu gebrauch des Priesters) auch die Gärten hinder dem Hauß/vnd ein stücklein beym Weiher gelegen/mit sampt dem grossen vnd kleinen Zehendt zů Sanct Gilgen gefällig/vnnd alles was gemeynglich zu dem Hof verliehen wirdt/vnnd nit weiters/zwölff jarlang/anfahen zu vnser Frawen Tag Liechtmeß/im N. Jar/des soll gemelter Jörg/ehegenantem Prior vnd Conuent järlich geben auff Liechtmeß N. Gülden an grober Müntz/ohn alle abrede/dermassen/daß jhnen da nit soll schirmen/oder schawern/mißwachsung/Hagel/tewr/dürre/odder außlauffung des Bachs/ oder was dermassen erdacht vnd erfunden möcht werden/Auch soll er dem Priester/so dar verordnet/an Sontagen/Feyertagen/vnnd wenn er da der Gemeyn halben inn der Kirchen(doch ohn verdienst der Presenz)geschefftig/mit speiß/vnd tranck/wie bißher geschehen/vnd eim Priester gezient/auch mit warmen Stuben zu seiner zeit versehen/ auch den verordneten am Gerichts Tag ein mal speisen vnd trencken/so fer er am Gerichte zuschaffen/jm trewlich leisten vnd helffen/Auch vmb Martini so die Zinß fellig/dem verordneten dieselbigen tag behülfflich sein mit zelen vnnd Rechen/als viel jhm möglich/ auch andere vnderweisung Zinß belangend/wo noth were/als vil er kan vnd mag/vnnd jhm wissend ist/ Weiters soll er das Meßner Ampt/vnd das Schützen Ampt/mit erhaltung des Fasel Viehes on vnsern kosten vnd schaden dermassen versehen/daß er derohalben gegen der Gemeyn on klag sey/vnd die Kirch wol verhüten/kein nacht ohn ehehafftigen vrsachen vom Hofe bleiben/ Er soll auch das Hauß mit sampt seinen zůgehörigen Ställen/Schewren/Estrich/wende/vnd Zäunen/wo das nötig ist/in baw vnd besserung halten/als weit die handt erreicht/ nach anderer Hofleut/auch Landsbrauch / Wo mann aber etwas wirdt bawen/soll er darzů faren/vnd alles gemüß darzů geben/Aber Wein/vnnd Brodt/auch Fleisch/Fisch/ oder Eyer/soll der Conuent darlegen. Bey solcher abrede vnd bestendtnuß seindt gewesen/die Ersamen Herrn A.B.vnd C.solche verleyhung zubesagen. Vnd zu mehrer vrkundt dise bestendtnuß krefftig zuhalten/ seindt diser Brieffe zwen gleichlautend mit einer Handt geschrieben/auß einander gekerfft/ vnnd jeder einen zu seinen handen genommen. Geschehen/rc.

Ee ij

New Formular
Lehen Brieff der Herrn / guter Form.

VOn Gottes Gnaden wir N. Bischoffe zu N.ꝛc. Bekennen vnd thůn kundt offenbar mit disem Brieff / allen den die jhn sehen / oder hören lesen / daß wir dem Durchleuchtigen Hochgebornen Fürsten Herrn N.ꝛc. vnserem lieben Herrn vnnd besondern freundt / N. die Festen / N. die Statt / vnder Wintzingen gelegen / die Vogtey zu N. mit zwing vnd mit banne / mit Leuthen / vnd mit Gütern / vnnd mit allen zůgehörden zu rechten Lehen verlauhen haben / Als die auch von vnserm Stifft zu N. zu Lehen rüren vnd gehen / vnd der obgenant Hertzog N.ꝛc. vnnd sein Erben die Hertzogen vnnd N. seindt / sollen auch die obgenanten Lehen / von vns / vnd vnsern nachkommen Bischoffen zu N. allezeit / als dick das noth geschehen wirdt / zu Lehen empfangen / haben / vnd tragen / vnnd auch vns vnnd vnsern nachkommen Bischoffen vnnd Stifft zu N. dauon verbunden sein / zuthůn / als solcher Lehenrecht ist / ohn geuerde. Als dann auch der obgenant Hertzog N. die vorgenanten Lehen von vns empfangen / vnd gewonlich huldung gethan hat. Were es auch / da Gott vor sey / daß der obgenant Hertzog N. von todts wegen abgieng / vnd nach seinem todt / Töchter / vnd keinen Sohne / noch Mannlehens Erben verließ / So sollen vnd wöllen wir vnnd vnsere nachkommen Bischoff zu N. als dann die vorgenanten Lehen / denselben Töchtern vnnd Frawen / verleihen / als dick das noth geschehen wirdt / Doch also / daß sie vns / vnsern nachkommen vnd Stifft / dieselben Lehen vermanen sollen / als gewönlich ist / ohn geuerde. Vrkundt diß Brieffs / versigelt mit vnserm anhangenden Innsigel. Geben N. Dinstags nach / ꝛc.

Lehen empfengknuß / anderer Form.

WIr N. von Gottes Gnaden / Probst zu N. ꝛc. Bekennen vns offentlichen mit disem Brieff / daß wir auff des Durchleuchtigsten Hochgebornen Fürsten vnnd Herrn / Herrn N. ꝛc. vnnd Churfürsten / vnsers Gnedigen Herrn ersuchen / seiner Fürstlichen Gnaden solch Lehen stůck / die seiner Fürstlichen Gnaden bruder vnser Gnediger Herr N. Churfürst / ꝛc. löblicher gedächtnuß hieuor vff dem Speyrischen vertrag / von vnserm Vorfaren Apt Wilhelmen seligen vñ vns / zu Lehen empfangen vnd getragt hat / jetzt auch gelauhen haben / wie hernach geschrieben stehet / Erstlich mit namen den teyl an N. mit aller seiner zůgehörende / vnd gerechtigkeyt / wie dann das von den N. Grauen in kauffsweiß an die N. Churfürsten kommen / vnd von vnserm Stifft N. zu Maßlehen gegangen / Item die Vesten N. mit jhrer zůgehörung / wie dasselb an bemelten vnsern gnedigen Herrn kommen / nach vermöge obgemelts vertrags / vnd nicht weiter. Deßgleichen auch das Dorff N. bey N. gelegen / mit aller seiner Obrigkeyt vnd zůgehörde / wie das vorhin die von N. von vnserm obgenanten Stifft zu Mannlehen getragen / Item auch das Leinisch Lehen / so Graff N. seliger gedechtnuß von vnsern Vorfarn vnnd Stifft getragen / was dem Wolgebornen Herrn N. Grauen zu Leiningen / Herrn zu Westerburg vnd Schawenburg / durch weylandt den Durchleuchtigen Hochgebornen Fürsten vnd Herren / Herrn N. ꝛc. vnserm Gnedigen Herrn löblicher gedächtnuß nicht verkaufft noch zůgestellt worden sindt / Nemlich das Dorff vnd Gericht N. auch Wein vnd Korn Zehenden derselben Marckt / Item den theyl Wein vnd Korn Zehenden zu N. souil sein Gnad jetzundt hat / vnnd nicht weiters / Item das gůt zu N. Item das Ampt zu dem halben theyl / mit aller zůgehörde / sampt den Vogteyen / ausserhalb der Kirchen gefäll / vnnd Mandats gerechtigkeyt / vermöge der verträge. Item so verleihen wir seinen G. zweytheyl an dem Wein vnd kleinen Zehenden zu N. in desselben Dorffs Gemarcken im Ampt N. gelegt / so von Hansen von N. an vns / vnd vnsern Stifft erwachsen / mit aller seiner nutzbar vnnd gerechtigkeyten / wie vnser Vorfarn seligen / vnd das Gotteshauß N. vnd von desselbigen der Thumbstifft N. den vil jar in beseß vnd gewer herbracht / vnd wir mit wissen vñ willen

Dechant

Lehenbrieff. CLIII

Dechant vnd Capitels vnsers Stiffts N.wider zu vnsern handen bracht/ vnd obgenantem vnserm Gnedigen Herrn/lauth derselben brieff darüber auffgericht/ kurtzuerschiener zeit vbergeben vnd zügestelt haben/ Vnnd leihen vorgemeltem vnserm Gnedigen Herrn N. etc. solche Lehenstück vorgemelter massen/ in vnd mit Krafft diß briefs/mit außnemung vnser/vnser Mann/ vnd eins jedett rechten daran/ Vnd soll sein Fürstlich Gnaden/ vnnd seiner Gnaden Manlehens Erben/ die N.sein/ solches fürbaß/ so dick das noth geschicht/ von vns/vnsern nachkomen vnd Stifft N.empfahen vnd tragen/vns vnd vnserm Stifft thün/alles wie sie vns von solcher Lehen wegen schuldig seindt/ vnd billich thün sollen/ wie sein Gnaden daß dasselb auch jetz von vns empfangen/ vnd darüber vns gebürlich Lehenpflicht gethan hat/ohn alle geuerde. Vnd des zu warem vrkundt/ So haben wir N.obgenant/vnser Probsteyen Innsigel thün hencken an disen Brieff. Der geben ist/ etc.

Lehenbrieffe anderer Form.

WJr Friderich/ etc. Bekennen vnd thün kundt offenbar/ mit disem Brieffe/daß wir nach tödtlichen abgang/weylandt vnsers gewesenen Landtschreibers zu N. vnd lieben getrewen Hansen N. seligen/auff vndertheniges ansuchen seinem Brüder/ dem Ersamen vnserm Rath/vnd lieben getrewen Philips N. der Rechten Doctor/ als einem träger obgemelts seins Brüders hinderlassener zweyer Söne/ Frantzen vnnd Hansen/ auch von sein selbs/vnd dann A.B. vnd C. alle N. seiner gebrüder wegen den Burckseß vnd Lehen zu N. das vor zeiten durch N. von N. seligen/Graue Wilhelmen von N. seines theyls wegen zu N verlediget worden ist/ Nemlich das Hauß in der N. Gassen zu N. gelegen/ sampt seinem begriff/mit Garten/vnd aller seiner zügehörde/ darzu ein morgen Weingarten/vnden am N.berg/am N. weg gelegen/ vñ auch N. gülden gelts daselbst zu N.vff der beyde järlichs zu S. Martins Tag fallende/ Welches folgents N. zu N. wohnhafftig von der Pfaltz zu Mannlehen entpfangen/herbracht hat/ vnd dieweil er ohne hinderlassung Mannlichen leibserben mit todt abgangen/ der Pfaltz heym gefallen/vnd von weylandt dem Hochgebornen Fürsten vnserm lieben brüder Pfaltzgraue N. Churfürsten seliger dechtnuß/seiner E. Rechenmeister Frantz N. jtem vatter selig auß sondern gnaden/ zu Manlehen verlihen worden ist/auch zu rechten Mannlehen gebrauchen han/was wir jnen von Rechts vnd gnaden wegen zuleyhen haben/ vñ thun das hiemit in krafft diß briefes/mit außnemung vnser/vnser Manne/vnnd eins jeglichen rechten daran/ als das auch von vns/vnd vnserm Fürstenthumb der Pfaltzgrauschafft bey Rhein/rürt/ vnnd gehet/ von der verschreibung vnd gerechtigkeyt wegen/so wir vber/vnd an N haben/vnd der vorgenannt Doctor Philips als träger obgenanter seiner jungen Vettern/ vnd dann für sich selbs/vnd gedachte seine gebrüder/vnd jhr Mannlehens erben sollen fürbaß allzeit/vñ als dick das noth geschicht/das obgemelt Lehen von vns/dieweyl wir leben/vnnd nach vnserm todt/von vnsern Erben die Pfaltzgrauen bey Rhein/ des H. Röm. Reichs Ertztruchsätz vnd Churfürsten sein/ entpfahen/haben vnd tragen/vnd vns dauon mit güten trewen/gelübden/vnd eyden/dienen/gewarten/gehorsam vñ verbunden sein/ vns allzeit getrew vnd holdt zusein/vns vor vnsern schade zuwarnen/vnsern fromen vnd bestes getrewlich zuwerben/vñ zuthün/alles das ein Lehenman sem Herrn võ rechts/vñ gewonheit schuldig ist/ vñ billich thün soll/ ohne alle geuerde. Als auch obgenanter Doctor Philips/ als träger wie obstehe/auch für sich selbs/vnnd von benanter seiner gebrüder wegen/ solch Lehen jetzunde von vns empfangen/ vnd gemelter massen darüber gelobt vnd geschworen hat/ Vnd nach dẽ vnsern Erben in solcher leyhung vorbehalten/daß wir gemelt Lehen mit N. hundert gülden ablösen/vñ wider zu vnsern handen nemen mögen/so lassen wir es in disem fall bey obgedachts vnsers Brüders Pfaltzgraue N. Churfürsten ferner begnadigung gedachtem Frantzen seligen gethan/bleiben/ Also/daß solch losung/durch vns/oder vnser Erben nicht fürgenommen werden/ oder beschehen soll/ all dieweil Mannlehens Erben von gemeltem Frantz N.vorhanden sein/aller ding sonder geuerde. Des zu warem vrkundt haben wir vnser Innsigel hieran thun hencken. Datum N. etc.

C c iij

New Formular
Lehenbrieffe vber Burcklehen.

Wir Otto Heinrich/ꝛc. Bekennen vnd thůn kundt offenbar mit disem Brieff/ daß wir nach absterben weylandt Philips N.von N.seligen/ seinem hinderlassenem Son/ vnserm lieben getrewen Thoman N.von N.zwen Burcksäß/ vnd die Zehenden zu N.insonderheit auff maß etwan sein Vetter Hammon N.darnach Philips/ vñ sein Vranherr seliger/ zulest Hartman N.sein vetter/ võ eim Ertzbischoff zu Meyntz/ Vnd als B.an die Pfaltz kom̃en ist/ seither von der Pfaltz empfangen vnd getragen hant/ zu rechtem Burcklehen zu B.mit außnemung vnser/ vnser Burckman/ vnd eins jegklich rechten daran verlauhen han/ als die auch von vns/ vnnd vnserm Churfürstenthumb der Pfaltzgraueschafft bey Rhein/ als vonn der verschreibung wegen/ wir vber B.sagen/ jnn haben/ zu rechtem Burcklehen rüren vnd gehen/ vnd er vnd sein Burcklehens Erben/ sollen auch fürbaß allzeit/ vnd so dick das noth geschicht/ das Burcklehen von vns/ vnser leb tagen gantz auß/ vnnd nach vnserm todt/ von vnseren Erben/ die Pfaltzgraue bey Rhein/ des heyligen Römischen Reichs Ertztruchsaß vnd Churfürsten sein/ so lang B.mit seiner zůgehörde/ nach lauth verschreibung/ nicht von vns bracht ist/ empfahen/ haben/ vnd tragen/ vns vnd vnsern vorgeschriebẽ Erben/ daruon mit gůten trewen/ gelübden/ vnd eyden/ dienen/ gewarten/ gehorsam vnd verbunden sein/ vns allezeit getrew vnd holdt zusein/ vns für vnsern schaden warnen/ vnsern from̃en vnd bestes/ getrewlich zuwerben/ vnd alles das zuthůn/ das ein Burckmaũ seinem Herrn/ von solcher Burcklehen wegen/ von recht vnd gewonheyt schuldig ist/ vnd billich thůn soll/ ohne alle geuerde. Also auch der obge nant Thoman N.solch Burcklehen jetzundt von vns empfangen/ vns darüber gelobt/ vñ leiblich zu Gott geschworen hat. Vrkundt/ꝛc.

Ganerben Lehen.

Wir N.ꝛc. bekennen/ꝛc. daß wir von vnser selbs/ vñ des Hochgebornen Fürsten/ vn̄ sers freundlichen lieben Brůders Herrn Friderichen/ꝛc. wegen vnserm lieben getrewen N.als einem Ganerbẽ zu A. seinen theyl/ so er von N.erkaufft/ an dem Schloß zum A.dem Stettlin/ Marck/ vnnd zůgehörunge/ vnnd seinen gebürenden theyl an dem hindern Schloß/ das die Ganerben zum A. etwann beyleben des Hochgebornen Fürsten/ vnsers freundlichen lieben Herrn vnd Vatter/ Herrn Philipsen/ꝛc. löblicher gedächtnuß zum halben/ vnnd wie wir bericht nun zum gantzen theyl erkaufft/ vnnd an sich bracht/ zu Lehen gelauhen haben / Vnnd er hat vns auch als ein Ganerbe gewönlich gelübd vnd eyde gethan/ vns vnd obgenanten vnserm Brůder Hertzog Friderichen/ mit der öffnung solches Schloß vnd Stettlins zůgewarten/ vnnd sonst alles das zuthůn/ das die Brieff vnd Reuerß/ zwischen vns innsich halten/ alles vngeuerlich. Vrkundt/ꝛc.

Lehenbrieff kurtzer Form.

Wir N.ꝛc.bekennen ꝛc. Als vns siben Malter järlicher Korngůlten auff dem Bar füsser Hofgůt A.fellig/ welches Diebolt von N.in Erbbestendnuß weise besitzt/ vnd bißher in das Barfüsser Closter zu Wormbs gedient haben/ dieweil dasselbe in abgang vnd veröedigung kom̃en/ heimgewachsen seindt/ Daß wir angesehen/ die vnderthenigen gůtwilligen dienste/ so vns vnser Amptschreiber zu N. vñ lieber getrewer Martin N.bißher fleissig ertzeigt hat/ auch füro noch mehr thůn soll/ vnd wol mage. Darumb auß besondern gnaden/ vnd auff sein vnderthenigs bitten/ haben wir jme vnd seiũ Erben/ solch siben Malter Korn Gůlten erblichen gnediglich zůgestellt/ vnd stellen jhme die zů hiemit vnd in krafft diß Brieffs/ also daß er vnd seine Erben die hinfüro empfahen/ nůtz vnd geniessen sollen/ vnnd mögen/ Doch mit fürbehalt wie vns genanter Martin des ein

Reuers

Lehenbrieff. CLIIII

Reuerß geben/ vnd darinne für sich/ vnd seine Erben bewilligt/ vnd verschrieben hat/ son-
der hinderung vnd geuerde. Zu vrkunde haben wir disen brieff mit eygener handt vnder-
schrieben/ auch mit vnserm zuruck uffgetrucktem Secret zuuersigelen verschafft. Dat.rc.

Lehen Reuersz/ vber Erblehen.

Ich Peter N. Fauth zu N. Bekenn vnnd thu kundt offenbar mit disem Brieff/
daß der Durchleuchtigst Hochgeborn Fürst vnd Herr/ Herr Friderich/ Pfaltzgra-
ue bey Rhein/ des heyligen Römischen Reichs Ertztruchsaß vnnd Churfürst/
Hertzog inn Beyern/rc. nach tödtlichem abgang weylandt des auch Durchleuchtig-
sten/ Hochgebornen Fürsten vnd Herrn/ Herrn Ottheinrichen Pfaltzgrauen bey Rhein/
Hertzogen inn Nidern vnnd Obern Beyern/ des heyligen Römischen Reichs Ertztruch-
sassen vnnd Churfürsten hochlöblichster gedechtnuß/ mir von mein selbs/ vnnd als träger
meiner Schwester Anna zehen pfundt Heller/ Wormbser werung auff der beithe vnnd Ge-
meyn der Dörffer N.N. vnd N. inn dem Pfrüner Thal gelegen/ auff Sanct Mar-
tins Tag fallende/ die etwan Philips N. von N. vnd darnach Hans N. seliger hetten/ dar
zu den Burggraben daselbst mit seiner zugehörung/ nemlich ein Wiesen dartzu gehörig/
vnd stösset an denselbigen Graben/ zu rechtem Erblehen geliehen haben/ mit außnemung
jrer Churfürstlichen Gnaden/ dero Man/ vnd eins jegklichen rechten daran/ als die auch
von jhrer Churfürstlichen Gnaden/ vnd deroselben Fürstenthumb der Pfaltzgraffschafft
bey Rhein/ als von N. Manschafft wegen/ vmb den von N. erkaufft/ zu rechtem Erble-
hen rüren vnnd gehen/ vnnd ich gemelter Peter vonn mein selbs/ vnnd als träger meiner
Schwester Anna/ vnd vnsere Erblehens Erben/ sollen auch solcher pfundt Heller geldes/
fürbaß so dick das not geschicht/ entpfahen/ haben/ vnd tragen/ jhren Churfürstlichen G.
daruon mit güten trewen/ gelübden/ vnd eyden dienen/ gewarten/ gehorsam vnnd verbun-
den sein/ jhrer Churfürstlichen Gnaden allezeit getrew vnd holdt zusein/ für jhren schaden
zuwarnen/ deroselben frommen vnnd bestes getrewlich zuwerben/ die Lehen zu jrer manen
vnd zuthun/ alles das mann jhren Herrn von recht vnnd gewonheyt schuldig seindt/ vnnd
billich thun sollen/ ohn alle geuerde/ Als auch ich ehegenanter Peter von mein selbs/ vnnd
als träger meiner Schwester Annen solch Lehen von jhrer Churfürstlichen Gna. jetzund
empfangen/ darüber gelobt vnnd geschworn hab. Des zu Vrkundt versigelt/ mit mei-
nem anhangenden Sigel. Datum/rc.

Lehen Reuersz vber Erblehen der Für-
sten.

Wir A.rc. Bekennen vnd thun kundt offenbar in disem Brieff/ daß der Ehrwirdig
in Gott vnnd Hochgeborn Fürst vnser freundtlicher lieber Brüder/ Herr B.rc.
vnns vnd vnsern Erblehens Erben/ F. Schloß vnd Statt/ mit jhren zugehörun-
gen halb/ die Vogtey zu G. gantz/ H. das Dorff halb/ J. das Gericht halb/ vnnd die ge-
rechtigkeyt an K. halb/ mit allen rechten/ gewonheiten/ zugehörungen/ atzungen/ diensten/
frondiensten/ bethen/ stewren/ Wäld/ Wasser/ vnd Weyden/ Wildpeenen/ Fischereyen/
vngelten/ freueln/ einungen/ bussen vnd allen andern fellen/ gebietungen vnd allen andern
rechten/ die zu F. auch der Vogtey zu G. H. dem Dorff J. dem Gericht vnd der gerechtig
keyt an K. gehören/ wie dann solches dem Ehrwirdigen in Gott Vatter Bischoff C. seli-
ger gedechtnuß von dem Wolgebornen D.rc. seligen verfallen ist/ zu rechtem Erblehen
verliehen hat/ Vnnd wir A.rc. vnnd vnser Erblehens Erben/ die das Fürstenthumb der
Bischafft künfftiglich besitzen werden/ sollen auch hinfüro/ vnd so dicke das noth geschicht/
die obgeschriebene Lehen mit allen Rechten/ als obgeschrieben stehet/ von obgenannten vn-
serm freundtlichen lieben Brüder dem B.rc. vonn seiner Liebe Nachkommen Bischoffen

C c iiij

New Formular

vnd dem Stiffe E. zu Erblehen empfahen/haben/vñ tragen/ auch davon huldung thůn/ gewarten/gehorsam vnd verbunden sein/als solcher Lehen recht vnd gewonheyt ist. Vnd wir vnd vnser vorgeschrieben Erben sollen auch zu einer jeglichen zeit/ vnd so dick des not geschicht/die vorgeschrieben Lehen/von obgenantem vnserm freundlichen lieben Brůder/ seiner Liebe nachkommen vnnd Stifft E. zu Erblehen empfangen/ jhnen vnser versigelte Brieffe inn der besten Form von newem darüber mit vnserm Jnnsigel versiegelt geben/ ohne alle geuerde. Vnd des zu warem vrkundt haben wir vnser Jnngesigel an disen brieff thůn hencken/ Der geben ist zu N. auff ꝛc.

Lehen Reuerßbrieffe vber Mannlehen.

Wir Johan Graue zu B. Herr zu C. vnd D. Bekennen vnd thůn kundt offenbar mit disem Brieffe/ daß der Durchleuchtigst Hochgebohrn Fürst vnd Herr/ Herr N.ꝛc. vnser gnedigster Herr/ nach tödtlichem abgang weilandt des auch Durchleuchtigen Hochgebornen Fürsten vnnd Herrn/ Herrn N.ꝛc. hochseliger gedechtnuß vns/ vonn vnser/ auch vnsers Bruders/ Graffe Friderichs wegen/ die gantz Graffeschafft B. mit jrer zůgehörde/ als dann die von jhren Churf. Gn. vnd deroselben Churfürstenthumb der Ascheffte zu Mannlehen růrt/ vnnd gehet/ zu rechtem Mannlehen/ mit außnemung jrer Churf. G. dero Man vnd eins jetzlichen rechten daran verlauffen haben/ Vnd sollen wir obgenanter Graff Johan von vnser/ vnd gedachtes vnsers brůders Graue Friderichs wegen/ vnd vnsere Mannlehen Erben/ fürbaß allzeit/ vnd so dick das vns geschicht/ die gemelt Graffschafft zu B. mit jrer zůgehörde/ von jren Churf. G. deroselben lebtagen gantz auß/ vnd nach jrem todt von deroselben Erben/ die N.ꝛc. sein/ zu rechtem Mannlehen empfahen/ haben vnd tragen/ jren Churf. G. davon mit guten trewen/ gelůbden/ vnd eyden/ dienen/ gewarten/ gehorsam vnd verbunden/ jren Churf. G. allzeit getrew vñ holdt zu sein/ sie vor derselben schaden warnen/ frommen vnd bestes getrewlich werben/ vñ thůn alles das ein Edelman seinem Herrn von recht vnd gewonheyt schuldig ist/ vnd billich thůn soll/ on alle geuerde. Als auch wir obgenanter Graue Johan/ die gemelt Graffschafft B. mit jhrer zůgehörunge vorgeschriebener maß/ jetzundt von höchstgedachtem N. Churfürsten/ ꝛc. empfangen/ vnd darüber gelobt/ vnd leiblich zu Gott geschworen haben/ Zu vrkundt versigelt/ vts.

Reuerßbrieff vber bestendtnuß vnd vergleichen/ mit pfandtschafft vnd leistung in grosser vnd herrlicher Form.

Wir Burgermeister vnnd der gantze Rath des Heyligen Reichs Statt A. Bekennen offentlich/ vnd thůn kundt allermenniglich mit disem Brieffe/ Als sich die Ehrwirdige/ Hoch vnnd Wolgeborne/ vnnd Edle Herrn/ Dechant vnnd Capitel des Thumbstiffts zu B. vnsere Gnedige vnnd günstige liebe Herrn/ an jhrem Zehenden zu A. der Schützen abtragen zu Herbstzeiten/ vnnd sonst allerhand beschwerung/ eingrieff/ abzüge vnnd schmelerung/ so jhren Ehrwirden solten beschehen/ beklagten/ Vnnd derohalben mit vns an das Keyserlich Cammergericht inn Recht erwachsen. Dargegen wir an jhren Ehrwirden / doch ausserhalbe dem Rechten / gütlichen forderunge gethan / dero wir zu beyderseits / vnnd was ein theyl / an das ander / derohalben für forderung vermeynt zuhaben / durch nachfolgenden ewigen bestandt vnnd ewiger verleihung jhrer Ehrwirden Zehenden zu A. inn der güte aller ding gantz freundtlich vnnd nachbawerlichen einander abgeholffen/ vnnd vnns mit einander vereinet/ vnnd versönet haben/

Reuersbrieff.

haben/ Nemlichen/ daß wir mit vnserm guten freyen wissen/willen/vnnd zeitigem rath/ so wir daruor zum offtermals Rathweiß derhalben versamblet/darüber gehabt/vnnd gehalten haben/ vnnd vnser/ vnnd gemeyner Statt vnnd Bürgerschafft zu A.scheinbarein nutz willen/eines auffrichten/redlichen/ewigen bestandts/wie der in allen Rechten/Geistlichen vnd weltlichen/vnnd an allen Gerichten/vnnd nach Landts gebrauch vnnd gewonheyt/allerbest bestande vnd krafft haben soll/kan vnnd mag/ für vns / vnd vnser nachkommen/bestanden haben/ Vnnd bestehen in krafft diß Brieffs/von Hoch vnnd Wolgemelten Herrn / Dechant vnnd Capittel des Thumbstiffts zu B. ihrer Ehrwirden vnnd dero Probenden inn das Sabathel gehörig/grossen vnnd kleinen Zehenden zu A. doch das eygenthumb ihrer Ehrwirden vorbehalten/wie derselbige inn A.zwingen/bennten/vnd Gemarcken/ vnnd darbey zu E. zu D. vnnd zu E. etliche drittheylige Ecker/ ausserhalb derselben gelegen/vnnd inn A. Zehenden gehörig/ järlichs thut fallen (darinn auch die frucht so inn disem N. Jar zu Zehenden schon gefallen/ vnnd in der Zehendt Schewer vngetroschen ligt/ vnnd dises gegenwertigen Herbstzehenden/ der auch schon vorhanden/darmit begriffen sein sollen) sampt dem Kirchensaß/ vnnd desselbigen anhangenden Rechten/ vnnd beschwerden/ auch beyder Pfarren vnnd Zehendthöfen/ Kelleren/ Keltern/ alles gegen der Pfarkirchen zu A. ober/an/vnnd bey einander gelegen/ Zehendt Schewer in der Schmidtgassen/ zwischen N. vnnd N. gelegen/ Keltern/ Geschirr/ Fassen/ Butten/ Zubern/ Daugen/ sampt allem Geschirr/ darzu allen Haußrath vnnd Federwath/ von dem allem nichts außgescheiden/dergleichen neun Pfundt/ vier Schellling Heller erkauffte seiliche Zinse/ lauth des Zinßbüchs/ mit aller derselbigen ein vnnd zugehöre/ wie ihre Ehrwirden solches biß anhero inngehabt/ besessen/ genützet/ vnnd genossen haben/ Solches alles innzuhaben/ zubesitzen/ nutzen/ vnnd niessen/ vnnd die järlichen Zehendt/ gelle/ vnnd Gülten / nach allem vnserem willen/ zu vnserem besten nutz einzuziehen/zuuerwalten/ vnnd zuuerwenden/ ohne eintrag vnnd verhinderung ihrer Ehrwirden/ vnnd ihrer Ehrwirden nachkommen/vnnd menigliches von ihrent wegen/ doch alles mit nachfolgenden bedinglichen Pacten vnnd außgetruckten fürworten/ daß ihr Ehrwirden ihren vnnd deren nachkommen die öffnung eder zeit zu ihren Zehendthöfe vnnd Zehendt Schewern zu A. vorbehalten haben/ der gestalt/wo ihres Thumbstiffts zu B. Personen einen/ oder mehr/ gen A.kommen/ daß der oder dieselbigen mit ihren Pferden/mit gebürlicher güter lieferung/ ein tag vnnd ein nacht / von vnserm Pfleger in gemeltem Zehendhofe vnnd Schewern/ auff vnser vnnd vnseren nachkommen kosten/ beherbergt/ vnnd gehalten sollen werden / Wo sie aber etliche tage/ vnnd also länger im Zehenden Hofe ihre herberg wolten haben/ sollen sie fürter die lieferung vnserm Pfleger im Zehend Hofe/ so jederzeit sein wirdt/zubezalen schuldig sein.

Dergleichen so sollen wir bestender/ vnnd vnsere nachkommen / nun fürohin allwegen gemelte Pfarr/ vnd Zehendt Hofe/ Zehendt Schewren/ Keltern/ mit den Baumen/ vnnd Kellern/ Geschirr/ Faß / Butten/ Haußrath vnnd anders obengemelt/ wesentlich vnnd vnvergenglich inn Tach vnnd Schwellen halten/ vnd das abgangen jederzeit bessern/ erstatten/ vnnd erlegen/ alles auff vnser/vnnd vnser nachkommen kosten/ auch der Pfarr angehenckte beschwerden/ wie die genannt/ gegen einem Bischoff von F.vnnd menigilchen/ auff vnsern vnnd vnsern nachkommen zutragen/ vnnd zuvertretten/ Vnnd wo inn einem gemeynen/ odder National Concilio/ odder inn einer Reichs versamblung wie die Pfarher/ vnnd dero Helffer/ vnnd Kirchendiener sollen vnderhalten werden/ würde geordnet/ vnnd gesetzt/ daß wir vnnd vnsere nachkommen sollen (ob sich gleich der Pfarr gefelle nicht so weit erstrecken) dieselbigen Personen auff vnsern kosten zu vnderhalten / Auch wo gemelten ihren Zehenden halber/ vnnd anderm obengemelt/ vnderghing/ vnnd anderst zuhandthabung derselbigen zuthun/ vnd zuhandlen von nöten würde/daß wir vnd vnsere nachkommen solchs auff vnsern kosten/ vnd ohne ihren schaden zuthun schuldig vnd pflichtig sein sollen/ Hoch vnd wolermelte Herrn Dechant vñ Capitel verleyhe/ sollen vns auch von den Registern/ Gültbrieffen/ vnd vrbarn/ so vil ir Erwirden Pflegere

zu A.

New Formular

zu A. des Zehenden vnd der Pfarz gesell halben/hinder jhme/oder hinder jhre hetten/vns vnd vnsern nachkommen/auff vnser erfordern/jeder zeit Copeyen daruon zustellen/ vnnd folgen zulassen/Dergleichen so sollen wir von der liefferung der vbergab/ so vns jhre Pflegere zu A.(auff gegen einander vbergebung der bestandt vnnd Reuersbrieffen)fürderlich thůn soll/was vns von jhrem Pfleger/vber jhren grossen vnd kleinen Zehenden/ Kirchensatz/Pfarz vnd Zehendehöfe/Zehendischewer/Keller/Keltern/vnd Keltern baum/rc. welcher an farender Haabe vnnd beweglichen Gůtern/vnd stůcken vbergeben/vnd vber geliessert sey worden/dergleichen von der Pfarz gesellen/einkommen/vnnd erneweringen/vnder vnser Statt Jnnsigel ein Jnuentarj vnd schrifftliche verzeichnussen auff einem Pergament jhrer Ehrwirden/oder deren Pfleger zůstellen/Darzů vnnd vber alles obgemelt/ so sollen vnd wöllen wir/vnd vnsere nachkomen hoch vnd wolgedachten Herrn Dechant vnd Capittel des Thůmbstiffts B. vnnd jhren nachkommen/ zů ewigem bestande Elde an jhre Probenden vnnd Sabathel/fünffhundert Gůlden an gůter grosser grober gantzhafftiger Silbern Můntz/diser Landeswerunge/ allewegen sechtzig Creutzer für den Gůlden gerechnet/zu zweyen Terminen vnd zielen/Nemlich/achthalb hundert Gůlden obgemelter Můntz vnd werung/den sibendzehenden tag Martij Sanct Gertrauten der heyligen Jungkfrawen Tag/ odder vierzehen tag daruor/ odder darnach/ vngefehrlich/ Vnd die vbrigen achthalb hundert Gůlden genannter werung vnnd Můntz auff Sanct Bartholomeus des heyligen zwölff Botten Tag/ der da ist der N. Tag Augstmonats/ oder vierzehen Tag daruor oder darnach/ vngefehrlich jnn nechstkommenden N.jar/ der mindern Zal anzůfahen/ vnd darnach alle Jar ewiglichen auff jeden erstbestimpten Terminen vnnd Zielen/siben hundert vnd fünfftzig Gůlden gedachter Můntz vnnd werung samenthafft/vnd ohn weiter zertheylt/gehn B. oder G. oder vier Weil wegs runde vmb B. wie wir vnnd vnsere nachkommen von Hoch/ vnnd wolgemelten Herrn Verleyhern/ vnnd jhren nachkommen jeder zeit des bescheiden werden/ zů jhrer Ehrwirden vnnd dero nachkommen sichern handen vnnd gewalt/ohne allen jhren verlust/ abgang/kosten/vnnd schaden/widder alle Bann/ Acht/ Anleitung/ Krieg/ Raub/ Name/ Heerzůg/ Hagel/ Mißgewachs/Brandt/vnd andere dergleichen vnd grössere vngefelle/ reyß/ vnnd landtschůlden/Tůrckenhůlff vnd schatzung/vnd des heyligen Rhömischen Reichs/ vnnd ander schatzung/beth/stewer/ hilffgelt/ Gebott/verbott/ vnd alle beschwerung Geystlicher vnnd weltlicher Obersten vnd ander Potentaten/Leuten/vň Personen/nichts/noch niemandtsaußgenommen/gůttlich/vnd ohne aller lengern verziehen außrichten/ wehren vnd antworten (gegen zůstellung gebůrlicher Quittung) zu jeder obbestimpter Termin vnnd Ziel/ schůldig vnd pflichtig sein/Doch sollen vnsere Gesandten mit jhren Pferden/es seyen jhe einer oder zween/durch welche wir vnd vnsere Nachkommen/jhnen vnnd jhren Nachkommen auff bestimpte Ziel vnnd zeit liefferung des verfallen bestandtgeldts thůn werden lassen/allwegen die zeit der liefferung bey jhrer Ehrwirden Sabathalmeister/ gantz freundlich beherbergt/ vnnd mit gebůrlicher gůter liefferung auff jhrer Ehrwirden kosten/ notdůrfftiglich vnderhalten werden. Vnd zu noch mehrer sicherheyt/ daß vilgemelt bestandt Gelde/der fünffzehen hundert Gůlden/ auff ziel/ Malstatt vnnd zeit/ an Můntze vnnd wehrung obengemelt jhrer Ehrwirden verleyhern/ vnnd dero nachkommen von vns Bestendern/ vnnd vnseren nachkommen/wie oblaut/gelieffert/vnnd geantwort werde/ So sollen zu obgemelten jhrer Ehrwirden grossen vnnd kleinen Zehenden/ wie der jnn A. Marcken/ vnnd darbey (wie gemelt) thůt fallen/sampt andern stůcken allen obgezelt/ Auch vnserer/vnnd gemeyner Statt A. vnnd deren Burgerschafft vnnd Verwandten/ Zinß/ Renthen/ Gůlten/ es sey an Stewren/ Vngelt/ Zöllen/alle dieselbige ligende vnnd farende Haabe/ vnnd Gůtere/an Dörfferen/ vnnd anderen/ wie/ vnnd woran die gelegen/nichts daruon außgescheiden/ Die alle/ auch gemelte Bůrger/vnnd eins jeden in sonderheyt eygene Haabe/vnnd Gůter/ jhrer Ehrwirden/ vnnd dero nachkommen/darumb jnn sonderheyt verpfendt vnnd verhefft sein vnnd bleiben/ wie auch vnser Bůrger vnnd verwandten dessen vonn vns bericht/ vnnd sie es auch gůtwillig eingangen sein. Wo

Reuerßbrieff.

Wo auch diser Reuerßbrieffs/odder gemelte Inuentarj/so wir gemeltem Herrn Verleihern deßhalben vbergeben/an Pergament/Innsigel/oder Schrifften/presthafftig würden/so sollen wir/vnnd vnsere nachkommen auff jhr erfordern/einen andern Reuerßbriesse oder Inuentarj disem gleichlautende mit darinn bestimtem anhangenden Insigel/in dem nechsten Monat/nach beschehener erforderung/ohn lenger verziehen auff vnsern kosten jederzeit gehn B. zulieffern schuldig sein/Wo auch wir oder vnser nachkommen/auff ziel/vnnd zeit/vnnd in massen wie obstehet/das bestimpt verfallen bestande gelt nicht liessern/sondern seumig würden/inn welchem Jar/oder Jaren das beschehe/oder einen oder mehr andere/vor oder nachgeschrieben Puncten vnnd Artickel/die vns thun belangen/nit hielten noch demen nachkommen/das doch nit sein soll/was vnd so offt dañ auß vns besten dern/odder vnsern nachkommen/einer/zwen/oder mehr/sampt oder sonder/zu Hauß/zu Hof/oder persönlich vnder augen von jhrer Ehrwirden/oder dero nachkosten von mund botten/oder in schrifften gemanet werden/als dann sollen wir/vnnd vnsere nachkommen/ bey vnsern waren trewen/gelübden/vnnd eyden/damit wir/vnd vnser jeder/Römischen Keyser vnnd König/vnnd dem heyligen Römischen Reich/dem Rath/gemeyner Burgerschafft vnnd Statt zu A. zügethan vnnd verpflicht sein/zwen auß dem kleinen/zwen auß dem grossen Rath/zwen auß der gemeyne zu A. inn den nechsten acht tagen/nach der ersten manung ohn alle entschuldigung/vnnd außzüg/gehn B. C. D. oder E. welcher Statt eine/vnd offen Herberge/vns vnnd vnsern nachkommen in der manung bestimpt würde/schicken/daselbst Rechten/offen gewonliche Gesellschafft halten/vnnd leisten/mit vnierdingten malen/wie leistens recht/vnnd gewonheyt ist/vnd bey gemelten gelübden/ trewen/vnnd Eyden/von solcher leistung nicht lassen/jhre Ehrwirden/vnnd jhre nachkommen/sey dann zuuo: außrichtung/bezalung/ersatzung/erstattung/odder folge vnnd gnügen beschehen/omb das verfallen außstehendt bestande Geldt/odder vmb die Artickel gebrechen vnnd mangel/darumb wir/odder vnsere nachkommen gemant seyen/sampt allen kosten vnnd schaden/ Darumb jhren Ehrwirden vnnd dero nachkommen schlechten worten/jederzeit geglaubt werden soll. Vnnd gefügte sich auch zu einigen zeiten/daß sich ein Monat nach der leistung verlauffen würde/ vnnd jhrer Erwirden/vnnd dero nachkommen noch dann nicht bezalung odder benügen/darumb wir/odder vnsere Nachkommen/gemanet weren worden/beschehen were/So sollen jhre Ehrwirden/dero nachkommen/vnnd wer jhnen darzu helffen wil/gut füg/recht/vnnd macht haben/vnns/vnnd vnsere nachkommen/Bürgerschafft/vnd verwandte/vnd obgemelte gesetzte vnderpfand/ es sey ligendes oder farendes/nichts außgenommen/darumb angreiffen/bekümmern/versteffen/verbieten/verweilten/inn Gericht ziehen/die pfande hinfüro auffbieten/verkauffen/verganten/vnnd vertreiben/es sey inn Stetten/Schlössern/Dörffern/Märckten/ auff Wasser/vnnd auff Lande/alles mit oder ohne Gericht/mit jhr/oder jhrer nachkommen/vnnd helffer/gewaldt/daran sie keines wegs gefreuelt haben sollen/vnnd nicht destoweniger/vnser/odder vnserer nachkommen geschickte (wie vorgemelt) zu leisten schuldig sein sollen.

Wider solch angreiffung/pfandung/vnnd beschwerung/wir/noch vnser nachkommen/gar nichts fürnemen oder handlen sollen/darmit solch Gericht/Recht/vnd angrieff gewendt/verlegt/oder gehindert werden möchte/alles so lang/offt vnd vil/biß daß jhnen vmb verfallen bestandt Geldt/oder die sach/darumb sie dann gemant/oder angegriffen/ gentzlicher gnügen beschehen ist/sampt allem kosten vnd schaden/solcher sach halben auffgelauffen/darumb jhren schlechten worten geglaubt werden soll. Wo auch einer odder mehr(wie gemelt)inn der leistung werend/mit todt abgiengen/odder zuleisten vngeschickt worden/So sollen wir vnnd vnsere nachkommen/einen andern/odder andere/an der vntäuglichen vnnd abgangen statt inn leistung schicken/vnnd zu leistung anhalten wie vorgemelt.

Vnd begeb sich auch zuzeit/daß krieg vnd spett zwischen den Herrn/Stetten/od Ländern vfferstünde/dadurch vorgemelt bestandtgelt/oder die bestande güter vö etwan einem

angefallen/

New Formular

angefallen/verhefft/verbotten/ acht oder anleitung darauff erlangen/wie/warumb/oder von welcher hands/Gericht/Recht/verbott/gewaldt/ oder freuel das geschehe/oder in Kriegs rechtungen/ etliche stück/ so disem bestandtgelt oder verleihung vnnd bestandnen Gütern nachtheylig/oder widerig weren/begrieffen/ soll alles jhnen vnnd jhren nachkommen/an dem bestandtgelt/vnd an den bestanden/ vnd verlichnen Gütern vnuergrieffen/ vnd vns vnd vnsern nachkommen nicht nutz oder fürstendig sein/ noch vns dero mögen behelffen. Wo aber jhre Ehrwirden/ vnd dero nachkommen (so sich ein Monat nach der manung verlieffe/das vmb das verfallen bestandtgelt/ oder ein andere sache/darumb wir/ oder vnser nachkommen in leistung gemant/jhnen von vns/oder vnsern nachkommen noch kein außrachtung/erstattung/oder benügl beschehen were/ wie oben gemelt) die pfandung oder angriff der vnderpfandt vmbgehen wolten/ vnd jhr Ehrwirden vnnd dero nachkommen obgemelten jhren grossen vnd kleinen Zehenden/in A. Gemarcken/ vnd darbey gelegen/ vnd in A. Zehendt gehörig/wie gemelt/ vnd järliche thün fallen / sampt dem Kirchensatz/ vnd desselben anhangenden Rechten vnd beschwerden/ auch beyden Pfarren vnd zohendhöfen/ Zehend/ Schewer/ Keller/ Keltern/ Geschirr/ Faß/ Butten/ Züger/ Dougen/ die Reue/ Schiff vnd Geschirr/allen Haußrath/ Federwath/ von dem allem nichts ausgenoissen/darzü der neun pfundt/vier schilling Heller uff N. Oder so die mitler zeit würden abgelöst/ vnd nit wider angelegt/ das Hauptgelt darfür zü jhrer Ehrwirden/ oder dero nachkommen handen/verwaltung/ vnnd besitz widerumb zunemen/ mehr gelegen sein wolte/ das in solchem fall zü jrer Ehrwirden/ vnd dero nachkoissen freyen willen vnd wolgefallen/ jeder zeit stehen solt/ So sollen jhre Ehrwirden vnnd dero nachkommen/ als dann gemelt/jhren grossen vnnd kleinen Zehenden/ sampt allen andern stücken/ oberzelt/ eygens gewaldts vnnd fürnemens/ ohne weiter rechtfertigung/ widderumb zu jhren handen/ verwaltung/ besitz vnnd niessung zunemen/ den frey ledig/ vnnd von der Schätzen abtragen/ vnd andern beschwerden (darumb sie mit vns am Cammergericht ins Recht erwachsen) der/ vnd sonst von allen vnsern anrüffungen vnangefochten bleiben/ jnn zuhaben/ vnd zugebrauchen/ ohn verhinderung/ jrzung/ sperrung/ vnd eintrag vnser/ oder vnser nachkommen/ Jhre Ehrwirden sollen auch daran nit gefreuelt/ sonder dessen güt füg/ macht/ vnnd erlangt recht haben. Wir vnd vnsere nachkommen sollen vnd wöllen auch schuldig vnd pflichtig sein/ in erneltem fall/ jrer Ehrwirden vnd dero nachkoffen/ solchen jren grossen vnd kleinen Zehenden/ sampt dem Kirchensatz/ vnd allen andern oberzelten stücken/ als hetten sie es also mit Recht erlangt/ gütwilliglich/ vnd ohn allen eintrag/ frey lediglich/ vnnd on allen beschwerden/einraumen/ ein zuantworten/ vnd also den jnnhaben/ nutzen/ niessen/ vnd gebrauchen zulassen/ vnd vnser Bürger/einwohner/ angehörige vnd verwanderecht zu Zehenden anhalten/ vnd damit recht gezehend/ wo von nöten/ ordnung machen vnd geben. Vnd wo an erzelten stücken/ so vns in solchem bestandt verlihen/ vnd eingeraumbt/ oder ander Pfarren zügehörigen gefellen/ vnd einkommen/ etwas mangel/ gebrechen/ oder abgelöst erschiene/ Sollen vnnd wöllen wir/ oder vnsere nachkommen/ von gemelter lostung nicht lassen/ es sey dann jnen vnd der Pfarr/ zuuor gemelte stück/ mangel/ vnd gebrechen/ gantz vollkommen erstattung vnnd ein benügen beschehen/ darzü auch das verfallen bestandtgelt/ ob dann noch ein theyl gantz/ oder mehr außstünden/ nach marckzal/ sampt dem kosten vnd schaden/ darauff gegangen (darumb jhren schlechten worten/ wie gemelt/ zuglauben) vollnkommenlich erlegt/ vnd bezalt/ alles bey ob vnd nachgemelten trewen/ gelübden vnd Eyden/ Vnd soll als dann solcher bestandt vnd verleihung sein endschafft haben/tods vnd ab sein. Item es sollen auch alle Rechtliche Proceß/ an Keyserlichem Cammergericht/ spänn/ mangel/ gebrechen/ vnnd forderungen/ deßgleichen aller vnwill/ so sich zwischen beyden theylen biß anhero zugetragen/ gantz vnd gar auffgehaben/ cassiert/ gefallen/ vnd samenthafft hingelegt sein vnd bleiben. Hierauff so geloben/ gereden/ vnd versprechen wir obgemelte Bürgermeister vnd gantzer Rath zu N. für vns vnd vnsere nachkommen/ bey vnsern waren trewen/ gelübden vnd eyden / damit wir Römischer Keyserlichen vnd Königlichen Maiestetten/ vnserm Allergnedigsten Herrn/ dem heyligen Reich/

dem

Reuerßbrieff.

dem Rath/der Burgerschafft/vnd gemeiner Statt N. zugethan vnd verpflicht sein/alles was in disem Brieffe vor vnd nachgeschrieben stehet/so vil das vns/vnd vnsere nachkommen/Bürgerschafft vnd verwandte/möchte belangen/fest/stett/vnd vnuerbrüchlich zu halten/darwider nichts zuthun/noch schaffen oder gestatten (so vil an vns) darwidder gethan oder gehandelt werde/heymlich/noch offentlich/inn oder ausserhalb Rechtens/in keinen weg/weiter daß solcher bestandtbrieff in seinen Artickeln/vns vnd vnsern nachkosten das zůgibt/ Darwider auch vns noch vnser nachkommen nicht freyen/fristen noch schürmě soll/kein Bäpstlich/Keyser/König/noch Fürstliche freyheyt/gnad/noch ordnung der heyligen Concilien/oder des Reichs versamblung/auch kein Restitution/odder Absolution/oder Dispensation/Auch kein Recht noch Gericht/Geistlichs odder Weltliche/geschriebens oder vngeschriebens/kein Hoffgericht/Cammergericht/Burger Recht/Stattrecht/Landtrecht/noch geleydt/weder der Herrn/Stett/noch Länder/noch einiche ander fünde/list/vntrew/such noch geuerde/so jemanden hiewider ordnen/vñ sprechen möchte/ das bestande Gelt were zu groß oder zuuil/vnd die nutzung der verlihenen stück möchten es vber die beschwerden nicht ertragen/oder das wir hierinn/vber das halbig oder drittenteyl des rechten werths vberfortheylet/vnd daß ein gemeyne verzeyhung nicht gelte/es gange daß ein sonderung vor/Dann wir vns/vnd vnsere nachkommen/dero aller befelff/außzügen/vnd einreden/anders dann diser bestandtbrieff wie gemelt/mit sich bringt/bey gemelten vnsern trewen/gelübden vnd eyden/gentzlich verzihen vnnd begeben haben/vnnd thůn das hiemit in krafft diß Brieffs/alles getrewlich vnd ohne geuerde.

Des alles zu warem vrkundt/vns/vnd vnser nachkommen obgemelter ding zubesagen/ So haben wir vnser Statt mehrer Innsigel/ an disen bestandt vnd Reuerßbrieffe/ wissentlich thůn hangen. Der geben ist/auff rc.

Reuerßbrieff vber bestandnen Bawhofe/sampt deren Güter/rc.

ICH Lorentz N. von N. bekenne mit disem Brieffe/daß der Ernuest vnd Hochgelehrt Alexander N. beider Rechten Doctor/mein lieber Herr/mir seinen Bawhofe vnnd Ackergüt zu N. vmb das halb verlauhen hat/sechs jare nechstfolgend/nach laut des bestell vnd verleyhungs Brieffs hierinnen begrieffen/von wort zu wort also lautende/Ich Alexander N. beyder Rechten Doctor/bekenne mit disem Brieffe/ daß ich Lorentzen N. von N. vnd seinen Erben/meinen freyen Bawhofe vnd Bawgüte/mit Eckern vnd Wiesen darzů gehörig/im Dorff vnd Marck zu N. vnd darumb gelegen/mit jren anhangenden gerechtigkeyten/als einem Hofman/vnd das halb/aller deren Früchte die darauff werden/vnder seinem Pfluge zubawen/sechs Jar nechstfolgendt/verlihen hab/Also daß er nach Lendtlicher gewohnheyt/so mit ackern/ecren/felgen/ vnd auch mit der dungge/nahe vnd weit/rechten redlichen bawe an solche Güter legen/vnd thůn soll/ Vnd sonderlich den Gütern nichts abackern oder abziehen lassen/Auch sonderlich alle notturfftigkeyt der N. Wisen auff seinn kosten machen/vnd alles geströ das vom Gůt kompt/zu mist machen/vnd wider auff die Güter bringen/vnd füren soll/ Wo er das nit thäte/vnd mir mein baw versaumbte/wo/an welchen enden/odder stücken das geschehe/So mögen ich/ odder wer des von mir befelch hat/an mein statt/zwen Erbar Manne darzů nemen/ vnnd was dieselben mit den zweyen forchgenossen/vnden vnd oben/ an jedem stück/oder sür das mehrertheyl vmb den spann erkiesen/des ich beschedigt sey/das soll der Hoffman mir von seinem theyl der frucht/so sie in die Schewer kompt/ablegen/oder ich mag jhne selbs/mit so vil pfenden lassen/so dick das noth geschicht. Vnd ob der Hoffman obgenant/dem baw nach laut diser schrifft/vor/vnd nach/nit gnůg thete/so hab ich/oder wem ich baw befelhe/ an mein statt macht/welches jars vnd zeit ich wil/den Hoffman des Gůts zuentsetzen/des er dann auch abtretten soll/mit sampt allem baw vnd besserung/ vnnd die seumnuß darzů

New Formular

ablegen/ nach Erbar Leuth erkandtnuß/ an die ich das lassen werde/ vnnd das thůn ohne Gerichts Klage/ oder ander erfolgen. Item er soll den Hofe vnnd Hofreyde/ vnnd den vmbgrieff zu ring vmb befrieden/ den mit gůten Zeunen halten/ vnnd Hapen/ Thor vnd Thůren beschlössig halten/ vnnd niemandts Vihe da auß vnnd eingehen lassen/ das inn Hof nit gehört. Er soll auch den Bronnen/ so dick das not ist/ fegen/ inn baw vnnd wesen halten. Item der Hofman hat macht jars vier Morgen mit Růben/ vnd zwen Morgen Ackers mit Wicken/ oder Erbeß/ vnd ein halben Morgen mit Leynsamen zusåen/ dieselben Ecker sollen aber dannoch wider zu Winterfrucht bereyt vnd besåmet werden. Wo er aber darüber grieffe/ vnd mehr Ackers bråuchte/ zu solchem seinem sondern nutz/ darfür soll er mir als vil frucht in der Schewer geben vnd bezalen/ als dieselben Ecker vngefehrlich trågen. Item vier Malter Korns wil ich jårlichen dem Hofman von meinem teyl geben/ damit ich der Såte vnnd auch der Sichling in der Erndte/ gantz vnbekümmert sey. Item dem winnenden Diener/ den ich jars bestelle/ inn der Erndte/ vnnd in der Schewer meins theyls zuwarten/ dem soll ich lohnen/ vñ der Hofman die Kost geben/ Derselb winnender Diener darüber geloben vnnd schweren soll/ vnd die Frucht in seiner beschliessunge/ vnd auch mit dem Sõllern theylen soll/ als låndlich ist. Item wann die Frucht getroschen ist/ so soll der Hofman meinen theyl/ ob ich wil/ fůren ghen A.B. oder an ein ander ende inn der weite vmb N. wo ich wil/ sonst soll er mir zu meinem bawen zu N. mit seinem gefôrth auch dienstlich vnnd berathen sein. Item welch zeit im Jare ich getroschen haben wil/ darinn soll mir der Hofman nit tragen. Item ob die Wånd an hausung/ Schewern/ oder Stellen zustossen würden/ so soll der Hofman die auff seinn kosten wider offrichten/ sticken vnnd kleyben/ als hoch mann von der Schwellen mit der hande gereichen mag. Vnnd vor allen dingen soll der Hofman versorgen/ daß Erde vnnd Mist allweg von der Schwellen geraumt sey/ daß die daruon nicht faulen/ Vnnd wo löcher inn den Låchern werden/ soll er verstopffen mit Ziegeln vnnd stro/ darnach die Tach sein/ Wo er das nicht thet/ vnnd schadt daruon entstünde/ soll er mir ablegen/ nach Erbar Leuth erkandtnuß. Item wirdt gemeyner Baw noth zudecken/ oder sonst/ so soll der Hofman den Arbeytern die kost geben/ vnd ich jhne den lohn auffrichten. Ob ich aber newen Bawe thete/ so soll der Hofman das Holtz/ vnd anders füren/ die Spåne des Hofmans sein/ vnd andern kosten soll ich allein auffrichten. Item der Hofman soll die Güter/ den Hofe/ Ecker/ Wisen/ Gårten/ vnnd anders das inn Hof gehört/ vergehen/ verstehen/ vnd vertretten/ vnnd was er nit selbs gehandhaben möcht/ soll er zu jeder zeit an mich bringen/ mein rath vnnd hilff darinnen gebrauchen/ Vnnd vor allen dingen soll er die Ecker noch Wisen/ fürther niemandt verleihen/ noch inn einigen weg veråndern/ sonder bey einander behalten vntzertrendt/ es were denn mit meinem wissen/ willen vnnd vrkunde. Item ob der Hofman vermerckt/ daß ich zu klein messung hette/ vnnd vberzackert were/ so soll er/ doch mit meinem rath/ an dieselben ende messung heischen/ was es vngefehrlich kosten wirt/ soll ich auffrichten/ Vnnd wann ich beger/ so soll der Hofmann mir der Ecker alle forchgenossen anzeygen/ daß die mögen inn den newen anstôssern beschrieben werden. Item wolt ich die Ecker gar/ odder eins theyls vndersteynen/ so soll ich die Stein bestellen/ vnnd der Hofman die füren. Item der Stall vnnd Speicher im Hof/ mit dem newen Zigel Tach/ soll auff mich/ vnnd mein frucht zuschütten warten. Item so der Hoffman abzeuht vom Gůt/ wes er dann daran gesåumbt hette/ soll er erfüllen/ vnd erstatten/ Darumb soll alles das sein hafft vnnd pfandt sein. Item alle meine freiheyt vnnd gerechtigkeyt/ solle mir der Hofman handthaben/ vnd mir darinnen nichts abbrechen lassen/ Es sey zu Walde/ Wasser/ Weyde vnnd anderer gemeyner niessung/ zu zweyen Pflůgen/ Vnnd so vil Vihes darzů gehöret vnnd dienet/ Vnnd sonderlich Jars die sechtzehen Schwein rechte innbringen/ vnnd der geniessen/ vnnd soll auch mir mein Cappen Zinse/ Flachß/ Gånß/ vnnd anders das mir hierüber dienet/ inn mein bewohnliche Behausunge ghen N. bringen/ mit seiner Fuhre/ vngefehrlich. Item ob ich ein Fålle bekeme/ das ich zu einem Reysigen Pferde ziehen möchte/ solle er mir halten an Håwe/ Wolter

ich

Indule.

ich es aber füteren/ das futer solt ich geben/ Vnnd soll sein Jarzal angehen zu Liechtmeß schierst in dem N.jar.

Solches alles hat Lorentz also bestanden/vnnd auffgenossen/mir Alexander darauff gelobt/geredt vnd versprochen/das alles stett vnd fest zuhalten/mir auch getrew vnd holde zusein/ meinen schaden zuwarnen/vnd alles das zuthůn/was ein getrewer Knecht vñ Hofman seinem Herrn schuldig vnnd pflichtig ist. Hieby seindt gewesen Marx der Schultheyß zu N. Michel N. vnnd Jost N. derents. Geben vnder meinem Jnngesigel/vnnd geschehen zu N. auff Dinstag auff Simon vnnd Judas Tag der heyligen Aposteln/Anno N.rc. Hierauff so bekenn ich/daß ich der bestendtnuß vnnd diensts/wie in dem obgeschrieben Brieff gemelt ist/für mich vnd mein Erben ingangen bin/ die also offgenommen haben/ Gerede/gelob/vnnd versprich/ mit gůten waren trewen an eins rechten Eydts statt/ das alles vnd jeglichs stett/ vnd fest zuhalten/vnnd zuuolfüren/ vnd nachzukommen/was der obgeschrieben Brieffe außweiset/geverde vnd arglist außgescheiden. Vnd des zu wärem vrkundt hab ich gebetten den Erbaren N. Schultheyß zu N. daß er sein Jnngesigel für mich an disen Brieffe trucken wölle/ des ich N. (doch mir vnd mein Erben in allwege ohn schaden) gethan haben bekenne. Geben auff Dinstag/ vts.rc.

Nota. Von Neuertzbrieffen vber bestallungen oder Dienerschafft/ findt man hierinnen bey deren bestallungs brieffen/ etliche form/ nach jnnhalt Registers.

Indule vnnd frist vber Lehen empfangnuß.

Wir Wolffgang/rc. Geben in krafft diß Brieffs vnserm lieben getrewen N. seiner Lehen empfengnuß/ die er vonn vns zuempfahen hat/ als Lehenherr/ auß redlichen ehehafften vrsachen Indult vnnd frist/biß auff schierst N. doch daß er sich mittler zeit gegen vns halt/ als ob er solch Lehen jetz von vns empfangen hett/ ohn alles geuerde. Datum mit vnserm zuruck auffgetrucktem Secret/ vff rc.

Indule oder verhengnuß Brieff vber freiheyt.

Wir Friderich/rc. Künden allen vnnd jegklichen vnsern Amptleuthen/ Schultheyssen/ Burgermeistern/ Räthen/vnd Gemeynden/ den diser vnser Brieff fürkompt/ daß wir vnserm Müntzmeister zu N. gegönnet vnnd erlaubt haben/ alle vnnd jegkliche Kauffleuthens dem Lande von hellere in vnserm Lande vnnd gebiete zubekümmern vnd auffzuhalten/ außgescheiden an vnseren Zöllen. Darumb so heyssen vnnd gebieten wir euch allen/ mit besonderm ernst/ ob der genant vnser Müntzmeister der Kauffleuthe auß dem Landt von S. Gewere/ in vnseren Landen vnnd gebieten/ außgescheiden vnseren Zöllen/ anfallen vnnd bekümmern wölte/ daß ihr jhme/ odder dem/ die das von seinet wegen thůn würden/ gestatten/ vnnd darfür kein geleyd geben wöllent/ so lang biß ihr anders von vns bescheyden werdent/ Vnd ob solch Kauffleuthe/ in gemelter maß angefallen/ oder bekümmert würden/die ohn sonderlichen behelffe nicht ledig lassen/vnd daran sein/daß die auch wol bewart werden. Vrkundt diß Brieffs versiegelt mit vnserm/rc.
Datum rc.

Dd ij

New Formular

Forma einer insatzung/oder inraumung/vber nutzung vnd sitz/ꝛc. vor ein suma gelts/ausserm kauff entsprossen.

Wir N.ꝛc. Bekennen ꝛc. Als der Edel vnser lieber getrewer N.ꝛc. vns sein Mann-schafft/vnd Lehenschafft/mit allen zůgehörungen verkaufft hat vmb ein summa Gelts/nach laut eins Kauffbrieffs darüber sagende/den wir võ demselben N. Jo han/daß wir darmit/mit demselben N. mit seinem wissen vnd gůten willen/vberkommen sein/ Also daß er für ein solch summa Geldts/ in dem obgedachten Kauffbrieff bestimbt/ sein lebtag alle nutzung zu N. fallende vber das/das dann vnserm Keller vnd Knechten da uon zů lohne vnd außrichtung bescheiden ist/ haben vnnd geniessen/die ein jegklicher vnser Keller/der jetzunde da ist/oder nach jme da sein wirt/innsam blen/vñ genantem N. so lang er lebt/ghen N. oder ghen N. antworte/ Darüber sich der gedacht N. keinerlei Gebot/oder verbott/noch keinerley ander gerechtigkeyt zu N. haben noch vnderziehen soll/in kein weg. Darzů soll auch mehrbemelter N. seinn sitz/ vnnd wohnung/ ob er wil/ zu N. inn vnserm Schloß haben/sein lebtagen/vñ nit lenger/Doch also/daß er daselb Schloß auff seinen kosten behalten/bewaren vñ versorgen soll/vnd in gewonlichen bawe halten/ ohn vnsern vnd vnsers freundlichen lieben Sohns Hertzog N. vnd vnser Erben/kosten vnd schaden. Wir haben auch darauff dem Eheberůrten N. das Schloß N. inngeben/vnd jme vnsern Keller zu N. gehorsam gemacht/mit der vbrigen nutzung sein lebzeiten zugewarten/v vnd zuniessen/ ohn alle geuerde. Vnd wann er von todts wegen abgangen ist/das Gott lang verhüte/ so soll die jetz gemelte vbrige nutzung zu N. vnd der sitz zu N. wider an vns/vnnd an bestimpten vnsern freundlichen lieben Sohne/ vnnd vnser Erben/ fallen vnd werden. Vnnd wir vnd vnsere Erben des vilgedachten N. Erben/vnd nachkommen/ von des be-melten Kauffs/ vnd von der Mannschafft wegen nicht mehr schuldig noch pflichtig sein/ in kein wege/ohne alle geuerde. Vnd des zu Vrkundt/ꝛc.

Geheiß vnd ledigzelungsbrieff der Lehenmän-ner/da sie an andere Herrschafften die Lehen zu-empfahen gewiesen wer-den.

Wir N.ꝛc. Entbieten allen vnnd jeglichen vnsern Lehenmannen/in was statt vnnd wesen/ vnnd wie die genannt vnd geheyssen sein/ vnsern gruß/ vnnd genade/ vnd thůn euch allen sammentlichen/ vnnd jeglichen besonder zůwissen/ daß wir nach rathe/vnd vnser bestes nutz vnnd merklicher notturfft vnser leibsnarung willen/ alle vn-ser Mannschafft/ vnnd Lehenschafft/ wie die von vns vnnd vnserer Herrschafft zů Lehen gangen sein/ dem Durchleuchtigen N. ꝛc. vnserm Gnedigen Herrn/ vnnd jhrer Gnaden Erben/ die N. sein/ erblich vnnd ewiglich/verkaufft haben/ mit allen Rechten/ Herrlig-keyten vnnd zůgehörungen/die wir/vnnd vnsere Erben darinnen gehabt haben/vnnd ha-ben möchten/ Jren Gnaden auch darauff alle vnser Maßbücher/Saalbücher/Lehen/Re-gister/Brieff/Zettel/ Rodel/vnnd was wir daruon gehabt haben/ vbergeben/ nichts auß-genommen/ Darfür vns auch von jren Gnaden genügen vnd außrichtung geschehen ist. Also daß nun fürther mehr/ dieselben Lehen vnnd Lehenschafft/ wie die namen haben/ vnnd von vnns/ vnnd vnser Herrschafft zů Lehen gangen sein/ von dem Hochgedachten vnserm Gnedigen Herrn dem N. ꝛc. vnd deren vorgeschrieben Erben/ vnnd jhren Für-stenthumb der Aschafft/zů Lehen gehende vnd rüren/ vnd von jhn empfangen vnnd getra gen werden sollen/in aller maß die von vns/vnd vnser Herrschafft zů Lehen gangen/ vnnd empfangen worden sein.

Vnd

Geheyßbrieff.

Vnd darumb begeren/heyssen/vnd befelhen wir euch allen/vnd ewer jeglichem besonder/bey der pflicht damit jhr vns von der Lehen wegen/die jr von vns empfange habt/ verbunden vnd gewandt seindt/vnd bey behältnuß derselben ewer Lehen/daß jr vnd ewer jeglicher besonder sein Lehen/das er von vns gehabt/wie das namen hat/von stundt an on alles verziehen/so baldt euch dise vnser schrifft fürkompt/oder zuwissen wirdt/von Hochgenantem vnserm Gnedigen Herrn N.rc. als einem rechten N. oder obe er von todts wegen abgieng/da Gott vor sey/von jhrer Gnaden vorgeschrieben Erben/die N. sein/vnnd jhrem Fürstenthumbe der Nschafft/empfahen/haben vnd tragen/vnnd daruon pflichtig vnd verbunden sein sollen/in aller massen jhr/vnd ewer jeder besonder/die von vns empfangen han/vnd pflichtig vnd verbunden gewest ist/vnd gewest sein sollen/vnnd solcher Lehen gewonheyt/recht/vnnd herkommen ist/ohn alle geuerde/Vnd so jhr/vnnd ewer jeglicher das gethan haben/so sagen wir für vns/vnd vnser Erben/vnd nachkommen/euch sament lich/vnnd ewer jeglichen besonder/queit/ledig/vnnd loß/aller gelübde/Eyde/pflichtung/ vnd verbündtnusse/damit jhr vns von solcher Lehen wegen verbunden vnnd gewandt gewest seit/Alle geuerde hierinn gentzlich auß/vnd abgescheiden. Vnnd des zu Vrkundt haben wir/rc.

Ledigzelung der Burgmänner/anderer Form.

Wir Philips/rc. Entpieten allen vnd jegklichen vnsern Burgmannen zu N. so biß her jhr Burgklehen daselbst/von vns als dem rechtē Burcklehens Herrn empfangen/vnd vns deßhalb gewonliche pflicht gethan haben/vnsern gruß/vnnd fügen euch zuwissen/daß wir N. solch Stat vñ Schloß N. mit sampt aller Burcklehenschafft/ vnd derselben Mannschafft/nutzung vnd zügehörde zu Erblehen angesetzt/zügestellt vnd inngeben haben. Demselben nach zelen vnnd sagen wir dieselben vnser Burckmann zu N.solcher pflicht damit jhr vns von gemelter Burgklehen wegen verwandt seindt/hiemit ledig/vnnd weisen euch an den vorgenanten N. als nunmehr ewern rechten Burcklehens Herrn/jhme fürther mit der empfängnuß vnd Mannschafft zugewarten/vnd zuthün/altermassen jhr vns bißher gethan habent. Vrkundt/rc.

Forma ledigzelung Eydts vnd pflichten/vnd an andere zuweisen.

Wir N.rc. Entpieten euch vnsern lieben Getrewen Schultheissen/Gerichten/vñ Gemeynden/vnd meniglich an nachgemelten enden wohnend/vnd darzü gehörig Innwonern vnd außländern/vnsern gruß vnd gnad/Vnd verkünden euch/ daß wir auß vnserer notturfft/abzulegen mehrern schaden/wir jetz der Krieg halben empfangen haben/vnser Schloß N.mit dem Thale/allen Dörffern/Weilern vnd wohnungen darzü gehörig/mit Leuthen/Gütern/Renthen/nutzen/fellen/vnd vnfellen für N.tausent gülden auff einn widerkauff verkaufft haben/vnserm lieben Getrewen N. vnd seinen Erben/nach laut seiner verschreibung/die er von vns/vnd vnsern Erben jnnhat/jr hören werdet/Vnd demnach so sagen wir euch/gelübdt/eyde/vnd pflicht/darmit jhr/vnd ewer Erben/vnd nachkommen sampt vnd sonder/vns bißher gewandt gewest seit/queit vnd ledig/vnd weisen euch an den ehgemelten von N. vñ sein Erben/denselben als ewern Vogt Herrn zuhulden/geloben/vnd zuschweren/jhme getrew vnd holdt zusein/jhren schaden zu warnen/jhren frommen vnd bestes zuwerben/vnd damit allen Renthen/nutzen/fellen/vnnd vnfellen gehorsam vnd gewertig zusein/inmassen jr vns bißher gewest seit/Allein vns vorbehalten die Erbhuldung/doch vnschedlich gemelter Hauptuerschreibung/alles trewlich vnd vngefehrlich. Vrkundt/rc.

Dd iij

New Formular
Ledigzelung der Eyde vnd pflichten/ vnd widerumb an die Herschafft zuweisen/ anderer Form.

JCH N. künde euch den Kellern vnd Knechten im Schloß/ auch Schultheyß/ Gerichten/ Gemeynden/ vnd allen angehörigen Leuten des Ampts N. Vnnd in allen Landern Dörffern/ Weilern vnd Höfen darzu gehörig/ mit disem offnen Brieffe/ Als jhr mir auff bescheidt des Durchleuchtigen N. ꝛc. meines Gnedigen Fürsten vnnd Herꝛn/ gehuldet/ gelobt/ vnnd geschworn haben/ als ewerm Vogts Junckern/ des han ich mich/ mit dem obhochgemelten meinem Gnedigen Fürsten vnnd Herꝛn vertragen/ also daß jhr jren Fürstlichen Gnaden widerumb zustehen/ vnd gewandt sein sollen. Darumb so sage ich euch/ aller huldung/ gelübde/ eyde/ vnd pflicht/ darinn jhr bißher gegt mir/ vnd meinem Erben gestanden seindt/ vnd sein möchten/ mit disem Brieffe queit/ ledig vñ loß/ Vnnd weise euch wider an mehrhochgedachten meinen Gnedigen Fürsten vnnd Herꝛn/ jhrer Fürstlichen Gnaden Erben/ deren erblich/ wie vor verpflicht zusein/ zu hulden/ vnd zuthun/ als ewerm Landtsfürsten/ vnd natürlichen Erbherꝛn/ wes jhr schuldig vnd pflichtig seit/ ohne alle geuerde. Zu vrkundt han ich/ ꝛc.

Befelch brieff oder Geheyß/ die Kriegsleuth/ so ohn Paßporten vom hauffen ziehen/ vnd betretten werden/ in hafft zuziehen/ ꝛc.

Karl von Gottes Gnaden/ Römischer Keyser/ zu allen zeiten mehrer des Reichs/ ꝛc.

Hochgeborner lieber Schwager/ Oheym vnd Churfürst/ Wir kommen in glaubliche erfarung/ daß sich je zu zeiten von vnserm besoldeten Kriegsvolck/ etliche anitze Knecht ohne Paßporten/ vñ ohne vnser/ oder vnserer Obersten wissen/ vnd erlaubnuß/ heymlich von dem hauffen abziehen/ vnnd auß vnserm Feldtläger verlauffen sollen. Demnach ist vnser freundlich gnedig gesinnen vnnd begern an dein Lieb/ sie wolle allenthalben durch jhre Ampt vnd befelchs Leuthe/ auff solche flüchtige Knecht/ ein fleissig auff sehens haben/ vnd soul deren also wie obstehet/ auß dem Läger koffen vnd betretten/ vnd kein Paßport oder Patenten von dem Hochgebornen vnserm Oheym vnd getrewen lieben Ferdinanden/ Hertzogen zu N. ꝛc. vnserm obersten Feldthauptman vnnd andern vnsern Obersten/ vnd Hauptleuten/ zuweisen/ oder zuzeigen haben werden/ gefengklich annemen/ vnd biß auff vnsere weitere ordnung vnd befelch in guter verwarung halten/ vnd die selben nicht von handen kommen lassen. Daran thut vns dein Lieb ein angenemes guts gefallen/ vnd vnsern willen vnd meynung. Geben in vnserm Feldtläger vor N. am andern tag des Monats/ ꝛc.

Carolus.

Ad Mandatum Cæsareæ & Catholicæ Maiestatis proprium.
Haller ſſꝛc.

Dem Hochgebornen N. ꝛc. vnserm lieben Schwager/ Oheym/ vnd Churfürsten.

Geheyßbrieff.
Befelch vnd Geheyß Brieff/ vmb abtreibung der widersächer in Kriegs empörungen.

N. von Gottes Gnaden/ Römischer Keyser/ zu allen zeiten mehrer des Reichs/ꝛc.

Hochgeborner lieber Schwager/ Oheym vnd Churfürst/ Wir werden glaublich bericht/ daß sich vnser Widersacher vnd Feinde/ Der König von N. durch etliche mutwillige vnruhige Leuthe/ an etlichen orten in Teutscher Nation/ vnd sonderlich viel vnd in deiner L. Churfürstenthumb noch weitere vnruhe vil empörung anzurichten/ vnd allerley geschwinder heymlicher practicken zu betrübung vil zerstörung gemeines friedens zuüben vnd zutreiben vnderstehen solle. Ist demnach vnser gnedig gesinnen vnd begern an deine Liebe/ die wölle auff solche Auffwigler vnnd Practicken ihr fleissig kundtschafft machen/ vnd da sie von dergleichen anschlägen vnd Practicken jchts vermercken würde/ dieselben vnnd allen vnrath so darauß erfolgen möchte/ so vil an deiner Liebe mit bestem fleiß verhüten vnnd abwenden helffen/ Daran thut vns dein Liebd/ sampt dem daß es derselben selbs vnd gemeynem Vatterlandt zu gütem kompt/ ein angenemes güts gefallen/ vnd vnsern willen vnd meynung. Geben in vnserm Feldtläger vor N. am N. tag des Monats N. Anno ꝛc. N. vnsers Keyserthumbs/ im N. ꝛc.

Geheyß Rechnung zuthůn.

Jörg von Gottes Gnaden/ Administrator/ vnd Meister Teutsch Ordens/ ꝛc.

Vnsern günstigen gruß zuuor/ lieber Herr Haußcommenthur/ So wir euch hieuor vnd mehrmals geschrieben vnd anzeigt euch mit ewer des Hauß N. rechnungen/ gefaßt vnd geschickt zumachen/ also wann wir euch erfordern/ daß jr die zuthůn fertig vnd gerecht seit/ auff einn jeden fall/ da wir die bey euch zu N. hören lassen/ oder euch zu vns erfordern würden. So wir nun jetzt ander mehr rechnungen vnserer Amptleuten werden hören/ ist vnser meynung vnd beger/ daß ihr auff schierstkommenden Montag nach dem Sonntag Misericordia Domini/ den 17. diß Monats N. bei vns zu N. einkommen vnd erscheinent/ vnd ewer rechnungen so ihr zuthůn habent/ Auch alles anders/ so ihr darzů nottwendig vnd bedürfftig mitbringent/ folgends dinstags dieselbig vor vns/ oder vnsern darzů verordneten rechnung verhörern zuthůn/ vnd nit aussen bleiben/ Des wöllen wir vns zu euch gnedigilichen verlassen/ vnd beschicht daran vnser meynung. Datum/ꝛc.

Dem Ersamen vnd Geystlichen Herrn N. von N. Haußcommenthur zu N. Teutschs Ordens.

Geheyß Brieff Rechnung zuthůn/ anderer vnd kurtzer Form.

N. von Gottes Gnaden/ ꝛc.

Lieber Getrewer/ Es ist vnser gnedigs begern/ du wöllest dich mit deiner rechnung bereit vnd gefaßt machen/ vnd dich zu vns alher ghen N. begeben/ also daß du auff nechstkünfftigen Dinstag den 18. diß mit deiner rechnungen gewißlichen alher ankommest vnd erscheinest/ dann wir dieselben von dir anzuhören bedacht/ Daran thůst du vnser meynung. Datum ꝛc.

Dd iiij

New Formular
Geheyſz einen Bürger auffzunemen.

Friderich von Gottes Gnaden/ꝛc.

N. Erſamen vnnd lieben getrewen/vns hat Ezechias N. von N. jhme an euch gehey$z$ ſchrifften/jhnen zu eim Bürger allhie auffzunemen/gnediglich mitzuteylen vnderthenig gebetten. Wo nun er eins redlichen herkommens/wie wir vns verſehen/vnd es ſonſten keinn mangel hat/ſo werdet jhr euch inn dem gegen bemeltem N. altem brauch vnd herkommen nach/der gebür zuuerhalten wiſſen/ Wolten wir euch auff ſein anſuchen gnedig nicht bergen/ Datum N. Mittwoch nach ꝛc.

Geheyſz einen gleich andere Vniuerſitet verwandten auffzunemen.

Von Gottes Gnaden Friderich Paltzgraue bey Rhein/ Ertztruchſäſz vnd Churfürſt/ ꝛc.

Vnſern gruſz zuuor/Wirdigen/vnd Erſamen lieben getrewen/Wir haben jetzo ꝛeigern Brieffs N. zu vnſerm Büchtrucker ghen Heydelberg angenommen/vermög beſtallung die wir jhme zůgeſtellt. Dieweil er aber ſeinn ſeſz mit der Hauſzhaltung der orths haben wirdt/iſt darauff vnſer gnedigs begern/jhr wöllet jnen gleich andere Vniuerſitet verwandten auffnemen/ vnnd bey euch ſitzen laſſen/ an dem erzeygt jhr vns angenems gefallen/ Hinwider gegen euch in Gnaden zuerkennen. Datum N. auff/ꝛc.

Den Wirdigen vnd Erſamen vnſern lieben Getrewen/ Rector vnd Vniuerſitet vnſers Studiums zu Heydelbergk.

Geheyſzbrieff einen Amptman auffzunemen/ offner Form.

Wir N. von Gottes Gnaden/ꝛc. Entbieten vnſern lieben Getrewen/Landſchreiber/Schultheyſz/Bürgermeiſtern/Rathe/vnd Gemeynden vnſer Statt N. vñ Schultheyſz/Gerichtsleuten vnnd Gemeynden/in allen vnnd jegklichen vnſern Dörffern/in daſſelb Ampt gehörig/vnſer Gnade/vnnd thůn euch zuwiſſen/daſz wir vnſern lieben Getrewen N. zu vnſerm Amptman zu N. vnd der Dörffer darzů gehörig/geſetzt/vnnd jhme daſſelb Ampt getrewlich auſzzurichten vnnd zuuerwaren entpfolhen/ habiſz vff vnſer oder vnſer Erben Pfaltzgrauen bei Rhein/ die Churfürſtē ſein/widerrůffen. Vñ hierumb ſo befelhen vnd heiſſen wir euch ernſtlich/ daſz jr den genanten N. für vnſern Amptman haben vnnd halten/jhme auch in allen ſachen/das vorgenant Ampt antreffen/als vnſerm Amptman gehorſam vnnd gewertig ſein/vnnd thůn ſollent/ alles das jhr jhme als vnſerm Amptman von vnſert wegen ſchuldig vnd pflichtig ſindt zuthůn/ vnd billich thůn/ auff vnſer/vnd vnſer vorgeſchrieben Erben widderrůffen. Datum N. vnder vnſerm auffgetrucktem Secret/auff ꝛc.

Geheyſz vber auſzrichtung dienſtkorns.

Lieber Getrewer. Nach dem wir Jars N. neben anderm N. malter Korns zu dienſtlohn geben/Beuelhen wir dir/du wölleſt jhm diſz jar ſo vff N. auſzgehet/ſolch korn von vnſert wegen gegen ſeiner Quittantz auſzrichten/ daran thůſt du vnſern geheyſz. Datum.

Geheyſz

Geheyſz.

Geheyſz/ einem Jäger eſſen vnd trincken geben/ vnnd nothwendige hilffe im Jagen thůn laſſen.

Lieber getrewer/ Wir haben vnſerm Jäger Ludwigẽ befolhen/bei dir die Schwein heg machen zulaſſen/auch zu ſagen/ Darumb vnſer befelh/du wölleſt daß die Häg gemacht/daran ſein/ auch Ludwigen ſampt andern er zu notturfft des jagens bey jhme haben wirdt/koſt vnd rath von vnſernt wegen thůn. Daran thůſt du vnſern gehey$$. Datum/ ꝛc.

Geheyſz Dincen vnd Wachs zur Cantzley zůgeben.

Lieber Getrewer/ Wölleſt gegenwertigem vnſerm Cantzley Knechẽ N. zwen Krů ge mit Dinten/vnd zwölff pfundt gelb Wachs/in vnſer Cantzley geben/ vnnd ſol ches in deiner Jarrechnung mit beilegung diſes vnſers gehey$$/verrechnen.Daran thůſt du vnſern gehey$$. Datum.

Geheyſzbrieff/ bey einer Statt/ warumb man jemandts ſeinen Geburtsbrieff fůrhalt/oder nit verfertigen wil/zuerkündigen.

Vnſern gruß zůuor/Erſamer lieber beſonder/ Was Laux N. an vnns ſupplicierent gelangen laſſen/habt jhr beyligent zuuernemen. Iſt hierauff an ſtatt des Hochge bornen Fůrſten/vnſers freundtlichen lieben Herrn vnnd Vetterns N.ꝛc.vnſer be felch/jhr wöllen bey einem Erſamen Rath zu N. warinn ſie jhme das vrkundt ſerner Ehe lichen geburt/vnnd haltens/mitzutheylen fůrhalten gründtlich erkündigen/vnnd was jhe alſo von jnen der ſachen halb/in ein oder den andern weg/ zu antwort bekom̃et/ vns daſſel big als bald neben widerſendung berůrter Supplication/ alhier in jhrer Liebden Cantzley widerumb berichten/Daran beſchicht ermelts vnſers lieben Herrn vnd Vetterns des N. ꝛc.geſelliger will vnd meynung. Datum.

Geheiſz brieff/ vber einraumung Hauſz vnd Hofs.

Lieber Getrewer/ Wir ſindt von vnſerm Hofrichter/Rath vnnd lieben Getrewen N.von N.bericht worden/ wie daß ſich zwiſchen ſeinem Tochterman dem Fride richen N.von N.ſo jetzt zu N.wonet/vnd dañ ſein Friderichs Brůdern/Hans N. zu zeiten allerhandt vneinigkeit ſollen zutragen/darauß er N.ſeiner Tochter/gedachts Fri derichen Hauſzfrawen/welche jetzt groß ſchwangers leibs ſein ſoll/ etwan vnrath vnd ſcha den erfolgen mögen/beſorgt/ Vnd darumb zufůrkom̃ung deſſelben vns vnderthenigligh angeſůcht/dieweil die N.noch ein Hauß zu N.haben/ ſo gleichwol jetzt N.daſelbſt vmb ei nen zinß beſtanden vnd inhat/daß der N.dahin angehalt/ſolches Hauß fůrderlich zurau men/damit ſein Tochterman vnd Tochter darein ziehen/ vnd ſouil mehr künfftigen beſor gendẽ vnrath entweichen mögen.Dieweil nun an jhme ſelbſt billich/ob wol N. möchte ein beſtande haben/dannoch er den eignen thumbs Herrn/vnd ſonderlichen in ſolchem fall/ dar durch beſchwerlicher weiterung kündten verhůt werden/raum vnd platz gebe. So iſt vn ſer befelch/daß du vnſerm Schultheyſſen zu N.mit ernſt auffleget/er dem N.vnderſage/ das Hauß fůrderlich zuraumen/ vnd ſich anderſtwo zuuerſehe/damit gemelter Friderich

N.ſampt

New Formular

N. sampt seiner Gemahel darein ziehen/ vnnd dem mehrern vnrath entweichen mögen. Daran thůst du vnsern gefelligen willen vnd meinung. Datum.

Affter geheysz oder befelch/ vber auszgangener
Keyserlichen Commission vber Jüden Bücher/
ob solche ab/ oder nit abzuthůn seien.

Talmůtz

Vnsern grůß zuuor/ Wirdigen/ Hochgelehrten vnnd Ersamen lieben andechtigen vnnd besondern/ Von dem Allerdurchleuchtigsten/ Großmechtigsten Hochgebornn Fürsten vnd Herrn/ Herrn N.xc. Römischem Keyser/ vnd mehrern des Reichs/xc. vnserm Allergnedigsten Herrn/ ist vns ein Commission vnd befelch an vns/ vnd dabey ein Mandat an euch vnd etlich andere Vniuersitet vnnd gelehrten Ständ/ etlich Judenbůcher belangendt/ zůkommen/ wie jr auß beiuerwarter glaubhaffter Copeyen zuuernemen. Demnach vnd in krafft vnsers gegeben befelchs vnd Commission/ So befelhen wir euch/ jhr wöllent die sachen gründlichen vnd nach notturfft bewegen/ vnd rathschlagen/ wie vil welcher maß solch anzufahen/ vnd zuhandlen sey/ Vnd sonderlich ob solch Bücher/ so die Juden vber die Bücher der Zehen gebot vnd Gesetz Mosi/ der Propheten vnd Psalters/ des alten Testaments gebrauchen/ abzuthůn/ Göttlich/ löblich/ vnd dem heiligen Christlichen glauben nützlich sey/ vnd zu mehrung Gottsdiensts vnd gůtem kosten möge/ Vnnd wes jhr hierinn in Rathe bey euch entschliessen/ vns dasselb fürderlich vnd vngesäumbt zů senden/ vns darnach mit außrichtung vnd vollendung Key. Mt. befelchs haben zurichten. Daran geschicht Keyserlicher Maiestat ernstlicher befelch vnnd meynung/ vnnd vns gůt gefallen. Geben/xc.

Geheysz oder Geleyds brieff an die Ampleute in
den Messen zugeleiten/ in offner Form.

Gėg!

Wir N.xc. Befelhen vnnd gebieten allen vnd jeglichen vnsern Amptleuthen/ ernstlich vnnd festiglich in krafft diß Brieffs/ daß jr alle vnnd jegliche der Statt N. Kauffleuth/ vnd die jhren/ die dise nechstkommende Franckforter Herbstmeß sůchen/ durch vnser Lande vnd Gebiete/ wehern vnd gleydts begern vnd das nemen werden/ dieselb Franckforter Herbstmeß also zubesuchen/ vnd wider heymzukommen mit jrer Kauffmanschafft vnd Haabe/ jhr leib/ vnd gůt/ durch vnser Land vnd Gebiete/ zu Wasser vnnd zů Lande sicher fahren/ wandeln/ vnd kommen lassen/ sie auch geleyten vnd geleyten schaffen sollent/ wo vnd als dick sie das notturfftig vnd begern/ Doch so nemen wir hierinn auß alle vnd jegliche Kauffleuth/ die in des H. Reichs acht seindt/ vnd die vnser sonderliche geleyds Brieff nit haben/ auch Müntzmeister vnd Wardin/ vnnd alle die Goldt oder silber in die Müntz liefferen/ die beyschläge off vnser vnd ander vnser mit Churfürsten müntzen/ schlagen/ des gelts darauß tragen/ oder bey jhnen haben/ die alle sollen in disem vnsern Geleyd nit begrieffen sein/ noch des geniessen/ oder gebrauchen/ in kein weise. Vrkundt mit xc.

Form zum Geleydten zubeschreiben.

Lieber Getrewer/ Wir befelhen dir/ du wöllest auff nechstkommenden N. nach dem Sontag Letare gegen abends gerüst mit trabharnisch/ Beckelhauben/ vnd Fewerbüchsen gewißlich zů N. einkommen/ gestalt off vnsern Amptman daselbst N. vnd N. als Hauptman zugewarten/ vnd das jetzig Franckfurter Fastenmeß Geleyd/ so lang das weren wirdt/ helffen zubereiten/ versehen/ vnd thůn wes dir von jhme bescheiden wirdet/ Wölln wir vns zu dir verlassen. Datum N. Freytags/xc.

Geheyß

Geleydsbrieff. CLXII

Geheyß die Geleytstraſſen zubeſſern.

Lieber Getrewer/ Es wirt das jetzt nechſtkünfftig N. Faſtenmeß Geleydt abermal von Nauff N. vnnd dann fürther wie bräuchlich hinabwerths gehen. Dieweil wir dann berichtet die weg vnnd ſteg nicht gar güte/ vnnd dieſelbigen zubeſſern von nöten. So befehlen wir dir/ du wölleſt zum fürderlichſten daran ſein/ darmit ſolche wege derſelben ſeiten Reins auch widerumb gebeſſert/ gemacht vnd zugericht werden/ wie dann vnſere Amptleuth diſer ſeiten Reins gleichen befelch empfangen/ vnnd thün wirs vns zu dir alſo zubeſchehen verlaſſen. Datum.

Geleydtsbrieffe güter Form/ ſo die Keyſerliche
Maieſtat vber außrichtung ihrer Keyſerlichen Maieſtat händeln gibt.

Wir Maximilian/ ꝛc. Bekennen/ daß wir vnſern vnd des Reichs lieben Getrewen N. zu vollführung etlicher vnſer obligenden händeln vnnd geſchäfften/ ſo wir jhm von vnſern wegen zuhandeln vil außzurichten befolhen/ mit ſampt ſeinen Knechten/ Pferden/ haab vnnd Gütern/ vnſer vnd des heyligen Reichs Geleydt/ tröſtung vnd ſicherheyt gegeben haben/ Vnnd geben jhme das von Römiſcher Keyſerlicher Maieſtat wiſſentlich mit diſem Brieff/ Vnnd gebieten darauff allen vnnd jeglichen Churfürſten/ Fürſten/ Geyſtlichen vnd weltlichen/ Prelaten/ Grauen/ Freiherrn/ Rittern/ Knechten/ Hauptleuthen/ Amptleuthen/ Vitzthumben/ Vögten/ Pflegern/ Verweſern/ Schultheyſſen/ Burgermeiſtern/ Richtern/ Räthen/ Burgern/ Gemeynden/ vnd ſonſt allen andern/ vnſern vnd des Reichs vnderthan vnnd Getrewen/ in was würden/ ſtands oder weſens die ſein/ ſo mit diſem vnſerm Keyſerlichen Brieff erſucht odder angelangt würden/ Ernſtlich/ vnd wöllen/ daß ſie ſolch vnſer vnnd des Reichs Geleydt/ tröſtung vnd ſicherheyt/ an dem gemelten N. auch ſein Knechten/ jhren leiben/ haaben vnd Gütern/ ſtett/ feſt/ vnd vnuerbrüchlich halten/ jhnen darwider nicht auffhalten/ dringen/ beſchwern/ oder beleſtigen/ noch des jemandts zuthün befehlen/ oder geſtatten/ in kein weiß/ als lieb jhnen ſey/ vnſer vnnd des Reichs ſchwere vngnad vnnd ſtraff zuuermeiden/ Daran thünd ſie vnſer ernſtlich meynung. Datum/ ꝛc.

Geleydtsbrieffe ſo die Römiſche Keyſerliche Ma-
ieſtat in außrichtung deren Maieſtat geſchefften gibt/ anderer Form.

Wir Maximilian/ ꝛc. Bekennen mit diſem offen Geleydsbrieffe/ Nach dem wir den Erſamen Gelehrten vnſers Caiſſergerichts Rath Vrtepler/ vnd des Reichs lieben getrewen Doctor Johan N. zeyger diß vnſers Keyſerlichen Brieffs/ mit befelch vnd Inſtructionen in vnſern geſchefften abgefertigt/ daß wir jhme vnſer vnnd des heyligen Röm. Reichs frey gleyd/ tröſtung vnnd ſicherheyt geben haben/ geben jhme das von Rhömiſcher Keyſerlicher Maieſtat inn krafft diß Brieffs/ alſo daß er vnſern befelch vnd ſeiner notturfft nach/ allenthalben im heyligen Reich zu waſſer vnnd land/ hin vnnd wider reiten/ faren/ gehen/ vnnd webern mag/ ohn allermenigliche eintrag/ Vnnd gebieten darauff allen vnd jeglichen Churfürſten/ Fürſten/ Geiſtlichen vnd weltlichen/ Prelaten/ Grauen/ Freiherrn/ Rittern/ Knechten/ Hauptleuthen/ Amptleuthen/ Vitzthumben/ Vögten/ Pflegern/ Verweſern/ Schultheiſſen/ Bürgermeiſtern/ Richtern/ Räthen/ Bürgern/ Gemeynden/ vnnd ſonſt allen andern vnſern vnd des Reichs vnderthan vil getrewẽ/ in was würden/ ſtands/ oder weſens die ſein/ ſo mit diſem vnſerm Key. Brieff erſucht oder angelangt würden/ ernſtlichen/ vñ wöllen/ daß ſie ſolchs vnſer vnd des Reichs geleydt

New Formular

geleydt vnnd sicherheyt an gemeltem Doctor Johan/stett/fest/vnd vnzerbrochenlich halten/jhnen/noch seiner zügehörigen/leib/hab/oder gůt/ darumb nicht beschedigen/beleidigen/auffhalten/verhindert/noch des jemandts heymlich noch offentlich zuthůn gestattet/ in gar kein weise/als lieb euch sey vnser vnd des Reichs schwere Peen vnnd vngnad zuuermeiden/Sonder jhne/seine vnd seiner zůgehörigen/leib/hab vnd gůt/durch all vnser vnd ewer Landt/Herrschafft/Marck/Dörffer/vnd Gebiete/frey vnd sicher durchkommen lassen/Auch wo es an euch gelanget/jhme/vnser Key. Mt. zu ehren vnd gefallen/ ewer gůtwillig fürderung thůt beweisen/Daran thůt jr vnser ernstlich meynung. Geben zu N. 2c.

Keyserlicher Geleydsbrieff zu Rechte für gewaldt.

Wir Maximilian/2c. Bekennen offentlich mit disem Briefe/daß wir auff sonderliche fürbitte/von wegen vnser vnnd des heyligen Reichs lieben getrewen A. von N. an vns gelangt/vnd auß redlichen vrsachen vnns darzů bewegende/demselben A. vnser vnnd des heyligen Reichs frey geleydt/sicherheyt vnnd tröstung für allermeniglich zu recht für gewaldt gnedialich gegeben haben/ vnd geben jhme das von Rhömischer Keyserlicher macht wissentlich in krafft diß brieffs/also daß er seiner notturffst nach/allent halben im heyligen Reich/ zu Wasser vnd Lande/ hin vnd wider wandeln vnnd handeln/ vnd sonderlich in vnd auß der Statt N. seinem gefallen nach/ webern vnd ziehen/ vnd seiner sachen vnd geschäfft auffwarten mag/so offt jhme not vnd fůglich ist/ohn allermeniglichs verhinderung/ oder jntrag. Vnd gebieten darauff allen vnd jeglichen Churfürsten/ Fürsten/Geystlichen vnd Weltlichen/Prelaten/ Grauen/Freyherrn/Ritter/Knechten/ Hauptleuthen/Vitzthumben/Vögten/Pflegern/Verwesern/Schultheissen/Bürgermeistern/Richtern/Räthen/Bürgern/Gemeinden/ vnd sonst allen andern vnsern vnnd des Reichs vnderthan vil getrewen/in was wirden/Stands/ oder wesens die sein/ so mit disem vnserm Keiserliche Brieffe/oder glaubwirdigen abschrifft daruon/ersuche oder an gelangt würden/ernstlichen/vnd wöllen/ daß sie solchs vnser vnd des Reichs geleyd sicherheyt vnd tröstung/an dem bemelten A. vorberůrter massen/stett/fest/vnd vnuerbrüchlich halten/jhne/sein leib/hab vnd gůter darüber nit beschwern/dringen/oder beleidigen/noch des jemandts heymlich noch offentlich zuthůn gestatte/oder befelhen/ in kein weiß/ sonder jhn dise geleydts gerůhiglichen geniessen/ gebrauchen/ vnd darbey bleiben lassen/als lieb euch allen vnd ewer jedem sey vnser vnd des Reichs schwere vngnad vnd straffe zuuermeiden. Daran thůe ihr vnser ernstlich meynung. Geben zu N. 2c.

Geleyd zur Rechnung.

Wir Ludwig/2c. Bekennen/als wir N. gegen N. von N. auff nechst N. Tag zu Rechnung allher ghen N. vertagen lassen/daß wir demnach zu solchem tag zukommen die zeit seins hie seins/vnd wider von dannen N. vnd die er vngeschrlich bey jhme haben wirdt/vnser frey strack sicher geleydt geben haben/ vnd thůn das für vns vnnd vnsern freundtlichen lieben brůder Eberharden in krafft diß Brieffs. Datum vnder vnserm auffgetrucketen Cantzley Secret/auff Dinstag/2c.

Geleydt neben den abheischungen ghen Rotweil zuschicken.

Wir N. 2c. Bekennen 2c. Nach dem N. vnsern verwandten N. mit Rotweilischem Rechten fürgenoissen vnd Citirt/Derohalben wir sie in krafft vnser Fürstlichen Freyheyt für vns zu Rechte zuweisen erfordern vnnd abheischen lassen haben/Wo
dann

Geleydsbrieff. CLXIII

dann der gedacht vnser verwandter N. wie wir vns endtlichen versehen/vnnd sich gebürt/ gewisen wůr det/ferner außzůg zůuermeiden/ So geben wir dem Kläger N. obgemelt/ o= der seinem Anwalde zů Recht gegen N. bey vnns zuerfordern/einen jeden Rechttag/der in der sachen benent vnd angesetzt wirdt/zůbesůchen/dabey zůsein so lang er weret/vnd wi= derumb von dannen biß an sein gewarsam/vnser frey strack sicher Geleydt für vns/ vnnd die vnsern/vnnd der wir vngeuehrlich mechtig sein/auch an orten vnd enden wir zůgeleiten haben/aller ding ohne geuerde. Zů vrkundt haben wir vnser Secret zuruck auffgetruckt/ Geben zů N. auff/ɾc.

Geleydt Brieffe vber abheischung dem Kläger/ anderer Form.

WIr N. ɾc. kůnden/ɾc. Als N. vmb sein ansprach vnnd forderung/von dem Hoffge= richt zů Rottweil gegen N. zum Rechten für vns gewisen sein/nach laut vnsers Fürstenthumß/der Pfaltzgraffschafft bey Rhein freihepts sage/Da gebe wir dem selben N. oder seinem Anwalde/ den er zů solchem Rechten schicken/ vnnd den sie mit jhne vngeuehrlichen bringen werden/vnser frey strack sicher Geleydt für vns vnd die obgenan= ten sein Widerparthey/vnd alle die vnsern/ der wir vngeuehrlich mechtig sein/solch rechte zůerfordern/zůersůchen/darzů zůkommen/auch darbey zůsein/ vnd wider von dannen an jhr gewarsam zůkommen/ vngeuehrlich in krafft diß Brieffs. Zů vrkundt versigelt mit vnserm auffgetruckten Secret. Datum N. auff Montag/ɾc.

Geleydsbrieffe den Kauffleuthen in die Franck= furter Meß.

WIr N. ɾc. Geben in krafft diß Brieffs allen vnd jeglichen der Statt N. Kauffleu= ten vnd den jhren/die dise nechstkünfftige Franckforter Fastenmeß sůchen/ durch vnser Lande vnnd Gebiete webern/geleydt von vnsern Geleydtsknechten darzů geordnet/fordern vnd nemen werden/dieselb Franckfurter Fastenmeß also zůsůchen/ vnd wider von dannen/so fern vnser Geleydt gehet/ mit jhrer Kauffmanschafft vnnd Haabe/ jhren leiben/vnd Gütern/durch vnsere Lande vnd Gebiet zů Wasser vnd zů Lande/vnser frey/strack sicher Geleydt/ wann vnnd als dick sie des notturfftig vnnd begerende seindt/ ohne geuerde. Doch also / daß sie vnser gewohnlich Geleydt strassen gebrauchen/ mit jhren leiben vnnd auch jhrer Kauffmanschafft vngetheylt/ die neben strassen vermeiden/ Vnnd welch vnser Geleydt obgemelter massen / da mann vnser Geleydt zůgeben pflegt/ nicht nemen/ vnnd sich doch mit andern Kauffleuthen vnderschlůgen/ odder getheylt/jhr leibe sonder/vnnd jhr Kauffmanschafft sonder/auff neben strassen sůchen würden/die alle wöllen wir in disem vnserm Geleydt nicht begriffen haben. Zů Vrkundt versigelt mit vnserm auffgetruckten Secret/ diser zeit an statt vnser Jnngesigels. Datum N. auff ɾc.

Geleydtsbrieff einem außreitenden.

ALlen vnnd jegklichen Fürsten/ Geistlichen vnnd Weltlichen/Grauen/Freiherrn/ Rittern/Knechten/Gemeyn/ Schöffen der Stätt/ Märckt vnnd Dörffer/vnnd sonst allen andern den diser Brieff zůkompt/Entpieten wir N. vonn Gottes Gna= den/ɾc. vnser freundtlich dienst vnnd grůß/ Hochwirdigen/ Hochgebornen vnnd Edlen lieben besondern/Vns hat der Ersam N. fürbracht/ wie daß er jetzundt von etlicher seiner

E e

New Formular

anligenden vnnd nottürfftigen sachen/wegen in die Marck ghen N. vnnd N. reiten müß/ Vnd hierumb so bitten wir euch sammentlich vnnd sonderlich/daß jr jhme/vnd so er zu euch vnd ewer jeglichen kommen wirdt/gütlich empfahen vnd auffnemen/vnnd jhr auch freundtlich handlen/vnd durch ewer Lande vnd Gebiete also hin vnd herwider zu reiten/ sicher geleyten vnd geleydt geschaffen wöllent/ Wo dann vnd als dick jhme das not geschehen wirdt/vmb vnser willen/vnd vns zu liebe/ Daran beweißt vns ein jegklicher danckneme dienst/güten willen vnd wolgefallen/das wir gern verdienen/freundlich verschulden/ vnd gnediglich erkennen wöllen (oder also: Daran beweißt vns auch ein jegklicher besonder danckneme freundtschafft/wolgefallen vnd dienst) Vrkundt diß Brieffs versigelt mit vnserm auffgetruckten Secret. Datum/rc.

Geleydtsbrieffe anderer Form.

Jr N.rc. Befelhen allen vnd jegklichen vnsern Amptleuthen/vnd die von vnsern wegen zugeleyten haben/ernstlich vnnd festiglich mit disem vnserem Brieff/daß jhr/vnnd ewer jegklicher den N.rc. der jetzt auff wege ist/durch ewer Ampt vnnd vnser Gebiet zureiten/mit sampt seinen Dienern vnd den jhren zu Wasser vnd zu Lande/ wo wir zugeleiten haben/von vnsern wegen geleiten/vnd geleiter schaffen/vnnd selbs mit lebendigen geleydts Knechten versehen/wann/wo/ vnd so dick er des notturfftig vnd begeren ist/alles für vns/die vnsern/vnnd alle die/ der wir vngefehrlich mechtig sein/ zu Vrkundt/rc.

Geleydtsbrieffe der Fuhrleuthe/rc.
vber Weinkauffe.

Jr N.rc. Befelhen vnnd gebieten/ allen vnd jegklichen vnsern Amptleuten vnnd vnderthanen/besonder auch vnsern Weinstichern/ vnnd dieselben Ampt allenthalben in vnserm Fürstenthumb tragen/daß jhr alle vnd jegkliche der Statt N. Bürger/Kauffleuthe/vnnd ingesessen/die auff disen nechstkünfftigen Herbst inn vnsern Ampten vnnd gebieten für Most vnnd ander Wein pflegen zuversuchen vnnd zukauffen des gestattet/vnd allenthalben in vnsern gebieten/da wir zugeleyten haben/ zu Wasser vñ zu Land/jr leib vnd güt sicher zuwandeln vnd zufüren geleyten/vnd geleyter schaffen wöllent/wann vnd so dick sie des in nechstfolgender halben Jars frist notturfftig vnd begeren de seindt/für vns/die vnsern/vnd alle die der wir vngefehrlich mechtig sindt/Zu Vrkundt versigelt mit vnserm auffgetrucktem Secret. Datum N.Dinstag/rc.

Keyserliche Geleydt vnnd Zollbrieffe
miteinander.

Wir Maximilian von Gottes Gnaden/rc. Entpieten allen vnd jeden/vnsern vnd des Reichs vnderthan/inn was hoch oder nidern wirden/standts oder wesens die sein/Vnd sonderlich allen vnd jeden Zöllern/ Mautnern/vnnd Beschern/vnnd jhren Knechten/vnser gnad vnnd alles güts/ Als der Ersam gelehrt/vnsero Keyserlichen Cammergerichts Beysitzer/vnd des Reichs lieber Getrewer Dieterich N.Lehrer der Rechten/zeyger diß Brieffs/jetzo inn etlichen desselben vnsers Keyserlichen Cammergerichts vnnd seinen eygen geschäfften ghen N. auff den Reichstag/vnnd von dannen widerumb herzureiten vnnd zuziehen hat. Befelhen wir euch allen vnd jeden/so mit disem vnserm Brieff ersucht werden / Daß jhr vnser/ vnd des heyligen Reichs Geleydt vnnd sicherheyt/so er vnnd sein Knechte/vnnd zugehörigen/als vnsers Cammergerichts verwandten/

mit

Geleydtsbrieff. CLXIIII

mit sampt jhrer Haabe/haben/vnd haben sollen/an jnen haltet/jhn/auch sein Diener vnd
zůgehörigen/mit sampt jhrem Haußrath/Prouision/Wot/vnd anderer Haab/Zoll vnd
Mautfrey/vnbeschwert/vnd vnuerhindert/fürgehn lassen/vnd euch daran nicht anders
erzeyget. Daran thůt jhr vnser ernstlich meynung. Geben zů N.am eilfften Tag des
Monats Julij/Anno ꝛc. N.

Ad mandatum Domini Electi
Imperatoris proprium.

N. N. ss.

Keyserlich Geleydt vnd Zollbrieff/anderer Form.

Wir Maximilian von Gottes Gnaden/ꝛc. Entpieten allen vnd jeden vnsern vnd
des Reichs vnderthanen vnd Getrewen/in was wirden/standts/oder wesens die
sein/vnd sonderlich/allen vñ jeden Amptleuten/Zöllern/Mautnern/Beschern/
vnd jhren Knechten/vnser gnad vnd alles gůt. Nach dem vnser Keyserlicher Cammerge=
richts Cantzley Schreiber/vnd des Reichs lieber getrewer N. jetzo an bemeltem vnserem
Cammergericht sein abschiedt erlangt/vnnd seiner notturfft nach wider anheym ghen N.
zůziehen willens ist/vnnd dann er vnnd all vnsers Cammergerichts verwandten/von vnd
zů bemeltem vnserm Cammergericht/ vnser vnd des Reichs frey sicherheyt vnd Geleyde
haben vnd geniessen sollen. So befelhen wir euch allen / vnnd jeden innsonder/so mit di=
sem vnserm Keyserlichen Brieffe ersucht werden / daß jhr bemelt vnser vnnd des Reichs
Geleydt/vnnd sicherheyt/an jhme haltet/jhne auch/sampt einem Stůbich/seiner Woth
vnnd anderm/Zoll vnd Maut frey allenthalben vnbeschwert / vnnd vnuerhindert fürge=
hen lasset/vnd euch darinn nicht anders erzeyget/ daran thůt jhr vnser ernstlich meynung.
Geben zů N.am ersten Tag des Monats Septembris/ꝛc.

Geleydt vnd Zollbrieff der Herꜩn/ꝛc.

Wir N.ꝛc. Befelhen allen vnd jeglichen vnsern Obern vnnd vndern Amptleuten/
Vögten/Landschreibern/Zöllern vnd Zollknechten auff dem Rhein vnd Land/
so mit disem vnserm Brieffe ersucht werden/ daß so die Hochgeborn Fürstin vn
ser liebe Mome vnnd Schwiger/des Hochgeborn Fürsten vnsers lieben Oheyms vnnd
Schwehers N.ꝛc. Gemahel/als jhr Lieb jetzundt auff wegen vnnd in willen ist den Rhein
herab zůschiff zůfahren/vnd sich ins Landt von N. zůfůgen mit den jhrn vnnd dem sie bey
jhnen haben vnd füren/allenthalben da sie vnser Flecken/Zoll oder Gebiet antreffen wer=
den/sicher vnbeleidigt/ vngezöllet/ vnnd aller ding vnbeschwert fürfaren vnnd fürziehen
lassent/jhnen auch auff jhr gesinnen hilff/rathe/ vnd fürderung von vnsern wegen/vnnd
auff vnsern kosten erzeygen vnd beweisen/ vnd dem mit fleiß nachkommen. Daran ge=
schicht vnser ernstlich meynung vnd gůt gefallen. Vrkundt/ꝛc.

Schirm vnd Geleydsbrieff der Jůden.

Wir N.ꝛc. Bekennen vnnd thůn kundt offenbare mit disem Brieffe/ daß wir N.
Jůden zů N.zů außgang seines jetzthabenden schirms/ der sich auff N. schierst=
künfftige N.Jars/enden würdet / widderumb sechs die nechst darauff folgenden
Jare/sampt seim Weib/Kinden/vnd gebrödten Haußgesinde/ in vnsern schuʒ/schirme/
vnd versprůch auffgenommen haben/ Also daß er an dem orth da er jetzt gesessen/die sechs
jar auß/sein wohnung haben/ vnd den gemeynen schirm Brieff/so er vnnd andere vnsers

E e ij

New Formular

Fürstenthumbs ingesessene Jüden von vns haben/sich genßlich gemeß halten mäge/Vnd soll er/sein Weib vnnd gebröd Haußgesinde sollen auch in dem Ampt sie gesessen/bestimpte sechs Jar wie bißher Zoll vnnd Geleydtgelt frey sein/vnnd weiter nicht/doch daß sie inn dem keinn frembden außlendischen Jüden mit vnderschleiffen/bey straffe. Allen vnd jeden vnsern ober vnnd vnder Amptleuthen/Dienern/Vnderthan/ vnd verwandten/hierauffe befelhende/gedachten N. Jüden also bey disem vnserm schirm vnd geleydt zuschützen/vnd darüber nicht beschweren zulassen/Daran beschicht vnser befelch. Zu Vrkundt mit vnserm anhangenden Secret versigelt/auff Donnerstag/rc.

Geleydt der Jüden/ kurtzer Form.

Von Gottes Gnaden/rc.

N. Jud zu N. als wir dich jüngst verschienen Freitags nach Misericordia Domini alher ghen N. für vnsern verordenten/inn vnser Rechenkammer zuerscheinen/neben andern Jüden vertagen lassen/Vnnd aber nun dasselbig darumb du vertagt/ sein endtschafft erreicht/daß wir dir widerumb heymzuziehen zůgelassen haben/ So geben wir dir zum selben vnser frey/strack/sicher gleydt/für vns/ die vnsern/ vnnd der wir vngefehrlich mechtig seindt/auch an orthen wir zu geleydten haben/ Zu Vrkundt versigelt mit vnserm auffgetruckten Secret. Datum/rc.

Form einer Widerruffung vnd versagung Geleydts.

N. von Gottes Gnaden/Hertzog/rc.

Vnsern günstigen gruß zuuor/Ersamen weisen lieben besondern/ Dem Allmechtigen Gott zu lob vnd ehre/ zu sterckung dem heyligen Römischen Reich/ vnnd fürderung gemeynes friedens/ Haben wir vns mit den Ersamen weisen/ Burgermeister/ Rath/ vnnd Gemeynde der Statt N. vnnd sie sich mit vns/einer Erbarn ziemlichen freundtlichen verstendtnusse vereint/inn solcher vereinigung werden sie bekrieget von einem genannt N. von N. der sich mit seinem mithelfern inn den Herschafften der Graffschafft N. enthalten hat/ die von N. darinn beschediget/ etlich ihr genommen gůt auß verbotten Rechts/zurissen vnnd zertheylt/mit viler anderen mißhandlung an Frawen/ vnnd an andern Personen von N. begangen/ Vber solches vnd zu dem allem wirdt den genanten von N. vnnd den jhren/gemeynne zu/ vnd von wandeln/des sie sich mit der Herschafft N. geleydt begern zugebrauchen versagt vnnd abgeschlagen/ vnd versehen kein billich vrsach/ oder verschuldent/darumb solchs billich sey/oder geschehen soll/anders dann villeicht vns zu widerwillen/das vns nach gestalt der sach billich beweget. Vnd dieweil jhr als wir verstehen/mit den Grauen zu N. auch in einung sein/ so ist vnser meynung/ Alle dieweil das den von N. geleydt in der Herschafft von N. versagt vnnd nicht geben wirdt/ das wir dann euch/ vnd allen den/die mit den von N. in einung sein/ vnd allen den jhren/ vnd eweren/ vnd den jhren/in allen vnsern Landen vnd Gebieten kein geleydt geben lassen wöllen/ Vnnd ob jhr/ oder derselben/ welche die weren/ einig geleydt auff disem tag von vns hetten erlangt/ oder geben were/ das widderruffen wir/ vnnd thůn das alles in krafft diß Brieffs/ Vnnd haben auch allen vnsern Amptleuthen befolhen/ dem also ohn alle innrede nachzukommen/ Das verkünden wir euch/ auff daß jhr vnnd die ewern euch wissen mögen darnach zurichten. Datum/rc.

Keyser/

Zollbrieff.

Keyserlicher Zollbrieff.

WIr Ferdinand von Gottes Gnaden/ erwelter Römischer Keyser/zu allen zeiten mehrer des Reichs/Inn Germanien/zu Hungern/Behem/Dalmatien/Croatien/vnnd Schlauonien/rc. König/Infant in Hispanien/ Ertzhertzog zu Osterreich/Hertzog zu Burgundi/Steyer/Kärndten/Crain/ vnd Wirtemberg/rc. Graue zu Tyrol/rc. Entpieten allen vnd jeden Zöllnern/Mautnern/Beseheren/vnd jren Knechten/ so mit disem Brieff ersucht werden/vnser Gnad/ Lieben getrewen/nach dem der Ersam gelehrt vnser vnnd des Reichs lieber Getrewer/Johan N. der Rechten Doctor/vnnd vnsers Keyserlichen Cammergerichts Aduocat/sich zu der Grauen zu N. in dienst begeben/ derhalben zu seinem vffzug ein Faß vnnd Kisten mit J. vnnd W. gezeichnet/ darinn sein Bücher/Kleyder vnd andere farnus eingepackt von Speyer ghen N. zufüren/gegenwertigen Fuhrman vffladen lassen/vnd daß er/wie sonst alle andere vnsers Cammergerichts verwandten allenthalben im Reich zu vnnd von berürtem vnserm Cammergericht aller Zoll vnd dergleichen aufflagen frey sein soll. So begern wir an euch alle vnnd jede/hiemit befehlende/daß jr ermelte Faß vnd Truhen zu Wasser vnd Lande/also ohne beschwerung vnd zollfrey durch vnd fürfaren lasset/vnd euch hierinn nit anders halten noch ertzeyget/daran thüt jhr vnser meynung vnd gefallen. Geben in vnser vnd des Reichs Statt Speyer/am sechsten Tag des Monats Octobris/nach Christi vnsers lieben HErren geburt fünffhundert vnd im N. vnserer Reich des Römischen im N. vnd der andern aller im N. Jaren.

Ad mandatum Domini Electi
Imperatoris proprium   st.

N.N. Protho. st.

Zoll oder Paßbrieff von der Keyserlichen Maiestat außgangen/ anderer Form.

WIr Maximilian von Gottes Gnaden/rc. Empieten vnsern vnnd des Reichs lieben getrewen/allen vnd jeden Mautnern/Zöller/odder auffseher an der Thonaw/so mit disem vnsern Keyserlichen Brieffe ersucht werden/vnser Gnad vnd alles gũt. Lieben getrewen/Nach dem der Ersam vnnd gelehrt/ Doctor Augustin N. vnsers Keyserlichen Cammergerichts Vrtheyler vnd des Reichs lieber Getrewer vier Faß/ vnd desselben vnsers Cammergerichts Cantzley vier oder fünff Faß mit Wein von Vlm auff dem Wasser hertzufüren/vnd diß vnser Paßbrieffe außbracht haben/So begern wir an euch alle/vnd ewer jeden besonder/hiemit befelhende/daß jhr denselben Doctor N. vnd der Cantzeley solche acht odder neun Faß/ so sie inn des N. Schiff herfüren lassen/Zoll/ Maut vnnd ander beschwerung frey/ vnuerhindert fürfaren vnnd herkommen lasset/daran thũt jhr vnser meynung. Geben zu N. rc.

Offen Zollbrieff so ein Herr ihm selbs thũt/rc.

WIr Friderich/rc. Künden allen vnd jegklichen Mautnern vnnd Zöllnern/ den diser offen Brieff fürkompt/daß gegenwertig N. Schwein oder Ochsen/ vns zũständig/vnnd von N. auß/zu vnserm Hofbrauch allher ghen N. getrieben vnnd bracht werden sollen. Darumb an alle vnd jede vnser Gnedigs begern/jhr wöllent solche Schwein/odder Ochsen/ zollfrey vnnd vnuerhindert fürgehen lassen/das kompt vnns zu

New Formular

sonderm gefallen/wöllen das auch vmb eines jeden Herrschafft widerumb vergleichen/vñ gegen euch in sonder Gnaden erkennen / So thůn die vnsern daran vnser ernstlich meynung. Datum N.vnder vnserm auffgetrucktem Secret/ꝛc.

Zollbrieff so ein Herr von seinet wegen thůt/
anderer Form.

Jr N.ꝛc. Verkünden allen vnd jeden vnsers Vettern des N.Zöllern/Besehern/ vnd Zolldienern zu N.daß wir dise N.Fuder Weins/ so vns diß Jars im Rhein Gebürg gewachsen sein/zu vnserm Haußbrauch vns her ghen N.zuführen befolen haben/vnd daß vns die zůstehen/Begeren darumb an euch jhr wöllent vns solch wein/ wie von alters hero Zollfrey vnbeschwert fürgehen vnnd folgen lassen/ vnd euch beweisen als vnser zůuersicht stehet. Das wöllen wir gleichermaß auch thůn/vnd an vnsern Zöllen zugeschehen verfügen. Vrkundt/ꝛc.

Zollbrieff offner vnnd anderer Form der
Herrn/ꝛc.

Jr N.Entpieten allen vnd jegklichen Zöllern vnnd Mautnern/den diser Brieff fürkompt/vnsern grůß vnd gnad/Vnnd fügen euch zůwissen/daß wir disem gegenwertigen N. Fuhrman von N. befolhen haben einem den vnsern ein Fuder Weins in vnser Statt N.zufüren. Darumb wir euch alle vnd jeden besondern mit ernst bitten/den genannten N. Fuhrman solch fuder Weins zoll/mautfrey/vnnd vnbeschwert durch vnd für ewer Zölle vnd Mautstätt fahren zulassen/ vnd jhne fürderung vnd gůten willen zůbeweisen/Daran beweißt vns ein jeder danckbaren gefallen/in gnaden zuerkennen/vnd bedencken. Geben vnder vnserm auffgetruckten Secret/ꝛc.

Zollbrieff verschlossener Form.

Vnser Zollschreiber zu N. vnd lieber getrewer N. wir heyssen dich ernstlich/daß du den Wirdigen vnsern lieben besondern/ Dechant vnd Capittel des Thumbstiffts zu N.solch Wein vnnd Frucht/ so jhne auff diß jars von jhrem eygen zehenden zů N.worden ist/vnnd sie ghen N.in jhre verwaltung füren werden lassen/an dem obgenanten vnserm Zolle zu N. Zollfrey vnd vngehindert fürfaren lassest. Datum N.auff ꝛc.

Ein andere Form.

Friderich von Gottes Gnaden/ꝛc.

Lieber Getrewer/ Es wirdt N. zwey Fuder Weins den Necker herab für vnseren Zoll zu N.füren lassen/Ist darumb vnser befelch/du wöllest auff gelübnuß daß solcher Wein N. vnd niemandt andern zůstehe/von vnsert wegen Zollfrey fürgehen lassen. Daran thůstu vnsern geheyß. Datum.

Ein andere Form eines geheyß oder Zollbrieffs
an die Zoll.

Lieber Getrewer/Es wirt vnser Schiffman Wolff N. vns hundert Reiß Schifferstein vñ vier Fuder Weins den Rhein herab zu vnserm gebrauch ghen N. füren. Ist darumb vnser befelch jhr wöllent solches vnuerhindert vnnd Zollfrey bey euch fürgehen lassen/Daran geschicht vnser meynung. Datum.

Ein

Zollbrieff.
Ein andere Form.

Lieber Getrewer/ Es wirdt der N. zu seinem gebrauch souil N. für vnsern Zoll zu N. führen lassen. Ist darumb vnser befelch/ du wöllest von vnsernt wegen solch anzal N. dißmal zoll frey fürgehen lassen/ Daran thůstu vnser meynung. Datum.

Zollbrieff aber anderer Form.

Lieben Getrewen/ Die Wein so Apt vnnd Conuent zu N. diß Herbst/ auff jhren eygen Gütern in N. worden vnnd gefallen sein/ vnnd sie hinab ghen Cöln zufüren verordent/ wöllent jhnen/ doch auff versprüchnuß daß es jres eygen gewechß/ sonst niemande dann jhnen zůstendig/ auch kein vnderschleiff/ vortheyl vnnd betrüg darinn sey/ gesůcht/ noch gebraucht werde/ diß jar wie hieuor vnnd zu nechst beschehen/ bey euch Zollfrey fürfüren lassen/ In dem thůnd jhr vnsern geheyß. Datum.

Zeugknuß oder Vrkundtsbrieff vber
beziehung.

Wir N.zc. Künden meniglichen/ daß vnns N. Ritter fürbracht hat/ Es werde von jhme außgeben/ wie daß er vnser Rath vnd Diener sein solle/ vnnd wir jhme alle Jar ein geldt für sein Rath vnnd dienst geben/zc. Da sagen wir/ bey vnsern Fürstlichen wirden/ in rechter warheyt/ daß er vnser Rath vnd Diener nit ist/ vnd auch bey vnsern zeiten/ vnser Rath vnnd Diener nie gewesen ist/ Wir haben jhme auch für sein Rath oder dienst kein Gelt nie verheissen noch geben. Vnd des zu vrkundt/zc.

Bettelbrieff/ zu stewer an außbawung einer
Kirchen.

Wir N.zc. Lassen alle vnd jegliche vnser Amptleuth/ vnderthanen/ vnd die vnsern/ Geistlich vnd weltlich/ inn vnsern Landen/ Stetten/ Dörffern/ vnnd Gebieten/ wissen / Als durch Vorfarn des Hochwirdigen inn Gott Vatters/ Herrn N. vnsers besondern lieben Herrn vnd freundts/ ein löblich bauwerck in seiner E. Kirchen inn dem Thumb/ in der Statt N. von grosser begirlicher andacht vnd innigkeyt/ vnnd sonst vil Erbar leuth angehaben ist/ in lob vnd ehre des Allmechtigen Gottes/ seiner gebenedeyten Mütter der Jungfrawen Marien/ der Himmelfürstin/ Sanct Peters des Heyligen Apostels/ der Hochwirdigen dreyer König/ vnd vil ander Heyligen/ besonder N. vnd N. die dann leiblich darinn rasten/ derselb Baw noch bißher vnuollnkommen/ vnnd ohne stewer vnnd hilff Christglaubiger leuth/ fürther vbel vollbracht werden mag / Darumb solchen Baw zuuollfüren vnnd zuuollbringen/ diser gegenwertiger Sameler außgeschickt worden ist. Vnd nach dem wir nun verstehen/ daß solch fürnemen Göttlich/ vnd ein groß notturfft ist/ Vnd auff daß derselb Bawe nicht nidergelegt/ sonder Gott dem Allmechtigen vnd seinen Heyligen zu mehr lobe vnd ehre vollbracht werde/ vff daß dann menigklich dem Gott sein Gnad gibt von seinen Allmůsen die belohnung/ in dem ewigen leben seligklichen empfahe vnd theylhafftig werde des Ablas des obgemelten Stiffts der Kirchen zu N. Vnd wir zu solchem löblichē werck gentzlich geneygt sein/ So begern wir mit gantzem ernste/ daß jhr den gemelten außgesandten Zeyger diß Brieffs/ so der oder die/ darumb zu euch/ vnd ewer jeglichen kommen/ diß nechstkünfftig jar gantz auß/ günstiglichen/ miltiglichen/ fürderlich vnnd beholffen sein wöllent/ das Allmůsen also zuheyschen / zufordern/

New Formular

darumb zubitten vnd zusamlen/jhne auch sonsten mit geleydt/vnnd andern in vnsern Landen vnd Gebieten/zu Wasser vnd zu Landen/wo jhn des noth sein wirdt/vnd sein begern werden/von vnsern wegen zuuersehen/vnnd darmit hülfflich zusein/vnd fürdernuß zuthun. Daran beweißt vns ein jegklicher vber den lohn er von dem Allmechtigen Gott daruon empfahet/sonder danckncmen wolgefallen/vnd thün auch hierinn vnser ernstlich meynung. Vrkundt diß Brieffs versigelt mit vnserm anhangenden Innsigel/rc.

Stifftungs oder Reuerßbrieff/einer Montäglichen Meß.

ICh Johan N. Pfarrhern/A.B.C.D.vnd E.alle Altaristen vnd Pfründner der Pfarkirchen zu N. Bekennen vnd thün kundt/für vns/vnd alle vnsere nachkommen. Nach dem die Ersam vnd tugentsame Fraw Catharina N. Eucharij N. seligen verlassen Wittfraw zu N.auß gütem Christlichem gemüt vnd rechter andacht willens/zu lob vnnd ehre der Heyligen Dreyfaltigkeyt in ewiger einigkeyt der hochgelobten Himmel Königin vnnd reinen Magd Marie/allen Himmlischen trost vnnd Heyl aller jhrer/ vnd vorgemelts jhres Haußwirts Eucharij N. Eltern/Fürfaren/Gütthater/vnd aller deren/so auß beyden jhren Geschlechten verscheiden seindt/vnd werden/ Seelen ein ewige Wochenmeß in vorgemelter Pfarkirchen/ vnd auff der gemeyn Presentz auffzurichten vnd zustifften. Deßhalben vns vorbenanten Pfarrhern vnnd Pfründnern/so balde zu vnser gemeyn Presentz geben sibentzig gulden güter gemeyner Landtswerung/ die wir also bar empfangen/fürther in vnser gemeyn Presentzen nutzen angelegt/ Sagen derhalben vorgemelt Catharina N. jhre Erben/vnnd wen das mehr berüren mag/für vns vnnd vnsere nachkommen quit ledig vnnd loß/inn vnd mit krafft diß Brieffs. Gereden vnd versprechen hierauff bey güten waren trewen/ehren/vnd Priesterlichen Würden/für vns/vnd alle vnsere nachkomen/Pfründner zu N.nun hinfüro ewiglich auff einn jeden Montag/ein Seelaußt vff dem Altar/in vorgemelter Kirchen/vnder der Vigilien so maß für Fraw Margreth N.geborn von N.pflegt zusingen/zubestellen/halten/vnd lesen/auch dermassen anzuschicken/daß den andern stifftung kein gefehrlicher abbruch/mangel/oder hindernuß beschehe/vnd mag jederzeit vnser einer für den andern solch Ampt vnnd Meß vollbringen/vnd soll allwegen der Priester/an dem solch Ampt jeden Montags/nach der ordnung sein wirdt/gedechtnuß haben vnd thün/ lebendiger vnd todter/ beyder vorgemelter Geschlecht/wie sich gebürt/ vnd ein jeder sich zuthün schuldig weiß. Were es auch sach/daß jhe zuzeiten ein hohe gebandt Fest auff einen Montag gefallen/soll der Priester/ an dem solch Ampt als vorgeschrieben nach ordnung sein wirdt/solch Ampt inn der Wochen auff einn andern tag/mit gedechtnuß vnnd anderm halten/ vnnd vnabläßlich vollnbringen. Dergleichen so andere begengnuß vnnd Jarzeit auff ein Montag gestifft oder gefallen/die mit zuwenden/odder todten/sibenden/vnnd dreissigsten vorhanden/soll dise Meß vnnd Ampt/mit jhren gedechtnuß auch damit gehalten werden/Doch daß inn solchem kein geuerde geschicht/oder gespürt werde. Wo aber mit der zeit/das doch nit sein soll/diser Meß eine/oder mehr versaumpt/vñ nit gehalten/soll diser zeit der Seumer/den schilling Pfenning/so jhme desselbigen Tags gebürt/auch versaumt haben/vnd nicht destoweniger dieselbige Meß inn nachfolgenden Wochen mit jhren gebetten vnnd gedechtnussen zuuollbringen schuldig vnd pflichtig sein/Soll sich auch keiner hierinn/ mit oder durch den andern entschuldigen oder behelffen/damit diser verschreibung vnnd stifftung/ einiger mangel oder abbruch beschehe/in keine weg/vnd ohn alle geuerde.

Wider solches alles so in disem Brieff für vnd nachgeschriben stehet/ soll vns oder vnsere nachkommen nicht schützen noch schirmen/ob das Hauptgelt künfftiglich abgelöst vnnd nit zustund an wider angelegt möcht werden/daß wir vns des wissentlich verziehen vnnd begeben haben. Wir sollen vnnd wöllen auch einn jeden Presentzmeister so künfftiglich

Stifftung.   CLXVII

täglich bey vns sein werden/damit sie diß Gülten insamlen/verrechnen vnd auffheben/vff die stewer acht mag haben / vnd solches mit andern der gemeyn Present innkommen verrechnen/ sechs Schilling Heller/ vnnd dem Meßner/ darmit er den Priestern zu solchen Ampten dester stadtlicher vnd fleissiger gedienen/ für sein belohnung järlichs sechs Schilling Heller. Einem jeden Priester sollen vnd wöllen wir/ vnd vnsere nachkommen/ so offt er diser Meß vnnd Ampter einig vollbringt/ zu rechter Present zalen odder geben zwölff Pfenning/auch dise verschreibung in beyd vnser Seelbücher zu ewiger gedechtnuß lassen schreiben/damit ein jeder bepfründter/ dero wiß seines innhalts zugeleben/ Solches alles vnd jegliches gereden vnd versprechen wir obgenanten Pfarrher/ vnd Pfründner zu N. für vns/vnd vnsere nachkomen/ vnd gemeyn Present bey güten rechten waren trewen/ ehren/vnnd Priesterlichen wirden/war/stet/fest vnnd vnuerbrüchlich zuhalten/darwider nicht sein/thun noch verschaffen oder gestatten gethan werden/ in keine weg/vns auch hernidder nit annemen noch behelffen/ keiner Absolution/Constitution/Reformation/noch Ordination/von was Oberkeyt/Geystlicher oder weltlicher die herrüren möchten/auch keines andern behelffs oder verstandts/ den jemandt haben/finden/erdencken oder erwerben solt/köndt/möcht/oder jetzt funden/oder erdacht weren/ geuerde vnd argelist gentzlich außgescheiden.   Des zu warem vrkundt/rc.

Stifftung oder Reuerß einer Spenn vnnd Allmusen.

Wir Schultheyß/Burgermeyster vnd Gericht zu N. Bekennen vnd thün kundt gegen allermenniglich/für vns vnd alle vnsere nachkommen vnd elenden Knechte zu N. Nach dem vns der Erbar vnd Achtbar Eucharius N. vnd Catharina N. sein eheliche Haußfraw 60.gulden/güter gemeyner Landswerung/zu gemeynem nutz vñ enthalt vorgedachts vnsers Elenden Hauß geben/ auff wachsenden schaden damit zuuerkommen. Hierauff sollen vnd wöllen wir verschaffen vnd bestellen/ daß vnser Elenden Meister/oder Knecht/mehr gedachts vnsers Elendenhauß/järlich/vnd eins jeden jars besonder/nachfolgendt Spenn vnd Allmusen vnder arme leut theylen vnd geben/ Nemlich auff einn jeden Sanct Johans des Heyligen Euangelisten Tag/nach dem Frone der hohen Ampt/in vnser lieben Frawen Kloster N. für N.alb. fleisch/sechs h. heller/vnd Brodt souil jederzeit ausser ein halben Malter Korn gebacken mag werden/ Dergleichen vff ein jeden vnser lieben Frawen Tag genant Annunciationis, in der Fasten/nach dem hohen Ampt zu N. in der Pfarrkirchen/für N.alb. Hering/ sechs schilling heller/vñ abermals so vil Brodts als ein halb Malter Korn ertragen mag.   Auch sollen die benanten Elenden Knecht/oder Schäffner/ allen vnd ein jeden Freitag in der Fasten eins jeden jars hinfüro zu ewigen zeiten fünff Hering/vnd ein maß Weins den sondersiechen zu N. reichen vnnd geben/oder bescheiden wo sie das jederzeit holen vnnd finden mögen/zu ihrer notturfft gebrauchen/es sein vil oder wenig sondersiechen vorhanden. Wer es aber sach daß je bey weilen kein sondersiech zu N. were/vnnd in demselbigen Häußlin funden wirdt/so sollen doch die elenden Knecht/so jederzeit sein werden/vorgedachte fünff Hering/vnnd maß Weins/ jedes Freitags in der Fasten als obgemelt/vnder ander Hauß arme leuthe zu N. theylen vñ geben/wo sie verstehn vnd wissen am best angelegt sein/ Vnd so bald wider sondersiechen des orts häußlich kommen vnd sein werden/soll es abermals wie obgemelt mit demselben all musen gehalten vnd kein geuerde gebraucht werden/darzü soll obgenant Elenden Knecht järlich/ vnnd eines jeden jars besonder einem jeden Pfarrherrn zu N. auff vorgenannten vnser lieben Frawen Tag sechs Heller/ vnnd den Herrn im Closter auff Sanct Johans des Euangelisten Tag auch sechs Heller geben/vnnd ohn widerfechten oder verzug bezaslen/solch Allmusen beyder ort an der Cantzlen zuuerkünden. Auch sollen die Elende knecht jederzeit für jhr belohnung haben j.h. heller/diß Allmusen vnd stifftung järlich mit andern

des

New Formular

des elenden Hauß/Zinsen/Renthen/vnd fellen getrewlichen zuuerrichten/vnd offtgedachter massen außzutheylen. Solches alles vnd jedes sollen vnd wöllen wir vorgedachten Schultheyß/Burgermeister vnd Richter zu N. ewiglich bestellen vnnd verschaffen/ohn einichen mangel oder nachtheyl/gehalten vnd vollnzogen werde/geuerde vnd arglist gentzlich außgescheiden. Des zu warer vrkundt haben wir/rc.

Gewaldt oder Substitution einer Hauptmanschafft in vollstreckung einer am Cammergericht gewonnener Vrtheyl.

Wir N.rc. Bekennen rc. als der Allerdurchleuchtigst/Großmechtigst Fürst vnnd Herr/Herr N. Römischer Keiser/rc. vnser Allergnedigster Herr/vns zu jrer Kei. Mt. vnd des heyligen Römischen Reichs Hauptman gesetzt vnnd befolhen hat/den Edlen vnsern lieben besondern Vlrich N. Röm. Key. Mt. Cantzler/des Hofs N. mit seinen vordern/mittel/vnd hindertheyle/vnnd aller seiner zugehörung insatzung zuthün/nach innhalt jhrer Keyserlichen Maiestat befelch Brieff/den jhre Maiestat vns/vnd damit zügeschickt hat Gebotts Brieff/an Fürsten/Grauen/Herrn/Ritter/Knechte vnnd Stette/darzü hilff vnd beystandt zuthün/des wir vns zugehorsam vnsers Allergnedigsten Herrn des Römischen Keysers/vnd auff erforderen seiner Key. Mt. Cantzler angenommen/auch solch Gebottsbrieff außgesandt/vnd mitgeschrieben/vnnd einn nemlichen Tag bestimpt haben auff N. nechstkommend zu N. zusein/der innsatzung nachzukommen/Vnd wann wir von vnser mercklicher eygen geschäffti wegen zu solchem Tag auff die zeit Persönlich nicht erscheinen mögen/Darumb so haben wir an vnser statt zu Hauptman gesetzt vnd gemacht/die Edlen vnser lieben Getrewen N. N. vnd N. N. sie beyde/vnd jhr jegklichen besonder/also daß sie sammettlich/vnnd jhr jegklicher besonder/an vnser statt/vnnd in vnserm namen als Hauptleuth (in der sach)handeln/thün/vnnd lassen mögen/das wir selber thün solten vnd möchten/ob wir persönlich gegenwertig weren/des wir jhne beyden samentlich/vnd jegklichem besonder/vnser gantz mögen/macht/vnd Gewalt geben haben/Vnnd geben wissentlich in krafft diß Brieffs/mit ernstlicher bitte/begern/gesinnen/heissen/vnd befelhen/an alle vnd jegliche/die wir mit sampt vnsers Allergnedigsten Herrn des Römischen Keysers zu den sachen in vnsern Brieffen/als Hauptman auff den obgenanten Tag bescheiden haben/vnd die von derselben wegen darkoisten vnd erscheinen werden/daß sie alle/vnd jhr jegklicher besonder den gemelten vnsern Hauptleuten samentlich/vnd jhr jedem besonder/an vnser statt gehorsam vnd gewertig/hilfflich vnd beystendig zusein/damit der innsatzung dem Römischen Cantzler oder seinen machtbotten/nach innhalt vnsers Allergnedigsten Herrn des Römischen Keysers befelchsbrieffe/ auch der letzsten vnnd endturtheyl an dem Keyserlichen Cammergerichte/nachgangen/Execution vnd gnügen gethan werde/Daran beweiset jhr/zu dem gefallen vnsers Allergnedigsten Herrn des Römischen Keysers/vns besonder güten willen/das wir in güt verdienen/beschulden/erkennen vnd bedencken wöllen. Datum N. vnder vnserm fürgetruckten Innsigel/auff N. rc.

Proclamen oder offen Edict vber anforderung vnd Interesse an verlassenen Gütern/rc.

ICH Christoff N. diser zeit des Heyligen Reichs Statt N. Richter/ Entpiete der Edlen vnnd tugentsamen Frawen Marien N. weylandt Wolffen N. seligen verlassene Wittibin/gebourn von N. in gebüre/mein willig dienst/vnd füge euch hie neben zuuernem/Als die vesten fürsichtig/Erbarn vn weisen Herrn/Burgermeister vn Rath jetztgemelter statt N. ein zeitlang daher/durch etlich personen vilfeltig beide mündlich

vnd

vnd schrifftlich angelauffen vnd ersucht worden seinde/jhnen jhrer spruch vnnd forderung halben zu jetzgedachts Wolffen N. verlassener Haabe vnd Güter/ so vil dero in jhrer Erbarkeyt/Oberkeyt/Landtwehr/ vnd Gebiet gelegen seindt/ durch mittel ordenlichs Rechtens/ vnnd in krafft jhrer Obrigkeyt zuuerhelffen. Demnach vnnd damit sich nun niemandes versagtens Rechtens zubeklagen/auch niemandt zu nachtheyl vnnd beschwernuß gehandelt werde/so hat sich ein Erbar Rath erbotten/vermög jhrer Keyserlichen vnd Königlichen habenden freiheyten (doch vnbegeben jhrer selbst vnd gemeyner Statt spruch vnd forderung)jhre gefreihete Richtere zuerfordern / niderzusetzen/ vnnd meniglich gegen dem vnd auff das jhenig was ehegedachtem Wolffen N. zugestanden/vnnd inn jhrer Erbarkeit Gerichtszwang gelegen vnd begrieffen ist/ordenlichs Rechts zugestatten/vnd wie recht ist zum fürderlichsten ergehen zulassen/ vnnd mich hierauff als des Reichs gefreiheten vnd Stattrichtern ersucht/ solches an den ortheñ/ da vermüthlich die Glaubiger vnd Interessenten gesessen/durch ein Proclama Edicts weiß jhnen den Glaubigern vnd Interessenten zeitlich vnnd offenlich zuuerkünden. Darumb so habe ich auff solches geschehen ansuchen vnnd befelch/einen geraumen Rechtstag/nämlich auff N. schierstkünfftig zu früer tagzeit allher auff dem Rathhauß/inn der gewohnlichen Richter Stuben/ernennt/bestimpt/vnnd angesetzt. Welchen Rechtstag ich euch dann / dieweil jhr euch vor diser zeit an berürten des N. Haabe vnnd Güter/ Interesse vnnd gerechtigkeyt zuhaben/euch habt angemaßt vnd vernemen lassen/ durch zuhaußschickung diseß meines offenen besigelten Edicts auch verkünde vnd wissenschafft mache/ auch in krafft meines Richters Ampts/souil mir diß fals zu außführung ewer gerechtigkeyt gebürt/ Citier vnd Lade/ Also vnnd dergestalt/ daß jhr selber / oder durch ewere darzu gnugsame geuollmechtigte Anwaldt(ob jhr wolt)auff bestimpten Rechtstag/benente malstat vnd zeit/ vor mir/ vnd den andern nidergesetzten gefreiheten Richtern erscheinet/ vnnd vor denselben ewer spruche/forderung/vnnd Interesse/so jhr an obbemelts N. verlassener Haabe vnd Güter/zu haben gedenckt/oder was sonsten ewer notturfft sein wirdt/im Rechten wie sichs gebürt/ fürbringet/vnnd von Termin zu Termin/biß zu endtlichem beschluß der sachen vollfürt vnd gebürlichs beschaids gewartet/Dann solches geschehe also gehörter massen von euch/ oder nicht/soll vnnd wirdt nichts desto weniger auff weiter anruffen eins Erbarn Raths/ vnd der andern erscheinenden Partheyen im Rechten fürgeschritten vnnd gehandelt werden/auch erkendt vnnd geschehen/was vnnd souil recht ist/Darnach wißt euch zurichten. Geben vnder des Raths Gerichts hie fürgetrucktem Secret Insigel besigelt / Vnnd geschehen auff Montag/rc.

Proclamen/oder Edict schulden halben.

Wir Schultheyß/Burgermeyster vnd Rath der Statt N. Verkünden allen vnd jeglichen/per hoc publicũ Edictum, Demnach verweilter Jaren/weilandt der Ersam Jacob N. vnser mitbürger mit todt abgangen/ vnnd ein namhaffte schulden/beneben geringer narung/hinderlassen/ Auch newlicher zeit/etlich vnser Bürger vnd andere/sein Jacobs nachgelassene Wittwe/ vnd dero beyder Töchterlins verordnete Fürmünder/vor vnserm Stattgericht/etlicher außstendiger schuldẽ halber Gerichtlichen beklagt/jedoch innerhalb anderthalb jaren durch dieselbige/vnnd jhre Anwäldt nicht gehandelt worden/dadurch dañ die andern Glaubiger daß sie vns vilfeltiglichen zuklagen kommen/biß anhero auffgehalten/zu keiner bezalung kommen mögen/ auch die Gülten vnnd zinß/damit sein Jacobs hinderlassen ligende güter beschwert/jsiler je mehr vffgewachssen/ vnd wo die sachen lenger ingestelt/allen Glaubigern zum nachteil täglich hoch beschwere würde/Damit sich daß der vnwissenheit niemand zubeklage/ vñ meniglich seiner schuldẽ von ermeltem Jacoben N. außstendig/so fern die Liquidirt werde/ nach gestalt vñ gelegen heit seiner verlassenschafft bezalung erlang möchte. So citirn/laden vñ heischen wir euch alle/sasse vnd sonder/die also an genanten Jacobẽ N. seligen schuldẽ zufordern vermeint/

daß

New Formular

daß jhr durch euch selbst/oder ewer vollmechtige Anwaldt auff N. schlauffenden 67.jars/ vmb siben Vhren früer tagzeit vor vnns auff dem Rathhauß allhie zu N. erscheinen/ ewer forderung fürbringen/die/wie sich gebürt/Liquidirn vnnd darthün/ dar auff auch ferners bescheidts erwarten wöllent / Dann im fall sich jemandt hierinnen selbst seumen wirdt/ jm solchs zu nachtheyl gerathen/Darnach sich menigklich zurichten wisse. Datum vnder vnser Statt fürgetruckten Secret Innsigel/auff N.rc.

Edict schulden halb/anderer Form.

Wir des Durchleuchtigen Hochgebornen Fürsten vnnd Herrn/Herrn N.rc. Hoff richter vnd Räthe zu N. Setzen vnd bestimmen allen vnd jeden/weylandt Eucharij N. allhie/Creditorn/Glaubigern/oder wer zu seiner verlassung/spruch vñ forderung zuhaben vermeynt/hiemit den dritten Rechtstag/ Nemlich auff N. schierst künfftigen 67. Jars zu früer tagzeit/vor Hoffgericht allhie in eygner Person/oder durch vollmechtigen Antwaldt zuerscheinen/ewer notturfft spruch vnd forderung/wie sich Gerichtlichen gebürt/fürzubringen/zu prosequirn vnnd außzuführen/ auch ergehen vnnd erkandt werden/was recht ist/darnach wiß sich ein jeder/den es betrifft/ zu richten/vnnd für nachtheyl zuuerhalten. Geben zu N. vnder Hochgenanto vnsers gnedigen Fürsten vnd Herrn fürgetruckten Hoffgerichts Secret/auff Montag den rc.

Ordnung wes sich die vom Adel vnd Knechten
auff Reichstägen verhalten sollen.

Ordnung/wes sich vnser N.rc. Hofgesinde vom
Adel vnnd Knechten diß werenden Reichstags
halten sollen.

1. Erstlich sollen sie/so wir zu rathe/ odder an ander orth reiten/ trewlich vnnd mit fleiß auff vns gewarten/vnd nichts daran verhindern lassen.
2. Item sollen sie sich gegen jederman friedlich halten/gegen niemandt kein zanck suchë/ noch zum selben vrsach geben/ auch vnder einander selbs rüwig vnnd friedlich leben/mit worten noch wercken den andern keins wegs belestigen.
3. Item sie sollen inn jhren Herbergen ein Erbar züchtigs leben füren/die Gastgeber/ vnnd jhre Gesinde mit nichten beschweren/ oder mit Frawen vnnd Jungfrawen vnzucht fürzunemen vndersteben.
4. Item sollen sie sich des Nachts bey rechter zeit inn jhre Herbergen verfügen/darmit sie nicht etwan mit leichtfertigem Gesinde in vnrath erwachsen.
5. Item sollen in Herbergen fewers vnd liechter halb gut acht haben/ vnd mit fleiß versehen/damit jhrenthalben niemandt kein schaden zugefügt werde.
6. Item sollen bey rechter vnd bestimpter zeit Suppen/ vnder vnd schlafftrunck in dero Herbergen thün. Welcher aber solches geschlichen versaumpt/dem soll mann ferrer nichts geben.
7. Item sollen sich mit dem/so jhnen von Köchen vnnd Schencken/ wie trewe Diener mitgetheylt wirdt/settigen vnnd benügen lassen/ Koch vnnd Schencken nit vberpoldern/oder böß wort geben/Sonder welcher zuklagen/ der hat den Hoffmeyster darumb zuersuchen.
8. Vnd dieweil auß vberflüssiger truncken heyt aller vnrath kompt vnnd fleußt/wöllen wir stracks gehabt haben/ daß sich keiner/ er sey gleich vom Adel odder Knechten/ hinfürter

Ordnung. CLXIX

hinfürter mit vbermessigem trincken vberlade/ sonder desselben in allweg mässig stehe.

9. Vnd nach dem jhe zuzeiten einer ein hie/der ander einen dort in der weg vffsaßt/ vnd mit jhme zu gast führet/da niemandt weiß wer sie sein/ odder was jhnen zuuertrawen/Wöllen wir dasselbig abgeschafft haben/ vnd nicht gestatten.

10. So soll auch vnser außpförtner on vnser oder vnsers Hofmeisters wissen/niemand frembdts/ vnnd sonderlich von leichtfertigem gesinde einlassen/ mann wiß dann was er in der Herberg zuschaffen habe.

¶ Welcher disen obgemelten Puncten zuwider handeln wirdt/ der soll vnser vngnad vnd straffe gewarten sein/Darnach wiß sich ein jeder zurichten.

Freiheyt vnd Ordnung vber Bergwerck/dar/ auß was Bergkwerck/ vnnd wie jedes geheissen wirdt/ zulekrten ist.

Wir N. von Gottes Gnaden/ ꝛc. Bekennen/ thůn kundt vnnd offenbar hiemit für allermeniglich/ ꝛc. Nach dem der Allmechtig gütig Gott/durch sein güttige miltigkeyt vnnd versehung/ein Bergkwerck in vnserm Fürstenthumb bey N. (am Breitenhart genant) erscheinen lassen hat/ da vor etlichen jaren auch gearbeyt vnnd gebawt/ aber durch fahrlessigkeyt vnd vnfleiß (villeicht auch gebresten halben der Bergkwerck verstendiger leuth) blieben liegen/des orths aber jetzundt newe gäng erfunden/vnd durch etlich gewercken/widder angehaben zubawen/ Dieselben vns dann als den Landsfürsten/ vmb genade vnnd Freyheyt zugeben inn güter hoffnung allda Bergkwerck/ zu fürderung gemeyns nutz/auffzurichten vnd anzustellen/ demütiglich vnd mit fleiß gebetten. Daß wir demselben nach jey berürt jhr bitt angesehen/ auch in vns betracht künfftigen gemeynen nutz/vnd was güts/nicht allein vns/ vnserm Fürstenthumb/ Landen vnd Leuthen/sonder auch den gewercken jetzo da bawen/ vnnd fürohin inkommen vnd bawen werden/darauß entstehen mag/vnd darüff zu fürderung des alles/dem obgemelt Bergkwerck zu N. zu güt/ den gegenwertigen vnd künfftigen gewercken zu gnaden/ mit diser vnser Ordnung/wie es mit allen dingen zum Bergkwerck gehörig gehalten werden soll/ das zů auch vnser gnad/freiheyt/auß vnd in krafft vnser als Landtsfürsten Oberkeyt gnediglich begabt/ versehen vnd begnadt haben/ Vnd thün das in vnd mit krafft diser vnser begnadung/wie von Puncten zu Puncten klar vnnd verstendlich hierinnen begrieffen ist/ Die wir auch vor vns/vnser Erben vnd nachkommen/Fürstlich vnd auffrecht/ stett vnd fest zuhalten/vns bewilliget/begeben vnd zůgesagt. Gebieten darauff allen vnd jeden vnsern Obern vnd vnder Amptleuten/vnderthanen vnnd verwandten/ bey jhren pflichten sie vns gethan/ auch vermeidung schwerer vngnad vñ straff/ wider vnser Ordnung/ freyheyt vnnd begnadung nicht zuhandeln/ oder den vnsern zu thůn gestatten/ noch die gewercken darüber inn einichen weg weiter belästigen/ odder beschwern/ sonder hiebey festiglich handthaben.

Zu dem ersten wöllen wir die Gewercken/ oder Stemme diß Bergkwercks/die jekundt sein/oder künfftig werden/vmb jhr darlegen sampt kostens innlag/ oder was jn auß notturfft des Bergkwercks gebürt/nach jhrem gefallen vnnd besten nutz/vngehindert von vns/vnsern Erben vnd nachkommen bawen lassen/vnnd sollen vnser Amptleuth/noch jemandes anders an jhren Gebäwen odder fürnemen derselben Gebäw/jhnen keinerley jrrung thůn.

Wir wöllen auch einn redlichen Berguerstendigen Bergmeister ordnen vnd auffnemen/ Derselb vnser geschworner Bergmeister/ den wir jetzundt haben/ oder hinfür haben werden/wir oder vnser nachkommen/ daß er nicht anders dann auff rechten Hauptgengen vnd klüfften/wie jme auch in sein pflicht gedingt vnd befolhen werden/leihen solle/

Ff

New Formular

vnd niemandt auff sein hangendes/ noch ligendes/ dardurch haber oder gezenck entstehen
möchten/zuuerhüten/ daß sich derselb Bergmeister auch befleissigen vnnd fürsehen soll/
daß er nichts anders leihe/ dann nach Bergkläufftiger weise/ vnd die Bergkrecht außwei-
sen/ bey vermeydung vnser vngnad vnd straffe.

Item wir wöllen auch/daß keiner oder niemandt soll auff seinen gründen oder Gü-
tern keinem Bergman weren/oder zrung thün Bergwerck zusuchen/ wo vnd wie sie ver-
lust in allen Gütern/ Hauß vnd Hofe/ nicht soll frey sein/ dann vnder dem Tisch/ Beth-
stadt/ vnnd Fewerstadt/ die drey seind gefreyet/ vnnd sonst au keinen enden/ Es hab vnser
Bergmeister zuuerleihen.

Doch wo einer innschlegt/ vnnd wenn er schaden thüt/ der schaden soll dem bezale
werden/vonn dem/ der ihme den schaden gethan hat/ nach erkentnuß der geschwornen des
Bergkwercks/ daß jedem gleiches vnnd recht widerfare/ daß sich niemandt vnrechts odder
beschwerung dörff beklagen.

Wer auch oder welcher ein Lehen auffnemen wölle/ der soll zu vnserm Bergmeister
kommen/vnd vnser freyes begern vnd sagen/Herr Berckmeister/ Ich begern meins Gne-
digen Herrn als des Landtfürsten diß Berckwercks freyes/ vnd soll anzeigen an welchem
Bergfeldt/ Holtz/ Wisen/ Ecker/ Garten/ oder inn wes grundt vnnd boden das sey/ weiß
dann der Bergmeister daß es frey sey/ odder ist/ so soll er das dem anmuther vngewegert
leihen/ weiß ers nicht/ so soll er sich dessen erkunden/ das fleissig in sein Lehenbüch schreibe/
Das Lehen in des gegenwert/ mit namen vnd zunamen/ tag/ stundt/ vnd Jarzale bestim-
men/daß er künfftig/ wo sich irrthumb entstünde/ die Leut künd vnd wißte zuentscheiden/
oder zeugknuß geben/ob des noth sein würde.

Es soll auch der Bergmeister einem jeden sein Lehenbüch offen haben/ wer sein be-
gert/ sich zuerkünden/ ob er irrthumb mit einer andern Zech het/darnach zurichten.

Item hat einer einen newen gang funden/ darauff vor nicht verliehen ist/vnd begert
ein Lehen darauff von dem Berckmeister zuempfahen/ dem soll der Berckmeister leihen/
drey Wer auff dem gang/ auch vierdthalbe Lachter inhangendts/ vnd vierdthalb Lachter
inn sein ligendts zu einer fundtgruben / das weren sechs Lehen vnnd siben Lachter vor ein
Lehen/zwey Lehen vor ein Wer/ nach Berckläufftiger weiß geacht/ das trifft sich 42. Lach-
ter/daß dannmals heißt ein Fundtgrübe/ darumb daß der ist der erst finder des gangs/ die
sollen die gewercken belegen in 14. tagen/ vnd bawen wie Berckwercks recht ist.

Item der nechsten/der andern/der dritten/ vnnd vierdten nach einander/ als vil auff
demselben gang Zech verliehen werde/ soll keinem mehr daß zwey Wer verliehen werden/
das ist 28. Lachter/ auch sieben Lachter inhangendts vnd ligendts.

Item kompt einer zu dem Berckmeister vnd begert vnser freyes einen such stolln in
einem Bergk zutreiben/ oder nach geschuben gäng vnnd Clufft zusuchen/ oder außzurich-
ten/ soll ihme der Berckmeister ein ziemlich Feldt anzeygen vnnd leihen/ darinn er suchen
mög/ wie Bergwercks recht ist/ vnd soll da suchen vnd bawen wie sich gebürt/ vnd so der-
selb dem also geliehen wer/ derselb angefangt Schiche feyern würde/ one vergunst des Berck-
meisters/ so mag der Berckmeister dasselb Feldt wol einn andern verleihen.

Item wo ein alte/oder ein newe Zech oder Gruben ligen blieb/ vnnd in vnser freyes
gefallen wer/ vnd keme einer zu dem Bergkmeister/ vnnd begert vnsers freyes die ihme zu-
leihen/ soll der Berckmeister wo es frey ist/ ihme die vngewegert leihen/ es sey alter oder
newer Gewerck/ doch den alten gewercken on schaden/ die ihr zubuß im vfflossen gebotten
haben zugeben/ Darumb soll der Lehenträger ein ziemlich zübuß anlegen/ vnd einen brieff
vnder des Berckmeisters bittschafft anschlagen in der Berckfreyheyt/ vnd zu N. einen/ die
sollen vier Wochen stehen/ kosten dann die alten gewercken die ihr zubuß dem Schicht-
meister gebotten haben im aufflossen/ so soll der Lehenträger ihn ir theyl widder lassen für
andern/ Kommen sie aber inn vier Wochen nach anlegung der zubuß nicht/ vnnd ge-
ben ihr zubuß inn gemelter zeit nicht/ so mage der Lehenträger die theyl geben wem er
wil.

Darumb

Ordnung. CLXX

Darumb soll ein jeder Schichtmeister/ so ein Grub ligen bleibt/ fleissig inschreiben/ welcher sein zubuß geboten hat zugeben/ vnd ob er darumb ersucht wirdt/ daß er wiß vnderrichtung zugeben/ oder inn seinen Registern zufinden. So erbstollen zutreiben verliehen sollen werden/ soll solchs mit vnserm vorwissen geschehen/ darumb soll vnser Berckmeister/ wo solches von jhme gefordert wirdt/ vns zuuor ansagen/ vnnd darnach vnserm wissen vnd verwilligung zusehen macht haben.

Wann der Berckmeister einem ein Lehen hat gelihen/ vñ er schurfft noch den gang vnnd was schärpff ihm nicht dienen/ die soll er wider zufällen/ Vnnd wann er Sehl vnnd Kübel innwirffe/ so soll er dem/ des der grundt ist/ seinen zwey vñ dreyssigsten theyl bieten jhme zugeben für seinen schaden/ das heysse ein Acker theyl/ nimpt er jhn an/ so ist er der ersten zubuß frey/ darnoch soll jhne verlegen/ wie ein ander Gewerck/ so ist mann jhme kein schaden zubezaln schuldig/ als vil mann raumbs bedarffe zustürzen/ vnnd geben wann die zu der Zech nottürfftig sein/ Nimpt er aber den theyl nicht an/ so sein jhme die Gewercken den schaden schuldig zulegen/ nach erkandtnuß der Geschwornen des Berckwercks/ vnnd ob die Zech ligen bleibt/ so ist der grundt wider wie er vor jt ware.

Wenn auch der Berckmeister einem ein Lehen leihet/ so soll er jhme eygentlich sagen vnnd gebieten/ daß er nicht mehr dan zwey vnd dreyssig theyl in ein Gruben/ auß teil vnd macht/ vnd keinen Guckes theyl schreib oder nennt/ wann Guckes theylung dem Berckwerck nicht fürderlich sein.

So soll auch der Lehenträger ein ziemlich zubuß anlegen/ die soll er den gewercken in der nechsten Rechnung verrechnen/ vnd dann weiter zubuß angelegt werden/ wie hernach folgt.

Wir wöllen auch daß die zubuß von einem jeden gleich gegeben werde/ also das keiner dem andern fürbawe/ daß einer zubuß geben/ der ander nit/ darumb sol ein jeder mit der zubuß aufflossen/ der Reich als der arm/ der frembdt als der innwohner/ Vnd wann einer nicht mehr bawen wil/ so geb er die angelegt zubuß/ vnnd sage die theyl dem Schichtmeyster auff/ vnnd spreche ich wil aufflossen/ vnnd schreibe die theyl dem gewercken zu/ vnd leget sein zubuß mehr auff mich/ an/ das ist darumb/ daß nicht einer zubuß gebe/ der ander sein Gelt behalt/ Darumb sollen alle die Gewercke sein wöllen/ vnnd wohnen ausserhalb der gebiet N. vnd N. Verweser oder Factor an den enden haben/ es were dann sach daß einer mit guten redlichen vnd beweglichen vrsachen anzeigen kündt/ vnd das bey seinem eyd behalten/ solches ohne sein wissen/ willen/ vnd vngefehr geschehen wer wie nachfolgt.

Item wir wöllen einen Berckschreiber verordnen inn der Berckfreyheyt zu N. wer/ oder welcher frembder theil bawen wölle/ der mag durch sich selbst oder seinn Factor oder Verweser kommen/ vnd sich nach Bergwercks recht inschreiben lassen/ darauff er auch ingeschrieben/ mit namen/ zunamen/ tag/ vnd jar/ Dermaß soll der Schichtmeyster fleissig auch innschreiben die theyl/ so von newem angenommen/ oder ob sie vor gebawe/ des Gewercken namen vnnd zunamen/ des der sie obergibt/ vnd des der sie annimpt von wegen seines Principals/ wo er an dero ist/ zugegen/ damit durch seinn vnfleiß nicht jrrung entstehe/ vnnd er auch wiß wer die theyl mit zubuß versorg/ auch ob Gott die gnad gebe/ daß außtheylung würde/ daß er wiß wem die zugehört/ vnnd wie ein jeglicher inngeschrieben wirdt/ des soll dem/ der sich inschriben läßt/ ein gegen Zettel werden.

Vnd hienach als offt der Factor mit disem kundtschafft Zettel zu einem Schichtmeyster kompt/ theyl inn zuschreiben/ sollen sie jhm glauben geben/ nach laut der Zettel.

Ob aber ein frembder einen andern Factor annemen wolt/ wie sich das begeben/ so soll derselb das vnserm geschworn Bergkschreiber glaubwirdig verkünde/ daß er den nimmer zu Factor oder Verweser haben wolt/ vnnd den er fürther haben wil benennen/ desselbigen new benennten Namen soll der Berckschreiber inschreiben/ vnnd dem/ der also new ingeschrieben wirt/ ein zetel geben an den Schichtmeyster/ da er nun dieselbigen wil verwesen/ vnd an stadt des vorgehenden inschreiben soll.

Ff ij

New Formular

Wir wöllen auch dem Bergschreiber vnnd Schichtmeister einen zimlichen lohn/ von jrem ab vnd zuschreiben setzen/mit der gewercken rath/nemlich sechs pfenning von einem theyl zettel/ der teil sein wenig oder viel/ dergleichen auch eim Schichtmeister von einem gegen zettel.

Es mögen auch die gewercken einer jeden zech oder gruben/ ein schichtmeister nach jhrem gefallen vffnemen vnd setzen/ doch daß er einen angesessinen man zu einem fürstand hab/den sol er für den Berckmeister bringen/daß er seinen namen einschreib/ob der schicht meister nicht berechnen künde/daß mann wäst wer sein fürstandt wer/auch das der Berck meister dem Schichtmeister den eyd geb/ daß er vns vnd den gewercken getrew vnnd Gewer wöl sein/vnd der gewercken gelt nutzlich außgeben.

Es mögen auch die gewercken einen steiger auffnemen zu jhrer zech/doch daß jm der Berckmeister den eydt gebe/ wo sein not ist/als der da hat zuuersorgen.

Auch mögen die gewercken drey oder vier/vnder in selbs erwelen zu vorsteher/die da helffen zuschen/ darmit der gewercken geldt wol vnnd nützlich verbawet werde/ auch daß Schichtmeister vnd steiger rath bey jn suchen/wo es not sein würde.

Der schichtmeister sol den gewercken all viertheil jars ein gantze rechnung thun/von aller jnname vnd außgabe/ in beywesen des Berckmeisters/ oder wen er darzu verorduet/ daß die gewercken können wissen/wohin/ vnd wie jr gelt verbauet sey/ ob sie fürzath haben oder schuldig sein/darnach wissen sie wider zubuß anzulegen.

Vnd wenn die gewercken rechnung von dem Schichtmeister entpfangen haben/ist sein not so sollen sie daselbst dieweil sie bei einander sein/ wider zubuß anlegt/ damit sie das viertel jars/die zech mögen nach jrem rath bawen vnd erhalten.

So die gewercken zubuß haben angelegt/so sol der Schichtmeister zwen brieff/ vnder des Berckmeisters bittschafft oder sigel neinen/vnd die anschlage einen zu N. den andern in der Berckfreiheiten/ da sollen dann die gewercken vnd factor mit genant sein vmb die zubuß/ da mit sich niemand künd entschuldige/ er hab nicht gewuß das zubuß angelegt sein/ wann in vnn ist nit schuldig einen jeglichen zumanen/darumb sollen die freisten factor an den enden haben/dardurch sie nicht vmb jr theyl kommen.

Vand welcher ein gewerck ist/so mann zubuß angelegt hat/der sol die zubuß geben/ wan er soll mit der zubuß vfflassen/ wan er vfflassen wil zu bawen/ sol er sein zubuß geben/ vnd wil vffsagen wie vorn en steht/so sol der Schichtmeister die vffgesagten theil mit fleiß inschreiben/vnd sol die theil den gewercken in der nechsten rechnung ansagen/bey schwerer straff/so mögen dan die gewercken damit thun nach jrem nutz vnd gefallen/ den gemeinen wercken zu gut.

Es sol auch der gewerck oder der factor sein zubuß dem Schichtmeister in die freiheyt bringen/innerhalb vier wochen nach anlegung der zubuß/bey verlust der theyl/ vnnd müst dennoch die zubuß geben/ bey vermeidung vnser straff/ er wer gewerck oder Factor/welcher aber die zubuß nicht geben wolt/der sol die theyl vor vffsagen/wie vornen steht.

Der Schichtmeister sol auch ein fleissig vffsehen haben/daß er nicht mehr zu einer gruben denn 32. theyl mach/ vnnd nicht anders schreib dann ein theil/ ein halben theil ein viertel/ vnnd keinen gucks schreib.

Wer aber einer der sprech/ ich kan noch vermag nicht so viel zu bawen/ der neme zween oder drey zu jm vnd bawen was sie wöllen/ doch daß der theyl eines geschrieben sey der jn versorg.

Vff fündigen zechen/sol der Schichtmeister vnnd steiger ein fleissig vffsehen haben daß niemande keinen stuffer Ertz da silber an sihet oder gibt/ hinweg trage/ bey schwerer straff den die solchs verhüten sollen/ auch der das weg trege.

Auch wo mann schmelzt/ da soll der schichtmeister vnnd steiger fleiß vff das Ertz haben/ das best zu dem besten/ das mittel zu dem mitteln/ das geringst zu seinen gleichen/ vnd das also mit fleiß in die hütten foll/ damit mas einem jeden weiß seinn zusatz zugeb.

Es soll auch inn der Hütten der Schichtmeister sehen/daß er einen güten verstendi-

gen

Ordnung.

gen Schmeltzer hab/vnd auff jn sehen/ob er auch fleiß bey dem Ofen hab/mit zumachen/ setzen/vnd außlossen/Er soll jhm auch das Bley im anfang fürwigen/er soll auch bei dem außlossen sein/vnd die Schicht von stundt an probieren/vnnd jnnschreiben/wie vil Silbers gemacht denselben tag/auch die stückwerck vnd Bley/daß er wiß wie vil stückwerckts oder Centner abzutreiben sey/vnd wie vil Silbers darinnen sey/ob etwas in den Hert kem̄e/so wüste mann es zusuchen.

Vnd ob ein frembder zu dem Bergkmeister keme/vn̄ hett jrrung/es wer mit seinem Factor/oder andere/Berckwerck betreffen/so soll der Bergkmeister/dem̄ fürderlich helffen wes er recht hat/Wo aber einer auff den Bergkmeister nicht geben wolt/das soll er an vns gelangen lassen/so wöllen wir den vngehorsamen gehorsam machen/vnnd darzů straffen.

Wo aber der Factor mit frembden in jrrung keme/vnd sein nit hie bekom̄en kondte/ so soll der Factor den Bergmeister vm̄ fürschrifft bitten an des freimbden Oberkeit/daß für derlich de Factor geholffen werdt/als hett er es mit Gericht erlangt/Hette aber einer inred/ das soll er vor dem̄ Bergmeister oder seinem Gerichte thůn/ darunder er sich begebē hat solch vnser ordnung zuhalten/da soll einem jeden gleich vnd rechte widerfaren was Bergkwerck betrifft/in hoffnung vnd zuversicht/daß sich kein Oberkeyt darwider setzen werden.

Wir wöllen auch nach rath vnsers Berckmeisters vnnd etlicher Gewercken/etlich Bergkuerstendigen vereydigen/ die sollen mit dem Bergkmeister jrrthumb zurichten ha ben/was Bergkwerck betrifft/auch vmb schaden der Güter.

Sie sollen auch/wo mann sie hinfordert in ein Gruben/es sey zuuerdingen/oder jr thumb zuběsichtigen/fürderlich faren/vnd wo jrrthumb sei/daß sie den fürderlich nach jh rem höchsten fleiß entscheiden/vnd keinen verzugk dam̄it thůn sollen.

Der arbeyt/ vnd arbeyter halben/ auch was hierinnen nit begriffen/ das wöllen wir mit willen vnd rath der gewercken hernach machen/vnd soll nicht anders dann nach Berg recht/vnd Bergkläuffiger weiß gehalten werden/was Bergkwerck betrieffe.

Vnd damit vnser Bergkwerck desto stattlicher vnd fürderlicher auff vnd in we sen bracht vnnd erhalten werden/auch die gewercken/ die vns dann als ehegemelt vmb be gnadigung vnd freiheyt gebetten haben/deßter lüstiger vnd williger sein/ auch de ster mehr trosts im selben vnsert halben haben mögen/so wöllen wir auß Fürstlicher mil tigkeyt/denselben gewercken jetzundt obgemeltes orts zubawen/vorhanden vnnd gegenwer tig/auch künfftig daselbs oder ander orten in vnserm Fürstenthumb zugewercken inkom men/auffgenommen/vnd gebawen werden/vnser begnadung vn̄ freiheyt gnediglich mit getheilt/sie damit versehen/begabt vnd begnadt/vnd thůn das in vn̄ mit krafft diß brieffs/ die wir auch ernstlich meinen vn̄ wöllen/also wie hernach folgt allen gewerckten samentlich vnd jedem insonderheyt/stett/fest/ernstlich vnd vnuerbrüchlich gehalten werden wie vor nen begrieffen ist/vnd hernach folgt.

Erstlich nach dem die gewercken/wo Gott sein gnad geb/daß sie Ertz erhaweten/vn̄ vns als Landtsfürsten/das Zehend schuldig sein zugeben/so wöllen wir jhnen auß Fürstli cher mil vnd gnaden den dritten theyl des Zehendens nachlassen vnnd nemen die fünffze henden Marck silbers/alldieweil er sich nit ergeit außtheyplung zuthůn/wann aber Gotes sein gnad mittheylt daß außtheylung wirdt/ von derselbigen sum̄a die außgetheylt wirt/ soll vns der drittheyl vnsers Zehens/den wir sonst nachlassen/auch gegeben werden.

Vnnd nach dem die gewercken dem Erbstollen den neundten Kübel Ertz schuldig sein/wo Gott Ertz bescheret/Welcher Zech der Stollen Wasser benimpt/vn̄ weiter oder Windt bringt/ daß aber die Stoller nit mit schmeltzen vnd ander vnkost die darauff gien ge beladen/dieweil wir sie fünffzehen marck silbers/soll mann den Stollen die vierzehen Marck geben/dardurch jhn kein vnkost darauff gehe.

Wo Gott gnad gebe/daß silber gemacht wirdt/es wer wenig oder viel/das soll ge brandt vnd gezeichnet werden mit vnserm zeichen/durch die wir darzů verordnen werden/ die vns vnd den gewercken zu Gott vnd den Heyligen schweren sollen/wañ solch silber ge zeichnet ist/so sollen die gewercken vns solch silber in vnser silberkaisser antworten/ vnd das soll vnser Zehender solch silber den gewercken bezalen.

Ff iij

New Formular

Vnnd nach außgang solcher vier Jar/ die gewercken die nechstfolgenden sechs jar/ von jeder geschmeltzten marck silbers ein halben gülden zu vorkauff geben/ vnd dann aber nach außgang solcher sechs jar/ von der geschmeltzten marck für vnd für einn gülden/ doch wöllen wir nach gelegenheyt des Bergkwercks vñ ertragẽ desselben es zu mindern haben/ vnd gnad zugeben vns bewilligen/ doch daß solch silber wie obstehet gelieffert werdẽ/ so fer: man das nemen vnd behalten wil/ als obstehet/ wo nicht/ mögen die gewercken das verkauffen jhrs gefallens.

Item auff new fengen/ da Gott Ertz beschertt/ daß silber gemacht wirdt/ den wöllen wir auß sonderer milt vnd gnaden den Zehend nachlassen/ als lang biß sie zu außtheylung kosten/ doch wo mann acht oder zehen gülden kan außtheilen auff ein theyl/ vnd die Grub ein viertheyl jars verhalten mit fürzaly/ da soll es außgetheylt werden.

Es sollen auch alle vñ jede die in vnser Fürstenthumb Bergkwercks halben kosten/ zů vnd abwandeln in vnserm Fürstenthuß/ der ort wir zugeleyten/ vnser geleit haben.

Wir wöllen auch in vnserm Fürstenthumb/ Landen vnd gebieten/ nach dem besten wir können vnd mögen/ die strassen/ weg/ vnd steg frey halten.

Vnd wöllen auch einem jeden der sich mit wesen zu dem Bergkwerck thůt/ jhne vñ die seinen freihen/ vnd soll ein jeder einen freihen ab vnnd zůgang haben/ nach seinem nutz/ wöllen vnd gefallen.

Auch wöllen wir/ daß keiner vnser Amptleuth vber die Bergkleut in sachen des bergwercks berůren zugebieten haben/ allein wir vnd vnser Bergkmeister.

Darzů wöllen wir auch daß niemandt den Bergkleuthen keinen gewaldt thůn soll/ Verhandelt aber einer/ das soll vns oder dem Bergkmeister geklagt werden/ dann soll derselb zů gleichem Rechten gehalten werden/ Deßgleichen wöllen wir das die Bergkleut niemands keinen gewaldt thůn oder beweisen/ bey schwerer straff vnd vnser vngnad.

Item vnserem Bergkmeister wöllen wir sein Gericht befelhen/ nach innhalt der Bergkrecht/ darüber soll er festiglichen halten/ bey vnser schweren vngnad.

Ob Gott mit seinen gnaden gebe/ daß ein saitelung der Berckleuth würde/ so wöllen wir jhnen die gnad thůn/ daß sie Richter vnd Schöffen vnder jnen erwelen vnd setzen/ vnd was vnder jhnen entstehet/ das mag vor jhrem Gericht hingelegt werden/ sünlich oder Rechtlich händel/ außgenommen Malefitz.

Wir wöllen auch daß von jhrem Gericht nit weiter dañ vor vns geappellirt werde/ da sollen die sache durch vns oder wem wirs befelhen/ entscheiden werden/ ohne geweigert dabey zůbleiben.

Vnd wöllen auch daß den Bergkleuten wasser/ weyd/ weg/ vñ steg gemein vnd frei sein soll/ vngehindert menigliche/ als dann auff Bergkwercken gewonheit vnd recht ist.

Wir befreihen auch den Bergleuten alles das jhr notturfft/ vñ was zu Bergkwerck gehört/ zůgehet/ daß jnen das alles in vnserm Fürstenthumb vnd landen frei sein soll/ auff wasser vnd Lande.

Auch wellen wir/ ob Bergkwerck vff kosten müntzen lassen für vnnd für/ sonderlich wann die notturfft erfordert/ daß durch die arbeyter vnd ander leuthe dester leichter zu jrer belohnung kommen.

Vnd ob einerley vergessen/ vnd darinen nit gemelt oder begrieffen wer/ vnd noch bedacht würde/ so soll es doch nit anders dann nach Bergkleufftiger weise vnd recht gehalten werden.

Ob auch Gott die gnad gebe/ als wir in gůter hoffnung sein/ daß Golt oder Kupffer/ Ertz in vnserm Fürstenthumb obgemelts/ oder andern orten anstehen vnnd funden würde/ als daß wolten wir desselben halben/ auch vnser ordnung vnd begnadung/ wie dann in andern golt vnd kupffer Berckwercken gehalten wirdt/ sein Berckrecht vnd gewonheit ist/ genediglichen mittheylen.   Geben zu N. vnder vnserm auffgetruckten Secret/ auff Dinstag nach dem Sontag Oculi/ Anno ꝛc.

Ordnung

Bergwerck.

Ordnung vnd freiheyt vber Bergkwerck anderer Form.

Wir N. ꝛc. bekennen/ꝛc. Nach dem der Allmechtig Gott durch besonder gnad vnd gabe/ein Bergkwerck von Queckſilber/Ertz/zu A. erſcheinen laſſen hat/das etli= che zeit gearbeyt worden iſt/vnd wir das von gerechtigkeyt wegen/die wir daran haben/zu vnſern handen bracht haben. Vmb daß nun ſolches fürbaß/vnd vorab zu danck= barkeyt dem Allmechtigen Gott vnd zu nutz/vnd auch den die theyl daran haben/vnd die das arbeyten werden/deſter fruchtbarlicher gearbeyt werden möge/dardurch daß wir inn hoffnung ſindt/der Allmechtig Gott das vnd ander Metall zu höher beſſerung erzeigen. So haben wir fürgenoſſen das Bergkwerck/was jetzundt da funden iſt/vnd fürbaſſer da funden werden mag/zu freyen/zuöffnen/vnd zuordiniren/als hernach geſchriben folgt.

Zum erſten in dem namen der Dreyfaltigkeyt/für vns/vnd vnſer Erben geben wir wiſſentlichen in krafft diß Brieffs zu ſolchem obgemelten Bergkwerck vnnd freiheit/alle vnd jegklich perſonen/fröner vnd arbeyter/was der an dem obgenanten Bergkwerck/das jetzunde da funden iſt/oder in künfftigen zeiten funden werden/von welcherley Ertze oder Metall das iſt oder ſein mag/daß ein jeglicher daſelbſt an den Gruben die jetzunde da ſind/ daran er theyl haben würdet/mag arbeyten/vnd arbeyten laſſen/auch deſſgleichen an den/ die nachmals gemacht vnd gearbeyt werden/es ſeinde Kauffleuthe/Diener/Hawer/oder ander wer ſie ſind/zu dem ſelben Bergkwerck mögen gebrauchen/nützen vnnd genieſſen/ waſſer/weg/ſteg/vnd holtz wie vil/vnd ſie des inn vnnd dem vorgenanten Berckwerck be= dörffen vnnd notturfftig ſein werden/zu vnſern Wälden/doch auß geſcheiden recht baw= holtz/vnd hohe Wälde/Ob ſie aber des jhe bedörffen/oder notturfftig ſein würden/das ſol= len ſie zu einer jeden zeit an vnſer Amptleuth geſinnen/vnd ohne erlaubnuß vnd vorwiſſen nit hawen/der ſol ſie dan ſchaffen durch vnſer Forſtner gewieſen werden/an bequemlich ende/da das zum füglichſten vnd wenigern ſchädlichſten zunemen iſt/daß ſie dann mit ei= nem ziemlichen gelt bezalen ſollen/darin ſoll jhnen kein verhinderung oder weygerung ge= ſchehen/mit dem gewiſſen/daß nit mehr gehawen werde/dann daß vnſer Amptman auff das mal erlaubt hat. Es ſoll auch kein vnſer Amptman/Landtſchreiber/Hünerfeuth/ Gebüttel/oder ander vnderthan/vber die Bergwercker/es ſey Kauffleuth/Diener/Fro= ner/arbeyter vnd handtreicher mit gebot oder verbot/auff den Bergkwerck/berüren viſſ handel der ſich daſelbſt begeben wirdt/nichts zuthün noch zuſchicken haben/ſonder was da entſtehen würde/darauff ſich ſtraffe odder Gericht gebürt/daſſelbige ſoll daſelbſt für ein Bergkfeuth oder Bergrichter/oder Schöffen/die wir darzu geordnet außgetragen vnnd gehalten werden/als daruon hernach geſchriben ſtehet. Were auch daß jemandt/wer der were/die nit theyl oder gebrauch an dem Bergkwerck hetten/den Bergkweckern/vnd den genoſſen einichen ſchaden thetten an Bergwerck/fron/mülnberg/freunden/gademen werg/Stetten/Häuſern/oder andern jhren wohnungen daſelbſt/wie das geſchehe/der ob= der dieſelben ſollen vns mit leib vnd gůt verfallen ſein. Vnd wir wöllen vnd ſollen auch das ſtraffen als ob es vnſer were/Ob aber ſolcher ſchad oder freuel/durch einen oder mehr geſchehe/die theylgebrauch oder arbeyt in dem Bergkwerck hetten/die ſollen darumb von dem Bergkwerckrichter vnnd Schöffen gerechtfertigt werden/vnd was daſelbſt durch ſie erkandt wirdt/das ſoll alſo gehalten werden/Auſſerhalb ob einer durch mordt/diebſtal/o= der ander ſachen den leib verwircket hett/den oder die mögen wir zu vnſern handen nemē/ damit thůn vnd ſchaffen gethan werden nach vnſerm willen/ꝛc.

Ob auch einiger/wer der were/Kauffman/Bergkwerck/Diener/handtreicher vnnd arbeyter des vorgenanten Bergkwercks freuel oder anders/darumb er ſtraffbar were/the= te/darumb in vnſer Land vnd gebiete auſſerhalb des Bergkwercksbrieffs/darin mö= gen wir/oder die vnſern/den/oder die ſtraffen/vnd ſie ſollen darin Bergkwercks freyheyt nicht gebrauchen.

Ff. iiij

New Formular

Item es soll auch ein jeglicher der nun fürbaß an dem vorgenanten Bergkwerck teil haben wirdt/ seinen theyl von unserm Bergkrichter an unser statt empfahen/ unnd demselben theyl einn namen geben/ doch daß ein jegkliche Grube nit mehr dann einn namen hab/ und zu empfengnuß dem Richter gebeu 6. pfenning/ dieselben empfengnuß soll der Bergkrichter denent unnd seinen theyl mit namen in ein sonder Bůch schreiben/ auff daß es wissen und underscheyd/ wer in dem Bergkwerck habe. Es soll ein jeglicher/ wer also theyl empfahet/ geloben und schweren/ uns von Bergkwercks recht/ getrew und holdt/ vñ nach allem vermögen für unsern schaden unnd daran zu sein/ daß wir an unsern Zehenden unnd anders das wir da han und haben/ nit veruntrewt werden. Es soll auch ein jeglicher arbeyter/ der in gedinge oder Taglohn da arbeyten wirde/ und nicht theyl für sich selbs hat/ uns auch geloben und schweren/ von des Bergkwercks wegen getrew und holdt/ unnd für unsern schaden und daran sein/ daß uns unsers Zehenden und gerechtigkeyt nichte entzogen noch verhalten werde.

Item unser meinung ist zugedencken einer gemeynen schmelzstatt/ dahin alles Ertz auß den Gruben mit wissen gefürt/ und daselbs geschmelzet/ unnd nicht insonderheit in Wälde oder anderswohin ohn wissen gefürt werde/ auff daß uns und Teylwarter/ jeglichem werde was ihm werden soll.

Es soll auch ein jeglicher der theyl da haben/ das zu arbeyten andern Personen beschlen/ oder darzu bestellen wirdt/ in geding für rechts/ oder taglohne/ dieselben arbeyter ihres lohns gütlichen außrichten/ auff die zeit als ihme in der bestellunge verheissen hat/ unnd welcher das nit thete/ so soll der Bergkrichter dem arbeyter getrewlich beholffen sein/ daß er seins außstehenden Jars bezalt werde.

Welcher nach den andern an theyl oder Ertz des Berckwercks geferlich betrüge oder befor theyl/ der soll seinen theyl auch verloren haben/ und dem verfallen/ den zubetriegen understanden ist.

Es sollen auch Bergkrichter unnd Schöffen/ nach ihrem besten verstendtnuß/ was mehr not ist zuordnen fürnemen/ dardurch ein Erbar bestendtlich zuchtlich wesen uff und in dem Bergk gehalten werde/ anff daß der Allmechtig Gott dardurch nicht geunehrt/ vñ das Bergkwerck entzogen werden möcht.

Es mag auch ein jegklicher wer da wil/ nun fürbaß von newem Bergkwerck da suchen/ unnd an welchem ende er innschlagen wil/ das vor nicht verfangen ist/ das soll er/ der Bergkrichter weisen/ und von ihme entpfahen als obstehet/ mit empfengnuß gelt/ gelübde und eyde/ so soll ihme der Bergkrichter leihen/ unnd zil/ weite/ unnd maß darzu messen/ als Bergkwercks recht ist/ von solchem messen soll der empfaher dem Bergkrichter geben vier Schilling pfenning.

Item es soll auch einem jegklichen der arbeyten wirdt/ in sein gelübde unnd eyde gebunden werden/ ob er einig ander Ertz oder Metall/ es were Golt/ Silber/ Kupffer/ Bley oder anders fünde/ daß er das nit verschweigen/ vñ das von stundan unserm Bergkrichter öffenen und fürbringen wolle/ dem/ oder denselben soll als dann ein besonder genad gethan werden/ darumb er dester williger sey und sein möge/ fürter nach solchem Ertz zuarbeyten.

Item es soll auch ein jegklicher in seinen gelübden unnd eyden sich verpflichten/ daß ime umb alles das/ das sich in dem Bergkwerck und darinn zugehörende gegen den andern mit den Ertzes halben zuthun gewünne/ mit rechte für dem Bergkrichter und Schöffen da selbs gnügen lassen/ unnd das zu keinen andern Gerichten oder theyl fürnemen wolle/ Daß ob einiger theyl bedeuchte daß er mit der Bergkschöffen urtheyl beschwert worden/ der mag sich an uns als den Landfürsten und Herrn des Bergkwercks berüffen/ dem wir auch uff sein gesinnen in zimlicher zeit fürderlich rechte ergehen lassen wöllen/ Deßgleich ob sich der Bergkrichter vñ Schöffen einiger sachen die für sie bracht werden/ nit verstünde/ und sich des mit ihrem eyd benemen/ vñ die sach für uns weisen/ der soll und wölle wir uns auch annemen/ vñ was also durch uns/ oder unser Richter und Räthe/ den wir das befelhen werden/ zu recht erkandt und gesprochen wirt/ dabey soll es bleiben/ und dem von beyde theiln nachkoñen/ und ferter nit gezogen werden. Item

Ordnung. CLXXIII

Item were es/ daß etlich/ wer der/ oder die weren/ jren theylen den sie von vns entpfangen vnd in dem Berckwerck hetten/ verkauffen/ oder ausser jren handen kommen lassen wolte/ das soll ein jeglicher zuuoran dem Berckrichter bieten/ vñ so fer/ der vngeferlich als viel als ein ander darumb geben wil/ so sol es jme vor andern gegönnet werden/ doch daß darinn kein geferde mit vbersetz kauffs odder gabe fürgenommen werde.

Item welcher auch von newen ingraben vnd suchen wil/ vnd das von dem Berckrichter als vorsteht empfangen hat/ der sol in denen tagen nach der empfengnuß an dem selben ende uffschlagen/ vnd in 14. tagen darnach arbeiten/ wer das nicht thete/ so sol dieselb empfengnuß abe sein/ vnnd der Berckrichter mag das einem andern leyhen.

Item wer also ein newe gruben anfahen vnnd suchen würde/ wil dann der Berckrichter einen theyl darinn haben/ das soll jme der darinn sucht/ werden lassen/ doch daß der Berckrichter für seinen teyl saumkost vnnd anders das darzu nottürfftig ist/ dargebe.

Item es soll auch alles Queckfilber das vonn dem Berckwerck/ darzu all andere Metall/ was daß funden würde/ so das gebrant oder geschmeltzet ist/ gantz mit einander zu vnsern henden geantwort werden/ vnnd niemandts anders/ daran sollen wir vorauß den zehendentheil haben/ vnnd das vbrig sollen wir in kauffsweiß nemen/ von dem es dann ist/ der vns das also werden lassen soll/ nemlich den Waldt oder Berckzentner für so vil/ rc.

Wir sollen vnd wöllen auch vmb solchs bezalung thůn/ nemlich zu jeglicher Franckforter Meß/ vmb so viel so vns dann darfür zu vnsern handen gelieffert ist.

Item ob jemand/ wer der were/ nit rechtzehenden/ oder einiche Metal fünde/ vnnd die nicht offenbart/ als vorstehet/ des theyl soll vns verfallen vnd darzu straffbar sein/ vnd ob er nicht theil hett/ so mögen wir jn darumb straffen.

Es sollen auch der Berckrichter vnd Scheffen/ zwey vngebotten gericht vnd ding/ uff dem Berg halten/ nämlich uff N. vnnd das ander auff N. tag/ darzu den selben vngebotten dingen/ sollen all vnd jegliche Berckgenossen/ theylwarten/ diener/ vnnd arbeiter/ die sich des Berckwercks gebrauchen vnd geniessen/ persönlich kommen/ vnnd der vngebunden dinge hülten vnd helffen weisen vnd handlen/ was sich nach Berckwercks recht gebüret/ vnd ob einem oder mehr kund oder wissen were/ daß durch jemand/ were der oder die wurent/ vns am zehenden/ oder an anderer gerechtigkeyt/ abbrüch vnnd nicht recht gethan hatten/ das sol ein jeglicher bey seinem Eydt rügen/ vnd fürbringen/ das auch der Berckrichter das von stund an zeichen vnd mit recht als sichs gebüret/ fürnemen/ vnnd on vnser wissen vnd willen niemand nichtes nachlassen sol.

Vnnd wer die vngebotten dinge nicht sucht/ vnnd des nicht redliche chafft vrsach bescheid fůr Berckrichtern/ Schöffen/ der sol darumb gebüsset werden/ nach erkantnuß derselben.

Item ob auch einicher den andern in den gruben vberarbeitet vnnd zu nahe graben wolte/ so fern das nicht gefährlich geschicht/ so sollen die Berckrichter vnnd Scheffen den theylen durch jren entscheid schein vnd muß geb/ daß jeglicher theyl wisse wo bey er bleibe sol/ wais es aber mit geuerde vnd wissentlich gescheh/ vnd das theile als das recht ist beweisen wirt/ so sol sein theil dem Berckmeister vnd dem gericht verfallen sein/ vnd jme des Bergs verwiesen/ vnd das gewonnen gůt vns zugehören/ vnd er in vnser straff stehen uff gnade.

Item es soll ein jeglich Lehenschafft in die leng vnd zwerch so vil Lachter habé. Item was spenn odder jrunge sich fürbaß zwischen Personen des Bergkwercks entstehen odder begeben werden/ die soll der Berckrichter als fer/ das nicht straffbar ist/ vnderstehen gütlich hinzulegen/ auff daß nicht grösser inntrag darauß entsehe. Item vnd was von freueln oder mißthaten/ das nicht den leib vnnd ehre vnnd verwirckunge des theyls antrifft/ nach erkandtnuß des Gerichts auff dem Bergk erfelt/ daran sollen wir den halben theyl/ vnd der Berckmeister vnd Schöffen das ander halbtheyl haben.

Item es soll auch das Berckgericht/ so dick das not ist oder sein wirt auffm Bergk/ vnnd auff keinen anderen enden gehalten werden. Item wann auch dem Berckrichter von einichem theyl klage fürbracht wirdt/ vmb sachen die das Bergkwerck antreffen/ vnd

darinn

New Formular

darinnen gehören/ so soll er dem Kläger vnuerzogens Rechten helffen/ vnd der Kläger soll das Gericht kauffen/ vnd darumb geben einn gulden/ daran soll der Richter das halb teyl/ vnd die Schöffen das ander halbtheyl haben. Doch wer in der Hauptsach verlüstig wirt/ daß der den kosten außrichte.

Vñ darauff so soll ein jegklicher Bergkrichter der jetzundt oder hernach sein wirdt/ geloben vnnd zu den Heyligen schweren/ vns getrew vnnd holdt zusein/ vnsern schaden zu warnen/ vnsern frommen vnd bestes getrewlich zuwerben/ die Freyheyt vnd gerechtigkeyt des Bergkwercks vns vnnd einem jegklichen zu seinem Rechten handthaben/ vnnd einem jegklichen ein gleicher gemeyner Richter zusein/ dem armenn als dem reichen/ vnnd vngeschrlich Rechts zuhelffen/ wann vnnd wie dick das an jhn gesonnen wirdet/ auch einem jegklichen zuleihen/ als dann vornher inngeschrieben stehet/ vnnd das nicht verziegen/ vnd dise Ordnung wie die jetzundt gesatzt ist/ oder hernach gemehrt/ oder gemindert wirdt/ vnd die einem jegklichen in seinem Eydt geben/ also auch zuhalten.

Item sollen auch die Schöffen geloben/ vnd zu den Heyligen schweren/ zu allen Gerichten die jhn von dem Bergkrichter verkündt werden/ gehorsam zusein/ vnd vrtheyl vnd recht zusprechen/ nach Klag vnd antwort/ vnd jhr best verstendtnuß/ vnd das nicht lassen/ weder vmb gab/ gunst/ noch keinerley sach/ ohn geuerde.

Item es soll auch ein jegklicher sein Bergkwerck getrewlichen arbeyten/ vnnd wer das vier Wochen on gearbeyt läßt in der zeit als Bergkwerck zuarbeyten ist/ vnd gearbeit werden mag/ der soll sein gerechtigkeyt darinn verloren haben/ vnd der Bergkrichter mag das einem andern leihen.

Item welcher theyl auch weisung zum Rechten notdürfftig ist/ vnnd sein wirde/ der mag weisung thun mit zweyen oder mehr Erbarn vnuersprochen mannen/ die solch sach zu gewinn oder verlust nit berürt oder angehet/ das soll also im Rechten gnügtlich sein/ auffgenommen vnd zůgelassen werden.

Item wir behalten vns auch dise ordnung zu mindern/ zu mehren/ zu besserung vnser vnd eins andern gerechtigkeyt des Bergkwercks/ die der daran hat vnd haben soll.

Vnd nemlich so behalten wir vns zuuor auß die zehen Freilehenschafft/ vñ die Grube die genant ist die Hadergrube/ Also daß Bergkricht noch niemandt vns daran oder dauon/ ohn vnsern wissen vnd willen nichts hingeben oder leihen soll.

Vnd was vbriger vnd ander Gruben seindt/ die darinn nicht gehören/ die soll vnnd mag vnser Bergkrichter hinleihen/ den Personen die vortheyl daran gehabt gehabt/ doch also/ daß sie die in ziemlicher zeit von jhne an vnser statt empfahen/ vnnd daruon thun als sich gebürt vnd vorgeschrieben stehet.

Vnd welche das in solcher zeit nit empfingen/ die sollen fürbaß das nit zuthůn vnnd sein gerechtigkeyt darzů haben/ Vnd vnser Bergkrichter mag dieselben theyl einem anderen der das begert/ vnd daruon thůt vnd thůn wil/ als ob geschrieben stehet/ leihen/ vnd jhne dabey handthaben.

Item ob in solcher obgemelten zeit theyl als nechst geschrieben stehet empfangen/ vñ die empfaher als von der theil wegen spennig weren oder würden/ darumb/ soll sie für vnser Bergkrichter vnd Schöffen recht nemen vnd geben/ in massen als hieuor von Gericht hierinn geschrieben stehet.

Vnd vmb das der Allmechtig Gott zu dem Bergkwerck vnd ander vnser notdürfftigkeyt vnd desto gnediger sey zu reichung der vnd ander gaben/ setzen vnd ordnen wir daß der hunderst pfennung alles Ertz/ in ehr des Allmechtigen Gottes/ der wirdigkeyt der hoch gelobten Junckfrawen Maria/ vnd dem verdienen aller Heyligen gefallen vnd angelegt werden soll/ an enden da das notdürfftig ist. Vnd dieweil das von alter hero ein Frawen Kloster zu A. vnnd noch ist/ Setzen vnnd ordnen wir auch/ daß wir von vnsern Zehenden vnnd die theyln genossen von jhren theyln denselben Closterfrawen zu Göttlichem dienst vnd seligem leben vnd wesen zu steyer kommen sollen/ nach dem vnd wir vermercken daß er löblich vnd wol angelegt ist. Datum vnder vnserm fürgetruckten Secret/ auff/ ꝛc.

Verkündigung

Verkündigung. CLXXIIII

Verkündigung eines Bergk Vogts vmb fertex zubuß zu baw vnd vollfürung eines Stollens zuerlegen.

Es Durchleuchtigen/ Hochgebornen Fürsten vnnd Herrn/ Herrn N.rc. diser zeit Verordneter Bergk Vogt zu N. Simon N. von N. Entbeut meniglichen/ vnd sonderlich allen vñ jeden Herrn/ vnd diser zeit gewercken/ oder derselben verlägern des Bergkwercks in der Büchklingen bey N. vnd desselben Erb schuh vnd Tiefft stollen/ der heyligen drey König genant/rc. mein gütwillig vnd freundtliche dienst/ nach jedes gebüre/ vnnd fülge hiemit diser verkündigung Amptshalben zu wissen/ Nach dem auff heut dato gethaner rechnung/ in meinem beysein/ durch gegenwertige Herrn vnd gewercken zu baw vnd vollnfürung obgenanten Stollens/ abermals biß auff zukünfftigs Quartal zimlichen saumkosten vnd zubuß/ vnnd nemlich drey gülden auff jeden Stammen angelegt/ vnd dermassen verabschiedet. Hierauff in krafft diß/ sollen vnd wöllen alle vnd jede obermelte Herrn/ vnd gewercken/ oder derselben Factorn/ ihre gebürende zubuß/ vermöge hierüber außgekündter ordnung/ in gebürender zeit an statt des zukünfftige Schichtmeisters/ so verordnet werden soll/ mitler zeit mir vberantworten vnd bezalen/ dann da einicher solcher vermanung nit nachkommen/ sonder isterhalben 4. wochen/ von dato anfahend/ mit bezalung vngehorsam erscheinen/ sollen desselben biß dahin habende theyl/ ohn einig entschuldigung/ in das Recordat von dem Bergkbüch/ ein vnd außgeschrieben/ vnd als dann seine theyl verlorn/ vnd den vbrigen gemeynen bawenden wercken/ heymgefallen/ vñ zugeschrieben sein/ vnd sonsten damit nach gemeynen Bergkrechten vnnd gebrauch gehalten werden/ alles ihn krafft angeregter ordnungen/ darnach wiß ein jeder sich zurichten. Des zu Vrkundt hab ich Ampts halben mein gewonlich Bittschier hierunder vffgetruckt. Vnd geben zu N. auff rc.

Confirmation vnd bestettigung vber Freiheyt.

Wir N.rc. Bekennen/rc. allen den die ihn sehen vnnd hören verlesen/ daß wir haben angesehen getrewe vnd danckneme dienst/ die vnser lieben Getrewen der Rath vñ die Bürger gemeynlich vnser Statt zu A. vnsern Altfordern/ auch den Durchleuchtigen N. vnd N. rc. hochseliger gedechtnuß getrewlichen vñ nützlichen gethan haben/ vnd auch vns fürbaß thün sollen vnd mögen/ Demnach haben wir ihnen mit güter fürbetrachtung vnser/ vnsers raths vnnd rechter wissen bestettiget vnd confirmirt/ Bestettigen vnd Consirmiren ihn auch also in krafft diß Brieffs/ alle ihre Freiheit/ Recht/ vnd güt gewonheyt/ die sie dann vormals von Röm. Keysern/ vnd Königen/ vnnd auch vnsern Altfordern/ vnd obgenanten vnsern freundtlichen lieben Herrn Vatter vnnd Bruder N. N. rc. hochseligste gedechtnuß/ recht vnnd redlichen erworben/ vnd bißher inngehabt vnd herbracht haben/ Vnnd wöllen auch daß sie/ vnd alle ire nachkommen/ der also ewiglichen gebrauchen vnd geniessen sollen/ in aller dermassen vnd weiß/ als sie dieselben freiheyt bißher auff disen heutigen tag braucht/ vnd der genossen haben. Wir thün ihnen auch die besonder gnade/ vnd wöllen daß die vorgenanten vnser Bürger zu A. haben sollen/ alle die Freiheyt vnnd Rechte/ die die Bürger der Statt zu B. haben/ daß sie der auch geniessen sollen vnd mögen/ in aller der weiß als die von B. vnnd als die Brieff sagenden/ die die gedachten vnser Bürger zu A. vonn Römischen Keysern/ vnnd Königen darüber haben/ vnnd wöllen ihn die stett vnnd fest halten/ ohne alle geuerde. Doch außgenommen vnser vnnd vnser Nachkommen/ habender Freiheyt vnnd Jurisdiction inn allewege ohne schaden.

Wir

New Formular

Wir wöllen vnd gebieten auch darauff allen vnsern Ampeleuten/ vñ Dienern/ wie sie genant sein/ so jetzundt seindt/ oder künfftiglich sein werden/ festiglichen/ daß sie den vil gedachten vnsern Bürgern vnd lieben Getrewen zu A. diser vnser bestettigung/ gnad/ vñ Freihepte/ in dermassen als vorgeschriben stehet/ in kein weiß vberfaren/ noch sie daran leidigen/ oder jrren/ bey vermeidung vnser vngnad. Vnd des zu Vrkundt haben wir/ ꝛc.

Confirmation vnd bestettigung vber Freiheyten/ in güter Form.

Wir Karl der Fünffte/ von Gottes Gnaden/ Erweiter Römischer Keiser/ zu allen zeiten mehrer des Reichs/ ꝛc. König in Germanien/ zu Castilien/ zu Arragon/ zu Legion/ beyder Sicilien/ zu Hierusalem/ zu Hungern/ zu Dalmatien/ zu Croatien/ zu Nauarra/ zu Granaten/ zu Tolleten/ zu Valens/ zu Galitien/ Maioricarum/ zu Hispalia/ Sardinie/ Cordube/ Corsice/ Murcie/ Gienus/ Allgoran/ Algeeire/ zu Gibraltaris/ vnd der Insulen Canarie/ auch der Insulen Indiarum/ vnd Terre Firme/ des Meers Oceani/ ꝛc. Ertzhertzog zu Osterreich/ Hertzog zu Burgundi/ zu Lottring/ zu Brabandt/ zu Steyer/ Kärndten/ Crain/ Lymburg/ Lutzenburg/ Geldern/ Wirtemberg/ Calabrien/ Athenarum/ Neopatrie/ ꝛc. Graue zu Habspurg/ zu Flandern/ zu Tyroll/ zu Görs/ Barsiloni/ zu Arthois vnd Burgundi/ ꝛc. Pfaltzgraue zu Henigew/ zu Holandt/ Seelandt/ zu Phirt/ zu Kiburg/ zu Namur/ zu Rossilion/ zu Territan/ vnd zu Zutphen/ Landtgraue in Elseß/ Marggraue zu Burckgaw/ zu Orisani/ zu Gotziani/ vnd des heyligen Röm. Reichs Fürst zu Schwaben/ zu Cathalonia/ Asturia/ ꝛc. Herr in Frießlandt/ auff der Windschen Marck zu Portenaw/ zu Bistaia/ zu Monia/ zu Saluis/ zu Trippolo vnd zu Mechlen/ ꝛc. Bekennen offentlich mit disem Brieffe/ vnnd thün kundt allermenigklich/ daß vns vnser vnd des Reichs lieber Getrewer A. vō B. einen Brieff von weylandt dem allerdurchleuchtigsten Keyser Maximilian vnserm lieben Herrn/ vnd Anherrn/ löblicher gedechtnuß außgegangen/ vnnd darinn seine Maiestat etlich Freiheyten/ so weyland König Ruprecht vnser Vorfar am Reich/ weylande C. von D. vnd allen seinen Erben vnd nachkommen/ vber seinn Burgstall/ Hofe/ Güter/ vnnd Gesinde zu E. in des Reichs pfleg gelegen/ gegeben/ Confirmirt vnd bestettigt/ Auch solch Freiheyten auff weylandt F. von B. seinen Vater vnd sein Erben/ als jtzhaber des obberürt Burckstall/ Hoffe vnd Güter gewendt/ fürbracht hat/ von wort zu wort also lautende:

Wir Maximilian von Gottes Gnaden Römischer König/ zu allen zeiten mehrer des Reichs/ zu Hungern/ Dalmatien/ Croatien/ ꝛc. König/ Ertzhertzog zu Osterreich/ Hertzog zu Burgundi/ zu Lottring/ zu Brabandt/ zu Steyer/ zu Kärndten/ zu Crain/ zu Lymburg/ zu Lützenburg/ vnd zu Geldern/ Graue zu Flandern/ zu Habspurg/ zu Tyroll/ zu Phirt/ zu Kiburg/ zu Arthois vnd zu Burgundi/ Pfaltzgraue zu Heniggaw/ zu Holland/ zu Seeland/ zu Namur/ vnd zu Zutphen/ Marckgraue des heyligen Römischen Reichs/ vnnd zu Burckgaw/ Landtgraue in Elseß/ Herr zu Frießlande/ auff der Windschen Marck/ zu Portenaw/ zu Saluis/ vnd zu Mechlen/ ꝛc. Bekennen offentlich mit disem Brieff/ vnd thün kundt allermenigklich/ daß vns vnser vnd des Reichs lieber Getrewer F. von B. etliche Freyheiten/ so weylandt König Ruprecht vnser Vorfar am Reich/ weyland C. von D. vnd allen seinen Erben vnd nachkommen/ vber seinn Burckstall/ Hofe/ Güter/ vnd Gesinde zu E. in des Reichs Pflege gelegen/ durch glaublich Vidimus eines Brieffs von demselben vnsern Vorfarn/ darumb außgegangen/ hat angezeyget vnnd fürbracht/ von wort zu wort also lautende:

Priuilegium.   Wir Ruprecht von Gottes Gnaden Römischer König/ zu allen zeiten mehrer des Reichs/ ꝛc. Bekennen offentlich mit disem Brieff/ daß wir vnserm Cammermeister/ vnd des Reichs lieben Getrewen C. von D. Ritter/ vnnd allen seinen Erben vnd nachkomen/ seinn Burckstall vnd Bawhofe darzü gehörig/ mit vier hundert morgen Acker vnd Wi-

Confirmatio freiheyt. CLXXV

sen zu vnd an der Marck zu E. gelegen/vnd mit allem Viehe/Pferd/Rinder/Schwein/ Schaaf/ſouil ſie oder jhre Hofleuth darzů gebrauchen/daſelbſt erziehen vnnd künfftiglichen gebrauchen werden/für gewerff/bete/ſtewer/atzung/ſchatzung/reiß/frondienſt/ vnd all ander beſchwernuß/die vns als dem Herrn/vnſern Erben/ auch der Gemeyn zu E. vſt jhrn nachkommen daruon gebüren möcht/gnediglichen gefreihet haben/wann ſie auch al ſo frey herkommen ſindt/vnd ſollen ſich doch mögen gebrauchen/Wäld/Waſſer/wohn/ vnd Weyde/zu brennen/zu bawen/vnd zu jrem Viehe/ wo ander Dorffleuth vnd jnnwoner ſich der gebrauchē/als vil zu zweyen Pflůgen gehört/ Vnd freyen ſie des alles erblich vnnd vnwiderzůfflich/ für vns vnnd vnſere Erben Pfaltzgrauen bey Rheyn/auch vnſere nachkommen am Reich/Römiſche Keyſer vnd Könige/ inn vnnd mit krafft diß Brieffs/ vnd wöllen/daß der obgenant E. ſein Erben vnd nachkommen/jhre Dienſtleuth/mit den ſie ſolch jhr Gůt beſetzen/an jhre ſtatt/vnnd auch jhr obgenants gůt bey ſolchen freiheyten vnd ſondern gnaden bleiben/der gebrauchen vnnd genieſſen ſollen/zu jhrem beſten/ohn jrrung vnd hindernuß aller menigclich/daruon ſie auch niemandts/ wer der ſey/treyngen ſolle/vnſer/vnſere nachkommen ſchwere vngnad zuuermeiden/ zu vrkundt diß Brieffs verſigelt mit vnſerm Königlichen Maieſtat anhangendem Innſigel/ Datum N. auff Montag nach Sanct Eraſmus Tage des heyligen Märterers/nach Chriſti vnſers Herrn geburt/tauſent vier hundert vnd drey jar/vnſers Reichs im dritten jaren/Vnd vns darauff angezeygt/wie er ſolch Burgkſtatt/Hof/vnd Güter jnnhab/ vnd jhme zůgehörendt/vnd demütiglichen angerůffen vnd gebetten/daß wir die jetzberůrten Freiheyten/ auff jne vnd ſein Erben zuwenden/jhnen die zu confirmirn vnd zůbeſtetten/vnnd von newem zůgeben/ gnediglichen geruchten.

Wann wir nun auß angeborner gůte vnd Königlicher miltigkeyt geneygt ſein / die Perſonen ſo für ander ſchicklich/vnd bey vns vnd andern wol verdient ſein/ mit ſonderlichen gnaden zůbedencken vnd zůfürſehen/ Haben wir angeſehen ſolche ſein demütig ziemlich bette/auch die annemen getrewen dienſt/ſo ſeine voraltern/weylande vnſern Vorfarn am Reich/auch vnſern vorfordern Hertzogen zu Oſterreich/ als jhre Landſeſſen deſſelben vnſers Ertzhertzogthumbs offt williglich/als wir des klar wiſſen tragen/gethan haben/vn̄ er vnd ſein Erben hinfůr wol thůn mögen vn̄ ſollen/ Vnd haben darumb die vorberůrten Freiheyten/wie die inn des gemelten vnſers Vorfarn Brieff begriffen ſein/auff den obbeſtimpten F. vnd ſein Erben/ als jnnhaber des berůrten Burckſtalshofes/ vnd güter gewendet/jnen die von newem gegeben/vnd dieſelben vnd alle andere jre Keyſerliche vnd Königlich Freiheyten vnd herbracht gůt gewonheyt vnd gerechtigkeyt gnediglich ernewt/confirmirt/vnd beſtettigt/ Wenden/geben/ernewen/confirmiren vnd beſtetten ſolchs auch von Römiſcher Königlicher macht wiſſentlich inn krafft diß Brieffs/alſo daß ſie ſich der nun hinfůr freyen/gebrauchen vnd genieſſen ſollen vnd mögen/ wie der berůrt freiheyt Brieff vnd Freiheyt das ſůhält/vn̄ ſie herbracht haben/vngefehrlich. Vnd gebieten darauff allen vnd jeglichen vnſern/vnd des heyligen Reichs vnderthanen vn̄ getrewen/ in was wirden/ ſtandts oder weſens die ſein/daß ſie den obgenanten F. von B. vnd ſein Erben/ an den obgeſchrieben Freiheyten/gaben vnd gnad/nicht jrren noch verhindern/ſonder ſie darbey getrewlichen handthaben/ſchützen vnd ſchirmen / vnnd hiewider nit thůn/noch jemandt andern zůthůn geſtatten/als lieb einem jeglichen ſey/ vnſer vnd des Reichs ſchwere vngnad/ vnd darzů ein Peen/nemlich rr. Marck lötiges Goldts zůuermeiden/ die ein jeder/ſo offt er freuenlich hiewider thete/vns halb in vnſer vnd des Reichs Cammer/vnnd den andern halben teyl/dem Ehegenanten B. vnd ſeinen Erben vnablaßlich zůbezalen verfallen ſein ſoll/mit vrkundt diß Brieffs / beſigelt mit vnſerm Königlichen anhangendem Innſigel. Geben in vnſer vnnd des heyligen Reichs Statt Wormbs/am 8. Tag des Monats September/nach Chriſti geburt vierzehen hundert vnd im fünff vnd neunzigſten/vnſer Reiche des Römiſchen im Zehenden/vnd des Hungeriſchen im ſechſten jar. Vnd vns darauff demütiglichen angerůffen vnd gebetten/daß wir ſolch weilandt Keyſer Maximilians confirmation vnd verwendung weilandt vorberůrts König Ruprechts Brieff vnd Freiheyt

G g

New Formular

ten/auch zuernewen/zu confirmirn vnd zubestetten/gnediglichen geruchten. Deßhalben wir angesehen solch sein demütig bete/ auch die annemlich willigen dienst/ so des obberürten A. von B. voralltern weylandt vnsern vorfaren am Reich erzeygt vnd beweißt/ vnd er vns vnd dem Reiche hinfür thůn mag vnd soll/vnd darumb mit wolbedachtem muth vnd gůtem rathe/solch weylandt König Ruprechts gegeben Freiheyt/ vnd weylandt vorbemelts Keyser Maximilians Confirmation vnd verwendung derselben gnad vnd Freiheyt/auff weylandte vorgemelten seinen Vatter A. von B. vnnd sein Erben beschehen/Confirmirt vnd bestett/Confirmiren vnd bestetten die auch/ vnd sonst all andere ihre Keyserlich vnnd Königliche Freiheyten/ vnnd herbracht gůt gewonheyten vnnd gerechtigkeyten/ vonn Rhömischer Keyserlicher macht/wissenlich inn krafft diß Brieffs/ was wir von billichheyt vnnd rechts wegen daran zu confirmieren vnnd zubestetten haben/ Vnnd meynend vnd wöllen/daß die krefftig sein/ vnnd gemelter A. von B. vnnd sein Erben derselben inn allen vnd jeden innhaltungen/meynungen vnd begreiffungen gebrauchen vnnd geniessen sollen vnnd mögen/ von allermeniglich vnuerhindert/doch meniglich an seinen Rechten vnschedlich. Vnd gebieten darauff allen vnd jegklichen Churfürsten/Fürsten/Geistlichen/vnnd Weltlichen/ Prelaten/ Grauen/Freyen/Herrn/Rittern/Knechten/Hauptleuthen/ Vitzthumben/ Vögten/Pflegern/Verwesern/Amptleuthen/Schultheyssen/ Bürgermeistern/Richtern/Räthen/Bürgern/Gemeynden/ vnd sonst allen andern vnsern vnd des heyligen Reichs vnderthanen vnnd getrewen/in was würden/statts oder wesens die seindt/ernstlich vnnd festiglich mit disem Brieff/vnd wöllen/daß sie den gemelten A. von B.vnd seine Erben/an den obgeschrieben weylandt Maximilians Confirmation vnd verwendung derselben Gnaden vnd Freiheyten/ vnnd diser vnser Keyserlichen ernewung vnd Confirmation/nit irren noch verhindern/sonder sie darbey getrewlichen hande haben/schützen vnd schirmen/vnnd hiewider nicht thůn/ noch jemand andern zuthůn gestatten/in kein weise/als lieb einem jeden sey vnser/vnd des Reichs schwere vngnad/ vnnd die straffe in vorgemeltes Keyser Maximilians Brieff begriffen zuuermeiden/Das meynen wir ernstlich/Mit vrkundt diß Brieffs besigelt/mit vnserm Keyserlichen anhangenden Innsigel. Geben in vnser vnd des Heyligen Reichs Statt Worms am achtzehenden Tage des Monats Martij/ nach Christi vnsers lieben Herrn Geburt/fünffzehenhundert vnd im ein vnd zwentzigsten/vnser Reich des Römischen im andern/vnd der andern aller im sechsten jar.

           Ad mandatum Domini Impe-
           ratoris proprium.
               Albertus Cardinalis Mogun.
               Archicancellarius sc.

Confirmation vnd bestetteigung vber freiheyt/
zu Rottweil abzufordern.

Wir Maximilian von Gottes Gnaden/erwelter Römischer Keyser/ꝛc. Bekennen offentlich mit disem Brieff/vnnd thůn kundt allermeniglich/ Wiewol dis Hochgebornen A. vnd B. beyde ꝛc. geuettern/ vnser lieben Oheym/ Schwager/Churfürst vnd Fürst/durch die gülden Bull/ auch begnadigung vnsers Herrn Vatters Keyser Fridrichs/als der inn seinen Königlichen Wirden gewest/ gefreihet/ innhalt desselbigen Brieffs von worten zu worten also lautende. Wir Friderich vonn Gottes Gnaden Römischer König/zu allen zeiten mehrer des Reichs/ Hertzog zu Osterreich/zu Steyer/zu Kärndten/zu Crain/Graue zu Tyroll/ꝛc. Bekennen vnnd thůn kundt offenbar mit disem Brieff/allen den die jhn sehen odder hören lesen. Als der Hochgebor:n Lud-

Confirmatio vnd bestettigung. CLXXVI

wig ꝛc. vnser lieber Oheym vnnd Churfürst fürbringen lassen hat/ wie daß sein vnderthan/ Lehenman/ Diener/ Burger vnd Bawern/ an vnser/ vnd des heyligen Reichs Hofgericht zu Rotweil/ offt vnd dick fürgeheischen/ angeklagt/ vnd in acht verkündt werden/ des nit sein soll. Nach dem er als ein Churfürst des heyligen Reichs/ solch Freiheyt habe/ daß seine vnderthan/ Lehenman/ Diener/ Burger/ vnnd Gebawer an kein außwendig Gericht/ ausser seinen Landen fürgeheischen werden sollen/ Vnd ob an einem außwendigen Gericht/ vrtheyl vber die seinen gesprochen würden/ daß die vnkräfftig vnnd vnmechtig sein sollen/ Vnnd ob jemand Recht versagt würde gegen seinen vnderthanen/ als vorgeschrieben stehet/ der oder die möchten auch Recht suchen vnd sich berüffen an vnsern Königlichen Hof vnnd Gericht des Richters/ der ohne alle mittel inn vnserem Königlichen Hof zu Recht sitzet. Was nun Keiser Carls löblicher gedächtnuß vnsers verfaren an dem Reich gulden Bull solchs/ wie vorgeschrieben stehet/ klärlich innhelt/ So wöllen/ setzen/ vñ ordnen wir/ von Rhömischer Königlicher macht/ vollkommenheyt/ daß solch Vrtheyl/ Acht/ vñ aberacht/ die wider des obgenanten vnsers Oheyms/ Hertzog Ludwigs freiheit/ vber sein vnderthan/ Grauen/ Herrn/ Ritter/ Knecht/ Lehenman/ Burckmanne/ Burger vnd gebawer an dem obgenanten Hofgericht zu Rotweil gesprochen/ oder verkündet würden/ vnmechtig/ vnkrefftig/ vnnd ab sein/ vnnd des obgemelten vnsers Oheyms/ Hertzog Ludwigs vnderthanen kein schaden bringen sollen/ in kein weise/ mit vrkundt diß brieffs besigelt mit vnserer Königlichen Maiestat Innsigel. Geben zu Wien an Sanct Lucas Tag des Euangelisten/ nach Christi geburt viertzehen hundert/ vnd im siben vnd viertzigsten/ vnd vnsers Reichs im achten Jar. Dieweil aber kein sonder peen vnd straff darzu verleibt/ so werd als sie vns anbracht/ dieselbig Freiheyt zuzeiten durch jhrer Liebden vnderthanen veracht/ vnd vnerspriesslich/ vnd vns deßhalben demütiglich gebetten/ vnd angerüffen/ daß wir jhre Liebden hierinn zuuersehen/ vnd den vberfarern ein peen neben vnd zusampt auffgewendten kosten auffzulegen/ vnd das alles zu confirmiren vnd zubestetten gnediglich geruhten/ Das haben wir angesehen/ solch jhrer Liebden fleissig bitt/ vnd daß dieselbig der billichkeyt/ auch dem Rechten nicht vngemeß/ vnd wir dann innsonders auch die gerechtigkeyt/ gebrauch/ vnd güten gewonheyten bleiben zulassen/ darzu handhabung/ vnd besonderlich dieweil vnser gemüt stehet zu denen die vnser forder des heyligen Reichs sein/ vns die bürden vnd sorgfeltigkeyt desselben helffen mittragen/ auch stette lieb vnnd trew beweissen/ jhr Lieb mit vnsern Keyserlichen gnaden zubegaben wol geneygt sein/ vnd billich thün. Vnd darumb mit wolbedachtem müt/ gütem rath/ vnnd rechter wissen/ vnnd auß eygener bewegnuß die obgemelt Freiheyt/ gebrauch/ herkommen vnnd güt gewonheyt Confirmirt vnd bestettiget/ Confirmiren vnnd bestetten die auch von Römischer Keyserlichen macht vollkommenheyt/ wissentlich in krafft diß Brieffs/ vnd meinen/ setzen/ vnnd wöllen daß die kräfftig sein/ stett gehalten vnnd vollntzogen/ von jemande darwid er gethan werden soll. Wo aber jemandts/ wer der wer/ wissentlich/ vnd freuenlich nach verkündung wider diß Freiheyt/ einen oder mehr ghen Rotweil ohn zuuor ersuchen mit eilendigem Rechten/ vnd besonderlichen jhre vnderthan/ angehörigen/ vnd verwandten citirn vnd fürheischen lassen würden/ oder soll/ so offt vnd dick er das fürgenommen oder thete/ inn peen sechs Marck lötiges Goldts gefallen sein/ Nemlich zwo Marcke in vnser Cammer/ zwey jhrer Liebe/ vnnd zwey den oder dem geladnen zugeben vnnd außzurichten. Vnnd gebieten darauff allen vnnd jegklichen Churfürsten/ Fürsten/ Geistlichen vnnd Weltlichen/ Prelaten/ Grauen/ Freyen/ Herrn/ Rittern/ Knechten/ Hauptleuthen/ Visthumben/ Vögten/ Pflegern/ Verwesern/ Amptleuthen/ Schultheyssen/ Burgermeistern/ Richtern/ Räthen/ Bürgern/ Gemeynden/ vnnd sonst allen andern vnsern vnnd des Reichs vnderthanen vnnd Getrewen/ inn was Würden/ Standts oder Wesens die sein/ ernstlich vnd festiglich mit disem Brieffe/ vnd wöllen/ daß sie die vilgedachten vnser Oheym/ Schwäger/ Churfürsten vnd Fürsten A. vnd B. ꝛc. auch jr Erben/ bei solchen ehren/ Priuilegien/ Freyheyten/ Recht vnnd Gerechtigkeyt/ vñ diser vnser Confirmation/ bestettung vnd begnadung/ gerühiglich bleiben lassen/ vnnd daran nicht jrren/

G g ij

New Formular

noch verhindern/ odder jemandts andern zuthůn gestatten/ inn kein weise/ als lieb einem jeden sey vnser vnd des Reichs schwere vngnad vnnd straffe/ vnd darzů ein Peen/ nemlich zwentzig Marck lötiges Goldts zuuermeiden/ die ein jeder so offt er freuenlich hiewidder thete/ oder thůn würde/ vns halb inn vnser vnd des Reichs Cammer/ vnd den andern halben theyl den gedachten A. vnd B. geueitern/ vnnd jhrer Liebden Erben vnabläßlich zubezalen verfallen sein soll/ mit vrkundt diß Brieffs besigelt/ mit vnserm Keyserlichen anhangenden Innsigel. Geben in vnser vnnd des Reichs Statt Augspurg/ am dritten Tag des Monats Septembris/ nach Christi Geburt fünffzehenhundert/ im achtzehenden/ vnserer Reich des Rhömischen im drey vnnd dreyssigsten/ vnnd des Hungerischen im neun vnd zwentzigsten Jar.

Freiheyt vber nider Gerechtigkeyt.

Wir N. von Gottes Gnaden/ 2c. Bekennen vnd thůn kundt offenbare mit disem Brieffe/ für vns/ alle vnsere Erben vnd nachkommen/ daß für vns kommen sindt die Wirdigen vnd Ersamen vnsers Closters A. Apte vnd Conuent/ vnd vns zu erkennen geben/ wie bißher vil böses vbels vnd vnrechter handlung bey jhnen zu A. nit allein von den jhren/ sonder andern zůgehörigen Leuthen entstůnde/ auß dem/ daß jhne vnsere Amptleuthe der ende zu weit entsessen/ das brecht jhne nun inn mancherley wege grossen vngehorsam/ Was derhalben demütiglich angerüffen vnd gebetten/ daß wir jhne vber solch jhr Leuth vnnd Güter/ so zum Gericht vnd stabe ghen A. gehörig/ benantlich zu A. im Closter vnd Dorff heraussen/ auch zu B. vnd C. D. E. vnd F. die zu nechst bey jhrem Closter vnd jhn allein zůstendig/ gelegen/ vnd auff derselbigen zůgehörden gründen/ vndern Gerichtbarkeyt gestatten sollen. Also haben wir angesehen solch jhr demütig ziemlich bitte/ vnnd daß sie sich bißher jederzeit inn aller gehorsam gegen vns finden lassen/ wie wir hoffen/ noch künfftig thůn sollen vnd werden. Vnd damit dann solch böß vbel vnd vnrechtlich handlung hinfüro vermitten/ vnd der gebür nach gestrafft/ auch recht vnnd Gericht erhalten werde / So wöllen wir jhne solche Freiheyt die nidern gerechtigkeyt gegeben haben/ dergestallt/ daß sie nun hinfüran in obberürtem Closter vnnd dem Dorff/ auch den andern obuermelten des Closters/ Dörffern vnd Höfen/ vnd den zůgehörigen gründen/ was sich daselbst für handlung/ außgenommen todschlag/ Diebheyt/ vnnd was den halß betrifft/ oder auch sonst ein offentliche leibs straff erfordern theten/ zůtragen werden/ alle feble zustraffen/ zuuerrichten / vnd zuuertheydingen macht haben. Geben jhnen auch solch Freiheyt hiemit für vns/ vnsere Erben vnd nachkommen auß Churfürstlichem gewaldt in krafft diß Brieffs/ daß sie nun hinfüro von vns vnd vnsern Erben vnnd nachkommen/ solche Freiheyt haben/ geniessen/ vnnd sich der ewige zeit gebrauchen sollen. Gebieten darauff allen vnnd jeden vnsern Vitzthumben/ Landtrichtern/ Pflegern/ Richtern/ auch allen vnsern Amptleuthen/ vnd vnderthanen/ gegenwertigen vnd künfftigen/ ernstlich vnnd festiglich/ daß jhr die gemelten Aptey vnnd Conuent/ auch Gottshauß A. bey solchen Freihepten/ Gnaden/ vnnd diser vnser bestettigung bleiben lassen/ handthabt/ schützet vnd schirmet/ jn keinerley tranckheit noch jrrung daran thůt/ noch jemandt zuthůn gestatten/ Alles bey vermeydung vnser schweren vngnad vnnd straff. Des zu warem vrkundt/ 2c.

Freiheyt Form einer Person/ sampt derselben Gütern.

Wir N. 2c. Bekennen/ 2c. Daß wir angesehen vnnd betracht haben getrewe willig vnd dancknemen dienst/ die N. vns bißher vnuerdrossenlich gethan hat/ vnnd hinfürter er vnd sein Erben vns/ vnnd dem Hochgebornen Fürsten vnsern freundtlichen

Freiheyt. CLXXVII

lichen lieben Sohn/ꝛc. williglich thůn sollen vnd mögen/ Vnnd haben demselben N.vnd seinen leibs Erben/ dise hernach geschrieben Güter vnd Hauß/ nemlich sein Hauß/ꝛc. die er jetzundt in vnserm Ampt zu N. oder an andern enden in vnserm Fürstenthumb der N. hat/ so lang sie die innhaben werden/ vnd auch alle die Gütere die vor frey seien/ die er/ oder sein leibs Erben hernach darinn kauffen oder vberkommen werden vnnd innhaben werden/ für vns/ vnd den obgenanten vnsern Sohne/ Hertzog N. vnd vnser beyder vorgeschrieben Erben/ mit gůter wissen gefreyet/ für bete/ stewer/ schatzung/ frondienste/ hůte/ wachte/ reyse/ vnd reyhgelte/ vnd alle ander solcher beschwerunge/ nichts außgenommen/ vnd wir freien die auch also vor vns/ vnd den obgenanten vnsern Son/ Hertzog N. vnd vnser beyder vor geschrieben Erben/ in vnd mit krafft diß Brieffs/ ohn geuerde. Wir haben auch für vns/ vnd vnsern freundtlichen lieben Sohne/ Hertzog N. vnd vnser beyder vorgeschrieben Erben dem vorgemelten N. vnd seinen leibs Erben/ die besonder gnade gethan/ vnd thůn jhet die in vnd mit krafft diß Brieffs/ wann sie vnd forderung/ so ander leut an sie/ oder jhren einen/ in forderung haben oder gewinnen/ mit Recht vor vns/ oder vnsern Räthen/ so lang wir in leben sein/ oder nach vnserm todte/ vor gedachtem vnserm freundtlichen lieben Sone/ Hertzog N. vnd vnser beyder Erben/ oder jhren Räthen gnůgt/ vnd dem also nachkommen wöllend/ daß js als dann niemandt/ wer der sey/ er sey Geystlich oder Weltlich/ Edel/ oder Vnedel/ demselben N. vnd seinen vorgeschrieben Erben/ das obgemelt Hauß zu N. vnd ander jhr Gütere in vnserm Fürstenthumb der N. ligende/ die sie jetzundt haben/ oder hernach kauffen/ oder vberkommen werden/ an einichen vnsern/ oder vnser Fürstenthumb der N. Gericht/ Es sey in vnsern Stetten/ Dörffern/ Zentgerichten/ oder ander Gerichten fürnemen/ leiden/ noch darauff klagen/ vmb keinerley fordrung oder sache willen/ Es were dann vmb sachen/ dieselben Hauß vnd Gütere berürende/ ohn geuerde. ꝛc. Vnd darzů so thůn wir demselben N. vnnd seinen obgemelten Erben/ für vns/ vnsern Sohn obgenant/ vnd vnser beyder Erben/ die besonder gnad vnd Freiheyt mit disem Brieff/ das kein Gebättel jhrem Gesinde/ Knecht/ oder Mägde/ inn dem jhren zůgebieten oder verbieten haben/ Sonder ob jemandt mit denselben seinen ehehalten zůthůn hette/ oder gewönꝛe/ dann soll vnd mag mann auff der gassen/ oder an allen andern enden on jhne des obgedachten N. oder seiner obgemelten Erben haußgebott/ vnd verbotte sagen vnd jhin/ ohn geuerde. Vnd auff daß/ ob der obgenant N. von dem Ampt zu N. abkente/ daß er vnd sein Erben desto baß zu N. gewonen vnnd bleiben mögen/ So haben wir von besondern gnaden/ für vns/ vnsern Sohn/ Hertzog N. vnnd vnser beyder vorgeschrieben Erben/ geben zehen Morgen von der gemeinen Weyde zu N. an vnser Wiesen daselbst stossende/ darauß Wisen zůmachen nach jrem gefallen/ vnd darzů die macht vnd gewalt/ daß sie durch sich selbst oder ander das Wasser von der Sontag zu nacht/ so die Son vndergehet/ an/ biß vff den Montag zwo stunde nach der Sonnen auffgang/ vff dieselben zehen Morgen/ leiten/ weisen/ vnd gehen lassen mögen/ ohn alle hinderunge oder inntrag vnser/ aller der vnsern/ vnd meniglich von vnsern wegen/ Vnd geben vnd freihen jn des alles in krafft vnd mit disem Brieffe/ alle geuerde vnd argelist in allen vorgeschrieben stücken gentzlich außgescheiden/ Vnd des zů vrkundt/ꝛc.

Legitimatio odder begnadigung/ da einer auff ansůchen seines Vatters/ als ein Ehekindt legitimirt/ vnd begnadet wirdt.

WJe Maximilian von Gotts Gnaden/ꝛc. Bekennen offentlich mit disem Brieff/ vnd thůn kundt allermenigklich/ Nach dem vns als Römischen König/ allen vnd jeglichen vnsero vnd des Reichs vnderthanen vnd getrewen/ vñ sonderlich denen so jhr mengel vnd gebrechen nit auß eygen/ sonder fremden schulden tragt/ vnd jr zůfluche zů vnser Königlichen miltigkeyt sůchen/ gnad vnd hilff zůbeweisen geziembt/ vnd vns daß

G g iij

New Formular

vnser vnd des Reichs lieber getrewer Paulus N. zu N. hat fürbracht/wie er einen Sohn Marx genant/bey einer ledigen Frawen/die ausserhalb der heiligen Ehe gewest/vberkommen/vnd sonst nicht Ehelich Kinder oder Erben/in absteigender Linien/noch brüder oder schwester Kinder/odder derselben Kinder hab/oder versehenlich sey zuüberkommen/vnnd vns demütiglichen angeruffen vnd gebetten/daß wir demselben Marxen die seufftmütigkeyt vnser Königl. Dispensation vnd Legitimation mitzutheylen/ vnd solch makel seiner vnehelichen geburt von jhme zunemen/jhn auch in die wirde Ehelichs standts zuerheben/ vnd mit den nachgeschribnen Gnaden vnd Freiheiten zuversehen gnediglichen geruchten. Haben wir angesehen solch demütig ziemlich bitte/vnd darumb auch dieweil der genanñt Paulus er angezeygt/nicht Ehelich Kinder noch brüder oder schwester/ oder brüder oder schwester Kinder/noch derselben Kinder hat/ oder versehenlich ist zu vberkommen/mit wolbedachtem muthe vnnd gütem rathe/ auch auß Königlicher macht/ vnnd sonderlicher bewegnuß mit demselben Marxen N. seiner vnehelichen geburt halb gnediglichen Dispensirt vnd Legitimirt/vnd solch Makel vnnd vermeyligung von jhme genommen/die gantz vffgehebt vnd abgethan/vnd jhnen in die wirden Ehelichs standts erhebt/ vnd geehelicht/ vnnd darzů jhme vnd seinen Ehelichen leibs Erben/ vnd derselben erbens Erben/für vnd für/in ewige zeit des gemelten Paulsen seins Vatters zů vnnd nachnamen zuhaben/ gleicherweiß als er von dem Stammen der N. zum N. ehelich geborn/ vnnd desselben Paulussen/erblich Wappen vnd Kleinoth zuführen vnd zugebrauchen gegönt vnnd erlaubt/ vnd die nachgestimpten gnaden vnnd Freiheyten gethan/Heben auff/thůn ab/begnaden/ erheben/gönnen/vnd erlauben jhnen solchs alles von Römischer Königklicher macht vollkommenheyt wissentlich in krafft diß Brieffs/vnd meynen/setzen vnnd wöllen von derselben vnser Königlichen macht vollkommenheyt/ daß nun hinfüro derselb Marx N. in allen <u>Stenden vnd wesen</u>/Geystlichen vñ weltlichen gesellschafften/Zünfften/versamlungen/ vnd andern änden/alle vnd jegkliche Ehrwirde/vortheyl/ recht/ vnd gerechtigkeyt haben/ vnd der auch/so vil jhm der gemelt Paulus sein Vatter seiner haab vnd Güter/vbergibt/ ein antwort/oder durch vermecht/geschäffti/verschreibung/ oder in ander wege/ es sey jn gifftsweise/vnder den lebenden oder nach seinem todt/jnn Testamentes/oder einich andere weise inngestellt/des wir demselben Paulussen nach seinem gefallen vnd gůtbedůncken zů thůn/hiemit erlaubnuß/macht vnd gewaldt geben/ die anzunemen/ sich der vnderziehen/ vnd hinfür/er vnd sein Erben/nach jnnhalt solcher insetzung/ ohn verhinderung/jrrung/ vnd widerrede desselben Paul, en leibs Erben/die er fürro vberkommen möchte/jnnhaben/ zuniessen/vnd zugebrauchen/wirdig/theylhafftig/empfenglich/ vnd darzů schicklich vnd gůt sein/ als wir jhne auch hiemit solcher gemächte abintestato aller erblicher gerechtigkeyt/an des Paulsen Gütern/ligend vnd farend/Lehen vnd eygen/ gar nichts außgenommen in aller weiß vnnd gestalt/als ob er Ehelich geborn were/wirdig/empfenglich/schicklich vnd gůt machen vnnd erkennen/vnd daß auch der ehegenant Marx/ vnnd seine Eheliche leibs Erben/vnd derselben erbens Erben/für vnnd für/ewiglich als ander Lehens genossen/Lehenmänner/jnnhaben/nützen/vnnd niessen/ vnnd ohn einich verhinderung mit andern verlehendten/Mannen/Lehen/ vnnd Mannrecht besitzen/ vnnd vrtheyl sprechen mögen/ vnnd die verbestimpten Paulsen seins Vatter erblichen Wappen vnnd Kleinoth haben/füren/vnd deren in allen vnd jeglichen erblichen vnd redlichen sachen vnd geschäfften/zu schimpff vnnd ernst/inn streiten/Kempffen/gestechen/gefechten/ Panirn/getzelten auffschlagen/jnn sigeln/<u>beschatten</u>/kleinothen/begräbnussen/vnd sonst an andern enden nach jhren notturfften/willen vnd wolgefallen/gebrauchen vnd geniessen sollen/vnd mögen als ander Ehelich geborn Wappens genoßleut sich jhrer Wappen vnnd Kleinot gebrauchen vnnd geniessen/von recht oder gewonheyt/ alles vnuerhindert der geschribenen Recht in authentico, quibus modis naturales efficiuntur sui, Besonder parag. generaliter autem, vnd in para. si quis ergo filios, eo tit. & in authen. quib. mod. natural.effic.legi. per tot. tit. vnd aller ander geschriebnen Rechten/ Ordnung/ Satzungen vñ gewonheyten/die wir auß obbestimpter vnser Königlichen macht/ vollkommenheyt vnd
eygener

Begnadigung. CLXXVIII

eygner bewegnuß/ so vil die hiewidder thůn/ in disem fall derogirn/ vnd sonst allermenigklichs/ Vnd gebieten darauff von derselben vnser Königlichen macht/ allen vnd jegklichen vnsern vnd des Heyligen Reichs Churfürsten vnd Fürsten/ Geistlichen vnd Weltlichen Prelaten/ Grauen/ Freyhen/ Herrn/ Rittern/ Knechten/ Hauptleuthen/ Vitzthumben/ Vögten/ Pflegern/ Verwesern/ Amptleuthen/ Schultheyssen/ Burgermeister/ Richtern/ Räthen/ Bürgern/ Gemeynden/ vnnd sonst allen andern vnsero vnnd des Heyligen Reichs vnderthanen vnd Getrewen/ in was Wirden/ Stands/ oder wesens die seind ernstlich vnd festiglich/ mit disem Brieff/ vnd wöllen daß sie den obbestimpten Martz N. vnnd sein Ehelich leibs Erben/ vnd derselben erbens Erben/ für vnd für ewiglichen an der vorgemelten Dispensation/ abthuung/ erhebung/ gnadung/ gönnung/ erlaubung/ zů vnnd nachnamen/ Wappen vnnd Kleinothen/ nicht hindern/ noch jrren/ sonder sie der als obstehet gerůhiglich gebrauchen/ geniessen/ vnd genzlich darbey bleiben lassen/ vnnd hiewidder nicht thůn/ noch jemandts anders zuthůn gestatten/ inn keine weise/ als lieb einem jegklichen sey/ vnser vnnd des heyligen Reichs vngnad vnnd straffe/ vnnd darzů ein Peene/ nemlich vierzig Marck lötiges Golds zůuermeiden/ die ein jeder/ so offt er freuenlich hiewider thete/ vns halb in vnser/ vnd des heyligen Reichs Cammer/ vnd andern halben teyl dem genanten Marten N. vnd seinn Ehelichen leibs Erben vorbestimpt/ vnablässlich zubezalen verfallen sein soll/ Mit vrkundt diß Brieffs besigelt mit vnserm Königlichen anhangenden Innsigel. Geben/ ec.

Legitimatio durch Dispensation/ oder begnadigung/ da einer ausserthalb der Ehe geborn/ Ehelich gemacht wirdt/ anderer Form.

Wir Maximilian von Gottes Gnaden/ ec. Bekennen offentlich mit disem Brief fe/ vnd thůn kundt allermenigklich/ daß wir auß Keyserlicher vnd angeborner güte vnd miltigkeyt N. so ausserthalb des Ehelichen Stands ledig geborn ist/ dieselbig vnehelich geburt auffgehebt/ vnd in die wirde vnnd ehre Ehelichs stands gesetzt haben/ heben solch vnehelich geburt vnd makel auff/ vnd setzen jhn in die wirde des Ehelichen stands von Römischer Keyserlicher macht/ wissentlich in krafft diß Brieffs/ Vnnd meinen/ setzen/ vnd wöllen/ daß demselben N. noch seis Ehelichen leibs Erben/ solch vnehelich geburt zu schmach oder schaden nicht auffgehebt/ sonder zu allen Handtwercken vnnd andern redlichen sachen tügenlichen vnd gůt sein/ auch all Gnad/ Freyheyt/ ehere/ wirde vnd gewonheyt haben/ sich der füran gebrauchen/ geniessen/ soll vnd mag/ wie ander recht Ehelich geborn Person von Vatter vnd Mütter/ gebrauchen vnd geniessen/ von recht oder gewonheyt/ von allermenigklich vnuerhindert/ Doch den Ehelichen geborn desselbigen Geschlechts an jhrer Erbschafft/ haab vnd Güter/ daran vnuergrieffenlich vnd vnschädlich. Vnd gebieten darauff allen vnd jeglichen Churfürsten/ Fürsten/ Geistlichen vnnd weltlichen/ Prelaten/ Grauen/ Freyen/ Herrn/ Rittern/ Knechten/ Hauptleuthen/ Vitzthumben/ Vögten/ Pflegern/ Verwesern/ Amptleuthen/ Schultheyssen/ Burgermeister/ Richtern/ Räthen/ Bürgern/ Gemeynden/ vnd sonst allen andern vnsers vnd des heyligen Reichs vnderthanen vnnd Getrewen/ in was wirden/ stands/ oder wesens die sein/ ernstlich/ vnd wöllen/ daß sie den obbenannten N. vnd sein Ehelich leibs Erben/ an diser vnser Keyserlichen Dispensation vnnd begnadung nicht hindern noch jrren/ sonder sie der also obgeschriben massen gerůhiglichen gebrauchen/ vnnd genzlich darbey bleiben lassen/ vnd darwider nicht thůn/ noch des jemandt zuthůn gestatten/ in kein weiß/ als lieb jhn allen sey vnser vnnd des heyligen Reichs vngnade vnd straffe zůuermeiden. Das ist vnser ernstlich meynung. Geben zu Regenspurgk/ ec.

G g iiij

New Formular
Legitimatio per dispensationem **odder begnadi-**
gung/ vber vnehelicher geburt/ anderer vnd
güter Form.

Wir N. von Gottes gnaden Römischer Keiser/ ꝛc. Bekennen vnd thün kundt aller
meniglich mit disem Brieffe/ Nach dem vns als Römischem Keiser denen die je
mengel vnd gebrechen nit auß eygen/ sonder frembden schulden tragen/ vnnd jhr
zuflucht zu vnser Keyserlichen miltigkeyt haben/ gnade/ hilff vnd gütigkeyt zubeweisen ge
ziemet/ Vnnd wir dann von vnser vnd des Reichs getrewen wegen Erharten N.der auß
erthalb der heyligen Ehe geborn sein soll/ demütiglich angeruffen vnnd gebetten worden
sein/ daß wir jhme die gnade vnnd senfftmütigkeyt vnser Keyserlichen Dispensation mit-
theylen/ vnd solch Mackel/ vnnd vermahlunge seiner vnehelichen geburt/ von jhme zu ne
men/ die gantz auffzuheben zuuertilgen vnnd abzuthün/ vnnd jhn in die würde/ ehre vnd
recht/ des Ehelichen standts zuerheben vnnd zusetzen/ jhme auch aller vnd jeglicher ehren/
würden/ rechten/ stenden/ vnnd wesen/ mit Ampten vnnd Lehen/ zuhaben vnnd zutragen/
Lehengericht/ vnnd Recht besitzen/ vrtheyl zusprechen/ vnnd darzu täglich vnnd schick-
lich zusein/ inn Geystlichen vnd Weltlichen Stenden vnnd sachen/ auch aller der Haabe
vnnd güt/ so jhme vonn seinem Vatter gegeben ist/ vnd hinfüro gegeben werden mag/
theylhafftig/ wirdig/ vnnd empfenglich zumachen/ gnediglich geruchten/ So haben wir
angesehen solche demütig bitte/ vnnd vnschuldigen empfangen gebresten seiner geburt/
auch solch erbarkeyt/ redlicheyt/ tugent/ vnnd güt vernunfft/ darmit er vor vnser Keyser-
lichen Maiestat berümpt ist/ vnd die getrewen annemen dienste/ so er vns vnd dem Reich
gethan hat/ vnd hinfüro in künfftig zeit wol thün mag vnd soll/ Vnnd haben darumb mit
wolbedachtem muth/ gütem rath vnd rechter wissen/ mit demselben Erharden N. Dispen
sirt/ die gemelten makel/ vermahligung vnd gebrechen seiner vnehelichen geburt/ auffge
hebt/ vertilgt/ gantz abgethan/ jhnen in die ehr/ würde/ vnd recht des Ehelichen Stands ge
setzt vnd aller vnd jeglicher ehren/ wirden/ freyheyten/ vortheylen/ gewonheyten vnd gerech
tigkeyten/ mit ämptern vnd Lehen zuhaben/ halten/ vnd zutragen/ Lehengericht vnd rechte
zubesitzen/ vrtheyl zusprechen/ vnnd darzu täglich/ schicklich vnd güt zusein/ wirdig vnd
theylhafftig vnd empfänglich gemacht/ Auch daß er aller vnd jeglicher haab vnd güt/ die
jhme von seinem Vatter gegeben sein/ vnd hinfüro gegeben werden/ empfenglich/ vnd sol
che gabe krefftig vnd mechtig sein/ vnnd er zu seinem nutz vnd notturfften gebrauchen vnd
geniessen soll vñ mag/ von desselben seines Vatters Erben vnd meniglich vnuerhindert/
Dispensieren/ vertilgen/ heben auff vnd thün ab/ setzen/ wirdigen vnd machen jhn des alles
also empfenglich/ auß Römischer Keyserlicher macht/ vollkommenheyt vñ rechter wissen
in krafft diß Brieffs/ vnd meynen/ setzen vnnd wöllen/ daß der genant Erhard N. solcher
ehegerürt ehren/ wirden/ freyheiten/ vortheyln/ gewonheyten/ rechten/ stände/ wesen/ haa
be vnd Güt/ wirdig/ theylhafftig/ empfenglich/ vnd darzu schicklich vnd güt sein/ vnd von
meniglich darfür geacht werden/ genennt/ geschrieben vnnd gehalten werden soll/ Auch er
vnd sein ehelich leibs Erben nun hinfüro sich des alles gebrauchen/ geniessen vnd gentzlich
darbey bleiben sollen vnd mögen/ zu gleicherweiß vñ in allermaß/ als ob er von Vatter vñ
Mutter Ehelich geborn were/ vnuerhindert aller geschriebnen vñ ander Recht/ ordnung/ sa
tzung vnd gewonheyt/ so dawider sein möchten/ vnd sonst allermeniglichs. Vnd gebieten
darauff allen vnd jeglichen vnsern vnd des H. Röm. Reichs vnderthanen vnd getrewen/
in was wirden/ stands oder wesens die sein/ ernstlich vnd festiglich mit disem brieff/ daß sie
den vorgenanten Erharden N. vnd sein Ehelich leibs Erben/ an diser vnser Keyserlichen
Dispensation vnd begnadung nit hindern noch jrren/ sonder sie der also in obgeschriebner
masse gerühiglich gebrauchen vnd geniessen/ vnd darbey gentzlich bleiben lassen/ vnd hie-
wider nit thün/ noch jemandts zuthün gestatten/ in keine weiß/ als lieb einem jeglichen sey
vnser vnd des H. Reichs schwere vngnad/ vnnd verlierung einer Peene/ nemlich viertzig
Marck

Bewilligung. CLXXIX

Marck lötiges Golts zuuermeiden/ die ein jeder so offt er freuenlich darwidder thete/ halb in vnser vnd des Reichs Cammer/ vnd den andern halben theyl dem offtgenanten Erharden N. oder seinen Ehelichen Leibs Erben vnablässlich zubezalen verfallen sein soll/ Mit vrkundt diß Brieffs besigelt mit vnserm Keiserlichen anhangenden Insigel. Geben zu ꝛc.

Bewilligungs Brieff ein Testament auffzurichten.

Wir N. von Gottes Gnaden/ꝛc. Bekennen vnd thůn kundt offenbare mit disem Brieffe/ Daß wir auff vnderthenigen ansuchen vnser hindersessen alhie zu N. Martin N. vnd N. seiner Ehelichen Haußfrawen/ jhne zu gnaden gewilliget haben/ vnd thůn das hiemit in krafft diß Brieffs/ daß sie jhrer notturfft nach ein Testament oder letsten willen gebürender massen das im Rechten bestande habe/ verordnen vnd auffrichten mögen/ trewlich vnd sonder geuerde. Zu vrkundt versigelt mit vnserm auffgetrucktten Secret/ Datum N. Dinstags/ꝛc.

Bewilligungs Brieff/ jemandes widerumb zu seiner entsetzten Administration zukommen/ vnd deren zu vnderfahen.

Wir N. von Gottes Gnaden/ꝛc. Bekennen vnnd thůn kundt offenbar mit disem Brieffe/ Als wir auß allerhande ehehafften vnd beweglichẽ vrsachen Endriß N. vnd seinen Gütern Curatores/ wie sich gebürt/ verordnen vnd geben lassen/ So haben wir doch auff embsig ansuchen bemelts Endrissen/ jhnen widder zu seiner Administration kommen lassen/ der gestalt daß er seinem Sohn Alexandern/ vnnd desselben Kindern mit lebzucht vnd aller notturfft versehen vnd vnderhalten/ viel sich mit gemelts seines Sohns Haußfrawe vmb jhr forderung vnnd gerechtigkeyt jhrer vnderhaltung/ vnnd anderm wie sich gebürt vertragen/ die schulden bezaln/ damit wir deßhalben weiter anlauffs vnd beunruhiges vbrig vnd erlassen bleiben/ Daß er auch die güter in gůtem baw vnd besserung halten/ vnd insonderheyt daß er sich ausserhalb vnsers Fürstenthumbs der N. Oberkeyt/ Lande vnd gebiete mit wohnung nicht thůn/ ziehen/ noch sein gůt darauß verwenden soll/ bei den pflichten damit er vns Lehens vnd anders wegen zůgethan vñ verwandt/ dabey wie auch vor billich angesehen ist/ daß er auch den Curatorn nach beschehener rechnung vnd aufflieferung vmb jhr gehabte mühe vnd arbeyt/ gebürlich belohnung thů. Es sollen auch die bestendtnuß vnnd verleihung der Güter/ wie die Curatores die inn zeit jhrer verwaltung mit wissen Endrissen gethan haben/ bestendig sein vnnd bleiben/ die sare auß wie dieselben iñhalten/ als dann/ dem allen wie vorgemelt zůgeleben/ vnd nachzůkommen Endreß bey den pflichten vnnd Eyden/ die er vns wie oblaut hieuor gethan hat/ versprochen vnd zůgesagt/ in vermög seiner bekandtnuß vns darüber zůgestelle ferrer außweisende/ ohne geuerde. Actum et Datum N. vnder vnserem auffgetrucktten Secret auff Dinstag/ꝛc.

Bekandtnuß oder Reuerß eines Schirmbrieffs vber Stifft/ Schloß/ Dörffer/ꝛc. vnd derselben Leuthen.

Wir N. von Gotts Gnaden/ꝛc. Bekennen vnd thůn kundt offenbar allermenniglich mit disem Brieff/ die jhn sehen/ lesen/ oder hören lesen/ Als vnsere Vorfarn/

Api

New Formular

Apte vnd Capitel des Stiffts zu A.seliger gedechtnuß/vnnd derselb Stifft mit Schlössern/Dörffern/Leuthen/vnd Gütern lange zeit in schirm des Durchleuchtigen/rc. Hochlöblicher gedechtnuß gewesen vnd herkommen sein/vnnd bey jhren zeiten/vnd wir biß her von demselben vnserm Gnedigen Herrn/vnd jetzundt von dem auch Durchleuchtigen/ rc. vnserm Gnedigen Herrn/ gnediglich vnd getrewlich gehandthabt vnd beschirmt worden sein. Das alles haben wir angesehen vnd betracht/ daß vns kein Landtsfürst/als wol zubeschirmen gelegen/vnd auch daß das also herkommen ist/ Darumb so haben wir mit wolbedachtem muth/zeitlichen einmündigem Rath / vnnd rechten wissen vnns/ vnsern Stifft/mit Schlössern/Dörffern/Leuthen vnd Gütern/nichts außgenommen/für vns vnd alle vnsere nachkommen Abt/Dechant/vnnd Capitel des Stiffts zu A. ergeben inn schirm des obgenanten vnsers Gnedigen Herrn N.rc. vnnd jhrer Gnaden erben die N. sein _erblich vnd ewiglich in jhrem schirm zuuerbleiben_/vnnd gedachten vnsern Gnedigen Herrn/vnd deren vorgeschrieben Erben/für vnser Schirnherrn zuhaben vnnd zuhalten/ die auch vns/vnsern Stifft/alle vnsern Nachkommen vnnd die vnseren/ Geystlich vnnd Weltlich/vnd vnser Schlösser/Dörffer/Leuth vnd Güter/was wir jetzundt haben/oder hernach vberkommen/gnediglich/getrewlich schützen/schirmen/versprechen / vnnd verantworten/vnd vns vnd vnser nachkommen zu/vnd bey vnsern rechten handthaben vnnd behalten sollen nach jhrem vermögen/als ander jhr Landt vnd Leuthe/das jhr/vnd der jhren ist/alles vngefehrlich. Wir haben auch für vns vnd vnsere nachkommen Abte/Dechant/ vnnd Capitel des obgenanten Stiffts / vnsers Gnedigen Herrn N.rc. obgedacht/vnnd dero vorgeschrieben erben offnung geben inn aller vnsers des Stiffts Schlössen/ nemlich zu N. vnnd N. also daß dieselben obgemelter vnser Gnediger Herr/vnnd jhre erben obgedacht/sich ewiglichen zu allen jhren gescheefften vnd sachen darauß vnd darinn behelffen/ auch deren zu jeglicher zeit wann sie wöllen/durch sich/jhre Amptleuthe vnd die jhren mit jhn/vnd außreiten tag vnd nacht gebrauchen mögen/ vnd wann sie der Schloß eins oder mehr zu täglichem Krieg gebrauchen wöllen/das sollen sie vns oder vnsern nachkommen verkünden vnnd zuwissen thun/so sollen wir vnnd vnser nachkommen Abt zu A.bestellen/ ohn allen verzug/daß sie das Schloß zu jhrem Krieg gebrauchen mögen / doch auff jhren kosten/vnd ohn vnsern/vnnd der vnsern schaden/alles ohn gefehrlich. Es soll auch vilgedachter vnser Gnediger Herr/vnd dero vorgeschrieben Erben/die der Schlöß eins oder mehr zu jhren Kriegen gebrauchen / dieselben Schloß die zeit auß dieweil die Sach/ darumb sie die Schloß zu jhrem Krieg gebrauchen / nicht gericht ist/helffen behüten/besetzen/vnd bewaren auff jhren kosten. Es sollen auch alle vnser/vnnd vnser nachkommen Amptleuthe/Keller/darzu Knechte/Pförtner/in den vorgenanten Schlössen die jetzunde sinde/vnnd alle die nach jhne/zu Amptleuthen/Kellern/Thorknechten/vnnd Pfförtnern gesetzt werden/zu jeglicher zeit geloben/vnd zu den Heyligen schweren/ dickbenantem vnserm Gnedigen Herrn/vnnd deren vorgeschrieben Erben/jhren Amptleuthen/ vnnd den jhren/mit öffnung der Schloß/wie vorgeschrieben stehet/ gehorsam vnd gewertig zusein. Es ist auch hierinn beredt/ob wir / oder vnser nachkommen/ an mehr vorbemelten vnsern gnedigen Herrn/vnd deren vorgedachten Erben/vnd jhren Amptleuthen/von Ampts wegen jchtan spruch oder forderung gewonnen/ vmb sachen die hernach entstünden/so sollen wir oder vnser nachkommen drey die Recht sprechen nit verlobt haben/auß jren Rähten benennen/auß denselben dreyen solle einer vnuerzogentlich nesten zu einem gemeinen/vñ vermögen/daß er sich des ein gemeiner zusein annehme/ derselb gemeine soll in einem Monat nechst nach dem er zu einem gemeynen benannt wirdt/beyden Partheyen einen Tag/ an gelegen ende bescheiden/auff denselben Tag soll jegliche Parthey zwen jhrer freunde zu den gemeynen setzen/ vnnd die fünffe sollen als dann ansprache / antwort / widderrede/ vnd nachrede/vnnd was von beyden theylen fürbracht würde/ verhören / vnnd innemen/ vnnd sie vnderstehen gütlich mit wissen zuuereinen/ vnnd vmb welchen Puncten sie die Partheyen mit wissen nicht geeinigen mögen / darumb sollen sie die Partheyen mit jhrem Recht Spruche entscheyden / inn einem viertheyl Jars darnach/ nechst von dem

Tag

Schirmbrieff. CLXXX

Tag an zu rechen/als der erste Tag für den gemeinen vnd zusatz/darvon gehalten werden ist/Vnd wie die Partheyen also von dem gemeynen vnnd zusatze sampt oder dem mehren teyl gütlich oder mit Recht entscheiden werden/das soll von den Partheyen vffgenossen/gehalten/vnd vollnzogen werden/sonder allen inntrag/verzug vnd geuerde. Alle vnd jegkliche vorgeschrieben stück/Puncten/vnd Artickel/gereden vnnd versprechen wir N. Apt/Dechant vnd Capittel des Stiffts zu A. für vns vnd alle vnsere nachkommen des ehegenanten Stiffts bey güten trewen an Eydes statt getrewlich/war/stett/fest/zuhalten vnnd zuvolnfüren/vnnd darwider nit zuthun noch schaffen gethan werden/in keinen weg/ohn alle geuerde. Vnd des zu vrkundt/rc.

Schirmbrieff güter Form.

Wir N.rc. Bekennen/rc. Daß wir von besondern gnaden/vnd vmb getrewer williger dienst vnd fleissiger bette willen vnsers lieben getrewen N. das Dorff vnnd Gericht zu N. mit leuthen/gütern/vnnd allen zugehörungen/in vnsern sonderlichen schirm vnd versprechnuß genossen vnd empfangen haben vier jarlang nach dato diß Brieffs/die nechsten nach einander folgende/vn nemen sie also dariñ in krafft diß brieffs/für vns/vnd vnser Erben/sie vnd das jhr zuschirmen/zuversprechen/vnd zuwertheydingen/gleich andern vnsern verwandten vnd vnderthanen/vnd also daß wir die obgenanten Schultheyß/Gericht vnd Gemeynde zu N. jhr leib vnd güt/die gemelten vier Jarlang/zu recht vertheydingen/schützen/schirmen/vnd handhaben sollen vñ wöllen/als ander die vnser vngefehrlich/So fürther jhnen mit Recht gnüg zunemen vnnd zugeben/zugeben vnd zunemen/Welches nach ordnung Rechts vor oder nachgehen soll/vor vns/odder vnsern Räthen/oder an den enden dahin das mit Recht gewiesen wirdt/verleiben vnnd dem nachkommen wöllen/ohn geuerde. Darauff vns auch dieselben leuth in dem vorgemelten Dorff vnnd Gericht gewönlich huldung/gelübde vnnd eyde gethan haben/Hierumb so heissen/befelhen/vnnd gebieten wir in krafft diß Brieffs/allen vnd seglichen vnsern Oberen vnd vndern Amptleuthen/Landtschreibern/Kellern/Schultheyssen/Richtern/vnnd vnderthanen/die wir jetzundt haben/oder hernach gewinnen/daß jhr das obgenant Dorff/mit Leuthen/Gütern/vnnd aller zugehörung/die vorgeschrieben vier jar auß/von vnsert wegen zu recht vertheydingen/schützen/schirmen vnd handhaben sollen/als ander die vnsern/sie auch nit vergewaltigen noch verunrechten lassen/keins wegs/sonder zu jhrem Rechten vnnd gerechtigkeyten/hilfflich/beystendig/vnd fürderlich sein/nach jhrer notturfft vngefehrlich. Zu vrkundt/rc. Oder also:

Hierumb so heyssen/befelhen/vnd gebieten wir in krafft diß Brieffs/allen vnd seglichen vnsern Amptleuthen/an allen enden/vnd andern den vnsern/ernstlich gebieten/daß jhr das obgenant Dorff/mit leuthen/Gütern/vnnd aller zugehörung/die vorgeschrieben vier jar auß/von vnsert wegen getrewlich schützen/schirmen/handhaben/vnnd vertheydingen/sie auch nit vergewaltigen noch verunrechten lassen/vt sup.

Schirmbrieff anderer Form.

Wir N.rc. Bekennen mit disem Brieff/daß vnser lieber Getrewer Endriß von N. vnser Bürger zu N. vnnd inn den theylen ist/Haben jhnen auch vmb seines gewerckes willen/daß er solches dester freyer vnnd sicherer gebrauchen möge/inn vnseren sonderlichen schirm vnnd versprech genommen/jhnen zuschirmen/zuversprechen vnnd zuwertheydingen/als andern die vnsern seines gleichen/Wo jhm Rechts vor vns/odder vnserem Hoffgericht/odder dahin wir das weisen zugeben vnnd zunemmen/zunemmen vnnd zugeben genügt/vnnd dem nachkommen wil/vngefehrlich.

Hierumb so bitten vnnd begeren wir/an alle vnnd segkliche/in was Wirden/ehren/Standts oder wesens die seindt/Geystlich oder Weltlich/den vnsern ernstlich gebieten/

daß

New Formular

daß ihr den obgenanten Endriß N. vnsern Burger/ trewlich fürderen/ an seinem gewerbe nicht hindern lassen/ jhme für beschedigung seit/ auch mit dem seinen gelepten vnd geleyde schaffen/ wann vnd so dick er des notturfftig vnnd begern ist/ das ist vns von einem jeden/ nach seinen ehren/ wirden/ standt/ vnd wesen zu danckbarer freundtschafft vnnd gefallen/ das wir auch in dergleichen vnd mehrem gern verdienen/ beschulden/ in gnaden erkennen vnd bedencken wöllen. Gebieten hierauff allen vnd jegklichen vnsern Amptleuten/ vnderthanen/ vnd den vnsern/ daß jr den obgenanten Endriß als vnsern Burger von vnsert wegen versprechen/ vertheidigen vnnd verantworten zu Recht/ wie obstehet/ so lieb einem jeden sey vnser gnad zubehalten/ vnnd vngnad zuvermeiden/ Vnnd vmb disen schirm hat vnns Endriß eins jeden jars insonderheyt zwen gulden versprochen zu Sanct Peters tag Cathedram/ in vnser Cammer/ oder wohin wir bescheiden/ zu antworten/ Zu vrkundt versigelt mit vnserm anhangenden Secret. Datum/ ꝛc.

+ vnd glied

Schirmbrieff aber anderer Form.

WIr N. ꝛc. bekennen/ ꝛc. Daß wir N. den Hamerschmid auff der Eyssen schmiden zu N. in vnsern sonderlichen schirm vnnd verspruch auffgenommen haben/ jhne vnd das sein zuschirmen vnd zuversprechen/ gleich vnsern eygen angehörigen leuten/ wo in des rechten zunemen/ zugeben/ für vns/ vnsern Räthen/ vnserm Hofgericht/ oder Amptleuten/ oder wohin wir das jegliche zeit weisen/ genügt/ vnd dem nachkommen wil/ Vnd darauff hat vns der genant N. gelobt/ getrew vnd hold zusein/ vnsern schaden zu warnen/ frommen vnd bestes zuwerben/ als ein schirmgewender schuldig vnd pflichtig ist/ vnnd soll vns eins jeden jars für schirmgelt N. gulden in vnser Kellerey zu N. geben vnnd antworten/ ohn hindernuß. Darumb so befelhen wir allen vnd jeglichen vnsern Amptleuthen/ Dienern/ vnd den vnsern/ daß ihr den obgenanten N. vnd das sein/ gemelter massen von vnsern wegen bey Recht handthaben/ schewern vnd schirmen/ weil er das notturfftig vnd begerend ist/ Vnd soll der schirm stehen/ biß auff vnser/ oder vnser Erben widderrüffen/ ohn geuerde. Vrkundt diß Brieffs/ versigelt mit vnserm anhangenden Secret. Datum N. auff Sambstag/ ꝛc.

Schirmbrieff wider anderer Form.

WIr N. ꝛc. bekennen/ ꝛc. daß wir von besondern gnaden/ vnd vmb getrewer williger dienste vnd fleissiger bitte willen/ vnsern lieben getrewen N. sein Erben/ sein leut/ haab vnnd güter/ in vnsern sonderlichen schirme verspruchnuß genommen vnnd empfangen haben/ vnd nemen sie also darein in krafft diß Brieffs für vns vnd den Hochgebornen Fürsten vnd Herrn/ vnsern/ ꝛc. also daß wir den vorgenanten N. das sein/ sein leuthe/ vnd das ihr zu recht vertheydingen/ schützen/ schirmen vnd handthaben sollen vnd wöllen/ als andern die vnsern/ vngefehrlich/ so fer: jhme vnd auch die seinen mit recht gnüget/ vor vns/ oder vnser Räthen/ oder an den enden/ dahin das mit Recht gewiesen wirdt/ verleben vnd dem nachkommen wöllet/ vngefehrlich. Vnd hierumb so heissen vnd gebieten wir allen vnsern Amptleuthen vnd Landschreibern/ Kellern/ Schultheyssen/ Richtern/ vnd vnderthanen/ die wir jetzundt haben/ oder nachmals gewinnen/ daß ihr den mehrobbemelter N. sein leuthe/ das sein/ vnd das jhre/ wann sie das gesinnen vnnd fordern/ von vnsern wegen zu recht/ vnd für gewaldt verheydingen/ schützen/ schirmen/ vnnd handthaben sollen/ als ander die vnsern/ vngefehrlich. Zu vrkundt/ ꝛc.

Schirm vnd Vormünder Brieff miteinander.

Wir

Formunder Brieff. CLXXXI

Jr N. ꝛc. bekennen ꝛc. Als weilande vnſer lieber getrewer Thoman N. von N.
ſeliger etlich Kinder nach ſeinem abſterben in leben verlaſſen hat/ die noch vnder
jhren jaren ſeind/ vnnd deſſelben Thomans Witwe vnd freundtſchafft/ vns de-
mütiglichen angeruffen vnd gebetten/ dieſelben Kind mit Vormündern zuuerſehen/ daß
wir dann demſelben nach vnnd ſolch bitt/ die vns dann zimlich bedauchte hat/ angeſehen/
geneigt vnnd ſchuldig ſeind/ Vnnd darumb als der Landtsfürſt/ auß vnſer Fürſtlichen
Oberkeit gemelten Kindern vnſer liebe getrewen N. vnd N. ſampt vnd ſonder/ zu rechten
Vormündern geordnet vnd geſetzt/ vnd jhn beuolhen haben/ alle vnnd jegliche der Kinde
ſachen/ es ſey in oder auſſerhalb Rechts/ zum beſten/ nützlichſten/ vnnd getrewlichſten zu
handlen/ zuuerteydingen/ zuuertretten vnd zuuerſehen/ auch jhnen mit einnemmen vnnd
außgeben/ jhrer rennt/ gült/ vnd geſell zum nützlichſten fürzuſein/ fürzuſchaffen/ vnd für-
zuſparn/ vnd aller jhrer güter/ ligender/ vnd fahrender/ wie ſie das im ingang jhrer Vor-
münderſchafft finden/ gründtlich Inuentarien machen vnd eigentlich beſchreiben laſſen/
vnd ſonſt von gemeldter Kinder wegen alles zuthun vnnd zuhandlen/ das frommen redli-
chen Vormündern von Landsfürſtlicher Obrigkeit geſetzt vnd geordnet/ rechtlich/ oder
nach gewonheit zimpt vnd gebürt/ Auch ſo wir oder der Kinder freunde von der Kinder
wegen an ſie rechnung/ jhres innemens vnd außgebens/ es ſey zu zeit abrettung jrer Vor-
münderſchafft/ oder daruor/ auch vmb alle ander jhr handelung/ ſie in zeit jrer Vormund-
ſchafft von der Kinder wegen thun/ rede vnd antwort zugeben/ fordern vnd geſinnen wer-
den/ daß ſie demſelben gebürlicher weiſe gehorſam ſeien. ⁋ Wir nemen auch die gemelten
Vormünder vnd Kinder/ ſampt der Kinder mutter/ in ſachen die Kinder vnd Vormün-
derſchafft berüren/ in vnſern ſchutz vnd ſchirm/ ſie/ wie rechts jhnen vor vns genügt/ gleich
ander vnſer ſchirm verwandten zuſchüßen vnd zuſchirmen/ getrewlich vnd ſonder alle ge-
fehrde/ dem allem wie obgemelt nachzukommen/ habens vns gemelte Vormünder/ ſo viel
die Vormünderſchafft berürt/ gelobt vnd zu den Heiligen geſchworn. Vrkunde diß
Brieffs.

Vormünder Brieff

Jr N. von Gotts Gnaden ꝛc. Bekennen ꝛc. Nach dem vnſer lieber getrewer N.
ſelig mit todt verfarn iſt/ vnnd ein Sohn genant Hans/ der noch vnder ſeinen
mündigen jaren iſt/ verlaſſen/ vnnd wir dann von ſeinen freunden als der Lands-
fürſte/ ſein Herr/ vnnd ordenlicher Richter/ vnderthenigklichen angeruffen vnnd gebetten
worden ſind/ jhme Curatores vnd Vormünder zuordnen vnd zugeben/ daß wir demnach
auß Fürſtlicher vnd ordenlicher Oberkeit/ vnſer lieb getrewen N. vnd N. zu rechten Vor-
mündern vnd Curatores ad litem dem obgemelten N. Sohn gegeben/ geordnet vnd ge-
ſetzt haben/ vnd thun das hiemit wiſſenlich in krafft diß brieffs/ vnnd geben jhn des gnug-
ſam macht vnd gewalt/ alſo daß ſie des gedachten N. Sohn/ händel vnnd ſachen zum be-
ſten vnd getrewlichſten handlen ſollen vnnd mögen/ jhr güter/ ligend vnnd fahrend/ gült/
vnnd ſchuld ein Inuentarien zumachen/ innemmen/ außgeben/ fürſchaffen/ vnnd ſo das
erfordert wirt/ darumb rechnung thun/ vnd gemeinlich vnd ſonderlich alles vnd jegliche/
von des gedachten N. Sohns wegen/ fürzunemen/ zuthun vnnd zulaſſen/ als ſich getrew-
en Vormündern zuthun gebürt/ als ſie dann auch vns darüber mit trewen gelobt/ vnd zu
den heiligen geſchworn haben/ alles vngefehrlich/ Zu vrkunde ꝛc.

Vormünder Brieff/ anderer Form.

Jr N. ꝛc. Bekennen ꝛc. Daß wir auß vnſer ordenlicher Oberkeit vnnd als der
Landsfürſt N. ſeligen Sönen vnd Kinder/ die noch zu jren mandigen vnd vogt-
barn jaren nicht kommen ſeind/ zu rechtem Vormünder gegeben/ geordnet vnnd
geſetzt haben vnſern ꝛc. N. ordnen/ geben vnd ſetzen jn auch hiemit wiſſenlich in krafft diß

New Formular

Brieffs zu rechten Vormunder gemelter Kinder/ihrer person/ihren gütern/Erbschafft/ Erbrechten/ vnd anliegenden sachen getrewlich fürzusein/ zuuerwaren/ zuuersehen/ ihren nutz/ frommen vnd bestes zuschaffen/ auch ihrer güter ein recht Inuentarium zumachen ligender vnd farender güter/ schulden vnd anders/ vnnd aller seiner handelung/ innemens vnd außgebens/ vns/ der Kinder freunden/ oder den kinden/so sie zu jhren tagen kommen/ zu jederzeit so das an jhn gesunnen wirt/rechnung/rede/ vnd antwort zuthun vnnd geben/ als sich in solchem gebürt/ Der genant N. hat vns auch gelobt vnd zun Heiligen geschworen/gemelten Kindern getrewer Vormünder zusein/ alle jhr hendel vnnd sachen zum besten fürzunemmen vnd zu handlen/ ihren nutz zufürdern/ vnd schaden zuuerhütten/ vnnd gemeinlich vnd sonderlich alles das zuthun/ das ein getrewer Vormünder von recht vnd gewonheit schuldig ist/vnd billich thun sol/alles vngeferlich/ Zu vrkundt ꝛc.

Beweisung eines vom Adel seiner vier Anherrn/ in form eins Instruments.

IN Gottes namen Amen/ Kundt vnnd offenbar sey allermenigklich in disem offen Instrument/ daß in dem jar als man zalt nach Christi vnsers lieben HErrn geburt/ Tausent Fünffhundert vnd in dem sieben vnnd sechsigsten jar/ in der zehenden Römer zinßzale Indiction zu Latein genant/ bey Regierung vnd Herschung des aller Durchleuchtigsten Großmechtigsten Fürsten vnnd Herrn/ Herrn Maximilian diß Namens des andern erwelten Römischen Keysers/ zu allen zeiten mehrer des Reichs/ in Germanien/ zu Hungern/ Behem/ Dalmatien/ Croatien/ vnd Schlauonien ꝛc. König Ertzhertzog zu Osterreich/ Hertzog zu Burgundt/ Steier/ Kerndten/ Crain/ vnnd Wirtemberg/ Graue zu Tyroll ꝛc. vnsers aller Gnedigsten Herrn/ seiner Maiestat Reich des Römischen im fünfften/ des Hungerischen im vierdten/ vnd des Böhmischen im neunzehenden jaren vff donnerstag den dreizehenden tag des Monats Martij zwischen ein vnd zwo vhren nach mittag/ ist der Edel vnd Ernuest Hans Daniel von N. Wolff von N. seligen Sohne/sampt seiner freundschafft/nemlich die Edlen vnd Ernuesten Wilhelm von N. A. von N. B. von N. vnd C. vnd N. vor dem Wolgebornen Herrn/ Herrn N. ꝛc. in seiner Gnaden bewönlicher behausung zu N. Würtzburger Bistumb gegen N. Closter vber gelegen/ in jhrer Gnaden bewönlichen stuben/ erschienen/ vnd da zuerkennen gebe/ wie daß er Hans Daniel von N. in willens sich Gott zu lob/ in Ritterliche Teutschen Orden/ Sanct Georgen Bruderschafft zubegeben/ vnnd sie als Vettern/ Schwäger vnd Freunde gebetten/ jhm darzu behülfflichen vnnd fürderlichen zusein/ hetten sie jhme seins Adelichen fürnemens nicht abschlagen vnnd wegern können/ So nun jhme zu solchem Adelichem / Ritterlichem vnnd löblichem fürnemen von nöten/ seiner ehelichen geburt vnd Stamme des Adels von seinen vier Anherrn vnd herkommens zeugnuß zuhaben. Hierauff haben sie die obernanten vom Adel allesampt vnnd jeden besonder obwolgemilten Herrn Graff N. ꝛc. jhrem Gnedigen Herrn freywilliglich/ Adeliche trew vnnd pflicht mit eigner handt dise ware zeugnuß/ daß diser Hans Daniel von N. Ehelichen geborn/ vnd von vier Anherrn/ Nemlich vom Stamm auffs Vatter seiten/ von N. vnd N. vnd auff der Mutter seiten von N. vnd N. geborn wer/ auch jhnen der halben bey allen hohen vnd nidern/wes würden vnd standts ein jeder ist/ daß solchs jhne wol wissen/ vnd Ehelichen vnd Adelichen geburt zeugnuß geben. Vnd dieweil solche bekandtnuß vnd ernewrung der vier Anherrn also für obwolgedachten den wolgebornen Herrn/ Herrn N. ꝛc. auch mir hieunden benanten Notarien geschehen/ solches offentlichen gesehen vnnd gehört habe/ vnnd begert worden/ darüber eins oder mehr offen Instrument/ so vil dero not sein würden zumachen erfordert bin/ solchs an orten vnd enden/ damit sich Hans Daniel von N. sich derselbigen zu kundtschafft hett zugebrauchen/ auffrichten vnnd verfertigen sol/ doch zuuor der Wolgeborn Herr/ Herr N. ꝛc. jhren Gnaden zu glaublicher vrkund/

vnd

Kauffbrieff. CLXXXII

vnd dann die Edlen vnd Ernuesten/ Wilhelm von N. A. von N. B. von N. vnd C. von N. alle hieroben genandt/ Hans Danielo vettern/schwäger/ vnd freundt/ ihr Gnaden vnnd Ernuesten angeborne Insigel an disen vrkundts Brieff thun hencken/ doch ihren Gnaden/ auch alle dero vom Adel obgemelt vnd ihre Erben/ in allewege ohnschedlichen/ Vnd seind dise ding geschehen in dem jar/Monat/tag/zeit/statt/vnd stunde/ wie obgeschrieben/ in beysein des Wirdigen hochgelehrten Herrn Philippi N. beyder Rechten Licentiaten/ als sonderlichen herzu beruffen vnd gebetten.

Vnd dieweil ich Johan N. von N. Bürtig/ inwoner zu N. auß Bäpstlicher vnnd Keyserlicher Maiestat begnadigung offenbarer Notarius/ bey solcher anzeigung/ erklärung/ vnnd ernennung der vier Anherrn in disem Instrument verleibt/ vnnd allen andern obgeschrieben sachen/ mit sampt obgemelten gezeugen selbs persönlich zugegen gewesen bin/ das also geschehen/ gesehen vnd gehört/ hab ich auff ansuchen vnd bitten Hans Daniel von N. diß offen vrkunde vnd Instrument mit N. meines substituten/ so auch Notarius ist/hand fleissiglichen geschrieben/ durch mich mit allem fleiß wider oberlesen/ eigner hand vnderschrieben/ auch mit meinem gewönlichen Signet/ namen vnd zünamen bezeichnet zu warem glauben aller obgeschrieben sachen darzu von ampts wegen wie sich gebürt ersucht vnd gefordert.

Volgen etliche Kauff vnd Gültbrieffe.

Verkauffbrieff vber Lehen vnd Manschafften.

Wir N. 2c. Bekennen 2c. Daß wir mit rechtem wissen/ vnd nach rath vnser lieben getrewen/ vmb vnsers besten nutz vnd mercklicher notturfft vnseren leibnarung willen/ verkaufft vnd zukauff geben haben/ verkauffen vnd geben zukauffen rechte vnd redlichen/ für vns/ vnd alle vnser erben vnd nachkommen/ wie dann ein rechter redlicher vnwiderrufflicher kauff/ an allen enden vnd stetten/ in Geistlichen vnd Weltlichen Rechten/ vnd nach Landes sitten vnd gewonheit aller best krafft vnd macht haben sol vnnd mag/ one alle geferde/ dem Wolgebornen Herrn N. vnserm freundtlichen lieben vettern/ vnd seiner liebden Erben/ alle vnser Mannschafft vnnd Lehen/ die von vns zu Lehen rürn vnd gehen/ wo/ vnd wie die gelegen/ geheissen/ vnd genandt sein/verschwigen/ oder vnnerschwigen/ gesucht vnd vngesucht/ nichts außgenommen/ vnd ist diser kauff geschehen vmb 4000. guter Reinischer gülden/ des wir gantz vnd zumal gnüglich von ermelten Herrn N. 2c. vergnügt/ bewiesen/ außgerichtet/ bezahlt/ vnnd wol gewert sein/ daran vns ohn alle einred wol vergnügt/ vnd sagen auch für vns/ vnd alle vnser erben vnd nachkommen/ den genanten Herrn N. 2c. vnd alle ihrer liebden erben vnd nachkommen/ darumb gentzlich vnd zumal quidt/ledig/ vnd loß/ in krafft diß Brieffs/ Wir setzen auch für vns vnd alle vnser erben vnd nachkoffsen den mehrgedachten vnsern freundlichen lieben Vettern Herrn N. 2c. vnnd ihrer liebden erben/ diß kauffs in recht/ nützlich gewalt vnd gewere/ vnd vns vnnd vnser erben zu ewigen tagen darauß/ also das nun fürbaß innen haben/ alle vnser Manne/ jetzund von stund an ohn verziehen/ bey behaltnuß ihrer Lehen/ die sie von vns haben/ dieselben Lehen von mehrgenantem Grauen N. 2c. vnnd nach seinem tödlichen abgang (den Gott nach seinem willen lang verhalten wol) von seiner Liebden erben empfahen/ haben vnd tragen/ vnd dauon pflichtig vnd verbunden sein sollen/ in aller massen vn wie sie vns vnd vnsern erben dauon pflichtig vnnd verbunden gewest sein sollen/ ob wir die nicht verkaufft hetten/ dieselben Lehengüter was der/ oder wie die genandt sein/ auch nun fürbaß mehr von dickgedachten Herrn N. 2c. ihrer liebden erben/ vnd der Graffeschafft N. zu Lehen rürn vnd gehen sollen/ in aller massen die vor vns vnnd vnser Herrschafft zu Lehen gerürt haben vnnd gangen seind/ ohn alle geferde/ Wir haben auch darauff alle vnser salbücher/ rodel/ register/ Lehenbrieffe/ vnnd anders/ was wir/ vber all vnser Mannschafft

New Formular

sagende/inngehabt haben/offtbenandten Grauen N. zu seinen handen gegeben/ vnnd alle vnser Manne geheissen/ in einem vnsern besondern besiegelten brieff/ wie wir dem ehegedachten Herrn N. ?c. auch gegeben haben/ daß sie alle ihr Lehen/ die sie von vns zu Lehen gehabt haben/von seiner liebden erben als vorstehet/ empfahen/ haben vnnd tragen sollen/ vnd so sie das gethan haben/ daß sie als dann aller glübde vnd eyde/ damit sie vns von derselben Lehen pflichtig gewest sein/ledig sein sollen. Vnd darauff so verzeihen vnd begeben wir vns/für vns/ vnd alle vnser erben vnnd nachkommen/ aller obgemelter vnser Mannschafft vnd Lehen/ vnd aller vnser rechten vnd herrligkeit/die wir daran vnnd darzu gehabt haben/ vnd haben möchten/ wie dann ein gnädigher wolmechtiger verziegt/ inn Geistlichen vnd Weltlichen Rechten/ krafft vnnd macht haben sol vnnd mag/ ohn alle gefehrde/ vnd gereden vnd versprechen/ für vns/ vnd alle vnser erben vnnd nachkommen/ bey trewen/eyden/ vnd Ehren/ den mehr ehegenandten rieinen freundtlichen lieben vettern Herrn N. ?c. vnd jhrer liebden erben diß kauffs fürderlich vnd nicht hinderlich zusein/ auch disen kauff getrewlich/stett/vest/vnd vnuerbrüchlich zuhalten/vnd zuuolnfüren/ vnd darwider nicht zuthun/ noch schaffen gethan werden/ auch darumb oder danon an Grauen N. obgenant/ vnd jhrer liebden erben nüsser kein forderung zuhaben noch zuthun/ noch schaffen gethan werden/weder mit gericht/noch ohn gericht/noch in kein ander wege/ wie jemandt die finden/haben/ oder erdencken mochte/ alle fünde/ gefehrde/ vnd gesuche/ vnnd was hiewider/ oder wider icht das in disem brieff geschrieben stehet/ gesein möcht/ gentzlich auß vnd abgescheiden/ Vnd des zu vrkundt ?c.

Kauffbrieff vber Stadt/ vnd Schloß/mit Leuthen vnd gütern/ in guter schöner/ hertzlicher form.

Wir Bürgermeister/ Stettmeister vnd Räthe/ der dreyen Städt/ A. B. vnd C. Bekennen offentlich vnd thun kundt allermenniglich mit disem Brieff/ daß wir mit gutem willen/wolbedachten sinnen/ vnd muten/ auch gesambleten/ vnd wolbedachtem Rath/ von vnser/ vnd vnserer Städt/ bessers nutz vnnd frommen wegen mehrerm vnsern schaden damit zufürkommen/ für vns/ alle vnsere bürger vnd nachkommen/ in der aller besten/ beständigsten form/ maß/ weiß/ vnnd gestalt/ so das vor allen Leuthen/ Richtern/ vnd Gerichten/ Geistlichen vnd Weltlichen/ auch sonst in allweg/ immer gut macht/ krafft/ vnd bestandt hat/haben sol/ kan/ vnd mag/ recht/ vnnd redtlichen/ für allermennigliche widertreiben/vnd abzsprechen/verkaufft/vnd zu kauffen geben haben/ verkauffen/vnd geben auch jetzo zukauffen/hiemit wissentlich/ vnd in krafft diß brieffs dem Wolgebornen Herrn/ Herrn Ludwigen Casimirn/ Grauen von N. vnd Herrn zu N. ?c. vnserm Gnedigen Herrn/ vnd aller jhrer Gnaden erben/ vnd nachkommen/ diese hernach geschriebene/vnsere Schloß/Städt/Dörffer/Eigenthumb/Lehen/Herrngülten/stück vil güter/ nemlich das gantz Hauß vnd Schloß/ auch daran ligend Städtlein D. sambt dem thal darunter gelegen/ mit derselbigen gemewren/ zwingern/ thürnen/ stadtmawrn/ wällen/ vnd wie es sonsten allenthalben vmbfangen/ vnnd begrieffen ist/ mit sambt dem Wirtshauß daselbst/Caplaney/ vnd Schultheissen behausung/ auch schewren/ vnd stadeln/ darzu gehörig/ auch den Flecken E. sampt vnsern gütern zu F. G. H. I. K. L. M. vnd andern Flecken daselbst herumb gelegen/ auch den seen/ weiern/ vnnd fischgruben/ hölbzern/ holtzmarcken/wiesen/vnd gärten/ auch zehenden/ groß vnd klein/sampt der leihung der Caplaney zu D. mit seinen anhangenden vnd angehörigen gütern/wie wir dieselbigen Schloß/ Statt/Flecken/ stück/ vnnd güter zum theil von wolseliger gedechtnuß Herrn Vlrichen Grauen zu N. ?c. Kaufflichen an vns gebracht/ vnd bißher in gemeinschafft inngehabt/ besessen/ vnd genossen/ vnnd wolgemeltem vnserm Gnedigen Herrn Graue Ludwig Casimirn/ Graffe von N. ?c. in einem besondern besiegelten pergamentin Register/ vnderschiedlich

Kauff Brieff.

schiedlich bestimpt vnd verzeichnet/vbergeben vnd zugestelt haben/vnnd nicht anderst gehalten/oder darfür geacht werden solle/ als ob es disem original kauff brieff vnderschiedlichen von worten zu worten/einuerleibt were/alles für frey/ledig/recht/vnbeküssert/vnd ohnuersegt/eigen/vnnd nicht Lehen/beschwert noch einig ander weg verpfendt/mit allen jhren/vnd jhr jedes in sondern Oberkeiten/hoher/niderer/vnd aller anderer Iurisdiction/gerichten/gerichtbarkeiten/zöllen/gleiten/vngelten/mannschafft/reisen/stewren/diensten/fellen/handlohnen/haubtrechten/nachstewren/vnd allen andern herzlichkeiten/freyheyten/dienstbarkeiten/zu vnd eingehörungen/ auch rechten/vnnd gerechtigkeiten/ es sey an leuthen/hewsern/schenckstätten/höffen/gütern/gleiten/zöllen/eigenthumb/erbschafften/zehenden/nutzung/zinsen/gülten/äckern/wisen/weingärten/wälden/veldern/selden/wasser/weyden/widgengen/fischereien/vogteien/gerichten/zwingen/bännen/freueln/besten/vngelten/atzungen/sagungen/bussen/besserungen/egerten/mosern/buschen/bergen/schlichten/reinen/steinen/marckungen/brüchen/holzrechten/mülen/mülstetten/wasserläuffen/awen/zucken/in vnd außgengen/im wasser/auff lande/ob vnnd vnder der erden/benandts/vnd vnbenandts/besuchts/ vnd vnbesuchts/gantz nichts dauon außgenoissen/mit sampt allen gewehren/vnd was zu der wehr gehörig ist/im Schloß/vnd sonst im Flecken/es sey an büchsen/groß vnd klein/harnisch/spieß/hellenbarten/vnd andern gewehr/so vns gehörig/zustendig/vnd daselbst ist/vnnd darzu auch alle vnsere leibeigene/Mann/vnd Weibs personen/so in den fleck ey D. vnd im thall daselbst/ auch zu E. vnd in den nebsten vmbligenden flecken/als F.G.H.J.K.L. vnd M. gesessen sein/ mit jren leibbethe/leibhöner/hauptrechten/vnd andern jhren zu vnnd eingehörungen/nichts dauon außgenommen/vnd obgemeltes alles/mit aller vnd jeglicher Oberkeit/gewaldtsame/setzen/ entsetzen/gebotten/verbotten/heissen/entheissen/gründen/bödemen/auch leihung der pfründen/vnnd ander Lehenschafft/ wie wir dann das alles an vns gebracht/ vnd jhren gnaden einhendig gemacht/vnd als obstehet/verzeichnet zugestellt/ von jhren Gnaden voreltern zum theil an vnsere vorfahrn kommen/vnd wir selbst bißher jnnen gehabt/genützt vnnd gebraucht habe/zu rechtem eigen/ vnd stetem kauff/ vmb N.tausent gülde Reinischer gemeiner Landeswerung in Müntz/den gülden zu 15. batzen oder sechzig creutziger gerechnet/ derer wir von jhren Gnaden wolgewert/gentzlich vnd gar bezalt sein/sagen/zeelen/vnd lassen auch jre Gnaden/derselben erben/vnd nachkommen/solcher obbestimpter kauffsumma/für vns/alle vnsere bürger/ vnd nachkommen/gar vnd gantz/auch endelich vnd vnwiderrufflich/ quit/frey/ledig/vnd loß. Hierumb sollen vnd wöllen wir/alle vnsere Bürger/vnd nachkauffen dem wolgemelten vnserm Gnedigen Herzn/Graue Ludwig Casimir jrn von N.zc. vnd allen jhrer Gnaden erben/vnd nachkommen/die obgeschriebene Schlöß/Stätt/Flacken/zöll/gleidt/hohemalefitz/Oberkeit/Leuth/güter/heuser/hoffreithen/hoffstett/äcker/wiesen/gärten/holtz/rein/egerten/mültz/gülten/zehenden/Iurisdiction/Geistlichen/ vnnd Weltlichen Lehen/vnd alles anders/ wie in dem besigelten register/ vnderschiedlich bestimpt/auch obgemelt ist/mit allen/vnd jhr jegliche nutzungen/gefellen/diensten/zugehörenden/dienstbarkeiten/rechten/vnd gerechtigkeiten/für anderßwo vnbekümmert/recht/frey/ledig/eigen/vnnd stetten kauffs/fertigen vnd weren/ auch gegen menigklichen vertretten/ als eigens/vnnd stetten kauffs/vnd werschafft recht ist/doch ist hierin sonderlich bewilligt/außgedingt/vnd verglichen/daß wolzemelter vnser Gnediger Herz der kauffer/alle vnd jede rechtfertigung/ auch andere streitbare/vnnd spennige irungen/sachen/vnd handlungen/so wir bißher/vnnd noch beyder anspez D. vnd E. halben/mit dem Durchleuchtigen Hochgebornen Fürsten vnd Herzn/Herzn N.zc. vnsern Gnedigen Herzn/auch dem Stifft N. denen vom Adel/vnnd andern vmbgesessenen nachbarn/ so an solche Ampt grentzen/vnd stossen/rechthengig haben/dieselbigen alle/ sampt vnnd sonder/ nichts außgenommen/ sollen jhre Gnaden auff sich zuladen vnd zunemmen/vnd auff derselbigen eigen kosten/ ohne vnser zuthun/ oder verlegung/außzuführen schuldig/ vnd hiemit verbunden sein/vnnd so auch in einer oder mehr derselbigen sachen/jhre Gnaden verlustigt/vnd im rechten vnderligen/so sollen doch wir vnnd vnsere nachkommen/

New Formular

jhren Gnaden/ vnd derselbigen erben/ einigen abtrag/ fertigung/ oder wehrschafft/ oder etwas darfür zuerstatten/ in nichten verpflicht/ oder verbunden sein/ in gantz kein weiß noch weg. Vnd hierauff so haben wir die armen leuth/ erbbestender vnd besitzer der güter/ so zu D. vnd E. gehörig/ aller pflichte vnd verwandnuß/ damit sie vns solcher güter halb/ auch sonst verpflicht gewesen/ ledig/ vnd frey gezelt/ vnd sie an vielwolgemelten vnsern Gnedigen Herrn/ jhren Gnaden zuhalten/ vnd hinfüro auch jhren Gnaden/ derselbigen erben vnd nachkommen/ mit solchen gerechtigkeiten/ herzligkeiten/ gütern/ gülten/ dienstbarkeiten/ vnnd rechten zugewarten vnnd gehorsam zusein/ gewiesen. Wöllen auch für vns/ vnd alle vnsere nachkommen/ vns solcher jetzo gegenwertiglich in krefftigster form/ gentzlich endteussert/ dauon abgetretten/ vnd von vns/ auff vielwolgemelten vnsern Gnedigen Herrn gewent vnd transferiert haben/ thun das auch hiemit wissentlich/ vnd in krafft diß Brieffs/ haben auch mehrwolgedachten vnserm Gnedigen Herrn von N. x. alle vnnd jede Brieff/ Register/ Saal/ vnd vrbarbücher/ vnd anders/ vber alle vnd jede obgeschriebene verkauffte stück vnd güter lautent/ als bald vberantwort/ vnd zu jhrer Gnaden handen gestelt/ darzu geredt/ versprochen vnd zugesagt/ versprechen vnd sagen jhren Gnaden auch hiemit zu/ in krafft vnnd macht diß brieffs/ ob vber kurtz oder lange zeit einich ander brieff/ register oder anders/ vber obbestimpte Schloß/ Stätt/ Ampt/ Flecken/ stück/ vnnd güter/ eigenthumb/ Herrngülten/ Jurisdiktion/ Geistlich vnd Weltlich Lehen/ vnd alles anders/ oder einich zugehörde/ fünden/ oder jhren Gnaden an solchem Schloß/ Stadt/ Ampt/ Flecken/ stücken/ vnnd gütern/ oder einigem andern als obstehet/ ichtzig abgienge/ brüch oder mangel geschehen würde/ daß als dann wir/ vnd vnsere nachkommen/ dieselben auch vberantworten/ darzu auch den abgang/ bruch/ mangel/ jrrung/ vnnd eintrag/ doch alles mit obbestimbter vnd außbedingter maß/ biß zu jrer Gnaden völligem benügen/ ohn verzug/ auch ohne allen jhrer Gnaden kosten/ vnnd schaden/ richtig machen/ vnnd sie deßhalben gentzlich vertretten sollen vnd wöllē/ also/ daß wolgemelter vnser Gnediger Herr/ vnd alle jhrer Gnaden erben vnd nachkommen/ hinfüro damit gefaren/ schaffen/ verleihen/ werben/ handlen/ thun vnnd lassen sollen vnd mögen/ als mit andern jhrer Gnaden eigen stücken vnnd gütern/ nach allem jhrem willen vnd wolgefallen/ vngehindert/ vnnd vngejrret vnser/ vnserer bürger/ vnd vnser nachkommen/ auch sonst aller menniglichs von vnsert wegen/ dann wir vns/ für vns/ vnsere Bürger/ vnnd alle vnsere nachkommen/ daran aller recht/ gerechtigkeit/ wider forderung/ vnnd anspruch/ auch der exception non numeratæ pecuniæ, vnd sonderlich den rechten die gemeinen vertzig nichtigen/ es gehe dann ein sonderung/ mit ernennung der theil/ vor/ vnd sonst aller anderer behelff/ Gnaden/ priuilegien/ freiheyten/ indulten/ concession/ verstandt/ cautelen/ odder anderer außzügen/ ob solchs gleich von Concilien/ Bäpsten/ Römischen Keysern/ vnnd Königen/ oder andern Geistlichen vnd Weltlichen Oberkeiten/ durch vns/ vnnd vnsere nachkommen oder jemandts anders von vnsert wegen erlangt/ oder auß eigner bewegnuß/ rechtem wissen/ vnd volkommener macht/ gegeben weren/ oder würden/ auch alles anders/ so hiewider gebraucht/ oder fürgenommen werden möcht/ gar vnd gentzlich/ auch entlich vnnd vnwiderrufflich/ vertzeihen vnd begeben vns deren aller/ vñ daß wir vns auch keiner Gnaden/ freiheyten/ oder anders/ als oblaut/ nit annemen/ gebrauchen/ noch in einig weiß/ oder wege/ helffen sollen/ noch wöllen/ jetzo hiemit wissentlich/ in krafft diß brieffs/ für vns/ vnd alle vnsere nachkomen. Were auch daß diser brieff vber kurtz oder lang zeit/ an insigeln/ oder an schrifft/ was mälig/ löcherecht/ oder was sonst gebrestenhafft würde/ wie oder wo das beschehe/ dz doch solches/ dem vilwolgemelten vnserm Gnedige Herrn/ jrer Gnad erben/ vnd nachkomen/ an den obgemelten erkaufften stücken/ gütern vnd artickeln/ die diser brieff innenhelt/ in ewigkeit keinen schaden bringen/ in keinerley weiß/ alles getrewlich/ sonder argelist vnd geferde. Vnd des alles zu warem vrkundt vnd mehrer versicherung/ hat vnser jeder der verkauffer vnser Stadt groß insiegel/ offentlich/ vnd mit rechtem wissen/ vns/ vnsere Bürger vnd nachkommen/ damit zubesagen/ an disen brieff gehangen. Der

geben

Gültverschreibung. CLXXXIIII

geben ist Mittwochs nach Sanct Michaelis des heiligen Ertzengels tag/ den letzten September/ nach Christi vnsers lieben Herrn geburt/ im N. jar.

Kauff oder gültverschreibung vmb CCC gülden järliches zinß/ mit Bürgschafften/ ein schöne form.

Wir N. ꝛc. Bekennen für vns/ vnsern freundtlichen lieben Sohn, Hertzog N. vnser erben vnd nachkomen offentlich an disem brieff/ vnd thun kundt allen den/ die jhn jnniser ansehen/ lesen oder hören lesen/ daß wir durch vnser vnd vnsers freundtlichen lieben Sohns N. nutz willen/ für vns/ vnser erben/ vnd nachkomen/ recht vnd redlich verkaufft/ vnnd zukauffen geben haben/ vnd verkauffen also in krafft diß brieffs/ in eines rechten kauffs weise/ wie dann ein kauff/ von recht oder gewonheit allerbest krafft vnnd macht hat/ haben sol vnd mag/ dem wirdigen N. vnd N. vnd allen jren erben/ oder wer disen brieff mit jrem guten willen jßhat 300. gül. Reinischer guter Landswerung/ den gül. zu 15. batz. od 60. creutzer gerechnet/ järlicher gülten auff vnserm Schloß/ dörffer/ vnd weiler/ mit namen N. dem Schloß N. N. vnd N. die Dörffer mit jren gerichten vnd vogteyen zu N. vnd N. die weiler/ vnd was darzu vnd darin gehört/ es sey an nutzen/ fellen/ zöllen/ renten/ wildbannen/ ligends oder fahrends/ gesuchts/ oder vngesuchts/ groß vnd klein/ wie oder wo die gelegen/ geheissen/ oder genant seind/ als wir das vnd der Wolgeborn N. seliger gedechtnuß/ das alles bißher jngehabt vnd genossen haben/ die dafür samentlichen jr recht gemein vnuerscheiden vnderpfandt seind/ vnd sein sollen vmb 6000. gülden guter Reinischer Landswerung/ den gül. zu 15. batz. oder 60. creutzer gezehlt/ der wir von den obgenanten kauffern gewert vnd wol bezalt seind/ vnd sie in vnsern/ vnd vnsers freundtlichen liebe Sohns N. kundtlichen nutz gekert/ vnd gewent haben/ vnd wir versprechen vnd gelobt/ bey vnsern fürstlichen ehren vnd wirden/ für vns/ vnsern Sohne N. vnser erben vnd nachkomen/ den vorgenandten kauffern/ jren erben/ oder wer disen brieff mit jrem guten willen innhat/ die vorgeschribenen 300. gul. Reinis. landswerung järlicher gült/ zugebē/ zureichen/ ghen N. N. N. oder ghen N. an welche der vier stätt eine sie wöllen/ vnd vns das/ oder vnsern freundtlichen lieben Sohne N. vnsern erben oder nachkomen/ amptman/ oder keller zu N. den wir zu den zeiten da haben werden/ verkündet/ in jren sichern gewalt antwort auff Sanct N. tag/ nechst nach datum diß brieffs/ oder in den nechst vierzehen tag darvor/ oder darnach folgende/ ohngefehrde/ Auch sollen vñ wöllen wir/ oder vnser freundlicher lieber Sohn N. vnser erben vnd nachkomen den vorgenanten kauffern/ oder jren erben/ oder wer den brieff mit jrem guten willen jßhat/ die 6000. gülд. hauptgelts in obgemelter werung/ mit sambt kosten vnd schaden darauff gangen/ was vnd wieviel sein were/ des jren worten sonder gelübde/ eyde/ oder ander gezeugnuß zuglaubē/ samenthafft in einer summa außrichten vnd bezaln/ auff den nechsten Sanct N. über sechs jar nach dato diß brieffs folgenden/ in jhren sichern gewalt antworten ghen N. N. oder N. welche die vorgnanten kauffer oder jre erben/ vns wer den brieff mit jrem guten willen jßhat/ vns benennen/ alles mit vnsern/ vnsers Sohns/ vnser erben/ oder vnser nachkomen kosten/ verlust/ schaden/ vnd arbeit/ vñ sol das nit hindern oder jrren/ krieg/ raub/ oder name/ verbieten/ verhalten/ oder einigerley ander geschicht oder vngefelle/ wie die kosten möchten/ one alle geferde ꝛc. Were es aber sach/ daß wir/ vnser freundtlicher lieber Sohn N. vnser erben/ oder nachkomen an solcher bezalung vnd antwortung der obgeschribē gült oder haubtgelts/ auff welch obgeschriben zeit vnd ziel das were/ seumig würden/ vnd nit entrichtē/ das doch nit sein sol/ also baß von stund/ mögen dieselb kauffer/ jr erbē/ oder wer den brieff mit jrem guten willen innhat/ oder wen sie das befehlen würde/ solch obgemelt Schlösse/ oder dörffer/ vñ weiler samentlich/ mit alle jr zugehörung/ herrligkeit/ vnd gerechtigkeit/ vogteyen vñ gerichten/ leuthen/

Hh iiij

New Formular

vnd güteren/gülten/zöllen/beten/zehenden/zinsen/stewern/ freueln/ gefellen vnd vngefellen/herbergen/atzungen/legern/ vnd frondiensten/ scheffereyen/ zwingen/ bännen/ hohen vnd nidern/wälden/wiesen/äckeren/weingarten/ fischwassern/ vnnd fischereyen/ mülen/ mülstetten/allmenden/wonnen/weyden/wildbannen/wein/ weingülten/ sie seien benant oder vnbenant/nichts auß genomnien/ zu jhren handen nemen/die jhne auch von vns/vnserm lieben Sohn obgedacht/ vnsern erben/ oder nachkommen/ oder den vnsern/ ingegeben sollen werden/ ohn allen verzug vnd intrag/ vnnd mögen sie solches alles/ vor das vorgemelt hauptgüt/gült/kosten/ vnd schaden/ versehen/ verkauffen/ oder die selbs innbehalten vnd gebrauchen/ nach jrem willen vnd nutz/ ohne allen abschlage/ als lang vnnd vil/ biß das jhn jhr haubtgüt/ gült/ kosten/ vnnd schaden/ gar vnd gantz außgericht/ vnnd bezahlt werden/ vnnd darumb jhren worten/ ohn eydt/ notrecht/ vnnd ohn alle ander gezeugnuß vnd sachen zuglauben/ohn hindernuß/ vnser/vnsers freundtlichen lieben Sohns N. vnser erben vnd nachkommen/vnd menigklichs von vnsert wegen/in kein weiß/on alle gefehrde.

Doch daß vns/vnserm lieben Sohn N. vnd vnsern erben die lössung daran behalten sein/wann wir/oder vnser lieber Sohn/ vnsern erben/ oder nachkommen die lössung thun wöllen/so sollen vnd wöllen wir/ oder vnser lieber Sohn/ vnser erben oder nachkommen/ den obgemelten kauffern/ jhren erben/ oder wer disen brieff mit jhrem guten wissen vnd willen innhat/ oder wem sie das befehlen/ verkaufft oder versetzt hetten/ ein gantz halb jar/ von Sanct N. tag/mit vnsern offen versiegelten brieffen in jhren sichern gewalt schreiben vnd verkünden/vnd sollen vnd wöllen wir/vnser freundtlicher lieber Sohne/ vnser erben oder nachkommen/auff den vorgenanten Sanct N. tag/ den obgenanten kauffern/ oder jhren erben/ oder wer den brieff mit jhrem guten willen innhat/ oder wem sie das befehlen/ versetzt/oder zukauffen geben hetten/das vorgenant haubtgüt/gülte/kosten/ vnd schaden/ vnd ob icht daran verbawet were/samenthafft an einer summen/jn also gutem werdt/wie obgeschrieben steht/gantz außrichten vnd bezahln/daran sie ein gantz gut benügen haben/vnnd jhnen das/ in der vorgemelten vier Stätt eine/ welche sie vns in der vorgenanten zeit benennen/antworten vnd bezahlen sollen/ohn gefehrde.

Es sollen auch alle Ampleute/die da Edel seind/geloben/mit trewen an eins rechten eydts stat/vnd des versiegelt brieff vber sich geben/darzu alle keller/ zöller/ vnnd ander Ampleuth/thurnknecht/thorwärter/vnd ander knecht/vnd auch alle Schultheissen vnd Schöffen/gemeinden vnd inwoner der vorgemelten Schloß/ Dörffer/vnd weiler/ geloben/hulden vnnd schweren/ den vorgenanten kauffern/ jhren erben/ oder wer disen brieff mit jhrem guten willen innhat/ oder wem sie das befehlen würden gemeinlichen/ oder sie jeder besonder/ ob solch bezahlung auff die obgemelt zeit vnd ziel/ in massen vor vnnd nach geschrieben steht/ nit geschehe/ daß sie dann alle gemeinlichen/ oder jhr jeder insonderheit/ mit solchen Schloß/Dörffern/vnd weilern/ vnnd mit allen nutzen/renten/ fellen vnd zugehörungen/ nichts auß genommen/denselben obgemelten kauffern/jhren erben/ oder wer disen brieff mit jrem guten willen innhat/oder wem sie solchs befehlen würden/gewarten/ vnd gehorsam sein sollen/ in aller maß vnd form/ wie sie vns/ vnsern Vorfahrn löblicher gedechtnuß gethan haben/ mit allen sachen/ als jhren rechten Herrn gehorsam sein/ vnd alle jrrung/ oder seumnuß/ daß wir auch dieselben Ampleuth/ keller/ zöller/ vnnd ander Ampleuthe/ alle knecht/ Schultheissen/ Schöffen/ gemeinden vnnd inwoner der vorgenandten Schloß/ Dörffer/ vnd weiler/ also wie vor vnd nach an disem brieff geschrieben steht/heissen vnd befehlen/gebieten auff jhr eydt/jhne zuthun/zugewarten/ vnd gehorsam zusein/in krafft vnd vrkundt diß brieffs.

Wir sagen auch hierauff sie alle/vnd jr jegklichen besonder/solcher glübde/huldung/ vnd eyde/die sie vns/ vnd vnserm freundtlichen lieben Sohne N. vnsern erben vnd nachkommen/ vnd den vnsern von vnsert wege gethan haben/ vnd was sie vns pflichtig sind/ als daß ob wir/ vnser freundtlicher lieber Sohn obgemelt/ vnser erben vnd nachkommen dise verschreibung nicht hielten/wie vor vnd nachgeschrieben stehet/quit/ledig/ vnnd loß/ vnnd sollen solch obgemelt Schloß / Dörffer / vnnd Weiler / mit aller zugehörung/

wie

Güldtuerschreibung. CLXXXV

wie in disem brieff begrieffen ist/ohn allen intrag/widerrede/vnnd verzuge/den obgenanten kauffern/jren erben/oder wer disen brieff mit jhren guten willen jnhat/oder wem sie das bevehlen/jngeben/vnd zu jhren handen vnd gewalt stellen/vnd jhne gehorsam seind/darwider auch wir/vnser freundlicher lieber Sohn N. vnser erben vnnd nachkommen/oder jemands von vnsernt wegen nit thun/suchen/noch werben sollen/noch niemandts gestatten darwider zuthun/zusuchen/oder zuwerben/in kein weiß/die jemands erdencken möcht/das den gedachten keuffern/jhren erben/oder wer disen brieff mit jhren guten willen jnhat/zu schaden/oder zu vnstatten kommen möcht.

Wer es auch/daß wir/vnser freundlicher lieber Sohn vorgenant/vnser erben/oder nachkommen/solch Amptleuth/Keller/oder Knecht/der vorgemelten Schloß/Dörffer/vnd weiler/die wir jetz haben/vnnd den vielbenandten kauffern gelobt/geschworen vnnd brieff geben hetten/einen oder mehr absetzen/oder einicher von todts wegen abgehen würde/so sollen wir/vnser lieber Sohn erst gedacht/vnser erben/oder nachkommen fürderlich vnd on allen verzug/ohngefehrlichen/Amptleuth/Keller/oder knecht/an der/oder des abgangen statt widersetzen/vnd die jne auch thun geloben vnd schweren/vnd brieff vber sich geben/den vorbestimpten kauffern/oder jhren erben/oder wer disen brieff mit jrem guten willen jnhat/oder wem sie das befehlen werden/mit dem obgemelten Schloß/Dörffern/vnd weilern/renten/sollen/nutzen/vnnd jren zugehörungen/gewarten vnnd gehorsam zu sein/in aller massen als der gethan hat/vnd gewertig gewesen ist/an des stat er kompt/oder gesetzt würde/vnd in diesem brieff geschrieben steht/was sie pflichtig vnd verbunden sind/ongefehrlich/auch sollen vnd wöllen wir/vnser freundlicher lieber Sohn N. vnser erben vnd nachkommen/die obgenanten keuffer/jhre erben/oder wer den brieff mit jrem guten willen jnhat/oder wem sie das befehlen/darbey getrewlichen wie in disem brieff geschrieben sie het/nach vnserm vermögen handhaben/schützen vnd versprechen/auch vnsern Amptleuten hiemit entpfelen zuthun/ongefehrde/Auch sollen vnser Amptleuth/Keller/Knecht/Schultheissen/Schöffen/vnd die gantze gemeinde obgenandt/solch gelübd vñ eyde/so sie den obgemelten kauffern/jhren erbẽ/oder jnhaltern diß brieffs in vorgerürter weiß gethan haben/nit ledig sein/alle dieweil sie disen brieff/mit einem oder mehr Jnsiegel jnhaben/ on gefehrde. Wer es auch/daß vns/vnserm Sohn N. vnsern erben oder nachkommen das vorgemelt Schloß N angewünnen/oder die Dörffer vnd weiler beschedigt würden/dieweil wir/oder der vnsern das von vnsernt wegen jiigehabt hetten/oder den vorgedachten kauffern/jren erben/oder wer disen brieff mit jhrem willen jnhat/oder wem sie das befohlen hetten/das dickbenant Schloß/angewonnen/oder die dörffer vnd weiler beschädigt würden/so sollen vnd wöllen wir den kauffern/jr erben/oder wer den brieff mit jrem willen jnhat/oder wem sie das empfelhen/ein ander als gut Schloß/vnd dörffer/weiler/vñ nutzung in zweien monaten nähest nach dem wir des von jhn ermant würden/wider jngeben/vnd jhn das nach aller jhrer notturfft verschreiben vnd versorgen/daß sie daran ein gnügen haben/ohn gefehrde. Wer es aber daß wir/vnser freundlicher lieber Sohn N. oder vnser erben oder nachkommen solchs nit theten in der vorgeschrieben zeit/so sollen vnd wöllen wir oder vnser lieber Sohn N. vnser erben/oder nachkommen/den vorgenanten kauffern/jhren erben/oder wer disen brieff mit jrem guten willen jnhat/oder wem sie das entpfelhen/in einem monat nehest darnach die vorgemelten 6000.gülden hauptgelts/in so gutem werd als obgeschrieben stehet/vnd darzu die gült/kosten vnd schaden/vnd darzu allen bawkoste/ob jchts daran verbawet wer/außrichten vnd bezahlen/vnd die jnen antworten in jren sichern gewalt/in der vorgenanten vier Stätt eine/welche sie vns/oder vnsern lieben Sohne erst gedacht/vnsern erben oder nachkommen benennen/vnd jnen in allweg vmb kosten/schaden/vnnd bawgelt jhren schlechten worten ohn einich eyde schweren/oder ander beweisung zu glauben/auch geglaubt werden soll/alles ohn gefehrde.

Auch so seind das vorgenant Schloß/Dörffer/vnd weiler/mit allen jhren zugehörungen/wie die vorbenandt seind/vormals nicht verkaufft/versetzt/verpfendt/verwisembt/oder in einich ander wege beschwert/wir/vnser freundlicher lieber Sohn obgenndt/

vnser

New Formular

vnser erben/vnd nachkommen/sollen vnnd wöllen solch Schloß/ Zölle/ Dörffer/ weiler/ gült vnnd felle/ die darzu gehören/so lang jhnen den kauffern/ jhren erben/ oder innhabern diß Brieffs/nicht ein gantz gnädig nach laut vnd innhalt diß Brieffs/geschehen ist/nicht verkauffen/versetzen/verpfenden/verwidemen/ oder in einich ander wege beschweren oder verenderen/ohn alle gefehrde. Vnd zu mehrer sicherheyt/ das solchs von vns/ vnserm freundtlichen lieben Sohn N. vnsern erben vnd nachkommen/auffrecht vnd redlich diser verschreibung nachgangen vnd voltzogen/ vnnd in allen puncten vnd Articklen gehalten werden/ so haben wir den obgedachten kauffern/ jhren erben/ oder den/ die disen Brieff/ mit jrem guten willen inhaben/ zu rechten vnuerscheidenlichen bürgen gesetzt/ die nachgeschrieben alle sammentlichen vnd jeglichen besonder mit namen A. B. C. D. E. F. vñ G. also/were es sach/daß wir/ vnser freundtlicher lieber Sohn/ vnser erben/ vnd nachkoffen seumig würden/vnnd die obgemelten 300. gülden Reinscher Landswerung järlich gült/ auch die 6000.gülden haubtgelts nit bezahlen/ geben/ vnd antworten an den enden/ in massen wie vor dauon vnderscheiden/vil geschrieben stehet/vnd die mehrbemelte Amptleuthe/ Keller/Zöller/ Schultheissen/ Schöffen/ oder gemeinde/ den vilgedachten kauffern/ jren erben/ oder wer den Brieff mit jrem guten willen innhat/ in allen oder an solchen Schloß/ Dörffern/vnd weilern/renthen/zöllen/nutzen/gülten/vnd gefellen seumig würden/vñ jnen solchs nit reichten/antworten/oder ingeb/wie vorgeschrieb stehet/ oder dise verschreibung in allen jhren puncten samentlich/ oder insonderheit nicht gehalten würde/ das doch nicht sein sol/wann dann die vor vnnd nachgenandten Bürgen samentlich oder insonderheit gemant würden/ von den obgemelten kauffern/ jhren erben/ oder wer disen Brieff mit jhrem güten willen innhat/ oder wem sie das befehlen würden/ mit jhren versiegelten Brieffen/oder jhren botten/ mündlich oder vnder augen/ oder wie die manung geschicht/ so sol jr jeglicher der genanten bürgen/ ein Reissigen Knecht/ vnd ein leistbar pferde/ in acht tagen nach solcher manung/ ohn lengern verzug/ ersuchung vnd manung/ auch keiner sich auff den andern verziehen/gegen N. N. vnnd N. in der Stätt eine/ in leistung schicken/in ein offen herberg/die jhne/oder jme dann/ von den obgemelten kauffern/ jhren erben/ oder wer den Brieff mit jhrem willen innhat/ oder wem sie das befehlen/ benent werden/darin gewöhnlich leistung zuhalten vnd zuthun/ so dick des not geschicht/ vnd auß leistung nicht zukommen/noch dauon zulassen/den obgenanten kauffern/ jhren erben/ oder wer disen brieff mit jr guten willen innhat/ oder wem sie das befehlen/seien dann zu uor von vns/vnsern freundtlichen lieben Sohn offtgemelt/ vnsern erben/vnd nachkoffen der 6000.gülden mit der gült/ kosten/vnd schaden/vnnd bawgeldt als obgeschrieben stehet/ gentzlich an einer Summa/ so dann darauff gegangen were/ jhren worten/ohn Eydt/ vnd gelübde/ vnd ohne alle notrecht vnd getzeugnuß zuglauben/ auß gericht vnd bezahlt/ vnd in jhren sichern gewalt/an der ende eins/ die dauor vnderscheiden vnnd benent/ geantwort worden/vnd als dick einer oder mehr knecht/ oder pferde/ in leistung abgehet/ oder verloren würde/ so sol derselbe/ des dir/ oder die abgangen Knechte oder Pferde geweße seindt/ zu stundt einen andern Knecht/oder Pferdt/ in leistung schicken/darinne zu leisten vnnd bleiben/wie dauon oben begriffen ist/ohn gefehrde.

Giengen auch der obgenanten Bürgen einer oder mehr abe/stürbe/ verdürbe/ ausser landt führe/ oder sonst vntüglichen zu bürgen würden/ so sollen wir/ vnser freundtlicher lieber Sohn/ vnser erben/ vnd nachkommen/ ander als gut an der abgangen vntüglichen oder außländigen stadt/ so vil der seind/ in viertzehen tagen zu stund darnach/ so wir des ermant werden/ den obgeschrieben kauffern/ seen erben/ oder wer den Brieff mit jhrem guten willen innhat/ zu bürgen setzen/ in aller der weiß/ wie die abgange vntüglichen/oder außländigen bürgen gewesen sein/vnnd ob wir/vnser freundtlicher lieber Sohn N. obgenant/ vnser erben oder nachkommen daran seumig würden/ wann dann die andern Bürgen sammentlich/ oder sonderlichen in obgeschriebner massen ermant würden/ so sollen sie aber in leistung schicken/vnd die thun vnd halten/wie hieroben geschrieben stehet.

Wider diß alles/wie vorn/vnd nach an disem Brieff geschrieben stehet/ sol vns/ vnsern

Gültverschreibung.   CLXXXVI

sern freundlichen lieben Sohn N. vnser Erben/nachkommen/vnnd die vnsern/ auch dise Bürgen nicht freyen noch schirmen/keinerley Bäbstlichen/noch Keyserlichen gnad/freyheit/gebott/noch verbott/gericht/ Geistlich noch Weldtlich/ kein alt oder new fünde/ wie die jemand erdencken/ oder fürgezogen möchte/ das vns erst gemelten genutzen/ vnnd den vorgenandten Kauffern/jhren erben/oder mit jhrem guten willen inhaltern diß Brieffs/ oder wem sie das beuolhen hetten/zuschaden kommen möchte.

Wir gereden vnnd versprechen auch/ für vns/vnsern freundlichen lieben Sohn vnser erben/ oder nachkommen/ bey vnsern Fürstlichen ehren vnd wirden/ alle obgeschrieben puncten vnd Artickel/ wie die in disem brieff geschrieben seinde/ all sammenthafft vnd jeglichen insonderheit/stet/ vest/ vnd vnuerbrüchlichen zuhalten vnnd zuuolnfüren/ vnd darwider durch vns selbs/oder jemande anders nicht zuthun/zuschaffen/ oder gestatten gethan werde/in kein weiß/ ohn alle gefehrde. Des zu warem vrkundt haben wir für vns/ vnd vilgedachten vnsern freundlichen lieben Sohn N. vnser Insigel an disen Brieff thun hencken.

Vnd wir A.B.C.D.E.F.vnd G. die vorgenandten Bürgen/ Bekesien vnd thun kundt offentlich in krafft diß Brieffs/ daß wir vnuerscheidenlich/sammentlichen vnd sonder der obhochgenanten vnserer Gnedigen Fürsten vnd Herrn N. vnnd jhrer Fürstlichen Gnaden freundtlichen lieben Sohn N. jhrer Erben/ vnd nachkommen/ gegen den obgedachten Kauffern/jhren erben/ oder wer disen Brieff mit jhrem willen inhaben/ oder wem sie das beuelhen/in obgerürter form/ gut Bürgen worden sein/ gereden/ geloben/ bey vnsern waren trewen an eins rechten Eydtsstats/mit vnd in krafft diß brieffs/ alles das von vns/vil vnser jeglichem insonderheit in disem brieff geschrieben stehet/getrewlichen/ war/ stet/vest/ vnd vnuerbrüchlich zuhalten/ vnd darwider nicht zuthun/ durch vns selbs/ oder jemandes anders von vnsernt wegen schaffen gethan werden/ in kein weise/ auch keinerley außzug zusuchen/die sey erdacht sein/ oder hienach erdacht mögen werden/damit wir diser verschreibung ledig sein möchten/all dieweil eins oder mehr Insigel an disem Brieff hangen/ sol auch diser Brieff gantz mechtig sein vnnd bleiben/ als ob er gantz vnuersehrt were/ ohngefehrde. Vnd zu mehrer sicherheit vnd warer gezeugnuß/ so haben wir die obgedachten Bürgen alle für vns/vnser jeglichem sein eigen Ingesigel zu hochernants vnsers Gnedigen Fürsten vnd Herrn Hertzog N. Ingesigel/ auch an disen Brieff gehangen/ So geschehen auff Dinstag rc. Anno rc.

Kauff oder Gültbrieff/ schöner/ vnd gemeiner gebreuchlicher/anderer vnd guter form.

Jr N.rc. Bekennen vnd thun kundt offenbar/ mit disem brieff/ daß wir omb vnsers mercklichen nutzes/ vnd notturfft willen verkaufft haben/ vnd verkauffen in krafft diß Brieffs/ recht vnd redlich/ für vns/ vnnd vnsere erben/ Echens erben/ vnd nachkommen/dem N. von N. vnd allen seinen erben/ oder dem der disen Brieff mit kundschafft jhres guten wissens vnnd willens jederzeit innen hat/ Nemlich N. gülden in Müntz/ jeden gülden zu 15. Batzen oder 60. Creutzer gerechnet/ an guter grober Landtleuffiger Müntz järlichs zinß alle jar järlichen/ denselbigen zinß zugeben/ zubezahlen vnd zuantworten/ auff N. acht tag vor oder nach/zu N. oder N. wie wir dann jederzeit von dem Kauffer/ seinen erben/ oder innhaltern diß Brieffs bescheiden werden/ in jhren sichern gewalt/ ohne jhren kosten vnd schaden vnd ohne allen intrag/ von vnnd ab vnserm Ampt N. vnnd desselbigen zugehörenden Flecken/ vnd Dörffern/ Nemlich N. vnnd N. mit aller seiner zugehörende/ allen vnd jeglichem seinen gerechtigkeiten/ Leuthen/ gemeinden/ zwingen/ benden/ velden/ wälden/ auch mit allen rechten/ herrlichkeiten/ nutzungen/ vnd gefellen/ vnnd andern gütern/ was zu jeglichem gehört/ so vnsere Vorfahren vnnd

Eltern

New Formular

Eltern seligen/ vnnd setz wir/vnnd die vnsern daselbst/ in besitz herbracht haben/ das alles wir herfür zu rechtem waren vnderpfandt verlegt/ darzu auch alle vnsere Ampt leuthe/ Schultheissen/ vnd Dorffleuthe/ in denselbigen vnsers Ampts Dörffern/ sambt vnd sonder/ zu rechten mitverkauffern/ vnnd mitschuldner/ hierin versehen oder verbinden/ mit vns/vnd vnsern erben/mit jhren leiben/vnd allen jhren gütern/sie jetzund haben/ oder hernach gewinnen/für sich/alle jre erben/vnd nachkommen/hafft vnd verbunden zusein/also were es/ daß den obgenanten kauffern/ oder seinen erben/ oder dem/ der disen brieff obbestimbter maß innhat/solcher Zinß/ eins jeden jars nicht gereicht würde/auff zeit/vnnd in massen vorgeschrieben steht/Wann dann wir/vnser erben/ oder nachkommen inhaber bemeltes Ampts N.oder vnser Amptleuthe/ Schultheissen/ vnnd gemeinden/ des ehegenanten vnsers Ampts/sämentlich/oder ein theil insonderheit gemant werden/ mit Botten/ Brieuen/oder mündlich/zu Hauß/zu Hoff/ oder vnder augen/ wo vnd wie die meinunge beschehen/ sollen wir/ vnser Erben/ Lehenserben/ vnnd nachkommen/ innhaber benandtes Ampts/ bey Gräfflichen vnsern ehren/ vnnd trewen N. gerüster Pferde vnnd Knecht/vnd die gemelten vnsern/bey jhren geschwornen Eyden/die sie hierumb/für sich/ vnnd alle jhre Erben vnnd nachkommen gethan haben N. redtlicher personen/ auß jhren Gerichten /nemlich A. B. vnnd C. in den nechsten vierzehen tagen/ nach der manung/ mit jhren selbs leiben vnuerzüglich / ohne alles weigern schicken gehn N. odder N. in ein offen Wirtshauß/ welches dann in der manung benendt wirt/die alle bey jhren ehren/ vnnd Eyden/recht gewönlich Geisselschafft halten vnnd leisten zu feilem kauff/ täglich müssig/ ohnuerdingt/ vnnd dauon nicht lassen/ jhnen sey dann vmb jhre außstendige Zinß/auch allen kosten vnnd schaden darauff gangen/jhre völle beschehen/ vnnd so dick newe Gerichtsleuth gesetzt werden/in den vorgenandten vnsern Flecken/vnnd Dörffern/ den sol man in jhren Eyde binden/ den sie zum Gerichte schweren/ dise Geisselschafft zuhalten/ die vnsern alle/ vnnd jhre nachkommen/ Besonder sol auch kein ander Geisselschafft noch sachen/schirmen noch jrren/ vnnd sol kein Gericht der andern warten/ sonder jeglich sol seine Leuthe so gemant wirt/vnuerhindert thun einziehen/vnnd leisten bey jhren Eyden/ als vorgeschrieben steht.

Wer es auch daß ein Monat vergieng nach der manung/ vnd jhnen in derselben zeit/nicht jhre völle geschehe/mann leiste dann obgemelter massen/ oder leiste nicht/ doch sol man alle zeit zuleisten bey gethanen Eydt schuldig sein/ so mögen der Kauffer/ seine Erben oder inhalter diß Brieffs/ vnnd wer jhnen das helffen wil/ vns/ oder vnser erben/ Lehens erben/ oder nachkommen/ an allen vnsern Landen/ Leuthen/ haab/ vnnd gütern/ Es seien die obgenandte vnsere vnderpfändte/ mitverkauffere/ vnnd mitschuldenere/ oder andere die vnsere/ wo die gelegen/ odder wo die weren/ niemandt außgenommen/ die auch alle pfandtbar sein sollen/ sambt oder sonder/ an jhren leiben vnnd gütern/ keinerley außgenommen/ an allen stetten vnnd enden/ auff Wasser odder Landt/ wo vnnd wie sie die wöllen angreiffen/ bekümmern/ pfenden/ mit Gericht / Geistlichen odder Weltlichen/oder ohne Gericht/mit eigner hand vnd gewalt/ auch solche pfandte/ vnnd gefangen führen/ treiben/ vnd bringen/ wo sie hin wöllen/ vnd bezahlung jhrer zinß vnd kosten dauon inzuziehen/ wie sie dann gelangt/ vnnd jhnen eben vnd füglich ist/ ohne alle hindernuß/vnnd widerrede/vnser vnd der vnsern/ vnnd meniglichs von vnser/ vnd der vnsern wegen/ sollen auch solche pfändung nicht weren/ noch abschütten/ auch desshalb kein rath thun/ noch schaffen gethan werden/ weder gegen den Hauptleuthen/ odder jhren helffern/oder der jhenigen so sie enthalten/ ob auch derselben/ die jhnen also helffen/ einer oder mehr/ vns/ odder vnsern erben verbunden weren/ oder würden/ mit manschafft/ glübden/ eyden/oder andern pflichten/das alles sol jhnen keinen schaden bringen/ weder an ehren/leib/ noch an güt/ darzu von wegen solcher hülff nicht geleidigt werden/ weder von vns/vnsern Erben/oder vnsern/ noch jemandts von vnsern wegen.

Were es auch daß in solchem pfänden/oder angreiffen einerley geschicht/macht oder anders/ dann pfändlich were/ oder jemands der vnsern wundgeschlagen/zum todt bracht/

oder

Kauff oder Gültbrieff. CLXXXVII

oder sonst an leib oder Güt/beschedigt würde/wie/odder in welchen weg sich das begeben möchte/darumb sollen wir/unser Erben/Nachkommen/odder die unsern/noch jemande von unser/oder der unsern wegen/auch nimmer kein rath/ansprach/unwillen/ungnade/oder straff/deßhalben fürnemen/haben/noch schaffen/weder gegen den ehegenanten kauffer/sein Erben/odder jnnhaltern diß Brieffs/odder allen denen die darbey gewesen/odder darinn verdacht weren/gethan werden/keins wegs.

Were es auch sach/daß den Kauffern/jren Nachkoñen/oder jnhaltern diß brieffs/der jetzgesetzten weg keiner gelegen sein wolt/so sollen sie mügen vnnd macht haben an dem Keyserlichen Cammergericht vmb Executorial mandat anzuruffen/welchem Keyserlichen Cammergericht wir vns/vnser Erben/nachkommen/vnnd jnnhaber allbenants Ampts/auch jetzunand vnser Ampt/hiemit die gestalt vnderwerffen/daß gedacht Keyserlich Camergericht/auff bloß fürzeygung dises pfandts verschreibung vnnd suppliciren/soll gleich als baldt im anfang/vnd ohn einigen vorgehenden Proceß/wider vns/vnser Erben nachkommen/Jnnhaber benants Ampts/auch aller Schultheyssen/Gerichts vnd Dorffleuten obgenants vnsers Ampts/sampttlich vnnd sonderlich erkennen/außgehen lassen/vnnd darauff fürter vermög der Reichs ordnung in Execution sachen/fürderlichen procediren. Vnd ist diser Kauff geschehen vmb N.tausent gülden/vorbemelter N. werung/die vnns von den ehegenanten Kauffern/an gutem Gelt wie gemelt/bar bezalt worden/vnd in vnsern mercklichen nutz vnd notturfft bewendet seinde/darmit vns wol benügt. Darumb haben wir N.:c.obgenant vnnß/mit sampt den vnderpfanden/vnsern mitverkauffern/vnnd mitschuldner alle obgemelt/für vns/alle vnsere Erben/lebens Erben vnd nachkommen/vnuerscheidenlich zu rechten weren gesetzt/diß kauffs/vnd der obgenanten hauptsumma/Deßgleichen der N. Gülden Zinßgelts/wie obstehet/alle Jar järlich auff obbemelt ziel zu entrichten/auff vnd von gemelten vnderpfanden/vnd das von diesselben vnderpfand/weder lehen/noch widumb/vnd nicht vermorgengabt/noch verlihen sindt/vnnd verbinden vns auch/des wehrschafft zutragen/gegen menigklichen als recht ist.

Were es auch sach/daß jemandt wer der were/solch hauptgüt/vnd zinß/hinder vns verbieten/oder anleyten/mit Gericht/oder ohne Gericht/oder daß wir/vnser Erben/oder der ehegenant Kauffer/seine Erben/oder jnnhalter diß Brieffs / zu bann/ oder zu acht gethan würden/oder so feindtschafft/odder anderer vnrath zwischen Bäpsten/Keysern/Königen/Fürsten/Herrn/Rittern/Knechten/odder Stetten/auffstünden/inn welchen weg das were/odder daß diser Brieff einn bresten hette/oder gewünne/es were an Pergamen/schrifften/wortten/oder Jnnsigeln/das alles soll dem Kauffer/sein Erben/oder jnnhaltern diß Brieffs/keinen schaden bringen / an allen vor vnnd nachgeschribenen stücken/wann vnd wie offt auch wir/vnser Erben/oder die ehegenannten vnsern/von diser sachen wegen gemahnet/oder angriffen werden/was dann kosten vnnd schaden darauff gienge/inn welchen weg das were/den allen sollen wir auch bezalen/gleich dem gefallenen Zinß/vnd darumb des Kauffers/seiner nachkommen/oder jnnhalter diß Brieffs/einfältigen worten/ohn aufflegung einicher Eydtpflicht/zu glauben.

Es sollen auch die Botten/so die manungs Brieff tragen/für vns/allen den vnsern getröstet/sicher vnd frey sein/zu vns/vnd von vns/vnnd jhnen weder laster noch leydt gethan werden/in keinerley wege/ohn gefehrde.

Doch so hat genanter Kauffer/vnns gegündt/vnnd gewilligt/welches jars wir/vnser Erben/vnnd nachkommen wöllen/daß wir jedes jars auff N. tag/acht tag vor oder nach/jhme/seinen Erben/odder jnnhaltern diß Brieffs/als vorstehet/gegen N. oder N. wie wir des von jhnen bescheyden werden/in jhren sichern gewaldt geben/ N. tausent gülden in einer summa/an güter vorgemelter werung/sampt allen erschienen verfallenen zinsen / vnd auffgangen kosten/so darauff gangen/vnd jnen noch vnbezalt außstünde/als dann sollen sie vns/vnsern Erben/oder nachkommen/dise verschreibung wider zu vnsern handen antworten/vnd jnen benellte ablösung/wann wir die thün/ein jar vor N. tag offentlich deren zugewarten/verkünden sollen.

J i

New Formular

Darauff zu mehrer bestetigung haben wir N.tc.gelobt vnd versprochen/für vnns/ alle vnsere Erben/Lehens Erben vnd nachkommen/innhaber obbemelts Ampts/vnnd alle die vnsern obgemelt/bey vnsern Gräfflichen trewen/Ehren vnnd würden/alle vnnd jede vorgeschriebene Puncten vnnd Artickel/getrewlich/steiff/vnnd fest zu halten/ vnd volnfüren/darwider nichts zuthun/noch schaffen gethan werden/in keinn weg/Sonder mit freyer willkür vnderwerffen wir vnns/vnnd die vnsern/allen Gerichten/geistlichen vnnd weltlichen/Verzeihen vnnd begeben vnns auch/für vnns/alle vnsere Erben vnnd nachkommen/auch für obgenandte vnsere mitverkauffer/vnnd mitschuldner/ihre Erben vnd nachkommen/vnd für all andere die vnsern/aller Freiheyten/Constitution/ ordnungen vnnd Priuilegien/die wir odder ander Grauen/vnser Erben odder nach kommen/Geistlich oder welclich/vonn Römischen Keysern odder Königen/im heiligen Reich odder andern/so darinn zugebieten/inn gemeyn odder besonder jetzundt haben/odder hernachmals erwerben/wie die seindt/odder benandt werden möchten/ Auch aller Gesetz/Ordnung vnnd Recht/so jetzundt sein/odder hernach Keysern/Königen/odder andern Häuptern/der heyligen Christenheyt außgehen möchten/welchen weg das beschehe/nichts außgenommen/Auch allen schirm/hilff/geleydt/tröstung/ Herrn odder stett/vnnd alles das/damit wir/vnsere Erben/odder die vnsern/odder jemandt vonn vnsert wegen/vnns inn odder ausserhalb rechtens behelffen kündten odder möchten/wider das so an disem Brieff geschrieben stehet/desgleichen des rechten/das da spricht/gemeyne verzeihung nicht tüglich noch bündig/es sei dann ein besonderung fürgangen/vnnd aller vnd jeder anderer außzüge/vnnd inrede/derselben keins wegs zu ge brauchen/noch zu behelffen/gentzlich in krafft diß Brieffs/aller ding getrewlich vnd vngefehrlich. Vnd des zu vrkundt haben wir N.tc.obgenant vnser Insigel/an disen brieff thun hencken.

Vnd wir Bürgermeister/Schultheiß/Gericht/vnd gantz Gemeynden/der obbestimpten Flecken vnd Dörffer/nemlich N. N. vnd N. bekennen hiemit/daß wir als vnuerscheydenliche/doch sampt vnnd sonder/Bürgen vnnd selbschuldner/gegen den obgenandten Kauffern/ihren Erben vnd nachkommen/oder innhabern diß Brieffs/in form vnd weise/wie vorgeschrieben stehet/worden seindt/Gereden vnnd versprechen hierauff/ bey guten waren trewen/an rechter geschworner eydstadt/für vns/vnd alle vnser nach kommen/gegen denselbigen/für die angezeigt Gült vnnd Hauptgelt/Bürg vnnd selbschuldner zu sein/vnnd alles das so in disem Kauff vns dergestalt bindet vnnd außweiset/ war/stett/vest/vnd vnuerbrüchlich zu halten/darwider nicht sein/thun oder schaffen/gethan werden/keins wegs/Vnnd hiewider soll vns nicht zu behelff oder statten kommen ein nicherley/das hiewider sein mag/besonder verzeihen wir vnns des Rechten/vonn den Bürgen gesetzt/also sprechends/Wann der Schuldner vnd der bürg beide gnugsamlich seind zu bezaln/so soll der Schuldner für den Bürgen fürgenommen werden/Desgleichen wo die Bürgen alle haben zugeben/wie vil sie vnuerscheidenlich behafft sindt/so sol doch ihr jeder vmb ein theil nach anzal erfordert werden/vnnd wann er dann bezalt/sey er fürther der bürgschafft ledig/vnnd gemeynlich alles behelffs/so den Bürgen in rechten/ oder sonst zustatten kommen kan/solchs nimmermehr fürzuwenden/oder zugeschehen befehlen/in kein weiß noch weg/alle geuerdt vnnd arglist/hierinn außgeschlossen vnd vermitten.

Vnnd des zu warem vrkunde/haben wir Bürgermeister vnd gericht zu N. vnser Gerichts Insigel neben Wolgedachts vnsers Gnedigen Herrn sigel/vonn vnser selbs/ vnd dann der obbestimpten Gemeinden wegen/die vns derhalben erbetten/ an diesen Brieff gehangen/Welchs wir Schultheiß vnd gantze Gemeinden zu N. vnd N. also bekennen/mit vnserm guten wissen/vnd vff vnser bitt beschehen sey.

Geschehen vnd geben/tc.

Kauff oder Gültuerschreibung. CLXXXVIII
Kauff oder Gültuerschreibung etlich jar lang/
sampt dagegen versprechung vnd innsetzung einer
Amptsuerwaltung / anderer vnd gu-
ter form.

Wir N. ꝛc. Bekennen für vns/ alle vnser Erben vnd nachkommen/ offentlich mit dem Brieff/ vnd thun kund allermenniglich/ daß wir mit wolbedachtem muth/ vnd vmb vnsers nuz vnd frommen wegen/ mit gutem freyem willen eines auffrichtigen redelichen Kauffs/ verkaufft vnnd zu kauffen geben haben/ Thun das auch hiemit wissentlich/ dem Wolgeborn vnserem lieben getrewen Wolffgangen Grauen zu N. ꝛc. seinen Erben/ oder wer diesen Brieff mit seinem guten wissen vnd willen innhat/ vnnd fürzeigt 2400. Gülden in müntz/ jeden Gülden zu 15. batzen oder 60. Creutzern gerechnet/ an guter grober landtleufftiger müntz jährlichs zinß/ von/ auß vnd ab vnsers Ampts vnnd Landtgerichts A. sampt darzu gehörigen Landen / Leuten / Nutzungen / Herrligkeyten/ zinsen/ gülten/ gelten/ vngelten/ stewrn/ beithen/ jagen/ fischereyen/ vnd allen andern darzu gehörigen Gerechtigkeyten/ ober/ vnd herrligkeyten/ nichts außgenommen/ Vnd da sich die gefell bemelts Landtgerichts A. nicht so weit erstrecken/ als dann von/ auff vnnd ab allen andern vnsers Fürstenthumbs N. Ampter/ darzu gehörigen zinsen/ gülten/ nutzungen vnnd einkommen/ nichts außgenommen/ vmb acht vnd viertzig tausent gülden vorgewerter werung Hauptsumma/ die vns bemelter Kauffer/ auff vnser völligs benügen außgericht vnnd bezalt/ vnnd wir zu vnsern sichern handen empfangen haben/ Darumb wir/ vnser Erben vnd nachkommen/ den Kauffer/ alle seine Erben vnnd nachkommen/ quit/ ledig vnd loß sagen.

Hierauff gereden vnd versprechen wir für vns/ vnser Erben vnd nachkommen/ bey vnsern Fürstlichen würden vnnd worten/ dem obgedachten Kauffer/ oder wie obstehet/ innhabern diß Brieffs/ die obgemelten 2400. Gülden/ jährlichen zinß/ durch einen jeden Landschreiber zu A. oder den enden wir jhn haben/ so jetz ist/ oder hinfüro sein wirt/ denen wir solchs hiemit vnnd in krafft dieses Brieffs befelhen/ vnnd sie hierin dem gedachten Kauffer pflichtig machen/ vnnd gemacht haben wöllen/ solchen zinß von den gefellen gedachts vnsers Landtgerichts A. so weit sich dieselben erstrecken/ odder da dieselben gefell järlich nicht so weit reichten/ vnnd den obgemelten zinß ertrügen/ als dann den vbrigen rest/ auß vnser Renntkammer zu B. durch einen jeden vnsern Cammermeister der enden/ alle jar jährlichs auff N. tag/ viertzehen tag vor odder nach/ vngefehrlich/ gegen gebürlicher quittung zu reichen vnd zubezalen/ vnd mit reichung des ersten zinß auff N. tag des nechstkünfftigen N. Jars anzufahen/ vnnd solchen zinß an vorgemelter grober müntz vnnd Landtswerung jeder zeit ghen A. in jhre sichere gewarsam zu wehren vnnd zu antworten/ ohn alles verhindern/ verhelffen vnd erniddern legen/ Geistlicher vnnd weltlicher Leut/ Richter/ Gericht/ auch sonst gemeynlich für all ander Jrrung/ einfell/ vnnd Gebrechen/ so jetzo/ odder zukünfftiger zeit erdacht werden möchten/ dem vermelten Kauffere zu nachtheil/ vnnd vnns dem Verkauffer zu gutem kommen möchte/ Als solcher jährlicher gült sitt vnd gewonheyt ist/ Welches Jars aber benandter Kauffer mit solcher gült/ vber sein willen verzogen vnnd nicht bezalt würde/ wie obstehet/ das doch in keinen weg sein soll/ was er dann dessen schaden nimpt/ klein oder groß/ kein außgenommen/ seinen schlechten vnbetheurten worten darumb zu glauben/ die gereden wir jhme bey obgemelter verpflichtung mit sampt der verfallenen vnbezalten gült/ jeder zeit auch one alle widerrede gnediglich zu widerkeren/ vnnd bezalen zulassen/ ohne alle geuerde/ ꝛc. Darwider soll vns/ vnser Erben vnd nachkommen/ nicht fürtragen/ schützen odder schirmen/ einicherley satzung/ gebot/ verbot/ priuilegien/ freyheyten/ Gnaden/ gericht noch recht/ Geistlich oder weltlich/ Auch kein Bann/ Acht/ vnfried/ gleidt/ sicherheit oder tröstung/ wie die jmmer durch menschen sinn odder arglist möchten namen ha-

Ji ij

New Formular

ben/oder erdacht werden/wann wir vns der aller vnd jeder insonderheyt/inmassen als ob
die in disem brieff eigentlich bestimpt/von wort zu wort außtrücklichen benent/vnd speci-
ficirt weren/mit gutem wissen hiemit genztlich verziegen haben wöllen/vnd des zu mehrer
sicherheyt/so haben wir obgemeltem Kauffer/seinen Erben/oder wissentlichen jnnhabern
diß vnsers brieffs/zu rechten gewissen vnderpfandt vnd selbsgeltnern gesetzt/bemelt vnser
Ampt vnd Landtgericht A. welches wir auch gedachtem Kauffere/seinen Erben/vnd der
person als obsteht/dergestalt vnd also verlegt haben wöllen/wann wir jhme dem Kauffer/
oder jnnhabern diß brieffs/mit bezalung der järlichen zinß/seumig erschienen/vnnd diser
vnser verschreibung gemeß jnen nicht halten würden/waß dann wir oder vnsere Erben/
jnnhabern bemelts Ampts vnd Landtgerichts A. auch die ehegenannten vnderpfande/als
bürgen vnd selbschuldner/von den gedachten Kauffern/seinen Erben oder jnnhabern diß
brieffs vermanet werden/mit botten/brieffen/oder mündlich/wo oder wie die manungen
geschehen/so sollen wir einen vom Adel mit vier reisigen pferden/So dann wir zwen Bürger-
meister vnd Rath zu N. zwo redtlicher Personen/auß vnserm gericht/vnd die andern stett/
Märckt vnd Dörffer des ehegenannten Landtgerichts/auch zwo redtlicher Personen auß
jren gerichten/vnd gemeinden in viertzehen tagen nach der manung gehn B. oder C. in lei
stung schicken/welche alle darin ein rechte vnd gewönliche geselschafft halten/vnd leisten
sollen/nach leistens recht vnd gewonheyt/Vnd da sich zwen Monat nach der leistung ver
lieffe/das dem Kauffere/seinen Erben oder jnnhaltern diß brieffs/jhre außstendige zinß/
sampt kosten vnd schaden so darauff gangen/nicht zu jhren gnügen entricht würde/mann
leiste als dann oder nicht (wiewol maß allzeit zu leisten schüldig sein soll) so mögen als dañ
er der kauffer/seine Erben oder jnhabere diß brieffs/vnd wer jnen darzu verhelffen wil/nit
allein vns/sonder auch andere vnser oder vnser Erben/Lande vnnd leut/deßgleichen auch
das bemelt vnderpfande/als Bürgen vnd selbschuldner an allen jhren haaben vnd Gü-
tern/ligenden vnd farenden/gegenwertigen vnnd künfftigen/Es sey an Renten/Zinsen/
Gülten/nutzungen/vnd gefellen/genztlich nichts davon außgenommen/darinn fürnemen/
verhafften/verbieten/vnd solcher es jnen gefellig/gar verkauffen/vnd jederzeit damit vmb
gehen/thün vnnd lassen sollen vnnd mögen/wie mit andern jhren freyen eygnen Gütern/
vngehindert vnser/vnserer Erben/vnnd Nachkommen/oder sonst menniglichs von vn-
sern/odder jhren wegen/dann sie/vnnd wer jhnen dessen beystandt thün/vnnd darzu ver
hilfft/sollen nichts verwirckt/odder gefreuelt/sonder diß alles vnnd jedes güt füg/recht
vnnd getimpff/vnnd wir dargegen/vnnd wer vnns darwidder hilfft/vnnd zülegt an aller
statt/wo wir deßhalben mit jhnen fürkommen würden/ganz vnrecht vnd verlorn haben/
So lang vnnd viel/biß jhnen jederzeit laut dises Brieffes/ ein vollkommen benügen ge
schehen ist.

Er der Kauffer/seine Erben/odder jnnhabere diß Brieffs/sollen auch von solchem
vnderpfandt/auch der bewilligten Amptsverwaltung/vnnd anderem/vermög einer son-
der Amptsbestallung vnnd neben verschreibung/so deßwegen zwischen vnns dem Ver
kauffer/vnnd dem gedachten Kauffere verglichen vnnd auffgericht ist/abzutretten nicht
schüldig sein/biß das jme vor angeregte hauptsumma/sampt verfallenen zinsen/auch ko
sten vnd schäden/ob einicher darauff gangen/vnnd außstendig were/zu völligem gnügen
widerumb erlegt vnd gelieffert werden/wider solches alles vnd jedes/so obgeschrieben/soll
vns den Verkauffer/auch vns/das bemelt vnderpfande/Bürgen vnnd selbeschuldner/
nicht schützen/behelffen/odder fürtragen/wedder Bäpstlich entladung/Keyserlich erledi
gung/Acht/Bann/Anleitung/Krieg/Freyheyten/Geleydt/Gebott/oder verbott/noch
kein andere Sach/so Menschen sinn erdencken möcht/die vns hierinn in oder ausserhalb
Rechtens zustatten kommen/jhnen zu schaden/odder nachtheyl reichen möchten/darinn
wir vns des alles in gemeyn verziegen vnnd begeben haben/vnnd thün das wissentlich in
krafft diß brieffs/on alle geuerde.

Doch haben wir obgemelter verkauffet/dem gedachten Kauffer/seinen Erben oder
jnnhaltern diß brieffs/gnedig bewilligt vñ zugesagt/daß wir/vnser Erben vñ nachkom̃
jhnen

Kauff oder Gültuerschreibung. CLXXXIX

jten die obgemelten 2400. gülden/järlichs zinß innerhalb N.jaren nach dato diß Brieffs/
nichts ablösen wöllen/ nach endung aber bemelter N.jar/ so mögen wir der verkauffer/ oder
vnsere Erben/ zu vnserer gelegenheyt obgemelten zinß der 2400. gülden/ wol wider abkauffen vnd ablösen/ mit vnd vff die bestimpten acht vnd viertzig tausent gülden Hauptgelts/
vnd solch Hauptsumma zusampt den aufständigen verfalnen vnd noch vnbezalten Zinsen vnd schaden/ ob sie derhalb einichen erlitten/ zu D. gnediglich außrichten vnd bezalen lassen/ Gegen solcher bezalung soll vns diser vnser brieff/ auch widder zu vnsern oder vnserer Erben vnnd nachkommen handen geantwort werden/ der auch als dann cassirt/ krafftloß/ todt vnd abseyn/ vnnd sollen auch sie die Kauffer/ vff vnser begeren/ von der gnedig bewilligten Amptsverwaltung/ vnd dem gantzen Landtgericht A. als dan abzutretten schuldig sein/ Jedoch wann wir oder vnsere Erben solchen widerkauff/ zu ablauffung der N.
Jar/ oder darnach wie obstehe thün wöllen/ So sollen wir dem Kauffer/ seinen Erben/
oder jnnhabern diß Brieffs/ solches ein Jar zuuor schrifftlich verkündigen/ vnd nach außgang solches Jars/ die erledigung thün lassen/ aller gestalt wie dise verschreibung außweiset/ alles vnd jedes getrewlich vnd vngeferlich. Vnnd des zu warem vrkund/ haben wir obgedachter N. rc. vnser Fürstlichs Jnsigel an disen Brieff hencken lassen.

So bekennen auch wir Bürgermeister vnd Rath zu A. für vns/ vnd das gantz Landgericht A. mit deren wissen solches geschehen/ für vns/ vnnd vnser nachkommen/ daß dise Anlehens handlung mit vnserm güten wissen vnnd bewilligen zugangen/ Gereden auch darauff bey vnsern waren ehren/ trewen vnd glauben/ für vns vnnd vnsere nachkommen/
für die angeregte Gült vnd Hauptgelt/ bürg vnnd selbschuldner zu sein/ auch alles das/ so vns dise verschreibung aufflegt/ stett/ fest/ vnd vnuerbrüchlich zuhalten/ darwider nit seyn/
noch schaffen gethan werden/ vnnd an dem soll vns nicht zu beheiff oder statten kommen/
etwas so hiewider seyn/ oder erdacht werden möcht/ Besonder verzeihen wir vns der Rechten/ von den Bürgen gesetzt/ wo die schuldner vnd die Bürgen beide gnugsamlich sind zu bezalen/ daß der schuldner vor den Bürgen fürgenossen werden soll/ rc. Dann wir vns deren vnd aller anderer beheiff/ gentzlich verziehen haben/ trewlich vnd on alle geuerde/ Vnd/
des zu mehrer sicherheyt vnd vrkundt/ haben wir Burgermeister vnd Rath zu A. von vnser selbs/ vnd der andern Stett/ Märckt vnd Dörffer des Landgerichts A. wegen/ die vns darumb ersucht/ jeben Hochgedachts vnsers Gnedigen Fürsten vñ Herrn Jnsigel/ auch vnser Gerichts Jnnsigel an disen Brieff gehangen/ Geschehen vnd geben/ rc.

Kauff oder Gültuerschreibung anderer Form.

Wir N. rc. Bekennen/ rc. für vns/ vnser Erben vnnd nachkommen/ daß wir vmb sonder vnsers vnd vnserer Chur vnd Fürstenthumb nutz vñ notturfft willen/ mit güter vnserer Landschafft vnd Rähte betrachtung/ kaufflich verkaufft/ vnnd zu kauffen geben haben/ Geben vnd verkauffen auch hiemit wissentlich/ in krafft diß brieffs/
vnsern lieben besondern N. vnd N. gebrüdern/ allen jhren Erben vnd nachkommen/ vnd des brieffs mit jhren wissen jnnhabern N. gülden an grober müntz/ jhe fünffzehen Batzen für einn gulden gerechnet/ järlicher Gülte/ von/ auff/ auß/ vnnd abe vnser Cammern vnsers Lands vñ Fürstenthumbs zu N. vmb N. gülden Reinisch/ obbemelter werung hauptgüts/
die vns gedachte Kauffer auff vnser völliges benügen außgericht/ bezalt/ vnd vnser Rentmeister zu N. Rath vnd lieber getrewer N. von vnsert wegen empfangen/ fürther zu vnser notturfft gebraucht vñ angewandt hat/ Darumb wir sie die Kauffere vnd jre erben/ quit/
ledig vnd loß sagen. Hierauff gereden vnd versprechen wir/ für vns vnd vnsere Erben/ bey vnsern Churfürstlichen wirden/ den obgedachten Kauffern/ jren Erben/ oder wie obstehet jnnhabern diß brieffs/ die obgemelten N. gulden järlichs zinß vorgemelter werung/ durch einn jeden vnsern Cammer vnd Rentmeister zu N. so jetzt ist/ oder füran seyn wirdt/ auff Sanct N. tag/ jetzt vber ein Jar/ so mann der wenigern zal nach Christi geburt N. Jar zelen wirdt/ damit zu geben anfahen/ vnnd hernach alle Jar järlich/ vnd eins jeden Jars be-

J i iij

New Formular

sonder auff S.N.tag/vierzehen tag vor oder nach/ungeschrlich/gegen gebürlicher quittantzen zu N.reichen unnd bezalen zulassen/ohn alles verhindern/verhelffen/und eniderlegen/Geistlicher und weltlicher leut/Richter/Gericht/und genzlich ohn allen jhren kosten/abgang vnnd schaden/auch sonsten gemeynlich für all ander jrzung/einfelle vnnd gebrechen/die vermelten Kauffern/ jhren Erben/ vnnd jnnhaltern diß Brieffs zu schaden/ vns vnd vnsern Erben zu fortheil kommen möchten/als solcher järlicher Gült recht/sitt/ vnd gewonheyt ist/welches jar aber den benanten Kauffern/ jhren Erben/oder mit jhrem wissen/jnnhabern diß Brieffs/solch Gült vber jren willen verzogen vnnd nicht bezalt würde/als obstehet/das doch inn keinem wege sein solle/was sie dann des ungeschrlich schaden nemen/klein oder groß/keinen außgenommen/ jhren schlechten vnbetheuerten worten darumb zuglauben/Die gereden wir jnen bey obgemelter verpflichtung/mit sampt der vorfallenen vnbezalten Gült/zu jeder zeit/auch ohn alle widerrede/gnediglich zu widerkeren/ vnd bezalen zulassen/on geuerde.

Damit aber obgenante N.vnd N.gebrüder/als Kauffern/jre Erben/oder wissentlichen jnhabern diß brieffs/das alles hierinn begrieffen/dest sicherer vnd wolhabender sein vnd bleiben mögen/So haben wir jnen/des für vns/vnd all vnser Erben zu rechten guten vnuerscheidenlichen bürgen vnd selbschuldnern gesetzt/die wirdigen in Got andechtigen/ auch Ersamen/vnnd vnser lieb getrew/nemlich von Prelaten/Herrn N.vnnd Herrn N. Apte/sampt beden jren Conuenten/vnd dann von Stetten/Bürgermeister Rath vñ gemeynden zu N.vnd N. für sich selbs vñ jre nachkomen/auch von aller anderer Prelaten/ Prelatin stett vnd flecken/auch deren von der Ritterschafft/vnsers Landts vnnd Fürstenthumbs zu N.deren vollkomen macht vñ gewalt sie vermög einer bewilligung/so die dreissende von Prelaten/Ritterschafft vnd Stetten/sampt jren zugewandten vns gethan/vñ sie sich derhalben vnder sien vereinigt/vnd gegen einander verbunden haben/ der gestalt/ obgedachten Kauffern/vnnd jhren Erben/oder jnnhaltern diß brieffs/in einem oder mehr oberürten stücken vnd bezalung Hauptguts oder zinß/nit gehalten würde/daß sie sich als dann völlig gewaldt/gut recht vnd macht haben sollen die gemelten jre bürgen zu manen/ zuleisten/schrifftlich oder mündtlich vnder augen/die als dann uff die ersten manung/bey jren wirden vnd waren trewen/in 14.tagen den nechsten vnuerzogenlich/vnd nemlich die zwen Prelaten sampt jren Conuenten/jetweder einen redlichen reisigen knecht/mit einem tüglichen lastbarn pferde/vnnd die von gedachten zweyer Stetten/auß jeder einem Man des raths/jeglichen auch mit einem leistbarn pferde ghen N.in ein offen Wirtshauß/darinn sie gemant oder gewiesen werden/in leistung schicken vnd stellen/keiner uff den andern verziehen/Sonder daselbs inn rechts gastsweiß/zu vnuerdingten malen von Mannen zu Mannen/vonn Knechten zu Knechten/von Pferden zu Pferden/als redtlicher leistung recht vnnd gewonheyt ist/liegen/zeren/leisten/vnnd darauß nicht kommen/noch der ledig sein sollen/ jhnen sey dann ein gantz vollkommen genügen vnnd bezalung alles des/ darumb sie gemandt hetten/geschehen/Vnnd ob auß den geschickten Personen einer/oder mehr/dergleichen jhre/Pferdt/inn der leistung abgiengen/oder sich verleist hetten/ So sollen alle malen vonn gedachten Prelaten/Conuenten vnd Stetten/ andere Knecht/ auch manne des Raths/vnd Pferdt/an des oder derselben abgangen statt in vierzehen tagen/den nechsten auff jhr ermanung/wider in die leistung gestelt vnd geschickt werden/die sollen als dann auch alles das verschrieben vnd verpflicht sein/als die vorigen an des/oder derselben statt/sie gemelter maß gesetzt vnnd geschickt/ Wo aber die Bürgen auff die erst manung/in leistung nicht schicken/sonder damit verziehen/dem allen wie hierinn begriffen nicht nachkommen/vnnd geleben werden/ Als dann haben obgedachte Kauffer/jhre Erben/oder wissentlich jnnhaber diß brieffs/vnd wer jhnen des behülfflich vnd beystendig sein würde/gut macht vnnd recht/sie die nicht haltenden Bürgen/mit Geystlichen odder weltlichen Gerichten fürzunemen/mit der that gegen jnen/jhren hindersassen haab vnnd Gütern/inn gemeyn oder sonderheyt darumb zu nöten /· anzugreiffen/als hetten sie solches mit rechter Gerichtsordnung / am Keyserlichen Cammergericht/odder sonsten an

andern

Kauff oder Gültuerschreibung. CXC

andern ordenlichen Gerichten erlangt/erfolgt vnnd erstanden/alles ohn minderung vnnd abgang der hauptsumma/zinß vnd schaden/sie sollen auch denselben Bürgen/den jhren/ noch sonsten jemands andern vor oder nach lösung odder erledigung des brieffs/von ehren oder rechts wegen/nichts darumb zubezalen vnd widderzukeren schuldig/noch pflichtig sein/sondern jhren ehrn vnd entschüldigung hiermit jetzo als dann/vnnd dann als jetzo ge nugsamlichen gethan vnd bewart haben/ohne geuerde.

Wider solches alles in disem brieff begrieffen/sollen noch wöllen wir/vnser Erben/ oder die obgeschrieben vnser bürgen vnd selbschulden/noch jemandts anders von vnserent wegen nit thůn/noch schicken gethan werden/mit Gerichten/geistlichen/weltlichen oder ohn Gericht/noch sonsten in kein weise/Gereden vnd versprechen auch bey vnsern Chur fürstlichen Wirden/für vns vnnd all vnser Erben mit disem brieff/denselben in allen sei nen stücken/puneten vnnd Articklen/gantz/stett/fest/vnnd vnuerbrüchlich zuhalten/So soll auch gemelten Kauffern/jhren Erben/oder jnnhabern diß Brieffs/an bezalung jhrer Hauptsumma/Zinß/odder schaden/vnnd was inn disem Brieff geschrieben stehet/nicht schaden fügen/noch bringen/weder Bäpstlich Concilien/Bischoflicher oder ander geyst licher Personen/ welcher Wirden odder wesens die seindt/Banne/Keysers oder Königs acht/geistlich oder weltlich freyheyt/Gesetz/Gericht/Krieg/Landtfriedt/verbündtnuß o der einigung/noch sonst keinerley hauptsach/wie die jemandt erdacht hett/erdencken oder erfinden kündt/oder möcht/der wir vns aller vnd jegklicher besonder hierinn/für vns/vnd vnser Erben gentzlich verzeihen. Es soll auch disem Brieff nicht schaden fügen/ob der in Sylben oder büchstaben mißschrieben/löcherig/naß oder molig würde/sonder dieweil eins oder mehr gantzer Insigel daran hangen/soll es ein tügklicher auffgerichter vnnd vn uersserter Brieff sein/vnd an allen orten krafft vnd mächt haben/alle geuerd vnnd argliß hierinn gantz auß geschlossen vnd hindan gesetzt/doch so hat vns obgemelter Kauffer/auß gůtem willen einen ewigen widerkauff zugesagt/vnd wir vns vorbehalten/daß wir/vnser Erben vnd nachkomen/die obgemelten N. gülden järlichs zinß/eins jeden jars wann wie wöllen auff N.tag/14.tag vor oder nach widerumb kauffen vnnd ablösen mögen/mit vnd vmb die obbestimpten N.gülden hauptgelts obberürter werung/vnd so wir ablösen wöl len/so soll die abkündung von vns oder den vnsern bemelten Kauffern/jhren Erben/oder jnnhabern diß brieffs/ein halb jar vor N.tag beschehen/vnd darnach auff die abgekün den zeit/14.tag vor oder nach vngefehrlich/wir/vnser Erben vnd nachkomen benanten Kauffern/jhren Erben oder jnnhabern diß brieffs/obberürte hauptsumm mit sampt den außstendigen verfallen zinsen vñ schaden/ob sie derhalben erlitten hetten zu N. gnediglich außrichten vnd bezalen lassen/gegen solcher bezalung vns disen brieff auch zu vnsern/oder vnser Erben handen geantwort werden/der auch als denn cassirt/krafftloß/todt vnnd abe sein soll. Des alles zu warem vrkundt/haben wir obgenanter N.re.vnser Churf. Innsigel an disen brieff thůn hencken lassen/so bekennen wir obgedachte bürgen vnd Prelaten/Con uenten vnd Stetten/für vns vnd alle andere Prelaten/Prelatin/Conuent/stetten vñ fles cken/auch deren von der Ritterschafft wegen obgedachts Fürstenthumbs N. auch für vn ser vnd jre nachkomen/wie wir vns dann solcher bürgschafft halb vndernander verglichen vnd verpflicht haben/daß wir also wissentlich gůt vnuerscheidenlich bürgen vnd selbschul dener worden sindt. Gereden vnd versprechen auch bey vnsern Wirden/rechten gůten wa ren trewen in krafft diß Brieffs/alles das war/stett/fest/vnd vnuerbrüchlich zuhalten/zu uolfüren/vnd alles das verpflicht vnd verbunden zusein zuleisten/das hierinn von vns ge schrieben stehet/so offt wir des ermant werden/vnns an dem allen kein gebott oder verbott Key.Mt.oder anderer Obrigkeit/auch sonst nichts anders wie gemelt/verhindern lassen/ auch in solcher Bürgschafft vnd verhafftung zubleiben/so lang biß gemelte hauptsumma mit sampt zinsen vnd schaden/den vilgemelten Kauffern/jhren Erben oder jnnhabern diß Brieffs/entrichte/bezalt/vnd dise verschreibung erlediget ist/sollen vnd wöllen vns darwi der nicht setzen/schützen/noch behelffen/weder mit/noch ohn recht/auch kein außzug noch verhinderung darwider nicht suchen/noch von keiner Oberkeyt außbringen.

Vnd ob von der Obrigkeyt auß eygner bewegnuß vns etwas widder dise verschrei

J i iiij

New Formular

bung vnd bürgschafft mitgetheile würde/nit annemen/fürwenden oder gebraucht/gantz in keinen wege/wie das jemandes erdacht hette/oder erdencken möcht/wöllen vns hiemit auch aller freyheyt in dem rechten von den bürgen gesetzt/verziehen vnd begebē haben/Vñ des zu vrkundt/stetter vnd fester haltung/haben wir die vorbenandten Prelaten/ Convent vnd stett/derselben vnserer Abtey/Convent vnnd stett/Jnsigel/für vns/vnser nachkommen/auch die andern Prelaten/Prelatin/Ritterschafft vom Adel/stätt/merckt/ Gericht vnd flecken diß Fürstenthumbs N.wissentlich zu hochernants vnsers Gnedigsten Herrn N.Churfürstens &c. Jnsigel an disen Brieff gehangen/der geben ist/&c.

Kauff oder Gültverschreibung/ aber anderer guter Form.

WIr N.&c. Bekennen vnd thun kundt offenbar mit disem Brieffe/für vns/vnsere Erben vnd nachkommen/daß wir mit wolbedachtem müt/vns vnd vnseren Erben bessern nutz zuschaffen/recht vnnd redlich verkaufft/zu kauff geben haben/ verkauffen vnd geben auch zukauffen/wie daß ein kendtliche vffrichtiger erbkauff sein solle/vnd an allen enden/für Geistlichen vñ weltlichen gerichten oder gewonheiten der land/ krafft vnd macht hat vnd beschehē mag/vnsern lieben getrewen A. vnd B. als C. vnd D. weiland E.seligen nachgelassen sönen Vormünder/jren Erben vnd jnhaber diß Brieffs/ 15.gülden an güter gemeyner Müntz/je 15.batzen für ein gülden/oder dero selben werung/ von/ausser vnd ab allen vnsern nutzungen vnd gefellen zu J.vff einn jeden S. Peters tag/ Cathedra genant/viertzehen tag vor oder nach vngefehrlich/durch einn jeden vnsern Zollschreiber daselbst/vff jhr zimlich quittantz zu J.gütlich on verziehen/vnd on allen jhren kosten vnd schaden aufrichten/bezalen lassen sollen vnnd wöllen/vnnd das erste ziel der bezalung sein Cathedra Petri vber ein jar/so mann zelen wirt fünffzehen hundert sechtzig acht geschehen/daran soll nicht jrren oder hindern gebott/verbott/Acht/Bann/anleit/feindtschafft oder einicherley sach/nichts außgenommen/on alle geuerde.

Vnd ist diser kauff geschehen vmb 300.gülden/an güter grober müntz/jhe 15. batzen für einn gülden/dero wir von genanten A. vnd B. Vormündern/an statt jrer pflegsöne/ zu vnserm güten gnügen außgericht vnd bezalt seindt/derhalben wir sie ledig vnnd loß sagen. Vnd auff das ehegenante C.vnd D.gebrüldere/weilande E.seligen nachgelassene söhne/oder all dieweil sie vnder jren jaren/mehrgedachten jren Vormündern A. vnd B. von jhrent wegen diser järlichen gülten desto sicherer sein mögen/so haben wir jhne die gedachten vnsere lieben Getrewen/Bürgermeister vnd Gericht zu J. jhre nachkommen/zu rechten Bürgen vnd selbschuldner gesetzt/vnd hafft gemacht/seyen vnd machen jhnen die hafft/in vñ mit krafft diß brieffs/also/wer es sach/daß sie an statt vnser oder vnser Erben/ einiche Jars seumig würden/vnd die gemelte Gülten/auff zeit vnd ziel nit außrichten vnd bezalen/wie vorstcht/das doch nicht sein soll/wann dann darnach die benelten C. vnd D. weiland E.seligen söne/jhre Erben/oder die gedachten Vormünder/oder andere jre nach kommende verweser von jhrer wegen/die vorgemelte Bürgermeister/Gericht vnd gemeyn zu J.als bürgen vñ selbschuldner deßhalben manen würden/mit botz briefen oder mündlich vnder augen/so sollen dieselben Bürgermeister/Gericht vnd gemeyn/zwen von dem Gericht/vnd zwen von der Gemeyn/zu J. der redelichsten vnd habhafftigsten in leistung schicken vnd stellen/in 14.tagen den nechsten nach solcher manung ghen B. oder H. in der Stett eine/welche Statt oder Herberg daß in der manung bestimpt würde/darinn recht leistung vñ geisellschafft zu feilen kauff vnuerdingt halten/thun vnd vollnfären/vnd jr keiner so gemant ist/auff den andern verziehen/darauß nicht kommen noch ablassen/so lang biß genantem C. vñ D.gebrüldern/oder mehrgedacht jren zweien vormündern/oder jren nachkomen/Verwesern/all dieweil sie noch vnder jhren Jarn seindt/von jren wegen/die verfessen außstendige Gült/vnd ob sie des kosten vnd schaden gehabt hetten/ein gantz güt außrachtung vnd bezalung geschehen ist/jhren schlechten worten/ohn alle Eydt/oder anderer beweren/vnnd beschwerung darumb zu glauben/Gienge auch ein leister oder mehr in der leistung abe/odder möcht die leistung nicht gehalten/von franckheyte oder ander zufelliger

Kauff oder Gültbrieff. CXCI

fälliger ursach wegen/ so sollen doch die andern vor aussleisten/ und die obgenannten unser Bürgen und selbschuldner/ an der abgangen und untäuglichen statt/ andere als gütigliche leister in einem Monat nach solchem abgang/ in dieselb Herberg schicken/ die leistung an des oder der abgangen statt zuuollnziehen/ nach besage diß Brieffs.

Und wo sich begebe/ daß die vilgenannte unser bürgen und mitschuldner/ so unthewer und leichtfertig würden/ und (da Gott vor sey) einer oder mehr/ der leistung nit nachkommen und gnüg theten/ als vor und nachgemelt ist/ das in kein wege sein solle/ oder ob sie ein monat geleist hetten/ und demnach die bezalung des darumb zu leisten gemant nit geschehn were/ sie leisten dann oder nit/ so soll den obgenanten zwen Vormündern/ jren pflegsönen/ oder jren Erben/ wie vorgemelt erlaubt sein/ solch schwacheit/ leichtfertigkeit uñ seumnis/ zuschreiben/ zuklagen und zusagen/ und mögen als dañ die mehrgedachten unser Bürgen/ und selbschuldner/ die jrn/ das unser/ und das jhr/ sampt unnd sonder angreiffen/ auff uns pfenden/ nemen und beschedigen/ die pfandt füren/ treiben und tragen/ an welches endt/ uñ wie jhnen lieb unnd eben ist/ und welchen weg sie also gegen uns oder unsern Erben/ Landen/ Leuten und Stetten fürnemen würden/ damit sie uns oder unser Erben unnd nachkommen/ auch die Bürgen und mitschuldner vorgemelt/ zubezalung und zu halten bringen oder undersühnden zubringen/ Darzü sollen sie/ oder wer jnen darzu hilfft/ alles recht/ und wir/ unser Erben und nachkommen/ auch Bürgermeister/ gericht und gemein zu J. unser Bürgen und schuldner unrecht haben/ und jnen das am Haubtgut oder Gült nicht abgeschlagen werden/ in kein wege/ Und sie sol hieran nicht jrren odder hindern keinerley manschafft/ eydt odder verbündnus/ burgfrieden/ gelübd und anders/ welcherley sie des mit uns/ oder unsern Erben oder nachkommen/ oder mit unsern vorgenandten Bürgen/ und selbschuldnern/ zuthün hetten oder gewönnen/ und sollen darumb uns/ unsern Erben und nachkommen/ Landen/ Leuten/ Stetten/ oder jemandt/ etwas zuthün sein/ noch wider eyde/ Ehr/ Brieff und Sigel gethan haben/ unnd auch darumb ohn betheidingt und ohne schaden sein und verbleiben/ sonder wir/ unser Erben unnd nachkommen/ nicht desto minder schüldig sein/ die aussstendige Gült/ sampt den kosten uñ schaden/ wie sich der gemacht hett/ außzurichten/ daß alles jren schlechten worten ohne Eydt oder ander beschwerd/ zu glauben/ ohne geuerde.

Es soll auch diser brieff/ ob er an schrifften/ pergament oder sonst/ schadhafft/ löcherecht/ naß/ molig/ oder ob der Jnnsigel eins oder mehr zerbrochen/ verlorn oder verbrandt würd/ den ehegenanten Kauffern oder jren Erben/ an der järlichen Gült wie obgeschrieben steht/ keinen schaden thün oder bringen/ sonder wann sie ein vidimus/ oder glaublich abschrifft/ mit eins Prelaten/ oder eines gerichts Jnsigel versigelt zeigen/ dem sollen und wöllen wir/ unser Erben und nachkoffien/ auch die gedachten unser bürgen uñ selbschuldner glauben/ und sie darauff aufrichten on alle beschwerung/ Wer auch disen Brieff mit der obgenanten C. und D. gebrüdern/ so sie zu jren jaren kommen/ oder jrer Erben gunst/ und glaubwirdiger urkundt jnnhat/ denselbigen und jhren Erben/ sollen und wöllen wir/ unser Erben unnd nachkommen/ auch ehegemelte unser Bürgen/ alles das zuthün schüldig sein/ das wir und dieselben/ nach laut diß Brieffs vilgenanten C. und D. weylandt E. seligen nachgelassenen sönen/ und jhren Erben pflichtig/ und hierinn verschrieben sein.

Doch so haben uns vilgenannte Vormünder/ von wegen jhrer pflegsöne/ und jhre selbst/ so sie zu jren mündigen jaren kommen/ oder jren Erben und jnnhaltern diß brieffs/ wie vorgemelt/ disen sondern willen gethan/ daß wir jnen jeden jars/ wann wir/ unser Erben und nachkommen wöllen/ solch fünffzehen gülden Gülten/ mit 300. gulden an grober müntz/ jhe 15. batzen/ oder ander grober werung so vor 15. batzen geng und gebe seindt/ sasst erschiener Gült/ kosten und schaden/ ob einich darauff gangen were/ wider selbigen lassen/ und abkauffen mögen/ Doch daß wir/ unser Erben und nachkommen/ dem Kauffer/ seinen Erben oder jnnhaltern diß Brieffs/ solchen widerkauff ein halb jar vor Cathedra Petri/ mit unserm versigelten Brieffe/ in jhre behausung verkünden.

Und wann wir als dañ zu jetzt gemelten Cathedra Petri/ solch drey hundert gülden Haubt-

New Formular

Hauptgelt/obberürter werung/mit allen erschienen gülten/auch kosten vnd schaden/ob anderst einich darauff gangen were/zu G.oder H.welchs ort sie anzeigen werden/außgericht vnd bezalt haben/So sollen wir vnd vnser Erben/auch vielgemelte vnser Bürgen/ vnd selbschuldner wider ledig/diese verschreibung krafftloß/todt vnd ab sein/vnnd vnns wider herauß gegeben werden.

Vnd hierauff gereden vnd versprechen wir N.x.obgenandt für vns/vnser Erben/ vnd nachkommen/bey vnserm Fürstlichen glaubē/alles vnd jeglichs so hierin geschribē steht/war/stett/vest vnnd vnuerbrüchlich zuhalten/darwider nicht zusein/zuthun/oder schaffen gethan werden/durch vns oder andere/in kein weg/Wir vnd vnser Erben sollen vnnd wöllen vns auch wider alles vnd jeglichs so hierin geschrieben steht/keinerley gebot/ verbot/Landtfrieden/ordnung des reichs/der Churfürsten freiheyt/oder icht anders/ vns oder vnsern Erben gegeben wer/oder werden möchten/nicht behelffen/annemmen/fürziehen/noch gebrauchen/in kein weg/dann wir für vns/vnser Erben vnd nachkommen/solches vnd alles fürstandts so hiewider sein möchte/genzlich verziehen haben. Begeben vnd verzeihen vns auch des alles vnd jeglichs/hiemit wissentlich in vnd mit krafft diß brieffs/ auch des rechten gemeyner verzeihung widersprechendt/es gang dann ein sonderung vor/ alle geuerde vnd arglist hierin auß geschlossen. Vnd des zu warem vrkund/haben wir vnser Ingesigel an diesen brieff thun hencken. Vnd wir Bürgermeister/Gericht vnd gantz Gemeyn zu F. bekennen für vns/vnd alle vnser nachkommen/daß wir angezeigter massen/gedachts vnsers Gnedigsten Herrn N.x. vnd seiner Churfürstlichen gnaden Erben/ bürg vnd selbschuldner worden seind/gegen offtgedachten C.vnd D.gebrüdern/jren Erben/oder wer diesen brieff mit jhrem guten wissen vnd willen innhat/vor die bestimpte 15. gülden järlich Gülten/mit drey hundert gulden an grober münz haubtgelts ablösig. Gereden vnd versprechen hierauff für vns vnd vnser nachkommen/bey guten waren trewen/ an rechter eidsstat/gut bürg vnd selbschuldner zu sein/die gemelten 15. gülden järlich wie obsteht auß zurichten/vnd bürgen recht zuhalten/vnd allem dem so hierin von vns geschrieben steht/getrewlich nachzukommen/on alle geuerdt. Vnd des zu vrkund so haben wir vnser Stadtgerichts Insigel auch an disen brieff thun hencken/vns vnd vnser nachkommen damit zubesagen. Datum N. auff Cathedra Petri/als man zalt/x.

Gült oder Kauffverschreibung/
aber anderer form.

Wir N.x. Bekennen/x. daß wir mit wolbedachtem muth/zeitlichem rath/vnsern vnd vnsers Fürstenthumbs bessern nutz zuschaffen/recht vnnd redlich verkaufft vnd zukauffen geben haben/verkauffen vnd geben auch zukauffen gegenwertiglich/vnd in krafft diß brieffs/wie dann ein rechter redlicher kauff in geistlichen vnd weltlichen rechten/vnd nach Lands sitten vnd gewonheyt/aller best krafft vnd macht hat/haben sol/kan vnd mag/vnsern lieben angehörigen Thebaldt N. vnd Clausen N. als vormünder Anna vnd Gertrauten N.beyder töchter/vnd daß Stephan N. vnd Philips N. als vormundern/vnd an stat jrer pflegtochter Margrethen N.Haffners sons tochter/alle zu N.wonhafft als keuffern 40.gülten/järlichen Gülten münz/jhe 15. batzen oder 60. Creutzer für einen Gülden gezelt/die wir genandten Vormündern/odder gedachten jhren pflegkindern/vnnd derselben Erben/odder wer das von jhrent wegen jederzeit brueschhaben wirdt/durch ein jeden vnsern Landschreiber N. gemeynschafft/so jhe zu zeiten sein würdet/auff jeden Trium regum/14.tag vor oder nach vngefährlich/auff jhr zimlich quitantz außrichten wöln/vnnd sol das erst ziel auff heut dato ober ein jar/so man N.zelen würdet/angehen vnd erschienen sein/Vnd das sol nit jrren noch hindern einiche sach oder vrsach/die gesein oder geschehen möcht noch könd/vnfal/gebot/verbot/auff halt/kriege/ schaden/Acht/Bann/anleit oder anders/wie das möcht fürbracht werden/schein oder gestalt haben in einiche weiß/Vnd ist dieser kauff geschehen vmb achthundert gulden an grober münz/

Kauff oder Gültbrieff. CXCII

der müntz/ ihe 15. Batzen oder 60. Creutzer für einn Gülden/ dern wir vor dato diß Brieffs zu vnserm guten genügen außgericht vnnd bezalt seindt/ Derhalben wir mehr gedachte Kauffer hiemit gantz quit/ vnd loß sagen.

Vnd damit die obgenandten Kauffer/ in künfftigen zeiten/ solcher irer Gülten vnd Hauptgelts desto sicherer gesein mögen/ So haben wir ihnen die Ersamen vnser lieben getrewen Schultheiß/ Bürgermeister/ Rath vnd gemein zu N. zu rechten Bürgen vnd selbschuldner/ deßhalben verlegt vnd hafft gemacht/ vnd thun das gegenwertiglich/ inn vnnd mit krafft diß Brieffs/ Also/ ob sich begeb/ vber kurtz oder lange/ daß wir/ vnser Erben oder vnser Landtschreiber N. gemeinschafft/ von vnsernt wegen an bezalung angezeigter 40. Gülden/ jerlicher Gülten seumig würden/ vnd inen die zu zeit vnd zielen wie obstehet/ nicht außrichten vnnd bezalen/ das doch nicht sein soll/ So haben die obgenandten Kauffere vollkommen macht vnd gewalt/ die genanten Bürgen vnd selbschuldner/ mit ihrem offen verstgezelten brieff/ oder mündtlich vnder augen/ in leistunge zu manen/ ghen N. odder N. in der zweier Stett eine/ in ein offen Wirdtshauß/ welchs sie ihnen dann in der manunge anzeigen vnnd benennen werden/ Da sollen gemelte Schultheiß/ Bürgermeister/ Rath/ vnnd Gemeinde zu N. so bald inen solch manunge zu wissen kompt/ in 14. tagen den nechsten darnach/ zwen mann auß dem Rath/ vnd zwen auß der gemein der habichtsten/ in solch stadt vil herbrig/ so inen benant wurden/ in leistung schicken/ daselbs recht leistung vnd geselschafft zuthun/ wie leistung recht vnd gewonheyt ist/ vnd vff niemandz verzeihen oder sich entschüldige/ vnd ob einer oder mehr/ so in leistung gemandt wern/ inn der leistunge mit tod abgehen/ oder sonsten zu leisten vntäglich sein würden/ als dick sollen die genandte Schultheiß/ Bürgermeister/ Rath vnd gemein zu N. in 14. tagen nechst darnach/ ein oder mehr leister an der abgangen statt geben vnd schicken/ allwegen die habhafftigste/ die abgangene ersetzen/ so vil vnd dick das not geschicht/ zu leisten wie obstehe/ auch daruon nicht lassen/ so lang vnd vil/ biß den Kauffern für ir Gült/ kosten vnd schaden/ ob einicher darauff gangen were/ ihren schlechten worten ohne weiter beweyrunge darumb zu glauben/ gut genügen vnd bezolung geschehen ist/ ob aber genandte Schultheiß/ Bürgermeister/ Rath vnd gemein zu N. vorgemelter massen in leistung nicht schickt/ oder liessen von der leistunge/ ehe die vorgemelten Kauffer irer Gülten/ kosten vnd schaden so darauff gangen/ bezalt wern/ das doch nicht sein soll/ So sollen die obgenanten Kauffer/ gut fug/ macht vnd recht haben/ vns/ vnser Erben/ vnd die vnsern/ vnd sonderlich die bürgen/ vor allen hohen vnd nidern/ geistlichen vnd weltlichen Richter vnd gerichten/ wie inen eben ist/ vnd sie das bekommen mögen/ vff wasser oder Land/ zuuerbieten/ zubekümern/ zupfenden/ niderzuwerffen/ angreiffen/ mit oder one recht/ welchs inen lieb/ an dem sie/ oder wer inen des hilfft/ auch nicht gefreuelt oder wider recht gethan haben sollen/ vnd solche pfande führen/ treiben vnd tragen/ wohin inen geliebt vnd eben ist/ so lang vnd vil/ biß ihnen für ihr außstendig Gülten/ auch kosten vnd schaden/ gut genügen geschehen ist/ Vnd so die Leister ein Monat geleist hetten/ vnd sie ihrer Gülten/ kosten vnd schaden noch nicht außgericht wern/ so mögen die obgenandten Kauffer/ ire Erben vnd helffer/ leisten vnd pfenden/ eins mals mit einander gebrauchen/ vnnd was sie also pfenden/ das sol inen weder an gült oder hauptgelt abgehen/ Was sie auch des kostens vnd schadens newen würden/ Darumb soll iren schlechten worte one gelübde oder eyde geglaubt werde/ wo auch dieser brieff naß oder sonst an schrifften oder sigeln schabhafft/ oder ob sich begebe/ daß dieser brieff verlorn würde/ so sollen wir oder vnser erb/ nach anzeig eines glaubwirdigen vidimus oder transsumpten/ auff der Kauffer gesinnen/ in zweien Monaten/ sie deßhalb mit einer newen verschreibung versehen/ diser gleichförmig/ daran sie sicher vnnd habendt seien/ alles bey den Peen vnd vbertretten/ wie hieuor gemelt ist/ on geschrlich. Wer auch diesen brieff mit der obgenandten Kauffer/ oder ihrer Erben/ guten wissen vnnd wüllen innhat/ den sollen vnd wöllen wir/ oder vnser Erben vnnd nachkommen/ Auch die vielgenandten Bürgen vnnd ihre nachkommen/ alles des pflichtig/ schüldig vnd gewertig sein/ so hierinn begriffen ist/ ohne alle auffzüge.

Doch

New Formular

Doch so haben wir vns vnnd vnsern Erben vorbehalten/ daß wir solche 40. gülden/ järlicher Gülten wider an vns mit 800. gülden grober Müntz/ jhe 15. batz. für ein gülden/ wann vnd welches jars wir wöllen/ vnd vns geliebt/ vnnd eben ist/ wider abkauffen vnd ledigen mögen. Doch so wir das thün wöllen/ so sollen wir/ oder vnser Erben/ solchs den gemelten Kauffern oder jnnhaltern diß Brieffs/ ein viertheyl jars zuuor verkünden/ vnd als dann nach außgang des viertheyl jars/ den vilgenannten Kauffern/ das vorgeschriebene Hauptgelt/ sampt der erschienen gült/ nach anzal abzurechnen/ außrichten vnd bezalen lassen/ alles mit vorgemelter wehrschafft/ vnd so das geschehen ist/ so soll diser Brieff auch ob Transsumpten oder vidimus dauon gemacht weren/ herauß gegeben werden/ krafftloß/ todt vnd abe/ vnd vnser Bürgen der bürgschafft in dem erledigt vnd erlößt sein/ Alles vnd jedes so hierinn geschrieben stehet/ gereden vnd versprechen wir/ N. ꝛc. obgenannt für vns/ vnnd vnser Erben/ bey vnsern Fürstlichen Wirden/ in krafft diß Brieffs/ war/ stett/ vest/ vnd vnuerbrüchlich zuhalten/ zuuollnziehen vnnd zuthün/ auch nicht gestatten/ darwider gethan zuwerden/ Vnd wider das alles/ soll vns nicht zu beheiff oder statten kommen/ keinerley Geystlich oder Weltlich fürnemen/ Gericht oder recht/ gnade/ freiheyt/ oder Priuilegien/ so erlangt weren/ oder hernach gegeben werden/ wie das gesein oder namen haben möcht/ nicht außgenommen/ dann wir vns des/ vnd aller beheiff vnd außzug hiemit begeben vnd verziegen haben wöllen/ alle geschrde vnd argelist hierinn außgeschlossen/ Vnnd haben des zu warer vrkunde vnser Jnsigel an disen Brieff thün hencken/ Vnd wir Schultheyß/ Bürgermeister/ Rath vnd Gemeynde zu N. bekennen für vns/ vnd all vnser Nachkommen/ daß wir gemelter massen/ Hochgedachts vnsers Gnedigen Fürsten vnd Herrn/ Herrn N. ꝛc. vnnd jhrer Fürstlichen Gnaden Erben/ Bürgen vnnd selbschuldner worden sein/ gegen genanten Kauffern vnd jhren Erben/ vnnd wer disen Brieff mit jhrem güten wissen vnd willen jnnhat/ für die gedachte 40. gülden järlich gülten/ mit 800. gülden haupt gelts ablösig/ Gereden vnnd versprechen hierauff/ mit güten trewen an Eydes stadt/ güt Bürgen zusein/ bürgen Recht zuhalten/ vnd allem dem/ so hierinn für vns geschrieben stehet/ getrewlich nachzukommen/ ohn geuerde/ Vnnd des zu vrkunde haben wir Schultheyß/ Bürgermeister/ Rath vnd gantz Gemeyne zu N. vnser Jnsigel auch an disen brieff wissentlich gehangen/ Datum N. auff Trium regum, anno &c.

Kauff oder Gültuerschreibung der Stett/ Aber anderer Form.

Wir Bürgermeister vnd Rath der Statt N. thün menigklich offenbar/ kundt vnd zuwissen mit disem Brieff/ daß wir einhelliglichen/ auß zeittigem vorrath/ vmb vnser Statt nutzes vnd notturfft willen/ recht vnd redlich verkaufft/ vnd zukauff geben haben/ wir verkauffen auch gegenwertiglich/ inn vnnd mit krafft diß Brieffs/ für vns vnd vnser Gemeynde Burgerschafft/ vnd für alle vnsere nachkommen/ Rathe vnnd Bürger zu N. den andechtigen vnnd Geistlichen Jungfrawen/ des Conuents gemeynlichen des Closters zu Sanct N. Prediger Ordens/ Speyrer Bißthumbs/ vnd jhrer nachkommen/ oder wer disen Brieff mit jhrem güten wissen vnnd willen jnnhat/ mit namen 36. gülden järlicher Gülten an güter müntz genger/ vnnd genemer Landewerung eines jeden Jars samenthafft/ auff Sanct Johannis Baptisten tage/ one allen fren kosten vnnd schaden zugeben/ zubezalen/ vnd auff jr zimlich quittantze zu vberliefferen/ in vnser Statt N. durch vnsere Zinßmeister/ daran soll vns vnd vnsere nachkommen nichts verhindern/ nicht schuldigen oder auffhalten/ kein heere/ Hagel/ Wind/ brandt/ kriege/ nahme/ raube/ brandtschatzung/ mißwachs/ feindeschafft/ gebott vnnd verbott/ geistliche oder weltliche gewalt/ noch sonst nichts in gemeyn oder besonder/ so jemandt hiewider erdencken möcht/ odder erdicht ist/ ohn alle geuerde/ Vnnd ist diser kauff geschehen vmb 500. güter Rheinischer Gülden/ güt an Müntzen/ vnnd güt gnüg am gewicht/ deren wir obgenanten verkauffere

Kauff oder Gültuerschreibung. CXCIII

kauffere/ von gedachten Kauffern wol vernügt vnnd bezalt sein/ die wir auch fürther in vnser Statt offenbaren nutze gewendt/ vnd angelegt haben/ vnnd wir haben jnen dafür zu guter sicherheyt/ vnnd zu einem rechten vnuerscheiden vnderpfandt/ versetzt/ verpfendt/ vnnd verlegt/ der vorbemelten vnser Statt N. renthen/ nutzungen vnd gefelle/ so wir jetzundt haben/ oder in künfftigen zeiten vberkommen werden/ nichts außgenommen/ Weres auch/ daß wir oder vnsere nachkommen/ einichs jars odder ziels seumig würden (das doch nicht sein soll) vnd den obermelten Kauffern/ vnd jhren anwälden oder machtbotten nicht außrichten vnd bezalen/ in massen wie obstehet/ wann sie dann darnach/ ober kurtz oder lang wöllen/ so mögen sie die Kauffere vnd nachkommen/ oder innhalter diß Brieffs/ sechs Personen auß vnserm Rath/ nemlich/ drey vonn den Scheffen/ vnnd drey von den vier vnd zwentzigen/ so zu der zeit des Raths seindt/ vn den Rath besitzt/ welche sie wöllen/ gehn N. in ein offen gastgebe herberg/ mit bott/ schrifftlich oder mündlich zu leistung manen/ vn welche also in leistung gemant/ vn in der manung benendt werde/ die solle sich vff stundt nach solcher ermanung/ sie geschehe mündtlich oder schrifftlich/ in den nechsten acht tagen nach solcher manung/ one lengern verzug in leistung stelle/ in ein offen gastgebe herberge/ so jnen in der Statt N. beneñt wirt/ in leistung stellen/ darinn rechte leistung/ gesellschaffe/ vff vnsern kosten halten/ auch auß der herberge nicht kommen/ noch von der leistung zulassen/ den obergnanten kauffern vis jren nachkommen/ oder jnhaltern diß brieffs/ seie daß zuuor jr außstehnde gülten/ auch aller kosten vnd schaden/ den sie deßhalben gelitten/ wie der darauff gangen/ jren schlechten worten/ on gelübde/ eyde oder andere bewerung darumb zu glaube/ ein gantze volkommen außrichtung vnd bezalung geschehn vnd widerfaren. Wo wir aber so vntherw würden (da Gott vor sey) vnd solche leistung nicht hielten/ oder aber daß wir inn oder nach der leistung solche bezalung nicht thetten/ so sollen vn mögen die ehegenandten Kauffer/ jhre nachkommen/ vnd alle jre anhenger/ helffer vnnd helffers helffer/ gantze möge/ macht/ erlaubnuß/ guten glimpff/ fuge vnd erlangt recht haben/ vnser/ vnnd der benandten vnser Statt N. auch vnser Bürger vnd nachkommen/ leib/ haab vnd güter/ wo/ vnd wie sies ankosten vnd betretten mögen/ eigens gewalts/ on verkündter ding/ anfallen/ gefenglich annemen/ arrestiren/ pfenden/ vnnd mit vns jhres gefallens handeln/ als lang vnd viel biß jnen wie vorstehet/ ein gantz volkommen benügen beschehen ist/ sie sollen auch darinn vnd darumb nichts verwirckt/ gefreuelt/ oder einich geleit/ schirm vnd freiheyt/ gebot oder verbot/ geistlicher oder weltlicher Oberkeyt/ so wir in gemein oder in sonderheit dawider hetten/ oder vnsere nachkommen erlangen würden/ verbrochen/ noch kein peenfall darumb verwirckt haben/ dann wir vor vns/ vnnd vnsere nachkommen/ vff alle freyheyt/ gnad/ tröstung/ sicherheit/ schirme vnd geleyt/ wie die von beiden geistlichen vnd weltlichen haubtern/ vnd gewälden außgangen sein/ oder außgehen würden/ vnd vns wider dise verschreibung dienstlich/ vnd den Kauffern vnd jren nachkommen/ odder jnnhaltern diß brieffs/ schedelich oder nachtheilig werden möchten/ gentzlich verziegen haben/ Verzeihen auch darauff gegenwertiglich/ in vnd mit krafft diß brieffs/ gereden vnnd versprechen bey guten rechten vnd waren trewen/ an eins eydes statt/ für vns/ vnser gemeine statt/ vnd bürgerschäfft/ vnd für all vnser nachkommen/ alles das so hieuor geschrieben stehet/ vnuerbrüchlich/ stett/ vest/ getrewlich vnd vngeferlich zu halten/ darwider nimmermehr zu thun/ zu handeln/ noch zugeschehen verschaffen/ durch vns selbs/ oder jemand von vnsern wegen zugeschehen gestatten.

Wir haben auch vns vnd vnsern nachkommen hierinn vorbehalten/ wann wir wöllen eins jeden jars vor Weyhennachten/ so mögen wir die obgedachten 36. gülde gelts sassienhaffe/ mit 900/ guter gemeiner Reinischer gülden/ gut an grober müntz/ vnd schwer gnug am gewichte/ widerumb an vns kauffen vn ablösen/ der lösung maß vns on alle weigerung gehorsam sein/ Doch daß wir zuuor alle verfessen gülten/ sampt kosten vnd schaden/ so sie einichen deßhalben gelitten/ jnen außgericht vnd bezalt haben/ als dann sol dise verschreibung todt vnd ab sein/ vnd vns zu vnsern handen widerumb gegeben werden/ alle geuerde vnd arglist hierinn gentzlich außgescheiden/ Vnd des zu warem vrkund/ so haben wir Bür

K t

New Formular

germeister vnd Rathe/ für vns vnd vnsere nachkommen/ der vorbemelten vnser Statt N. groß Insigel gehenckt an disen Brieff/ der geben ist/ ꝛc.

Gült oder Kauffuerschreibung vnder den Bürgern/ ꝛc.

ICh Elisabeth N. vonn N. seligen Wittwe/ bekenne vnnd thů kund offenbar mit disem brieff/ daß ich vmb mein vnd meiner Töchter anligender notturfft willen/ vnd mit wissen vñ willen derselbigen kind/ Nemlich A. meines sons/ auch B. vnnd C. meiner tochter Catharinen seligen kinder/ für vns vnd alle vnser Erben/ daß wir recht vnd redlich verkaufft/ vnnd zu kauff geben han/ verkauffen vnnd geben auch zu kauffen hiemit wissentlich in vnd mit krafft diß brieffs/ wie dann ein vffrechter redlicher kauffe in vñ ausserhalb beider geistlicher vnd weltlicher rechten/ auch nach lands sitt vnd gewonheyt/ aller best/ krafft/ macht/ vnd bestandt hat/ vnd versorgt werden mag/ den Ehrnhafften/ Wolgeachten vnd fürnemen Herrn Johan. N. vnd Bernhard N. Secretarien vnsers gnedigst Herrn N. ꝛc. diser zeit pflegern vnser lieben frawen zum heiligen Geist/ der Cantzeleyschreiber Cappellen genandt wirt/ vnnd allen jren nachkomnen/ derselbigen Meß fürweseren/ fünff gulden järlich gült/ guter gemeiner Reinischer landtwerung/ vff vnserm eigen hofe vnd bawgut zu N. im Dorff vnd marck gelegen/ mit äckern/ wysen/ vnd allem dem/ was dann biß hieher darin gehört vnd gedient hat/ ꝛc. solch fünff gulden järlicher gült/ gerede ich Elisabeth N. witwe/ für mich vnnd meine kinde vnd Enckeln/ für vns vnnd alle vnser Erben/ den obgemelten kauffern vnd pflegern/ vnd allen jren nachkoñen järlich/ vnd eins yeden Jars besonder auff S. Johanns Baptisten tag vnuerzüglich die nechsten 14. tag/ vor oder nach/ außrichten/ vnd antworten/ in jren sichern gewalt/ ghen N. daran vns vnd vnser Erben keinerley vrsach jrren sol/ die darwider fürgenommen werden mag/ vnnd ist dieser kauff geschehen vmb 100. gulden haubtgelts/ die vns also bar von den obgenandten pflegern vor dato diß brieffs dargezelt/ außgericht vnd gewert sein/ drü wir sie die Kauffer hiemit gantz quit ledig vnd loß sagen/ vnd vff das die obgenandte pfleger vnd jre nachkommen/ auch die Meß dest habiger vnd daran sicherer gesein mögen/ So hab ich obgenandte Wittwe/ mit rathe/ wissen vnd willen der obgenandten meiner kind vnd enckeln/ jhnen den pflegern zu rechten vnderpfandt vorlegt vnd hafft gemacht/ den obgemelten vnsern freyen eignen hofe vnd bawgut zu N. mit Eckern/ wysen/ vnd was dann biß hieher darin gedient vnd gehört hat/ der dann vorhin niemande lehen/ zinßbar/ gültbar/ odder sonst in einicherley wege beschwert ist. Also wer es auch sach/ daß sich meine kinde vnd encklen/ oder vnser Erben/ einiges oder mehr jar an reichung obgemelter gülten/ zu zeit vnd zielen als obsteht/ seumig würden/ das doch nit sein sol/ vnd die bezalung als obsteht nit geschehe/ so sol obgemelter hoff vnd bawgut mit aller gerechtigkeit/ jnen den jetzigen vnd nachkoñenden pflegern/ derselbigen meß nach N. dorffs recht vnd gewonheit verfallen sein/ fürther damit zu thun vnd zulassen/ als mit andern der messe gült vnd güter. Wir verkauffer Mutter vnd kinde/ sollen vnd wöllen auch den obgemelten hofe/ in gutem redlichen zimlichen baw vñ besserung halten/ die vertretten in allen wege/ wie es sich dann gebürt/ Doch so haben wir obgenandte verkauffer/ Mutter vnd kind/ vns vorbehalten ein widerkauffe/ also wann vnd zu welcher zeit wir wöllen/ kommen vnnd bringen den pflegern obgemelter meß/ die denn dazumal sein/ odder werden/ hundert gulden haubtgelts diß Landtswerschafft/ sampt erschienen Gülten/ wo einich außstendig weren/ vnd weren sie des ghen N. in jren sichern wissenhafften gewalt vnd behalt/ als dann sollen solch fünff gülden järlicher Gült/ vnser vnderpfandt vnnd disen Brieff hiemit erledigt haben/ die als dann auch todt vnd abe sein sollen (es wer dann sach/ daß solche Güter vorhin/ wie dann diser Brieff innhelt/ verfallen weren) auch vns diser brieff wider herauß zu vnsern handen gegeben werden sol/ alles vnd jedes das diser Brieff innhelt/ vnnd außwaiset/ Gereden vnd versprechen ich obgemelde Elisabeth N. mit sampt meinen kinden vnd encklen/ vor vns vnnd vnser Erben/ den obgemelten pflegern vnd Kauffern/ war/ stett/ vest/ vnnd vnuerbrüchlich zu halten/ darwidder

in keinen

Gült oder Kauffuerschreibung. CXCIIII

in keinen weg zuthun 2c. verzeihen vnnd begeben vns aller geistlicher vnd weltlicher rechte/ gesetzen/ exception vnd außflucht/ so vns zu stewer/ vnd den Kauffern hierinn zu nachteil verstanden werden solten/ der nicht zugebrauchen/ alle arglist vnd geuerde außgeschlossen vnd vermitten sein solle. Vnd des zu warer vrkunde/ hab ich Elisabeth obgenant mein angeborn Insigel/ an disen brieff/ solchs zubesagen/ thun hencken. Auch wir A.B. vnd C. bekennen alles so obsteht/ mit vnserm guten wissen vnd willen geschehen sein/ Darumb so haben wir vnsere angeborn Insigel auch hieran thün hencken/ vnnd alles das so obsteht zubesagen/ Datum auff Johannis Baptiste/ Anno 2c.

Kauff odder Gültuerschreibung anderer form.

ICh N. vnd ich N. sein eheliche Haußfraw zu N. gemeins leuthe/ Bekennen vnnd thun kund offenbar mit disem brieff/ für vns vnd alle vnsere Erben vnnd erbnemen/ daß wir vmb vnsers bessern nutzes willen/ verkaufft vnd zu kauffen geben haben/ verkauffen/ vnd geben auch zu kauffen obgemelter massen/ gegenwertiglich vnd in krafft diß brieffs/ wie dann ein rechter redlicher kauff/ in geistlichen vnd weltlichen rechten/ vnd nach Landts sitten vnnd gewonheit/ allerbest krafft vnd macht hat/ haben sol/ kan vnd mage/ Dem Ehrnhafften vnd hochachtbärn Herrn N. vnd N. seiner ehelichen haußfrawen/ jren Erben vñ erbneniẽn/ auch mit irem guten wissen inhabern diß brieffs/ von/ vff vnnd ab vnserer eigner behausung im Dorff N. gelegen/ stöst oberseits an A. jenseits an B. vnd die andern beide seiten vff die gemein almen gassen/ zinst vorhin 1. alb. ghen N. vnd nicht mehr/ mit seinem garten vnd allem begrieffe/ rechten vnnd zugehörungen/ gantz nichts daran außgenommen/ N. Gülden gelts järlicher Gülten/ guter gemeiner Landtswerung/ jeden gülden für 26. alb. gerechnet/ die wir/ vnser Erben/ den obgenändten Kauffern/ jren Erben/ oder mit jrem guten wissen innhabern diß brieffs/ alle vnd eins jeglichen jars/ järlichen geben/ reichen/ vnd in jren sichern gewalt/ on allen jren kosten vnd schaden/ ghen N. antworten sollen vnnd wöllen/ vff N. tag/ oder in den nechsten 14. tagen vor oder darnach/ als solchs zinß recht vnd gewonheit ist/ ongefehrlich/ vnd ist dieser kauff geschehn vmb N. gülden guter gemeiner landeswerung/ den güldẽ zu 26. alb. gerechnet/ die wir von dato diß brieffs/ von den obgedachten Kauffern bar empfangen/ vnd die fürther widerruffs in vnser/ vnd vnserer Erben bessern nutz vnnd frommen/ insonder zu ledigmachung obgenandter vnserer behausung/ gegen weiland N. erben außgeben/ gewendt vnd gekeret habẽ/ Vnd ist in disem kauff sonderlichen beredt vñ betheidigt worden/ were es sach/ daß wir obgenã ndte verkäuffere/ oder vnser Erben einig jars seumig würden/ vnd den obbestimpten Kauffern/ derselben Erben/ oder mit jrem guten wissen vnd willen/ innhabern diß brieffs/ die obgemelten N. gülden gelts järlich gülten/ nit alle vnd eins jeglichen jars järlichen/ on allen jren kosten vnd schaden geben/ reichten vnd antworten/ vff das obgerürt ziel/ zeit vnd stade/ oder in den nechsten 14. tagen darnach/ so sol jnen das vorgenandt hauß/ hoffreide/ garten vnd geseß/ vff stund verfallen sein/ nach des Dorffs N. rechten vnd gewonheyten. Wir vnd vnsere Erben vnd erbnemmen/ sollen vnnd wöllen auch das ehegenandt hauß/ hoffreide/ garten vnd geseß/ in gutem redelichen zimlichen baw halten/ das verzinsen/ vnd daruon thun was sich gebären wirt/ one der offtgemelten Kauffere/ jrer Erben/ oder inn habern diß brieffs kosten vnd schaden/ wo wir das nicht thetten/ so wer solch hauß vnnd geseß/ jnen abermals verfallen in massen vor die Gült als vorsteht. Wir verkauffere/ vnser Erben vnnd erbnemmen/ sollen vnd wöllen auch obgedacht hauß/ garten vnd geseß/ fürther biß zu ablegung diser N. gülden/ järlicher Pension vnnd Gülten/ weitter nicht versetzen/ noch verpfenden/ Dã es auch (welches doch nicht sein sol) ohn vorwissen der offt bemelter Kauffer/ jhrer Erben/ odder innhaltern diß Brieffs beschehen soll oder würde/ so sol solchs alles vnkrefftig vnd nichtig sein/ alles on geuerde. Fürther ist auch beredt/ vnd

Kk ij

New Formular

auß sonderer freundschafft bewilliget worden/ welches jars/ oder welche zeit im Jar/ wir/ vnser Erben/ vnd erbnemmen/ kommen vnd bringen den vorgemelten Kauffern/ jhren Erben/ oder innhabern diß Brieffs N. gülden landtswerung/ vnd den zinß darmit/ nach anzal des jars/ das sollen wir verkauffere/ vnser Erben vnd erbnemmen/ jhnen Kauffern/ jren Erben oder innhabern diß brieffs/ ein viertheil jars daruor verkünden/ vnnd anzuzei gen schäldig sein/ die sollen vnd wöllen sie als dann von vns nemen vnd empfahen/ vñ vns/ vnser Erben/ vnnd erbnemen/ die obgeschrieben N. gülden gelts/ järlichs zinß wider dar umb zu kauffen/ das ehegedacht hauß/ hoffreide/ garten vnd gesëß/ diseo zinß quit/ledig vñ loß sagen/ vnd vns disen brieff on hindernuß wider antworten/ der als denn abe/ krafftloß/ vnmechtig/ nichtig/ vnd todt sein sol/ es wer dann daß solches hauß/ hoffreide/ garten vnd gesëß/ vorhin verfallen viß auffgeholt worden were/ Alle argliste vnd geuerde ganz hierin nen außgescheiden/ Des zu mehrer sicherheit/ haben wir verkauffere obgenandt/ für vns/ vnser Erben/ die Ehrnhafften vnd Erxamen A. der zeit Schultheiß zu N. B. C. D. E. F. G. H. vnd J. alle Gerichtsleut zu N. vleissiglichen gebetten vnnd erbetten/ daß sie derselben Gerichts Insigel/ obgeschrieben ding damit zubesagen/ an disen Brieff anhencken wolten/ welches wir der Schultheiß vnnd Gericht jetzgenandt vns erkennen/ vonn bete wegen also gethan haben/ vnnd das solcher verkauffe/ kauffe/ vnnd beredung wie obsteht/ von vns also geschehen/ auch die versicherung durch vns/ wie recht vor gnugsam erkendt sey/ hiemit offentlich zubezeugen/ vnser Gerichts Insigel an disen Brieff wissentlich ge hangen haben/ Der geben ist auff ꝛc.

Gült oder Kauffbrieff in kurtzer form.

Ich N. Bekenne mich offentlichen in diesem Brieff/ vnnd thu kundt allen den/ die jnen jmmer ansehen/ lesen/ oder hören lesen/ daß ich recht vnnd redtlichen verkaufft vnnd zukauffen geben han/ auff einen widerkauff/ vnd verkauffe auch mit krafft diß Brieffs/ der N. ein järlich Gült/ mit namen N. gelts/ vmb N. gülden guter geber N. we rung/ der ich von der N. wol gewert/ gantz außgericht/ vnd bezalt bin/ vnd damit andern meinen frommen vnd nutzen geschafft han/ die gemelten N. gülden gelts/ gereden vnnd ver sprechen ich N. obgenant/ vor mich/ mein Erben vnd nachkommen/ bey guten trewen vñ rechter warheit/ den obgenandten N. jren Erben oder innhabern diß brieffs/ alle jar jär li chen zureichen/ zuantworten vnd zu geben vff N. tag vngefärlich acht tag vor oder nach/ vnd das sol nicht hindern oder irren/ verbieten/ bekümmern/ beklagt/ mit gericht oder one gericht/ geistlich odder weltlich Herrn gewalt/ odder kein ander sach/ wie das jemandts er dencken köndt oder möcht/ on alle geuerde. Vnd des zu mehrer sicherheit/ so han ich N. ob bestimpt/ vor mich/ mein Erben vnnd nachkommen/ den obgenandten N. zu einem wa ren vnderpfandt gelacht/ vnnd legen auch mit krafft diß Brieffs/ mit namen N. ackers/ neben N. Wyse/ vnd ziehent vber N. weg/ die ander seit N. N. mit solchem vnderscheide/ were es/ daß ich N. obgenandt/ odder mein Erben vnnd nachkommen/ einige Jars seumig würden/ vnd die obgemelten N. gülden gelts nicht reichen/ antworten vnnd bezalen/ auff zeit vnd ziel wie obbestimpt/ das doch nicht sein soll/ welches Jars das were/ So soll vnnd mag die obbestimpte N. oder jr machtbott auff solche obgemelte vnderpfandt wetten/ vnd das auffholen/ nach gericht/ recht vnd gewonheit der Stadt N. darin sie dann ein Schul theiß/ der dann zu zeiten ist/ setzen/ schützen/ schirmen vnd handhaben sol/ gleich in andern jhren eigen Gütern/ so die also auffgeholt vnnd erwunden sind/ damit sie dann thun vnd lassen mögen/ nach jhrem willen/ Auch soll ich N. obgedachte/ odder mein Erben/ vnnd nachkommen/ die vnderpfandt inn rechtem gewöhnlichen baw vnnd dinzung halten/ als jhnen dann zusteht/ vnnd wo wir seumus daran theten/ sollen wirs bessern nach erkandt nus Erbar leut/ die dann vonn einem Schultheissen darzu gegeben werden/ so dick das not geschicht/ vnnd an vns gesunnen wirdt/ Auch were es sach/ daß zinß auff dem obge nandten vnderpfandt stünden/ odder mit Recht darauff erwunden würden/ odder inn

einige

Güldt oder Kauffuerschreibung.　CXCV

einiche ander hand oder weiſe/ verſetzt/ verlacht oder beſchwert weren/ oder das jhnen an
den obgedachten vnderpfanden abgienge/ was dann die N. deshalben koſten oder ſchaden
hetten/oder nemen/ſollen ich N.offtgemelt/ oder mein Erben vnd nachkommen/ jr naher
vnd abthun/gleich dem haubtgelt/ vnnd herwider/vnd wider alles das hierinn geſchriben
ſteht/ſollen ich oder meine Erben vns nit behelffen/ mit keinen fünden/ ſachen oder wegen
die der obgenanten N. an diſem kauff in einichen wegen geſchaden/ vnd mir oder meinen
Erben vnd nachkommen zu frommen dienen möcht/außgeſcheiden alle geuerd vnd arg-
liſt/ Auch iſt beredt/ wann ich N. obgenandt oder mein Erben kommen vor N. tag vnnd
bringen ſamenthafft N. gülden gelts N. werung/ vnnd begeren eines widerkauffs/ ſo
ſollen ſie die alſo vonn vnns nemmen/ vnnd diſer Kauff vnnd Brieff widder zu meinen
oder meiner nachkommen handen ſtellen vnnd kommen laſſen/ der alſo dann abe/ vnnd der
Brieff krafftloß/ vntüchtig/ vnnd todt ſein ſoll/ Doch alſo/ daß alle gefallen Gülten/
koſten vnnd ſchaden der darauff gangen were/ vorhin gantz außgericht/ vnnd die obge-
melte vnderpfande nicht auffgeholt ſein/ wie vorgeſchriben/ geuerd vnd argliſt gentz-
lich vermitten vnnd hindan geſtelt/ Vnnd des zu mehrer ſicherheyt/ hab ich N. obgenant
die Ehrſamen N. Bürgermeiſter vnnd Rath zu N. vleiſſiglichen gebeten/ daß ſie die ob-
genandte vnderpfand von ſich nemen/ vnnd erkennen/ ob die vorgenandten N. gülden
gelts/ damit wol verſacht ſein/ vnd der benandten Stadt Inſigel hencken an diſen brieff/
mich/ mein Erben vnd nachkommen zubeſagen/ was hieran geſchrieben ſteht/ Das wir
Bürgermeiſter vnd Rath jetzgedacht/ vnns erkennen vonn bete wegen alſo gethan haben/
vnnd daß ſolcher verkauffe/ kauffe/ vnd beredung wie obſteht/ von vns alſo geſchehn/ auch
die verſicherung vnnd vnderpfande durch vnns/ wie recht gnugſam erkent ſey/ hiemit
offentlich zubezeugen/ der obbeſtimpten Stadt Inſigel/ an diſen Brieff thun hencken/
Geben auff ꝛc.

Kauff brieff vber einn Weinbergk.

Ich Jacob N. vnd ich N. beide bürger zu N. als geordente vormünder C. vnnd D.
weiland N. Keßlers ſeligen gelaſſenen tochter/ vnd ich E. N. Hanſen N. ſchuhma-
chers haußfraw/ auch ich Hans N. der Eheuogt ſelbſt/ vnnd ich J. geſchwiſterige
obgedachts N. Keßlers nachgelaſſene kinder/ innwoner vñ bürger zu N. bekennen vnd thun
kund offenbar mit diſem brieff/ für vns/ vnſer pflegkinder/ auch für vns verkauffere ſelbſt/
vnnd alle vnſer Erben/ daß wir recht vnd redtlichen verkaufft/ vnd zu kauffen geben han/
vñ verkauffen auch erblich vnd ewiglich/ in vnd mit krafft diß brieffs/ wiſſentlich vnd vn-
widerrüfflich/ den Erbarn vnd tugentſamen N. von N. vnd N. vonn N. ſeiner ehelichen
haußfrawen/ allen jren Erben/ erbnemmer vnd nachkommen/ einn weingarten vber der
Necker brücken in Newheimer gemarckt/ an Lobenfelder gelegt/ im brucken riedt genant/
auff die ein ſeit gegen der brücken zu N. zu ander ſeit hinab auff die Necker ſtraſſen/ oben
an N. vnd N. ſtoſſent/ mit allem ſeinem begrieff/ rechten vnnd zugehörungen/ in maſſen
wir verkauffere vnd geſchwiſtrig den von vnſerm lieben Vatter vnd Mutter vnd ſchwe-
her ererbt han/ nichts daran außgenommen/ vmb 500. guter Reiniſcher gülden/ gemeiner
Landeswerung/ die wir von dato diß Brieffs bar empfangen/ vnnd die fürther widerumb
inn der obgemelten pflegkinder/ auch in vnſere verkauffere ſcheinbarn nutz vnnd from-
men gewendt vnd gekeret han/ Deren wegen wir verkauffere/ für vns vnd vnſer pflegkin-
der/ vnd alle vnſere Erben/ ſie kauffere/ vnd jhre Erben hiemit quit/ ledig vnnd loß ſagen/
Wir haben auch für vnns verkauffere/ vnd pflegkinder/ auch alle vnſere Erben/ den ober-
melten Kauffern/ jhren Erben/ erbnemmen vnd nachkommen/ den beſtimpten Weingar-
ten alſo zu kauffen geben/ daß ſolcher Weingarten mit einander verzinſet vnnd vergültet
wie folgt/ nemlichen 21. pfennig S. Niclauſſen bruderſchafft zu N. ewigs zinß/ vnd dann
ablöſiger jährlicher gülten fünff gülden gelts/ dem Ehrnhafften N. vnd N. ehegemechten/

New Formular

auch dritthalben gülden gelts N. Item anderthalben gülden gelts/sars dem N. darzu ein gülden gelts dem N. alles laut auffgerichter verschreibung seilig/ wirdt aber hinfüro vber kurtz oder lang/ obwermelter Weingart vonn jemands/ wer der were/ vnsernt wegen ansprüchig/ oder einicherley zinß oder Gült/ mehr dann obgemelt ist/ darauff funden/ vnnd vor dato diß brieues darauff gestanden wern/ das sollen vnnd wöllen wir obgemelte verkauffere an stat der vorgemelten/ auch vnser/ vnd vnserer Erben wegen/ den ehegenanten Kauffern/ vnd jren Erben/ one allen jren kosten vnnd schaden/ nacher thun/ sie des vertretten/ entheben/ vnnd dauon ledigen vnd abtragen/ so dick das not geschicht/ ohne allen intrag/ hindernuß vnd gefuerde.

Wir haben auch für vns/ die Kindere/ jre Erben/ auch vns verkauffere selbst vnsere erbnemmer vnd nachkommen/ den obgenandten Kauffern vnd jhren Erben/ den vorgemelten Weingarten mit allem seinem begrieff/ rechten vnnd zugehörungen/ also erblich/ ewiglich/ vnd vnwiderrufflichen zukauffen/ in vß auffgeben/ mit mund/ hand vnd halme/ vnd jhnen des recht wehrschafft gethan/ vor den Ersamen Schultheissen vnd Schöffen zu Newenheim/ nach desselben Dorffgerichts rechten vnd gewonheiten/ alles vngeschrlich/ Dessen zu warem vrkundt/ so han wir vorgenandte verkauffere/ vnd Kauffere von beden Partheien freundlich gebeten/ die Ersamen Schultheiß vnnd Schöffen/ mit namen A. schultheissen zu Newenheim/ B. C. D. E. F. G. vnd H. alle Gerichtsleute daselbst/ daß sie desselben Dorffs vnd gerichts Jnsigel/ obgeschrieben ding vns damit besagen/ an disen brieff gehenckt han/ dessen wir der Schultheiß vnd Schöffen jetzt genant vnns erkennen/ von bete wegen gethan/ doch vns/ vnsern nachkommen/ vnd dem Dorff vnd Gericht vnschedlich/ dann solcher vorgeschriebner kauff/ vnd verkauffe/ inn vnd auffgabe/ vor vns also geschehen vnd verwilligt ist/ Geben vff freytage.

Wechßel oder Tauschbrieff coram Notario auffgericht.

Vnd/ offenbar vnd zuwissen sey menniglich in krafft diß brieffs/ dem er fürkompt/ so solchen jmmer ansehen/ hören oder lesen/ daß auff heut dato in ehrlicher weinkauffs leute beisein/ mit gutem wolbedachtem muot vnd vorgehabtem rath/ ein auffrichtiger recht redlicher vnd vnwiderrüfflicher kauff tausch vigore reciproce emptionis & veditionis beschehen/ beschlossen vnd verweinkaufft/ zwischen den Erbarn vnd bescheidnen Adam N. bürgern zu N. Anna seiner ehelichen Haußfrawen an einem/ so dann Conrad N. auch bürgern allhie/ Lucien dessen ehelichen haußfraw andertheils/ welcher kauff auch mit bewilligung/ vnd vorgehender weiblichen freyheit/ erinnerung beiderseits genanten Haußfrawen mit außgetruckten worten/ eignen munds angenommen vnd ratificirt worden/ alles innhalt/ vnd jnmassen hernach geschrieben steht. Erstlich so vbergibt vnd stelt in rechter kauffs weise Adam N. vnd sein haußfraw Anna/ vor sich vnd jre Erben/ berürten Conraden vnd Lucien eheleuten/ vnd jren Erben hiemit zu jre behaußung/ so sie jetzo besitzen/ vnnd laut brieff vnnd sigel an sich erkaufft/ vnnd bißhero jnnen gehabt/ gelegen an der obern strassen/ gegen dem grossen Hirß hinüber/ geforche N. an einer/ vnnd N. an der andern seiten/ für frey/ ledig/ eigen/ sampt allem seinem begrieff/ rechten vnd zugehörungen/ Brieff/ Siegel vnd vrkunden darüber sagende/ nichts außgenommen/ rc. Dargegen vnd herwiderumb vbergeben/ verkauffen/ vnd tauschen mehr gedachte eheleut Conrad vnd Lucia/ vorgemelten eheleuten Adamen vnd Annen/ vnd jren erben hiemit vnnd also bald inn krafft diß kauff brieffs/ jre behaußung/ so ein eckhauß ist allhie zu N. oben an N. gassen gegt N. hierüber gelegen/ zu der andern seiten N. vnnd hinden an N. stoßendt/ so beide Eheleut zum theil ererbt/ zum theil an sich erkaufft haben/ vnnd biß anhero geruhlichen besessen/ sampt allen gerechtigkeiten/ zinßl jährlichen N. gelts/ vnd nichte mehr/ nach dem aber die behaußung in besserung/ vnd seiner acht die andere weit vbertrifft/ haben zuu ergleichung

solch

Wechsel. CXCVI

solchs rechtmessigen kauffs/ Adam N. vnnd sein Haußfraw Anna/ vielgedachten Conraden vñ Lucie seiner Haußfrawen in barem gelt nachgeben vnnd dargezelt 500. gülden landswerung/ je 26. alb. für den gülden gerechnet/ welche 500. güldē wir beide Eheleut obgenāt/ vonn jhme auff heut dato/ also bar zu vnsern handen/ vnnd gutem gnügen entpfangen/ Hierumb sie/ vnd jhre Erben/ vor vns/ vnd vnsere Erben/ mit verzeihung der exception des nit bar dargezelten gelts/ hiemit in bester form rechtens quittiren/ frey quit ledig vnnd loß sagen.

Wir Eheleut obgenande samptlich vnd sonderlich geloben auch/ vnnd versprechen respectiuè hieunden benelten Keyserlichem offnen Notarie/ mit handtgebenden trewen/ bey vnsern ehren/ waren worten vnnd glauben/ an eines rechten geschwornen eydts stat/ obvermerckten kauff oder verkauff/ so reciprocè beschehen/ von nun an stet/ vest/ vnd vnuerbrüchlich zuhalten/ auch einer den andern wie gewönlich/ brauch vnd recht ist/ zuentheben/ vnd jhn allweg schadtloß zuhalten/ dafür vns samptlich vnnd sonderlich/ nicht schützen odder schirmen soll/ einig/ geistlich odder weltlich Recht/ statuten/ ordnungen/ satzungen/ restitution/ Absolution/ dispensation/ der rechten Velleiani/ ꝛc. odder einich andere gesuch/ sondern wir deren vor vns/ vnd vnsere Erben hiemit wissentlich/ vnd in krafft diß Brieffs thun verzeihen vnd begeben/ alle geuerd vnnd arglist hindan gesetzt/ vnnd gentzlich hierinn außgeschlossen.

Des zu warer vrkundt vnd mehrer sicherheit/ haben wir dieser Brieff zwen gleichs lauts mit einer hand geschrieben/ kerffs weiß auß einander geschnitten/ vnnd jeder theil einen zu seinen handen genommen/ vnd mit vleiß gebeten vnd erbeten den Ehrnhafften N. daß er sein gewönlich sigel hieunden auff disen kerff zettel thu trucken/ vnnd sich mit eigner handt vnderschreibe/ welche ich N. erstgedacht vonn bittwegen mein sigel hierann getruckt/ vnd mich mit eigen handen vnderschrieben/ doch mir/ vnd meinen Erben in all wege on schaden/ bekenn gethan habe/ Geschehen zu N. in Conrads N. behausung/ auff N. tag in N. Jar/ in beysein vnd gegenwertigkeit der Ersamen N. vnd N. alle bürger zu N. als gezeugen in sonderheit darzu erfordert/ beruffen vnd erbeten.

N. N. manu propria.

Bürgen Brieff.

Ich N. bekenn ꝛc. daß ich vff bit der N. gegen N. vnd jren Erben/ an stat N. mit andern ersetzer bürg vnd selbschuldner worden bin/ vmb N. gülden haubtgelts/ vnnd N. gülden järlicher gülten/ nach laut einer verschreibung/ der datum steht N. auff N. sellig/ Gered vnnd versprich darauff in krafft diß Brieffs/ mit guten trewen an eydts statt/ ob sich begeb/ daß die obgenandten N. oder sein Erben/ mich von gemelter verschreibung wegen/ vnnd jhres innhalts manen würden/ zu leisten/ an die ende sie zeigen/ das ich dem vnderthenigklich nachkommen vnd thun wil/ allermeist der obgemelt N. mit verschriben vnd verpflicht gewesen ist/ vñ als ob ich mit meinem namen/ in solcher haupterschreibung bestimpt vnd benent wer/ vngeferde/ Des zu vrkundt ꝛc.

Schadtloß brieff/ da einer Bürg worden.

Wir N. ꝛc. bekennen ꝛc. für vns/ vnd der hochgebornen Fürsten N. ꝛc. als vnser lieber getrewer N. auff vnser beger vnd bit/ gegen vnserm lieben getrewen N. vnd jhren Erben/ als ersetzter Bürg vnnd selbschuldner/ an stat N. für N. tausent gülden Hauptgelts/ vnd N. Gülden järlicher gülten N. sellig/ laut einer verschreibung der datum steht N. wordē ist/ also gereden vnd versprechen wir für vns vnd genanten vnsern Freunde

New Formular

lichen lieben brüder Hertzog N.vnd vnser beider Erben/inn vnnd mit krafft diß Brieffs/
den obgedachten N. vnd seinn Erben/von solcher ersetzter bürgschafft/vnnd selbschuldner
gnedigklich/on sein kosten vnd schaden zu entheben/zuledigen/vnd schadtloß zu halten/al-
ler ding vngeuerde/Vnd des zu vrkund/rc.

Schadeloß brieff anderer form.

WIr Ludwig rc. Bekennen/rc. als wir vmb vnser/vnd vnserer Graffschafft besten
nutz vnd frommen willen/vnserm lieben besondern N. 100. gülden järlicher Gül-
ten/vff S. Jörgen tag fellig/mit N.gülden abzulösen verkaufft han/inhalt ver-
schreibung darüber sagen/vnnd dann die Ersamen vnser lieben getrewen Bürgermeister
vnd Rath N.vnser bürgen/vnd mitschuldner worden seindt/inhalt solcher verschreibung
vorgemelt/Da gereden vnd versprechen wir bey guten waren trewen/für vns vnnd vnser
Erben/in krafft diß brieffs/daß wir die obgemelten Bürgermeister rc.ir Erben/vnd nach
kommen/solcher bürgschafft vnd selbschuldt/ on allen iren kosten vnnd schaden/gütlich
ledigen/lösen vnd schadtloß halten wöllen/ alles vngefehrlich/Vnd des zu vrkunde haben
wir vnser Insigel hieran thun hencken/Datum N.rc.

Folgen etliche Bestallungen/darauß eigentlich jedes diensts
eygenschafft gelert wirdt.

Bestallung eines Adelmessigen dieners/sein le-
benlang/kurtzer form.

WIr N.rc. Bekennen rc. Daß wir vnsern lieben getrewen Albrecht von N. zu vn-
serm N.auffgenommen vnd gesetzt han/Er hat vns auch darüber globt vnd ge-
schworn/als dann ein N.pflegt zuthun/ Vnd wir sollen vnd wöllen jme eines jeg-
lichen jars/als lang er an dem N.ampt ist/geben N.gulden/ morgen vnd nachtfutter/ey-
sen vnnd nagel zu seinen N.Pferden/vnd darzu auch seiner haußfrawen/die zeit auch all
jar N.fuder Weins/N.malter korns/vnd N.malter dünckels/die ir ein jeglicher Schul-
theiß zu N.außrichten vnd bezalen sol/von vnsernt wegen/vnd ist sein Jar der bestallung
vff datum diß Brieffs angangen. Item were es daß wir genandten Albrechts von dem
N.ampt thun/vnd mit einem andern ampt/darzu er willen hette/versehen würden/was
wir jhme dann zu ampt gelt/das Ampt zuuersorgen/verheissen/das sol jme außgericht
werden/daran er sich gütigen lassen sol/Vnd wir sollen jhme fürther die N. gülden/mor-
gen vnnd nachtfutter/Wein/Korn vnnd dünckel/als vorsteht/von vns N. ampts wegen
nicht mehr pflichtig sein zu geben/Were es aber/daß wir jnen des N.Ampts erlassen/vnd
mit keinem andern Ampt versehen würden/oder ob er ein Ampt gehabt/vnnd wir jn des
entsetzt hetten vnser N.zusein/oder das jme nicht gelegen/oder zu willen were/ oder wür-
de/ So sollen doch wir vnnd vnser Erben/demselben Albrechten sein lebtagen eins jegli-
chen Jars N gülden/N.fudder Weins/N. malter Korns/ vnnd N.malter dünckels ge-
ben/vnd durch einen vnsern Schultheissen/so zu zeiten zu N.ist/vnd sein würdet/ghen N.
in seinen sichern gewalt antworten lassen/darumb vnd dargegen er vns sein lebtagen lang
gantz auß/ dieweil wir leben/ vnnd nach vnserm tod vnser Erben/die Churfürsten sein/
Rath vnnd diener sein/ vnd getrewlich rathen vnd dienen sol/ohne alle geuerde/ als er sich
des in seinem Brieff/ den wir von jme han/ auch verschrieben hat. Vn ob were es daß der
benandt Albrecht in vnsern diensten schaden neme/ oder empfahen würde/ vnns mit jhme
vmb solchen schaden gütlich vertragen / vmb denselben schaden soll er sich genügen
lassen/ nach erkandtnus vnsers/vnnd nach vnserm tode vnserer Erben/Hoffmeister vnnd
Räthen

Bestallung.

Nachdem/was also durch dieselben erkandt wirdt/ das sol von vns/ vnd vnsern Erben vorgenandt/ jhme auch ohnuerziehen gütlich außgericht werden/ alles vngefehrlich/ Vnnd deß zu vrkundt/ꝛc.

Bestallung eines gemeinen Landschreibers/ auff beider Fürsten beschehen vereinigung.

Wir N. vnnd N.ꝛc. bekennen ꝛc. Daß wir vnsern lieben getrewen N. zu vnserm gemeinen Landschreiber/ der gemeinschafft N. vnd N. gesetzt vnd gemacht/ vnd jme dasselb Landschreiber ampt/ vnd was darein vnd darzu gehört/ getrewlich außzurichten vnd zuuerwaren empfohlen han/ biß off vnser beider/ vnd nach vnserm tode/ vnser beider Erben widerruffen/ vnd er hat vns beiden gelobt/ vnnd zu den heyligen geschworn/ demselben Landschreiber ampt getrewlich vor zu sein/ vnd das außrichten/ nach seinem besten vermögen/ vns auch getrew vnd hold zu sein/ vnsern schaden zu warnen/ vnsern frommen vnd bestes getrewlich zu werben/ on alle geuerde/ vnd er sol alle nutzung vñ gefelle in der gemeinschafft/ es sey gelt/ Wein/ Korn/ habern/ gülte/ zinß/ cappaun/ hüner/ genß/ freuel/ buß vnd besserung/ getrewlich insamlen vnd inbringen/ vnnd nichts dahinden lassen/ Er sol auch zusehen vnd außrichten/ daß vnser bawgüter zu rechter zeit gebawt vnnd versorgt werden/ vñ was dauon wechst/ getrewlich insamlen vnd inbringen/ Er sol auch kein freuel noch ander sach vertheidingen ohne den Amptmann/ ohn redlich vrsach ergehen/ Er sol auch gleich vnd gemein sein/ dem armen als dem reichen/ Er sol auch kein schencke oder miete nemen/ noch vonn seinet wegen nemen lassen/ weder gelt noch anders/ es were dann/ daß jhm ein maß Weins/ oder ein halb viertheil/ ein Ganß/ oder ein Hun ongefehrlich/ vnnd was jhme darüber geschenckt wirdet/ das sol er zu einer jeglichen zeit anschreiben/ vnnd das vnns beiden/ vnnd nach vnserm tode vnsern Erben zuwissen zu thun/ vnnd verrechen/ Er soll auch daran sein/ was da gefelle/ daß solchs vnns beiden Herrn gemein vnnd gleich jeglichem das halb werde/ vnnd einer keinen vortheil vor dem andern meinen/ vngefehrlich/ Vnnd sol deßhalb von allen fellen vnd Renditen er in der gemeinschafft einnimpt vnd außgibt/ vnd jhme als einem gemeinen Landschreiber zuuerantworten steht/ vns oder vnsern/ vnd nach vnserm tode/ vnsern Erben/ oder den jhren/ rechnung thun/ Auch so zu zeiten ernstliche Sachen im Ampt vorhanden sein/ vnnd zufallen/ zu den er vnsers Amptmans/ der jhe zu zeiten sein wirdet/ bedörffen ist/ das sol er jhme verkünden/ seindt es dann Sachen/ daß sie gemeiner atzung gebrauchen mögen/ ohn vnsern kosten/ die sollen sie nemmen/ seindt es aber Sachen/ daß wir beide kost dargeben sollen/ So soll der Landschreiber dem Amptman/ mit seinen Knechten kost thun/ von vnser beider wegen/ vnnd die Sach fürderlich handlen/ damit der kost nicht vnnützlich gebraucht werde/ Er soll auch mit seiner Haußfrawen vnd Gesinde/ inn vnser beider kost sein/ vnnd den seß zu N. im Schloß haben/ Er sol auch so viel gesindes han/ als jm not ist vnnd dem arbeitenden gesinde/ sollen wir beide Herrn lohnen/ die sol obgemelt vnser Landschreiber zum nützlichsten vnd besten dingen vnd bestellen/ vnd sein Haußfraw soll zu vnserm viehe so wir zu N. han/ oder haben werden/ sehen daß des recht gewart/ vnnd was nutzung dauon gefelt/ es sey Kelber/ Milch/ Keß/ Schwein/ Hüner vnd Genß/ daß das alles versorgt/ vnnd in vnsern nutz gewent werde/ Vnnd vmb solchen seinen dienst sollen wir jhme alle Jhar/ so lang er inn der gestalt vnser Landschreiber ist/ N. gülden/ vnnd vnser jheder einen Rock/ wann wir vnser gemein Hofgesinde kleiden/ vngefehrlich. Item seiner Haußfrawen N. Gülden zu lohne/ vnnd wir beide einen Rock/ ꝛc. Item der gemelt vnser Landschreiber soll auch daran sein/ vnnd bestellen/ daß alle frondienst in der gemeinschafft gebraucht/ vnnd nicht darauß gezogen werden/ außgescheiden/ ob vnser Herrn einer sein theil nutzung auß der gemeinschafft inn sein nechstes Schloß füren lassen/ oder einen gemeinen Außzug gebrauchen wolt/ Er soll auch niemandt/ er sey wer der wölle/

New Formular

wölle/kein kost von unsernt wegen thun/er hab denn unser einen/oder uns beiden sondelich geheiß brieff/vnnd wann einer oder mehr/also geheiß brieff bringen/demselben soll er kost bei einem Wirt in dem Dorff N. thun/zum nechsten/vnnd welchem vnder vnns das berürt/solchs anschreiben/vnnd davon rechnung thun/Er soll auch einen Knecht vonn vnser beider wegen halten/doch sol er mit dem Schultheissen zu N. auff das nechst oberkommen/daß er sein Pferdt halte vnnd auff jhn warte/so er sein bedörffen ist/Er sol auch vnser beider lebtagen gantz auß/vnnd nach vnserm todt vnsern Erben/so lang er vnser Landtschreiber zu N.ist/gehorsam vnd gewertig sein/vnd alles das thun/das jhme als einem Landtschreiber zuthun gebürt/Geuerde vnd arglist/inn allen obgeschrieben Puncten gentzlich außgescheiden/vnd des zu vrkundt/etc.

Bestallung eines Dieners von hauß auß mit zweien Pferden.

Wir N.rc. Bekennen rc. daß wir vnsern lieben getrewen N. zu vnserm diener auffgenommen haben/ein Jar nechstfolgendt/also daß er vns selbander gerüst/gehorsamlich dienen vnd gewarten sol/in allen vnnd jeglichen vnsern kriegen vnnd geschefften/wan wir jn zu dienst erfordern/vnd so er also in vnsern dienst kompt/sollen er/vnnd sein Knecht von vns/als ander jr genossen von hofe haben/futter/mahl/nagel/vnnd eissen/vnnd so wir Kriegsgeschäfft gewönnen/darzu wir jhn würden brauchen/jhme für redlichen reisigen schaden stehen/vnnd so er sich darumb gütlich nicht weisen ließ/so soll der stehn nach vnsers Hoffs herkommen/zu erkandtnuß/an vnsern Hoffmeister/Marschalck vnnd Haubtman/bey dem er den schaden empfangen hett/dem soll nachkommen werden/Vnnd vmb solchen dienst sollen wir jhme das Jar geben lassen auß vnser Cammer N. gulden/auff sein zimlich quittang/vnnd darauff hat vnns der obgemelte N. gelobt vnnd geschworn/getrew vnd hold zu sein/vnsern schaden zu warnen/trewlich vnnd williglich zu allen zeiten zudienen/gehorsam/vnnd gewertig zu sein/vnnd alles das zu thun/das ein getrewer diener seinem Herrn schuldig vnnd pflichtig ist/ohn alles geuerde/ Vrkund diß Brieffs versigelt mit vnserm auffgetruckten/rc.

Bestallung eines Rittmeisters von hauß auß.

Wir N.rc. Bekennen/rc. daß wir vnserm lieben getrewen N. vonn N. biß auff vnser/vnser Erben/oder sein widerruffen/von hauß auß/zu vnserm diener vnd Ritmeister nachfolgender massen/auffnemen vnnd bestellen lassen/thun das auch hiemit wissentlich in krafft diß brieffs/Also das er vns noch mit zweien erfarnen geschickten vnder beuelchs mannen/oder Rittmeister/die er an vnser statt zu pflichten jme gehorsam vnd gewertig zu sein/jederzeit anzunemen vnnd zuuerpflichten haben solle/vns 200. wolgerüster reisiger Pferde/werben vnnd auffbringen solle/Dergestalt/daß er derselbigen endtlich gewiß/vnnd vnns die auff vnser erfordern zum lengsten inn sechs wochen/inn vnser Fürstenthumb/vnnd Gebiette/oder zu nechst daran/an bestimpte orte/wir jhme ernennen lassen/zum Musterplatz bringen möge/daß an dem nicht fehle/oder der mangel erscheine/So fern sich auch zutrüge/daß wir jhne mit sampt seinen vnder beuelchs Leuten/vnnd bestelten Reisigen/also zu dienst erfordern liessen/sol jhme vnnd einem jheden inn der Musterung guth gemachter Reisigen/auff jedes zugelassen reisigs Pferde/vonn seiner heußlichen Wohnunge/biß zum Musterplatz/so jhme bestimpt würdet/das gewöndtlich ahnritt/odder taggeldt/in massen es andere vnsere einungs gewandten genachbarten Chur vnnd Fürsten diser land äht/den jrn bezaln/

auch

Bestallung eines Rittmeisters. CXCVIII

auch entrichten / vnnd sonsten ein jeder seinem tragenden Ampte / vnnd beuelch nach/ vnderhalten vnd besoldet / wie vermelte vnsere genachbarten / Chur vnd Fürsten/ die jhren vnderhalten werden / wie dann jnen hernach deßwegen im fall der erforderung / ein gleichmessige bestallunge auffgericht vnd vberreicht werden solle.

Solte sich aber begeben / daß wir seiner / vnd seiner vnder beuelchs Leute / vnd geworbnen Reisigen ein zeitlang nicht behüfften / vñ jhme mittler weil eiñ andern Herrn dienste/ der jnen zugebrauchen begeren würde / fürstünde / das soll er vns jeder zeit zuuor berichten/ so es dann nicht wider vnns / mag er demselbigen / doch mit vnserm vorwissen vnd bewilligen / dienen / Da sich aber der fall begebe / wir sein / vnd seiner Reisigen bedürfften / vñ jnen abfordern liessen / sol er vns mit demselbigen als bald zuzuziehen pflichtig sein / auch solches gegen eim jeden in bestallunge fürhalten / Hierauff hat vns gedachter N. von N. gelobt / vnd leiblichen zu Gott geschworn / vns getrewe vnnd holdt zu sein / für vnsern schaden zu warnen / frommen vnd bestes getrewlich zu werben / vns mit obgemelten / zweien vn der beuelchs Leuten / vnd angeregten zwey hundert wolgerüsten Pferden gewertig zu sein / vnnd sonst alles das zuthün / vnnd mit vleiß zuuollnziehen / das jhme diese bestallung auffleget / vnnd einem redtlichen auffrechten Diener vnd Rittmeister rhümlich vnnd wol ansteht / Dargegen vns vmb solchen seinen dienst vnd gewertigkeyt / sollen vnnd wöllen wir jme jedes Jars / so lang diese bestallung weret / durch vnsern Cammermeister der jeder zeit sein würdet / auff sein zimlich quittunge N. gulden / in müntz / den gulden zu 15. bazen / außrichten vnnd bezalen lassen / von denen er auch die obangeregten seine beide vnderbeuelchs leute / wie er sich des mit jnen vergleichen kan / besolden / vnd vns jrent wegen ferner nichts abfordern solle / So er auch obbemelter massen vns auff erfordern zu dienst erscheint würdet / sol er mit den seinen / wie gehört / vnderhalten vnd besoldet werden / im fall aber wir gedachts N. von N. zu diener nicht mehr bedürfften / oder er vns lenger nicht dienen wolte / als dann soll jeder theil dem andern / solchs ein vierthel jars vor außgang des jarß schriftlich zu erkennen geben / alles trewlich / sonder geuerde / vnnd geht sein jar auff dato an vnd auß / Datum N. vnder vnserm fürgetruckten Secret / Sontags nach / ꝛc.

Bestallung auff drey Pferd/von hauß auß zu dienen/guter form.

Wir N.ꝛc. Bekennen vnd thun kund offenbar mit disem brieff / daß wir vnsern lieben getrewen N. von N. biß auff vnser / vnser Erben oder sein widerruffen zu vnserm diener von hauß auß auffgenommen vnd bestelt haben / vnd thun es hiemit in krafft diß brieffs / also daß er sich mit drey reisige pferden wolgerüst halten / vns zu allen vñ jeglichen vnsern sachen vnd geschefften / darzu er jeder zeit von vns / oder sonst vō vnsert wegen bescheiden vñ erfordert wirt / wider menniglich gutwillig dienen / erscheinen / reiten / gewarten vnd thun sol / das er jedesmals bescheidt empfecht / vnnd einem diener wol ansteht / Vnd im fall sich aber zutrüge vnnd begebe / daß wir jnen in ein feld oder heerzug erfordert / so sol er mit vier wolzerüsten reisigen pferden erscheinen / sich damit schicken vnd gebrauchen lassen / vff welche jme die besoldung wie andern seins gleichen gegebē werden sol / Hierauff hat er vns gelobt vnd zu Gott geschworen / vns getrew vnd holdt zu sein / vnser schaden zu warnen / frommen vnd bestes getrewlichen werben / gehorsam vnd williglichen reiten / zu dienen / vnd thun sol.

Vnnd vmb solchen seinen dienst so lang er weret / wöllen wir jhme jedes jars / so heut dato anghet / allweg zu außgang desselben / durch vnsern Cammermeister / der jeder zeit ist / auff sein gebürlich quittantz außrichten lassen N. gülden inn müntz / vnnd auff sein Person ein Hoff sommer kleidt / wie andern seins gleichen / Vnnd so er vnns an vnserm hofe oder sonst zudienst erscheinet / so sol er von vns haben futter vnd mal wie sonst gebreuchlich / wöllē jme auch / die zeit er in vnserm dienst gebraucht vnd darinnen redlichen reisigen

Pferdts

New Formular

Pferdts schaden nemen vnnd leiden würde/ denselben bekern/ nach vnsers Hoffs herkommen gebräuchen/ Ob wir vns des mit jme nicht vergleichen möchten/ so sol es steen zu erkandtnuß vnsers Hoffmeisters/ Marschalcks odder Haubtmans/ vnder dem er solchen schaden empfangen hette/ vnnd was die darunder billichen/ dem soll gelebt werden/ alles getrewlich vnd vngeuehrlich. Vnd des zu vrkundt/ ꝛc.

Bestallung eines Fußknechts Hauptman.

Wir N. ꝛc. Bekennen vnd thun kund offenbar mit diesem Brieff/ daß wir vnsern lieben getrewen N. vonn N. für vns/ vnnd vnser Erben/ zu vnserm diener vnnd Fußknecht Haubtman/ sein lebenlang bestellt/ vnnd auffgenommen haben/ vnnd thun es hiemit in krafft diß Brieffs/ Also daß er vnns vnnd vnsern Erben/ zu allen vnnd jeden vnsern Kriegs vnnd andern gescheffen/ darzu wir jhnen/ vnsern Marschalck/ oberste Haubtleut odder Amptleut/ vonn vnsernt wegen gebrauchen vnnd erfordern werden/ widder menniglichen seines besten vleiß/ getrewlichen dienen/ gewarten vnd thun solle/ wie er jedesmals beschieden würdet/ vnd sonderlich vns etlich Knecht/ so vil wir jme jederzeit bestimmen lassen/ vnnd jme müglichen ist/ vmb ein zimlichen solde bewerben/ auffbringen vnnd zu füren/ Derselben/ odder vnserer Vnderthanen vnnd verwandten des Landvolcks/ zu fuß/ wie er dann allweg beschieden würdet/ Haubtman zu sein/ vnnd sie zur rüstung vnd wehr anweisen/ daß sie sich mit derselben gebreuchlich/ musterlich/ vnnd geschicklich halten/ vnnd jren vortheil an den enden vnd spitzen lernen zugebrauchen/ vnnd sich darinn mühe vnd arbeit nicht betawren lassen/ sonder zu allen zeiten willig/ vn̄ gegen den vnsern nicht vngestüm sein/ oder dieselben mutwilliger weiß beschweren lassen/ vnnd alles seins besten vermögens vleiß ankeren/ daß es allenthalb ordenlich/ geschicklich/ vnd recht zugehe/ Er sol auch on vnsern/ odder vnser Erben wissen vnnd erläubnuß nicht hinweg ziehen/ noch ändern dienst annemmen/ vnnd wes er jederzeit vnser vnd der N. heimligkeit erfert/ ewiglichen zuuerschweigen/ Hierauff hat er vns gelobt/ vnd ein leiblichen eydt zu Gott geschworn/ vns/ vnd vnsern Erben getrew vnd holde zu sein/ vnsern schaden zu warnen/ frommen vnd bestes getrewlichen zuwerben/ vnd alles das zuthun/ das ein getrewer diener seim Herrn schuldig ist/ vnd billich thun soll/ vnd vmb solchen seinen dienst wöllen wir vnd vnsere Erben/ jme sein lebenlang jedes jars/ so vil er deren erlebt würdet/ allweg zu außgang desselben/ sich in seiner selbst kost zuerhalt/ durch einn jeden vnsern Cammermeister/ so jeder zeit sein würdet/ auff sein zimlich quittanz N. gülden in müntz zu den vier quartalen/ vnd auß vnser schneiderey zwey hoffkleid/ Soñier vnd Winters entrichten vnd geben lassen/ Wo sich aber zutrüge/ welchs Gott der Allmechtig gnedig abwenden wöll/ daß haubtkrieg einfielen/ soll er im selbigen fall/ wie ander Haubtleut seins gleichen mit besoldung der gebür nach/ auch gehalten werden/ trewlich vnd vngeuehrlichen/ Zu vrkundt diß Brieffs/ ꝛc.

Bestallung eines Burggrauen/ oder obersten Amptmans.

Wir N. ꝛc. Bekennen/ ꝛc. daß wir vnsern lieben getrewen N. von N. Ritter/ zu vnserm Burggrauen zu N. biß auff vnser/ oder nach vnserm tod vnser erben wider ruffen/ auffgenommen vnd gesetzt haben/ vn̄ derselb N. hat vns von desselb ampts wegen globt/ vn̄ zu den heyligen geschworn getrewlich zu halten/ alles das hernach geschriben steht/ Zum ersten dz er vns/ vnsern lebtagen gantz auß/ vn̄ nach vnserm todt vnsern erben/ dieweil er vnser Amptman ist/ getrew vn̄ hold zu sein/ vnsern schaden warne/ vnsern frommen vnd bestes werben/ vnd demselben ampt/ den Bürgern vnd armen leuten/ vnnd allen andern geistlichen vnd weltlichen/ in dasselb ampt gehörig/ getrewlich nach seinem besten vermög vor sein/ sie verantworten/ versprechen/ vertheidingen/ vnd bey recht handhaben sol/ den armen als den reichen/ on alle geuerde/ vnd ob einich ingriff geschehe in dem ampt

Bestallung. CXCIX

oder auff der strassen inn das Ampt gehörig/ so soll er darzů thůn vnd darnach stehen/ daß solches gestrafft werde nach seinem besten vermögen/ Vñ wo er das durch sich selbs nicht gethůn mag/ so soll er das zu einer jeglichen zeit an vnns/ vnnd nach vnserm todte an vnser Erben bringen/ jhme darzů beholffen zusein/ Er soll auch inn allen beyhändigen/ vnd sachen/ die sich vor jhme als vnserm Burckgrauen zuhandeln gebürn/ gleich vnd redlich gegen den armen/ als gegen den reichen/ vnnd darinn niemandt zů lieb/ odder zů leide thůn/ oder lassen/ in kein weise/ Er soll auch von niemandt/ er sey Geystlich oder weltlich/ keinerley schenck oder Gabe nemen/ von gelt oder anderm/ oder sein Weib/ Kindt oder gesinde nemen lassen/ keins wegs/ (außgescheiden den Wein in Stetten/ nach jr gewonheyt/ vnd ein Wildprät vngefährlich/ vnd was jhme sonsten vngefehrlich geschenckt wirdt/ das alles soll er zu einer jeglichen zeit vnserm Landschreiber zu N. geben/ vns das zuuerrechnẽ) Der obgenannt N. soll sich auch keins Dorffs/ odder Gemeynde/ noch einsiger Person vnderwinden zuuersprechen/ oder zuuertheydingen/ daß von vnsern/ vnd Ampts wegen/ Er soll auch kein Person seins Ampts zu leibzüchter vnd darumb seins gůts jchẽ annemen noch sich die erben lassen/ oder dergleichen vertrag machen/ keins wegs/ Vnd er soll jhme auch selbs kein dienstgelt/ oder einiche gesell des Ampts inneme/ sonder vnsern Landschreiber auffheben lassen/ der die verrechnen soll/ auch alle freuel vnd vnfell mit vnserm Landschreiber zu N. vnd kein allein vertheydingen/ Item er soll/ wo er es vermeiden mag/ vnser arm leut mit azung nit beschwern/ von sein selbs wegen. Item er soll vnser gerechtigkeyt/ Oberkeyt/ Herrligkeyt/ schirm/ Landstrassen/ Zoll/ Geleyt/ Wildpend/ vnd deßgleichen/ auch handhaben/ befrieden/ vnd niemandt innbrechen lassen. Item er soll kein Krieg brauchen oder treiben auß dem Ampt/ ohn vnser sonderlich erlaubnuß/ auch vns keinn Knecht noch Schultheissen vrlauben oder entsetzen/ ohn vnsern wissen vnd willen. Item ob jhme sche Pferde gegen vnsern feinden/ oder beschedigern/ im felde todt blieben/ oder abgiengen/ die wolle wir jhme nach billicher achtung/ des sie werth gewest sein/ beceren/ vngefehrlich/ oder jhme darumb nach vnsers Hofs gewonheyt vnd herkommen außtrag ergehen lassen/ Item er sol auch ein Oberamptman sein vnserer Graueschafft N. zu vnserm theyl/ Vnd der obgenant N. soll mit seinen Knechten vnd pferden/ der er fünff halten soll/ in seiner selbst kost sein/ vnd sein wonung in vnser Statt zu N. haben in vnserm Hauß/ das einem Burggrauen zugeordnet ist/ Vnnd darzů soll jhme eins jeglichen Jars/ so lang er vnser Burckgraue zu N. ist/ werden vnd gefallen N. guldẽ/ auch N. malter Korn/ N. fuder Weins/ N. malter Habern/ darzů Häw vnd Stro ziemlich/ vnd beholtzung nach seiner notturfft/ vñ gefährlich/ das alles jhme auff disen nachgenanten zeiten gegeben werden soll/ nemlich im Herbst N. fuder Weins in sein faß/ vnnd darzů die N. malter Korns/ vnd N. malter Habern/ vnnd dann vff S. Martins tag darnach nechstkomñt/ den halben theyl an gelde/ das ist N. gulden/ vnd die vbrigen N. gulden/ vñ N. malter Habern/ zu außgang des jars/ daran er auch einn gantzen gnůgen haben soll/ on alle geuerde. Vnd soll sein jar auff schierstkommende Ostern an vnd außgehen/ Zu vrkundt/ ɾc.

3.
4.
5.
6.
7.
8.
9.
10.
11.
12.
13.
14.

Bestallung eines Amptmans oder Oberschultheissen in vorgemelter form/ etwas zierlicher.

WIr N. von Gottes gnaden/ ɾc. Bekennen vnd thůn kundt offenbare mit disem briefe/ daß wir vnsern lieben getrewen N. vonn N. zu vnserm Obern Schultheyssen vnd Amptman zu N. nachfolgender massen angenoṁen vnd bestelt haben/ Vnd er hat vns darauff gelobt/ gehuldet/ vnnd zu Gott dem Allmechtigen vns gerhew vnd holdt zusein/ vnsern schaden zuwarnen/ vnsern fromen vnd bestes getrewlich zu werben/ zuhalten/ vnnd zuthůn/ als hernach geschrieben. Zum ersten/ daß dem Ampt/ vnd auch den Bürgen vnd armen leuten darinn vnnd darzů gehörig/ Geistlich vnd weltlich personen/ getrewlich nach seinem besten vermögen vor sein/ die verantworten/ verspre

New Formular

chen vnd verhedingen/vnd auch gütlich verhören solle/als ein Oberschultheyß vñ Ammann zu N. den armen als den reichen/ohne alles geuerde/ Auch so soll er all vnser strassen vnd Geleydt in daßselbig Ampt gehörend/nach seinem besten vermögen/auffrecht vnd redlich halten/vnd die Kauffleuth/Bilger vnd ander/sie seien Geistlich oder weltlich/darauff scheweren vnd schirmen/vnd daß sie sicher wandern mögen/Vnd er soll fleiß haben vnd zusehen/daß von den Leuthen die auff den strassen reiten/faren/oder wandlen/vnd geleyte begern/vnd auch von Lastwägen ziemlich gleidt gelt/wie von alter herkommen/von den seinen vnser gleydt auffzuheben befolhen/genossen werden. Er soll auch in den Franckfurter messen/das geleydt hie dißeits/vnd dann jhenseits Rhein versorgen auff vnsern kosten/vnd so es not sein wirdt/das geleydt zusterken/das sollen wir auch auff vnsern kosten thün/Es soll auch in sachen seins Ampts so vor jme gehandelt werden/oder gehandelt werden möchten/von niemand keinerley geschenck/miet/oder mietwone nemen/oder die seinen nemen lassen/es wer dann ein halb viertheyl Weins/ein Ganß/ein Hün oder zwey/oder dergleichen. Er soll auch in vnsern Fischwassern nit fischen/sonder er soll vns alle Fischdienst werden/vnnd gefallen lassen/Er soll sich auch keins Dorffs/oder Gemeynde/noch einiger personen vnderwinden/die zuuertheydingen/daß von vnser vnd seins Ampts wegen/Vnd er soll von niemandt keinerley dienstgelt ausserhalb des vnsern nemen/vnd alle freuel vnd vnfelle/mit vnserm Landschreiber daselbs vertheydingen/vnnd wie die vertheydingt werden/vnserm Landschreiber mit seiner hande vnderschrieben/verzeichnet geben/die einzubringen/vnd vns zuuerrechnen. Es soll auch keiner vnser vnderthanen an sich ziehen/sein Erbschafft auff jhnen zuwenden/in leibzucht/oder andere weise. Item es sollen auch Wechter/Pförtner/Thurnknecht/vnd ander vnser Diener/wir zu N. haben/durch vnsern Landschreiber/von vnsern wegen belohnet werden/ Vnd was er für befelch von Hofe an schrifften/auch sonst Ampts sachen haben wirdt/dieselbig zu seinem abzuge/bey dem Ampte lassen. Vnd vmb solchen seinen dienst/sollen vñ wöllen wir jm jars/so lang er vnser Oberschultheiß vnd Amptman zu N. ist/zu belohnung geben/Item N. gülden/N. fuder Weins/N. malter Korn/N. malter Habern/N. wägen mit Höw/N. gebundt stroes/N. hundert Hüner/von den Ampts Hünern/N. gebundt reissig/vnd soll macht haben in N. zu jagen/was in das Ampt N. gehörig/Da ander Amptleut vor jne bißher auch gejagt haben. Der genant N. von N. soll sich auch mit vier reisigen Pferdt/die zeit seins diensts wolgerüst halten/vnd vns zu allen vnnd jeglichen vnsern geschäfften damit gewertig sein/ Vnd so wir jhne von ampts wegen/oder sonst brauchen/soll er von vns haben futer vnd mahl/nagel vnd eissen/vnd wir jhme für redlichen reisigen Pferdts schaden thun/er in vnserm dienst leiden wirde/vnnd so wir desselbigen halben spennig würden/soll das stehen zu erkandtnuß vnsers Hofmeisters/Marschalcks/oder des Haupetmans/darunder er solchen schaden gelitten hette/was von denselbigen sampt oder sonder gebillicht wirt/dabey soll es bleiben/nach vnsers Hofs gewonheit/aller ding ohn geuerde. Vnd gehet sein jar auff heut Datum an vnd auß. Vrkunde diß Brieffs mit vnserm auffgetrucktem Secret versigelt. Datum N. Dienstags/rc.

Bestallung in dergleichen hohen Ampts sachen/
in guter anderer Form.

WIr N. von Gottes Gnaden/rc. Bekennen vnd thun kundt offenbar mit disem brieff/daß wir vnsern lieben getrewen N. von N. zu vnserm N. zu N. biß auff vnser/ oder nach vnserm todt vnserer Erben/die N. vnd Curfürsten seindt/widerruffens/ uffgenommen vnd bestelt/jhme auch dasselbig Ampt seines besten verstandes embsig/fleissig/vnnd getrewlichen außzurichten/zuuerwalten vnnd zuuersehen befolhen haben/vnnd thün es auch also in vnd mit krafft diß Brieffs/wie er dann vns hierauff gelobt/vnd zu Gott geschworn hat/vns getrew vnd holdt zusein/vnsern schaden zuwarnen/frommen vnd bestes

Bestallung. CC

bestes getrewlich zuwerben/vnsern rath vnnd heymligkeyt inn ewige zeit zuuerschweigen/ vnd solch N. Ampt zu N. mit seiner zugehörung nach seiner besten verstendnuß vnd möglichkeyt getrewlich vorzusein/vnnd alles das zuhalten/ das von jhme hernach geschrieben stehet/vnd jeder zeit darneben von vns weiter befolhen wirt. Zum Ersten/ soll er alle vnd jegkliche Personen/Geistlich oder weltlich/Edel/Burger/vnd armen leuth/die in diß N. Ampt gewandt vnnd gehörig seindt/ vonn vnsert wegen/ nach seinem besten vermögen getrewlich verantworten/vertretten/vertheydingen/versprechen/schützen vnnd schirmen/sie auch bey jhren Rechten vnd herkommen/gerechtigkeyten/festiglich handhaben/ vnd nit gestatten/daß sie von jemandt/wer der sey/verunrecht/beleydiget/noch beschwert werden/Vnd wo er das für sich selbs nit gethan möchte/so soll ers zu jederzeit an vns bringen/jme darinn beholffen zusein/vnd darüber vnsern bescheidt zu empfahen. Er soll auch alle dises Ampts jnwohnere/vnud verwandten/sein wer sie wöllen/in sein selbs eygen sachen vnd geschäfften/jhne zu nutz vnnd zu vortheyl mit nichten beschweren/ sonder sie getrewlichen handthaben/ein gleicher Richter vnd theidinger sein/in allen sachen vnd theydigungen/ die sich für jhne als N. zuhandlen gebürn vnnd zutragen/ gegen einem jeden/ dem armen als dem reichen/gleich sein/ sie auch in allen jhren anligenden sachen vnnd geschäfften/zu aller zeit/sey in der Wochen wann es wölle (darinn dann von jhme kein sonder maß noch zeit gesetzt werden soll) gütlichen hören/bescheiden/vnd außrichten/niemands zu lieb oder leid/auch nicht ansehen Sipschafft/freundschafft oder feindschafft/noch gabe/miedt/odder mietwan/auch sonst ander keinerley verhinderung/ sonder alle sachen vnpartheyisch/gleich vnd redlich handlen/nach seiner besten verstendnuß/ vnd allenthalb zu der gerechtigkeyt genaygt sein/ Er soll auch von niemandt keinerley gabe noch schenck nemen/ weder gelt noch anders/ Es were dann ob jme ein maß Wein/oder ein halb viertheil/ ein Ganß/ein Hun/ vnd der Ehrwein in Stetten/oder dergleichen Essenspeiß geschenckt würden/vngeuerlich/ Er soll sich auch keines Dorffs oder Gemeynden/ noch einzelner Personen vnderwinden/die zuuersprechen/vnnd zuuertheydingen/ dann von vnser vnnd Ampts wegen/sie auch nicht zu leibzüchter/oder darumb jhres guts jchts annemen/ noch sich von denselben Erben lassen/darzu auch selber keinerley dienstgelt/oder andere nutzungen von den vnsern suchen noch nemen/ oder dergleichen verträge machen vnnd auffrichten/keins wegs.

Wer er auch Tag zuleisten gemeynet/die soll er zu N. legen/ vnnd nicht in die Clöster/oder auff die armen leuth/es were dan/daß die sachen also geschaffen weren/ daß man in die Landtschafft vmb N. oder jnn die Clöster müste/oder arme leuth antreffe/ vnnd den selben armen leuthen oder Clöstern nützlicher vnd besser were/ daß mann die sachen in Clöstern oder Dörffern handlet oder außrichtet/ Doch soll er allenthalb in vnsern/vnd Amts geschäfften/sonst aber gar nicht/vnser atzung/wo wir die noch im Ampt haben/ziemlicher vnd träglicher weiß gebrauchen/wie vormals vnser Ampleut mit vnserm wissen gethan haben/vnnd er auch thun soll/sonst soll er Clöster vnd arme leut/mit atzung/frondiensten/ oder andern sachen vnd handlungen/ sey wo mit es wölle/ keins wegs beleistigen/ noch beschweren/ohn alle geuerde.

Er soll auch vnser Oberherrlich vnnd gerechtigkeyten/dergleichen vnsere Strassen vnd Geleydt in solch Ampt gehörig/trewlich handthaben/auffrecht vnd redlich halten/ Kauffsleuth vnd andere/sie seyen Geistlich oder Weltlich/fremd oder heymisch/auff den Strassen schewern vnd schirmen/damit sie allenthalben sicher wehern/vnd wandlen mögen/ Vnnd ob einich zugrieff in gemeltem Ampt/ vnnd auff den Strassen beschehen/ soll er mit ernst darzu thun/ vnd darnach stehen/ daß solchs nach seiner müglichkeyt der gebür gestrefft werde. Vnd wo er solches durch sich selbst nicht zuthun vermöchte/ als dann an vns bringen/vnsern bescheide darinn zuuernemen/vnd er/ noch seine/ oder vnsere Ampts Knechte/noch jemandes von jrent wegen/sollen auch von den Leuthen/ die vnsere Strassen brauchen/ vnnd Geleydts begern/noch von Lastwägen vnnd andern Geschirrn/nichts fordern noch heyschen/vnnd doch den Leuthen vnd Geschirrn geleydt geben/gütlich vnd

El ij

New Formular

williglich beleiten/ so offt sie des begerten/ vnd was zu geleydt Gelt gefellt/ sey wenig oder
vil soll er/ oder jemandt anders/ gar nit einnemen/ sonder was jederzeit zu geleidt gefeldt/
vnsern Landschreiber zu N. einnemen lassen/ vns daſſelbig fürther zuverrechnen. Würde
aber das den Knechten die geleydten/ etwas von freyem willen vnangefordert geschenckt/
das möchten sie nemen. Er soll auch weder beth/ stewer/ Zinß/ Gült/ Zöll/ noch keinerley
ander gefelle oder vnfelle innemen/ oder außgeben/ darzu auch kein freuel/ für sich selbs al-
lein/ sonder mit vnserm Landschreiber zu N. der jederzeit ist/ vertheidingen/ die er auch als
dan mit allen andern gesellen/ neben eim jeden vnserm Keller zu N. so vil jm seins Ampts
halben gebüren thut einnemen/ vnd vns verrechnen/ Doch soll er/ der N. das freuel Regi-
ster/ sampt dem Landschreiber der gebüre nach machen/ vñ vnderschiedlichen auffzeichn
lassen/ auch mit eygner handt vnderschreiben/ vnnd vnserm Landtschreiber vnnd Keller
solche vnnd alle andere gefelle/ von vnsert wegen einzubringen/ so dicke das noth geschicht/
vnd sie sein darzu bedürffen/ beholffen sein/ vngefehrlich.

So soll er auch alle vnsere Wildpende/ Fischwasser/ vnnd Bäche/ mit allen jhren ober-
herrlich/ vnd gerechtigkeyten/ in das Ampt gehörig/ getrewlich handhaben/ vnd nit
gestatten/ daß von jemandt/ wer der sey/ darein gejagt/ gehegt/ gefischt/ oder anders vns zu
nachtheyl fürgenommen werde/ Er auch selbst/ oder die seinen/ noch jemandts anders von
seinet wegen/ darinn kein hoch Wild/ Rehe/ oder ander Wild jagen/ darzu auch also in
vnsern Fischwassern vnd Bächen/ sey wer er wölle/ keins wegs fischen oder fischen lassen/
der thu es dann von vnser sonderlichen erlaubnuß/ gunst/ vnd gutem wissen.

Gedachter vnser N. sol auch kein feindschafft oder Kriege/ von vnser/ oder sein selbs
wegen/ mit niemandt anheben oder treiben/ ohne vnsern wissen vnd willen/ darzu auch
keinen vnserer bestellten knecht odder redlich Diener/ im Ampt setzen/ noch entsetzen/ oder
dergleichen sachen vnd handel/ die jhme nicht zusteen/ noch gebürn/ thun/ fürnemen/ ohn
vnsern sondern wissen vnnd geheyß/ Sonder sich gegen demselben/ beuorab vnsern
Landschreiber/ mit dem er am meisten Ampts halben zuhandlen hat/ alles günstigen vnd
freundlichen willens erzeygen/ vnnd halten/ Vnsere sachen vnnd geschäfften/ vns/ vnnd
vnsern vnderthanen/ so vil dester mehr zu gutem nutz vnd wolfart zuverrichten.

Er soll auch alle ding inn güter ordnung bey dem Ampt halten/ nichts an schrifften
oder anders darzu gehörig/ sey was es wölle/ zu seinem abzugk/ aus dem Ampt (wie etwan
beschehen ist) nemen/ sonder verwarlich/ vnd vnuerruckt darbey bleiben lassen/ alles trew-
lich/ sonder geuerde.

Vnnd vmb solchen seinen dienste/ sollen vnnd wöllen wir jhme eins jeden jars/ das
auff heut Dato ane vnnd außgehet/ so lange er vnser N. als obstehet sein wirdt/ gegen ei-
ner gebürlichen quittung auffrichten/ vnd bezalen lassen/ Nemlich N. gulden inn müntz/
Item N. malter Korns/ Item N. malter Haberns/ Item N. futer Weins/ Item Be-
hausung/ Stallung/ vnnd beholtzung/ wie vnsere N. vor jme gehabt haben/ Oder auſſer-
halb vnser Landschreiberey/ die wir vnns inn allerweg fürbehalten/ Oder da wir jhme kein
eygen Behausung stellen köndten/ als dann den Zinß für jhne außzurichten. Item Hew
vnnd Stroe von den Ampts gefellen/ ziemliche notturfft/ doch daß der Mist vonn dem
Stroe inn vnsere Eckere vnnd Weingarten komme/ Item N. Wägen mit Omat/
vnnd ein Hof Sommerkleydt/ so vnnd wie wir andere seines gleichen Kleyden werd-
den/ ꝛc.

Der genannt N. von N. solle sich auch mit dreyen reisigen Pferden (Nota. Es
setz mit jhme allbereyt für Pferdts schaden gehandlet worden were/ diese Clausel zusetzen:
Darauff jhme jars für Pferdts schaden sich selbst berittten zuhalten/ N. gulden in müntz/
von vns bezalt werden sollen) die zeit seins diensts wol gerüst halten/ vnnd vns zu allen
vnnd jtzgklichen vnseren geschäfften/ darmit gewertig sein. Vnnd so wir jhnen inn
Ampts geschäfften/ oder sonst beschreiben vnnd gebrauchen/ soll er von vnns haben futer
vnnd male/ oder da wir künfftig auff vnsere new Hofordnung inn seinem selbs kosten
ist reiten/

Bestallung.

zu reiten/mit jhme handlen vnd vberkommen würden/sich desselben auch benügen lassen/ wie andere seins gleichen/Vnd so er auch also beschreiben oder gebraucht wirdt/soll er mit seinen Pferden allein erscheinen vnd reiten/vnd vnsere Amptknecht daheim im Ampt bleiben lassen/Er werde es dann insonderheyt von vns bescheiden/Vnnd so er in seinen eygen geschäfften hieher kommen/oder sonst verreiten wirdt/Sollen vnnd wöllen wir jhme gar nichts/weder futer/male/noch anders/zugeben schuldig sein (Nota: Wo fern aber mit jm für Pferdts schaden nichts gehandelt/so soll diser Puncte als nachfolget innverleibet werden)

Wir wöllen jhme auch/für redlichen Reisigen schaden stehen/den er in vnserm dienste leiden wirdt/Vnd so wir desselbigen halben spennig würden/soll das stehen zu erkaudtnuß vnsers Hofmeisters/Marschalcks oder Hauptmans/darunder er solchen schaden gelitten hett/vnnd was von denselbigen gebilliget wirdt/darbey soll es bleiben/nach vnsers Hofs gewonheyt. Vnd ob wir N. re. oder vnsere Erben obgenant jhnen zu vnserm N. nicht mehr gebrauchen/oder er vns inn solchem Ampt weitters nicht dienen wolt/so soll je der theyl dem andern/solchs ein viertheil Jars zuuor auffkünden/allerding ohn geuerd. Vnd gehet sein Jar auff heut dato an vnd auß.   Vrkundt versigelt mit vnserm auffgetruckten Secret. Datum N. re.

Bestallung einem Doctor oder Rath/vnd Diener.

Zu wissen sey/daß auff heut seines Datumbs/die Wolgebornen Herrn/Herrn N.re. vnd Herr N.re.geuettern/vnsere gnedige Herrn/zu jhrer Gnaden Rath vnd Diener haben bestellt vnd uffgenommen/den Hochgelehrten Herrn Johannem N.der Rechten Doctorn/also vnnd folgender gestalt/Nemlich daß er Doctor Johan N. jhren Gnaden in allen derselben gemeynen vnd sonderlichen sachen vnd jhrer Grauschafft geschäfften/als ein gelehrter Rath/dienen/rathen/reden/schreiben/vnd handlen solle/nach seinem besten verstandt vnnd vermögen/Vnd fürnemlichen in jhrer Gnaden/auch deren Stiffte vnd Clöster/jetzigen vnnd künfftigen Rechtsachen/Es sey am Keyserlichen Cammergericht/odder sonsten/getrewlichen Aduociren/dieselben souil an jhme fürtreiben/vnnd zu schleuniger bester vollfürung richten/vnd das darinn seinethalb nichts verliedert oder versaumpt werde/gäten fleiß fürwenden. Ob auch wolgedachte vnsere Gnedige Herrn sein ausserhalb seiner Behausung zugebrauchen notwendig/vnd jhnen auff Reichs/Kreiß/oder andere Täg/vnd Tagleistungen/oder handlungen zuuerschicken/beschreiben vnd erfordern würden/soll er jn des gehorsam vnnd gewertig sein/Vnnd was jhme als dann befolhen/er auch sonsten/als ein getrewer Rath zuhandlen bescheiden wirdt/mit getrewem fleiß verrichten.

Doch sollen vnsere Gnedige Herrn/jhne Doctor/zu jedem außreiten/mit einem täglichen reisigen Knecht versehen/Für solchen seinen dienst sollen beyde vnsere Gnedige Herrn jhm ein jarlang/welches auff die zeit seines auffziehens angehen solle/reichen vnnd bezalen lassen N. hundert gulden/jhe fünfftzehen batzen oder sechtzig Creutzer für den Gulden gerechnet/Behausung/vnd darzu N. wägen holtz/füterung auff sein Pferdt/vnd seinen Diener/oder Schreiber (den er doch vnsern Gnedigen Herrn trew vnd holdt zusein/ vnnd die geheymnuß/so er im schreiben erfaren würde/niemanden zu öffnen verpflichten soll) ein Kleyd/wie andern vnser Gnedigen Herrn Hofdienern/vnnd für seinen auffzugk den er hiezwischen N.nechstkünfftig thun soll/N.gulden obgedachter werung/Als bald auch er Doctor Johan wirdt mit gewönlichen Eydts pflichten beladen werden/also abgeredt/vnd von beyden theylen angenommen. Zu vrkundt/re.

New Formular
Bestallung einem Rath von hauß auß.

Wir N. von Gottes Gnaden/ꝛc. Bekennen ꝛc. daß wir vnsern lieben getrewen N. von N. zu vnserm Rath vnd Diener/biß auff vnser Erben/oder sein widerruffen von Hauß auß vffgenommen/vnd bestellt haben/vnd thůn das hiemit in krafft diß Brieffs/dergestalt/daß er vnns zu allen vnnd jeden vnsern sachen vnnd geschäfften/ darzů wir jnen gebrauchen werden/ vff jederzeit vnser erfordern mit vier reisigen wolgerüsten Pferden/zu dienst erscheinen/wider meniglich/außgenommen/denen er mit Lehen pflichten verwandt ist/seins besten verstandts vnnd fleiß gůtwillig rathen/reiten/dienen/ gewarten vnnd thůn solle/ des er jederzeit von vnsert wegen bescheiden wirdt/wes er auch in solchem vnser/oder vnsers Fürstenthumbs gelegenheyt vnd geheymnuß erfarn wirdt/ dasselbig ewig zuuerschweigen/vnd niemande dann denen ers zusagen bescheidt hat/ zu offenbarn/vnd sich also erzeygen vnd beweisen/wie eim auffrechten rathe vnd Diener rhům lich/vnd wol ansteht. Hierauff hat er vns gelobt/vñ leiblich zu Gott vnd seinem heyligen wort geschworn/vnns getrew vnnd holdt zusein/ für vnsern schaden zuwarnen/frommen vnnd bestes getrewlich zuwerben/jederzeit fleissig zudienen/zugewarten/vnd alles das zu thůn/wie hieroben meldung von jhme geschicht/trewlich sonder geuerde. Vnd vmb solchen seinen dienst sollen vnnd wöllen wir jhme järlichs/vnd jedes jars besonder auff obgemelte vier Pferde/gegen seiner gebürlichen quittung/durch einn jeden vnsern Cammermeister außrichten vnd bezalen lassen N. gulden in Müntz/vnd auff sein Person ein Hoff Sommerkleidt/wie wir andere vnsere Räthe/vnd außdiener seins gleichen kleyden werden/Darzu jhn vnd das sein/zu allen ziemlichen billichen sachen/ die sich nach dato zutragen/vnnd darinnen er recht vor vns geben vnd leiden mag/gnedig schützen/schirmen/vnd handthaben/vnd gehet sein jar auff heut Dato an vnd auß. Zu vrkundt versigelt mit vnserm zuruck auffgetrucktem Secret. Datum N.ꝛc.

Bestallung einem Aduocaten vnd Procuratorn.

Wir nachbenante A. vnd B. gebrüder/ Bekennen hiemit für vns/ vnd vnsere Erben/gegen jedermeniglichen/ vnd thůn kundt/ daß wir den Achtbarn vnd Hochgelehrten Herrn N. der Rechten Doctorn/ Keyserlichen Cammergerichts Aduocaten vnd Procuratorn/zu vnserm Anwalden auff vnd angenommen/ also daß er vns in allen vnsern sachen/die wir an berürtem Keyserlichen Cassiergericht haben/oder zukünfftig gewinnen möchten/dienen/vnnd das best nach seinem vermögen/rath/vnd verstande/ vorwenden soll. Da entgegen gereden vnd versprechen wir jme alle jar/ vnd eins jeden jars besonders/ von heut Dato anzurechen/ so lang er also in vnser bestallung sein wirde/ N. Taler auff N. Tag/neben gebürlichen Copey geldt/sampt andern/ so er jederzeit vonn vnsert wegen außlegen wirdt zu Speyer/odder da jederzeit das Cammergericht gehalten/ ohn allen seinen kosten vnnd schaden zuerlegen/vnnd entrichten lassen/ Doch soll vns zu vnserer gelegenheyt beuor stehen/jhme gedachten vnsern Anwalden dise bestallung widderumb auffzuschreiben/deßgleichen jhme disen seinen dienst abzukünden/welches jederseits ein halb jar zuuor geschehen soll/ Vnd sollen wir als dann/nach beschehener auffkündung vnd verfliessung des halben jars/diser vnserer bestallung/deßgleichen gemelter Herr Doctor N. vnser Anwaldt seiner dienst erlassen sein/ Alles getrewlich vnd ohne geuerde.

Zu vrkundt/ꝛc.

Bestal

Bestallung.
Bestallung einem Procuratorn/ anderer Form.

Wir Wilhelm/ ⁊c. Johan/ ⁊c. vnnd Barbara N. geborne Gräuin von N. ⁊c. Wittib. Bekennen offenlich mit disem Brieff/ daß wir als verordente Vormünder/ vnd Vormünderin/ des Wolgebornen Grauen Michels/ ⁊c. vnsers Pflegsohns/ den Ersamen Hochgelehrten N. vnd des Churfürstlichen Pfaltz Hofgerichts Procurator vnd Aduocaten an vnd vffgenossen haben/ in nachgemelter massen/ in vnsers pfleg vnd sons sachen vnd händeln zu Heydelberg/ so wir jetzundt daselbst haben/ vnd künfftiglichen vberkomen/ gütlich oder rechtlich zu prociren/ fürzufaren/ reden/ handeln/ dienen/ vnnd zu rathen/ es sey vor dem Durchleuchtigen Hochgebornen Fürsten/ Friderichen Churfürsten/ ⁊c. oder an jrer Churf. G. löblich Hofgerichts/ oder für den Hofräthen/ auch vor welchen Personen vnd an welchem ort zu Heydelberg sich das zuthůn gebürn/ vff vnser erforderen vnd bericht/ wider meniglich/ außgescheiden seiß vnsern gnedigsten Herrn Pfaltzgrauen Friderichen Chůrfürsten/ ⁊c. Herrn a. b. c. d. e. f. doch so fer er von denselbigen hinfürter wie bißher in dienst behalten wirt/ Er auch inen saust vnd sonder sein wart vñ dienstgelt nit vff schreibt/ die je jme hierin/ sampt die zeit des Hofgerichts so zu Vdenheim sein wirt/ für vñ außbehalten hat/ vns sampt vnd sonder in namen vnsers Pflegsons trewlich vnd seins besten verstandts zu aduociren/ procuriren/ rathen/ reden/ vnd für schaden warnen/ bestes zu fürdern/ vnd alles das zuthůn/ vnd handeln soll/ das einem getrewen diener in solchen felten seiner Herrschafft von Rechts wegen/ oder gewonheit schuldig ist/ vñ billich thůt/ Vnd welche seine dienst vnd verpflichtung/ wir die Vormünder vnd Vormünderin sampt vñ sonder/ bemelten Doctor N. Jars auff N. zehen gulden/ vnd dann seinem Schreiber vnd Substituten ein gulden geben vnd vergnügen sollen vnd wöllen. Geben mit vnsern/ ⁊c.

Bestallung in dergleichen sachen/ anderer Form.

Wir N. von Gotts Gnaden Apt zu N. Bekennen offenlich mit disem brieff/ daß wir zu vnserm vnd vnsers Gottshauß diener vnd lieben getrewen an vnd auffgenommen haben/ den Ersamen N. vns vnd vnsern Conuent nachgemelter massen zudienen/ Nemlich zu N. in der Statt/ in allen vnsern sachen vnd hendlen/ so wir jetzunde daselbst haben/ vnd künfftiglich vberkomen/ zu procurirn/ reden/ vnd rathen/ vnd aussert halb des Pfaltzgräuischen Hofgerichts so zu Heydelberg jederzeit gehalten wirdt/ vnd an dern orten/ allenthalben wo wir sein beddörffen werden/ obgemelter massen zudienen/ Darumb dann wir jme järlichen/ vnd eins jeden jars N. gulden/ Vnd so wir jhnen ausserhalb der Statt N. brauchen werden/ eins jeden tags ein orth eins gulden/ von seinem aufreiten anzurechnen/ biß er widerumb heimkomme/ außrichten vnd bezalen/ auch allwegen zu der besolnung so wir jhnen erfordern werden/ in vnserer kost vnnd zerung sein vnd reiten/ Er soll auch allwege vnsern vnd vnsers Gottshauß schaden warnen/ froissen vnd bestes werben/ ohn alle geuerde. Geben zu N. ⁊c.

Bestallung in dergleichen sachen/ anderer Form.

Ich N. von N. Bekeñ offenlich hiemit eigner meiner Handtgeschrifft/ daß ich zu einem diener vñ lieben getrewen/ den Ersamen vñ Wolgelerthen Herrn N. an vñ vffgenossen hab/ nachgemelter massen zudienen/ nemlich zu A. in der statt/ in allen meine sache vnd händeln/ so ich jetzund daselbst hab/ vñ künfftiglich vberkomen/ es sey gütlich/ ob rechtlich zuprocedirn/ fürzufarñ/ zuprocuriren/ redñ/ handeln/ rathñ/ vñ zusolicitirn/

New Formular

Es sey entweder am Churfürstliche löblichen Hofgericht/für den Hofräth/in der Cantsley/oder für den Amptleuten/auch vor welchen personen/vil an welchem ort zu A. sich das zuthun gebürt (doch ausserhalb obgedachtes Hofgerichts so zu A. jederzeit gehalten wirdt) vnd andern orten allenthalben/ wo ich auff mein erfordern vnd bericht sein dörffen werde/ obgemelter massen judieren/ Vmb welche seine dienst ich N. von N. obgedachtem N. eines jeden viertel Jars N. Gulden/ landtgäbiger werung/ vnd N. malter Korns/außrichten vnd bezalen soll. Dergleichen so ich jhnen ausserhalb der Statt N. brauchen wil/ soll er in meinem kost vnd zerung sein/ vnd reiten/ auch allwegen mein/ vnnd der meinen schaden warnen/ fromen vnd bestes werben/ vnd fürdern/ darzu alles thun vnnd handlen/ das ein getrewen diener in solchen fällen seinem Junckern von rechts/ oder gewonheyt weg schuldig ist/ vnd billich thůt/ Vnd was er N. zu schreiberlohn/ Notarijs/ oder sonst Expendirt/ auß gibt/ oder darleihet/ das soll jhme N. widerumb zu danck außgericht vnd vernügt werden/ ohn alle geuerde/ zu Vrkundt/ ꝛc.

Bestallung eines Hofgerichtes Secretarj/ ꝛc.

Wir N. ꝛc. Bekennen/ ꝛc. Als wir von vnserm Zinßmeister zu N. vnd lieben getrewen N. vnderthenig bericht worden/ daß er neben seinem Ampt vnser Hofgerichte mit aller wartung zuuersehen schuldig/ vnd aber auß blödigkeyt/ vnnd anderer seins Ampts obgelegener geschäfft halb beschwerlich wer/ bemelt vnser Hofgericht/ so täglich mit jhe mehr geschäfften zuneme/ fürohin wie bißher vnd sich das wol gebürt zuuersehen/ vnd deßhalb vns mit vnderthenigem fleiß angeruffen vnd gebetten/ jhme zu gnaden seinen Vettern N. zu einem Hofgerichts Secretarien der ende an sein statt auff vnd anzunemen. Daß wir demnach benanten vnserm Zinßmeister solchs zu Gnaden also bewilligt/ vnd bemelten seinen Vettern N. zu vnserm Hofgerichts Secretarien/ biß zu vnserm oder sein widerruffen bestellt/ vnd angenommen haben/ Vnd thůn es hiemit in krafft diß Brieffs/ also daß derselb N. des Hofgerichts durchs Jar/ mit getrewem fleiß soll gewarten/ auff eines jeden vnsers Hofrichtern/ vnd der beisitzer verordnung vnd ansetzung/ die vertagungen/ der Räth vnd Partheyen zeitlichen außgehen lassen/ auch alles vnd jedes/ so in Recht gerichtlich fürbracht/ es sey schrifftlich odder mündtlich/ trewlich vnd vollkommenlich Prothocolieren/ vermercken/ vnnd ordenlich bey den Gerichts Acten verwaren/ alte vnd newe Prothocolla/ auch alles so hinder diß Hofgericht hinderlegt vnnd deponirt wirdt/ Es sey Gelt/ Silber/ Kleynoth/ Brieff/ vnd vrkunden/ geitrewlich vnd vermittelst Rechtlicher verodnug zubewaren/ abschrifft vnd abscheidt/ auch alle Processen sampt der Vrtheyl brieffen/ auff die gewönlichen Tax/ fürderlichen zufertigen/ damit sich vnbillicher verlengerung niemandts hab zubeklagen. Darneben auch dem Zinßmeister/ so es die geschäfft vnd notturfft erfordern wirdt/ vnnd es des Hofgerichts sachen halb wol beschehen mag/ in seiner Ampts verrichtung beholffen sein. Darauff hat er vns gelobt/ vnd zu Gott geschworn/ getrew vnd holdt zusein/ vnsern schaden zuwarnen/ frommen vnd bestes zufürdern/ vnd alles das zuthun/ das einem Hoffgerichts Secretario vil auffrechten Diener wol anstehet vnd gebürt. Vnd vmb solchen seinen dienst/ so lang der werth/ sollen vnd wöllen wir jhme jedes Jars auff heut dato anzufahen/ neben allen vnd jeden obgemelltes vnsers Hofgerichtes gewonlichen gefellen vnd verdiensten/ geben lassen/ nemlich/ ꝛc. aller ding on geuerde. Vnd des zu vrkundt/ ꝛc.

Bestallung eines Rechenschreibers.

Wir N. ꝛc. Bekennen/ ꝛc. Daß wir vnsern lieben getrewen Philipsen N. zu vnserm Rechenschreiber auffgenommen vnd verordnet haben/ Also daß er die ordnung vnser Rechenstube halten/ alle zinß/ schuldt/ oder ander Bücher/ rechen aũ ander Register/ Rotteln/ vñ verzeichnuß fleissig verwart/ damit wo mañ jehts berichts nottürfftig/
daß

Bestallung. CCIII

daß mann das jederzeit fürderlich haben/vñ finden möge. Item er soll daran sein/daß jars zu rechter gebürender zeit/die rechen tage/fürderlich angesetzt/vnd one besonder ehehafft vnd befelch nit auffgeschoben/oder erstreckt werden. Item er soll auch neben vnserm Camner vnd Rechenmeister/die rechnungen jederzeit helffen besitzen/vñ hören/innamen/außgaben/vnd anders was not ist/eigentlich auffschreiben/vnnd in einer jeden rechnung vnd sonst eigentlich vnd gut auffmerckung vnd acht haben/vnd was er gebrechlichs vnnd verdechtlichs/auch vnordnung/vnnd anders/das vns zuschaden vnd nachtheyl dienend vernimpt/Ob auch an vnsern gefellen vnd nutzungen/es sey gelt/frucht/Wein/oder anders icht abgangen/vnd weniger/dañ in vorgehenden rechnungen verzeichnet würde. Oder daß ein oder mehr verrechenten Ampteleuth in jren rechnungen vngeschickt/mit inbringungen jrer gefelle/farläffig/vnfleissig/oder sonst also gethan/daß die empter mit jnen nit wol versehen weren/Dergleichen/ob ein oder mehr vnser gefelle zubessern nutz vnd rath zubringẽ vnd anzuschicken weren/Das alles soll er jederzeit sampt vnserm Caissier vnd Rechenmeister helffen bedencken/vnd erwegen/vnnd das mit jrem gutbeduncken fürter an vns bringen/ferrer der gebüre nach gelegenheit der sachen/darnach zugerichten wissen. Item er soll die Rechenregister/Quittantzen/Zettel/vñ anders so zu probation zugelegt werdẽ/eigentlich ersehen/die fleissig zusamen binden/darauff zeichen/von welchem jar/durch wen/vnd in wes beysein die verrechent seyen/das als dann auffheben/vnd ein jedes an sein geordnet statt legen/vnd verwaren/zur notturfft wissen zufinden vnnd zugebrauchen/Item er soll kein Buch/Register/oder ander verzeichnuß/one vnser/oder vnsers Hofmeisters wissen/ vnd zulassen/auß vnser Rechenstuben hinwegk leihen/noch jemandts Copeien dauon werden lassen/Vnd im fall daß er auß befelch zuzeiten vnsern new ankommenden verrechenten Ampteleuthen/oder andern zu bericht hinauß leihen würde/das soll er jederzeit auffzeichenen/vnd daran sein/daß solchs wider in die Rechenstuben geliefert/vnd an das ort da es hin gehörig/gelegt werde. Item er soll keinn Receß fertigen/oder hinauß geben/es sey dann zuuor die Rechnung beschlossen/vnd kein mangel darinn/Vnd daß vnser Hofmeister/oder so der nit bey handts were/vnser Cantzler/den gesehen habe. Er soll insonderheyt auch angemanen/an die auffstehenden Receß vnd ander schulden/so vil er der weiß/vñ ausfert/daß die zu gebürender zeit inbracht werden. Item er soll je zuzeiten/so er des von vns bescheiden wirdt/vnser Zöll auffschliessen/auch zu Franckfurt vnd andern enden/dahin er von vns geschickt werde/getrewlichen zum nützlichsten helffen inkauffen/innemen/außgeben/handlen vnd thun/wie er des vnserent wegen bescheiden wirdt/Vnnd so er vnsere Rechenstuben geschäfft wegen müssig ist/so sol er auch ander vnser Cantzley geschäfft/wie an der vnser Cantzleyschreiber helffen auffwarten/vnd ausrichten/Vnd ob er jche weiter daß ob bestimpt ist/von vnsern wegẽ bescheiden würde/das Rechnung/oder die Rechenkaisser berürt ist/das er außrichten kan/des soll er sich nit spernen/vñ in solchem allem gehorsam/gewertig/vnd geflissen sein/vnd thůn/wie ein getrewer diener seins Ampts schuldig vnnd pflichtig ist. Vnd was der bemelt vnser Rechenschreiber/vnserer gefell/innemens/außgebens/vnd anderer vnser heymlichept/vnd gelegenheit erfert vnd gewar wirt/das soll er bei jhme in geheimbde behalten/ewig verschweigen/vnnd ohne vnser bewilligen vnd zulassen niemand offenbar. Hierauff hat er vns gelobt/vñ zu Got geschworn/vns getrew vñ hold zusein/vnsern schaden zuwarnen/fromm vnd bestes zuwerben/vnd zuthůn/wie einem getrewen Diener gebürt vnd züstehet/on geuerde. Vnd vmb solchen seinen dienst/sollen vnd wollen wir jme jedes jaro so lang er vnser Rechenschreiber ist/vnd sein wirdt/zu außgang seins jars/das auff heut Dato an/vnd allweg wider auff dieselbige zeit außgehen soll/auß vnser Caisser durch vnsern Caissermeister außrichten vnd bezalen lassen/vff sein ziemlich quittantz/nemlichen R.gulden/rc. darzu soll jme folgen vnd werden/vnserer Cantzley gesell/wie in vermög vnserer Cantzley ordnung/einem Rechenschreiber gebürt vnd züstehet. Der bemelt vnser Rechenschreiber soll auch in sein Amptssachen/kein schencke/gabe/oder mietnemen/oder die seinen nemen lassen/außgescheiden ein Hůn/ein Ganß/ein viertel Weins/vnd dergleichen/ohn alle geuerde. Vnd des zu vrkundt/rc.

Bestallung

New Formular
Bestallung eins Schultheyssen vnd Amptknechts.

Wir N. rc. Bekennen vnnd thün kundt offenbar mit disem Brieff/ daß wir vnsern lieben getrewe N. zu vnsern Schultheyssen zhen A. auch Amptknecht B. anstatt vff genommen/vnd biß vff widerrüffen gestellt haben/ also daß er sich mit einem reissigen Pferde wol gerüst halten/zu allen vnd jeden vnsern geschäfften/ wir jn erfordern/ vnd gebrauchen werden/besonderlich im Ampt B. so lang er vnser Schultheyß zu A. vñ Amptman knecht B. Ampts ist/auff einen jeden vnsern Amptman vnnd Landtschreiber zu B. zugewarten/ auch das Schultheyssen Ampt getrewlichen/ vnd nach seinem vermögen außzurichten/befolhen haben/Er soll auch ein gemeiner Schultheyß/ Richter/ vnnd theydinger sein/gegen dem reichen als dem armen/frembden als heimischen/ vnd so vil an jhme ist einem jeglichen zu recht vnd billigkeyt beholffen sein/ vnnd ergehen lassen/ darinn jhme auch kein sondern vortheyl suchen/weder vmb lieb/gunst/freundtschafft/oder feindschafft/vmb schenck oder jchts anders thün/ das das Recht verhindern oder verkeren mage/vngefehrlich. Er soll auch von niemandt kein schenck nemen/ noch von seiner wegen nemen lassen/von sachen wegen/die sich vor jhme als einem Schultheyssen zuhandlen gebürn/Wol mag er ein Hün/ein Ganß/oder ein maß Weins/ob die jhme vngefehrlich geschenckt würden/nemen/ vnnd nit darüber/darzu soll er vnser Obrigkeyt vnnd herrligkeyt solches Schultheyssen Ampts/Dorff/vñ desselbigen zugehörungen/souil einem Schultheissen züstehet/ bei altem herkommen/Rechten/ vnd guten gewonheyten/ getrewlich vnd fleissiglich handthaben/nach seinem besten vermögen/ vñ niemand sich entringen lassen/ vngefehrlich/ Vnd wo er jchts zuthün nit vermöcht/soll er jederzeit an vnsern Amptman vnd Landtschreiber zu B. bringen/jme darzu zurathen vnd beholffen zusein/ Vnd wo das nit verfienge/an vns gelangen lassen. Hierauff hat er vns gelobt vnd leiblich zu Gott geschworen/vns getrew vnd holdt zusein/vnsern schaden zuwarnen/ frommen vnd bestes zu werben/vnser geheymnuß/wes er der weiß odder erfert/ewig zuuerschweigen/getrewlich vnd williglich zu dienen vnd zugewarten/ als einem frommen vffrechten Diener zustehet vnd seinem Herrn zuthün schuldig ist/vnd billich thün solle/ohn alle geuerde. Vnd vmb solchen seinen dienst/ so lang der weren wirdt/wöllen wir jhme eins jeden jars/ so heut dato an vnd auffgehet/durch einen jeden vnsern Landtschreiber zu B. auff sein zimlich quittantzen/ersstlich an geldt außrichten vñ bezalen lassen/Item N. gulden/Item N. malter korn/ Item N. malter Habern/ vnd ein Hoffsommerkleydt auß vnser Schneiderey folgen/Vnd wo er sonst in andern vnsern geschäfften verreiten vnd verschickt wirdt/gleich andern seins gleichen gehalten werden. Wir wöllen jme auch für redlichen reisigen Pferdt schaden/rc. vt sup.

Bestallung eines futermeisters oder Forieters.

Wir N. von Gotts Gnaden/rc. Bekennen/rc. daß wir vnsern lieben getrewen N. zu vnserm Futermeister vnd furieter/auffnemen vnd bestellen lassen/ vnnd thün das in vnd mit krafft diß Brieffs/Also daß er vns mit einem reisigen Pferde wie ander vnser Einspennig zu jederzeit gewertig sein/ Vnnd sonderlich so soll er ohne vnser/ oder vnsers Hofmeisters jederzeit vorwissen vnnd willen niergendt hin reiten/ sonder alle tag/vmb ein Vhr nach mittag fo er anheyms ist/vff vnsern kosten/ bey vnserm geschwornen Mütter sein/vnd sampt dem Futerschreiber helffen fütern mit einem Mäß/ vnd ohne mercklich ehehafft ohne sein beisein nicht fütern lassen/jedem auff sein anzal Pferde/ so vnser Hofgesinde vnnd er befelch hat Füter zugeben / vnnd sonst niemande / ohne sonderlichen befelhe vnser / odder vnseres Hofmeisters / Doch ob jemandt vnbekandts/

oder

Bestallung. CCIIII

oder ohne befelch an die röhr kente vnnd fuder fordert/mit zimlichen worten gütlichen ab weisen/vnnd bescheidt geben/ Er soll auch allen abendts/so mann gefüttert hat/den Futerschreiber heissen den Fůterzettel abzuschreiben/vnd jhm zugeben/den er fürter dem Hofmeister antworten soll zubesichtigen/ob der jetzes mangels finde/darinn möge reden/vnnd so es not ist/auch an vns langen zulassen/ Er vnd vnser Mutter/auch jeder einn Schlussel zum Kasten mit zweyen Schlossen haben/also das jhr keiner allein darauff kommen möge/ Vnd so vnser Futermeister vnd Furier nit hie ist/oder auß andern vnsern gescheefften nicht bey dem Fůtern sein kan/sein Schlüssel dem Futerschreiber befelhen/an seiner statt zuthün das er schuldig were/darzu soll er fleissig auffmerckung haben/das im fůtern niemandts vor den andern gefortelt werde/anders dann er befelhe hat/vnnd das vor dem fůtern vngefehrlich ein hauff abgestårtzt werde/des mann sich versicht/auffgehen mage/vn den am futer zettel melden. Auch sonderlich so vnser Diener inn jhren geschefften/oder sonst hinweg oder heym reiten/vnnd Pferde hinder jhnen lassen/auff dieselben nicht soll futer zugeben/es weren dann die Pferde kranck/oder auß ander vrsach/vnnd mit vnsern vnnd vnsers Hofmeisters wissen also stehen blieben/das jhme glaublich anzeyge von vnns/oder vnserm Hofmeister würde/dann hat er macht futer zugeben/vnnd sonst nicht/ Wo vns auch zuzeiten Fürsten odder ander bottschafft zukommen/die wir zufüttern bescheiden/zu derselben furier soll er sich fügen/bericht nemen wie vil Pferde jeder habe/vnd jhme zufůtern gebüre/ Auch soll er allen abendt nach dem nachtessen sich bey vnserm Hofmeister sehen lassen/ob wir reiten oder jemandt der vnsern schicken wollten/das er bey der handt sey/bescheydt zueinpfahen. Vnnd so wir mit Zůgen odder sonst reiten/auffzeychnuß nemen der so mit vnns reiten/sich mit Herbergen/futern vnnd andern jedem nach seiner gebüre zurichten wisse/desshalb sich auch mit vnsern Schencken vnnd Köchen bey gůter zeit zum vorreiten schicken/damit so wir an die Herberg kommen/die vnsern fürderlich vnder kommen/vnd am fordersten das vnsere Hengst wol stehen/ Darnach Hofmeister/ Cantzler/ vnd ander jeder nach seinem stadt auch mit Herbergen versehen. Weiter so wir aussen sein/vnd von vnsert wegen an teglichem orth/es sey in Herbergen oder Felde/Habern kaufft/oder an fremden orten vns geschenckt würde/das alles soll er wie obstehet auff vnsere vnd vnsers Gesindts Hengst vnd Pferde/zum getrewlichsten verfaren/ Vnd ob an gekaufftem oder geschencktem Habern etwas vberstůnde/denselben nicht in seinen nutz nemen / oder wenden/ wie sonst etwan der brauch gewest/ sonder mit rathe vnsers Küchenmeisters vnd Küchenschreibers/auch jhren mit vnd bey sein/zum höchsten verkauffen/vnd das Geldt dem Küchenschreiber antworten vns fürter zuverrechnen/ So auch also vnns an fremden orten Habern in Secken geschenckt/ vnnd die Seck wider begert würden/ so soll er dieselben jhnen nicht fürhalten/sonder ohne beschwerde wider folgen lassen/ auch hie vnd außwendig acht haben/so an futer abgehen woll/bey rechter zeit anmanen/damit mangel fürkommen werde. Ferner soll er jederzeit/so stallmist von vnsert wegen außgerichet werden/dabey sein futer zettel bey handt haben/damit mann recht forder/vnd so er anderst merck/das enden/vnd daran sein/das es recht zugehe. Vnd so wir in vnsern Ampten vnd Kellereien auß sein/soll er in seinem abscheiden außgeschnitten Zettel/jedes endts machen vnd darinn bestůffen/wann wir/vnd mit wie vil Pferden dahin kommen/wie lang da blieben/vnnd derselben Zettel ein/dem Landtschreiber odder Keller lassen/vnnd den anderen inn vnser Rechenstuben antworten/auff der rechnung des wissens zuhaben/ Er soll auch alle zeit geschickt sein/vnnd sein Register von jeder füterung haben/wann rechnung an jhne vnnd den Mütter gesinnen wirdt/dieselbig zuthůn/ Vnnd vmb solchen seinen dienst/ auch vor den vorgehabten brauch/ vnnd sein gerechtigkeyt/ so vor der zeit ein Futermeister odder Furier außwendig an den geschenckten vberstandenen Habern gehabt/das jetzo abe/vnnd dem hierinn ein andere ordnung gegeben ist/darzu für Herbrige/ Suppen/ vnder vnnd Schlafftrunck/ sollen vnnd wöllen wir jhme zu außgange seines Jars/so lange er also vnser Futermeister odder Furier ist/durch vnseren Cammermeister so zu zeiten sein wirdt/gegen seiner quittung aurichten vnnd bezalen

lassen

laſſen N.gůlden/in müntz/Nemlich N.gulden für ſeine dienſtbeſoldung/vnnd N.gulden
für Herberig/ſuppen/vnder vnd ſchlafftrüncf/darzů Soſter vnd Winter hoffkleydung/
auch futer vnd male/vnd jhnen beritten halten/des alles er einn benügen haben ſoll. Des
zu vrkunde verſigelt mit vnſerm auffgetruckten Secret. Datum Nauff.ɾc.

Beſtallung einem ober Bawmeiſter.

Wir N. Bekennen/ɾc.daß wir vnſern lieben getrewen N.zu vnſerm Oberbawmei
ſter/biß auff widderrüffen vffgenomen vnd beſtelt haben/ Vnd thůn das hiemit
in krafft diß Brieffs/alſo daß er hie vnd andersswo/ da wir bawen/ vnd dahin wir
jhnen jederzeit verordnen werden/ ſo vil jm jmer müglich/ſelbs bey denſelben bäwen/auch
mit fleiß darob vñ daran ſein ſolle/daß vnſere arbeiter jedes orts wie jhnen gebürt/ vnd des
ſic beſcheiden werden/ernſtlich vnd fleiſſig arbeiten/zu rechter zeit zů/ vnnd von der arbeit
gehen/ vnnd ſonder redlich vrſachen nichts verſaumen/ Er auch allweg nach gelegenheyt
der Bäwe gůt auffmerckens haben/wes die notturfft zu jedem Bawe/ an Stein/ Kalck/
Sandt/ Geſchirr vnd anderm erfordert/für ſich ſelbs/ vnnd durch vnſer ander Bawmei
ſter/odder Bawſchreiber/die wir jederzeit haben/verordnen/vnnd beſtellen/daß ſolches zu
rechter zeit gefürt/vnnd bey die handt gebracht/Was auch zukauffen/oder zubeſtellen iſt/
ſolches zu bequemer zeit/vnd vmb einn rechten pfennig erzeugt werde/damit durch man
gel derſelbigen kein ſeumnuß oder hinderung entſtehe. Item er/vnd vnſer vnderbawmei
ſter/vnd Bawſchreiber/ſo wir jederzeit haben/ſollen hie/vnnd andersswo/ an vnſern gebä
wen keinen arbeyter/ Steinmetzen/ Mäwerer/ handreicher/ noch andere annemen/ noch
vrlauben/ohn vnſern vorwiſſen vnd beſcheidt/es wer dann/daß wir etwan abweſendt/vñ
des ſonderliche notwendige vrſachen vorhanden/ oder vnſer nutz/ oder nachtheyl/ ſo hoch
daran gelegen were/in dem mag er allhie zu N. jederzeit mit vnſern Haußhoffmeiſters/o
der Küchenſchreibers/oder ſo er außwendig/mit vnſer Amptleut/deſſelbigen orts/wiſſen/
das beſte handlen vnd fürnemen. Item ob vnſern Steinmetzen/ Mäwrern/ handtrei
chern/ oder andern auff vnſern Gebäwen jemandt fahrläſſig vnnd vnfleiſſig/ einen odder
mehr ſpürte/ die ſich mit den andern zweigten/oder ſonſt durch geſchwetze/vnd vnfleiß/an
der arbeit verhinderung theten/denen ſoll ers gütlich/vnnd wo das nit verfahen wolt/ mit
ernſtlichen worten vnderſagen/ob das aber auch nit helffen/als dann an vns gelangen laſ
ſen/vnd vnſers beſcheidts darunder gewarten/ ob wir die zeit abweſendt/ vnnd vnſers bey
kommens ſo baldt nicht zuuerſehen/mag er mit wiſſen vnſers Küchenſchreibers/ ſelbs ge
bürlich ſtraff/nach ziemlicheyt vnd verdienter ſchuldt/ ſo vil zu fürderung vnd handhabe
vnſers baws dienlich/ darunder fürnemen vnd gebrauchen/ doch in allem gebürliche maß
halten.   Item er ſoll ſich fleiſſen/als viel er kan bey vnſern Bäwen zubleiben/morgens
frü zu rechter zeit darzů kommen/vnnd vmb vnd vmb fleiſſig zuſehen/ ſonderlich wo ein
Baw oder arbeyt/daran des fundaments/ oder anders halb gelegen/ ſein notturfftige zeit
nicht daruon kommen/auch vnſere vnder Bawmeiſter/vnd Bawſchreiber/die wir jeder
zeit haben/anhalten/ohn redlich vrſach nicht von den Bäwen zugehen/vnd das ſonderlich
hie zum wenigſten allweg einer/ſoul müglich darbey ſey vnnd warte/damit alle ding für
derlich vnd recht von ſtatten gehen/vnd an arbeyt/vorrath zum Bawe gehörig kein ſeum
nuß entſtehe.   Item er ſoll auch auffmerckens haben/daß vnſere arbeyter jedes mals wie
wirs beſcheiden vnd verordnen/jrer taglon/geding/vnd ander belohnungen/wes jhnen zů
ſtehet/zu rechter zeit/vnd ohne abgang bezalt/ vnd was ſie in dem mangels haben vnd kla
gen würden/mit den vnder Bawmeiſter vnd Bawſchreibern/die das zuuerwalten haben
darauß reden/ ſolche zuerſtatten/oder wo noth an vns gelangen laſſen. Item ob etlich ar
beyter ohne noth vnnd vrſach/bey jhme erlaubnuß heiſchen/ oder vnangezeyt jhnen ſelbs
Feyertag machen/vnd etlich arbeyt verſeumen wolten/denen ſoll ers vnderſagen/ Vnnd
ob es nit helffen/vnnd ſie es zu grob mächten/oder ſonſt in vnziemlichen dingen verdäch

Bestallung.

lich spürte an vns bringen/oder so wir nicht zugegen/ziemlicher massen/mit wissen eins haußhoffmeisters/oder küchenschreibers selbs darumb straffen lassen. Item mit vnsern gebewen hie zu N. vnd anderswo/sol er jederzeit anders nicht/daß mit vnserm vorwissen fürfahren/auch grunds/oder newen Baw daran gelegen anfahen/noch fürnemen/on vnsern sonderlichen bescheids/vnnd im selben jederzeit vnsers befelhs geleben. Item er soll als viel müglich/fleissig mit zusehen/vñ daran sein/daß vnser geschirr vñ werckgezeüg/zu baw gehörig/allweg fleissig auffgehaben/verwart/vnd nicht dauon verlorn/oder vnnützlich verderbt werde/Item er solle sein auffmerckens haben/fürdern vnd daran sein/wes wir für Bäw auffrichten/daß dieselben außgefertiget werden/vnd nicht ohne vollendet ligen bleiben/one sondere not/vnd vrsach/wes er auch an vnsern heusern/vnd andern alten/vnd newen gebewen/besonderlich an dachungen/abgangs/vnd mangels sehe/das mit leichtem kosten zubessern/vnd weitterm nachtheil dardurch verhütet möcht werden/das sol er jederzeit verordnen/oder wo not/an vns gelangen lassen/in dem die notturfft/vnd vnser gefallens bescheiden wissen/ Item wes wir jhme von gebewen/oder sonst anderer arbeit zuuerdingen befelhen/darinn sol er guten fleiß vnnd auffmerckens haben/daß wir nicht vbernommen/vnnd wie ein jeglich ding gemacht würde/allwegen kerffzettel darüber auffrichten/demselben nach zu seiner zeit/vnd mit gebürender rechtgeschaffener arbeit nachgangen werde/vnd ob einiger oder mehr/in gedingen seumig werdē/vnd zuuiel feyertag nemen wöllen/jhnen darein reden/vnnd das verkommen/ Item wann/vnd wo zu jederzeit die notturfft erheischen würdet/in geding/oder sonst anderer maß stein brechen/sol er bey rechter zeit fürdern vnd daran sein/daß solchs beschehe/vnd im selben kein seumnus/oder hinderung entstehe. Item als sich die Steinmetzen in jhrem handtwerck eins gebrauchs vnder jhnen anmassen/so einer mit dem andern/zu vneinigkeit wachsen/vnd vielleicht schelt/oder andere vngefehrliche wort/einander zuschiessen/daß die andern alle vermein vnd vnderstehen/mit jhrer arbeit still zustehen/biß so lang dieselb sach vertragen würde/welches vns an vnsern gebewen groß verhinderung vnd nachtheil geben/auch zubesorgen/daß sie solchs/so es jhnen gestatt/offt ohne noth/vnnd mehr auß mutwillen fürnemen möchten/vnd darumb solchs zugedulden vns keins wegs gelegt sein wil/so sol er auffs selbe sonderlich acht haben/vnd wo sich dergleich zutragen würde/die Steinmetzen so mit der sachen nicht zuthun/mit ernst anhalten/mit jhrer arbeit nichts desto weniger fürzufahren/vnd nit stillzustehen/vnd die jhenen zwen/oder mehr so sich gezweit hetten/jhre sachen selbs vnd allein/mit einander außtragen lassen/bey vermeydung vnser ernstlichen straff. Item er soll auch jederzeit sein gut auffmerckens haben vnd anhalten/daß durch vnsere vnderbawmeister/vnnd Bawschreiber/die wir jederzeit haben/in den Kalck/vnd Steingruben/recht vnnd gebürlich angeschnitten vnd angeschrieben/damit vns recht beschehe/vnd sonst niemand beuortheilt werde. Item er sol auch bey vnsern wagenknechten auffmercken/vnnd sie anhalten/daß sie zu einer jeden zeit sein fahrt/wie jhme gebürt/vnd zustehet/recht vnd volkömlich thue/vnnd solchs ausserhalb redlicher vrsachen keins wegs vnderlassen/Wo aber einer oder mehr darinn fahrlessig/oder seumig wern/dieselben darumb zu red stellen/vnnd vrsach hörn/warumb es nicht beschehe/wo sie auch nicht redlich oder gnugsam vrsach anzeigen könten/das fürther an vns gelangen lassen/der gebür zustraffen wissen. Item er sol mit sambt den vndern Bawmeistern/vnd Bawschreibern/die wir jederzeit haben/im baw mit zusehen/was darin zufertigen/daß solchs von statt gehe/auch das holtz/so wir jederzeit darin haben/in güte verwarung gelegt werde/daß ohn wissen nichts dauon komme/auch so viel zuuerhütten nicht verderbe. Item er sol auch seinem freunde (wie dann gleich andern meistern mit der arbeit geschicht) keinem kein arbeit verleihen. Item er soll auch jederzeit souiel müglich/bey bezalung der arbeiter sein/vnd mit fleiß zusehen/daß solche bezalt/vnnd wir darinn/weder in rechnung noch andern nicht beforteilt werden. Item er sol auch zimlich auffmerckens/auff vnser Kalcköffen/hie/vnnd anderswo/wo wir die haben/jederzeit nachforschung thun/wie es mit dem brennen/außgeben/vnd sonst gehalten/vnnd ob er befind/

daß vnnützlich damit vmbgangen würde/ solchs verkommen/ oder an vns gelangen laſſen/ ſonderlich daß niemandt kein Kalck/ Ziegel/ oder anders/ ohn vnſern wiſſen vnnd befehl/ auß vnſern öfen gegeben oder gefolgt werde/ Item er ſol keinen baw mit ſeinem geſinde zufertigen in geding/ oder ſonſt annemen/ one vnſern wiſſen/ auff das er ſeins dienſts/ an vnſerm Bawmeiſter ampt/ deſto fleiſſiger vnd baß auff warten müge/ vnd ſich ſonſt in allem/ das jhme zuſtehet/ vnd von vns befohlen würde/ fleiſſig/ auffrichtig/ vnd gutwillig erzeigen vnd halten. Hierauff hat er vns gelobt vnd zu Gott geſchworn/ getrew vnd holde zuſein/ vnſern ſchaden zuwarnen/ frommen vnd beſtes zuwerben/ vnſer heimligkeit/ wes er der bawe/ oder anders halb weiß/ oder erfehrt/ ewig zuuerſchweigen/ vnd zuthun/ als einem frommen diener wol gebürt/ alles trewlich vñ vngefehrlich/ Vnd vmb ſolchen ſeinen dienſt/ ſo lang er daran iſt/ ſollen vnd wöllen wir jhme eins jeden jars ꝛc.

Beſtallung eines Bawſchreibers.

WIr N. ꝛc. Bekennen ꝛc. Daß wir vnſern lieben getrewen N. zu vnſerm Bawſchreiber/ biß auff widerruffen auffgenommen vnd beſtelt haben/ vnnd thun das hiemit in krafft diß brieffs.

Alſo/ daß er allen tage/ ſo viel ſich thůglich/ hie bey vnſerm Baw ſein/ vnd bleiben/ morgens früe/ zu rechter zeit darzu kommen/ neben vnſern ober vnd vnderbawmeiſtern die wir jederzeit haben/ vnd einander trewlichen helffen vnd beyſtendig/ vnnd mit allem fleiß darob vnd daran ſein ſollen/ daß vnſere arbeiter/ jedes orts wie jhnen gebürt/ vnnd des ſie beſcheiden werden/ ernſtlich/ vnd fleiſſig arbeiten/ zu rechter zeit zu vnd von der arbeit gehen/ nicht dauon hin vnd hergenommen/ oder verlichen werden/ damit ſie ſonder redliche vrſachen nichts verſaumen/ er auch nach gelegenheit der båw gut auffmercken haben/ vnd die notturfft an ſtein/ kalck/ ſand/ geſchirre/ vnd anderm erfordert/ bey vnſerm Ober- vnd Vnderbawmeiſter/ ſo jederzeit vorhanden angenomen/ vnd für ſich ſelbſt fürdern/ das ſolchs zu rechter zeit gefůrt vnd herzubracht werde/ vnd daran zu verhinderung vnſerer gebew kein mangel anſteh.

Item er ſol in gedechtnuß haben/ weil man arbeiter anzunemen willens/ daß ſolchs allweg mit vnſer haußhoffmeiſters/ vnd Bawmeiſters wiſſen/ vnd befelh geſchehe/ auch keiner one jren beſcheid/ vnd ſonder redliche vrſachen geurlaubt werde.

Item er ſol ſich befleiſſigen/ zu einer jeglichen zeit ſo vnd wie ſichs gebürt/ in vnſern kalck vnd ſteingruben/ vnd ſonſt anderſtwo/ da es von nöten/ die taglohn auffrichtig vnnd recht anzuſchneiden/ daß wir/ oder die arbeiter nicht beforthseilt werden/ in kein wege.

Item er ſol auch ſein ſonderlich auffmercken haben auff vnſere arbeiter/ ſteinmetzen/ mewrer/ oder ander/ ſo vnd wann ſie zuzeiten vns/ in vnſerm Schloß fronen/ vnnd nur ein halben tag oder etwas mehr/ oder weniger vngefehrlich gefrönt hetten/ vnnd darnach wider an die baw arbeit gehen/ vnd vermeinen wolten/ nichts deſto weniger den tagslohn zuuerdienen vnd zunemen/ die ſol er nit anſchneiden keins wegs/ ſonder im ſelben gebürliche maß halten.

Item er ſol ſich zu einer jeden zeit mit fleiß darzu richten/ vnſere arbeiter allwegen wie wirs beſcheiden vnd verordnen/ jhrer taglöhne/ geding/ vnd andere belohnungen/ wes jnen der gebůre zuſtehet/ zu rechter zeit/ vnd ohne abgang in beiſein vnſers oder Bawmeiſters/ wo er anderſt vor der hand mag geſein/ zubezaln/ daß ſie billichen nicht klag/ oder vrſach mögen haben/ ſich in der arbeit ſeumig zuerzeigen.

Item ob er etlich vnder vnſern arbeitern/ es ſeien ſteinmetzen/ mewrer oder ander vn fleiſſig ſpürte/ oder daß ſie ſich zweiten/ durch geſchwetz vnd vnfleiß/ an der arbeit verhinderung theten/ oder etliche ohne not/ erlaubnuß heiſchen/ vnd jnen ſelbs feyertag machen/ vnd die arbeit verſaumen wolten/ denen ſol ers vnderſagen/ vnd wo das nit verfahen/ an vnſern haußhoffmeiſter vnnd bawmeiſter gelangen laſſen/ darinn gebürliche einſehen zu thun.

Item

Bestallung.

Item was jederzeit die notturfft erheischet in geding/ oder sonst anderer massen stein zubrechen/ sol er bey rechter zeit daran gemanen vnd fürdern/ solchs zubeschehen/ daß im selben kein hinderung entstehe.

Item wes wir an vnserm Bawe/ hie jedes mals gedinge machen lassen/ sol er darauff mercken/ vnnd mit zusehen daß allweg notturfftig verschreibung oder kerfftzettel darüber auffgericht/ vnnd denselben gebürlich vnd auffrecht nachgangen/ vnnd trewlich gearbeit werde/ vnd ob er darin farlessigkeit spürte/ darin reden/ vnd an vnsern haußhoffmeister/ vnd bawmeister gelangen lassen/ der gebür darunder zuhandlen.

Item er solle an vnserm bawe mit einer jeden arbeit anders nit/ dann mit vnserm/ oder vnsers Oberbawmeisters vorwissen/ vnd wie er bescheiden würdet/ fürfahen/ vnd one befehl nichts newes anfahen/ darzu fleissig mit zusehen/ daß es allenthalb auffrecht vnnd getrewlich zugehe/ daß auch vnser geschirr/ vnnd werckzeug zum bawe gehörig/ so viel müglich wol auffgehaben/ vnd davon nicht hin vnnd wider vertragen/ verloren/ oder vnnützlich verderbt werde.

Vnd sich sonst in allem dem/ das jhm zustehet/ vnd von vns/ oder vnsern wegen befohlen würde/ fleissig/ auffrechte vnd gutwillig erzeigen vnd halten/ vnnd sonderlich mit zusehen/ daß wir in nichten/ sey wo mit es wölle/ veruntrewt werden/ vnd da er was spüren oder vernemen würde/ solchs zuverkommen/ an vns/ oder vnsern haußhoffmeister gelangen lassen.

Hierauff hat er vns gelobt vnd geschworn/ getrew vnd holde zusein/ vnsern schaden zuwarnen/ fromen/ vnd bestes zuwerben/ vnsere heimlicheit/ wes er des baws oder anders halb weiß oder erfert/ ewig zuverschweigen/ vn zuthun/ als einē fromen diener wolgebürt.

Vnd vmb solchen seinen dienst/ so lang er daran ist/ sollen vnd wöllen wir jme eins jeden jars/ das heut dato angehen/ allweg zu außgang desselben auff sein quitanz zu besoldung außrichten lassen N. gülden in müntz/ vnnd auß vnser Schneiderey zwey hoffkleide sommer vnd winters/ darzu sol er auch die kost zu hoff haben/ vnnd sonst gehalten werden wie andere vnsere diener seines gleichen/ vngefehrlichen. Datum ic.

Bestallung einem Stebler.

Wir N. ic. Bekennen ic. Daß wir vnsern lieben getrewen N. zu vnserm Stebler vnd Thorhüter/ biß auff widerruffen bestelt vnnd auffgenommen haben/ thun das auch hiemit in krafft diß brieffs/ also daß er fürnemlichen vnsern Rathe vnd heimlichkeit/ was er der weiß/ sicht/ erfehet/ oder vernimbt/ ewiglichen verschweigen sol/ auch jederzeit trewlich vnnd fleissig auff vnser person warten/ vnd niemandts jrren/ verschicken/ abtreiben oder anders heissen lassen/ vnnd acht haben/ daß vnser gemach/ Cammer/ vnd thürn/ tag vnd nacht wol verschlossen sein vnnd beschlüssig gehalten werden/ damit nicht ein jeder seins gefallens auß vnd einlauffen müge/ vnnd so wir von dem gemach auß gehen/ zu kirchen/ oder anderer ende/ sol er zu nechst vns fürgehen/ raum vnd platz mache/ auch wo das not ist/ schweigen heissen/ darzu wol vmb sich sehen/ wir von denen/ die nicht zu vns gehörend/ besonderlich so wir außwendig bey Fürsten vnd Herrn seind/ nicht vberdrungen/ vnd vberlauffen werden/ auch für vnserm gemach zu hoff so wir Rath halten/ neben vnserm thurnhüter Hansen N. vnd daß in der Cantzley für der ratstube/ oder wo wir sonst zuthun haben/ warten/ damit wir von niemandts fremdbes/ dann mit vnserm wissen/ willen vn geheyß vberlauffen oder belestiget werden/ deßgleichen im felde am nechsten vor vns reiten/ vnd so wir ein feldzug thun/ sol er in der schlachtordnung/ neben vn bey vnserm Stallknecht/ oder dessen so wir an sein statt verordnen werden/ an der seiten/ hart hinder vns halten/ sich niemandts trennen/ noch anders one vnser wissen vnd willen bescheiden lassen/ vnd was wir jme sonst zu hauß vnd feld befehlen werden/ sol er fleissiglichen warnemen vnd außrichten. So wir auch Rath halten/ sol er auffmerckens haben/ daß in vnserm gemach die thüren beschlossen seind/ vnd ob sich jemandt gefahrlich hinzu thun wolt/ bey der thür/ an fenstern/ oder wenden zu laustern/ es mit fugen weren/ vnnd abwenden/

M m iij

New Formular

Darneben auch der Edelknaben getrewlich vnd fleissig warneinen/ daß sie sich züchtig/ mit worten/ wercken/ vnnd geberden/ auch angethanen vnnd nicht vberhalb hangenden röcken vnnd kleidungen erbarlich vnd wesenlich halten/ zutrincken vnnd vberige fülle/ auch leichtfertige grosse schwüre/ vnnd spil zuthun/ nit gestatten/ darzu mit zwagen jhrer haubter/ auch kleidungen rein vnd sauber seien befelhen/ vnd teglich/ oder wo es nicht sein kan/ am Sontag vnd gebanten feyertagen zu Kirchen gehen/ damit sie im wort Gottes/ Christlicher lehre/ vnd teglichen gebett vnderwiesen vnnd fleissiglich vns fürzugehen/ für dem gemach vnd tisch/ darauff sie dann sonderlichs auffmerckens haben sollen/ was allent halben von nöten/ nicht hin vnd her gaffen/ vnd mit einander schwetzen/ auch sonst wol zu warten/ deßgleichen abents vnd morgens zu rechter zeit niderzuliegen vnd auffzustehen halten/ vnd so sie je zuzeiten geschickt werden/ daß sie die botschafft so jhnen befohlen fleis siglich außrichten/ vnd mit der antwort sich wider zu vns fürdern/ vnnd welch jne in dem nit gehorsam/ oder sich sonst vngeschickt/ vnnd nicht der gebüre hielte/ den mit worten/ wo vnnertrenglichen/ mit ruten straffen/ oder so dasselbig bey jhnen auch nicht verfinge/ ferner an vns bringen/ vnd vnsers bescheids darumber gelehen/ vnd wo sie zuzeiten die knaben mit kerchen in die Stadt oder sonst geschickt werden/ mit ernst befelhen/ die silber als bald mit jnen wider ghen hoff bringe/ nit dr aussen in der Stadt zulassen/ damit sie nicht zerstossen/ mit sandt/ oder anderm darzu nit dienstlich/ gerieben/ schadhaffe/ oder gar verloren wer den/ dergleichen so sie in silbern/ kerch vnd Jud stadt/ oder vns sonst darinn zu essen/ oder in bechern zuzeiten truncken antragen/ dermassen auch anhalten/ der silber acht zuhabe/ die nit fellen/ zerstossen/ oder sonst damit vngeschickt vmbgehen/ auch er/ vnnd die knaben/ so frembde leuth von Fürsten vnd Herrn zugegen sein/ reinlich/ als sich gezimbt gekleid ge hen/ vnd die knaben anweisen vnd darob halten/ morgens vnd zu jeder malzeit ehe vnd zu vor wir zu tisch gehen/ daß sie jre hende waschen vnnd sauber machen/ Deßgleichen sol er vns durch sein eigen fürderung/ darauß jne nutz odder anderer willen entstehen mögt/ kein anhang machen/ oder vns belestigen/ auch kein sach zum theil/ oder gemein annemen/ oder sich vnderstehen/ anzubringen/ dardurch vns anlauff/ oder mühe erwachsen/ vnd be jne in seinem dienst verhindern mögen. Er sol auch ohne vnsern wissen/ willen/ vnd erlaub nuß/ in sein eigen oder jemands andern sachen nicht hinweg reitten/ darzu acht haben vnd warneinen/ daß N.nicht zu viel kertzen/ oder windtliechter ohne not verbrendt/ oder geholt werden/ sparzu fewer vnd liecht/ durch den haußknecht/ vnnd sonst/ alle male zuuerwaren/ ernstlich befehlen/ auch selbst mit zusehen/ daß diß alles vnd was wir weiters vnd nicht be fehlen trewlich vnd fleissig außgericht/ vnnd sonderlich von den knaben gehorsamlich vol zogen werde/ Vnd so er auch vermercken würde/ daß vnser Caßlerdiener/ als Balbierer/ Schneider/ Camer vnd haußknechte/ jhre gescheffte nit mit fleiß verrichteten wie sichs ge bürt/ sol er jnen dasselbig gütlich vndersagen vnd anhalten/ daß sie dem mit fleiß nachkom men/ was sie vermög jrer bestallung zuthun schuldig seind/ vnd da es bey jhnen nit verfas hen/ vnd sich einer oder mehr vngehorsam erzeigen würde/ vns dasselbige eröffnen/ vii das auff vnsers bescheids gewarten/ Hierauff hat er vns gelobt vñ zu Gott geschworn/ getrew vnd hold zusein/ vnsern schaden zuwarnen/ frommen vnd bestes zuwerben/ gehorsamlich vnd fleissiglich zudienen vnd gewarten/ vñ alles das zuthun/ das seinem Steeler ampt/ einem fromen diener zustehet/ auch den articlen hierin begrieffen nachzukommen/ on al les geuerde. Vnd vmb solchen seinen dienst/ so lang er vnser Stebler vnd thürhütter sein wirt/ wöllen wir jme järlich/ vnd eins jeden jars besonder/ auß vnser Cammer N. gülden/ darzu zwey kleid/ ein soffer vnd ein winters auß vnser Schneiderey geben/ auch den Cam mer gülden der von den Lehen so empfangen werden/ wie andern vor jme gefallen ist/ zu denen lassen/ jne auch auß vnserm Marstall beritten machen/ ohn sein schaden/ vnd gehet sein jar auff heut dato an vnd auß/ Vrkunde diß brieffs versigelt ic.

Bestallung einem keller/pfleger/oder verwalter.

Bestallung.

Wir Georg ꝛc. Bekennen vnnd thun kundt offenbar mit disem brieff/ daß wir vnsern lieben getrewen N. zu vnserm keller zu N. auffgenommen vnd bestelt/ vnnd jme dasselbig kellerampt/vnd was darzu gehört/inzunemen vnd außzugeben/getrewlich außzurichten befohln haben/ biß auff vnsern/ vnser erben/ oder sein widerruffen/ vnd er hat vns darauff mit handgebenden trewen/gelobt vnd zu Gott vnd seinen heiligen Euangelien geschworn/ so lang er bey disem ampt bleibt/ getrew vnd hold zusein/ vns vor vnserm schaden zuwarnen/vnsern frommen vnd bestes getrewlichen zuwerben/ vñ sonderlichen des hernachgeschrieben puncten/vnd was wir jme ferner beschlen zuhalten/zuhandhaben/ vnnd trewlich nachzukommen/ nach seinem besten vermögen/ ohn alle geschrde. Item er sol alle gefell vnd vnfell/leibzinß/gült/ vnd renth/ an gelt/ wein/ frucht vnnd anderm/insonderheit/innemen/auffschreiben/vnd zum besten verwarn/vnd vns jährlich verrechnen. Item er sol dauon nichts außgeben/hinleihen/oder in seinen nutz brauchen/dann durch vnsern sonderlichen geheiß vnd befehl. Item er sol sich gleich vnd vnparteisch gegen den vnderthanen des Ampts halten/gegen dem armen/als dem reichen/vnd jhm selbs gen vns/vnd den vnsern kein vortheil brauchen/suchen/oder nemmen/ noch von seinet wegen nemen lassen. Item er sol auch daran sein/wo freuel/haubtrecht/buß/ oder vnfell fellig werden/daß die fürbracht vnd mit vnserm Amptmañ zu N. vnd der keins allein/ vnd on jne vertheidingt werden/ darüber ein register mache/ welchs durch den Amptmañ vnderschrieben werden sol. Item er sol auch nach allen zinsen/gülten/renthen/vnd gefellen getrewlich erfaren/ob die icht zubessern/ oder ob etlich abgangen weren/ die wider zubringen/vnd wo er das nicht gethun kan durch sich selbs/darinn sol er den Amptman zu N. zu hülff nemen/vnd ob des Amptmans hülff darinn nit verfahen möcht/fürter an vns bringen. Item er sol auch zu vnsern Bawgütern getrewlichs zusehens haben/ als höfen/ äckern/wisen/weingarten/vnd andern gütern/ vnd anhalten/ daß die in baw vnd wesen gehalten/gehegt vnd gehandhabt/daß die nit vergehen vnd gebösert werden/vnd die nutzung dauon vns zum nützlichsten innemen vnd verwarn/vnd verrechnen. Item er sol auch eingedenck sein/ ob icht mehr nutzo in dem Ampt zumachen/ das vor nicht geweßt wer/ ohn vnser mercklich beschwerung oder abbruch der vnsern/vnnd das zum besten fürnemmen. Item er sol auch von niemand/ er sey frembde oder heimisch/ wer er wöl/ kein schenck/ gabe/ oder miet nemen/ noch jemand von seinet wegen nemen lassen/ in sachen vns/ oder die vnsern berürn/es were dann ein maß wein/oder zwo/ein hun/ ein Ganß/ oder dergleichen essende speiß/vngeschrlichen. Item er sol auch alle vnser gerechtigkeit/wo das an jn langt/ sein ampt berürn/getrewlich handhaben/Item er sol auch alle jar/so lang er keller ist/ vns rechnung thun/so das an jn gesunnen wirt/Vnd vmb solchen seinen dienst sollen vnd wöllen wir ꝛc.

Bestallung einem Reittenden Silberbotten.

Wir N.ꝛc. Bekennen ꝛc. Daß wir vnsern lieben getrewen N.zu vnsern Amptsreittenden botten zu N.heut dato/ biß auff vnser/ oder sein widerruffen bestelt vnnd auffgenommen haben/ also daß er vns/vnserm vogt/ vnd Landschreiber zu N. zu allen vnd jeden geschefften/darinn wir jne als ein botten zuschicken vnd zugebrauchen nodtürfftig/gehorsam vnd gewertig sein solle/ seine botschafft vnd was jme befohlen würde/ jederzeit zu tag vnd nacht mit fleiß vnd zum besten außrichten/ auch was er in seinen botschafften heimlichs erfert/dasselb verschweigen/vnd niemand offenbarn/Vnd er hat vns darauff gelobt vnd leiblich zu Gott geschworn/vns getrew vnd holde zusein/vnsern schade zuwarnen/ vnsern fromen vnd bestes zuwerben/ obgezelter massen/ trewlich zudienen vnd zugewarten/auch ohne vrlaub vnd wissen vnsers vogts/oder Landschreibers zu N. nit zuverreitten/ alles ohne geschrde. Vnnd vmb solchen seinen dienst wöllen wir jme jedes jars/ das heut dato angehet/so lang er also vnser diener ist/gebẽ N. gülden/ N.malter korns/ N.

New Formular

malter haberns/ ein wagen mit häw/ ein wagen mit holtz/ zehen pfennig für ein meilwegs bey tag/ nachts doppel zwantzig pfennig von der meil ausserhalb dem Ampt/ wo er nit an hat. Item ein sommer kleid/ wie andern seins gleichen/ nagel vnd eisen/ das jhme durch vnsern Landtschreiber/ Keller/ vnd Hünervogt zu N. gegeben werden sol/ vnd sonst gleich an dern Ampts verwandten vnnd dienern zu N. ein freyen sitz/ vnnd den an im Ampt/ wo er denselbigen erreichet/ zugebrauchen haben. Des zu vrkund versiegelt mit vnserm zu rück auffgetrückten Secret. Geben auff rc.

Bestallung eins Sahlknechts.

Wir N. rc. Bekennen rc. Daß wir vnsern lieben getrewen N. biß auff vnser erben/ oder sein widerruffen zu vnserm diener angenommen/ vnnd jhme diß hernach bemelt zuversehen befolhen habt/ vñ thun es hiermit in krafft diß brieffs. Item er sol alle tag zu rechter Essens zeit morgens vñ abents zu hoff in vnserm Sale/ oder für vnserm gemach/ da wir pflegt zuessen/ warten/ vnd mit fleiß zusehen/ daß alle essen/ so von vnserm tisch auffgehaben vñ jme geantwort seind/ von jederman vnbeschnaffler/ an das ort da vn ser Truchsaß vnd nachesser essen/ getragen/ verwarlich gehalten/ vnnd nicht eins hie/ das ander dort/ in die winckel versteckt/ abtragen/ oder durch vnsere truchsaß/ ausserhalb vn sers Hoffmeisters oder Fürschneiders sondern bescheid/ verschickt werden/ er auch ohne vorwissens darz keins nem/ noch nemen lassen/ sey von wem es wöll/ vnd so etwas/ nach de die Truchsässer vnd nachesser gessen haben/ verbleiben würd/ dasselbig jedes mals in vnser küchen/ wider auffzuheben vberlieffern. Item wo vnderm essen frembde/ oder vnbekandte leuth kemen/ sol er mit güte abweisen/ nach tisch bey vnserm hofmeister/ oder Stebler an zusuchen/ der gebür wissen anzusagt/ damit wir vber tisch von niemandts vberlauffen wer den/ vnd mit ruhe essen mögen/ er sol auch den platz vor vnserm gemach/ vnd da die Truch sessen/ vnd nachesser/ sein sauber halten/ vnd souiel an jme ist einsehen haben/ daß sich vnsere Edele knaben züchtig/ erbarlich/ freundlich vnd friedlich halten/ jre dienst willig vñ fleissig versehen/ vnd ordenlich auffwarten/ sich des Gottslestern/ mit fluchen/ vnd schwe ren enthalten/ auch nit vnzucht/ noch leichtfertigkeit/ mit vngestümen schreyworten vnnd wesen/ wie bißher geschehen/ treiben/ jre suppen/ vnder vnd schlafftrunck zu rechter zeit ho len/ vnd thun wie sichs gebürt/ nit drey oder vier stund dabey sitzen/ sich mit den vnzüchtig vberfüllen/ sondern nach notturfft mit dancksagung gegt Gott/ züchtiglich essen vnd trin cken/ vnd nach demselben was an brodt/ fleisch/ vnd wein vberbleibt/ N. vnserm Hauß knecht/ oder er/ gleich als bald wider auffheben/ in küchen/ vnd keller vberantworten/ vnnd die fleschen nit für vnd für mit wein gefüllet stehen bleiben lassen/ welcher sich dann darü ber mit worten vnd wercken vnzüchtig halten/ auch jnen deßhalben zubochen/ oder boldern vnderstehen wirt/ denselben vnserm Stebler anzeigen/ der gebüre darumb wissen zustraf fen/ vnd seins anzeigens ob jme hand zuhaben/ Er sol auch auff N. den jungt Narren acht haben/ daß er zu rechter zeit mit weissen hembdern/ schuhen/ vnd ander notturfft versehen werde/ sich auch nicht vnfletig vnd vnzüchtig/ sonder etwas sauber vnd züchtig halt/ sich auch mit dem wein nicht vberfülle/ daß er demnach hin vnd wider vnlust mach/ jnen so müt müglich von disem allem abziehen/ vnd auff den dienst zuwarten anweisen/ vnd da er sich in güte dauon nicht weisen lassen/ oder auffwarten wölte/ als dann mit guten ruten der gebür darumb züchtigen vnd straffen/ Er sol sich auch mit ermelten vnsern Edlen knaben/ oder andern/ nicht zu spiel/ oder zanck einlassen/ noch sich einiger geselschafft vnderziehen/ sonder sein geschefft fleissig außwarten/ auch jedes mals der orten er ist/ fewer vnd liechter wol verwarn/ vnd verwarlich zuhalten angemanen/ Er sol auch sonderlich des nachts zu hoff ligen/ vñ one vnsers haußhoffmeisters vorwissen nit haussen bleiben/ damit er nebt andern so darzu verordnet/ vns zum Baden/ helffen wasser herbey zutragen ar. der hande vnd gewertig sein mög/ vnd wañ frembde Herrschafft alhier kömen/ vnd er mit zuzugreif

fen

Bestallung. CCVIII

sein bescheiden wirt/ sol er sich in dem auch fleissig erzeigen/ Er sol auch vnser heimligkeit/
so er weiß/oder täglich sicht vnd erferet/ ewiglichen verschweigen vnd niemand offenbarn.
Hierauff hat er vns gelobt/ vnnd ein leiblichen eidt zu Gott geschworn vns getrew vnnd
hold zusein rc. vt supra vnder der bestallung einem Stebler zusehen ist.

Bestallung eines Ampcknechts.

Wir N. von Gotts Gnaden rc. Bekennen vnnd thun kundt offenbar mit disem
brieffe/daß wir vnsern lieben getrewen N. zu vnserm N. Amptknecht vnd diener
biß auff widerruffen auffgenommen vnd bestelt/ vnd thun es hiemit in krafft diß
brieffs/ also daß er seinen sesz zu N. haben/ vns mit einem reisigen pferdt wolgerüst/ zu al-
len vnd jeglichen vnsern sachen/vnd geschefften/ darzu wir jnen in/ oder ausserhalb ampts
gebrauchen vnd verschicken werden/wider meniglich gutwilliglich dienen/vnsers oder vn-
sers N. zu N. bescheides/ so tag so nacht gewertig sein/ vnd alles jme von vnsern wegen be-
folhen oder bescheiden würdet/nach bestem seinem verstandt mit fleiß verrichten/ Er sol
auch für sich selbs in sein eigen sachen/ oder sonst/ ohn vnser/ oder vnsers N. wissen/ kein
zanck oder krieg anfahen/ noch jemands vns zu wider/ reiß zudienen sich vnderwinden/
noch ohne erlaubnuß vnser/vnsers N. auß dem Ampt verreiten/son der seinen geschefften
fleissig außzuwarten/vnd allem dem/was jme zuuerrichten aufferlegt/ vnd befolhen wir-
det/getrewlich nachkommen/als jhme wol gebürt/er sol auch fleiß haben/vnser ober.herr-
lich.vnd gerechtigkeit der gleitstrassen/ vnd sonst diß ampts zuerlernen/ vnd solchs alles
seins vermögen zum besten getrewlich handthaben.Hierauff hat er vns gelobt rc.

Bestallung eines Forstknechts/oder
Waldförsters.

Wir N. von Gotts Gnaden rc. Bekennen rc. Daß wir vnsern lieben getrewen N.
zu vnserm reittendē Waldtförster/auff die N. hardt/biß auff vnser/vnser erben/
vñ sein widerruffen/bestelt vnd auffgenommen haben/gemelter N.hard/vnd andere
vnser wildbanne/wälde/ höltzer vnd löher/ dabey in dem bezirck gelegen/ auch des Wilds
warten/die hart zubereitten/ vnd nach seinem besten fleiß vnnd vermögen daran sein/ daß
solche N.hard/vnd wälde/so jm befohlen/nicht vnnützlich verhawen/vnd beschedigt wer-
den/vnd wer ohne erlaubnuß hawet/ vnnd des kein recht hat/ daran sein/ daß derselbig ge-
pfend werde/das abzutragen. Item er sol auch wildbande vnd wildbrech darauff/ vnd die
bandweiden hawen/vnd schirmen/nach seinem besten vermögē/ deßhalb vnd darwider zu
sein/von niemand schenck nemen/ oder von seinet wegen nemen lassen/ keins wegs. Item
er sol niemand gestatten/daß jemand/ er sey wer die wölle/ one vnsern bescheid in den wäl-
den die jme befohlen sein/wiltbrecht/hoch oder nider/hasen vnd anders/ nichts außgenom-
men/jagen/hetzen/ oder bürschen/ er auch selbst keinerley weidtwerck treiben/ klein odder
groß/sey wo mit es wölle/sonder er sol die wälde täglichs bereitten/ vnnd bewaren/was in
ein wald oder wildband gehört/wildbrecht vnd vögel/ klein vnd groß/ nichts außgenom-
men/zum fleissigsten verhüten/ als einem trewen Förster vnd knecht darzu bestelt/ gebürt
rc. Item so auch vber vnd ohne vnsern bescheide gejagt/gehetzt/ oder gebürscht würdet/ sol
er jederzeit an vns langen lassen/ darauff vnsers bescheids gewarten/ auch auffmercken
haben/ob man heimlich bürschet/ fallen/ oder gruben/ dem wildbrecht zuschaden machet/
gleicherweiß das fürbringen.

Item wo er Wölff gewar würdet/den sol er nachstellen vnd anbringen/ daß mann
die jage/ oder außgrabe/ vnnd so er affroß findet/sol er mit kundschafft auß dem Walde
füren vnd antworten/dahin es gehört/behelitlich seines rechten. Er sol auch manen/ wann

Mm iiij

New Formular

das Wildbrecht winter zeiten mangel hat/wie man jhen thue/daß es bleibe/ vnnd dabey acht haben/wo ein Bawer/oder Schöffer rüden hett/die wildbrecht anhiengen/vñ damit jagten/solchs zuweren/doch was sie kleiner händelich hetten/das wildbrecht von jhren schaden zuschewen/sol er jne lassen. Hierauff hat er vns gelobt vnd geschworen getrew vnd holdt zusein/vnsern schaden zuwarnen/frommen vnd bestes getrewlich zuwerben/vnd alles das zuthun/das ein getrewer Förster vnnd knecht seinem Herrn schuldig vnd pflichtig ist/darumb sol er zu lohne jedes jars haben ꝛc.

Forma einer addicion vnd neben brieffes/ da einem vber sein bestallung weiters gereicht werden sol.

WJr N. ꝛc. Bekennen/ꝛc. Als wir vnsern lieben getrewen N. jetzt zu vnserm N. auff widerruffen laut von vns habender bestallung auffgenommen/so haben wir aus gnediger neigung/so wir zu jme tragen/jme verwilligt vnnd versprochen/ vnnd thun es hiemit in krafft diß brieffs/daß wir jme/so lang er vnser N. ist/neben vnd vber seine besoldung/ so er vermög seiner bestallung von vns hat/jedes jars noch N. gülden in müntz gegen seiner quittung/ durch vnsern N. reichen vnnd außrichten lassen wöllen/des er auch ein benügen sol haben/ Vrkundt ꝛc.

Volgen etlich Reuers formen.

Lehenreuersz/vnd bekandtnuß/vber verkauffte vnd außgetauschte Lehengüter.

JCh A. von B. Bekenne offentlich mit disem brieff/ Nach dem ich dem durchleuchtigen hochgebornen Fürsten vnd Herrn/Herrn N. ꝛc. meinen Gnedigen Herrn/ auff sein Fürstlichen Gnaden Räthe mit mir beschehen vnderhandlung/meinen nachgehabten halben theil an E. sambt meinem Schlößlin/ odder behausung daselbst/ auch dem dorff D. vnd dem gehöff/ mit aller ober. herrlig. vnd gerechtigkeit/zugehörungen/nutzungen/vnd gefellen/nichts außgenommen/erblichen verkaufft/laut eines kauffbrieffs/des datum steht/auff N. vnd mir von seinen F. G. entgegen vnnd zuvergleichung desselbigen kauffs/vnd kauffgelts/seiner gnaden Schloß E. zu N. gelegen/mit seiner zugehör.de/nutzungen vnd gefellen inzuhaben zugestelt/vnd verwiesen/vermög einer sondern verschreibung/ich deßwegen von seiner Fürstlichen gnaden empfangen. Haben sein F. G. mir/ dieweil obernenten mein noch gehabter/ vnnd seiner F. G. verkauffter halber theil an E. von seinen Fürstlichen Gnaden zu Mannlehen rürt/ich auch denselben also entpfenglich herbracht/ obgedacht jhr F. G. Schloß E. mit hernach bestimpten nutzungen/zugehörd/vnd gefellen/so mir in vergleichungs vnnd kauffsweiß von seiner F. G. zugestelt/zu Mannlehen/mit außnemung jhrer F. G. dero man/vnnd eines jeglich rechten daran/ angesetzt/vnnd verlauhen/als solche auch alles von seinen F. G. zu Mannlehen rürn vnd gehen/ vnd sol ich/ vnnd meine Mannlehens erben/fürbaß alle zeit/ vnd als dick des not geschehen würdet/solch mannlehen von seinen F. G. jhren lebtagen gantz auß/ vnd nach jrer F. G. todt von deroselben erben empfahen/haben/ vnd tragen/sein F. G. davon mit guten trewen/glübden/ vnd eyden/dienen/gewarten/gehorsam vnnd verbunden sein/ seinen F. G. allezeit getrew vnd holdt zusein/sie vor jhrem schaden warnen/frommen vnd bestes getrewlich werben/ vnnd thun alles das man jhrem Herrn von recht vnd gewonheit schuldig seind/ vnnd billich thun sollen/ ohn alles gefährde/als ich auch obgenanter A. von B. solch mannlehen jetzo von seinen F. G. empfangen/darüber gelobt vnd geschworen hab

Lehen Reuersz.

hab/ doch so haben jre F.G. jnen/jren erben/vnd nachkommen/die widerlösung zu gemeltem Schloß E. mit ernenter/vnd verkauffter zugehörde/ nutzungen/ vnd gefellen/ nichts außgenommen/fürbehalten/also vnd der gestalt/daß jre F.G. vnd derselben erben/ vnnd nachkommen/nach absterben mein/meiner haußfrawen F.von B. geborne von G. vnnd H. vnser beyder Söhne/ vnd nicht ehe/dieselben mit N. tausent gülden haubtgelt zuthun machen sollen/ vnd thun mögen/ doch daß solche lösung jhr F.G. dero erben/ vnd nachkommen/jhnen selbst thun/ vnd sonst niemands anders vergünden zulassen/ oder gestatten sollen/ vnd so die ablösung obbestimpter kauffstück E. mit seiner zugehörde vnd anderer abnützung nach meinem/meiner haußfrawen/vnd vnsers Sohns H. absterben/von jren F.G. deren erben/vnnd nachkommen/ vnserm nachgelassen erben beschicht/ als dann sollen dieselben erben solche N.tausent gülden als eigenthumb widerumb anzulegen/ vnd meine mañlehens erben/ des stands vnd namens von B. gleicher gestalt von N. zu mann lehen zuentpfahen vnd zutragen pflichtig vnd schuldig sein.

Wo sich auch begebe/ daß jetztgemelter mein Sohn H. one eheliche leibs mañlehens erben mit tode verfure/ so sol demnach diß mannlehen nach art/ gebrauch/ herkommen vnd gewonheit des Fürstenthumbs N. dero mañlehen jhenseit Rheins/ so nit mañlich leibs erben in absteigender linien vorhanden sein/ alle dieweil einer des stams vnd namens von B. ehelich geborn vorhanden/nit verfallen/sondern meinen nechsten erben namens/ vnnd stambs von B. solch obermelt mannlehen/ so offt vnnd viel das zu fellen kompt/ wider zu mannlehen geliehen werden/vnd so benandter H. mein Sohn/Töchter/ vnnd nit Söhne verließ/ sollen mein Jörgen erben/ die dises mannlehens fehig sein werden/ zuuor denselben meins Sohns töchtern zwey tausent gülden/ vnd meinen jetzigen dreyen töchtern mit namen I.K. vnd L.oder derselben erben tausent gülden geben vnd außrichten. Wo aber mehrgemelter mein Sohn H. weder Söhne noch Töchter verließ/ als dann sollen sie jetztgedachten meinen dreyen töchtern die drey tausent gülden/ samenthafft außrichten vnnd bezahlen/ auch nicht destominder solche mannlehen von N. empfangen/ vermannen/ haben/vnd tragen/ sonder vnd ohn alle geferde. Datum auff Montag rc.

Lehenreuersz/ sambt erledigung L. gülden Mannlehen gelts.

ICH N.von N.rc. Bekenne offentlich mit disem brieff/ nach dem der durchleuchtig hochgeborn Fürst vnd Herr/ Herr N. Pfaltzgraffe bey Rhein/ Hertzog in Bairn/ Lödes heiligen Römischen Reichs Ertztruchsaß vnnd Churfürst rc. mein gnedigster Herr/verschienen N.jars/Montag nach dem Sontag Letare/von jhrer Churf. G. vnnd dero erben/ vmb vnderthaniger getrewer vnnd langwiriger dienst willen/ mir N. von N. vnd jr einen leibs mañlehens erben/jarlich auff ein jeden Sanct N. 50. gulden mangelts/ auß jrer Churf. G. Cammern durch ein jeden jren Caissermeister/ gegen gebürlicher quittung zu einem rechten leibs mañlehen/ zu reichen/ laut darüber verfertigter vnd mir zugestelter lehenbrieff/ jedoch mit diser außtrücklichen bedinglichen maß verschriebe̅/ da sich zutragen vnd begeben/daß jrer Churf. G. Rath vnd lieber getrewer A. von B. one hinderlassung leibs erben/die diß nachbemelten Lehens fehig sein möchten/ mit todt abgehen/vnd jrer Churf. G. berürt lehen dadurch wider eigenthumlich heime wachsen vnd anfallen würde/daß jre Churf. G. oder dero erben/ als dañ mir obberürtem N. von N.dasselbig mit aller nutzung vñ zugehörde/wie es erdachter A. vō N. vor jetziger zeit/gemeinschafft weise/ mit weiland C.von B. genossen hat/von newen zu einem rechten mañlehen gnediglich ansetzen vnd leihen wöl/ doch sollen als dañ die obberürten 50. gülden verschribe̅ maß gelts/widerfallen/todt vnd abe/jre C.G. vnd dero erben/dieselben ferner zureiche nit mehr schuldig/oder pflichtig sein. Dieweil sich nun der fal begeben/daß jren Churf.G. vermelte lehen/ zu D. durch obbenanto A. von B. seligen tödlichen abgang/ ohne hinderlassung

einigs

New Formular

einigs mañlehens erben/ wider Apert worden vnd heimgefallen ist/ so haben jhre Churf. G. darauff zu abledigung der obbestimbten 50. gůlden mangelts/ auff der cammer berürt vnd hernach benant Lehen/ mit obgenanten N. von N. vnd meinen mannlehens erben gemelter massen von newem auß gnaden zu einem rechten mannlehen angesetzt/ vnd verliehen/ in krafft jrer Churf. G. Lehenbrieffs/ mit außnemung jrer Churf. G. dero mann/ vnd eins jeglichen rechten daran/ als das auch nun fürbaß von jren Churf. G. vnd dero Churfürstenthumb der Pfaltzgraffschafft bey Rhein/ zu einem rechten mañlehen rürn vñ gehn/ es soln auch ich obgenanter N. von N. N. vnnd meine mañlehens erben/ nun fürbaß alle zeit/ vnd als dick des not geschicht/ solche güter/ von hochgedachten Pfaltzgraffe N. Churfürsten ꝛc. dieweil jr Churf. G. leben/ vnd nach jhrem todt von derselben erben die Pfaltzgraffen bey Rhein/ des heiligen Römischen Reichs Ertztruchsaß vnd Churfürsten seindt/ zu rechtem mañlehen empfahen/ haben vnd tragen/ jren Churf. G. allezeit getrew vñ hold zusein/ vor jrem schaden zu warnen/ jhren frommen vnd bestes getrewlich zuwerben/ vnd zuthun/ alles das man jren Herrn/ von solcher lehen wegen schuldig vnd pflichtig sein zuthu/ vnd billich thun sollen/ ohn alles geferde/ als ich auch solch mañlehen angezeigter massen/ jetzt von jhren Churf. G. empfangen/ darüber gelobt/ vnd leiblich zu Gott geschworn hab/ vnd seind diß die lehen güter/ nemlich N. N. N. vnd N. morgen acker/ zu N. an N. gelegen ꝛc. zu vrkund hab ich mein eigen angeborn insigel hieran thun hencken. Datum N. ꝛc.

Reuersz/ da ein eintzige Closterperson sein Administration vbergeben/ vnd fürther zu einem diener augenommen worden/ mit einuerleibter bestallung.

ICH N. Prediger Ordens/ vnnd gewesner Prior des Prediger Closters zu N. Bekenne vnnd thu kund offenbar mit disem brieff/ daß der durchleuchtig hochgeborn D. Fürst vnd Herr/ Herr N. ꝛc. mein gnediger Herr/ mich auff gepflogene handlung/ zu jrer F. G. Eleemosinarien vnd verwalter der Sacristey der Hoffcapellen bestelt/ laut jhrer F. G. mir darüber gegebenen brieffs/ so von wort zu worten hernach folgt/ also lautendt. Wir N. von Gotts Gnadenzc. Bekennen vnd thun kundt offenbar mit disem brieff/ als die Bäpstliche heiligkeit/ bey disem lauffenden N. jar/ der weniger zahle/ auß sonderbarer neigung vnnd Gottseligen eiffer/ auff vnser billichs anlangen/ zu mehrung Gottsdienst vnd vnderhaltung noch etlicher Geistlicher personen vnnd senger/ in vnser hoffcapellen/ vnd daß dem Spitall zu N. in der statt gelegen/ vmb mehrer bequemlichkeit willen/ neben anderm/ das Prediger Clösterlin zu N. mit allen seinen ein vnd zugehörden durch jhrer heiligkeit nuncium/ anectiren vnd einuerleiben lassen/ also daß nun vnd hinfürter die renth vnd gefell/ auch beweglichen/ vnd ohnbeweglichen güter bemelto Clösterleins ermelter vnser hoffcapellen vnd das geheuß/ mit sambt der Kirchen dem Spital eingethan werden sollen/ alles nach außweisung der Bäpstlichen Bullen/ vnd aber in bemeltem Closter/ noch ein eintzige Ordensperson N. von N. genant/ so bißher desselben administration allein schwerlichen verwaltet/ vnd zu obberürter incorporation der Bäpstlichen heiligkeit zu demütigster gehorsam/ vnnd vmb besürderung willen des Gottediensts/ so bißanher auß mangel der personen/ auch des bemelts Clösterlein an seinem inkosten diser geschwinden zeit vnd lauff halb mercklichen abgang erlitten/ vnnd nit wol lenger erhalten mögen werden/ seinen freyen guten willen gegeben/ vnd entgegen sine vnderhaltung vnnd prouision auff seine person/ die zeit seins lebens zuuerschaffen/ vnderthenigklich/ vnnd demütig gebetten. So sein wir demnach mit jme nachfolgender massen gnediglichen vberkommen vnd verglichen/ daß er seiner bißher gehabter Administration bemelts Clösterleins abgetretten/ vnd hierinnen Bäpstlicher Bullen/ wie sich das gebürt/ aller ding volkomne gehorsam zuleisten/ das geheuß vnd Kirchen/ zu vnsern Spital/ vnd andere des Closters güter/ die werē ligend/ od fahrend/ nichts außgenossen/ zu vnserer hoff capell gutwilliglich kommen lassen/ wie auch solchs alles vñ jedes nach inhalt angezogener

Bäpst-

Bäpstlicher Bullen/ gedachter vnser Hoffcapellen vnd Spitaln/ schon also wircklichen vbergeben vnd eingeraumbt ist/ also daß wir jhnen N. ghen hoff zu vnserm Eleemosinario vnd verwalter der Sacristey/ Kleinodien vnd anders/ zu vnser Hoffcapellen gehörig/ dasselbig zum besten zuuersehen/ vnd zuuerwaren/ auch zu den hochzeitlichen vnd andern Festen/ dieselbigen herauß zuthun/ vnnd nach dem mans nicht mehr bedürfftig oder zu brauchen pflegt/ als dann ein jedes an sein gewönlich ort vnd statt widerumb verwarlichen hinlegen vnnd zuuerschliessen/ damit dauon nichts verlorn oder verwüst werde/ Er sol auch je zuzeiten/ da es die notturfft erheischen/ vnd er es wol thun kan/ vnnd mag/ mit Celebriren vnd dienen andern vnsern Capellanen zu hoffe beystendig vnd behülfflich sein/ vnd sonst alles das sie hieuor vnsern Eleemosinarijs zuthun gebürt/ seines besten vermögens verrichten helffen/ wie das dann einer Geistlich ordens persone wol geziemt vnd zusteht. Dagegen wöllen wir jme/ vnd einē jungen knaben/ so auff jnen warten sol/ die kost zu hoffe im stüblein vnder der schneiderey/ vnd dann N. gülden von den gefellen vnserer hoff Capellen/ auch zimliche kleidung für sein person/ jährlich die zeit seins lebens/ vnd so lang er also obgemelten dienst zu hoffe versehen vnd verwalten würdet/ zureichen verschaffen.

So haben wir jme auch solche 200. gülden bares gelts/ so er bißher vnd in zeit seiner verwaltung obberürtē Clösterleins/ von desselben gefellen erspart/ wiewol wir es vermög der Bullen zuthun nicht schuldig/ jedoch damit er seine lebzucht souiel desto stattlicher haben möge/ auß gnaden vberantworten vnd zustehen lassen.

Were es aber sach/ daß wir gedachten N. solchs diensts gnedig erlassen/ oder aber er seiner leibs oder anderer gelegenheit nach demselben nicht mehr vor sein oder außwarten wolt/ so sol er macht haben/ sich auff vnser verordnung/ wider in obgemelte Closter/ vnd nunmehr verordneten Spital zuthun/ vnd ein stüblein mit sampt der Cammer er jetzo im hat (welche beyde gemach jhme auch die zeit seins lebens vnuersperrt sein sollen) darinnen zuwohnen/ vnd als dann jme vnd ein knaben so sein wartet/ essen vnd trincken von Hoffe/ oder auß des Spitals küchen/ wie wir das verordnen werden/ auch holtz vnd liecht in sein gemach mit sampt zimlicher kleidung/ vnnd den N. gülden jährlich wie obstehe geliffert vnd gereicht werden.

Item sollen jme auch die zwey bett/ mit aller jhrer gehörde/ so wir jhme jetzo zustellen lassen/ also auff den fall er nicht mehr zu hoff sein würde/ sich der zugebrauchen hab/ im Closter vorbehalten sein/ darzu auch etlichs zinnen geschirr/ tisch/ benck/ vnnd anders/ wie wir jhme das nach inhalt einer sondern verzeichnuß geben haben/ zu seiner notturfft zugebrauchen/ doch solchs alles nach seinem tödtlichen abgang dem Spital bleiben.

Wir haben jhme auch dise noch weitere gnad gethan/ da er zeit seines werenden diensts zu hoffe/ ins Closter oder Spital zu zeiten spaciren wolt/ daß jhme als dañ vom Spitalmeister ein trunck für sich mitgetheilet/ oder aber darfür wie wir das verordnen/ jährlichs ein stück weins gegeben werden sol.

Welches alles obgedachter N. also vor vns mit höchster vnderthenigster bedanckung angenommen/ vnd sich dessen wol begnügen lassen/ auch darauß auß freyem willē/ vnbezwungen/ auß eigner bewegnuß vnd rechter wissenheit darzu in betrachtung jme vil angeregter Bäpstlicher Bullen/ die er gesehen vnd gehört hat/ gehorsam zuerzeigen/ sich aller gerechtigkeit/ die er dises Closterleins halb/ pretendirn/ oder haben möcht/ mit sampt aller vnd jeder Geistlichen vnd Weltlichen rechten/ freyheiten/ ordnungen/ statuten/ dispensation/ absolution/ restitution in integrum/ landsfrieden/ einung/ bündnuß/ gewonheiten/ vnd gebreuchen/ vnnd allem andern/ so hiewider dienstlichen/ fürnemlich deren so Geistlichen ordens personen/ zu gutem verordnet/ odder gegeben sein/ vnnd sonst alles anders/ vortheils/ vnnd verstandts/ wie die jmmer zu schmelerung abgethaner ding fürgenommen werden möchten/ darzu des rechtens/ den gemeinen verzieg/ es gienge dann ein sonderer vor/ welcher obangeregter vnnd aller anderer einrede/ außzuge/ vnnd beheiff vielgedachter N. zuuor/ verstendelichen vnnd gnugsam berichtet/ vnd erinnert worden rc. gentzlich vnd verthätlichen in krafft eines Reuerß er deßwegen

New Formular

deßwegen vbergeben/verziehen vnd widersprochen hat/ Actum & datum &c. Daß dem nach ich N. obgedachte versprich vnd zusage/ bey meinem gethanen Eydt/ alles so hierin begriffen vnd diser brieff außweißt/ in allen seinen puncten/ artickeln/ vnd clauseln/ wear/ steet/ vest vnd vnuerbrüchlichen zuhalten willigklichen vnd getrewlichen zu dienen/ auch darwider nimmermehr zuthun/ noch schaffen gethan werden/ in kein weiß/ wie das menschen sinn erdencken möcht/ oder albereit erdacht hett/ Alle geferde hindan vnnd außgeschlossen/ Vnd des zu vrkundt hab ich mein insiegel hieran thun hencken. Datum ıc.

Reuersz/vber verpfendung/oder pfandtschaffe einer zůgestelten administration.

Wir N. von Gottes gnaden/ıc. Bekennen für vns/vnsere erben/vnd nachkommen offentlich mit disem brieff/ als der durchleuchtig Fürst Herr N. ıc. vnser lieber Herr vnd Oheim/ vns jrer Königlichen wirde/ als des hauß N. pfandtschafft die Landuogtey N. mit allen vnd jeden jhren ein vnd zugehörungen vmb N. tausent gulden widerumb verpfendt vnd eingesetzt/ vnd darüber ein pfandtuerschreibung auffgerichtet hat/ die also laut. Wir N. ıc. (Nota als dann die pfandtuerschreibung gantz zuinserirn.)

Daß demnach wir N. für vns/ vnd den Hochgebornen Fürsten vnsern freundtlichen lieben vettern Herrn N. vnser erben vnnd nachkommen/ gedachten König N. seiner lieben erbe vnd nachkomen Ertzhertzogen zů N. hiemit zusagen/ gereden vnd versprechen bey vnsern Fürstlichen wirden vnd worten/ daß wir/ auch bemelter vnser Vetter Hertzog N. ıc. vnd vnsere erben/ alles das/ so in hieobeingeleibter pfandtuerschreibung begriffen vnd vns dufferlegt/ in allen seinen puncten/ artickeln/ clauseln/ vnd begreiffungen/ den wenigsten als den meisten/ vnd den meisten als den wenigsten/ war/ steet/ vest/ vnd vnuerbrochen halten/ voltziehen/ nachkommen/ vnnd geleben/ darwider nicht thun/ noch zu handlen/ oder des jemand andern zuthun/ anweisen/ oder gestatten sollen/ noch wöllen/ in keinerley wege/ noch weise/ sonder alle geferde/ wie die Menschen sinn erdencken möcht/ hierinnen außgeschlossen vnd hindan gesetzt/ wissentlich in krafft vnd mit vrkunde diß brieffs/ daran wir vnser insiegel gehangen/ vnd vns mit eigner hand vnderschrieben/ der geben ist zů N. ıc.

Reuersz forma in oder vber bestallung.

ICH N. von N. Bekenne vnnd thu kundt offenbar mit disem brieff/ daß der durchleuchtig Hochgeborn Fürst vnd Herr/ Herr N. ıc. mein gnedigster Herr/ mich zu jhrer Churf. Gnaden diener vnd Rittmeister auffgenommen vnnd bestelt haben/ laut jrer Churf. Gnaden bestallungs brieff/ so von worten zu worten also lautet/ wie nachfolgt. Wir ıc. (Nota als dann die gantze bestallung jnzuschreiben/ vnd nach endt der bestallung also vermelden oder schreiben.)

Demnach gerede vnd versprich ich obgenandter N. von N. bey meinem gethan eydt/ alles/ so hierin geschrieben/ steet/ vest/ vnd vnuerbrüchlichen zuhalten/ willigklich/ vnd trewlichen zudienen/ warten/ vnd zuthun/ als ein diener seinem Herrn schuldig ist/ vnnd billich thut/ trewlich sonder geferde. Zu vrkundt hab ich mein eigen insiegel hieran thun trucken. Datum ıc.

Reuersz in inngang der Bestallung/mancher form.

ICH N. von N. Bekenne vñ thu kundt offenbare mit disem brieff/ daß der durchleuchtig Hochgeborn Fürst vnd Herr/ Herr N. ıc. mein Gnediger Herr/ mich zu jhres Fürstlichen Gnaden diener von hauß auß mit dreyen reisigen pferden wolgerüst.

Item

Bestallungen.

Item mich zu jhren Fürstlichen Gnaden Diener vnd Fußknecht Hauptman.
Item mich zu jhrer Fürstlichen Gnaden Diener vnd Oberschultheyssen odder Oberamptman/ oder Vitzthumb/ oder Burckgrauen ghen N.
Item mich zu jhrer Fürstlichen Gnaden Rath vnd Diener
Item mich zu jhrer Fürstlichen Gnaden Aduocaten vnd Procuratorn/ tc.
Item mich zu jhrer Fürstlichen Gnaden Diener vnd Hofgerichts Secretarj
Item mich zu jhrer Fürstlichen Gnaden Rechenmeister oder Rechenschreiber
Item mich zu jhrer Fürstlichen Gnaden Keller oder Amptknecht/ oder Schultheissen ghen N.
Item mich zu jhrer Fürstlichen Gnaden Furier odder Bawmeister/ odder Bawschreiber/ Item Stedlern/ Sahlknecht/ Forstknecht/ vnnd was dann nun für dienst oder ampter sein)

bestellt vnd auffgenommen haben/ jnnhalt jhrer Fürstlichen Gnaden bestallungs Brieff/ so von worten zu worten also lautet: Wir tc.

Demnach gerede vnnd verspreche ich obgenanter N. von N. bey meinem gethanen Eydt/ alles so hierinn geschrieben/ war/ stett/ fest/ vnnd vnuerbrüchlichen zuhalten/ williglichen vnd trewlichen zudienen/ warten/ reiten/ vnd zuthůn/ als ein Diener seinem Herrn schuldig ist/ vnd billich thůn soll/ trewlich/ sonder geuerde/ Zu vrkundt.

Oder also:

Demnach gerede vnd versprech ich obgenanter N. bei meinem gethanen Eyd/ alles so hierinn geschrieben/ war/ stett/ fest/ vnd vnuerbrüchlich zuhalten/ willig/ vnnd trewlich zudienen/ zuthůn als dise meine bestallung außweisen ist/ vnnd ein getrewer Diener von pflicht wegen seinem Herrn zuleisten schuldig/ trewlich/ sonder geuerde/ Zu vrkundt/ tc.

Nota. In allen Reuersen achtung zuhaben/ was die bestallung binden/ oder für ein dienst ist/ ob auch darüber geschworn sey/ Item ob es auch Reuterey/ oder anders antreffe/ tc. Wer es dann/ daß jemandts (wie dann etwan beschlich) nicht geschworn/ odder auch sein bestallung nicht auff Pferd zuhalten weisen thet/ Als daß sollen die wort: Bei meinem gethanen Eydt/ vnd dann das wort/ Reiten/ außgelassen werden.

Verschreibung den Pfründnern/ so in Spital vff oder angenommen werden.

Wir N. tc. Bekennen vnd thůn kundt offenbare mit disem Brieffe/ daß wir vnsern Burger/ vnnd Burgerin zu N. vnd liebe getrewen A. vnd B. sein A. Haußfraw auff jhr vnderthenig ansuchen vnnd demütiges bitten/ in vnsern Spital zu N. nachfolgender massen auff vnd angenommen/ Nemlichen soll jhnen beyden Eheleuthen/ das Gemach/ so vorn an dem Spital gegen dem Thor bey N. hauß vberligt/ ein stuben vnd Cammer an einander/ so hieuor C. jnnen gehabt/ Item die ober Pfründe an des Spitallmeisters Tisch/ nach laut der ordnung/ vnd jhnen beyden/ allen vnd jeden tag zwo maß Wein/ durch vnsern Spitalmeister/ so wir jederzeit da haben/ geben werden. Da aber vber kurtz odder lang deren Eheleuth eines mit todt abgienge/ als dann soll die ein maß Wein gefallen sein/ vnd dem letstlebenden nicht mehr als ein maß Wein/ den gantzen tag gegeben werden. Für vnnd vmb solche ober Pfründ sollen vnd wöllen sie vnserm Spital N. hundert gulden/ auff nachfolgende ziel/ als nemlich N. hundert gulden bar an/ vnd hinfarter ein jedes jar/ sie die erstgedachte Pfründner A. vnd B. vnd nach jhrer beyder absterben deren Erben/ oder Erbnemeren/ biß zu vollkommener bezalung der N. hundert gülden auff Weyhennachten N. gulden außrichten vnnd bezalen/ Was auch sie beyde Eheleuth an farender Haab/ Bethgewandt/ vnd anderm in vnsern Spital gebracht/ oder noch bringen/ vnnd zu zeit des letstlebenden darinnen befunden wirdt/ das soll altem gebrauch nach

New Formular

darinnen gelassen werden. Des zu vrkunde haben wir vnser gewöhnlich Cantzley Secret zu end diß fürtrucken lassen. So beschehen Dinstags/rc.

Erlassung oder ledigzelung dienstpflichten/zu erkundigung Kreyß beschwerung/in Missinen oder befelchs weiß.

Von Gottes Gnaden/rc.

Lieber Getrewer/Es haben der Ehrwirdigen in Gott Vatter/der Ertzbischoff zu A. B. vnd C. vnser besondern lieben freunde/vnd vnsere Räthe/so zu erkundigung einbrachter beschwerungen jrs Kreyß/von wegen ringerung odder anschlege gevordent sindt/vnd jetzo zu A. bey einander versamblet gewesen/vns geschrieben/Nach dem sie nun mehr in arbeyt stünden/solche erkundigung fürzunemen/so befinden sie aber inn vnsern fürgebrachten beschwerungen etlich Artickel/darinn sie dein/vnnd ander/die vns mit pflichten zugethan/berichts notdürfftig weren/mit begern/auff daß solcher bericht desto bestendiger einbracht werden möchte/dich derselben pflichten/so vil dise erkundigung belanget/die zeit ledig zuzelen. Dieweil wir dann solch jhr ansuchen für billich ermessen/auch selbs geneygt sein die ding zubefürdern/Demnach so thun wir dich derselben deiner Eide/pflichten/vnd verwandtnuß/damit du vnns zugethan bist/souil diser bericht betrifft/darumb die obgemelten N. verordente Räthy dich schufflich ersuchen werden/dieselbig zeit biß du den bericht gebe hast/hiemit frey vñ ledig stellen/in krafft diß vnsers brieffs/ist auch vnser will vnnd meinung/daß du jnen bey waren deinen trewen vnd glauben/an eins geschworn Eydts statt/deinen lautern vñ bestendigen bericht auff die Artickel/so sie dir vberschicket werden/so vil dir wissent ist/odder du gründlich erfaren mögest/eygentlich vnnd vnderschiedlich/vnder deinem Insigel verschlossen in schrifften thust/vnd als dañ neben dem selben jhn zuschickest diß Brieffs vrkund/vnser ledigzelung deiner pflicht zu dise sachen/daß du auch auff solches obgemelt dein antwort/dem Zeyger der dir jhr schreiben zubringt/widderumb zustellest/odder so es so fürderlich nicht sein möcht/in vierzehen tagen darnach/oder so erst müglich verschlossen auff vnsern kosten in vnser Cantzley hieher ghen N.gewißlich verfertigst/fürther an gebürende ort zuuerschaffen haben/vnnd an dem nichts erwinden lassest/das sich dißfals gebüren ist. Daran thust vnser sonderlich geschefft/wie wir vns zu dir verlassen. Datum/rc.

Außschreibung eines Armbrust schiessens.

Den Fürsichtigen/Ersamen/Weisen/Burgermeistern vnnd Rath der Statt N. Empieten wir Schützenmeister/vnd Schießgesellen des Armbrosts vnd Stahels zu N.vnser gütwillig freundtlich dienst/vnd alles guts zuuor/vnd fügen E. Gunsten dienstlich zuuernemen/daß wir vff des Durchleuchtigsten/hochgebornen Fürsten vnd Herrn/Herrn.N.rc.vnsers Gnedigsten Herrn/gnedigst bewilligen vnd zulassen/ein kurtzweil mit dem Armbrost schiessen/vnd solch ehrlich löblich Gesellschafft folgender massen zuhalten fürgenommen/Neinlich also: Welcher zu solcher fürhabenden Gesellschafft zukomen willens/der soll auff schierst Sontag nach N.den N. Tag/des Monats N.hie zu N.morgens frü/so die Glock vij.geschlagen/an der verordenten Zielstatt erscheinen/als balde seinen Boltz/der durch hieunden gestempfft loch gehen möge/vnd sonst nit/durch die verordenten Schreiber/beschreiben/vnd sich inns loß verzeychnen lassen/vnnd vmb fürderung willen der sachen/sollen Siebener/nemlich/einer von der Fürsten wegen/einer von der Ritterschafft/zwen von den Frey vnnd Reichsstetten/einer von der Fürsten Stetten/vnd ij.so wir darzu geben/Welche fürbaß alle fürfallende sachen vnd gebrechen/

das

Armbruſtſchieſſen. CCXII

das ſchieſſen belangende/ endtlich zuentſcheiden/ dorinn zu ertern/ vnd zuſprechen machē haben/ verordent werden/ bey der ſelben beſcheid es auch menniglich/ ohn einich inrede/ oder auſzug beſtehen vnd bleiben laſſen/ demnach als bald geloſt/ vnd wie auch breuchlich nach ein Awerlin geſchoſſen werden/ den erſten tag ſo viel mann ſchuß thůn mag/ vnnd fůhrter die andern Tag/ nach rath hochgedachtes vnſers gnedigſten Herrn/ vnnd der ſiebner/ angefangen vnnd vffgehört werden/ ſo lang biß 20. ſchuß beſchehen/ vnd die allegu einem Circkel/ des weite hieunden verzeichnet/ in ein vnuerſehrten Berg/ reine/ oder bruch/ der vom ſis ane 254. ſchuch weit/ lauth hiebey verzeichneter lenge/ geſtellt würdet/ welchs 14. ſchrit thut/ alles vngeuerlich/ Vnd damit in dieſer fürgenommen löblicher geſellſchafft/ kein vntrew geübt/ noch geſpürt werde/ ſo ſoll frey redlich/ ohn allen verborgen vortheil/ wie ſchieſſens recht iſt/ es ſey peuſch oder vnderſtützen/ wie das namen haben möcht/ alles hindan geſetzt/ vnnd frey/ mit ſchwebendem arme geſchoſſen werden/ bey gebůrender ſtraffe/ nach erkandnuß der verordneten ſiebnern/ denen wir auch vorbehalten wöllen haben/ ob jemand in argwohn deßhalben fiele/ oder verleumbt were/ oder würde/ daß ſie den/ oder dieſelben darumb zubeſuchen macht haben/ doch der vnſchuldig ſeiner ehren vnuerletzt bleiben ſolle/ darnach ſich menniglich zurichten hab. Zu ſolchem ſchieſſen wöllen wir zuuor auß geben/ ein verdeckten Ochſen mit Lündiſchem tuch/ N. gulden werde/ das auch das beſt Kleynot vngeringert ſein/ vnd bleiben/ aber die vbrigen volgende Kleynot oder gewinnen/ ſollen auß der ſchützen gelt/ das ſie legen/ gemacht werde/ doch wöllen wir keinē höher zulegen beſchwert haben/ dann mit eim Reiniſchen gülden zu 15. Batzen/ oder nach erkantnuß der ſiebner/ von welchem gelt die vorgemelte ſiebner ſolch Kleinot/ oder gewin/ darzu vier Ritterſchüß/ vnd vier theylen machen vnd ordnen/ So ſollen auch alle ſtahel mit bünden verſehen/ oder in holffern geſpant werden/ daß niemandt kein ſchade darauß geſchehen köndte/ Vnd ob einem ein ſeule/ in nußbrutten/ oder ein bogen vber ruck/ oder ſonſt gar breche/ dem in eyl nicht zuhelffen/ dem ſollen zween nachſchuß/ Item vor ein brochen nuß oder andern brochen ſtück der ſeulen/ auch vor ſenwe/ nicht mehr wann ein nachſchuß geben werden/ doch alles vff vor beſichtigung der geordneten ſiebner/ aber vmb winden/ Boltz/ vnd anders/ kein nachſchuß volgen. Es ſollen auch ſolch ſeum oder nachſchuß von eim jeden/ in ein ander viertel/ mit andern Schützen geſchehen vnd gethan werden/ außzuſcheiden die Fürſten/ vnnd auch die ſiebner/ ſollen vff ihren fülea in ihren vierteln bleiben vnd ſchieſſen/ ſo werden auch Erbar perſonen zum ſchreiben/ zum Boltzmeſſen/ vnd zhen verordent werden/ vnd alle mit gelübden beladen/ daß im jeden Schützen gleichs widerfaren möge/ vnd ſonſt niemand/ wer der ſey/ ſich in die ſchreibhůten/ berg/ rheine/ oder bruch dringen/ vff daß die gemeinen Schützen jre Böltz auch ſehen/ doch ſollen alwegen zween von den ſiebnern daneben ſtehen vnd zůſehen. Bey ſolchem vnſern fürgenommen/ vnnd gnedigſtlichen bewilligten armbroſtſchieſſen/ werden hochgedachter vnſer gnedigſter Herr N.ꝛc. ſeiner Churfürſtlichen Gnaden Brüder/ Vettern/ andere Fürſten/ Grauen vnnd Herꝛn/ vnſers verhoffens auch mit gnaden erſcheinen/ vnd dieſe löbliche geſellſchafft/ mit ihrer gegenwert bezieren/ dieweil nun die menig der Schützen/ dieſelb geſellſchafft luſtig vnd kurtzweilig machen/ vnnd wir achten Ewer gunſt ſolches zubefürdern auch geneigt/ haben wir Ewer gunſt das auß ſonderm dienſtlichem nachbarlichem willen/ freundlicher meinung nit bergen wöllen/ vnd derſelben alſo hiermit im beſten verkünden/ ob E. gunſt zu beſuchung diſer vnſer fůrhabenden geſellſchafft zu verordnē vnd zuſchicken/ luſt vnd begirde bekommen würden/ des wiſſens/ vnnd demnach zurichten haben/ vnnd iſt vnſer fleiſſigs bitten/ jr wöllet ewern nechſten vmbgeſeſſen nachbarn/ ermelte vnſere geſellſchafft/ dieſelb/ ob ſie wöllen/ auch beſuchen mögen/ fürther verkünden/ das ſein wir vmb euch mit vnerſpartem fleiß zuuerdienen gantz willig. Zu vrkund haben wir mangels halber eigens Inſigels/ erbetten den Edeln vnd Ernueſten N. von N. daß er ſein Inſigel für vns heran zu ende diß brieffs getruckt hat/ Welchs ich jetzt genanter N. von N. alſo von bitt wegen erkenne gethan haben. Datum ꝛc.

Nn ij

New Formular
Verkündigung einer Zollbegnadigung / sampt derselben Freiheyt.

Wir N. re. Künden allermenigklich / daß der aller Durchleuchtigst Fürst vnd Herr / Herr N. re. vnser Aller gnedigster Herr / auß beweglichen vrsachen vnnd sonderer begnadigung von Römischer Keyserlicher macht vollkommenheyt / vnd wissentlich / vns vnd vnsern Erben / innhalt seiner Maiestat brieflichen vrkunde / ein Zoll gnediglich geben / vnd damit begnad hat / Dermassen / daß ein jeglich fuder Weins / so durch oder auß vnserm Fürstenthumb / Landen vnnd Gebieten / auch der Flecken vnnd Gebieten / da wir mit andern gemein haben / zu eygem brauch / oder zuverkauffen / gefürt / geschlefft / oder getragen wirt / ein mals / an einer Zollstat / ein gulden / oder wes des minder oder mehr / dann ein fuder were / nach vile oder anzale des Weins / auff vnnd abzusteigen / Darzu von jedem Malter Korns / Weitzen / vnnd Erben vier Pfenning / von einem Malter Spelzen vnnd Gersten zwen Pfenning / vnnd von einem Malter Habern einen Pfenning / der Churfürsten am Rhein Müntze / so obberürter maß durchgefürt wirdt / zu Zollgeldt / auff dem Lande / von einem jeden / inn was wirden / standts / oder wesens die sein / auffheben / innemen / vnnd das zu vnserm eygen nutz vnnd notturfft gebrauchen sollen vnnd mögen / vns auch dabey handthaben / vnnd die vberfarer vnnd verächter solcher begnadigung / oder die solchen Zoll auff ander Strassen odder wege zuverfüren vnderstünden / damit sie solchen Zoll nicht bezalten / oder sich den sonst zugeben sperren oder widdern wolten / solch Zoll auß zurichten nöthen / darumb auffhalten / angreiffen / pfenden / vnd bekümmern / wie dann Zolls recht ist / vnangesehen einicherley gnade / Freiheyt / oder begnadigunge / so jemandt von Röm. Keysern oder Königen haben / die hiewidder geben weren / oder künfftiglich geben werden möchten / damit auch wider niemandt gethan noch gefreuelt haben / rede oder antwort / in oder ausserhalb Rechts / darumb zugeben schuldig sein / Wann sein Keyserliche Maiestat / auß Keyserlicher macht vnd vollkommenheyt solchs alles auffgehaben / dem derogirt / vnd das abgethan / mit erstattung aller vnd jeder mängel vnnd gebrechen / so in solcher Freiheit funden werden möchten / mit hohem befelch vnd ernstlichem gebott / an alle Churfürsten / Fürsten / Geistlich vnd weltlich / Prelaten / Grauen / Freiheyen / Herrn / Ritter / Knecht / re. vnd all ander seiner Maiestat vnd des Heyligen Reichs vnderthan vnnd verwandten / darzu bey einer Peen hundert Marck lötiges Golts vnablässlich zubezalen / vns vnd vnser Erben / an solchem Zoll nit zu irren oder hindern / Darauff auch die Fuhrleuth / vnd ir Jäger des Weins vnd frucht / mit reichung vnnd bezalung des Zolls / in vnd durch vnser Fürstenthumb / dieweil sie auff vnserm gleyd / Landtstrassen vnd gebiet sein / mit sampt ihren leiben / haben vnd gütern / dieselb zeit von vns N. re. vnnd vnsern Erben / frei / sicher / sträck licherheyt vnd geleyt haben. Dieweil nun Römisch Keyserlich Maiestat vnser Allergnedigster Herr / vns / vnd vnser Erben / mit einem solchen Zoll gnediglich begabt hat / So verkünden wir solchs menigklich mit disem vnserm offen brieff / sich darnach haben zurichten / vnd vor straff vñ peen / wie obgemelt / wissen zuhüten / Vnd wirt nemmung diß Zolls auff Datum angehen. Vrkundt diß Brieffs versigelt mit vnserm fürgetrucktem Secret. Datum / re.

Resignation vnnd vbergebung eines Vicariats.

Erbhaffte / Fürsichtige weisen Herrn / Nach dem E. E. F. W. als ware rechte Collatores vnd Lehenherrn / die Pfründ Vicariam S. Catharinen Altars im Königlichen Stifft N. mit allen vñ jeden jren nutzungen vñ zugehörung / lauterlich durch Gottes willen / mir zu Priesterlicher ordnungen geweiheten / günstig vnd gnediglich verliehen vñ presentirt haben. Nun aber anderwerbs benäligch gen N. der ents mir ein Vicariat

(Gott

Innsatzung.

Gott sey lob/)fürstehet zuerheben gewilt/ Hierumb so resigniere E. E. F. W. ich ermelte Pfründe Vicariam in bestendigster weiß vnd maß es immer beschehen soll/ kan oder mag/ mit höchster bedanckung/ bewiesener gütthaten/ beförderuuß/ hilff/ vnd steur/ Solchs alles vmb E. E. F. W. sampt vnnd sonderlichen mit meinem andechtigen gebete/ singens vnd lesens vnauffhörlich/ fleiß ewig zuuerdienen.

E. E. F. W.

Dienstwilliger gehorsamer armer

N. N. von N. bürtig.

Innsatzung eines Canonicats.

Wir Ludwig/ ꝛc. Empieten dem wirdigen vnd Ersamen vnsern lieben besondern Dechant vnd Capittel des Stiffts zu N. vnsern gruß vnnd gnade/ Vnnd fügen euch zuwissen/ daß wir auff fürbitten vnsers Landtschreibers zu N. vnnd lieben getrewen Philips N. ime zu gnaden/ dem Ersamen vnserm lieben besondern A. das Canonicat/ so nechst B. ewers Stiffts besessen/ welches wie wir bericht vns als Patron zuuerleihen zůstehet/ zůgestellt vnd verlauhen haben/ vnd thůn das hiemit in krafft diß Brieffs/ den wir euch hiemit presentirn/ gnediglichen gesinnen vnd begern/ jhr wöllet jnen dermasen annemen/ gebürlich/ vnd wie sich ewers Stiffts satzung vnd ordnung nach obgemelt vñ billich ist/ Possess geben/ vnd seiner gesell/ niessung vnd gebrauch gedeyen/ folgen vnd werden lassen. In dem beschicht vnser meynung vnd güt gefallen/ Zu vrkundt versigelt mit vnserm zuruck auffgetrucktem Secret. Datum N. vff Dinstag/ ꝛc.

Presentation oder innsatzung eines Stipendiats/ anderer Form.

Wir Philips/ ꝛc. Empieten den Ersamen vnsern lieben angehörigen/ Schultheiß/ Gericht vnd Gemeynde zu N. vnser gnad vnd alles güt/ vnd fügen euch zuuernemen/ Als das Stipendium zů N. durch absterben weylandt Herr Johan N. ledig worden ist/ vnd dann vns/ als dem Landtsfürsten/ dasselb zuuerleihen gebürt vnd zůstehet/ daß wir demselben nach gegenwertigen N. vff solch obgemelt Stipendium verordnet/ jm das verlauhen vñ damit versehen haben/ auff anzeyg seiner redlichkeyt vnd geschicklichkeyt/ auch zůsage/ die er vns gethan hat/ gemelt Stipendium gnůgsamlich lauth der Instituts zuuersehen/ vnd versehen zuwerde zubestellen. Demnach begern wir an euch mit sonderm ernst/ jr wöllet genanten N. als von vns begabten vñ verordneten/ zů obgemeltem Stipendium annemen/ vnd jn die nutzung vnd gefelle dauon/ wie seinem Vorfarn folgen lassen/ daran auch kein jrrung oder hinderung thůn/ oder zůthůn gestatten/ Daran thůt jhr vnser meynung vnd gefallen. Datum/ ꝛc.

Presentation vnd Innsatzung/ anderer Form.

Wir N. ꝛc. Entpieten dem Ersamen vnserm lieben getrewen A. Dechant vnser lieben Frawen Stiffts zu B. vnsern gruß vnd gnad/ vnd fügen euch zůwissen/ Nach dem wir jüngst auß beweglichen vrsachen/ besonderlich zů erhaltung Göttliches diensts das Clösterlin in vnserm Flecken B. mit zůlassung vnd autorisierung des Hochwirdigen in Gott vnd Hochgebornen Fürsten/ vnsers freundtlichen lieben brůders Herrn N. ꝛc. als des orts in der Geistlichkeit Ordinarien/ in ein weltlichen Stifft transferirt/ vnd darinn ein versamlung weltlicher Priester/ besonderlich siben Priesterpfründe vffgericht/ Welch Pfründen alle vnd jede insonderheyt vns vnnd vnsern Erben in zeiten jhrer erledigung vñ vacierung zuuerleihen Jurepatronatus zůstehen. Aber die verordnet Per sonen/in den fünff hieunden benanten Cappellaneyen vnd Altarien/euch vnd ewern nachkommen/dieselben wie sich gebürt zuinuestieren/presentiert werden sollen/ alles vermög der halben vffgerichter vergleichung/daß wir also die Ersamen vnser lieb getrewen C. vff des Fron Altars/ D. vnser lieben Frawen/ E. zu S. Jacobs/ F. zu S. Lenharts/ vnd G. zu S. Ludwigs Altarn Capplaney in obgemelter Collegiat Kirchen/deren aller verleihung vns vnd vnsern Erben/wie obstehet/zügehörig ist vnd sein soll/presentirt habe/ presentirn euch auch dieselben jetzgenanten fünff Personen/ vnnd jeden besonder/ als tägliche Personen/ hiemit vnd in krafft diß Brieffs/gnediglich begerend/ jr wöllet alle vnd jeden in bestimpte Capplaney vnnd Pfründen setzen vnnd inuestiren/ jhnen auch alle zügehörigen verordenten gefelle/ nutzungen vnd innkommen/ vermöge vffgerichten Statuten vollkommlichen zustellen/ gedeyen vnd werden zulassen verschaffen/ darzu diß vnser Iuspatronatus vnd presentierung/damit die jederman kündig vnd offenbare werde/ den Instrumenten der Inuestitur inuerleiben lassen/ Darinn beschicht vnser meynung vnd gut gefallens in Gnaden zubedencken/ doch vnuerletzlich aller vnd jeder zügehörigen gewonlichen vbungen vnd Solenniteit. Des zu vrkundt versigelt mit vnserm zu ruck vffgetrucktem Secret. Dat. N. x.

Insatzung vnd Presentation einer Vacierenden Pfarr.

Dem Durchleuchtigen Fürsten vnd Herrn N. Bischoff zu A. meinem Gnedigen Fürsten vnd Herrn/ jhren F. G. Vicarien vñ Official/ oder wen diß nach beschriben ding berüren mögen. Empiet ich N. von N. mein vnderthenig/ willig/ vnnd freundlich dienst/ Vndfüge E. Fürst. G. Ehrwirden vnd gunsten zuwissen/als die Pfarr oder Pastori der Kirchen zu N. durch absterben des Ersamen vnd wirdigen Herrn N. seligen nechst ledig worden/vnd mir von meinen lieben ältern hero Iurepatronatus zumerlichen züstendig ist. Also habe ich den wirdigen N. von A. solch Pfarr oder Pastori verliehen/ vnd jhne darauff presentirt/ Vnd verleihe jme die (als einem tüglichen vnnd für gnugsam geachten/ vnd auß der Bäpstlichen heyligkeyt geweheten Personen vnd Priester) hiemit wissentlich in namen Gottes/in vnd mit krafft diß Brieffs/ Ew. F. Gn. auch Ehrwirden vnd gunsten/ vnderthenigklich/ dienstlich vnd freundlich bitten vnd begern/ daß E. Fürstlichen G. Ehrwirden vnd gunsten/den genanten N. zu solcher Pastori vnnd Pfarrn bestetten vnd innsetzen/ auch schaffen vnd gebieten wöllen/ jhme mit den gefellen/ nutzungen vnd zügehörungen derselben Pastori gewartet werde/ Behelich Ew. F. G. Ehrwirden vnd gunsten gerechtigkeyt vnd herkommen/ als sich dann gebürt vnd gewonlich ist/ Das wil vmb E. F. Gn. Ehrwirden vnd gunsten/ ich vnderthenig/ williglich/ vnd freundlich verdienen/ In vrkundt mit meinem anhangenden Innsigel verfertigt. Geben auff Donnerstag/ x.

Presentation vnd Innsatzung einer Pfründt/
Missiuen vnd ernstlicher weiß/ da vff die erst presentation nit gehorsam erfolgt.

Lieber getrewer/ Wir hetten vns versehen/ jr würden vff vnsers Amptmans zu N. handlung A. Organisten zu der Pfründ S. N. vnd derselben gefelle/ vngesäumbt vnd on verhinderung kommen lassen/ Dieweil es aber nicht beschehen/ vnd auß etlichen fürgewendten vrsachen vnderblieben/ So thun wir demnach jhnen A. hiemit auff berürte Pfründe vnd deroselben gefelle dergestalt presentieren/ daß er dieselbige biß vff vnser/ oder vnser Erben widerruffen/ nutzen/ geniessen/ vnnd innhaben/ auch in allen dingen trewlichen handhaben/ vnd dargegen die Orgel zu allen vnd jeden zeiten/ vnd wann er dos bescheiden wirdt/ fleissig vnd Christlich versehen soll/ wie jhr jhme auch an dem allem kein

hinderung

Insatzung. CCXIIII

hinderung thůn/sonder ihnen also darbey růhiglich verbleiben/ vnnd darneben das jhenig an täglichem weck vnnd Wein/ wie das jederzeit ein Innhaber diser Pfründen gewesen/ widerfaren zulassen habt/ Doch soll er das Jurament in eins oder zweyen auß euch/ bey wesen vnserm Amptman dahin presentirn vnd thůn/daß er vns vnd vnsern Erben getrew vnd holdt sein/vnsern frommen vnd bestes allzeit werben/ schaden vnd nachtheyl warnen/ auch seinem Ampt bey disem vnserm Stifft an der Orgeln fleissig ab vnnd auffwarten/ dieselbig auch handthaben/ darzů des Stiffts frommen schaffen nach seinem vermögen/ vnd als vil jhme das gebürt/ Vnd bey diser verpflichtung soll er auch gelassen/vnnd darůber ferrers nicht auff einige Statuten odder Bäpstliche Lehr vnnd sachen verpflicht/noch auch dißmaln zu erlegung des Statuten Gelts angehalten werden/dann wir hernach deß halben weiter verordnung thůn wöllen/deren er sich auch in disem vnd anderm gemeß zu erzeigen vnd zuuerhalten hat/wollen wir euch/darnach zugerichten habt/gnedig nicht bergen/ Vnd jhr thůt hieran vnsern gefelligen ernstlichen willen. Datum/re.

Presentation vnd Innsetzung einer Capplanei/ anderer Form.

Em Hochwirdigen/Hochgebornen Fürsten vnd Herrn/ Herrn N.re. Bischoffen zu N. vñ Hertzog zu N.re. oder jhren F.G. Vicarien vnd Statthalter in Geistlichen sach/ vnserm gnedigen Fürsten vnd lieben Herrn/ Empieten wir Burgermeister vnd Rath zu N. vnser vnderthenig vnd freundtlich willig dienst zuuor/ Vnnd als die Capplaney des Fronaltars vnser lieben Frawen Cappel Kirchen E.F.Gn. vnd Ehrwirden Bisthumbs bey vns vaciert vnnd ledig ist/durch absterben Herrn N. seligen derselben Pfründt letsten Capplans/ vnd E.F.G. vns nun redlichen vrsachen halb gnediglich vergünstigt haben/ ein jar die nutzung derselben Capplaney zusequestrirn/vnd die nutzung fürzuschlagen/re. nach laut darüb. r vffgerichter verschreibung/ vnd nunmehr das hinleihen desselben Altars vnd Capplaney/ vnd das presentirn eins Priesters darauff von rechtswegen vns zůstehet/ also presentirn wir E.F.G. vnd Ehrwirden den Erbarn Priester N. võ vns als täglich erkieset vnd erwelet/auch zu solchem von Bäpstlichem gewalt täglich gemacht/ E.F.G. vnd Ehrwirden vnderthenig vnd freundtlich bittend/daß dieselben jhren N. mit allen Solenniteten hierzů dienend/vns gehörig/ auff solch Capplaney vnd Altar gnediglich vnd freundtlich geruchen zubestatten/ vnd zuiuuestirn. Das wöllen wir vmb dieselben Ewer Fürstlichen Gnaden vnd Ehrwirden vnderthenigklichen verdienen/ vnnd freundtlich beschulden. Datum vnder vnser Statt anhangendem Secret Jnnsigel/re.

Presentation vnd verleihung einer Meß/ vmb Gotts willen.

Em Hochwirdigen vnd Hochgebornen Fürsten vnd Herrn/ Herrn N. Bischoffen zu N. Hertzog zu N.re. vnserm Gnedigen Fürsten vnd Herrn/ Empieten wir A. von N. Probst zu N.B. Thumbherr zu N. vnd C. Probst zu N. vnser vnderthenig dienste mit gantzem willen vnnd andechtigen Gebett allzeit bereits fleiß zuuoran/ Hochwirdiger Fürst vnd Herr/ Der Ersam Herr Niclaus N. Priester/der die Meß vnd Pfründt die man nent die N.Meß/vff S.N. Altar/in S. Jacobs Kirchen hie zu N. võ vns zu Lehen gehabt hat/dieselben sein Meß vns (als die Patronen vnnd Lehenherrn/den Ius conferendi vnd præsentandi zůstehet) frey ledig an die handt resigniert/vnd vbergeben dieselben fürther zuuerleihen vnsers gefallens/re. Darumb haben wir solche Meß vnnd Gottsgabe mit allen Solenniteten/ Pertinentien/ vnud zůgehörungen/ vmb Gottes willen verlihen diesem gegenwertigen dem Ersamen Priester/ Herr N. als den jhenen/ den wir fromme/ Erbar/ tugentlich/ geschickt/ vnnd Gottesförchtig

Nn iiij

New Formular

darzů erkennen. Den presentieren vnd antworten wir darauff E. F. G. als vnserm gnedigen Fürsten/ Herrn vnd Bischoffen/ vndertheniglich bittendt/ Ewer Fürstlichen Gnaden Hochwirdigkeyt wöllen den gnediglich Inuestirn/ confirmirn vnd bestetten/ als sich gebürt. Das wöllen wir in aller vnderthenigkeyt vnnd gegen Gott inniglichem gebett allzeit willig verdienen. Zu vrkundt diß Brieffs versigelt/etc.

Beuelch oder geheyß Brieffe/ jemandts bey beschehener Innsatzung vnd Presentation handzuhaben.

Von Gottes Gnaden/etc.

Lieber getrewer. Was wir an N. zu N. mit presentierung des N. geschrieben/ das hast auß beygelegter Copeyen zuuernemen/ Ist demnach vnser befelch/ du wöllest jhnen darbey handthaben/ vnd verfügen/ damit er von N. lenger nicht vmbgetrieben werde/ sonder zu wircklicher niessung vnd Possess diser Pfründen/ vff maß vnser schreiben mitbringt/ vnnd biß auff vnser/ oder vnser Erben widerrüffen/ kommen/ auch darbey verbleiben möge. Daran thůstu vnsern willen vnd meynung. Datum.

Supplication vmb fürgenommene newerung/ mit bitt solche abzuschaffen/ vnd sich auff ansetzung Tags zuerscheinen erpieten.

Wolgeborne/ Edeln/ Ernuesten vnnd Hochgelehrten Herrn/ vnsers Gnedigen Fürsten vnd Herrn N. ⁊c. löbliche verordneten Statthaltern vnd Räthen/ Ewer Gnaden vnd gunsten seyen vnser vnderthenig vnd gůtwillig dienst zuuoran/ Deren bringen wir supplicierende nachfolgender massen an/ als weylandt die Hochgebornen Fürsten/ Hochgemelts vnsers Gnedigen Fürsten vnd Herrn Voraltern/ Hochlöblicher gedechtniß/ zu vnderhaltung etlicher lesenden Personen/ des gefreyhet Studiumbs allhie zu N. vnder andern Prebenden inn Sanct German Stiefft zu N. gedachtem studio/ bey Bäpstlicher Heyligkeyt mit harter mühe vnd kosten incorporirn/ vnd von allen beschwerden Eximirn vnd freyen lassen haben/ laut Bäpstlicher Bullen vnd Freiheyten/ deßhalben außbracht/ So haben doch solchs vnaugesehen Herr A. von B. Canonic des mehren Stiffts vñ der Fiscal vnsers gnedigen Fürsten vñ Herrn/ Bischoffen zu N. auß befelh jrer Fürstlichen Gnaden fürgenommen/ von genanten zweyen ingeleibten Prebenden zu S. German N. Gůlden hilffgelt (das sie Subsidium Charitatiuum nennen) zufordern vnd empfahen/ deßhalb wider die besitzer vnd jnnhaber derselben Prebenden/ mit Geystlichen peenen vnd straffen zuuolnfaren. Dieweil nun solch fürnemen disem löblichen Studio vnd Jnnhabern der Prebenden inngrieffe/ nachtepl vnd schaden bringen/ vnd wo solchem statt geben würde/ mehr beschwerde erwarten müstet/ So ist deßhalb an Ewer Gnaden vnd Gunsten vnser vnderthenig fleissig bitt/ vnserm Gnedigen Fürsten vnnd Herrn Bischoffen von N. an statt vnd in namen vnsers Gnedigen Fürsten vnd Herrn N. ⁊c. zuschreiben/ bey gemeltem Herrn A. von B. vnd dem Fiscal zu N. gnediglichen zuuerschaffen von jhren fürnemen gefoderter N. gulden abzůstehen/ die besitzer der Prebenden inn gerůhiglichem besesse vnbeschwert bleiben lassen/ vnd wider sie mit einichen Processen oder Geystlichen straffen nit zůhandlen/ Vnd ob vnserm gnedigen Fürsten vnd Herrn von N. gefellig/ vnser Bäpstliche Bullen vnnd Freiheyt zůhören/ Erbieten wir vns auff jhrer F. G. vertagen/ dieselbig darzůlegen/ der vnderthenigen hoffnung vnd zůuersicht/ jre Fürstlichen Gnaden werden die zwen Canonicken vnser verwandten/ von wegen vnserer Freiheyten

Bottenbrieff. CCXV

heyten diser forderung gnediglich erlassen. Das vmb Ewer Gnaden zuuerdienen erkennen wir vns schuldig.

E.G.vnd Gunsten

Willige Rector vnd Vniuersitet des
Studiums zu N.

Antwort vber anlangung beschehener newerung/
sampt ansetzung eines Tags.

N. von Gottes Gnaden Bischoffe zu N. 2c.

Vnsern gruß zuuor lieben besondere/auff ewer gethan schreiben/das wir sampt inn geschlossener Supplication Rectors vnd Vniuersitet zu N. vnser Charitatiuum subsidium/vnd die ordinarien zu S. German zu N. prebendirt/ betreffen alles jr halts hören lesen/vnd vermerckt/Wöllen wir vff jr beschehen erbieten jre angezogē Bäpstliche Bullen vnd Freiheiten zuhören nit abschlagen. Setzen vnd ernennen jhnen darauff zu solchem einen Tag/ nemlich auff Sambstag nach dem Sontag Letare schierstkompt/ für vns zu N. zu früer tagzeit/den begern wir gnediglich jhn anzuzeigen/denselben jhrer bittschrifft nach gefaßt wissen zubesuchen/dann wir ohne bestendige ehehafften von vnser Bischofflichen vnd vnsers Stiffts herbrachten rechten vnd gerechtigkeiten/vnsers fürnemens gegen jhnen der billicheyt nit abstehen mögen. Das wir euch hinwiderumb güter gnediger meynung nit wöllen verhalten. Datum 2c.

Botten Brieffe.

Wir Philips/2c. Künden allermeniglich mit disem Brieff/ daß wir disen gegenwertigen N.zu vnserm geschwornen Botten vnd Diener vffgenossen/ vnd empfangen haben/Hierumb wir an alle vnd jegliche die vmb vnsern willen thün vñ lassen wöllen/Bitten vnd gesinnen den gemelten N.als vnsern Botten gütlich zuhalten/ vnd an seiner Botschafft nit zuhindern/Daran beweißt vns ein jeder dancknemen wolgefallen vnd dienst. Vrkundt/2c.

Bottenbrieff/ anderer Form.

Wir N.2c. Künden allermeniglich mit disem Brieff/ daß diser gegenwertiger N. vnser geschworner Bott vnd Diener ist/Hierumb wir an alle vnnd jegkliche die vmb vnsern willen thün vnd lassen wöllen/ Bitten vnd gesinen den gemelten N. für vnsern Botten vnd Diener gütlich halten/ vnnd an seiner Botschafft nicht hindern/ sonder fürdern wöllen/Daran beweißt vns jeder danckneme wolgefallen vnd dienst/ gnediglichen zubeschulden/vnd erkennen/Zu vrkundt/2c.

Fürsten Brieff/da ein Herr von der Römischen
Keyserlichen Maiestat Gefürstet
wirdt.

In dem namen der heiligen vnnd vnzertheylten Dreyfaltigkeyt Gottes/seliglich Amen. Wir N.von Gottes Gnaden/Römischer Keyser/2c. Bekennen vñ thün kundt offenbar in krafft diß brieffs/gegen jedermeniglichen/Waß sich die Keyserlich hohe wirdigkeyt/der wir von vnaußsprechlicher gütiger Gottes barmherzigkeit vñ günstig seyt

New Formular

seyt vorgesetzt sein/vnnd von der sinn diser zeit aller jhrer vnd des Reichs vnderthanen/ gewalt/ Adel vnd Ampt/recht als die scheine von der Sonnen vrsprünglich geflossen sind/ vnnd fliessen/ Beyspiel zunemen an dem Himmelischen obersten Keyser/ der in menge seiner erwelten gefallen hat/ sonderlich vil vnd billich frewet/ so jhr Keyserlich Krone/ mit viel erleuchten Fürsten/ Edeler vnd getrewen zierlich vmbbestelt vnnd vmbgeben/ vnd sie auch redlich gewißheit hat/ so die zale jrer erleuchten Fürsten/ Edeln vnd getrewen gemeert ist/ daß dann je lob vnd ehre gröslicher geweittert vnd erkündt wirdt/ das wir auch mehr vnd mehr hoffen vollnbracht zuwerden/ So wir vnser/ vnd des Reichs Hochgebornen Edeln vnd getrewen/ vnd nemlich die wir nun versucht vnd an den wercken erfunden haben/ erhöhen/ wirdigen/ vnd ehren/ vnd mit vnsern sonderlichen Keyserlichen Gnaden gnediglich grösser machen. Wann nun des Hochgebornen vnsers lieben Oheims vnd Fürsten N. fürfordern/ vnd er/ vnsern Vorfarn am Reich/ vns/ mit gehorsamen getrewen vnd ersprießlichen diensten/ so williglich vnd manigfeltiglich allzeit geehrt vnd gedient haben/ vnd auch sie vnd er/ dem Reich vnd vns so bereit vnd dienstbar allzeit gefunden sindt/ Vnd sonderlich als der obgenant N. jetzund mit nachfolge mit vns gehn N. zu der empfahung vnser Keyserlichen Kronen/ so williglich/ fleissiglich vnd getrewlich gedienet hat/ daß wir das billich mit sonderlichen vnsern Keyserlichen Gnaden bedencken/ vnd des denselben N. geniessen lassen sollen/ jhne/ sein Erben/ vnnd nachkommen höher zumachen/ vnd von Römischer Keyserlicher macht gnediglich zuerleuchten/ zuwirdigen/ vnnd zuerheben.

Nomen / 1 / 2 / 3

Darumb mit wolbedachtem muth/ gutem raht/ vnser vnd des Reichs Fürsten/ Grauen/ Edeln/ vnnd Getrewen/ auch angesehen desselben N. Voraltern/ vnnd seinen Edlen vrsprung vnd Hochgeburt/ auch die trefflich groß breite vnnd weite seiner Herrschafft vnnd Lande/ vnd darzu solch manigfeltig redlicheyt/ vernunfft/ tugent vnd weißheyt/ damit er gezieret ist/ Haben wir auff heut Datum diß Brieffs/ von sonderlichen vnsern Keyserlichen Gnaden/ denselben N. sein Erben vnd nachkommen/ beyde Mann vnd Frawen Geschlecht erleuchtet/ gewürdiget/ gefürstet/ erhöbet/ vnd zu rechten Fürsten vnd Fürstinnen N. vnd N. zu N. in Gottes namen erhebt vnd gemacht/ Erleuchten/ wirdigen/ erhöhen/ erheben/ vnd machen mit rechter wissen vnd von Römischer Keyserlichen macht vollkommenheyt/ in krafft diß Brieffs.

Tant weit

Wir haben auch des obgenanten N. sein Lande vnd Herrschafft/ mit allen vnd jeglichen jhren leuthen/ Stetten/ Schlossen/ Märckten/ Dörffern/ Felden/ Bergen/ Thälern/ Büschen/ Wälden/ Gejägten/ Wilpenden/ Wassern/ Wasser leuffen/ Mülen/ Teichen/ Fischereyen/ Landtgerichten/ Stettgerichten/ Dorffgerichten/ Hubgerichten vnd andern Gerichten/ Lehen/ Lehenschafften/ Lehenman/ Edeln/ Rittern vnnd Knechten/ gemein Volck/ Zöllen/ Geleyden/ Jarmärcken/ auch wochen märckten/ vnnd sonst mit allen andern zugehörungen/ wie die genant sindt/ vnnd wie mann die nennen mag/ sie sind ob den Erden/ als das die alle vnd jr jegliches in denselben seinen Landen vnd Herrschafften gelegen vnd begrieffen sindt/ zu einem rechten Gefürsten N. zu N. gemacht vnd erhaben/ Machen vnd erheben in krafft diß Brieffs vnd von Röm. Keis. macht/ vollkommenheyt/

Digestus 5.

Vnd haben auch demselben N. solch Gefürst lichschaffe/ mit allen jhren ehren/ wirden/ Adel/ Rechten/ Gnaden/ Priuilegien/ Freyheiten gereichet vnd gegeben/ daß er vnd sein obgemelten Erben/ vnd nachkommenden/ sich der ehrhalten vnd gebrauchen sollen vnd mögen/ gleich andern vnsern Gefürsten N. in de Reich/

Regalia perding

So sollen auch/ vnnd wir wöllen daß der vorgenant N. sein Erben vnd nachkommenden vorgemelt/ Ihr Regalia vnd Lehen/ so sie von vns vnd dem heyligen Reich haben/ mit gewonlichen auffgereckten Paniern/ Fahnen vnd zierungen/ so offt vnnd dick sich das gebüren wirdt/ von vns/ vnnd dem heyligen Reich/ vnnd vnsern nachkommenden am Reich Keysern vnd Königen erkennen/ empfahen/ vnd darauff geloben vnd schweren/ gleich als dann andern vnsern vnd des Reichs Fürsten gewonlich ist zuthun/ als vns auch der jetzige genant N. als ein N. zu N. darauff gewonlich eyd vnd gelübde gethan hat/ vns vnd dem Reich/ getrewe/ gehorsam/ vnd gewertig zu sein/ zudienen/ vnd zuthun als ein getrewer Fürst vnd N. seinem rechten Herrn/ einem Römischen Keyser von seiner Regalia vnd Lehen wegen pflichtig

Fürsten Brieff. CCXVI

pflichtig ist zuthůn/ohn geuerde. Vnd daß er auch allen vnnd jegklichen/in solchen seinen Landen/dem reichen als dem armen/dem armen als dem reichen/fride vnd gerechtigkeyt soll schaffen/bestellen/vnd mit den wercken getrewlich widerfaren lassen/nach seinem gewissen vnd vermögen/auch ohn geuerde.

Hierumb meynen/setzen/vnnd wöllen wir/von diser vnser Röm. Keyserlichen gewaldt/daß der benannt N.N.zu N.vnd nach jhme alle seine Erben vnd nachkommenden als vorgemelt ist/fürbaß mehr ewiglichen des heyligen Rhömischen Reichs gefürsten N. vnd Nin/zu N.sein/heyssen/ vnd von allermeniglichs also genennet/vnd als des Reichs Gefürsten N. vnd Nin/geehret/vnd gehalten werden/ Vnnd darzů auch alle vnd jegkliche Freiheyt/Gnad/Recht/ehre vnd Wirdigkeyt/wie die sein/vnd sich ander geborn gefürsten N. des heyligen Reichs/in vnd außwendig Gerichte/vnd sonst von Recht/oder gewonheyt haben vnd gebrauchen/auch haben/ vnd an allen enden gebrauchen vnnd geniessen sollen vnd mögen/ohn allermeniglichs inntrage vnd widersprechen/Doch hierinn vnschädlich vns/vnd dem Römischen Reich/vnnd vnsern nachkommenden Rhömischen Keysern vnd Königen an vnser Mannschafft vnd diensten/ vnd sonst einem jegklichen an seinem Rechten. Vnnd wir gebieten auch darumb von der vorgenanten vnser Keyserlichen macht/allen vnd jegklichen vnsern/vnd des heyligen Reichs Fürsten/Grauen/Edlen/vnderthanen/vnnd getrewen/inn welchem stande/würden/Adel oder wesen die seindt/ ernstlich vnnd festiglich mit disem Brieff/daß sie den vorgenanten vnsern lieben Oheym vnd Fürsten N.N.zu N.sein Erben/vnd nachkommen/an den vorberůrten vnsern Keyserlichen erhöhungen/Fürstlicher Ehren/ vnnd wirden der Nschafft zu N. als vorgemelt ist/nicht irren/oder hindern/in kein weise/Sonder sie/als vnser vnd des Heyligen Römischen Reichs Gefürsten N.vnd Nin zu N.wie vorgemelt ist/haben vnnd halten/als liebe eim jeglichen sey/zůuermeiden vnser vnd des Reichs schwere vngnade vnd die Peene ausssent Marck lötiges Goldts/die ein jeglicher der hierwidder thete/ als offt vnd dick das beschehe/verfallen sein soll halb in vnser vnd des Reichs Cammer/die ander halb den ehegenanten N.vnnachlässig zubezalen. Auch haben wir demselben N.N.zu N. vnnd seinen vorgemelten Erben vnnd nachkommenden/die besonder gnade gethan/vnd des gefreihet/ daß wir/oder vnser nachkommenden Römisch Keyser vnd Könige an dem Reich/ sie mit jhren Regalien vnnd Lehen/wie sie die von vns/vnd dem heyligen Reich haben/ vnnd gemandt sindt/gemeynglich/ odder sonderlich/gantz/odder getheylt nimmer an kein ander handt/oder ende/inn kein weise/ wenden oder kommen/sonder sie damit ewiglich bey vnns vnd dem heyligen Reich bleiben lassen/vnd behalten sollen.

Wir ordnen/setzen/vnd wöllen auch/daß nach des obganten N.abgange/sein elister vnd nechster Erbe/ vnnd nach desselben abgang jhe der eltest vnd nechst Erbe/solch jr Regalia vnd Lehen/ von vns als eim Röm. Keyser/vnd nach vns vnd vnsern nachkommenden Rö. Keysern vnd Könige ewiglich empfahen/ vnd vns vnsern nachkommenden Röm. Keysern vnd Könige/an dem Reich/darumb verbunden sein sollen/ wie vorgeschrieben stehet/ Derselb auch/der solch Regalia vnd Lehen zu jedenzeiten von vns/vnd vnsern nachkommenden an dem Reich/Römischen Keisern vnd Königen/nach der jetztgemelten ordnung empfahet/soll die allein innhaben/besitzen/vnd der geniessen/on iutrag der andern/seiner Erben/vnd sonst allermeniglichs. Geben zu N.am Montag nach dem Sontag N. anno ɛc.

Wappen Brieff von der Römischen Keyserlichen Maiestat.

WJr N. von Gotts Gnaden Röm. Key. ɛc. bekennen vnd thůn kundt offenbar mit disem Brieff/ allen den/die sie sehen/oder hören lesen/ daß wir gnediglich angesehen vnd betracht haben solch redlicheyt/Erbarkeyt vnd vernunfft/ die vnser Diener vnd lieber Getrewer Matthyß N. an jhm hat/ auch die getrewen vnd annemen dienst/

die er

New Formular

die er vns lange zeit vnuerdrossenlich gethan hat/ auch täglich thůt/ vnd vns vnd dem H. Reich in künfftigen zeiten wol thůn mag vnnd soll/ Vnnd haben darumb mit wolbedachtem muth/ gůtem rathe vnnd rechtem wissen dem vorgenanten Mattheissen dise hernach geschrieben Wappen vnnd Kleinothe/ mit namen einen gelben oder Goltfarben Schilt/ verwappent mit einem schwartzen zerspannen flügel/ vnd einem Helm/ gezieret mit einer gelben vnnd schwartzen Helmdecke/ habend darauff einen flügel vnnd fůß eins Greiffen/ von farben vnnd schickungen/ gleich als in dem Schilt/ als dann die inn mitte diß gegenwertigen Brieffs gemalet vnd mit farben eygentlich außgestrichen ist/ gnediglich geben vnd verlihen/ Geben vnnd verleihen jne die von Römischer Kepserlicher macht in krafft diß Brieffs/ Vnd meinen/ setzen/ vnd wöllen/ daß der ehegenant Mattheus/ vnnd sein Eheliche leibs Erben dieselben Wappen vnnd Kleinoth nun hinfür in allen Ritterlichen sachen vnd geschäfften/ zů schimpff vnd ernst füren/ auch aller Lehen vnd Ampter die Erbar schiltmessige leuth haben/ empfenglich sein/ vnd die haben vnd verwesen sollen vnd mögen/ von allermenigklich vngehindert/ Vnnd wir gebieten darumb allen vnd jeglichen Churfürsten vnd Fürsten/ Geistlichen vnd weltlichen Grauen/ Freyen/ Herrn/ Rittern/ vnd Knechten/ Hauptleuthen/ Burckgrauen/ Pflegern/ Amptleuthe/ Burgermeistern/ Richtern/ Räthen/ Burgern/ vnd sonst allen andern vnsern vnd des Reichs vnderthanen vnd getrewen/ ernstlichen vnd festiglichen mit disem brieff/ daß sie den vorgenanten Matthysen N. vnnd sein Eheliche leibs erben/ an den vorgenanten Wappen/ Kleinothen vnd gnaden nit hindern/ noch jrren/ in kein weiß/ sonder sie der gerůhiglichen gebrauchen lassen/ als lieb einem jeden sey vnser vnd des H. Reichs schwere vngnad zuuermeiden/ Vnschädlich doch andern/ die villeicht der ehegenanten Wappen gleich fürten an jhren Wappen vnd Rechten. Mit vrkund diß Brieffes/ versigelt mit vnser Kepserlichen Maiestat Insigel. Geben/ ꝛc.

Wappen Brieff/ anderer Form.

WIr N. von Gottes Gnaden Röm. Kepser/ zu allen zeiten mehrer des Reichs/ ꝛc. Bekennen vnd thůn kundt offenbar mit disem Brieffe/ allen den die jn sehen/ oder hören lesen/ Daß wir gnediglich angesehen vnd betracht haben/ solch redlichkeyt/ Erbarkeyt/ vnd vernunfft/ die vnser Diener vnnd lieber Getrewer N. an jhme hat/ auch die getrewen vnd annemen dienst/ die er vns lange zeit vnuerdrossenlichen vnnd williglich gethan hat/ täglich thůt/ vnd vns/ vnd dem H. Reich in künfftigen zeiten wol thůn mag vnd soll. Vnd haben darumb mit wolbedachtem muth/ gůtem rath/ vnnd rechtem wissen/ dem vorgenanten N. dise hernach geschrieben Wappen vnnd Kleynoth/ mit namen/ ꝛc. (Nota/ als dann das Wappen wie es sein soll/ mit farben eygentlichen zuuermelden). Als dann dieselben Wappen vnd kleynoth in mitte des gegenwertigen vnsers Keyserlichen Brieffs gemalet/ vnd mit farben eygentlicher außgestrichen sindt/ gnediglichen verlihen vnd geben/ Verlehen vnnd geben jhnen die also von Römischer Kepserlicher macht/ vollnkommenheyt/ wissentlich in krafft diß Brieffs/ Vnd meinen/ setzen/ vnd wöllen/ daß nun füran ewigklichen/ derselb N. vnd sein Ehelich leibs Erben/ vnd derselben erbens Erben/ die jetzgemelten Wappen vnd Kleinotth haben/ füren/ vnnd der in allen vnd jeglichen ehrlichen vnd redlichen sachen vnd geschäfften/ in streiten/ kempffen/ gestechen/ gefechten/ panieren/ gezelten/ auffschlags/ innsigeln/ bittschafften/ kleinothern/ begräbnussen/ vnd sonst an allen enden/ nach jhren notturfften/ willen/ vnd wolgefallen gebrauchen/ vnd geniessen sollen vnd mögen/ als andere vnsere vnd des H. Reichs Wappen genoßleut sich jhrer Wappen vnd Kleinoth gebrauchen/ vnd geniessen/ in recht/ oder gewonheyt von allermenigklich vnuerhindert. Vnd gebieten darauff allen vnd jeglichen Churfürsten/ Fürsten/ Geistlichen vnd weltlichen/ Prelaten/ Grauen/ Freyen/ Herrn/ Rittern/ Knechten/ Hauptleuthen/ Visthumben/ Vögten/ Pflegern/ Verwesern/ Amptleuthen/ Schultheyssen/ Burgermeistern/ Richtern/ Räthen/ Burgern/ Gemeynden/ vnd sonst allen andern

Wappenbrieff. CCXVII

dern vnsern vnd des Reichs vnderthanen vnd getrewen/in was wirden/standts/ oder wesen die sein/ernstlich vnd festiglich mit disem Brieff/vnd wöllen/daß sie den vorgenanten N.vnd sein Ehelich leibs Erben/vnd derselben erbens Erben/an den jetztgemelten Wappen vnd Kleinothen nicht hindern noch jrren/ sonder sie der wie vorstehet/gerühiglich gebrauchen/geniessen/vnd gentzlich darbey bleiben lassen/vnd hiewider nit thůn/noch des je mandts andern zuthůn gestatten/inn kein weise/ als lieb einem jeden sey/vnser vnnd des Reichs schwere vngnad/vnnd darzů ein Peen/ Nemlich zwentzig Marck lötiges Goldts zuuermeiden/die ein jeder/so offt er freuenlich hiewider thette/ vns halb/in vnser vnd des Reichs Cammer/vnd den andern halben theyl/dem obgemelten N.vnd seinen Ehelichen leibs Erben/vnablaßlich zubezalen verfallen sein soll/ Doch andern die villeicht der vorberürten Wappen vnd Kleynothe gleich führten/an jhren Wappen vnd rechten/vnschädlich. Zu vrkundt/&c.

Wappen brieff so Chur oder Fürsten pflegen zugeben/&c.

Wir N. von Gottes gnaden/&c. Bekennen vnd thůn kundt offenbar mit disem brief/ allen denen/die jhn sehen/oder hören lesen/Wiewol wir auß angeborner güte/ vnd Churfürstlicher (oder Fürstlicher) miltigkeyt allzeit geneygt sein/ allen vnd jegklichen vnsern vnderthanen vnnd Getrewen vnser Fürstlich Gnad vnnd fürderung mitzutheylen/So ist doch vnser Churfürstlich (oder Fürstlich) gemüte mehr begirlich zu denen/ die wir in vnsern/ vnd vnsers Fürstenthumbs sachen vnnd geschäfften/ mit getrewen bereitem fleiß vnd dienst allzeit vnuerdrossen erfinden. Wann vns nun vnser diener vnd Cantzleyschreiber zu N.A.N. vnderthenigklich vnd demütiglich angerüfft vnnd gebetten hat/daß wir jhm dises nachgeschrieben Wappen vnnd Kleinoth zugeben/zuuerleihen/zuführen vnd zugebrauchen/gnedigklich geruchten/ Daß wir herauff angesehen solche sein demütige fleissige bitt/auch die Erbarkeyt vnd redligkeyt/so er an jhme hat/ Dergleichen die getrewlichen dienst/ welche er vns bißhero vnderthenigklichen gethan/ auch noch thůn soll vnd mage.   Darumb vnnd mit wolbedachtem můth/gůtem rath/ vnd rechter wissen benenntem N. auch allen seinen Ehelichen leibs Erben/ vnnd derselben erbens Erben/ dises nachgeschrieben Wappen vnnd Kleinoth/ nemlich einen weissen oder Wasserfarben Schilt/zu vnderst drei schwartzer Bergin/darauß zwo Weyden Gerten mit braunen stielen vnd grünen Blettern/ kreutzweiß gehendt/ uff dem Schilt ein Helm mit schwartzer vnnd weisser/oder Wasserfarben Helmdeck/oder pausch gezieret/darauß zwen flättig weiß entspringen/aller massen gezieret vnd geschickt wie in dem Schilt/ als dann solch Wappen vnd Kleinot in mitte diß vnsers Churfürstlichen (oder Fürstlichen) Brieffs eygentlicher mit Farben gemalet/ vnnd außgestrichen seindt/ gnedigklich verleihen/Verleihen vnd geben jhm auch das also auß Churfürstlicher (oder Fürstlicher) vnser miltigkeyt/gnad vnd macht/wissentlich mit vnd in krafft diß Brieffs. Meinen/setzen vnnd wöllen daß der vorgenannt A. N. alle seine Eheliche leibs Erben/ vnd derselbigen Erbens Erben für vnnd für ewigklich obgemelt Wappen vnnd Kleinoth haben/führen/ vnnd sich desselben inn allen vnnd jegklichen ehelichen sachen/ vnnd geschäfften/ auch Innsigeln/Bittschafften/ vnd sonst an allen enden/nach notturfft vnnd wolgefallen gebrauchen/darzů aller jegklicher ehr/recht/ vnnd freiheyt/ gnade vnnd vortheyls haben vnnd geniessen sollen vnnd mögen/mit Ämptern vnd Lehen zutragen/ vnnd zuhalten/Lehengericht vnnd Recht zubesitzen/ Vrtheyl zusprechen/ vnnd darzů täglich vnnd geschickt zusein/inn Geistlichen vnd Weltlichen Stenden vnd Sachen/ als ander vnser Wappens genossen/solches alles haben/gebrauchen/ vnnd geniessen von rechts vnnd gewonheyt wegen/ vnd allermenigklich daran vngehindert.   Darauff alle vnnd jegkliche Churfürsten/ Prelaten/ Grauen/ Freyen/ Herrn/ Ritter/ Knecht/ Hauptleuth/ Vitz-

New Formular

thumb/Vogt/Pflegerweser/Burgermeister/Richter/Räthe/Burger/Gemeynden/ vnd alle Stende des H. Reichs/die v̄ vnsern willen thün vnnd lassen wöllen/freund- lich/günstiglich/gnediglich/bittendt/ersuchendt/vnnd begerendt/ auch allen den vnsern/ inn was werden oder standts die sein/ mit disem vnserm Brieffe ernstlich vnnd festiglich schaffende vnd gebietende/den genanten N. sein Eheliche leibs Erben/ vnd derselben er- bens Erben/für vnd für/an vorgeschriebenen Wappen/Kleinothen vnd diser vnser Chur fürstlichen (oder Fürstlichen) begnadung vñ verleihung nit zuuerhindern/ noch zu jrren/ in kein weise/ sonder sie des in vorgemelter maß geruhiglichen gebrauchen/ vnnd geniessen zulassen/ Das wöllen wir vmb einen jeden seiner gebür nach/ freundlichen verdienen/ günstiglich beschulden/in gnaden erkennen/bedencken/ vnd zu allen den vnsern/als lieb je jedem vnsere schwere vngnad vnd straff sey zuuermeiden/ gentzlichen versehen/ Doch al len andern die villeicht das vorgeschrieben Wappen vnd Kleinoth/oder des gleichmäßig füren/an jhren Wappen vnd Rechten gentzlich vnschädlich vnd vnuergrifflich. Zu vr kundt haben wir vnser Innsigel an disen Brieff thün hencken lassen. Geben auff/ꝛc.

Abheischungs Brieffe vom Königlichen Hofe.

Dem Allerdurchleuchtigsten Fürsten vnnd Herrn/ꝛc. Entpiet ich N. von Gottes gnaden A.ꝛc. mein vnderthenig willig dienst/ Allergnedigster Herr/mir hat mein lieber Getrewer N. fürbracht vnd lassen sehen einn Brieff von E. Kön. Mt. auß gangen/darinn E. Kön. Mt. den genanten N. fürfordert/gegen jtzo N. zuantworten an Ew. Kön. Mt. Hofe vnnd Cammergericht/ꝛc. Demnach thün ich derselben Ewer Kön. Maieslat zuwissen/ daß der gedacht N. mein Landisch/Rathe/ vnnd Diener ist/ vnd ich bin sich auch gegē gerürtem N. Rechts zupflegen vor mir/oder meinen Räthen mechtig/ das ich auch demselben N. zugeschrieben vnnd verkündet habe/ Ob nun der obgenant N. des nit begnügig sein/vnd den gemelten N. darüber ferrer vmbtreiben vnd zu kosten brin- gen wolt. Nach dem daß ich/mein Fürstenthumb die Aschaff/ꝛc. von Römisch. Keysern vnd Königen/vnd dem H. Reich/vnd sonderlich von Keyser N. löblicher gedechtnuß inn der gulden Bulle gefreiet sein/ vnd sich N. Rechts für mich erbeut/ darzu ich sein mechtig bin/ vnd seiner wider Parthey Rechts gegen jhme vor mir nit versagt ist/ So bitt ich E. Kön. Mt. vnderthenialich zuuerfügen/ daß an E. Kön. Mt. genanten Hof oder Caisser gericht/ vber den obgedachten N. kein Vrtevl oder Recht gehe/geben/ oder sprechen/ Son der ob jn der Kläger forderung nit zuerlassen vermeint/zu recht/ für mich vñ mein Räth/ gewiesen werde/ E. Kön. Mt. wölle in dem gnedig erzeygung thün/als ich des/ angesehen mein obgemelt Freyheyt vnd gestalt der sach vngezweiffenlich/ gut getrawen zu E. Kön. Mt. habe. Vmb dieselb. E. Mt. die Gott der Allmechtig zu langen zeiten großmechtig be waren wöll/vnderthenialich zuuerdienen. Dat. N. vnder vnserm vffiruckten Jñsigel/ꝛc.

Abheyschung vom Keyserlichen Cammerge- richt/anderer Form.

Dem Allerdurchleuchtigsten/ Großmechtigsten Fürsten vñ Herrn/ Herrn Maxi milian dem Andern/erwelten Röm. Keyser/ zu allen zeiten mehrern des Reichs/ in Germanien/ zu Hungern/Behem/Dalmatië/ Croatien/ vñ Schlauonien/ꝛc. König/ Ertzhertzog zu Osterreich/Hertzog zu Burgundi/ Steyr/Kärndt/ Crain/ vnd Wirtemberg/ꝛc. Graue zu Tyroll ꝛc. meinem Allergnedigsten Herrn/ Embeut ich Friede rich Pfaltzgraue bey Rhein/Hertzog in Beyern/ des H. Rhömischen Reichs Ertrruchs seß vnd Churfürst/ꝛc. mein vnderthenig gehorsam schuldig vnd willig dienst zuuor/ Aller gnedigster Herr/mir hat mein Vogt zu A. vnd lieber Getrewer C. von B. fürbracht vnd vrlesen lassen eiñ Brieff in namen E. Key. Mt. von derselb. E. Key. Mt. Caissenrichter
vnd

Abheyschung. CCXVIII

vnd Beysessen/an jhne außgangen/darinn er fürgefordert würde/gegen Klage N.an E. Key.Mt.zuantworten/ferrer innhalt obgemelter Ew.Key.Mt.fürheyschung/hab ich in vnderthenigkeyt vernomen/Vnnd bitt demnach vnderthenigklich E.Key.Mt. wöllen gnediglichen vernemen/daß der gedacht mein Vogt/Diener/Lehenman/ vnd Landseß/ vnd mir dermassen zugethan/daß ich sein zu recht vnd billicheyt mechtig/auch er in disem fall gegen dem vermeynten Klägern/vor mir/ oder meinen Räthen Recht zupflegen/zu geben/vnd nemen vrbütig. Dieweil dann ich vnd mein Fürstenthumb die Pfalzgraue schafft bey Rhein/von Römischen Keysern vnd Königen/E. Key.Mt.fürfarn/besonderlich von Keyser Karlo dem Vierdten/ löblicher gedechtnuß/ nach außweisung der Gulden Bullen/mit bestettigung E.Key.Mt.gnediglichen gefreyet vnd begabt sein/ daß die obgemelten vnser Diener/Lehenleut/ vnnd Landseß/ an kein ander Gericht dann für mich gezogen vnnd gehöschen werden sollen/ auch dem widertheyl gegen meinem Vogt von N.kein Recht versagt worden ist/mein vnderthenigs bitten/E.Key.Mt.wöllen gnediglichen verfügen/an bemeltem jrem Caisergericht kein Proceß/ Vrtheyl oder Recht/ wider mt einen sauth der sachen wegen außgehen zulassen/geben/oder sprechen/ Sonder wo die Kläger jhnen forderung zuerlassen nicht vermeynten/ sie zu Recht für mich vnnd mein Räthe weisen/Vnd E.Key.Mt. sich in dem so gnedigst erzeygen/als ich in betrachtung obgemelter Freiheit vnd gestalt der sachen/vnd sonst vnzweyffelich güte hoffnung zu E.Key.Mt.habe vnnd trage/Das erbiet ich mich vmb dieselb E.Key.Mt. die Gott inn langwerender glücklicher regierung gefristen wölle/in vnderthenigkeyt zuuerdienen. Datum Heydelberg vnder meinem auffgetrucktem Secret/ vff N.ꝛc.

Abheyschung von Westphalen.

Lieber besonder N.Freigraue des H. Röm.Reichs zu N.inn Westphalen/Vnns hat vnser lieber getrewer N.fürbracht/ wie du jn durch anbringen N. seiner widerpartheyen/an den obgenant freyen stul für geheyschen habst. Was nun der genant N.vns gewandt/vnser Rathman oder Diener ist/ꝛc. vnd vns zuuersprechen stehet/vnnd er sich erbeut dem obgedachten Kläger/vor vns/oder vnsern weisenden Richtern vnd Räthen/ odder an andern gelegen enden/ dahin er vor vns bescheiden werde/ Rechts zuseyn/ Vnd wir/vnd vnser Fürstenthumb N.von Römischen Keysern/Königen/ vnd dem heyligen Reich/Vnd sonderlich nach gesetz der gulden Bullen Keyser Carls des Vierdten/ löblicher gedechtnuß gefreihet sindt/ So begern vnd fordern wir an dich mit ernst/daß du kein Vrtheyl oder Recht vber den gemelten N. sprechen oder gehen lassest/sonder die sach für vns/oder vnser Räth weisest/daselbst auch der genannt N.dem vorgenannten Kläger thün soll/was er jme von ehren vnd Rechtswegen pflichtig würde/ darzu wir auch sein mechtig/vnd güt darfür sein wöllen/vnd geben auch dem Kläger solch Recht bey vns zuerfordern vnd zusuchen/ vnser frey strack sicher geleyd/für vns/die vnsern/ vnnd sonderlich die obgenanten sein widerpartey/vnd alle die/der wir vngeuehrlich mechtig sein/außgescheiden was sich nach freyschöffen Rechten gebürt/ vnd getrawen dir du thüst hierinn nit anderst/nach dem du wol weißt/ob darüber durch dich/ oder jemandt anders recht fürgenommen oder gesprochen wirdt/ daß das vnkrefftig vnd vernicht ist. Datum N. vnder vnserem auffgetrucktem Secret/ auff Dinstag ꝛc.

Abheyschung anderer Form/an den Freigrauen zu Westphalen/ der auff die Remission vnd abheyschung nit gewiesen hat.

Lieber besonder N.Wir haben dir nechst geschrieben/vnnd einen genant N.gegen Klagen von dir nach lauth vnser freiheyt abgefordert/darauff du vns geantwort ha-

D o ij

New Formular

ben/vnnd souil wir des bericht sindt/den gedachten N. nit geweiset vnd gemelt hast/es sey Vrtheyl vnd Recht darüber gangen/solchs hat vns frembde/nach dem wir vff den ersten Gerichtstage dem gemelten N. von dir verkündt/vnd doch das Gericht erstreckt/dir geschrieben vnd gefordert habe/den zuweisen/vnnd das wir gůt darfür sein wöllen/dem Klåger ehre vnd recht zuthůn/nach laut vnsers Brieffs/ Vnd daß darüber einiche Gericht oder vrtheyl vn wider vnser Freiheit gangen sein/meinen wir ob das geschehen/vnbillich/vnkrefftig/vnd für nicht sei/ Vnd wir begern abermals an dich mit ernst erfordern/ Nach dem wir als ein Pfaltzgraue des heyligen Rö. Reichs Churfürst/vnd vnser Fürstenthumb der Pfaltzgraueschafft bey Rhein/von Römischen Keysern vnd Königen/vnd dem heyligen Reich/vnnd sonderlich Keyser Carls löblicher gedechtnuß/nach innhalt der gulden Bullen gefreiet sein/ Vnd der gedacht N. vns gewandt ist/das du kein vrtheyl oder Gericht vber jhne gehen oder sprechen lassest/ Vnd ob vrtheyl oder Proceß vber jhne gangen weren/abthun/vnd demselben N. ob jhn der Kläger anspruch nicht erlassen wölt/vor vns/oder vnser Räthe/oder vnser weisende Räthe/zu recht weisen wöllest/an der ende einem er jhme vnuerzogens Rechtens gehorsam sein soll/darfür wir gůt sein wöllen/vnd thůn hierinn als wir dir getrawen. Dann wo hierüber einich vrtheil oder Proceß wider den genanten N. von dir außgangen/die weren nach sage vnser Freiheit vnkrefftig vnd vernicht/vnd möchten dich darumb vnd als sich gebürt vnersucht nicht lassen/ Dein beschrieben antwort hierüber begeren/vns darnach haben zugerichten. Datum N. vnder vnserm auffgetrucktem Secret/vff ꝛc.

Abheyschung von Rothweil.

Vnsern gruß zuuor/lieber besonder Graue Wilhelm von Sultz/des Hey. Reichs Hofrichter zu Rothweil/Vns hat vnser lieber getrewer N. fürbracht/wie du jnen gefordert habst/zu antworten gegen klag N. ꝛc. Verkünden wir dir/daß der genante N. vns vnd vnserm Fürstenthumb N. gewandt ist vnd zuversprechen stehet/vnser Rathman vnd Diener ist/Hierumb so begern wir mit ernst an dich gesinnendt/daß du an dem gemelten Hofgericht/vber den gedachten N. kein vrtheyl oder Recht gehen oder sprechen lassest/sonder dich darinn beweisest vnd haltest/als du wol weißt/sich nach vnser/vnd des obgenanten vnsers Fürstenthumbs gnade vnd Freiheyt sage gebürt. Datum N. vnder vnserm auffgetruckten Secret/auff ꝛc.

Abheyschung von Rotweil/anderer Form.

Wir N. Entbieten dem Wolgebornn vnserm lieben besondern Wilhelmen/ Grauen zu Sultz/des H. Reichs. Hofrichter zu Rotweil/vnsern günstigen gruß/vnd fügen dir zuwissen/das vns vnser lieber Getrewer N. vnterthenig fürbracht/wie du jnen gefordert habst/auff dem Hof zu Rotweil gegen Klag N. Dinstags nach N. verkünden wir dir/ꝛc. vt sup.

Abforderung zu Rotweil/vber hieuorig erfolgter Remission vnd abheyschen.

Wir N. von Gottes Gnaden/ꝛc. Entbieten dem Wolgebornen vnserm lieben besondern Wilhelmen Grauen zu Sultz/des Heyligen Rhömischen Reichs Hofrichtern zu Rothweil/vnsern günstigen gruß/ Vnd fügen dir zuwissen/ daß vns vnser angehöriger Vnderthan zu A. vnnd lieber Getrewer Hans N. jetz vnderthenigst Supplicierend fürbracht/ daß er auff anruffen seines Gegentheyls Ludwigen vonn B. Anwalde/ vngeachtet jhme hieuor mitgetheylter abforderunge/ vnnd darauff erfolgten rechtlichen Remission/ vnder dem scheine/als ob jhme B. kein geleydt/

lauth

Abforderung. CCXIX

laut derselben Remission zukommen were/ abermaln für das Hofgericht zu Rottweil Citirt/ da doch er N. solches Geleydt hieuor bey vns erlangt vnd außbracht/ auch dasselbig/ dieweil er N. solches jhme B. auß gefehrtlicher besorgnuß nicht zubringen mögen/ an dem Rathhauß zu A. da dann B. vnd die seinen täglich fürgehen vil reiten/ offentlich anschlagen lassen/ also daß es B. nicht allein gar vnuerborgen/ sonder auch B. darüber nechstes vnsers gehaltenen Hofgerichts/ durch den Statschreiber zu C. als seinem verordneten Anwaldt erschienen/ einen Gewaldt mit sein B. Jnnsigel bekrefftigt/ zusampt der Klage vbergeben/ sich also rechtlich inngelassen/ vnd so vil weniger auch einiger gefahr im stande Rechtens zubesorgen hett. Dieweil nun die sachen gehörter massen geschaffen/ wir auch vnns des an vnserm Hofgericht angefengten Rechtens/ zwischen obgemelten Partheyen erinnern/ vnd darneben nit gedencken künden/ gedachtem B. solches offentlich angeschlagen Geleydte vnwissendt/ zu dem er sich nichts dißfals/ vnd rechtfertigung zubefahren hat. So ist hierauff an dich abermals vnser günstigs gesinnen/ daß du mit Recht zwischen ehegenanten Partheyen/ vnangesehen außgangner Citation ferrer nicht vollfarest/ sonder es bey vor jer vnser beschehener abforderung darauff erfolgter Rechtlicher Remission vnnd insinuirten Geleydts/ auch an vnserm Hofgericht angefangenen Rechtlichen handlungen bleiben/ vnd jhme N. vnserm vnderthanen darauff ferrer Rechtlich vnnd Remission vrkunde/ oder ander notturfft mittheylen lassest/ Das wöllen wir vns also zu dir der billichept vnwepgerlich versehen/ auch darauff die Partheyen für vnser Hofgericht nechstkünfftig wider fürbescheyden/ vnd wo von nöthen (das wir doch nicht achten) mit weiteren Geleydte versehen lassen/ Vnd solches kompt vns von dir zu sonderm gefallen/ hinwider mit günstigem willen zuerkennen/ Jnn vrkundt mit vnserm hieunden fürgetrucktem Secret versigelt. Datum N Sambstags/ re.

Abforderung vom Landtgericht/ vnd Burckgrauenthumb einer Statt.

Dem Strengen/ Fürsichtigen/ Erbarn vnd weisen Herrn/ N. von N. Ritter/ vnd Landtrichter/ vnd den Schöffen vnnd Vrtheylsprechern gemeynlich des Landtgerichts des Burckgrauenhauses zu N. vnsern günstigen Herrn vnd lieben freunden/ Entbieten wir Burgermepster vnnd Rath der Statt N. vnser freundliche willige dienste zuuor/ Vnnd als A. vnserm Burger voll Klag wegen B. für euch verkündt worden ist auff N. Tag vor euch zuerscheinen/ wie das der verkündigungs Brieff mit mehr worten jnnhelt/ Fügen wir euch zuwissen/ daß wir von Römischen Keysern vnd Königen des löblich gefreyet vnnd bestettiget sindt/ wer zu den vnsern zuspreche hab/ daß er recht vor vnserm Amptman vnd Gericht/ vnd niergents anderswo nemen soll/ nach lauth der Freiheyt/ der glaubwirdig Vidimus vnd abgeschrifft/ wir euch hiemit zuschicken/ vnd die bitten zuuerhören/ Vnnd wann nun dem Kläger bey vnns Recht nie versagt worden ist/ vnd wir für solchs gefreyet vnnd Confirmirt sindt/ nach lauth der Confirmaty/ dero Abgeschrifft wir euch auch hiemit schicken/ die jhr verhören mögen/ Bitten vnd begern wir an euch mit disem offen Brieff/ die vnsern bey vnser Freiheyt bleiben zulassen/ Das wöllen wir vmb euch verdienen. Datum vnder vnserm/ rc.

Nota. In der Form wie von Rottweil geheyschen wirdt/ gleicherweiß wirdt auch von Chur vnnd fürsten/ die dessen gefreyet/ von dem Burckgrafsenthumb zu Nürmbergk/ vnd dem Landtrichter zu Würzburgk/ vnd andern/ rc. gefordert/ doch mutatis mutandis der Salutation/ rc.

D o iij

New Formular
Credentz schrifft der Chur oder Fürsten an die Römische Keyserliche oder Königlichen Maiestat.

Allerdurchleuchtigster großmechtigster Fürst vnd Herr/ E. Key. (oder) Kö. Mt. sein mein vnderthenig gehorsam/ willig schuldige dienst allzeit zuuor/ Allergnedigster Herr/ zu E. Key. (oder) Kön. Mt. hab ich gegenwertige meine Räthe/ den Wolgebornen N. Grauen zu N. mein Amptman zu N. A vnd B. vñ liebe getrewen/ sampt vnd sonder abgefertigt/ mit befelch bey E. Key. (oder) Kön. Mt. von meinet wegen mündlich werben vnd anbringen zuthůn/ als Ewer Key. (oder) Kön. Maiestat/ von jhnen gnedigst zuuernemen. Derhalben gehorsams fleiß vnderthenigst bittend Ewer Key. (oder) Kön. Maiestat geruchen vermelten meinen Gesandten/ in dem gnedigst audientz vnnd dißmal gleich mir selb volkommen glauben zugeben/ Sich auch darauff so gnedigst vnd willfarlich zuerzeygen vnd zubeweisen/ als zu Ewer Key. (oder) Königlichen Maiestat ich mich getröste/ vnd vmb dieselb als gehorsamer Churfürst (oder Fürst) mit allem fleiß vnderthenigst zuuerdienen bereyt erfunden werden wil. Datum N. Dinstags/ ꝛc. Anno ꝛc.

Credentzschrifft an etliche Stende des Reichs.

Den Hochwirdigen/ Ehrwirdigen/ vnnd Hochgebornen Fürsten/ vnseren lieben freunden/ Oheymen/ vnd Schwägern/ Chur vnd anderen Fürsten/ Geystlichen vnnd weltlichen/ so jetzt ghen N. zusamen kommen werden/ Embieten wir N. von Gottes Gnaden/ ꝛc. König/ ꝛc. vnser freundtschafft/ vnd was wir liebs vnnd gůts vermögen. Wir senden zu Ewer L. vnsere Räthe/ die Edlen N. vnnd N. vnsere liebe Getrewen/ denen wir befolhen haben was von vnsernt wegen bey Ewer L. zuwerben vnnd anzubringen/ mit fleiß bittende/ was dieselben vnser Räthe samptlich oder sonderlich von vnsern wegen an Ewer L. saistlich oder sonderlich werben werden/ jnen dißmals desselben gleich vns selbsten glauben geben. Datum/ ꝛc.

Credentz Brieff an die Königlichen Maiestat von einer Statt außgehend/ etlicher beschwerung vnd anderer notturfft halben/ sampt dancksagung vnd glückwünschung Königlicher wirdigkeyt.

Allerdurchleuchtigster Großmechtigster König vnd Herr/ E. Kön. Mt. sein vnser gantz vndertheniaste/ gehorsambste/ schuldigste dienst bereits fleiß/ in aller vnderthenigkeyt zuuoran/ Allergnedigster Herr/ Von wegen etlicher beschwerungen vns anligend/ schicken zu E. Kön. Mt. wir den Erbarn N. vnsern Rathsfreund zeygern diß/ vnser notturfft in denselben beschwerungen an E. Kön. Mt. zubringen/ vnd eygentlich zuberichten/ Mit vnderthenigstem fleiß bittend/ was derselb vnser Rathsfreund in solchen vnsern sachen vnd notturfftigkeyten an E. Kö. Mt. vnderthenigst bringen vnd werbende ist/ dißmal gnedigstlichen zuuerhören/ vnd jne gleich vns selbsten gentzlichen glauben geben/ vnd darinn so gnedigst erzeygen/ als wir des zu E. Kön. Mt. ein sonder vnderthenigst gůt vertrawen haben/ Das wöllen wir als armen gehorsamen vnderthan/ vnderthenigstliche vmb E. Kön. Mt. Großmechtigkeyt verdienen/ sagen auch vmb solch erhöhung Königlicher wirdigkeyt E. Kön. Mt. durch die gnad Gottes so glücksamlich erfolgt/ Gott dem Allmechtigen lob/ ehr/ vnd danck/ demütiglich bittend/ daß er E. Kön. Mt. in solchem zu sonderlichem trost der armen/ glücksamlich lang gefristen/ vnd in allem lobe/ preiß/ vnnd ehren erhalten wölle/ vns zu E. Kön. Mt. Gnaden/ vnderthenigst befelhend. Datum/ ꝛc.

Credentz

Credentzbrieff.
Credentz Brieff auff trefflich sachen.

N. Gnediger Herr/Sachen halb/die der Geschrifft vberlandt inn sorgfeltigen lauffen nicht sindt zuempfahen/schicken wir zu Ew. Gnaden N. vnsern Diener/zeyger diß Brieffs/derselben dingen von vns eygentlich vnderrichtet/vndertheniglich bittend E. G. den zuuerhören/vnd jhme auff dißmals gleich vns selbs zuglauben/ vnd darin so gnediglich erzeygen/als wir denn getrawen/Das wöllen vmb E. G. wir vnderthenigs fleiß verdienen. Datum/ıc.

Credentz Brieff anderer Form.

Vnsern günstigen gruß zuuor. Wolgebornen/Wirdigen/Edlen/vnd Ersamen lieben besondern. Wir haben die Ersamen vnsere Räthe vñ lieben Getrewen/A. B. C. vnd D. sampt vnd sonder/in vnserm namen/vnd von vnsert wegen/etwas bei euch mündlich zuwerben/abgefertigt/ wie jhr von jhn vernemen werden/ Günstig vnnd Gnedig bittend/vnd gesinnen/gemelte vnsere Räthe vnnd Gesandten jhre werbung gütlich zuhören/vnd jhnen auff dißmals gleich vns selbs zuglauben/ auch euch darinn so wilfarig erzeygen vñ beweisen/als wir vns versehen vnd hinwider gegen euch mit günstigem gnedigen willen bedencken vnd erkennen wöllen. Datum N. Donnerstags/ıc.

Credentz anderer Form.

Vnsern freundtlichen dienst / auch was wir liebs vnd güts vermögen zuuor/Hochwirdiger Fürst/besonder lieber freund/ Wir schicken zu E. L. vnsern Hofmeister vnd lieben getrewen N. von N. in vnserm namen vnd von vnsert wegen an Ew. L. zuwerben/als dieselb von jhme vernemen werdent. Dieselb E. L. freundlich bittende/den gemelten vnsern Hofmeister seiner werbung gütlich zuhören/vnd jhme dißmal gleich vns selbs zuglauben/vnd darinn zubeweisen/als wir E. L. getrawen/hinwider freundtlich zuuerdienen. Datum/ıc.

Credentz aber anderer Form.

Vnsern günstige grüß zuuoran/Hochgelehrte liebe besonder/ Nach dem wir vnsern lieben getrewen vnd diener N. zeyger gegenwertigen Brieffs/in etlichen vnsern obligenden sachen vnd geschäfften/dero Landes art abgefertigt/ Vnd darneben auch jm befelch gethan/bey euch etliche mündliche werbungen/wie jr dann weiters von jm zu vernemen habend/fürzubringen/ So gelangt an euch sampt vnnd sonder/vnser günstigs gesinnen/jhr wöllent gedachten vnsern Diener seines anbringens gütlich hören/jhme dessen dißmals vollkommen glauben geben/vnd euch hierinn/wie wir nicht zweiffeln/jhr vn gewegert gern thun werden/gütwillig erzeigen/ Das sein wir mit gnaden hinwider vñ euch zuuerschulden geneygt. Datum/ıc.

Credentz Brieff wider anderer Form.

Vnser freundlich willig dienst zuuor/Wirdigen/Hochgelehrten/lieben besondern/ Herrn vnd güten freunde/ Wir senden zu euch den wirdigen vnsern Thumbherrn vnd lieben andechtigen Herrn N. von N. etwas von vnser vnd vnsers Thumbcapitels wegen an euch zubringen/vnnd zubegeren/ Demnach ist vnser freundlich bitt jhne seiner werbung zuuernemen/vnd jhme darinn gleich vns selbs gehöre vnd statt geben/Als wir des vnd alles güten besonders vertrawen zu euch tragen / Des wöllen wir in verdiensten vnd freundtlichem widergelt/wo das kompt/mit gnaden vnd gütigem fleiß willig erfunden werden. Datum/ıc.

D o iiij

New Formular

Credentz anderer Form / vmb werbung.

Durchleuchtiger/Hochgeborner Fürst vñ Herr/ Ewer Fürstlichen Gnaden seien vnser schuldige gehorsame willige dienst jederzeit bereits fleiß zuuoran/ Gnediger Fürst vnd Herr. Wir haben disen gegenwertigen vnsern N. vnd N. vnsern Rathsfreundt zu E.F.G. vnderthenniglichen abgefertigt/mit befelch von vnser/vnnd gemeyner Statt notturfft wegen bey derselben E.F.G. werbung zuthůn/Mit vnderthenigem fleiß demütiglich bittend/ Ewer Fürstlichen Gnaden geruch denen/inn jhrem anbringen gnedig audientz/auch dißmals gleich vns selbs glauben zugeben/ vnd sich darauff mit solchen gnediglich gegen jhnen zubeweisen/ als zu Ewer Fürstlichen Gnaden wir vns des vnderthenniglich hochgetrösten/ Vnnd solches vmb Ewer Fürstlichen Gnaden vnderthenniges schuldiges gehorsams zuuerdienen/erkennen wir vns jederzeit schuldig. Datum N. auff Mittwoch/ıc. Anno ıc.

Credentz brieff anderer Form/auff beschehener vertagung.

Durchleuchtiger Hochgeborner Fürst/Ewer Fürstlichen Gnaden seien vnser vnderthenig dienst bereyts fleiß zuuoran/Gnediger Fürst vnd Herr/Auff beschehenen Vertagung vnnd fürbescheidts/darmit wir für Ewer Fürstlichen Gnaden auff N. Tag schierstkünfftig/gegen N. zuuerhöre vnnd entscheidt des handels/den wir gegen jhm füren/Citirt sein/Haben wir disen gegenwertigen N. vnserm Rathsfreundt/vnd N. vnserm Stattschreiber befelch geben/von vnsern wegen den angesetzten Tag zuuersehen/Vnnd sonst ander vnser gemeyner Statt notturfft/deren sie bericht von vns haben/vor E.F.G. zuhandlen/als sich gebürt/Bitten darauff vnderthenniglichen/E.F.Gn. geruch jhnen dißmals als vns selbs zuglauben/ vnnd dieselben sich auff jhr handlung zu vnser notturfft/so gnediglich zubeweisen/als wir vns zu E.F.Gn. hochgetrösten/Das wollen wir ıc. vt sup.

Instruction vnd vnderrichtung/wes sich ein verschickte Bottschafft in seinen werbungen nach abgefertigter Instruction gegen hohen Herrn/vnnd mehrer Oberkeyten/als Keyserlichen vnd Königlichen Mayestaten/Chur vnd Fürsten/Grauen/Herrn/Edlen/Frey/oder Reichstetten/mit handlung/red vnnd antwort/empfahung/dancksagung/ schenck vnd erbietungen verhalten/vnnd wie er sich in hofflichkeyt darein schicken soll/ıc.

Also:

Anfengklich so eines Chur oder Fürsten/oder auch herwiderumb/ der obern Haupttern/als Bapst/Keyserliche vnd Königliche Maiestaten/ Gesandten vnd abgefertigte Bottschafft/an solche Höfe/dahin er dann abgesandt ist/kommt/So soll er oder sie sich ghen Hofe/oder in die Cantzley/da der Herr/oder deren fürnembste Räth sein werden/verfügen/vnd sich dermassen erzeygen/auff daß mann mercken kann/daß jhme oder jhren Gesandten was zuuerrichten befolhen worden sey/Da er Gesandter odder sie Gesandte dann durch den Herrn angesprochen würd/oder würden/So soll er/oder einer auß den Gesandten also sagen:

Allerdurch-

Instruction.
CCXXI

Allerdurchleuchtigster/Großmechtigster/vnuberwindlichster Keyser/Aller
gnedigster Herr. oder.
Durchleuchtigster/Großmechtigster König/Gnedigster Herr. oder
Durchleuchtigster/Hochgeborner Churfürst/Gnedigster Herr. oder
Durchleuchtiger Hochgeborner Fürst/Gnediger Herr. oder
Wolgeborner Grave/Gnediger Herr.

Von meinem Gnedigsten (oder) Gnedigen Fürsten vnnd Herrn (oder)Gnedigen Herrn/N.rc. Bin zu E. Key. (oder) Kö. Mt. (oder) E. Chur oder F. G. (oder) Gnaden/ ich gnedigstlichen (oder) gnediglichen/abgefertigt/etwas werbung zuthun/So zu E. Kei. (der) König. Maie. (oder) Churfürstlichen Gnaden/ (oder) Fürstlichen Gnaden (oder) Gnaden/ audientz zugeben gnedigsten (oder) gnediglichen gefellig ist/Bit Ewer Kei. (oder) Kön. Mat. (oder) Churf. Gnaden (oder) Fürstl. Gnaden (oder) Gnaden/ich vnderthenigstlichen (oder) vnderthenigklichen/ Aller. oder Gnedigst/oder Gnediglichen zu geruchten/die zuhören.

Was zierlicher red/rc. notturfftig/oder wie die jedem zugeben sein/hat man sich zu vorderst zu sinngang meiner Rhetorick/vnd dann außerm Titularbuch/beyd in Geystlichem vnnd weltlichem standt/wol zuersehen vnnd leichtlich abzunemen/zweiffel auch nit daß dadurch der Redner nicht allein in Titeln/sonder auch in Salutationen vnd dienstenbieten gnugsam bericht/vnd sonsten auß seinen Instructionen/vnd der Herrn Cantzley Tittular Büchern/ nach gelegenheyt vnnd standt seiner Herrschafft/gegen höhern vnnd nidern/auch nidern gegen höhern/rc.leichtlich/mutatis mutandis zuuerhalten habe/vñ haben/Vnnd wil also wider in verhaltung der Instructionen/souil ich in meinem geringen verstandt habe/fortschreiten.

Wo aber er/oder sie Gesandten zu dem Herrn nicht kommen mögen/so soll er/oder sie/sich gegen den gewaltigen/als Stattthalter/Großhofmeister/Marschalck/Hofmeister/oder Cantzler anzeygen/vnd vermelter massen vmb geruchung der verhörung anbieten/So er/oder sie/dann fürn Herrn (dahin mann dann abgesandt ist)erfordert vnd kommen wirdt/sollen er/oder sie/sich sampttlichen demütiglichen neygen/vnnd er/oder einer/außern Gesandten/mit züchtiger geberender vnd vnerschrockner nit zubarter/oder leichter stiff (wie dann zu ingang diser Rhetoric/in Liedmaß der stim vnd anderm/rc. zusehen ist)vnd sanfftmütig also sagen:

Allerdurchleuchtigster/vnuberwindlichster/Großmechtigster Keyser/Allergnedigster Herr/Der Durchleuchtigst mein (oder) vnser Gnedigster Churfürst vnnd Herr/ N.rc. Entbeut E. Key.Mt. ire vnderthenig schuldig willig dienst/rc. (oder wie nun dann jemands dem andern verwandt vnd derselben Titular oder Cantzley Büch innhalten ist) Vnd hat ihre Churf. G. mir (oder vns) ein Credentz Brieff einer werbung an Ew. Key. Mt. verlauthen geben vnnd abgefertigt/vnderthenigstlich bittende/denselben zuuerlesen/ vnd in dem als bald die Credentz schrifft mit gebürender Reuerentz/vnd mit höfflichen geneygten oder gebogenen knien darbieten/vnd vberantworten/Vnd so derselbig verlesen wirdt/darauff ferrero also sagen: Allergnedigster Herr/auff solches hat mir/odder vnns/ mein/oder vnser/Gnedigster Churfürst vnd Herr befolhen. Als.

Vmb empfahung/glückwünschung vnd gast-
ladung/Also:

EWer Keyserlichen Maiestat/mit sonderm fleiß zuuermelden/daß Ew. Key. Mt. glücklicher ankunfft diser Landtsart so verhoffentlich dem Reich Teutscher Nation vnserm geliebten Vatterlandt/zu widerbringung aller wolfart gemeynes bestendigen frieden/ruhe/vnd einigkeyt dienen würde/ihre Churfürstlichen Gna. sich höchlichen erfrewet/Das auch Ewer Keyserlichen Maiestat an gesundtheyt leibs/auch derselben

E.Key.

New Formular

E. Key. Mt. regierunge vnd sonst glücklich vnd nach gefallen zustände/ ist jre Churf. G. solches jederzeit zuuernemen/ vnd zuhören auch hertzlichen begirig.

Vnd ferners zuuermelden/ daß jhre Churf. Gnaden in erfarung kommen/ daß E. Key. Mt. von N. abgereiset/ vnnd jetzt auff wegen gehn N. zubegeben/ haben jhre Churf. Gnaden/ als ein gehorsamer Churfürst billich nicht vnderlassen sollen noch mögen/ als bald zu E. Key. Mt. vns zuuerordnen/ dieselb E. Key. Mt. in aller vnderthenigkeyt empfahen zulassen/ wie dann auch jhre Churfürstl. Gnaden solches hiemit gantz gehorsamlich theten/ Vnnd thün darneben Ew. Key. Mt. zu fürhabender reise alle glückselige güte wolfart von Gott dem Allmechtigen wünschen.

So dann zuuersichtlichen E. Key. Mt. in wenig tagen jhrer Churf. Gnaden Fürstenthumb vnd gebiete erreichen würden/ So thün jhr Churf. Gnaden Ew. Key. Mt. gehorsamlich ersuchen vnd bitten/ Ew. Key. Mt. die wöllten jhre alte Herberg zu N. da Ew. Key. Mt. thür vnd Thor offen/ vnd dieselbig Ew. Key. Mt. selbsten Herr vnnd Meyster sein/ gnedigst besuchen/ Das wöllen vmb E. Key. Mt. jhre Churfürstlichen Gnaden/ als dero gehorsamer Churfürst/ in aller vnderthenigkeyt zuuerdienen vnuergessen halten.

Instruction anderer Form / von wegen tödlichen
abgangs eines Gefürsten Bischoffen/ vnd einen andern dahin auffzuwelen zubegeren bitten.

DEr oder die Gesandten/ sollen sich in solchem/ wie kurtz angeregt/ verhalten/ vnnd nach vberantwortung der Credentz schrifft also sagen/ vnd vermelden.

Der Hochwirdig Fürst vnd Herr/ Herr N. ic. mein (oder) vnser Gnediger Fürst vnd Herr/ Entbeut Ewer Ehwirden/ Gnaden vnd gunsten/ deren günstigen gruß vnd alles güts/ Vnd dann darauff als bald ferrers vermelden: Vnnd hat jhre Fürstlichen Gnaden hieheuor des Hochwirdigen in Gott Vatters jrer Fürstlichen Gnaden besondern lieben Herrn/ Freundts vnd brüders/ Herrn N. Bischoffen zu N. ic. löblicher vnd seliger gedechtnuß/ tödtlichen abgang/ als von wegen der sondern brüderlichen vertrawlichen verwandtnuß/ darinnen jhre F.G. mit jhrer L. seligen gestanden/ vnd dann auch diser jetziger leufft vnd zeit halb/ dabey sein Liebde in vil wege fürstendig/ vnd zubefürderung gemeynen ruhen vnd friedens wol erschießlich sein köndten/ gantz bekümmerlich/ freundlich/ vnnd mitleidenlich vernommen/ jhre F.Gn. hetten auch S.L. seligen/ da es dem Allmechtigen also gefallen hett/ deren lenger leben gern gegündet.

Wann es aber den weg griessen/ daß S.L. oder jhre F.G. nach schickung Gottes die schuldt der natur bezalet/ so thü jhre F.G. deroselben die ewige ruhe/ vnnd dann zu jhener zeit neben allen Christglaubigen ein frölische vnnd Gottselige aufferstehung von hertzen wünschen.

Vnd wiewol jhr F.G. erinneren köndten/ Ewer Ehrwirden/ Gnaden vnd gunst/ als Dechant vnd Capitel ein solches Haupt vnd Bischoffen person/ welcher dem Stifft zu aller wolfart gewegen/ auch sich zu desselben vnd deren aller frommen günstiglich erzeyget/ darumb daß auch Ewer Ehwirden/ Gnaden vnd Gunsten/ S.L. absterben so vil bekümerlicher zu gemüt fassen möchten/ So wöllen doch jhre Fürstliche Gnaden nit zweiffeln/ Ew. E. G. vnd Gunst. als Christen/ würden sich in dem wol zugetrüen haben/ die weil jhre Liebden also mit Christlicher auffrechter vernunfft vnnd sinnen/ auß disem trübsal zu dem ewigen leben abgeschieden/ vnd daß dannoch der Allmechtig noch vnder Ewer E.G. vnd Gunsten/ solche vorneme vnd verstendige Personen veroordnet/ darauß widderumb ein anders Haupt zu eim Bischoffen gezogen/ vnd dißfals abermal statliche fürsehung wol beschehen mag.

Dieweil nun aber jhre F.G. nicht zweiffeln/ E. E. Gn. vnd G. der fürstehenden noturfft

Instruction. CCXXII

turfft vnd allerhandt obligen nach/ in dem embsigen vnd notwendigen bedencken stehen/ wie dieselben nachmaln die Election fürnemen/ auch als baldt darauff im werck fürschreiten mögen. So hetten jhre F.G. dannoch nicht vmbgehen wöllen/ zu E. E. G. vnd gunsten/ vns zuuerordnen/ vnd auß güter günstiger nachbäurlicher wolmeinung freundlicher erinnerung zuthůn/ damit dieselben auff ein solche Person (wie jhre F.G. on das nit zweifelten) inn diser Wahl bedacht weren/ die nichts minders dem Stiffi/ auch Landen vnnd Leuten/ neben beförderung des H. Reichs wolfart vnd gemeynen Friedens wol vnnd löblich anstünde/ auch güte Nachbaurschafft zupflantzen/ zubawen/ zuerhalten/ vnd zubefürdern/ Vnd dann anschens vnd herkommens halb/ nit weniger als anderer vernünfftigen vrsachen wegen bey disen sorglichen schwärlichen zeiten/ zufürkommung vilen gefährlichen vnd sorglichen vnraths/ geschickt vnd nützlich sein möchte.

Vnd wiewol jhre F.G. E. E. G. vnd Gunst. in deren lang vnd wolhergebrachten freien wahl eines künfftigen Bischoffs/ &c. einige maß oder ordnung zugebē nit gemeynt/ Jedoch auß der nachbaurlichen züntzigung/ vnnd daß jhre F.G. auch damit gegen disem löblichen Stiffi wolherkommen/ vnd in beiden glückseligen vnd widerwertigen zeiten reichlich abnemen köndten/ was zu allen theyln darauß güts/ oder nachtheyls zuuerhoffen/ &c. Haben jhr F.G. E. E. G. vnd gunsten/ günstiglich zuerkennen geben/ Auch bitten wollen/ daß dieselben in solcher wahl/ des Ehrwirdigen in Gott vnd Hochgebornen Fürsten/ jhrer F.G. freundtlichen lieben Vetters/ Herrn N. &c. vnd Thumbprobst zu N. im besten vnd der gestalt indencktig/ auch des befürderlichen genregten willens sein wöllen/ auff daß sein Liebden zu solchem Bischofflichen Ampt gewelet vnd verordnet werden möcht/ angesehen/ dieselbig der Geystlichept ohn das verwandt/ auch deren mit Capitular/ vnnd dann des Fürstlichen herkommens/ auch verstandts ist/ daß jhre Fürstlichen Gnaden in güter zuuersicht stunden/ sein E. da sie zu disem hohen standt kemen/ darinn dem löblichen Stiffi &c. vnd dem H. Reich mit pflantzung vil güts/ vnnd abwendung aller handt gefahr/ vnnd sonderlichen erhaltung nachbaurlicher/ auch gemeynen friedens/ vnnd einigkeyt wol erschießlich/ fürträglich/ auch rhümlich/ vnd löblich ansehen würden.

So sollen sich auch E. E. G. vnd Gunst. zu jhrer F. E. dessen gewißlich getrösten/ daß jhre F.G. gegen S. L. vnd E. E. G. vnd Gunst. nicht weniger als bißher aller güter freundtlicher nachbaurschafft befleissen/ vnd deren den Stifft lassen befohlen sein. Neben dem auch solches vmb E. E. G. vnd Gunsten/ mit allem günstigen genreigten nachbaurlichen willen erkennen/ bedencken/ vnd nicht zweiffeln/ S. L. sampt andern daroselben verwandten freunden/ es gleicher gestalt in allem gůtes vnd verdienen/ &c.

Nota. Ob mann wil/ mag mann auch sagen: Das alles haben wir auß befelch vnd an stadt vnsers Gnedigen Fürsten vnd Herrn/ vnuermelt nit lassen sollen/ Vnd

Darauff auch als baldt der oder die Gesandten nach beschehener werbung/ so vil müglich/ vmb wilfarige widerantwort bitten sollen.

Wie sich ein Fürsten Bottschafft an einen Rath einer grossen Statt abgefertiget/halten vnd handlen soll.

DJe Bottschafft soll sich zu einem Rath der Statt fügen/ vnd den Ammeister/ oder Bürgermeister/&c. begeren/ jhnen von wegen seines Gnedigen Fürsten vnnd Herrn zuhören/ Vnd so die Bottschafft in den Rath gelassen wirdt/ soll er sagen: Fürsichtigen/ Erbarn/ Weisen/ besondern günstige liebe Herrn vnd Freunde/ Der Durchleuchtig Hochgeborn Fürst/ mein Gnediger Herr N. &c. Entbeut euch sein Gnad vnnd gnedigen willen (oder) entbeut euch seinen günstigen gruß. Ausserhalb der Statt Straßburg/ schreibt mann gemeynlich freundtlichen gruß.

Vnd

New Formular

Vnd hat jhre F.G. mir ein Credentz an euch verlautend geben/ freundtlich bittend die zuhören/ Vnd dieselbig Credentz darmit als baldt presentirn vñ vberantworten/ so die verlesen/ also sagen.

Darauff hat Hochgedachter mein Gnediger Fürst vnd Herr/ mir gnediglichen befolhen vnd mit Instructionen abgefertigt/ euch zuberichten/ nemlich wie rc. vnd als dann seinem befelch nach vermöge seiner Instruction nach dem kürtzesten vnd notturfftigsten/ mit getrewestem fleiß fürtragen vnnd erzelen. Vnnd nach ende desselbigen vmb antwort anhalten/ darauff wider außtretten vnnd auff Resolution/ vnnd fernern fürbescheids gewarten.

Vnd also nach beschehener werbung vnnd begerung der widerantwort/ soll ein jede Botschafft die Resolution darauff erfolgert vnd gefallen/ sampt seinem fürtrag/ mit allem fleiß allerdings wie dieselbige fürgetragen/ vnnd was darauff für antwort worden/ auffschreiben/ darmit er nicht allein zu seiner widerkunfft/ warhafftige/ fürderliche/ mündliche oder schrifftliche Relation thün/ sonder auch vil meh: solches durch seine schrifften in ewiger zeit behalten/ vnnd mann dessen zu fürfallender notturfft/ widerumb zubericht finden/ vnd registrirt werden köndte/ rc.

Erbietung auff etlich Credentz/ so nach gethaner werbung gnedig antwort begegnet.

Durchleuchtiger Hochgeborner Fürst/ Gnediger Herr/ die gütheyt solcher zucht vnd ehren von Ewer Fürstlichen Gnaden auß eygen angebo:ner tugent an mich gelegt/ ist so groß/ daß ich nichts in mir einicherley wercken finden kan/ zu gebürlicher vnderthäniger danckbarkeyt solcher güthat gnüg sein. Aber als fer: mein vnderthäniger will zu disen dingen bezalung reichen mag/ denselben soll Ew.F.G. in mir also was die füro an mich gebürlichs vnd vermüglichs begern vnnd gebietendt/ daß ich das vnderthänige bereyts vnnd gehorsames fleiß williglich sey zuvollbringen/ gnediglichen spüren/ gleich Ewer Fürstlichen Gnaden bestelten Diener/ belohnten Knechten/ vnnd gehorsamen eygen Menschen.

Erbietung auff erfolgter widerantwort/ anderer Form.

Das nemen wir an statt vnsers Gnedigen Fürsten vñ Herrn zu grossem gefallen/ vnd wöllen vns des gegen jhrer Fürstlichen Gnaden von euch zu güt berhümen/ in vngezweiffelten getrawen/ es werde bey jhren F.Gn. solcher massen angesehen vnnd bedacht/ daß es euch inn künfftiger zeit zu gutem statten dienen soll/ So seinde wir auch geneygt/ das gar dienstlichen vmb euch zubeschulden.

Erbietung aber anderer Form.

Gnedigen Herrn/ der gnedigen vnnd gütwilligen antwort/ sage Ewer Gnad. Ich meines Gnedigen Herrn halben freundtlichen danck/ vnd wil die jhren Gnaden berhümen vnd vnderthenigklichen anzeygen/ inn vngezweiffelter zuuersicht/ jhre Gnaden werden die freundtlich vnd nachbaurlich auff vnd annemen/ vnnd vmb dieselb Ew.Gn. hinwider freundtlich verdienen.

Erbietung

Erbietung oder dancksagung vmb erlösung ge-
schl:licher trübsal/angst vnd noth/rc.

Nediger Herr/rc. Danck/gnad/wirde/vnd lobsagung/entbeut E.G. Ich vmb be
ren zucht/frombkeyt/vnd erbarkeyt/die mir einen solchen verbunden vnd verstrick
ten knopff/auß sonderer von Gott angeborner gnad vnd barmhertzigkeit/on miet/
gab/vnd kleinot/sonder auß begirde des hertzens/vnd von lauter gab vnd freyen willen vff
gethan/entbunden/entledigt/vnd quit gethan gemacht hat/das langt mein begerung/ver
sehen vnd verlangen/den abzukeren/vnd gentzlichen zuuerreiden geweßt ist/das E.
G. ich nach meinem vnderthenigen besten kundt thůn vnnd vermögen manigfaltigen hohen
danck/preiß/lob/vnd ehr/vnnd dero wirdiger Herrschafft sagen bin/rc. das auch vmb E.
G. zuuerdienen/bin ich rc.

Wie der Fürsten Botteschafft einem Rath danck-
sagt/der antwort.

Vrsichtige/Erbare/weise/besonder günstige liebe Herrn vnd Freundt/auß ewe
rer antwort/mir auff mein beschehen werbung gefallen/Spüre ich den sondern ge
neygten willen/so jhr zu meinem gnedigen Fürsten vnd Herrn tragent/Vnnd wil
solche antwort jhren Fürstlichen Gnaden von euch berhilmen/ohn zweiffel dieselben wer
den die zu sondern danck vnd gefallen annemen/vnd in einem solchen vnnd mehrern gne-
diglich herwidern/vnd in gnaden bedencken.

Wes sich ein Botteschafft auff vnuersehenliche
gefallene antwort verhalten soll.

Besonder güte freundt/ewer gegebne antwort hab ich jnnhalts vernomen/vnd hete
mich deren nit getröst/Aber wie dem/Ich wil solche meinem gnedigen Herrn zuer
kennen geben/jrer Gn. gelegenheyt dargegen wissen zuhandlen vnd fürzunemen.

Was Instruction sey?

Instruction ist nichts anders/daß ein anleytung oder vnderweisung/vnd außtrück
licher befelch vnd will/darinn vnder fürgetrucktem Secret/alles vergrieffen vnd
bezeichnet ist/was der oder die Gesandten/fürnemlich handlen/werben/vnnd sich
verhalten sollen.
Vnd wiewol mein vornemen gewesen/eine oder zwo hieher inzuuerleiben/So seit
doch deren so vil vnd mancherhändt im brauch/daß ich nichts fruchtbarlichs darmit wiß
sen außzurichten/Derwegen die kürtze halb vmbgangen.

Wie ein Statt einem Fürsten der in ein Regi-
ment kompt/glück wünschet/vnd darneben vn-
derthenig erbietung thůt.

Durchleuchtiger/Hochgeborner Gnediger Fürst vnd Herr/Meine Herrn Bur
germeyster vnd Rath alhie/haben sonder vnderthenige freud vnd wolgefallen an
dem/daß E.F.G. durch Chur vnd Erbschafft zum Regiment diser Land ist kom
men/lassen E.F.G. darzu glück wünschen/den Allmechtigen Gott bittendt E.F.Gn. ist

P p

New Formular

weißheyt/ gesundtheit vnd tugentreichen wesen vñ langwirigem glückseligem Regiment gefristen vnd behalten wöll/ daß E.F.Gn. regieren/ dem Allmechtigen Gott löblich/ dem heyligen Euangelio hilfflich/ dem heyligen Römischen Reich zu pflantzung viles gütens/ E.F.G. zu erhöhung/ vnd derselben Landt vnd Leuthen auffnemlich/ tröstlich/ friedlich/ vnd ergetzlich/ Vnderthenigklich erbietend/ worinnen sie Ewer Fürstlichen G. vndertheniger dienst/ willen vnd gefallen mögen erzeygen/ wöllen sie vngespart sein/ vnnd getrösten sich aller Gnaden.

Wie mann in Reichstetten die Römisch Keyserliche Maiestat/ vnsern Allergnedigsten Herrn empfahet.

Allerdurchleuchtigster/ Großmechtigster Keyser/ Allergnedigster Herr/ Ewer Key. Mai. gehorsam willige vnderthanen diser Statt/ sindt E. Key. Mt. zukunfft sonder erfrewet/ dieselbig E. Key. Mt. in aller demüt vnd vnderthenigkeyt empfahend/ Mit der erbietung/ warinn sie Ew. Key. Mt. als pflichtige vn derthanen/ demütige vnderthenigste dienste/ willen vnnd gefallen köndten beweissen/ darzů wöllen sie gehorsam/ vnuerdrossen vnd willig sein/ Vnd thůn sich E. Key. Mt. als jhrem rechten natürlichen Fürsten vnnd Herrn/ vnderthenigklichen befelhen/ jhr Allergnedigster Keyser zuesein.

Empfahung der Keyserlichen Maiestat/ anderer Form.

Allerdurchleuchtigster/ Großmechtigster/ vnüberwindtlichster Fürst. E. Key. Mt. gehorsambste willige vnderthan diser Statt/ auß sonderer begirde vnd neygung/so sie gegen derselben/ als jhrem natürlichen Fürsten vnd Herrn tragen/ thůn E. Key. Mt. in aller vnderthenigkeyt empfahen/ Vnd loben den Allmechtigen Gott/ daß sie Ew. Keyserl. Maiestat in eygener Person sehen vnd empfahen sollen/ Gott vnsern Herrn bitten/ Ewer Key. Maiestat im wesen/ fürgang/ gesundtheyt vnd vermögen zubehalten/ daß die jhnen zu fruchtbarer regierung/ vnd zu allen gnaden erscheinen/ Mit erbietung worinnen E. Key. Mt. sie freude/ wollust/ dienste/ vnderthenigsten willen vnd gefallen wüsten/ oder köndten zumachen/ zuthůn/ vnd fürzunemen/ wolten sie jhres vermögen vnderworffen vnd gehorsam sein als jhrem natürlichen Fürsten vnd Herrn. Thůn sich damit Ew. Key. Mt. zum aller vnderthenigsten zu gnaden befelhen.

Dancksagung vmb beschehener empfahung.

Vnser Allergnedigster Herr Römischer Keyser/ ꝛc. dancket euch ewers gůtwilligen empfahens vnd erbietens/ vnd wils in allen Gnaden erkennen/ vnd Ewer Gnedigster Herr vnd Keyser sein.

Empfahung mit schenckung eins Kopffs/ ꝛc. einem Rhömischen Keyser/ von einer Reichsstatt vnd gantzer Gemeynde/ mit erbietung der dienstbarkeyt/ schöner Form.

Allerdurch

Erbietung. CCXXIIII

Allerdurchleuchtigster/Großmechtigster/vnüberwindtlichster Fürst/Allergnedigster Herr vnd Keyser/E. Key. Mt. gehorsam pflichtig vndertbanen/Burgermeister vnd Rathe diser Statt/von wegen ihr selbs/vnnd der ganzen Gemein/empfahen Ewer Key. Maiestat in sondern hohen freuden/sonder begirig Ewer Key. Maiestat/ihres Allergnedigsten natürlichen Herrn gegenwertigkeyt zusehen/vnnd erzeygen sich demütiglich vnd aller vnderthenigst/mit verehrung diß gulden Kopffs/vnnd tausent stück Golts darinnen ligende/vnderthenigst bittende/Ewer Keyserliche Maiestat wöllen solch verehrung von denselben mit Gnaden gnedigstlichen annemen/Vnnd worinn sie derselben Ewer Key. Maiestat wissen allen vnderthenigsten gefallen zuerzeygen/wöllen sie ires vermögens leibs vnd guts/inn allen gebürlichen sachen/willig/gehorsam/vnnd vnuerdrossen sein.

Schenck einer Statt dem Keyser.

Allerdurchleuchtigster/ vt sup. Allergnedigster Herr/ Ewer Key. Maie gehorsam willige pflichtig vnderthanen diser Statt/erzeygen sich gegen derselben mit einer Gab oder schencken/in aller demut vndertheniglist bittende E. Key. Mt. (wiewol die klein vnnd gering/ E. Key. Mt. vngemeß ist) die wöllen solch nicht verachten/sonder von dem willigen Geber ganz gnediglichen vnnd williglichen empfahen / Das sein sie vmb Ew. Key. Mt. als ihren Allergnedigsten vnnd natürlichen Fürsten vnd Herrn/demütiglich in aller vnderthenigkeyt zuuerdienen begirig.

Erbietung so die Keyserliche Maiestat widder von einer Statt abreisen thut.

Allergnedigster Herr/ etc. Ew. Key. Ma. erzeygen wir vns/ob Ew. Key. Mt. andern Fürsten/Herrn/vnd Dienern/so derselben zustehen/nicht nach wirden/were zucht/ehre/dienst/vnd gefallen bewisen vnd geschehen/das ist vnser armut/vnuermöglichkeyt vnnd vnweißheyt schuldt / auch vns in trewen hertzlich seidt / Mit erbietung/ob wie E. Key. Mt. ferner mit vndertheniglister gehorsamkeyt dienst vnd willen erzeygen möchten/ vnnd vnser vermögen/daß wir allwegen dem heyligen Reich vnd dem Hauß Osterreich vnderthenig gemacht haben/nicht lassen bethauren/demütiglich bittend vnser Allergnedigster Herr vnd Keyser zusein vnd bleiben/Deren wir vns auch zu Gnaden jederzeit aller vnderthenigst befelhen thun.

Erbietung vber abreisen/ anderer Form.

Allerdurchleuchtigster/ etc. Dieweil sich E. Key. Mt. die wir allzeit begeren gegenwertig zuhaben/zu abscheiden erheben wil/ erscheinen derselben gehorsambste vnderthenigste vnderthan/ob E. Key. Mai. deßgleichen andern Fürsten vnd Herrn/solcher zustendig/nicht vnderthenigkeyt/dienstbarkeyt/zucht/ehren/vnd gefallen/wie billich beschehen sein solt/bewisen worden/ Bitten sie in aller vnderthenigkeyt/das nit zu verachtung/schmach/ oder vngehorsam zuuermercken/sonder solches vnserm vnwissen vnd einfalt zuzumessen/ vnd vns willigen vnnd gehorsamen an dem heyligen Reich zuschirmen/ vnd vnsere anligende sachen vnd geschäfft gnediglich befolhen zuhaben/ vnd vnser Allergnedigster Herr vnd Keyser sein vnd bleiben/ als vnser aller vnderthenigst vertrawen vnd zuflucht ist/ Das wöllen wir vnsers vermögens / leibs vnd guts in aller vnderthenigkeyt willig/gehorsam vnd vnuerdrossen zuuerdienen ganz genegpt sein.

Pp ij

New Formular
Wie mann einem Fürsten von wegen einer Statt/ Wein/Habern/vnnd Fisch schenckt/auch empfähet.

Durchleuchtiger Hochgeborner Fürst/ Gnediger Herr/ E.F.G. entbieten meine Herrn Burgermeister vnd Rath allhie/jr vnderthenige willige dienst/ vnd lassen dieselben Ew.F.Gn. vnderthenichlich empfahen vnd verehren/mit einem sawren Trunck/einem wagen mit Habern/vnd etlichen Fischen/vnderthenichlich bittend/wöllen das von jnen gnediglich annemen/vnd jnen ein gnediger Fürst vnd Herr sein.

Nota. Ist der Fürst so gnedig vnd freundtlich/vnd wil den vom Rathe/die die schenckung thün/so der Redner sagt(vnderthenichlich empfahet)jrer Gnaden handt bieten/so sollen dieselben jhre hende Credentzen/vnd als dann die händt/neygend geben vnnd bieten/ Wie ich nicht zweiffel/ein jeder dessen verstandts wol selbsten sein wirdt/Ist auch allein der jugent fürgebildt.

Dancksagung von des Fürsten wegen vmb erfolgter schenck oder verehrung.

Ersamen/Weisen/besonder guten freunde/Die erbietung der dienste/empfahung vnd schenckung/ so jhr dem Durchleuchtigen Hochgebornen Fürsten/rc. meinem Gnedigen Herrn gethan/Nimpt dieselb jre Fürstlichen Gnaden gantz freundlich (oder) günstiglich (oder) gnediglich nach gebürlicher meynung an/vnd wil die vmb ein Erbarn Rath vnnd gemeyne Statt beschulden(oder)in Gnaden bedencken(oder)erkennen/vnd ewer Gnediger Herr sein.

Wil mann jemand zu Tisch laden/ist vnuonnöten solches in dem fürtrag der dancksagung zumelden/ sonder mag der Redner den oder dieselbigen allein ansprechen vnnd sagen/ Mein Gnediger Fürst vnnd Herr/hat mir gnediglichen befohlen euch allhie beym essen zubehalten/Derhalben mein bitt/jr wöllent bey vns bleiben/rc.

Wie ein Reich oder ander Statt einem Ritter/Edelman/ odder Doctor/Wein schenckt.

Ist er ein Ordens Herr/des Teutschen hochlöblichen Ritterlichen Ordens/Also: Ehrwirdiger/Edler/Strenger günstiger Herr.

Ist er ein Ritter/Edler/Strenger Herr.

Ist er ein Edelman/Edler Ernuester/rc.

Ist er ein Doctor oder Licentiat/Ernuester Hochgelehrter Herr Doctor (oder) Licentiat.

Meine Herrn des Raths allhie verehren Ewer Ehrwirden/vnd Strengkeyt (oder) Ewer Strengkeyt (oder) Ewer Ern. mit N. Kanten Weins/dienstlich (oder) freundlich bittende/die zugefallen anzunemen/vnd jhr geneygter Herrn zusein.

Doch werden solche wort/geneygter Herr zusein/allein gegen einer Rittermessigen Person gebraucht. Wie mann sich dann leichtlich mutatis mutandis,nach vermög hievor bersten Tittularbuchs zuhalten/vnd nach demselben alle gelegenheyt der Tittel/vnd Ehrwörter zuberichten hat/Doch jeder Herrschafft in deren gebreuchen vnd herkommen (darinn sich dann ein jeder gebrauchen vnd demselben nachkommen soll) einich form zugeben mit nichten angemaht/sonder der jugent/oder angehenden Schreibern diß allein zu bericht angezeygt haben wil.

Das ch sa

Dancksagung vber verehrung Weins.

Lieber freundt (oder) günstiger lieber Herr vnd freund (nach jedes gelegenheyt vnd nach ansehung der Statt/ vnd der Person/rc.) die schenckung des weins/ Nimme ich von einem Rath zu sonderm danck an/vnd wils vmb denselben/vnd gemeyne Statt freundtlich verdienen.

Ist es aber ein verschickte Bottschafft/sey er in der Danckung darzu:

Vnd wil solch verehrung meinem Gnedigen Fürsten vnd Herrn von einem Erbaren (oder) Ersamen Rath verhalmen/ vngezweifelt ihre F.G. werden solchs vnnd meine Herrn vnd Freunde/in Gnaden bedencken/oder erkennen.

Abdanckung den vnderhandlern in spennigen sachen/sonderlichen da Rittermessige Personen inn sein.

Strengen/Edlen/Ernvesten/Hochgelehrten/Ersamen vnd Wolgeachten günstige Herrn/vnd besonder gute freundt/ Der mühe/arbeyt/vnd getrewen fleiß/ so Ewer gunsten/als wir scheinlich gesehen haben/in diser sachen gehabt vñ fürgewendet/ bedancken wir vns gegen E.G. höchlich/vnd erbieten vns solches alles vnser vermögens zuuerdienen/vngesparts fleiß widerumb erfunden zuwerden.

Abdanckung vber gehabter mühe in vertrags handlungen.

Edlen/Ernvesten/Ehrwirdigen/Wirdigen/Hochgelerten/gnedig/günstig gebietende Herrn/ Die gewalt vnd befelchhaber von A. bedancken sich von wegen Schultheissen/Gericht/vnnd ganzer Gemeynde daselbst/vnderthenigs höchsten fleiß der gnedigen gepflegten vnd geübten vnderhandlung/bemühung vnnd mittlung/ mit erbietunge solchs in aller gebürender gehorsame vnderthenigs fleiß zuuerdienen.

Dancksagung vber angewendte mühe mit angehenckter bitt / in andern sachen auch fleiß zuhaben.

Ehrsamen/Weisen/rc. Ewerer grossen trew/geflissenheyt vnd arbeyt/in vnsern sachen jetzt am Königlichen Hofe gehabt/sagen wir euch danck/ innerlich begerende/ solches vmb ewer Weißheyt / in allem gebürlichen zuuerdienen/ Vnd bittende in sondern vertrawen/daß Ew.W. füro in den andern sachen den von N.antreffend/ferrer auch fleiß thun wölle / ob die ganz hingelegt/oder aber vff besser mittel vnd wege gebracht werden möchten/Das stehet vns zusampt der vorigen gütthat/vns von euch als obstehet bewiesen/so vil desto schuldiger vnd höher vmb E.W. zuerwidern.

Dancksagung vber warnung.

Lieben Herrn vnd freundt/ Ewerer trewen warnung vns jetzundt gethan/sagen wir Ewer Weißheit fleissigen danck/ noch fleissiger bittend/nach dem jr solchen geweben gelegener sindt / daß jhr dann ewer kundschafft hierab habende/ Vns weiter zu

New Formular

tag vnd so nacht/ auff vnsern kosten verkünden wöllent/was jhr hierinn erfaren/ vns zu wissen notturfftigs/ Das stehet vns vmb Ew. W. schuldig in solchem vnd mehrerm zuuerdienen. Datum.

Dancksagung einer schenck.

MEin freundlich willig dienst/mit erpietung alles geneygten willens zuuoran/Ersamer lieber Herr vnd freund/die Schenck mir von euch nechst zügesandt/ist mir nicht zu kleinen freuden/mehr darumb/daß ich darbey ewern günstigen willen gegen mir warlich prüffen mag/ dann vmb köstliche derselbe schencke/die noch dann grösser ist/dann ich vmb ewer Ersamkeyt jhe hab verdient/ich wil aber des vnd auch solcher zucht vnd ehren/mir vormals von euch bewiesen/sein inngedenck/die ich vmb euch vnd die eweren/wo ich mag/willig verdienen/ also daß ich verhoffe in dem laster der vndanckbarkeyt von euch nimmer vermerckt werden soll/ darumb jhr füro in allen vermöglichen dingen zu mir gebieten haben/ als zu ewerem rechten vnd natürlichen freundt/des freundschafft auß tugent thün/vnd nit auß einigem andern nutz oder vortheyl entsprießung/durch wenig beywohnung also gemehrt vnnd gegründt ist/daß ich getraw die zwischen vns beyden bleiben vnd weren sollen vnser lebtag/Gott der da ist ein leyter vnd ein schicker warer lieb/freundschafft vnd alles friedes/wölle vnsere leben lengern/in gesunden leiben vnd glückseligen stenden. Datum/ ꝛc.

Dancksagung gütlich stillstandes vnd Borgens.

VNser freundlich dienst/auch was wir liebs vnd guts vermögen zuuor/Hochwirdiger Fürst/besonder lieber freundt/die N. hundert gulden/so E. L. vns vor jaren geliehen/vnd dero bißher so freundtlich stillstandt gethan/schicken wir E. L. bei brieff zeyger vnserm Schultheyssen vnd lieben getrewen N. vnd dancken E. L. des freundlichen stillstandts/mit fleiß/vnd wöllen solchs vmb E. L. hinwider nachbaurlichen vnd freundtlich beschulden/vnd gesinnende/jm Schultheyssen vnsere Recognition/nach empfahunge des Gelts widerumb züstellen zulassen. Datum.

Vbergebung oder bewilligung sachen gütlich zuuergleichen.

CHurfürstliche hochlöbliche Räth/auff E. G. vnd gunsten fürgeschlagene gütliche handelung vnd verrichtung/ wiewol mein Parthey der gründtlichen warheyt vnnd Rechtens kein abschewens tragen/noch haben/wil ich sie doch E. G. vnd gunsten zu vnderthenigem gefallen vnd willfarung/die sachen vbergeben vnd zugestellt haben/der billicheyt nach zuentscheiden.

Ladung auff Hochzeit.

EHrnhaffter/Hochachtbarer/E. E. seyen mein gantz vetterliche vnderdienst willige vnd gehorsame dienst bestes fleiß zuuoran/Günstiger gebietender lieber Herr: Vetter/ E. E. vnd meiner herz vielgeliebten Basen glückliche gesundheyt zuhören/ist mir ein sondere angeneme hertzliche freude. Günstiger gebietender lieber Herr vñ Vetter/ nach dem ich mich/nach dem willen des Allmechtigen mit Jungfrawen Catharina Hansen N. Burgers vnd des Raths zu N. Ehleibliche Tochter/mit rath beyderseits freundschafft

Hochzeit.

schafft verheyrath/ Vnd demnach mit jrem vorwissen entschlossen/allhie solch Gemahlschafft nach Christlicher ordnung in angesicht der kirchen bestettigen zulassen/zu welchen ehren vnd Hochzeitlichen Tag E. E. vnd meiner hertz geliebter Basen ewerer Haußfrawen hertzlichen begeren bin. So langst hierauff an E. E. vnnd dero lieben Haußfrawen meiner Basen mein gantz vetterlichs bitten/ die wöllen auff Sontag den 14. Februarij allhie zu N. in meiner behausung ankommen/ vnd folgenden Montag neben andern meinen lieben Vettern/Herrn vnd guten freunden/mir vnd meiner geliebten Hochzeiterin zu sondern ehren/die Hochzeit zieren/ vnd in frölicheyt vollnbringen helffen. Das vmb E. E. vnd meiner lieben Basen/Ich vnd ander vnser beyderseits freundschafft zuuerdienen/ seind wir jederzeit bereits fleiß willig vil gantz geneigt/ Viß wiewol ich mich keines aussenbleibens getröst/ So bitt E. E. ich doch vmb Vetterliche wilfarige schrifftliche wideranwort bey Brieffzeygern/ Damit E. E. dero Haußfrawen mein liebe Baß/ in schirm des Allmechtigen gefristlichen befelhende. Datum.

Entschuldigung vnd glückwünschung vber auß
bleiben auff Hochzeit der Herrn/ꝛc.

Vnser freundtlich dienst/ auch was wir liebs vnd guts vermögen allzeit zuuor/ Hochgebornner Fürst / freundtlicher Vetter/ Ewer Liebden schreiben/des Datum stehet N. diß jars/darinnen sie vns jhren Hochzeitlichen Tag vnd beylager mit der Hochgebornen Fürstin/ vnser freundtlichen lieben Momen/ Frawen Agnesen/gebornen N. zu N. Hertzogin zu N. ꝛc. Wittib ꝛc. als E. L. freundtlichen hertz lieben vertrawten auff schierstkoffenden 16. May zu N. zuhalten freundtlich zuerkennen geben/ auch vns sampt der Hochgebornen Fürstin/vnser freundtlichen hertz lieben Gemahel/Frawen N. ꝛc. darzu Vetterlich vnd freundlich beruffen/ vnd laden thün/ Haben wir an gesterigem Sontags gegen abend freundlich empfangen/ vnd seins innhalts verlesen/ Vnd thün wir sampt ehe gemelter vnser freundlichen lieben Gemahel/ E. L. vnd deroselben hertz lieben vertrawten vnser freundlichen lieben Momen/ Frawen Agnesen Wittiben/ꝛc. zu solchem Ehrentag vnd beylager ein freudenreichen wolbehäglichen vnd glücklichen anfang/ allen ersprießlichen Gottseligen fürgang vn mittel/ auch zu beyder E. L. wolfart ein löbliches Christlichs ende von hertzen wünschen. Weren auch auß der Vetterlichen Blutuerwandtnuß vnd sonderer freundtlicher neygung gantz bezirigs fleiß gutwillig mit vnser gegenwertigkeyt auff solchem Ehrentag E. L. vnd deroselben zugethanen freundschafften zu sondern gesellgen ehren zuerscheinen / wo wir daran/ nit allein obligenden wol erlebten vnd herbrachten alters/ sondern auch darauß anstehenden allerhand leibs gebrechlichkeiten halb/ darumb wir auch den jetzigen werenden Reichstag vnbesucht lassen/ vnnd auß rath vnsers leib Artztes vns in Cur vnd bad begeben müssen/ höchlich verhindert würden/ Derohalben wir dann E. L. gantz freundtlichs vetterlichs fleiß bitten/ sie wölle so wol/ ehegedachte vnser freundlich hertzliche liebe Gemahel als deren L. sich die zeit er vnserer leibs Cur vnnd badens von vns zuthün/ oder auch auff so ferren weg allein zulegen beschwerlich/ vnsers nicht erscheinens vnnd außbleibens im besten vnd vetterlich entschuldigt nemen. Wir wöllen aber nie weniger als die nahe blutuerwandte freund/ vnd der wir sampt vnser geliebten Ehgemahelin/ E. L. vnd deroselben zukünfftigen Ehgemahel/ mit sonderer freundschafft vnd allem geneygten willens/ freundlich gewegen zu solchem E. L. Ehrentag vnd beylager vnsere stattliche botschafft/ die vnsere statt derendts vertretten/ vnd güte frölickeyt pflegen helffen/ auch E. L. weitere gelegenheyt vnserer verhinderrnuß vertrewlich eröffnen sollen/ abfertigen vnd verordnen/ Dann E. L. auch deroselben künfftigen Ehgemahel vnd beyderseits verwandten vnnd freunden/ allen güten freundtlichen willens/ angeneme vnd gebürliche dienste zuerweisen/seind wir sampt vnser geliebten Ehgemahel jederzeit gantz vetterlich vnd freundlich geneygt vnd vnpflütig. Datum/ꝛc.

New Formular
Dancksagung vnd glückwünschung zum Ehelichen standt / darzu einer geladen worden.

Ehrnhaffte günstige lieben Herrn vnd güte freund / Ewers freundlichen ansuchens vnd ladens / bedanck ich mich hohes fleiß / mit wünschung dem Herrn Breutigam vnd seiner geliebten Hochzeiterinne / zu solchem jhrem Christlichen vnd Gott dem Allmechtigen wolgefelligen werck / zum stande der heyligen Ehe / alle glückliche wolfart / Vnd erbiet mich ewerm anbegern nach / gantz willigklichen gehorsam zuleisten / dann euch in mehrem dann solchem zudienen / habe jr mich gutwillig.

Dancksagung nach essens / den erschienen Hochzeit leuthen.

Ehrnueste / Hochgelerte / Ehrnhaffte / Ersame / günstig gebietende lieben Herrn vnd Freund / Auch Ehrenreiche tugentsame Frawen vnd züchtige Jungfrawen / des günstigen vnd freundlichen erscheinens / dem Breutigam / sampt seiner geliebten Hochzeiterinn / zu disem jren Ehren vnd Hochzeitlichen tag / zu günstigem / vnd freundlichen willen / vnd zu sondern ehren beschehen / Thun sich der Breutigam vnd sein geliebte Hochzeiterin / sampt derer beyderseits freundschafft allhie zugegen / gantz dienstlichen vnd freundlichen zum höchsten bedancken / Mit dienstlicher vnnd freundlicher bitt / inn solchem was auff vnd fürgetragen worden (das vns der Allmechtig gesegnen woll) mit günstigen vnd freundlichem willen vor lieb vnd güt auffzunemen / vnd zu abends vmb fünff Vhrn günstiglichen samptlich widderumb allhier zum Essen erscheinen / soll abermals nach des Herrn Wirts vermögen auff vnd angetragen werden / vnnd solch Imbiß abermals mit freundlichem gesprech vnd frölicheyt ob Gott wil vollnbracht werden. Vnnd nach dem dann ein löblich vnnd alt herkommen / daß mann den jungen angehenden Eheleuten zu solchem jrem Christlichen / Göttlichen / vnd löblichem werck zuuerehren pflegt / so thut der Herr Breutigam vnd sein geliebte Hochzeiterin nach altem vnd gewönlichem brauch diß Becken auffsetzen. Das alles vmb Ewer gunsten / vnnd Erbar / auch thugentsamkeyt zuuerdienen / wöllen sie sampt deren beyderseits Freundschafft vngespartes fleiß willig erfunden werden.

Entschuldigung vber außbleiben / sampt angehenckter Dancksagung / vber beschehener Gastladung / ghen Hofe anzukommen / etc.

Vnser freundlich dienst / auch was wir liebs vñ guts vermögen / allzeit zuuor / Hochgeborner Fürst / freundlicher lieber Vetter. Wir haben E. L. schreiben / so sie vns in abwesen des Hochgebornen Fürsten vnsers auch freundlichen lieben Vettern / Herrn N. Hertzog / etc. vom 19. diß gethan / empfangen / vnd seines jnnhalts freundlich verlesen. Wöllen E. L. darauff zu freundtlicher antwort auff derselben begern nicht bergen / wiewol wir gantz begirig vnd in verlangen gewesen / wo es die zeit vnd gelegenheyt heit geben / daß wir S. L. zu N. antreffen mögen / vns daselbs hin zuuerfügen / vnd also seine Lieb in solchem jrem Hofläger freundlich vnd Vetterlich heimzusuchen. Dieweil aber S. L. diser zeit nicht allda / daß wir nunmehr vorhabens (wie dann auch die fürderung vnd eil diser vnserer reyß solches erfordert) vns den nechsten auff N. vnd das landt zu N. wie wir vnsern herabzug gethan zuzubegeben / daß wir also E. L. in hochgedachts N. etc. namen beschehenen beruffung vnd ladung freundlich vnd Vetterlichen dancksagen / vnd dasselbig altermassen

Glückwünschung. CCXXVII

fermaſſen in freundtſchafft vnd Vetterlichem willen annemen/als ob wir ſampt vnſerer freundtlichen liebſten Gemahel das werck empfangen vnd ingenommen/Vnnd ſolches vmb E. beyder L. in ein weg als den andern (denen wir ohne das freundſchafft/liebs vnnd guts zuerzeygen gantz begirig vnd geneygt) freundtlich vnd vetterlich beſchulden. Dat.

Glückwünſchung vber abreiſen/da jemande
ghen Hofe geladen/vnnd abgeſchlagen
worden.

Vrchleuchtiger Fürſt/Ew. Kön. Würden ſeinde vnſer freundtlich willig dienſte allezeit zuuor/lieber Herr vnd Oheym/Ewer Kön. wirden ſchreiben auß N. den N. Monat an vns gethan/haben wir empfangen/Darauß vernommen/daß E. Kön. W. dieweil der Hochgeborn Fürſt/Herr N.ꝛc. vnſer freundtlicher lieber Herꝛ vnnd Vetter inn ſeiner Lieb Fürſtenthumb ghen N. verreiſet/jetzt bey jhrem Hoflåger allhie zu N. nicht anweſendt iſt/der eile vnnd notturfft halb jrer Königlichen Würden fürgenommen reiſe/nunmehr entſchloſſen ſeien jhren weg den nechſten auff N. vnd das Landt N. zu nemen/mit fernerm angeheff ten begern/Ewer Königlichen Würden ſchreibens/ſo wir dienſtlichen verſtanden/Vnnd wiewol vns Ewer Königlichen Wirden/ſampt derſelben freundtlichen geliebten Gemahel beykunfft allhie ein hertzliche freude geweſt were/wir auch denſelben auff empfangen gedacht vnſers lieben Herrn vnnd Vettern des N.ꝛc. beſfelch/vnd als wir für vns ſelbſt geneygt/allen freundtlichen dienſtlichen willen vnnd ehrerbietung gern erzeiget hetten/So dann aber Ewer Königlichen Wirden fürgenommen reiſe die gelegenheyt vnd eile alſo erfordert/daß jhr Königlichen Wirden jren weg etwas näher vnd fürderſamer nemen werden/ſollen daſſelbig wir/wie billich/vns auch gefallen laſſen/vnd were E. Kön. W. gethanen bedanckens auff vnſer beſchehen bittlichs beruffen ohn not geweſen/thun alſo nicht weniger E. Kön. W. ſampt dero geliebden freundlichen Gemahel auff dieſelb reiſe alle glücklich wolfart/freundtlich wünſchen/denſelben auch vns dienſtlichen befelhen/vnd ſoll E. Kö. W. durch vnſers Herrn vnd Vettern verordenten in jrer Lieb Fürſtenthumb von S. L. wegen dienſtlich durchgebracht werden. Dat.

Klagbrieff/vnnd tröſtung vber vngeſchicht.

Vrchleuchtige Hochgeborne Fürſtin/E. G. ſeien mein vnderthenige vñ gebürliche willige dienſt zuuoran/Gnedige Fraw/Ich hett vorlangeſt E. F. G. klage der leidſamen geſchicht/meinem Gnedigen Fürſten vnd Herrn zugeſtanden/vnd E. G. getröſt/des groſſen hertzlichen leids/E. G. hieruon entſprungen vnd gefloſſen/wo ich mit gefördert hett/daß ſolch mein klagen vnd tröſten E. G. mehꝛ vnd weiter hett beleidiget/dann leydts ergnet/ſo E. G. geſchen hetten/das kommen vnd gehen/von einem menſchen/der ſolcher geſchicht halb ſelbs zuklagen wer/vnd troſt bedürfftig/dann daß er den hett ſeman dt mögen mittheylen/Aber dieweil E. G. mir jetzt geſchrieben/daß ich E. G. groſſen kummer vnd hertziges leide wöll helffen klagen/ſo habe ich mit vnderlaſſen ſollen noch können/E. G. mit diſer ſchrifften ſo vil an mir iſt zutröſten/die ich kürtzlich begriffen hab/darumb daß ich weiß E. G. leydt gröſſer ſei/dann das von meinen ſchrifften/odder worten getröſt werden mög/ſo ſind auch mein ſinne vnd vernunfft mit groſſem leydt alſo beleſtiget/daß ich in ſolcher tröſtung nicht wuſt nach gebür vnd billicheyt zuſuchen/anfang/mittel/oder ende/vnd nit vnbillich/gnedige Fraw/dieweil wir durch ſolche geſchicht entſafft/hingenoſſen vnd gefangen iſt/mein hoffnung vnd groſſer troſt vff Erden/Aber Gott der Allmechtig hat vns hie vff erde an ſeiner Kindſtatt/vñ herab ſchewt auß höhe der Himels/
gibt

New Formular

gibt er vns nicht allwegen das so wir begeren zu frieden leiblicher begirden/sonder offt das
fürderlich ist zu besserm nutze künfftiger dingen vnnd seligkeyt/vns dann zumal verbor-
gen. Darumb Gnedige Frawe/dieweil der Gott noch ist/der jetweder gewesen ist/vnnd
jmmer ist/wer weiß dann was noch künfftigs ist / Ewer Gnaden zu künfftigen freuden
dienende. Ich mach ein rechnung bey mir selbst/der ich offt gemeynt habe/mir ein dinge
gewesen seyn zuschaden/das nachmals mir kommen ist zu grossem nutz vnd freuden. Da-
rumb so wöllen wir diß ding inn hoffnung vnnd gedult geben/vnd empfelhen demselben
Allmechtigen Gott/vnd den bitten/dise ding zuschicken nach seinem Göttlichen willen/
So hab ich nit zweiffels/dann daß seine gnad dise sachen wenden werde zu solchen guten
wegen/das Ew. G. leydt in freuden/trawren/vnmut vnd weinen/in lachen in kurtzer zeit
werde verkert/das E. G. vnd mir verleihe/der da ist ein gewaltiger schicker vnd leiter/al-
les des so da ist in Himmeln vnd auff Erden. Datum.

Verkündigung vber eines Fürstlichen tödtlichen
abgang/so in Vheden gestorben/mit gesinnen/dersel-
ben Diener auffm Reichs Tag für deren widerwerti-
gen befriedet/vnnd des jhenigen wider
habhafft werden mö-
gen.

Vnser freundlich dienst/auch was wir liebs vñ guts vermögen/allzeit zuuor/freund
licher lieber Herr Oheym/Vatter/vnd Geuatter/Ewer Liebden wissen wir mit
bekümmertem vnd betrübtem gemüt nit zuuerhalten/daß der Allmechtige Gott/
weylandt den Hochgebornen Fürsten vnsern freundtlichen lieben Schwagern vnd Bru-
dern/Herrn N. ꝛc. heut disen Tag zwischen zehen vnnd eilff Vhren vor mittag in vnserm
Hauß zu N. zu sich gnediglich auß disem jamerthal erfordert hat/der Allmechtig wöll der
Seelen gnedig vnd barmhertzig sein/wie vns dann gegen vnserm trawren seiner Lieb hal-
ben hinwidder nicht wenig erfrewet/daß die in jhrer langwiriger franckheyt jhren willen
zum offtermal in den willen vnsers getrewen Gotts gesetzt/vnnd diser vngetrewen Welt
noch desselben willen gern ab vnd vbrig sein wöllen/Sie haben auch vff vorgehende reini-
gung vnd bekandtnuß jrer sünden/vnd von hertzen begerter Absolution/das heylig hoch-
wirdig Sacrament mit sonder Christlicher andachte/vñ darbey beschehener offentlicher
bekandtnuß vnsers Christlichen glaubens/vnd daß seine Lieb als ein Christlicher vnd teut
scher Fürst gern vnd willig sterben/auch allen jren Feinden/vnd denen/so zum hefftigsten
wider sie gehandelt/Darumb sie den Priester/vnd alle die so darbey in der Stuben gewest/
als in gegenwertigkeit vnser/vnsers Hofmeisters/vnnd anderer Diener vom Adel/auch
etlicher seiner Liebden Diener/dessen zeugen zusein gebetten vnd erfordert/von hertzen ver
geben vnnd verzeihen wöllen/wie seine Liebden vnzweiffenlicher hoffnung vnnd vertra-
wens weren/daß derselben jhre sünde auch verzeihen würden/vnnd nachmals in derselben
todtbeth solch Christenlich bekandnuß/mit zusammen gelegten henden offentlich/so lang
dieselb reden mögen/erholt/vnd darauff derselben leben (Gott lob) seliglich vnnd Christ-
lich beschlossen.

Dieweil vns dann gar nicht zweiffelt ... er E. obgedachts vnsers freundlichen
lieben Schwagers vnnd Bruders absterben ... sonder freundtliches mitleiden haben/
vnnd tragen werden/zu dem daß Ewer Liebden derselb Lieb Sachen gern verglichen
gesehen/auch ohne zweiffel Ewer Lieb derselben Räthen vnnd Gesandten auffgelegt ha-
ben werden/die Sachen auff jetzwerendem Reichs Tage zu N. zum gütlichen vertrag
richten zuhelffen. So haben wir nicht vnderlassen sollen/Ewer Liebden/dessen vn-
sers Schwagers vnnd Bruders seligen tödtlichen abgantz freundlichen anzuzeygen/

vnd

vnd barneben zuuermelden/daß vns gleichwol S. L. wie auch derselben Vettern/ dero
getrew/ ehrliche Diener/ so bey derselben jhren pflichten vnnd ehren gemeß vnnd beysten-
dig gehalten/ insonderheyt befohlen/ so vil jmmer an vns die fürderung zuthůn/ damit sie
vor derselben widerwertigen befriedet/ vnd des jhren/ so jnen von Seiner Liebden wegen
genommen/ widerumb habhafft werden mögen/ So wir dann S. L. anlangen bey vns
für Fürstlich vnd rhůmlich achten vnd halten/ darzů dann E. L. insonderheyt freundtlich
genepgt sein./ So bitten wir Ewer L. freundlichen/ die wöllen durch dero Räthe vnnd
Gesandten auff jetzigem Reichstag die weg lassen vnd helffen fürnemen/ damit dise hand-
lung gegen den getrewen Dienern ab vnd hingelegt werden/ darmit so vil desto mehr zer-
rüttung vnd vnruhe im Reich verhůt bleibe/ Das wöllen wir gegen Ewerer Liebden mit
freundtlichem vnd Schwägerlichen willen vnd dienst (damit wir derselben sonders zube-
weisen genepgt sein) verdienen. Datum/ꝛc.

Verkündigung vber tödelichen abgang/ so sein nachgelassen Gemahel thůt.

Vnser freundlich gebürlich dienst/ vnnd was wir ehren/ freundschaffte/ liebs vnnd
gůts vermögen/ allzeit zuuor/ Wolgeborner freundtlicher lieber Schwager/ Ew.
Liebden vnnd deren freundtlichen lieben Gemaheln wissen wir auß hochbeschwer-
tem bekümmerten gemüth freundtlicher meynung nicht zubergen/ Daß durch schickung
des Allmechtigen Gottes/ weylande der Wolgeborn Wilhelm Graue vonn N. mein
freundlicher lieber Herr vnd Gemahel seliger löblicher gedächtnuß/ heut zwischen einer
vnnd zwo Vhrn nach Mittag/ mit herlicher Christlicher bekandtnuß seiner L. glaubens/
vnd anrůffung des namens Jesu Christi/ vnsers Erlösers vnd Seligmachers/ mit gůter
vernůnffte vnnd verstandt/ Christlich/ seliglich/ sanfft/ vnd růhig entschlaffen ist/ Deo All-
mechtigkeyt S. L. zu seinem Göttlichen frieden/ růhe vnd seliger aufferstehung jhr befoh-
len haben wölle. Vnnd dieweil dann zu E. L. wir ein freundtlich zuuersicht haben/ sie wer-
den solches meines freundtlichen lieben Herrn vnd Gemahels seligen tödlichen abgangs
halben/ mit vns/ meinen lieben Sönen/ vnd Töchtern / ein Christlichs freundtliche mit-
leiden haben/ Derhalben solches Ew. L. deren wir der gebůr freundtlich zudienen genepgt
sein/ wir nicht haben mögen noch sollen verhalten/ vngezweiffelter hoffnung E. L. werden
inn solchem sich nicht allein/ sonder auch vil mehr vnns/ freundtlich vnnd schwägerlichen
dienstes/ vnsers beschwerten vnd bekümmerlichen gemüt vnd trawrens zutrösten haben/
Damit Ewer L. vnd derselben freundtliche liebe Gemahel inn schirm des allerhöchsten/
zu aller glückseliger wolfart befehlende/ sein Göttliche Maiestat bittende/ E. L. vnnd dero
Gemahel vnd beyder E. L. verwandten/ für bekümmernuß/ trawren/ vnd ab so lichen ab-
gängen zubehüten. Datum/ꝛc.

Verkündigung tödelichen abgangs eines Groß-
Hofmeysters/ an eines Churfürsten Hofe/ seiner
Gemaheln gethan.

N. Lieben besondere vnnd getrewe/ Nach dem weylandt vnser Großhofemeyster N. ꝛc.
ewer Gemahel vnnd Vatter mit todt abgangen/ das vnns dann nit wenig bekům-
mert/ gnediglich vnd getrewlich leid/ vns auch nit wol daran geschehen ist/ der All-
mechtig geruch der seel gnedig vnd barmhertzig zusein/ tragen des mit euch ein sonder gne-
digs mitleiden. Vnd nach dem wir wol achten kösten/ daß jr deßhalb nit wenig bekůmert
seit/ So haben wir nit vnderlassen/ euch vnsern gnedigen trost mitzuteylen/ Vnd dieweil
sich gbůrt den willn des allmechtige mit gedult zutrage/ auch solch durch kein bekůmernůß
zuwiders-

New Formular

zuwiderbringen/ So ist vnser gnedigs begern vnd gesinnen/ jhr wöllent es Gott befelhen/ vnd wes jhr an jm hilff vnd beystandt vermeynt verloren haben/ des von vns fürther zuge warten/ Dann wir euch zuschirmen/ handthaben/ gnad vnd güts zubeweisen willig vnnd genaygt sein/ des mögt jhr euch zu vnns getrösten/ versthet auß sonderer gnediger meynungen. Datum/ ꝛc.

Verkündigung vber tödtlichen abgang/ vber
Tochterman vnd Tochter/ mit vermeldung/ wie
es in der verlassenschafft geschaffet/ vnd das
Erbschafft zuholen begern/ ꝛc.

Was ich auß aller Schwigerlicher trew/freundtlicheyt/liebe/ehren vnd gůts vermag zuvor/hertz liebe Schwiger/ Nach dem wir alle sampt im gewaldt Gottes/ So wissent ewern Tochterman Thoman N. durch erschrockliche vnd schädliche schleiffung seins wilden schelligen Gauls/ derents verstorben/ vnd in seinem tödtlichen läger/ gůter verstendiger vernunfft als ein Christglaubiger auff Mittwoch nechst nach Anthoni den xvj. Tag des Jenners dises gegenwertigen N. jars verschieden sein/ volgendts sein Haußfraw Catharina N. mein hertz geliebte Sons Fraw ewer Tochter/ durch trübsal vnd hertzlich bekümmernuß/ auch andere zůfell/ in den nechsten 14. tagen nach benantem jhrem Haußwirt seligen auch ohne Testament todts verfaren/ bey der ich als ein getrewe Mutter vff jhr zeitlich entpieten biß in jhr absterben gewesen/ vnd also auß Mütterlicher trew vnd gůtigkeyt embsig zu Gott ruffen vnnd schreien vmb gesundtheyt/ bittende mein vngesparten allen vermöglichen fleiß mit fürgewendter můh/arbeyt/ vest trew/ wartung/ hilff/ vnd andern zeitigen fůrrathen (daran gar kein mangel) fůrgestanden/ sie früh vnnd spat sampt einer magdt/ gantz gůtwillig vnnd trewlich gehaben vnd getragen/ dermassen menniglichs getröstlichen zuversehen (wo der allmechtig nach schickung seins Göttlichen willens (darinn Catharina sich willigklich vnd Christlich ergeben) sonderlich nit beruffen) jhres legers erholt vnd vfftösten wer/ wie nun dem allein/ hab ichs zur Erden wie ehrlich bestattet/ auch alle jhre verlaßne haabe vnnd narung eygentlich durch den Herrn Stattschreiber inn beywesen zweyer glaub. vnnd namhafftigen Bürgern zu N. als gezeugen Inuentiern vnd vffschreiben lassen/ welche zum teyl in einer verschlossenen Cammer vnd truhen verwart seindt/ Zum theyl aber/ als gesponnen Garn/ new Tuch/ Bethgewand/ Pfůlben/ Küssen/ vnnd ander Federwath/ so durchs vngeziffer schadhafft werden möchten/ vnuerschlossen ligen. Dieweil dann solche behausung einem andern bestehender darinn zůhende des orts geraumbt werden můß/ Soll vnd wil die notturfft erfordern/ ewer/ oder ewer Haußwirts ankunffs/ anerstorben Erbfall wircklichen anzunemen/ dann ohne das zubesorgen sein Thome seligen stieff brůdere beyde Conradt N. genant (wie sie fůrnemen) solche nachgelassenen Güter/ nemlich Hauß vnd Hofe zu N. sampt andern zu N. anfallen/ vnderfahen/ vnd inziehen wůrden. Welches hertz liebe Schwiger/ich euch auß zůgeneygter trew nicht bergen noch verhalten sollen/ Hierumb inn eygener Person euch herab fertigen/ vnnd eiligs zu verhůtung höhers vnraths erheben wöllent/ solchen Erbfall zůfordern/ vnd einzubringen/ gůtlich oder rechtlich/ in krafft eines vollkommen rechtmessigen gewaldts zůhandlen vnnd fůrzuwenden wie sich gebůrt/ Wil so fer euch gefellig/ die farend Haab zu N. ligende/ wo sie nicht Arrestiert/ ghen N. in ewer Tochter/ als letztlebende Ehegemächts Behausung verfertigen/ alles zu ewerm gůtbedůncken vnnd willen gestellt/ mich durch Zeygern diß widerumb in schrifften/ oder můndtlich/ ohne lenger verweilung oder auffziehen/ zuuerstendigen. Das alles hab ich/ euch darnach zugerichten habend/ mit erbietung aller meiner willigen vnd getrewen dienste/ nach aller vermöglichheyt behülfflich zusein/vnd genaygt bin/ nit sollen verhalten/ Damit euch inn schirm des Allmechtigen Gottes/sambt gantzem Hausgesinde befelhende. Datum/ꝛc.

Apollonia N.ꝛc.

Klagbrieff auff verkündigung eins Herrn tödtlichen abgangs.

GOttes trost/neben entbietung alls güts/ehre vnd freundschafft/so wir vermögen/ zuuoran/freundtliche liebe Geschwey/Ewer Liebden Gemahels/vnsers freundtlichen lieben Schwagers seligen tödtlichen abgang/haben wir vnd vnser freundtliche liebe Gemahelin nit ohne sonderliche hertzliche bekümmernis vnd schmertzen gantz trawriglichen vernommen/tragen auch derhalben mit E.L.vnd derselben Sönen vnd Töchteren/ein sonders hertzliches mitleiden. Dieweil aber wir alle erstlichen jhe also erschaffen/ vnnd durch vnserer ersten ältern Erbfall dahin gerathen/ daß wir dem zeitlichen todt vnderworffen/ demselben auch inn keinen weg können entrinnen/welcher doch allen den jhenigen/so mit starckem glauben vnd rechter bekandtnuß an den ewigen Sohn Gottes/vnsern einigen Erlöser vnd Seligmacher Herrn Jesum Christum von disem jamerthal abscheiden/zu der ewigen seligkeyt nichts anders dann ein thür vnd eingang ist/ Vnnd aber Ew.E.Ehegemahel/vnser freundtlicher lieber Schwager selig in stettiger anruffung des namens vnsers Herrn Erlösers Jesu Christi/vnd in bestendiger heiliger vnd einmütiger bekantnuß/S.L.Christlichen glaubens/Christlich/sanfft/rühig/mit güter vernunfft vñ verstandt von diser welt abgescheiden/Sein wir der vngezweiffelten hoffnung/E.L.Gemahel seliger/werde nunmehr mit vnserm lieben Herrn Christo/den jre Liebd in deren letzsten bekandtnuß also bestendiglich angeruffen/in ewiger ruhe vnd freuden leben/vnd allda der ewigen freüd vnnd seligkeit(deren vns Gott der Allmechtig/vmb den verdienst seines Sons/auch wöll theylhafftig machen) geniessen. Langt demnach an E.L. vnser freundtliches ansinnen vnd ermanung/sie wöllen solchen jhrer E.Ehegemahels tödtlichen Christlichen abgang/ mit gedultigem hertzen tragen/vnd bedencken daß S.L.nicht ohne sondere geschickung Gottes des Allmechtigen/auß disem zergencklichem sterblichen jamerthal/vnnd leben/abgefordert worden/neben vngezweiffelter hoffnung S.L.(dieweil sie die zeit jhres lebens Christlich regiert vnnd beschlossen) werde die Erbschafft der ewigen seligkeyt erlangt vnd empfahen haben. Was wir vnd vnser freundtliche liebe Gemahel E.L. vnnd derselben Sönen vnd Töchtern liebs/ehr/vnd freundtschafft künden erzeygen/sollen E.L.von vns allen freundtlichen vnd genaygten willen jederzeit mit der that spüren vnd erfaren/Gott der Allmechtig/der ein Vatter aller Wittwen vnd Waisen/woll E.L.in allem trübsal vnd widerwertigkeit vorstehen/vnd ferners vor allen übeln vnd trawren bewaren. Datum/ꝛc.

Klagbrieff auff dergleichen verkündigung tödlichen abgangs eines Herrn/oder Grauens/ anderer Form.

WAs ich ehren/liebs vnd güts vermag zuuor/Wolgeborne freundliche liebe Schwägerin/Ewer Liebden hochbeschwerdlichen vnnd bekümmerlichen fall/so sich auß Gottes fürsehung/mit Ewer Liebden Ehegemahel/meinem freundlichen lieben Schwager/der abforderung halber auß disem zeitlichen armseligen vnnd vergencklichen lebens zugetragen/habe ich/ vnd mein freundliche liebe Gemahel mit hochbeschwerlichen vnnd bekümmerten gemüt auß Ewer Liebden schreiben vernommen/ vnnd wolten so es dem HERRN Gott/vnd Vatter vnsers lieben Herrn Jesu Christi/so gefellig ge-

New Formular

wesen/als vnns/ daß solches sein absterben noch lang nach seinem gnedigen willen/ were auffgezogen worden/ Aber dieweil wir dem gnedigen willen Gottes/ vnd der Seelen heil/ E.L. Ehegemahls seligen nicht zu wider vnd zu nachtheil sein sollen/ müssen wir des Herren willen mit gedult vnd danckbarem gemüth heimstellen/ für gut wol annemmen/ vnnd E.L. ehegemahel/ meinem freundtlichen lieben Schwager seligen/ die frewde so er in jenigem ewigen frewdenreichen leben on zweiuel erlangt/ hertzlich gönnen/ Dann dieweil ein zeit des sterbens ist/ wie wir auch nichts gewissers dann den todt/ aber nichts vnge= wissers dann die stunde desselbigen haben/ So sollen wir gewiß sein/ daß das absterben wolermelts meines lieben Herrn Schwagers seligen/ on göttliche vorsehung nicht besche= hen sey/ Vnnd nach dem S.L. als ein Christlicher Graff/ in zeit seines Lebens/ in erkandt= nuß Gottes/ vnd warer bekandtnuß seines lieben Sohns vnnd seines seligmachenden E= uangelij gelebt/ vnnd geregirt/ auch alle seine wort vnnd werck/ beide inn anrichtung der rechten Religion vnnd friedlichem Regiment/ durch glauben dahin gerichtet/ daß Gott von den seinen recht erkendt vnnd geehret wirdt/ So ist deßhalben vnzweiffenlich/ der e= wig Sohn Gottes/ vnser einiger Erlöser vnd Seligmacher Jesus Christus/ seinen Lieb= den in dero abschiedt gnediglich beygestanden/ vnnd dieselben von disem Jamerthal vnnd trübseligem leben in seinn schoß des ewigen freudenreichen lebens genommen/ da sie biß zur seligen vnnd allgemeynen aufferstehung gnediglich im leben des ewigen Lustgarten erhalten werden/ vnd nachmals mit ihme/ der ewigen freud vnd seligkeyt/ als ein miterbe vnsers lieben HERREN Jesu Christi/ geniessen.

Dem allem nach/ vnnd inn bedenckung des vnuerhinderlichen Göttlichen willens/ wöllen Ewer Liebden sich selbsten/ wie die (als mir gar nicht zweiffelt) wol werden zuthun wissen/ trösten/ vnnd die grosse bekümmernuß/ so sie ihrem schreiben nach zweiffels ohn auß disem leidigen fall empfangen/ auffer dem hertzen schlahen/ vnd diß sachen/ der Gött= lichen fürsehung vnnd verordnung heymstellen/ Der wölle Ewer Liebden sampt dero lie= ben Söhnen vnnd Töchtern in güter langwiriger frischer gesundtheyt/ friden vnnd in seinem Göttlichen schutz/ gnediglich erhalten vnnd schirmen/ Was dann Ewer Liebden vnnd dero freundlichen lieben Söhnen vnnd Töchtern/ meinem freundtlichen lieben Schwägern vnnd geschwägerin/ freundlicher vnnd gefelliger diensten vnnd liebs ich er= zeygen kan/ darinn sollen Ewer vnnd ihre Liebden mich jederzeit willig/ vnuerdrossen vnd vngespartes fleiß befinden vnd haben/ Daß Ewer vnd ihren Liebden/ bin ich zu aller freundtschafft vnd dienst erzeygung gantz wol vnd von hertzen gewölt. Datum. ꝛc.

Klagbrieff/ wie sich einer gegen seinem freund
beklagt/ daß ihme seine Haußfraw abge=
storben sey.

MEin freundliche gütwillige dienst seien dir allerliebster freunde ewig zuuor/ Wol= te Gott daß du inn meinem grossen vnfall mir auch gegenwertig werst gewesen/ bin ich alles zweiffels frey/ du hettest nit allein mit mir getrawert vnd geweinet/ sonder auch mir trost vnnd minderung meines kummers trewlich zugefügt. Dieweil aber ferre des wegs/ vnnd vnschickt der zeit solch dein ergetzlich gegenwertigkeyt mir ent= pfrembdt hat/ muß ich dannoch auß liebe/ freundschafft vnd verbindtlichen neygung/ die dein vnnd mein freud vnd leyd vnder vns gemein macht/ als freunden ziempt/ dich mei= nes vnfals/ kummer vnnd schmertzen hiemit berichten/ du weißt so ich durch schwere an= ligende sachen den gemeinen odder mein eygen nutz berüren/ betrübt vnnd entricht anhey= misch kam/ daß ich von der Ersamen N. meiner freundtlichen lieben Haußfrawen/ durch ihr löblich/ frölich/ vnnd tugentsam groß empfahung/ vnd geflissen ehrlich vbung/ alle= zeit inn meinem willen vnnd gefallen gewicht/ solchen trost vnnd ergetzung/ die mein sorg

vnd

vnnd trawrigkeyt gantz hinlegende/ vnnd in vergessenheyt fürwendt/ von der Frawen die mein hertz erfrewet/ vnnd deßhalb billich ein Fraw genant (was fruchtbar) angenommen haben/ Aber daß ich dir hiemit zuwissen verfügen wolt/ dieselb mein Freundin/ die mich weder mit worten noch wercken nie erzörnt hat/ mein trost/ freude vnnd auffenthalt/ ist leyder todt/ Gott erbarms/ daß ich solches erlebt hab/ Die Sonne so ich in meinem Hause/ inn meinem Hertzen/ vnnd allenthalben/ so Adelich vnnd fruchtbarlich geleuchtet hat/ ist durch todts noth abgeloschen/ Mein hoffnung vnd mein leben/ darinn leichtlich all mein vergangen widderwertigkeyt hinschiede/ ist von diser zeit abgescheiden vnnd todt/ Ich weiß des keinn trost noch ergetzlicheyt auff diser Erden zusuchen/ dann allein zu dir/ als meinem aller trewesten Freundt/ des du meines kummers mittrager bist/ zu fliehen/ Das schreibe ich dir nicht allein darumb/ daß du als ein güter Freundt/ als sich geziempt/ mir heiffest trawren/ sonder das du demselben meinem absterbenden/ leben vnnd ergetzlicheyt bey Gott ewig leben/ ruhe/ vnnd freundtlich thust trösten/ des mein hoffnung zu dir stehet/ vnd beger solches vmb dich mit höchstem fleiß freundtlich zuuerdienen. Datum.

Klage Brieff vber dergleichen Person zutrösten.

MEin willig freundtliche dienste/ vnnd alles guts ewig zuuor/ allerliebster freundt/ Dein schreiben mir gethan/ den leydtsamen abgangk deiner Ersamen Gemahel eröffnende/ hat mir seufftzen/ kummer vnnd schmertzen geborn/ angesehen vnsere freundtliche verwandschafft/ die zwischen dir vnnd mir nicht allein von geblüt/ sonder auch vonn vbung manicher güt hat/ auß deinen fordern/ vnnd dir gegen deinen Eltteren vnnd mir erzeyget/ entsprungen ist/ vnnd inn künfftig zeit wechßt/ Solches alles vrsache mir billich deinen kummer vnnd nachfolgende ergetzlicheyt/ wie ich dir gemeyn zusein/ Darin mich bedauchte/ wie ich in meinem gemüt empfinde/ welch schwer des kummers dein hertz (dem ein solche Ersam/ geschickt/ lieblich/ nutzbar/ schön/ Gottsförchtig/ fürbündig/ vnnd ein löbliche Fraw/ durch todtes noth beraubt wirt) allenthalben durchschneydet/ als ob dir alle deine tag nicht anderst fürzunemen/ dann allein zu klagen vnnd weinen sey. Allerliebster freundt/ damit du dannoch nicht inn solcher betrübnuß zuuerharren/ vnd deinen schaden zu mehren fürnemest/ ist jetzt mein als deines getrewen freundes ampt pflicht dich zuergetzen/ daß du solch beschwerdt vnd betrübnuß/ so vil dir müglich ist/ von hertzen schlahen/ vnd für vrsachen bedencken solt/ daß dein Weib tödtlich gewesen ist/ vnd die schuldt des todts (als wir alle verbunden seyn) bezaln müssen/ nicht laß dich verwunderen/ daß sie einest geborn/ wie ein Blum gegrünet/ vnnd geblüt hat/ vnd widderumb verdürt ist/ als du inn aller natur fürgehen sichst/ du wöllest miltern deinen schmertzen/ vnnd dich gebrauchen der vernunfft/ zeygt dich einen man vnnd fürsichtig sein/ dann jetzunde dein tugent zuerscheinen not ist/ vnd zubetrachten/ das du mit weinen/ trawren/ vnd dich inn kummer zu peinigen nicht widderbringen magst/ das so in deinem gewaldt herwidder zuberuffen nicht stehet/ noch auß deiner verschuldigung dir abweycht/ zc. Gedencke hast du in disem Jamerthal freud vnnd lust von jhr empfangen/ daß du nunmehr kurtzer zeit billich mangeln vnnd entberen thust/ vnnd jhr/ die dich offt erfrewet vnnd zu ruhe gefüret hat/ fürther mehr freude/ wollust vnd ruhe inn Gott gern vnnd williglichen verhengest/ welch seligkeyt du mit jhr zuhaben warten bist/ das ist mein getrewer rath/ Mit erbietunge alles des/ das dir zu ergetzlicheyt/ dienst/ vnnd nutzbarkeyt/ auch zu heyl vnnd trost deiner Gemahel vnd vnsern fordern seelen dient/ das in meinem vermögen vnnd gewaldt stehet/ dir als mir selb freundtlich mitzutheylen vnd mich vngespart zuhaben/ Damit seiest Gott zu langwiriger gesundtheyt befolhen. Datum.

New Formular

Bitt begängnuß zuhaben einer abgestorben Fürstin.

Vnsern gruß zuuor/Ersamen lieben andechtigen/vns ist verkündt/daß die Hochgebornn Fürstin/ Fraw Margretha geborn von N. Marckgräuin zu N. selig/von disem Jamerthal abgescheiden sei/ mit freundtlicher bitt/ daß wir sie inn Stifften/ Clöstern/Pfarren/vnd bey andern vnser Geistlicheyt mit Vigilien vnd Seelmessen begehen lassen. Dieweil wir dann dessen auch geneygt sein/ als deren die ein güt leben auff dieser Erden gefürt hat. So ist vnser begeren/ jhr wöllet solches zum fürderlichsten inn ewerem Gottshauß auch thun/ jhre Seel getrewlich (one daß sie Gott der Allmechtig nicht verlassen thüt) in ewerer andacht beuohlen haben/ Das ist vns zu danck vnd sonderm gefallen in gnaden zuerkennen vnd zubedencken. Datum/ic.

Begerung etliches handels zueröffnen.

Vnsern gruß zuuor/an vns hat gelangt/wie von dir geredt werdt/ daß etliche der vnsern nechst sollen vnsern freundlichen lieben Herrn Vettern/Hertzog N.ic. Reissigen/in jhrem ziehen vngebürlich beschrawen vnnd verspott haben/ Ist an dich vnser gnedigs gesinnen/ vns die mit namen zuöffnen/wöllen wir des vnderricht mit jnen gefarn/daß zumercken ist/vns solches zum trewesten leydt sein. Datum/ic.

Entschüldigung vnd gnad begerung von wegen beschehenen vnbillichen beziegs.

Ersamer/Fürsichtiger/Weiser Herr Burgermeister/Ewer Ersame Fürsichtige Weißheyt/ seien mein willige dienste zuuor. Nach dem ich bey euch etlicher worten halben/ die ich soll geredt haben zu ohren angetragen/deßhalben ich auch von euch in gefengknuß gezogen worden/ vnnd darauß durch schickung des Allmechtigen Gottes kommen vnnd entrunnen. Nun soll sich aber nimmer erfinden/ dann daß ich anders geredt hab oder verschuld/ dann als ich vor euch selbs bekändtlich gewesen bin/ Darumb bitt ich Ewer Ersame Fürsichtige Weißheyt in gutem vertrawen/ vnnd mit sonderm fleiß/ jr wöllet ewern vnwillen(deßhalben gegen mir geschöpfft)gütlich abstellen/vnd mich widerumb zu meinem dienst kommen lassen/vnd nicht mit mir sein ein vrsach von Landt zu kommen/zu gantzer meiner verderbnuß/ vnd des ansehen die heylige zeit der gnaden/vmb daß jhr die von Gott auch erlangen/ Das wil ich mit gehorsamen diensten sonder zweiffels williglichen erstatten/ vmb euch vnd alle die ewern/nach allem meinem vermögen/ vnd ich bitt des ein gütig. geschrieben antwort bey disem Botten. Datum/ic.

Verkündigung von wegen borgestanden vberzugks/so hindersich gangen.

Vnsere freundtliche willige dienste zuuoran/Ersamen weisen lieben Freundt/Als wir E. W. die beschedigung vnd den vberzugk/vns von vnserem Herrn/Hertzog N. beschehen verkündt vnd angeruffthaben/vns zu hilff vnd rettung zuzuziehen/haben

Verantwortung. CCXXXI

haben wir E.W. in solchem deren günstigen willen wol vermerckt/vnd dancken des Ew. W.mit sonderm fleiß. So aber vnser gnediger Herr Hertzog N. auff heut nach mittag mit jren Herrn widerumb auffgebrochen/vnd hindersich das Landt hinein gerückt ist/Haben wir solchs E.W. vnuerkündt nit lassen wöllen/sich darnach wissen zurichten/Dann wo wir Ewer W. lieb vnd dienst hinwiderumb beweisen möchten/ theten wir mit willen gern. Datum/ic.

Verantwortung einer Statt/ober vnbillichen bezigs.

Vrchleuchtiger Hochgeborner Fürst/E.F.G. seien vnser vnderthenige gehorsame willig dienst bereits fleiß zuuoran/Gnediger Fürst vnd Herr.Wir vernemen/ wie E.F.G. fürgehalten seien/ daß wir sollen ij.hundert Schützen haben gesandt vber Ewer Fürstl.Gnad.zureisen/das vns so vil zu grossem kümmernuß vnd leyde kombt/ als wir solches vngern gehandelt haben wolten/widder Ewer Fürstlichen Gnad/dero wir doch allzeit lieber vnderthenigen willen/dann einicherley mißfallens wolten beweisen/das bewegt vns manichfaltige gütthaten vnnd gnaden/so vor alten jarn von Ewer Fürst. G. löblichen Vorfarn offt vnd dick vnser Statt nützlich beweisen sindt/vnd die vnser Altfordern vns hinder jhnen schrifftlich verlassen habt/in vnderthenigen danckbarkeyt zubedencken/Darumb dieweil wir diser dingen obgemelte vnschuldig sindt/vnd niemandt der vnsern dann hundert Schützen vnserm Gnedigen Herrn N.ic. auff ihrer Gnaden begern/ vnd als wir schuldig gewesen sindt/fürgenommen hetten ghen N. zuschicken/der dann mit Ewer Fürst. Gnaden in keinem vnwillen/sonder nit anders wir wissent/inn freundlicher einigkeyt vnnd schrifftlicher verbündenuß ist/ So bitten wir demnach Ewer Fürstlichen Gnaden mit vnderthenigem fleiß/vnns füro vnschuldig diser dingen halb zuhalten/vnd anders nicht daß jetzgemelt/vnd auch die warheyt ist/von vns glauben zugeben/vnd hinfüro als bißhero/vnser Gnediger Fürst vnnd Herr zusein/vns vnd vnser Statt gnedigen willen zubeweisen/ als wir des vngezweiffenlichen zu Ewer Fürstlichen Gnaden/deren wir vns vnderthenig zu gnaden befelhen/inn gutem vertrawen stehen wöllen/Vnd wiewol wir nicht zweiffeln Ewer Fürstlichen Gnaden werden vns diser gestalt gnediglichen entschuldigt halten/Bitten wir doch Ewer Fürstlichen Gnaden vmb gnedige schrifftliche widerantwort bey zeygern diß vnsers Stattbotten/Das vmb E.F.Gn. zuuerdienen/ erkennen wir vns bereits fleiß in vnderthenigster gehorsam willig. Datum.

Bitt vmb gnedige annemung einer Keyserlichen Commission.

Vrchleuchtiger Hochgeborner Fürst/Ew.Fürst. G. seien vnser willig dienst bereits fleiß zuuoran/Gnediger Fürst vn̄ Herr/ Als der auch Durchleuchtig Hochgeborn Fürst vnd Herr/Herr N. weiland vnser gnediger Herr hochseliger gedechtnuß/von disem Jamerthal vnd(als vns nicht zweiffelt) zu den Gnaden Gottes beruffen ist/vnnd hiermit die Keyserlichen Commission vnnd die ladung darinn/an N.ic. vnsern Burger/vnd N.ergangen absindt/haben wir in grossem vnzweiffelichem getrawen/das von E.F.G. wir nicht minder dann von E.F.G. Herrn Vater hochseliger gedechtnuß/ in allen gnaden/ehren/vnd tugenden gemeynt werden sollen/ein ander Comission an E. F.G.lautende außbringen lassen/ Vnd wann wir von Feindtschafft wegen/vnnd besonder der vngetrewen wilden vnnd seltzamen laufften halben vnser Rathsbottschafft hiemit zu E.F.G.nicht bringen mögen/als sich anders wol gebürt vnd ziempt/ So schicken wir Ew.F.G. die bey disem vnserm geschworn Botten/mit aller vnderthenigkeyt fleissig bit-

Qq iij

New Formular

sende/das von vns in gnaden vnd besten zuuermercken/vnd dieselben Commission gnediglichen anzunemen vnd deren innhaltung zu bequemlicher zeit fürzunemen vnd zuhandlen nach gebürlichem. Das wöllen wir vmb Ewer Fürstlichen Gnaden/deren wir vns vnderthenig zu gnaden entpfelhen/vnderthenig bereit fleiß willig verdienen. Datum/ꝛc.

Bitt vmb leihung eines Dieners.

Vnsern gruß zuuor/lieber besonder/ewers Knecht werden wir nottürfftig zubrauchen auff dem Rith den wir mit hilff Gottes inn kurtz mit vnserm freundlichen lieben Herrn vnd Bruder ghen N. meinen zuthün. Darumb günstig gesinnen jhme die zeit zuerlauben/mit in obgeschriebner massen zureiten/ Daran thūt jhr vnns gefallen/ in gnaden zuerkennen. Datum/ꝛc.

Bitt vmb zuschickung eines Statt-
schreibers.

Ersamen Weisen lieben besondern/Etwas sachen halb vns zugefallen/sendt wir nottürfftig ewers Statschreibers zugebrauchen/ den wir doch vber drey oder vier tag nicht meynen auffzuenthalten/ Darumb wir euch bitten vns den zuleihen vnd zuschicken bey vns zusein zu N. auff N. zu nacht nechstkommende/ Das wöllen wir vns zu euch gnedig verlassen/ vnd in Gnaden erkennen. Datum/ꝛc.

Beger sich auff einn Tag sachen halb fürder-
lich zufügen.

Lieber besonder/Wir haben Bürgermeister vnd Rath zu N. gnediglichen ersucht/ dich zu vns auff N. Tag zu nacht allhie zu N. zu sein zuschicken/ sachen halben daran vns gelegen/wie du dann von vns vernemen würdest/Ist darauff an dich vnser gesinnen/daß du dich also zu vns fügest vnd nicht außbleibest/ Das wir vns zu dir gnediglichen verlassen/ Hinwiderumb in gnaden zuerkennen. Datum/ꝛc.

Begerung eines Statt Werckmeister zubesich-
tigung vnuollbrachten Baws.

Vnser freundlich dienst zuuor/lieber Meister Vlrich/der Ehrwirdig vnd Edel Vlrich von N. hat vns bericht/wie daß er red mit euch gehabt/ vnsers vnuollbrachten Baws halben eins Thurns/den wir an S. Jacobs Kirchen zuuollnfüren vnderhanden haben/ Demnach schreiben wir hiemit ewern halben/ vnsern gūten Herrn vnd freunden/ewern Herrn zu N. Vnd bitten euch gar freundlich/jr wöllen euch in die schirß künfftig Osterfeiertag/ personlich zu vnns auff vnsern kosten herab verfügen/ denselben Baw besichtigen/ vnd das best vnnd wegest nach ewerm besten verstande zuuollnfürung desselben rathen vnd weisen/ Das wöllen wir sampt zu gebürlicher verehrung mit willen freundlich beschulden. Datum/ꝛc.

Bit vmb vergünstigung vnnd zuschickung ei-
nes hocherfarnen vnd verstendigen Werck-
mans.

Fürsich

Leibeygenschaffe.

Fürsichtig/Ersam vnd Weiß/vnser freundlich dienst/vnd was wir liebs vnd gůts vermögen/mit willen zuuor/insonders liebe Herrn vnd freundt. Wir haben vnderhanden einn mercklichen vnuollnbrachten Baw eines Thurns/an S. Jacobs Kirchen bey vns/vnnd sein zuuollfürung desselben nottürfftig raths zupflegen der jhenen Werckleuth/die solcher Gebäw gleich erfaren vnnd verstendig sein. Dieweil vnns dann ewer fürsichtig ersame Lieb Statt Werckman/meister Burckart/als der ding hocherfaren vnd verstendig angezeygt/vnnd für ander berümpt wirdt/ So bitten wir mit sonderm fleiß gar dienstlich/E.F.E.W. wöllent vns in ansehung des gnedig gesüsen so newlicher zeit auff ein Credents/vnsers Gnedigen Herrn vnd Landtfürsten/Hertzog N.&c. durch den Ehrwirdigen vnd Edlen Herrn Vlrichen von N. deßhalben an Ewer Ersame Fürsichtige Weißheyt geschehen ist/denselben Meister Burckharten zu besichtigung vnsers Bawes/auff vnsern kosten günstiglich vergönnen vnnd zůschicken/mit befelch in den schierst künfftigen Oster Feyertagen bey vnns herunden zůsein/vnnd das best vnnd wegest/nach seinem besten verstand getrewlich zůrathen vnnd zů weisen/als wir vns zů jhm getrösten/ Das begern wir mit sondern fleiß in mehrerm gern zuuerdienen. Datum/&c.

Ledigzelung eines Leibeygenen.

Wir N. von Gottes gnaden/ Bekennen vnnd thůn kundt offenbar/ Daß N. von N. mit vnserm freien gůten willen sich von vns/ vnnd vnser gerechtigkeyt/ so wir zů seinem leib vnnd gůt leibeygenschafft halb gehabt handt/ ledig gemacht hat. Darumb mit allen weisen/ form/ vnd macht wir das krefftigest zů recht thůn können/ sollen/ vnd mögen/ künden/ sagen/ vnd lassen wir den benanten N. alle sein Kinde/ vnd Geschlecht/ so auß seiner Linien absteigt der Leibeygenschaffte vnd aller gerechtigkeyt vnd Rechten/ darmit sie vns zů künfftigen zeiten hinfür jmmer pflichtig oder verwandt sein möchten/ noch deßhalb jhne wes er vns bißher pflichtig gewesen ist/ gar vnd gantz frei/ vnansprechig/ ledig vnnd loß/ mit krafft vnnd vrkunde diß vnsers offenen Brieffs. Geben zů N. auff &c.

Leibeygenschaffe zuerlassen/ anderer form.

Wir N.&c. Entbeut Peter N. zu N. vnsern gruß/vmb deinn sonder dienst vnd gůtthat/ so nützlich du mir bewisen hast/ vnnd fürther wol thůn magst/ dir zu widergelt auß rechtem vnserm freien gůten willen/ auch mit zeitigem rath wir darumb vorgehabt haben/ darzů in aller weiß/ maß/ vnnd form/ damit wir solchs krefftigst zu recht thůn können/ sollen vnnd mögen/ So künden/ sagen vnd lassen wir dich/ dein Kinde/ vnnd was auß jhnen geborn wirdt/ es seyen Knaben/ oder Töchtern/ hinfür zů ewigen zeiten aller vnser/ vnnd vnserer Erben/ vnnd nachkommen/ Rechten/ Gerechtigkeyten/ vnnd ansprach/ auch ewer pflichten/ damit du bißher vns zůgethan gewesen bist/ vnd hinfüro sein soltest/ deßgl. ich vorgemelt dein Linien Leibeygenschafft halb/ ewer aller leib vnd gůts halb/ vnnd welcherley ihr all/ sonder/ oder sampt/ darumb angefordert/ beschwerdt/ oder bekümmert möchten werden/ oder sein/ gar vnnd gantz queit/ frei vnansprechig/ ledig vnd loß/ inn krafft vnnd vrkundt diß Brieffs/ Mit vnserm anhangenden Secret versigelt.
Datum N.&c.

New Formular

Forma eines Appellation Zettels/ an die Rhömische Keyserliche Maiestat/ da dem Beklagten ein anwaldt/ vnd dem Klagenden theyl durch einen Anwalde zuhandlen aberkandt worden/ in causa Iniuriarum.

Euch Herren Notarien vnd den glaubwirdigen Gezeugen/ gib ich Philips N. meiner notturfft nach zuerkennen/ Nach dem in allen geschrieben Rechten/ heylsamlich versehen/ auch zugelassen/ daß ein jeder beschwerdter innhalt zehen tagen von allen beschwerungen/ so jhme inner ausserhalb Rechts standts wider Recht begegen/ zu widerbringung derselbigen/ vor den Oberrichter sich beruffen vnd Appellieren mag. Vnd nach dem aber die von N. mich vor einem Erbarn Rath allhie zu N. etlicher vermeynten Iniurj halben vermeyntlich mit Recht fürgenommen vnnd beklagt/ vnnd doch dieselbig Klag Burgerlich intentirt/ Aber versehen Rechtens/ daß einem jeden inn Burgerlichen sachen frey stehen soll/ durch sich/ oder seinen vollnmechtigen Anwaldt das Recht zuuertretten/ vnnd kein Richter oder widder Parthey/ deßwegen einich maß zusetzen/ oder zugeben/ vnd insonderheyt auß treffenlichen bewegenden vrsachen/ ein gemeyne haltung der Rechtsgelehrten/ daß in Schmach Sachen/ kein Beklagter durch sich selbs die Sachen zuuertretten gezwungen/ sonder sich durch einen Anwaldt oder Procuratorem einlassen soll vnd mag/ Derowegen ich mich solcher guthat der Rechtens vertröst/ vnnd dieweil ohne/ daß ich der Sachen auß ehehafften redlichen vrsachen nicht außwarten kan/ auch nicht räthlich deren in eygner Person vorzusein/ So hab ich den Erbarn Sebastian N. von N. zu meinem rechten vnwidersprechenlichen Anwaldt Constituirt/ ihme auch dessen ein vollkommenen Gewaldt vbergeben vnnd zügestellt/ solch meine Rechtsachen von meinet wegen auff sich zunemen/ vnnd in meinem namen/ auch von meinet wegen zuuertretten/ Alles bey verbindung meiner Haabe vnnd Güter/ vnnd auch anderst nicht versehen/ dann daß gedachter mein Anwaldt/ also von meinet wegen wie recht zugelassen worden sein solte/ in massen dann sie von N. selbs durch einen Anwaldt Rechten/ welcher auch vngeweigert zugelassen/ Derowegen ich mich als desto mehr getröst/ dieweil des Beklagten theyl im Rechten vil begünstiger/ dann des Klagenden theyls/ daß mir das Recht allein auch gedeyen solt/ so den vermeynten Klägern zugelassen worden/ Aber dessen alles vnangesehen/ so ist jüngst mittwochs/ den eifften Januarij diß jetztlauffenden N. Jars/ durch bemelte Herrn Richter/ vnd ein Erbarn Rath zu N. (doch in allwege ihrer Erbar Weißheit/ ehre vorbehalten vnd vnuerlent zuuermelden) ein vermeynt beschwerlich nichtig vrtheyl odder bescheid wider Recht erkennet lassen/ das mein Anwaldt im Rechten nit zugelassen/ sonder ich schuldig sein solt/ die Sachen selbs eygner Person zuuertretten vnd außzuführen. Dieweil ich dann dardurch mercklich beschwerdt/ auch in künfftig noch mehr beschwerdt zu werden besorgen müß/ demnach auß güthat obangezogener Rechten/ So Appelliere vnnd beruffe ich mich hiemit in der aller besten Form Rechtens/ zum ersten/ andern/ vnnd drittenmal/ ernstlich/ ernstlicher/ vnd zum allerernstlichsten/ für die Römische Keiserlich Maiestat/ vnsern allergnedigsten Herrn/ vnnd für jhr Keyserlich Maiestat hochlöblich Cammergericht/ vnnd da die Sach von Rechts wegen hingehörig/ Vnd will auch mein Leib/ Haabe vnd Güter/ ihrer Keyserlichen Maiestat allergnedigst inn schutz vnd schirm/ hiemit aller vnderthenigst vnderworffen haben/ Mit bitt/ jhr Herr Notarj/ wöllet mir hierüber Apostolos Testimoniales mittheylen/ auch eins oder mehr Instrument/ so vil notturfft erfordert/ deßwegen verfertigen/ vnnd euch die Glaubwirdigen Gezeugen dessen gezeugen zusein/
bittende.

Instrumentum

Appellation. CCXXXIII
Instrumentum Appellationis, in Schmähsachen/ da von dem Underrichter an den Oberhof Appelliert wirdt.

IN Gottes Namen Amen. Kundt vnd offenbar sey allermeniglich/ die diß offen Instrument ansehen/lesen/oder hören lesen/ Daß im Jar nach Christi vnsers Herren vnnd Seligmachers geburt/tausent/fünffhundert/sechtzig vier/inn der sibenden Römer Zinßzal/Indictio, zu Latein genennet/ Montags den vierdten tag Septembris/vmb ein Vhr nach mittag zu N. in N. Behausung. Regierung des Allerdurchleuchtigsten/Großmechtigsten/vnd vnuberwindlichsten Fürsten vnd Herrn/Herrn Maximiliani des Andern/erwelten Römischen Keysers/zu allen zeiten mehrer des Reichs/in Germanien/zu Vngern/Behem/Dalmatien/Croatien vnd Schlauonien/König/ꝛc. Infant in Hispanien/Ertzhertzog zu Osterreich/Hertzog zu Burgundi/Steier/Kärndten/ Crain/vnd Wirtenbergk/ꝛc. Graue zu Tyroll/ꝛc. vnsers Allergnedigsten Herrn/ ihrer Maiestät Reichs des Römischen im andern/des Vngerischen im ersten/vnd der Behemischen im sechtzehenden jaren/ in mein offen Notarien/ vnd vnden benandten gezeugen gegenwertigkeyt/ ist gestanden vnd erschinen/ der Achtbar vnd fürnem Philipo N. zu N. vnnd her daselbst in seinen händen einen Appellation Zettel/angezeigende/daß er in der allerbesten weiß/maß vnnd form/ so rechtlich vnd am beständigsten geschehen soll/kan/oder mag/sich beruff/Appelliert/Apostel bat/bezeugt/vnd andere notturfftige dinge thet/welcher Appellation Zettel er mir vbergab/vnd ich verlaß/also von wort zu wort lautende.

Dieweil von Keyserlichen vnnd gemeynen Rechten sich gebürt vnd war ist/daß jeglicher beschwerter vnder zehen Tagen sich beruffen vnnd Appelliren mag/Hierumb of Appellation. fetzen vnd melden ich Philipo N. zu N. für euch Herrn offenbaren Notarien vnnd glaubwirdigen gezeugen/ Als mich jüngst Johan N. Burger zu N. etlicher vermeinter schmehwort halber/ für dem Stattgericht daselbst/ in Klag vnd anspruch genommen/vnnd ein angemaste Articulierte Klag gegen mich vbergeben lassen/ So habe ich als damals vnd noch von Hauß abwesend/durch meinn hinderlassenen Haußhalter ein abschrifft solcher Klagen/ vnnd zeit vierzehen Tag mich darauff zubedencken bitten lassen/ auch erhalten/ vnd dieweil nicht allein mir/ sondern fast allen Innwonern des Fleckens N. bewust vnnd also Notorium gewesen/ daß der Schultheyß daselbst/ so in diser Sachen Richter vnnd Stabhalter/ meinem Gegentheyl mit Schwagerschafft vnd geheymer kundschafft halben fast zugethan/ Vnnd dann niemandts schuldig ist/ vor einem verdechtigen Partheyschen Richter zurechten/ Als darumb hab ich seine Person als für argwönig vnnd suspect widersprochen/ mit begere/ er wölle sich des Richterlichen Amts vnd Stabhallens enthalten/ auch daß die Schöffen/ ihn daselbst/ dahin anweisen vnnd halten/ Daß aber die schwagerschafft/ rechtmessige vnd ein erhebliche vrsach sei/ den Richter zuwidersprechen/ Allego Dn. Lanfran. Abariad. recusat. in suo tract. sub numero 12. & maxime D. Stephanum Auffterium itidem in suo tractatu. d. recusat. numero 7. Item Dominum Nepot. à Montalb. in suo tractatu de Exceptionibus articul. 3. sub numero 2. Qui hanc causam recusationis validis allegationibus firmant, Quid quod iam dictus Dn. Nepos in d. tractat. de Exceptionibus eodem articulo post num. dicit, si Iudicum (quorum plures sunt) maior siue quæ magis autentica persona est, vt suspecta, valet recusari, tunc omnes alij possunt recusari.

Nun ist aber der Schultheyß der öberst vnnd vorgenger des Gerichts/ vnnd hat auch auff jüngstem Gerichts Tag sein beywonendt widerwillig gemüt gegen mir nur trefflich vermercken vnd sehen lassen/ Am andern als auch zu N. für etlichen Monaten/ nach dem willen Gottes des Allmechtigen sterbende lauff/befehrliche seuche der Pestilentz vnd vergiffter böser lufft sich eingeschleicht/ so hab ich mich des orts bey zeitlichen vnnd für einem vierthel Jars vngeferlich entieussert/ vnnd halt mich noch außländisch/

vnd

New Formular

vnnd hat sich der Lufft nicht allein nicht gebessert/ sonder jhe lenger jhe mehr verunreiniget/ also daß es des sterbens halben jetzunder leyder daselbst am geschwindesten geschaffen/ Als ich nun in disem allerhefftigstem sterblufft/ vnnd darzů mit einer extra fines territorij geschickter ladung/ inn Recht fürgenommen/ vnnd ghen N. citirt worden/ Hab ich dem Gericht zu vnderthänigen ehren/ durch einen Gesandten erschienen/ vnnd neben obgemelter Recusation Iudicis, & adeo in vna atq; eadem Exceptione, die gefehrlichkeyt des bestimpten orths/ vnd daß es nit/ oder auch andern nothwendigen gebrauchsamen personen/ jetzt nicht ziemlich noch thůnlich sey/ den Platz zubesuchen/ Gerichtlich lassen fürwenden/ Mit beger/ ein Erbar Gericht/ wolt in ansehung des geschwinden billich vermeidlichen sterblauffs/ die verfolgungen diser sachen biß nach erlangtem vnnd von dem Allmechtigen gegündertem gesunderen vnd besserm Lufft innstellen/ per ea quæ Bartol. in l. sed sciendum. ff. ad senatusc. Trebell. in fine. ver. Quæro aliquis citatur, vbi est malus & corruptus aër. Item & firmè allegat Dn. Stephanus Auffrerius in d. suo tract. de recusat. post num. 37. Matth. d. Afflict. decis. 289. num. 27.

Dieweil nun obgemelte Exceptiones/ also durch meinen abgefertigten Anwaldt/ den ich gleichwol beschwerlich/ vnnd nicht nach genügen hab gehaben kösten/ also wie oblaut/ schrifftlich zu einem mal vnd eo ordine, vbergeben/ vnd obenangeregter innhalt beweislich begert worden/ so hat es doch alles nit stat funden/ noch angesehen wöllen werden/ sondern hat mein gesandter dictum Speculatoris, in der audientz war befunde/ recusatum esse prouocatum, auff solch mein rechtmessig Exciperen/ hat der Gegentheyl wöllt auff sein Klag geantwort haben.

Wie aber mein Antwaldt auff istbrachten Exceptionibus bestanden/ vnd jnnhalt derselben zuerkennen begert/ vnnd es deren halb zu erkandtnuß gestellt/ so ist diser Spruch durch den Recusirten Schultheyssen geschrieben/ außgesprochen vnnd eröffnet worden. Nach dem daß er Kläger vnnd Beklagt/ beyde zu Recht geschlossen haben/ So erkennt das Gericht mit vnderding zu Recht/ daß der Beklagt dem Kläger auff einen jeden Artikel nicht gnůgsam geantwort habe/ nach ingebrachter Klagen/ wenn solch es gnůgsam geantwort/ wirdt geschehen fürther was recht ist.

Wenn nun solcher Spruch oder Beyurtheyl nicht auff ding die gebetten worden/ noch auff meines Anwaldts Rechtsetz ergangen/ auch nicht einige Absolution oder Condemnation/ dem oder jhenes zuthůn mit sich bringt/ welches dann (aller Herrn Vrtheylsprecher ehren vnnd wirden vnuerletzlich) daruon ich jetzt vnnd jedes mals/ hernachmals bey benennung der nichtigkeyt per l. vt fundus. ff. commu. diuidun. cum concord. & alia iura vulgaria, vnnd dann meine erheblich exceptiones, nicht statthafftig gegeben/ Als darumb von solcher Nullitet/ Iniquitet/ vnd Grauamine, vnd allen deren anhengen vnd vmbstenden/ auch von dem benanten Schultheyssen vnd dem Gericht zu N. in aller bester weiß/ maß vnd form/ damit ich rechtlich kan/ soll/ vnd mag/ Beruff vnnd Appellier ich/ an den Durchleuchtigsten Hochgebornen Fürsten vnnd Herrn/ Herren Friderichen/ Pfaltzgrauen bey Rhein/ des heyligen Rhömischen Reichs Ertztruchsassen vnnd Churfürsten/ meinen Gnedigsten Herrn/ oder jhrer Churfürstlichen Gnaden Hofrichter vnd Räthe/ Vnnd beger hierumb einest/ anderst/ vnnd zum drittenmal Apostolos vnnd abschiedts Brieff von obgemeltem Richter/ vnnd euch offenen Herrn Notarien/ einest/ anderst/ vnnd zum drittenmal/ ernstlich/ ernstlicher/ vnnd ernstlichst/ mich hiegegen vnderwerffent/ dem frieden/ schirm/ vnnd Churfürstlichen Pfaltz Gnaden/ mit vorbehaltung diß mein Appellation vnd beruffung zumindern/ mehren/ zustraffen vnd zubůssen/ auch damit zuhandlen/ thůn vnd lassen mag/ als mir gebůren wirt. Begere hierumb von euch offnen Notarien eins oder mehr offen Instrument zumachen/ vnnd mir geben nach richlicher meiner notturfft.

Nach verlesung oben verleibten Appellation Zettels/ hat obgenannter Philips N. mich vi den benanten Notarien gebetten/ jhme eins/ oder mehr/ so vil jhme der notwendig sein wirde/ offen vrkundt/ vnnd Instrument zumachen/ vnnd Apostolos Testimoniales zugeben/

Appellation. CCXXXIIII

zugeben/ Welches ich Notarius vnden bemelt/ souil mir von Rechts vnnd Ampts wegen möglich gewesen/ mitgetheylt. Geschehen sein dise ding/ wie oben genant/ im jar/ Monat/ Tag/ stundt/ vnd behausung/ in beysein der Ersamen Caspar N. Hans N. vnd Hans N. alle Bürger zu N. als glaubwirdige gezeugen/ hierzu gebetten/ vnd beruffen.

Vnnd dieweil ich N. von N. auß Keyserlicher gewaldt vnnd Obrigkeyt offener/ vnnd von dem Cölnischen vnnd Churfürsten Ordinario Approbirter Notari/ bey solcher Appellierung/ vnnd anderen obgenanten/ sampt den vorbenenten Gezeugen/ gegenwertig gewesen/ die also für mir beschehen/ gesehen/ vnnd gehört/ Derhalben ich diß gegenwertig Instrument darüber begrieffen/ gemacht vnnd in dise form gebracht/ mit eygener handschrifft vnderschrieben/ vnnd gewonlichem Notariat Zeichen verzeichnet/ zu glauben vnd gezeugknuß/ aller vnd jeder obengeschriebener ding/ sonderlich erbetten vnd erfordert.

Instrumentum Appellationis, da vber voriger Appellation widerumb geurtheylt vnd procedirt worden/ ꝛc.

IN GOTTES Namen Amen/ Kundt vnd offenbar sei allermenigklich die diß offen Instrument ansehen/ lesen/ oder hören lesen/ Daß im Jar nach Christi vnsers HERRN vnd Seligmachers geburt tausent/ fünffhundert/ sechzig vnd vier Jar/ in der sibenden Römer Zinßzal/ Indictio zu Latein genant/ Sambstag den letsten Monats tag Septembris vmb zehen Vhren vor Mittag (vt sup. zusehen/ biß zu den worten notturfftige ding thet) Welchen Appellation Zettel er mir vbergab vnd ich verlaß/ also von wort zu wort lautende:

Vor euch Herrn offenbaren Notarien/ erschein ich Philips N. Burger zu N. vnd Appellation. erhol meine vor euch/ vil erlichen glaubhafften Zeugen/ jüngst zu B. den vierdten diß Monats Septembris ablauffenden gegenwertigen vier vnnd sechszigsten Jars der wenigen Zal in sachen vermeinter schmach/ zwischen Johan N. Burger zu A. angenommen klägers eins/ vnd mir als Antwortern andern theyls/ sich erhaltend vor dem Stattgericht zu A. an das Churfürstlich Pfaltzgräuisch Hofgericht in schrifften Interponirte/ vnd folgents durch euch dem Gericht zu A. vnd ernennet meine gegentheyl Insinuirte Appellation/ welche ich alhie/ als ob sie disem Zettel von wort zu wort innerleibt were/ erhol vnd innerleibt geacht haben wil/ vnd vermelde ferner/ Als ich für etlichen wochen von obernanten meinem gegentheyl etlicher angemaßter schmehwort halber/ vor dem Schultheissen vnd Gericht zu A. inn anspruch genossen worden/ hab ich gleich vor aller meiner handlung/ vnnd fürwendung anderer Exception den Schultheyssen zu A. als obersten des Gerichts daselbst vnnd Statthalter von wegen offenbarer Schwagerschafft vnnd gantz geheymer kundschafft/ so sich zwischen im vil meinem gegentheil erhelt/ in schrifften verdechtig/ vñ Suspect bescholten vnd Recusirt/ wie dañ vermög vil ober allegirte Jura/ in obberürtem Appellation Zettel/ Dn. Robertus Maranta in Speculo suo aureo Aduoc. in 6. parag. titul. de Appellatio. num. 29. & 37. sagt. Vnd die Statt A. allda hin ich Citirt gewesen/ von wegen ingeschlifenen vnd des orths geschwindtlich regierenden bösen Lufft/ tanquam locum non tutum/ wie disen aperta Iura allenthalben obuia, vnd von dem fürtrefflichen Iureconsulto, Paulo Parisio Consil. 33. num. 12. & 13. in 2. fol. Allegirt seindt/ schrifftlich widdersprechen lassen. Wiewol nun des Schultheyssen Iurisdictio per supradictam recusationem, ligata gewesen/ per ea quæ Oldrad. Consil. 301. nu. 1. & consil. 303. nu. 2. vil ich auch an dem Citirt ort zuerscheinen nit allein nit schuldig/ iuxta ea quæ idẽ Oldrad. cons. 43. nu. 3. dicit, sondern auch citatio ipso iure nulla gewesen/ secundum ea quæ firmè allegat D.D. Parisius Cons. 28. num. 4. & 5. in 4. fol. So hat
doch

doch solches nicht angesehen noch statthafftig gegeben wöllen werdt. Derowegen vil auß andern mehr erheblichen vrsachen/ich bewegt worden/vnnd die obangeregte Appellation Interponirt/auch dem Gericht vnd meinem Gegentheyl Insinuiren vñ verkünden lassen/Daß aber die Appellatio/billich/rechtmessig/vnd zügelassen gewesen/ & punctualiter, quòd citatus ad locum non tutum appellare possit, ziehe ich mich zum Rechten/vñ benendtlich/ ad textum in c. venerabilib.§. & hoc ipsum, & melius in §. sed si ex causa legitima seu probabili quis appellet, puta quia locus non est tutus, &c. Ob ich nun gleichwol verhofft/der Gegentheyl werde in betrachtung der rechtmessiger fürgewendter Recusation/vñ das durchlegierter vnd Suspendirter Iurisdiction/Auch exceptione loci non tuti,von ferner Gerichtlicher handlung vnd Proceß abgestanden/vnd nichts atten°irt habt/So ist mir doch gantz newlich fürkommen/daß der Recusirter Schultheiß vñ das Gericht zu A. nechst verschienen Dinstags/den sechs vñ zwentzigsten diß Monats/ein vermeynt Vrtheyl nachfolgendts innhalts/gegen mich abwesenden eröffnen vnd außgehen lassen. In Schmach sache/sich für Schultheyß vñ Gericht/diß Stattgerichts zu A.zwischen Johan N. Kläger an einem/gegen vñ wider Philipsen N. Beklagten,andern theils erhalten/Nemen ehegedachter Schultheyß vñ Gericht die beschehene Appellation/Philipsen N. als die freuentlich nicht an/vnd erkeñen auff ferners anhalt des Klägers/daß Philips N. der Beklagt/vnangesehen der fürgewendten Exception/den Krieg Rechtens zuuerfangen schuldig sey/die sie dañ die nechst hieuor gefelte Interlocutori hiemit erklärt haben wöllen/Er thu solches odder nicht/soll ferners geschehen was recht sein wirdte. Dieweil nun auß obuermelter vermeynter Interlocutori vnnd meyner hicuoriger Appellation offenbar/daß der Schultheyß/sampt dem Gericht/nach beschehener Recusation/zu fernern Processen vñ eröffnung zweyer angemaßter Beyurtheyl geschritten/vnd aber versehens Rechtens, Quòd quando Iudex recusatus & suspectus procedit ad vlteriora post propositam suspitionem,totus processus quem postea facit,ipso iure est nullus.Ita tenet Bartol.in l.quia poterat.ff.ad Trebell. & Lud. Rom. in Consil. 210.col.2.&Paul.d.Cast.inConsil.221.in 2.fol.Et Gemi.in c.iudex,de off.dele.li.62 & Alexand.in consulat.89.in 1.fol. Quos refert & sequitur Dn. Robertus Maranta in Speculo suo Aduoc.pan.4. distinct.16. num. 4. Vnd also daß hierauß bescheinlich/daß die nach beschehener Recusation fürgenommene handlung nichtig. So Protestir ich vber fernere verfolgung/de aperta nullitate, Vñ wil mit nichte darinñen gehelle noch gewilliget haben. Vnd dieweil der Schultheyß vñ das Gericht zu A. der billich beschehener Recusation/vnnd meiner wolbefügter obaußgefürter Appellierunge nicht statt geben wöllen/So haben sie sich auch darmit gegen mir verdächtig gemacht/die ich auch alle hiemit (ihren Ehren in allweg vnuerletzlich)als verdächtig beschefte/per firma allegata Dn. Parisii in consultat.98.incip.Asserta sententia,num.9.in 3.fol. Et Dn.Robert.Mara.supra citato loco de appellat.num.61. Vnd durch solche Allegat die vrsach meines Recusierens bewiesen haben wil. So auch in solchem vermeynten obinseriertem Beyurtheyl begrieffen/dz der Schultheyß vnd das Gerichte/meine Appellation nicht annemẽ/vnd ich schuldig sein soll/fürgewendter Exception vnuerhindert/den Krieg Rechtens zuuerfahen/vñ mich also notdringen wöllen/loco non tuto, zuerscheinen/ vñ also ad impossibile.Cùm illa dicantur impossibilia, quæ sine salutis periculo (vt hac aditione loci) fieri non possunt. Quem ad locu quis ire non compellitur,l.sed si alio,& l.sequenti.C.ad Trebell.Alles gegen helle besag der Rechten/welche der Herr Parisius in seinem Oballegiertem acht vnd zwentzigsten Ratschlag/am vierdten Blat in der ersten Colum.nach der lenge einfüret. So beruffe/dinge/vñ Appellire ich auch hiemit von solcher obgedachter Nullitet/nicht zülassung meiner Appellation vnd setzter zetter Impossibilitet/aller deren beschwerungen/anhengen/vñ vmbstenden/so mir hierinñen vnbillich zugefüget seindt/oder fürther deßhalben erwachsen möchten/für vnnd an den Durchleuchtigsten Hochgebornen Fürsten vnd Herrn/Herrn Friderichen/Pfalzgrauen bey Rhein/des heyligen Röm.Reichs Ertztruchsahen vnnd Churfürsten/Hertzogeninn Beyern/etc.

meinen

Appellation. CCXXXV

meinen gnedigsten Herrn/ odder jhrer Churfürstlichen Gnaden Hofgericht/ wie ich das zum krefftigsten thun soll/ kan oder mag/ Erbeut mich hieuor vnnd jetz erzelte vrsachen/ Recusationis der Richter/ vnnd des gerichtlichen orts daselbst voem Hofgericht/ wo nötig (dann sie notoriæ) zubeweisen/ Forder vnnd beger von euch Herrn Notarien/ mir vber solch mein Appellation/ damit ich mich hochgenandter Churfürstlichen Pfalz vnderwerff/ zugeben Apostolos vnnd gehell Brieff/ auch eins odder mehr Instrument/ protestir solcher Appellation nachzukommen/ beheltlich die zu endern/ mindern/ odder mehren/ alles wie recht ist/ Welchs ich Notarius vnden benent/ so vil mir von Rechts vnd ampts wegen müglich gewesen/ mitgetheilt. Beschehen seind dise ding zu N. wie obgenandt im jar/ tag/ Monat vnnd stund vorgenant/ in beisein der Würdigen vnnd Achtbarn Herrn Peter von N. Hans N. vnnd Hector N. zu N. als glaubwirdige gezeugen herzu geruffen vnd gebetten.

Vnd dieweil ich N. von N. auß Keyserlicher macht vnd Oberkeit offener Notari/ bei solcher Appellirung vnnd Protestierung/ vnnd andern obgenanten/ sampt den vorgenanten gezeugen gegenwertig gewesen/ die also für mir beschehen/ gesehen vnnd gehört/ rc. prout in alter. originali.

Instrument einer Appellation vor die Rhömische Keyserliche Maiestat güter halben/ anderer form/ sampt einem inuerleibten gewalt/ so deßhalben zu Appellieren zugestelt vnd vbergeben worden.

IN Gottes namen/ Amen/ Kundt vnd offenbar sey allermenniglich/ durch diß gegenwertig offen Instrument/ daß in den Jaren/ als man zalt nach Christi vnsers eeinigen Erlösers vnd Seligmachers geburt/ fünfftzehen hundert vnd in dem fünff vnd sechtzigsten Jar/ in der achten Römer zinßzall/ indictio zu latein genant/ herrschung vnnd regierung des aller Durchleuchtigsten/ Großmechtigsten Fürsten vnnd Herrn/ Herrn Maximiliani/ diß namens des andern erwelten Römischen Keysers/ zu allen zeiten mehrern des Reichs/ inn Germanien/ zu Hungern/ Behem/ Dalmatien/ Croatien/ vnd Schlauonien/ rc. König/ Erzherzog zu Osterreich/ Herzog zu Burgundi/ Steyer/ Kerndten/ Crain/ vnd Würtenberg/ rc. Graue zu Tyroll/ rc. vnsers allergnedigsten Herren/ seiner regierung des Römischen im dritten/ des Hungerischen im andern/ des Behemischen im sechozehenden Jaren/ auff Montag nach der vnschüldigen Kindelin tag/ der da was der dreissigst tag des Monats Decembris/ zwischen 7. vnnd 8. vhrn vor mittag/ in der Stadt N. Wirzburger Bisthumbs/ auff dem Rathauß daselbst/ inn der gewonlichen Rathstuben/ ist vor mir hierunden geschrieben Notario/ vnnd den nachbenandten glaubwürdigen gezeugen gegenwertigkeit persönlich erschienen/ der Ehrnhafft vnd fürnem N. Canßley verwandter zu N. vnnd vbergab mir einn schrifftlichen gewalt vonn worten zu worten also lautendt. Wir N. rc. Bekennen vnnd thun kundt allermenniglichen/ als in vermeindlich gegen vns fürgenommener rechtfertigung Eberharten vonn N. klegern eins/ vnd vns vnbillich beklagten andern theils/ jüngst verschienen Mitwoch nach Lucie dieses noch lauffenden fünff vnd sechtzigsten Jars/ durch Hofrichter vnnd edle nidergesetzte manne zu Wirtzburg/ In puncto inhibitionis, ein vnbillich/ odder jhe zum wenigsten nichtige beyortheil ergangen/ deren wir auff Sambstag hernacher/ welcher war der 21. des monats Decembris/ inn vorbemeltem Jar/ vngefehrlich vmb acht vhren/ nach mittag/ allererst in erfarnuß kommen/ vnns auch derselben als bald zum höchsten beschwert befunden/ vnd deßhalben verursacht worden/ auß zulassung der Rechten von solcher vermeinter bey vrtheil vns für vnd an die Römische Keyserlicat/ vnd jhret Maiestat hochlöblich Cammergericht zuberuffen vnd zu appelliren. Daß wir dennach

Gewalt von einé beschwerten vrtheil zu appelliren.

New Formular

vnsern gantz volnkommen gewalt vnd befelch geben haben/Geben vnd befehlen den auch hiemit in krafft diß brieffs/vnserm Cantzley verwandten/vnd lieben getrewen N.N. also vnd der gestalt/daß derselbig anfenglich/vnsern Stadtschreiber zu N. vnd lieben getrewen Alexander N. vnd die gezeugen so er hierzu erfordern wirdt/aller pflicht vnd eydt/damit sie vns respectiue zugethan zu disem actu/vil souil sie dieselben hieran hindern möchten/ledig zelen/vnd auff erfolgte ledig zelung vor bemelte Stadtschreiber/als offenbaren Keyserlichen Notario/vnd den Gezeugen/in vnserm namen vnd von vnsert wegen/von vorgedachter vermeinter beyurthel/wie sich solchs redtlicher ordnung nach gebüren thut/ appelliren/jme notturfftige Instrument/eins oder mehr darüber zuuerfertigen bitten/vñ alles anders/was sich bey solchem actu appellandi zu thun odder zu lassen gebürt/fürnemen/thun vnnd lassen soll vnd mag/Was auch bemelter vnser Cantzley verwandter/also wie gehört/verzichten/thun vnd handlen wirt/dasselbig alles ist vnnd sol sein vnser endlicher beuelch/will vnd meinung/Gereden vnd versprechen auch darauff bey vnsern Gräfflichen ehren/solchs alles stett/vest/vnd angenem zu halten. Des zu vrkund haben wir zu endt vnser Cantzley Secret wissentlich auffrucken lassen/Geben vnnd beschehen zu N. Sambstag den 28. Decembris/als man zalt von Christi vnsers lieben Herrn vnd seligmachers geburt/fünffzehen hundert sechtzig vnd fünff Jar/ Vnd nach verlesung jetzgemelts gewalt Brieffs/vberantwort er mir ein papieren zettel einer Appellation/vnd beruffung darmit/vnd auch seinen worten/so best er kunt vnd mocht/berufft er sich an statt/vnd von wegen des Wolgebornen Herrn/Herrn N. meines Gnedigen ıc. berufft vnnd appelliert vonn den Herrn Richtern vnnd beschwerungen/auch an die endt alles inn demselbigen zettel gemeldet/fordert vnnd begert sonst innhalt desselben zettels/vnnd erfordert mich ampts halben/wolermeltem seinem Gnedigen Herrn/vnnd jhme/als jhrer Gnaden gewaltthaber/darüber eins oder mehr Instrument zu machen vnd zu geben/vnd lautet gemelter zettel also.

Appellation zettel. Dieweil die geistlichen vnd welelichen Recht/sonderlich aber des heyligen Reichs auffgerichte Cammergerichts ordnung/einem jeden so sich vor endt/beyurtheln/oder bescheiden beschwert zu sein vermeynet/zu lassen/von den vndergerichten an das ober/nach außweisung jederzürter rechten zu appelliren/vnd sich daselbsten bessern rechtens zuerholen/So erscheinen demnach auff empfangenen beuelch/vnnd in krafft gegenwertigs gewalts/den ich zu legitimirung meiner person hiemit vbergib/von wegen des wolgebornen Herrn/Herrn N. ıc. meines Gnedigen Herrn/Ich N. vor euch herrn Notaris/vnnd den glaubwirdigen gezeugen allhie zugegen/in willen vñ meinung/von einem vermeinten bescheidt/so in anhangender rechtfertigung zwischen Eberhart von N. vnrechtmessigen klegern eins/vnd wolermelten Grauen vnbillich beklagten andern theils/ıc. in puncto pretensæ inhibitionis, durch des Hochwirdigen Fürsten vnnd Herrn/Herrn Friederichen Bischouen zu Wirtzburg/ vnd Hertzogen zu Francken Hofrichter/vnd edle nidergesetzte mann/vff Mittwoch nach Lucie disses lauffenden fünff vnd sechtzigsten jars/vermeintlich oder ja nichtig eröffnet vnd außgesprochen (deren aber wolermelter mein Gnediger Herr/ allererst vff Sambstag den 22. diß monats/vngeschälich vmb acht vhr nach mittag inn erfarnus kommen) innerhalb der zehen tag à die scientiæ nach außweisung vnd zulassung der rechten zu appellieren/vnd wol für vnd an die Röm. Key. Ma. vnd jhrer Ma. hochlöblich Cammergericht/als superiorem zuberuffen/nach dem aber jr der Notarius/auch die gezeugen wolermeltem meinem Gnedigen Herrn/mit bürgerlichen vnd sonst andern pflichten verwandt vnd zugethan/So erzele ich euch denselben hiemit zuuorderst/vnd in krafft fürgebrachten gewalts/zu diesem actu ledig vnnd loß/vnd sag darauff ferner/wiewol verseheno Rechtens/daß sich ein jeder/deren Güter so er in rechtmessiger possession vnd gewehr/zu seiner notturfft vnd gefallen/wol gebrauchen mag/vnd von menniglichen deßhalben vnuerhindert sein vnnd bleiben soll/ Wiewol auch war/daß Wolermelter Graff/vor etlichen Jharen/die N. Güter vnnd Höltzer vmb bare erbare bezahlung an sich

Appellation. CCXXXVI

an sich erkaufft/vnd darauff als bald das Dominium solcher güter erlangt/auch in rechtmessiger possession (so ex iusto titulo, emptionis scilicet causiert) derselben biß daher gewesen/vnd noch ist/vnnd vorgedachter Eberhart von N. sich weiters nicht/dann einer vermeinten losungs gerechtigkeit anmaßt/so hat doch solchs alles/sonderlich aber daß pendente lite nichts sol attentirt, oder in præiudicium causæ principalis begert odder erkandt werden/vnerwegen er vonn N. ein vermeinte inhibition, darinnen wol ermeltem Grauen/bei einer namhafften peen/der notwendig gebrauch/solcher erkauffter N. höltzer vnd güter verbotten / ad instar einer vnbillichen sequestration, gebetten vnnd erhalten/ welche vnrechtmessige inhibition auch nachmals / durch einen ergangenen bescheidt/auff vorbemelten Mittwoch nach Luciæ/ durch ernandte Hofrichter vnnd Edle mann widder recht/oder ja vnbillich (jedoch saluo iudicum honore) confirmirt vnd bestetigt worden/ alles nach ferner außweisung jetzbemelten bescheidts/vnnd wie ein solchs zu seiner zeit in deductione causæ ex actis, vnd sonst ferner sol außgefürt werden.

Dieweil aber wolermelter Graff/mein Gnediger Herr/sich jetzt gedachts bescheids zum höchsten beschwert befunden/ vnnd deren künfftiglich noch mehr vnnd höher beschwert werden möcht/zubesorgen/ Hierumben vnnd auß besonderm deßhalben empfangenen beuelch / vielmals gemelts meines Gnedigen Herrn/ Graff N. &c. an statt jhrer Gnaden appellier/prouocier/vnd beruff ich mich/ vor euch Herrn Notario/vnnd diesen gegenwertigen glaubwirdigen gezeugen/von oberzeltem bescheidt/ auch allen vnnd jeden deren beschwerden/vmbstenden/anhengen/vnd zufellen/so gegenwertiglich odder in künfftig darauß fliessen/ odder erwachsen möchten/alles inn der besten vnd bestendigsten form/maß/weiß/vnd gestalt/wie das vermög der rechten/vnnd des heyligen Reichs ordnung/zum förmlichsten vnd krefftigsten beschehen/krafft vnd macht haben soll/kan vnnd mag/für vnnd an den Allerdurchleuchtigsten/ Großmechtigsten Fürsten vnnd Herrn/ Herrn Maximilian/diß namens des andern erwelten Römischen Keysers/zu allen zeiten mehrern des Reichs inn Germanien/&c. vnsern Allergnedigsten Herrn/vnd dero Maiestat ordenlich Cammergericht/ vnd wohin dann von billigkeit wegen gehörig ist/an euch Herrn Notarium/zum ersten/andern/vnd dritten mal/vleissig/vleissiger/vnd aller vleissigst/so ich kan vnnd mag/mit solcher appellation abschiedts brieff/apostolos zu latein genant zugeben/hiemit erfordrende/vnderwirff auch in hochgemelter Römischer Keyserlicher Maiestat/auch dero Cammergerichts/schutz vnnd schirm viel vnnd mehr Wolgedachten meinen Gnedigen Herrn/seiner Gnaden leib/Graffschafft/Herrschafften vnnd güter/mit dieser bedinglichen protestation/diß appellation zu mindern/zu mehren/zu cassieren/zu endern/zu reducieren/iustificieren/ abzuthun/oder ein andere von newen dingen zu interponieren vnd einzulegen/deren nachzukommen/zuuolfüren/zu zeiten vnd an den orten sich das gebürt/mit fernerem vorbehalt/in rechtfertigung der appellation mehr beschwerden fürzubringen/vnd alles das zu thun/das die beschriebene recht bewilligen vnnd zulassen.

Dem allem nach von euch Notario erforderende vnd begerende/mir dieser gethanen rechtmessigen vnnd billichen Appellation/eins oder mehr/vnd so viel mann dero notdürfftig sein wirdt/offene glaubwirdige Instrumenta vnnd vrkunden zu geben vnnd mit zutheilen/alles in bester form/Als nun solcher appellation zettel offentlich durch mich den Notarium/ vor hernach gemelten zeugen verlesen/ hab ich der Notarius dem Herrn appellanten / apostolos testimoniales/wie ich von rechts wegen gemocht vnd schuldig gewesen/durch diß offen Instrument vberantwort vnnd geben. Geschehen seind diese ding/im Jar/Indictione/Keyserlicher regierung/Monat/tag/statt/stundt vnnd zeit/wie obsteht/ inn beysein der Ehrnhafften A. vnnd D. alle des Raths zu N. als glaubwirdige Gezeugen hierzu sonderlich berufften vnnd erbetten.

Vnnd dieweil ich Alexander N. auß Keyserlicher macht offenbarer geschworner Notarius vnd Stadtschreiber zu N. bey obgeschriebener Appellation/sampt den vor

Rr ij

New Formular

geschrieben gezeugen gegenwertig gewesen bin/das alles gesehen/gehört/auffgenommen vnd empfangen/ So hab ich diß offen Instrument hierüber in diese offen form gestellt/ vnnd anderer meiner obligenden Geschefften halben/durch einen andern schreiben lassen/ jedoch mit dieser meiner eigen handt vnderschrieben/vnnd gewönlichen Notariat zeichen gezeichnet/zu gezeugnuß aller obgemelten dingen/darzu erfordert vnd vleissig erbetten.

Instrumentum Appellationis vonn einer beschwerdten vrtheil/ vom vnder an den obernhoff zu appellieren.

JN Gottes namen Amen/kundt vnd offenbar sey allermenniglich/so diß offen gegenwertig Instrument lesen oder hören lesen/daß in dem Jar als mann zalt/rc.(vt suprà im erst vorgehendt Instrument zusehen)Durstag nach Laurentij den 12.tag Augusti/zu teutsch Augstmonat genant/zwischen zwölff vnd einer vhrn / odder nahe darbey nach mittag/inn mein hieunden benandten Notarien gewönlichen behausung in der Stadt N. auff der vndern strassen gegen N. vber gelegen/ Wormbser Bisthumbs/vor mir offenen Notarien/vnnd hieunden beschriebenen glaubwirdigen Gezeugen/ist persönlichen erschienen der Ersam Jacob N. Bürger zu N. mir Notarien glaublich anzeigt/sich vonn einem gesprochenen vrtheil zuberuffen vnd appellieren/ hett in seinen handen einen papieren Appellations zettel / den er mich offentlichen lesen ließ / hiesch vn nd thet sich beruffen wie der Appellation zettel innhelt / der vonn wort zu worten also lautendt ist/ Vor euch Herrn offen Notarien vnnd Zeugen/ ist mein muth vnnd meinung zu appellieren/ vnnd sagt/ dieweil appellieren vnnd beruffen vonn beyden Geistlichen vnnd weltlichen Rechten gnediglich zugelassen vnnd erfunden worden ist/ nicht allein der beschwerdten/ sonder auch den jhenen/ so nicht ist rechts verholffen/vnnd sich künfftig vnnd nichtiger beschwert besorgen/ Demnach sagt vnnd bracht für/inn der aller besten form beyder Rechten/ Daß nach dem Jörg N. auch Bürger zu N. jhnen Jacoben sich zubewanten/ vnnd anderer gerechtigkeit halber vor ein Erbarn Rath allhie zu N. redlichen beklagt vnnd fürgenommen/vermeint jhne Jacoben von seiner habenden gerechtigkeit zu treiben/ aber er Jacob jhme Jörgen N. gar nicht gestendig gewesen/solcher seiner exception/vnangesehen/hett der Richter obgemelte ein vntäglich nichtig vrtheil auff den vierden tag Augusti/vmb die acht vhren morgens des gegenwertigen Jhars auß gesprochen/des Jnnhalts/Jnn den Jrrungen vnnd Gebrechen/so sich gehalten haben zwischen Jörg N. Kleger eins / vnnd Jacob N. Beklagten am andern theyl / ist durch den Stadtrath zu N. nach Anspruch / Antwort / besichtigung des augenscheins vnnd rechtsehen/ im fürrechten zu recht gesprochen/ daß Jacob N. sich selbst inn dem seinen/ vnnd sonderlich inn der Küchen auffs fürderlichst bewenden soll/ im nachrechten/ die Mawr vnnd Fenster belangen/ ist nach beiderseytheil fürbringen/ besichtigung des augenscheins vnnd rechtsehen zu recht gesprochen/ daß die spennig Mawr zu Jörg N. behausung allein zustendig/ vnnd eigen sey/ vnd Jörg die zwey vnderfenster also wie sie jetzundt stehen/ verschlagen verbleiben lassen/ vnnd das oberfenster nach nottursst verreimbssen soll/ daß nichts derends herauß inn Jacob N. höfflein geschütt odder geworffen werden möge/ vnnd vergleicht ein Rath den kosten auß vrsachen jhnen darzu bewegende/ welcher vrtheyl er Jacob sich mercklich beschwert befunden/ appelliert vnnd beruffe sich von solchen vermeinten nichtigen vrtheil (jedoch saluo iudicum honore) an den Durchleuchtigsten Hochgebornen Fürsten vnnd Herrn/ Herrn Friderichen Pfaltzgrauen bey Rhein/ des heiligen Röm. Reichs Ertztruchsassen vnd Churfürsten/Hertzog in Bayern/meinen gnedigsten Herrn/jrer Churf.G. Hofrichter vnd Räth/vnd an einn jeden bequemen Richter / vor dem dise appellation zuerrechtigen gebürt/zum ersten/andern vnd dritten/vleissig/noch

stig/noch vleissiger/vnd aller vleissigst/Batt vnd begert an mich Notarien Apostolos re-
uerentiales & testimoniales/vnd alles das jhme zu diesem rechten von nöten sein wirt/
zugeben/ Er befehle auch darmit sein leib vnd gut in schirm hochgedachtes vnsers Gnedig-
sten Herrn/mit der Protestation dise appellation zu mehren/mindern/vnnd alles das zu-
thun/das appelliren zuthun notturfft/sitt/gewonheit vnd recht ist/ Dise ding sind gesche-
hen/in dem Jar/Indiction/Monat/tag/zeit/statt vnd stunde/vnd regierung/wie obge-
schrieben/in beysein der Ersamen A. vnd B. als Gezeugen sonderlich herzu beruffen vnd
gebetten.

  Vnd ich Philippus N. von N. innwoner zu N. Wormbser Bisthumbs/vonn
Bäpstlicher vnd Keyserlicher begnadigung offenbarer Notarius/dieweil solch ap-
pellation/beruffung/verdingung/vnnd allen andern dingen/als obgeschrieben ste-
het/mit den vorgenandten zeugen gegenwertig gewesen/vor mir beschehen/gese-
hen/vnnd gehört habe/ Darumb hab ich diß offen Jnstrument darüber gemacht/
durch meinen Substituten trewlichen (obliegender meiner geschefft) beschreiben
lassen/widerumb dem Protocol gemeß durchlesen/gleichlautendt befunden/derwe-
gen mit meinem namen/zunamen/vnd gewönlichen zeichen/vnderschrieben vnnd
verzeichnet/zu glauben vnd gezeugnus aller obgeschrieben sachen/nach dem ich er-
fordert vnd gebetten.

Inhibition der Commissarien/so der Richter vonn dem Appelliert ist/fürter vber beschehen Appellation richtet.

WJr N.ꝛc. vnd in nachgemelter sachen Keyserlicher Commissarius/entbieten den
Ersamen weysen Burgermeister vnnd Rath zu N. vnsern günstigen gruß/Wir
haben von der Röm. Key. Maiest. vnserm Allergnedigsten Herrn/empfelch/die
von wort zu wort also lautet/Wir Maximilian/ꝛc. Hic inseratur die gantz Commission/
Vnd so nun aber vns als Keyserlichen Commissarien gebüren thut/vff anruffen Hansen
N. des appellirenden/zwischen jhm vnd dem appellirten theyl obgenant recht ergehen zu
lassen/ Gibt vns der appellierendt theyl zu erkennen/wie daß jhr vber sein appellation/so
mit ewerm wissen geschehen sey/ferrer wider jnen vnd sein gut gericht vnnd procediert ha-
ben/vnnd noch thun/deßhalben er widder recht bescheidigt vnnd vbereilt werde/Deßhalb
geirrt an seinem Rechten/so vor vns als Keyserlichem Commissarien gehandelt werden
soll/vnd wann nun wir in gemelter hangenden Appellation sach/in krafft vnd laut obge-
schriebner Keyserlicher Commission vnd befelche/nichts fruchtbars dem rechten zwischen
beiden partheien gehandelen können/wo vber geschehen appellation/als vorberürt/der ap-
pellierendt vor vns als gepfendet im rechten stehen solt/ noch sich auch nicht gebüret/nach
geschehener Appellation verhengen zuattemptieren. Herumb auß macht vnnd gewalt/
vns von Key. Ma. befolhen/dem rechten sein fürgang geschehe/on verhinderung/so em-
pfelhen wir euch/vermanendt vnd ernstlich erforderendt/daß jhr hinfür in gemelter sach/
so also in Appellation weise für vnd an die Röm. Key. Ma. kommen ist/an vns wie obste-
het kommen zu rechtfertigung/hinfür nicht mehr vernewen/procedieren/handlen/thun/
noch ergehen/sonder biß zu außtrag wie die angenommen vnnd empfolhen ist/rüwig an-
stehen bleiben lassen/ vnd was bißher procediert ist durch euch/oder verhengt worden/das
alles wider entschlahen/was dann vnkrefftig geacht sein soll/vnns die rüwig in das Rechte
kommen lassen/ vnnd fürther euch darinn halten/damit vns nicht gebüren werdt vnnd
not sei/vmb ewer verhinderung des recht handels vor vns widder euch zu procedieren/
als vns zuvolnstreckung des empfolhen Rechten gebürt/Das wöllen auch wir vnns zu
euch versehen/Geben ꝛc.

New Formular
Inhibition auff beschehener Appellation.

Wir N. ıc. Embieten dem Erbarn vnsern lieben besondern Amman/vnd Gericht zu N. vnsern gruß/ Sich hat Jacob N. von N. von einer vermeinten vrthel/ die zwischen jhm vnd Wernherrn N. von N. von euch außgangen sein soll/ für vns als die oberhandt berufft/ vñ geappelliert/ auch vns solcher appellation Instrument vberantwort/ vnnd wir die angenommen/ als sich nach selber ordnung gebürt/ Hierumb empfelhen wir euch mit diesem vnserm offen Brieff/ ernstlich vnd festiglich gebietendt/ daß jhr hinfüro inn gemelter Sach nicht richten/ handlen/ thun/ noch jchts ergehen zulassen/ Sonder ob jchts darinn gehandelt oder procediert were/ das alles wöllen wir hiemit krafft loß/ vernicht vnd abgethan achten vnd halten/ des wissen euch zugerichten/ vnnd hiewider nicht zuthun ist vnser ernstlich meinung/ Geben zu N. vnder vnserm fürgetruckten Secret/ auff Montag ıc.

Inhibition vnd gebietsbrieff/ auff beschehen
Appellation/ anderer form.

Wir Friederich/ ıc. Entbieten den Erbamen vnsern lieben getrewen Burgermeister vñ Rath zu N. vnsern gruß/ Sich hat vnser lieber getrewer N. als beschwert von einer vrtheil jetzundt durch euch das Gericht zu N. gesprochen/ zwischen jme an einem/ vnd N. von N. an dem andern theil/ nach laut eins Instruments einer Appellation/ für vns berufft vnd appelliert/ das wir empfangen/ vnd des vns angenommen vnnd beladen han/ vnd darumb wir als ewer Herr vnd Oberrichter euch heissen/ gebieten/ vnd empfelhen mit ernst/ bey den eyden damit jr vns seidt gewant vnd zugethan/ daß jhr in gedachter sachen stillstehen/ vnd darinn fürbaß nicht ferzer richten noch procedieren/ vnd ob er nicher schirm oder insatzung der Güter/ den genanten N. von N. nach außgang der obgemelten vrthel geschehen were/ daß die bleiben anstehen/ vnd die nutzung der selben Güter in gemein hand auff außtrag der sachen gelegt werde/ vnd thund hierinn nichts anders/ bey den peenen die darauff stehendt/ zu vrkundt/ ıc.

Sequester form/ damit die früchte eingesam-
let werden/ zu beyder theyl der Partheien
außtrag des rechtens/ ıc.

Wir N. embieten den Erbarn vnsern lieben besondern Vogt/ Amptmann vnnd Gemeine zu N. vnsern günstigen gruß/ Wir haben von der Römischen Keyserlichen Maiestat/ vnserm Allergnedigsten Herrn empfelch/ r onn wort zu wort also lautent/ Wir Maximilian von Gottes gnaden/ diß namens der ander erwelter Römischer Keyser/ ıc. vnnd wann nun jeglicher theyl obgenandt vermeint Gerechtigkeit zu haben/ zu den Gütern hernach bestimpt/ vnd den früchten so darauff wa hssen/ noch vns als Richtern nicht gebüren wil/ entwederen theyl insonders noch jhren beyden in gemein/ widder jhren willen/ Dieweil auch kein theil das vergünsten wil die nutzung so darauff fruchtet einzusamlen in hangendem Rechten/ Darumb befehlen vnnd gebieten wir auß gewalt vnnd macht/ so von Keyserlicher Maiestat/ inhalt der insinuirten Commiß vnns angeschafft ist/ daß jhr zwen Erbar vnd geschickte mann auß euch küren/ vnnd darzu verordnen/ mit denen verschaffen vnd darob sein/ daß die früchte so auff nachbestimpten Gütern wachssen/ getrewlich vnnd Erbarlich eingesamlet/ vnd zu getrewen handen gelegt/ behalten/ bewaret vnnd versorget werden/ auch die verrechnen vns als Richtern/ damit jhr wissen mögt den oblieger im Rechten/ als sich gebürt on allen abgang darein zusetzen/ biß

an die

Instrumente. CCXXXVIII

an die zimbliche belohnung/so dauon den Insamblern vnd pflegern gebüret/vnnd sind die die Güter/N. vnnd N. c. dauon jr bewaren sollet/niemands nichts entfrembdt/dann wie obsteher bey peen so von recht darüber gesetzt seind/alles on geuerde/vnnd damit nicht not sein werdt/das wider euch vnd verwarlosung der Partheien gerechtigkeit procediert werde/das kompt vns zu gut/gegen euch in gnaden zubeschulden/Datum vnder 2c.

Instrumentum Insinuationis, *Monitorij*

IN dem namen des Herrn Amen/kundt vnd offenbar sey allermenniglich/durch diß gegenwertig offen Instrument/daß nach der geburt Christi vnsers Herrn/als man zalt fünffzehenhundert/vnd sechzig fünff jar/in der achten Römer zinßzal/zu Latein Indictio genandt/bey herrschung vnnd regierung/des Allerdurchleuchtigsten/Großmechtigsten/vnüberwindlichsten Fürsten vnnd Herrn/Herrn Maximiliani/des namens der ander erwelter Römischer Keyser/zu allen zeiten mehrer des Reichs/in Germanien/Hungern/Bhem/Dalmatien/Croatien/Schlauonien 2c. König/Ertzhertzog zu Osterreich/Hertzog zu Burgundi/Steyer/Kerndten/Crain vnnd Wirtenbergk/2c. Graue zu Tyroll/2c. seiner regierung des Römischen im dritten/des Hungerischen im andern/des Böhmischen/im sechszehenden Jar/vff freitag den neunden tag des Monats Junij/hab ich nachbenanter offner Notarius vff ernstlich ansuchen vnd erfordern des Erwirdigen in Gott Vatters vnnd Herrn/Herrn Heinrichs Abts zu N. Cistercer ordens/Speirer Bißthumbs/dem würdigen vnnd hochgelehrten Herrn/Herrn Johan N. beider rechten Doctor/geistlicher Richter des Bischofflichen hoffs zu Speier/ein Keyserlich versiegelt Monitorium/so hernach in diesem vonn wort zu worten inseriert ist/angezeigt/offentlich verkündt/vnd zu wissen gethan/auch ihme desselben Monitoriums ein gleichlautende vnd collationirte Copey vnd abschrifft behandet/die er von mir entpfangen vnd angenommen hat/vnnd lautet daselbe Keyserliche Monitorium vonn wort zu wort also. Wir Maximilian/2c. vnd schreib daselb monitorium aang/vber solchs hat der obgenant Herr Heinrich Abt/2c. mich nachbenanten offen Notarien/ihme eins oder mehr offen Instrument zumachen gebetten vnd erfordert. Dise ding seind geschehen zu Speier/in des gemelten geistlichen richters offen Gerichtshauß/als er da zu gericht saß/in dem Jar/Indiction/Monat/tag/vnd Keyserthumbs wie oben geschrieben stehet/vmb zwo vhen nach mittag/oder nahe darbey/in beysein der Erbarn A. vnd B. als gezeugen darzu sonderlich erfordert vnd gebetten.

Vnd dieweil ich Caspar N. von N. Clerie Wormbser Bißthumbs/von Keyserlicher macht vnnd Oberkeit ein offner Notari/bey obgemelter verkündigunge/vnd sonst allen vnd jeden andern obgeschriebenen dingen/da die als darvon geschehn/mit sampt den obgenandten zeugen gegenwertigkeit gewesen bin/die also gesehen vnnd selbst gethan/darumb hab ich diß gegenwertig offen Instrument/so mit fleiß durch offne form redigirt/das auch mit meinem gewönlichen namen/zunamen/vnd zeichen vnderschrieben vnd verzeichnet/zu glauben vnd verkundt aller vnnd jeder obgeschriebner dinge herzu erbetten vnd erfordert.

Insinuation der Notarien/so mann zu rück auff die Instrumenten der beschehen Appellation/2c. pflegt zuschreiben.

ANno 2c. sechzig fünff/vff montag/den tag Fabiani vnd Sebastiani/zwischen 9. vnd 10. vhen vor mittag/in der Statt N. auff der Canßlei daselbst hab ich in vnnd hernach geschriebener Notarius/auff erforderung des wolgebornen Herrn/Herrn N. 2c. meines Gnedigen Herrn/dise hierinnen geschriebne Appellation/dem Edlen vnd Ernuesten

Kk iiij

New Formular

N. von N. des Hochwirdigen Fürsten vnnd Herrn/ Herrn N. meines Gnedigen Fürsten vnd Herrn hoff vnd Lehenrichter verkündt/ vnnd diß Instrument von worten zu worten offentlich verlesen/ vnd ein collationirte Copey darvon gegeben/ die sein Ernuest von mir empfangen/ inn beysein der Ersamen A. vnd B. C. welche jhrer pflicht vnd eidt (doch wo ferr sie anderst dem appellanten mit pflichten verwandt vnd hindersessen sein/ ohne das ist es on von nöten) damit sie wolermeltem meinem gnedigen Herrn/ zugethan vñ verwandt zu diesem actu/ vermög eines geschriebenen gewalts erledigt/ als glaubwirdige gezeugen herzu berüffen vnnd erbetten/ Deßgleichen hab ich der Notarius/ inn beysein jetzbemelter zeugen/ die angeregten appellation/ der edlen vnd thugentsamen frawen Margareta N. geborne von N. des edlen vnnd vesten N. von N. ehelichen Haußfraw/ in abwesen jetzgedachts jres Junckherrn/ in dem Schloß N. in jhrer gewönlichen Hoffstuben/ auff Mittwoch nach Sebastiani gemelts jars vmb vier vhr: nach mittag/ auch insinuirt vnnd verkündt/ vnd ein glaubwirdige Copei davon behandet/ die sie gutwillig von mir angenommen/ mit dem vertrösten/ daß sie es jrem Junckherrn zu seiner ankunfft wölt vberantworten/ actum vt supra.

Attestor ego Alexander N. Imperiali authoritate Notarius, manu propria.

Insinuation anderer vnd kurtzer form.

Uff den zwölfften tag Augusti Anno ꝛc. N. ist diese appellation dem Richter/ zwischen zwölff vnnd einer vhren insinuirt worden/ durch N. vonn N. in beysein des Schultheissen/ hat der Herr Stadtschreiber angenommen.

Insinuation aber anderer form.

Uff Durstag nach Egidij den 2. tag Septembris/ An. ꝛc. N. vmb 7. vhrn/ oder nahe dabey zu morgens/ hab ich N. von N. auß Keyserlicher gewaltsam offenbarer Notarius/ Jörgen N. in N. Weinberg funden daselbsten insinuirt/ in beysein der Ersamen A. vnd B. beide Bürger zu N. als gezeugen herzu beruffen vnd erfordert.

Insinuation anderer form/ wie es des Hochlöblichen Keyserlichen Cammergerichts pedellen/ auch Botten pflegen zuuerzeichnen/ Doch haben sie auch gemeinlich im brauch/ alles das jhenig wie jhnen begegnet zubeschreiben/ auff daß sie solches inn der gebür/ an jhren gebärenden orten vnd enden anzuzeigen vnd relation zuthun wissen.

Ich N. Römischer Key. Ma. Cammergerichts pedel (vel) Bott/ Bekenn/ daß ich dem Edlen vnd vesten N. von N. ein Keyserlich besigelt ladung diser Copey gleich lauttende zu seinen handen geantwort hab/ vnnd ist geschehen zu Regenspurg auff den 11. tag des Monats Februarij/ vmb 10. vhren vor mittag/ Anno ꝛc. N. das bezeug ich mit dieser meiner eigen handschrifft.

Insinuation kurtz/ einer appellation/ vonn wegen des Herrn Notari/ so leibs blödigkeit halben nicht außkommen kan.

Instrument. CCXXXIX

Ach dem gegenwertige Wittib Catharina N. verschiener tag/ von einem ergangen bescheide oder beyurthel/ wie das genandt werden sol/ in sachen wider jrer stiffkinder vormünder/ coram Notario & testibus vigore Instrumenti appellationis wie sich gebürt appellirt/ vnnd aber derselb Notarius/ nemlich N. gelegenheyt leibs schwacheit wegen die Insinuation nicht volnbringen kan/ So erschein ich N. tanquam Notarius in presentia requisitorum ac rogatorum testium, Presentir/ Insinuir vñ verkünde E. E. W. derselbig Appellation glaubwirdig collationatam & auscultatam copiam simul cum originali, welchs original mir widerumb herausser folgen zulassen/ welchs dann gutwillig angenommen worden/ actum auff montag den 12. Augusti/ in stehendem rath allhie zu N. Anno ꝛc.

Dergleichen ist auch der Frawen gegentheyl Insinuirt vnnd verkündet worden/ actum vt supra.

Instrument vber erkündigung der Eheuersprüchnuß.

JN namen der heiligen vntheilbaren Drepfaltigkeit Amen/ kundt vnd zuwissen sey allermenniglichen/ so dieses gegenwertig offen Instrument sehen oder hören lesen/ daß als man zalt nach Christi vnsers lieben Herrn vnd seligmachers geburt/ fünffzehen hundert sechtzig vnnd fünff/ in der achten Römer zinßzal (zu latein Indictio) bey regierung vnd herrschung des Allerdurchleuchtigsten/ Großmechtigsten Fürsten vnd Herren/ Herrn Maximiliani/ diß namen des andern erwelten Römischen Keysers/ zu allen zeiten mehrern des Reichs/ in Germanien/ zu Hungern/ Behem/ Dalmatien/ Croatien vnd Schlauonien ꝛc. König/ Ertzhertzog zu Osterreich/ Hertzog zu Burgundi/ Steyer/ Kerndten/ Crain vnd Würtemberg/ ꝛc. Graue zu Thyroll ꝛc. vnsers allergnedigsten Herrn/ sein er Reich des Römischen im dritten/ des Hungerischen im andern/ vnnd des Behemischen im sibenzehenden Jaren/ auff Montag den 27. Augusti/ vmb drey vhrn nach mittage/ in des wirtshauß zu N. Wolff N. genant/ in der obern stuben/ erschien vor mir hieunden benanten Notarien/ vnnd den glaubwirdigen hieunden geforderten Gezeugen/ Die Ehrnhafften/ gelehrten/ auch thugentsame vnd züchtige Jungfraw/ nemlich Jörg N. der freyen künsten Baccalaureus vonn N. vnnd Anna N. anzeigende/ Demnach er Baccalaureus Georg N. sich auß göttlichen beuelch vnd ordnungen ehelichen verpflichten wolte/ so were jhme verrückter zeit ein geschrey vnd dergleichen fürkommen/ als solt er Georg N. mit jr. Anna der ehe halben verknüpfft sein/ dessen er sich gantz vnschuldig wuste/ auch mit jr. Jungfrawen Annen nichts anders dann in züchten vnd ehren geredt vnd gehandelt/ weß sie Anna sich wol zu erinnern hette/ Dieweil aber nichts desto weniger jhme Georgen N. fürgemalet/ er sey mit jr. Annen verknüpffet/ vnd der Ehe halben verbunden/ vnnd inn der warheit sich nicht befinden werde/ demselbigen aber zubegegnen/ thet vielgedachter Georg N. bemelte Jungfraw Anniam freundlich begrüssen/ Inn beysein mein hieunden benandten Notarien/ vnnd darzu erforderten Gezeugen/ Dieweil jhme Georgen vorbehalten/ er solle sich mit jr Jungfrawen Anna der Ehe halben eingelassen haben/ vnnd jhme nicht wenig an seiner vorstehender Heyrat täglich verhindernuß gebe/ So wolte er erstgedachte Jungfraw Anna/ bey jhren Jungfrawlichen ehren vnnd trewen ermahnet haben/ sie wolte inn beysein mein hieunden offen Notarien vnnd Gezeugen/ vngezwungen vnnd vngedrungen eröffnen/ ob er mit jhr Anna der Ehe odder anders halben zuthun gehabt/ darauff sie frey willigklichen vngedrungen vnnd gezwungen geantwort/ Nein/ dann sie hab vielgedachten Georgen N. nicht anderst erkandt/ dann inn züchten vnnd inn ehren/ wüste auch nichts anders dann liebs/ ehr vnd guts von jme zusagen/ verhoff auch er werde von jr dergleichen sagen werden/ mit vermeldung/ dieweil er Jörg N. sie nicht wölle/ so wölle sie jhnen auch nicht/ denn er hett eine andere viel lieber dann sie/ ꝛc. Darauff er Jörg N. erinnert/ ob sie solches gestendig sein

New Formular

sein wolte/so es für Erbare leuth keme/darauff bemelte Anna geantwort ja/er mög eine nemen wo er wölle/er solte ihr kein geschrey machen/dergleichen wolt sie auch thun/vnnd versprachen solchs bey ihren trewen zu halten/ Demnach erfordert mich vielgedachter N. als einen offenen Notarien/solchs alles in diese offen form zu bringen. Geschehen seindt diese ding/in dem Jar/Indiction/Monat/tag/zeit/ort/stundt vnnd regierung wie obgeschrieben/in beysein der Erbarn N. vnd N. beide Gerichtsmenner/vnd N. gemeinsman zu N. als gezeugen hierzu sonderlich beruffen vnd erbetten.

Vnd dieweil ich N. N. vonn N. auß Keyserlicher macht offener vnnd bewerter Notarius/bey diesen oberzelten handlungen/persönlichen gewesen/solches gesehen vnd gehört/auß bitt in diese offene form bracht/vnd verhinderung meiner geschefft halben/durch einen andern schreiben lassen/vnnd mit meinem namen/zunamen/ vnd Notariat signet bezeichnet vnd vnderschrieben/solches damit zubesagen.

Instrument einer Protestation/von wegen auff-
gerichten Testaments/odder letzsten willens
verordnung.

INdem namen Gottes Amen/Kundt vnd zuwissen sey allermenniglich/so diß gegenwertig offen Instrument zuuerlesen/odder anzuhören fürkompt/daß in dem Jar als man zalt nach der geburt Christi/fünffzehen hundert sechzig vnd sechs/in der neunden Römer zinßzall/indictio zu Latein genant/bey regierung vnnd herrschung des Allerdurchleuchtigsten/Großmechtigsten/vnüberwindtlichsten Fürsten vnd Herrn/ Herrn Maximiliani/diß namens des andern erwelten Römischen Keysers/zu allen zeiten mehrern des Reichs/inn Germanien/zu Hungern/Behem/Dalmatien/Croatien/ vnd Schlauonien/ec. König/Ertzhertzog zu Österreich/Hertzog zu Burgundi/Steyer/ Kerndten/Crain vnd Wärtenberg/ec. Graue zu Tyroll/ec. vnsers allergnedigsten Herrn/ seiner Maiestat Reich/des Römischen im vierden/des Hungerischen im dritten/vnd des Behemischen im achtzehenden jaren/vff N. tag N. monat/vmb acht vhrn vor mittag zu N. in N. behausung/ist vor mir offen Notarien/vnnd der gezeugen hienach bestimpt/dar- zu sonderlich beruffen vnd erbeten/persönlich vnd offentlich erschienen vnd gestanden/die Ersam vnd thugentsam fraw Catharina N. des Ersamen vñ vornemen N. eheliche hauß fraw/in willen vnd meinung als sie sagt/vnd so vil an jr were/ire zukünfftige schaden oder widerwertigkeit zuuerkommen/vnd anders hienach berürt zu thun/herumb derselben vrsachen/weiß/meinung vnd gestalt/so best sie solt/mocht/vnd an jr was/vbergabe vnd legt sie/von vnd auß ihren/zu vnd in meines hierunden geschriebenen offen Notarien handen ein papieren zettel/von jhr selbs eigen hand beschrieben/diese hernach geschriebenen Protestation vnd bezeihung inhaltende/nach vermöge vnd innhalt desselben/protestiert/bezeugt/bedingt sich/vnnd thet sonst alles vnnd jhedes derselb zettel innhalt/vonn wort zu wort also lauttende. Ich Catharina N. Alexanders N. eheliche Haußfraw/ Bekenne mich/ vnnd sage eigentlich mit dieser meiner eigen handtgeschrifft/vnnd thue kundt allermenniglich vor euch Herrn Notario/vnnd den gezeugen hie zugegen/daß mich glaublich angelangt hat/daß der ehegemelt mein ehelicher Haußwirt/inn willen sey ein ordnung zu machen/oder villeicht gemacht habe/wie es nach todt vnser eines absterben gehalten werden soll/mit den Gültern/die vnser eins dem andern zu zugelt anfenglich zubracht hat/ auch mit den Gütern die wir ererbt haben/vnnd auch sonst bey einander errungen/gewonnen/vnnd vberkommen haben/inn was weg es geschehen ist/So ich aber nicht weiß/ was solch ordnung innhelt/so protestier vnd bezeug ich mich offentlich/inn vnd mit krafft dieser Schrifft/inn der besten vnnd bestendtlichsten form/maß/weiß/vnnd gestalt/wie es im Rechten allerbest/krafft vnnd macht haben soll/kan/odder mag/ob odder wie solch

ordnung

protestation zettel.

Instrument. CCXL

ordnung in einige wege gemacht were/oder würde/vnnd mir zu schaden an meiner hoch=
zeitlichen verschreibung/ oder an der freiheit so ich vnd alle Frawen an jhren widummen/
vnnd andern jhren Güttern haben/wie die im Rechten bestimpt sind/ dienen möchten/
daß ich in solche ordnung gantz nicht gehell/ vnd die auch gantz nicht annemme/ Sonder wi=
dersprech vnd widerruff dieselbe jetz als dann/vnd dann also jetz in krafft dieser Schrifft/
vnnd behalt mir vor die bemelten freyhepten vnd rechte/ die den Frawen vnd Weiblichen
geschlecht von Römischen Keysern vnd Königen gegeben ist/ Ich behalt mir auch hiemit
gewalt vnnd macht/mit dem meinen zuschaffen nach meinem willen vnd gefallen/ Sol=
ches alles gantz odder zum theyl vmb Gottes willen/ auch vmb meiner armen Seel heyl
willen zu geben/oder meinen freunden zulassen/wem vnd wie vil mir geliebt/wie ich dann
solchs hernach mit mund oder in schrifften befehlen werde/vnd ich obgenandt Catharina
erfoder euch Herrn offen Notarien/inn beysein der gezeugen hie gegenwertig/vber solch
mein Protestation vnnd vorbehaltung/mir eins odder mehr Instrument/so vil mir not=
türfftig sein werden/zu machen vnd zugeben/ Behalt mir auch diß mein Protestation/be=
dingung vnd vorbehaltung/zu mindern/zu mehren/gantz oder eins theils abzuthun/oder
ein andere zu machen/nach meinem willen vnd gefallen/ auff vnnd nach inlegung hievon
geschriebener Protestation vnd handlung anderer obbestimpten ding/hat die vorbenandt
fraw Catharina N. mich hierunden geschriebnen offen Notarien mündtlich erfodert/jhre
dauon eins odder mehr/ so viel sie deren bedörffen werden/offene Instrument zu machen
vnd geben/ vnnd sind diese ding beschehn zu N. in N. behausung/in dem Jar/Indiction/
Monat/tag/regierung hievor geschrieben/inn beysein der vorschtigen vnd bescheiden A.
vnd B. gezeugen/in allen vorgeschrieben dingen sonderlich erfodert vnd gebetten.

Vnd dieweil ich Ludwig N. von N. auß Keyserlicher macht vnnd gewaltsam=
keyt ein offen Notari vnd Schreiber/bey obgeschriebener Protestation/vnnd vor=
behaltung/ auch allen vnnd jhenen andern dingen/da die wie vorstehet beschehn/mit
sampt den vorgedachten Gezeugen persönlich gegenwertig gewest bin/die also ge=
schehen gesehen vnnd gehört. Darumb hab ich diß gegenwertig offen Instrument
dauon gemacht/mit meiner eigen hand beschrieben/in diese offene form bracht/vnd
mit meinem gewönlichen namen vnnd zeichen vnderschrieben vnnd bezeichent/ Jn
vrkundt vorgeschriebener ding sonderlich beruffen vnd erfodert.

Instrument/vber empfangener Summa einem
andern legierten gelds/darinnen die Testamentarien
in allem schadeloß zu halten versprochen
wirdt.

IN dem namen des Herrn Amen/vt supra rc. vff Montag den 13. Nouembris/zwi
schen zwey vnd drey vhrn/vngefehrlich nach mittag/zu N. Speirer Bisthumbs in
Oder Dechanei daselbst/in der ein grossen stuben oben auff neben der Capitel stuben/
ist für mir dem Notario vn̄ den gezeugen hernach benant gegenwertigkeit/sonderlich darzu
ersucht/auch in beysein der Erwirdigen/edlen/wirdigen vnd hochgelerten Herrn A. vnnd
B. rc. persönlich erschienen/nemlich der Ersam Jörg N. von N. in namen sein selbst/vnd
dann von wegen seiner mutter/frawen Barbaran weiland Jörg N. seines Vatern seligen
nach tod hinderlassener Wittib zu N. in krafft gewalts/so er Jörg N. hie vō Herrn Johan
N. der freien künsten Magistern/vn̄ Jacoben N. beide gedachts stiffts zu N. Canonick vn̄
vicarien rc. vil als geordenten testamentarien/weiland des wirdigen vn̄ wolgelerten Herrn
Jacobi N. von N. der freien künsten Magistern/vnd vielermelts stiffts zu N. jres lieben
vettern seligen testamentarien vnd executores in erster entrichtung der legaten/so jme Jör
gen N. vnnd gedachter seiner Mutter/als instituirten Erben/von ermeltem jhrem lieben
Herrn

New Formular

Herrn Vettern seligen legirt/vnd von gedachten Herrn testamentarijs vnd executoribus gestifftet worden/gezeigt vnnd dargelegt hett/vnd zeigt an/Demnach mehrgemelter sein lieber Vetter seliger/Herr Jacob N. inn verscheinen N. Jhar der weniger zahl auff Sambstag nechst nach dem Sontag Oculi/den 13.tag Martij/vor Notarien vnd glaubwirdigen zeugen/sein außsprechlich testament/zu latein testamentum nuncupatiuum genandt/gemacht/geordent vnd auffgericht/darinn er Herr Jacob N.seinem Son Theobaldo/welcher damals nit vorhanden gewesen/so fern derselbig noch in leben were/N. gulden donirt/legirt vnnd geschaffet hett/vnd darnach jnen Jörgen N. neben obgedachter seiner Mutter Barbara N. vielermeltes Herrn Jacobi N. schwester/zu waren Erben instituirt/Darauff sie dann auch nach seinem absterben/die verlassenschafft von den Herrn testamentarijs vnd executoribus ausserhalb der Legaten/so hin vnnd wider armen Leuten legirt worden/entpfangen/alles innhalt der Quittantzen/so vielermelten Herrn testamentarijs darüber behendigt/rc. Dieweil nun das angeregt Testament vermocht/wo er Theobaldt vorgenandt testators Sohne nicht inn leben were/daß also dann er Jörg N. offtgenandt sampt seiner Mutter ermelte N. gulden/vonn den vielgemelten Herrn testamentarijs enpfangen solten. Demnach aber dick gemelter Theobaldt seidher nicht erschienen/auch niemandts biß in die 15. Jar vngefehrlich/gewust wo er sich erhielte/vnnd noch niche bewust wo er wer/So beger er Jörg N. an statt vnnd inn namen wie gehört/als wahrer instituirter Erb/inn krafft angeregts Testaments/an die Herrn testamentarios/vnd ein gantz Capittel des Stiffts zu N. Daß dieselbigen jhme vnnd seiner Mutter die N. Gulden zustellen/vnd neben gebürlicher quittung vberlifferen/so wolte er Jörg für sich/vnd seine Mutter/jhre Erben vnd Erbnemmen/vor mir Notario/vnd den gezeugen vnden benendt/dessen erbotten vnnd versprochen haben/bey seinen guten trewen vnd ehren/wolermeltem Stiffe/vnnd sonderlich die Herrn testamentarios der N. Gulden wegen/schadtloß zu halten/Vnd wo sichs begebe/daß er Theobaldt seines Vettern seligen Son/vber kurtz oder lang kommen würde/daß er Jörg N. vnd seine Mutter/vnnd nach ihrem tode jhre Erbnemmen/ermeltem Theobaldt solche N. gulden/widerumb auff ihren kosten erlegen/geben/vnd erstatten wöllen/vnd sollen/alles bey verpfendung aller jhrer haab vnnd Güter/liegender vnd fahrender/gegenwertig vnd künfftig/nichts außgescheiden. Begere derhalben an mich den Notarium/jme vber jetzige beschehene zusagung ein glaubwirdig Instrument zu machen vnnd mitzutheilen/Erstlichen gleichfalß obermelter Herr A. Dechant des Stiffts zu N. von wegen eines gantzen Capittels ermeltes Stiffts/ vnnd sonderlich die zween Testamentarien/Protestirten sich anfencklichs vor mir Notario vñ zeugen/Daß sie die N. gulden/so Theobalden weiland Herrn Jacoben N. Sohne legirt worden/dem mehrgenandten Jörgen N. vnd seiner Mutter/anderer gestalt nicht geben odder folgen wolten lassen/er versprech dann zuvor vor mir Notarien vnd den gezeugen/daß er seinem erbieten nach/sie die Testamentarios vnnd ein gantz Capittel/deßhalben wolt schadtloß halten/vnnd gentzlich inn oder ausserhalb Rechtens vertretten/welches er Jörg N. offtgenandt/von wegen sein selbst/vnd seiner Mutter/also auff beschehen begern mit handtgebender trew an eydes statt/mir dem Notario zugesagt vnd gelobt/allem dem wie er verheissen/vnnd an ihn von dem Herrn Dechant vnd Testamentarijs begert worden/nachzukommen/Erfordern demnach mich den Notarium/jnen jetz beschehene Protestation zu Instrumentiren/auch eines oder mehr offen Instrument darüber zumachen/zuuerfertigen vnnd mitzutheilen/sich deren im fall der notturfft haben zugebrauchen/Nach aller solcher beiderseits beschehen begern/protestieren/bewilligen/zusagen/gegebnen handtrewen an eydes statt vnnd handlung/so hab ich der Notarius diß gegenwertig warhafftig offen Instrument/an statt glaublicher vrkundt vñ gezeugnuß/als mir ampts halber gebürte/verfertigt/vnd in diese offen form bracht/vnd seind diese ding alle vnd gar beschehn des Jars/Indiction/regierung/Monat/tag/stundt/endt vnd ort als obsteht/in gegenwertigkeit der Ersamen N. vnd N.rc. als glaubhafftige gezeugen/sonderlich hierzu ersucht vnd erbetten.

Vnd

Instrument. CCXLI

Vnd dieweil ich Ludwig N. von N. auß Röm. Keyſ. Maie. macht/vnd von dem hochlöblichen Cammergericht offner vnnd approbirter Notarius bey obermelter handlung beiderſeits beſchehen begeren/proteſtiren/bewilligen/zuſagen/gegebuen handtrewen an eydts ſtadt/ ſelbſt mit den zeugen zugegen geweſen bin/ das alles beſchehen/geſehen vnnd gehört/ ſo hab ich anſtadt glaublicher vrkunde diß offen Inſtrument darüber gemacht/in dieſe form geſtelt/publicirt/mit eigner handt geſchriben/vnd mit meinem gewönlichen Namen/zunamen/vnd Notariat ſignet alles zu endt geſchrieben vnd verzeichnet/ inſonderheyt dazu erfordert vnd erbetten.

Inſtrument vber auſzgerichte erbſchafft der
Teſtamentarien odder ſeelwartern.

IN Gottes namen Amen/Kundt vnd offenbar ſey allermeniglich/vt ſuprà/ auff Donnerſtag den 13 Januarij morgens vmb acht vhrn/oder nahe darbey/ſeind mir gemein Notarien/vnd nachbenanter zeugen gegenwertigkeyt perſönlich erſchienen/ die Wirdigen hoch vnd Wolgelerten Herrn Jörg N. der heiligen Schrifft Doctor/vñ Ordinari der Vniuerſitet N. vnd Meiſter Nicolaus von N. ꝛc. die ſagen vnd gaben zu erkennen/nach dem ſie weylandt der Erſam Herr Johan N. ꝛc. in ſeinem Teſtament/ſo er mit ſeiner eygen hand geſchrieben/vnd ſeinem zurück auffgetrücktem Inſigel beſigelt/zu Teſtamentarien vnd ſeelwertern verordnet/wern ſie willig genandts Herrn Johanſen N. auffgericht Teſtament/ ſo viel ihnen müglich/vnd ſo ferne ſich ſein verlaſſen Haabe vnd gut ſtreckt/vnd ferzers nichts/ zu volziehen/vnd als genanter Herr Johan N. in gedachtem ſeinem auffgerichten letzten willen vnnd Teſtament/den Erſamen Herrn Martin N. Sanct Michels ſtiffts zu N. Vicarien/zu ſeinem rechten waren/vnzweyfflichen Erben vnd Erbnemen/genennet/geſetzt/vnd inſtituirt/alſo haben die obgenanten Herrn Teſtamentarien vnd ſeelwarter/gedachtem Herrn Martin N. dem Erben/der alſo gegenwertig ſtunde/genandts Herrn Johanſen N. verlaſſen Haab vnd gůtter/wie die durch mich nachbenandten Notarien Inuentiert vnnd beſchriben ſeind/vbergeben vnnd zůgeſtelt/ ihne auch in ſolche Haabe vnd Gůtter inngeſetzt vnd immittiert/es erforderten vnd begerten hierüber/von mir nachgemeltem Notarien/ihme eins oder mehr ſo viel not würden Inſtrumenten zumachen vnnd geben/vnd ſeind dieſe ding geſchehen im Jar/Indiction/regierung/Monat/tag/vnnd ſtund wie obſtehet zu N. in gegenwertigkeit vnnd beyſein der Erſamen Herrn N. vnd N. als aezeugen herzu ſonderlich beruffen vnd gebetten.

Vnd dieweil ich Daniel N. von N. von Bäpſtlicher vnd Römiſcher Keyſerlichen macht offen Notary bey inſetzung vnd iſtituirung obgenanten Erben gegenwertig geweſen bin/ſolchs alſo geſchen vnd gehört geſchehen/hierumb hab ich diſes Inſtrument darüber gemacht/mit eigner hand geſchrieben/vnd mit meinem gewönlichen namen vnd zeichen vnderſchrieben vnd bezeichnet/zu warem vrkunde vnd glauben/ aller vnd jeden vorgeſchrieben ding/darzu ſonderlich erfordert vnd gebetten.

Inſtrument vber eetlich malter Korn
Ceſſion vnnd vbergab/ꝛc.

IN Gottes namen Amen / Kundt vnd offenbar ſey allermeniglichen/ſo diß gegenwertig Inſtrument anſehen/leſen/oder hören leſen/daß im jar nach Chriſti vnſers Herrn geburt/ꝛc. vt ſup. auff freytag den dritten tag des monats Martij für mir offenbaren Notarien/vnd den glaubwirdigen nachbenandten darzu ſonderlich erfordertē zeugen erſchienen ſeind die Erſamen vnnd Tugentſamen/Margretha vnnd Barbara geſchwiſter/weiland Johan N. ſeligen von N. nachgelaſſene tochter vnd Dichter N. vnd

S o

New Formular

Hanß N. ihr eheuogte/ vnd haben zuerkennen geben/ daß ihn ehegemelter Johann N. ihr Vatter seliger/ in seinem Testament vnd letzsten willen/ vnder andern Güttern hundert vnd zwantzig Malter korns/ so ihme der Ehrnuest Philips N. von N. schuldig bliben/ verordnet vnd gesetzt habe/ alles innhalt seines Testaments vnd letzsten willens/ Dieweil aber ihrer gelegenheyt nicht sey/ solch Korn schulden außzubringen vnd inzufordern/ vnd Johann N. ihr Bruder ihne biß anher vielerley freundschafft/ trew/ vnnd dienst erzeiget/ vnd allen Brüderlichen willen bewiesen vnd noch/ So haben sie zu vergeltnuß desselben/ dem jetzigenandten Johann N. ihrem freundtlichen lieben Bruder zugegen/ vnnd solch danckbarlich annemend/ gantz freywilliglich ohn gezwungen/ ohn getrungen/ vnd ohn befortheil mit rechter wissenheit vnd wolbedachtem müth/ angeregte hundert vnd zwantzig malter korns außstehender schulden/ auch alle anforderung/ zuspruch/ vnd action/ so jhne sampt vnnd sonder an gemelten Juncker Philipsen derhalben gebürt/ für sich/ vnnd jhre erben in der aller besten form/ maß/ weiß/ vnd gestalt/ so solchs von recht oder gewonheyt wegen aller bestendigst beschehen sol/ kan oder mag/ in krafft einer waren rechten vnd ohn widerrüfflichen vbergab/ vnder den lebendigen genandt/ erblichen vnd ewiglich zu haben/ doniert/ vbergeben/ cedirt/ vnd zugestelt/ Thun das auch gegenwertiglich hiemit in krafft diß offen Instruments/ geben jhne volnkommen gewalt/ möge vnd macht/ auch zu Procuratoren in rem suam gesetzt/ alle vnd jhede recht vnd gerechtigkeit/ fosderung vnnd zuspruch/ so jhne bißanher vnnd hernachmals gegen wider wolgedachten Juncker Philipsen anzeregter hundert vnd zwantzig malter Korn halben gebürt/ vnnd gebüren mag/ zuuolnfüren vnd prosequiren/ also vnd der gestalt/ daß ernandter Johann N. jr Bruder vnd Schwager hinfüro solche korn schulden vnd gerechtigkeit jhme wie vorstehet vbergeben vnnd Cedirt/ auffheben/ infordern/ inmauen/ zu seinen handen bringen/ vnnd in seinen nutzen keren vnd wenden/ vnnd derohalben transigieren/ vnd sonst damit handlen/ schalten vnd walten/ wie jme geliebt vnd bequemlich sein wil/ auch alle vnnd jede forderung/ klag/ zu vnd anspruch/ gegen vnd wider gemelten Juncker Philipsen vnd andere so interesse zu haben vermeinen/ zuthün vnd zuüben/ zu verlust vnnd gewinn/ alles in sein eigen nutzen/ vnd sonst gemeinlich alles das jhenige wie die cedenten vnd gewaltgeber/ vnd jhre Erben vor diser vbergab thün vnd lassen hetten mögen/ hierinn zuthun/ fürzunemen vnnd zulassen/ Gelobten darauff die mehrbemelten vbergeber mir nachbenanten offenbaren Notarien/ mit handt gebenden trewen/ solchs stipulirend vnd annemend/ in namen aller der/ so dise handlung berüren mag/ solch jhr donation/ vbergab/ vnd cession durch sie geschehen/ vnd sonst was hierin verfasst stehet/ für sich/ vnd jhre erben/ stet/ vest/ vnd vnuerbrüchlich zuhalten/ dieselb durch sich selbst/ oder jemands anders von jrent twegt zu widertuffen oder geschehen gestatten/ mit begebung vnd verzeihung aller priuilegien vnd exception/ so jhne hierwider zu stewer kommen möchten/ alles getrewlich vnd vngeschrlich. Vber solchs alles vnd jedes wie obstehet/ hab ich nachgeschriebner offenbarer Notarius/ auff ersuchen verbemelter Cedenten vnnd Cessionary diß offen Instrument verfertiget/ Geschehen zu N. in N. Behausung/ im jar/ Indictio/ regierung 2c. vt supra/ in beysein der Wirdigen Herrn A.B. vnd C. als zeugen darzu sonderlich erfordert vnd erbetten.

Vnd dieweil ich N. von N. auß Röm. Key. Maie. macht/ offenbarer Notary/ bey obgeschriebner vbergab vnd cession/ auch allen andern dingen wie obstehet/ sampt ernandten zeugen selbst persönlich zugegen gewesen/ solchs also geschehen/ gesehn vnd gehört hab/ darumb diß offen Instrument/ durch ein andern geschrieben/ darüber auffgericht/ publiciert/ vnderschrieben/ vnd in dise offen form gestelt/ auch mit meinem gewönlichen namen 2c. vt supra.

Instrument vber Cession vnd vbergab Legirter Erbschafft/ anderer form.

Instrument. CCXLII

JN GOTTES namen Amen. Kundt vnnd offenbar ꝛc. vt supra/ auff Mittwoch den 12. Januarij Morgens vmb acht vhrn oder nahe darbey/ ist in mein Notarien vnnd nachbenandter zeugen gegenwertigkeit persönlich erschienen/ der Ersam Herr Martin N. ꝛc. der sagt vnd bekandt vngezwungen vnnd vngetrungen/sonder frey eigens willens/als jhme weiland der Ersam Herr Johann N. ꝛc. in seinem Testament so er mit eigner hande beschrieben/ vnd seinem zuruck auffgetruckten Jnsiegel besiegelt vnnd auffgericht/ zu rechtem waren vnzweiffenlichen erben vnd erbnemen/ ernendt/ gesetzt vnd Instituirt hett/ auch in dieselben Herrn Johansen N. verlassen haab vnd Güter/ vnd die durch mich nachbenandten Notarien in beysein glaubhaffter zeugen Inuentiert vnd beschrieben/ als ernandter vnd Instituirter erbe/ durch die Wirdigen Hoch vnd Wolgelehrten Herrn/ Georgen N. der heiligen Schrifft Doctor/ ꝛc. vnd Meister Nicolausen N. ꝛc. als verordenten Testamentarien/ jnnhalt eines Instruments darüber auffgericht/ ingesetzt/ immittiert wer/ wolt er doch die grosse Brüderliche trew/ freundschafft vnd guten willen/ so er Johann N. vnnd er Martin N. mit einander lange zeit gehabt/ hertzlich betrachten/ vnd von gemeltem erbfall/ wie er ernennet vnd Instituirt wer/ gentzlich abtretten/ sich dessen hinfür für sich oder sein erben in keinen weg zu vndernemen/ auch kein forderung/ klagen oder ansprach daran zuhaben oder zuthun/ vnnd hat darauff genandter Herr Martin N. Wendeln N. ehegenants Herrn Johansen N. natürlichen Sohne/ als vnd jede habe vnd güter/ wie vnd welcher massen es Herr Johan N. die nach seinem absterben verlassen/ vnd er in dieselben/ durch die verordenten Herrn Testamentarien obgemelt eingesetzt wer/ frey/ gentzlich/ erblich zugestelt vnd vbergeben/ sich derselben als seiner eigen güter für sich vnd sein erben zugebrauchen/ darmit schalten vnnd walten/ nach allem seinem willen vnd gefallen.

Es hat auch genandter Herr Martin N. mir hernach benandten Notarien/ mit handtgebenden trewen an leiblichs geschwornen endts statt gelobt vnnd versprochen/ an ob gemelten erbfall/ haab vnd güter/ auch Wendeln N. oder sein Erben/ deßhalb kein forderung/ klagen/ odder ansprach/ durch sich selbs/ oder jemands anders von seinet wegen zuhaben oder thun/ dann er sich deßhalb aller Gnaden/ Priuilegien vnd behelffs/ so jhm/ oder sein Erben zustatten herwider kommen möcht/ gentzlich/ erblich/ vnd ewiglich verziehen vnd begeben haben wolt / erfordert vnd begert hierüber/ von mir nachgemelten Notarier/ jhme eins oder mehr/ so vil not würden/ Instrumenten zumachen vnnd geben. Dise ding seind geschehen ꝛc. vt supra.

Vnd dieweil ich N. von N. von Röm. Key. Male. gewaldsam offenbarer Notarij/ bey allen vnd jeden dingen da die als vorgeschrieben stehet/ geschehen/ sampt den vor gemelten zeugen gegenwertig gewesen bin/ solches also gesehen vnnd gehört/ hierumb hab ich diß ꝛc. vt supra.

Instrument vber verzieg vnd ledigzelung der Ehuersprechnuß / so beyde gegen einander vorm Rath thun.

JN Gottes namen Amen/ Kundt vnnd offenbar sey allermenniglichen/ die diesen brieff lesen/ sehen/ oder hören lesen/ daß in dem jar als man zalt nach Christi vnsers lieben Herrn Geburt ꝛc. vt supra (in vorgehenden Instrumenten zuschen) auff dienstag den 11. July/ ist für den Ehrnhafften/ Ersamen/ vnd weisen Herrn Johan N. dieser zeit Schultheyß/ vnd N. vnd N. Bürgermeistern zu N. N. Bistumbs auff dem Rathhauß daselbst/ in jhrer gewönlichen schreibstuben/ vnd für mir hieunden beschriebnen Notarien/ erschienen der Ersam Hanß N. von N. Schuhmacher gesell/ der sich vernemmen lassen/ wie er auff Sontag in Hansen N. auch Schuhmacher vnd Bürger zu N. behausung zur vnderzech gewesen/ wer Philips N. Schneiders seligen verlassen Töchterlein

So ij

New Formular

Anna genandt / so noch vnder seinn mündigen jaren vnd verfärmündert / in die Stuben kommen / hett er jr der Jungfrawen einn freundlichen trunck bracht / mit jhr der Ehe halben geredt / vnd jr einn taler geben / doch keiner anderer gestalt / dann so fern es jrer freundtschafft auch lieb vnd gefellig wer / sie zu Ehlichen / Dieweil aber die sachen dahin gelanget / daß die Vormünder / nemlich N. vnd N. beyde bürger vnd des Töchterleins freundschafft / in solche Eh als Vormünder vnd freund nicht wüsten oder köndten ohn der Oberkeyt wissen vnd willen zubewilligen / angesehen daß jre pflegtochter noch gar jung vnd kindisch / auch nicht Mannbar wer / vnnd darfür hielten / daß er sie vmb jhres guts willen hindergangen.

Nach dem er dann solchen vnwillen spürt / so begert er Hans N. da für Herrn Schultheiß / Bürgermeister / daß gedachte Anna / jhme seinn Taler wider zuhanden stellen vnd geben solt / welches als bald beschehen / vnnd er Hans N. obgemelt / für obgedachten Schultheyß vnd Bürgermeister gegen dem Mägdlein Anna ein offentlichen verzieg gethan / sie zu ewigen tagen der ehe halben nicht mehr anzusprechen / durch sich / oder anrichtung anderer Personen / sonder daß die Jungfraw Anna / mög heyrathen vnd zur ehe greiffen / wie jhr geliebet vnd gefellig ist / woll sie Anna auch hiemit in krafft diß Instruments / frey / willig / vnd ledig / der ehe gezelt haben. Sie Jungfraw Anna obgemelt zelt vnd sagt jhnen Hanß N. von N. auch frey ledig jhrent halben / vnd thet verzieg auff jnen / daß er möcht / vnd solt heyrathen wo er auch wolt / vnuerhindert jhr / vnd gaben beyde partheien Als bald obgenandten Herrn Schultheiß jre handtrewe an eines rechten geschwornen eydts statt / solches also stett vnd vest zuhalten / allerding trewlichen vnd vngefehrlich / baten vnd erforderten mich offen Notarien / jhnen eins / oder mehr offen Instrumenten vber solchen verzieg zumachen vnd ediren / so viel jhnen deren von nöten sein würden / vnnd ist diser verzieg also in obgemelter Stadt N. auff gewönlichem rathhauß vnd schreibstuben beschehen / im Jar / Indictio / tag / stundt / vnd regierung als obstehet / für den Ehrnhafften Herrn Schultheiß vnd Burgermeistern der Jungfrawen freundtschafft / die jhr gezeugnuß darüber geben / auch ich hieunden benandter Notarius insonderheit herzu erfordert vnd gebetten.

Vnd dieweil ich N. von N. rc. auß Röm. Key. Maie. begnadigung offenbarer Notarius / bey obgeschriebnem beyder verzieg vnd ledigsprechung der Ehe / auch allen andern dingen persönlich zugegen gewesen bin / solches also geschehen / gesehen vnd gehört / darumb hab ich diß offen Instrument rc. vt supra.

Instrument vber gegebene rechnung vnd liefferung rc. bey Testamentarien anzuhören / den rest inzunemen / vnd darüber quitieren.

IN Gottes namen Amen / Kundt vnnd offenbar rc. vt supra / auff Mitwoch den 16. Februarij vmb zehen vhrn vor mittag / in mein hieunden beschrieben Notarien vnnd glaubwirdigen gezeugen / in meiner bewönlichen Behausung / auff der vndern strassen gelegen / ist der Ehrwirdig vnd Edel Herr Josephus N. von N. des hohen Stiffts N. Canonicus / gesund frisch leibs / für mir erschienen / vnnd zuerkennen geben / demnach er einn Procuratorem Johannen N. Vicarius im Thumbstifft zu N. gehabt / der nun in Gott verschieden / vnnd die schuldt der Natur bezahlt / des seele der Allmechtig gnedig sein wölt / so hetten aber seine verordenten Testamentarij jhme geschrieben bey jhnen zuerscheinen / seiner Prebend vnnd Canonicat gefell vonn jhnen rechnung zuempfahen / die anzunemen / vnd wie sichs gebürt zu quitieren. Dieweil aber er seines angefengten vil anderer Ehehafft halben jetzt zumal hinauff gehn N. zukommen vngeschickt / so wolt er für mir offen Notarien vnd hieunden beschrieben glaubwirdigen gezeugen / in der

Instrument. CCXLIII

der aller besten form/maß/vnd gestalt/als es nach ordnung der recht/Geistlich/odder Weltlichem sein sol/seinen volnkommen gewalt befolhen vnnd gegeben haben/Er setz auch zu seinem vollmechtigen anwalt vnd gewalthaber/vnnd thue das auch in krafft diß Brieffs/nemlichen den Ersamen Herrn N. seinen lieben Herrn/solche rechnung in seinem namen vnnd von seinet wegen von den Wirdigen seinen lieben Herrn Testamentarien N. vnd N. zuhören/wes jhme geliesfert zu entpfangen/darüber gebürende quittantzen zugeben/vnnd alles das thun/das sich die notturfft erfordert vnnd erheischt/als wer er selbst persönlich zugegen. Ob es auch sach were/daß gedachter Herr Paul/sein gewaldthaber mehr gewalts dann hierinn begrieffen/wie völlig der zu diser sachen dienstlichen vnnd sein soll/kan odder mag/auch geben haben/vnnd was gedachter sein Gewaldthaber also handeln/thun vnnd lassen wirde/sol sein/sein güter entlichen will/auch den steet/vest/vnnd vnuerbrüchlichen zuhalten/Mir hierunden beschriebnen Notarien bey handtgebenden trewen vnnd leiblichen geschworn Eydtsstatt versprochen/zugesagt/vnd angelobt haben/bey verpfendung aller seiner Haab vnd Güter/aller ding getrewlichen vnnd vngeschrlichen/darauff auch diese hernach beschriebnen Gezeugen sampt vnnd sonder solches seines gegeben gewalts zeugen zusein fleissig gebetten/requirirt vnnd erfordert/auch mich hierunden benandten Notarien meines Ampts begerendt/vber solchen seinen gegeben gewalt jhme eins oder mehr offen Instrumenten zumachen vnd vbergeben/welches ich hierunden beschriebner Notarius auff gedachts Herrn Joseph N. Canonicken zuthun bewilliget. Geschehen seind diese ding/im Jar/Indiction/Keyserlicher Regierung/Monat/tag/stunde vnd ort/wie hieoben angezeigt vnd specificiert ist/in gegenwertigkeit/der hoch vnd Wolgelehrten Herrn N. vnnd N. als Gezeugen insonderheit hertzu beruffen vnd gebetten.

Vnd dieweil ich N. zc. auß Röm. Keyserlicher Maiestat macht offenbarer/vnnd am Keys. Cammergericht Approbierter Notarius/bey solcher gewaltgebung zc. sampt andern selbsten zugegen gewesen/diß alles in beysein der obgenandten glaubwirdigen Gezeugen also geschehen/gesehen vnnd gehört/hab ich diß offen Instrument darüber zc. vt supra.

Instrument vber eine erkauffte Pfründe/ oder leibzucht.

IN GOTTES namen Amen/Zu wissen sey allen gegenwertigen vnnd künfftigen/den diese Schrifft vnd offen Instrument zusehen/lesen/odder sonst jmmer fürkompt/Daß nach der Geburt Christi vnsers lieben Herrn zc. vt supra/auff den sechsten tag des Christmonats/zu Latein genant December/zwischen zwölff vnnd einer Vhren nach mittag zu N. N. Bisthumbs/jm Meister N. Behausung daselbst/ist vber Ersam Meister Paul N. von N. vor mir offen Schreiber vnnd Notarien/auch hierunden benandten glaubwirdigen personen vnd zeugen als dingsleuth vnd Gezeugen/gesundts leibs/guter vernunfft/erschienen vnd fürgetragen/das/nach dem er nunmehr alt/schwachs Leibs/vnnd nicht vermöglich zu arbeiten wer/auch nicht befreundt/odder einiche Sipschafft/verwandtnuß des Landts wüst/oder hett/dahin er jetzt in seiner betagten zeit heimsuchung oder leibswartung möcht haben/welches er jhme dann seiner gelegenheit nach hoch betracht vnd zuhertzen gefast hett/daß er jhe lenger je schwecher/elter/vnnd mehr leibswartung notdrfftig würde/biß jnen Gott von diesem Jammerthall beruff/so hett er sein heimsuche vnnd vertrawen zu Meister Peter von N. Schreiner zu N. vnd seiner Ehelichen Haußfrawen jhe gesetzt/auch noch hett/jhme zuthun/als wer er jhr Vatter/in trewen zu meinen/derhalben er Meister Pauli ein Pfründe/oder sein

New Formular

leibsnarung/ behausung/ leger/ kalt/ vnd warm/ sein lebenlang bey jhme Meister Petern obgemelt/ vnnd seinen Erben zuerkauffen vorgesetzt/ als er auch jetzt in krafft diß offen Instruments kaufft vnd gekaufft haben wolt/ in aller form weiß/ vnd gestalt/ wie solches von Geistlichen oder Weltlichen Rechten geheissen/ krafft vnnd macht haben solt/ oder genandt möcht sein/ als ein vbergab vnder den lebendigen/ Testament/ oder Codicill/ mit verzeihung aller Rechten/ die nach seinem todt von jemandts/ wer der wer/ darwider fürgetragen möchten werden/ vnd ist solche kauffung der pfründe oder leibzucht in beysein mein Notarien vnd hieunden benandten glaubwirdigen Personen nachfolgendts innhalts abgeredt/ wie es gehalten sol werden/ beschlossen vnd trewlich zuhalten/ zu beyden theilen versprochen worden/ nemlich vnnd zum ersten/ sol Meister Paul N. von N. kauffer/ der Pfründen oder seiner leibsnarung vnnd wartung vor sein lebenlang/ genantem Meister Petern N. Bürgern zu N. Catharina seiner Ehelichen Haußfrawen/ oder jhrer beyder erben/ für solche leibzucht oder Pfründen/ in eins halben jars frist reichen/ bezahlen vnnd versicherung thun Achtzig gülden/ guter gemeiner Landswerung/ vnnd ein stück Weins/ dessen er Meister Peter N. vnd sein Erben/ für solche leibzucht von Meister Pauln gesettiget vnd genügig sein sollen.

Zum andern/ so Gott vber kurtz oder lang vber jhnen Meister Pauln gebote vnnd todts verfür/ sol Meister Peter N. oder sein Erben ohn inntrag menigklichs allen werckzeug vnnd kleidung/ so er mehrgemelter Meister Paul nach seinem Todt vnuerschafft verlassen hett/ haben/ brauchen/ vnd geniessen/ wie mit sein eigen gut/ vnd ob er Meister Paul noch etwas barschafft hett/ das soll vnd mag er nach seinem willen vnd Seelen heil zuuerschaffen macht haben. Zum dritten/ hat genandter Meister Paul versprochen vnnd zugesagt/ mit zimlichen essen/ trincken/ kalte/ warm/ leibswartung/ vnnd wie es Gott gemelten Meister Petern oder seinen erben beschöre/ genügig vnd zufrieden zu sein/ nach gelegenheit der zeit/ nicht weiter fordern oder begern/ doch so er nicht in der werckstuben sein möcht/ daß als dann jhme ein eigen gewerm bt stüblein geben vnd damit versehen werde.

Hierauff haben beyde Eheleuthe Meister Peter N. Catharina sein Eheliche Haußfraw/ für sie/ vnnd alle jhre Erben/ genandtem Meister Pauln/ sein lebenlang ein Pfründe/ oder leibzucht/ bey jhnen jhr lebenlang/ vnnd nach jhrem Todt/ bey jhren Erben/ so lang genandter Paulus leben wirdt/ zuhaben/ verkaufft/ zugesagt vnnd versprochen/ thetten auch das in krafft diß offen Instruments/ vngezwungen/ vngetrungen/ sonder mit gutem zeitigen wolbedachten fürrath/ als were es vor offenm sitzendem Gericht geschehen/ vnd inngeschrieben. Vnd damit gemelter Meister Paul N. seiner erkaufften Pfründen/ desto sicherer vnd habend werd/ nach vnserm todte/ so Gott vber vns gebeut/ so haben wir beyde Ehleuth/ für vns/ vnnd vnser Erben/ gemeltem Meister Pauln/ vor die Achtzig gülden vnser behausung zu N. gelegen/ in der Metzger gassen/ ein seit Herr Johann N. Rathsfreundt/ ander seit der alt Meister Hans N. Schuhmacher Bürger zu N. anstösset/ zu rechtem vnderpfandt/ vnd verlegung thun inseren/ auch ingesetzt vnnd verlegt haben wöllen/ als were es vor der Statt N. Rath vnnd derselbigen gewonheit offentlich geschehen. Wöllen vnd sollen auch gemeltem Meister Pauln vmb sein gelt trewlich warten vnnd handlung thun/ als wer er vnser leiblicher Vatter/ so viel vnd das müglich vnd thun mögen/ getrewlich vnd vngefehrlich. Hierauff batten vnd erforderten beyde benandt partheyen mich offen Notarien/ vber solch kauffung/ verpflichtung der pfründen oder leibs zucht/ jhnen eins oder mehr offen Instrument zumachen/ vnd mitzutheilen so vil jne dero von nöten sein würd/ in beysein der Ehrnhafften/ Erbarn/ Weisen/ glaubwirdigen Herrn/ Johan N. Rathsfreundt/ vnd Meister Simon N. von N. Bürger zu N. als theydings Leut vnnd Gezeugen/ freundlich besonder herzu beruffen vnnd gebetten/ Vnd seind diese ding geschehen/ im Jar/ Indiction/ regierung/ orth/ tag/ stundt/ als obstehet.

Vnd

Instrument. CCXLIIII

Vnd dieweil ich N. auß Bäpstlicher vnd Keyserlicher macht offen Schreiber vnd Notarius N. Bisthumbs / bey allen vnd jeden obgeschriebner handlung vnd kauffung der leibzucht vnnd versprechung gegenwertig gewesen / solchs also in beysein der obgedachten theydigungs leuth vnd zeugen gehört / gesehen / vnd vor mir geschehen sein / so hab ich diß gegenwertig Instrument darüber gemacht / mit eigner handt geschrieben / das auch mit meinem gewöhnlichen zeichen verzeichnet / vnnd mit meinem Tauff vnd zunamen vnderschrieben / zu vrkunde / daß ich zu obgeschriebner handlung erfordert vnd gebetten.

Inuentarium vber Haußrath odder verlassenschafft / vom Notario Inuentiert.

IN GOTTES namen Amen / Kundt vnd offenbar sey allermeniglich / daß in dem Jar als man zalt nach Christi vnsers lieben Herrn Geburt / Fünffzehenhundert vnd in dem Sechs vnd sechzigsten jaren / in der neundten Römer zinßzal / zu Latein Indictio genant / bey Regierung vnd Herrschung des aller Durchleuchtigsten großmechtigesten vnüberwindlichsten Fürsten vnd Herrn / Herrn Maximiliani diß namens des andern erwelten Römischen Keysers / zu allen zeiten mehrer des Reichs / inn Germanien / zu Hungern / Behem / Dalmatien / Croatien vnd Schlauonien rc. König / Ertzhertzog zu Österreich / Hertzog zu Burgundi / Steier / Kerndten / Crain vnd Wirtenberg / rc. Graffe zu Tyroll rc. vnsers allergnedigsten Herrn / seiner Maiestat Reich des Römischen im vierdten / des Hungerischen im dritten / vnnd des Behemischen im achtzehenden jaren / auff dienstag den dritten Nouembris zu N. Wormser Bisthumbs / vnd daselbs in der tugentsamen Frawen Agnes N. so in Gott verschieden / bewöhnlichen behausung / in der N. gassen gelegen / ein seit an Jacob N. anderseiten an Hansen N. stossende / seind die Ersamen Barthel N. vnd Valten N. beyde Bürger zu N. vnd als von eim Ersamen Rath geordente Vormünder / jrer minderjärigen verlassen kinder / nemlichen Maria / Otilia / Anna / vnnd Beatrix erschienen / mich offnen hierunden benandten Notarien erfordert vnd gebetten / die verlaßnus farender haab / obgedachter abgestorbner Aguesen / zu Inuentieren / vnd jhnen des glaubwirdig Inuentarium darüber zustellen / welches ich von Ampts wegen also gethan / durch meinen substituten beschreiben lassen / auch dasselbig in gegenwertigkeit des Ersamen hierunden beschriebnen zeugen auff ernandten tag mit allem fleiß / was vor augen bracht worden / trewlichen auffgeschrieben vnd notirt / wie hernach volgt / Item N. Item N. rc.

Nota / Nach aller auffgeschriebner verlassenschafft / wirt durch den Herrn Notarium also vermelt.

Dise ding seindt geschehen / im jar / Indiction / Keyserlicher regierung / ort / monat / tag / vnnd stundt als vorgeschrieben stehet / in bey vnd mit sein des Ersamen Augustein N. Bürgern vnnd innwoner zu N. als zeugen / hierzu sonderlichen beruffen vnd gebetten worden.

Subscriptio Notarij.

Vnd dieweill ich Johann N. von N. rc. auß Bäpstlicher vnnd Keyserlicher macht offenbarer Notarius / mit sampt obgemelten zeugen persönlich / bey obgemelter Inuen-

New Formular

tierung gewesen/ auch alle ding hierinn verleibt/ eignen Handt selbst auffgeschrieben/ ha=
be ich diß mein offen Inuentarium darüber gemacht/ durch meine substituten in dreissigst
halb bletter Incorporirn lassen/ zu warem glauben vnnd gezeugnuß aller obgeschrieben
ding mich mit eigner handt vnderschrieben/ vnd mit meinem Insiegel besiegelt/ vnnd zu
endt auffgetruckt/ darzu sonderlichen beruffen vnd gebetten.

N.N. Notarius sst.

Subscriptio Testium.

Ich Augustinus N.ꝛc. Bekenn/ daß diese Inuentierung also in meinem beysein
alles fleissig Inuentirt vnd auffgeschrieben worden/ in vrkunde diser meiner handschrifft.

Libell oder Register eins Vidimus/ das man pflege
vber vieler verkauffter Güter/ mit sampt dem
kauffbrieff zu vbergeben.

Ich Georg von N. Ritter/ Bekenn für mich vnd alle mein erben/ mit diser schrifft/
als ich vnd mein freundeliche liebe Haußfraw Catharina N. geborn von N. dem
Erbarn Alexander N. alle vnser Güter/ ecker/ wiesen/ gärten/ hoffstedt/ vnnd was
wir zu N. im Dorff vnnd marckung/ vnd etlichen anstossenden feldern/ verkaufft haben/
nach laut des kauffbrieffs/ der sich dann Referirt vnd zeucht auff ein versigelt register der
güter/ Wie nun dieselben güter von stück zu stück mit forchgenossen gelegen/ vnd in Anno
ꝛc. nechst verschienen ernewert seind/ in beysein Schultheyß vnnd der geschwornen Ge=
richtsleuth der zeit zu N. mit namen A. Schultheyß/ B. C. D. E. F. G. vnnd H. also
habe ich ihme Alexandern vnd seinen Erben die zugestellt/ vnd diß glaubwirdig Register
vnd Vidimus darüber geben/ das dann solch Güter/ mit ihren freyheyten vnd gerechtig=
keiten vnderschiedlich mit den anstössern vnd forchgenossen bestimpt vnd Specificirt wie
nachfolgt/ zu dem ersten die Ecker.

Im andern Felde.

Item N. morgen Ackers/ gelegen auff der strassen bey den zielbaumen/ geforcht
vnden daran die von N. vnd oben daran Hans N.
    Item ein morgen ausserbaß gelegen/ vber N. weg geforcht/ oben daran die Herrn
von N. vnden daran Götzen N.
    Item zwey zweittheil ausserbaß gelegen auff den alten weg geforcht/ oben daran
Hans von N. vnden daran N.
    Item zwen morgen ziehen auff den alten weg geforcht/ inwendig daran die Herrn
von N. aussen daran Merckel N.
    Item ein zweytheil/ zeucht auff den N. vnnd N. weg geforcht/ vnden daran Hans
N. vnd also dergleichen/ ꝛc.

Im dritten Felde.

Item zwen morgen ziehen vber die Speyrer Strassen geforcht/ oben daran Hans
von N. vnden daran Georg N. also vorthan ꝛc.

Im

Instrumente.
CCXLV

Im wäblinger Felde.

Item N. morgen ackers/ziehen auff die awe geforcht/oben daran Diether N. vnden daran die von N. vnd dergleichen fortzufahren.

Im grossen Feldt hinder der Kirchen zu N.

Item zween morgen Ackers/stossen auff N. weg/geforcht/vnden daran Nicolaus N. oben daran N. ꝛc.

Im obern Felde.

Item ein morgen zeucht die N. strassen geforcht/oben daran N. vnden daran N. ꝛc.
Item zwen morgen ausserbaß gelegen geforcht/vnd daran die Herrn von N. oben daran Hanß N. vnd dergleichen fortzuschreiten ꝛc.

Im nidern kleinen Felde.

Item ein morgen zeucht vber den rietweg geforcht/inwendig daran Hanß N. außwendig George N. vnnd also die güter von stück zu stück/jedes in seinem sondern felde zu beschreiben ꝛc.

Diß seind Wiesen/Gärten/vnd andere stück zu dem obgenanten Hoffe gehörig.

Item drey morgen Wiesen/gelegen im Seckenheimer riede im wiesen gedingge forcht/oben daran Nicolaus N. vnd darunden Lorentz N. von N.
Item ein morgen Wiesen im Edinger riedt/zeucht auff die alten bach/oben daran Diether von N. vnden daran Nicolaus N. vnd dergleichen.
Item von allen obgeschrieben gütern die freiheyt für bett/zinß/frondienst/atzung/schatzung/reisens/vnd ander beschwernuß/haben dise güter also herbracht.
Solche ernandte güter mit allen jhren zugehörden/vnnd gerechtigkeyten/Habe ich Georg N. den obgenandten Kauffern Alexandern N. vnnd jhren Erben / also in vnnd vbergeben mit sampt dem Kauffbrieff / vnd in krafft desselben/ also daß diesem Register gleich dem Kauffbrieff zuglauben sein soll / als ob die hierinn Inserirte vnnd ernewerte güter von wort zu wort darinn geschrieben stünden/on alles geferde. Des zu warem Vrkundt/habe ich für mich / meine Erben vnnd Nachkomen mein angeborn Insiegel an diß Libell oder Register wissentlichen gehangen / alle obgeschrieben ding in rechter warheit/trewen/vnd stetthaltung/damit zubesagen/so beschehen auff Montag den zwölfften Maij/Anno ꝛc.
Nota/ auff den fall solches Register nachmals abgeschrieben/vnd durch einen Notarj Collationirt / wirde demselben zugleich dem Original glauben zugeben also gemeinlichen zu vnderschreiben.

Collationirt vnnd auscultiert ist diß gegenwertig vidimus/ Register vnd Copey/ eines versiegelten Registers durch mich N. von N. Wormbser Bißthumbs/auß Keyserlicher macht offenbarer geschworner Notarius/durch eines andern hand in N. bletter geschrieben/dasselbig durchlesen/welche seinem rechten original vonn wort zu wort gleichförmig erfunden/des zu warem glauben/vrkundt/
vnd

New Formular

vnd mehrer sicherheit/hab ich gemelter Notarius mich mit meiner eigen hand vn=
der jedes blat vnderschrieben/vnd zu ende mit meinem gewönlichen Signet vnnd
zeichen gezeichnet/alle obgeschrieben ding damit zubesagen.

N. von N. Notarius ꝛc.

Volgt von Testamenten/Gescheften vnd letzsten willens verordnung/ꝛc.

Ingang eines Testaments.

Wir N.ꝛc. Bekennen vnd thun kundt offenbar/mit diesem Brieff/allen den die jn
sehen oder hören lesen/wann wir angesehen vnnd betracht/daß in disem krancken
vergenglichen leben vnnd Jamerthall nichts gewissers ist dann der Todt/vnnd
nichts vngewissers dann die stunde des todts/vnnd auff daß nun die finsternuß des bit=
tern todts vns nicht schneßiglich begreiff/vnnd vberfalle/vngeordent vnser sachen/vnnd
letzsten willens/so haben wir mit guter vorbetrachtung vnd zeitlichem rath/gesundt leibs
vnd guter vernunfft vnser sinne/ein gesatz vnd ordnung vnsers letzsten willen/als daß vn=
ser meinung ist/daß es festiglich nach vnserm todt gehalten werden sol/vnser Testament
vnd letzsten willen/geordnet/gesetzt vnd gemacht/ordnen/setzen/vnd machen in krafft vnd
weiß diß brieffs/wie das von recht oder gewonheit aller best krafft vnd macht hat/oder
haben sol vnnd mag/getrewlich/hertzlich/festiglich vnnd vnuerbrüchlichen zuhalten/in
maß vnd form als hernach geschrieben stehet/Vnd zum ersten ꝛc.

Testament eines vom Adel/darüber durch ein Notarien inn beysein sieben glaubwirdiger gezeu= gen/zu mehrer bekrefftigung/noch ein Instrument verfertiget mag werden/guter form.

IN dem namen der Heiligen vntheilbaren Dreyfaltigkeyt/Amen/Kundt vnd
offenbar sey hiemit menigklichen/Daß ich Heinrich von N. offt vnnd dickmall
embsiglich betracht/daß der Mensch kein bleiblich statt in diesem Jammerthall
hat/sonder von Gott dem Allmechtigen als ein Bilger in das zergengklich leben geschaf=
fen/also daß dem Menschen nicht bewußt ist/wann jhnen sein Schöpffer vnnd Erlöser
durch den Todt/der gewiß/aber nichts vngewissers dann die stunde desselbigen/auß diser
Welt widerumb berüffen wöll. Damit mich dann die vngewisse stundt des Todts
nicht vnuerordneter sachen begreiff/derhalben zanck vnd zwitracht vmb meine verlassen
Haab vnnd narung/so Gott der Allmechtig mir bescheret vnd verliehen hat/entstehen
möchten/dasselbig so viel an mir ist zuuerkommen/so hab ich vorgenanter Heinrich
von N. mit gutem zeitigen fürsatz vnnd wolbedachten gemüte/mir fürgenommen/diß
mein Testament/satzung/ordnung/codicil/vnd letzten willen zusetzen/machen vnnd zu=
beschliessen/setze/ordne/mach/vnnd beschließ auch also denen/in der aller besten besten=
digsten weiß/form vnd gestalt/ich immer kan oder mag/vnd solchs in allen rechten/Geist=
lichen vnd Weltlichen/oder von gewonheit wegen aller best/krafft/macht/vnnd bestandt
hat/haben sol/vnd versorgt werden mag/in vnd mit krafft dises Brieffs/auff form vnnd
maß wie nachfolgt.

Zum

Zum erſten/demnach die ſeele nach der bildung Gottes geſchaffen/vnd als das fürtreffflichſt allem zeitlichem güt billich fürzuſetzen iſt/ſo wil ich mein ſeel/ſo die von meinem leib ſcheiden wirt/dem Allmechtigen Gott jrem ſchöpffer vnd Jeſu Chriſto meinem erlöſer/in ſeine grundloſe Barmhertzigkeyt empfolhen haben/dieſelbig in die ewige vnaußſprechliche freude vnd ſeligkeit haben zuentpfahen.

Zum andern/iſt mein leyſter will/daß als dann mein todter leib zu N. in die Pfarrkirchen daſelbſt nach Chriſtlicher ordnung/doch ſonder gepreng/zur Erden/daher er genoſſen iſt/beſtattet/vnd das ſchwartz tüch ſo auff meinem Grab den dreiſſigſten auß liegend wirdt/einem armen notturfftigen menſchen vmb Gottes willen gegebē werde. Darzu ſo ſolln meine inſtituirte Erben/mir in dem nechſten viertheil jars nach meinem abſterben ein grabſtein legen/darauff mein ſchild vn̄ helm/ſampt einer gebürlichen oberſchrifft vnd jarzall meins hinſcheidens gehawen ſey. Deßgleichen ſolln auch mein hien nach benante erben/als bald nach meinem abſterben armen notturfftigen leuthen fünff malter korns zu Brot gebachen/nach erkandtnuß der Kirchenſchöffen vnd Schultheyſſen zu N. vmb Gottes willen außſpennen vnd vmbtheilen. Darnach ſo legier vn̄ verſchaff ich den armen notturfftigen Leuthen daſelbſt zu N. vier malter Korns/vnd vier ſchilling pfenning alles ewiges vnd vnabläſliche zinß/die ſollen die Kirchenpfleger daſelbſt von meinen Erben jedes jars empfangen/vnnd alle Quatember ein malter Korn zu brot backen/vnd den Haußarmen Leuthen getrewlich geben. Es ſollen auch die armen Leuth ſolches jhres legats der vier Malter Korns/vnd vier ſchilling pfenning ewigs zinß in dem nechſten halben Jar nach meim tödtlichen abgang/auff meinen eigen erkaufften Gütern zu N. mit Brieff vnnd Siegel gnugſam vnd nach notturfft verſichert werden/vnnd dieſer Brieff vnd Siegel/ſoll den Kirchen pflegern/gegen gebürlichem Reuerß vnnd gnugſamer verſicherung behändigt vnnd zugeſtellt werden/den in der Kirchen/gleich andere der Kirchen brieff vnd ſiegel mit allem fleiß haben zubewaren/vnnd damit die Kirchenpfleger ſo jederzeit ſein werden/ſolcher jhrer mühe vnd arbeit etwas ergetzlicheit haben/ſo wil ich daß die obgemelte vier ſchilling pfenning ewigs zinß/ihnen vmb obgedachte außſpennung järlich heimfallen vnd zuſtehen ſollen. Vnd nach dem die erbmachung/inſtitutio hæredis zu Latein genant/ein weſenlich ſtück vnd grundtfeſte eines rechtmeſſigen teſtaments iſt/ſo inſtituir vnd erneñ ich meine liebe Mutter Amalia von N. geborne von N. Wittwe/zu meinem erben für jhre legitima 1200. gulden/ſo jhr nach meinem abſterben/von meiner verlaſſen haab vnd narung/neben den 1000. gülden hauptgelts ſo von der Herrſchafft N. zu Manñlehen rürt/vnd ſie jhr lebenlang lauth verwilligungs brieff in viduum weiß neuſt/gefolgt vnd gericht werden/damit ſie auch wol zufrieden vnd benügig ſein/vnnd ferrners kein anſpruch an meiner verlaſſenſchafft haben noch gewinnen ſol/in bedencken/daß ich nicht viel von meinem Vatter/vnnd jhr empfangen oder ererbt hab. Darnach ſetze vnd erneñ ich zu meinem rechten waren vnd vnzweiffenlichen gemeinten erben vnd Erbnemmen aller vnd jeder anderer meiner liegenden vnnd fahrenden/beweglichen vn̄ vnbeweglichen gütern/wes deren ober obgemelts legitima verſehen wirdt/wie die genandt ſeindt/nichts daran außgenommen/mein freundtliche liebe Haußfraw Agnes geborne von N. die mir in meiner kranckheit vnnd jederzeit/viel lieb/trew/vnd ehr bewieſen/vnnd noch täglichs beweiſen thüt/die ſoll aller meiner vnuerſchaffen güter ein einige rechte erbin ſein/damit thun vnd laſſen/ſchalten/vnd walten/nach jhrem gefallen/als mit andern jren eigen gütern/ohn eintrag allermenigliche.

Gleicher geſtalt wo es ſich begebe/daß obgemelte meine liebe Mutter vor mir todts abgehen würde/welches zu dem willen Gottes ſtehet/ſo orden vnnd wil ich/daß die vorgeſchriebene 1200. Gülden/ſo ich meiner Mutter für jhre legitima geordnet/obgedachter meiner lieben Haußfrawen Agneſen von N. vnd niemandts andern erblich zuſtehen vnd verbleiben ſolln/darinn ich ſie alſo hiemit vnd in krafft diſes meines leyſten willens vnnd Teſtaments zu Erben ernennet vnnd Jnſtituirt haben wil. Vnnd wo ſich ſolcher

fall

New Formular

fall/ nemlich daß obgedachte mein freundliche liebe Mutter vor mir mit todt verfahren/ also zutragen würd/ als dann vnd nicht ehe/ wil ich daß gedachte meine eheliche gemähln vnd nachfolgende legata/ auff weiß vnnd maß wie nachstehet/ zuentrichten vnd zubezalen schuldig sein sol/ nemlich/ Item legier vnnd verschaff ich meinem lieben vettern Jörgen von N. meins bruders Philipsen von N. seligen eltisten Sohne achthundert gülden von meinem eigenthumb vnd verlassenschaffe.

Vnd were es/ daß Georg von N. obgenant/ meinen todt nicht erlebt/ so legier ich seinen Kindern so er mit Anna von N. erzeucht hat/ die obgemelten achthundert gülden/ von meinem eigenthumb vnd verlassenschaffe.

Item verorden ich gemelts Philipsen von N. meines lieben bruders seligen zweien andern Söhnen Ludwig vnd Heinrich genant/ so er mit Otilia geborne von N. seiner ehelichen Haußfrawen gezielet hat/ jedem 100. gülden zum eigenthumb/ thun die legata alle zusamen tausent gülden. Wo aber solche meine Vettern/ Ludwig vnd Heinrich genant/ alle beyde/ oder jhr einer/ meinen todt nicht erleben/ so wil ich daß dasselbig legat/ so also gefallen/ auff obgedachten Georgen von N. meinen Vettern/ oder ehegerürte seine Kinder (so er vor mir mit todt abgangen wer) fallen vnnd jhnen erblich verbleiben soll/ doch wil ich/ daß vorgedachte meine liebe Haußfraw Agneß/ wie ich jhre das auch hiemit verschaff vnnd verorden/ die abnutzung vnd gefell ehegerürte legats in einer summa tausent gülden/ jhr lebenlang haben vnd niessen/ vnd daß solche nutzung den obgeschrieben legatarijs in obgedachtem fall/ vnnd allererst nach jhr Agnessen absterben/ zu jhrem eigenthumb anerwachsen/ heimfallen/ vnd consolidiert werden sol.

Darnach legier vnd verschaff ich in obgedachtem fall meiner lieben schwester Barbara N. geborn von N. seligen nachgelassen Kindern/ so sie mit N. ehelichen erzielt/ oder wo die in zeit meins absterbens nicht in leben weren/ derselben Kindskinder 200. gülden/ doch der gestalt/ daß vielgemelte mein Haußfraw den beysitz vnd abnutzung dises legats/ gleich den vorgehenden jhr lebenlang haben soll/ vnd wo sich der vorgeschrieben fall/ nemlich daß mein Mutter vor mir mit todt abgieng/ begeben würd/ sollen alle vorgesetzte legata/ keins außgenommen/ durch meine executores vnnd volnstrecker diß meins letzten willens/ auffs lengst innerhalb einem viertheljars/ nach gedachter meiner lieben ehegemähln Agnesen absterben/ auff das fürderlichst gegen gebürlicher quittantzen entricht vñ bezalt/ oder aber mit gnugsamer versicherung verlegt/ vñ biß zu widerlösung nach lands brauch verzinset werden. Ich wil auch meniglichen verbotten haben/ wider disen meinen letzten willen zuthun/ weder durch sich selbst/ noch durch andere schaffen gethan werden/ Vnd were es/ daß ein oder mehr personen/ disen meinen letzten willen vnd testament/ bestritten oder anfechten wolten/ die/ oder dieselben/ solln als bald jrer erbs/ legata vnnd satzung/ gentzlich beraubt sein/ vnnd solch erb/ oder legat/ sol den vorgenanten meinen instituirten erben vnd legatarien/ so zu frieden sein/ vnd sich diß meins letzten willens benügen lassen/ jedem zu seinem theil gleich anerwachsen vnd zustehen/ ohne intrag vnnd widerrede allermenniglichs.

Vnd damit diß mein testament vnd letzter will/ desto stadelicher gehandhabt vnnd volnstreckt werde/ so setze/ ordne/ vnd bitt ich zu meinen rechten wahren trewhendern vnd volnstreckern/ den Durchleuchtigsten Hochgebornen Fürsten vnnd Herrn/ Herrn N. ꝛc. vnd dann den Hochwirdigen Fürsten vnnd Herrn/ Herrn N. ꝛc. oder jhrer Chur vnnd Fürstlichen Gnaden nachkommen/ beyde meine Gnedigste/ vnd Gnedige Herrn/ sampt vnd sonder/ vñ bit jre Chur vnd Fürstlichen Gnaden/ ich auff das vnderthenigst/ vnd vnderthenig/ sie/ oder jhre nachkommen wöllen disen meinen letzten willen/ Gnedigst vnnd Gnediglich handhaben/ vnd denselben durch jhrer Chur vnnd Fürstlichen Gnaden sauthen zu N. vnnd N. nemlich jetzo die Edlen vnd Ernuesten N. vnnd N. oder wo die nicht mehr im Ampt weren/ durch jhre nachkommen fauth zu N. vnnd N. so jederzeit sein werden/ die ich auch hiemit zu testamentarien ernent vnd gebetten haben wil/ in aller massen wie der hieuor vnd hierinn vnderschiedlich begriffen ist zuuolnführen/ vnnd zuuolnstrecken/

Testament. CCXLVII

cken/ Gnedigst vnnd gnediglich verschaffen lassen/als dann geschten testamentarien von
rechts wegen zuthůn gebůrt/ vnnd sie Gott dem Allmechtigen deßwegen red vnnd ant-
wort geben wöllen/ Vnnd für solche můhe vnd arbeit sollen meine obernante Erben den
Fauthen zu N.vnd N.jedem einn silbern Becher/oder jedem 15.gůlden darfür geben/sol-
ches alles sampt vnd sonder/ so hierinn geschrieben stehet/ist mein Heinrich von N.testa-
ment/Codicil/vnnd letzter will/vnnd ob der auß gebrechen einicher hertzigkeyt der ge-
schrieben Rechten/oder von gewonheit wegen/als ein hertzlich testament nicht bestand ha-
ben möcht/ So wil ich doch denselben als ein Codicil oder vbergabe/auß vorsorg des to-
des/ oder als einn jeden andern letzten willen bestendig vnd von würden gehalten/auch in
allen Puncten vnnd Articleln/krafft/macht/vnd solchen gebresten für hierinn geschrie-
ben/erfüllt vnd ergentzt haben/vnd ob ich vber kurtz oder lang/eins oder mehr Codicil ma-
chen vnnd auffrichten würd/das/oder dieselbigen/wil ich hiemit auch bestetigt vnnd be-
krefftigt haben/als stůnden die mit außgetrückten worten hierinn begrieffen/ Ich behalt
mir hiemit auch außtrücklichen beuor (wie ich auch ohne das von rechts wegen zuthůn
hab) diesen meinen letzten willen zu endern/mindern/vnd mehren/wie mir gelickt vnnd
eben sein wirdt/alles sonder geuerde.

Des alles zu warem vrkundt/ hab ich Heinrich von N.mein eigen angeborn Ju-
gesiegel an diß mein testament vñ letzten willen/so durch eins andern handt/auß meinem
geheiß vnnd angeben geschrieben ist/wissentlich gehengt vnnd beschlossen/Geben vnnd ge-
schehen zu N.auff Montag/rc.

Form eines schönen außgesprochen verfaßten testa-
ment/zu Latein testamentum nuncupatiuum.

JN dem namen vnsers lieben Herrn vnd Erlösers Jesu Christi/sey allen vnd jeden/
welchen diß glaubwirdig offen Instrument zuuernemen fürkompt/hiemit offenbar
kundt vnd wissen/daß nach desselben heiligen geburt/als man zalt fünfftzehen hun-
dert vñ sechtzig sieben jar/in der zehende Römer zinßtzal/ Indiction zu latein genant/zuge-
zeiten/regierung vnd herrschung des Allerdurchleuchtigsten/Großmechtigsten vnd vn-
vberwindtlichsten Fürsten vnd Herrn/Herrn Maximiliani/diß namen des andern erwel-
ten Römischen Keysers/zu allen zeiten mehrern des Reichs/in Germanien/zu Hungern/
Behem/Dalmatien/Croatien/vnnd Schlauonien/rc. Königs/Ertzhertzog zu Oster-
reich/Hertzog zu Burgundi/Steier/Kerndten/Crain/vnd Wirtenberg/rc. Graue zu
Tyroll/rc. vnsers Allergnedigsten Herrn/seiner Maiestat Reich des Römischen im fünff-
ten/des Hungerischen im vierden/vnd des Behemischen im neuntzehenden Jaren/auff
Freitag nach Burckhardi/den 17.tag des Weinmonats/zu latein October genant/zwi-
schen vier vnnd fünff Vhrn nach mittag/zu Heidelbergk Wormbser Bißtumbs/inn
des Ersamen Eberharten N. behausung/inn N. gassen/zwischen N.vnnd N.gelegen/
in der obern vordern stuben/ist vor mir hienach benandten Notarien/vnd glaubwirdigen
hierzu in sonderheit erforderten vnnd erbettenen Gezeugen/persönlich auff einer Banck
vorin Tisch sitzende/der Erbar Benedic N. wiewol schwachs leibs/doch gesundts Ge-
müts/guter gebreuchlicher vernunfft/verstendtnuß vnnd guten gesprechs (als sich dann
wol erschienen) eröffnende/wie er in willens sein testament vñ letzten willen auffzurichte/
inn massen derselb hieuor auff sein angeben in schrifft vor jme auff dem tisch ligende ver-
fasset/vnd in dreien papieren bogenmessigen blettern begrieffen/so er mir dem Notario zu
endt benandt/den Gezeugen so erbetten gegenwertiglich offentlich zuuerlesen vbergeben/
Auch bitten vnnd begeren thet/ der von worten zu worten lautet wie nachfolget/Ich Be-
nedic N.inwonender Bürger zu N.hab mit embsigen vnd innigen hertzen bey gesundheit
meines Leibs/Gemůts/vnd gutem gebrauch meiner vernunfft vnd sinnen/zu mehrmal

Tt

New Formular

betracht vnnd zu hertzen gefürt/ Daß alle Menschen/ auß schuldt/ der vbertrettung/ vnd fals vnsers ersten Vaters Adams/ tödtlich worden/ vnd zusterben geboren/ dadurch wir dann vnd alle Creaturen dem todt vnderworffen/ nichts gewissers dann desselbigen/ vnd nichts vngewissers dann die stunde vnd zeit der göttlichen beruffung seindt/ vnd dann ich nun mehr mit zimblichem betagtem alter/ auch jederzeit mit leibs schwachheit beladen/ oft dem allmechtigen ewigen gütigen Gott/ durch seine gnadenreiche milte güte vnd barm-hertzigkeit/ mit zeitlichem gut mehr vnnd weiter dann ich in zeit meins lebens verhoffe zu gebrauchen/ gnedig vnd miltiglichen vorsehen vnd begabt (des seiner göttlichen allmech-tigkeit ich gantz demütigst vnd höchlich auß grund meines hertzens bedanck) des ich dann auch mögig vnd mechtig bin/ nach meinen guten willen vnd wolgefallen/ wie vnd wohin ich wil/ sonder allermenigliches inrede/ noch verhinderung zugeben/ zuvergaben vnnd zu verschaffen/ damit nun dasselbig/ nach dem der allmechtig barmhertzig Gott/ mich nach seinem göttlichen willen auß disem zergenglichen/ vnd verhoffentlich in das ewig leben be-ruffen/ vnd ich auß disem Jammerthal abgescheiden bin/ nach meinem willen vnd gefal-len außgetheilet/ auch denen so ichs günde/ vnnd die mir in meinem leben gutthat/ ehren/ vnnd freundschafft bewiesen/ ergetzligkeit beschehe/ gegeben werde/ auch von desselbigen meines nach tods verlassenen zeitlichen guts wegen/ zwischen meinen verwandten freun-den kein vnfriede noch vneinigkeit (so sich versehenlich erheben möchte) erhebe/ sonder fried vnd einigkeit erhalten/ ja langwirige rechtliche zenck abgestrickt werden vnd vermit-ten bleiben/ So hab ich obgeschriebner erzelter betrachtung nach/ wiewol schwachs leibs/ doch gesunds gemüts/ vil guter verstendlicher vernunfft/ mit keinen geuerden hinderkom-men/ sonder eigner bewegnuß auß gutem freien vnbezwungenen willen/ bedachtlich vnnd wolfürbetrachtlich fürgenommen/ mein testament vñ letzsten willen (so dann ein besonder löblich gut Christlich werck/ ja fried vnd einigkeit zu erhalten recht vnd wolgethan ist/ wie es nach meinem tod/ mit meinen hinderlassenen zeitlichen haaben vnd gütern gehalt wer-den solle/ zu denen zeiten vnd tagen ich das von rechtswegen wolgethun künte vñ möchte) anzuzeigen/ zusetzen/ zuordnen vnd zu machen/ Hierauff sey/ ordne vnd mach ich also je-tzund gegenwertiglich/ vor euch den Ersamen hertzu in sonderheit von mir erbetten vnd er-foderten gezeugen vnd offnen Notarien/ in rechtmessigster/ bestendigster/ allerkrefftigster form/ wie solchs nach erforderung/ außweisung vnd setzung/ beider geistlichen vnnd welt-lichen Rechten/ auch Landts sitten vnd gewonheiten/ jmmer zugehen vnd beschehen soll/ kan oder mage/ mein mündtlich oder namensam (das ist nicht in schrifften begriffen/ te-stament/ zu latein nuncupatiuum genandt/ inn krafft diß Brieffs/ Nemlich vnnd zum ersten/ Dieweil das Reich Gottes vor allen dingen gesucht werden solle/ die Seel auch viel köstlicher dann der verweßlich leib/ vnd das zergenglich Gut/ ja demselbigen auch billich vorgesetzt wirdt/ Hierumb so stelle ich meinen willen/ in den willen Gottes meines himlischen Vatters/ vnd bjn bereitwillig/ wann sein Allmechtigkeit mich erfordern thut/ seinem göttlichen willen gehorsam zu sein/ biß in den todt/ befelhe hiemit in rechter Kindt-licher liebe/ vnd auß einem rechten festen hertzlichen vertrawen vnd glauben/ meine Seel jetzo vnd zu allen zeiten/ vnnd besonder in der stunde meines letzten seufftzents/ so die vonn meinem Leib abscheiden/ in die hende des Allmechtigen Gottes/ vnnd in die vnerschöpff-lich grundtloß Barmhertzigkeyt Jhesu Christi meines Schöpffers vnnd Erlösers (als inn mein einigs gnug thun) wie er die mit seinem bittern Leiden vnnd sterben/ durch ver-giessung seines rosenfarben Bluts/ am stammen des Creutzes/ auß lautern Gnaden/ ohne einich fürgehendt Verdienst/ aller Sünden gereiniget/ dieselben meine/ vnnd aller glaubigen sünde auff sich genommen/ durch seinen todt verschlunden/ vnd vom ewigen todt erlöst/ auch mir seine Gerechtigkeit gegeben hat/ auff das ich durch jnen selig/ vnnd dem Vater angenem werde/ mit andacht vnd innigkeit meins Hertzens/ demütiglich bit-tende vnnd flehendt/ sie vor den bösen feinden vnnd allem vbel/ daß sie von meinem Gott vnd Schöpffer nicht scheiden möge/ zubehüten/ vnd durch die Engel des friedts/ inn das heilig landt vnd schoß Abrahe/ in die freud vnnd Geselschafft aller glaubigen Barmher-

Testament.   CCXLVIII

tig vnnd gnediglich zufüren/zugeleiten/vnd zu empfahen/Damit auch mein Seel desto
verschenlicher Gnad vnd barmhertzigkeit vnd vertzeg bey Gott vnserm himlischen Vat
ter erlang/ so verzeihe ich jetzo als dann/ vnnd dann als jetzo/ auß gantzem grundt meines
Hertzens/ allen Menschen/ die mich jhe mit worten oder wercken/ wenig oder viel/ belei
diget haben / vnnd bitt hiermit vmb Jhesu Christi vnsers Seligmachers willen / alle
Menschen gemeinlich vnnd sonderlich/ wo ich jemandt inn zeit meines Lebens in einigen
weg mit worten oder Wercken/ jhe erzörnet oder beleidiget habe/ mir dergleichen lauter
lich vmb Gottes willen zuuerzeihen vnd vergeben.

    Beger vnd wil auch/ daß solches/ nach dem die Seel von meinem Leib vnd jhrem
Kleidt abgescheiden/ auff der Cantzel/ so das Volck das Göttlich wort zu hören versam
let ist/ verkündet vnd gebetten werde/ Gott den Allmechtigen meiner verscheidenen See
len gnedig vnnd barmhertzig zuerscheinen/ mit gemeinem Gebet zu bitten/ vnnd daß der
Leib an dem ort vnd ende ich verscheiden/ nach Christlicher ordnung bestattet vnnd begra
ben werde.

    Zum andern/ belangen das zeitlich/ so ordne/ setze/ verschaffe vnnd wil ich/ daß zum
fürderlichsten vnnd ersten/ nach meinem tödtlichen abgang/ mein leibfall vnd begrebde/
dergleichen alle meine glaubiger/ so glaublich vñ mit der warheit ich jnen etwas schuldig
verblieben sein/ darthun/ oder durch mich angezeigt/ von meiner verlassener Haab vnnd
narung/ außgericht vnd bezalt werden/ Item Gott dem allmechtigen meinem Schöpf
fer vnnd Erlöser/ zu lob vnd danckbarkeit/ seinen Göttlichen mir verliehenen Gnaden/
vnnd armen Leuten zu trost/ So ordne/ verschaffe/ vnnd wil ich/ daß nach dem ich von
dieser welt abscheiden werde/ die zehen Gülden so mir N. zc. zu thun schuldig/ von mei
nen hernach benandten eingesetzten Erben vnnd Testamentarien einbracht/ vnnd darzu
vonn meiner verlassender haabe vnnd Gütern zehen gülden gegeben / durch einen Ersa
men Rath zu Heydelberg/ auff bittlichs ansuchen vnnd begeren/ auch wissen/ meines hie
rinnen gesetzten Erbens vnnd testamentariens an gülten angelegt / vnd die daruon jär
lichs auffhebenden vnd ertragenen ein gülden Gülten/ zu ewigen zeiten/ durch deroselben
verordneten allmusen meister/ haußarmen leuten vmb Gottes willen nach notturfftiger
armut/ vnd nicht nach gunst oder verdienst wegen der außspender gegen vnd mitgeteilt
werden/ ferners meine verwandte freundschafft auch zubedencken/ wiewol mir von
inn den nechsten beiden satzungen benent / wenig freundschafft noch gutthat beschehen/
So wil ich sie doch angeborner freundschafft wegen auch vnbedacht nicht lassen/ Der
wegen so donir/ legir/ verschaff/ setz/ vnd wil ich/ den Erbaren meinen lieben Vettern vnd
Brudersohne/ Matthiß N. zu N. zwantzig gilden von meiner hinderlassener haab vnd
narung/ durch meinen bestandten Erben vnnd Testamentarien außgericht/
bezalt vnnd erblich gegeben werden soll / Dergleichen so donir/ legir/ setz/ ordne/ verma
che/ vnd wil ich meiner lieben Schwester Dorothea seligen Kindern zu N. so viel dero
selben seindt (welcher anzal personen noch namen / mir Testatori nicht wissent noch be
kandt) samenhafft vonn meiner hinderlassener haabe vnnd narung/ wegen auch zwentzig
gülden/ durch nachbenandten meinen hierinn gesetzten Erben/ erblichen gegeben/ entrich
tet vnd bezalt werden.

    Zum dritten/ vnd demnach die Erbsatzung/ zu Latein haeredis institutio, der fürne
mest wissentlich punct vnd grundtfestigung eines jeden rechten Testaments vnnd letzten
willens ist/ So sey vnnd ernenne ich obgenandter testator/ in der aller besten bestendigsten
form/ maß/ vnnd gestalt/ ich inn Recht thun soll/ kan oder mag/ zu meinem rechten wa
ren vnd vnzweiffelhafftigen Erben vnnd testamentarien/ Den Ersamen Eberharten N.
burger zu N. meinen lieben Vettern/ vnd meiner schwester Juliana seligen sone/ der mir
vor andern meinen freunden sonder gutthat/ ehre/ vnd vetterliche freundschafft bewiesen/
wil auch daß der Eberhart mein rechter warer Erbe/ in all dem was vber diese obernante
meine verordnete Legaten vnd satzungen (so er bey verlierung diser seiner hierinn gesetzten

T t ij

New Formular

erbschafft fürderlich außrichten/ vnd meinen letzten willen volnziehen vnd exequiren solle/ich nach meinem tode/ an liegenden vnd fahrenden Gütern verlassen werde/ Es sei an Barschafft/ Schulden/ Haußrath/ Kleider/ recht vnd gerechtigkeyt/ gesuchts vnd vngesuchts/nichts außgenommen/wie das genant oder namen gehaben möchte/ sein vnd bleiben/ dasselbig alles mit danckbarkeit/ so bald ich in Gott entschlaffen/vnnd zu der Erden bestattet werde/ annemmen vnnd erblich behalten/ Ja nach seinem wolgefallen damit schalten vnnd walten soll/ als mit andern seinen eigenthumblichen Gütern. Zum vierdten/

Clauß. cod'cil. So setz/ ordne/ vnd wil ich/ wo diß mein des obberürten testatoris vorgeschrieben testament/ordnung vnd letzten willens gescheffte/auß einicher oder mehr Gebrechen/nach erforderung/ aufsweisung/ vnd zierligkeit der Rechten/ testamentum nuncupatiuum (das ist ein namsam Testament) nicht genand oder geheissen werden möchte/vnd deshalben vnkrefftig/ oder vntüglich sein solte/ Daß es doch wie ein Codiall/ odder ein jeder letzter wille/ odder sonst vbergabe/ so auß freiem willen/auß vrsachen des todes beschickt/ vnnd auffgericht werden mögen (deren Tittel keiner den andern irren oder hindern solle) krafft/ macht vnd bestand haben/vnnd von menigklichem/ vnd sonderlichen meinen hie-

zwei. rinn gesatzten Erben vnd Testamentarien/ ohnuerbrüchlich gehalten werden solle/ Vnd wil also hiemit dieser gemeinen Clausulen alle mengel vnnd gebrechen supplirt/ erfüllt vnd erstattet haben/ als ob das alles hierinnen von stück zu stück/mit lautern außgetruckten worten vermeldet vnnd bestimpt were/ Dann solches alles so hierinnen begriffen/ist vnd sol sein/ mein entlicher vnd letzter wille/ welcher im Rechten hochgefreyet/vnd bey

.r. solcher peen vnd straff der Rechten gehalten werden solle/wil auch menigklichen verboten haben/ vnd sonderlich meinen hierinnen gesatzten Erben vnd Legatarien/ denen ich hierinnen etwas gesetzt vnnd verschafft habe/ widder diß mein Testament vnd letzten willen nicht zuthun/ noch schaffen gethan werde/ bey verlierung jhrer satzung vnd erbschafften/ sonder also von meinen obgenandten geordenten Testamentarien/ vnnd eingesatzten Erben volnkommenlich/ wie obstehet/ ohn menigklichs verhindern noch intrag/volnzogen vnd außgericht werden.

Reseruatio. Doch so hab ich obgedachter Benedic N. testator, mir hierinnen fürbehalten/diß mein testament vnd letsten willen zu endern/mehren/mindern/gantz oder zum theil abzuthun vnd zuwiderzuruffen/ wann vnd so offt mir geliebt vnd eben ist/vnd sein wil/doch daß solche widerruffung ordenlicher vn rechtmessiger weiß/ vor gericht/offen Notarien/oder sonst erbarn leuten/ wie sich das rechtlicher ordnung nach gebürt/beschehe/wo aber solche enderung vnd widerruffung mit glaublicher vrkunde wie obstehet/ zu zeiten meins absterben geschehen sein/ nit dargethan noch solches beschehen würde/ so sol als dann solchs wie obstehet/ one menniglichs verhinderung/ also stett/vest/ vnd vnuerbrüchlich gehalten vnd volnstreckt werd/ sonder alle geuerd. Nach solcher verlesung obgeschriebnen seines Benedicte letzten willens/auch der nach den puncten inhaltung kürtzlich vnd mündtlich anzeige den gezeugen zu gedechtnuß/sagt obgenanter testator/daß solchs alles/inmassen hieuor beschrieben/vnd damals durch mich den Notarien für den gezeug offentlich/ deutschlich/ vnderschiedilich vnnd verstendiglich verlesen/ sein entlicher letzter wille/ordnung vnd gescheffte were/ den er auch also wie obstehet/selbst erzelen vnnd anzeigen thet/ Darauff die Ersamen vnd Erbarn A. B. C. D. E. F. vnd G. alle bürger zu N. diser seiner vffrichtung der legaten satzungen/ mündtlichen testaments/ vnd letzten willens/ indenckig vnd zuge-

.v. zeugen zu sein/fleissig bitten/vnd an mich hernach beschriebenen offenen Notarien begeren thete/ jme darüber eins oder mehr offene Instrument vnd vrkunden/ so vil not sein würden/zu machen/geben vnd mittheilen/ welche dise hieuorbeschriebene ding also beschehen/in dem jar/ Judiction/ Keyserliche regierung/ monat/ tag/ stund/ ende vnd ort/ wie im ingang gesetzt/in beysein vnd gegenwertigkeit/ der Ersamen vnd Erbarn hieuor geschrieben vnd genandten Bürgern als gezeugen hiertzu in sonderheit berufften vnd gebetten.

Vnd dieweil ich N. von Ladenburgk Wormbser Bistumbs/ auß Römischer Keyserlicher gewaltsame vnnd macht offener geschworner vnnd approbirter No-
tarius

Testament. CCXLIX

tarius bey obgemelter testierung/letzten willens satzung/legaten/Gabungen/ernennung vnd ordinirung des Erbens vnd Testamentariens/sampt allen andern oben geschrieben dingen/sampt den vorgenandten zeugen/selbst persönlich gegenwertig gewesen bin/dieselbigen puncten all/den Ehrenuest. vnd vorgenandten testatori vnd Gezeugen offentlich/wissentlich/vnderschiedlich/teutschlich vnd verstendlich vor gelesen/vnnd daß er der testator vnderschiedlicher/teutschlicher/verstendiger rede diß für sein testament vnd letzten willen genent/auch darfür angenommen vnd angezeigt hat/Hierumb so hab ich diß offen Instrument hierüber gestellt/vnd anderer meiner ehehafften gescheffts halb/durch einen andern mein diener getrewlich schreiben lassen/vnd gegen dem original Prothocol widerumb collationirt/gerecht befunden mit meiner eigen hande/tauff vnnd zunamen vnderschrieben/auch gebreuchlichem Notariat signet gezeichnet/zu glauben vnd gezeugnuß aller obgemelten dingen/vleissig durch vorbeschriebenen vnd offtgenandten testatori darzu requirirt/erfordert vnd gebetten.

Ein ander Form/eines in schrifften außgesprochen verfaßten Testaments/zu Latein Testamentum nuncupatiuum genandt.

JN namen vnsers lieben Herrn vnd Erlösers Jesu Christi/Amen. Sey allen vnd jheden/welche diß gegenwertig offen Instrument vernemen/orkundt/hiemit offenbar/kund vnd zuwissen/daß als man zalt nach desselbigen heiligen geburt fünff zehen hundert ꝛc. vt supra/auff montag nach Martini Episcopi/der da war der 17. tag des monats Nouembris/vmb acht vhren vor mittag zu Heidelbergk Wormbser Bistumbs/in des Ernhafften vnd fürnemen Herrn N. behausung/off der obern strassen zwischen N. vnd N. behausung gelegen/in der vordern obern stuben/vor mir offnem Notarien/vnnd glaubwirdigen hier zu insonderheit berufften erfoderten vnd gebettenen zeugen/alle zu ende benente/erschienen vnd gestanden ist/der edel vnd Erenuest Heinrich N von N offrichtigen/vermittelichen vnd gesundes leibs/guter gebreuchlicher vernunfft/verstendtlicher sinns/vnd wol außsprechender rede (als sich dann an jme augenscheinlich wol eräugnet vnd erschiene) vnd sagt mit wol außsprechendem vernünfftigem vnd verstendelichem mund/daß er mit guter gehabter fürbetrachtung vnd zeitlichem rath/auß keinem beywang odder betrug/noch geuerde eingefürt/seinen letzten willen oder testament/vnd wie er es mit seiner verlassenschafft nach seinem tod endelichen gehalten wolt haben/in einem zettel verzeichnet hett lassen/welchen er mir zu ende benanten Notarien/denselbigen den gezeugen fürzulesen gebietendt/welcher zettel von worten zu worten also lautende/Nach dem ich Heinrich N. von N. mehrmals innerlichen zu hertzen vnd gemüt gefürt/daß die schuldt der Natur zubezalen/vnnd der todt als ein sold der sünden allen menschen auffgesetzt/auch nichts gewissers dann der todt/doch nichts vngewissers dann die stundt vnnd zeit seiner ankunfft/damit ich nun nicht schlaffendt/sonder der lehr vnsers Erlösers vnd Seligmachers Christi nach/wachendt/vnd also rüwig meiner seel vnnd narung nach befunden werde/so wil ich jetzo/dieweil die vernunfft mein gemüt noch regiert/als bald diß mein nachfolgendt mündlich testament/gescheft/vñ letzten willen/testamentum nuncupatium genant/auff nachfolgende meinung machen vnnd auffrichten/Vnd erstlich hab ich bedacht/daß mein Seel edler vnd besser/weder leib vnd alles gut/vnd wiewol dieselb mit Sünden leider offt vnd viel beneckelt worden/So ist doch mein Christlich vertrawen zu der Göttlichen Barmhertzigkeit/daß sie mein demütig vnnd rüwig hertz nicht verschmehen werden/wil derhalben/so bald meine Seele vonn dem Leib abscheiden wirdt/dieselb jetzo als dann/vnnd dann als jetzo/dem Allmechtigen Gott/der sie erschaffen/vnnd mit seines

Tt iij

New Formular

Sons Rosenfarben blut/bitterem leiden vnd sterben erlöst vnd erkaufft/besolten haben/ vnd da ich mitler zeit auß menschlicher blödigkeyt anderst angefochten/gereizt/geführt/ odder fallen würde/jetzo bezeugt haben/daß mir solches trewlich leidt/vnnd daß ich diesem geschefft/als ein wahrer trewer Christ/ewiglichen anhangen wil. Am andern/hab ich auch meines Leibs halben bedacht/daß er Erden gewest/vnnd widder zu Erden werden muß/Wo sich dann also Leib vnnd Seel vonn einandr scheiden würde/wil ich daß mein todter Leichnam vnnd Cörper/nach Christlicher vnd zimblicher ordnung vnnd gestalt meines standts/Christlich vnnd ehrlich begraben/vnnd zu der Erden bestettigt werde. Zum dritten/meine zeitliche vonn Gott gegebene nahrung betreffen/So wil/ setze/vnnd ordne ich/daß von meinen hienach gesetzten instituirten Erben/von stundt an nach meinem tödlichen abgang/einem regierenden Erzbischouen zu N. ꝛc. so dazumal sein wirdt/ein duppeler Ducat/so bald gegeben vnnd entrichtet werde. Zum vierdten/ so schaff vnd legir ich einem Hoch.vnd Ehrwirdigen Thumbcapitel zu N. einen Reinischen Goltgulden in goldt. Item vnd zum fünfften/so legir/ordne/vnd verschaff ich Clara N. von N. des Edlen vnd Ernuesten Dieterich von N. genant/N. Haußfrawen/meiner lieben Schwester N. gülden an müntz/mein darbey zugedencken/welche N. gülden/ sampt vorzehenden Legaten mein hienach gesetzter Erb entrichten vnd bezahlen soll/Vnd dieweil einsatzung eines Erben/zu Latein hæredis institutio genandt/ein wesentlich vnd fürnemlich stück/eines jeden rechtmessigen testaments vnd letzten willens ist/vnd ich aber weder in ab noch auffsteigender linien dieser zeit jemands hab/den ich von rechts/oder gewonheit wegen/zu einem Erben einzusetzen/oder demselben sein legitimam zůlassen schůldig were/im fall ich dann meines lebens(welchs alles zu dem willen Gottes allmechtigen stehet)kein ehliche Kinder vonn meinem Leib geboren vberkeme/denen ich dann keins wegs jhr gebürendes Vätterlich erb/so sie das nicht mutwilliglichen verwircken solten/zuentziehen gedencke/oder dieselbe bekeme/aber auch vor mir tods verschiede/so setz/ instituir vnd ernenn ich hiemit gegenwertiglich vnd wissentlich/vor euch dem Notarien vnd den gezeugen/zu meinem waren einichen vnd vngezweiffelten Erben/den edlen vnd Ernuesten Conrat N. von N. mein freundlichen lieben bruder/in allen meinen haab vnd Gütern/ligenden vnd farenden/ein jetzundt gegenwertig hab/oder künfftiglich/durch was mittel das immer beschehe/vberkommen möcht/sie seien gelegen wo sie wöllen/also daß berůrter mein freundlicher lieber Bruder/nach meinem tödlichen abgang/alles so ich als dann verlassen werde/als mein vngezweiffelter Erb anzunemen/dasselbig zuniessen/zugebrauchen/zuvertestieren/zuverschencken/vnnd in allweg als mit andern seinen Haab vnd Gütern zuschalten vnd walten/gut fug/recht vnd gewalt haben sol/Letzlichen vnnd im fall diß mein Testament/ordnung vnd geschefft/einziger solennitet vrsachen/ odder mangel halben vonn Rechts wegen/nicht als ein Testament/so soll es doch als ein Codicill odder ander geschefft eines letzten willen nach dem aller besten/als es vonn gewonheit vnnd rechts wegen am meisten krafft haben möcht/geheissen sein/vnnd gehalten werden/Vnd soll diß mein Testament also in krefften/biß auff mein ordenlich widerruffen(das ich mir dann hierinn offentlich vorbehalten wil)bestehen bleiben. Ist hierauff an euch die erforderte Gezeugen/nemlich die Edlen/Ehrnuesten/Hochgelerte/Ersame vnd Ehrnhaffte/Junckherrn/Herrn/vnd gute freundt/A.B.C.D.E.F.vnd G.alle sampt vnd sonder/mein ernstliche vnnd vleissigst bitten/dieses meines letzten willens eingedenck zu sein/bekrefftigung dieses meines willens/euch mit eigenen handen zuvnderschreiben/ vnnd ewer gewöhnlich Insigel oder Bitschier respectiue zu ende anhencken/Auch an euch den Notarium mein begern/vber solchs alles ein offen Instrument eins oder mehr zu meiner notturfft zuverfertigen/Darauff die Edlen vnd Ernuesten/Hochgelerten/Ersame vnd fürneme/Junckherrn/Herrn/vnd gute freund obgenant/vff selbig des testirers bittlichs beger/vnd der warheit zu gut/jedoch jnen vnd jren Erben on schaden/jre gewönliche Insigel vnd Bitschier respectiue an diß offen Instrument gehenckt/vnd sich neben jrne dem testirer/vnd mir zu endt benandtem Notario/alle sampt vnd sonder/mit ei-

genes

Testament.

gener handt zu ende vnderschrieben/ welche diese hievor beschriebene ding also beschehen/ in dem Jar/ Indiction/ Keyserlicher regierung/ monat/ tag/ stund/ ende vnd ort/ wie oben im eingang gesetzt/ in beysein vnd gegenwertigkeit hievor benandter Junckherrn/ Herrn/ vnd Bürgere/ als gezeugen hierzu von dem testierer Heinrich N. von N. wie obstehet/ beruffen/ auch erstlich von denselbigen/ vnd folgends von mir dem Notario vnderschrieben Amptshalben insonderheit erfordert vnd gebetten.

Ich Heinrich N. von N. bekenn mit dieser meiner handschrifft/ daß diß wie obstehet/ mein letzter will ist.

Vnd dieweil ich N. von Rotenberg am Rein Wormbser Bistumbs/ auß Keyserlicher Oberkeit gewalt vnd macht offener von dem Keyserlichen Cammergericht Immatriculirter vnd approbierter Notarius/ bey vorgeschriebener testierung/ letzten willens satzung/ benennung/ einsetzung/ vnd außsprechen des Erben der benanten zeugen/ vnderschreibung vnd besiegelung/ auch allen andern dingen/ wie obgeschrieben stehet/ mit sampt den obengenandten/ hierzu sonderlich beruffen vnd erbetenen gezeugen/ selb persönlich gegenwertig gewesen bin/ solches alles also/ wie vorstehet/ beschehen sein/ gesehen vnd gehört/ hierumb so hab ich diß offen Instrument hierüber begriffen/ gestelt/ gemacht/ vnd ander meiner obligender geschefften halben/ durch einn andern getrewlich außschreiben lassen/ folgends selbs gegen dem original Prothocol vleissig verlesen/ collationirt/ vnnd ausserhalb der zwantzigsten zeil/ da nach dem wörtlein (Thumbcapitel) außgelassen (zu N.) vnd dann in der 21. zeil/ da nach dem wort (Clare) nachfolgende wort (N. von N.) vnd in gedachter zeil nach dem wörtlein (Dieterich) die wort (von N. genant) außgeschlossen/ vnd durch mich den Notarium ergentzt worden/ allenthalben durchauß gerecht befunden/ darauff mit eigener hand meinen tauff vnd zunamen vnderschrieben/ vnd gebreuchlichem Notariat zeichen bezeichnet/ alles zu warer vrkund vnd gezeugnuß obgemelter ding von Amptswegen erfordert/ angeruffen vnd gebeten.

    A. von N. sst.   B. von N. sst.   C. von N. sst.   G. N. Würt zu N.
    D. von N. sst.   E. von N. sst.   F. von N. sst.   sst.

Testamentum Nuncupatiuum anderer form.

IN dem namen der heiligen Dreyfaltigkeit Amen/ kundt/ offenbar vnnd zu wissen sey allen denen/ so diß offen Instrument lesen/ oder hören lesen/ daß als man zalt rc. Vt supra/ vnsers allergnedigsten Herrn/ auff Mittwoch den 16. Aprilis/ zwischen acht vnd neun vhrn vor mittag/ zu Spechbach in Griechgaw gelegen/ in des hernach benandten testators gewönlichen behausung.

Ist vor mir offen Notarien erschienen der Wirdig Herr N. rc. uff einem Lotterbeth sitzendt/ wiewol schwachs leibs/ jedoch rechter guter menschlicher vernunfft/ eröffnende/ Demnach er vielmals hertzlichen betrachtet/ vnd zu hertzen gefürt die gewaltsame des todes/ vber alle menschen leben herrschende/ vnnd daß die zeit vnsers lebens/ sich gleichet den Feldeblümen/ die ein tag aufftuht/ vnd der ander beschleußt/ die stund aber vnsers sterbens/ sehr vngewiß/ Deßwegen so wer er Valten des endtlichen guten vorbetrachten entschlossen willens (zanck vnnd hadder sich etwan seiner verlassenschaffte halb zutragen/ zuuorkommen) sein testament vnd letzten willen zumachen vnd zuuerordnen/ thut also vor mir hieunden benandten offen Notarien seinn letzten willen vnnd testament/ testamentum nuncupatiuum genandt/ auffrichten wie folgt.

Nemblich vnd zum ersten/ dieweil einem jeden Menschen not seiner Seelen seligkeit/ durch Gnade des Allmechtigen zubedencken/ Hierumb so wölle er seine Seel in den letzten seufftzen jrer abscheidung/ in die hand Jesu Christi jres Gotts vnd Erlösers/ die in das reich der Himel allen Christgleubigen von anbegin der Welt verheissen/ daselbst mit

New Formular

sine zubesingen das Erbtheil seines himlischen Vaters) beuolhen/den todten leib aber/mit Christlicher ordnung zu der Erden bestattet zu werden begert haben.

Zum andern/ so verschafft/ begert/vnd verordnet er testator N.kindern zu N.zehen Gülden / die soll jhnen sein hernach benandter vnd instituirter Erbe/alsbald nach seinem absterben entrichten vnd bezalen.

Zum dritten legirt vnd verschafft er Barbara N.zu N.fünff gülden/sollen jr auch zum fürderlichsten vergnüget werden.

Demnach vnd dieweil institutio hæredis, ein fundament vnd fürnemest hauptstück ist/eins jeden testaments/vnd dann er Balten N. seiner haabe vnd narung zuuertestieren/ legirn/ damit thůn vnd lassen seines gefallens befůgt/ Deßwegen so ernant er mit eigenem mund/zu seinem rechten vnd vngezweiffelten Erben/ den Ernhafften Hans N. Bürger zu N.in aller seiner Haab vnd narung/ liegendts vnd farendts/was er nach todt vber gesetzte Legata verlassen wirt/nichts außgenommen.

Wolt auch hiemit krafft seins testaments vnd letzten willens/seine Erben expressè nach dem er sein hinderlassenschafft/ haab vnd narung adiert vnd zuhanden bracht/ Dieselbige Anna N.von Zell ob Straßburg gelegt/seiner haußhalterin (welchs dañ er Hans N.also außzurichten / in mein Notarien hand versprochen vnd zugesagt) zuzustellen per fideicommissum / damit grauirt vnd beuolhen haben/der gestalt/daß er/oder were sonst die werendt / so seine haab vnd Güter vberkommen würden/mit was tittel das geschehe/ So bitt vnd begert/vnd heisset er testator/daß er/oder die/ohne abzug des vierdten theyl/ genandt Falcidia odder Trebellianica, jhre Anna den gantzen Erbfall zůstellen wöllen/ vnd vermachen seinem instituirten Erben acht gülden/damit er sich dessen desto gutwilliger vnderziehen thůe/dauon jhme zubehalten.

Wo aber des testators testament vnd letzter wille nicht/ wie er dann geordnet/statt haben solt/so wolt er daß alle/so sein testators haab vnd narung zuhanden bracht/wie das geschehe/de facto vel iure,jre Anna N. vor allen dingen 250. gůlden sie Anna erebt/vnd jme testatori an Haußrath/geldt vnnd andern zubracht/ so auch zum theil zu N. an einer behausung/ein seidt N.gelegen/angelegt worden/vergnügen vnd zustellen sollen/dann er jhr Anna die angeregte 250. gůlden schůldig sein vor mir offen Notarien/vnd hernach benandten gezeugen frey öffentlich bekandt hat.

Ferners/ vnd ols sie Anna/jhme Balten auff die 16. Jar trewlichen gedient/vnnd wie ein trewe Haußhalterin das sein versehen/behalten/gebessert/vnnd gearbeitet/daß er jhr den verdienten Liedlohn vor allen dingen zuentrichten schůldig/Daß demnach jhr Anne die 16. Jar vnnd jedes Jar 5. gůlden / für jre trew/ arbeit vnnd mühe/ vnangesehen hieuor bemelter 250.gůlden zum fürderlichsten auch gereicht/ vnd noch vnbezalten Liedlohn vergnüget werden soll.

Hierauff vnnd als solche den zeugen vorgelesen worden/ Bekandte er Testator solches alles wie obsteht/ sein letzter will sein / wolt auch diß sein Testament vnnd letzten willen/inn allen Puncten vnd Clauseln/stett / vest gehalten haben/ vnnd wo es nicht vor ein gnugsam Testament angenommen werden solt/daß es doch zum wenigsten/ nach der rechten Codicillorum, vt donatio causa mortis, vel vt legatum ad pias causas, oder sonst einer jeder andern form vnnd weiß / so herkommen vnnd gewonheit geistlicher vnnd weltlicher Gerichten/ aller krefftigst geschehen kan odder mage / krafft vnnd bestandt haben.

Vnnd damit solchs desto krefftiger gehandthabe vnnd volnzogen würde/ So setzt er zu seinen rechten Testamentarien/ die Würdig vnnd Ehrnhafften Herrn Ottho N. dieser zeit Pfarrherr zu N. Jacoben N. Raths verwandten zu N. vnnd Niclaus würt zu N.gab jnen auch hiemit gewalt/sampt vnd sonder/seinn letzten willen zuuolnstrecken/ vnd damit sie sich solches desto gutwilliger vnderziehen/ wil er jhedem vier gülden legirt vnd verschafft haben.

Doch

Doch behielt er testator ihme bevor/ diß sein testament und letzten willen/ gantz oder zum theil abzuthun/ davon er protestirt unnd vorbehalten/ solch Protestation an mich zu endt benandten Notarien begerendt hierüber/ ein oder mehr Instrumenta auffzurichten/ Und seind dise ding geschehen/ im Jar/ Indiction/ Keyserlicher regierung/ Monat/ tag/ stunde und ort/ als obstehet/ in beysein der Ehrnhafften und Ersamen Hansen N. Schultheissen zu Spechbach/ B. C. D. E. F. und G. Gerichts und gemeins leuten daselbst/ als zeugen hierzu insonderheit erfordert und beruffen.

Und dieweil ich N. von N. Maintzer Bistumbs/ auß Römischer Keyserlicher Maiestat gewaltsame und macht offner und geschworner Notarius/ bey auffrichtung vorbestimpts Testaments unnd letzten willens verordnung/ sazungen/ Legat/ auch erbseßung/ hæredis institution/ sampt allen und jeden andern obgeschribenen dingen/ wie die als obstehet/ geschehen/ mit den vorgenandten glaubwirdigen zeugen selbst persönlich zugegen gewesen bin/ die ding auch alle also geschehen sein/ selbst gesehen und gehört/ Hierumb so hab ich diß offen Instrument disco letzten willens darüber begriffen und uffgericht/ mit meiner eigen handt/ tauff und zunamen geschrieben unnd underschrieben/ auch mit meinem gewönlichen Notariat signet hiebeneben verzeichnet/ zu urkundt und mehrerm glauben aller obgeschribner ding hierzu insonderheit erfordert/ gebetten und beruffen.

Testamentum Nuncupatiuum, das ist ein mündlich außgesprochen Testament/ anderer form.

IN dem namen des Herrn Amen/ Kundt und offenbar sey allermenniglich/ durch diß gegenwertig offen Instrument/ daß nach Christi unsers lieben Herrn geburt/ ∞ 2c. ut supra/ auff Petri und Pauli Apostolorum/ der da was der 29. tag Junij genant/ in der Ersamen tugentsamen frawen Agathe N. eigen bewöhnlichen behausung/ in der N. gassen der Statt N. gelegen/ unden an N. und oben an N. stossende/ ist für mir offenen Notarien/ unnd hierunden nachbeschriebenen glaubwürdigen Gezeugen/ die obgedacht Ersam fraw Agatha N. inn bemeltem ihrem Hauß/ im beth ihrer Kranckheit gelegen/ doch hoher guter breuchlicher Vernunfft/ beschiedenheit/ auch außsprechlichs verstendtlichen gesprechs öffentlich zuerkennen geben/ Demnach sie jetz mit Claus N. von N. zur Ehe gegriffen/ und ihrer zubrachter Kinder halben/ nicht sonderliche eheberedung verbrieffet oder auffgericht hett/ So wer das klar unnd offenbar am tag/ daß sie inn erster Ehe mit Hans N. seligen/ vier Kinder gezielt/ von denen sie noch ein einiche Tochter Agatha N. genandt/ so jetzt Georg N. hett/ bey welchem Hans N. sie diß Hauß mit einander erkaufft/ errungen und erwunnen hetten/ auch solch ihr besitzlich Hauß bemelter ihrer Tochter vermög dieser Statt N. recht unnd gewonheit verfangen wer/ zu dem hett sie auch einen Sohn mit Philips N. seligen/ der andern Ehe/ auch Philips genandt/ gezielt und noch im Leben were/ Dieweil sie dann in bedencken/ daß sie wie andere Christliche Menschen auch sterblichen/ und nichts gewissers dann der todt/ unnd nichts ungewissers dann die stund ihrer beruffung.

Damit nun nicht zanck/ unfriede unnd zwitracht zwischen ihren hievorigen natürlichen ehelichen gezielten Kinden/ unnd ihrem jetzigen Haußwirt Niclaus N. entstünde/ Demnach so hett sie Agatha N. inn bedencken desselben auß Gottes Gnaden bey guter vernunfft/ auch mit zeitlichem vorbedacht/ mit hilff des Allmechtigen Gottes/ ihr vorgenommen/ zu ordnen/ machen und setzen/ ihr Testament und letzten willen/ als sie auch auff solch hiemit gegenwertiglich ordnet/ setzt/ unnd macht ihren letzten willen mit offentlicher bewilligung und verhengnuß jetzigen ihres lieben Haußwirts Niclaus N. wie hernach folgt.

Erstlich/

New Formular

Erstlich so wöll sie zuuorderst/ daß diese nachbestimpte jr satzung solt sein jhr testament/ Codicill vnnd letzter will/ vnd bestendigkeit eins Codicils haben/ wie das nach form der Rechten vnnd Statuten oder gewonheit/ Landts gebrauch/ leutzten willens/ art vnnd recht ist/ mit allen darzu gehörigen solenniteten/ das ich für euch offen Notarien/ vnnd beruffen Gezeugen/ wil krefftig vnd bezeugt haben/ vnnd widerruff hieuor auffgerichte abrede vnd schrifften/ so anderst dero einige befunden/ wöll sie testatrix hiemit offentlich abgethan haben.

Zum andern/ dieweil die Seel edler dann der leib/ vnd allem zeitlichen gut fürzusetzen/ So befelhe sie jre Seele/ so die von jrem leib abscheiden wirdt/ Gott dem Allmechtigen jrem Schöpffer vnd allem himlischen heer/ in ewig frewden vnd seligkeyt zu pflegen/ vnd jhren Leib auff den Kirchhoff zu andern Christgleubigen/ nach Christlicher ordnung/ mit zimblichen ehren zu der Erden zubestatten.

Zum dritten/ demnach sie noch ein eheleibliche tochter/ so auch Agatha genant/ jetzt Georgen von N. zur ehe hett/ mit Hans N. in stehender ehe gezielt/ vnnd das Hauß so sie jetzt besitzen/ vnd ein niesserin den blumen wer/ sie testatrix mit jrem eheuogt Hans N. obgedacht/ errungen vnnd erkaufft hett/ allein dieser tochter Agathe N. verfangen wer/ das solt jr Agathe nach jhr der testatricis todt zugestelt vnd ingeraumbt werden/ doch mit dem geding/ daß sie jr tochter Agatha Philipsen N. dem jüngern N. gülden vff dem hauß herauß geben / vnd als bald vernügen soll/ dann sie testatrix hett jrer tochter zu ehesteuwer auch N. barer gülde vernügt/ sampt einem beth mit aller zugehörde/ Man sol auch gedachtem jrem son Phil. N. zu den N. gülden von jrer haab ein new kleide machen/ welchs jr eheuogt Clauß N. jme fürderlichen zustellen sol/ doch daß das kleidt vber N. gülden nicht werd sei.

Vnd nach dem insetzung vnd benennung der erben/ ein haupt vnnd grundtfest eins jeden wesslichen testaments oder Codicils ist/ So wolt sie Agatha testatrix/ jetzt mit jhrer selbst mund/ in der aller besten weiß/ form vnd gestalt/ wie solchs von recht oder gewonheit allerbest besteehen/ krafft vñ macht hat/ haben sol vnd mag/ jren ehlichen haußwirt Niclausen N. in die farende haab zu rechtem natürlichen Erben gesetzt vnd ernent haben/ doch mit disem vnderscheid/ daß er Niclaus instituirter erb zuuor/ vnd ehe er dise jre farende haab angreifft/ jhrem Son Philips N. zu dem newgemachten kleidt N. bereiter gülden zu 16. alb. entrichten sol/ item desgleiche jrer tochter Agathe/ auch N. gülden reichen vñ bezala/ vnd so solche außgericht/ als dann er Niclaus der vbrigen farende haab ein erb/ eigentumber vnd besitzer sein vnd bleiben/ damit schalten/ walten/ thün vnnd lassen/ als mit anderm seinem eigen Gut/ ohn inred allermenniglichs/ mit verzeihung herauff aller rechten/ so diß jr nein testamente vmbstossen möchten/ solchs alles so hierin geschrieben stehet/ sagt die obgemelte fraw Agatha N. testatrix jr testament/ Codicil vnd letzter will sein sol vnd bleiben/ sie verbeut auch menniglichen wider disen jren letzsten willen nicht zuthün oder zu handlen/ bei verlierung seiner legata/ vnd vff daß diser jr letzster will/ testament oder Codicil desto stattlicher gehalten vnd volnstreckt möcht werden/ so wer jr freundtlich bitt jederzeit an Bürgermeister vñ Rath diser statt N. sie dabey handthaben/ volnstrecken/ vnd fürderlich nach kommen/ wie sie vngezweiuelt thün würde/ on alle geuerde/ vnd ob diß testament/ Codicil vnd jr letzter will/ auß einichen gebrechen mangel hab/ herrligkeit der rechten nit hett/ wolt sie daß es dise krafft hett/ als ein vnaußsprechlicher will/ testamentum nuncupatiuum genant/ haben vnd bestehen sol. Die bemelt testatrix behielt jr auch hiemit vollen gewalt/ für diß jr testament/ geschefft/ satzung vñ letzsten willen zu endern/ mehren/ mindern/ gantz oder zum theil abthun/ vnd von newem zumachen/ wie jr fügt/ auch recht vnd gewonheit ist/ on alle geuerde/ wil also jr testament vnd letzsten willen/ in namen der heiligen Dreyfaltigkeit beschlossen haben/ vber alle vnd jede obgeschriebe ding/ begert die mehrgemelt fraw testatrix von mir hieunde beschriebe Notarien/ jr eins oder mehr offen Instrument hierüber zumache vnd zugeben/ Vnd sind dise ding geschehen im jar/ indiction/ tag/ stund/ monat/ behausung vnd regierung wie obsteht/ dabey vnd mit seindt gewesen die Ersamen A. B. C. D. E. F. vnd G. alle Bürger vnd inwoner zu N. Wormbser Bistumbs/ insonderheit hertzu beruffen vnd erbetten. Vnd

Testament. CCLII

Vnd dieweil ich N. von N. rc. N. Bisthumbs/ auß Römischer Keyserlicher Maiestat macht/ offenbarer vnd geschworner Notarius bey diser rc. vt supra.

Testament anderer form / so ein Adelmessiger
Hauptman/ seiner vertrawten/ rc. vber alle seine
verlassenschafft thut/ vnd zu rechtem natürlichen
Erben einsetzt.

JN namen der Heiligen vntheilbaren Dreyfaltigkeyt Amen/ kundt vnnd offenbar sey allermeniglichen/ daß in dem Jar als man zalt/ rc. vt suprá/ Jn dem Monat Martio/ auff Donnerstag/ welcher war der 21. desselbigē monats/ erschien der edel vnd Ernuest/ Endris von N. der zeit bestellter Hauptmañ/ der Stadt N. in seiner erkaufften behausung zu N. inn der forder obern stuben/ auff N. gassen fornen stossendt/ zwischen N. vnd N. gelegen/ vmb zwo vhrn nach mittag/ vor mir vnderschrieben Notarien/ sampt denten darzu erforderten vnd gebettenen Gezeugen/ guter verstendiger sinn/ gemüth/ vernunfft/ red vnd geberden/ etwas schwachs leibs/ hinder einem tisch sitzendt/ vnnd zeigt da offentlich vnd mündtlich ane/ wie das er bey sich hertzlich betracht/ wie daß alle menschen der sterbligkeyt vnderworffen weren/ vnnd von diesem zergenglichen leben/ einmall zu sterben aufferlegt/ deren dann seine Ehrenueste ein mal gewertig sein müßte/ so wolte er auß eigner bewegnuß/ ohne forcht/ getzirungen oder gedrungen/ in guter wissenschafft/ in der aller bestendigster vnd bester form/ maß/ vnd waiß/ wie seine Ehrenuesten solchs von rechts wegen thun kündt/ solt oder möcht/ ein vbergabe von tods wegen/ zu Latein Donatio mortis causa genandt/ verordnen/ inmassen nachfolgen wirdt/ Erzelende/ als er zur zeit seiner Jugent/ vnnd seiner gethanen Kriegsrüstung vnd zügen/ als einem ehrlichen vnd wolkommendem vom Adel löblich vnd wol verhalten/ vnd nunmehr sein Leben/ mit zimblichem ehrlichem alter herbracht/ vnd in gedachten Kriegsrüstung vnnd zügen/ etwan grossen mercklichen schaden/ mit verwundung/ hawen/ stechen/ schiessen/ werffen/ inn stürmen/ schlachten/ scharmützeln/ belegerungen/ an seinem Leib viel maln/ inn Engellandt/ Franckreich/ Hungern/ Dennmarck/ vnnd anderen vielen gethanen Heertzügen entpfangen/ also daß er mehrmals/ vonn angeregten empfangenen verwundungen/ in grösser vnnd sorglichster gefahr seines Leibs vnnd Lebens gestanden/ Da dann Catharina von N. so zugegen stundt/ viel Jar hero/ inn vnnd ausserhalb solcher zügen/ viel guts vnd liebs bewiesen/ vnd jhnen zu N. bey seinem leben behalten (doch vermittelst der gnaden Gottes) vnd noch täglichs jhnen erhalten thet rc. wann dann von Gott dem Allmechtigen sein Erenueste abgefordert wirt/ das seine Erenueste zu dem willen Gottes stelte/ Darumb zu einer danckbaren widergeltung vnd billicher wol uerdienter belonung/ viel gehabter sorg/ mühe/ fleiß vnd arbeit/ so wolte er herauff gedachter Catharina von N. alle seine gerechtigkeyt oder ius/ so seine Ehrnuesten vff jhrer erkaufften behausung in der N. gassen/ zwischen N. vnd N. gelegen/ sampt allem dem/ was nach seinem absterben/ inn gemelter behausung verlassen/ vnd in Kriegsleufften vnd zügen bekommen möchte/ es sey Gelt/ Goldt/ silber/ kleyder/ Kleinotter/ seidenn gewandt/ Haußrath/ bettwerck/ küchengeschirr/ pferdt/ harnisch/ büchsen/ gewehren/ schwertern/ auch aller anden kriegsrüstung/ vñ alles was nach seinem absterben sich erfinden wirt/ in gemelter behausung/ gesuchts vnnd vngesuchts/ rc. in bester form rechtens/ so es immer von rechts oder gewonheit wegen beschehen kan/ sol oder mage/ hiemit freywilliglich/ erblich/ vnd eigenthumblichen geschenckt vnd vbergeben haben.

Der gestalt vnnd also / daß sie Catharina von N. nach seiner Ehrenuesten jhres Junckherrns absterben/ ohn meniglichs eintrag/ hindernuß/ alle recht vnnd Gerechtigkeit/ an vnnd auff gemelter behausung/ darzu auch was der zeit darinnen/ wie obgemelt/ sein/ vnnd nach seinem todt sich erfinden wirdt/ eigenthumblichen haben vnnd behalten/

dieselbigen

New Formular

dieselbigen nützen/geniessen/gebrauchen/damit schalten vnd walten/als mit jhren eignen Gütern/dieselbigen nach seiner Ehrenuest absterben/one einichs richterliche Decret oder erkendtnuß vnderziehen vnnd zu vnderfangen/wolte auch solches alles/das Hauß/vnnd was darinnen/vnd was sich an obgemelten haab vnd Gütern erfunden/auff solchen fall hiemit wissentlich vnd wircklich/als bald jr Catharina tradirt vnd vbergebẽ haben/Welche Donation vnd vbergabe/Donatio mortis causa genant/sie Catharina von N. von jrem Junckherrn Enders/von N. hochfleissig danckent annemmen thete/mit demütiger anzeige vnd erbieten/daß sie sich gegen seiner Ernuesten hinfüro mit trewlichen diensten vnd willigen gehorsam erzeigen/vnd seiner Ernuesten williglichen wilfaren/Darauff so wolte der Ernuest Enders von N. daß diese Donatio mortis causa, diese vbergabe von todts wegen/ob sie etlicher gebrechen odder mangel/so von rechts oder gewonheit wegen/ nicht statt haben solte oder mochte/daß als dann dasselbig vnd diß sein gemechts/als ein Donatio inter viuos, oder ein legat/fideicommissum,codicil oder sonste ein schlechter lexster will krafft haben/also volnzogen gehalten werden sol/vñ behielt seine Ernuest jme in allweg beuor/jetz beschehene vbergab zu widerruffen/zu endern/in ehren/mindern/Corrigieren/oder in andere weiß vffrichten/oder zum theil abzuschaffen/oder also bestendiglichen bleiben zulassen/alles nach seiner Ernuesten guten willen vnd wolgefallen/Vnnd wann dann solche vbergabe/Donatio mortis causa genant/in beysein mein vnderschriebenen Notarien/vnd denen hierunden benandten glaubwirdigen gezeugen also beschehen/ So hat darauff der Edel vnd Ehrenuest Endris von N. mich vnderschrieben Notarium erfordert vnd gebetten/vnd bat auch deßwegen seine Ehrenuesten/eins oder mehr offen Instrument/so vil deren not sein wüeden/vber solchen oben angezogen actum zumachen vnd zuuerfertigen/vnd solchem Instrument inzuuerleiben/vnd sind hierzu erfordert vnd gebettene zeugen/so insonderheit hierzu erfordert vnd gebetten worden sein/Die Edle vnd Ehrnuesten/Ersame vnnd Erbare/mit namen A. obgedachts Donatoris vetter/B.C. D.E.F. vnd G. alle Bürger vnd einwoner zu N. als gezeugen hierzu insonderheit erfordert vnd gebeten/Geschehen seind diese ding/im Jar/Indiction/Keyserthumb/Monat/ tag/stundt/endt vnd ort/wie oben stehet vnd erzelt ist.

Vnnd dieweil ich N. von Wormbs bürtig/der zeit wonhafftig zu N. auß Keyserlicher macht offner vnd geschworner Notarius/bey diser donation mortis causa, das ist/bey dieser vbergabe von todts wegen/actui vnnd handlung selbst persönlich mit vñ darbey gewesen/vnd solche oberzelte handlung von dem Edlen vnd Ehrenuesten Enders von N. neben oben gemelten gezeugen gehört vñ gesehen/So hab ich hierumb solches alles in diese gegenwertige offene form gebracht/mit meiner eigen hand geschrieben/mit meinem tauff vnd zunamen vnderschrieben/vnnd mein gewönlich Notariat signet beseits getruckt/solche verloffne handlung damit zubesagen.

Testament/so vor Gericht vnd vorm Notario von beiden Eheleuten auffgericht/vnd durch den Schultheyssen von wegen des gantzen Gerichts/neben vffgetruckten Notariat signet vnd subscription/mit vorgehender bekantnuß besiegelt worden.

IN Gottes namen Amen/kundt vnd offenbar sey allermeniglich/durch diß gegenwertig offen Instrument/daß in dem Jar als man zalt ɛc. vt supra/auff Montag nach Exaudi/der da ist gewesen der 12.tag des monats Maij/vngefehrlich vmb neun vhrn vor mittag/in dem Dorff Hackenaw Speirer Bisthumbs daselbst vff dem Rahthauß/ vnd gewönlichem Gericht sitz/da in offenem Gericht vnd gerichts form gesessen dise Gerichts personen/mit namen A. Schultheiß/sampt B.C.D.E.F.G. vnd H. alle gerichts scheffen/

Testament.

schöffen/in mein offen Notarien/vnd der hieunden geschriben gezeugen/darzu in sonderheit die herzligkeit diß auffgerichts gemechts zu Instrumentirn/zu bekundschafften/erfordert vnd gebetten/gegenwertigkeit seind personlich erschienen vnd gestanden/die Ersamen vnd Erbarn Hans J.zu Hockenaw/vnd Elsa sein Eliche Haußfrawen/beyde gesundts leibs/zimlichs alters/auch gut verstendliches wesens/vernunfft vnnd bescheidenheit/als sich auß jhren worten vnnd geberden wol beschien/in willen (als sie zuerkennen geben)ein gemecht/ordnung/vnd geschefft jres letzten willens zuuerschaffen/verordnen/ vnd auffzurichten/wie sie dann auch daßelb als bald (wie hernach volget)gestifft vnnd auffgericht haben/frey/willig/gar in sonderer guter meinung/lieb vnnd trew/so sie zusammen vnnd jetwedersz zum andern als seinem getrewen Gemahel hett/dadurch je einem durch des andern tödlichen abgang desto baß vnd sicherer ver ehen würd/batten vñ **begerten** deßhalben auffs fleissigst/ein Erbar Gericht wolt jhr beyder/sampt vnd sonder/ meinung/gemechts vnnd willen/günstiglich vnd eigentlich vernemmen/auch so viel müglich in frischer gedechtnuß behalten/auff daß aber solch jhr ordnung/leyste willen vnd gemechts/dester gewisser vnnd eigentlicher angezeigt vnd behalten würdt/Hetten sie beyde Eheleuth obgenandt/dieselbig jhr meinung vnd letzsten willens verschaffung/jnn einem Papieren zettel oder brieff begrieffen vnd vnderschiedtlich auß jrem angeben/ordnung/vnd befelh punctlichen also schreiben lassen/welchen brieff sie in jhren henden hielten/vnd als bald mir Notario in gegenwertigkeit Schultheissen vñ Gerichts obgemelt/ auch dreyer hienach geschribner zeugen vberantworten/fleissig bittende/vnd mich hieunden geschriben Notarien erforderten/gedachten zettel (darinn wie gemelt jhr beyder will verzeichnet were) vor offenem sitzendem Gericht verstendlich zulesen/darüber eins oder mehr offen Instrument/so viel noth sein würd/auffzurichten/vnd ist auff obgenandter beyder Eheleuthe Hansen vnd Elsa bitten vnd begeren/gedachter zettel/offentlich vnd verstendlich vor Gericht also wie begert/gelesen/vnd lautet von wort zu wort wie nachfolget.

Ersamen/Fürsichtigen Herrn/Schultheiß vnd Schöffen/Es erscheinen wir beyde Eheleuth Hans J.vnd Elsa alhie zu Hackenaw/vor euch Herrn vnd offnem Gericht/ auffs vleissigst bittende/ein Erbar Gericht wöll vnser beyder/sampt vnnd sonder/meynung/gemechts vnd willen/günstiglich vnd eigentlich vernemen/vnd so viel müglich in frischer gedechtnuß behalten/vnd zu mehrer gewissenheit/eigentlicher anzeig vnd behalt/ ist derselb vnser beyder will/gemechts vnnd verschaffung/auß vnserm befelch/angeben vnd geheissen in diesem zettel oder Brieff geschrieben/welchen Brieff wir diesem gegenwertigen Herrn Adam N. von N. beyder Rechten Licentiaten von Keyserlichen gewalt offen Notario/vor euch Herrn Schultheissen vnd Schöffen obgedacht/jetzund offentlich bey handen/mit fleissiger bitt jnen bittend/vnd als Notarien erfordern/gedachten zettel/darinn vnser beyder will/gemechts vnd verordnung (wie hieoben gemelt) verzeichnet/vor euch in offnem Gericht jetzundt sitzendt/verstendlich zulesen/vnd darüber eins oder mehr offen Instrument/so vil not sein würd/auffrichten/vnd vns mittheilen/wie selnem als Notarj ampt zuthun gebüret/Nun folgt daßelb vnser beider vnd jedes gemechts/ dieses innhalts.

Zuuerkommen/zanck/hader/vneinigkeit/vnnd spen/die sich zun offtermalen erheben/nach absterben der personen/so jhr gut/haab vnd narung/jhnen von Gott bescheret vnd verliehen/in jhrem leben nicht verorden vnnd verschaffen/darumb zun zeiten grosser vnwille/vndtschweren/vñ vnrath erwächßt/solchen widerwertigungen vnd vnrath zuuerkommen/haben wir Hans J.hie zu Hackenaw/vnd Elsa/beyde Eheleut/mit zeitigem vorbedachten Rath/gemüt/vnd jedes freyen willen/bey vnd mit vns/sampt vnnd sonder bedacht/verordent vnd beschlossen/wie es nach vnser jedes tödlichen abgang (der in Gottes willen stehet/dan wir auch vnser seelen getrewlichen/vnd vnser beyde leibe der Erden/ von der sie genommen seind zubestatten/befehlen)sol gehalten werden.

Wir beyde/vnd jedes auch insonderheit/orden/verschaffen/vnd setzen/daß auch

V v

New Formular

Elsae ordinatio

jetzundt die offentlich vor sitzendem Gericht also wie nachfolgt/vnd anfangs ist diß mein obgenandter Elsen ordnung vnnd verschaffung/nemlich/in betrachtung daß Gottes gütigkeit mir ein zimliche narung ligendts vnnd fahrendts verlihen/wie ich die jetzundt in dieser andern Ehe mit obgenandtem Hansen J. meinem lieben Haußwirdt besitz/die obermüll hie zu Hockenaw/sampt den Ecker/Wiesen/Weingarten/wo dieselben gelegen seinde/auch die fahrende Haab/gesücht/vnnd vngesücht/wie das namen hat/oder haben sol/ohn not jedes jetzundt zuerzehlen/mir als eigenthumbs Herrn zustendig/darinn kein widerfellig gut begrieffen/ich auch keines widerfals/jemandts verhafft/gestendig bin/dann ohnwidersprechlich war/daß alles Gůt/so ich mehrgedachtem Hansen J. meinem jetzigen Ehevogt hab zubracht/ist mir allher vnnd zukommen/von weilandt meinen freundtlichen lieben Eltern seligen/auch in stehender erster Ehe mit Hansen K. errungen/gewunnen/vnnd ererbt/es sey auch von seiner der K. Linien/oder von meinem geschlecht/erblich hergeflossen/oder in stehender Ehe vberkommen/auff ihnen/vnnd volgents nach sein jetzbemeltes K. seligen absterben/auff mich Elsen sein nachgelassne Wittwe gefallen/welche jetzt angeregte Güter/mir als eigenthumbs Herrn allein zugestanden vnd noch zustehen/vermög Heydelberger Stadtrecht/darinn diser punct auch begrieffen/also lautende.

statutum Hoy: delbergense.

Wann zwey Eheleuth in stehender Ehe mit einander ein leibserben gehabt hetten/die gestorben vnd abgangen weren/so sol das letzt so in leben bleibt/aller der Güter mechtig vnnd dero Erbe sein/die sie bey einander gewonnen/oder ererbt haben ꝛc. Seittenmal dann offenbar vnd vnlaugbar/daß Hanß K. selig/mein erster Haußwirt/vnd ich/in stehender Ehe samenthafft mit einander vier Eheliche Kinder gezielt/die alle vor vns beyden Eheleuten abgestorben/so erscheindt vnd volgt/daß alle errungen/gewonnen/vnd ererbt güter/in stehender Ehe vns vberkommen/nach todt meines ersten Haußwirdts seligen auff mich kommen/vermög obgemelter Heydelberger Stadtrecht/das hie (wie ich berichtt) inn diesem fall auch statt hat/in betrachtung daß Heydelberg diß Dorffs Hockenaw oberhorr ist/sampt ander verwandtnuß vnd gelegenheit der Herschafft/Oberkeyt/ohn not zuerzehlen.

pastor dotalium mutatio.

Diewyl nun dem also/so verordne/setz/vnnd verschaff ich Elß/von obgerürten meinen eigen Gütern wie hernach volget. Erstlich ist mein letzter will vnd meynung/wo der Allmechtig (als zu seinem Göttlichen willen stehet) mich vor Hansen obbestimpten meinem jetzigen lieben Haußwirdte/aus disem jammerthall berufft/daß als dann er Hans bey allen meinen Gütern/vnd ander ligender vnd fahrender haabe/ein rühlichen besitz haben sol/dieselbigen blůmen nützen/niessen/vnnd brauchen/ohn menniglichs inntrag/wie dann gewonheit vnnd Landts brauch ist/vnangesehen des vertrags oder abrede/die in vnser Heyraths beredung beschehen/vnd abgeredt ist/daß er Hans nach meinem todt solt hundert gülden für seinen besitz im gebürende nemen/darmit begnüget sein/vnd als dann von allen meinen verlassen Gütern abtretten/diewyl auch derselben abrede damals nicht nachkommen worden/sonder also vngeendet vnnd vnbeschlossen hangen blieben/derhalben ich nun solch abrede desto fůglicher zu endern/odder zu mehren macht habe/wie ich dann jetzunde in krafft diß meins Testaments vnnd letzten willens/dieselbige ändere/

Legatus uxori n. vxrimst. in reliqs.

vnd mehre/auch also/wie jetzt hierobn angeregt vnd nachvolgt/geändert vnd gemehret wil haben/in dem daß mehrgedachter Hans J. nach meinem todt/vber die obbestimpten hundert gülden/sampt der fahrende haab (die im auch alle eigentlich volgen sol) noch ein hundert gülden/vnd wie obgemelt/den beysitz aller meiner güter haben sol/vnd sollen dieselben 200. gülden ihme Hansen mit ligenden gütern vergnüget werden/also daß jetzt bestimpte 200. gülden wert/ligender Güter/sein Hansen eigen seind/darmit seins gefallens zuschalten/vnd walten/in seinem leben oder letzten willen/seinen freunden/odder andern zuuerschaffen/gut fug/macht/vnnd recht haben/ohn meiner freundt oder menniglichs inntrag. Item es ist insonderheit diser punct/auch meins willens/zulassen/vnnd bewilligung/daß mehrgedachter Hans J. mein lieber Haußwirdt/in verschaffung vnd ordnung

seins

Testament. CCLIIII

seines letzten willens (so er vor mir wirde todts verfallen) von unser beyder Güter so wir yetzundt sampelich haben/besitzen/oder noch uberkommen/hundert gülden/seinen Erben zuuerschaffen gut macht hab/vnnd haben sol/ohn inntrag meiner freunde/oder menniglichs/doch daß solche verschaffung gemelter hundert gülden/nach meinem todt allda erst ir volnstreckung erlang.

Demnach dieweil dann benennung vnnd satzung der Erben/ein fundament vnnd *Institutio hæ-*
grundfestung ist eins yeden wesenlichen Testaments/so verordnen ich/vnd benenn ich ob-*redis.*
genandte Elsa/in allen meinen andern gütern/so vnuerschafft bleiben/wie die namen haben/zu meinen rechten gewissen vnd waren Erben/mein Sipuerwandte freunde sampt vnnd sonder/dieselbige mein andere vnuerordenten Güter/so nach meinem todt vnuerschafft/auch nach Hansen absterben geendtem besitz ich verlassen werd/also daß gedachte mein nechste freunde/dieselben mein Güter in Erbtitelsweiß/als mein Erben/die zuerben/anzunemen/gut fug vnd recht haben/yedoch sol von solchen meinen verlassen gütern/
meiner Schwester kindt/das ich yetzund bey mir auffziehe/Fünffzig gülden/oder Fünff- *Legatum.*
tzig gülden werd Güter/beuorauß/so es bey Hansen meinem Haußwirde bleibt/vnd jhn auch folget/gebüren/dasselbig so es zu seinen tagen kompt/darmit außzuberathen/aber dannoch dise hieobgesetzte Erbsatzung vnnd beuorauß nemnung/sol nicht anderst geschehen/odder verstanden werden/dann daß obbestimpten meinem Haußwirdt Hansen J. sein gerechtigkeit in den 100. gülden werd gütern/sampt der fahrenden haab/jme als eigen thuilis Herrn zustendig/auch in besitz in allen meinen gütern/die sein lebenlang geruhlich zu geniessen vnd zubesitzen/vnuerletzt vnnd vngeschmehlert/in alle wege/frey vorbehalten seyen.

Ich wil auch yetzbemelte mein Erben auffs freundlichste gebetten haben/solche *pœna priua-*
nachgelaßne Erbgüter/in Erbtitelsweiß/mit danck anzunemen/vnd volnstreckung diß *tionis.*
meins gemechts vnd letzten willens/in keinen wege zuuerhindern vnderstehen.

Were es aber/daß yemandts meiner freunde/einer/oder mehr/vnderstehen würde/hiewider zustreben/zufechten/odder diß mein ordnung zuuerhindern/der/oder dieselbigen als vndanckbar/sollen desselbigen seins/oder jrer Erbtheil/jhn/oder jhnen gebürend/gentzlich entsetzt vnnd beraubt sein/als dann auch/den/oder dieselbigen yetzunde in krafft diß brieffs enderbt wil haben/deßhalben auch jme oder jnen nichts von meinem gut werden sol/vnnd das jhm oder jnen sonst in krafft diser erbnemung gebürt hett/sol jhm/oder jhnen nicht gedeien/sondern den andern freunden vnd Erben/die diß mein gemecht nicht anfechten/zuwachsen/vnnd vnder sie gleich/wie das ander Erbgut rechtmessig getheile werden.

Diß wie hieoben geschrieben/ist vnd sol sein/mein Elsen Testament vnnd letzter *Clausula*
will/der auch Testaments krafft sol haben/vnd ob er vieleiche auß mangel/odder vnderlas-*Codicillaris*
sung einiger solennitet vnd herrligkeit darzu gehörig/dermassen wie gemelt/nicht bestendig were/daß er doch in Codicils weiß krefftig sein vnd bestandt hab/vnnd haben sol/Ich Elsa wil mir doch hierinn den zu endern/zu mehren/mindern/meins gefallens/auch vnangesehen diß oder ander gemechts/freyen willen/mit meinen gütern in meinem leben zuschalten vnd walten allzeit vorbehalten haben/wie dann letztes willens art vnd recht ist/alles sampt vnd sonder in der aller besten weiß vnd maß/so solchs aller bestendigst sein kan oder mag/geferd vnd argelist gentzlich hierinnen außgescheiden/Nun folget hernach mein Hans J. gemecht vnd ordnung.

Demnach Ersamen Günstigen Herrn Schultheiß vnd Gericht/mein Testament *Joannis ordi-*
ordnung vnd letzten willen/dergleichen auch anzuzeigen/wie ich begere vnnd wil/so der *natio.*
Allmechtig mich zuuor vnd ehe Elsen meinen lieben Ehegemahl zu disem jammerthall berufft/das nun zu seinem Göttlichen willen stehet/damit ich dann auch nicht vnuerschafft/vnd ohn Testament todts verfahre/so ist diß meins letzten willens ordnung vnnd verschaffung/daß Elsa mein liebe Haußfraw/bey allen meinen Gütern/so ich also nach todt verlassen werd/sol geruhiglichen bleiben sitzen/dieselben nutzen/niessen vnnd gebrau-

Dv ij

New Formular

chen/wie dann Landtsrecht vnd gewonheit ist. Demnach wann sie Elsa auch von todts wegen abgehet/sollen als dann von allen vnser beyder Gütern (die sonst nicht verschafft seind) sie seind von mir Hansen oder jre Elsen dar kommen (wie auch Elsa solchs bewilliget hat) hundert gülden meinen nechsten freunden vnd Erben gebüren/vnd in Erb-weiß zůgestellt werden/welche ich auch jetzund in krafft diß meins Testaments vnd gemechts/ zu meinen waren gewissen Erben/in gedachten hundert gülden gesetzt vnd Instituirt wil haben/solche zůerben/wie dann ein jeglicher fuge vnd recht/nach ndhe/oder weite der verwandtnuß haben würdt/sonst alle vberige von mir nachgelassene Güter/wie die namen haben/nichts außgenommen/sollen Elsen meiner lieben Haußfrawen/oder nach jhrem todt jhren freunden gebüren/vnd insatzungs weiß/oder wie es am beständigsten sein mag/ zůgestellt/vnd mit aller jhrer gerechtigkeit gegeben werden/angesehen daß solch Gůt des mehrertheils von jhr Elsen herkommen ist/Solchs wie obgeschriben ist vnnd sol sein/ mein Hansen J. Testament/ordnung vnd letzster will/wil auch den also mit vnd in krafft der clausel Codicillarj/an allen enden/in vnd ausserhalb Gerichts vnd Rechts krefftiglich gehalten werden/auch allen vnnd jeglichen mangel/wie der hierinnen mit einigem gebrechen geschehen were/oder geacht werden möcht/sie erfüllt haben.

Wil auch alle meine freunde hiemit gebetten vnnd ermanet haben/daß sie jhre Erb wie hieoben verordnet/danckneemig annemen/vnd disen meinen letzsten willen vnnd gemechts nicht anfechten/sonder vnuerhindert lassen bleiben vnd volnstreckt werden. Nach offenlich verständlichen verlesen/offtgedachter beyder Eheleuth Testament/Codicils/odder letzsten willens/durch mich hieunden geschribenen Notarien geschehen/sagten vnd bekandten allda sie beyde/Testirer/vnd Testirerin/daß solchs alles vnd jedes wie verlesen/were vnd solt sein/jr letzster will vnd verschaffung jhres Testaments oder Codicils/ als sie auch solchs alles vnd jhedes/sampt vnd souder/auff jeden punct vnd Artickel/mit verständigen worten selbs mit mundt offenlich bekandten/auch eines jeden puncten meinung vnd summ/wie jhnen vorgelesen/sie selbs mündtlich erholten/repetirten/vnnd bejaxten war sein.

Wolten auch mehr gedachte beyde Testirer/solchs jres letzsten willens ordnung/ vnd gemechts/also in der besten/beständigsten/vnd sichersten form/maß/weiß vnd gestalt/ wie sie in Recht/oder Landsgewonheit jmmer solten/köndten/oder möchten/gesetzt/geordnet vnd gemacht haben.

Solchem allen nach bitten vnd begerten vilgemeldte zwey Eheleuth vnd Testirer/ ein Erbar Gericht wolt solches jres gemechts/Testaments/vnnd letzsten willens(wie sie dann vormals auch begert hetten) inngedenck sein/vnd wo not zubekundtschafften.

Vnd zu mehrer sicherheit seind als zeugen hierzu berufft/gebetten vnnd gegenwertig gewesen/die Erbar Mann (ausserhalb Gerichtsleuthe) desselben Dorffs Hockenaw innwoner/mit namen N.N. vnd N.Requirierten vnd erforderten/als bald mich hierunden benandten Notarien meins Ampts/begerend jnen hierüber eins oder mehr offen Instrument vnd vrkundt/so viel jnen not were/zumachen vnd zůvbergeben. Geschehen sind dise ding/im Jar/Indiction/Keyserlicher Regierung/Monat/tag/stundt/vnd ort/wie im anfang diß Instruments/hieroben weiter erklärt vnd erzehlt ist.

Vnd dieweil ich Adam N. von N. der Rechten Licentiat/Wirtzburger Bisthumbs/von Bäpstlicher vnnd Keyserlicher macht offen Notarius/bey hierinn geschribener beyder Eheleuthe Testament/gemechts/vnnd letzsten willen/auffrichtung/satzung/verschaffung/bezeugung vnnd ordnung der Erbschafft/auch anderer ding/disem Instrument eingeleibt zugegen gewesen/solche ding alle wie vorgesetzt geschehen/eigentlich gesehen vnd gehört/hab ich deßhalb auff bitt vnnd erfordern erforderung mehr gen andter zweyer Eheleuth/Testirers/vnd Testirerin/diß jhre gemechts vnnd ordnung/mit eigener handt allhie geschrieben/vnnd daß mit meinem gewöhnlichen namen vnnd zeichen vnderschrieben/vnnd gezeichnet/zu zeugnuß vnnd glauben aller hieob inngeschriebener dinge/berüfft vnnd erfordert.

Ich Jacob N. Schultheiß zu Hockenaw/Bekenn hie mit meiner eigen handtschrifft/daß ich auff begern obgedachter zweyer Eheleuth/an dises Testament/so vorm offen Gericht auffgericht worden/auß verwilligung aller Gerichtspersonen/mein eigen Insiegel/vonn wegen des Gerichts gehenckt habe/doch dem Gericht/mir/vnnd meinen Erben/vnd vnseren nachkommen in allweg ohn schaden/actum vt supra.

Form vnd eingang eines Instruments/wie es auff diß
künfftig glückselig new Jar/Anno ꝛc. Sechtzig vnnd acht/
in Hochlöblichster Regierung der Römischen Keyserlichen Maiestat/vnsers aller Gnedigsten Herrn(Gott gebe derselben langwirige/wilfarige glückseligeregierung)verfertigt vnd gemacht
werden sollen.

IN GOTTES namen Amen/Kund/offenbar vnd zuwissen sey allermenniglichen/so diß gegenwertig offen Instrument zuuerlesen/odder anzuhören fürkompt/daß in den jaren/als mann zalt nach der heilsamen Geburt Jhesu Christi/vnsers lieben HERRN vnd Seligmachers/Tausent Fünffhundert/sechtzig vnd acht/inn der eilfften Römer zinßzall(zu Latein Indictio genandt) bey Regierung vnnd Heerschung des aller Durchleuchtigsten/Großmechtigsten/Vnüberwindtlichsten Fürsten vnnd Herrn/Herrn Maximiliani diß Namens des andern erwehlten Römischen Keysers/zu allen zeiten mehrern des Reichs/inn Germanien/zu Hungern/Behem/Dalmatien/Croatien/vnnd Slauonien/ꝛc. König. Ertzhertzog zu Osterreich/Hertzog zu Burgundi/Steyer/Kerndten/Crain/vnnd Wirtenberg ꝛc. Graue zu Tyroll ꝛc. vnsero allergnedigsten Herrn/seiner Maiestat Reich des Römischen im sechsten/des Hungerischen im fünfften/vnnd des Behemischen im zwantzigsten jaren/auff N. tag/den N. Monat/zwischen (vel) omb N. vhren/vor (vel) nach mittag/zu N.N. Bistumbs/in des Ehrnhafften ꝛc. N. behausung inn N. Gassen (vel) strassen ꝛc. zwischen N. vnnd N. sloß sendt vnd gelegen/in der N. Stuben (vel) Kammer ꝛc. vor offnem Notarien/vnnd den glaubwirdigen insonderheit darzu berufften vnnd erbetten sieben Gezeugen ꝛc. (doch hierinnen mit fleiß zumercken/nach dem der Actus/darnach zeugen zuerfordern) alle zu endt benandt/erschienen ist der Ersam N. ꝛc. Bürger in obgemelter Stadt N. auff dem Beth in obgemelter stuben liegendt/ꝛc. schwachs leibs/jedoch gebreuchlicher wol ausprechender vnd verstendiger redt/sinn vnnd vernunfft/eröffnet/wie daß er jetzt fürgenommen/gesinnet vnd willens/sein mündlich Testament (zu latein testamentum nuncupatiuum genandt/als er bericht) vnd letzten willen/allda zumachen vnd auffzurichten/in massen wie ich denselbigen Schrifftlichen verfaßt/vnnd von mir zu endt benandtem Notario/den gezeugen so erbetten gegenwertig stunden/offentlichen zuuerlesen bitten/vnd begert thete/welches nachfolgendts innhalts von worten zu worten beschrieben/also lautendt. Nota/hieher sol als dann des Testators letzter vnnd endtlicher will gentzlich inserirt werden.

Vv iij

New Formular

Vnnd nach dem dann durch den Testator ꝛc. allwegen jhme Testatori eins odder mehr Instrumenten / vber seinen letzten willens auffgerichte ordnung vnnd Testament zumachen an den Herrn Notarium begert würd / sol als bald nach gedachter petition also geschrieben werden.

Welches ich benandter Notarius auff des Testators erbar bitten vnd begern hiemit also gethan hab / vnnd seinde diese ding alle also geschehen wie obstehet / im Jar / Indiction / Keyserlicher Regierung / Monat / tag / stundt / end vnd ort / in beysein vnd gegenwertigkeyt der Ehrnhafften ꝛc. A.B.C.D.E.F. vnd G. alle Bürger vnnd innwoner zu N. als glaubwirdige Zeugen hierzu insonderheit erfordert / requirirt / beruffen / vnnd gebetten.

Nach solchem allem vnderschreibt sich der Herr Notarius / mit seinem Tauff vnd zunamen / sampt auffdruckung seines Notariats zeichen / fahet fast in mitte des Instruments an / mit nachfolgenden worten / also.

Vnd dieweil dann ich N. von N. N. Bistumbs / auß Röm. Key. Maie. gewaltsame vnd machte offener vnnd geschworner Notarius ꝛc. wie dann hieoben vnder den vorgehenden Instrumenten / nach lengs zusehen ist.

Da aber der Notarius das Instrument nicht selbsten geschrieben / sonder durch einen andern getrewlichen mundieren vnd abschreiben lassen / setzt er nach den worten (offen form bracht) also / Aber meiner ehehafften geschefften halben / durch einen andern Ehrliebenden Schreiber (oder durch meinen schreiber vnd diener) abschreiben lassen / folgendts selbs gegen dem Original Prothocol fleissig verlesen / Collationirt / vnd Auscultiert / vnd allenthalben durchauß gerecht befunden / darauff mit meiner eignen hand / meinem tauff vnd zunamen vnderschrieben / vnnd gebreuchlichem Notariat zeichen bezeichnet / alles zu warer vrkund vnd gezeugnuß obgemelter ding / von Amptswegen hierzu insonderheit erfordert / gebetten vnd beruffen.

Nota / auff den fall was im Instrument durch den Schreiber außgelassen / vnnd dasselbig ad Marginem / das ist ins spacium der Linien geschrieben würdt / wie dasselbig in der subscription der vnderschrifft neben auffdruckung des Notariats signet gemeldt / vnnd Inserirt soll werden / findet mann hieuornen vnder Testamenten ein form vnnd Exempel.

Wirdt dann etwan das Instrument so groß (wie dann zuzeiten geschicht) daß manns am Pergamen auff ein seiten zuschreiben nicht gehaben mag / daß mann also das vberig auff die ander seiten des Pergamens schreiben muß / würdt als dann die erst seiten zu nechst an der vndersten zeil also durch den Notarium mit disen worten geschrieben / Christoff N. Notarius propria manu approbat, vnd folgendts in vnderschreibung des Instruments vnd auffdruckung des gewöhnlichen Notariats signet / mit disen folgenden worten vermeldt vnd approbirt ꝛc.

Vnd dieweil ich Christoff N. von Laudenburg / Wormbser Bistumbs / auß Römischer Keyserlicher gewaltsame vnnd macht offener geschworner vnnd approbirter Notarius / dieser zeit innwoner zu N. bey obgemelter Testierung / letzten willens satzung / legaten / gabungen / ernennung vnd ordinierung des Erbens vnnd Testamentariens / sampt allen andern zu rück vnnd oben geschriebenen dingen / sampt den vorgenandten Zeugen selbst persönlich gegenwertig gewesen bin / dieselbigen Puncten all den Ehrnuesten vnnd vorgenandten Testatori vnd gezeugen / offentlich / teutschlich / vnderschiedlich / vnd verstendlich vorgelesen / vnd daß er der Testator vnderschiedlicher / teutschlicher / verstendiger rede diß für sein Testament vnnd letzten willen genendt / auch darfür angenommen vnd angezeigt hat.

Hierumb

Testament.

Hierumb so hab ich diß offen Instrument hierüber gestellt/vnd anderer meiner ehehafften geschefft halb/durch einen andern trewen diener auff diß Charta vnnd zu beyden seitten/nemblich zu rück auff N.(so zu ende mit meiner des Notarien handt also vnderschrieben/Christoff N. Notarius manu propria approbat)vnd sieben zeilen vnd fünff wort/auff dieser seiten/getrewlich auff mein fürgeben schreiben lassen/vnnd gegen dem Original Protocol widerumb Collationirt gerecht befunden/mit meiner eigener handt/ Tauff vnd zunamen vnderschrieben/auch gebreuchlichem Notariat signet gezeichnet/zu glauben vnnd gezeugnuß aller obgemelten dingen/fleissig durch vorgeschriebenen offigenandten Testatori darzu requirirt/erfordert vnd gebetten.

In solchen erzelten formen/sind alle Instrumenten/doch mutatis mutandis/nach dem die handlung ꝛc.ist/zuuerfertigen/wie dann auß vorgehenden allerhand Instrumenten leicht vnd kürtzlich zusehen ist.

Wie die Testamenten solennitates/darzu sonderliche herrligkeiten gehören/auffgericht werden/findt mann in den Institutionen/dergleichen in summa Rolandinj alle gnugsam weitleufftigen bericht ꝛc.

Volgen etliche Formen/wie sich die Notarien/da sie was Collationiren/zu endt derselbigen Collationirten vnnd Auscultirten Copey pflegen zu vnderschreiben.

Diese Copey hab ich Peter N.ꝛc.gegen dem Original verlesen/vnd gleichlautende befunden/bezeug ich mit diser meiner handtschrifft/Actum auff ꝛc.

Aliud.

Collationirt vnnd Auscultirt ist diese gegenwertige Copey/durch mich Johann N. von N. auß Keyß.gewaldt offenbarer Notarius/mit fleiß verlesen vnnd besichtiget worden/welche also dem rechten hauptbrieff/von wort zu worten gleichlautendt vnd gemeß ist/bezeug ich mit dieser meiner eigen handschrifft/Act.ꝛc.

Aliud.

Collationirt vnd auscultiert ist diese gegenwertige Lehenreuers Copey/durch mich Hermannum N.von N.auß Bäpstlicher vnd Keyserlicher gewaltsam offenen Notarien/vnd ist seinem rechten glaubwirdigen Original Reuers/von wort zu wort durchauß gleichlautendt befunden/Bezeuge ich mit meiner eigenen handschrifft vnnd subscription.

Hermannus N.manu propria sst.

Aliud.

Auscultirt vnd verlesen/auch von worten zu worten gleichlautendt erfunden ist diß obgeschrieben Copey vnd Abschrifft/gegen jrem waren gerechten vnmangelbarn vnd vnuerdechtlichen versiegelten hauptbrieff durch mich Christoff N. vonn N. Wormbser Bißthumbs/vnnd offenen vnnd am Keyserlichen Cammergericht beweerten vnnd Jmmatriculierten Notarien/ꝛc. Das bezeug ich mit dieser meiner eigen handschrifft/Act.ꝛc.

New Formular

Aliud.

Collationirt vnd Auscultirt ist diß gegenwertig Copey/vnd gegen jrem rechten waren Original/ der Römischen Keyserlichen Maiestat außgangner Commission von wort zu wort gleichlautendt befunden/durch mich Adam N. auß Keyserlichen gewalt offnen geschwornen Notarien/ in vrkundt diser meiner eigen handschrifft/ Act.ꝛc.

Aliud.

Diese Copey an hundert vnnd sieben bletter durch ein handt geschrieben/ist durch mich Heinrich N. von N. von Bäpstlicher vnd Römischer Keyserlichen gewalten offnen Notarien/ vnnd des Heyligen Reichs Stadt N. geschwornen Gerichts schreiber/ gegen dem rechten vnuersehrten besiegelten hauptbrieff mit fleiß verlesen/ vnd demselbigen von worten zu worten gleichlautende erfunden/ das bezeug ich mit diser meiner eigen handschrifft.

Aliud.

Collationirt vnd Auscultirt ist dise gegenwertig Copey oder Vidimus/durch mich Philippum N. Bürtig von der Newstatt Speyrer Bistumbs/inwoner zu N. auß Bäpstlicher vnd Keyserlicher begnadigung offenbarer Notarius / Welche Copey durch mein habenden substituten / auß seinem vnuerletzten rechten Original / an schrifften/vnnd auffgetrucktem insiegel mit fleiß abgeschrieben / vnd durch mich gegen seinem Original von wort zu worten widerumb durchlesen vnd gleich lautende befunden. Derhalben zu warer bekrefftigung vnd zeugnuß mich mit eigener handte vnderschrieben vnnd autorisirt wil haben.

Philippus N. &c. manu propria sst.

Aliud.

Verlesen/ vnd jhrem rechten Original/ welches an seinen schrifften gantz gesundt/ vnbefleckt vnd vnradiert ist/das siegel aber desselbigen/von ältere vnd lengerung der zeit etwas corrumpirt / jedoch an seiner substantz vnnd wesenlicheit gnugsam bekandtlich/vnnd volnkommentlich / von wort zu wort gleichlautendt erfunden worden ist dise Copey / durch Jost N. ꝛc. auß Röm. Key. Maiest. offenbaren Notarien/das ich mit diser meiner eigen handtschrifft bezeuge.

Aliud.

Dise Copey ist durch Johann N. von N. auß Römi. Keys. gewalt offenbaren Notarj/ gegen jhrem rechten Original versiegelt/ gleich von worten zu worten erfunden worden/das ich mit diser meiner eigen handtschrifft bezeuge.

Aliud.

Collationirt vnd Auscultirt ist diß gegenwertig Copey durch mich Ludwig N. von N. auß Keyserlicher gewaltsam offnen Notarien/ vnd einer andern Copeyen dieser gegenwertigen Copey von wort zu wort gleich sagend erfunden/ das erzeug ich mit diser meiner eigen handtschrifft vnd subscription.

Ludwig N. Notarius/manu propria sst.
Aliud.

Notariat.

Aliud.

Auffgemerckt vnd verlesen/ist gegenwertige Abschrifft gegen dem rechten/waren/besiegelten vnd vnargwönigen Original hauptbrieff/vnd demselben von worten zu worten gleich lautende durch mich Christoff N. von N. offenen vnd bewerten Notarien ꝛc. erfunden/Bezeug ich mit diser meiner eigner handtschrifft.

Aliud.

Collationirt vnnd Auscultirt ist diese gegenwertig Copey oder transsumpt/so hieuor durch alle Originalia/auch offene Notarien fleissig beschrieben vnnd vidimirt/ꝛc. Durch mich Johann N. von N. auß Römi. Key. Maiest. begnadigung offenbarer Notarius/welches transsumpt vnnd Copey/durch eins andern handt mit fleiß beschrieben/auch zugegen ligen vnuerserten transsumpt/welche Copey durch mich obgenandten Notarien von wort zu worten mit fleiß durchlesen/vnd gleichlautendt jhrem transsumpt befunden/derhalben zu mehrem glauben vnd gezeugnuß mich vnderschrieben/wie ich derhalben requirirt vnd erfordert.

Notariat vnd Schreibkunst/wes sich ein Notarius oder Schreiber inn seinem Ampt/mit allen Cautelen/gebräuchen vnd regeln/nach außweisung Geistlicher vnd Weltlicher Rechten zuhalten hab/kürtzlich in 25. Capittel verschlossen/als.

I.
Was Notariat kunst/vnd darbey zuuermercken.

Notariat kunst/ist ein beschreibung/dadurch die gescheffi Menschlicher blödigkeit gestarckt/vnd in langwirige/vnd glaubliche gedechtnuß kommen. Jeder Notarj odder Tabellion genandt/sol fürnemlich auffmercken.

Erstlich/die meynung/vnd alte/deren so mit einander handlen/odder etwas verbinden.

Zum andern/die maß vnd gelegenheit der sachen/darinnen sie sich verbinden oder entscheiden.

Zum dritten/den vnderscheid der händel vnd contract.

Zum vierdten/die zal der Zeugen.

II.
Was ein Notarius sey.

Notarius/odder Tabellion/ist ein offner Schreiber/dem da was gehandlet/getrewlich zubeschreiben vertrawet würdt/Notarius heist so viel als ein Mercker/daß er trewlich mercken vnnd beschreiben soll/alles darumb er angelanget würdt. Tabellion wirt genendt von einer tafel/darinn mann vor zeiten schrieb/werden also in beyden Rechten genendt.

Worin

New Formular

III.
Wann ein Notarius straffbar würd/ nach außweisung der Rechten.

SO einer weiter nimpt dann sein Lohn ist/ob mann es jm auch williglich gebe.

Der ein Instrument/wider ein freiheyt schreibe/wirdt gestrafft mit dem Fewer/ oder verleurt sein handt.

Der ein wucherisch Instrument schreibt/wirt Meineidig/des Notariats beraubt/ vnd Ehrloß.

IIII.
Welche Notarien sein mögen.

EIn Notarius mag werden/der niemandt leibeigen/noch verbunden/ein Manns person/dann kein Fraw sol dazu genommen werden/guter vernunfft/nicht wahnsinnig/ sonder gegen jedem bescheiden/gesehende/vnd gehörendt/gutes gerüchts/vnnd der da geschickt sey/was in Schrifften zuuerfassen.

V.
Wes sich ein Notarius befleissen sol.

FVrnemlich/daß er alle seine Instrument/trewlich vnnd fürsichtiglich/nach dem die rechten erfordern/ohn derselbigen veränderung/vnd ohn jedermans verletzung schreibe/vnd solche zeugen/die von den Rechten nicht zu zeugen verworffen/erfordere. In keinen radierten oder beschabten Brieff soll er schreiben/damit die materi vnd schrifft nicht daher vertilget noch beschedigert werde. Er soll den handel erstlich in sein Libell odder Prothocol (das ist ein fürschreibung) begreiffen/vnnd nachmals darauß ein offen Instrument stellen/in welches anfang er die Jarzal/Indictio/Bäpst oder Keyserliche Regierung/den tag/stundt/das ort vnnd stadt/vnd zeugen namen/darunder solche sach gehandelt würt/vnd seinen gewissen vngezweiffelten namen vnd zunamen/vnd sein gewönlich handtzeichen/oben/neben/oder vnden ans Instrument/vor der vnderschreibung setzen.

VI.
Wofür er sich hüten sol.

DAß er kein falsch/vnzimlich/oder von den rechten verbotten Instrument schreibe/als ob ein Kind/oder vnsinniger solchs von jm begerte/noch vber verbottene oder Geistliche (die an weltlich Gericht nicht gehören) Güter/doch mit vnderscheidt/als ob einem solche Güter entfrembdet/mag ers mit erkandtnuß des Richters thun/sonst wirdt er auß dem Land verschickt/oder nach außweisung der Rechten schwerlicher gestrafft.

VII.
Contractus, das ist Vertrag.

ISt zweyer/oder mehr/ein gütlich vberkommung/vnnd ein vergündte einschreibung/ durch ein offen hand beschehen.

VIII.
Obligatio, das ist Verbindung.

ISt ein Gerichtlich band/etwas zuleisten/oder zuthun/geschicht/als wann sich einer zu Bürgschafft verbindet/so ist er schuldig die bezalung zuuerschaffen. Doch werden jm auß guttat vier Monat/vber das verschienen zil zugeben.

Con-

Notariat.

IX.
Consuetudo, Gewonheyt.

JSt ein billicher brauch/von langer zeit her bestettiget/vnd vnuersehrt/ohn alle widerred/daß es ye anders gehalten sey/vngehört. Oder ist ein recht/von guten sitten herkommend/für ein gesetz/wo derselbigen mangel/gehalten/aber ein gewonheit wider die kirch sol nimmer erhalten werden.

X.
Stipulatio, Gestehung oder verheissung.

JSt ein begirliche frag/mit angehengter antwort der verheissung. Als wann der Frager spricht/du wirst geben/Antwort der geber/ich werd dir es geben/so ist Stipulatio. Es mag ein gesell für den andern stipulieren (das ist verheissen) der Son für seinen Vatter/Brüder für einander/Vormünder für ein Kind/ein Schaffner oder Knecht für seinen Herrn.

XI.
Testament.

JSt ein hoher endlicher will/mit einsetzung eines oder mehr Erben/dann on dasselbig ist es vnkrefftig. Jn ein Testament mag niemand jhm selber ein gesetz machen/dem er auch nicht wider entweichen möge (das ist als wolt ich sprechen/ein jeder mag sein Testament vnd letzten willens verordnung widerruffen vnd endern nach seinem gefallen) dann ein wanderer für sich selbst/mag gehen so fern er wil/Ein rechter Erb/mag im Testament sein zeug sein.

XII.
Von des Testierers/Testaments/Codicils/vnd letzten willens gelegenheit vnd form.

Ein Testierer sol guter vernunfft sein/sein vermechenuß wirdt ein Testament/darnach Codicillus/vnd beyde der letzt will genandt. Ein Testament mit solenniteten gemacht/erfordert drey ding/als satzung der Erben/eins odder mehr/sieben zeugen die von dem Testirer sollen erbetten sein/vnd ein offenen Schreiber/das ist ein Notarj der gnugsam sey solch Jnstrument zuschreiben/wann deren eins außbleibt/ist solch Jnstrument vntüglich. Codicill ist so viel als das verlassen vnnd verschafft. Die letzte ordnung so für ein Testament nicht gnugsam/wirdt auß güte des Richters bekrefftigt/hat gnug mit 5. zeugen/wirt genent der letzte will.

XIII.
Zweyerley Testament.

Eins in geschrifften verfaßt/das ander inn gegenwertigkeit der Zeugen/ohn Brieff/vnnd heißt nuncupatiuum, das ist/ein genandt Testament. Als wann vor Notarien vnd den Zeugen/die Erben gesetzt werden/zu dem so im Testament verordnet wirdt/vnd sonst keine solenniteten hinzu kommen/welchs etliche für krefftig halten. Solchs sol der Testamentarius/nach absterben des Testierers für den Richter bringen/derselbig sol solchs in gegenwertigkeit/der Erben/vnnd Zeugen/nach erzehlter handlung/durch ein Notarien vnd andere zeugen auffrichten vnd bestettigen. Aber die Solenniteten eines Testaments seind/so der Testierer/oder ein ander von seinent wegen schreibt/mit einsetzung seiner Erben/vnnd vbergibet solches inn gegenwertigkeyt sieben Gelehrter Zeugen/

sprechen

New Formular

sprechende/das ist mein Testament/dann sol sich der testirer/oder der von seinet wegen/
vnd die sieben Gezeugen all (ob sie gleich nicht wissen was im Testament stehet) an einem
tag vnderschreiben vnd verstegeln.

XIIII.
In welchen händlen mann zeugen erfordern sol.

IN schulde bezahlung/in verlehung des glaubigers/so er sich bezahlt sein/bekendt. In
einer vbergab/so 500. gülden vbertrifft. In einem Testament der Ehescheidung/da
ein Ehgemahel von dem andern absaget.

XV.
Welche nicht mögen zeugen/im Testament.

FRawen/vnd die Manns vnd Frawen zeichen haben.
  a Kinder die vnder 15. jaren.
  b Ein Son/der noch vnder dem gewalt seines Vatters vnd Mutter.
  c Ein Wahnsinniger.
  d Ein verschlemmer/der seiner güter nicht gewalt/noch die vnderhanden hat.
  e Ein Stumb/vnd Tauber/ob er gleich schreiben köndte/mag nicht testiren.
  f Einer so einmal zum Todt verurtheilt worden.
  g Einer der da zweiffele/ob er frey/oder eigl/oder vnderm gewalt seiner Eltern sey.
  h Ein verleumbder in vnehelichen sachen.
  i Kein Münch/oder Canonicus Regularis.
Kein Ketzer/noch der so die Maiestaten verletzt hat.
Item der vnder des Testirers gewalt ist/vnnd der zu einem Erben verschrieben ist/
mag auch im Testament kein zeug sein.

Vnnd ist zuuermercken/wiewol die Frawen in andern sachen zeugen sein mögen/
werden sie doch im Testament nicht zugelassen.

Margin notes:
a Impuberes.
b Filiusfamilias.
c Furiosi.
d Prodigi.
e Muti & surdi.
f Prohibiti in poenam.
g Serui.
h Visurarij banniti.
i Monachi.

XVI.
Codicill.

ISt ein verordnung eines letzten willens/ohn einsetzung der Erben/geschicht mancher
hand/Etwan vor eim Testament/vnd als dann sol man im Testament meldung thun
des vergangnen Codicils. Würdts aber dem Testament/darzu einer oder mehr Codicill
nach gemacht/dann ein Person mag vil Codicill machen/sol man vorgehnde Testamente
vnd Codicill drinnen melden. Mann mag Codicill machen da kein Testament vor odder
nach gehet/hat krafft vnd ist zuhalten.

XVII.
Vnderscheidt eins Testaments vnd Codicils.

IM Testament mag etwan ein vnrichtige einsetzung vnnd erbung geschehen/Aber im
Codicil mag kein entsetzen noch einsetzung/den rechten Erben nachtheilig geschehen.
  Im Testament werden rechtlich erfordert 7. gezeugen zubitten.
  Im Codicill ists gnug mit 5. ob sie gleich nicht darzu gebetten.
  Das letzt Testament hebt auff das erste/vnnd niemandt kan erweisen von zweyen
Testamenten/deren jedes täglich sey/aber das letzt Codicill ist nicht wider das erst/noch
macht es nichtig/es sey dann mit außgetruckten worten wider dasselbig/vnd ist nit zweien
widerwertigen Codiciln zuglauben.

Von

Notariat. CCLIX

XVIII.
Von zeugen im Testament.

JN ein Testament sollen ordenlich sein/ sieben erbettenen zeugen/ mit sampt dem Notarien/ oder schreiber des Testaments zuzerechnet/ Auch mögen die vnder den sieben zeugen/ denen etwas darinn vermacht/ oder legirt ist/ es were dann ein span zwischen jnen/ vnnd den andern Erben/ Doch ist gewisser frembde zeugen (ob mann sie haben mag) zunemen.

Jnn eines Blinden Testamente seindt fünff (ob mann nicht mehr hett) zeugen gnugsam.

Ein Testament inn gegenwertigkeit des Keysers gemacht/ welchs jre Keyserliche Maiestat allergnedigst annimpt vnd list/ bedarff keins zeugen.

XIX.
Wann ein Testament kein krafft hat.

ZVmercken/ welch Testament ohn odder widder obgeschriebene ding gemacht/ ist vnkrefftig.

So der Testirer weder schreiben noch verstendlich reden kan/ dann so wirdt er für todt geacht.

So ein ander täglich gemacht Testament fürkompt.

So der Testirer kein Erben darein gesetzt hat.

So etwas vnuolkommen abgeschafft/ oder an jrgend einem theil schadthafftig darinnen befunden.

XX.
Wann Eltern jre Kind mögen enterben.

VJertzehen seind vrsachen/ darumb Vater vnd Mutter/ Anherr vnd Anfraw/ jre Kinder vnd Enckeln enterben mögen.

Erstlich/ so ein Son hande vnnd gewalt an seinen Vatter hette gelegt/ vnd jhn beschedigt.

2. So er seinen Vater höchlich geschmecht/ vnd vnrecht gethan.
3. Wann der Sohn den Vater schendtlich beklagt/ auß genommen/ so er wider einn gemeinen nutz einer Stadt/ oder ein hohe Maiestat gethan/ darumb der Son nicht enterbt mag werden/ so ers anzeige.
4. Wann ein Sohn ein Bößwicht/ oder deren gesell worden.
5. Wann er dem Vatter nach seinem leben stünde.
6. So er den Vater auß erdichter versäumbdung in hadder brechte/ daher ein mercklicher schad erwüchse.
7. So er seinen Vatter vonn schulde wegen in Gefengnuß kommen/ nicht hat gewölt außbürgen.
8. Wo er dem Vater weret sein Testament zumachen.
9. Wann er ein freyhart oder Gauckler wider des Vatters willen/ Es were dann der Vatter auch desselbigen ordens.
10. So eine Tochter zu ehrlicher vermählung/ nach jhrer Eltern vermögen/ nicht hett gehellen wöllen/ vnnd sich in Hurerey begeben/ Es hetten sie dann jhre Eltern versäumbt/ vnd vber fünff vnd zwantzig Jar vnbestattet kommen lassen.
11. Wann der Son mit seines Vatters Bulschafft zuhielte.
12. So er den Vatter/ so wahnsinnig worden/ nicht versorgt hette.

13. So er den Vatter/ von den vnglaubigen gefangen/ in gefengnuß vngelößt hette sterben lassen/ gefellt das Erb der Kirchen.
14. So der Son ein Ketzer/ vnd der Vatter Christgleubig were.

XXI.
Wann Kind mögen ire Eltern enterben.

DErgleichen mögen Kind vnd Encklein/ Vater vnd Mutter/ Anherrn/ vnd Anfraw/ auch widerumb enterben auß acht vrsachen.
1. So der Vater den Son eins schendtlichen lasters verklagt/ ꝛc. on gemeinen nutz vnd der Maiesta. verletzung/ wie obstehet.
2. Wann er dem Sone mit gifft nach seinem leben stehet.
3. Wann er seines Sons Bulschafft beschlefft.
4. Wann er jme ein billich Testament verbeut.
5. Wann der Vater jm in kranckheit mit notwendiger artzney nicht rath thut.
6. Wann der Vater den Son/ inn der vnglaubigen gefengnuß vngelößt ließ sterben/ fallen die Güter zu erlösung der gefangenen.
7. Wann der Vater ein Ketzer/ vnd der Son Christgleubig ist.

XXII.
Welche kein Testament mögen machen.

Filiusfamilias

1. Ein Son oder Tochter/ die noch väterlichem gewalt vnderworffen/ desselben nit gefreiet noch endtlediget sein/ mögen kein Testament machen/ auch kein verordnung/ geschefft/ oder letzten willen fürnemmen/ ob jhnen gleich das jr Vater zugebe/ Es wer dann daß ein Son/ ohne hilfflich zuthün des Vaters/ im Krieg oder sonst mit e. gener geschicklikeit/ ichts vberkommen hette/ darinn mag er wol ein Testament machen/ Dann in solchen gütern sein sie/ jres frey eigen gewaldts/ vnd aller ding vnuerbunden/ Doch mögen solche Söne vnd Töchter die vbergab von todts wegen/ in Latein Donatio causa mortis, mit außgetrückter verwilligung des Vaters in andern gütern auch wol beständiglich fürnemen/ So ist auch sonst ein sonderer fall/ wo einem Son oder Tochter/ von Römi. Key. Ma. ichts bewegliche/ oder vnbewegliche geschenckt würde/ daß sie in denselben geschencken/ auch gentzlich aller ding frey vnd vnuerbunden sein.

Hiebey merck auch/ ob gleich ein Son oder tochter/ zum ehelichen standt kommen/ so sein sie damit väterlichs gewalts nicht entledigt/ sonder nichts minder verbunden.

Es mag auch sonst einem Son/ durch seinen Vater allein darumben zu testiren nit vergont werden/ daß die Testament sein eins gemeinen offen rechtens/ deren form mit sondern personen/ pact vnd gedingen nicht beleidigt noch verkert werden sollen.

Impuberes.

2. Mögen die Knaben so noch vnder 14. vnd die Meidlein so noch vnder 12. Jaren sein/ kein Testament machen/ so bald aber jr jegliche/ den letzten tag solches geordenten alters erreichet/ vnd an demselben tag ein Testament machet/ so hat dasselb krafft/ vnangesehen daß derselb tag/ darinn solch alter erfüllt worden/ noch nicht verschienen geweßt/ Vrsach dieses verbots ist/ daß solch jung leut/ die vrtheil jres gemüts/ auch den gebrauch jres verstandts/ nicht volkommenlich haben.

Furiosi.

3. Mögen die Vnsinnigen odder die Tobsüchtigen nichte testieren/ dann sie vernünfftiger sinn vnnd verstandts mangeln. Wo aber ein vnsinniger/ jhe zu weilen verstendigen brauch seines thuns vnnd wesens hett/ vnnd in derselben weil ein Testamen auffrichtet/ das solle wo es keinen andern verhinderlichen mangel hat/ bey volnkommenlichen würden bleiben/ Doch wo ein vnsinniger solch Testament mit verstandt/ vernünfftiger weiß angefangen/ vnd also nach anfang/ mit gewöhnlicher vnsinnigkeit/ in der handelung widermain angestossen würde/ solle derselbig anfang für nichtig gehalten werden/ Dann kein Testament mag noch soll/ einich Krafft odder wirckung haben/ es sey dan

Notariat. CCLX

sey dann alles auff ein mal/zu einer zeit/vnnd an einem ort/mit guter Vernunfft/durch den testierer angefangen/vnd vollendet worden.

4. Mag ein Geudiger oder verschwender/dem seine güter zuuerwalten/durch sein *Prodigus* Oberkeyt verbotten/sein Testament machen/doch was er vor solchem verbot verordnet oder gehandelt/bleibt nichts minder bey krefften/Vnd wirdt nemlich der im Rechten ein Geudiger genant/der seiner außgab weder zeit/ende/noch maß hat/vnd seine Güter zerreißt/vnd vnnützlich verschwende.

5. Mögen nicht Testament/noch einich letzten willen machen alle die/so von natur *Muti & furdi.* stummen/vnnd vngehörende geboren sein/ Wenn aber einem durch zeitlichen zufall sein rede benommen/vnnd das Gehör beschlossen/der mag seinen letzten willen/es sey Fraw oder Mann/(wo sie das kündig) wol selb schreiben/Wo auch einer von natur/oder auß zufall gehörloß were/vnnd doch all sein notturfft wol reden kündt/der mag Testament vnd ander ordnung vnd vbergab/so wol als vngebrechlich leut auffrichten/vnd on verhinderung machen/Der gleich wo sich beget/daß einer von Natur/oder menschlichem zufall/stummet geborn/oder gemacht were/vnd doch wol gehöret vnd vernünfftig sinn hette/auch schreiben kündt/der mag durch solche sein kunst der schrifften/sein ordnung vnnd was jme zumachen geliebt/vnd notürfftig ist/auch menniglichs vnuerhindert/wol verrichten/vnnd wirdt hierinn kein vnderscheidt/zwischen Frawlichen vnnd Mannlichen geschlecht gehalten.

Doch mag ein solcher vngehörender oder vnredender mensch/bey Key. Ma. außbringen/daß er sein Testament durch einen andern auch schreiben mag.

6. Mag keiner so blind geborn/oder nachfolgendt durch kranckheiten oder sonst *Cacus.* blende worden/einich Testament noch Codicill/auch gar keinen letzten willen machen/er halt dann die sonderu zier/so vom rechten vber alle obgeschribene wesenlicheit der Testament sonderlich darzu geordnet/Also daß er erstlich sieben gezeugen/zu sampt einem Notario/zu sich auff ein mal/vnd an ein ort erfordere/vnd dasselb vor jhme melde/wie er gedenck einen mündtlichen/vnd nicht schrifftlichen letzten willen auffzurichten/deßhalb er sie zu demselben als zeugen insonderheit beruffe habe/ec.

Zum andern solle ein solcher testirer/den/oder die/so er zu Erben setzen wil/nicht allein mit namen/sonder auch mit jrem wesen/würden vnd stånden/zu sampt anderer verordnung/vor berürten Notarien klerlich außtrucken vnd bemelden.

Zum dritten/so ist solche erforderung vnd anzeig dannoch nit gnug/sonder der Notarius/oder wo mann den nicht gehaben mag oder möchte/der achtst zeug an seiner statt/vnd hernach ein jeder zeug insonder müssen sich mit eigen henden vnderschreiben/vnd bezeichnen mit jren bittschieren/vnd so das alles beschehen/mag der testierer solch sein testament/Codicill/oder letzten willen/einem auß den zeugen zubehalten geben/Dieser dreier beschriben sondern wesenlicheiten/ist sonst in nuncupatiuis Testamentis gar nicht not/Dann kein testator ist schüldig vor benennung des Erbens/viel zierliche wort wie er woll sine scriptis testirn/zureden/so bedarff er sonst auch mehr nicht/dann siben zeugen/Darunder der Notarius auch gerechnet. l. Domitius. ff. de testamentis, an welchem ort der Iurisconsultus einen für einen Thoren helt/der fragen wolt/ob der Notarius vnnd Schreiber einer sachen auch zeug mög sein/Nun ist aber einem Blinden dieser zal der sieben gezeugen nicht gnug/sonder er muß zu denselben auch einn Notari/oder wo er den nicht gehaben möchte/den achten zeugen an seiner statt haben/vnnd diese all müssen sich darnach erst/mit namen/vnd jhren signeten vnderzeichnen/vnnd wo sich gleich dieselben vnderschreiben/vnd doch jre Bitschier nicht fürgetruckt/so hat es aber nicht krafft. Das alles mag sonst in andern mündtlichen letzten willen wol ohne schaden außgelassen werden.

7. Mögen nicht Testament machen alle die/so ergeben ordens leut sein/dann diesel- *Monachi.* ben mit jrem eingang in den Klosterstandt/sich selber/vnd alle jhre Güter Gott ergeben/ vnnd sein derselben nimmer Herrn/Es hette dann solche Person eheliche Leibkinder/die

Kk ij

New Formular

selb mag inn dem Kloster/ wo sie das darvon nicht gethan/ wol theilung zwischen denselben machen/ vnnd was sie nicht vertheilt/ bleibt dem Kloster/ stürb sie aber nach jhrem eingang/ vnnd beschehener profession/ vnnd hette inn jhrem Leben kein ordnung noch theilung gemacht/ so wirdt den Kindern mehr nicht/ dann jhre gebürliche Legitima/ das ander bleibet alles ohn mittel bey dem Kloster/ Die andern Lappriester mögen aber wol testieren.

Obsides.   8. So mögen die Geysel/ so vmb friedens willen zu Bürgen gestellt/ auch kein Testament machen/ Dann all jr haab vnd gut/ so sie auff jr absterben verlassen/ gehören dem fisco zu/ wo sie in der Geyselschafft sterben.

Prohibitiua poenam.   9. Mögen nicht Testament machen/ alle die/ so vonn laster that wegen verurtheilt sein.

Serui.   10. Mögen nit Testament machen/ alle die/ so jemands mit rechter leibeigenschafft verbunden/ oder jres standes zweifflich sein/ außgenommen in den gütern/ so sie im krieg/ oder mit jrer geschickligkeit vberkommen.

Banniti excōmunicati haeretici.   11. Mögen nicht Testament machen/ alle die/ denen jr gut von recht verbotten/ vnd nidergelegt worden ist/ als Ketzer/ dero haab vnd güter confiscirt vnd jren leibs Erben (sie seien dann Christen) darzu entzogen worden.

Damnati ad mortem.   12. Die so zum todt verurtheilt/ mögen nicht mehr testiern.
Ad perpetuos carceres.   13. Item/ der zu ewiger gefengnuß verurtheilt wirdt.
Anabaptistae.   14. Alle die/ So sich von Ketzern widerumb tauffen lassen.
Incestas nuptias contrahentes.   15. Item alle die in zu nahende vnkeusliche freundschafft/ oder sonst hoch verbottene Ehe kommen/ Diese mögen auch auff jr absterben/ andere erben nicht haben/ dann in absteigender lini jr ehelich nachkommen/ in auffsteigender lini jren Vater/ Mutter/ Anherrn/ vnd Anfraw/ in beseiter/ jre brüder/ schwester/ vnd jhres Vaters bruder vnd schwester/ wo die nicht vorhanden/ so ist Fiscus da.

Vsurarij bannīti.   16. Die offentlichen Wucherer/ auch die Bannigen/ vnd die so mit Key. May. verstrickt/ mögen nicht testiern.

Ob aber einer gleich verleumbdt/ odder infamis wer/ als ob jhme ein Stadt/ oder Land verbotten/ nichts minder mag er ein Testament machen.

Wie hieoben von Testament geredt/ also soll es auch anderer geschefft vñ ordnung halber verstanden werden/ dann niemands mag Codicilliern/ odder legirn/ er habe dann macht ein Testament zumachen/ Hergegen mag auch keinem geschafft werden/ er möge dann ein Testament machen.

Bey dem ist zuvermercken/ daß niemandts keinem ichts schaffen odder verordnen mag/ er thue dann das inn einem rechtförmigen Testament odder vollkommen Codicill.

In Testamenten/ sollen Erbsatzung halber fürnemlich die Kind bedacht werden/ vnd ob gleich ein Vater seiner Tochter so viel zu heyrat gut geben hett/ damit sie jr gebürende Legitimam erreicht/ jedoch dieweil solch heyrat gut jr frey eygen/ jr auch nit mehr genommen werden mag/ ist sicherer daß sie allwegen etwa in einer vbermaß in des Vaters testament zuerben gesetzt werdt.

Item ein Vater ist schüldig seinem Son/ ob der gleich ein ergebner ordens mann wer/ zu einem Erben zusetzen/ sie weren dann inn Sanct Francisci orden/ die sein keiner erbschafft vehig.

Clausula codicillaris.   Im testament ist fast nütz vnd gut/ daß allwegen diese Clausel werde daran geheftt/ ob sie als testament nicht krafft hetten/ daß sie dann als Codicill/ oder ein jeglich ander letzter will krafft haben sollen/ Dann wo diese Clausel darinn nicht begrieffen/ vnd das Testament zierligkeit halb mangel hett/ ist es nichtig.

Instru

Notariat.

XXIII.
Instrument Emancipationis, das ist/außweisung/ So ein Vater seinn Son abkaufft von seinen Gütern/ vnd auß seinem gewalt ledig gibt.

JN namen des Herren Amen. N. gegenwertig vor dem Richter N. ic. mit sampt seinem Sohn N. zugegen/ hat denselbigen seinen Sone/ auß väterlichem gewalt/ frey ledig/ vnd loß gelassen/ von allen seinen Gütern vnd hilff gar außkaufft/ für sich vnd seine Erben/ stet vnnd fest zuhalten versprochen/ Also daß er seinen Son hinfür ausserhalb väterlichs gewalts/ handlen/ zeugen/ weiben/ vnd alles so sonst ein Haußvatter vnd freyer macht hat/ thün möge/ des hat er jn geben ein Hauß/ ic. Zu vrkundt vnd mehrer sicherheyt/ hat er erbetten den N. Richter/ sein Insigel/ ic.

Ein Anherr mag seinen Enckeln vor seinem Vater ledig lassen/ so er geboren worden/ ehe sein Vater vom Anherrn ledig geben sei.

XXIIII.
Vonn vbergaben.

SO sie vbertrifft 500. Gülden/ sol vorm Richter/ Notarien vnd zeugen beschehen/ Ein vbergab erfordert auffs wenigst drey zeugen/ vnd einen Notarien/ vonn ferrern vbergaben/ laß mann jme die Institutiones befolhen sein.

XXV. & vlti.
Arbiter/ willkürlicher Richter/ oder vnderhandler.

EIn solcher wirdt von beyden Partheyen erwelet/ dem sie jre sach/ darinnen zuerkennen heimstellen/ Derselbig hat den gewalt eins Richters/ vnnd mag keine Part weiter appellieren.

Action ist ein Gerichtshandel.

Vberflüssig wort/ ein wort zwey odder drey mal/ ob sie gleich auch nicht einhelliglich lauten/ ringern das Instrument nichts/ ic.

Compulsorial oder zwangsbrieff/ vmb außbringung etlicher Brieff.

WJr Bürgermeister vnd Rath zu N. Entbieten dir Georgen N. vnsern gruß vnd zuwissen/ Demnach der Prior des N. Klosters allhie Kleger an einem/ vnd Conrad N. vnser mitbürger beklagter anderstheils/ vor vns in vnendscheidener rechtfertigung ein gute zeit gestanden vnd noch/ betreffen einen außstendigen zinß oder gülten/ so Bechtolt N. der mit todt abgangen/ dem ehegedachten Gottshauß schuldig verblieben sein solt/ ic.

Dieweil nun im Rechten biß zur beweisung geschritten/ vnd von des Klosters wegen gezwangs brieff vnd edirung etlicher Brieff/ so hinder dir sein sollen/ an dich außgehen zulassen gerichtlichen begert/ wie auch die vom Gegentheil bewilligt worden sein/ Hierumb an dich vnser freundtlichs begeren/ du wöllest dem Rechten zu stewer alle schrifften/ so zu diser obenangeregten rechtfertigung dienstlich/ auff des Priors/ oder seines Anwalds ansuchen vnd kosten/ durch ein Notarien glaubwirdiglich abcopieren/ desselbigen hinfürter inn Recht der gebür haben zugebrauchen/ Daran thustu vnser geheiß/ Dann

New Formular

wo du dich hierinn dem Rechten widersetzen/ wirdt gegen dir nach vermöge des Rechtens strenglich gehandlet werden/ darnach wiß dich zu richten/ Geben vnder der obgemelten Stadt N. Jnsigel/ Dinstags nach &c. Anno &c.

Compulsorial/ da in veranlaßten sachen an das Cammergericht appelliert worden/ vmb außbringung der Acta/ vrtheil vnd handlung/ sampt angehengter peen.

Wir Maximilian/ &c. Embieten dem Ehrwirdigen Friederichen Bischouen zu N. vnserm Fürsten vnd lieben andechtigen/ vnser gnad vnd alles guts/ Erwürdiger Fürst/ lieber andechtiger/ nach dem vnser/ vnnd des Reichs lieber getrewer N. vor vnserm Keyß. Cammergericht vormals fürbringen lassen/ wie er sich vergangner zeit/ gegen auch vnserm vnd des Reichs lieben getrewen Georg N. N. vnd N. etlicher vnrechtlicher Proceß halber wider jne am Gerichte zu N. geübt/ auch vmb widerkerung zugefügter schmach/ Jniurien vnd schaden/ auff O.L. als willkürlichen Richter veranlaßt/ vnd in krafft gemelts anlaß sein klagen/ vnd ander notturfft fürbringen/ rechtsen derhalben thun lassen/ Darauff dann ein nichtig vrtheil durch dein Lieb ergangen/ in krafft derselben/ er obgenandten N. vnd N. in das widerrechte vnd reconuention gesprochen sey/ darauff er in meinung solch nichtigkeit im Rechten außzufüren/ vnser Keyserlich ladung an gemeltem vnserm Cammergericht erlangt/ Hat derselb N. jetzo an gedachtem vnserm Cammergericht zu außbringung der Acta/ vrtheil vnd handlung/ vor O.L. ergangen/ vmb Compulsorial demütiglich anruffen vnd bitten lassen/ die jme auch erkant sein/ Darumb so gebieten wir deiner Lieb von Röm. Key. macht/ auch gerichts vnd rechts wegen/ bey peen zehen marck Löttigs golts/ halb in vnser Keyserlich Cammer/ vnd den andern halben teil dem gemelten appellanten vnablößlich zubezalen/ hiemit ernstlich vil wöllen/ daß du in einem Monat/ den nechsten/ nach dem du mit disem vnserm Key. brieff ersucht wurdest/ dem obbestimpten N. oder seinem macht botten/ auff sein gesinnen vnd zimblich belohnung/ alle vnd jede Acta/ handlung/ vrsach/ auch sonderlich den verfaßten vnd auffgerichten anlaß/ so inn dieser sachen zwischen gemelten Partheien/ vor vnd durch O.L. als wilkürten Richter/ geübt/ gesprochen/ vnd geschehen/ in glaubwirdigem offen Vrkunde fürderlich herauß geben vnd folgen lassest/ damit der bestimpt N. sich deren in recht zugebrauchen nit gesäumt/ vnd gegen O.L. mit obgedachter peen/ vnd weiter zu procedieren deßhalb nicht not werde/ Daran thut O.L. vnser ernstlich meinung/ Geben zu N. &c.

Compulsorial vmb außbringung der Acten/ anderer form/ mit angehesster Peen/ etc.

Wir Maximilian &c. Embieten vnsern vnd des reichs lieben getrewen N. weiland des Hochgebornen N. &c. vnsers lieben Oheims vnnd Churfürsten/ Hoffrichter vnd Räthen/ vnd nachbestimpter sachen Richter/ vnser gnad vnd alles guts. Lieben getrewe/ nach dem sich A. von einer vrtheil vnd etlichen beschwerungen/ so durch euch wider jn vnd für B. gesprochen vnd ergangen sein sollen/ als beschwerdt an vns/ vnd vnser Cammergericht beruffen vnnd appelliert/ inhalt etlicher Gerichtshendel darumb fürbracht/ hat derselb appellant jetzo am selben vnserm Cammergericht/ zu außbringung vnd erlangung alle acta vnd gerichts proceß/ so diser sach halb in zweyen Instantzen ergangen/ vnd jm zu solcher volnfürung not/ vmb Compulsorial vnd gebots brieff demütiglich anruffen

Compulsorial.

ruffen vnd bitten lassen/ Wann nun jhme nachfolgende Compulsorial erkandt sein/So gebieten wir euch von Röm. Key. macht/bey peen zehen marck Löttigs golts/vns halb/in vnser Keyserlich Cammer/vnd den andern halben theil dem gemelten Appellanten/oder seinem machtbotten/auff sein gesinnen vnd zimblich belohnung/alle vnd jede acta/so zwischen beyden vorbersärten Partheien/ vor vnd durch schultheiß/Bürgermeister vnd rath zu C.in erster/vnd euch in ander Instantien gelärt/gericht vnnd ergangen weren/so viel dero von euch erfordert werden/in glaubwirdige offen vrkundt herauß gebet vnnd folgen lasset/vnnd darinn nicht vngehorsam erscheinet/Damit der obgenant appellant sich dero in recht zugebrauchen/mit gesaumbt/vnd mit obbersärten vnd andern peen des rechten wider euch zu procedieren nit not werde/daran thut jr vnser ernstlich meinung/Geb? zu N.rc.

Compulsorial in gemeiner vnd kurtzer form.

N. Von Gottes Gnaden/rc.

Lieben angehörigen (vel) besonder/vns hat N. von N.von wegen sein vnd seiner mituerwandten anbringen lassen/wie er vor euch gegen N. von N. inn rechtfertigung gestanden/daselbst ein vrtheil wider jn gesprochen worden/dauon er sich als beschwert an vnser Hoffgericht berufften vnnd appelliert/mit beger jme zwangnus brieff/ an euch vmb mittheilung der Gerichts acta/außgehe zulassen/Hierauff ist vnser befelch/ jhr wolt ermeltem Appellanten/alle vnd jede Gerichts acta vnd handlungen/so vor euch ergangen/vmb zimbliche bezahlung/vnder glaubwirdigem schein/mittheilen vnd folgen lassen/sich derselbigen zuuolnfürung gethaner appellation/haben zugebrauchen/Daran thut jr vnser meinung/Datum rc.

Compulsorium penale/ander vnd kurtzer form.

Wir N.Entbieten den Ersamen vnsern lieben getrewen/Bürgermeister vnd rath zu N.vnsern gruß/vnd fügen euch zuwissen/Als wir die jrrung zwischen N. vnd N.zu N.vor euch schwebendt/auß vnser Oberkept vnd guten vrsachen vor vns gezogen haben/Ist der genandt N. der Acta vnd handlung darinn/vor euch gehabt notturfftig/die auch in Recht vor vnserm Hoffrichter vnnd Räthen gefordert/vnd auff das auch ein penal Compulsorium solch Acta herauß zugeben/an euch erkendt/Hierauff an euch mit ernst gesinnen vnnd begern/jhr wöllens solch Acta/vnd was in dem handlen/vor euch erlaut hat/gemeltem N. vnder ewerm sigell verschlossen/in Recht mögen brauchen/ mittheilen/bey verlierung 50. marck silbers/halber vns/vnd den andern halben theil dem offtgenanten N.vnablößlich zu geben/Vrkundt rc.

Compaß brieff/von wegen verhörung der Gezeugen.

Wir N.von Gottes gnaden rc entbieten allen vnd jeglichen vögten vnd Amptleuten/schultheissen/bürgermeister/richtern/vnd sonst allen andern befelchhabern vnd verwesern/vnsern gruß/gnad vnd alles guts/zuuor lieben getrewen vnd besondern/N. von N.an eim/vnd N.von N.am andern teil/in jren jrrungen vor vnserm hoffrichter in rechtsfertigung stehn/vnd N.von N.zu beweisung etlich seins fürbringens vermög eins abschieds

New Formular

vnsers Hoffgerichts deßhalben außgangen/ zulassen/ vnnd mit verwilligung des gegentheil/ den Ersamen vnsern Rath vnd lieben getrewen Doctor N. zu Commissarien geben/ vnd aber der benant N. von N. seinem fürbringen nach etlich personen frembder Jurisdiction vnderworffen/ zu obberürter beweisung nottürfftig ist/ Hat er deßhalben an gedachtem vnserm Hoffgerichte vmb Compaß brieff anruffen vnd bitten lassen. Demnach vnd dieweil von rechts wegen/ auch billich/ ein jede Oberkeit zu erforderung der Gerechtigkeit einander hülfflich sein sollen/ So ist an einen jeden/ dem dieser vnser brieff fürkompt/ vnser gnedigs begeren vnd bitten/ derselb wöll die personen seiner Jurisdiction vnderworffen/ so jme von wegen jetzbemelter N. von N. benant worden/ bey zimblichen peenen der rechten daran halten vnd zwingen/ daß sie dem rechten vnd der warheit zu stewer hierinn/ vor dem obgemelten Commissarien kundschafft jres wissens sagen vnnd geben/ auch zuuor deßhalben gebürlich glübde vnd endt thun/ alles wie recht/ Daran thut jr vns gefallen/ in Gnaden zubedencken vnd zuerkennen. Datum N. vnder vnserm zu rück auff getrucktem Hoffgerichtes Secret/ ꝛc.

Compaßbrieff anderer form.

Wir N. von Gottes Gnaden ꝛc. Entbieten dem Würdigen vnd Ersamen vnser Vniuersitet zu N. Lectori vnd lieben getrewen/ Meister Philipo Zwengeln der rechten Licentiaten/ vnsern gruß vnd Gnad/ vnnd fügen euch zuwissen/ daß sich etwas spen vnnd zwitracht zwischen den Ersamen vnnd vnsern lieben besondern Meister Friderich N. an einem/ vnnd Niclaus N. zu N. am andern theil erhalten haben/ vnd noch halten/ deren halb sie beiderseits gegen einander rechtlichs außtrags vor vnserm Hoffgericht stehen/ vnd vermeltem Niclausen ein beybringen inhalt eins abschieds vnsers Hoffgerichts/ deßhalben außgangen/ zuertheils ist/ darzu er dann dieselbige weisung einzubringen/ des Ersamen vnsers lieben getrewen Meister Hans N. Licentiaten nottürfftig. Die weil nun gemanter Meister Hans N. ewers gebiets vnd gerichtszwangs vnderwürfftig/ ist vnser gnedigs begeren/ jr wöllent jne vor vnserm gegeben vnd delegirten Commissarien der sach zuerscheinen/ vnnd Niclausen kundtschafft der warheit wie recht ist/ zugeben vermögen/ damit er an volnfürung seines rechtens nicht geseumbt werde/ In dem beschicht vns zusampt der billigkeit gut gefallen/ in gnaden zuerkennen/ Datum N. vnder vnserm zu rück auffgetrucktem Secret/ auff Dinstag ꝛc.

Executorial in gemeiner form.

Wir N. von Gottes Gnaden ꝛc. Entbieten vnserm Amptmann zu N. vnd lieben getrewen N. vnser Gnad/ vnd fügen dir zuwissen/ daß N. an einem/ vnd N. am andern theil/ vor vnsern Hoffrichter vnd Räthen/ in rechefertigung mit einander gestanden seind/ vnd diselben N. ein vrtheil vnd volnstreckung derselben/ mit ablegung Kosten/ schaden/ vnd taxierung derselben erlangt haben/ laut der vrtheil vnd volnstreckung brieff/ Darumb so befehlen wir dir mit sonderm ernst/ jhme solch vrtheil vonn vnsern wegen zuuolnstrecken/ Das laß dir also von vnsern wegen mit ernst zuthün befolhen sein/ Vrkundt/ ꝛc.

Executorial ander form.

Wir N. ꝛc. Entbieten vnserm Amptman zu N. vnd lieben getrew Wilhelm von N. vnser gnad/ vnd fügen dir zuwissen/ daß vnser liebe besonder B. vnd C. Gebrüder/ etlich vrtheil an vnserm Hoffgericht/ gegen etwan O. behalten/ die in jre krafft kommen sein die gemelten Brüder/ auch das Recht jhnen darinn außgelegt getragen/ vnd wie auff derselben anruffen vnd volnstreckung vormals/ vnnd zu vnserm nechsten Hoffgericht aber genandten O. seligen Erben/ gegen gedachten Gebrüdern vertragen lassen/ da jetzt jetztgemelten Brüdern mit recht Executorial zugeben erkendt ist/ dem

ge spro-

Executorial. CCLXIII

gesprochen vrtheil nachzukommen/Darumb so befehlen wir dir mit ernst/du wöllest gedachter O. seligen verlassen Erben vnd gut zu N. vnd wo das in deinem Ampt ligt/oder zubekümmern ist/in hafft nemmen/die Brüder von N. 300.gülden darauff vnnd daruon entrichten/auch fürther inn verbot halten/biß derselben ergangen vrtheil mit legung der brieff/vnd wie solche vrteil außweisen/ein gnügen vnd volnstreckung geschehen ist/Das laß dir von vnsern wegen mit ernst befolhen sein/Datum N. vnder vnserm auffgetrucktem Secret/vff Sambstag/ꝛc.

Executorial auff die Acht.

Wir Maximilian ꝛc. Embieten den Ehrwirdigen/Hochgebornen/Ersamen/ Wolgebornen/Edlen/allen vnd jeden vnsern/vnd des reichs Churfürsten/Fürsten/Geistlichen vnd weltlichen/Prelaten/Grauen/freyen/Rittern/Knechten/ Hauptleuten/vißthumben/pflegern/vögten/amptleuten/Richtern/Burggrauen/bawmeistern/gemeinern/schultheissen/schöffen/Bürgermeistern/Räthen/gemeinden/bürgern vnd andern vnderthanen/verwandten vnd getrewen/in was würden/stands oder wesens die sein/vnser gnad vnd alles guts/Erwirdigen/Hochgebornen/Ersamen/Wolgeborn/Edlen/lieben Neuen/Oheimen/Churfürsten/Fürsten/andechtigen vnd getrewen/ nach dem A. von B. vnd C. vnd D. vmb dehwillen daß sie mütwillig offen vhede/feindschafft vnd verwarung gegen dem Ersamen vnsern vnd des Reichs lieben getrewen Bürgermeister/rath vnd gemeine Stadt zu E. wider vnsern vnd des heiligen reichs gemeinen vnd offen landfrieden fürgenommen/vnd jnen zugeschrieben haben/vnd dadurch in peen desselben landfrieden gefallen/an vnserm Key. Cammergericht/auff anruffen vnd erfolgen derselben Bürgermeister vnd raths/in vnser vnd des reichs acht verfallen/mit vrtheil vnd recht erklärt/erkandt/vnd mit den gewönlichen solenniteten/wie des Reichs rechte vñ herkommen denunciert/außgeruffen/auß dem friede in vnfriede gesetzt/vnd jr leibe/haab vnd gut den genanten von E. vnd allermenniglich erlaubt/auch darauff diß vnser Executorial erkant worden sein/wie dann solchs vnser Keyserlicher vrtheil brieffe darüber außgangen klerlicher innhelt. Darumb vnd darmit solch vrtheil nicht zu vnnutz/sonder ob berürte eigenwillig fürnemmen vnd friedbrüch/jnen denselben friedbrechern zu besserung/ vnd andern zu exempel nicht vngestrafft bleibe/So verkünden vnd denuncieren wir hiemit disem vnserm Keyserlichen offen brieue/oder glaubwirdiger abschrifft/daruon die gedachten A. von B. vnd C. von D. sampt vnd sonderlich/für solch vnsere vnd des Reichs erklerte vnd offenbare friedbrecher vnd Echtere/Vnd gebieten darauff euch allen vnnd jeden obgemelten/von Röm.Key. macht hiemit ernstlich vnd wöllen/daß jr dieselben A. vnd C. für vnd als solch vnser vnd des Reichs offenbar friedbrecher vnd Echtere für ohn haltet vnnd meidet/inn vnsern erblichen/oder ewern/vnnd des Reichs Fürstenthümben/ Landschafften/Graffschafften/herschafften/gebieten/Gerichten/Schlössern/Stedtẽ/ Merckten/Dörffern/weylern/höuen/häusern/oder behausungen/nicht einlasset/hauset/ höuet/esset/trencket/enthaltet/leidet/oder guldet/fürschiebet/durchschleiffet/schützet/ schirmet/noch begleitet/mit kauffen/verkauffen/noch einiche andere gemeinschafft mit jnen habet/noch solches alles vnnd jedes zuthün den ewern befelhen/oder gestattet/weder heimlich noch offentlich/in keinerley weise/wege/oder schein/sonder jr beyder/vnd jhr jedes Leib/haab vnd Gut/wo jr die auff Landt oder Wasser betretet/erfaret/oder findet/ anfallet/angreiffet/niederleget/bekömmert/arrestiret vnd verschaffet/fürderlichs Rechtens gegen jhnen nach laut des gedachten Landfriedens gestattet vnd verhelffet/vnd sonderlich den gedachten von E. oder andern von jhren wegen solchs alles vnd jedes zuthün gestattet/vergönnet/auch so offt jr durch sie darumb mit disem vnserm brieff oder glaubwirdiger abschrifft daruon ersucht werdet/von vnser vnd des Reichs wegen/ewer getrewe hülff/beystandt/fürschub/vnnd fürderung/jhnen auch darinnen keinerley verhinderung

oder

New Formular

oder jrrung zufüget/also daß darinn ewer keiner auff den andern verziehe/ oder entschuldigung suche/sonder in allweg gegen den gedachten erklärten handelt vnd fürnembt/wie sich gegen solchen Friedbrechern vnnd Echtern gebürt/so lang biß sie zu vnser vnnd des Reichs straff abtrag vnd gehorsam bracht/vnd von solcher Acht/nach innhalt gedachts Landtfriedens/absoluirt vnnd restituirt werden/vnnd euch inn dem allen nicht anders erzeiget/odder haltet/als lieb euch vnnd ewer jeden sey nachbemelter peen/vnd darzu 50. marck Löttigs golts/halb in vnser Keyserlich Cammer/vnd zum andern halben theil den genandten von E. vnablöslich zubezalen/vnd zuuermeiden/daran thut jr vnser ernstliche meinung.

Wann wir setzen/meinen vnd wöllen von obgemelter Key. macht/was gedachter massen von jemandts an den genandten friedbrecher vnd Echter/leiben/haab/odder gut fürgenommen/odder gehandelt würde/daß dadurch wider vns/das Heilig Reich/noch jemandts ander/mit nichten gefreuelt/verhandelt oder verwirckt sein/noch darfür gehalten werden solle/auch dieselbigen friedbrecher vnnd Echtere dawider nicht schützen/schirmen/freyen/oder fürtragen einige gnad/freiheyt/gleid/tröstung/sicherheit/Landt odder bawfriede/bündtnuß/vereinigung/burg/oder Stadtrechte/so von vns/vnsern vorfahrn am Reich/Römischen Keysern/oder Königen/oder andern Churfürsten/Fürsten/Herrschafften/oder Oberkeiten/einich/oder jhnen gemeinlich oder sonderlich gegeben oder bestetigt weren oder würden/auch keinerley gewonheit/gebrauch/alt herkommen/auch sonsten anders das jnen hierinn zu hülff/statten/oder stewer kommen solt oder möcht.

Wann wir sie als friedbrecher vnd erklerte Echtere/in dem allem/als desselben vnempfenglich/innhalt gemelts vnsers vnnd des Reichs Landtfrieden außgeschlossen/vnnd darinn nicht begrieffen haben wöllen.

Welcher aber/oder welche disem vnserm Keyserlichen gebott vngehorsam vnd freuentlich zuwidder thun würden/inn was schein das geschehe/der odder dieselben sollen dann als jetzt/vnd jetzt als dann darmit in vnser vnnd des Reichs Acht zu sampt obgemelter gelt peen gefallen sein/vnd gegen denselben als Echtern vnd vngehorsam auch gehandelt werden/demnach wiß sich ein jeder zurichten/Geben in vnser vnd des heiligen Reichs Stadt N.ec.

Executorial auff ergangen vrtheil vnd tax zc.
bezahlung zuthun.

WIr Maximilian ec. Entbieten ec. vnser gnad vnnd alles guts/demnach N. wider N. vrtheil vnd recht erlanget/auch darauff die kosten vnd schaden taxirt vnd gerichtlich gemessiget. Darumb so gebieten wir euch beyden vnd sammetlich vnd jedem besonder von Röm. Key. macht/auch gerichts vnd Rechts wegen hiermit ernstlich/daß jhr in vier wochen/den nechsten nach dem euch dieser vnser brieff geantwort oder verkündt ist/den vorgesprochen vrtheiln diesen executorialn nach jhrem innhalt/mit vergnügung der erkendten kosten vnd schäden folg vnd gnug thun/vnd darinn nicht ferner widerspennig/odder seumig seid/darmit ferner handlung nicht not werde/daran thut jhr vnser ernstlich meinung/dann wo jhr in diesem vnserm Keyserlichen gebott nicht nachkommen würden/so heischen vnd laden wir euch/ernstlich gebietende/daß jhr auff den 27. tag/nach außgang vnnd verscheinung vorbestimpter vier wochen/deren wir euch zehen für den ersten/zehen für den andern/vnd sieben für den dritten vnd letzten Gerichts tag setzen vnnd benennen peremptorie/oder ob derselb tag nicht ein Gerichts tag sein würde/den nechsten Gerichts tag darnach/selb oder durch ewern volnmechtigen anwalt an gedachtem vnserm Cammergericht erscheinen/ec. vt supra, in formis Citationum.

Commission.

Commission zeugen ad rei perpetuam memoriam, zuuerhören/ am Keyserlichen Cammergericht außgangen.

WJr Maximilian/ ꝛc. Embieten den Ersamen gelerten vnsern lieben andechtigen N. des Thumbstiffts zu N. vnd N. zu N. Dechant/ vnser Gnad vnd alles guts/ Ersamen gelerten lieben andechtigen/ an vnserm Keyserlichen Cammergericht/ hat der Ehrwirdig N. Bischoue zu N. vnser Fürst vnd lieber andechtiger anruffen vnnd bitten lassen/ Nach dem er die volnfürung des gerichtlichen Process/ an demselben vnserm Keyserlichen Camergericht/ gegen den Ersamen vnsern/ vnd des Reichs lieben getrewen Bürgermeister vnd rath der Statt N. vmb wider einsetzung in possession vñ gewere der gerechtigkeiten vnd Oberkeiten/ mit beschirmung raths vnd gerichts zu N. der sie sich entsetzt seind beklagen/ vnd anders im selben handel begrieffen/ durch jn angefangen/ durch vnser ernstlich vnd peenlich Mandat abzustellen gemüssiget/ wie er auch die auß forcht der peen abgestelt hab/ vnd dadurch die kundschafft vnd zeugen/ der er in derselben/ vnd andern sachen zufüren notturfftig sey/ verhindert werde/ vnd darumb vnd damit jm solch notturfftig gezeugnuß desselben halb/ vnd durch tödtlichen abgang/ vnd anderer zustehenden notturfften (sonderlich dieweil etlich derselben zeugen mit alter vnnd leibsranckheit beladen sein) nit entzogen/ noch die warheit vnd gerechtigkeit verrückt werde/ jhn vnd sein stifft mit rechtlicher hilff/ vñ sonderlich nachfolgender Commission/ zu verhörung etlicher zeugen/ zu künfftiger vnd ewiger gedechtnuß notturfftiglich zuuersehen/ Wann jm nun darauff solch Commission erkant ist/ darumb vnd zu fürderung der warheit vnd gerechtigkeit so befelhen wir euch samptlich/ vnd ewer jedem besonder/ so mit diesem vnserm Key. brieff ersucht wirt/ von Röm. Key. macht/ auch gerichts vnd rechts wegen hiemit gebietend/ vnd wöllen/ daß jr die personen/ so euch von wegen des genandten Bischoff N. benent vnd angezeigt werden/ rechtlich für euch heischet vnd ladet/ der gemelter stadt N. vnd andern den von rechts wegen zuuerkünden weren/ zeitlich darzu verkündet/ ob sie darbey sein oder schicken wöllen/ zusehen vnd zuhören die zeugen auffnemen/ geloben vnd schweren/ fragstück zugeben/ vnd ob sie wider jr person zureden hetten/ sich darnach wüsten zu richten/ vnd als dann dieselben zeugen in gewönlich glübde vnd eyde nemmet/ verhörett/ jre sag vñ was vor oder durch euch darinnen gehandelt würde/ eigentlich beschreiben lasset/ ob auch ein oder mehr personen zu zeugen benent/ vff ewer fürfordern nit erscheinen/ oder sich kundschafft jres wissens zugeben/ widern oder sperren würden/ in was schein das geschehe/ bey zimblichen peenen des rechten zwinget vnd anhaltet/ daß sie dem rechten vnd der warheit zu stewer/ jhr geschworn kundschafft sagen vnd geben als recht ist/ vnd sonst alles das thut/ gebietet vnd handelt/ das darinn die notturfft vnd ordnung der Recht erfordert/ Daran thut jr vnser ernstlich meinung/ Geben zu N. ꝛc.

Commission zeugen zuuerhören/ ander form.

WJr Maximilian von Gottes Gnaden/ ꝛc. embieten dem Ersamen vnsern lieben andechtigen N. Probst zu N. vnser gnad vnd alles guts/ Ersamer lieber andechtiger/ Nach dem vnser vnd des Reichs lieber getrewer Martin N. von N. in der appellation sachen/ dauon er als appellant/ gegen auch vnsern vnnd des Reichs lieben getrewen/ Leonhart N. von N. vor vnserm Keyserlichen Cammergericht in rechtfertigung schwebt/ vnder anderm etliche Artickel klags weiß einbracht/ vnd sich derselben/ so vil jm der vom widertheil verneint würden zubeweisen/ doch nicht vberflüssig erbotten/ vnd darzu zulassen begert/ Dargegen aber der bemelt Leonhart N. in seiner Antwort durch seinen anwalt gethan/ etlich derselben Artickel bekandt/ etlich verneint/ wie du des alles inn beyder

Partheien

New Formular

partheyen eingefürten schrifften/ der wir hiemit abschrifft vnder vnserm Keyserlichen sigel verschlossen zuschicken/ vernemen würdest/ vnnd dann der gemelt Martin zu beweisung seiner eingebrachten vnd verneinten Artickel mit vrtheil zugelassen ist/ auch zuvolnfürung solcher auffgelegten weisung/ dich als Commissarien vnnd verhörer der kundschafft vnd von heut dato an/ zwen Monat die nechsten zeit vnd frist gebetten/ vnd mit bewilligung des gegentheils erlangt hat.

Darumb vnnd zu fürderung der gerechtigkeit/ so beschlen wir dir von Römischer Keyserlicher macht/ auch gerichts vnd rechts wegen hiemit ernstlich vnd wöllen/ daß du die Personen/ so dir von wegen des gemelten von N. als zeugen benendt werden/ rechtlich für dich heischest vnd ladest/ dem widertheil darzu zeitlich verkündest/ ob er dabey sein oder schicken wölle/ zusehen vnd zuhören/ die zeugen geloben vnd schweren/ sein fragstück zugeben/ vnnd ob er wider jr person zu reden hett/ sich darnach wissen zu richten/ vnd als dann dieselben zeugen in gewönlich gelübdt vnd eid nemmest/ auff obgemelte Artickel wie recht/ verhörest/ Vnnd was also von vnnd durch dich gehandelt würdet/ eigentlich beschreiben lassest/ vnnd vnder deinem Sigel vnserm Cammergericht in bestimpter zeit verschlossen zuschickest.

Ob auch ein oder mehr Personen/ hierinnen zu zeugen benent/ auff dein fürheischen nicht erscheinen/ oder sich kundtschafft zugeben vnd sagen sperren oder widern würden/ in was schein das beschehe/ dieselbigen bey zimblichen peenen der rechten darzu haltest vnnd zwingest/ daß sie dem Rechten vnd der warheit zu stewer/ jr geschworn kundtschafft jhres wissens geben vnnd sagen wie recht ist/ vnd sonst alles anders thüest/ gebietest/ verbietest/ vnd handelst/ das die notturfft hierinn erfordern/ vnd sich nach rechtlicher ordnung gebüren würdet/ Daran thustu vnser ernstlich meinung/ Geben. ⁊c.

Commission zeugen zu ewiger gedechtnuß zuuerhören/ in Hoffgerichten breuchlich.

Wir N. von Gottes Gnaden/ ⁊c. Embieten dem wirdigen vnserm lieben getrewen N. vnsern gruß vnd gnadt/ vnd fügen euch zuwissen/ daß sich jrrung helt zwischen vnsern lieben getrewen N. vnd N. Derhalb die genandten sich für vns/ als jren Landsfürsten vnd ordenlichen richter zu recht/ wie recht ist/ erbotten haben/ daß aber N. diß alles nicht annemmig sein wöllen/ in meinung sein gerechtigkeit in andere wege zu ersuchen vnnd einzubringen/ Nach dem aber die gedachten N. vermeinten jhren erbieten gnugsam were/ in sorgen/ daß durch N. abschlag solch rechtfertigung anzunemmen sich die ding verziehen/ vnd jhnen jhr gerechtigkeit durch absterben der Personen/ so der dinge wissens hetten/ benommen vnd entzogen werden möcht/ vnnd darumb vns vmb ein Commission ersucht vnnd gebetten/ solch jhr zeugnuß zu ewiger gedechtnuß zuerlangen vnnd einzubringen/ Darumb begeren wir an euch mit besonderm ernst befelhend/ daß jr an vnser statt/ vnd in vnserm namen die Personen/ so die genandten N. in der sach zu zeugen anziehen vnd benennen werden/ für euch heischen vnd erfordern/ oiil N. obgemelt darzu auch verkünden/ die zeugen sehen geloben vnd schweren/ vnd ob er wil sein fragstück geben/ vnd fürther dieselben zeugen kundtschafft der warheit/ des so auff sie gezogen würdt/ wie recht ist/ verhören/ jhre sag eigentlich beschreiben/ vnder eweren sigel beschlossen vns vberantworten/ vnnd alles das thün wöllen/ das sich zu verhörung solcher zeugnuß zu ewiger gedechtnuß geheischet vnd erfordert.

Ob sich auch der Gezeugen einer odder mehr kundschafft der warheit obgemelter maß zugeben sperren würden/ dieselben mit Peenen des rechten zwingen vnnd beladen/ als sich gebüret/ vnnd wir selbs zuthün hetten/ vngefehrlichen/ An solchem thut jhr vnns sonder gut gefallen/ Gnediglich zubedencken/ zu Vrkundt/ ⁊c.

Commission

Commission zeugen zuuerhören/gemeiner form.

Wir N. 2c. Entbieten den Ersamen vnsern lieben besondern Magistro Paulo N. vnd Johan N. Notarien allhie wonendt/vnsern gruß/vnd fügen euch zuwissen/ daß Jörg von N. eins/vnd sein bruder Friederich von N. anderntheils/vnd etlich jhre spenn vnd gebrechen rechtens/für vnserm Hoffgericht gegen einander verfangen sein/vnd sich Jörg von N.laut eines abscheidts vnsers Hoffgerichts deßhalb außgangen/ beybringens vermessen/vnd beyderseits auff euch als Commissarien samentlich gewilligt haben/) Herumb begeren wir mit sonderm ernst bittende/daß jhr an statt vnser/vnnd von vnsern wegen/die Personen so der genandt Jörg von N.zu zeugnuß anziehen/vnnd euch benennen wirdt/für euch verbotten/vnd Friederichen von N.dem widerteil/ob er sie wöll sehen globen vnd schweren/auch fragstück vbergeben/darzu verkünd/vnd fürbaß dieselb kundschafft der warheit/des so auff sie gezogen würden/wie recht ist verhören/jhre sag eigentlich beschreiben/vnder ewern Sigeln beschlossen in recht vberfenden/vnnd alles das thun wöllen/das sich zu verhörung rechtlicher kundschafft geheischt vnnd erfordert/Ob sich auch jemand kundschafft der warheit zugeben sperren würde/den oder dieselben mit zimblichen Peenen der Rechten zwingen vnd beladen/als sich gebürt/vnnd wir selbst zu thun hetten/alles vngefehrlich/Daran thut jr vns sonder gefallen/Datum N. vnder vnsers Hoffgerichts zu rück offgetrucktem Secret/vff Freitag 2c.

Commission subdelegati.

Wir N.von Gottes Gnaden 2c. Bekennen 2c. Als wir auff inhalt vnsers allerotte digsten Herrn/des Römischen Keysers Commission N. an einem/vand N. am andern theil/zu recht für vns geheischen/vnd des den letzten vnd end tag peremptorie zu Latein genandt gesetzt haben/auff N.tag/zu früer tagzeit/für vns oder den Richter/den wir die zeit an vnser statt/in den sachen setzen vnd geben/vnnd ander die wir darzu ordnen werden/allher gen N.alles nach außweisung vnser Citation darumb außgangen/ Vnd wann wir nun von anderer vnser geschefft wegen/persönlich auff dem obgemeltenn tag bey den sachen nicht gesein mögen/So haben wir vnsern lieben getrewen N. zu richtern an vnser statt/vnd vnsern Subdelegaten gesetzt/vnd geben jme des möge vnd macht/ den sachen mit andern die bey jme sein werden/nach laut der Keyserlichen Commission in der sach nach ordnung rechts thun solten/In vrkunde diß Brieffs versigelt mit vnserm auffgetruckten Secret.Datum 2c.

Machtbrieff/oder gewalt kundschafft zunemmen/vnnd Leuthe jhrer eydt ledig zu sagen.

Wir N. von Gottes Gnaden/2c. Bekennen 2c. als der Erwürdig N.vnd wir/von etlicher vnser gebrechen wegen/nechst zu recht veranlaßt worden/vnd wir zu solchem rechten etlicher kundschafft notturfftig sind/Da haben wir vnserm lieben getrewen N.gantz macht vnd vollen gewalt gegeben/vnd geben jhm den in krafft diß Brieffs/solch kundschafft von vnsern wegen zubekommen/zufordern/vnnd zu bringen/ Auch alle die von den er also kundschafft fordern/oder nemen würde/ob die in gemein/ oder in sonderheit jhr einer oder mehr vns mit glübden/eyden/oder sonst verbunden odder verwandt sindt/aller solcher jrer glübde/eyde/oder verbündtnuß/an vnser statt/vnd von vnserm wegen in dieser sach/vnd solch kundschafft zugeben/vnd zusagen ledig/vnnd daß

New Formular

selbig gelübde/eyde/vnnd verbündnuß sie daran nicht hindern sollen/ledig zusagen. Die wir auch selbs also in dieser sach/vnd solch kundtschafft zugeben solcher irer gelübde/eyde/ vnd verbündnuß ledig sagen/in krafft diß Brieffs/alles vngefehrlich/Vrkundt ꝛc.

Machtbrieff des Producenten anderer form
Zeugen fürzustellen/vnd dieselben deren eyden
ledig zuzelen.

Ich N. Bekenn offentlich vnd thun kundt allermenigklichen mit disem brieff. Dem nach ich von N. vnd in diser sachen Key. Commissarj ꝛc. meinem guten Herrn vnd freundt/auff nechstkünfftigen N. tag/zu früe vmb sieben vhrn allhie zu N. in des N. behausung anzukommen/ob ich die zeugen/so von mir/entgegen vnd wider die N. zu beweisung meiner vbergeben elisiui & declarati artickel/wöllen sehen auffnemmen/geloben vnd schweren/vnd die benandte zeugen/so die mir mit pflichten/vnd eyde zugethan vnnd verwandt weren/jhr pflicht/biß zu derselben außsag ledig zuzelen ꝛc. Citirt worden. Dieweil ich dann auff solchen angesetzten termin/anderer meiner obligen vnd ehehafften verhinderung wegen nicht erscheinen kan/die gemelten zeugen fürstellen/sehen auffnemmen/geloben vnd schweren/daß derwegen ich meinen volkommen mögen/macht vnd gewalt/hiemit zügestellt vnnd vbergeben haben wil/vbergib ich auch den hiemit inn bester form rechtens/als ich jmmer thun sol/kan/oder mag/in vnd mit krafft diß Brieffs/meinem diener vnd Schreiber N. zeigern diß/Der gestalt/daß er sol auff obernanten examinibus von meinet wegen allhie zu N. in gedachtes N. behausung/vor gedachtem Herrn Key. Commissario erscheinen/meine zeugen/so ich derwegen fürstellen sol/oder möchte/ fürstellen/auffnemen/geloben vnd schweren/vnd so der einer oder mehr mit pflichten/od= der eiden zugethan vnd verwandt/dieselben jr pflicht/biß zu jhrer außsag ledig zelen/auch den eyde für gefehrde/vnd sonst einen jeden zimblichen eyde/da es von nöten sein würd/in mein seel schweren/vnd derwegen alles das handlen/thün vnd lassen/so die notturfft hierinnen erfordert/vnnd ich selbs persönlich zugegen were/handlen/thün/oder lassen solt/ fündt/oder möchte/Ob auch der gemelt mein diener vnd Anwald/mehr gewaldts dann hierinnen begrieffen nottürfftig würd/auff was meynung der sein sol/denselben allen wil ich jne jetzo als dann/vnd dann als jetzo/als were der mit außgetrückten worten hierinnen begrieffen/hiemit zugestellt vnnd vbergeben haben/Gerede vnd verspriche auch/bey guten trewen an eydts statt/alles das so hierinnen von obermeltem meinem diener vnd Schreiber gehandelt würdet/angenem/war/stet/vest/vnd vnuerbrüchlichen zuhalten/vnd zu der bürde diser Anwaldschafft halb schadloß zuhalten/bey verpfendung meiner haab vnd gü= tere/liegender vnd fahrender/gegenwertiger vnd künfftiger/nichts außgenommen/so vil hierzu von nöten/ohn alle gefehrde. Vnnd des zu offen vnnd warem Vrkundt/habe ich mein angeborn eigen Insiegel/offentlich zu endt diser Schrifft thün trucken/Geben vnd geschehen/ꝛc.

Machtbrieff/oder gewalt der gegentheiln/zeugen
geloben vnd schweren sehen/auch fragstück zu vber=
geben/vnd die zeugen jhrer pflicht dieser außsag
ledig zusagen.

Wir N. ꝛc. Bekennen ꝛc. Nach dem vns verschiener tag von N. vnd nachbenand= ter sachen Key. Commissario ein ladung zukommen/in sachen anhangendes rechtfertigung etlicher Hasengarn halben sich zwischen N. als klägern eins/vnd

vns

Machtbrieff.

vns beklagten andern theils/am Keyserlichen Cammergericht/noch vnerörtert haltende/ den zwantzigsten schierst kommenden tag jetzigen Monats Augusti zu früer tagzeit zu N. zuerscheinen/vnd vermög der Key. Commission zuhandlen rc. daß wir demnach den N. in berürter rechts handlung/ zu vnserm sonderbarn Anwalden vnnd Syndicum verordnet/ wie wir jhn dann auch als bald hiemit vnd vermög dises brieffs/vnseren gantz volnkomenen gewalt vnd macht befolhen/auff vñ vbergeben haben/von vnser vnd gemeiner Statt wegen vor obbemelten Herrn Key. Commissario auff angesetzten tag zuerscheinen/des von N. zeugen zuhören vnd sehen fürstellen/auffnemen/geloben vnnd schweren/da auch brieffliche vrkundt/oder andere documenta fürgelegt/an schrifften vnnd siegeln zu recognoscirn/ vnser fragstück/mit denen einuerleibten protestation zu vbergeben/vorzubehalten einen Notarien dem examini zu adiungirn/denselben inner der zeit solcher verhör vnd adiunction/ auch die zeugen da dero einer oder mehr vns/vnd gemeiner vnser Stade/mit dienerschafft/pflichten/vnd eyden verwandt weren/solcher jrer dienstpflicht/vnd eyde/ so lang vnd vil diße verhör vnd handlung betrifft/vnd werd/ledig zuzelen/ vnd sonst alles anders zuthun vnd zulassen/das wir eigner person/handlen/thun vnd lassen solten/ könten/ oder möchten/ vnd der sachen notwendigkeit erfordert/ Ob auch obgenandter vnser Anwald mehers gewalts/dañ hierinnen begriffen ist/notturfftig sein solte/wie auch der ver/ denselben wöllen wir jme als bald in einer gemein erstattet/ vnd jhnen damit in bester vnd bestendigster form rechtens auch abgefertiget haben/ mit dieser außtrücklichen versprechung/was also mehr benandter vnser Syndicus gehörter massen/handlen/thun/vnd lassen würdet/ solches alles/stet/vest/auch deßhalb in allerdings schadloß zuhalten/bey verpfendung gemeiner vnser Stadt haabe vnnd güter/so vil die notturfft erheischet/trewlich vnd vngefehrlich/Des zu warer vrkundt/haben wir vnser Stadt Secret Insigel zu rück auff diesen gewalts brieff wissentlich fürgetruckt/Der geben ist auff dienstag rc.

Machtbrieff vnd befelh kundtschaffe zunemen
anderer form.

Lieber getrewer N. als wir jetzund in einem anlaß stehen gegen N. rc. vmb zuspruch/ so jetzweder theil an den andern zusprechen hat/ vnnd wir also vnder anderm demselben N. zugesprochen haben/ das jagen vnd den Wildbann antreffen in dem N. holtz/ da heissen wir dich vnnd befelhen dir ernstlich von vnsern wegen kundtschaffe zufordern vnd inzunemen/vnd geben dir auch gantzen gewalt vnnd macht in krafft diß Brieffs von vnsern wegen/ vnd an vnser stadt/wer dauon kundtschafft weiß vnd sagen würd/den oder dieselben/ ob die in einige weg mit gelübden oder eyden vns verbunden oder gewandte wern/ solch kundtschafft zusagen/ vnd daß sie das daran nicht hindern sol/ ledig zusagen/die wir auch derselben glübde vnd eyde darinn vnd solch kundtschaffe zusagen hiemit ledig zelen vnd sagen/ alles vngefehrlich/ Vrkundt diß Brieffs versigelt rc.

Machtbrieff/ odder gewalt Zeugen verhören
zulassen/ vnnd Interrogatoria zu vbergeben/ rc.

WJr Ludwig rc. Bekennen vnd thun kundt hiemit offentlich/ Nach dem der Hochgelert vnser besonder lieber N. als zwischen dem Herrn N. vnd Consorten/ appellanten eins/vnd vns auch vnsere Richter vnnd Schöffen zu N. appellaten ander theils/ verordneter Keyserlicher Commissarius vns auff schierst kommenden Montag den 14. tag des Monats N. dieses lauffenden N. jars der minder zal/ früer tagzeit vor jhme zu N. zuerscheinz/ Interrogatoria/ ob wir wöllen zu vbergeben/vñ was sonst vnser notturfft erfordert/ vns auch die Keyserliche Commission zugibt zuhandlen/fürgeheischen/Citirt/

New Formular

vnd erfordert. Daß wir demnach vnsern befelh/auch volkommenen macht vnnd gewalt
geben vnd befohlen haben/geben vnd befehlen den auch in krafft diß vnserm Secretario
vnnd lieben getrewen N. der gestalt/daß er vnser Secretarius vor vorberürten Keyserli-
chen Commissario/vnd auff bestimpte zeit/in vnser vnd Consorten namen erscheinen/die
zeugen geloben vnd schweren sehen/vnnd da solche vertzicht/als dann vnser Interrogato-
ria vbergeben/einen Notarien von vnsernt wegen adiungiren/vnnd sonst alles anders
thün vnd lassen sol/das vnser notturfft erfordert/die Keyserliche Commission außweißt/
vnd wir selbst/wo wir zugegen weren/thün vnnd lassen sollen/oder köndten/Was auch be-
rürter vnser Secretarius also thün/lassen/vnd handeln wirt/das ist vnser ernstlich befelh/
will vnd meinung/gereden auch dasselbig/stett/vest/vnd vnuerbrüchlich zuhalten. Des
zu warem vrkundt/so haben wir vnser Secret zu rück dieses gewalts auffträcken lassen.
So geschehen ꝛc.

Machtbrieff vnnd gewaldt Zeugen verhören
zulassen/ꝛc. vom Anwald in solcher sachen
außgangen.

ICh N. von N. der Rechten Licentiat/Bekenn offentlich mit disem Brieff/Dem-
nach ich in der compromittirten sachen/sich vor der Ch. P. vnnd derer hochlöbli-
chen Räthen/von dem Ehrwirdigen Edlen vnd Gestrengen Herrn N. von N. ꝛc.
sampt deren mituerwandten/gegen vnd wider den Edlen vnd Vesten A. von N. vnerör-
tert schwebend/in der aller besten form/weiß vnd maß/wie das im Rechten vnd nach ge-
wonheiten am bestendigsten sein mag vnd kan/zu jrer Ehrwirden Anwalt vnd Herrn des
kriegs cum clausula substitutionis, constituirt worden/alles vermög vnd inhalts des ge-
walts/so für lengst gerichtlich einkommen/vnd die gegentheil in solche constitution gewil-
ligt vnd angenommen haben/vnd aber ich von dem Ehrnhafften vnd hochgelerten Herrn
C. von N. der Rechten Doctor: vnd der Stadt M. Syndico/als in diser sachen/bewillig-
ter vnd angenommener zeugen verhörer vnd Commissarius auff schierst kommenden mon-
tag nach Quasimodogeniti den N. tag Aprilis diß jetzt lauffenden N. jars zal/ghen M.
auff das Rahthauß zu früer tagzeit zu der examination von obgemelten meines Herrn
Principals N. von N. ꝛc. ernanten angebener gezeugen wie recht zuschreiten/vnd der ge-
bür nachzusehen/mich/oder meine substituirte Anwalt auff bestimpte zeit vnnd malstatt/
vor gedachtem Commissario zuerscheinen/meines Herrn Principals zeugen fürzustellen/
dieselbige mit pflichten vnd eyden anzunemen/auff die brieffliche vrkundt/so zu angereg-
ter sachen dienstlich/dem examini inzuleiben/fürzulegen/vnd sonst laut der Commission
zuhandeln sehen wolt/Citirt vnd geladen worden. Demnach vnd dieweil von wegen an-
dern meiner gescheften vnd redelichen vrsach halb der obuermelt angesetzt termin/durch
mein selbst persönlich gegenwertigkeit nicht kan vertretten werden/so setz vnnd substituire
ich derhalben an mein als Anwalds statt/die Ehrnhafften vnd Hochgelerten N. von N.
vnd N. von N. sampt vnd sonder/vnd verleihe jnen auch alle dise gewaldsame vnd macht/
so der obuermelt N. von N. mir zum krefftigsten aller Gericht/recht/vnnd gewonheiten
geben vnd befohlen hat/vnnd sonderlich so viel diesen Actum belangt/vor dem gemelten
Commissario zuerscheinen/desselbigen fürbringens anzuhören/darauff die zeugen/so
von meinem Herrn Principal ernent werden/vnnd gehorsamlich erscheinen zu producie-
ren/fürzustellen/vnd mit gewönlichen glübden vnd eyden zubeladen/auff vñ anzunemen
zubitten vnd begeren/gegen vnd wider die außbleibende weiter Proceß zubegern/vnd auff
ferner derowegen außgehende Citationes vnd ladung brieff auff angesetzten Termin vnd
malstatt zuerscheinen bitten vnnd begern/auch die jhenigen so dem Herrn N. von N. als
Principal mit gelübden vnnd eyden verpflicht/oder sonst verwandt/zu diser zeugen sag
auch/so lang die wert/vnnd nicht ferner/solcher ihrer pflichtung vnd verwandnuß ledig

zugezůgeben/Brieffliche vrkunde zu transsumptirn/dieselbigen dem examini einzuuerleiben begeren zůlassen/gegen vnd wider des Edlen vnd Vesten A. von N. als der widertheil zů diser sachen verordneten Anwaldt person vnd gewalt/auch derselbigen Exception/replick vnd allem fürbringen/notturfftig defension/vnd einrede zůthůn vnd fürzůwenden/vnnd besonderlich andere mehr zeugen/das jetzo wo von nöten in diser sachen zuuernemen vnnd fürzůstellen protestieren vnd vorbehalten/vnd sonst das alles zůthůn vnd zůlassen/so sich diß orts gebürt/vnnd ich als Anwald von Rechtswegen in selbst persönlich gegenwertigkeit thůn solte/köndte/oder möchte/zů gewin/verlust vnd allen Rechten/bey aller gewarsame/enthebung vnd versicherung/so auß meinem habenden gewalt/gescheyfft odder gemeint werden kan oder mag/Zů warem vrkund hab ich mein sigel zůbesagen obgeschriebene ding/an disen brieff thůn trucken/der geben ꝛc.

Kundeschefftbrieff oder zeugnuß vber kundeschafft.

Wir N. ꝛc. Bekennen ꝛc. Daß der N. auff heut datum diß Brieffs/für vns kommen ist/vnd begert der warheit ein kundschafft von N. vnd N. vnd sagt darauff denselben N. mit vollem gewalt an statt des Durchleuchtigen/ꝛc. aller glübde/eyde/vnnd pflicht/ob er der mit jetzt demselbigen Hertzog N. verbunden/oder verwandte were/in der sach die kundschafft zusagen/gantz ledig vnd loß/des wir N. des einen versiegelten machtbrieff vnd gewalt mit hochernants Hertzog N. auffgetrücktem insigel versigelt gesehen/vnd gelesen lassen haben. Vnd nach dem also der vorgenant N. solcher gelübde/eyde/vnd pflicht ledig gesagt ward/da hat er mit handgebenden trewen gelobt/vnnd darnach einen eydt mit auffgeregten Fingern leiblichen zů Gott dem Allmechtigen geschworn/ein warheit zůsagen/so vil jme dauon wissent sey/niemand zů lieb/noch zů leide/ohn alle geferde/vnd hat darauff gesagt/daß jm kund vnd wissen sey ꝛc. Des alles zů warer vnd vester vrkund ꝛc.

Zeugnuß vber ingenommene kundeschafft/ anderer form.

Ich N. vnd wir die nachbenandten mit namen A.B.C.D.E.F.G. ꝛc. Bekennen ꝛc. Daß auff datum diß Brieffs diese nachgeschrieben personen für vns kommen ꝛc. sind/vnd sagen/als vnsers Gnedigsten Churfürsten vnd Herrn des Ertzbischoffen zů N. diener/die in disem nechstuergangen N. zů N. gelegen seind/vnnd jhr viehe vnd gůt zů N. genommen haben/vnd nun der Durchleuchten ꝛc. mit hochgenandten Ertzbischoff von der vnd ander sachen wegen in recht verteydingt ist/so sollen sie/vnd gebür jnen jren schaden zůbehalten/vnd mit jhren nachbawern zůbeweren/vnd haben vns darauff gebeten/sie vnd jr jeglichem mit gezeugen/als recht sey zuuerhören/vnnd jhr sag auffzůschreiben/vnd mit vnsern ingesiegeln zuuersiegeln. Da haben wir von jnen allen/vnd jhr jeglichem besonder jhr trewe genommen/vnnd darnach jhr eyde/die sie leiblich zů Gott/vnnd auff das heylig Euangelium darumb geschworn haben/empfangen/in solchem ein warheit zůsagen/niemand zů lieb noch zů leid/ohn alle geferde/vnnd auff solch glübde vnnd eyde/hat N. gesagt/daß jme auff die obgenandten zeit von mehrhochgedachtes Ertzbischoffen wegen/diener/nemlich zwo kůe genommen sein/schlegt er an für acht gulden/daß sie der wol wert gewesen sein/vnd lieber an geld so vil darfür verlohrn haben wolt. Das alles hat jme helffen beweisen vnd behalten N. vnd N. vnd wann nun solchs alles wie vorstehet/also vor vns ergangen vnd beschehen ist/so haben wir der warheit zů gezeugnuß vnd hilff/vmb der obgedachten Person bitt willen/vnser insigel auff disen brieff fürgetrückt. Der geben ist/auff ꝛc.

New Formular

Mandat vnd befelh zeugen ihrer pflicht (der warheit zu stewer) ledig zu-sagen.

Wir Maximilian ꝛc. Entbieten ꝛc. Es haben vnser/vnd des Reichs lieben getrewen N. in sachen der Appellation/derhalb sie gegen dir an vnserm Key. Cammergericht in recht hangend/rechtlich fürbringen lassen/wie du etlich/so sie zuvolnfürung der kundtschafft jne auffgelegt/gegen dir zu zeugen vor dem Ersamen N. Apt ꝛc. als vnsern darzu verordenten Commissarien benendt/jr pflicht/gelübden vnd eyden/damit sie dir vnd dem Stiffte N. verwandt sein/zusagen/jhrer kundtschafft nicht ledig zehlen haben wöllest/vnnd so nun die notturfft vnnd billigkeit solchs erheischt/vnd nachfolgende Mandat an dich in recht anruffen vnd bitten lassen/das jn auch zůgeben erkandt worden ist. Darumb so befehlen wir dir von Röm. Key. macht/auch Gerichts vnd Rechts wegen hiemit ernstlich gebiettende/vnd wöllen daß du alle die jenigen so die gemelten N. zu zeugen anzeigen vnd fürstellen werden/aller jrer pflichten/gelübden vnd eyden/damit sie die vnd dem Stiffte N. verwandt weren/so vil sie der ansagen vnd jhre kundtschafft der warheit verhindern/oder dieselben kundtschafft betreffen möchten/ledig zelest/vnd darin nicht verziehest oder seumig seiest/damit solch verhörung nicht verhindert oder verzogen/auch nicht not werde mit peen des Rechten darumb gegen dir weiter zuhandlen/Daran thůst du vnser ernstlich meinung. Geben ꝛc.

¶ Bißher hab ich allerhand Cantleysche vnd andere Formularien gesetzt/dieweil dann an verhöre vnd fürstellung der gezeugen nicht wenig gelegen/hab ich nicht vnderlassen wöllen der jugent zu gůt/von examinirung oder verhöre der zeugen (so vil ich dessen in meinem geringen verstande fassen mögen) hierinn auch anregung vnd meldung zuthůn/vnnd wil also demnach ordenlich im examen von eim zum andern einfaltigklichen vortschreiten/als erstlich.

Von fürstellung der gezeugen.

Wer Zeugen zustellen verhört/der sol dieselben durch die Gerichtlich Oberkeyt/auff einen gelegen tag bescheiden/auch den producenten vnd gegentheil darzu/auff daß der gegenteil die zeugen vnder augen erkennen/die auch schweren sehen möge/wie sich gebürt/verkünden/wie ich dann hernach ein form solcher beyder verkündigung gesetzt. Es sein auch die gezeugen also auff gerichtlich fürheischen zuerscheinen schuldig/iux.l.si quando inuitos testes.C.de testibus. Sie weren dann vnder des fürheischenden Richters gerichts zwang nicht seßhafft/so muß als dann der producent vnnd zeugenfürer seine kundtschafften durch Compaßbrieff (deren form hiefornen stehen) wie sich gebürt/vnnd Gerichtlicher ordnung gemeß ist/volnfüren/also daß der Richter/vor dem die rechtfertigung hangt/der Oberkeit/darunder die zeugen/so jhme benant werden/wonen/schreibe/daß er auß schůldiger mithälfflicher fürderung der warheit vnnd Rechtens/dieselben verhör/vnnd dieweil dise vnd dergleichen Gerichtlich vbung mehrertheils am gebrauch gelegen/mag derselb gebrauch/auß den Keyserlichen Commission/so vom Cammergericht außgehen/am nechsten erlernet werden/darinn vnder anderm gemeinlich begrieffen wirt/daß die fürgenommenen oder bewilligten Commissarj/die gezeugen so jhne von den theilen ernent werden/kundtschafft der warheit zugeben/in bestimpter zeit Rechtlich für sich heischen/vnnd laden/dem widertheil/ob er darbey sein odder jemandts schicken wölle/zusehen vil zuhören dieselbigen zeugen auffnemen/geloben/schweren/fragstuck zugeben/vnnd ob er wider jhre Personen nachmals zureden hette/sich darnach wissen zurichten/inn massen hierinnen inuerleibte formen mit sich bringen/zeitlich zuuer-

darzu

Zeugen. CCLXVIII

darzu verkünden/vnd daß als dann sie die Commissarien dieselben gezeugen in jr gewöhnlich glübde vnnd eyde nemen/folgendt auff die weiß artickel/darzu auch des widertheils fragstück/so die fürbracht würden/wie recht verhören/ihr sagen/vnd was also vor vnnd durch sie die Commissarien hierinn gehandelt würdet/eigentlichen beschreiben/odder beschreiben lassen/vnnd die dem Richter vnder seinen (oder) ihren insigeln verschlossen zuschicken/wie ich dann ordenlich meldung/wie es zugeschrieben würdt/vnderm examen Protocoll anregung gethan.

Ob auch der zeugen einer oder mehr/auff ihr der Commissarien fürheischen nicht erscheinen/odder sich kundschafft zusagen sperren/odder widern würden/inn was schein das beschehe/sollen die Commissari dieselben bey zimblichen peenen des Rechten darzu halten vnnd zwingen/daß sie dem Rechten vnnd der warheit zu stewr ihr geschworne kundschafft der warheit ihnen wissent/geben vnnd sagen/wie recht ist/wie fast zu anfang dieses gantzen Buchs/vndern Citationen ein form zusehen ist/vnd sonst sollen gemelten Commissarj/alles anders thün/gebieten/verbieten/vnnd handeln/das die notturfft in sachen erfordert/vnnd sich nach Rechtlicher ordnung gebüret/ɾc. Vnd wirdt solches auß form des Keyserlichen Cammergerichts gebreuchlicher Commission/was zu rechtlicher verhör der Zeugen gehörig/leichtlich verstanden/vnnd beschicht nemlich solche verhör auff des/der die zeugen fürstellet/eigne kostung. Wo aber der zeugen führer so arm wer/daß er die kundschafften zu leisten nicht vermöcht/solle der Richter fürsetzung thün/damit sie dannocht verhört werden/vnd wann die zeugen also erscheinen/sol inen samptlich mit einander in beysein beyder streittigen Partheien der gewönlich eydt also fürgehalten vnd gegeben werden.

Ihr Zeugen alle/vnd ewer jeder besonder/sol mir als der sach Commissarien vnnd beschlhaber mit handtgebner trew geloben/vnd darnach einen leiblichen gelehrten eydt zu Gott dem allmechtigen schweren/daß er/oder sie/in der sachen/auff ingelegt artickel vnd fragstück/ein gantz lauttere warheit vnnd kundschafft sagen wöll/so viel ihm darumb kunde vnnd wissen sey/niemand zu lieb/noch leid/vnd das nicht lassen/weder durch gaab/schenck/miet/gunst/neidt/oder haß/freundschafft noch feindschafft/forcht oder anders/wie das menschen hertz erdencken möcht/vnnd das keinerley vrsach vnderlassen/dadurch die warheit vnd gerechtigkeit verschwiegen noch vnderdrückt werde/vnd kein falscheit darein vermischen/sonder allein das jenig/so zu fürderung der gerechtigkeit dienstlich/vnnd auff mein frag gebüren würt/als ir Gott dem Allmechtigen am Jüngsten Gericht darumb antwort vnd rechnung geben solt/alles getrewlich vnd vngefehrlich.

Jetzunde sol als bald ein jeder zeug geloben/vnd darnach seine finger auffheben vnd nachsprechen.

Als ich mein trew geben/vnnd fürgehalten meynung verstanden hab/dem wil ich also nachkommen/getrewlich vnnd vngefehrlich/das schwer ich/als mir Gott helff der Allmechtig.

Form der Jüden eydt kundeschafft zugeben.

Ich N. Jude/schwere bey dem lebendigen Gott/der Himmel vnd Erden geschaffen hat/daß ich die warheit/so vil mir wissen/in diser gantzen sachen sagen wil/vnd keinerley falsch/betrug/oder vnwarheit darinn gebrauchen/oder inmischen/vnnd wo ich vnrecht schwere/daß ich ewiglichen vermaledeiet vnd verflucht sey/vnnd sol mich verzeren das Fewer/das Sodoma vnnd Gomorrha vbergieng/vnnd alle flüch die in der Thora im Gesetze geschrieben/vnd mich die Erde verschluck/wie Datan vnnd Abiran/vnd daß auch mein Fraw ein Witfraw/vnd meine kinder waisen werden/also helff mir das alles vnd jedes der war Gott Adonaj.

New Formular

Wann nun die zeugen gelobt vnd geschworen haben/ sol jhnen beschwerung mein eydts nachfolgender gestalt mit fleiß erzelt vnd vorgelesen werden.

Zum ersten/ welcher einen meineydt schwert/ der verleugnet sich Gottes des allmechtigen/ aller seiner Gnaden/ vnd des bittern leiden vnd sterbens vnsers lieben Herrn Jhesu Christi/ vnd aller seiner gutthaten.

Zum andern/ so nimpt der meineidig/ mit seiner falschen sag/ dem wider den er sagt/ sein ehre oder gut/ darumb er zeug sagt.

Zum dritten/ so betreugt er den Richter vnnd die vrtheil sprecher/ daß ein falsch vrtheil gesprochen wirdt/ vnd betreugt auch den/ wider den er sagt/ vmb das sein/ vnd gibts dem es nicht zůstehet.

Darumb mag der meineidig ewig nimmer selig werden/ er gebe dann dem/ widder den er sagt widerumb das er jme mit falscheit abgesagt hat.

Vnnd verdampt sich selbs damit ewiger peen/ vnnd entzeuche sich selbs aller erbaren Gesellschafft/ vnnd mag dannoch sein falscheit leichtlich erfunden werden/ so sein kundtschafft sag geoffenbart würt/ der wider partheien erlaubt/ jhr einred vnd außzug darwider zuthůn/ zubesuchen/ ob er in vnwarheit möcht begrieffen/ vnd also dem Richter zustraffen werden/ mit andern notturfftigen warnungen.

Der zeugen eyde/ soll in beydertheil gegenwert geschworn werden/ wo aber des fürstellers widertheil Citirt/ vnnd nit erscheinen wer/ mag der Richter oder Commissarj mit beeydigung vnnd verhörung derselben zeugen/ nichts weniger fürfaren/ als ob der widertheil gegenwertig were.

Wo aber Weibspersonen zu zeugen benennt werden/ soll mann zubeeydigung vnnd verhörung zu jne in die Heuser Commissarj schicken/ damit sie vor Gericht offentlich zu erscheinen verschont werde.

So die zeugen so gar alt/ kranck/ schwach/ oder arm vnd brechenhafft weren/ daß sie selbs eigener person zu Gericht nit kommen möchten/ so stehet in des Richters willen vnd macht/ daß er ein oder mehr tüglich personen zu verhörung derselben schicke vnd verordne. Desgleichen so der zeugen personen/ an jhne selbs so trefflich weren/ mag zu denselben von ehren wegen auch geschickt/ vnd jhr damit verschont werden/ damit sie nicht selbs vor Gericht stehen dörffen.

Die Richter oder Commissarj sollen auch die zeugen so beeidiget sein/ jeden insonderheit inn abwesen der partheyen erfordern/ jhne seins geschwornen eydts/ auch der peen des meineydts erinneren/ mit weiter fürhaltung (wie oben erzelt) daß ein jheder falscher zeug/ fürnemlich Gott den Allmechtigen/ bey dem er geschworen hat/ veracht/ daß er auch welter den Richter/ mit fürgebung der vnwarheit/ betriege/ vnd dann die vnschuldig parthey vnbillich beleidiget ɾc. Vnd wan solche erinnerung notturfftiglich beschehen/ sol als dann jeglichem zeugen die jrrung zwischen den partheyen angezeigt/ jhne auch die weiß artickel fürgelesen/ vnd zum aller fleissigsten von wort zu wort erklärt/ vnd er zeug ferner auff jeglichen puncten vnd derselben fragstück/ insonderheit der hauptsache/ vnnd aller vmbstende halber/ von der zeit vnd stadt/ vnd hören sagen ɾc. wegen/ nach gelegenheit einer jeglichen handlung/ eigentlich gefragt/ vnnd sonderlich die vrsach sein zeugens wissen/ bey jeglichem artickel mit fleiß erfaren/ daneben auch eines jeden zeugen geberd/ vnd erzeigen/ auch sein stand vnnd wesen/ eben angesehen/ vnd darauff das alles vnd zuuorab/ ob sich ein zeug in seiner sag vnbestendig/ forchtsam/ odder sonst verdechtlich gehalten heite/ mit besonderm fleiß vnd getrewlich nach lengs ordenlich auffgeschrieben werden.

Vnd auff den fall ob mann schon kein fragstück vbergibt/ so sollen doch die zeugen/ durch die Richter/ oder Commissarj auff gemeine fragstück befragt vnd verhört werden/ nemlich daß ein jeder zeug nach fleissiger erinnerung seines gethanen eydts/ vnd warnung von dem meineydt/ gefragt werde/ wie alt er sey/ ob er im Geistlichen Bann/ odder Keyserlicher Acht sey/ ob er dem fürenden theil/ mit Sipschafft/ Schwagerschafft/

oder

oder sonsten verwandt sey/vnd wie/vnd ob jhm etwas verheissen oder geben sey worden/ kundtschafft zu geben/vnd ob er etwas nutz oder schaden auß dem sieg/des fürenden theils zuhoffen/odder zufürchten hab/Item ob er einem theil mehr günstig sey/dann dem andern/vnd ob er von jemandt vnderricht sey/oder sich mit seinen mitzeugen besprochen hab/wie er kundtschafft geben sol.

Es sol auch einem jeden zeugen/nach seiner verhörung/sein sag/ob er der also gestendig/fürgelesen/vnnd folgends bey seinem gethanen eydt gebotten werden/dieselben in geheim zuhalten/biß nach eröffnung der kundtschafft.

Vñ auff den fall der ander zeug/allermassen wie der erst gesagt/so sol doch der Commissarj nichts weniger desselben andern zeugens sag/gleicherweiß wie die des ersten/von wort zu wort/auch von meinung zu meinung/wie er das alles von jme zeugen hört/abermals nach lengs auffschreiben/dann dieweil gemeinlich den partheien an verhör der zeugen sag am meisten gelegen/solle nichts vnderlassen/sonder aller möglicher fleiß fürgewendet werden/damit ein jeglicher zeug/mit erkündigung aller vmbstende/nach gelegenheit einer jeglichen handlung ein solche kundtschafft gebe/die vermütlich der warheit gleich sey/welches alles an bescheidenheit der verhörer mehrers theils gelegen. Wo sich dann einiger zeug/mit seinen worten/oder geberden also hielt/oder erzeiget/daß seiner sage nicht wol zuglauben wer/soll jhne der verhörer/mit bedrawung peinlicher erkündigung vnnd straff/zu anzeig der warheit zubringen/vnderstehen/vnd daneben wie er sich allenthalben/in seiner sag gehalten/fleissig auffschreiben lassen.

Item es mögen auch die Richter oder Commissarj die vberflüssigen fragstück zur sachen nicht dienstlich/abschneiden/deßgleichen so die zeugen in so gar vberflüssiger anzal on notturfft gestellt würden/mögen die Richter solchen vberfluß abstellen/vnnd würdet ziemlich nach vermög Geistlicher Recht/für einen vnzulessigen vberfluß geacht/so die anzal der zeugen vber 40. personen laufft. Doch sol dise abstellung mit einer solchen bescheidenheit geschehen/daß der zeugen fürer nicht mercken köndte/daß er gnug bewiesen haben sol/Der Richter mag jne auch also zusprechen/daß er allein die nöttigsten zeugen die der sachen am meisten bericht haben solle/vnnd die menig außzulassen/vt pulchrè docetur per Speculat. in titulo de numero testium versi. hoc etiam nota. Wie viel zeugen auch zu jeglicher sachen gebraucht werden sollen/wirt durch den Speculatorem in iam dicto §. restat. de testi. lauter außgetrückt.

Dennnach sey also kürtzlich vnnd summariter gnugsam von anzeig der zeugen verhöre gesagt/wil also fürther nun mehr im protocol examine testium/wie dasselbig ordenlich nacheinander verfertigt sol werden/fortschreiten/darin zusehen ist/wie mann dasselbig dem Richter zuschreibe/die zeugen der Producenten/vnnd gegentheil Citirt sollen werden/sampt andern mehr/wie vnderschiedlich folgt/also.

I.

1. Sol die Schrifften an Richter/von deren die Commission aufgangen/also formirt werden/vnd wie jeder Herrschafft der titel zugeben/hat man sich zuvornen/aussern eitelbuch allerdings vnd nach lengs zuersehen vnd zugebrauchen/vnd wil also das examen protocoll vnderm höchsten Weltlichen haupt außfüren.

Dem Allerdurchleuchtigsten/Großmechtigsten/Fürsten vnd Herrn/Herrn Maximilian/erwelten Römischen Keyser/zu allen zeiten mehrern des Reichs/in Germanien/zu Hungern/Bëhem/Dalmatien/Croatien/vnnd Schlauonien ꝛc. König/Ertzhertzog zu Osterreich/Hertzog zu Burgundi/Steier/Kerndten/Crain/vnnd Wirtemberg/ꝛc. Graffe zu Tyroll/ꝛc. meinem allergnedigsten Herrn/entbeut ich N. von N. ꝛc. mein aller vnderthenigste dienst/in schuldigster gehorsam allezeit zuuoran/vnnd füge Ewer Keyserlichen Maiestat aller vnderthenigst zuuernemen/daß inn der rechtfertigung vnnd sachen/sich an Ewer Keyserlicher Maiestat Hochlöblichen Keyserlichen Cammergericht/zwischen dem N. Klegern eins/vnnd den N. beklagten anderstheils/

New Formular

vnerörtert haltendt in puncto elisiuorum & declaratiuorum articulorum, an bersitten E. Key.Ma.hochlöblichen Cammergericht/ein Keyserliche Commission vnd befehl brieff/ sampt beyuerschlossenen Elisiuis & declaratiuis articulis, auff N.N.vnd mich gestelt außgangen/ aber durch obbemelten N. den producenten/ mir auff den N.tag des monats Martij nechstuerschienen dieses noch einschenden ꝛc. 67. Jars der minder zal behendigt/ auch derselbig einig zu vnderfangen begert vnd gebetten worden. Welche Keyserliche Commission ich aller vnderthenigst vnd mit gebürender reuerentz empfangen/ vnnd lautet dieselb von wort zu wort also.

II.

Commission.   Wir Maximilian ꝛc. vnd sol solche Commission mit seinem innhalt gantz vnd gar hieher inserirt vnd ingeschrieben werden.

III.

Nach solchem sol man die artickel inuerleiben mit disen worten/ so lauten die inngeschlossen Elisiui & declaratiui articuli also.

Artickel in sachen N. contra N.

Artickel.   Setz vnd saget darnach ꝛc. vnd also solche artickel zugleich durchauß einschreiben.

IIII.

Nach solcher inuerleibung der artickel/ sol der Commissarius nachfolgender massen sich verhalten.

Dieweil nun berürter Key. Commission vnd befelh/ ich mich vnderthenigst zugehorsamen vnd folge zuthun schuldig erkandt/ vnd mir dann durch den producenten N.die hernach bestimpten namen der gezeugen ernent vnd zugestellt worden. So habe ich demnach zu ehester meiner gelegenheit die bemelten zeugen alle auff einn benandten tag/ Nemlich auff N.tag/ den N. Monat disesꝛc. 67. jaro der mindern zal/ für mich gen N.in des N. behausung/ vnd daselbst in ein besondere stuben Citirt/ geheischen/vnnd geladen/ auff massen solchs mein an sie die gezeugen deßhalb außgangen Citation ferner außweist/ also lautend.

V.

Hieher sol als dann dit Citation an die gezeugen/ gentzlich gesetzt werden/wie folgt.

Citation an die gezeugen.   Ich N.vnnd nachbemelter sachen verordenter Key. Commissarius/ Entbeut den Edlen/Ehrnuesten/ Hochgelerten/ Ehrnhafften/ Wolgelerten/ vnnd Ersamen/ nachgenandten personen/ nemlich A.B.C.D.E.F.G.H.J.K. vnd L. mein gutwillig dienst/ vnd freundlichen gruß zuuoran/ vnd füge euch allen sampt vnd sonders zuuernemen/ daß in anhangender rechtfertigung/ vor dem hochlöblichen Keyserlichen Cassiergericht/ zwischen dem N. Klegern eins/ vnd N. beklagten andertheils/ von berürten Key. Cammergericht/ mir vergangner tagen ein Commission vnnd befelh/ neben einschliessung etlicher durch vielgedachten N. daselbst fürbrachter N. artickel/ wie auch dann dasselbig alles zu seiner zeit/ zuschen/ vnd lesen/ fürgelegt werden sol/ zu verhörung euwerer Personen zukommen ist/ Hierumb citier/ vnd heische ich euch alle/ vnd einen jeden insonderheit/ auß krafft angeregter Key. Commission vnd befelhs/ daß jr/ vnd euwer jeder insonderheit/ auff N.tag den N. monat schierst koffenden/ morgens zu früer taggzeit/ vmb sieben vhrn zu N.in des N.behausung vor mir erscheinet/ gewöhnliche pflicht/ vnd eydt/ gezeugnuß zuerstatten/ vnd fürther auff angeregte N.artickel/ vnnd anders dise sachen belangendt/ ewers wissens kundschafft der warheit zugeben/ vnd nit vngehorsamlich außbleibend/ damit deßhalben gegen euch mit gebürenden straffen der rechten zu procedieren vnnd zuhandlen nicht not werd/ darnach wissent euch zurichten. Geben vnder meinem zu endt fürgetrückten angebornen insigel/ auff dinstag ꝛc. Anno ꝛc.

VI.

Nach

Form.

Nach solcher Citation der Zeugen/ soll als dann der Commissari ferners also vermelden.

Solchen angesetzten tag vnd ort/hab ich gleichfals dem Producenten/vnnd dann auch den gegentheilen beklagten N. Ad videndum si vellent testes iurare & dandum interrogatoria, denunciert vnd verkündiget/vnd lautet nemlich die denunciation an den Producenten also.

VII.

Hieher sol als bald die denunciation wie folgt gesetzt werden.

Dem N. Entbeut ich N. vnd nachbemelter sachen verordneter Key. Commissari- *Denunciati-* us/mein gantz willig dienst zuuoran/vnd füge euch zuwissen/daß auff ewer bey dem Key- *on an produ-* serlichen Cammergericht beschehen vnderthenigs anruffen vnd begeren/ euch wider ewre *centem.* gegentheil N. zuberwisung etlicher ewerer fürbrachten N. artickel zuzulassen/vnd deßhalb Commission/in meliori forma zuerkennen/mir verruckter tagen/vom berürten Keyserlichen Cammergericht/ ein Keyserliche Commission vnd befelch zukommen vnd vberant wortet worden/ welche ich mit gebürender reuerentz vnd ehrerbietung aller vnderthenigst angenommen/vnd diewil ich mich derselben zugehorsamen vnderthenigst schuldig erkenne/so hab ich darauff die zeugen/ so mir von euch benent vnd angeben worden/auff N. tag/ den N. Monat schierst kommend/ für mich gen N. in des N. behausung des morgens zu früer taggezeit vmb 7. vhren zuerscheinen/fundtschafft der warheit auff ewer einbrachte/vnd mir gleicher gestalt zukoffene N. artickel/ vnd sonst in der gantzen sachen zugeben vnd sagen/wie recht ist/für mich geheischen vn̄ geladen/auch vorgedachten N. nach außweisung der Commission darzu verkündet/ welchen tag/stund/vnd malstatt/ich euch hiemit auch verkünd/ ob jr darbey sein/ oder schicken wölt/ die zeugen fürzustellen/die auff vnnd annemen/auch geloben vnd schweren zusehen vnd hören/ auch auff den fall einer oder mehr der zeugen euch mit eyds oder andern pflichten zugethan/den oder dieselben/ die zeit jres jeden verhör & ad hunc actum ledig zuzelen/ auch sonst alles zuthun/ was recht sein wirdie/daß jr erscheinet als dann also oder nicht/wirt nichts desto weniger mit der zeugen verhör vnd andern vmbgangen vnd volnfaren werden/ wie sich das vermög vilberürter Keyserlicher Commission gebüren thut/ das ich euch/ euch haben darnach zurichten/nicht sollen verhalten/vnnd bin euch zu willigen diensten jederzeit geneigt/ Datum N. vnder meinem zu end fürgetrückten angebornen insigel auff freytag den 2c.

VIII.

Nach solcher des producenten denunciation/ sol als bald die denunciation vnd verkündigung an die gegentheil nachfolgender massen gesetzt werden.

So lautet die denunciation an den Herrn gegentheil also.

Dem N. entbeut ich N. vn̄ nachbemelter sachen/verordneter Key. Commissarius/ *Denunciati-* mein gutwillig geflissen dienst zuuoran/ vn̄ füge euch dienstlichen zuuernemen/daß auff *on an gegen-* des N. bey Keyserlichem Cammergericht beschehen vnderthenigst bitten vnnd ansuchen/ *theil.* jhme inn deren gegen euch anhangender rechtfertigung/ zu beweisung etlicher seiner fürbrachten N. artickel zuzulassen/ auch Commission in meliori forma zuerkennen/mir verruckter tagen/von ermeltem Cammergericht ein Keyserliche Commission/sampt angeregten N. artickel (gleichwol neben mir auch auff andere gestalt)zu verhörung der zeugen/ so mir N. angeben/vnd auff solche Artickel/dauon ich euch hiemit Copey sampt der Commission/vnnd zeugen namen zuschick/ zuuerhören begeren wirt/zukommen ist/welches alles ich mit gebürender reuerentz vnd ehren entbietung aller vnderthenigst empfangen. Vnd diewil ich mich dann solcher Commission zugehorsamen vnderthenigst schuldig erkenne/ auch demnach vorhabens bin/die angegebenen gezeugen/auff N. tag/ den N. Monat schierst kommend zu früer taggezeit vmb sieben vhrn/ zu N. in N. behausung/wie sich angeregter Keyserlichen Commission nach gebürt/mit glübden vnd eyden auffzunemen / vnnd fürther der gebüre zuuolnfüren. So verkünde ich euch hiemit solchen tag/ stund vnnd malstatt/damit dieselb/ ob sie wöllen / als bann durch jhre geuolmechtigte

gewalt-

New Formular

gewaldthaber erscheinen/zusehen vnnd zuhören/die Zeugen auffnemmen/geloben vnnd schweren/auch fragstuck zu übergeben/vnnd im fall der zeugen einer oder mehr euch mit glübdten/oder andern pflichten zugethan/den oder dieselben solcher glübd vnd pflicht allein zu diser verhör/& ad hunc actum zuuerlassen/vnnd alles anders zuhandlen/was gebürlich vnd recht ist. Dann es erscheinen also ewer gewolmechtigte beselhaber oder nicht/ würt nichts desto weniger mit solcher auffnemung vnd anderem/rechtlicher gebür nach/ durch mich volnfahren werden/Darnach habend ihr euch zurichten.   Nota/ist es aber ein Fürst/oder Graffe ꝛc. so setzt mann für die wort (darnach habend ihr euch zurichten/ also/Welchs E.F.Gnaden/oder Ewer Gnaden ich nicht sollen verhalten.) Datum N. vnder meinem auffgetrückten ꝛc. auff Freitag ꝛc. vt sup.

IX.

Nach solcher dem gegentheil beschehener denunciation/sol der Commissarj odder zeugen verhörer/den denckzettel/so den zeugen zugestellt worden/vermelden/vnnd beyseten/wie folgt.

Der denckzettel/so nach verlesener Citation/allen/vnd jheden zeugen insonderheit zugestellt/vnd gegeben worden/laut also.

Memorial/ oder gedenck/ zettel den zeu gen. Ihr zeugen N.N. wöllen eingedenck sein/in sachen zwischen klegern eins/vnnd dem N. beklagten andertheils/vermög vorgehaltener vnd verkündter ladung/vnnd in krafft Keyserlicher Commission auff N. tag nechst künfftig/morgens früer tagzeit vmb 7. vhrn zu N. in des N. behausung/vor mir N. vnd obbemelter sachen verordnetem Commissario zuerscheinen/gewönliche pflicht vnd eydt/zur zeugnuß zuerstatten/vnnd fürther/auff dessen von N. einbrachte N. Artickel/vnd anders dise sachen belangend/so viel ihr dessen von mir befragt werden/ewers wissens/kundtschafft der warheit zugeben/vnnd nicht vngehorsamlich außbleiben/damit deßhalb mit gebürender straff gegen euch zuuolnfahren nicht not sey/Vrkundt mit meinem gewönlichen Bitschier zu endt verwart/vnnd geben auff ꝛc.

X.

Nach solchem gedenckzettel/sol der zeugen verhörer von wegen hieuoriger Citationen vnd verkündigungen/also nachuolgend vermelden.

Von insinuierung der Citation/Denun ciation/vnnd denckzettel. Dise vorgeschriebene Citationes, Denunciationes, vnd denckzettel/seind durch einen meinen darzu insonderheit beydigten botten/Oder so der Commissari oder zeugen verhörer/diener/oder schreiber hat/also.

Dise vorgeschriebene Citationes, Denunciationes, vnd gedenckzettel/sind durch einen meiner deßhalben beydigten diener vnd schreiber N.N. beider partheien/vnd dann auch den gezeugen/die sich dann gehorsamlich zuerscheinen erbotten/an ort vnd endt/da hin sie gehörig gewesen/gebürlich insinuirt worden/wie er mir dann dessen zu seiner widerkunfft gebürliche relation gethan hat.

Nota/ist es dann sach/das etwan dem botten/odder diener ꝛc. nicht allein vom producenten/sonder auch vom gegentheil vrkunden seiner beschehener insinuation vnnd verkündigung gegeben würdt/so sol solchs nach den worten (relation gethan hat) also vermeldet werden.

Innerleibun ge beider par theyen erfolg ter vrkunden/ etc. Vnd dann wann beyde Partheyen notwendige recognitiones fürgelegt/vnnd als dann solche recognitiones vnderschiedlich nacheinander/als anfenglichs des Producenten/vnd folgends des gegentheils vnd gezeugen recognition/oder vrkundt/inuerleibt werden.

XI.

Wo nun solchs also beschehen/sol der Commissarj/odder zeugen verhörer/ferners also vermelden.

Als

Zeugen verhörung. CCLXXI

Als ich nun vff obbestimpten tag vnd malstat des erscheinens/ beyd der Partheyen/ vnd dann der gezeugen erwartet/ ist anfenglichs in namen vnd von wegen des Producenten erschienen/ der Ernhafft N. in krafft eines habenden Gewalts/ den er als dann zuuerlesen vbergab/ erschienen/ vnd laut angeregter gewalt also:

Ich N. Bekenne/ ꝛc. vnd den Gewaldt als bald von wort zu wort nach einander jhn zuuerleiben.

Dem gewalt des Producenten.

XII.

Fürther so der gegentheil/ auch ein Gewaldthaber abfertigt/ daſſelbig also vermeldt. Aber in namen N. erschien N. vbergab gleichofals seinen Gewaldt/ welcher also lautet:

Dann als bald den Gewaldt von wort zu wort als obbestimpt/ also zusehen.
Ich N. bekenne vnd thu kundt/ ꝛc.

Des Gegentheils gewalt.

Nota. Wie mann solche beyde nechstuermelte Gewäld pflegt zuuerfertigen/ findet mann hieuornen vor anfang diser Zeugen verhöre/ in disem Büch/ laut Registers gnugsam forma/ oder Exempel.

XIII.

So nun also beyde Gewäld Inserirt worden sind/ soll der Commiſſari/ was beyde Parth ferters fürbringen/ vnderschiedlich nach einander vermelden/ Vnd so der Producent was fürbringt/ oder fürbringen lasset/ also anzeygen.

Nach verlesung beyderseits Gewäld/ vnd als dieselben zu disem Actu für gnugsam respectiue von beyden theyln/ auch mir dem Commiſſario gehalten worden/ Hat Producirender Anwalt die zeugen/ welche gleichofals alle (ausserhalb (nota) vff den fall es bescheht) N. vnnd N. welche sich zum theyl kundtbarer leibs schwachheit zum theyl mit dem Coiſſiſſario (so fert er anders deſſen wiſſens hat) bewuster Herrn geschäfft halber/ entschuldigt/ vnd in jren häußlichen wohnungen sich zuuerhören gebetten) auch geho: samlich erschienen/ fürgestelle/ dieselben so vil deren seinem Herrn vnnd Principal/ Bürgerlichen/ oder andern pflichten zugethan weren (aller jrer pflicht/ eydt/ vnd verwandnuß (jedoch allein zu diesem Actu vnd Zeugen verhör) so viel sie dieselben an jhrer auſſag verhinderen möchten/ ledig gezelt/ vnnd darauff innhalt der Commiſſion/ vnd nach auſſweisung der Rechten zuuerhören begert/ wie er dann dises vnd alles anders zu mein des Coiſſiſſarij Diſcretion gestellt haben wolt.

XIIII.

Nach solchem als bald was der gegentheyl Anwaldt fürbringt/ vermelden/ Als Exempel.

Also hat darauff N. nach beschehener Production vnd ledigzelung/ sich innhalt seines Gewalts vngefehrlich dahin vernemen laſſen/ daß er anfenglichs die fürgestelten zeugen/ so gegenwertig stunden oder abwesend weren/ souil derselben seinem Herrn vnd obren mit Bürgerlichen oder andern Pflichten zugethan weren/ derselben jhrer pflicht zu dieser verhör auch wolt erlaſſen haben/ Vbergab darauff seines Herrn Principal vnnd obren fragstück/ mit bitt/ die gezeugen nicht weniger auff die fragstück/ dann auff die Artickel zu verhören. Dann da solches wider sein verhoffen nicht beschehen solt/ wolt er jhme hiemit seines Herrn notturfft vnnd einred/ wie auch gegen der Zeugen auſſag vnd Personen/ in alweg vorbehalten haben.

Nota. So dann dem Examen ein Notari adjungirt wirdt/ als bald/ auff hieuorige inred anzeygen/ als folgt:

Nach dem auch vnd zum andern/ die Coiſſiſſion seinem Herrn vnd obren außtrücklich zuließ/ einen vnpartheyischen Notarium dem Examini zuzusetzen/ so wolt er seines Herrn vnd obern Staattschreiber/ den Ernhafften N. hiemit zugeset vnd adiungirt/ den selben auch aller seiner pflicht vnd eydt/ damit er seinem Herrn vnd oberen zugethan/ ledig gezelt vnd erlaſſen haben/ Mit bitt denselben also auffzunemen vnnd befohlen sein laſſen.

New Formular

Auff den fall also etlich Zeugen noch nicht erschienen vnd abwesend weren / mag dise innred also bald darauff folgen/ als in disem nechstfolgenden Exempel zusehen.

Zum dritten/ nach dem der Zeugen etlich jetzund abwesende/ vnd seiner gelegenheyt nit sein wolt/ denselben vnnd einen jeden insonderheyt nachzureiten/so wolt er die sach mit dem Commissario/vnd dem Herrn Adiuncto/dieselben aller gebür nach/mit pflichten vñ eyden zubeladen/ heymgestellet haben. Welches alles producirender Anwaldt/in gleichen durchauß angenommen vnd bewilligt/ Vnd lauten die vbergeben fragstück also:

XV.

Fragstück. Nach solchem sollen dann als bald die fragstück gesetzt werden/ also:
Vor euch den Ernuesten/ꝛc. vnd gentzlich gleichlautend inschreiben.

XVI.

Nach dem allem soll der Commissari oder Zeugen verhörer/nicht allein die Zeugen/ sonder auch den Adiunctum (so fert einer adiungirt worden) mit pflichten vnnd eyden/ in beysein beyder Parth beladen vnd schweren lassen/ vnd solches wie folgt/ im Examen als bald nach den fragstücken setzen/ also:

Als ich nun beyde theil nach notturfft gehört/ Hab ich darauff die gezeugen/desgleichen auch den zugeordneten adiunctum mit pflichten vnd eyden aller gebür nach beladen/ welche pflicht vnd eydt sie auch also leiblich/in beysein beyder Partheyen erstattet/ Nemlich die gezeugen/daß sie wolten in diser sachen ein lautere warheit sagen/niemandt zu lieb noch zu leidt/vnd hierinnen nicht ansehen/gab/miet/schenck/feind oder freundschafft/oder sich jchts anderst/so sie daran verhindern/wie sie dessen einest am jüngsten Tag Gott dem Allmechtigen rechenschafft zugeben gedechten. Vnd dann der Notarius/ daß er sich wie einem Notario gebürt/in diser sachen verhalten/keinem theyl vor eröffnung dises Examinis/die außsag/ weder geschrifftlich noch mündtlich eröffnen wölte.

XVII.

So nun solches wie erzelt also beschehen/so soll als dann der Zeugen sage vnderschiedlich nach einander folgen/ vnnd zuvorderst den Titel derselben mit den worten/Folgt der Zeugen sage/ setzen/ vnd fürter in der zal der Zeugen/ordenlich nach einander/ vom ersten biß zum letzten fortfaren/ Vnd hab also ein Exempel/wie die zeugen verhört werden (allein zu besserem bericht vnd vnderweisung der jungen angehenden vnerfarnen Schreiberen/vnd sonsten keiner anderen gestalt (wie auch diß gantz Examen/ denselben allein zu vnderrichtung (mit vorbehalt eines jeden baßverstendigen verbesserung) angefangen) beschicht/hieher gesetzt/als Exempel.

Anfenglichs soll dem Zeugen die gemeyne fragstück fürgehalten/ vnd was er darauff sagt/ ordenlich/ teutschlich/ vnd fleissig auffgeschrieben/ vnd im anfang seiner sag also gemelt werden.

Der erste Zeug.

Zeugen sage. Philips N. diser verhör der erste Zeug/ ist auff hievor gethane pflicht vnnd erstatten Eydt/der schwere meineydts/auffs ernstlichst erinnert worden/der sagt uff fürhaltung der gemeinen fragstück/er wone zu N. sey ein Ape zu N. uff die 40. jar alt/laß sich seines reichthumbs benügen/ sey nicht in Bann oder Acht/ sey des Producenten Schwager/zu solcher sachen kundtschafft zusagen nicht gebetten/ oder angelernt/ auch einige schenck nicht gegeben worden / wisse oder verhoffte diser sachen/ vnnd seiner kundtschafft sage/kein gewinn/nutz/ oder fortheyl zuhaben/ Sey keinem abgünstig/ gönne einem souil als dem andern/ hab sich mit seinen mitzeugen/was/ oder wie er zu kundtschafft sagen soll/ oder wöll/ nicht vnderredt/ oder vereinigt/ vnd gönn dem so füg vnd recht zur sachen das Recht/ vnd weiter auff andere gemeine fragstück wol vnd vnpartheyisch geantwort.

Nota. Werden aber gemeyne Fragstück vom Gegentheyl dem Commissarj vbergeben/ So soll vnd mag dasselbig von einem puncten oder fragstück zum andern ordenlich nach einander verhört/ vnd jhre außsag getrewlich gesetzt werden.

Wann

Zeugen verhörung. CCLXXII

Wann nun der Zeug also auff die gemeyne Fragstück verhört / vnd dasselbig auffgeschrieben worden / soll der Commissari des Producenten Articfel / in der ordnung wie sie gesetzet sind / ordenlich von einem Articfel zu dem andern die Zeugen mit allem fleiß verhören / vnd da der Zeug einen oder mehr Articfel war sagt / vmb vrsach seines wissens/ꝛc. gefragt / vnd derselben aussag zum getrewesten als nachfolgt / ingeschrieben werden.

Auff den ersten Articfel anfahend / anfenglich sagt vnd sagt/ꝛc. Sagt der Zeug daß derselbig war sey / vrsach seines wissens anzeigt / es sei Articulirte Margreth sein schwester / vnd Jacob von N. sein Schwager gewesen.

Auff den andern Articfel / anfahend / Item ist war / daß beyde erstbemelte Eheleut ꝛc. sagt Zeug denselben/ꝛc. was er zeug dann nun für antwort darauff gibt mit fleiß vffzuschreiben / vnd also von einem Articfel zum andern durchauß / vom ersten biß zum lezsten fortfaren. Allein soll vnd kan ich hienehen nit verhalten / daß etwan nicht allein vom gegentheyl besondere Fragstück auff die Articfel / sonder auch etwan vom Producenten / odder derselben Anwälden Specification schrifften / welche / vnd was Personen/ꝛc. auff jeden / vnd vff welchen Articfel verhört werden sollen / obergeben wirdt/ꝛc.

Da sich dann solches begibt / sol der Commissari fleissig achtung haben / auff welchen Articfel die Fragstück gestellt / Exempel: Als wann die besondere fragstück/auff den 1.2.3. 4.5.6.7. vnd 8. oder mehr Articfel gestellt weren worden / soll mann mit ermelten Articfeln biß auff den leysten fortfaren / vnnd als dann nach demselbigen als bald die fragstück auff solche Articfel gestellt / vor die hand nemen / vnd die Zeugen darauff verhören / vnnd also dem Examen wie folgt inuerleiben.

Besondere Fragstück / vnd sonderlich auff den 1.2.3.4.5.6.7. vnnd 8. Artickel.

Auff das erst besonder Fragstück / anfahend / Item ob nicht war/ꝛc. antwort Zeug / daß innhalt desselbigen durchauß war sey / dann er selbsten auff der theilung als ein nechster freündt gewesen.

Auff das ander besonder Fragstück anfahend / Item ob nit war/ꝛc. Antwort Zeug / es sey/ꝛc. was er dann nun für antwort gibt/ꝛc. vffschreiben / vnd also wie oben mit den Articfeln vermeldt fortfaren/ꝛc.

Wann dann also der Zeug auff alle Fragstück verhört / vnd solches auffgeschrieben worden / soll mann den Zeugen beim 9. Articfel widerumb anfahen zu examiniren / biß er auff alle Articfel vnd beyhendiger Specification/ꝛc. verhört worden / also.

Auff den 9. Articfel anfahend / Item ist war daß nichts ꝛc. sagt Zeug / er ꝛc. was er dann sagt mit fleiß auffzuschreiben / vnd also wie offt vermeldt biß zum ende aller Articfel vnd fragstücken fürfaren.

So der Zeug also gentzlich auff fragstück vnd Articfel verhört / soll jme Zeugen das stillschweigen auffgelegt vnd also nach seiner sage / wie folgt ingeschrieben werden.

Vnd hat Zeug hiemit sein sag beschlossen / vnd ist jme gebürend stillschweigen biß zu rechtlicher offenbarung aufferlegt worden.

XVIII.

Wann nun die Zeugen alle verhört / vnd in ein Protocol oder Examen fleissig aller dings auffgeschrieben worden / soll es zu ende desselben nachfolgender massen an Richter geschrieben vnnd verschlossen vnder seinem / oder jren/ꝛc. Insigeln (innhalt der Commission) oberschickt werden.

Wann nun / Allergnedigster Herr / die sachen vnnd handlungen alle vor / vnd durch mich / wie oben gemelt / also ergangen / vnd verrichtet worden / auch die Gezeugen alle / daß diß wie vorgemelt / jr entliche kundschafft / darauff sie auch biß in jr end verharren wolten / bey jrem eydt vnd seelen seligkeit / nach gnugsamer erinnerung erhalten. So hab ich dem nach E. Key. Maie. allergnedigsten gegebnen befelch zugehorsamen / ich solches alles in

B j   ij

New Formular

gegenwertige form gebracht/vnd mit meinem angebornen Jnsigel/in vnnd außwendig zur notturfft besigelt vnnd verwaret. Thu derselben Ew. Key. Mt. solches alles also verwart vberfenden/vnd zu derselben Gnaden mich aller vnderthenigst befelhen.

Ewer Key. Mai.

Aller vnderthenigst gehorsamer

N. N. zc.

XIX.

So nun solches verricht/vnd etwan dem Examen vnd zeugen verhör ein Adiunctus zugeordnet vnd gesetzt worden/soll solcher Adiunctus der Zeugensag vnd alle handlung neben vnd mit dem Herzn Commissari flassig in ein sonder Prothocoll vffschreiben/Nach folgendts solches mit gedachtem Herrn Commissari collationiren/auscultiren vnd verlesen/vnd nach solchem sich nachfolgender gestalt vnderschreiben/vnd sein angeborn Jnsigel neben des Herrn Commissari Jnsigel aufftrucken.

Vnd dieweil ich N. N diser Keyserlichē Commissiō sachen/adiungirter Notarius (vel in sachen adiunctus) bey fürstellung/offnemung/beyeydigung/vnd abhörung/aller obgemelten zeugen gewesen/ihre außsag/auch andere obbemelte verhandlung mit helffen beschreiben/vnd folgendts dasselbig/wie es in diß Rotul durch den Herrn Commissarium verfasst vnd mundirt worden/mit jme dem Herrn Commissario/auß den Originaln Protocollen helffen Collationiren/solches alles nit anders/dann wie es sich in der warheit zugetragen/vnnd sonst vnser beyder Prothocollen nach/auff das wenigst in effecttu/gantz vnd gleichlautend/gerecht/vnnd gemeß befunden/auch bey beschliessung desselben gewesen/hab ich deß zu vrkunde mein angeborn Jnsigel allhier thun aufftrucken/vnd mit meiner eygenen hande vnderschriben.

Johan N. Notarius/vnd in diser Key. Commission sachen Adiunctus/sst.

Demnach wil ich also von verhörung der Zeugen/nach meinem vermögen/kürtzliche fürbildung vnd meldung gethan haben/Der zuuersicht/es werden sich die junge angehende Schreiber(der ich selbsten noch täglichs zulehrnen beger) nit allein in solchem/sonder auch in allen vorgehenden Exempeln/mutatis mutandis, gnugsam darinnen zuersehen haben / Vnd da auch etwan in verhörung der Zeugen/von beyden Partheyen(dann die beweisungen vermög der Rechten mancherhandt)brieffliche vrkunden/Jnstrumenten vnd anders/zc. fürbracht werden solt/nun mehr dasselbig wol abzucopieren/die Originali wider hinauß zugeben/vnd folgendts in das Examen / vor anfang der zeugen verhöre zu ingrossieren/deßgleichen derselben beyden fürtragen/zc. vor anfang der Zeugensage/vff zuschreiben wissen. Der Allmechtig gütig Gott/der aller guten ding ein anfang/mittel vnd end ist/wöll vns nicht allein hie auff Erden zeitlich/in fridtlichem leben vor zanck/hader/vnd vneinigkeyt/sonder auch folgendts vns ewiglichen in seinem höchsten thron des Hiͤmels bey seinen Engeln/vnd allen Christglaubigen Seelen erhalten/In welcher seiner Göttlichen Maiestat namen/ich diß mein besonder hochdienstlich Titular vnd Cantzley Büch mit seinen inuerleibten Formularien(doch jederzeit der hocherfarnen vnd baß verstendigen verbesserung vorbehalten)beschliessen thů. Damit Gestrenger gebietender Herr Haußcomenthur E. E. vnd St. vnderdienstlich bittende/dieselben wöllen zugleich ich hieuornen zu anfang gebetten/dise Rhetorie günstiglichen von mir empfahen/auff vnd annemen. Hiemit E. E. vnd St. in schutz des Höchsten glücklichen/vnd zu deren E. St. gunsten vnd diensten mich meinem zuuorderfsten erbieten nach vnderdienstlichen befelhen thů.

Darum vt supra.

SOLI DEO GLORIA.

¶ Ende dises newen Titular vnd Cantzley Büchs.

Register dises newen Form vnd Tictular Büchs / nach ordenung des Alphabeths gesetzt / Zeyget (a) die erste (b) die ander seit des Blats.

A.

Abdanckung vber gehabter mühe inn vertrags handlungen 225 a
Absonderung vom Landgericht einer Statt 219 a
Abheischung vom Königlichen Hoff 216 b
Abheischung von Rotweil 218 b
Abheischung von Westphalen 217 a
Abheischung vom Key. Cammergericht 216 b
Abkündung dienst in Schrifften 140 b
Abkündung von Feindschafft herrüren 81 a
Abschiede vber getroffene kauffs handlung 114 b
Abschlagung einer gütlichen vnderhandlungs tag fewer zu prorogieren / 2c. 51 a
Abschlagung vmb hilff vnd beystande in Vheden / 2c. 84 a
Abschreibung einer Disputation / sampt angehenckertem befelch dem Quodlibetario sein besoldung zuerrichten. 73 a
Abscheidung vber beschehen erforderung gen Hof zukommen. ibid.
Appellation zettels form 232 b
Armbrostschiessens außschreiben 211 b
Auffsagung lehens in Vheden 81 a

B.

Befelch bey beschehener Innsatzung hand zu haben. 214 b
Welch Brieff oder geheiß / die Kriegsleut so ohn Passporten vom hauffen ziehen / vnd betretten werden / in hafftzuziehen. 159 b
Beförderung eines dieners 76 b
Beförderung in erhöhung Zolls zubewilligen ibid.
Begängnuß einer verstorben Fürstin zuhalten / bitt 230 b
Beger sich auff einen tag sachen halb fürderlich zufügen 231 b
Bekandnuß / da ein bestender seinem Lehen herrn vber gethane Rechnung schuldig blieber 128 a
Bekandtnuß oder Reuerßbrieff vber rechnunge 129 a
Bekandtnuß vber geliefert Gült 128 b
Bekandnuß vnnd verschreibung vmb acht tausent gülden gelehens gelts / mit Bürgschafft 124 a
Bekandtnuß odder vrkunde vber außstendigen Rest / 2c. 125 a
Bekandtnuß oder verbindung vber fünffhundert gülden entlehents gelts 126 a
Bekandtnuß vber vierzig gulden / so mann an einem kauff schuldig blieben 127 a
Bekandtnuß in form eines Revrshettels vber geliehen gelt 128 a
Bekandtnuß vber vorgestreckts meel 127 a
Bekandtnuß vber zugestelt jagens gerechtigkeit auff etlich jar 129 a
Beklagung vber Vhede / mit bitt / darinn zum fürderlichsten zu rath vnnd statten kommen 83 a
Beklagung vber verkündigung Kriegs empörunge. 84 a
Bergzwercks freyheit vnd ordnung 169 a. 171 a
Bestallung einem Decret / Rath / Diener / 2c. 201 a b. 196 b. 197 a b. 198 a b. 205. 206. 207
Bestallung eines Amptmans oder Schultheisen 199 a
Beschreibung sachen halb daran gelegen 87 a
Bestendtnuß Brieff vber ein Tschwasser / 2c. 151 b
Berrelbrieff / zu stewer an außbawung einer Kirchen 166 b
Beweisung eins vom Adel seiner vier Anhern 181 b
Bewilligung sachen gütlich zuvertragen 225 b
Bewilligungs Brieff ein Testament auffzurichten 179 a
Beziegs entschuldigung 230 b
Bitt einen ledig zulassen / auff daß er seiner verstrickung auch erledigt vnd loß werde 84 b
Bitten vnd fürdernuß vnd begerung widerantwort 62 b
Bitt vmb fürderung einer Statschreiberei 63 a
Bitt vmb fürdernuß / vnd leidenliche frist vnnd zu schulden halben 63 a b
Bitt vmb gnedige annemmung einer Keyserlichen Commission 231 a
Bittbrieff vmb zustellung eines Pferdes 62 b
Bitt vmb leihung eines Dieners / Statschreibers / 2c. 231 b
Bittbrieff vmb instellung einer sachen an Commissarien 64 a
Bitt vmb warnungs Brieff in Kriegslaufften 77 b
Botten brieff 215 a
Bürgen brieff 196 a
Burgkmann inn Kriegsläufften zunahmen / Burchzug zuthun. 79 a b

C.

Canonicats insatzung 213 a
Cayplanen præsentation vnd insatzung 214 a

Register.

Cession vnd vbergab vber schulden 143 a
Cession vnd vbergab etlicher Jurapatronatus vnd Pfarrlehen ibid.
Chur vnd Fürsten/ Geistlich vnd Weltlich Titel 15 a ıc.
Citation vnd Geleyds brieff miteinander 46 b
Citation oder ladung auff Arrest oder gekümmert Güter ibi.
Citation odder ladung auff ligende Güter/ odder grundt vnd boden 45 a
Citation cum inhibitione 44 b
Citation in befolhenen oder Delegirten sachen 46 a
Citation oder ladung in causa Appellationis 44 b
Citation Erben contra Erben/ Appellation sach zu prosequiren 45 b
Citation eines Commissarij an die Gezeugen so vngehorsam außbleiben ibi. a
Citation in causa Iniuriarum 44 a
Citation zum Manngericht 45 b
Citation zum Rechten ibi.
Codicills vnd Testaments vnderscheyde 258 b
Commission zeugen zuuerhören 264 a b. 265 a
Compaß brieff/ von wegen verhörung der zeugen 262 a. b.
Compulsorial vnd zwangsbrieff 261 a. b.
Confirmation vnnd bestettigung vber Freyheyt zu Roetweil abzufordern 175 b
Consuetudo, Gewonheyt 258 a
Contractus, Vertrag 257 b
Credentzbrieff 219 b. 220 a. b.

D.

Dancksagung eines Fürsten Bottschafft einem Rath 223 a
Dancksagung nach essens den erschienen Hochzeit leuten 226 b
Dancksagung vmb erlösung auß trübsal/ ıc. 223 a
Dancksagung vber warnung 225 a
Dienstflichten erlassung oder ledigzhung/ıc. 211 b

E.

Eheuersprechnus verzieg vnnd ledigzhung 242 a
Einigung der Herrn/ die Westphalischen Gerichte antreffend 103 b
Einigung ein pfenning Müntz zuschlagen 105 a
Einigung einer gemeinschafft an Schlössern der Fürsten 99 b
Einigung etlicher Fürsten jhr lebenlang 101 b
Empfahung eines Römischen Keysers 223 b
Entschuldigung einer vnbillichen sachen/ so der Keyserlichen Maiestat fürtracht 82 a
Erbietung vber abreisen 224 a
Erstreckung eines tags 50 a
Ersuchung vmb hülff/ da eiser den andern mit gewalt vberziehen wil 81 b

Ersuchung vmb zugefügten schaden erstattung zuthun ibid.
Executorial 262 b. 263 a. b
Exempel/ wie Chur vnd Fürsten einer Königin/ Fürstin/ vnd Gräuin/ in jhren Missiuen pflegen zuschreiben 33 b

J.

Feindschafft ledigzhung 92 b
Feindsbrieff der Hauptleut 80 a
Feindsbrieff offner form 79 b. 80 a
Feindsbrieff der Steet vnd helffer 80 b
Frei vnd Reichsstette Titel 27 a
Friedbrieff in Vheden 93 a
Fürbitt odder fürdernus eines Stattschreibers Ampt 67 a
Fürbitt vmb ein newe Bottenbüchsen ibi.
Fürdernus brieff vmb ein Schul/ vnd hierauff antwort 66 b
Fürderung einer Jungfrawen/ sie in einem Fürstlichen Frawenzimmer auffzunemen 74 b
Fürderung vmb erlangung gebürenden Erbs 76 b
Fürderung vmb erlangung langer bekandtlicher außstendiger schulden 75 a b
Fürsten Botschafft dancksagung einem Rath 223 a
Fürstenbrieff/ da ein Herr von Key. Ma. gefürstet wirt 215 a

G.

Ganerben lehen 153 b
Geburts brieff/ vnd vrkunde eines abscheidens 129. 129 b. 130 a

Geleyde neben den abheischungen gen Roetweil schicken ibi.
Geleyde vnd Zollbrieff 163 b. 164 b
Geleyde zur rechnung 162
Geleydsbrieff den Kauffleuten in die Franckfurter Meß 162 a
Geleydsbrieff der Juristen ibi.
Geleyds brieff einem außreitenden ibi.
Geleyds brieff/ so die Keyserliche Maiestat vber anstreichung ihrer Keyserlichen Maiestat geschäfften gibt 162 a
Geleyds brieff zu Rechte für gewalde ibi.
Geleydes widerrauffung vnd versagung 164 b
Geheyßbrieff/ bey einer Statt/ warumb man jemands seinen Geburts brieff fürhalt/ odder nit verfertigen wil/ zuerkündigen 161 a
Geheyß brieff vmb abtreibung der widersacher in Kriegs empörung 160 a
Geheyß brieff vber einräumung Hauß vnd Hoffs 161 a
Geheyß einem Jäger essen vnnd trincken geben/ vnnd notwendige hülff im Jagen thun lassen ibi.
Geheyß Dinten vnnd Wachs zur Cantzley zugeben ibi.
Geheyß

Register.

Geheyß die Geleyde straſſen zubeſſern 162 a
Geheyß einen Bürger/Amptmann/ꝛc. auffzunemen 160 a
Geheyß/odder Geleydsbrieff/an die Ampeleuthe in den Weiſſen zugeleiten/in offener form 161 b
Geheyß vber außrichtung dienſtleen 160 b
Gehçiß vnd ledigzelungs brieff der lehenmänner/ da ſie an andere Herrſchafften/die Lehen ziemlich gewieſen werden 158 b. 159 a
Geheyß Rechnung zuthun 160 a
Geiſtlichen ſtandes Titel 13 a
Gewalt gütlich oder Rechtlich von wegen erkauffer Ecker zuhandeln 55 a
Gewaldgebung in form eines Inſtruments inn Rechtshändeln 61 b
Gewaldt eines Fürſten etlichen ſeinen Räthen anſtatt ſeiner F.G. zuhandlen 56 a
Gewaldt lehen bey der Keyſerlichen Mateſtat zu empfahen 58 b
Gewalde oder macht Brieff ſtewer einzunemen 60 b
Gewaldes Brieff/ſo einer vonn tragenden ampts wegen am hochlöblichen Keyſerlichen Cammergericht zuhandlen vbergibt 61 a
Gewaldt ſchulden vnd Erb einzubringen/guter form 57 b, 58 a. 59 b. 60 a
Gewalde/ſchulden gütlich odder Rechtlich einzubringen/vor der Oberkeit vßgerichr 57 a
Gewalde vber veranlaßten ſachen/ſo ein Fürſt ſeinem Son vbergibt vnd befihle 55 b
Gewalt vorm Fiſco/außſtendiger anlag vnd Türcken hülff halber/ꝛc. zuhandeln 56 b
Gewaldt/wechſchafft vnnd verkauffte Güter thun zulaſſen 56 a
Gewalde zum Rechten/Schatzung vnd Steewr/ auch Oberkeit vnnd Gerechtigkeit belangentß 54 b
Gewalde zum betrag vnnd zur gütlicheyt 60 b
Gewalde zum Rechten auff beſchehen Appellation von der Oberkeye auffgericht/guter form 53 b
Gewalt zum Rechten/vmb brüderlich anerſtorbene Erbfall ibi.
Gewalt zum Rechten in ſchmähſachen/an das Keyſerlich Cammergericht 52 b. 54 a
Glückwünſchung einem Fürſten der ins Regiment kompt 233 a
Glückwünſchung zum Eelichen ſtande 226 b
Grauen vnd Freyherrn Titel 22 a

H.

Hertzogen Titel 19 b
Heyraths beredung vnder ledigen Perſonen 150 a. 151 a
Heyrathsbrieff der andern Ehe/da beyde theyl einander Kinder zubringen 144 b

Heyßbrieff die Vnderthanen ſich bey hoher ernſtlicher ſtraff in fremder Herrn dienſt nicht beſtellen zulaſſen/ſampt angehencktem befelch/ wo ſolche vberfarer betretten/verſtrickliche/ꝛc. zu halten 78 a
Heyßbrieff/ ein Regiment hoher Teutſcher Kriegsknecht mit Proviant vnd billiche bezalung fürſtendig ſein ibi. b
Vff Hochzeit außbleibens entſchuldigung 226 a
Hochzeit ladung 225 b

J.

Jndult vnd friſt vber lehen empfengnus 158 a
Jnhibition der Commiſſarien/ſo der Richter von dem Appellirt iſt/fürther vber beſchehen Appellation richtet 237 a
Inſinuation der Notarien/ſo mann zu ruck auff die Inſtrumenten der beſchehen Appellation ꝛc. pflegt zuſchreiben 238 a.b
Inſtruction was 223 a
Inſtruction/wes ſich ein vberſchickte Botſchafft in werbungen zuhalten 220 b
Inſtrumentum appellationis, inn ſchmähſachen/ꝛc. 232 a. 234 a
Inſtrumentum appellationis vonn einer beſchwerten vrtheyl 236 b
Inſtrumentum Inſinuationis 238 a
Inſtrumēt einer Appellation vor die Röm. Key. Mai. güter halben 235 a
Inſtrumenten Proteſtation vonn wegen auffgerichts Teſtaments 239 b
Inſtrumēt Emancipationis 261 a
Inſtrumēt vber empfangner ſumma einem andern legirten gelts/ꝛc. 240 a
Inſtrumēt vber erkündigung der Stewerſprechnus 239 a
Inſtrumēt vber außgerichte Erbſchafft der Teſtamentarien 241 a
Inſtrumēt vber etlich maler Ron ceſſion vnnd vbergab ibi.
Inſtrumēt vber gegebene rechnung vnnd lifferung/ꝛc. bey Teſtamentarien anzuhoren/den Reſt kunemen/vnd darüber quitiren 242 b
Inſtrumēt vber erkauffte Pfründe 243 b
Inuentarium vber Haußrath/odder verlaſſenſchafft 244 a
Juden Eyde 268 a
Juden geleyde 164 a.b

K.

Kauff oder Güteuerſchreibung 184 a. 186 a. 188 a. 189 a. 193 b. ꝛc.
Klagbrieff eines freundes gegen dem andern/ꝛc. 229 b. 230 a
Klagbrieff vnd tröſtung vber vngeſchicht 227 a
Kundſchafft brieff 267 a

L.

Ladung oder Citation in cauſa Appellationis 44 b

Register.

Ledig lassung auß verstrickungen 84 b
Ledigzelung eines Fürsten/so in Kriegsvheden gefangen worden/rc. 89 b
Ledigzelung eines gefangenen gegen dem andern 93 a
Ledigzelung endes vnd pflichten 159 a b.
Legitimation oder begnadigung/da einer auff ansuchen seines Vaters/als ein Thekinde legitimirt vnd begnadet wirt 177 a
Lehenbrieff der Herrn 152 b.153 b
Lehenbrieff vber Burcklehen 153 b
Lehens auffsagung in Vheden 81 a
Lehen empfengnus 152 b
Lehen Reuerß vnd bekandtnus vber erkauffte vnd auffgezeichte lehen güter 153 a
Lehen reuerß vber Erblehen 154 a b.
Leibeygenen ledigzelung 232 a

M.

Machtbrieff odder gewaldt kundschafft zunemen/ vnd seine jrer end ledig zusagen 265 a.266 a.
Mandat einen angenommenen Pfarhern widder abzuschaffen 51 b
Mandat gegen jemandes widder gewalt/vermöge landtfriedens/thätlicher weis nichtes vorzunemen ibid.
Mandat zeugen jrer pflicht ledig zusagen 267 a
Mandat zu abziehung der jenigen/so ein Statt belägert haben 52 a
Manungs Brieff vffs fürderlichst sich zu Roß mit fries vnd harnisch anheims zuhalten 78 a
Manungs Brieff/sich gerüst gen Hof zuuerfügen 78 b
Manungs Brieff/sich ins Feld zurüsten/vnd in heroumsch zuhalten 79 a
Manungs oder Bietbrieff/mit Roß vnd Wagen gerüst ins felde zuziehen ibid.
Meß presentation vnnd verleihung/vmb Gottes willen 214 a
Missiua/da einer zu seiner Haußfrawen/die in todes nöten list/beschieden wirt 72 a
Missiua einer Salutation/mit wünschung eines glückseligen newen jars 69 a
Missiua einer wideranntwort vber abschlagung etlicher Güter 67 a
Missiua gelt auffzubringen 70 b
Missiua in etlichen sachen Comissari zugeb 68 b
Missiua odder beselch einem Pfleger/einen seiner vnderthan zur gütlichen verhöre zur Cantzley zubescheiden 71 a
Missiua Partheyen gütlich für sich fordern/vnnd zuuertragen ibid.
Missiua vber außgeben an hindergelegtem gelt/gebürlich rechenschafft zuthun ibi. b
Missiua vber hinderruck beschehen verheirathung/ mit dunckler außgehessser bitt dieselbig bleiben zu lassen ibi. b
Missiua vber versagte Güter/die in Vheden erobert worden 67 b

Missiua vmb begerung järlicher dienst besoldung 68 b
Missiua vmb begerung paß vnd fürdernus 67 b
Missiua vmb erlaubung oder gunstigung eines Doctors 68 b
Missiua vnd foderung außgeliehens Gelts 69 a
Missiua vndfrag zuthun/vmb einen geliehrten vnd tüglichen Artzney Doctor 71 b
Missiua vmb Gütern mit zusiegeln vnd Brief zu werden ibi. a
Missiua vmb prorogation 49 a
Missiua vmb sachen bericht zuthun 71 b
Missiua vmb wider erstattung/so jemand was im Gleydt genommen worden 70 a
Missiua vntügliche Doctores nicht zur Promotion zuzulassen 69 a

N.
Newerung abzuschaffen Supplication 214 b
Notariat vnd Schreiber kunst 257 a
Notarius was ibi.

O.
Obligatio, verbindung 275 b
Ordnung wes sich die vom Adel vnd knechte auff Reichstägen verhalten sollen 168 b

P.
Paßport einem Kriegßmann/so vndern Hauptman ein zeitlang gelegen 131 b
Paßport einem Trabanten 132 a
Paßport einem Trossen 131 b
Paßport eines Grauen vnderpreceptors 132 a
Paßport eines Kriegsrath vn Hauptmans 131 a
Paßport eines Stalknechts oder dieners 132 a
Paßport eines Wachtmeisters 131 a
Paßport vnd erkundt/vber erlegten Türcken schatzung vnd gefengnus ibi. b
Pfründers presentation vnd insatzung 213 b
Pfründner verschreibung/so in Spital auffgenommen werden 211 a
Proclamen oder Edict schulden halben 168 b
Promotorial einen Boten seines verdiensts gütlich zubezalen 65 b
Promotorial einen enttklagbafft zumachen/odder auff den fall Rechtlich von die Cantzley vndescheiden zulassen 66 a
Promotorial entwerte Güter wider folgen zulassen ibi. a
Promotorial erledigung gefengknussen ibi. a
Promotorial odder befürdernuß/so ein Vniuersitet an ein gemeine statt/von wegen Inhabs/ vnd anders halben thut 64 a
Promotorial vmb verhelffung Rechnungen 66 a

Promotorial vmb exequirung ergangenen spruchs mit verschung eines Gleydts 65 a
Promotorial vnd befürderung jemands bey seiner possession rüchiglichen bleiben zulassen 64 b
Prorogation einer Commission in verhörung der Zeugen

Prorogation

Register

Prorogation vber verwilligung oder Compromiß
in offener form 49 b
Prorogation in veranlaßten sachen/ darinn gebetten worden ibi.a
Prorogation vnd erstreckung einer gerichtlichen Tagsatzung/ ꝛc. ibi.b

Q.

Quitantz vmb außstendig bezahlt dienstgelde 136 b
Quietung einer Vogtey Administration/ guter form 135 a
Quietung oder ledigzelung einer Vormünderschafft ibi.a
Quietung verschiener vnnd gereychter Gülten 134 b
Quietung vber abgelößten zinß 135 a
Quietung vber angestochen von den Testamentarien gereychts Gelts 133 b
Quietung vber außgelehene empfangene früchte/ ꝛc. 132 b
Quietung vber außgericht Erb den Vormündern/ so die Mutter von jrem Son ererbt hat 139 a
Quietung vber außgericht schmähgelt vnnd zugefügten schaden 138 b
Quietung vber empfangen Gelt/ ꝛc. 135 b
Quietung vber empfangen Gelt/ so jemandts lches in die armen Bursz verschafft 133 a
Quietung vber empfangen halben theyls Geldes/ auß einer Kauffsumma 138 b
Quietung vber erdienter belonung 137 b
Quietung vber fürgelichen Gelt/ von den Testamentarien außgericht 134 a
Quietung vber gereycht Gelt/ von wegen abgenomener Jungfrawschaffe 138 a
Quietung vber vermachte odder legirt Gelde/ ꝛc. 138 a
Quietung vnnd bezalte Schulden vnd gehaner rechnung 134 a
Quietung vmb bezaling Erbtheils/ sampt ledigzesing der Testamentarien 133 a
Quietung vnnd zinß 135 a

R.

Rachtung zwischen Herrn/ so gegen einander inn Vheden gestanden 84 b. 85. b. 87. a. ꝛc.
Newerßbrieff vber bestandenen Bawhofes/ sampt deren Güter 157 a
Newerß vber verpfendung/ odder pfandeschafft einer zugestelten Administration 210 b
Oberoßischer red pierlichens 4 a
Römische Reichs vornembste Stände vnd Glieder 43 a

Schadloßbrieff/ da einer bürg worden 196 a
Schenck einer Staat dem Keyser 224 a
Schirmbrieff 179 a. 180 a. b
Schulds bekandnus on vnderstande 126 a. b

Schuldtbrieff vmb erledigung Gefengnus eines Fürsten 91 b
Schilde forderung/ was ernstlich/ kurtzer form 63 b
Sequester form/ damit die früchte eingesamlet werden/ jm beyder teyl der Partheyen aussträgs des Rechten, ꝛc. 237 b
Stifftung einer Wöchentlichen Meß 166 b
Stifftung einer Spenn vnd Allmusen 167 a
Stimmen liedtmaß 3 a
Stipendiars presentacion oder insetzung 213 a
Stipulatio, gestehung oder verheissung 158 a
Substitutionis form 55 b
Supplication ein Citation abzustellen/ vnd die sachen vor den ordenlichen Richter zu remittiren vnd zuweisen 74 b
Supplication odder begnadigungs brieff einem so erarmet/ hilff mitzutheillen ibi.
Supplication vnnd bewilligung Leben verkauffen zulassen/ vnd jn zu einem lehenmann auffnemen ibi.a
Supplication vnnd Zollbrieff/ etliche früchte den Rheinstram hinab (gegen gebürlichen Zolls entrichtung) füren zulassen 73

T.

Tag ansetzung einem auff ergangenem Bescheyd 48 b
Testament eines vom Adel 245 b
Testamentum Nuncupatiuum 247 a. 249 a. 250 a. 251 a
Testament beh Gericht von beyden Eheleuten uffgericht 252 b
Testamenten/ Codicills/ vnd letzten willens gelegenheyt 258 a
Testamenten vnd Codicills vnderscheide ibi.b
Testaments Zeugen 259 a
Testamente zweyerley 258 a

V.

Vbergab eines lehens/ darinn der widerfall vorbehalten wirt 142 b
Verantwortung einer Statt/ vber vnbillichen besiegs 231 a
Verbündtnus einer Burckhaltung wegen ewiglich 97 a
Verbündtnus eines Fürsten/ zu erledigung jhrer hafft/ da dieselben in Vheden vberwunden/ gefangen/ vnnd inngezogen worden 99 a
Verbündtnus brieff/ Fürsten gegen Fürsten deren lebenlang 94 a
Verbündtnus oder einigung viler Fürsten gegen einander 98 b
Verbündtnus Zettel/ inn Vheden vber sich zugeben 93 b
Verbündtnus vnd vereinigung eines Fürsten gegen einer Staat 96 a

Register.

Bekhenguus brieff vber freiheyt 158 a
Verkauffbrieff vber lehen vñ Mañschafft 182 a
Verkündung gegebner Prorogation dem gegentheil 49 a
Verkündung eines Fürsten tödlichen abgangs 227 b. 128 a. b. 229 a.
Verstrickungs Brieff/ vmb begangner mißhandelung sein lebenlang die Herrschafft zu dienen rc. 110 a
Vertagung auff ergangen Interlocutori/ vom verordneten Richter außgehend 48 a
Vertagung in veranlaßten sachen 47 a
Vertagung ins Hoffgerichte 48 b
Vertagung in vnderhandlung/ von Keyserlichen Commissarien außgehend 47 a
Vertagung zu güttlicher verhöre der Klagenden Partheÿ 48 a
Verschreibung etlicher Personen/ da sie jre Güter zusamen stoßen/ vnd wie es in jhrem absterben damit gehalten werden sol 140 a
Verschreibung/ da einem ein Tisch zu Hoff von der Oberkeyt wirt zugesagt 139 a
Vertrags handlung zu 106 a
Vertrag vber Güter/ da mutter/ an statt jhres abgestorbenen ausserhalb der Ehe gezielte kindes/ rad nach ergangnem vrtheyl begert zu Erben 113 a
Vertrag oder entscheidsbrieff in streitigen sachen 47 b. 107 a b
Vertrags brieff vber tausch 109 b
Vertrag da in sreunigen sachen schrifftlich soll gehandelt werden 106 b
Vertrag vber ererbte vnd streitig Gütter rc. 110 b
Vertrag vber gelitner gwaltsamer handlung ibi. a
Vertrag vber schmähsachen 106 b. 109 b
Vertrag vber schulde foderung 107 a
Vertrag zwischen bildern rc. 111 b
Vertrag vber ernewerte streitige puncten/ so vormals auch vertragen worden sein 112 a
Vertrag vber Heyraths Nöteln rc. ibi. b
Verweisungs brieff/ so einer seiner Haussfrawen an Gülten/ vber zubrache Heyrath güt rc. thue 144 a
Verwilligungs brieff vff lehe zubeweisen ibi. b
Verzeihung/ da eine ausserhalb der Ehe ein Kinde mit einem erzeuge/ aller deßhalben gebürender ansoderung/ rc. 143 b
Verzichts brieff vber Vater vnd mütterlich Erbschafft 140 b. 141 a
Verzicgsbrieff vber habender widerlösung 141 b
Verzichs odder vbergabsbrieff vber lehen einigilchen 141 a
Vicariats resignation vnd vbergebung 212 b
Vidimus libell oder Register/rc. 244 b
Vidimus oder Transsumpt 122 a. b. 123 a. b.
Vollziehung vnnd bekrefftigungs brieff/ vber boschehner vertrags handlung 124 a

Vormünder brieff 181 a
Vrkunde Ehelicher gebürt/ von Erbschafft wegen 121 a. 130 b
Vrkunde eines Messerschmiedes seiner lehrjar 120 b
Vrkund eines Burgers abgehens vnnd wolhaltens 131 a
Vrkunde etlicher vberantworten brieff 121 b
Vrkundt odder bekandtnus vmb hinderlegt Gelt einem Rath 124 a
Vrkunde vber erkauffte Frucht 121 b
Vrkunde da einem mit Rechte das leben abgesnochen/ vnd auß Gnaden wider geschenckt worden 121 a

Vphede/ da einer seit vnd anders auffnimpt/ in meinung Alchimisterey vnnd hohen nutzen damit zuschaffen/ rc. 118 b
Vphede/ da einer sein Register/ vber sein innemen vnd außgeben/ fahrlässiger weiß verbrennen hat lassen ibi. a
Vphede/ da ein Adels person einen gewaltthätiger maß entleibt hat 115 b
Vphede/ da einer seiner vppigen vnnd bösen drawwer willen ingezogen ist worden 117 a
Vphede schlechter form/ on erzelung der geschichte 116 b
Vphede vber begangener leichtfertigkeyt/ mit Bürgschafft 115 a
Vphede vmb begangen Ehebruchs willen 119 a

W.

Wappen brieff von Key. Ma. 216 a. b
Wappen brieff/ so Chur vnd Fürsten pflegen zugeben 216 a
Warnungs brieff/ bey vneelichrigen meistern nicht zulehnen 72 b
Warnungs brieff in Kriegsläuffen 77 a
Wechsel oder tauschbrieff 195 b
Werckmeisters einer Statt begerung/ zubeschitzen vnuollbrachten Baw 131 b
Widerumbs brieff oder heymsteurer/ da mann auff Gülten rc. verwiesen wirt 144 b

Z.

Zeugen fürstellung 167 b
Zeugen im Testamente 159 a
Zeugen welche nicht sein mögen im Testamente 158 b
Zeugnus odder vrkundes brieff vber bezeihung 166 a
Zollbrieff offen/ so ein Herr jhm selbs thue 165 a. b.
Zollfreÿheyt 212 b
Zoll oder Paßbrieff/ vonn der Keyserlichen Maiestatt außgangen 165 a

Ende des Registers.